KB129094

[로르샤하]
종합체계

| John E. Exner 저 · 윤화영 역 |

[THE RORSCHACH
A Comprehensive system-4th ed.]

학지사

The Rorschach: A Comprehensive System,
Basic Foundations and Principles of Interpretation, Volume 1, 4th edition
by John E. Exner, Jr., Ph. D.

역자 서문

엑스너 박사가 작고하신 후에야 이렇게 뒤늦은 한국어 번역판을 내게 되어 송구하게 생각하며 용서를 구합니다. 팩스로 드렸던 몇 개의 질문에 대한 자상한 답변과 번역을 권하시는 친절한 답신에 감동해서 그 깊이나 넓이를 헤아리지도 못하고 겁도 없이 감히 덥석 받아 든 제 무모함이 이렇게 긴 시간 동안 무거운 숙제가 될지는 상상도 하지 못했습니다. 하지만 임상심리학을 공부하기 시작하며 느꼈던 아쉬움과 절박했던 마음을 되새기며 이 숙제를 포기할 수 없었고, 제게 로르샤하를 지도해 주셨던 선생님들의 열정적인 가르침은 거역할 수 없는 큰 힘이 되었습니다. 엑스너 박사께서 병석에 계신다는 안타까운 소식을 접하고도 한국어판 축하글을 받지 못한다는 아쉬움을 가졌던 제 짧은 소견이 한번 더 송구하고 부끄럽습니다. 평안히 영면하시기 바랍니다.

그분의 마지막 업적을 만나고 공부하면서 느끼게 되실 여러분의 감동과 놀람을 감히 앞서 말하기에는 제가 알고 있는 표현이 부족할 듯합니다. 여러분께서 이해하시는 데 어려움이 있다면 그것은 모두 제 부족함에 의한 오역입니다. 번역 실력이 부족해서일 수도, 임상심리학과 로르샤하에 대한 공부가 부족해서일 수도, 또 제 학문에 대한 건방진 게으름으로 인한 것일 수도 있습니다. 엑스너 박사의 업적과 제게 로르샤하를 가르쳐 주신 지도 선생님께 누가 되지 않도록 더 공부하고 더 검토하며 수정할 것을 약속드리며 이해를 구합니다.

초심자들을 좀 더 잘 가르칠 수 있었으면 좋겠다는 마음이 보태져 시작된 작업이었지만 오히려 너무나 많은 것을 다시 배우고 새기게 되었습니다. 이 책은 세심하고 분명한 채점과 해석의 체계적인 원리에 대한 친절한 안내서입니다. 제게는 단계별 해석과 해석자의 결정, 무엇보다 통합적인 시각과 진단적 결정, 그리고 치료적 권고에 이르기까지 임상가의 책임감과 소명감을 전제로 하고 있음을 깊이 새기는 기회가 되었고, 여러분도 같은 경험을 하시길 바랍니다.

모든 심리검사가 그러하듯 선택과 실시, 채점, 해석, 그리고 치료로 이어지는 과정에서 그 역할이 얼마나 중요한가를 인식해야 하며, 정확하고 구체적인 진단 결정을 위한 도구를 사용하는 사람의 지식과 태도, 그리고 경험에 대한 엑스너 박사의 지적과 강조는 몇 번을 더 새겨도 부족할 것입니다. 아시다시피 **로르샤하**를 실시하고 채점하며 해석하는 데 이 책 하나만으로 공부하거나 개인적인 학습으로 다 끝났다고 여긴다면 그것은 매우 무모하고 무책임한 행위입니다. 전문적인 지식과 경험을 인정받은 임상심리 전문가의 지도와 슈퍼비전을 통해 우리가 가늠하기에 심오하고도 경이로운 한 개인을 이해하면서 더 겸손하고 정직하며 놀라운 경험을 하는 데 이 책이 교과서 역할을 하길 고대합니다.

역자 임의로 본문의 몇 부분에 주를 달았습니다. 가늠하기 어려운 깊고도 많은 공부에 조금이라도 도움이 되고자 하는 의도이나 이 책의 의미에 방해가 되지나 않을까 걱정이 앞섭니다. 인명은 색인에 원어를 그대로 두되, 본문에는 이중언어를 사용하는 전문 번역가의 자문을 얻어 한국어로 표기했습니다. 저는 **로르샤하**를 배우며 헤르만 로르샤하가 어떤 분일까, 어떻게 이런 그림들이 나올 수 있었을까 많이 궁금했었습니다. 그래서 헤르만 로르샤하의 수려한 외모와 그의 첫 논문이나 원서 표지, 다행히 영문판 논문을 구해 펼쳤을 때의 감동을 표지 사진으로나마 나누고자 하였습니다. 이렇게 헤르만 로르샤하의 짧은 생애와 로르샤하 박물관의 웹 사이트 자료를 빌려 책의 표지와 당시 검사 장면, 헤르만 로르샤하의 초기 습작을 실었습니다. 친근감을 느끼고 로르샤하를 배우실 수 있다면 기쁘겠습니다.

음영변인 기호가 없는 채점 체계를 보며 이렇게 간단했다면 채점은 수월해도 해석은 어려웠겠다는 생각을 했습니다. 많은 연구자의 노고에 감사드릴 일입니다. 특히 엑스너 박사의 공헌에 대해서는 더 말할 것이 없겠지요. 허락을 구할 방법을 찾게 된다면 마음 좋고 소박한 함박웃음이 인상적인 엑스너 박사를 사진으로라도 만나실 수 있도록 해보겠습니다. 부록에는 원서의 자료와 함께 국내에서 이미 많은 선배 선생님들의 땀과 노력이 배어 있는 기록지와 채점 틀을 수록했습니다. 구두로라도 허락해 주신 선생님들께 감사드립니다. 공통된 기록과 채점, 해석의 기준으로 **로르샤하**가 더 바르게 사용되는 데 도움이 되길 기대합니다. 아울러 이미 선배 선생님들도 번역해 두신 역서의 자료를 빌려 채점의 순서도를 실었으니 이 또한 학습에 활용하시길 바랍니다.

최근 들어 인터넷을 통해 **로르샤하** 카드 원본이 공개되는 안타까운 일이 있었습니다. 미국심리학협회의 대응과 그 결과를 기다려 보아야겠지만, 결과가 어떠하든 이제 **로르샤하**를 잘 알고 그 용도에 맞게 사용할 수 있는 전문가가 되기 위해 더 열심히 공부해야 할 필연적인 이유가 하나 더 생긴 것 같습니다. 누구나 구입할 수 있고, 누구나 사용할 수 있을지 몰라도, 한 사람을 대상으로 공부하고 진단하고 치료하는 행동에 동반되어야 할 소명의식과 책임감에 대해 엄격하게 자신을 다그쳐야 한다는 사실 말입니다. 이 책을 통해 임상심리 학도와 인근 분야의 학도들이 마음에 깊이 새기는 계기가 될 것이라 믿습니다.

임상심리학을 공부하기 시작했을 때 그 첫 마음으로 돌아가고 싶은 욕심을 힘으로 삼아 하나하나 놓치지 않으려고 애썼지만 조급함 때문에 주의가 산만해지고 게으름 때문에 성실하지 못했습니다. 하면 할수록, 보면 볼수록 욕심이 나는 **로르샤하**에 대한 제 과욕과 읽어도 읽어도 수정할 부분이 생기는 부끄러움이 끝도 없지만, 이제는 멈추어야만 할 것 같아 감히 잠시 손을 놓습니다. 여러분의 너그러운 용서를 구합니다. 그동안 선배 선생님들의 **로르샤하** 서적들이 출판되어 이 작업이 어떤 의미가 있을까를 고심하기도 했고, 그냥 내려놓을까 하는 소심함과 주저함도 있었습니다. 아마도 욕심과 미련이, 그리고 나름의 책임감이 제 부족함에 대한 부끄러움과 두려움을 접어 두고 이렇게까지 오도록 한 것 같습니다. 반성하며 고백한다고 해서 책임이 덜해지진 않겠지만 더 깊이 공부하며 책임을 조금씩 갚아 가겠습니다.

너무나 많은 분의 가르침과 지적, 기대와 기다림이 힘이 되었습니다.

언제나 그 자리에 계셔서 제가 늘 주저앉지 않을 수 있도록 버팀목이 되어 주시는 이영호 선생님, 늘 정직한 우물같고 존경할 수밖에 없는 스승이신 김중술 선생님, 그리고 수련 시절부터 그 끝없는 에너지에 감탄하고 동경하게 되는 신민섭 선생님께 감사드립니다. 선생님들께 누가 되지 않아야 한다는 마음이 늘 제 역부족 때문에 어렵고 무거운 숙제가 되곤 하지만, 끊임없이 그 숙제를 풀려고 애쓰는 과정이 제겐 임상심리 전문가로 아주 조금씩이라도 성장하는 동기가 되는 것 같습니다. 머리 숙여 다시 한번 감사드립니다. 늘 책임지기 어려운 욕심과 아쉬움이 많은 제게 효과 좋은 영양제가 되어 준 선·후배들과 동료들, 그리고 이제 조금 풋냄새를 벗어 가는 개업 생활 동안 저와 기꺼이 인연을 맺고 신뢰해 주신 내담자분들께 진심으로 감사드립니다.

남다른 사명감을 가지신 김진환 사장님과 부진한 진행을 인내심을 가지고 기다리고 꼼꼼하게 애써 주신 김순호 차장님, 그리고 출판 작업에 손을 보탠 모든 분의 손끝 하나하나 바쁘셨던 노고에 진심으로 감사드립니다. 작업에 손을 보태 주었던 임상심리학을 공부하는 많은 후배들, 특히 손정아 선생님과 장미 선생님, 그리고 마무리 과정 중 인명 번역과 용어를 확인하는 데 도움을 준 이선화와 박지혜, 한빛나에게, 그리고 대화체 번역을 검토해 준 막내동생 서명이에게 감사를 전합니다.

늘 제 생각과 행동의 원천이 되어 주는 고마운 남편 한이, 많은 것에 감사하며 열심히 살아야 할 이유가 되어 주는 근사한 큰 아들 진이, 번역 작업과 함께 천사처럼 찾아와 이제 매 순간 세상을 감동하며 만나는 선이, 그리고 한결같이 지지해 주시고 든든한 보호막이 되어 주시는 양가 부모님과 가족들께 감사드립니다.

누구보다 기다려 주신 여러분께 죄송함과 감사함을 전하며 임상심리학을 공부하는 많은 분들께 **로르샤하**의 경이로움이 큰 힘이자 사명감과 책임감이 되길 바랍니다.

2011년

윤화영

추천의 글

일반 국민의 사회경제적 수준이 향상됨에 따라 임상심리학자의 전문 지식에 대한 수요도 크게 증가하고 있다. 심리학적 평가는 임상심리학자의 가장 중요한 고유 영역 중 하나라 할 수 있다.

심리검사의 과학화 혹은 객관화 추세에 따라, 또한 정신분석의 쇠락에 따라 투사법적 검사가 예전에 비해서는 선호도가 다소 떨어지는 경향이 있다. 이 점에 착안하여 로르샤하 검사 해석의 과학화를 체계적으로 시도한 사람이 존 엑스너이며, 그의 업적은 임상심리학사에서 무시할 수 없을 것이다. 엑스너의 저서는 문장도 어렵거니와 그 안에 들어 있는 로르샤하 반응들은 우리말로 번역하기가 쉽지 않은데 이 어려운 작업을 윤화영 선생(곧 박사가 될 것임)이 완성했다. 존경스럽다.

실제 임상장면에서 역동적 해석의 중요성이 존재하는 한, 투사법적 검사의 유용성을 무시할 수는 없을 것이다. 미국 환자들에 근거한 해석 체계가 한국 환자들에게 어느 정도 적용 가능한지, 혹은 한국 환자들에 근거한 새로운 해석이 얼마나 개발 가능한지를 검증하고 연구하는 것이 이 책을 읽는 독자들이 앞으로 해야 할 과제라 하겠다.

임상심리학도들의 필독서가 되기를 바라는 바다.

김 중 술

서울대학교 의과대학 명예교수

저자 서문

1970년 당시, 종합체계 첫 판이 등장하는 데 참가했던 어느 누구도 이 연구 작업이 다음 세기까지 지속될 것이라거나 이렇게 방대한 작업이 되리라고는 상상하지 않았을 것이다. 좌석 배정, 검사 지시, 그리고 채점의 기본 내용에 대해 비교적 쉽게 결정하고 나자, 앞으로 남은 우리의 과제는 비교적 간단할 것이라 예상했다. 그저 우리는 다양한 접근 방식이 제시한 특징들을 경험적으로 통합하고자 했으며, 검사 사용과 이해에 필요한 거의 모든 요소는 이미 정리된 것이라 너무나 단순하게 가정했다. 그래서 그 누구도 이 연구의 오랜 여정이 서서히 전개될 것이라 예상치도, 기대하지도 못했던 것 같다. 우리의 이 순박한 생각은 1973년의 끝자락에 이 과제의 초판 원고가 완성되었을 때까지 계속되었다. 특수점수에 대한 고민은 여전히 진행 중이었고, 더 많은 표준화 표집 자료가 필요했으며, 우리는 이 과제를 완수하기 위해 프로젝트를 진행 중이었다. 실제로, 그때만 해도 우리 대부분은 최고의 로르샤하 채점 체계를 완성했고 타당한 작업을 완수했다고 자부했으나, 여전히 우리가 기대한 '최고'의 작품은 나오지 않았다.

새로운 프로젝트가 완성되었을 때, 자료에서 많은 문제점이 발견되었고, 우리는 본래의 예상보다 더 많은 연구 설계가 필요하다는 것을 깨달았다. 1976년까지 축적된 자료의 양은 단 몇 편의 논문 발표로 끝나기에는 아쉬울 만큼 방대했다. 제2권을 통해 우리는 기존의 연구 작업의 양을 확장하면서도 명확히 하고자 했으며 불충분하게 남아 있던 아동 피검자들의 자료에 집중했는데, 우리의 이러한 노력은 자연스럽게 제3권에 수록된 연구로 이어졌다. 1978년부터 1985년까지 종합체계 내부의 수정

작업에 변혁이 있었고, 결과적으로 우리가 순진하게 기대했던 제1권의 유용성은 저하되었다. 1986년 2권이 발행되면서, 연구와 추가된 자료 분석에 더 많은 수정과 추가 작업이 필요했고, 2권 역시 시대에 뒤떨어진다는 지적을 받았다.

1991년 제1권의 2판이 발간되고, 1993년 제1권의 3판이 뒤따라 발행되었는데, 그 시점이 종합체계가 발전하는 데 큰 전환점이었다고 생각된다. 그러나 그때까지도 **로르샤하**의 해결되지 않은 문제들이 남아 있었기 때문에 우리의 작업은 끝이 보이지 않았다. 수년간 종합체계의 기본 원칙은 우리가 진행해 온 연구 작업의 근본적 목표를 충족시키는 것처럼 보였다. 쉽게 가르칠 수 있는 검사 사용 방법의 표준화와 높은 검사자 간 신뢰도가 제공되었으나, 검사의 많은 변인이 지속적으로 연구되면서 종합체계의 몇몇 특징들이 수정되었고, 몇몇은 폐기되었으며, 몇몇은 계속 진행 중이다. 지난 세기 동안 축적된 결과로 연구자들은 종합체계에 관한 기본 과제의 전면적 개정에 찬성했다.

이 개정판을 기획한 이유는 해석의 적용 범위를 확장하기 위해서였고, 그동안의 두 작업(제1권, 제2권)을 하나의 교과서로 통합하고 다양한 주제의 사례 해석에 초점을 맞추기 위해서다. 아울러 제2권의 의미를 보존하는 적절하고 타당한 작업이었다. **로르샤하**가 간단한 검사가 아닌 것처럼 이 새로운 제1권 개정판도 간단하지 않았다. 종합이라는 용어가 적절해 보이며, 종합체계는 이 프로젝트가 시작되기 오래전부터 검사를 연구하고 개발했던 학자들과 지난 30년간 빛을 보지 못했던 의미 있는 정보들을 반영하고 있다.

이 프로젝트에서 이런 진전이 있었던 이유는 다섯 명의 **로르샤하** 분류자 중 사무엘 베크(Samuel Beck), 마르게리트 헤르츠(Marguerite Hertz), 브루노 클로퍼(Bruno Klopfer), 지그문트 피오트로브스키(Zygmunt Piotrowski)의 격려가 있어서였다. 어떤 면에서 이 프로젝트를 최초로 고안하게 된 것은 1954년 **로르샤하**에 대해 모든 것을 알아야 한다고 주장한 데이비드 라파포트(David Rapaport)의 영향이 크다. 보다 실질적으로는 독립적인 사고방식을 가졌던 브루노 클로퍼와 사무엘 베크에 의해서였다고 해야 할 듯하다. 1967년에 이들은 모두 경험적 연구 프로젝트를 지원해 주었다. 그리고 1968년, 그 문제를 제기하는 첫 번째 조사가 시작되었다. 1970년까지 헤르츠, 피오트로브스키와 라파포트를 포함한 각 연구자들의 접근이 훌륭했고 여러 장점을 가지고 있었으나, 그들 모두는 또한 심각한 결함도 있었다. 그래서 나는 베크와 클로퍼에게 이 접근들의 통합을 보다 논리적으로 만들 것을 제안했다. 그들에게 어떤 결과나 제안도 만족스럽지 않았을 텐데, 개인적인 부담감을 초월하여 헤르츠와 피오트로브스키가 그러했던 것처럼 그 제안을 조심스럽게 허락해 주었다. 돌아보면 이 네 사람이 우리의 프로젝트에 대해 회의적인 입장이었겠지만, 그들 모두 이 프로젝트에 흥미가 있었다고 생각한다.

프로젝트가 진행됨에 따라 그들은 제안과 논평 그리고 비판을 쏟아내 주었고, 그 이상으로 나에게 지원과 영감을 불어넣어 주었다. 그 지지는 그들의 제안과 논평을 통해 내게 전달되었고 그들의 친절과 관대한 격려, 그리고 무엇보다도 따뜻한 우정을 통해 내 영감은 자극받았던 것 같다. 모두 과제에 착수하는 강력한 동기가 되어 주었다. 사실상 그들은 이 종합체계의 대부, 대모들이다. 비록 그들은 모두 이 세상을 떠났지만, 그들이 행한 많은 일과 생각들은 분명히 종합체계 안에 스며 있음을 밝힌다.

종합체계의 최근 작업은 실무자들의 제안과 연구자들의 작은 모임에서 이루어지고 있으며, 연구자들의 모임에서 나온 의견과 발견들은 각별히 가치 있고 신뢰할 만하다. 그들 중 로르샤하연구재단(Rorschach Research Foundation, 로르샤하연구회)의 구성원들은 프로젝트 진행자와 보조자로서 지칠 줄 모르는 열정을 다해 오랜 시간 일을 해 왔다. 그들의 노력은 기대했던 것 이상으로 훌륭했으며, 그들의 공헌은 검사와 검사의 해석에 관한 새로운 자료를 지속적으로 축적할 것이라는 우리의 소망에 부응해 주고 있다. 또한 그들은 550개가 넘는 조사에 참여한 800명 이상의 검사자들을 지도해 왔다.

제럴드 알브레히트(Gerald Albrecht), 도리스 알린스키(Doris Alinski), 마이클 앨런(Micheal Allen), 프란체스카 안토그니니(Franscesca Antogninni), 윌리엄 베이커(William Baker), 미리엄 벤 하임(Miriam Ben Haim), 제프리 버먼(Jeffrey Berman), 캐럴 블러스(Carol Bluth), 피터 브렌트(Peter Brent), 에블린 브리스터(Evelyn Brister), 리처드 브럭맨(Richard Bruckman), 에드워드 캐러웨이(Edward Caraway), 아일린 카터(Eileen Carter), 앤드루 추(Andrew Chu), 마이클 콜맨(Michael Coleman), 수전 콜리건(Susan Colligan), 윌리엄 쿠퍼(William Cooper), 테리 크로스(Terry Cross), 로버트 커민스(Robert Cummins), 마크 에드워드(Mark Edwards), 프레더릭 얼릭(Fredrick Ehrlich), 게일 패미노(Gail Famino), 존 파버(John Farber), 론다 파인(Ronda Fein), 게리 파이어맨(Gary Fireman), 로이 피시맨(Roy Fishman), 제인 포맨(Jane Foreman), 벤저민 프랭클린(Benjamin Franklin), 도러시 프랭크만(Dorothy Frankmann), 크리스티 조지(Christy George), 캐서린 기븐스(Katherine

Gibbons), 낸시 굿맨(Nancy Goodman), 로라 고든(Laura Gordon), 캐럴린 하페즈(Carolyn Hafez), 낸시 할러(Nancy Haller), 도리스 하버만(Doris Havermann), 도러시 헬린스키(Dorothy Helinski), 리사 힐맨(Lisa Hillman), 세라 힐맨(Sarah Hillman), 밀턴 허스맨(Milton Hussman), 제럴딘 인걸스(Geraldine Ingalls), 수전 제임스(Susan James), 메리앤 존스톤(Marianne Johnston), 레스터 존스(Lester Jones), 카추시게 카자오카(Katsushige Kazaoka), 메리 루 킹(Mary Lou King), 리처드 클로스터(Richard Kloster), 베스 쿤-클라크(Beth Kuhn-Clark), 낸시 래티모어(Nancy Latimore), 캐럴 레반트로서(Carol Levantrosser), 아널드 라이트너(Arnold Lightner), 리처드 맥코이(Richard McCoy), 데니스 맥도나휴(Denise McDonnahue), 메리앤 맥매너스(Marianne McMannus), 루이스 마코위츠(Louis Markowitz), 앤드루 밀러(Andrew Miller), 비어트리스 미트맨(Beatrice Mittman), 린 모나한(Lynn Monahan), 랄프 니콜슨(Ralph Nicholson), 마이클 오라일리(Michael O'Reilly), 카르멘 펜줄로타(Carmen Penzulotta), 조지 피커링(George Pickering), 도리스 프라이스(Doris Price), 베스 래인스(Beth Raines), 버지니아 레이놀즈(Virginia Reynolds), 펠릭스 살로몬(Felix Salomon), 요제프 슈마허(Joseph Schumacher), 위트포드 슈일러(Whitford Schuyler), 바버라 세루야(Barbara Seruya), 제인 셔먼(Jane Sherman), 셰릴 시가로(Sherill Sigalow), 케네스 슬론(Kenneth Sloane), 프레더릭 스탠리(Frederick Stanley), 루이즈 스탠턴(Louise Stanton), 에바 스턴(Eva Stern), 세라 스턴클러(Sarah Sternklar), 로버트 실(Robert Theall), 비키 톰프슨(Vicki Thompson), 피터 배그(Peter Vagg), 앨리스 비에이라(Alice Vieira), 도널드 비글리온(Donald Viglione), 에드워드 워커(Edward Walker), 제인 웨이슬리(Jane Wasley), 리처드 위겔(Richard Weigell), 도나 위너-레비(Donna Wiener-Levy), 로버트 윌크(Robert Wilke), 엘리자베스 윈터(Elizabeth Winter), 레슬리 윈터(Leslie Winter), 헬렌 얄(Helen Yaul), 트레이시 잘리스(Tracy Zalis), 낸시 자폴스키(Nancy Zapolski), 마크 짐머만(Mark Zimmerman)이 바로 그들이다.

우리의 프로젝트에 참여한 검사자 중에는 많은 심리전문가들과 심리학 전공 석사생들이 포함되어 있지만, 전문 음악가와 퇴직한 재봉사부터 매우 재능 있는 고등학교 상급생까지 다양한 배경을 가진 사람들이 포함되어 있다. 또한 의사, 치과 의사, 간호사, 사회복지사, 전업주부, 그리고 로르샤하를 관리하는 것이 타자를 치는 것만큼이나 지루한 일이라고 생각할 수밖에 없는 일반 행정직에 있는 이들도 포함되었다. 이렇게 비전문가가 로르샤하를 실시하고 채점하고 관리하도록 한 것은 우리의 표준화 작업의 타당성과 신뢰성을 확인하고자 하는 목적이었고, 비교적 만족스러웠다.[1)]

또한 이 프로젝트의 성과에 마땅히 기억되어야 할 아주 특별한 사람들이 있다. 그들은 핵심 전문가 혹은 수석 자문가로서 일해 주었다. 조이스 와일리(Joyce Wylie)는 1969년부터 1978년까지 프로젝트의 진행자로서 일했는데, 그녀의 끈기와 조직화 능력이 없었다면 우리의 가는 길은 평탄치 않았을 것이다. 일레인 브라이언트(Elaine Bryant)는 우리의 실습 실험 감독이었다. 그녀는 주목할 만한 개혁을 감행했고, 우리의 기획을 향상시켜 주었다. 안토니아 빅토리아 레우라(Antonnia Victoria Leura)는 거의 10년 동안 우리의 다양한 연구에 필요한 8,000명 이상의 피검자를 모집하는 데 애써 주었다. 나는 그녀의 독창성에 감탄하지 않을 수 없다. 바바라 메이슨(Barbara Mason) 또한 훈련 감독이자 교사, 연구자, 그리고 임상심리학자로서 10년 이상 우리와 함께했다. 그녀의 다재다능함은 내게 매우 인상적이었다.

조지 암브루스터(George Armbruster)와 유진 토머스(Eugene Thomas)는 우리 연구팀의 '순수주의자'로서 10년 이상 동반자였다. 몇 마디 말로 형용할 수 없는 큰 기여를 했으며, 그들은 심리학 대가의 전형이라 할 수 있다. 존 로저 클라인(John Roger Kline)은 우리의 첫 번째 컴퓨터 자문가였으며, 로르샤하에 대한 정보가 적었음에도 불구하고 많은 양의 데이터를 매우 쉽게 저장하고 분석할 수 있는 프로그램을 고안해 주었다. 조엘 코언(Joel Cohen)은 존과 함께 자료를 저장하고 분석하는 용량을 확장하는 정교한 프로그램을 책임져 주었고, 하워드 맥과이어(Howard McGuire)와 함께 컴퓨터 해석 보조 프로그램의 개발을 책임지는 일 또한 맡아 수행해 주었다.

빼놓을 수 없는 매우 특별한 주목을 받을 자격이 있는 열 사람이 있다. 그들은 연구의 윤곽에 새로운 변화가 생길 때마다 나타난 수천 건의 기록을 재검사하는 어려운 일을 수행했다. 그들은 도리스 알린스키(Doris Alinski), 얼 베이크만(Earl Bakeman), 아일린 카터(Eileen Carter), 루스 코스그로브(Ruth Cosgrove), 리사 힐맨(Lisa Hillman), 낸시 라티모어(Nancy Latimore), 테레사 사보(Theresa Sabo), 존 탈키(John Talkey), 유진 토머스(Eugene Thomas), 에드워드 워커(Edward Walker)다. 나는 그

1) 역자 주: 비전문가를 검사자로 포함시킨 것은 검사 실시와 채점, 해석 과정의 타당성과 신뢰성을 확인하기 위해서이며, 임상 현장에서 비전문가가 로르샤하를 사용해도 좋다는 근거로 오해되어서는 안 된다.

들의 근면함에 감사하며 지치지 않는 인내에 찬사를 보낸다. 더불어 많은 국제 커뮤니티 관계자들의 노고에 감사를 전한다.

종합체계의 구체적인 내용을 검증하는 데 큰 도움을 주고, 동료들에게 가르치며 우리의 자료를 축적하는 데 중요한 도움을 준 이들도 있다. 그들은 앤 안드로니코프(Anne Andronikof, 프랑스), 브루노 잔키(Bruno Zanchi, 이탈리아), 레오 코헨(Leo Cohen, 네덜란드), 노리키 나카무라(Noriki Nakamura, 일본)와 토시키 오가와(Toshiki Ogawa, 일본), 베라 캄포(Vera Campo, 스페인), 몬세라트 로스플라나(Monserrat RosPlana, 스페인) 및 콘셉티온 센딘(Conception sendin, 스페인)이다. 그들은 세계적으로 **로르샤하** 사용의 유용성을 증명하는 데 큰 도움을 주었다.

루이스 무릴로(Luis Murillo)는 **로르샤하연구회**에서 매우 돋보이는 친구였다. 1970년, 그는 우리의 노력을 높이 평가했고, 매우 넓은 아량으로 스토니 로지(Stony Lodge) 병원에서의 연구를 허락해 주었을 뿐만 아니라 15년 동안 우리의 연구를 지원해 주었다. 그는 최고의 동료이자 정신의학계의 진정한 모범생이라 할 수 있다. 어빙 와이너(Irving Weiner) 역시 이 프로젝트의 시초부터 믿음직한 친구로, 조언자로, 그리고 비평가로 함께해 주었다. 그는 체계의 많은 구성에 직접적인 책임을 맡았고, 나와 함께 연구회를 운영해 주어 나의 짐을 덜 수 있었으며 기쁨을 배 이상으로 증가시켜 주었기에 깊이 감사한다.

1990년에는 **로르샤하연구협의회**(Rorschach Research Council)가 결성되었다. 이 조직의 주된 기능은 새로운 연구 결과와 신뢰도, 타당도 문제에 관한 새로운 연구 설계와 방법을 평가하고, 종합체계의 내용 추가 또는 대체에 관하여 권고하는 일이다. 토머스 볼(Thomas Boll), 필립 어드버그(Philip Erdberg), 로저 그린(Roger Greene), 마크 힐센로스(Mark Hilsenroth), 그레고리 마이어(Gregory Meyer), 윌리엄 페리(William Perry), 그리고 도널드 비글리온(Donald Viglione) 등이 이에 이바지하였으며, 이들은 앞으로도 협의회에 공헌을 할 것이다. 나는 이들의 근면성과 검사에 투신한 도전정신과 헌신에 찬사를 보낸다. 지난 10년간의 체계 개선 대부분은 그들의 직접적인 노력의 결과라고 할 수 있다.

나는 나의 딸 안드레아(Andrea)와 조력자인 캐런 로저(Karen Roger)의 뛰어난 재능을 한 번 더 높이 인정한다. 그들은 **로르샤하**에 대해 능숙해진 것뿐 아니라, 내가 **로르샤하연구회**를 조직하고 올바른 길을 갈 수 있도록 도와주었다. 또한 아마도 자신이 잉크반점과 결혼한 듯한 착각을 종종 느껴 왔을 나의 아내 도리스(Doris)에게

갚을 수 없는 빚을 졌다. 그녀는 로르샤하연구회의 거의 모든 면면에 관여하였고, 우리 모두에게 지속적인 지지와 격려의 원천이 되어 왔다.

마지막으로 미래의 로르샤하 연구자들에게 한마디 하려고 한다. 이 놀라운 검사에 의해 제기되는 연구 문제들은 분명한 끝이 보이지 않는다. 많은 수수께끼가 풀렸으나 또 그 이상의 많은 것이 남아 있다. 우리는 아직도 잉크반점 자극 특성의 불확실성과 산적해 있는 자료 뭉치들이 성격과 행동 간에 어떤 지각적 연관성을 푸는 데 기여할지에 대한 많은 연구를 기대한다. 이것은 여러분의 몫이다. 특히 성격 양식의 문제는 단지 로르샤하만의 과제가 아니라 심리평가도구를 사용하는 모든 임상가가 함께 공유해야 할 과제다. 인간을 이해하고 그들이 겪는 곤경의 시간들을 돕기 위해 우리가 추구하는 목표는 도전을 거듭해야 할 것이다. 사람에 대한 연구는 늘 그래왔듯 어렵다. 하지만 그 노고는 평생 동안 달고 가치있는 보상으로 돌아올 것이다.

2002년 6월

노스캐롤라이나 애슈빌에서 J. E. E.

일 러 두 기

이 책에서는 원어를 국문으로 옮김에 있어 외래어 표기법을 따랐으나, 이 책의 제목이자 주인공인 RORSCHACH는 의사소통의 편의와 독자의 혼란을 방지하기 위해 역자와 합의하에 '로르샤흐'보다 국내에서 통용되어 온 '로르샤하'로 표기했음을 밝힌다.

헤르만 로르샤하의 짧은 생애

로르샤하를 고안한 헤르만 로르샤하는 취리히에서 1884년 11월 8일, 4남매 중 장남으로 태어났습니다. 12세, 19세에 어머니와 아버지를 차례로 여의었는데, 이러한 개인력은 소심하고 소극적이며 철학적이고 심미적인 성격에 영향을 끼쳤다고 합니다. 성장과정 중 인접 분야의 친구들과 친밀하고 호혜적인 교류를 가졌는데, 덕분에 그의 창의적인 학문 활동의 성과를 후세에 남길 수 있었습니다. 미술 교사였던 아버지의 영향을 받아서 그림에 뛰어난 재능을 보인 그는 당시 유행하던 클렉소그래피를 자신의 창의성과 예술성을 발휘하여 여러 가지 습작으로 구현하였고, 그것이 **로르샤하** 잉크반점의 시작이라 할 수 있습니다. 그는 이 잉크반점 실험도구를 고안하여 'Psychodiagnostik'이란 제목의 논문을 썼고, 친구 모겐탈러의 강력한 권유로 1921년 동일한 제목으로 책을 출판하게 됩니다. 그 후 그의 여러 습작 중 몇 가지가 선택되어 **로르샤하** 카드로 인쇄되었습니다. 인쇄 과정의 문제로 인해 로르샤하가 의도하지 않았던 음영 변인이 생겼으나 이는 후에 **로르샤하** 결정인으로 포함되어 해석적 가치가 높은 변인이 되었습니다.

취리히 의과대학을 졸업하고 정신과 의사로 일했던 로르샤하는 1922년 4월 2일 37세란 젊은 나이에 아내와 두 아이들을 두고 복막염으로 사망합니다. 그가 남긴 **로르샤하** 잉크반점은 많은 이에 의해 연구되었고, 변함없이 임상가들에게 감동을 주고 사랑받고 있습니다. 헤르만 로르샤하가 **로르샤하** 검사를 고안하기 전 습작들은 그의 자녀들이 스위스 베른, 헤르만 로르샤하 박물관(The Hermann Rorschach Archives and Museum)에 기증하여 보관되어 있으며, 그곳에는 한스 후버사의 기증품을 비롯해 초창기 **로르샤하**의 귀중한 자료들이 보관되어 있습니다.

로르샤하 워크숍 재단 www.rorschachworkshops.com

헤르만 로르샤하 박물관 http://www.stub.unibe.ch/html/rorschach

헤르만 로르샤하의 첫 저서 『Psychodiagnostik』와 영어판 표지, 검사 실시 장면

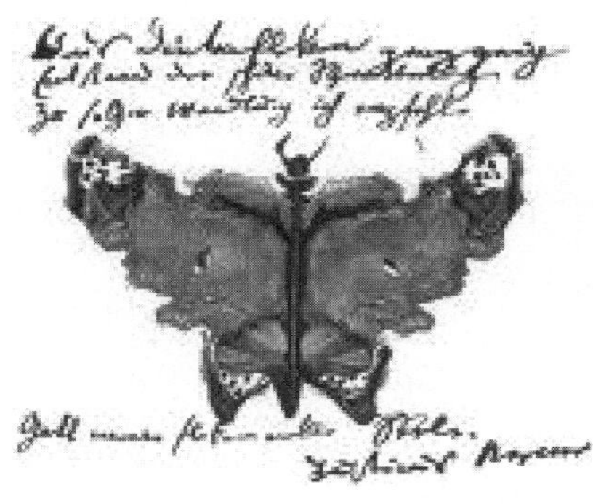

로르샤하를 고안하기 전 헤르만 로르샤하가 즐겼던 클렉소그래피들

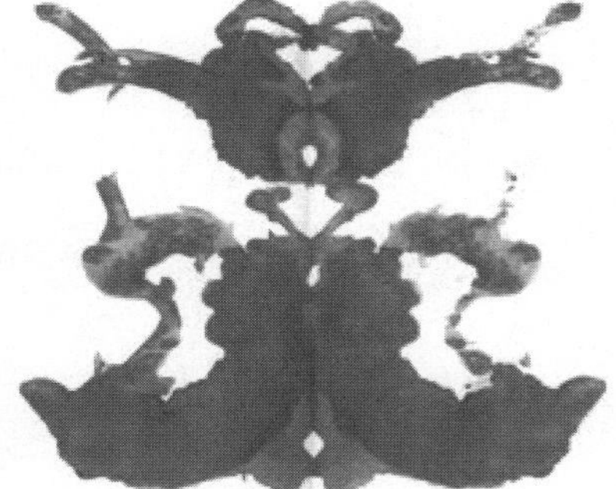

차 례

제3장 논의, 비평, 그리고 결정 _ 61

제2부 로르샤하의 실시와 채점

제4장 로르샤하의 실시: 결정과 절차 _ 81

제5장 채점: 로르샤하 언어들 _ 113

제6장
반응 영역과 발달질: 기호화와 준거 _ 123

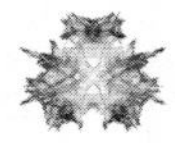

제7장
결정인: 기호화와 준거 _ 135

제8장
형태질, 내용, 평범 반응과 조직화 활동 _ 177

제9장
특수점수 _ 193

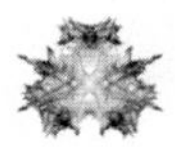
제10장
구조적 요약 _ 213

제3부 로르샤하의 본질

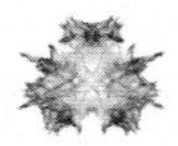

제11장 반응 과정 _ 229

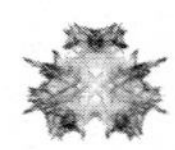

제12장 규준 자료 _ 265

제4부 로르샤하 해석

제13장 해석에 관한 일반 지침 _ 305

제14장 통제와 스트레스에 대한 인내/내성 능력 _ 321

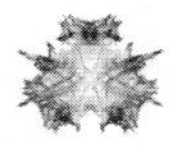

제15장 상황과 관련된 스트레스 _ 359

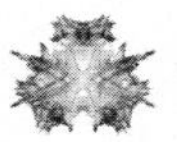

제16장
정 동 _ 385

제17장
정보 처리 _ 453

제18장
인지적 중재 과정 _ 493

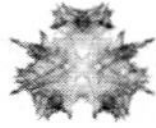

제1부 로르샤하의 역사와 발전

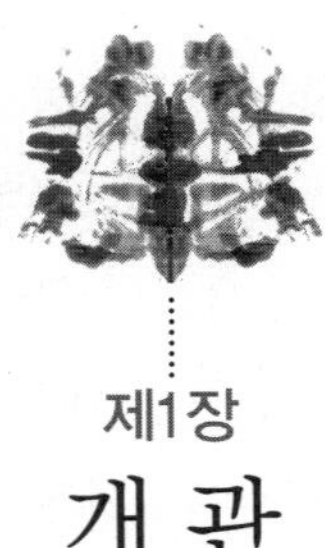

제1장
개 관

전문가들에게 10개의 로르샤하의 그림들이 소개된 것은 1921년 9월이었으나, 주목을 받게 된 것은 헤르만 로르샤하(Hermann Rorschach)[1]가 그의 논문 『심리진단(Psychodiagnostik, 1941/1942)』을 발표하면서였다. 이후 많은 연구자가 이 그림들에 관심을 가지고 사용하고 연구해 왔다. 1940년경부터 1950년대까지 임상심리학자의 주된 역할이 평가와 진단이었던 20여 년 동안 '로르샤하'는 '임상심리학'과 동일어로 사용되기도 했다. 1960년대와 1970년대에 들어서면서 임상심리학자들의 역할이 광범위해지고 다양해졌지만, **로르샤하**는 임상적으로 지금도 가장 널리 사용되고 있다. **로르샤하**에서 얻은 결과들은 개인의 특성에 대한 중요한 정보를 반영하기 때문에 **로르샤하**를 제대로 실시하고 채점, 해석한다면 임상심리학자는 그 개인에 대한 어떤 자료에서보다 더 많은 중요한 정보를 얻을 수 있다.

평균 수준 정도의 지적 능력이면, **로르샤하**를 실시하고 채점하는 데 어려움이 없다. 어찌 보면 그 과정은 상당히 간단하게 보일 수도 있다. 그러나 그 결과의 해석 과정은 기계적으로 이루어질 수 없는 매우 복잡한 과정이기 때문에 해석자가 논리적인 개념 구조를 확립하고 있지 못하면 의미 있는 결론을 도출하기란 거의 불가능하다. 해석자는 자료를 통합하는 과정에서 자신의 가설과 통계 자료에 근거한 가설에 도전하거나 이의를 제기하고 반복적으로 재검토해야 한다.

로르샤하를 바르게 사용하기 위해 앞으로 제시할 기본적인 세 가지 요건을 숙지한다면, 체계적으로 그 자료들에 대한 의문을 제기하고 개념적으로 조직화하는 해석을 배우는 것이 어렵지만은 않을 것이다.

---

1) 역자 주: 원저에서 Rorschach는 인명과 검사명으로 혼용되어, 역서에서는 독자의 이해를 돕기 위해 검사명은 고딕체로 사용한다. 이후 인명은 모두 국문으로 표기하였다.

먼저 알아야 할 것

로르샤하를 배우고 올바르게 활용하려면, 우선 합리적이고 객관적으로 사람을 이해할 수 있는 성격에 대한 전문적 견해를 숙지하고 있어야 한다. 로르샤하 자료들을 특정 성격 이론에 맞추어 해석해야 한다는 의미는 결코 아니다. 그렇게 오해한다면 오히려 큰 실수를 범하게 될 수 있다. 로르샤하 결과에 근거한 결론이 궁극적으로 성격에 관한 여러 가지 이론적 모델로 이해될 수 있지만, 로르샤하 자료의 타당성이 먼저 검토되어야 한다.

로르샤하 해석 과정은 항상 피검자를 '독특한 개인'으로 이해하려는 노력이 동반되어야 한다. 해석자는 한 개인이 다른 사람과 같지 않다는 점을 주지해야만 하며, 개인의 독자적인 특성을 최대한 드러내어 한 개인의 사고, 정서, 자기상, 자기통제, 그리고 그 밖의 특성을 확인하고 통합할 수 있어야 한다.

둘째, 임상적으로 적용할 수 있는 정신병리와 부적응에 관한 지식이 풍부해야 한다. 이는 개인의 경향성에 대한 명료한 진단 기준이나 쉽게 확인될 수 있는 특징만을 의미하는 것은 아니다. 또한 정상 및 비정상 개념과 같은 양분법적인 가정이나 단순한 진단 명칭에 대한 지식을 의미하는 것도 아니다. 한 개인에게서 어떤 특징이 정신병리로 발전되고 얼마나 다양한 가능성이 어우러져 개인의 내적 · 외적 부적응을 발생시키는지에 대한 이해와 그런 이해를 바탕으로 개인의 정신병리와 부적응에 대해 설명할 수 있는 활용 가능한 지식을 말한다.

셋째, 해석자가 로르샤하라는 방법의 본질에 대해 충실하게 이해하고 있어야 한다. 로르샤하는 10개의 잉크반점 그림으로 구성되어 있고, 표준화된 방법으로 시행되었을 때 피검자가 어떤 반응을 입으로 말하기까지 몇 단계의 의사결정 과정을 거치게 된다. 반응은 순서대로 기호화되어 채점되고, 체계적인 지수로 계산되어 다양한 결과를 산출하기 위한 기초 자료로 사용된다. 이때 해석자는 다음의 세 가지 요소에 주목해야 한다.

- 검사자가 피검자에게 잉크반점 그림을 보여주며 질문하였을 때, 피검자가 반응이나 답변에 사용한 어휘들
- 답변의 주요 내용과 반응의 순서, 그리고 그것을 기호화하여 채점된 지수
- 60여 개의 변인들, 비율, 그리고 지수들의 자료에서 나온 100여 개 변인들의 빈도와 구조적 요약표

검사 자료의 주 내용을 형성하는 세 가지 자료는 개인의 심리체계를 더 타당하고 유용하게 설명하기 위해 충분한 정보를 제공하는 원천이 된다.

로르샤하의 유용성

왜 로르샤하를 사용하는 것에 대해 고민하게 될까? 로르샤하 외에도 개인에 대해 타당하고 유용

한 설명을 제공하는 많은 평가 방법이 있다. 로르샤하에 근거한 기술들도 피검자의 간접적 행동(잉크반점 그림에 대한 반응)에 대한 설명을 제공한다. 이것은 표본에서 산출된 것이지만 그 해석이나 설명이 매우 포괄적이다. 또한 간접적인 과정을 사용하기 때문에 결과와 결론에 추론적인 특성이 강하다. 잘 구조화된 면담과 그에 대한 공식화된 설명, 다른 심리검사의 결과들, 또는 중요한 타인의 관찰에 기초한 기술과 비교하였을 때, 이렇게 추론적인 로르샤하 반응을 기초로 한 설명은 어떠한 가치가 있을까?

이 질문에 대한 대답은 로르샤하를 옹호하는 사람들이 기대하는 것만큼 간단하지는 않다. 실제로 로르샤하의 결과들은 어떠한 평가 상황에서는 가치가 거의 없거나 전혀 없기도 하다. 예를 들어, 만일 평가자와 의뢰자가 한 사람의 현재 증상과 그 증상에 관한 가장 적절한 치료법에 대해 확신하는 것이 있다면, 로르샤하 결과는 실제로 치료 방법 결정에 거의 도움을 주지 못하거나 쓸모없는 것일 수도 있다. 평가의 목적이 진단적 명칭을 감별하려는 경우일 수도 있다. 로르샤하 결과는 이를 결정하는 데 기여할 수는 있지만, 시간 소모적인 노력일 수 있으며, 오히려 다른 평가 방법이 더 유용하고 효과적으로 객관적인 진단명을 결정하는 데 기여할 수도 있다.

피검자를 '한 개인'으로 이해하고 그에게 적합한 치료 전략과 목표를 결정할 때, 혹은 어떤 정보가 그 개인에 대한 기존의 가설이나 결정과 다른 의사 결정이 필요하다는 증거가 될 때, 로르샤하의 유용함이 가장 크게 드러난다. 로르샤하 반응들은 상대적으로 광범위한 심리학적 조작과 경험에서 나온 것이기 때문에 적절하게만 사용된다면, 로르샤하만큼 사람의 독특성에 대한 정보를 제공하는 평가 과정은 없을 것이다.

로르샤하 반응에 반영된 개인의 기능이나 로르샤하에 반응을 형성하는 태도는 친구나 주변의 친척들에 의해 관찰되거나 형식적인 면담 과정을 통해 유추된 것과 큰 차이가 없다. 중요한 타인에 의해서, 혹은 오랜 시간 동안 면담을 통해 얻은 행동에 대한 설명은 유용하다. 하지만 그런 설명들이 관찰된 행동을 유발할 수밖에 없는 심리적 기능에 대한 정보를 주지는 못한다. 로르샤하는 이러한 정보를 제공해 줄 수 있다.

로르샤하 자극 과제의 특성은 잉크반점 그림을 보는 예외적인 조건하에서 어떤 결정을 내리는 과정을 통해 평소 피검자가 사용하는 방식을 재현하도록 한다. 즉, 그 개인의 주된 심리적 특징은 어떤 결정을 내려야 할 때 드러나게 되고, 이 때문에 반응은 사람이 평소 결정을 내리는 방식과 특성을 반영하는 경향이 있다고 볼 수 있다. 관찰이 심리적 과정의 결과물인 행동에 중점을 둔다면, 로르샤하의 해석은 개인의 심리적인 구조와 기능에 초점을 두어 그 행동을 유발하는 과정을 반영한다. 로르샤하는 사람의 행동보다는 성격이나 심리적 구조를 더 많이 강조하는데, 증상을 확인하는 데 그치지 않고 두 사람이 같은 증상을 보이더라도 한 사람과 다른 사람을 구별하는 병인학적인 정보를 탐색하는 매우 중요한 기능을 가진다.

왜 로르샤하를 번거롭다고 하는가? 만약 독특한 심리적 단일체로서 개인에 대한 설명이 치료 계획을 선정하는 데 도움을 주거나 혹은 다른 중요한 결정에 기여하여 한 개인의 안녕에 유의하게 기여할 수 있다면, 검사의 실시나 채점, 해석 등을 포함하는 이 모든 시간은 매우 가치 있는 것이 될 것이다.

앞서 언급했듯이 로르샤하를 사용하는 사람이든 연구하는 사람이든 로르샤하의 본질과 특성, 그리고 그 쓰임새와 가치에 대해 이해하고 있어야 한다. 어떻게 로르샤하가 고안되어 발전돼 왔는지에 대해 그 역사를 살펴보는 과정이 이러한 이해를 도와줄 것이다.

로르샤하의 기원–
헤르만 로르샤하의 공헌

로르샤하는 임상장면에서 매우 중요한 평가도구가 되었지만, 그 개발 작업이 체계적으로 이루어지지는 못했다. 또한 로르샤하가 무엇이고 어떻게 가장 잘 사용될 수 있을까에 대한 견해는 시간이 흐르면서 매우 다양해졌고 논란이 있기도 했다.

많은 연구자가 좌절하기도 했고, 심리측정 이론자들은 매우 곤란해하기도 했다. 검사가 발전되어 가는 과정에 매우 많은 주제에 대한 논쟁이 있었던 이유는 로르샤하가 확립하려 했던 경험적인 구조와 정의하고자 했던 개념이나 의도가 분명하지 않았던 점도 있었다.

로르샤하는 『심리진단』을 출간하고 겨우 7개월 후인 37세에 사망했다. 183쪽(영어 번역판) 분량의 이 논문에는 그가 세운 로르샤하에 대한 개념, 발견들, 그리고 사례가 있으나, 충분히 설명되어 있지도 않았고, 일부는 요약하거나 답하지 않은 문제들이 그대로 남아 있었다. 왜냐하면 로르샤하 연구는 어떤 검사를 만들 목적으로 진행된 것이 아니기 때문이다. 그는 연구 논문을 지각(perception)에 대한 연구 정도로 보았던 것 같다. 논문의 원제가 「지각–진단적 실험의 방법과 결과: 모호한 형태에 대한 해석(Method and Result of a Perceptual-Diagnostic Experiment: Interpretation of Arbitrary Forms)」이었던 것을 보면 그의 의도를 알 수 있다. 논문 제목에 대해서도 1930년 8월 초에 그의 원고를 재검토하는 과정에서 논의가 있었던 것 같다. 절친한 동료이자 투사(project) 개념에 대한 전문 편집자였던 월터 모겐탈러가 로르샤하에게 쓴 편지가 있다.

> 나는 자네 연구의 제목에 대해 재고해 보아야 할 것이라 생각하네. 자네가 그 제목이 가장 적합할 것이라 생각해서였겠지만, 자네 연구의 주제는 단지 지각적인 진단 그 이상으로 매우 중요한 작업인 듯 보이네. 그래서 나는 주제목으로 '심리진단(Psychodiagnostik)'이나 그와 비슷한 제목을 제안하고 싶네. 소제목으로는 '우연한 형태의 해석을 통한(Through the Interpretation of Chance Forms)'이나 '우연한 형태의 해석에 대한 실험적 연구(Experimental Investigations With the Interpretation of Accidental Forms)'가 어떨까 싶네(Mogenthaler, 1920/ 1999).

로르샤하는 이 제안을 받아들이지 않았고, 이틀 후 모젠탈러에게 답장을 했다.

> 제목에 대해 말인데, 그것 또한 적합하지 않네. 제목을 어떻게 붙일까 심각하게 고민 중이라네. 오랫동안 고민해 봤는데, 적당한 것이 떠오르지 않아. '심리진단(Psychodiagnostik)'이라……. 질병과 성격의 진단과 같은 표현은 내게 너무 거리감이 느껴지는 것 같아. 아마도 나중에 통제된 연구를 통해 규준이 만들어지면 그러한 표현이 사용될 수 있을 테지만, 지금은 그런 제목이 내 연구에 비해 너무 거창한 것 같아. 그래서 그냥 처음의 제목대로 해 주길 바라네(Rorschach, 1920/1999).

그러나 며칠 동안 모젠탈러는 로르샤하가 정한 원제목으로는 출판해도 책을 판매하기 어렵다며 재차 권하였고, 결국 로르샤하는 '그러한 요청이 내키지는 않지만, 자네의 의견이 매우 강하여 어쩔 수 없군.'이라며 동의하였다.

로르샤하가 한 개인의 성격을 탐색하는 방법으로 잉크반점을 사용하여 연구를 하기로 결심한 이유는 분명하지 않다. 원래 그가 의도한 것은 아니었던 듯하지만 여하튼 그의 접근 방식은 확실히 특별했다. 그가 연구를 시작하기 전에도 잉크반점을 사용한 연구자들이 있었는데, 비네와 헨리(1895~1896)가 그들이다. 지능검사를 개발하기 위해 그들의 초기 연구들을 공유하기로 했을 때에도 그들은 잉크반점 자극이 시각적 상상력을 연구하는 데 유용할 것이라 합의했지만, 집단으로 실시할 때의 문제 때문에 잉크반점의 사용을 접어 두기로 했다고 한다. 미국과 유럽의 몇몇 다른 연구자도 상상력과 창의력을 연구하기 위한 잉크반점 사용에 대하여 논문을 발표했다(Dearborn, 1897, 1898; Kirkpatrik, 1900; Parsons, 1917; Pyle, 1913, 1915; Rybakov, 1911; Whipple, 1914). 이전 연구들의 어떤 점이 로르샤하의 초기 연구를 자극했는지는 정확하지 않으나, 그가 연구를 하고 책을 출간하기 전에 도움이 되었으리라 여겨진다.

그는 어렸을 때 유행하던 '클렉소그래피' 게임을 좋아했다고 하는데, 칸토슐레에서 보낸 2년여 동안의 유년기에 그의 별명은 '클렉스(Klex)'였다고 한다. 아마도 게임에 관한 그의 열의를 빗댄 것인 듯하다. 엘렌버거(1954)는 그의 별명이 단순히 로르샤하의 아버지가 예술가였던 것 때문에 붙여진 것이라 했지만, 이는 로르샤하 자신이 어릴 때부터 매우 예술적인 재능을 가지고 있었고 스스로를 개발해 왔다는 점을 간과한 것 같다. 로르샤하는 청소년기 이전부터 작은 노트에 연필로 스케치하는 습관이 있었고, 청소년기 때는 매우 정교한 잉크 데생까지 잘했다고 한다. 그는 청소년기 후기 이후 남은 생애 동안도 종종 수채 물감으로 그림을 그렸다. 그의 스케치와 그림은 상대적으로 작은 크기지만, 현실성과 섬세한 면에서 매우 훌륭했다. 이러한 기술은 아마도 10개의 그림을 창조하고 로르샤하 검사 그림들을 구성하는 데 크게 기여했을 것이다.

그의 절친한 친구이자 칸토슐레에서의 급우였던 콘라드 게링은 환자를 상대로 잉크반점을 사용하는 실험을 하려 했던 초기에 중요한 역할을 한 듯하다. 로르샤하가 콘스탕스 호숫가 먼스테링겐 보호소에서 실습을 시작하던 1910년까지 '클렉소그래피' 게임이 인기가 있었는데, 그 게임은 성인과 아동 모두가 좋아했고, 몇 가지 다양한 종류가 있었다고 한다. 잉크반점들은 특정 가게에서 구매가 가능했는데, 기본 게임이 진부하게 되자, 게임을 즐기는 사람들은 자신들만의 게임을 만들기 시작했다. 간혹 시를 잉크반점과 연합하여 게임에 응용하기도 했고(Kerner, 1857), 또 다르게는 제스처가 무엇을 가리키는가를 맞추는 데 잉크반점을 응용하기도 했다. 학교에서 교사와 아이들이 함께 잉크반점을 만들고 자세히 설명하는 방식으로 활용되기도 했다.

콘라드 게링은 먼스테링겐 보호소와 가까운 곳에 있는 중학교의 교사로 재직하면서 학생들과 함께 환자들에게 노래를 불러 주기 위해 자주 병원을 방문했는데, 그는 일정 기간 동안 열심히 하면 클렉소그래피 게임을 하도록 해 주었다. 이렇게 하면서 약속에 대한 보상이 되었을 뿐만 아니라 학급 내 학생 관리상의 문제까지 상당 부분 감소되는 것을 발견했다. 이런 와중에 로르샤하는 게링의 제자 중 지능이 좋은 아이들이 그렇지 못한 아이들보다 잉크반점에 대해 더 풍부한 상상을 할 수 있는지 의문을 가지게 되었다. 이에 따라 1911년에 간단한 실험이 수행되었는데, 단 1~2주 동안이었지만, 이 과정과 결과를 통해 로르샤하는 게임에 관여되는 잠재력에 관심을 가지게 되었고, 남학생들과 성인 환자 사이의 클렉소그래피 반응 차이를 비교하는 데 흥미를 느끼게 되었다. 그래서 그들은 매우 자유롭고 비체계적인 방법으로 짧은 기간 함께 연구하고, 또 다양한 잉크반점을 만들고 검사해 보았다. 한편, 로르샤하는 로르샤하-게링의 실험뿐만 아니라 같은 해에 발생한 다른 사건에 의해서 영향을 받았을 가능성도 있다.

다른 사건이란 '정신분열증(schizoprenia)'이라는 용어로 기술되던 진단에서 세부적으로 조발성 치매(Dementia Praecox)라고 진단할 사람들에 대한 유젠 블로일러의 저명한 논문이 출판된 것이다. 블로일러는 로르샤하의 지도교수 중 한 사람이었고, 로르샤하의 환각(hallucination)에 관한 박사 논문을 지도해 준 적이 있었다. 블로일러의 개념은 정신병리집단에 대한 관심을 불러일으켰는데, 사람들은 기질적인 치매로 인한 정신병과 정신분열증의 차이에 대해 의문을 가지게 되었다. 로르샤하는 '정신분열증이라고 진단된 환자들이 클렉소그래피 게임의 반응에서, 다른 사람들보다는 상당히 다른 반응을 보이는 것 같다.'고 기록해 두었으나, 너무 사소하게 언급되어 지나치기 쉬워 보였다. 그는 지역 정신의학회에 이것에 대한 간단한 보고서를 제출하였으나 결과에 대해서는 주목받지 못했다. 사실 로르샤하 본인도 오랫동안 로르샤하 연구에 열의를 다하거나 어떤 기대를 했던 것은 아니었던 것 같다.

1910년 로르샤하는 올가 스템펠린이라는 러시아 여성과 결혼하고 러시아에서 활동했다. 그는 1913년에 정신병리 실습을 위해 얼마간 러시아에 머물 생각으로 떠났다. 약 5개월 동안 크루코바 사니토리엄에서 근무하다 스위스로 돌아와서 베른 근처의 월다우 정신병원에서 정신과 전공의로 14개월 동안 근무했다. 그동안 그는 친한 친구이자 그 병원의 수석 전공의였던 모젠탈러와 재회했다. 모젠탈러는 잉크반점의 잠재적 유용성에 관한 로르샤하의 생각을 자극하고, 그의 논문이 출간되는 데 매우 중요한 인물이었다.

1915년 로르샤하는 헤리사우의 크롬바흐 정신병원의 수석 전공의가 되었고, 후에 그 기관의 부감독자가 되었다. 그는 1917년 후반부터 1918년 초반까지 헤리사우에서 클렉소그래피 게임을 더 체계적으로 연구하기로 결심했는데, 이때는 취리히의 정신병원 외래 진료소에서 블로일러의 지도를 받던 폴란드인 의대생 지먼 헨즈의 박사 논문이 그 결심을 자극한 듯하다. 헨즈는 1,000명의 아동, 100명의 성인 비환자군, 100명의 정신증 환자를 대상으로 실험하여 8개의 잉크반점 시리즈를 개발했다. 그의 논문은 세 집단 간의 반응 내용이 어떻게 유사하고 다른지에 초점을 두었으며, 반응 내용이 진단적으로 유용하도록 분류 체계를 제안했다(Hens, 1917).

로르샤하는 반응 분류에 대한 헨즈의 견해가 이전에 시행한 로르샤하-게링의 자유 실험에서 얻은 결과와 많은 차이를 보여, 헨즈의 결론에 의문을 가질 수밖에 없었다. 분류 내용을 강조한 헨즈와는 달리, 로르샤하는 반응 간의 다른 특성을 분류하는 데 더 관심이 있었다. 그는 지각에 관한 문헌들도 많이 알고 있었으며 아크, 마크, 로에츠 및 헤름홀츠의 개념, 특히 '통각적 덩어리(apperceptive mass)'의 개념에 심취되어 영향을 받았다. 이 개념은 그의 저서에 광범위하게 반영되어 있다.

로르샤하는 잉크반점 시리즈를 보여 주었을 때, '이것이 무엇처럼 보여요?'라는 질문에 대한 반응의 특성으로 그 개인을 어떤 집단으로 나눌 수 있으리라는 가설을 세우고 체계적인 연구를 하였다. 그의 기본 가정 중 하나는 다양한 클렉소그래피가 기본적으로 정신분열증을 구별하는 방법의 단서가 될 거라는 것이었다.

로르샤하는 실험을 준비하면서 12개의 잉크반점을 만들었다. 그는 처음에 40여 개의 잉크반점을 만들었고, 실험을 하면서 잉크반점들을 15~20개 다른 조합으로 구성하여 실험했다. 간단한 예비 연구를 시행한 후, 좀 더 단순한 잉크반점을 사용하기로 결정했지만 왜 그랬는지에 대해서는 언급되어 있지 않다. 그는 논문에서 '어떤 실험 기구나 장치'를 사용하지 않았다고 언급하였는데, 그 스스로도 로르샤하 그림들이 모호한 잉크반점이기 때문에 실험도구라 인식하지 않았던 것 같다. 하지만 로르샤하 잉크반점은 실험도구로 손색이 없었다.

검사에서 각 그림은 대부분의 사람이 친숙함을 가지고 있는 대상에 대해 적당하게 배분된 것으로 독특한 윤곽으로 이루어져 있었다. 하지만 검사가 출간된 후 수십 년 동안, 이것을 사용하고 연구하는 사람들은 대다수의 사람이 일관적으로 보고하는 빈도 높은 반응의 의미에 대해 인식하지 못했다. 아마도 이것은 로르샤하가 자신의 실험을 보고할 당시 실험 절차와 관련된 몇 가지의 문제 때문이었을 것이다. 그는 논문에서 '추상적인 형태를 제시하는 것은 매우 간단하다. 몇 개의 잉크반점을 종이에 뿌리고 반으로 접으면 잉크는 두 지면 사이에 퍼진다.'(p. 15)라고 기술했다. 이는 모호한 잉크반점이 의미 있는 실험자극이 된다는 설명이었다. 그는 논문에서 잉크반점(Klecks)이라는 용어보다는 그림(bilder), 그림판(tafelen), 모양(figurs)이라는 말을 사용했다.

또한 '모든 모양을 사용할 수 있는 것이 아니다. 그것을 사용하기 위해서는 어떤 조건이 반드시 충족되어야만 하기 때문이다. 그 형태는 비교적 간단해야 한다. (그것들은) 반드시 구성 요건을 충족시켜야 한다. 그렇지 않다면 간단한 잉크반점인데도 많은 피검자가 반응을 거부하는 결과를 초래할 수도 있다.'(p. 15)고 경고하였다. 논문에 대해 잘 알고 있던 대부분의 사람은 검사에 사용된 모양이 그가 만든 많은 잉크반점 중에서 추출한 것이라고 짐작하였으나 전적으로 그런 것만은 아니었다.

로르샤하는 아주 얇은 종이에 잉크반점을 만들었는데, 그 대부분은 1998년에서 1999년 사이에 그의 아들 와딤과 딸인 엘리자베스가 '로르샤하 연구(Rorschach Archieves)'와 함께 박물관에 기증하였다. 자료를 전시하고 저장할 만한 충분한 공간이 설립될 때까지, 그들은 아버지가 남긴 논문, 프로토콜, 다양한 표, 그림, 예술 작품 들을 잘 보관해 두었다. 15~20개 정도의 얇은 종이에 그려진 잉크반점은 출간된 모양과 유사하였으나 검사에서 사용된 그림들보다는 정교한 묘사가 부족했다. 7~8개의 잉크반점은 얼핏 보면 출판된 모양들과 쉽게 혼동될 수 있는데, 쉽게 비교해 보아도 공식적으로 출간된 모양이 훨씬 더 정교하고 세밀하다는 것을 알 수 있다.

로르샤하가 잉크반점들을 제작할 때, 훨씬 더 정교하게 만들기 위해 어떤 방법을 고안했을 법도 하지만, 그는 자신의 상당한 예술적 재능을 그림을 정교화하고 장식하며 어떤 색채를 가미하는 데 사용했던 것 같다. 그는 자신이 원래 만들었던 반점을 더 많은 형태와 색채로 장식하였다. 그는 무수한 다른 특성을 가지는 각각의 그림 모양이 개인의 기억 흔적에 저장된 대상과 유사하다는 것을 쉽게 확인할 수 있도록 독특한 모양으로 구성되어 있다고 확신했다. 그의 실험이 모호하여 자의적인 형태에 대한 지각을 전제로 하기 때문에 그림을 구성하는 것은 매우 중요한 일이었다.

로르샤하는 그림 제작 방법을 더 정교화하지는 않았지만, 제작했거나 제작하려 했던 두세 개의 유사한 구성 세트의 중요성과 각 그림들이 유사하게 설계되어야 하는 이유에 대해 언급했다.

> 많은 반응이 개방적인 시각에서 비교되어야 한다. 새로운 시리즈의 그림판 I은 원래의 그림판 I이나 그 외 그림판에 대한 반응과 유사하게 형태 결정인이나 인간 운동 결정인과 같은 점수로 채점되어야 한다. 유사한 맥락에서 고안된 시리즈 중 그림판 V도 피검자가 쉽게 인식하도록 고안되어야 한다……(p. 52).

몇 달 후에 그는 목적에 가장 유용할 것으로 판단된 15~16개의 그림 시리즈를 만들었다. 그는 1918년과 1919년 초반에 걸쳐서 15개의 그림을 사용하여 그 결과를 검토한 후, 그림을 12개로 줄이고 다시 재검토를 거쳐 2개를 줄이기까지 12개의 그림을 계속 사용했다.

1917년과 1919년 사이 그는 모겐탈러와 자주 만났고, 자신의 실험에 관한 세 편의 요약된 보고서를 전문가 회의에 제출하였다. 모겐탈러는 그의 실험에 관한 내용을 출판하도록 격려하였고, 1919년 중반에 로르샤하는 자신의 연구가 출판되어도 좋을 만큼 충분히 진행되었다고 확신한 듯하다. 특히 그가 표준판에서 사용했던 그림들은 로르샤하 연구에 관심을 표명한 많은 동료에 의해 사용되었다.

로르샤하가 1919년까지 분석한 자료는 중요한 진단적 유용성(특히, 정신분열증 진단)을 증명하기에 충분했다. 연구 과정에서 그는 또한 높은 빈도로 나타나는 어떤 반응(주로 운동반응이나 색채반응)의 군집들이 심리적 · 행동적으로 독특한 특성의 범주와 관련된 것처럼 보인다는 점도 발견했다. 그 방법은 진단적 잠재성과 당시에 성격 특질, 습관, 유형 등이라 부르던 심리적 특성에 대해 탐지할 수 있는 가능성을 모두 충족시켜 주는 것처럼 보였다.

모겐탈러뿐만 아니라 블로일러를 포함한 다른 동료들도 로르샤하의 실험과 진단적 잠재력에 감동받았다고 회고했다. 몇몇 사람들이 그가 사용하던 그림들을 사용할 의사를 밝혔고, 그들은 또 다른 형태의 연구 결과를 발표하기도 했다. 많은 이들이 로르샤하에게 사용 방법을 배울 수 있었다.

로르샤하는 점차 가능성에 열의를 가지게 되어 몇몇 출판사에 출판을 제안하였지만 곧 실망하게 되었다. 당시 출판사들은 모두 잉크반점 그림들을 인쇄(출판)하는 것에 대해 부정적인 견해를 가지고 있었는데, 과정이 복잡하고 재정 지출이 크다는 것 때문이었다. 그중 한 출판사가 관심을 보였으나, 한 가지 그림만을 인쇄할 것을 제안했고, 또 다른 곳에서는 필사본을 출판하는 데 동의하였으나, 그림의 수를 6개로 줄이라는 조건을 제시했다. 실망한 로르샤하는 이 제안들을 모두 거절하고, 더 많은 피검자 집단을 대상으로 연구를 계속했다.

모겐탈러가 로르샤하의 편에서 중재 역할을 하게 된 것은 이 시점이었다. 당시 모겐탈러는 의학서적 전문 출판사인 언스트 버처의 자문 편집자였다. 그는 정신의학의 다양한 주제를 다룬 연구들을 시리즈로 만들어 버처 사에서 출판하기로 했다. 두 권의 책이 완성되어야 했는데, 그중 하나는 가장 먼저 계획되었던 울프리라는 환자에 대한 책이었다. 이 책은 출판 후에 큰 관심을 끌었다(Morgenthaler, 1921, 1992). 이 책에는 가치 있는 예술 작품이 수록되어 있었다. 모겐탈러는 버처 사에서 울프리의 예술 작품을 처리한 성과를 보고 그 회사라면 로르샤하가 만든 잉크반점의 출판 과정에서 예상되는 문제를 충분히 해결할 수 있을 것이라는 확신을 한 듯하다.

버처 사는 내키지 않아 했으나 동의하면서 10개 이상의 그림을 출판하기는 어려우며 로르샤하가 사용한 그림들이 너무 크다고 재작업을 요구했다. 다소 불만스럽기는 했으나 로르샤하는 자신이 만든 다양한 자료를 재작업하는 데 동의하고 10개의 축소된 그림에 자신의 연구 결과를 반영하게 되었다. 그는 또한 그림 크기를 1/6 크기로 축소하기로 하였으나 1920년에 최종 필사본이 수정되기 전까지도 최소한 하나의 그림을 더 추가해 주도록 요청하였다.

최종적으로 원본이 1920년 7월에 제출된 후, 로르샤하는 비용 때문에 60쪽 이상의 분량을 줄여야 했는데, 제작된 그림들의 교정본에서 심각한 문제가 발생하였다. 출판을 위해 그림들이 인화되었을 때, 약간의 색상이 변하였고(특히, Ⅷ과 Ⅸ 카드에서), 또한 무채색의 그림에서는 회색과 검은색으로 음영의 차이가 확연하게 나타났다. 세 개의 원래 그림들(Ⅳ, Ⅴ, Ⅵ)이 거의 음영 없이 제작된 사실로 본다면, 인쇄 과정이 명암의 정도에 큰 차이를 발생시킨 듯했다. 결국 로르샤하는 '명암'이라는 또 다른 변수의 출현을(Ellenberger, 1954) 수용하였으나, 당시에는 명암(음영)의 채점이나 해석적 의미에 열의를 가지지는 않은 듯하다. 모든 원래 그림의 교정 인쇄본이 최소 두 번 출판되었는데, 어떤 그림판에서는 4개의 다른 느낌의 그림이 만들어지기도 했다. 1920년 10월, 버처 사는 로르샤하에게 "상황은 나아지지 않을 것 같습니다. 각 그림들은 인쇄하는 데 비용이 너무 많이 들어 곤란합니다."라는 답신을 했다.

결국 이렇게 만들어진 그림판은 마침내 그해 가을에 출판되었다. 대부분이 피검자 405명을 대상으로 축적된 결과와 '교육받은' 집단과 '교육받지 않은' 집단으로 나뉜 117명 비환자들의 결과를 반영한 것이었다. 또한 기본적으로 검사를 사용할 대상 집단으로 가정된 188명의 정신분열증 환자를 포함하고 있었다. 1911년의 다소 자유롭고 비체계적인 실험에서와 마찬가지로 정신분열증 환자들은 다른 집단과 비교하여 그림에 대해 매우 독특한 반응을 했다. 그는 내용을 중요하게 여기기보다 다양한 특징으로 반응을 구체화하기 위한 방법을 개발하는 데 중점을 두었는데, 게슈탈트 학파의 연구(주로 베르하이머)를 따라서 기호체계를 개발하였다. 이는 반응의 특징을 더욱 구별하는 데 도움이 되었다. 한 기호체계 또는 채점은 전체 잉크반점에 대해 *W*, 큰 부분 영역은 *D* 등과 같이 반응이 나타난 잉크반점의 범위를 잘 나타내 주었다. 잉크반점의 특징에 대한 두 번째 기호는 형태나 모양에 관한 기호 *F*, 색채 반응의 색에 대한 기호 *C*, 인간 운동 내용에 대한 기호 *M*과 같이 피검자에 의해 보고된 이미지를 확인하는 역할을 했다. 세 번째 기호 세트는 인간을 표현한 반응에 대한 기호 *H*, 동물은 *A*, 해부학은 *An* 등과 같이 내용을 잘 분류할 수 있는 것이었다.

로르샤하는 예비 연구에 엄격한 주의를 기울였고, 더 많은 실험의 중요성을 강조했다. 그는 방법론적으로 더 나은 연구를 진행하였고 몇 달 동안 열정적으로 연구했다. 그러나 그 후 비극적인 일이 일어났다. 1922년 4월 1일, 거의 일주일간 복부 통증으로 괴로워하다 헤리사우 병원 응급실에 실려 간 그는 심한 복막염으로 다음날 아침 허망하게도 사망하고 말았다. 그는 생전에 4년이란 긴 시간을 '블라토 게임'의 연구에 바칠 생각은 결코 없었을 것이다. 그가 살아서 연구를 계속했다면, 검사의 성격과 발전 방향은 지금과는 또 많이 달라졌을지도 모른다.

사실, 로르샤하는 『심리진단』 출판 이후 그의

연구에 대한 사람들의 무관심에 적잖이 실망하였다. 스위스의 정신의학협회도 그의 논문을 검토하지 않았고, 다른 유럽의 정신의학협회들도 그의 연구에 대한 단순한 요약본 외에는 출판해 주지 않았다. 그의 논문은 출판사에 재정적인 파산을 가져왔는데, 그가 사망하기 전과 버처 사가 파산하기 전에 약간의 복사본만 팔렸다고 한다. 다행하게도 파산 직후, 버처 사의 경매에서 로르샤하의 논문과 베른의 출판사가 소유했던 10개의 그림판들이 베르랙 한스 후버에 의해 그 가치가 인정되어 다시 출판되었다. 양질의 책을 출판해 온 후버의 명성에 힘입어 로르샤하의 논문에 대해 호의적인 소개글들이 추가되면서 그의 연구를 수행해 볼 만하다는 의견이 대두되었다. 그러나 로르샤하의 사망과 인쇄된 그림들이 실제로 그가 실험에서 사용된 것과 다르다는 사실[2]은 그의 연구를 계승하려는 이들에게 중요한 문제로 남았다. 다음 장에서 논의하겠지만, 이 문제는 오히려 로르샤하의 독창적인 방법을 개발하고 연구하는 이들에게는 매우 귀중한 초석이 되었다.

참고문헌

Binet, A., & Henri, V. (1895-1896). La psychologie individuelle. *Annee Psychologique, 2*, 411-465.

Dearborn, G. (1897). Blots of ink in experimental psychology. *Psychological Review, 4*, 390-391.

Dearborn, G. (1898). A study of imaginations. *American Journal of Psychology, 9*, 183-190.

Ellenberger, H. (1954). Hermann Rorschach, M. D. 1884-1922. *Bulletin of the Menninger Clinic, 18*, 171-222.

Hens, S. (1917). *Phantasiepr fung mit formlosen Klecksen bei Schulkindern, normalen Erwachsenen und Geisteskranken*. Zurich: Speidel & Worzel.

Kerner, J. (1857). Klexographien: Part VI. In R. Pissen (Ed.), *Kerners Werke*. Berlin: Boag& Co.

Kirkpatrick, E. A. (1900). Individual tests of school children. *Psychological Review, 7*, 274-280.

Morgenthaler, W. (1992). Madness and art. *The life and works of Adolf W lfli* (Trans.). Lincoln: University of Nebraska Press. (Original work published 1921)

Morgenthaler, W. (1999). Correspondence to Rorschach dated August, 9, 1920 (Trans.). *In Lieber Herr Kollege! Bern, Switzerland: Rorschach Archives*. (Original work published 1920)

Parsons, C. J. (1917). Children's interpretation of inkblots: A study on some characteristics of children's imagination. *British Journal of Psychology, 9*, 74-92.

Pyle, W. H. (1913). *Examination of school children*. New York: Macmillan.

Pyle, W. H. (1915). A psychological study of bright and dull children. *Journal of Educational Psychology, 17*, 151-156.

Rorschach, H. (1942). Psychodiagnostik (Hans Huber, Trans.). *Bern, Switzerland: Verlag*. (Original work published 1921)

Rorschach, H. (1999). Correspondence to

2) 역자 주: 인쇄 과정에서 발생된 음영 변인 때문에 로르샤하가 만든 본래의 것과 다르긴 하지만 오히려 이후 연구자들은 음영 변인으로 투사된 귀중한 자료를 얻게 된 셈이다.

Morgenthaler dated August 11, 1920 (Trans.) In Lieber Herr Kollege! *Bern, Switzerland: Rorschach Archives.*

Rybakov, T. (1911). *Atlas for experimental research on personality*. Moscow, Russia: University of Moscow.

Whipple, G. M. (1914). *Manual of mental and physical tests* (Vols. 1 & 2). Baltimore: Warwick & York.

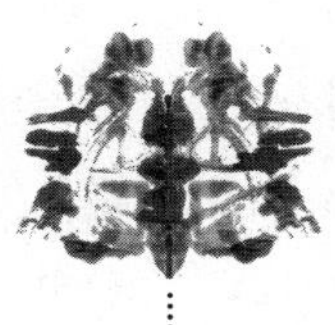

제2장

검사의 발달: 로르샤하 체계

로르샤하의 사망 후에도, 몇몇 동료들이 형태해석 검사(*Formdeutversuch*: Form Interpretation Test)를 사용하였으나 로르샤하처럼 자료 수집 과정에서 체계적인 접근은 하지는 못했다. 대신 그들은 임상 현장이나 직업교육 현장에 검사를 직접 활용하였다. 이미 언급했듯이 로르샤하는 검사의 본질적 측면을 고려하여 이론화하는 것을 피하였고, 자료의 한계점과 더 많은 연구의 필요성을 자주 지적했다. 또한 내용 분석만으로는 사람에 대해 알기 어렵다고 주장하면서 내용 자체만이 중요하다는 편견을 가지는 것에 대해 경계했다. 한편, 많은 검사 사용자들은 점점 확산되던 프로이트의 이론에 이를 직접 적용하려고 하였다.

로르샤하의 동료 중 월터 모젠탈러, 에밀 오베르홀처, 그리고 한스 벤-에스겐베르크 등이 형태해석 검사에 관심이 많았다. 벤-에스겐베르크는 로르샤하와 헤리사우에서 같이 일했고, 가장 먼저 학생들에게 로르샤하의 방법을 시도한 사람이다(1921). 로르샤하에게 지도받은 연구에서 그는 유사한 그림 시리즈를 개발하는 동안 로르샤하가 제작한 10개의 그림판을 사용하였는데, 이것들은 결국 **벤-로르샤하**로 알려지게 되었고, 후에 **로르샤하**와 유사한 시리즈로 불리게 되었다(Zulliger, 1941).

모젠탈러와 오베르홀처는 로르샤하의 연구가 주로 내용 해석에서 부족한 점이 많다는 정신의학협회의 다른 사람들의 견해에 동의했고, 로르샤하는 정신분열증 감별에 적합하다고 생각했다. 이들은 반응을 채점하는 로르샤하의 방식을 신뢰하면서도 각 반응 내용을 중요하게 보아야 한다고 강조하여 로르샤하의 연구를 확장하려 했다. 정신분석가이자 로르샤하와 가까운 친구였던 오베르홀처는 잉크반점에 의해 발생하는 투사에 관심이 있었다. 로르샤하는 사망하기 몇 주 전 자신이 스위스 정신분석학회에 제출하려고 준비하던 논문에 대해 오베르홀처가 평가해 주기를 원했다고 하는데, 로르샤하가 최종적으로 완성하지는 못한 그 논문의 내용은 새로운 개념과 두 가지의 새로운 채점 범주, 음영의 특징에 관한 것과 평범 반응에 대한 내용이었고, 결국 오베르홀처가 대신 그 논문을 발표하게 되었다(Rorschach & Oberholzer, 1923). 이 논문은 이후 『심리진단』 개정판에 추가되었다. 오베르홀처는 이후 검사의 개발과 사용에 중요한 역할을 한 사람이기도 하다.

유럽의 초기 **로르샤하** 사용자들은 반응 내용에 관심이 있었으나, 아무도 불규칙했던 내용의 해석 체계를 정리하고 이용하려 하거나 반응의 지각적 특성에 관한 로르샤하의 가정을 확장시키려 하지는 않았다. 1932년 한스 빈더가 색과 음영 반응에 대한 정교한 체계를 출간하였을 때까지도 새로운 채점 또는 채점 범주를 주장한 사람은 없었다. 로르샤하와는 달리 빈더의 체계는 경험적으로 개발된 것이 아니라 논리적이고 직관적인 기준에 의해 개발된 것이었다.

로르샤하의 발전에는 많은 사람과 사건이 기여하였는데, 이미 앞에 언급한 오베르홀처는 그중 한 사람이다. 그는 미국에서 심리검사가 개발되고 성장하도록 기여한 사람 중 하나다. 1920년대 중반, 그는 다양한 분야에서 두각을 나타냈지만, 특히 아동 분야의 전문가로 존경받는 정신분석가였다. 그의 명성을 따라 미국의 정신의학자였던 데이비드 레비는 스위스에서 1년간 오베르홀처와 함께하면서 **로르샤하**의 연구에 대해서 배우게 되었다. 레비는 미국으로 돌아오면서 잉크반점 사진의 사본 몇 장(아직 정식으로 출판되지 않은)을 가져왔고, 아동을 대상으로 그것을 사용해 보려 하였다. 레비에게는 검사를 사용하고 연구하려는 의도 외에 다른 관심사들도 많았다. 그는 오베르홀처의 논문 중 하나를 번역하여 1926년에 발표했다. 그 당시에 레비는 뉴욕 시 교육기관의 정신의학자였는데, 그 기관은 뉴욕 시 학교의 아동을 위한 사업을 하고 있었다. 특히 정신의학적인 상담을 제공하고 뉴욕 시와 인근의 특수아동을 위해 봉사하는 일이 주요한 일이었으므로 자연스럽게 정신의학 및 심리학을 공부하는 학생들의 수련기관이 되었다.

1927년 컬럼비아 대학교의 대학원생으로 그 기관에서 학생 연구자 장학금을 수상하였던 새뮤얼 벡이 다양한 지능검사, 적성검사 및 성취 검사를 시행하고 해석하는 방법을 배우며, 주 당 몇 시간씩 연구를 했다. 1929년까지 벡은 논문에 적합한 연구 주제를 찾던 중 어느 오후, 레비와 대화를 하다 레비에게서 그가 스위스에서 돌아오는 길에 가져온 **로르샤하** 그림들의 사본과 로르샤하가 쓴 논문의 복사본을 빌리게 되었다. 벡은 검사에 관심을 가지게 되었고, 레비의 지도하에 검사를 연습했다. 그리고 그는 논문 지도교수인 저명한 심리학자 로버트 우드워스에게 표준화 작업에 대한 생각을 말했다. 우드워스는 로르샤하의 연구에 대해 잘 몰랐지만, 부분적으로 잉크반점을 자극으로 사용하던 게슈탈트 학파의 실험은 잘 알고 있었다. 벡과 함께 검사를 재검토한 후에, 우드워스는 아동을 대상으로 한 표준화 작업이 개인차 연구에 기여할 수 있을 것이라는 데 동의했다. 이렇게 로르샤하의 사망 7년 만에 **로르샤하**에 대한 체계적인 연구가 처음으로 시행되었고, 이로 말미암아 벡은 합법적으로 중요한 그림 중 하나를 만들 수 있는 경력을 가지게 되었다.

벡이 연구를 위해 자료를 모으고 분석하는 데는 거의 3년이 걸렸고, 그것은 약 150여 명의 아동을 대상으로 실시되었다. 벡이 연구를 시작한 얼마 후에 10년 전 그가 클리블랜드에서 신문기자로 일하던 중 알게 된 두 명의 친구인 랄프와 마그리트 헤르츠 중 헤르츠가 뉴욕을 방문하게 되었다. 그 당시 헤르츠 역시 클리블랜드의 웨스턴 리저브 대학교에 재학 중인 심리학과 대학원생이었다. 헤르츠는 방문 중에 벡에게서 **로르샤하** 연구에 관한 견해를 듣게 되고, 그림을 보게 되었다. 그녀는 그 검사의 대단한 잠재성을 재빨리 인식하고 검사에 대해 논문을 쓸 수 있도록 요청했다. 그녀는 벡과 유사한 연구를 계획했으나, 표본에서 몇 가지 변인이 추가되었다. 이렇게 검사에 대한 두 번째 체계적인 연구가 시작되었다. 이 두 논문은 모두 1932년에 완성되었다. 졸업 후에, 헤르츠는 클리블랜드의 브러시 재단에서 아동을 연구하게 되었고, 벡은 보스턴 정신병원과 하버드 대학교 의과대학과 협력하여 연구를 계속하였다.

벡과 헤르츠는 모두 논문에서 반응의 기호화나 채점에 관한 로르샤하의 체계에 어떤 새로운 요소도 추가하지는 않았다. 아동의 반응에 관련한 중요한 자료를 추가하였으나 더 중요한 것은 그들이 각각의 반응을 접하며 얻은 경험일 것이다. 그러한 경험을 통해 그들은 로르샤하가 의도하였던 **로르샤하**의 개념을 더욱 잘 이해하게 되었고, 두 사람 모두 더 많은 연구의 필요성을 절감하면서 연구를 완수했다.

만약 누군가가 그 당시에 미래의 **로르샤하** 개발에 대해 예견하였다면, 장차 일어날 논쟁에 대해서도 자연스럽게 예측을 하였을 것이다. 벡과 헤르츠는 모두 엄격한 경험적 이론의 틀에서 훈련을 받았으며, 대부분의 결론을 비롯한 그들의 논문의 발견은 많은 부분이 서로 비슷했다. 그러나 당시의 역사적 사건들 때문에 이들의 노력은 각기 다른 방향으로 발전하게 되었다.

가장 중요한 사건은 독일에서 히틀러의 힘이 막강해지면서 시작된 혼란이었는데, 이는 심리학자들의 삶과 연구에 큰 영향을 주게 되었다. 독일에서 나치의 힘에 가장 먼저 영향을 받은 사람은 브루노 클로퍼였는데, 1922년에 뮌니치 대학교에서 박사 학위를 받은 그는 아동 전문가로 교육과정과 교육과정 결핍에 따른 정서 문제에 관심을 가지고 있었다. 그는 아동교육을 위한 베를린 정보센터의 최고위원으로 일했다. 그곳은 벡이 초기 연구를 했던 뉴욕의 아동교육기관과 목적이 비슷한 곳이었지만, 벡과는 달리 1932년까지 클로퍼는 **로르샤하**에 관심이 없었다. 그의 수련과 이론 모두는 엄격하게 현상학적인 것이었고, 그의 관심사는 변함없이 프로이트와 융의 정신분석 이론에 대한 것이었다. 그는 1927년에 개인 분석을 시작했고, 정신분석가로 개업하기 위해 1931년 교육 분석을 시작했다. 1933년까지 독일 정부는 베를린의 정보센터에서 하던 아동 연구에 적잖게 간섭을 하였고, 비유대인 아동과 유대인 아동에 대한 서비스에 대해 탄압을 하였다. 이에 클로퍼는 독일을 떠나기로 결심하였다. 클로퍼의 교육 분석가였던 베르너 하일브런[1)]은 독일을 벗어난 클로퍼가 많은 전문가를 만나서 지원을 받을 수 있게 도와주었다. 칼 융은 긍정적인 반응을 보였고, 그는 클로퍼가 취리히에 온다면, 그의 직장을 제공해 주기로 하였으며, 1933년에 그 약속을 지켰다.

융이 클로퍼에게 제공한 직장은 취리히에서 다양한 직업을 가진 지원자들을 대상으로 여러 심리검사를 실시하여 사정하거나 배치하는 기능을 하는 곳이었다. 여러 기법 사이에서 통상적으로 로르샤하가 사용되었기 때문에 클로퍼는 로르샤하를 실시하고 채점하는 방법을 배웠다. 그를 지도해 준 사람은 앨리스 가바스키였다. 이 일을 9개월 동안 하면서, 클로퍼는 『심리진단』에서 로르샤하가 제안한 몇 가지 가정에 관심을 가지게 되었지만, 검사를 사용하거나 교육하는 데 큰 관심은 없었다. 그는 정신분석을 중시하였고, 취리히에 머무는 동안 융과의 의미 있는 개인적 경험을 가질 수 있었다. 취리히에서 그의 역할은 과거 베를린의 상임위원과 같은 명망 있는 위치와 비교해 볼 때 매우 불만족스러운 것이었다. 그래서 그는 스위스와 다른 나라에서도 계속 다른 자리를 찾다가 컬럼비아 대학교 인류학과에서 연구조교로 일하게 되었다. 1934년에 미국으로 이주하였는데, 이 시기는 벡이 스위스로 가서 록펠러 재단의 도움을 받아 오베르홀처와 1년간 함께 연구한 시기 즈음이었다. 스위스에서 벡은 로르샤하의 개념과 가정을 더 잘 이해하게 되었다. 1934년까지 벡은 성격 구조와 개인차의 연구에 기여한 로르샤하의 잠재적 가치를 설명하는 논문을 9편이나 발표하였다. 그중 처음의 3개는 벡이 논문을 완성하기 전에 발행되었고, 1934년에 이르러 미국에서는 검사의 개발에 대해 상당히 관심을 보였다.[2] 이러한 관심은 정신의학과 심리학 모두에서 나타났고, 로르샤하 사망 후 10년 동안에 유럽에서 전개된 관심과 비슷했다. 그러나 점차적으로 검사를 널리 사용하던 대부분의 유럽 상황과는 달리, 미국에서 검사를 배우는 학생들에게 다음과 같은 어려움이 있었다.

첫째, 로르샤하의 논문은 쉽게 읽기가 어려웠는데, 1942년까지는 영어로 번역되지 않아 복사본은 있었지만 독어에 매우 능통한 사람만이 이해할 수 있었다. 둘째, 무엇보다 검사가 유럽의 경우처럼 널리 사용되지 않았다. 그러다 보니 학생들도 로르샤하의 실시와 채점 또는 결과를 이해하는 방법을 배울 기회가 거의 없었다.

벡은 2년간 하버드 대학교 의과대학과 보스턴 정신병원에서 로르샤하를 실시하고 채점, 해석하는 방법을 가르쳤고, 헤르츠는 브러시 재단에서 전문가들을 대상으로, 웨스턴 리저브 대학교에서는 학생들을 대상으로 가르치기 시작했다. 레비는 1933년에 시카고의 마이클 리스 병원의 신설 아동 단체의 책임자가 되어 뉴욕을 떠났는데, 그는 소수의 전문가에게 검사 실시 방법을 가르쳤다. 하지만 이런 기회와는 다른 비정규적인 교육

1) 그는 클로퍼를 돕다가 약 4년 후에 스페인 시민전쟁을 위한 군대에 참가하기 위해 클리닉을 떠났다. 그는 헤밍웨이의 작품에서 '의사' 모델이 되기도 했다.

2) 우드워스는 벡의 투사 개념에 관심이 커서 출판을 서둘렀다. 벡은 *The American Journal of Psychology*의 편집장이었던 우드워스가 출간을 도와주었다고 밝히고 있다(개인적 서신, June 1963).

이 실시되고 있었다. 관심을 가졌던 학생들은 특별한 이유에서가 아니라 단지 검사에 대한 정규적인 교육을 받을 수 없었기 때문에 좌절했고, 따라서 클로퍼에게 여기저기서 강의가 요청될 수밖에 없었다. 이 때문에 그는 '로르샤하를 배우고자 하는 이들' 사이에서 꽤 유명 인사가 되었다.

1934년 말에, 컬럼비아 대학교의 일부 대학원생들은 클로퍼가 취리히에서 검사에 대해 배웠다는 것을 전해 듣고 인류학 분야의 연구에 사용하기 위해 주임교수였던 우드워스에게 검사에 대한 세미나를 신청했다. 그 분야에서 우드워스가 상대적으로 알려지지 않아서 클로퍼는 마지못해 세미나를 개최할 것을 약속했지만, 검사에 대한 정규적인 교육은 벡이 스위스에서 돌아온 후에 벡에게 받도록 기다리라고 하였다. 그러나 학생들은 단념하지 않았고, 주 2회씩 클로퍼의 숙소에서 비정규 세미나를 개최해 주길 요청하였다. 이에 클로퍼는 6주간의 세미나에서 7명 이상이 약간의 수강료를 지불하는 조건으로 학생들의 제의를 받아들였다.

이렇게 사적으로 열린 첫 번째 세미나에서 클로퍼는 실시와 채점의 기초를 가르치고자 하였지만, 로르샤하 연구 자체가 미완성이었기 때문에 그 체계는 한계가 있었다. 거의 매회 세미나에 참가한 이들은 검사 실습을 통해 모은 반응에 대해 논의할 때마다 다양한 잉크반점 영역에 대한 적절하지 않은 명칭이 결과를 논의하는 데 어려움을 초래한다는 데 의견의 일치를 보았고, 아울러 음영을 강조하는 잉크반점에 대한 다양한 반응을 구분하는 기호나 채점 체계가 필요하다는 점에 대해 밤늦게까지 논쟁을 벌였다. 클로퍼는 이 검사의 미래는 이러한 점들이 어떻게 해결되느냐에 따라 결정될 것이라 생각했다. 그는 자신감 있는 교육자이자 연구자였다. 그의 노력으로 열정적인 학생들도 검사에 대해 끊임없는 관심을 가지게 되었는데, 검사가 미완성품이라는 사실 또한 매우 흥미를 유발하는 점이었다.

세미나가 끝나기 전에 학생들은 세미나를 6주간 연장하기로 결정했고, 컬럼비아 대학교와 뉴욕 대학교의 학생들도 클로퍼에게 두 번째 그룹을 만들어 주길 요청하였다. 그렇게 세미나는 세 번째로 이어졌다. 각각의 세미나를 통해, 반응 영역을 구분하기 위한 새로운 점수 체계가 논의되었고, 현재의 점수 체계에 추가하기로 합의되었다. 1925년 말까지 몇몇의 새로운 점수 체계가 추가되고, 더 많은 것이 검토되었다. 클로퍼의 그룹은 음영 반응의 문제를 놓고 빈더(1932)의 의견에 기초하여 접근하였으나 그 후에 일부는 새로 정의되고, 다른 것들은 새롭게 만들어졌다.

1936년까지 클로퍼는 대부분의 시간을 로르샤하 연구에 바쳤다. 클로퍼와 그의 제자들이 검사의 개발 방법을 찾는 그 시간 동안, 주변에서는 이런 직관적 개혁을 쉽게 받아들이지 못했다. 미국심리학회는 순수한 과학 연구 전통에 매우 가까운 입장이었기 때문에 자체적으로 설립된 현상학을 미심쩍게 보았다. 행동주의자들은 비웃었고, 엄격한 경험주의자뿐만 아니라 누구도 그 검사를 수용할 의지가 없었으며, 편견을 가지고 있었다. 이 때문에 클로퍼는 검사 개발과 보급을 위해 무언가 확실한 것이 필요하다고 여겼다.

세미나를 통해 점수 체계가 채택되거나 새로운 체계가 개발되자, 클로퍼는 로르샤하에 관한 정보를 보급할 필요성을 느꼈고, 그 가능성을 믿었다. 그는 1936년 *The Rorschach Exchange*라는 인쇄물을 발행하기 시작하였고, 이것은 나중에 *Journal of Projective Technique*가 되었으며, 결국 *Journal of Personality Assessment*가 되었다. 이것의 원래 목적은 클로퍼가 사적으로 개최한 세미나와 그가 컬럼비아 대학교에서 지도·감독하던 세미나에서 개발한 검사의 최신 정보를 제공하는 것이었다. 그렇지만 클로퍼는 두 번째 목표로, *The Exchange*를 검사에 관한 경험, 생각, 자료를 공유하는 잠재적 수단으로 사용할 의도가 있었다. 그는 벡, 레비, 헤르츠 및 오베르홀처를 초청하여 검사의 경험에 대한 각자의 의견을 교환하게 된다면, 검사를 더 빨리 개발할 수 있는 장이 대외적으로라도 마련될 것이라고 예상하였던 것이었다. 그러나 실제로 그 기대가 실현되기에는 어려움이 있었다.

*The Exchange*를 통한 노력이 전개되기 직전에 벡은 한 편의 논문을 학술잡지에 발표하였는데, 그 내용은 일부 스위스 정신의학자들을 극도로 비판하는 것이었다. 특히, 블로일러와 그의 아들 만프레드에 대해 반응을 채점하는 방식에서 너무 주관적인 방법을 채택하고 있다고 했다. 그 논문의 제목은 「로르샤하 채점의 자폐증」으로, 벡은 로르샤하가 개발한 채점 체계에서 벗어나는 것에 대해 가혹한 비난을 가했다. 이전의 논문에서 드러났던 것처럼 벡은 실시, 채점 및 해석에서 고정된 표준화를 위해서는 매우 주의 깊은 체계적 연구가 필요하다고 지적해 왔다. 그렇게 확고한 입장을 고수하던 벡이 검사의 점수 체계를 바꾸려는 클로퍼의 운동에 찬성할 리 없었다. 클로퍼 그룹이 개발한 점수 체계(Klopfer & Sender, 1936)가 잘 조직화되고 주의 깊게 연구된 것에는 의문의 여지가 없었지만, 비교를 위한 기준 자료가 부족했고 로르샤하가 개념화하고 정의한 채점 체계나 벡, 헤르츠 등이 실험한 결과에서 벗어나 채점 체계를 변화시킨 것 자체가 검사를 경험주의적인 시각에서 연구해 온 사람들에게는 수용하기 어려운 것이었다.

이러한 상황은 클로퍼에게 불리했을 뿐 아니라 1937년 초에는 불행한 일에 이르게 되었다. 벡은 1936년에 *The Exchange*로부터 원고를 요청받았을 때, 그 자신이 거의 2년 동안 준비해 온 원고의 사본을 클로퍼에게 보냈다. 이 원고는 그의 첫 번째 책인 『로르샤하 방법의 개관』으로 1937년에 미국 예방정신의학회의 첫 번째 논문으로 출간되었고, 후에 '벡의 지침서'로 알려진 것이었다. 클로퍼는 1937년 *The Exchange*에 대한 주된 논쟁에 맞서 벡의 지침을 비평한 글을 게재하게 되는데(Klopfer, 1937a), 그 내용은 '벡은 반응에 대해 좋은(good) 또는 빈약한(poor) 형태 특성의 질을 채점할 기준에 대한 그의 비평과 어떤 다른 채점 기호도 첨가하지 않으려 한다.'는 부정적인 내용의 글이었다. 클로퍼는 두 번째로 발행한 *The Exchange*로 벡을 자극하게 되었다(Beck, 1937b). 클로퍼의 접근에 대해 비판한 벡의 「로르샤하의 몇 가지 문제점들」이라는 논문은 두 사람의 견해에 매우 중요한 차이가 있음을 분명하게 하는 계기가 되었다. *The Exchange*에는 클로퍼를 따르는 제자나 견해를 선호하는 이들에 의해 벡의 논문에 대한 비평들이 실렸고, 어떤 사람들은 아예 적대감을 표현하기도 했다. 그렇지만 오히려 이러한 움직임들은 결과적으로는 벡의 생각을 더욱 확고히 한 셈이었다.

헤르츠는 매우 곤혹스러워하며 벡과 클로퍼의 논쟁에 동참하게 되는데, 그녀는 검사가 더 연구되고 개발될 필요가 있다는 데는 벡과 의견이 같았지만, 약간 다른 견해를 가지고 있었다. 그녀는 클로퍼와 연구했던 경험이 있었고, 개인적인 친분을 맺고 있었다. 또한 그녀는 검사를 연구하는 접근 방법을 체계화하기 위해 클로퍼의 노력에 긍정적인 태도를 보이게 되었지만, 한편으로는 벡과 같이 엄격하고 주의 깊은 연구를 주장했다. 벡과 클로퍼의 분열이 *The Exchange*의 지면을 통해 분명해졌을 때, 중재 역할을 해야 했던 그녀는 1937년 *The Exchange*에 논문을 발표하여 자신의 의견을 개진하게 되었다(1937). 그녀는 벡이 결론을 내리는 데 사용하였던 상대적으로 제한된 자료들을 명시하고 지지했으며, 동시에 상징의 모호함을 배제한 채 점수 체계를 매우 주관적으로 정의했다며 클로퍼 그룹을 비판했다. 이 논문은 벡과 클로퍼가 화해하는 데 아무런 도움을 주지는 못했지만, 두 사람의 접근 태도에 대해 재고해 보아야 할 결정적인 요소들을 지적한 데 의미가 있었다. 그 이후에도 그녀는 검사에 대한 접근법을 통합할 수 있으리라 기대하였고, 지속적으로 화해와 절충을 위한 의견을 간행물에 게재하였다(1939, 1941, 1952b).

벡과 클로퍼 사이에 '절충점'을 찾고자 노력했던 헤르츠와 여러 사람의 노력에도 불구하고, 분열은 더욱 심해졌으며, 1939년 더 이상의 화해의 여지가 없을 지경에 이르렀다. 그 후 이들 사이에 더 이상의 의사소통은 없었다. 스위스에서 돌아온 후, 벡은 레비에 의해, 마이클 리세 병원과 시카고 대학교에서 공동으로 직위를 인정받으며 일할 수 있게 되었다. 1944년에서 1952년 사이, 그는 **로르샤하**에 관한 자신의 견해를 밝힌 세 권의 시리즈를 출간하였다(1944, 1945, 1952). 클로퍼는 제2차 세계대전이 끝날 때까지 뉴욕의 시티 대학교와 컬럼비아 대학교에 적을 두고 있다가 후에 로스앤젤레스 캘리포니아 대학교 교수로 임명되었다. 1942년에는 더글러스 켈리와 공동으로 저술한 검사에 대한 그의 첫 번째 저서가 출간되었다. 1954년에서 1970년 사이에 클로퍼와 동료들은 검사를 사용하기 위해 그가 만든 체계를 반영한 세 권의 시리즈를 출간하였다(Klopfer, Ainsworth, Klopfer, & Holt, 1954; Klopfer, Meyer, Brawer, & Klopfer, 1970; Klopfer et al., 1956).

헤르츠는 웨스턴 리즈 대학교의 교수로서 클리블랜드에 남아 있었다. 그녀는 검사에 관한 60개 이상의 논문을 출간하였고, 매우 정교한 '빈도표'를 추가하였으며, 이는 형태의 특성을 점수화하는 데 사용하기 위해 몇 번 수정되었다(1936, 1942, 1961, 1970).[3] 결과적으로, 이 세 사람은

3) 헤르츠는 1930년대 중반에 검사에 대한 자신의 접근법을 설명하기 위해 논문을 쓰기 시작했다. 이는 브러시 재단에서 수집한 많은 양의 자료를 바탕으로 한 것이다. 브러시 재단이 문을 닫자 이 자료들은 파손되었고, 그녀는 그 비극적 사건을

이론적으로나 경험적으로 편향된 자신의 내용을 기초로 각자 **로르샤하** 개발의 길을 가게 된다. 이로써 **로르샤하**가 매우 다른 세 개의 점수 체계로 나뉘게 된 것이었다. 그러나 검사는 더욱 발전되었다.

클로퍼의 첫 번째 세미나의 참석자 가운데는 뉴욕의 신경정신의학 기관에서 박사 학위를 취득한 동료이며, 실험심리학을 수련받은 지그문트 피오트로브스키가 있었다. 그는 1927년 폴란드의 포즈난 대학교에서 박사 학위를 받은 후 다양한 대학에서 공부하면서 그의 식견을 넓히길 원했고, 박사 학위 취득 후 파리의 소르본 지방에 머물렀다. 그 후 컬럼비아 대학교의 내과, 외과에서 전임강사와 '박사 후 과정 연구강사'로 일했다. 그는 상징적 논리에 관심이 있었고 신경학에 대해 더 배우길 원했다. 대학원생일 때 검사의 사용 방법을 배우던 동료를 위해 피검자가 된 경험이 있음에도 불구하고, 그는 **로르샤하** 검사에 대해 거의 몰랐으며, **로르샤하** 검사가 모호하다는 견해를 가지게 되었을 뿐 관심은 거의 없었다.

그는 컬럼비아 대학교에서 박사 후 과정 연구강사로서 심리학과의 대학원생들과 접촉할 기회가 잦았고, 그들 덕분에 클로퍼의 세미나에 참여하게 되었다. 이렇게 우연하게 참여하게 된 세미나에서 **로르샤하**에 대해 큰 관심을 가지게 되었다. 그는 클로퍼가 주문한 검사의 개발에 관한 연구가 아니라 검사 반응의 창의성 혹은 독창성을 더 잘 구분해 낼 수 있는 검사의 잠재력에 더 관심이 있었다. 그는 특별히 '신경학적인 문제가 검사 상황에서 어떻게 기여할 수 있을지'에 대해 관심이 있었다. 피오트로브스키는 클로퍼의 첫 번째 세미나 기간 동안에 클로퍼와 매우 친하게 지내면서 클로퍼의 체계에서 고정된 점수에 대한 견해에 일부 기여하기도 했다. 그러나 클로퍼의 접근에 대한 벡의 비난이 강화되면서 그는 클로퍼 그룹에서 멀어져 커트 골드슈타인의 지도하에, '신경학적인 손상 연구'에 더 많은 시간을 투자하였고, 1939년에 고국으로 돌아가기로 했었다.

1939년 가을, 독일이 폴란드를 침략하면서, 피오트로브스키는 진로를 바꿔 신경학적 손상에 대한 연구를 계속할 수 있는 필라델피아의 제퍼슨 의과대학에서 자리를 제안받게 되었다. 거기서 그는 **로르샤하**에 대한 몇 가지 자신의 생각을 실험했다. 이 후 1950년 검사에 대해 자신이 접근해 온 방식의 핵심을 모아 논문을 발표했다. 그 후, 1957년 검사 사용에 대한 구체적인 논문 「지각분석」을 출판하였고, 검사 사용 체계와 지각적 이해에 대한 자신의 생각을 개진했다. 이로써 벡과 클로퍼, 헤르츠와는 또 다른 **로르샤하**에 대한 네 번째 접근법이 탄생한 셈이었다.

피오트로브스키가 검사에 관한 연구를 완성하기 전에, 또 다른 인물이 미국에서 **로르샤하**가 사용되고 개발되는 데 의미 있는 영향을 미치고 있었다. 바로 데이비드 라파포트에 의한 움직임이

다음과 같이 개인적으로 묘사하였다.(1968)
"어느 날, 자료와 문헌을 정리해야 할 것이라 생각되어 클리닉에 전화하고 서둘러서 대학원생들과 찾아갔다. 당황스럽게도 나의 모든 자료가 우연한 실수로 불에 타 버렸다는 사실을 알았다. 모든 **로르샤하** 기록, 모든 심리학적 자료, 작업표, 나의 논문이 재로 변했다. 그 상실감은 보상받을 수 없는 것이었다."

다. 당대의 많은 사람처럼 라파포트는 파자머니에 있는 '로열 헝거리안 페트루스'에서 박사 학위를 받은 직후인 1938년에 유럽에서 떠났다. 그의 이론적 성향은 엄격한 정신분석이었고, 수련받는 동안 '사고의 과정(특히, 병리적 사고)'에 대해 관심을 가지게 되었다. 그는 로르샤하에 관한 경험뿐 아니라 로르샤하나 다른 심리검사에 대한 강한 관심도 거의 없었다. 그의 장점은 이론에 있었는데, 그의 전문적 희망은 전통적 분석적 모델에서 '자아(ego)'의 기능에 대한 당대의 개념에 대해 연구하는 것이었다. 미국으로 온 후, 그는 뉴욕의 마운트 시나이 병원에서 잠시 일했고, 그 후에 캔자스의 오스와토미 주립병원에 취직했다. 여기에 취직한 이유는 부분적으로는 재정적 필요에 의한 것이었으나, 주 목적은 정신분석적 이론과 그 중심지였던 '메닝거재단'이 가까이 있었기 때문이었다. 오스와토미에서 일하면서, 그는 메닝거재단과 자주 접촉하게 되었고, 1940년에 간부로 임명되었으며, 2년 후 심리학 분야의 수장이 되었다. 로르샤하와 다른 검사에 대한 그의 연구는 로르샤하 카드 자극들이 피검자의 관념적 활동에 사용될 수 있으리라는 기대를 강하게 해 주었다. 또한 그는 투사의 과정과 성격 연구와의 관련성에 관한 헨리 머레이(1938)의 영향을 받았다.

칼 메닝거의 지도에 따라서 라파포트는 사람의 심리적 기능에 대한 어떤 그림을 그려 보기 위한 목적으로 몇 가지 심리검사의 효율성을 검증하고 강화시킬 수 있는 프로젝트를 구상하였다. 그는 자신의 수련이 심리측정학적 연구를 위해 충분하지는 않지만, 우수한 연구팀이 주변에 있었고, 기관의 연구원들과 캔자스 대학교의 대학원생들에게 모두 도움을 받을 수 있다는 것을 알고 있었다. 이 팀에는 그 기관의 정신의학자였던 머톤 길과 캔자스 대학교의 대학원생이자 인턴이었던 로이 샤퍼가 있었다. 로르샤하를 포함한 8개의 심리검사의 임상적 적용에 초점을 맞추고 있었던 프로젝트의 성과는 자신 있게 쓴 두 권의 검사 시리즈와 『진단적 심리검사』(1946)로 절정에 이르게 된다. 이 연구에서는 검사 배터리가 개인을 통합적으로 풍부하게 이해할 수 있는 매우 중요한 자료를 제공할 것이라는 견해를 강조하고 있었다.

라파포트는 벡과 클로퍼 사이의 논쟁을 잘 알고 있었고, 어느 한쪽의 입장을 옹호하기보다는 클로퍼와 어떤 측면에서는 유사하면서도 정신분석적 관점에 몰두하는 데 더 영향을 받았다. 라파포트는 그 두 권의 시리즈에서 자료를 강조하는 도표와 그래프를 빈번하게 사용하였으나 결과는 종종 다른 연구자들에 의해 무시되었고 개인의 심리학에 대한 라파포트의 논리를 반영하는 자료가 소홀히 다루어졌다. 라파포트와 클로퍼 그룹이 검사를 개발하기 위해 각자의 노력을 통합하였다면 로르샤하의 사용에 훨씬 더 영향을 미칠 수 있게 되고, 라파포트가 로르샤하가 제안한 기본 가정에서 벗어나려는 경향을 줄일 수 있었을 것이다. 그러나 이러한 통합이나 타협은 불가능했고, 1946년에 각각의 네 가지 접근이 양립할 수 없다는 결론하에 다섯 번째 접근의 씨앗이 뿌려졌다.

두 권의 시리즈를 출간한 후, 라파포트는 심리검사 연구를 접어 두고, 원래의 관심사인 '자아' 기능에 관한 세분화된 모델을 개발하는 것으로 돌아갔다. 그러나 이미 그가 개발한 체계는 로르샤하를 사용하는 많은 사람에게 영향을 미쳤고, 1954년 샤퍼의 『로르샤하의 정신분석적 이해』라는 고전적인 연구 저작을 통해 채점 체계의 질이 향상되었다. 이는 단순히 라파포트가 만든 로르샤하 모델에 추가된 것뿐 아니라 성격 역동의 광범위한 평가를 유도하기 위한 내용 분석에서 획기적인 표상으로, 라파포트가 시작한 연구는 샤퍼에 의해 풍성해지고 열매를 맺게 되었다. 이렇게 20년이 조금 넘는 짧은 기간 동안(1936~1957), 다섯 개의 미국 로르샤하 체계가 개발되었다(Exner, 1969).

그 무렵 유럽에서도 로르샤하에 대한 연구가 활발해서 많은 논문이 출판되었다. 에볼드 본의 연구가 *Lehrbuch Der Rorschach Psychodiagnostik*의 제목으로 출간되던 1957년까지는 로르샤하의 논문이 교과서로 사용되었다. 본은 로르샤하의 개념을 따르면서 검사의 실시와 채점의 기초적인 견해를 내놓았다. 그는 벡, 클로퍼, 헤르츠 및 피오트로브스키의 연구 결과를 숙지하고 있었고, 해석에 관한 권고에 그들의 견해를 부분적으로 인용했다. 결과적으로 본은 여섯 번째 체계를 만들게 되었고, 그의 체계는 한동안 유럽에서 널리 사용되었다.

이렇게 다양한 접근 방법이 시도되었지만, 로르샤하 방법은 심리진단의 한 주류로 꾸준히 발전되어 왔다. 실습생들과 연구자들은 이러한 방법론에 대한 5~6개나 되는 다른 접근 방식을 다 배우려고 하지는 않는다. 다른 검사 체계라는 점뿐만 아니라 그 체계들 간의 차이점에 대해 충분히 알지 못하거나 심지어는 그 차이를 매우 적게 인식하기도 했다. 대부분 하나의 검사로서 로르샤하를 인정하고 그에 대한 연구자들 개개의 의견이 그 입장에 따라 동의하거나 혹은 비판하는 것으로 서로 간에 공존할 수 있는 것이라 생각했다. 이러한 타협적 견해는 아마도 로르샤하 검사의 특성에 대한 투사의 개념과 같은 공통적 요소에 대한 연구가 발표되고 지지되면서, 이 체계들 간의 차이점을 넘어서는 공통적인 요소를 연결하려는 시각의 맥락에서 이해될 수 있을 것이다.

투사의 개념과 투사적 기법

20세기 초, 30여 년간의 심리학은 주로 지능을 측정하기 위한 검사나 태도, 성취 수준, 운동 기술, 그리고 지능과 관련된 인지적 조작에 대한 연구에 응용되어 왔다. 물론 성격의 특징을 연구하기 위해 개정된 방법이 있었지만, 전형적으로 그것들은 내향성, 지배성, 유연성 등과 같은 단순한 특징을 측정하기 위해 고안되었다. 이러한 예들은 성격의 기술, 또는 진단이 내려졌을 때 면담이나 그 개인의 사회적 적응력 등을 통해서 그 해석 자료들을 제공하였다(Louttit, 1936). 이러한 노력과 함께 사용된 검사들은 피검자의 반응 내용을 중히 여기기보다는 집단 평균에서 이탈된 특별한 점수에 주의를 기울이는 전통적인 심리측정 원리에 의거해 구성되고 제작되었다.

초기 로르샤하 연구는 벡과 헤르츠의 연구처럼 동일한 형태를 따른 경우가 대부분이었다. 심리검사에서 적용할 수 있는 투사의 개념은, 투사 그 자체보다는 감정적 각성의 주제에 대해 좀 더 주목했던 융의 단어연상검사(1910, 1918)에서 제공된 의미 이상으로 공식화되지는 않았다. 로르샤하는 그의 실험에서 사이코그램을 개발하기 위해 반응의 빈도에 집중하였고, 때때로 반응의 내용이 사람의 성격에 관해 몇몇 정보를 제공할지도 모른다고 언급하였다. 그러나 그는 로르샤하 사용 방법에서 의미 있고 가치 있는 자료가 될 것이라는 점에 대해서는 회의적 입장이었다. 그는 과제가 연상의 흐름에 대한 기억을 환기하기보다는 오히려 그 과제에 적응하기를 요구한다고 주장하였는데(pp. 122-123), 20여 년이 지난 후에야 투사에 대한 개념이 로르샤하 검사 해석에 매우 중요하게 적용될 것이라는 견해가 제기되었다.

클로퍼가 그의 첫 번째 세미나를 시작했던 그 시기에 모건과 머레이(1935)는 주제통각검사(TAT)를 발표했고, 사람들은 모호한 사회적 상황에 직면하였을 때 자신의 성격에 대한 중요한 특징을 드러낸다는 전제에 동요했다. 3년 후, 머레이(1938)는 어떻게 투사의 과정이 모호한 자극 상황에서 작동하는지에 대해 정밀한 설명을 하게 되었고, 머레이의 개념은 자아방어의 부분적 형태로 지각된 내적 위협을 좀 더 쉽게 다룰 수 있도록 해 주는 것으로 다듬어지게 된다(Freud, 1984/1953a, 1896/1953b, 1911/1953c). 그는 후에 자연스럽고 익숙한 과정으로 묘사한(Freud, 1913/1955) 프로이트의 가정(내적으로 경험된 위험을 외적인 위험으로 이동시키는 방어기제)에 기원을 두고 있었다. 머레이는 방어가 관련될 수도 있고 그렇지 않을 수도 있는 자연적 과정으로 본 프로이트의 1913년 개념에서 투사의 개념을 정의하려 했다. 그는 투사란 어떤 모호한 특성을 가진 자극에 대해 반응할 때 피검자가 그 개인의 욕구나 관심사, 그리고 인지적 전환 과정에 포함되는 심리적인 조직화 또는 지각된 입력 정보 해석 방식에 의해 영향을 받는 그 개인의 경향이라 가정했다. 이런 개념은 프랭크(1939)에 의해 투사가설이라는 제목으로 구체화되었다. 프랭크는 임상가들이 이러한 행동의 경향을 촉진하기 위해 유용하고 다양한 기술을 적용하는 방식을 '투사적 기법'이라 명명했다. 로르샤하는 이러한 잠재성을 인정받으며 유용한 기술로서 인용되었다.

심리학과 정신의학의 시대정신은 이러한 움직임을 무르익게 하였고 로르샤하와 주제통각검사(TAT) 같은 방법이 가진 잠재성이 어떤 비교에 얽매이지 않고 개인의 구체적인 사례 연구에 사용될 수 있도록 임상가들의 관심을 자극했다. 심리역동이론은 대중성을 얻는 중이었고, 이러한 변화들—개인의 독특한 욕구, 관심사, 갈등, 그리고 유형에 대해 강조하는—은 전문가들 가운데에서 특히 임상가에게 새로운 위치를 제공했다. 1940년대 초, 투사적 방법을 참고한 사례 연구, 연구 논문, 견해, 주장들은 사실상 급류를 탄 듯 전문적인 논문들로 발표되었다. 10여 년 그리고 그 이후에도 새로운 투사적 기술은 계속 개발되었다. 루티와 브라우니(1947)는 1935~1946년에 20개의 검사들이 60% 이상 개편되면서 임상 장면에서 빈번하게 사용되어 왔다고 보고했다. 선드버그(1961)는 1959년의 자료를 이용해 루티와 브라우니의 조사를 반복해 보았고, 1936년과 1959년 사이에 20개의 가장 빈번히 이용된 검사들의 개정률도 76%에 이르렀다는 점을 발견했다. 루티와 브라우니의 조사에서 **로르샤하**와 주제통각검사는 가장 빈번히 이용된 도구 가운데 네 번째와 다섯 번째의 순위에 올라 있었다. 투사적 방법론을 강조하는 움직임은 1940년대와 1950년대 동안 임상심리검사 현장에서 계속 확장되었고, 그 이후 10여 년 동안에도 대중성을 확보하면서 지속되었다. 루빈, 발리스 및 페인(1971)은 1969년 검사 이용 현황 자료를 수집하였는데, **로르샤하**는 세 번째, 주제통각검사는 아홉 번째에 순위가 매겨졌음을 확인했다.

30여 년 동안 **로르샤하**에 관한 많은 문헌이 출판되었고, 1957년경에는 **로르샤하** 체계의 많은 부분이 안정적인 모양새를 가지게 되면서 분류를 시도한 어느 누구도 통합과 절충을 위해 무언가 선불리 하기도 어려워졌다. 1950~1970년에 출판된 연구 논문 중에는 독특한 체계가 제안되었으나 큰 가치를 지니지 못했다. 그것이 부정적이든 긍정적이든 문헌에 보고된 내용을 저자, 독자 및 전문가들은 보편적인 방식으로 해석할 수 있었다. 그 당시의 보편적 인식으로는 여러 분류자들이 제시한 방법들의 중요한 차이를 간과해도 큰 차이 없이 해석이 가능했다.

체계 간의 차이

5개의 미국적인 접근 방식에 대한 비교 분석 자료들이 『**로르샤하** 체계(The Rorschach System)』로 출판되었다(Exner, 1969). 그것은 벡과 클로퍼 간의 논쟁에 의해 촉발된 것이기도 했다. 그들은 그들 나름대로의 입장을 서로 만나 이야기해 볼 것을 제안받았다. 양쪽은 거절하면서도 그들의 견해 차이가 연구들을 보다 정밀하게 검토함으로써 비교되어야 한다는 의견을 전달했다(Beck, 1961; Klopfer, 1961). 처음에는 그러한 검토 작업이 단순할 듯하였지만, 헤르츠, 피오트로브스키, 또는 라파포트-샤퍼에게서 훈련받은 사람이거나 그들과 유사한 견해를 가진 이들의 연구 논문을 수집하는 것은 매우 어려운 일이었다. 또한 **로르샤하** 체계에 대해 다룬 연구 논문은 매우 광범위하게 분산되어 있고, 때로는 왜곡된 것도 있어 그러한 연구들을 집약하여 책이나 논문집을 완성하는 것은 꽤 긴 시간이 필요한 일이었다.

다섯 개의 미국적인 체계들 간의 차이점에 대해 엄청난 비교 작업이 이루어졌는데, 이 다섯 개 중 두 개가 검사 수행 시 동일한 자리 배치를 제안하고 있었을 뿐, 동일한 검사 소개 지시를 제시한 체계는 없었다. 현실적으로 한 체계가 제안하는 지침 중 어느 것도 다른 체계에서는 이용되지 않았다. 각 체계는 반응에 대한 기호와 채점을 달리하였는데, 이것은 매우 큰 차이가 있었다. 로르샤하가 제시한 기준을 포함하고 있었지만, 그들만의 독특한 기준으로 변형되어 적용되고 있었다. 반점의 위치 영역을 확인하기 위한 기호들만 해도 5개의 체계에서 15개나 되었고, 이 15개의 부호 중 하나도 유사한 방식으로 정의되지 않고 있었다. 반점의 형태 특징 또는 윤곽을 묘사하기 위한 로르샤하 점수 기호 F를 포함한 다섯 개의 부호가 각각 중요하게 인식되었지만, 그 형태 특성이 적절하게 이용되었는지에 대해 평가하는 기준은 각자 달랐다. 운동 기호 M의 채점도 다섯 개 체계가 모두 달랐고, 유채색을 채점하는 16개의 기호들은 기호는 같으나 그 의미에 차이가 있었다. 가장 크게 불일치하는 범주가 음영 또는 무채색을 사용한 반응에 대한 의견이었다. 각 체계는 독특한 상징 체계와 판단 기준을 가지고 있었다. 그도 그럴 것이 로르샤하의 작업은 두 번째 논문이 출판되었을 때까지 출판을 통해 발생된 음영 특성에 대한 고려가 포함되어 있지 않았기 때문이다.[4)]

기호화하는 작업의 의견 차이는 해석에 또한 많은 차이를 낳게 되는데, 분류자들은 점수를 계산해야 하는 방법과 점수가 해석에 중요하다는 것에 대해 이견이 있었다. 그들은 많은 변인 중 의미가 없어 배제해도 될 변인에 대해서도 의견의 차이가 있었고, 변인들 간의 관계가 재산출되면서 해석적으로 의미 있는 값이 산출되는 것에 대해서도 의견이 달랐다. 그러나 각 체계들 간의 차이에도 불구하고 중요한 몇몇 해석적인 가정들은 같거나 또는 유사했다. 대부분 로르샤하의 원형적 특성에 근거하여 도출된 가정이었기 때문에 논리적인 해석자에게서라면 공통적인 맥락의 해석이 나올 수밖에 없었다. 이러한 현상은 로르샤하가 일관적이고 타당한 검사가 아니라는 주장에 대한 반박의 근거가 되었다.

4) 로르샤하는 버처 사에서 출판된 이후 나타난 음영 특성 때문에 (C)라는 새로운 기호를 고안하기도 했다. 그의 노력은 사후 오베르홀처에 의해 1923년 출판된 논문 *Psychodiagnostik*에서 소개되었다.

체계들 간의 차이로 로르샤하의 기본 개념은 기대보다 더 많은 신화적인 사실을 낳을 수 있다는 의견이 대두되었다. 즉, 다섯 가지의 독특하게 다른 로르샤하 채점 체계가 창조된 것처럼 각각의 결과들은 기대 이상의 정보를 산출한다. 몇몇은 분류자들에 의해 독특하게 미화되긴 했지만, 각각 동일한 스위스에서 만들어진 자극 그림을 이용했고, 로르샤하가 만든 로르샤하의 원형적 점수 대부분을 포함시켰다는 면에서, 그리고 기본적인 해석적 가정에서 매우 유사한 출생의 역사를 가진다.

종합체계

다섯 가지 체계에 대한 비교 · 분석에서 중요한 점을 발견했지만, 두 가지의 질문에 답을 구하지는 못했다. 그것은 어떤 체계가 가장 경험적으로 검증력이 있는가? 또 그중 어떤 것이 임상적 유용성에 점수를 줄 수 있을 것인가? 1968년 이러한 주제에 대해 협의하기 위해 로르샤하연구회가 마련되었다.[5)] 연구회에서 계획한 첫 번째 주제는 임상가들이 로르샤하를 어떻게 사용해 왔는지, 설계에서 문제점은 없는지, 자료에 대한 분석이 그 방법으로 연구를 하는 것에 의해 잘 수행되었는지에 대해 결정하기 위한 것 등이었다.

5) 이 모임은 실제로 '로르샤하연구모임(Rorschach Workshop)' 이라는 별칭으로 알려졌다.

세 가지 조사 작업 중 첫 번째 과제로(Exner & Exner, 1972) 미국임상심리학회의 분과 회원들과 사회 및 성격학회 회원 중 무작위로 선정된 750명의 임상가에게 질문지를 보냈다. 30개의 질문 가운데는 다섯 가지의 체계 중 어떤 체계로 수련받았는가, 다섯 가지 중 어떤 방식을 이용하는가, 어떤 것을 수용하겠는가, 어떤 지침을 선호하는가, 어떤 점수 체계를 지지하는가, 어떤 해석 체계를 채택하고 있는가 등과 같은 내용이 포함되어 있었다. 연구에 사용할 수 있는 응답지가 모두 395개(53%) 회수되었는데, 결과는 매우 인상적이었다. 5명 중 3명이 클로퍼 체계의 훈련을 받았고, 두 명 중 한 명꼴로 벡 방식의 훈련을 받았다고 보고했다. 반면에 5명 중 한 명의 비율로 피오트로브스키 식의 훈련을 받았고, 전체적으로 약 10%가 헤르츠나 라파포트 식의 훈련을 받았다고 보고했다. 이 분포를 예상치 않았던 것은 아니지만, 두 가지의 다른 영역의 결과도 유사하게 나왔다.

우선 질문에 답변한 임상가들의 22%는 전체 반응을 채점하는 것조차 하지 않았다. 그들은 주관적으로 내용을 분석하고 있었다. 또한 채점을 해 왔다고 보고한 308명의 응답자 중 232명(75%)은 채점 기록을 자기 나름의 개인적인 방식으로 수행하는 것을 인정했고, 한 체계와 다른 체계를 접목하거나 독특한 점수가 필요한 경우에는 첨가하는 등 검사를 훈련받은 개인적인 경험에 의해 개발했다고 보고하였다. 압도적으로 많은 수의 응답자들이 그들의 채점 작업은 어떤 특정한 체계를 따르지 않고 있다는 점을 인정했다. 그러나 이들이 내리는 해석적 가정은 비교적 명확했다. 예를 들면, 다른 체계에서는 금지되어 왔으나 라파포트가 강조한 마주 보고 앉는 피검자와 검사자의 자리 배치를 따르고, 클로퍼, 벡 및 피오트로브스키가 제안한 진단 준거를 채택해 자료들을 해석하고 가설을 세워 왔다고 보고했다. 검사를 이용하는 임상가들은 여러 체계에서, 그리고 그들 자신의 검사 수행 과정에서 경험한 독특한 무언가를 보완하려는 경향이 있었고, 그러한 방법은 다섯 가지 체계에서 잔가지처럼 뻗어 나와 그 검사를 이용하는 임상가들의 수만큼이나 엄청난 조합을 이루며, 마치 다른 검사처럼 수행되고 있었다.

이러한 결과는 그다지 놀랄 만한 것은 아니었지만, 잭슨과 울(1966)은 대학교에서 로르샤하를 지도하는 사람들을 대상으로 현황을 조사해 보았다. 놀랍게도 12%가 채점하는 방법을 가르치지 않았고 실시, 채점 및 해석 방식이 다양했다. 또한 대학교에서 로르샤하를 가르치는 사람들의 66%가 검사에 대한 박사 후 훈련 과정을 받지 않았거나 아예 그러한 훈련 과정이 없었다는 것, 46%가 그 시간에 다른 무언가를 가르치고 싶어 한다는 것을 발견했다. 잭슨과 울의 조사 결과는 검사 교육의 표준화가 이루어지지 않았다는 점과 교육하기 위한 자격 조건이 엄격하지 않았다는 점을 밝혀낸 것이었다. 그들의 결과는 1960년대 임상가 세대들의 방식이 본래의 검사 제작 의도를 무시하고 잘못된 역사를 만들 수 있다는 점을 시사했다.

두 번째로 연구회가 조사하고자 한 내용은 90개의 항목으로 구성되어 미국심리학회에서 전문가의 자격을 받은 200명에게 질문지의 형식으로 우송되었다. 131개의 완성된 응답지가 회송되었으나 매년 스무 번도 사용하지 않는다고 응답한 20개는 누락 처리되었다. 남은 111개의 질문지에는 적어도 매년 20회 이상 검사를 이용하고, 박사 후 검사 경험이 평균 12년 정도 경력을 가진 임상가들의 의견이 포함되어 있었다. 응답자 중 83명(75%)은 공식적인 훈련을 적어도 두 번 이상 받았고, 벡 또는 클로퍼 혹은 다른 체계에 대해 한 가지 혹은 두 가지까지 훈련을 받은 경험이 있었고, 95명(85%)은 적어도 세 가지 체계에 대해 알고 있다고 보고했다. 그중 7명은 채점 작업을 하지 않게 되었다고 하였으나, 62명(56%)은 그들이 한 가지 이상의 체계를 참고하여 검사를 실시하고 채점하며 점수들을 조합하며 다양한 체계를 기초로 해석적 가정을 만들곤 한다고 보고했다.

첫 번째 조사에서 확인된 결과는 **로르샤하**에 대해 고급 훈련을 받았으리라 기대된 전문가들 사이에서도 유사하게 나타났다. 이 두 가지 조사에서 얻은 자료들을 보면, 단지 506명의 응답자 중 103명(20%)만이 비교적 충실하게 단일한 체계를 따르고 있었다. 결국 의견의 불일치로 다섯 가지 체계로 발전되면서 **로르샤하**의 유용성이 현장의 임상가들에 의해 이해되고 발전 · 확산되는 데 전혀 기여하지 못한 셈이다.

세 번째 조사는 **로르샤하**의 분석과 설계의 주제에 대한 내용이 55문항의 질문지로 구성되어 1961~1969년에 그 방법과 관련한 연구 논문들을 편찬했던 100명의 저자에게 보내졌다. 그중 71개의 이용 가능한 자료가 회송되었는데, 34개의 응답은 다른 주제에 관심이 생겨 **로르샤하** 연구를 포기했다고 했다. 그들은 단일 기호에 대해 관심을 가지고 있었거나 불안, 신체 경계, 인지 발달, 자아방어 등과 같은 특정한 정보를 얻을 수 있는 새로운 기호의 개발이 필요하다고 지적했다. 대개의 경우 한 체계 이상의 것을 훈련받았으나 거의 모두가 체계를 구체화하기 위한 연구 계획을 따르고 있었다. 이러한 결과를 얻기까지 조사자들에게는 다음과 같은 세 가지의 어려운 점이 부각되었다.

- 실험자 편향 효과를 피하기 위해 다수의 검사자와 피검자를 구하는 어려움이 있었다.
- 자료 분석의 복잡성과 어떤 자료에 대한 모수 통계 방법의 적용 가능성, 그리고 응답자 수를 조절하는 문제가 있었다.
- 적절한 통제 집단 또는 일반적인 비교를 위해 이용할 수 있는 광범위한 표준 자료가 부족하다.

응답자들은 한결같이 **로르샤하**의 복잡성은 종종 연구자를 고무시키기보다는 더 많이 낙담하게 한다는 것에 동의했다. 많은 연구의 목적이 방법에 대한 것이었지만, 가능해 보이지 않은 목표를 성취하기란 어렵다는 데 의견 일치가 있었다.

세 가지 조사와 동시에 1970년에 제기된 다른 계획은 편찬된 모든 **로르샤하** 연구를 체계적으로 정리하자는 것이었다. 연구 계획의 목적은 다섯 가지 체계 각각에서 고수하고 있는 실시, 채점 및 해석적 가정의 다양성에 대해 연구를 분류하고 상호 참조하여 평가하기 위한 것이었다.

이러한 조사와 같은 시기에 연구회에서 완료된 1970년의 업적은 출판된 모든 **로르샤하** 연구 논문에 대해 체계적으로 개관하는 것이었는데, 로르샤하의 논문까지 4,000여 개의 논문과 29개의 책으로 구성되어 있었다. 이렇게 많은 논문이 있었지만, 많은 주제가 체계적으로 연구되지는 않았다.

예를 들어, 검사 수행 시 자리 배치에 대해서도 실험적인 조작을 통해 제시되지 않았고, 다른 지시문들을 비교한 연구와 2개의 실험적 조작에 의한 결과의 차이가 제시되었을 뿐이다. 어떤 연구들도 16개의 채점 기호의 다양성에 대해 다루지 않았고, 단지 몇몇의 논문에서만 6개의 채점 기호에 대해 논의했다. 많은 해석적 가정이 발표되지 않았고, 자료 분석을 위한 연구 설계의 문제 때문에 자료들은 모호하게 방치되어 있었다. 설계나 분석의 문제는 **로르샤하**와 관련된 다수의 연구 논문에서 공통적인 과제였다.

로르샤하에 대한 4,000여 개의 연구 논문 중 반수는 조사가 진행되어 있었다. 그러나 설계의 적절성과 자료 분석을 위해 동시대의 기준들을 고려하면 600개 이상의 결론이 무효화될 수밖에 없는 것으로 판단되었다. 거의 800개의 연구 논문 결과 또한 회의적이었다. 이런 평가들로 대부분의 **로르샤하** 연구가 엉터리라거나 부적절하다거나 논리적이지 않다고 잘못 해석되어서는 안 된다. 다시 검토된 연구들 중 다수가 1938~1958년에 편찬되었고, 전반적인 심리학 분야의 향상에 따라 자료 분석과 설계 전략도 나아졌고, 다른 분야의 방법론에 비교하여 분명히 덜 세련된 것임에는 틀림없지만, 그래도 그 당시에 이루어진 그들의 작업은 타당한 것으로 간주되었다. 예를 들어, 1970년에 **로르샤하** 해석에 맹목적인 분석의 타당성을 주장하는 24개의 연구 논문이 발표되었는데, 이 중 9개가 그들의 관심사를 검증하기 위해 채택되었다. 그 시대의 기준으로 보자면 큰 결점이 없는 연구로 여겨졌다. 같은 해 잉크반점의 특성에 주목하는 26개의 연구가 발표되었는데, 이 또한 그 시대 기준에 비추자면 큰 흠은 없는 것으로 여겨졌다.

방법론적으로 건전하고 적절한 자료를 분석했던 600여 개의 연구 논문을 대상으로 **로르샤하** 연구에 대한 평가가 이루어졌다. 다양한 체계의 많은 요소가 평가됨으로써 연구 논문에 대한 평가 근거를 얻었다. 물론, 이들 대부분이 긍정적인 결과들이었지만, 모호하거나 부정적인 내용의 발견들도 있었다. 예를 들면, 두 개 혹은 더 많은 연구 중에서 적절히 설계되고 분석된 연구들 간에 모순된 결과들이 보고되었고, 이들의 대부분은 적은 표본집단을 대상으로 실시되어 더 큰 피검자를 대상으로 다시 실시할 경우 그 결과에 대한 논의가 필요했다.

연구회에서 처음 2년 동안 수행한 가장 중요한 계획은 다섯 가지 체계의 직접적인 비교가 가능한 자료 전집이었다. 1970년 초에 153명의 심리학자들에 의해 제출된 835개의 **로르샤하** 기록들이 미국심리학회 임상심리 분과와 여덟 개 대학교에서 **로르샤하** 과정을 지도하는 사람들이 포함된 600명에게 보내졌다. 제출되었던 1,300여 명의 자료에서 추출된 것[6]으로 각 자료들은 피검자의 인구통계학적 특성과 검사 사유, 그리고 검사자의 훈련 경험과 검사 절차에 관련한 질문지가 동봉되었다. 그 프로토콜에는 204명의 비환자군과 정신과 입원 환자 및 외래 환자군을 통해 얻은 631개의 사례가 포함되어 있었다.

각 로르샤하 채점 체계에 대한 실시 절차를 기준으로 분류한 결과, 클로퍼는 329, 벡은 310, 라파포트는 78, 피오트로브스키는 66, 그리고 헤르츠는 52개의 순위로 쓰이고 있었다. 다른 비교치들의 기록을 통해 한 체계로 채점하고 그것으로 얻은 주요 조작적 가설들은 몇 가지 방식에서 다른 체계와 다른 점이 발견되었다. 예를 들어, 심지어 다른 체계 간에는 평균적인 반응수에서도 차이가 있었다. 클로퍼의 지침(로르샤하의 것과 동일)에 따라 검사를 소개하면 평균 23.9개의 반응수를, 벡은 평균 31.2개의 반응수를, 헤르츠의 지침에서는 32.9개의 반응수, 그리고 피오트로브스키의 경우는 33.8개의 반응수를 얻었다. 덧붙여 라파포트 체계로 검사를 소개하면 36.4개의 평균 반응수를 얻었다.

1971년 초기에 수집된 자료들을 참고로 세 가지 정도의 결론을 내릴 수 있었는데, 첫째로 절차에 대한 체계 간 차이로 피검자에게서 얻은 반응 프로토콜 내용에서도 차이가 있었다. 둘째, 각각의 체계는 어떤 점수, 채점 기준, 경험적으로 지지되지 않는 해석적 가설이나 부정적인 결과가 산출될 가능성이 있었다. 셋째, 각 체계들을 각기 경험적으로 지지하는 증거가 있었다. 사실 어떤 체계가 로르샤하의 실시, 채점 및 해석에 일관적이고 신뢰할 수 있게 적용된다면, 당연히 믿을 만한 유의미한 결과를 산출하게 될 것이다. 다른 한편으로 보면, 유의미한 결과는 채점이나 해석에서 체계들이 가진 결점에 의해 그 가치가 상쇄될 수도 있다.

조사 결과들은 사용된 검사에 대한 조사와 함께 연구회의 주요 사명에 대한 변경의 필요성을 제기하고, 결국 의사 결정이 필요함을 인정하도록 했다. 또한 그 변화는 각 체계들의 장점들을 종합하여 한 가지의 체계를 고안해 보려는 시도에까지 이르게 된다. 그 이듬해부터 3년 동안 어떤 종합된 체계의 가능성을 타진하기 위해, 프로토콜이 1,200여 개로 증가되고 150여 개 이상의 연구 결과와 다양한 자료가 분석되었다.

초기 계획에 돌입한 시점의 주요 과제는 자리배치, 지시문, 기록, 그리고 반응 후 질문에 대한 기본적인 내용이었고, 사용되는 채점 기호 중 적당한 것을 추려 내는 것이었다. 채점자 간의 일치도를 위해 10~20개의 프로토콜에서 10~15명의 채점자들에 의해 채점될 정도의 합리적인 빈도를 가진 최소 .85 수준 이상의 것만을 새로운 체계에 포함시키기로 합의되었다. 보기에 유용한 기호들이 제외되었고, 그 기호들을 적용하는 데 기준이 재검토되면서 다시 새로운 체계에 포함될 것인가에 대한 판단이 내려졌다.

여러 해석적 가정이 조사되었는데, 어떤 타당

6) 병원이나 클리닉에서 일하는 미국심리학회 전문가들에게 우송되었다. 1,342개의 프로토콜이 제출되었는데, 그중 507개는 판독이 어렵거나 완성된 자료 용지가 없거나 연구가 없거나, 다섯 가지 채점 체계가 권고한 지침에 기록 방식이 위배되어 배제되었다.

한 자료라 하더라도 신뢰를 얻지 못하면 새로운 체계에 포함될 수 없었다. 몇 개의 새로운 기호들이 첨가되었고, 해석에 기여하는 파생된 형태의 기호들도 생겨났다. 컴퓨터 기술의 발달로 불과 10년 전만 해도 많은 시간과 경비가 소요되던 작업들이었지만, 방대한 자료가 쉽게 저장되고 엄청나게 복잡한 분석이 가능해졌다.

1974년 엑스너(Exner)에 의해 『종합체계(Comprehensive System)』의 기본 구성 요소가 출판되었다. 이는 경험적으로 논증할 수 있는 1921년의 로르샤하 논문의 시대부터 1970년 초반 대부분의 견해와 연구에 이르기까지 검사의 성장에 기여한 다양하고 현명한 견해들을 포괄하였고, 많은 연구자에 의해 어렵게 얻은 결과들을 통합한 결과물이었으므로 '종합체계'라 명명하는 것이 적절하다 여겼다. 또한 많은 체계 연구자들의 업적과 성격의 조직과 기능에 대한 정보를 얻기 위해 복잡한 절차를 연구하고 기여해 온 무수한 연구자들의 자료를 아우르는 것이었다.

비록 『종합체계』의 1974년 판이 온전하게 완성된 것은 아니었으나 반드시 그렇게 볼 것만도 아니다. 그 당시에도 몇몇의 새로운 변인들이 포함될 가능성을 가지고 계속 연구되고 있었고, 또 몇 개의 결정인들이 만들어지도록 부가 자료가 수집되고 있었다. 새로운 자료와 오래된 자료들이 재분석되었고, 이후 30여 년간 많은 변화가 가능하게 되었다. 다소 차이는 있었지만, 기간을 두고 종합체계는 정체되어 있지 않고 새로운 개념과 결과에 의해 계속 변화되었고, 그 결과에 의해 로르샤하가 사용했던 검사는 그 이전보다 훨씬 세련되게 되었다. 즉, 로르샤하에 대해 배우기 쉽고 신뢰할 만한 표준 절차가 정립되었고, 전문가들 간에도 의견의 일치를 볼 수 있는 방식으로 변경되었으며, 타당한 자료를 근거로 해석적 가정을 세울 수 있도록 다듬어졌다.

검사로서 로르샤하는 심리적인 특성을 자극하는 복잡한 구성체로서 피검자의 의사 결정에 영향을 준다. 반응을 채점하고 기본적인 기호와 그것에서 파생된 기호에서 한 개인의 심리적 특성에 대한 간접적인 정보를 얻게 될 것이다. 그 정보들은 또한 여러분이 한 개인의 심리에 대한 기술을 완성하는 데 큰 도움을 주는 중요한 자료가 될 것이다.

참고문헌

Beck, S. J. (1936). Autism in Rorschach scoring: A feeling comment. *Character and Personality, 5*, 83-85.

Beck, S. J. (1937a). *Introduction to the Rorschach method: A manual of personality study*. American Orthopsychiatric Association Monograph, I.

Beck, S. J. (1937b). Some recent research problems. *Rorschach Research Exchange, 2*, 15-22.

Beck, S. J. (1944). *Rorschach's Test I: Basic processes*. New York: Grune & Stratton.

Beck, S. J. (1945). *Rorschach's Test II: A variety of personality pictures*. New York: Grune & Stratton.

Beck, S. J. (1952). *Rorschach's TestIII: Advances in interpretation*. New York: Grune & Stratton.

Beck, S. J. (1961). *Personal communication.*

Behn-Eschenberg, H. (1921). *Psychische Sch lerun-tersuchengen mit dem Formdeutversuch.* St. Gallen, Switzerland: Zolliker & Cie.

Binder, H. (1932). Die helldunkeldeutungen in psychodiagnostischen experiment von Rorschach. *Schweiz Archives Neurologie und Psychiatrie, 30,* 1-67.

Bohm, E. (1957). *Lehrbuch der Rorschach Psychodiagnostik.* Bern, Switzerland: Huber.

Exner, J. E. (1969). *The Rorschach systems.* New York: Grune & Stratton.

Exner, J. E. (1974). *The Rorschach: A comprehensive system* (Vol. I). New York: Wiley.

Exner, J. E., & Exner, D. E. (1972). How clinicians use the Rorschach. *Journal of Personality Assessment, 36,* 403-408.

Frank, L. K. (1939). Projective methods for the study of personality. *Journal of Psychology, 8,* 389-413.

Freud, S. (1953a). The anxiety neurosis. *In Collected papers* (Vol.1, pp. 76-106). London: Hogarth Press. (Original work published 1894)

Freud, S. (1953b). Further remarks on the defense of neuropsychoses. *In Collected papers* (Vol.1, pp. 155-182). London: Hogarth Press. (Original work published 1896)

Freud, S. (1953c). Psychoanalytic notes on an autobiographical account of a case of paranoia. *In Collected papers* (Vol.3, pp. 387-396). London: Hogarth Press. (Original work published 1911)

Freud, S. (1955). Totem and taboo. *In Collected papers* (Vol.3). London: Hogarth Press. (Original work published 1913)

Hertz, M. R. (1936). *Frequency tables to be used in scoring the Rorschach Ink-Blot Test.* Cleveland, OH: Western Reserve University, Brush Foundation.

Hertz, M. R. (1937). Discussion on "Some recent Rorschach problems." *Rorschach Research Exchange, 2,* 53-65.

Hertz, M. R. (1939). On the standardization of the Rorschach method. *Rorschach Research Exchange, 3,* 120-133.

Hertz, M. R. (1941). Rorschach: Twenty years after. *Rorschach Research Exchange, 5,* 90-129.

Hertz, M. R. (1942). *Frequency tables for scoring Rorschach responses* (2nd ed.). Cleveland, OH: Western Reserve University Press.

Hertz, M. R. (1952a). *Frequency tables for scoring Rorschach responses* (3rd ed.). Cleveland, OH: Western Reserve University Press.

Hertz, M. R. (1952b). The Rorschach: Thirty years after. In D. Brower & L. E. Abt (Eds.), *Progress in clinical psychology.* New York: Grune & Stratton.

Hertz, M. R. (1961). *Frequency tables for scoring Rorschach responses* (4th ed.). Cleveland, OH: Western Reserve University Press.

Hertz, M. R. (1970). *Frequency tables for scoring Rorschach responses* (5th ed.). Cleveland, OH: Western Reserve University Press.

Jackson, C. W., & Wohl. J. (1966). A survey of Rorschach teaching in the university. *Journal of Projective Techniques and Personality Assessment, 30,* 115-134.

Jung, C. G. (1910). The association method. *American Journal of Psychology, 21,* 219-269.

Jung, C. G. (1918). *Studies in word association.* London: Heineman.

Klopfer, B. (1937). The present status of the theoretical development of the Rorschach method. *Rorschach Research Exchange, 1*, 142-147.

Klopfer, B. (1961). *Personal communication.*

Klopfer, B., Ainsworth, M. D., Klopfer, W. G., & Holt, R. R. (1954). *Developments in the Rorschach technique. I: Technique and theory.* Yonkers-on-Hudson, NY: World Books.

Klopfer, B. and others. (1956). *Developments in the Rorschach technique. II: Fields of application.* Yonkers-on-Hudson, NY: World Books.

Klopfer, B., & Kelley, D. (1942). *The Rorschach technique.* Yonkers-on-Hudson, NY: World Books.

Klopfer, B., Meyer, M. M., Brawer, F. B., & Klopfer, W. G. (1970). *Developments in the Rorschach technique. III: Aspects of personality structure.* New York: Harcourt Brace Jovanovich.

Klopfer, B., & Sender, S. (1936). A system of refined scoring symbols. *Rorschach Research Exchange, I*, 19-22.

Louttit, C. M. (1936). *Clinical psychology.* New York: Harper & Row.

Louttit, C. M., & Browne, C. G. (1947). Psychometric instruments in psychological clinics. *Journal of Consulting Psychology, 11*, 49-54.

Lubin, B. Wallis, R. R., & Paine, C. (1971). Patterns of psychological test usage in the United States 1935-1969. *Professional Psychology, 2*, 70-74.

Morgan, C., & Murray, H. A. (1935). A method for investigating fantasies: The Thematic Apperception Test. *Archives of Neurology and Psychiatry, 34*, 289-306.

Murray, H. A. (1938). *Explorations in personality.* New York: Oxford University Press.

Piotrowski, Z. (1950). A Rorschach compendium: Revised and enlarged. In J. A. Brussel, K. S. Hitch, & Z. A. Piotrowski (Eds.), *A Rorschach training manual.* Utica, NY: State Hospitals Press.

Piotrowski, Z. (1957). Perceptanalysis. New York: Macmillan.

Rapaport, D., Gill, M., & Schafer, R. (1946). *Diagnostic psychological testing* (Vols, 1 & 2). Chicago: Yearbook Publishers.

Rorschach, H., & Oberholzer, E. (1923). The application of the form interpretation test to psychoanalysis. *Zeitschrift f r die Gesamte Neurologie und Psychiatrie, 82*, 240-274.

Schafer, R. (1954). *Psychoanalytic interpretation in Rorschach testing.* New York: Grune & Stratton.

Sundberg, N. D. (1961). The practice of psychological testing in clinical services in the United States. *American Psychologist, 16*, 79-83.

Zulliger, H. (1941). *Der Behn-Rorschach-Versuch* (Be-Ro-Test). I. Band: Test, II. Band: Tafeln. Arbeiten z. angew, Psychiatrie Bd. 6. Bern, Switzerland: Verlag Hans Huber.

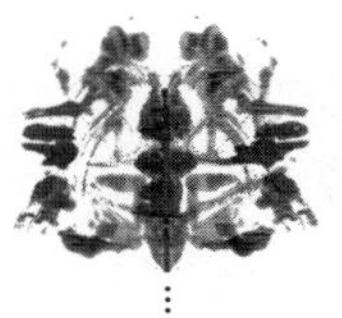

제3장

논의, 비평, 그리고 결정

앞에서 언급한 것처럼 루빈, 윌리스 및 페인(1971)은 1969년 연구에서 임상치료 현장에서 널리 사용된 검사들의 순위를 살펴보았는데, 30개의 검사 중 로르샤하는 세 번째, 주제통각검사는 일곱 번째의 순위에 있었다. 1982년, 이 조사에 대한 재연구가 이루어졌고, 루빈, 라센 및 마타라초(1884)의 분석 결과, 30개의 검사 중 주제통각검사(TAT)가 다섯 번째, 로르샤하는 네 번째 순으로 나타났다. 유사한 결과가 1995년 왓킨스, 캠벨, 나이버딜, 그리고 홀마크에 의해서도 보고된 바 있다. 이런 결과로 로르샤하와 투사법의 대중성을 알 수는 있지만, 우리는 반세기 이상 투사적 기법, 특히 로르샤하에 대한 포괄적인 논쟁에 적절한 근거들을 얻지는 못했다.

논의의 핵심 요소

로르샤하는 투사기법의 목적으로 만들어진 것이 아니었을 뿐 아니라 20여 년간 그러한 맥락에서 발전되어 온 것도 아니었다. 그러나 1940년대까지 임상 현장에서 전반적 흐름의 중심에 있었던 것은 사실이다. 로르샤하는 검사 절차와 검사 자극물의 특성상 광범위한 반응의 범위를 허용하기 때문에 종종 사람들이 보이는 정교한 반응은 매우 개인적인 정보를 제공하며 해석에 반영된다. 1940년대뿐만 아니라 1950년대로 진입하면서 연구자 간에 검사의 구조화 여부에 대한 구분을 하고자 하는 움직임이 보편화되었다. '비구조화된 검사'로 구분되는 검사들은 한 개인의 가능한 반응의 무한한 다양성을 허용하고 식별하는 검사로 사용되어 왔다. 흔히 위장된 절차로 묘사되는데, 즉 개개인이 자신의 반응을 결정하는 데 이후 자신의 반응에 대한 해석에 대해 인식할 수 없도록 한다(Anastasia, 1954). 그 기준은 구조화된 검사냐, 비구조화된 검사냐를 구별하는 데는 꽤 합리적인 기준이다. 그러나 1950년대 들어서면서 심리검사들을 보다 단순하게 객관적, 혹은 투사적인 유형으로 나누기를 더 선호하면서 측정이나 개인적인 차이, 그리고 성격의 특성에 대해 관심을 가지고 있던 심리학자들 간에 논란은 더 커졌다. 기본적인 측정 원칙에 근거한 방법들은 보다 진전된 실험 작업과 함께 발전되었다. 사람에 대한 연구에서 개별적인 접근 방법을 수행할 때 연구자들은 지능검사를 제외하면 투사법적 방법을 수용하는 경향이 있었고, 경험적으로 지지되는 물리적인 증거가 좀 부족하거나 아예 새로운 방법을 사용하게 되곤 하였다.

객관적 투사적 기법을 보다 분명하게 구분하자는 주장은 투사심리학 운동에 의해 더 촉진되었는데, 이 분위기 때문에 검사에 대한 이러한 분류 방식이 당연시되기도 했다. 객관적인 검사는 기본적인 심리측정 원리에 따르고 채점 가능하고 표준화가 가능하며 신뢰도와 타당도를 보장할 수 있다는 점이 중요하다. 반면에 투사법 검사의 경우 이러한 모든 심리측정적 특성이 부족하거나 아예 배제되는 경우도 있다. 투사법 검사는 그 해석이 지극히 개인적이고 주관적인 반응에 근거해야 한다. 이러한 분류에 따라 자연스럽게 투사법 검사는 객관적 검사에 비해 덜 과학적이라 여겨지기도 한다.

이러한 주장을 지지하는 여러 증거에도 불구하고 양분법적인 분류 자체는 대체로 과도한 단순화라 비판받는다. 실제로 산수검사나 정오반응검사와는 달리, 피검자의 반응을 특정한 범주로 구분하거나 구조화하여 요구하지 않는 자극 상황에서는 피검자에게 투사를 유발할 수 있다. 이는 검사가 개발되어 사용되는 과정에서 특정한 기본 규칙 유무나 검사 자료들이 과학적 장점을 가지고 있느냐와는 무관한 문제다. 예컨대, 지능검사는 구조화되어 있고, 심리측정의 원칙에 준해 개발되었다는 면에서 객관적인 검사로 여겨지지만, 몇몇의 지능검사들은 개방적인 대답의 형태를 허용하는 문항으로 구성되어 있다는 점에서 또 예외가 있다.

많은 심리학적 검사들은 넓은 범위의 반응을 허용하도록 설계되었는데, 가장 잘 알려진 주제통각검사의 경우 이 검사가 얻고자 하는 특성 때문에 투사적 검사로 정의된다. 문장완성검사의 경우에도 투사를 촉진할 것이라 기대되지만, 또 한편으로는 객관적인 검사의 기준을 만족시킬 수 있는 연구들이 시도되기도 했다. 문장완성검사를 개발한 로터와 래퍼티(1950)는 검사 결과를 객관화할 수 있는 점수를 산정하기 위해 자료를 수집했고, 충분하고 포괄적인 자료들을 토대로 규준 연구를 하고 믿을 만한 신뢰도와 타당도를 제시하였다. 이처럼 문장완성검사와 같이 투사적 기법이면서도 동시에 객관적 검사의 역할을 하는 검사들을 보면 연구자들이 검사를 두 가지 범주로 단순하게 분류하려는 노력은 매우 잘못된 것일 뿐 아니라 목적도 없는 헛수고일 수도 있다.

한편 객관적인 검사와 투사법적인 검사로 분류하는 것은 개인차 연구에 집중하는 심리학의 오랜 주제였고, 개인차는 초창기부터 심리학자들에게 숙제였다. 19세기 동안 지각, 기억, 그리고 학습의 영역에서 인간의 행동을 설명한 중요한 과학적 법칙을 찾고자 하는 노력이 활발했는데, 빌헬름 분트(1893)는 그 움직임에 기여한 핵심 인물이다. 그런데 그도 동료에게는 "일치하는 경우보다는 예외의 경우가 더 많은 것이 심리학의 법칙이다."라는 주의를 주었다고 한다. 여하튼 그 이후 성격과 개인차에 대한 심리학 운동은 더욱 주목을 받았고 다양하게 전개되었다.

심리학적 실체로서 성격에 대한 관심은 개인차에 대한 관심보다 더 최근의 주제였다. 1930년대 이전에 '성격 문제'는 종종 정신병리와 동의어처럼 사용되곤 하였다. 1920년대 들어 성격심리학 운동이 전개되면서 심리학의 중요한 주제는 성격 바로 그것이었다. 성격에 대한 평가 방법에 관심이 증가되면서 1930년대 초에는 기초심리학 이론과 응용심리학 분야 전반에 걸쳐 매우 중요한 위치를 차지하게 되었다. 행동을 보다 명확하게 설명하려는 법칙 정립적인 접근이나 성격이론가들의 방황이 장애 요소가 되긴 했으나 임상심리학자들의 성격 평가 방법에 기울인 노력은 헛되지 않아 매우 빠른 진전을 보였다. 그 이후 15~20여 년 동안 임상심리학의 전문성 평가 기준은 환자에 대한 진단과 치료 계획의 숙련성, 바로 그것이었다.

개별적 접근이나 법칙 정립적 접근을 통해 얻은 자료들을 수집하고 통합하기 위해 여러 가지 다양한 방법이 계속 시도되고 발전되어 왔지만, 1940년대에는 이러한 노력이 성격평가나 심리진단으로 통칭되면서 임상심리학자의 역할에서 큰 비중을 차지하게 되었다. 이러한 접근 방식의 핵심은 한 개인을 고유한 특성을 가진 특별한 개체로 보자는 것이었다. 즉, 한 개인이 다른 사람과 같은 방식으로 행동할 수는 있지만, 독특한 개체로서 타인과 공유하지 않는 특성이 분명히 있다는 의미였다. 또한 한 개인의 자원, 가능성, 기질, 갈등 등의 정보는 치료 과정 중의 안녕감을 위해 특정 방식으로 기여할 것이라 예측되었다.

1950년대에 들어서면서 심리진단을 통한 개인차 연구의 유용성에 의문이 제기되었다. 1954년 밀은 임상적 예측과 통계적 예측이라는 제목으로 20개의 연구를 개관한 결과를 발표했는데, 그는 이 연구들에 사용된 방법론적 차이를 비교해 개별적 접근과 법칙 정립적 접근 간 분류를 정의하고 그 차이를 확인했다. 한 연구를 제외한 모든 연구가 동일한 통계 방법을 사용했는데 투사적 방법보다는 MMPI와 같이 임상가의 시간을 덜 소모하게 하는 측정 방법을 더 선호했다. 특히 심리치료와 같이 더 중요한 영역에 시간이 투자되어야 한다는 점이 지적되었다.

라터와 가프(1963)와 소이어(1966)는 밀의 의견을 지지하는 예측 연구들에 대해 조사한 결과를 발표했지만, 가프는 그래도 임상가의 예측 기술의 정확성에 견줄 만한 검사는 없다고 주장했다. 홀트(1958, 1970)는 밀이 사용했던 기준들이 심각할 정도로 부적절하거나 오염되었으며 그 기준에 비추어 많은 연구가 인용되었음을 지적했는데, 1970년에 그는 자신의 논문에서 예측 연구(Korman, 1968)들이 임상적 방법의 결과에 상응하는 유력한 결론들을 보고하고 있다는 점에 주목했다. 홀트는 이어 2년간 출판된 소이어와 코만의 연구를 검토한 연구자들이 참고로 한 문헌들이 서로 교묘하게 일치하지 않음을 지적하면서 연구자들이 자신의 편향된 가설에 입각해 선행 연구와 문헌들을 선택할 수 있는 위험성과 오염 요인에 주목해야 한다고 지적했다.

로르샤하에 대한 초기의 비평

투사검사로서 로르샤하의 심리측정적인 타당성을 인정받기 위해 꽤 많은 연구자의 노력이 있었다. 벡과 헤르츠가 그 핵심 인물이었고, 그들은 검사에 대한 경험적 견고성을 증명하기 위해 많은 이들과 교류했다. 1950년대 초 그들은 연구를 통해 긍정적인 결과를 내놓았다. 벡과 헤르츠는 유용한 규준 자료와 반응의 적절성을 평가할 수 있는 실제 수치대조표도 발표했다. 그러나 이러한 노력에도 불구하고 로르샤하는 그저 객관적-투사적 검사의 양분법적인 분류에서 투사법에 포함되었고, 임상가들 사이에서는 통상적으로 사용되는 검사 중 하나로만 여겨졌다. 검사에 대한 비판은 더욱 거세지고, 그중 어떤 것은 매우 타당하고 그럴 듯하기도 했다.

1950년 로르샤하에 대한 논문과 저서들이 2,000여 권 이상으로 기록되며 출판되었다. 그것들 중 어떤 것은 채점과 관련된 타당성 입증에 긍정적인 결과도 있었지만, 단편적인 결과도 많았고, 이후 또 많은 임상적 연구들이 부정적이거나 그에 반박하는 결과들이었다. 검사에 대한 비판 중 로르샤하가 덜 사용되는 이유는 엄격하고 과학적인 표준 자료에 근거해 만들어지지 않았기 때문이라는 냉정한 비하도 있었다.

하지만 실제 현장에서 로르샤하가 점점 더 많이 사용되면서 그 적용 절차와 방법에 대해 과도할 정도의 검토가 이루어지게 된다. 물론 초창기 로르샤하 문헌에는 부적절한 설계나 자료 분석으로 연구 자료라 보기에 부적합한 것도 많았다. 크론바흐(1949)는 로르샤하 자료 분석 지침과 연구 설계 문제에 대해 다룬 자신의 논문에서 많은 변인과 관련된 자료를 분석할 때 평균과 비교가 초래하는 단점에 대해 강조하면서 집단 간 차이 변별을 위해 빈도 자료 분석에서 주의해야 할 중요한 점을 제안했다. 머스타인(1965, p. 355)도 로르샤하 연구에 끼친 크론바흐의 지대한 공헌에 대해 언급한 바 있다.

크론바흐는 자료를 분석하는 작업의 어려움과 반응수의 변산에 대해 연구했는데 반응수 R에 대한 피스크와 바우먼(1953)의 연구를 인용하면서 로르샤하 연구에 통계적인 방법을 적용하는 것이 적합하지 않다는 의견을 지지했다(Holtman, Thorpe, Swartz, & Herron, 1961; Mustein). 다른 비평가들은 분석 목적으로 사용하기 위해서는 전체 반응수 R과 관련해 점수들을 표준화하거나 관련 설명이 필요하다고 지적했다. 이러한 견해는 킨더(1992)에 의해 정리된 바 있고 지금까지 지속되고 있다.

사실상 크론바흐가 그의 논평을 위해 사용한 289개의 자료는 반응수가 5에서 19개인 사례들이 25% 정도였고, 거의 30%의 사례는 반응수가 그보다 작은 4 혹은 10개에 불과했다. 피스트와 바우먼(1953)에 의해 인용된 790개의 프로토콜은 반응수가 0~9개, 10~14개, 15~19개, 20~49개, 마지막은 50~175개로 분류되었다. 실제로 동일한 표준화 절차로 검사를 실시한 결과보다 표본

집단에서 반응수의 변산 폭이 큰 편이었다(Exner, 1992).

부분적으로 전체 반응수 R의 변산 문제는 검사를 실시하는 다섯 가지 방식에 따라 세부적인 차이가 발생되었고, 다섯 개의 특수 지표나 군집 자료에 대한 이의가 제기된 바가 없다는 사실도 지적되었다. 반응수 R을 통일시킬 수 없다는 점은 1950년대부터 1960년대까지 로르샤하 검사에 통계적 접근에 대한 비판 주제가 되기도 했다.

로르샤하 검사에 대해 비판적인 입장을 가진 연구자들—일반 투사기법에 대한 비판을 하는 사람들—은 정신분석에 대해서도 유사한 견해를 피력하면서 노골적으로 둘을 연결지어 비하하곤 했다. 잘못된 가정은 머리(1938)에 의해 공식화된 투사 과정이 직접적으로 프로이트 학파의 개념에서 정의된 무의식적 작동(Lndzey, 1961; Sargent, 1945; Symonds, 1946; Wiggins, Renner, Clore, & Rose, 1971)과 관련되었다는 것이다. 로르샤하를 지지하는 학술적 기초 자료가 되기에 실제로 투사적 방법은 매우 적다. 그러나 1940년대, 1950년대, 그리고 1960년대에 이르기까지 훈련받은 많은 임상가는 매우 강하게 정신역동 개념에 고취되어 있었고, 정신역동 개념을 임상적 해석의 틀로 삼았다. 임상 현장에서 이러한 경향은 평가에 대한 광범위한 접근을 선호하는 사람들과 더 실질적인 평가를 주장하는 사람들 사이에서는 매우 흔하고 당연한 것이었다. 밀은 자신의 저서(1954)에서 로르샤하 검사에 대한 혐오적 의견은 중요한 주제에서 어긋난 것이라고 지적했고, 홀트(1970)와 와이너(1972)도 모두 밀의 의견에 동조하면서 주요한 진단가의 관심은 한 개인에 대한 이해와 적정한 기술에 모아져야 한다고 주장했다. 그러나 아쉽게도 이 주장은 비평가들의 목소리를 잠재우기에는 너무 미약해 주목받지 못했고 비평가들의 의견은 매우 편파적이었다.

1950년대에 로르샤하 검사에 대한 많은 비평이 쏟아져 나왔고, 1970년대에 들어 타당화의 주제가 부각되면서 종종 그것은 로르샤하에 대한 옹호론자들이 검사의 유용성을 과대평가했다거나 효과성에 대한 비현실적 주장을 하였다는 지적으로 이어졌다. 진단적 정확성, 신뢰도 및 타당도와 관련된 부정적 지적이 더 증가되었던 반면에 로르샤하를 마음의 X-레이로 비유하는 목소리도 커졌다.

회고해 보건대, 몇몇의 비평은 정당했고, 몇몇은 순진했으며, 종종 편견과 무시 또는 단순한 방법의 오해, 그리고 로르샤하에 대한 탐구욕도 자극받은 시기였다. 옹호자와 비평자 모두에 의해 더욱더 복잡해지면서, 특히 연구자들은 주요한 다른 검사들과의 연관성에 대해 간과하기도 했고, 때로는 너무 강조하기도 했다.

이러한 갈등에도 불구하고 로르샤하는 1960년대부터 1970년대에 접어들며 지속적으로 여러 가지 형태로 확산되었다. 이때는 임상심리학의 역할이 주목받았던 시기다. 1950년대에는 임상심리학자의 주요한 역할이 심리진단에 있었으나, 1960년대에 들어서면서부터는 그 범위와 역할을 넓히기 시작했다. 행동과 개입의 새로운 모델이 인기를 얻게 되고 대부분의 임상가는 그들 자신이 치료 계획을 세우거나 중재를 수행하는 것이 더 중요하다고 여기게 되었으며 몇몇 대학에서는 평가(점진적으로 심리진단으로 대치되는 용어) 수련을 감소시켜 나갔다. 그러나 대부분의 임상 장면에서 평가가 임상심리학자의 역할 중 필수적인 부분으로 요구되었고 이러한 대세에 의해 로르샤하는 표준화된 방법 중 하나로 남게 되었다. 그럼에도 불구하고 로르샤하에 대한 비평은 더 확산되었고, 많은 사람이 개방적으로 경멸 혹은 비하하려 하였으며, 임상 작업에서 불필요하다고 주장하기도 했다(Jensen, 1958, 1965; Zubin, Eron, & Schumer, 1965).

새로운 논쟁 요소

지난 20~30년 동안 심리학과 정신의학은 과학으로서 각각 정체성을 고수하기 위해 개인차에 대해 소홀히 해 온 것이 사실이다. 연구가 거듭되면서 개선된 방법들은 합리적으로 정교화된 성격 평가로 구현되어야 한다는 의견이 모아졌다. 그러나 이러한 발전이 늘 순탄했던 것은 아니었다. 따라서 심리학에서 과학적 훈련을 주장하는 이유는 때때로 심리학이 행동을 설명할 수 있는 역할에 근거해 개인의 개별적 특성을 설명할 비공식적으로 계획된 방법을 찾으려는 시도를 부정적으로 보는 시선들 때문이다. 또한 직접적으로 성격 연구에 포함된 요소가 개인의 특징을 대표하는 것인지 혹은 단일하고 독립적인 요소로 간주되어야 하는지에 대해서도 종종 의견의 불일치가 있어 왔다.

개인차에 대한 관심은 점점 진단이 용이하도록 논의되어 왔고 치료 계획의 공식화 노력을 기울였으며, 임상심리학에서의 의견 분열을 해결하는 데 기여한 바가 크다. 개인의 독특성에 대한 주제는 급진적인 행동주의가 임상심리학에서의 실용주의 노선의 중심에 서면서 더욱 중요하게 부각되었다. 블랙박스의 개념을 한 개인의 성격에서 논의할 수 없다는 주장과 심리학적 검사를 통해 측정 불가능하다는 주장까지 분분했다. 이러한 움직임은 성격 평가를 선호하지 않는 행동주의자들에 의해 지지되었다.

치료 계획에서도 개인차를 무시하는 경향은 정신병리학의 생물학적 기초에 대한 관심이 증가하면서 정신의학에서 더욱 힘을 얻게 되었고, 약물학적 개입 또한 더욱 전통적인 심리치료 모델의 대리물로 권유되기도 했다. 심지어 그것이 치료의 부수적인 방법으로 시도된 것인데도 그 목적으로 약물학적 치료가 그 어떤 심리치료보다 효과적이며 치료 기간을 경감시킨다는 주장의 근거가 되기도 했다. 정신의학에서 전문의 수련 계획이 약물학적 방법에 더 비중을 두고 지지하는 개인치료로 그 방향이 전환되면서, 새로운 임상심리학은 보다 분명하게 개인의 심리치료에 더 초점을 두는 임상심리학자의 수련 계획으로 큰 흐름을 잡게 되었다.

같은 시기에 정교화된 통계적 절차의 개발로 개인차 주제에 대해 가능성의 법칙을 발견하고 그 의미를 해석하는 과정에서 무시되거나 간과될 수 있는 요소에 대해 우려하는 임상심리학자들은 안심할 수 있었다. 일부 몇몇 학자들은 다소 은밀하게 세대 간의 모임을 가지며 개인차 주제의 중요성을 격하시키려 하거나, 일반적인 이론으로 대세를 점거하려 하기도 했다. 어떤 특정 계층의 개인이 다른 계층의 개인과 특정한 차이가 있는 성격과 행동을 보인다면 일반이론이라 하더라도 그 특정 계층에 적합한 방식으로 적용되는 것이 마땅하다. 그러다 보니 그 사람이 속한 계층에 관련된 일반적인 수학적 논리 원칙은 어떤 문제를 발생시킨 개인을 설명하기 위해 가상의 일반 계층을 만들어야 했고, 그것은 각 진단 준거에 포함되었으며, 각 개인의 개별성을 무시하는 경향이 있었다.

여러 사람에게 두루 적용되는 성격 특성에 대한 목록이 과학적으로 탐색되고 확장된 것은 DSM 개정의 결과(1980, 1987, 1995, 2000)라 할 수 있다. 증상과 행동에 대한 이 포괄적인 점검 기준은 점차 응용심리학과 정신의학 분야에서 활동하는 실용주의자들에 의해 신성한 지침으로 수용되면서 정신적 고통에 처한 이들을 분류하고 진단하는 데 적극적으로 사용되었다. 본질적으로 DSM은 진단의 지침서로 진단적 범주와 치료 간의 직접적인 관계에 대해서는 신중하게 사용되도록 권고되었으나 임상 장면에서 이 권고는 종종 무시되곤 했다. 많은 전문가가 현재의 증상과 정확한 진단적 결론에 도달하기 위한 도구 중 하나로 개인을 설명하는 모델의 일부분으로 간주되어야 한다고 지적한다.

이렇게 공식적으로 DSM 체계를 진단에 적용하는 분위기는 유행을 타기 시작했고, 개인차를 무시하는 경향에 적지 않은 영향을 받기도 했다. 장애진단과 치료에 약물학적으로 개입하거나 혹은 심리치료를 적용하는 데 유행 현상이 되기도 했다. 증상을 강조하고 몇몇 최신의 역사 자료를 덧붙여 증상 현상에 충실한 정신의학과 심리학 분야의 한 부류를 만드는 데 기여하기도 했다. 이러한 입장에서는 환자의 증상이 정상인지, 이상인지를 확인하고 현상적인 증상을 치료하기 위한 방법론을 논했다. 환자 개개인의 심리학적 평가는 필요치 않으며 비용 효과적 측면에서 경제성을 운운하며 효율적인 치료 계획에 기여하지 못한다고 보았다.

이러한 논리에 의해 환자의 개인차는 무시되었고 성격, 정신병리, 치료의 효과와 관련된 연구물들은 홀대받았다. 증상에 적절한 치료 전략을 확인하고자 하는 가정을 상정하는 것은 여러 사례에서 타당한 접근 방식이다. 그러나 그것이 개인차를 무시하고, 유사한 증상이라도 매우 다른 심리학적인 기원을 내포하고 있다는 사실을 포기하는 것은 언제, 어디서든 환자에게 부적절한 치료가 선택될 수 있는 위험성을 그저 수용해야만 하는 딜레마에 빠지게 한다.

또한 즉각적인 안도감이나 증상 관리에 대한 주제에 초점을 두게 하면서 긴 기간이 필요한 치료 효과의 주제를 무시하게 된다. 예컨대, 단기간의 인지행동적 개입 모형을 적용한 우울증상에 대한 치료 연구 결과를 보면 분명 짧아진 치료 기간과 단기간에 이룩한 효과에만 주목하고 있다. 불행히도 대부분은 그 이후의 자료를 반영하지 못했고, 우울증과 관련된 몇몇 종단연구에서 치료 후(예를 들면, 12~24개월 동안 재발이 없었다는 결과) 자료의 출판물에 대한 증거를 제시하지 못했다(Evans et al., 1992; Gallagher-Thompson, Hanley-Peterson, & Tompson, 1990; Gortner, Gollan, Dobson, & Jacobson, 1998; Kovacs, Rush, Beck, & Hollon, 1981).

여러 증상을 정의한 중재 모델은 유사한 증상을 보이는 환자들에게 성공적으로 적용될 수 있을 것이다. 하지만 분트가 1983년에 한 경고에 따르자면 그 적용의 결과는 실패가 더 많은 것이다. 증상의 유사성에만 기준을 두게 되면 사람 개개인의 유사성 혹은 심리학적인 특징이나 증상에 대한 이종의 기원이 있을 수 있음을 부인하는 셈이 되기 때문이다. 치료 계획이 공식화되고 경제적이고 효과적일 때, 특히 치료 계획 중 장기적인 자극물을 포함한다면, 다양한 평가적 접근 방법이 개개인을 연구하는 데 도움이 될 수 있다. 불행히도 1990년대에는 다양한 치료 모델이 제안되면서 몇몇 심리검사의 한계점과 정신건강 문제를 가진 환자에게 적용하는 데 있어서도 제한을 두어야 한다는 의견이 대두되었다(Backlar, 1996; Miller, 1996). 아이러니컬하게도 피오트로브스키, 벨터 및 켈러(1998)가 심리학 분야 전국 정신건강전문가 등록자 중 무작위로 500명을 선정하여 조사한 바에 따르면 그중 137명이 임상 현장에서 '매우 중요한' 검사 다섯 가지와 '더 이상 사용되지 않는' 검사 다섯 가지 목록에 로르샤하를 동시에 포함시키고 있었다.

로르샤하에 대한 비판

1974년 종합체계가 발표되었지만, 임상 평가에서 포괄적인 접근의 유용성에 대해서는 과소평가되었다. 스트라이커(1976)는 "만약 이것이 로르샤하의 전성기에 쓰였다면 엄청난 충격이었을 것이다. 불행하게도 어떠한 시도도 과소평가될 수 있는 시점이다."라고 하였고, 어떤 이는 "검사의 저자(로르샤하)는 불운하게도 채점 체계를 발표한 엑스너처럼 역사에 이름을 남기는 데는 실패했다."라고 언급했다. 한편 "……로르샤하 심리진단 결과는 사실에 가까운 안내서다."(Allen, 1976)라는 지적도 있었다. 종합체계는 진단과 측정에서 직접적인 정보에 대해 살피지 못하게 될 경우가 종종 있다. 이는 로르샤하를 체계화하는 과정에서 지적되는 심리측정학적 한계였다(Anastasia, 1982).

종합체계가 진화하면서 검사의 심리측정적 요소들도 합리적으로 발전되었고, 심리검사의 기본 조건을 충족시키게 되었다. 또 로르샤하 공동체를 통해 널리 보급되었고 잘 수용되어 왔다. 로르샤하가 등장한 초기 20여 년간 이 체계에 대한 비판은 로르샤하 공동체 내부에서 나왔는데, 예컨대 몇몇은 로르샤하 반응을 해석하기 위해 투사에 대한 관심이 고조되는 즈음 전통적인 질적 접근 노력은 강한 인상을 줄 수 없었고, 심지어 거부당하기까지 했으며, 적절한 강조를 전하는 데 실패했을 뿐 아니라, 계산이 가능한 특성들(점수, 비율, 백분율 등)을 지나치게 강조하는 것이 아니냐는 비판도 많았다(Aronow, Reznikoff, & Morelane, 1994). 또한 종합체계의 정적이지 못한 특성 때문에 더욱 위협을 받기도 했다. 종합체계의 발전과 함께 많은 변화가 있었다(Exner, 1978, 1986, 1991, 1993). 이와 관련해 환산치나 준거 혹은 해석의 원리가 더해지거나 감해지거나 혹은 수정되어 온 것 때문에 종합체계의 안정성에 대해 우려하고 종종 좌절하기도 했다.

처음 종합체계가 출판된 지 20여 년간 체계에 대한 관심, 그리고 로르샤하에 대한 관심이 증가된 것은 진단적 결론을 내리고 치료 계획을 세우는 데 개인차를 연구하거나 성격을 평가하는 측정 방식을 사용하면서 그 방식에 변화가 있었음이 드러났다. 이 검사에 대한 오래된 비평 중 로르샤하는 실용성이 없는 형편없는 검사라고 한 젠슨(1965)의 주장은 그 이후 문헌에 오랫동안 인용되거나 지속적으로 언급되며 지지되어 왔다(Dawes, 1994). 그러나 검사와 체계에 대한 보다 특별한 비평은 1990년대 이후 더 자주 등장하게 되었다.

네츠워스키와 우드(1995)는 자아 중심성 지표와 반사 반응과 관련해 해석이 가능한 타당화 자료에 대해 의문을 제기하였다. 이후 우드, 네츠워스키, 그리고 스테즈컬(1996)은 채점자 간 일치 소견, 종합체계의 몇몇 변인의 지표에 대한 신뢰도 자료에 관련된 의문을 더욱 정교화하여 제기했다. 그들은 또한 공식적으로 검증되지 않은 연구 결과가 이 책의 출판 전 인쇄본에 포함되었다는 점에 대해서도 지적했다.

우드와 네츠워스키, 그리고 스테즈컬은 논평을 통해 특별히 로르샤하 종합체계가 일반적이지 못하며 과도한 특수성을 가지고 있다는 점과 강점, 약점에 대해 신랄하게 비판했다. 이러한 그들의 비판은 메이어(1999)로 하여금 검사의 임상적 유용성에 대한 논문들의 시리즈를 구성하도록 자극하게 된다. 한편, 스트라이커와 골드(1999)는 로르샤하가 측정의 객관성에 의지하면서 개별적이고 개체 정립적인 접근을 할 수 있다는 가치에 대해 지지했다. 그들은 로르샤하와 같은 간접적인 측정 방식은 한 개인의 기능에 대해 무의식과 관련한 종단적이고 구조적인 연구에 유용하다고 주장했다. 비글리온(1999)은 지난 20여 년간 로르샤하의 변인과 지표에 대한 138개의 논문을 개관한 후 '다양한 일상 사건이 한 개인의 대처와 내적 심리 간의 상호작용에 끼치는 영향'과 관련한 자료를 제공하는 로르샤하를 지지했다. 또한 그는 로르샤하는 한 개인에 대한 개념화와 개입, 그리고 예견과 평가의 정보를 제공하는 데 매우 유용한 검사라고 지적했다.

헌슬리와 베일리(1999)도 관련된 로르샤하 문헌들을 개관한 후 로르샤하의 임상적 유용성을 지지하는 과학적 증거는 적다고 결론 내렸다. 분명 검사가 한 개인의 성격 구조에 대한 가치 있는 정보를 주는 것은 틀림이 없지만, 치료 결과를 향상시킨다거나 임상적 서비스를 제공하는 데 중요한가에 대한 증거를 반복 검증하기가 어렵다고 결론지었다. 힐러, 로젠탈, 본스타인, 메리, 그리고 브루넬-뉴라이브(1999)는 로르샤하와 MMPI의 준거 관련 타당도를 비교한 메타 분석을 하였는데, 그들은 특별히 두 검사 간의 차이점을 발견할 수 없었다. MMPI는 준거 변인으로 개인 보고식 특정이라는 점에서나 진단을 사용하는 연구 결과에서 타당도 계수가 높았고, 로르샤하는 객관적인 준거 변인을 사용한 연구에서 타당도 계수가 높았다. 다우즈(1999)는 로르샤하 변인에 대한 연구에서 변인들의 타당도를 높이기 위한 두 가지 방법을 제안했다. 가넬렌(1996)은 MMPI와 MCMI-II, 그리고 로르샤하 간의 진단적 효용성을 비교한 결과, 세 검사 모두 우울을 탐지하는데 매우 예민했고, 로르샤하보다 MMPI와 MCMI-II가 오긍정률이 더 높았다고 보고했다. 또한 로르샤하는 정신증을 탐지하는 데 보다 예민했던 바, 심리측정 도구로서 로르샤하의 유용성을 한 번 더 확인했다고 주장했다. 그러나 우드, 네츠워스키, 스테즈컬, 가븐, 그리고 웨스트(1999)는 우울증 지표(DEPI)를 지지하는 경험적 증거들이 없다며 가넬렌의 주장을 반박했다. 가넬렌(2001)은 우드 등이 지적한 우울증 지표의 결험적 증거가 주의 깊게 검토되어야 한다는 점을 강조하면서 우드와 그 동료들의 피검자들의 객관성에 의문을 제기했다.

우드, 네츠워스키, 가브, 그리고 릴리엔펠드(2001)는 샤퍼, 얼버그, 그리고 하로이언(1999)이 보고한 123명의 비환자군의 결과를 인용하면서 종합체계에서 비환자군 자료로 출판된 표집 자료와 비교해 몇 가지 변인에서 체계적인 차이가 있음을 지적했다. 우드와 그 동료들은 다양한 크기의 12개 비환자 표집을 통해 자료를 수집했는데, 대부분은 다양한 연구에서 통제집단으로 모집된 자료들이었다. 그들은 600명의 비환자군에서 14개의 변인을 비교하였는데 통계적으로 유의미한 차이가 있었다고 했다. 또한 그들은 로르샤하의 변인들이 진단에 있어 한 개인의 일탈을 확인하는 데 적용된다면 분명 정신병리에 대한 과잉 진단의 가능성이 증가되는 것이며 출판된 표집 자료들은 비환자군을 대표할 수 없다고 주장했다.

비환자군에 대한 샤퍼 등(1999)의 자료는 이후 비환자군의 자료(Exner, 2002)를 수집하는 데 모델이 되었다. 175명의 비환자군 자료는 이미 종합체계에 포함된 600명의 비환자군 자료(12장 참고)의 결과와 유사했다. 체계에 대한 비평과 관련한 다른 연구 중 메이어 등(2002)이 8개의 비교적 방대한 양의 자료를 토대로 비교한 채점자 간 일치도 연구가 있다. 우드 등(1996)은 채점자 간 일치도가 낮고, 미숙한 채점자 등의 문제를 지적했다. 메이어의 연구에서 채점자 간 일치도는 .82에서 .97로 매우 높은 편이었다. 체계의 유용성에 대한 그들의 관심은 사용자의 채점 기술에 좌우되며 어떤 오류를 방지하기 위해서는 검사자가 적정한 긴장을 유지해 주어야 한다는 점이었다고 볼 수 있다.

비글리온(1999)의 개관 이후 와이너(2001)는 헌슬리, 베일리(1999), 그리고 다우즈 등과 함께 로르샤하가 과학적 검사의 건전한 원칙을 실증적으로 보유하고 있다는 점을 지지했다. 그는 성격의 성장과 변화를 검사하기 위해 타당도 자료와 종단연구의 필요성을 지적했다. 그러면서 헌슬리와 베일리가 로르샤하는 다소 비합리적인 근거를 제시하는 검사라고 지적한 데 대해 비판했다. 가브, 우드, 네츠워스키, 그로브, 그리고 스테즈컬(2001)은 헌슬리와 베일리(1999), 스트라이커와 골드(1999), 비글리온(1999), 그리고 힐러 등(1999)의 비판을 지지했다. 그들은 종합체계에서 몇몇 변인들이 일관성을 만족시키지 못한다고 지적했고, 로르샤하가 임상적 진단에 있어 결정적인 정보를 제공할 수 없다고 주장했다. 또한 규준을 위한 표집 과정이 인종별로 나뉘어 실시되지 않았다는 점 때문에 소수민족에게는 적합하지 않다는 점도 지적했다.

로젠탈, 힐러, 본스타인, 그리고 브루넬-뉴라이브(2001)는 로르샤하와 MMPI 메타 분석 결과를 제시한 힐러 등(1999)과 가브 등(2001)의 비평에 주목했다. 그들은 주장을 지지할 두 개의 자료를 제시했는데, 비글리온와 힐젠로스(2001), 헌슬리와 베일리(1999)의 비평과 가브(2001)의 지적에 대해 강조하려 했다. 그들은 로르샤하가 검사로 한계가 있다거나 장점이 없다는 것보다 최근의 비평을 지적하면서 신뢰도나 부분적인 타당도, 규준 자료, 문화적 적용, 임상적 판단증의 영역에서 그들의 입장을 지지하는 근거를 내세우려 했다.

헌슬리와 베일리(2001)는 많은 로르샤하 점수들이 단독으로 이론적인 근거를 기반으로 하고 있지 않고, 표준화된 방식으로 실시할 수 없다는 점에 대해 다시 거론하며 논쟁하려 한다. 로르샤하 그 자체만으로 유용성을 주장하는 것도 아니고, 한 개인의 성격을 이해하도록 임상가에게 도움을 주는 기능을 지속해 왔음에도 불구하고 그들의 비판은 지속되고 있다. 또한 그들은 검사의 임상적 유용성에 대해 어떤 검사든 환자의 결과를 향상시키거나 치료에서의 갈등을 낮출 수 있는지에 대해 측정해야 한다고 고집하는 것 같다.

메이어와 아커(2001)는 초기 연구들(Parker, Hanson, & Hunsley, 1988)을 메타 분석하여 로르샤하가 MMPI, IQ 검사와 유사한 정도의 타당도를 기록하는 등 유용한 결과를 제공할 수 있다는 결론을 내렸다. 로르샤하는 개념적으로나 경험적인 한계를 분명 가지고 있다. 따라서 우선적으로 선택되는 데는 다소 논란의 여지가 있으나, 로르샤하의 효과성을 볼 때 규준 자료를 개선하고 검사 실시 과정을 표준화하여 신뢰도를 검토하고 시간적인 안정성을 보완하며, 임시적인 변수들은 연구를 거쳐 임상적인 유용성을 높이는 데 기여할 것이라고 지적했다.

개 관

로르샤하에 대한 최근의 지적과 비평들은 다소 혼란스럽다. 특히 초심자들에게는 더욱 그러할 것이다. 분명히 와이너(2001), 메이어와 아커(2001)에 의해 지적된 것처럼 로르샤하는 더 많은 연구가 요구되거나 충분히 정의되지 않은 주제들이 있기 때문에 비평 중 몇몇은 정당하다. 그러나 비글리온과 힐젠로스(2001)의 지적과 같은 비평은 로르샤하에 대한 이해가 부족하거나 편견, 그리고 무지에 의한 것이다. 많은 비평에서 지적된 요소는 1950년과 1960년대에도 있었던 것이며, 비평들은 그 수준에 머무르고 있는 셈이다.

로르샤하에 대한 비판은 특히 심리학에서 성격을 평가하는 심리측정학에 대해 정신의학 분야에서 탐탁하게 여기지 않는 분위기를 반영하는 것이라고 볼 수도 있다. 그들은 측정이나 평가를 이용한 임상적 접근을 폐기해야 한다는 밀의 1954년 논쟁을 다시 등장시키려 하고 있다. 크게 보자면, **로르샤하**에 대한 최근의 비평은 적어도 간접적으로는 임상적 평가에서 심리검사의 유용성을 겨냥한 것 같다. 예컨대, 헌슬리와 베일리(1999, 2001)는 검사의 임상적 유용성은 최대한 환자의 치료 결과를 최상으로 명백히 향상시킬 수 있는가로 확정되어야 한다고 주장하는데, 이것은 어떤 검사나 어떤 측정 방법으로 증명하기가 매우 어려운 일일 뿐 아니라 매우 비현실적인 기준이라 할 수 있다.

로르샤하 사용에 관한 결정

로르샤하는 많은 심리평가 접근 과정에 포함되고 있지만, **로르샤하** 사용에 대한 결정은 매우 신중해야 한다. 임상가는 **로르샤하** 카드를 잡기 전에 검사의 목적이나 **로르샤하**가 적용될 수 있는 적절한 용도를 알아야 하고, **로르샤하**가 제공하는 잠재된 정보를 활용하는 데 책임을 질 수 있어야 한다. 1장에서 언급한 것처럼 한 개인을 기술할 수 있는 유용하고 가치 있는 검사가 많이 있다. 그래서 **로르샤하**를 사용할지를 결정하는 기준은 한 개인을 기술하는 데 다른 정보에 비하여 **로르샤하**가 매우 우수한 잠재적 유용성이 결정 시점에서 최선이라 판단될 때다. 면담, 관찰, 그리고 자기 기술 질문지를 통해 얻게 된 한 개인의 자료가 증상이나 행동을 기술하는 데 초점을 둔다면, **로르샤하**에 의한 기술은 증상과 행동을 구성하는 심리학적 과정에 더 중점을 두고 있다.

로르샤하를 사용하게 되면, 한 개인을 개별적인 존재로서 심리학적 초상을 가정할 수 있고, 임상가는 이슈가 되는 중요한 문제의 해결 방법과 심리적인 안녕에 집중할 수 있다.

로르샤하 반응이 나오기까지 심리적인 조작 과정의 범위는 바로 그 사람이 다른 행동을 발생시키는 과정과 유사하다고 볼 수 있다(11장 참조). 또한 검사 결과는 그 사람의 자원과 약점, 그리고 반응 경향의 독특한 혼합 과정을 가시적으로 제시해 준다. 이렇게 한 개인의 특징은 어떤 형태로 드러나게 되면서 인과관계적인 이슈의 원천이 되어 치료 목표와 치료 방법론을 결정하는 데 중요한 지침을 제공하게 된다. 이러한 의사 결정은 한 개인에 대한 많은 중요한 다른 결정들로 이어지게 된다.

분명, **로르샤하**는 모든 의문에 대한 답을 주는 검사는 아니다. **로르샤하** 결과는 어떤 평가 상황에서는 오히려 의미 없는 자료일 수 있다. 예를 들면, 지능이나 신경학적 정보가 필요한 경우라면 **로르샤하**는 선택에서 제외되어야 한다. 물론 **로르샤하**의 일부 요소가 지능을 추정하는 지표와 정적 상관을 보이긴 하지만, **로르샤하**는 지능평가도구의 일부로 신뢰성이 있거나 타당하지 않다. 또한 신경학적 기능 손상을 시사하는 조건에 대해 매우 유의미한 설명력을 가지고 있으나, 그 기능상의 문제가 외견상 분명하게 탐지되는 경우가 아니라면 단독으로 진단결정력을 인정하기 어렵다. 특히 지능과 인지 기능을 평가하고자 하는 것이 주 목적이라면 로르샤하는 그 개인의 성격에 관련된 정보를 제공하는 목적에만 유용한 도구로 보아야 한다. 1장에서 이미 언급했듯이 어떤 의뢰자는 한 사람이 보이는 증상과 그 증상에 가장 적합한 치료 간의 관계를 이미 결정하고 그에 대한 확인을 구하고자 하는 경우가 있다. 이런 경우라면 로르샤하의 결과나 성격과 관련된 다른 소견들이 이미 계획된 치료 결정에 무언가 의미 있는 정보를 줄 수 있을지는 의문이다. 한편, 어떤 평가의 목적이 오로지 진단적 판단을 위한 것이라면, 로르샤하 소견은 이 결정에 분명 공헌은 하겠지만, 진단을 할 수 있는 보다 간단한 체크리스트와 같은 방법에 비해 시간이 더 소모되고 덜 효율적인 방법이라 할 수 있다.

시간은 로르샤하를 사용할 것인가를 결정하는데 또 하나의 중요한 결정 준거라 할 수 있다. 검사를 소개하는 시간은 적어도 10여 분이 필요하고, 검사를 실시할지를 결정하는 데도 시간이 소요된다. 대부분의 사람이 1시간 이내로 수행하게 되지만, 어떤 사람들은 더 오랜 시간이 필요하다. 일상적으로 시행하는 검사 배터리에 로르샤하가 포함된다면, 임상가는 검사 실시 과정을 통해 무언가 중요한 것을 얻을 것이라 확신해야 하고 검사 소요 시간에 심리적인 압박감을 느끼지 않아도 되는 세팅이어야 한다.

로르샤하와 검사 배터리

일부의 예를 보면, 로르샤하는 실시 과정에서 다양한 절차를 거치게 되기 때문에 기존의 평가 영역에서 제기되는 여러 문제를 해결하는 데 충분하다. 전통적으로 검사를 실시하는 과정에 면담이 포함되고, 검사는 검사 배터리에 포함된다. 검사 배터리에는 2개, 3개, 혹은 3개 이상의 검사들이 포함되는데, 이처럼 다양한 평가 방식을 사용하는 근거는 일찍이 강조되어 온 것이다(Harrower, 1965; Z.Piotrowski, 1958; Rapaport, Gill, Schafer, 1946). 이러한 접근 방식의 가정은 두 가지 형태일 수 있다. 우선, 모든 것을 검사하는 광범위한 범주를 모두 아우르는 검사는 없다. 그래서 각기 다른 검사들은 한 개인의 다른 기능이나 범주에 대한 검사를 하게 되고 이런 검사들로 구성된 검사 배터리는 한 개인의 전체를 평가하여 많은 자료를 제공한다. 둘째로, 다양한 검사들은 일부분 그 결과가 중복된다. 그래서 한 검사의 결과는 다른 검사 결과와 교차 타당화하여 검증할 수 있다. 이렇게 여러 검사를 함께 시행하는 접근은 오차를 최소화하고 정확성을 최대화하는 데 논란의 여지가 있을 수 있다. 검사 배터리는 결론의 정확성을 최대화하기 위해 몇 가지의 도구를 사용하는 번거로움이 있지만, 한 가지 검사에서 얻을 수 있는 견해보다는 조금 더 분명하게 결론에 도달할 수 있다.

불행히도, 검사 과정 동안 얻는 자료가 무엇이든 검사 과제가 어떤 것이든 간에 현장의 임상가들은 동일한 검사 시리즈를 사용하는 데 익숙하다. 임상가의 주요 역할이 심리진단과 측정에 국한되어 유연하지 못했던 1940년대와 1950년대에는 측정과 평가의 분위기가 이렇게 기울어져 있었다. 방대한 자료들은 더 이상 측정의 목표에 반영되지 못했고, 소요되는 평가 시간들은 과정의 목표에는 적합하지 않게 너무 길었다.

평가를 하는 사람이 내려야 할 또 다른 중요한 결정은 검사의 순서다. 반 드 캐슬(1964)은 검사의 순서가 **로르샤하**의 반응 내용에서 인간 내용에 영향을 끼친다고 지적했다. 그리소와 미도(1967)도 WAIS가 **로르샤하**보다 먼저 혹은 다음에 실시되는지가 WAIS의 수행 결과에 영향을 끼친다고 보고했다. 엑스너와 하크(1980)도 **로르샤하** 이전에 3시간 동안 검사를 받은 경우가 90분 동안의 검사를 받은 경우보다 반응의 개수가 평균에 비해 적었다고 보고했다. 다시 확증되진 않았지만, **로르샤하**의 반응 생산성은 피검자에게 스트레스가 되는 평가 과정 중 어떤 것에 의해서건 영향을 받게 된다. 예를 들면, 할시테드-라이탄 검사의 촉각수행검사나 범주화검사 과제 수행에 어려움이 있는 인지적 역기능이 주요한 문제가 되는 사람이 있다면, 또 그 사람이 **로르샤하** 이전 검사를 매우 잘 수행하지 못했다면 **로르샤하**를 검사 직후에 실시하는 것은 매우 현명하지 못한 일이다. 또한 MMPI 이후 바로 **로르샤하**를 수행하도록 하는 것도 현명하지 못하다. MMPI가 피검자에게 매우 중요한 정보를 제공해 주긴 하지만, **로르샤하**를 수행할 때 피로감을 가질 수 있기 때문에 부정적인 영향을 줄 수 있다.

검사 배터리를 사용하게 된다면 시간을 얼마나 소요하는가가 매우 결정적인 조건이 될 수 있다. 대개의 경우, 신경심리학적 이슈가 없어야 하고 전체 평가 과정이 3시간 이내에 완료될 수 있어야 한다. 전체적인 평가 과정은 피검자에 대한 근거 있는 가설적 그림을 완성해 가는 과정에서 진행되어야 하며, 평가에서 핵심적인 검사는 3개 정도가 이상적이다. WAIS 지능검사, **로르샤하**, MMPI의 이 세 검사는 각각 경험적으로 견고한 검사이며, 잘 숙련된 임상가에 의해 실시된다면 한 개인에 대한 매우 중요하고 의미 있는 정보를 풍부하게 얻는 데 유용한 검사들이기 때문이다.

참고문헌

Allen, R. M. (1976). Review of the Rorschach: Comprehensive system. *Journal of personality Assessment, 40*, 103-104.

American Psychiatric Association. (1980). *Diagnostic and statistical manual of mental disorders* (3rd ed.). Washington, DC: Author.

American Psychiatric Association. (1987). *Diagnostic and statistical manual of mental disorders* (3rd ed., rev.). Washington, DC: Author.

American Psychiatric Association. (1994). *Diagnostic and statistical manual of mental disorders* (4th ed.). Washington, DC: Author.

American Psychiatric Association. (2000). *Diagnostic and statistical manual of mental disorders* (4th ed., text rev.). Washington, DC: Author.

Anastasia, A. (1954). *Psychological testing*. New

York: Macmillan.

Anastasia, A. (1982). *Psychological testing* (5th ed.). New York: Macmillan.

Aronow, E., Reznikoff, M., & Moreland, K. (1994). *The Rorschach technique*. Boston: Allyn & Bacon.

Backlar, P. (1996). Managed health care: Conflict of interest in provider/client relationships. *Community Mental Health Journal, 32*, 101-110.

Cronbach, L. J. (1949). Statistical methods applied to Rorschach scores. *A review. Psychological Bulletin, 46*, 393-429.

Dawes, R. M. (1994). *House of cards: Psychology and psychotherapy built on myth*. New York: Free Press.

Dawes, R. M. (1999). Two methods for studying the incremental validity of a Rorschach variable. *Psychological Assessment, 11*, 297-302.

Evans, M. D., Hollon, S. D., DeRubeis, R. J., Piasecki, J., Grove, W. M., & Garvey, M. J., et al. (1992). Differential relapse following cognitive therapy and pharamacotherapy for depression. *Archives of General Psychiatry, 49*, 802-808.

Exner, J. E. (1978). The Rorschach: A comprehensive system. *Vol. 2: Current research and advanced interpretation*. New York: Wiley.

Exner, J. E. (1986). The Rorschach: A comprehensive system. *Vol. 1: Basic Foundations* (2nd ed.). New York: Wiley.

Exner, J. E. (1991). The Rorschach: A comprehensive system. *Vol. 2: Interpretation* (2nd ed.). New York: Wiley.

Exner, J. E. (1992). R in Rorschach research: A ghost revisited. *Journal of Personality Assessment, 58*, 245-251.

Exner, J. E. (1993). The Rorschach: A comprehensive system. *Vol. 1: Basic Foundations* (3rd ed.). New York: Wiley.

Exner, J. E. (2002). A new nonpatient sample for the Rorschach comprehensive system: A progress report. *Journal of Personality Assessment, 78*, 391-404.

Exner, J. E., & Hark, L. I. (1980). *Frequency of Rorschach responses after prolonged cognitive testing*. Rorschach Workshops (Study No. 271, unpublished).

Fiske, D. W., & Baughman, E. E. (1953). Relations between Rorschach scoring categories and the total number of responses. *Journal of Abnormal and Social Psychology, 48*, 25-32.

Gallagher-Thompson, D., Hanley-Peterson. P., & Thompson, L. (1990). Maintenance of gains versus relapse following brief psychotherapy. *Journal of Consulting and Clinical Psychology, 58*, 371-374.

Ganellen, R. J. (1996). Comparing the diagnostic efficiency of the MMPI, MCMI-II, and Rorschach: A review. *Journal of Personality Assessment, 67*, 219-243.

Ganellen, R. J. (2001). Weighing evidence for the Rorschach's validity: A response to Wood et al. (1999). *Journal of Personality Assessment, 77*, 1-15.

Garb, H. N., Wood, J. M., Nezworski, M. T., Grove, W. M., & Stejkal, W. J. (2001). Towards the resolution of the Rorschach controversy. *Psychological Assessment, 13*, 433-448.

Gortner, E. T., Gollan, J. K., Dobson, K. S., & Jacobson, N. S. (1998). Cognitive-behavioral treatment for depression: Relapse prevention.

Journal of Consulting and Clinical Psychology, 66, 377-384.

Gough, H. G. (1963). Clinical versus statistical prediction in psychology. In L. Postman (Ed.), *Psychology in the making*. New York: Knopf.

Grisso, J. T., & Meadow, A. (1967). Test interference in a Rorschach-WAIS administration sequence. *Journal of Consulting Psychology, 31*, 382-386.

Harrower, M. (1965). Differential diagnosis. In B. Wolman (Ed.), *Handbook of clinical psychology*. New York: McGraw-Hill.

Hiller, J. B., Rosenthal, R., Bornstein, R. F., Berry, D. T. R., & Brunell-Neuleib, S. (1999). A comparative meta-analysis of Rorschach and MMPI validity. *Psychological Assessment, 11*, 278-296.

Holt, R. R. (1958). Clinical and statistical prediction: A reformulation and some new data. *Journal of Abnormal and Social Psychology, 56*, 1-12.

Holt, R. R. (1970). Yet another look at clinical and statistical prediction: Or, is clinical psychology worthwhile? *American Psychologist, 25*, 337-349.

Holtzman, W. H., Thorpe, J. S., Swartz, J. D., & Herron, E. W. (1961). *Inkblot perception and personality*. Austin: University of Texas Press.

Hunsley, J., & Bailey, J. M. (1999). The clinical utility of the Rorschach: Unfulfilled promises and an uncertain future. *Psychological Assessment, 11*, 266-277.

Hunsley, J., & Bailey, J. M. (2001). Whither the Rorschach? An analysis of the evidence. *Psychological Assessment, 13*, 472-485.

Jensen, A. R. (1958). Personality. *Annual Review of Psychology, 9*, 395-422.

Jensen, A. R. (1965). Review of the Rorschach Inkblot Test. In O. K. Buros (Ed.), *The sixth mental measurements yearbook*. Highland Park, NJ: Gryphon Press.

Kinder, B. N. (1992). The problems of R in clinical settings and in research: Suggestions for the future. *Journal of Personality Assessment, 58*, 252-259.

Korman, A. K. (1968). The prediction of managerial performance. *Personnel Psychology, 21*, 295-322.

Kovacs, M., Rush, J., Beck, A. T., & Hollon, S. D. (1981). Depressed outpatients treated with cognitive therapy or pharmacotherapy. *Archives of General Psychiatry, 38*, 33-39.

Lindzey, G. (1861). *Projective techniques and cross-cultural research*. New York: Appleton-Century-Crofts.

Lubin, B., Larsen, R. M., & Matarazzo, J. D. (1984). Patterns of psychological test usage In the United States 1935-1982. *American Psychologist, 39*, 451-454.

Lubin, B., Wallis, R. R., & Paine, C. (1971). Patterns of psychological test usage In the United States: 1935-1969. *Professional Psychology, 2*, 70-74.

Meehl, P. E. (1954). *Clinical versus statistical prediction: Minneapolis:* University of Minnesota Press.

Meyer, G. J. (1999). Introduction to the special series on the utility of the Rorschach in clinical assessment. *Psychological Assessment, 11*, 235-239.

Meyer, G. J., & Archer, R. (2001). The hard science of Rorschach research: What do we know and where do we go? *Psychological Assessment, 13*,

486-502.

Meyer, G. J., Hilsenroth, M. J., Baxter, D., Exner, J. E., Fowler, J. C., & Piers, C. C. et al. (2002). An examination of interrater reliability for scoring the Rorschach comprehensive system in eight data sets. *Journal of Personality Assessment, 78*, 219-274.

Miller, I. J. (1996). Managed care is harmful to outpatient mental health services: A call for accountability. *Professional Psychology: Research and Practice, 27*, 349-363.

Murray, H. A. (1938). *Explorations in personality.* New York: Oxford University Press.

Murstein, B. I. (1965). *Handbook of projective techniques.* New York: Basic Books.

Nezworski, M. T., & Wood, J. M. (1995). Narcissicism in the comprehensive system for the Rorschach. *Clinical Psychology: Science and Practice, 2*, 179-199.

Parker, K. C. H., Hanson, R. K., & Hunsley, J. (1988). MMPI, Rorschach, and WAIS: A meta-analytic comparison of reliability, stability, and validity. *Psychological Bulletin, 103*, 367-373.

Piotrowski, C., Belter, R. W., & Keller, J. W. (1998). The impact of "managed care" on the practice of psychological testing: Preliminary findings. *Journal of Personality Assessment, 70*, 441-447.

Piotrowski, Z. A. (1958). The psychodiagnostic test battery: Clinical application. In D. Brower & L. E. Abt (Eds.), *Progress in clinical psychology* (vol. 3). New York: Crune & Stratton.

Rapaport, D., Gill, M., & Schafer, R. (1946). *Diagnostic psychological testing* (Vol. 2). Chicago: Yearbook Publishers.

Rosenthal, R., Hiller, J. B., Bornstein, R. F., Berry, D. T. R., & Brunell-Neuleib, S. (2001). Meta-analytic methods, the Rorschach, and the MMPI. *Psychological Assessment, 13*, 449-451.

Rotter, J. B., & Rafferty, J. E. (1950). *Manual: The Rotter Incomplete Sentences Blank.* New York: Psychological Corporation.

Sargent, H. (1945). Projective methods: Their origins, theory, and application in personality research. *Psychological Bulletin, 42*, 257-293.

Sawyer, J. (1996). Measurement and prediction, clinical and statistical. *Psychological Bulletin, 66*, 178-200.

Shaffer, T. W., Erdberg, P., & Haroian, J. (1999). Current nonpatient data for the Rorschach, WAIS-R, and MMPI-2. *Journal of Personality Assessment, 73*, 305-316.

Stricker, G. (1976). The right book at the wrong time. *Contemporary Psychology, 21*, 24-25.

Stricker, G., & Gold, J. R. (1999). The Rorschach: Toward a nomothetically based, idiographically applicable configurational model. *Psychological Assessment, 11*, 240-250.

Symonds, P. M. (1946). *The dynamics of human adjustment.* New York: Appletone-Century-Crofts.

Van de Castle, R. L. (1964). Effect of test order on Rorschach human content. *Journal of Consulting Psychology, 28*, 286-288.

Viglione, D. J. (1999). A review of recent research addressing the utility of the Rorscahch. *Psychological Assessment, 11*, 251-265.

Viglione, D. J., & Hilsenroth, M. J. (2001). The Rorschach: Facts, fictions, and future. *Psychological Assessment, 13*, 452-471.

Watkins, C. E., Jr., Campbell, V. L., Nieberding, R.,

& Hallmark, R. (1995). Contemporary practice of psychological assessment by clinical psychologist. *Professional Psychology: Research and Practice, 26*, 54-60.

Weiner, I. B. (1972). Does psychodiagnosis have a future? *Journal of Personality Assessment, 36*, 534-546.

Weiner, I. B. (2001). Advancing the science of psychological assessment: The Rorschach Inkblot Method as examplar. *Psychological Assessment, 13*, 423-432.

Wiggins, J. S., Renner, K. E., Clore, J. L., & Rose, R. J. (1971). *The psychology of personality*. Reading, MA: Addison-Wesley.

Wood, J. M., Nezworski, M. T., Grab, H. N., & Lilienfeld, S. O. (2001). The misperception of psychopathology: Problems with the norms of the comprehensive system for the Rorschach. *Clinical Psychology: Science and Practice, 8*, 350-373.

Wood, J. M., Nezworski, M. T., & Stejkal, W. J. (1996). the comprehensive system for the Rorschach: A critical examination. *Psychological Science, 7*, 3-10.

Wood, J. M., Nezworski, M. T., Stejkal, W. J., Garven, S., & West, S. G. (1999). Methodological issues in evaluationg Rorschach validity: A comment on Burns and Vigione (1996). Weiner (1996). and Ganellen (1996). *Assessment, 6*, 115-129.

Wundt, W. (1893). *Logik, Zweiter Band. Vol. 2: Methodenlehre* (2nd rev. ed.). Stuttgart, Germany: Verlag Enke.

Zubin, J., Eron, L. D., & Schumer, F. (1965). *An experimental approach to projective techniques*. New York: Wiley.

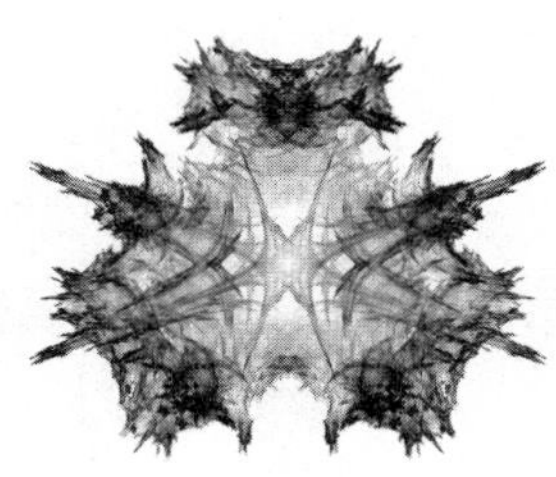

제2부 로르샤하의 실시와 채점

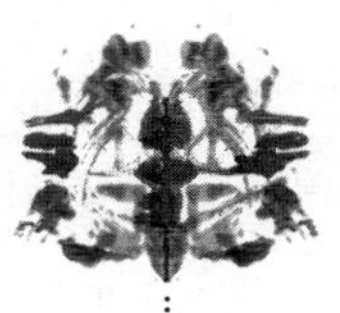

제4장

로르샤하의 실시: 결정과 절차

로르샤하를 사용하기 전에 평가 담당자는 로르샤하가 피검자의 의뢰 혹은 내원 사유에 적합한지 결정해야 한다. 로르샤하가 모든 의문에 대한 답변을 제공해 주는 것이 아니기 때문이다. 한 개인의 복잡한 행동의 표본(10개의 잉크반점에 대한 반응)으로 간주할 수 있는 자료들이 분명히 개인의 특정적인 것으로 채점되고 해석될 수 있다고 결정하게 되면, 그 자료들은 평가자에 의해 개인에 대한 일관적 진술들로 변환될 수 있다. 언제나 평가자의 관심은 평가받는 대상에게든 평가를 하는 사람에게든 그 도구가 유용한 정보원의 역할을 할 수 있는가에 있다.

로르샤하 자료를 통해 얻은 진술들은 한 개인의 반응 경향성, 정서성, 인지적인 조직화 특성, 열의, 개인 관심사, 그리고 개인적인 지각과 대인관계에 대한 지각 양상의 특징에 초점이 맞춰져 있기 때문에 그 양이 많다. 일반적으로 그 진술들은 외현적이거나 내현적인 행동에 대한 내용이 포함되어 있는데, 주로 그 반응 기록의 중요도에 의해 선택되거나 결정된다. 다양한 가능성이 있지만, 타당한 증거들을 근거로 진술들이 결정된다. 대개의 경우, 현재까지 어떠했고, 또한 앞으로 어떠할 것인지에 대한 것이라기보다는 현재 그/그녀가 어떤 사람이냐에 대한 내용으로 한 개인의 병인론적 요인에 관한 정보와 어떤 예언을 제공하게 된다. 그러나 이러한 진술은 반응기록에서 직접 얻을 수 있는 것이 아니다. 많은 정보는 한 개인에 대한 유용한 다른 정보들의 수집과 검사 자료들이 통합되는 과정에서 연역적 혹은 귀납적인 논리들이 활용된 결과물일 수 있다. 어찌 보면, 한 개인의 성격과 반응 양식, 정신병리, 그리고 행동에 관한 해석자의 축적된 지식에 의해 산출되는 것이기 때문에 오히려 더 추론적인 것일 수도 있다.

로르샤하 자료들은 피검자의 자산이나 경향에 대한 자료들을 서로 연결하여 치료 목표나 대안적 개입에 대한 논리적인 권고를 이끌어 내고 한 개인의 과거나 미래를 추론하는 데 활용할 수 있다. 또한 한 개인의 분명한 장점과 특정한 반응 경향성 간의 관계에 대해 평가함으로써 그 개인에게 만성적이거나 문제 발생의 원인에 대한 합리적인 추론을 가능하게 해 주기도 한다.

바람직한 평가 과정이란, 평가자가 질문에 대한 답을 찾아내기 위해 적절한 절차들을 활용할 수 있어야 가능하다. 예를 들면, 부모의 상호작용, 종교적인 취향, 취미, 수련 감독자나 교사의 평정, 현재 관계, 성적 취향 혹은 성행위의 빈도에 대한 질문은 피검자를 이해하는 데 매우 중요한 것이긴 하지만, 로르샤하를 통해 그 질문에 대한 직접적인 답변을 얻기란 적합하지 않다. 로르샤하보다 더 적합한 검사도구들이 이 질문에 대한 보다 명확한 답변을 제공할 수 있을 것이다. 오히려 이런 경우에는 충분한 면담을 통해 더 많은 정보를 얻을 수 있다. 이런 종류의 질문들에 로르샤하가 적합하지 않듯이, 어떤 종류의 과정에서의 성공이나 갈등, 결혼 생활의 성공 여부, 가족의 영향, 입원 기간 또는 감금이나 폭력의 가능성과 같은 개인의 특정한 내용을 예측하는 것도 로르샤하 자료와는 다소 무관하다. 이 대부분이 중요한 질문이고 적정한 자격을 갖춘 심리학자는 매우 성공적으로 그러한 정보를 적극적으로 얻을 수 있을 것이다. 다시 말해, 중요한 정보들이 로르샤하를 사용해서만 가능하다거나 로르샤하를 사용하지 않아도 충분히 얻을 수 있는 것이라고 쉽게 단정할 수 없다.

다른 평가도구들이 종종 로르샤하 방법과 모순되거나 양립하는 것처럼 보이기도 하지만, 실제로는 그렇지 않다. 특히, 지적 기능과 신경심리학 관련 분야의 주제들과 관련하여 그러한데, 두 분야의 문제들 또한 로르샤하 연구에서 고려되어 왔고 정적인 관계들이 보고되었다. 로르샤하의 어떤 요소들은 지능의 지표와 정적으로 상관이 있지만, 지능을 측정할 수 있는 신뢰할 수 있고 타당한 검사도구로 사용되기는 어렵다. 또한 로르샤하가 신경심리학과 관련된 장애의 어떤 조건에 대하여 일부 상당한 변별력을 갖추고 있지만, 피검자를 눈으로 관찰하는 것만으로도 쉽게 간파될 수 있을 만큼 장애가 심각한 사례를 제외하고는 진단적인 변별력을 인정할 수 있는 증거는 아직 없다. 따라서 평가의 주요한 목적이 지능에 대한 문제나 신경심리학적 인지 기능과 관련이 있다면, 로르샤하는 적절한 검사가 아닐 수 있다. 즉, 로르샤하는 한 개인의 전반적인 평가를 위해 유용하지만, 그 개인의 전체 심리적인 구성에 대한 일련의 정보를 제공하는 하나의 평가도구로 인식되어야 한다.

로르샤하와 검사 배터리

로르샤하는 한 개인에 대한 여러 심리측정 방식 중 한 가지로 선택되곤 한다. 이때 적어도 2~3개 정도, 때로는 특별히 3개 이상, 5개 정도의 다른 검사들이 함께 실시된다. 여러 심리측정적 방식을 함께 사용하는 근거는(Rapaport, Gill, & Schafer, 1946; Piotrowski, 1958; Harrower, 1965) 이미 여러 사람이 언급하였는데, 이는 두 가지 이유로 설명할 수 있다. 첫째, 어떤 검사도 많은 것을 두루 측정할 만큼 포괄적이지는 못하다. 각 검사들은 개인의 각기 다른 차원과 기능에 초점을 두고 있고, 검사 배터리를 통해 전체적인 개인을 평가할 때 더 포괄적인 정보를 얻을 수 있다. 둘째, 다양한 검사들도 어느 정도 중복되기 때문에 단일 검사로 얻은 정보 간 교차 타당화가 가능하므로 여러 심리측정 방식 간의 오차를 최소화하고 정확성을 보장할 수 있다. 검사 배터리 사용을 지지하는 사람들은 여러 도구에 의해 복합적인 결론을 내리는 것이 더 높은 정확성을 보장한다고 주장한다. 또한 단일한 도구에서 나온 자료들은 그 나름대로 한 개인에 대한 더 깊은 통찰을 제공하므로 절충적인 접근 방식을 선택하는 것이 통합적인 설명이나 예언적 결정을 내리는 데 필요하다고 주장하는 사람들도 있다(Holt, 1958, 1970).

여러 측정 방법을 사용하는 것을 옹호하는 견해는 여러 연구 결과를 통해 이의가 제기되기도 하였다(Sarbin, 1943; Kelly & Fiske, 1950; Gage, 1953; Kostlan, 1954; Giedt, 1955; Garb, 1984). 반대 견해를 가진 연구자들은 임상가가 유용한 정보를 전적으로 사용하지 않거나 단편적인 각각의 자료들에 과도하게 관심을 두게 되면 객관적으로 중요한 자료들이 간과되거나 과도하게 중요시될 수 있다고 주장한다. 또한 예측의 정확성과 신속성이 보장되는 반면에 자료가 더 추가되어도 그 해석에 아주 적은 부분만 반영할 수 있다고 지적한다. 여러 측정도구를 사용하는 것을 지지하는 사람들은 실제 임상 현장에서는 추가된 자료들이 평가자의 판단에 충분히 반영될 수 있다고 주장한다(Vernon, 1950; MacKinnon, 1951; Stern, Stein, & Bloom, 1956; Luborsky & Holt, 1957). 양측 또한 주장의 근거가 되는 임상 자료들이 증가하면서 그 주장의 타당성 또한 증가하여 팽팽한 접전이 계속되고 있다.

로르샤하가 여러 개의 측정도구 중 하나로 선택되면 전체 검사 배터리 중 로르샤하 검사 결과의 해석적 가치를 어느 수준에 두어야 할지 결정해야 한다. 예를 들어, 밴 드 캐슬(1964)은 검사 순서에 의해 로르샤하 결과에서 인간내용반응(H)의 빈도에 차이가 있음을 발견했다. 그리소와 메도(1967)는 웩슬러지능검사(WAIS)가 로르샤하에 앞서 시행되었는지, 그다음에 시행되었는지에 따라서 웩슬러지능검사 수행 결과에 차이가 있었다고 보고했다. 엑스너와 하크(1979)는 200명의 웩슬러지능검사 결과를 비교하였는데, 100개의 지능검사가 로르샤하 전에, 100개는 로르샤하 후에 시행된 경우였다. 웩슬러지능검사 하위 검사 점수와 로르샤하 점수의 분산에서는 어떤 유의미한 차이도 발견되지 않았지만, 평가 과정에서 검사의 순서를 정할 때 심사숙고해야 한다.

또 다른 예를 들면, 엑스너와 하크(1980)는 검사 시작 3시간 이후에 시행되었던 로르샤하가 90분 이후에 수행된 경우보다 반응수가 작다는 점을 지적했다. 평가 과정이 진행되는 동안 피검자는 스트레스를 받기 때문에 로르샤하 결과에도 영향을 끼칠 수 있다는 점은 굳이 심리측정적으로 증명하지 않더라도 당연한 결과일 수 있다. 예를 들면, 인지장애를 가진 사람은 종종 범주화검사(Categorization test)나 할스테드-라이탄검사(Halstead-Reitan Battery)에서 수행상의 곤란을 보일 것이다. 따라서 피검자가 아주 잘 수행하지 못하는 과제를 시행한 이후에 즉시 **로르샤하**를 실시한다는 것은 현명하지 못한 결정이다. 또한 MMPI 이후에 즉시 **로르샤하**를 수행하지 않는 것이 좋은데, MMPI가 한 개인에 관한 매우 중요한 정보를 제공해 주는 검사이긴 하지만, 그 또한 **로르샤하**를 수행할 때 피로감을 줄 수 있다.

여러 측정도구를 사용할 때 시간이나 순서 요인이 중요하다. 일반적으로 신경심리학적 주제들이 포함되지 않는다면 전체 평가 과정은 3시간 이내에 끝나는 것이 좋다. 한 개인에 대해 상당히 완성된 기술을 목표로 하는 측정 과정의 핵심 정보들을 제공하는 주요한 세 가지 검사는 ① 웩슬러지능검사, ② **로르샤하**, ③ MMPI다. 물론 각각은 경험적으로 숙련된 임상가가 사용해야만 피검자와 관련된 중요하고 의미 있는 가정을 산출하는 데 풍부한 정보를 제공한다.

실시 절차

일단 **로르샤하**를 사용하기로 결정하면 적절한 실시 절차가 매우 중요하다. 이는 상당히 간단한 절차인 듯하지만 기술, 민감성, 그리고 현명한 판단력을 필요로 한다. 또한 준비되어 있지 않거나 피검자의 반응을 대하는 이들은 쉽게 실패할 수 있다. 자리 배치, 지시, 반응 기록, 그리고 반응 후의 질문과 같은 요인은 모두 중요하다. 이러한 요인들 각각에 대해 합리적이고 표준적인 절차가 이루어졌을 때 그 결과는 신뢰할 만한 해석의 타당한 자료가 될 수 있지만, 이 표준 절차를 위반하면 검사의 여러 요소, 특히 피검자의 반응수나 반응의 특성에 큰 영향을 끼칠 수 있다. 표준절차의 변형은 실제로 한 개인을 설명할 수 있는 반응의 명확성을 흐리고 피검자에 대한 평가자의 판단을 혼란스럽게 할 수도 있다.

자리 배치

로르샤하를 실시할 때 자리 배치는 매우 중요한데, 얼굴을 마주 보는 자리가 아니어야 한다. 대부분의 검사자는 피검자의 옆에 앉는 것을 선택하는데, 어떤 검사자들은 두 개의 편안한 의자를 나란히 두고 검사자는 피검자와 떨어져 앉는다. 검사자 옆에는 검사 자극이 놓인 작은 탁자를 놓고 클립보드를 들고 작업하는 것을 더 선호하기도 한다. 나란히 앉는 것에는 두 가지 이유가 있다. 첫째, 검사자가 의도하지 않더라도 피검자에게 줄 수 있는 영향을 배제하려는 것이다. 또한 나란히 앉는 위치가 검사자로 하여금 피검자가 말하는 잉크반점의 특징을 더 편한 시야에서 볼 수 있게 해 주기 때문이다. **로르샤하**는 잉크반점 자극을 보고 반응하는 것이 중요하므로 나란히 앉았을 때 검사자는 피검자에 의해 언급된 반응과 특징을 더 쉽게 기록할 수 있다. 피검자는 검사자가 자신의 작업에 대해 지대한 관심을 가지고 관찰하고 있다는 사실도 인식하지 못할 수 있다. 클로퍼와 헤르츠도 나란히 앉는 방식을 사용했다. 봄은 검사자가 피검자의 오른쪽에 앉거나 나란히 앉는 것을 추천했다. 피오트로브스키도

나란히 앉는 자세를 추천했지만, 면담이나 사전 검사에서 나란히 앉지 않았다면 굳이 자리를 바꿀 필요는 없다고 했다. 벡은 피검자의 뒤에 앉는 것을 선호했고 라파포트는 면담이나 검사에서 가장 자연스럽다는 이유로 마주 보고 앉는 것을 추천했다. 실제로, 마주 보고 앉는 것이 적절한 심리검사는 없다. 지능검사에서처럼 도구가 피검자의 앞에 놓여야 할 때에도 검사자는 피검자의 옆에 앉아 검사를 시행하는 것이 바람직하다.

어떤 검사 상황(특히 로르샤하가 포함된)에서는 검사자가 의도하든 아니든 검사자의 영향이 매우 중요하다. 코핀(1941)은 투사를 유도하기 위해 의도되고 비구조화된 요소가 검사 상황에 존재할 때, 피검자는 외적 자극에 의한 영향 또는 암시에 대해 민감성이 매우 증가할 것이라고 지적하였다. 그는 이렇게 은밀하게 존재하는 상황적인 요소를 중요하게 생각한 선구적인 사람 중 하나였다.

샤크텔(1945)은 이러한 요소에 대해 개념적인 견해를 제안한 선구자들 중 한 명이다. 그는 분명히 자유롭게 반응하라는 지시와 함께 자유가 허용되지만, 동시에 검사자와 피검자 사이의 관계라는 통제가 주어지는 혼합된 검사 상황에 의해 반발이 발생될 수 있다는 점을 강조했다. 그는 피검자가 상황에 대해 '주관적인 정의'를 내리게 되고 왜곡할 수 있다고 지적했다. 샤퍼(1954)는 피검자와 상황 간의 역동적인 상호작용을 강조하면서 이 견해에 큰 힘을 실어 주었다. 그는 검사상황에서 의사소통에 대한 요구와 면담을 통한 사생활에 대한 침해, 검사 상황이기 때문에 자신이 상황 통제의 주체가 아닌 점, 검사를 받는 자기에 대한 자각 등의 요인이 피검자에게 불안과 방어를 야기하여 특정한 반응을 하도록 한다고 주장했다. 샤크텔과 샤퍼 모두 로르샤하 수행이 검사자-피검자 관계에 따라 차이가 있을 것이라 단정하기는 어렵지만, 두 변인에 의해 또 다른 많은 변수가 영향을 받을 수는 있다고 경고했다.

로르샤하의 검사자 영향에 관한 연구 결과는 흥미롭다. 로드(1950)는 36명의 남자 피검자를 검사하기 위해 3명의 여성 검사자를 투입하였다. 각각의 피검자에게 3회에 걸쳐 검사를 실시했는데, 세 가지 역할 모형으로 세 명의 여성 검사자들에 의해 한 번씩 검사받게 했다. 한 번은 피검자가 검사자에게 수용되고 검사 수행이 성공적이라는 느낌을 받게 되었고, 두 번째는 거절되고 실패감을 느끼게 하였으며, 세 번째는 정서적으로 중립적인 표준화된 절차였다. 그 결과들은 재검사 설계의 복잡성에 의해 모호해지긴 했지만, 각기 다른 라포 모형에서 유의미한 차이가 발견되었다. 하지만 피검자들이 관여되었던 라포 모형 의도와는 관계없이 검사자 간의 차이에서 더 크고 분명하며 빈번한 차이가 발생되었다.

바우먼(1951)은 15명의 검사자를 통해 633명의 성인에게서 확보한 검사 자료들을 분석했다. 그는 대부분의 검사자에 의해 얻은 기록들이 대단히 유사하지만, 몇몇의 검사자들이 보고한 기록들은 상당히 달랐다고 지적했다. 이러한 편차의 원인에 대해 그는 다양한 절차나 다양한 검사자-피검자 변인에 의해 발생하였을 것이라고 생각했다. 기비, 밀러 및 월커(1953)는 또한 검사반응의 길이와 검사의 점수, 순수한 형태, 색채, 음영 반응에서 검사자에 따른 중요한 차이점이 나타났음을 발견했다.

머슬링(1965)은 검사자가 의도하지 않은 강화를 제공하는 것이 다른 검사자를 만났을 때 피검자가 다른 반응을 하는 중요한 요인이 될 수 있다는 가설을 내놓았다. 이 가설을 검증하기 위해 로르샤하에 경험이 없고, 신속하고 효과적인 검사 실시를 수련받기 위해 자원한 14명의 대학원생을 대상으로 특별한 실험 설계를 고안했다. 즉, 14명의 대학원생을 두 집단에 무선 배정하여 한 집단은 검사자가 피검자에게 동물 반응보다 인간 반응을 더 유도하도록 지시받고 다른 집단의 검사자와 다른 것은 모두 동일하게 지시받았다. 두 번째 집단은 반대로 인간 반응보다 동물 반응을 더 유도하도록 설정되고, 그 외에는 모두 동일하게 실시하도록 지시받았다. 훈련 회기가 완료된 후에 각각의 학생들은 두 사람씩 검사했다. 회기 중에는 학생 검사자의 유도에 의해 피검자가 형성할 수 있는 언어적 조건 형성 과정을 확인하기 위해 피검자와의 검사 상황을 녹음했다. 두 집단은 인간 반응과 동물 반응 비율의 예견된 방향에서 차이를 보였지만, 검사자의 유도에 의해 언어적인 변화가 있을 것이란 기대에 부합되는 증거는 발견되지 않았다. 이로써 머슬링은 검사자가 태도나 몸짓, 얼굴의 단서를 가지고 피검자에게 영향을 끼친다고 지적했다.

엑스너, 로라 및 조지(1976)는 검사 결과에 끼치는 자리 배치의 영향을 확인하기 위해 머슬링의 실험을 변형하여 사용했다. 그들은 24명의 학생 지원자들을 훈련시켜 각각 6명씩 네 집단으로 무선 할당하여 검사를 실시했다. 두 집단은 마주 보고 앉도록 하고 다른 두 집단은 나란히 앉도록 훈련받았다. 마주 보고 앉은 한 집단과 나란히 앉은 한 집단에는 동물 반응보다 인간 반응을 더 얻도록 유능한 검사자가 설정되었다. 그리고 다른 두 집단에는 반대로 설정되었다. 훈련이 완료된 후, 각각의 학생 검사자는 세 명의 피험자를 검사했고, 회기들은 비디오로 녹화했다. 마주 보고 앉은 두 집단에서는 동물 반응 대 인간 반응의 비율이 연구자들의 기대와 달랐고, 비디오테이프에서 행동 비율은 '그 상황에 상응하는 반응을 주었을 때 더 많은 몸짓, 태도, 얼굴 단서가 발생한다.'는 머슬링의 가정을 확신할 수 있었다. 나란히 앉았던 두 집단에서도 자세, 동작, 표정 활동에 대한 행동 평정에서 유사한 차이가 발견되었지만, 그들은 동물 반응 대 인간 반응의 비율에서 차이가 없었다.

앞서 언급한 연구 결과들이 모든 혹은 대부분의 로르샤하 변인이 검사자나 피검자 중 어느 한 쪽에게서 있을 수 있는 미묘한 의도에 의해 쉽게 변화될 수 있다는 의미는 아니다. 엑스너(1980) 그리고 할러와 엑스너(1985)는 첫 번째 검사가 시행된 이후 며칠 만에 시행된 재검사에서, 사람들이 다른 반응을 하도록 지시받더라도 거의 모든 점수에 변화가 없었다는 점을 발견했다. 이와 유사한 맥락에서 포스버그(1938)는 피험자에게 그들의 가장 좋은 인상과 가장 나쁜 인상을 보이도록 요구한 재검사 설계에서도 주요한 차이점을 발견하지 않았다. 카프와 샤브진(1950)도 유사한 연구를 통해 동일한 결과를 얻었다. 검사 반응 자료들의 특징은 자신이 스스로 변화하려고 의도하였거나(Cox & Sarason, 1954)—될 수 있는 대로 빨리 반응하라는 요청에 의해(Williams, 1954)—검사가 하나의 상상으로서 소개되었을 때(Peterson, 1957) 또는 개인이 옳고 그른 답이 있다고 믿도록 유도되었을 때(Phares, Stewart, & Foster, 1960)도 변하지 않았다.

심지어 마주 보고 앉는 위치로 검사가 실시되었을 때, 어떤 변인은 바람직한 반응에 관해 검사자가 언급하더라도 별다른 변화가 없었다. 두 가지 연구(Strauss, 1968; Strauss & Marwit, 1970)에서 검사자는 인간 운동(human movement: *M*)이나 색채 반응(*FC*, *CF*, *C*)이 더 높은 점수를 발생시킬 것이라 예측하도록 설정되었고, 또한 반응수에 기여할 것이라는 기대가 형성되도록 했다. 하지만 이 연구 결과 또한 어떤 설정에 의해서도 유의미한 차이가 발생하지 않았다. 반면에 굿맨(1979)은 경험이 더 많은 검사자가 일반적으로 피검자와 더 온화한 관계를 형성하게 되고, 적어도 평균적인 반응수보다 더 많은 반응을 얻게 된다는 사실을 발견했다.

나란히 앉는 배치가 모든 검사자 영향을 제거할 것이라고 기대하는 것은 어리석다. 그러나 개인이 검사자의 비언어적 행동에 과도하게 영향을 받을 것이라고 예측되는 오염의 위험성을 감소시키거나 어떤 검사에서는 실제로 그러할 것이다. 애석하게도 검사 실시 행동을 수정하는 기법에 대해 기대하며 축적된 정보들은 논리적으로 생각했던 것보다 실제 평가 과정에서나 그 결과에 이렇다 할 영향을 주지 않는다. 하지만 평가 상황에서 그러한 행동의 잠재적인 영향력을 고려하지 않은 검사자는 평가 과정에서 더 어려움을 경험하며, 심지어는 피검자에게도 의도하지 않았더라도 큰 피해를 줄 수 있다.

검사 소개

만약 피검자가 평가 과정에 돌입하기에 적절히 준비된 상태라면 로르샤하에 대한 특별한 설명이 필요하진 않다. 대부분의 경우 검사자는 피검자가 평가 목적을 합리적으로 자각하도록 하기 위해, 비교적 간단한 면담 후에 로르샤하를 실시한다. 대부분의 사람은 평가의 일반적인 목적을 자각하지만, 그 대부분의 자각에는 부정적이거나 잘못된 가정이 포함된다. 예를 들어, 스스로 의뢰한 사람이라면, 목적을 분명하게 하기 위한 책임은 검사자에게 있다. 다른 사람에 의해 평가가 의뢰된 경우에는 피검자에게 왜 의뢰되었는지 설명해 줄 책임이 있지만 이러한 절차가 종종 이루어지지 않고 있다. 많은 피검자는 타인에 의해 의뢰되었기 때문에 검사를 받을 준비가 되어 있지 않았고, 검사자는 피검자가 평가 과정에 대해 부정적이거나 잘못된 가정을 가지고 있지 않다는 것을 확신하는 데 시간이 소요될 것이다. 이런 맥락에서 검사자가 피검자의 입장에서 평가 목적에 대해 가질 수 있는 편견이나 기대에 대해 설명하고 로르샤하를 포함하여 실시될 모든 절차를 소개하는 과정은 매우 중요하다. 절차를 개관하는 이유는 피검자가 검사 상황에 대해 가질 수 있는 일종의 불신이나 불안을 완화시켜 주려 함이다. 그러나 그보다 먼저 피검자는 어떤 일이 일어날 것이고, 결과적으로 어떤 일이나 정보가 발생하며, 언제 그 정보가 유용해지는지, 누가 그 정보를 수용하고, 자신에게는 어떤 종류의 피드백이 예상되는지, 그리고 누가 자신에게 결과에 대한 피드백을 제공할 것인지를 알 권리가 있다. 그 과정들은 솔직해야 하지만, 절차에 대한 설명이 지나치게 자세할 필요는 없다. 목적은 절차를 설명하는 것이지 그것이 어떻게 이해될지에 관한 구체적인 것까지 제공하려는 것은 아니다. 예를 들어, 웩슬러 척도 중 하나가 평가 과정의 한 부분으로 계획되었다면, 검사자는 아마 "우리가 할 검사 중 하나는 여러 부분으로 이루어져 있습니다. 어떤 부분에서 저는 당신에게 몇몇 숫자들을 기억하라고 요구할 것이고, 다른 부분에서는 몇 개의 토막을 사용해서 어떤 모양을 만들어 보라고 요구할 것입니다. 또 다른 부분에서는 당신에게 다른 단어들의 의미에 대해 물을 것입니다."라고 말할 것이다.

"우리가 할 검사 중 하나는 잉크반점검사인 로르샤하입니다. 당신은 그것에 대해 들어 보거나 그 검사를 받아 본 적이 있습니까?"라고 설명할 수 있다. 피검자가 로르샤하에 대해 조금 알고 있다고 판단되면, 검사자는 피검자가 아는 것이나 또는 아는 것에 대해 탐색하는 데 시간을 더 소요할 수 있다. 로르샤하 또는 그와 비슷한 것이 일반적으로 만화, 영화, 텔레비전 등 다양한 매체에 출현되어 왔고, 그 모양이 논의되거나 노출되었던 방법들은 피검자가 검사에 대해 오해할 수 있게 한다. 이런 잘못된 인식을 수정하는 과정은 필수적이다. 보통 "이것은 우리에게 사람의 성격에 관한 어떤 정보를 주는 검사이고, 우리가 얻을 수 있는 정보에 의해……."와 같은 간단하고 정직한 설명에 의해 쉽게 이루어진다. 설명은 피검자가 평가를 받는 이유(치료를 더 잘 계획하고, 문제를 더 잘 이해하고, 치료자가 권유했던 몇몇 권고 사항을 확인하고, 치료가 어떻게 진전되고 있는지, 앞으로 어떻게 할 것인지에 대한 정보 등등)와 관련되어야 한다. 만일 그 사람이 로르샤하에 대해 전혀 아는 것이 없다면 전형적으로 "이것은 내가 당신에게 보여 줄 잉크반점이고 그것들이 당신에게 무엇처럼 보이는지 물어볼 것입니다."라고 간단하게 설명하는 것이 좋다.

아동을 포함하여 평가받는 거의 모든 사람에게 예비적으로 검사 과정을 설명할 수 있다. 그러나 과잉 활동적이거나 반항적인 아동 중 일부는 평가 과정 동안 쉽게 다루기 어렵다. 이런 아동에게 로르샤하는 적절한 검사가 아니다. 만약 로르샤하가 정말로 중요하다고 생각되면 설명을 하거나 자리을 바꾸어 주어야만 한다. 어떤 아동은 검사 시간 대부분을 서서 또는 바닥에 앉아서 하기를 더 좋아할지도 모른다. 보통 아이들의 주의 집중 시간은 매우 짧기 때문에 될 수 있는 대로 빨리 과제를 진행하길 좋아한다. 그런 경우에 검사자는 표준적인 절차에서 약간 벗어나는 것에 대해 적당한 상식을 사용해야겠지만, 검사자는 절차를 바꾸는 것이 일반적이지 않다는 것을 정확하게 인식하고 있어야 한다.

피검자와의 협력적인 작업 관계는 로르샤하를 사용할 때 절대적으로 필요하며, 아동과 작업할 때 특별히 더 중요하다. 좋은 관계가 형성되었을 때라도 아동은 긴 검사 시간을 견디기 힘들다. 만약 몇 개의 검사가 사용된다면 검사 시간은 현실적으로 계획되어야 한다. 일반적으로 성인이라면 40~60분 안에 **로르샤하**를 완료할 수 있다. 연령이 낮은 아동은 보통 적은 시간이 걸리는데, 10세 이하의 아동은 보통 30~45분에 완료되곤 한다.

앉는 자세가 적절하다는 가정하에서는 피검자가 준비하고 **로르샤하**를 수행하는 절차가 상대적으로 간단한데, 피검자에 대해 간단히 소개하는 것은 당연하다. 소개를 할 때의 특별한 내용은 '검사자가 모든 절차를 개관할 때 어떤 대화를 시도하나' 에 크게 의존한다. 잉크반점이라는 용어는 아마도 많은 사례에서 선호되고 자유롭게 사용되지만, **로르샤하** 검사에 대한 설명이 필요한 경우가 있다. 예를 들면, 잉크반점이 어떻게 만들어지는가에 대한 설명이 적절할 때가 있는데, 피검자가 아동일 경우에 특히 더 그러하다. 다른 예를 보면, 불안해하는 피검자라면 정답이 있는지에 대해 질문할 수 있는데, 그 질문에 대한 검사자의 표준적인 답은 "잉크반점에 대해 사람들은 어떤 종류의 것이든 볼 수 있다."라고 하는 것이다. 어떤 경우에도 카드를 회전시키거나 옳고 그른 대답에 대해, 혹은 반응수에 대한 기준 등에 대한 내용은 검사자에 의해 미리 언급되어서는 안 되며, 이런 종류의 질문에 대한 대답은 적절하게 회피되어야 한다.

검사자는 **로르샤하**를 시행하기 전 면담이나 다른 검사 단계에서 있었던 상황에 대해 알고 있어야 한다. 검사 상황은 늘 다양할 수 있는데, 피검자 각각의 특성을 고려해 가능한 사전 검사들은 수월하게 마치는 것이 중요하다.

일반적으로 피검자들은 검사에 대한 소개와 지시를 받은 후 카드 자극 중 맨 위의 I 번 카드부터 보게 된다. 검사 자극들은 검사자의 손에 닿기 쉽게 위치하고 있어야 하는데, 이때 검사 반응 후 질문 단계 동안 사용될 반응 영역 그림 기록지(Location Sheet)는 보이지 않도록 해야 한다. 모든 반응이 그대로 기록되기 때문에 검사자는 충분한 양의 검사지를 준비해야 하고 여분의 필기도구도 준비하는 것이 좋다.

소 개

검사는 사람이 첫 번째 카드를 들고, "이것이 무엇처럼 보이나요(What might this be?)?"라고 물으면서 시작된다.

이는 기본적인 지시문으로 더 추가될 필요는 없다. 이 질문은 카드 자극에 대한 시각적인 주사(screening), 기호화(coding), 분류(classifying), 비교(comparing), 그리고 버리고(discording) 선택(selecting)하는 일련의 복잡한 인지 작용을 촉진하게 된다.

사전에 충분히 검사에 대해 소개하고 설명을 했는데도 만일 피검자가 "그것은 잉크반점입니다."라고 말했다면 검사자는 이를 수용하면서 "예, 맞아요. 잉크반점이지요. 그러나 이제는 당신이 그것이 무엇처럼 보이는지, 어떻게 보이는지를 말씀해 주세요."와 같이 기본적인 질문에 추가 설명을 더해야 한다.

반응 단계

잉크반점에 대해 반응하는 과정을 쉽게 자유연상이라 칭한다고 해서(Exner, 1974, 1978; Exner & Weiner, 1982), 이러한 표현이 잉크반점을 보며 연상한 것을 답하라는 의미는 아니니 이에 대한 오해가 없길 바란다. 피검자는 잉크반점에 대한 반응을 언어로 표현하기까지 내면에 형성된 반응을 확인하고 순위를 매기고 그중에서 선택해야 한다. 대부분의 사람은 잉크반점을 보자마자 각각의 잉크반점에 대해 몇 개의 잠재적인 대답을 쉽게 형성하게 되는데 매우 짧은 시간 동안(아마도 2~4초) 가능하다. 중요한 것은 가능한 답을 찾아내는 것이 아니라 잠재적인 대답 중 어떤 것이 반응으로 선택될 수 있을지를 결정하는 것이다. 검사의 반응 단계에서 소모되는 많은 시간은 대부분 이러한 일련의 과정에 소요된다.

사전 검사 과정보다 검사자의 반응에 대한 역할이 더욱 복잡해지는데, 검사자는 모든 언어적 자료를 그대로(verbatim) 빠르고 효율적으로 기록해야 하고, 경우에 따라서 질문을 해야 하며, 몇 가지 예를 들어 가며 비지시적인 형태로 격려해 주어야 한다. 격려가 필요할 때 검사자는 예시를 하지 않고 그 상황에서 어떤 기준, 편견, 혹은 지시를 하는 것은 반드시 피해야 한다. 검사자는 침묵해야 하고, 카드를 바꾸어 줄 때나 설명이 필요할 때만 이야기할 수 있다. 그러나 그때조차도 검사자가 하는 말은 주의 깊게 선택되어야 한다. 앞서 언급한 것처럼 잠재적인 어떤 메시지를 주는 언어적 · 비언어적인 행동은 매우 신중해야 한다. 가령, '으흠'과 같은 가장 간단한 반응일지라도 피검자가 의식하지는 못하더라도 반응의 방향이나 내용에 유의미한 영향을 줄 수 있다.

피검자는 직접 카드를 손에 들고 반응하도록 한다. 만약 그렇게 하는 것을 꺼린다면, 검사자는 "여기, 이 카드를 잡고 보세요."라고 말해 주어야 한다. 만약 그 사람이 테이블 위에 카드를 둔 채로 반응하려 한다면, 검사자는 피검자가 손으로 카드를 잡고 반응하도록 한 번 더 격려해야 한다.

반응에 대한 질문과 격려

피검자가 특히 검사 초기에 다양한 질문을 하는 것은 흔치 않다. 검사자는 비지시적으로 반응해야 하고, 사람들이 제각기 잉크반점에 반응한다는 일반적인 내용을 말해 줄 수 있다. 다음은 일반적으로 문의되는 질문들과 적절한 반응들의 예다.

피검자: 제가 이것을 돌려도 되나요?

검사자: 당신이 하고 싶은 대로 하세요.

피검자: 제가 그림 전부를 다 사용해서 말해야 하나요?

검사자: 당신이 하고 싶은 무엇이든 됩니다. 각 사람들은 저마다 다른 것을 보고 말해요.

피검자: 제가 어디를 보고 말하는 것인지 알려 줘야 하나요?

검사자: 그렇게 하고 싶으시면 그러세요. (이 시점에서는 반응 후 질문할 것에 대한 언급을 피하는 것이 최선일 것이다.)

피검자: 제 상상력만을 이용해서 답하나요?

검사자: 그것이 무엇처럼 보이는지, 그냥 당신이 거기에서 본 것을 제게 말씀하시면 됩니다. (이런 종류의 질문에서 '본다'는 단어는 '그림을 보고 생각난'이라는 용어보다 더 적절하며, '연상'이라는 단어보다는 지각을 강조하는 단어가 더 적절하다.)

피검자: (반응한 후에) 제 대답이 당신이 기대하던 것인가요?

검사자: 당신에게 보이는 것이라면 무엇이든 괜찮아요.

피검자: 이것이 옳은 답인가요?

검사자: 모든 종류의 답이 다 있을 수 있습니다.

피검자: 그것이 당신에게도 그렇게 보이나요?

검사자: 저도 많은 것을 볼 수 있습니다.

피검자: 어떻게 제가 본 것 외에 다른 것을 볼 수 있나요?

검사자: 자, 우리가 다 하고 나면 조금 더 설명해 드리도록 하겠습니다.

피검자: 당신이 이것들을 사거나 직접 만드셨나요?

검사자: 이 카드들은 구입하는 거예요.

피검자: 당신은 사람들에게 언제나 같은 것들을 보여 주나요?

검사자: 네.

피검자: 얼마나 많이 있어요?

검사자: 카드는 10개예요.

피검자: 이 검사는 얼마나 오래 걸리나요?

검사자: 그리 오래 걸리진 않아요.

반응 단계의 시점에 따라 다른 종류의 질문과 반응이 있을 수 있다. 얼마나 많은 반응을 해야 하는가에 대한 질문이 대다수다. 종종 어떤 답변을 하기 전에 또는 카드 I에서 한 개의 반응을 한 후에 "내가 얼마나 많은 것을 보아야 해요? 얼마나 많은 것을 찾아내어야 하나요?"라는 질문을 할 수도 있다. 검사자가 표준적으로 답을 한다면, "아마도 하나 이상의 것을 찾을 수 있을 겁니다." 라고 대답할 수 있다. 다른 질문의 예를 들면, 카드 I에 대해 하나 이상의 반응을 하고 "여기서 얼마나 많은 것을 볼 수 있나요?"일 수 있다. 이 질문에 대해 표준적으로 답을 하자면, 검사자는 "당신이 하고 싶은 대로 답할 수 있어요."라고 할 수 있다. 만약 피검자가 카드 I 다음에 다른 카드를 보는 동안 반응의 양에 관해 질문한다면 이와 같이 대답해야 한다.

격려

검사자가 답변을 격려하는 데 좀 더 지시적이어야 할 경우가 있다. 피검자가 카드 I에서 하나의 반응만 하고 그 카드를 검사자에게 바로 돌려줄 때인데, 이런 일이 발생하면 표준적으로 이렇게 격려할 수 있다.

> 지금 충분한 시간이 있고 조금 더 주의를 기울여 본다면 다른 것도 볼 수 있을 겁니다.

이러한 격려는 피검자가 카드를 충분히 여유를 가지고 반응할 수 있도록 하기 위해서이며, 또한 검사자가 반응을 기록하는 데 충분한 시간을 설정하기 위해서이기도 하다. 만약 피검자가 카드 I에서 두 번째 반응을 하지 못하면 검사자가 다소 강하게 격려해야 하지만, 만약 상황적으로 적절하다면 두 번째로 다음 반응을 하도록 격려할 준비가 필요하다.

다음 반응을 하도록 격려를 할 것인지를 결정하기 어려운 경우는 카드 I에서도 반응하도록 격려해야 하는데, 두 개 이상의 답변을 하지 못하고, 계속해서 카드 II에서도 하나의 반응, 카드 III, 카드 IV에서도 하나의 반응만을 하거나 카드를 돌려 보거나 할 때다. 이런 상황에서 검사자는 그 카드를 바로 되돌려 받지 말고, 대신 "자, 기다려 보세요. 서두르지 마시고 잘 보고 생각할 시간을 가지세요."라고 말해야 한다.

이런 형태의 격려는 카드 I에서 했던 것처럼 강할 필요는 없다. 카드 I에서는 피검자가 좀 더 많은 시간을 갖도록 격려하지만, 카드 I에서처럼 격려의 의미로만 받아들이지 않을 수도 있다. 즉, 예상치 않은 결과를 가져올 수도 있다. 검사자의 격려로 피검자가 처음 네 장의 카드에서 다섯 개 정도의 반응을 했다고 해도, 검사자가 하는 격려의 목적은 단순히 반응수를 늘리라는 것이 아니다. 전체 검사에서 20개 이상의 반응을 하는 사람들도 있다. 어떤 격려가 피검자에게 필요하겠다는 결정을 하게 될 때 검사자는 검사자가 간섭하며 격려하지 않으면 피검자의 반응이 짧을 것이라는 비합리적인 믿음이 있는 것은 아닌지 스스로 점검해 볼 필요가 있다.

반응수가 적은 경우의 문제점

반응수가 적은 경우, 해석하는 사람은 매우 곤혹스럽다. 14개 이하의 타당성이 의심되는 반응 기록들이 꽤 있다. 14개 이하의 반응 기록 중 꽤 많은 수가 해석적으로 타당도와 신뢰도를 보장받지 못한다는 연구 결과도 있고(Exner, 1988), 현장에서도 대개의 경우 해석적 가치가 적은 편이라 여긴다. 적은 반응수가 타당한가를 구별하기란 꽤 어렵다. 14개 혹은 15개, 16개 정도의 적은 반응수의 반응 기록은 피검자에 대해 이해하기에 부족한 자료이고, 종종 상황에 따른 저항에 의해 유발된 결과일 수 있다.

유감스럽게도 많은 피검자가 적은 수의 반응을 하곤 한다. 지적 능력이 낮은 사람은 더욱 그러한데, 실제로 로르샤하는 이런 사람들에게는 적절한 검사가 아니다. 신경학적 뇌손상이 있는 사람은 종종 과제 수행에 특별한 곤란을 보이며 반응하기 어려워한다. 적은 수의 반응을 하는 사람들은 지시에 과도하게 순응하는 경향이 있는 사람이거나, 그 인지 과정이 유연하지 못한 경우가 많다. 또한 카드 I에 반응하는 동안 받은 검사자의 격려를 다음 카드 자극에 반응할 때까지 유지하지 못하는 경우도 해당된다. 전형적으로 이런 사람들은 이 같은 평가 과정에 몰입하지 못한다.

적은 수의 반응을 하는 가장 보편적인 이유는 검사자가 피검자에게 검사에 앞서 충분한 준비를 할 수 있도록 배려해 주지 않았거나 그에 따른 피검자의 저항 때문일 수 있다. 특히 어린 아동들은 될 수 있는 대로 빨리 검사를 마치기를 원하고 서둘러 반응해 버리려고 한다. 이러한 경우는 검사자가 피검자와 좋은 작업 동맹을 형성하지 못할 때 종종 발생되곤 한다. 또한 검사 상황의 특징과 피검자를 준비시키지 못하게 될 때, 검사 과정에서는 저항이 있을 수밖에 없다. 이런 저항은 로르샤하 수행 시 가장 직접적으로 드러나는데, 적은 수의 반응 기록은 검사 상황의 요구에 회피하려는 의도를 반영하는 것으로 볼 수 있다. 또한 검사를 받는 것 자체에 대한 미묘한 거절의 의사 표현일 수 있다. 만약 검사자가 자신도 피검자에게서 적은 수의 반응 기록을 얻게 되곤 한다는 경험을 인식한다면, 그 이유에 대해 신중하게 재검토하고 그에 대해 동료나 감독자와 의논해야 하며, 사전 검사 과정에 주의를 기울여야 한다.

원칙적으로 14개 이하의 반응 기록은 신뢰하기 어렵거나 해석을 통해 타당한 결론을 도출하기 어렵다는 이유로 기각되거나 해석에서의 가치를 두기 어렵다. 물론 분명히 예외가 있을 수 있는데, 특히 심각한 분열증상을 보이는 피검자의 경우나 정신장애의 등급을 사정하기 위한 목적에 의한 경우에는 다른 고려가 필요하다.

대개의 경우 14개 이하의 반응들이 있을 때 검사자는 다음과 같은 두 가지의 해결책 중 현명한 선택을 해야 한다. 한 가지는 로르샤하를 과감하게 포기하고 피검자를 더욱 적절하게 평가할 수 있는 다른 도구를 선택하는 것이고, 또 다른 한 가지는 그 자료가 과연 가치 있는 것인지에 대한 결정을 하는 것이다. 이러한 선택은 검사 반응과 질문 단계에 이어 탐색적인 노력을 더할 것이냐 아니냐를 결정하는 데 영향을 주게 되고, 이 과정은 검사자로 하여금 표준적인 검사 실시 과정을 파괴하고 재검사 절차를 거쳐야만 하는 이유를 설명해야 하는 부가적인 노력을 하게 한다.

> 자, 어떻게 하는지 잘 아시겠죠? 그런데 당신이 답하신 것 이상으로 조금 더 충분한 답이 필요합니다. 그래서 한 번 더 카드를 보여 드리겠습니다. 조금 더 주의를 기울여 보시고 이전보다 많은 답을 주시기 바랍니다. 이미 한 답을 해도 괜찮습니다. 하지만 이번에는 더 많은 답변을 할 수 있도록 노력을 해 주시기 바랍니다.

대부분의 사람은 이런 새로운 요구에 대해 부연 설명을 원하곤 한다.

> 얼마나 더 많은 답을 해야 하나요?

피검자의 질문에 대한 검사자의 대답은 피검자로 하여금 협조적인 노력을 하도록 하느냐 아니냐에 영향을 줄 수 있다. 예를 들어, 만약 협조적인 피검자라 여겨진다면, "당신이 하고 싶은 만큼 하시면 됩니다. 단지 지금보다 조금 더 많은 것을 보실 수 있길 바랍니다."라고 말하는 것이 적절할 수 있다. 만약 저항적이거나 방어적인 피검자라면, 검사자는 조금 더 지시적이거나 직접적으로, "당신이 하고 싶은 만큼 하시면 되지만, 당신이 이미 한 답보다는 많은 답을 해 주세요."라고 요구할 수 있다.

대개의 검사자들은 이렇게까지 재검사 과정을

거치고 싶어 하지 않는다. 그러나 로르샤하 자료가 전반적인 평가 과정에서 매우 중요하다면, 대안적인 선택은 없을 듯하다. 프렌치와 게인스(1997)는 15개 이하의 반응을 하는 어린 피검자들을 대상으로 어떻게 할 것인가에 대해 연구했는데, 연구에 참가한 아동들은 각각의 카드에 대해서 적어도 하나 이상의 답변을 요청받았고 질문 단계를 거쳤다. 물론 이 과정은 과도하게 구조화되었고, 따라서 그 자료들이 왜곡된 것일 수도 있다. 프렌치와 게인스는 연구에서 반응수가 증가된 반응 기록은 먼저 얻은 반응을 요약한 결과와 비교해 질적으로는 다소 이탈된 감이 있다고 보고했다.

잠재적인 거부

몇몇 피검자의 경우, 특히 저항적인 피검자들은 카드에 대한 반응을 거부하려고 한다. 종종 "아무것도 아닌데요." "아무것도 안 보이는데요." "잉크 얼룩 외에 아무것도 없는데요."라고 반응을 하곤 한다. 만약 카드 I에 대해 한 개의 반응을 한 후 카드 I이나 카드 II에 대해 이렇게 반응한다면, 검사자가 검사의 목적이나 절차에 대해 충분히 개관하고 라포를 형성하지 못하였을 가능성이 높다. 이런 상황이 한 카드 이상 지속되면, 검사를 중단하고 다시 검사 목적에 대해 충분하게 이해하고 협조할 수 있도록 해야 한다. 어떤 사람들은 검사를 받고 싶어 하지 않는데, 불행하게도 그런 유형의 피검자가 협조하도록 할 수 있는 마법 같은 공식은 존재하지 않는다. 또한 증상으로 보아 거부가 아니라 피검자의 병리 때문에 검사에 협조하기 어렵다면 로르샤하 실시를 포기하는 것이 낫다. 극단적으로 방어적이고 적대적인 피검자나 활동적이나 간혹 극단적인 정신이상의 상태 때문에 무질서하거나 혼란을 겪는 사람일 경우 이러한 일이 발생할 수 있다. 로르샤하를 수행하기에 적절하지 않을 정도의 혼란스러운 정신증 환자에게는 적합하지 않다. 화가 나거나 방어적인 피검자에게 검사자는 판단력과 기술을 활용해 그 피검자의 성향이나 기질에 대해 언급해 주어야 한다.

카드에 대한 반응을 거부하는 가장 흔한 경우가 카드 I이나 카드 II에 대해 반응을 해야 할 때만 발생하는 것은 아니다. 오히려 검사 후에 발생하는 경우가 있는데, 가장 어려운 자극으로 여겨지는 카드 IX에서 발생되곤 한다. 만약 피검자가 카드를 보고 반응하기를 계속 거부한다면, 그 거절 의사가 과제 수행에 대한 심한 불편감을 나타내는 것으로 이해할 수 있다. 그러나 그 이유만으로 단정해도 된다는 것은 아니다. 피검자가 반응을 하기까지의 과정 요소들을 버리거나 선택하는데 어려움이 있어서일 수도 있다.

검사자의 격려가 도움을 줄 수도 있는데, "서두르지 말고, 차분하게 보세요."라고 말해 줄 수 있다. 그래도 지속적으로 반응을 거부한다면 검사자는 단호하게 할 필요가 있다.

"보세요. 시간을 가지고 보세요. 누구나 여기서 무언가를 볼 수 있습니다. 만약 필요하다면 우리가 함께 하루 종일 이 작업을 할 수도 있어요." 단, 이러한 부담을 주는 것은 거부의 대안적 해결

책이 없는 경우에만 적용하여야 한다. 이후의 반응은 더 간략하거나 방어적일 수 있다. 이러한 대안적인 절차들은 피검자가 하나 혹은 그 이상의 카드에 대한 반응을 잊었다고 하거나 전체 프로토콜 내의 반응이 유용한 검사 자료로서 타당하지 않다는 판단이 섰을 때다.

반응수가 많은 경우의 문제점

반응수가 적어 해석자가 곤혹스러울 수도 있지만, 피검자가 과도하게 자극에 몰입하여 너무 많은 수의 반응을 하는 경우도 마찬가지다. 로르샤하를 사용하던 초기와 사용 빈도가 증가되었던 1960년대에는, 아마도 많은 검사자가 75개 이상의 반응 기록을 한 번쯤은 접했거나 심지어 100개 이상의 반응에 의해 당혹스러워했던 경험이 있었을 것이다. 하지만 연구자들은 피검자가 너무 많은 반응을 할 때 적절하게 제지할 근거에 대해 서로 합의한 적이 없었다.

종합체계의 지침을 적용한다면 적어도 17~25개의 범위에서 평균적인 반응수를 얻게 된다. 일찍이 벡은 처음 5개의 카드에 한 개 이상은 반응하도록 격려해 적어도 10개 이상의 평균적인 반응수를 얻었다고 한다. 엑스너(1974)도 반응수를 증가시키기 위해 고안된 전략을 사용했다. 그러나 피검자가 즉각적으로 대답한 대부분의 반응이 흔한 부분 영역(*D*)을 사용하였고, 순수한 형태(*F*)를 결정인으로 사용하였으며, 대부분이 동물(*A*) 내용이었다. 실제로 반응 증가를 위해 고안된 지시에 의해 증가된 반응들은 해석적 가치가 없는 경우가 많았다. 대조적으로 표준적인 통합체계를 사용하면 반응 기록은 표준편차(*SD*) 3의 범위에서 평균 반응수(28~42개)의 차이를 보였고, 종종 매우 풍부하고 해석적 의미가 있는 자료들이 포함되어 있었다. 또한 실시 지침과 반응 기록의 반응수의 관계에 대한 연구들은 검사자의 의도적 지시 이후 얻은 반응수가 자발적으로 얻은 평균 반응수(42개 이상의 반응들)보다 의미 있게 많았다는 근거를 제시하지 못했다. 연구(Exner, 1986)가 두 번째로 개정되면서, 45~85개의 반응을 한 환자군과 비환자군 자료에서 잉크반점에 대해 5개 이하의 반응만 포함된 135개의 반응 기록 자료들이 분석되었다. 전체 반응 기록과 5개 이하의 반응만 포함시킨 반응 기록을 6명의 평가자 중 적어도 두 명 이상이 각기 해석한 결과와 전산 처리된 해석 결과를 비교했다. 놀랍게도 이 두 가지 반응 기록의 해석 내용은 결과적으로 매우 유사했다. 때때로 더 많은 반응수가 해석에 안정적인 정보가 되긴 하지만, 결과적으로 해석의 질이나 내용의 풍부성에 차이는 없었다. 이는 검사자가 지나치게 많은 반응에 대해서는 적절한 수를 기준으로 제지하는 것이 경제적일 수 있다는 점을 시사한다.

피검자가 카드 I에서 5개의 반응을 하고서도 반응을 더하려고 한다면 자연스럽게 카드를 돌려받으며 다음의 카드를 제시해 줄 수 있다. “자, 좋아요. 이번에는 다음 것을 해 봅시다.”라고 하면 자연스러울 것이다. 만약 피검자가 카드 II에 5개의 반응을 하더라도 동일한 절차가 적용되어야 한다. 그러나 5개 이하의 반응을 하면 기다려 주어야 한다. 하지만 한 번 정도 자연스러운 제지가 있었는데도 피검자가 계속 5개 이상의 반응을 한다면 더 이상 강한 개입을 하지 않도록 한다.

만약 피검자가 카드마다 5개 이상의 반응을 하기 전에 개입을 한다 해도 총 50개 정도의 반응을 얻을 수 있다. 검사 수행 과정 중에 적절한 개입이 없다면 검사 소요 시간은 매우 지연될 것이다. 예를 들면, 개입이 처음 3개의 카드에서만 이루어졌고 카드 IV에 대해서는 3개의 반응만 하였다면, 의도적인 제지는 필요하지 않을 것이다. 피검자는 이후 카드 V에 3개의 반응을, 카드 VI에는 5개, 카드 VII에는 7개, 카드 VIII과 카드 IX에는 9개의 반응을, 카드 X에는 14개의 반응을 하게 되어 총 65개의 반응 기록이 산출될 것이다.

500명의 반응 기록 중 극히 일부만을 제외한 대부분의 반응 기록에서 피검자들은 처음 몇 개의 카드에 2~3개의 반응을 하거나 5개 이하의 반응을 하더라도 다음의 카드에 대해 10개나 그 이상의 반응을 한 것으로 나타났다. 또한 70개를 초과하는 반응도 종종 나타난다. 이 경우들은 검사자가 매우 곤혹스럽긴 하지만, 이런 상황들을 어떻게 효과적으로 다룰 것인가에 대한 지침은 없다. 표준 절차를 따른다면 모든 반응이 기록되어야 하지만, 논리성과 임상 경험에 따르면 이 긴 반응 기록들의 전적인 수용은 논쟁거리가 된다.

이러한 곤란한 상황에서는 검사자의 현명한 판단이 필요하다. 예를 들면, 피검자가 처음 3개의 카드에 대해 5개 이하의 반응을 하였는데, 카드 IV에서는 8개나 10개의 반응을 하였다고 가정하자. 이 경우 논리적으로 반응을 제한하기 위한 어떤 개입도 있어서는 안 된다. 왜냐하면 카드 IV에 대한 예측하지 못했던 많은 반응은 해석적으로 매우 중요한 의미를 내포하는 '우연히 일어난 중요한 사고' 였을 것이기 때문이다. 그러나 피검자가 다음의 카드 V에 대해서도 5개 이상의 반응을 계속한다면 6개나 7개 정도에서 다음 카드로 대치해 주어야 한다. 다음의 카드에 대해 5개를 초과하는 반응을 하기 이전에 다음의 카드를 제시해 주어야 한다.

다양한 모형을 적용할 수 있겠지만, 무엇을 선택할 것인지에 대한 결정은 논리적이고 신중하게 이루어져야 한다. 예외적으로 많은 반응수의 반응 기록이 해석적으로 가치가 없다는 판단을 할 근거가 명확하다고 여길 때만 개입이 가능하다. 너무 많은 반응수를 제한하려는 개입은 원자료의 요약과 일련의 비율의 통합에 영향을 줄 수 있다. 이것은 또한 타당한 변수들을 보존하려는 노력과 해석적으로 관리할 수 있는 반응 기록을 생산해 내는 것을 맞교환하는 실수를 범하는 것일 수 있다.

반응 기록하기

각각의 반응은 축어적으로 기록되어야 한다. 이것은 로르샤하를 수련받는 사람에게는 꽤 어려운 요구처럼 보일지 모르나 그다지 힘든 것은 아니다. 대부분의 로르샤하 연구자는 반응을 기록하는 데 약어[1]를 사용하곤 한다. 이것은 음성학과 반응 내용을 기호화하려는 노력에 의해 생겨

난 생략어들이다. 통용되는 약어는 〈표 4-1〉에 제시되어 있다. 반응들이 축어적으로 기록되어야 하는 이유는 크게 두 가지다. 첫째, 검사자가 반응을 기록하는 시점 이후에도 반응에 대한 채점을 할 수 있도록 하기 위한 것이다. 기호나 점수들은 특정한 단어나 문장에 근거한다. 축어적으로 기록되지 않은 반응들은 정확하게 기호화되고 채점될 수 없다. 둘째, 축어적인 기록은 다른 사람들도 그 기록을 읽고 피검자가 한 반응을 정확히 알 수 있도록 하기 위해서 일 뿐 아니라 재검사 결과와의 비교를 위해, 혹은 치료로 호전된 결과 검증의 비교 자료로서 '그대로' 보존되어야만 한다.

한편 검사자가 자신의 검사 실시에 대해 편안해하는지를 확인하고 조율하는 것 또한 중요하다. 검사 실시 시간이 과도하게 길 필요는 없다. 또한 검사자는 반응 자료를 활용하기 쉬운 형식으로 수집해야 한다. 너무 빠른 속도로 말하는 피검자의 반응 과정은 검사자에게 분명히 어려운 일일 수 있다. 중요한 내용의 진행을 방해하는 것이 바람직하지는 않지만, 전체 혹은 일부분에 대해 재진술해 줄 것을 요청하거나, 혹은 조금 천천히 말해 달라고 요청하는 것도 필요하다. 예를 들면, "잠깐만요. 당신이 말하는 것을 기록해야 합니다. 조금 천천히 말씀해 주세요." 정도의 간략한 요청을 할 수 있다.

1) 역자 주: 〈표 4-1〉에 제시된 축어 기록에 사용되는 약어들은 영어 표기 국가에서 상용되는 것이며, 한글로 표기하는 데는 자체적인 약어 사용이 없다. 검사자는 기록에 대한 부담감을 녹음과 같은 대안적인 방법을 사용하여 해소할 수 있을 것인데 대체적으로 검사 실시에 숙련되면 기록도 수월해진다.

다시 말해 달라고 요청해야 한다면, 피검자의 반응 중 몇몇 단어를 인용함으로써 동일하게 재진술할 수 있도록 할 수 있다. "미안해요, 말씀하신 것을 모두 다 적지 못했어요. 두 명의 모자를 쓴 사람들, 그리고?" 와 같이 질문할 수 있는데, 이때 검사자는 피검자의 반응 중 인용하는 단어는 정확하게 반복해야 한다.

기록 방식

검사를 실시하는 데 또 하나의 중요한 요소는 반응을 기록하는 방식이다. 반응들은 사용하기 편한 방식으로 기록되어야 한다. 즉, 명료하게 축어적으로 기록하여야 하고, 재검토하기도 쉬워야 한다. 예를 들면, 반응과 반응에 대한 질문이 정렬되어야 하는데, 이는 채점과 해석에 중요한 요건이다. 보편적으로 반응보다는 반응에 대한 질문 단계의 진술이 더 많은 단어로 구성된다. 따라서 반응을 기록하되, 다음의 반응을 기록하기 전에 질문 단계의 진술을 기록할 수 있는 여백을 남겨 놓아야 한다. 반응기록지 한 면에 두세 개 정도의 반응만 기록하고 되도록 카드별 반응은 새로운 페이지에 기록되는 것이 좋다.

대부분의 검사자는 기록지가 세로 용지보다는 가로 용지인 경우를 선호하고, 왼쪽의 작은 칸은 카드와 반응 순서를 기록하기 위한 공간이며, 다음의 넓은 칸은 반응 기록을 위해, 그다음 오른쪽 넓은 칸은 반응 후 질문 단계에서 얻은 진술을 기록하도록 한다. 오른쪽 마지막 칸들은 채점을 위해 남겨 둔다. 이 칸은 다양한 점수를 기입해야

표 4-1 반응 기록에 통용되는 영문 약어 표[2)]

음성학적인 약어		논리적인 유래에 따른 약어		채점 기호에 근거한 약어	
b	be	abt	about	H	human
c	see	arnd	around	A	animal
g	gee	at	anything	bl	blood
o	oh	bec	because	cg	clothing
r	are	bf	butterfly	cl	cloud
u	you	bk	back	ex	explosion
y	why	cb	could be	fd	food
		dk	don' t know	fi	fire
		et	everything	ge	geography
		frt	front	Is	landscape
		j	just	na	nature
		ko	kind of	sc	science
		lik	like	xy	x-ray
		ll	looks like		
		mayb	maybe		
		rite	right		
		scfic	science fiction		
		ss	some sort		
		st	something		
		wm	woman		
		wng	wing		
		-g	-ing		

하기 때문에 넓어야 한다. 그러다 보니 검사자들은 반응 후 질문 단계의 진술을 기록하기 위해 오른쪽의 칸을 크게 남기거나 반응 기록 칸에 아예 채점 기호를 기입하는 방법을 선호하기도 한다. 반응 칸에 점수를 기입하는 방식의 예가 [그림 4-1]에 제시되어 있다.

예시된 반응 기록처럼 반응들은 순서대로 기록된다. 카드의 방향을 돌려 반응한 경우를 표시하기 위해 루슬리 우스테리가 1929년에 제안한 표식(∨ > <)이 사용된다. 기록 용지마다 피검자의 이름이나 ID를 기입하고, 반응 후 질문 단계 도중에는 반응 영역 기록지에 피검자가 사용한 반점의 영역을 자세하게 그려 넣고 반응 번호를 기록하도록 한다.

2) 역자 주: 영문 약어 표는 본 역서에서는 필요치 않으나 원전에 포함된 표이므로 그대로 제시했다.

카드	반응들과 점수	질 문
I	1. 박쥐인 것 같은데요. 잘은 모르겠어요. 아마도 박쥐인 것 같아요. 새라고도 생각했는데, 박쥐가 낫겠어요.	검사자: (피검자의 반응을 반복한다.) 피검자: 네, 날개와 몸이에요. 박쥐가 더듬이가 있는지 모르겠는데, 박쥐인 것 같아요. 검사자: 무엇 때문에 그렇게 보았는지를 제게 설명해 주세요.
	Wo FMa.FC′ o A P 1.0	피검자: 다요. 여기 날개(손으로 가리키며), 날개는 날아가는 것처럼 쫙 펴고 있고요. 가운데는 몸이고, 박쥐 색깔 같아요. 검사자: 박쥐의 색깔 같아요? 피검자: 네, 이것처럼 검은색이잖아요.
	(내담자는 카드 바꾸기를 원했다.) 검사자: 조금 더 보시면 다른 것도 찾을 수 있을 거예요.	
	2. 가운데 부분을 보니까 여자가 팔을 올리고 서 있는 것 같아요.	검사자: (피검자의 반응을 반복한다.) 피검자: 여기 보세요(윤곽을 가리키며). 여자인 것처럼 보이는데요. 그녀의 옷이 투명한 것처럼 보여요. 내가 보기에는 그래요.
	D +Ma.FVo H,Cg 4.0 GHR	검사자: 투명하다고요? 피검자: 이것은 여자의 다리이고 여긴 허리예요. 여자의 몸처럼 굴곡이 있고, 여자의 머리는 잘 보지 않았는데, 팔은 여기 위로 올라가 있어요. 드레스에 비친 몸을 볼 수 있어요. 투명인 것 같은데, 아니면, 이 여자의 뒤에서 빛이 빛나고 있어서일 수도 있어요.
	(피검자: 돌려도 되요?) 검사자: 그럼요. 당신이 하고 싶은 대로 하세요. 〈 ∨ 〉	
	3. 아니다. 더 나은 게 있어요. 이건 일종의 가면인데, 핼러윈 가면 같네요.	검사자: (피검자의 반응을 반복한다.) 피검자: 네, 그래요. 가면 같아요. 여기 흰 부분이 눈이고 입이에요. 이건 머리 주변을 싸고 있는 잘라붙는 옷이나 끈 같기도 하고 어떤 고양이 가면 같기도 해요.
	WSo Fo (Ad) 3.5	검사자: 어디가 옷으로 보였어요? 피검자: 여기 다 옷이에요.

[그림 4-1] 로르샤하 반응 기록 양식의 예

피검자의 질문과 코멘트[3] 기록

피검자가 한 질문과 그에 대한 검사자의 답변은 그대로 기록되어야 한다. 또한 피검자의 코멘트들, 예를 들면 '너무 이상해요.' '흉측해요.' '와, 이 색 좀 보세요.' 와 같이 반응은 아니지만 잉크반점에 대한 코멘트도 놓치지 말고 기록해야 한다. 대부분의 경우 해석에 부분적으로 혹은 전혀 기여하지 못할 수도 있지만, 피검자에 대한 유용한 정보를 제공해 줄 수 있다.

3) 역자 주: 'comment' 에 대해 '언급' 이라 번역하지 않고 코멘트라 번역한 이유는 보편적으로 사용되는 단어이고, 또한 이 책에서 '언급' 이라 번역한 'mention' 과 혼동을 피하기 위해서다.

반응에 대한 질문

로르샤하 실시 과정에서 매우 중요한 특성 중 하나인 반응에 대한 질문 단계는 잘못 사용되거나 혹은 남용되기도 한다. 적절하게 사용된다면 검사 결과 자료를 풍부하게 할 수 있지만, 부적절하게 사용된다면 원자료의 의미를 왜곡하거나 혼란을 야기할 수도 있으며, 반대로 임상적으로 중요하고 흥미로운 자료가 될 수도 있다.

반응 후 질문 단계의 목적은 반응에 대한 채점의 정확성을 확인하기 위한 것이다. 채점 기호는 반응을 통해 피검자가 지각한 내용을 합의된 의사 전달 수단으로 고안한 것이므로 질문은 검사자가 피검자가 본 것을 볼 수 있도록, 혹은 어느 영역에서 무엇을 보았는지를 이해하고, 잉크반점의 어떤 특성이 피검자로 하여금 그것을 보도록 하였는지에 대해 이해하기 위한 과정이다.

반응 후 질문 단계는 또 다른 검사 단계라 할 수 있으나 새로운 검사나 새로운 정보가 발생하는 시간은 아니다. 반응에서 얻은 정보가 재검토되거나 명료하게 되는 단계라 할 수 있다. 미묘한 단계이기 때문에 만약 검사자에 의해 오해되어 잘못 적용된다면 채점과 해석에 심각한 문제가 발생할 수 있다. 검사자는 검사를 실시하는 시간을 적당하게 안배해야 하는데, 그것은 반응 후 질문 단계에서 더욱 그러하다. 반응 시간은 보통 20분보다는 덜 소요되고 질문 단계에서는 30분 이상이 소요되곤 한다.

질문 단계에 소요되는 시간은 그 피검자가 얼마나 협조적이냐 혹은 얼마나 표현을 잘 하는가에 따라 차이가 있다. 질문 단계에 대해 적절하게 준비가 되어 있다면 수월하게 진행될 것이지만, 질문 단계에 준비되지 않은 피검자인 경우 질문은 피검자가 불안해하거나 화를 내거나 방어하도록 할 수도 있다.

질문 단계에 대해 설명하기

질문 단계의 목적은 검사자가 피검자가 잉크반점의 어떤 특성 때문에 무엇을 보게 되었는지에 대해 알고자 하는 것이다. 검사자가 피검자가 본 것을 볼 수 있다면, 반응에 대한 기호화는 더 수월하고 정확하게 할 수 있다. 질문에 대해 이렇게 설명할 수 있다.

> 자, 이제부터 다시 카드를 볼 겁니다. 오래 걸리진 않을 거예요. 당신이 본 것처럼 저도 그렇게 볼 수 있도록 해 주세요. 이제부터 당신이 카드에서 본 것을 읽어 드릴 텐데, 잉크반점의 어떤 것을 보고 그렇게 보았는지를 제게 설명해 주시면 됩니다. 어느 부분을 그렇게 보았는지를 설명해 주면 당신이 본 것처럼 저도 그렇게 볼 수 있을 겁니다. 아시겠어요?

어떤 사람은 이런 질문을 할 수 있을 것이다. '왜 이런 걸 해야 하나요?' (답변: 그래야 당신이 본 것처럼 나도 볼 수 있습니다.) '무엇을 말하라는 것인가요?' (답변: 내가 당신이 본 것을 볼 수 있도록 도와주고 무엇 때문에 그렇게 보게 되었는지 말해 주시는 거예요.) '내가 다른 것을 또 찾아야 하나요?' (답변: 아니에요, 당신이 전에 본 것에 대해 더 잘 알고자 하는 겁니다.) 피검자의 질문에 대한 검사자의 답변은 직접적이고 성실해야 하며 질문의 목적을 지켜야 한다.

일단 피검자가 질문의 의도와 목적을 이해한 것 같으면, 서두르지 않으면서 천천히 시작해야 한다. 만약 피검자가 그 과정의 목적에 대해 확신이 없거나 저항적인 것 같으면, 그 과정에 대한 부차적인 설명을 반복해 주어야 한다. 예를 들면, "기억하세요, 제가 당신이 본 것과 같이 볼 수 있도록 도와주세요. 어느 부분에서 무엇 때문에 그렇게 보았는지 알아야 합니다."

반응 후 질문 절차

일단 피검자가 반응에 대한 질문에 답할 준비가 되었다고 판단되면, 첫 번째 카드를 주면서 "좋아요, 첫 번째 카드를 시작할까요?"라고 언급한다. 그다음의 카드들은 "여기서 당신은 이렇게 말했었어요."라며 반응을 반복해 준다. 만약 피검자가 검사자의 설명을 이해했다면 잉크반점에서 자신이 본 것과 어떤 특징 때문에 그렇게 보았는지, 어느 부분을 보며 그렇게 답했는지를 상세하게 설명할 것이다.

몇몇 피검자들은 검사자의 설명을 제대로 이해하지 못하고 머뭇거리거나 주저할 수 있는데, 예를 들어 검사자가 읽어 주는 자신의 반응을 들은 후, "맞아요. 그렇게 보였어요."라고만 할 수도 있다. 이런 상황이 벌어지면 목적과 과정에 대해 상기시킬 필요가 있다. "왜 이 과정이 필요한지에 대해 제가 설명드린 것을 기억하세요. 당신이 본 것처럼 제가 볼 수 있기를 바랍니다. 당신이 도와준다면, 어디서 무엇 때문에 그렇게 보았는지를 알 수 있을 겁니다." 때로는 어린 피검자들의 경우 어렵지 않게 어디서 그것을 보았는지 지적할 수 있지만, "그런데 난 왜 그렇게 보았는지 모르겠어요. 그냥 그렇게 보였는데요."라며 카드의 어떤 특성이 그렇게 보이는 데 중요한 것이었는지를 설명하기 어려워한다. 이때 검사자는 온화하지만 단호하게, "그렇게 보인다는 것을 알겠어요. 기억하세요. 나도 ○○처럼 보아야 해요. 나를 좀 도와줄래요? 왜 무엇 때문에 그렇게 보았을까요?"라고 격려할 수 있다.

흔치 않지만 어린 아동에게 로르샤하를 실시해야 할 때 보다 이해하기 쉽게 질문의 목적을 설명하여야 하는데, 주변에서 쉽게 볼 수 있는 예를 들 수 있다. 어린 아동 앞에 어떤 물체(예, 장난감 소방차)를 들고 "이것은 무엇이니?"라고 질문할 수 있다. 아동이 대답하면 검사자는 "그래, 맞아. 그런데 어떻게 그것이 소방차라는 것을 알았니?"라고 하면 사다리, 바퀴, 색, 그리고 다른 것과 구별되는 특징을 지적할 것이다. 아동이 몇몇 특징을 확인하면 다시 질문 단계로 돌아간다. "봐, 너는 참 잘했단다. 그렇게 대답해 주면 된단다. 이젠 이걸 해 보자."

어떤 질문을 할 것인가의 결정

검사자는 피검자의 반응을 축어된 대로 반복해

야 한다. 질문 단계에 대해 이해하고 협조적인 피검자는 과제의 목적을 신속하고 정확하게 이해하고 채점 결정에 충분한 정보를 제공해야 한다. 최적의 조건하에서 검사자는 전반적인 질문 단계 동안 다른 부가적인 질문을 할 필요는 없다. 반면에 이때 최적이라 할 수 있는 조건 또한 평범한 것은 아니며, 검사자는 반응 기록의 대부분에 대해 잉크반점의 어느 부분에서 또는 왜 그것을 보게 되었는가를 분명하게 확인할 수 있는 질문을 해야 한다.

검사자는 또한 채점 과정에 숙달되어야 한다. 채점에 대한 지식은 어떤 질문을 할 것인가를 결정할 수 있는 근거가 되며 억지로 만들어진 질문을 하지 않게 해 준다. 반응은 기본적으로 다음의 세 개 범주로 분리할 수 있다. 첫째, 위치(어느 부분에서 그것을 보았나?), 둘째 결정인(무엇이 그것을 그렇게 보게 했나?), 셋째 내용(그것이 무엇인가?)이다. 만약 이런 세 가지의 특징에 관련된 정보를 피검자에게서 얻는다면 반응은 보다 정확하게 채점할 수 있다.

세 번째 범주(내용)는 "그것이 무엇이다."라고 말하기 때문에 비교적 가장 쉽게 판단할 수 있다. 대부분의 반응에서 첫 번째 범주(위치)는 피검자가 지적한다. 영역이 확인되면 검사자는 반응영역기록지에 기입하고 반응 번호와 상징(*W*, *D*, *Dd*, ~*S*)을 사용한다(예를 들면, *3*=*W*). 또는 반응위치기록지에 자세하게 표시하거나 번호를 써 넣어 표시할 수 있다. 경험이 많은 검사자는 질문에 대한 답변을 적으면서 반응기록지에 아예 함께 기록을 하기도 한다(예, *W*, *D4*, *Dd21*처럼). 위치를 기록하는 이유는 다른 검사자가 그 반응 기록을 검토할 때 사용된 영역을 쉽게 확인할 수 있게 하기 위해서이기도 하다.

반응 기록을 채점하려면 어떤 영역에 반응을 하게 되었는지를 정확하게 알아야 한다. 피검자의 설명을 들어도 검사자가 반응에 사용된 영역의 구성을 이해하기 어렵거나 혹은 너무 생소하다면, 그 대상의 특징을 반응영역기록지에 기록하고 구체적으로 표시해 두어야 한다.

피검자가 반응의 위치를 자세히 지적하지 못하거나 불분명할 때 "당신은 어디서 그것을 보았나요?" "제가 당신이 본 부분을 볼 수 있도록 손가락으로 지적해 보세요."라고 질문할 수 있다. 혹은 "나는 당신이 말한 것들을 구체적으로 확인할 수가 없네요. 하나하나 설명하며 손가락으로 지적해 보세요(코, 머리, 날개, 바퀴 등등)."와 같이 구체적으로 확인해야 한다. 이때는 반응영역기록지가 아니라 실제 잉크반점에 대고 확인해 줄 것을 요청할 수 있다.

검사자가 하는 대부분의 질문 내용은 두 번째 기본적인 범주(결정적 요소들)를 확인하기 위해서다. 반응이 전형적으로 무엇인지 확실하고 위치를 확인할 수 있어도, 왜 그렇게 보였을까에 대한 확인은 별개며 또 매우 중요하다. 대상은 형태, 색깔, 그림자 또는 또렷한 움직임 등등의 반응을 형성하도록 한 결정적인 요소를 내포하고 있다.

안타깝게도 몇몇 피검자들은 그 대상의 특징을 모호하게 혹은 아예 누락시킨 채 반응하기도 한다. 만약 검사자가 피검자에게 반응을 하게 한 결정적 요소에 대해 직접적으로 물을 수 있다면 매우 쉬울 것이지만, 다양한 연구 결과에 따르면 직접 결정인을 물으면, 형태 특징에 근거한 반응은 감소하고 색채, 운동성, 그림자 등을 포함한 내용의 반응은 증가하는 등 반응의 내용에 차이가 나타났고(Gibby & Stotsky, 1953; Klingensmith, 1956; Baughman, 1958, 1959; Zax & Stricker, 1960), 한 연구에서만 큰 차이가 없었다고 보고했다(Reisman, 1970). 라파포트와 동료들(1946)은 각각의 카드에 대한 반응 후 바로 질문을 할 때와 10개 카드에 대한 반응 후 질문을 하는 경우를 비교해 보았다. 연구 결과 카드마다 반응 직후 질문을 한 절차를 사용하였을 때 운동성, 색채, 그림자를 결정인으로 사용한 반응의 빈도가 현저하게 증가했다(Exner, 1974).

기본 질문

피검자에게 하는 질문은 비지시적이고 인위적으로 상태를 변화시키지 않는 것이어야 한다. 질문에 대한 피검자의 반응이 정확해야 하지만, 반응에 대한 질문으로 반응 과정에서 보고한 것 이상의 내용이 나타나기를 기대하는 것은 아니다. 여러 가지 질문과 조언의 예를 들 텐데, 많은 경우 검사자는 피검자의 반응에 포함된 단어와 문구를 사용해야 한다.

기본적인 질문은 다음과 같다.

> 당신처럼 볼 수가 없네요. 제가 당신이 본 것처럼 볼 수 있도록 도와주세요.

이 요청은 피검자가 그 즉시 자신이 그 과제에 대한 반응을 형성하게 된 과정을 돌아보게 한다. 물론 반복적인 이런 질문과 요청이 피검자에게는 검사자가 이해하지 못한다거나 지루함을 느끼도록 할 수도 있다. "당신은 절 도와주셔야 합니다. 아직 잘 모르겠어요."라고 할 수도 있다.

몇몇 예를 더 보면, 결정인에 초점을 둔 질문이 조금 더 적절할 수 있다.

> 무엇 때문에 그렇게 보이는 것인지 확인할 수가 없어요.

이러한 질문은 피검자로 하여금 자신이 본 것을 설명할 수 있도록 하는 직접적인 요청이 될 것이다. 피검자가 저항하거나 모호하게 할 때는 질문의 초점을 명확히 해서 분명한 답변을 얻을 수 있도록 해야 한다. 예를 들면, "당신에게 그렇게 보이는 줄 알겠어요. 설명 드렸듯이 저도 당신처럼 보아야 합니다. 이 그림의 무엇이 그렇게 보도록 했는지 이해할 수 있도록 도와주세요."

피검자의 반응 중 핵심 단어에 근거한 질문

피검자의 반응이 명확하지 않을 때도 기본적인 질문만으로 해결되는 경우가 있다. 피검자가 협조적이어도 부가적인 질문이 필요한 경우도 있다. 피검자가 반응을 할 때, 반응의 결정인과 관련된 핵심 단어(key word) 질문 단계에서 피검자가 자발적으로 핵심 단어를 포함시켜 반응했을 수도 있다. 핵심 단어는 개인에 의해서 표현되지는 않았으나 반응을 형성하는 결정인이었을 가능성이 암시되는 단어를 말한다. 핵심 단어는 대체로 '예쁜, 정교한, 섬세한, 울퉁불퉁한, 슬픈, 상처받은, 밝은' 등의 형용사나 '서커스, 파티, 즐거운, 소풍, 피, 털' 등과 같은 명사나 동사로 나타날 수 있다. 검사자는 결정인을 내포하는 단어를 잘 찾아낼 수 있을 만큼 민감해야 하며, 일단 결정인이라고 포착된 핵심 단어가 있으면, 그에 적절한 질문을 해야 한다.

반 응

정말 예쁜 꽃이네요.

질 문

검사자: (피검자의 반응을 반복한다.)

피검자: 예. 여기가 꽃의 대(꽃자루)고요. 여기는 꽃잎이에요.

여기서 피검자는 반응의 영역을 지적했고, 반점의 '형태'를 결정인으로 사용했다. 여기서 '예쁜'이라는 핵심 단어로 보면, 색채가 사용되었을 가능성이 있어 추가적인 질문을 해야 한다.

검사자: 당신은 '예쁜' 꽃이라고 하셨어요.

만약에 피검자가 반응에서 '예쁜'이라는 단어를 사용하지 않았다면 반응이 유채색의 영역에 대한 반응이어도 질문을 할 필요는 없다. 질문 단계에서는 피검자가 직접적인 언어 표현이 없었지만, 분명히 결정인이 있을 것이라고 검사자가 확신할 때만 추가적인 질문을 할 수 있다.

다른 예를 고려해 보자.

반 응

두 사람이 밤에 무언가 하고 있는 것 같아요.

질 문

검사자: (피검자의 반응을 반복한다.)

피검자: 그래요. 여기요. 이 사람들의 머리, 다리, 그리고 이건 팔이에요.

반응의 영역과 형태 특성은 잘 묘사되었어도, 운동 결정인(뭔가 하고 있는 것)으로 채점하는 것이 적합하다. 하지만 두 가지 확인할 사항이 있다. 대상의 운동이 능동적인지 수동적인지와 '밤'이라는 핵심 단어가 잉크반점의 무채색 특성에 의해 형성된 것인지에 대한 것이다. 한 질문으로 두 가지 사항을 해결할 수 있다. "당신은 밤에 이 사람들이 무언가를 하고 있는 것 같다고 말씀하셨지요?" 그래도 '밤'이라는 단어에 대해 언급하지 않으면, 다시 두 번째 질문을 할 수 있다. "당신은 '밤에' 라고 말씀하셨는데요."

어떤 경우에는 핵심 단어가 반응에 포함되지 않을 수도 있고, 또 어떤 경우에는 질문 단계에서 자발적으로 언급되기도 한다. 반응에서 핵심 단어를 찾아내고 그에 대한 질문을 통해 확인해야 할 뿐만 아니라 질문 단계에 처음으로 나타난 핵심 단어도 확인해야 한다. 그러나 예외는 있다. 핵심 단어를 찾으려 할 때 검사자는 피검자의 반응에서 어떤 특징이 핵심 단어로 표현되었는지 확신할 수 있어야 한다.

예를 한 번 보자. 다음 반응은 유채색(붉은색)이

나오는 카드 II에 대한 반응이다.

반 응

두 마리의 곰처럼 보여요.

질 문

검사자: (피검자의 반응을 반복한다.)

피검자: 예, 보세요. 여기랑 여기. 싸우고 있는 것 같아요.

'싸우고'는 능동적 운동 반응 결정인에 중요한 단어다. 그러나 이것 역시 붉은색이 관련되었는지 의문이 생긴다. 자연스럽게 나온 단어를 인용하여 질문한다.

"당신은 그들이 싸우고 있는 것 같다고 말씀하셨죠." 피검자가 대답한다. "예. 그것은 피처럼 붉어요, 그들은 상처를 입었어요." 여기서 색채를 사용했다는 확인을 얻었다.

하지만 다음과 같은 질문과 답변이 나오면 어떻게 해야 할까?

반 응

두 마리의 곰처럼 보여요.

질 문

검사자: (피검자의 반응을 반복한다.)

피검자: 예, 여기를 보세요. 무엇인가를 하고 있어요.

검사자: 무엇을 하고 있다고요?

피검자: 예. 아마도 싸우거나 다른 무엇인가를 하고 있는 것 같아요.

이 예에서도 능동적 동물 운동 반응이 관찰되었다. 우유부단한 피검자라면 더 무엇인가를 확인하려고 하지 않을 것이다. 피검자가 "음. 그들은 상처 입은 것처럼 보이네요. 그들은 아마도 싸운 것 같아요."라고 얘기하면, 검사자는 '상처'라는 단어에 관련된 질문을 하는 것이 마땅할 것이다.

질문 단계에서 나타난 '어떤' 핵심 단어에 대해 '어떻게' 질문할 것인가는 검사자의 몫이다. 만약 피검자가 단순히 반응 단계에서 본 것만 보고해야 한다고 생각하는 것 같으면, 검사자는 질문 단계에서 반드시 적절한 질문을 통해 예상되는 핵심 단어와 의미 있는 결정인에 대해 정보를 얻어야 한다. 만약에 피검자가 질문 단계가 정말 자신이 검사자를 도와주는 단계라고 생각하는 것 같으면, 더 이상 질문을 할 필요가 없다. 물론 이런 결정들은 쉽게 할 수 있는 것들이 아니며, 검사자는 심사숙고해야 한다. 또한 반응을 정확하게 채점하기 위해 원칙을 지켜야 한다.

부적절한 질문

질문 단계에서 하지 말아야 할 몇 가지 질문 형태가 있다. 직접적이고 유도적인 질문, 혹은 채점 결정과는 무관한 내용을 묻는 불필요한 질문들은 하지 말아야 한다. "이 반점의 색깔 때문에 그렇게 보셨나요?" 혹은 "이들이 무엇을 하고 있나요?"와 같이 직접적인 질문은 채점을 더 모호하게 하고 검사 절차상 의도하지 않은 변인이 개입할 수 있으며, 검사 상황을 오염시킬 수 있다. "어느 쪽이 올라갔어요?" "이것에 대해 더 이야기할 것은 없나요?"와 같은 유도 질문들도 마찬가지다. 반응을 정교화하기 위해 다음과 같은 질문을 하고 싶어질 수도 있다. "그들은 남자인가요, 여자인가요?" "왜 당신은 그가 슬프다고 느끼나요?"

그러나 이러한 질문은 채점과 무관하고 그에 대한 대답이 임상적으로 유용할 것이라 생각되어도 과도한 질문은 로르샤하의 본질을 오염시킬 수 있다.

검사자와 질문 단계

검사자는 질문을 해야 하기 때문에 민감해져야 한다. 반응 단계에 비해 장황한 설명을 축어로 표시할 수 있다. 검사자는 반응 그대로 질문에 인용할지, 혹은 어떤 질문을 할 것인지를 신중하게 생각해야 하고 반응영역기록지에 잘 표시해야 한다. 평범한 검사자나 미숙한 검사자가 로르샤하를 실시할 때 가장 잦은 실수를 범할 수 있는 부분은 아마도 질문 단계일 것이다. 완벽한 질문의 모범 답안이 없으므로 검사자는 모든 결정인의 관련 가능성을 염두에 두고 피검자의 인지적인 조작 활동에 전혀 개입하지 않으면서 질문을 해야 한다. 이는 간결하고 비지시적이어야 한다. 마지막으로 검사자는 레빈(1953)이 '두 번째 검사'로 비유했던 것처럼 피검자는 질문 단계의 새로운 지침에 따라 또 다른 인지적 조작 활동을 하게 된다는 사실을 기억하고 있어야 한다.

질문 단계에서의 저항

많은 경우, 질문 단계는 피검자 자신에게 요구되는 작업이 조금 분명해진다는 안도감을 줄 수 있다. 이는 특히 아동에게 그런 것 같다. 질문단계에서 새로운 반응을 하는 경우도 있다. 이때 추가적인 반응들도 신중하게 기록해야 한다. 추가 반응들은 양적인 정보에는 반영되지 않지만, 질적으로 해석적 유용성을 내포할 수 있기 때문이다.

한편 질문 단계의 새로운 지침은 피검자에게 위협감을 느끼게 할 수도 있다. 자신이 한 반응을 정당화할 근거를 찾아야 한다는 부담감을 느끼게 되기 때문이다. 어떤 피검자는 아예 자신의 반응을 부인할 수도 있다. "저는 그렇게 이야기 안 했어요. 잘못 쓰신 것 같은데요." 또는 "그것은 내가 본 것이 아니에요."라고 할 수도 있고, "지금은 그렇게 보이지 않아요." 혹은 "지금은 찾을 수가 없어요."라며 반응을 피하려고 할 수 있다. 이런 저항이 감지되면, 검사자는 조금 더 숙련되고 강하게 진행해야 한다. 피검자가 반응을 부인하면 검사자는 다음과 같이 말할 수 있다. "저는 당신이 말하는 것은 모두 기록했어요. 여기 제가 쓴 것을 보세요. 당신이 그렇게 말씀하신 것을 찾아드릴게요. 다시 잘 보시면 당신이 본 것이 기억나실 거고, 제게 설명하실 수 있을 겁니다."라고 말할 수 있다. 그런데도 피검자가 "지금은 그렇게 보이지 않네요."라거나 "잘못되었어요." "지금은 찾을 수 없는데요."라고 하면 검사자는 다시 단호해질 필요가 있다. "어떤 것은 당신이 다시 볼 때 다르게 보일 수 있어요. 그러나 당신이 예전에 본 것처럼 볼 수 있는지 다시 한 번 봅시다. 시간을 가지고 보신 다음 제게 당신이 말한 것에 대해 설명해 주세요."라고 할 수 있다. 다음에 나오는 예문은 질문 단계 동안 저항을 어떻게 다룰 수 있는지에 대해 잘 보여 준다.

반 응

아마도 어떤 동물 같은데요.

질 문

검사자: (피검자의 반응을 반복한다.)

피검자: 잘 모르겠어요. 여기인 것 같은데(모호한 윤곽을 가리키며)…….

검사자: 제겐 잘 안 보이는데요.

피검자: 바로 거기요.

검사자: 잠깐만요. 저는 당신이 무엇을 보았다는 것을 알아요. 저도 당신이 본 것처럼 볼 수 있게 도와주시겠어요?

피검자: 예. 머리와 다리가 여기예요. (충분한 답변이므로 더 이상 질문하지 않는다.) 얼굴이에요.

검사자: (피검자의 반응을 반복한다.)

피검자: 지금은 잘 모르겠어요.

검사자: 자, 편안하게 당신이 한 번 본 것은 다시 볼 수가 있을 거예요.

피검자: 아니에요. 없어요.

검사자: 서두르지 마세요.

피검자: 없다니까요.

검사자: 어떤 종류의 얼굴인지 기억나요?

피검자: 내 생각엔 그냥 A인거 같은데. 좀 더 노력해 볼게요. (만약에 피검자가 반응을 부정하면 반응과 관련된 질문 단계의 노력은 수포로 돌아간다. 그리고 형태질 채점에서, 예를 들어, *Ddo F-Ad* 로 채점된다.) 아마도 비행기인 것 같아요.

검사자: (피검자의 반응을 반복한다.)

피검자: 예, 맞아요.

검사자: 당신이 어디서 그것을 보았는지 말씀해 주세요.

피검자: 전부 다요.

검사자: 어떤 것이 비행기로 보였는지 알 수가 없는데요.

피검자: 이게 다요.

검사자: 당신에게 그렇게 보인다는 것을 알겠어요. 당신이 보신 것처럼 제가 볼 수 있도록 도와주세요.

피검자: 바로 여기.

검사자: 그것(비행기)의 부분들을 지적하며 설명해 주세요.

피검자: 비행기 날개 부분 같잖아요. (이로써 충분하고 더 이상의 질문은 하지 않는다.) 낙하산이에요.

검사자: (피검자의 반응을 반복한다.)

피검자: 지금은 그렇게 안 보여요. 나무 같아요.

검사자: 좋아요. 나무에 대해 이야기해 보죠. 그 전에 우선 낙하산으로 보도록 해 보세요.

피검자: 하지만 지금은 그렇게 보이질 않아요.

검사자: 예, 알아요. 그러나 아까 볼 때는 낙하산으로 보였지요. 한 번 같이 볼까요?

피검자: 음. 이건 굉장히 큰 탑 같은데요.

검사자: 손으로 가리켜 보세요.

피검자: (손가락으로 잉크반점의 윤곽을 가리킨다.)

(채점하기에 충분하다. 여기에서는 검사자는 나무 반응을 기록하고 질문해야 한다.)

다소 장황하기는 하지만, 피검자에게 질문 단계에서 재차 확인하는 것이 중요하다. 이런 과정이 세련되고 능숙하게 이루어진다면, 피검자가 극도로 저항을 하는 내용에 대해서도 다양하게 질문할 수 있다.

코멘트에 대해 질문하기

이미 강조했듯이, 검사 수행 중 피검자가 한 모든 코멘트나 질문은 기록되어야 한다. 이것들 중 대부분이 질문 단계에 중요하지 않을 수도 있지만, 피검자는 코멘트처럼 보이는 반응을 할 수도 있다. 예를 들어, 유채색을 보고 피검자가 "와, 파랑색과 분홍색이네요."라고 하고 이것이 반응이라 판단되면 색채 명명(*Cn*) 반응으로 채점된다. 그러나 이것이 잉크반점에 대한 코멘트일 뿐이라면, 질문 단계에서 확인하지 않아도 된다. 피검자가 "굉장히 추하게 보여요."라고 하면 잉크반점에 대한 코멘트인지, 잉크반점을 추하게 보이는 대상으로 확인한 것인지 분명하지 않다. 이런 경우, 검사자는 반드시 질문 단계에서 '그것이 잉크반점이 무엇처럼 보이느냐에 대한 답변이었는지'에 대해 확인해야 한다. 반응 과정에서 피검자들은 바로 다음 반응을 하므로 그대로 진행한다.

반응영역기록지

질문 단계에 반응영역기록지에 기입하는 작업도 꽤 중요하다. 반응영역기록지는 잉크반점이 축소된 형태로 한 페이지에 인쇄되어 있다. 축소된 반점 형태에 피검자가 지적한 부분을 그려 넣거나 기록한다. 잉크나 형광펜 등을 사용하여 영역을 표시하고, 반응 번호를 기입한다. 전체 전경이 사용되면 *W*로 표시하고 반응 번호와 함께 기록한다. 반응영역기록지에 구체적으로 피검자가 사용한 영역을 표시하는 것은 채점에 앞서 매우 중요하다. 반응 기록을 상세하게 보충해 주면 다른 사람이 그 반응 기록을 수월하게 이용하는 데 도움이 된다. 만일 피검자들이 부주의하지 않다면, 보고하는 대상의 특징을 상세하게 묘사할 수 있도록 시간을 줄 수 있다. 평범하지 않은 반응일수록 다양하게 표시될 것이고 이러한 표시들이 채점이나 반응 기록을 검토하는 데 중요한 자료가 된다.

예를 들어, 반응이 인간이나 동물과 관련된다면 코, 다리, 팔이 구체화되는 영역과 관련된 몇 가지 표시를 해 두면 큰 도움이 된다. 또한 몇 가지 분리된 대상들을 포함시킨 반응, "연못을 지나고 있는데 그의 앞에 달리고 있는 어린이와 자전거를 타고 있는 남자예요."라면, 네 가지 내용들(남자, 자전거, 어린이 및 연못)은 반드시 반응영역기록지에 표시되어야 한다.

한계 검증 단계

질문 단계 이후에 피검자가 반응 단계에서 자발적으로 보고하지는 않았으나 검사자의 확인 질문에 의해 추가적인 정보를 얻을 수 있도록 한다. 이것은 한계 검사라는 절차인데, 이 절차는 클로퍼와 켈리(1942)에 의해 고안되었다. 이것은 대상이 확인되었는데 반응 과정에는 누락된 것이란 가설에 의해 고안된 절차다.

이 절차가 과도한 것이라 여겨지기도 하는데, 실제로 유용한 절차가 아닐 수도 있다. 그러나 정신증 환자의 경우 보편적인 평범 반응을 하지 못할 때, 그들이 보편적으로 확인할 수 있으리라 기대되는 대상을 형성하지 못하는 것에 대해 추가적인 검토 작업을 할 수 있도록 해 주기도 한다. 지각 과정이 손상되어서인지, 아니면 더 개별적이고 특정한 것을 선호해서 발생한 누락인지에 대한 변별이 필요하다. 한계 검사는 가장 보편적인 반응을 이끌어 내는 잉크반점을 선택하여(카드 III, V, VIII) 피검자에게 평범 반응에 포함된 대상을 보았는지를 묻는다. "때로 사람들은 여기서 ~을 봅니다. 당신도 그렇게 보이나요?" 이때의 답변이 그들에 대한 치료 계획에 중요한 정보를 제공할 수 있다.

요 약

로르샤하 실시 과정은 단순하지는 않지만, 배우기 어렵지 않다. 실시 과정에서 중요한 점은 숙련된 채점이다. 반응을 정확하고 익숙하게 채점하지 않는다면, **로르샤하**를 사용하기 쉽지 않을 것이다. 평가를 위해 **로르샤하** 반응 기록을 사용하기로 결정하면 검사자는 **로르샤하** 자료를 채점할 수 있는 전문가에게 의뢰해야 한다. **로르샤하**를 잘 사용하는 것이 기술적으로 우수할 때만 가능한 것은 아니다. 검사를 실시할 때 훌륭한 판단을 할 수 있는 검사자는 피검자를 세련되고 예민하게, 그리고 성실하게 대할 것이다.

참고문헌

Baughman, E. E. (1951). Rorschach scores as a function of examiner differences. *Journal of Projective Techniques, 15*, 243-249.

Baughman, E. E. (1958). A new method of Rorschach inquiry. *Journal of Projective Techniques, 22*, 381-389.

Baughman, E. E. (1959). An experimental analysis of the relationship between stimulus structure and behavior on the Rorschach. *Journal of Projective Techniques, 23*, 134-183.

Carp, A. L., & Shavzin, A. R. (1950). The susceptibility to falsification of the Rorschach diagnostic technique. *Journal of Consulting Psychology, 3*, 230-233.

Coffin, T. E. (1941). Some conditions of suggestion and suggestibility: A study of certain attitudinal and situational factors influencing the process of suggestion. *Psychological Monographs, 53* (Whole No. 241).

Cox, F. N., & Sarason, S. B. (1954). Test anxiety and Rorschach performance. *Journal of Abnormal and Social Psychology, 49*, 371-377.

Exner, J. E. (1974). *The Rorschach: A Comprehensive System*. Volume 1. New York: Wiley.

Exner, J. E. (1978). The Rorschach: A comprehensive System. *Vol. 2. Current research and advanced interpretation*. New York: Wiley.

Exner, J. E. (1980). But it's only an inkblot. *Journal*

of Personality Assessment, 44, 562-577.

Exner, J. E. (1986). The Rorschach: A Comprehensive System. *Volume 1: Basic foundations*. New York: Wiley.

Exner, J. E. (1988). Problems with brief Rorschach protocols. *Journal of Personality Assessment, 52*, 640-647.

Exner, J. E., & Hark, L. I. (1979). *Order effects for WAIS and Rorschach scores*. Rorschach Workshops (Study No.262, unpublished).

Exner, J. E., & Hark, L. I. (1980). *Frequency of Rorschach responses after prolonged cognitive testing*. Rorschach Workshops (Study No. 271, unpublished).

Exner, J. E., Leura, A. V., & George, L. M. (1976). *A replication of the Masling study using four groups of new examiners with two seating arrangements and video evaluation*. Rorschach Workshops (Study No. 256, unpublished).

Exner, J. E., & Weiner, I. B. (1982). *The Rorschach: A comprehensive system. Vol. 3. Assessment of children and adolescents*. New York: Wiley.

Fosberg, I. A. (1938). Rorschach reactions under varied instructions. *Rorschach Research Exchange, 3*, 12-30.

French, A. P., & Gaines, R. N. (1997). Clinical experience with brief Rorschach protocols, II. *American Journal of Forensic Psychology, 15*, 65-68.

Gage, N. L. (1953). Explorations in the understanding of others. *Educational and Psychological Measurement, 13*, 14-26.

Garb, H. N. (1984). The incremental validity of information used in personality assessment. *Clinical Psychology Review, 4*, 641-655.

Gibby, R. G., Miller, D. R., & Walker, E. L. (1953). The examiner's influence on the Rorschach protocol. *Journal of Consulting Psychology, 17*, 425-428.

Gibby, R. G., & Stotsky, B. A. (1953). The relation of Rorschach free association to inquiry. *Journal of Consulting Psychology, 17*, 359-363.

Giedt, F. H. (1955). Comparison of visual, content, and auditory cues in interviewing. *Journal of Consulting Psychology, 18*, 407-416.

Goodman, N. L. (1979). *Examiner influence on the Rorschach: The effect of sex, sex pairing and warmth on the testing atmosphere*. Doctoral dissertation, Long Island University, NY.

Grisso, J. T., & Meadow, A. (1967). Test interference in a Rorschach-WAIS administration sequence. *Journal of Consulting Psychology, 31*, 382-386.

Haller, N., & Exner, J. E. (1985). The reliability of Rorschach variables for inpatients presenting symptoms of depression and/or helplessness. *Journal of Personality Assessment, 49*, 516-521.

Harrower, M. (1965). Differential diagnosis. In B. Wolman (Ed.), *Handbook of clinical psychology*. New York: McGraw-Hill.

Holt, R. R. (1958). Clinical and statistical prediction: A reformulation and some new data. *Journal of Abnormal and Social Psychology, 56*, 1-12.

Holt, R. R. (1970). Yet another look at clinical and statistical prediction: Or, is clinical psychology worthwhile? *American Psychologist, 25*, 337-349.

Kelly, E. L., & Fiske, D. W. (1950). The prediction of success in the V. A. training program in clinical psychology. *American Psychologist, 4*, 395-406.

Klingensmith, S. W. (1956). *A study of the effects of different methods of structuring the Rorschach inquiry on determinant scores*. Doctoral dissertation, University of Pittsburgh, PA.

Klopfer, B., & Kelly D. M. (1942). *The Rorschach technique*. Yonkers-on-Hudson, NY: World Books.

Kostlan, A. A. (1954). A method for the empirical study of psychodiagnosis. *Journal of Consulting Psychology, 18*, 83-88.

Levin, M. M. (1953). The two tests in the Rorschach. *Journal of Projective Techniques, 17*, 471-473.

Loosli-Usteri, M. (1929). Le test de Rorschach applique a differents groupes d'enfants de 10-13 ans. *Archives de Psychologie, 21*, 51-106.

Lord, E. (1950). Experimentally induced variations in Rorschach performance. *Psychological Monographs, 60* (Whole No. 316).

Luborsky, L., & Holt, R. R. (1957). The selection of candidates for psychoanalytic training. *Journal of Clinical and Experimental Psychopathology, 18*, 166-176.

MacKinnon, D. W. (1951). The effects of increased observation upon the accuracy of prediction [Abstract]. *American Psychologist, 6*, 311.

Masling, J. (1965). Differential indoctrination of examiners and Rorschach responses. *Journal of Consulting Psychology, 29*, 198-201.

Peterson, L. C. (1957). *The effects of instruction variation on Rorschach responses*. Unpublished Master's thesis, Ohio State University, Columbus.

Phares, E. J., Stewart, L. M., & Foster, J. M. (1960). Instruction variation and Rorschach performance. *Journal of Projective Techniques, 21*, 28-31.

Piotrowski, Z. A. (1958). The psychodiagnostic test battery: Clinical application. In D. Brower, & L. E. Abt (Eds.), *Progress in clinical psychology* (Vol. 3). New York: Grune & Stratton.

Rapaport, D., Gill, M., & Schafer, R. (1946). *Diagnostic psychological testing* (Vol 2). Chicago: Yearbook Publishers.

Reisman, J. M. (1970). The effect of a direct inquiry on Rorschach scores. *Journal of Projective Techniques and Personality Assessment, 34*, 388-390.

Sarbin, T. R. (1943). A contribution to the study of actuarial and individual methods of prediction. *American Journal of Sociology, 48*, 593-602.

Schachtel, E. G. (1945). Subjective definitions of the Rorschach test situation and their effect on test performance. *Psychiatry, 8*, 419-448.

Schafer, R. (1954). *Psychoanalytic interpretation in Rorschach testing*. New York: Grune & Stratton.

Stern, G. G., Stein, M. I., & Bloom, B. S. (1956). *Methods in personality assessment*. Glencoe, IL: Free Press.

Strauss, M. E. (1968). Examiner expectancy: Effects on Rorschach experience balance. *Journal of Consulting Psychology, 32*, 125-129.

Strauss, M. E., & Marwit, S. J. (1970). Expectancy effects in Rorschach testing. *Journal of Consulting and Clinical Psychology, 34*, 448.

Van de Castle, R. L. (1964). Effect of test order on Rorschach human content. *Journal of Consulting Psychology, 28*, 286-288.

Vernon, P. E. (1950). The validation of civil service selection board procedures. *Occupational Psychology, 24*, 75-95.

Williams, M. H. (1954). The influence of variations in instructions on Rorschach reaction time. *Dissertation Abstracts, 14*, 2131.

Zax, M., & Stricker, G. (1960). The effect of a structured inquiry on Rorschach scores. *Journal of Consulting Psychology, 24*, 328-332.

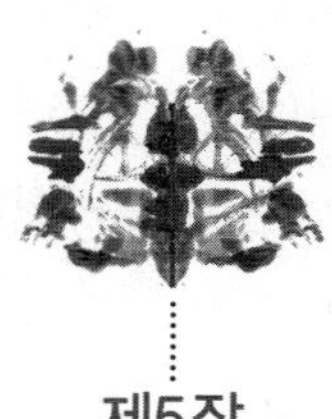

제5장
채점: 로르샤하 언어들

로르샤하의 진정한 가치는 부분들이 완벽하게 조합됨으로써 실현될 수 있다. 하지만 로르샤하의 양적 정보뿐만 아니라 질적 정보들을 소홀히 한다면 검사를 오용하게 되거나 피검자에게 해를 입힐 수도 있다. 이는 로르샤하 체계를 발전시키는 데 기여해 온 많은 연구자가 늘 강조해 온 기본 원칙이기도 하다. 벡(1945, 1967), 클로퍼(1942, 1954) 그리고 라파포트와 샤퍼(1946, 1954) 등은 각 기록의 모든 배열이나 배치를 전적으로 활용해야 한다고 강조했고, 헤르츠(1952, 1963)의 '상호적인 접근(interactionist approach)'이나 피오트로브스키(1957)의 '독립 요인 원칙(principle of interdependent components)'도 그러한 맥락을 같이하는 주장이라 할 수 있다.

중요한 것은 전체 로르샤하(total Rorschach)라는 개념은 어떤 한 변인이든 그 개인의 어떤 관심 혹은 외적 행동과 별개의 것이 아니며, 다른 특성들과 통합적으로 그 개인의 또 다른 특성을 이해하고 예측하는 데 활용되어야 한다는 것이다. 즉, 한 개인의 성격 특성을 이해하려면 복합적인 관계에 대해 이해해야 한다는 맥락과 통한다.

한 개인의 성격 특징에 관련된 많은 정보와 그 특징 간의 상호 관계는 로르샤하 해석의 핵심 요소인 채점 요약 자료(구조적 요약)를 통해 얻을 수 있다. 많은 연구자가 논문이나 저서를 통해 로르샤하의 채점과 상징에 대해 논의해 왔고, 실제로 그들 간에 의견이 분분했던 것도 사실이다. 그런 반면에 궁극적으로는 로르샤하 연구 작업을 확장하고 다양한 방향을 제시하는 등 기여한 점도 크다.

1950~1960년대 사이에는 주로 로르샤하 채점(scoring)[1)]에 대해 비판이 많았다. 이 시기에 발표된 많은 연구를 보면, 여러 변인의 배열이나 관계보다는 단일 변인에 초점을 맞추곤 하였다. 그 결과 부정적이거나 애매모호한 결과나 논쟁거리가 될 만한 후속 연구와 저서들이 급격하게 증가되었

1) 역자 주: 독자의 이해를 돕고 내용의 의미를 구분하기 위해 본문 내용에서 scoring은 '채점', coding은 '기호화'로 번역했다.

다. 주빈, 에론 및 슈머(1965) 등은 **로르샤하**를 '측정' 도구로만 이해하면 **로르샤하**를 그 가치만큼 충분히 사용하지 못할 것이라고 지적한 바 있다.

이미 제3장에서 논의했듯이, 주빈의 비판처럼 **로르샤하**의 채점 결과는 대개의 심리검사가 가진 심리측정적인 특성을 공유하지는 못한다. 많은 점수가 정상분포를 이루지 않아 모수의 통계치를 적용하기 어렵게 만들고, 다른 특성이 타당하더라도 시간적으로는 그 타당성이 일치하지 않을 수 있다. 시간적인 일치도와 신뢰도로는 변량을 충분히 설명하지 못한다. 또한 모든 자료의 양(반응의 수나 길이)이 같지 않다. 총 반응수 중 두 개의 반응이 유사하더라도 각 10개 잉크반점에 대한 반응을 기호화하고 채점하면 그 분포는 전혀 다르게 나타날 수 있다. 이것은 **로르샤하**의 강점이기도 하면서 검사가 안고 있는 부담이기도 하다. 분명한 규준적 비교를 한다거나 유용한 규준 자료를 확립하기 매우 어려우므로 이것이 **로르샤하**가 져야 하는 '부담이자 책임'이라 할 수 있다 (Cronbach, 1949). 홀츠만은 "피검자에게 단지 10개의 잉크반점을 보여 주고 그들의 소망이 드러날 것이라 기대하게 되면 심각하게 편포되어 신뢰하기 어려운 결과를 얻게 될 수 있다."라고 지적하기도 했다.[2] 크론바흐와 홀츠만이 반응수의 변산성에 대해 비판한 내용을 궁극적으로 배제하기는 어렵다. 그러나 그들이 제기한 심리측정적인 접근 불가능성에 대해서는 이의를 제기할 수 있다. 이런 측정의 문제는 통계학자들에게는 곤혹스러운 도전일 수 있고 심리측정학자들에게는 도저히 수용할 수 없는 것일 수 있다. 그러나 현존하는 통계 방법들의 맥락에서 해결되지 않은 것이 없었고, 적절하게 큰 수량의 자료들이 수집된다면 더욱 그러할 것이다.

제3장에서 언급했던 것처럼 **로르샤하**에 대한 많은 비판은 **로르샤하**의 본질을 오해한 데서 생길 수 있다. 또한 몇몇 오해들은 오용과 채점이라는 용어에 대해 과잉 일반화하는 인지적 오류에 의해 발생된 것으로 보인다. **로르샤하** 반응을 **로르샤하** 상징으로 변환하는 과정을 전통적으로 채점이라 부른다. 안타깝지만, 점수(scores)라는 단어를 사용하는 것은 측정의 몇몇 개념이 **로르샤하** 채점에 유용하거나 적합하지 않을 수 있기 때문이다. **로르샤하** 반응들은 피검자를 통해 수집된 각 반응 그대로 기록된다. 이러한 기록들을 합의된 기호로 변환시키는 것이 채점(scoring)이다. 숫자는 사용되지 않는다. 지능검사나 성취검사에서 사용되는 서수의 점수들이 아니며, **로르샤하** 반응을 기호화하는 절차는 피검자의 반응을 합의된 논리적이고 구조적인 모습, 즉 특별한 **로르샤하** 언어(Rorschach Language)로 바꾸는 것이다. 다양한 내용으로 구성된 반응을 기록할 때는 속기(약어)[3]로 쓰곤 한다.

2) 사실 홀츠만(Holtzman)은 45개의 반점으로 구성된 잉크반점 테스트를 만들고 잉크반점마다 하나씩의 반응만 하도록 하였다. 반응의 수를 통제함으로써 통제적인 조작이 좀 더 수월하고 심리조직도/사이코그램(psychogram)을 사용하는 것이 적절했다. 상당히 규준적이고 신뢰할 수 있는 것으로 보고되었지만, 타당도와 관련된 자료는 한계가 있었다.

3) 역자 주: 속기(약어) 사용은 영어권의 경우이며, 국내 한글 표기에서는 약어를 사용하지 않는다. 속기 또한 보편적으로 사용되고 있지 않다.

하나의 단순한 반응에 대한 채점이나 기호 자체가 해석적으로 중요하게 되는 경우는 드물다. 예를 들어, 반응이 *Do Fo A*로 채점되었다면, 이것은 단순히 피검자가 잉크반점의 흔한 부분 영역에 반응한 것이고 잉크반점의 윤곽을 이용하여 동물 반응을 한 것이란 의미일 뿐이다.

해석에 중요한 로르샤하 점수는 각 기호에 대한 빈도 점수, 환산원 백분율, 가정된 변인들 간 비율, 그리고 측정적으로 유용한 다른 자료를 통해 얻을 수 있는 빈도 점수다. 전체적으로는 점수들은 구조적 요약으로 변환된다. 기호화나 채점 과정에서 반응의 구체적인 내용 일부가 배제되기도 하지만, 이러한 기호화 작업에서 얻은 자료들은 다른 방법으로는 추정하기 힘든 다양한 심리학적인 특징을 측정할 수 있도록 한다. 각 반응을 채점하거나 기호화하는 절차는 의사 결정에 앞서 매우 중요하다. 왜냐하면 각 반응의 채점 결과들은 반응 기록의 구조적 요약을 구성하는 매우 중요한 부분이기 때문이다.

종합체계에서 사용되는 기호들은 경험적 지지로 타당화된 다른 채점 체계에 또 다른 채점 체계의 발전으로 새로운 기호들이 출현하면서 얻은 조합인 셈이다. 로르샤하의 초기 상징들은 대부분 포함되었다. 그는 반응 기호화의 중요성을 강조하였고, 다음과 같은 다섯 가지 범주로 된 형식을 고안했다. 첫째, 영역(반점의 어느 영역에 내담자가 반응했는가?), 둘째, 결정인(반점의 어떤 특징들이 반응 형성에 기여했는가?), 셋째, 형태질(반점의 윤곽을 이용해 대상을 적절하게 묘사했는가?), 넷째, 내용(반응의 내용이 어떤 종류인가?), 마지막으로, 평범 반응(반응이 일반적인 사람들에게 보편적으로 나타나는 반응인가?)이다.

로르샤하 연구자들은 각각 자신의 채점 체계에 기본 형태를 가지고 있고, 그 대부분이 유용하다고 주장해 왔다. 벡(1937)과 헤르츠(1940)는 반점 특징을 의미 있게 통합했는가를 조직 활동(organizational activity) 점수라는 여섯 번째 범주로 추가시켰고, 라파포트 등(1946)은 이상한 언어 표현이나 병리적인 특성을 확인하기 위해 특수점수를 추가하였다. 프리드만(1952)은 반점의 영역 선택과 관련된 여덟 번째 범주를 발전시켰는데, 이것은 통합 체계에서 받아들인 발달질에 해당된다. 특수점수나 그 밖의 점수 종류들이 연구 때문에 증가되거나 감소되었지만, 8개의 범주들이 구조적 요약 자료를 통해 얻은 해석을 풍부하게 하는데 매우 유용하게 이용된다.

만약 반응들이 13개의 빈도가 높은 평범 반응에 해당된다면, *P*라고 표시한다. 남은 일곱 개의 범주들은 다양한 상징으로 기호화한다. 영역에 대한 세 가지 기호가 있는데, *W*(전체 반응), *D*(흔한 부분 영역), *Dd*(드문 부분 영역)로 나뉘고, 만약 반점 외의 빈 공간에 반응한다면 이 세 가지에 각각 *S*(공백 반응)가 더해진다.

네 가지 발달질 중에 하나를 영역 기호에 추가적으로 기입한다. 결정인을 기호화할 때 많은 선택 사항들이 있는데, 기호들은 형태나 유채색, 무채색, 세 가지의 음영 반응, 세 가지의 운동 반응을 표시하기 위해 사용된다. 네 가지 기호 중 하나는 형태 사용의 적절성을 나타내기 위해 사용하며(*FQ*) 반응의 내용을 기호화하는 데 약어를 사용한다. 예를 들어, 인간 반응은 *H*로 동물 반응은 *A*로, 식물 반응은 *Bt*로 표시된다. 반점과 반점 영역을 다양하게 통합하는 방식이나 조직화에 대한 반응은 조직화 활동 점수(*Z* 점수)로 표기하며, 이 점수 역시 해당되는 반응에 기록한다.

두 개의 특수점수가 사용되는데, 역시 축약어다. 그중 하나는 반응에 나타나는 인지적인 오류를 나타내는 점수로, 예를 들면 이탈된 언어 반응의 의미인 *DV*의 기호가 사용될 수 있다. 또 하나는 반응의 독특한 성질을 표시하는데, 예를 들어 *AG*, 즉 공격적인 운동성이 있을 때 운동 반응과 함께 표기한다.

로르샤하 언어로 해석자들 간에 의사소통이 가능하게 된다. 각 점수들의 빈도 계산이 기본적으로 이루어지고 이러한 빈도들은 비율이나 백분율로 수량화되어 성격 특징과 정신병리에 관한 정보의 근거가 된다. **로르샤하** 반응 기호화(채점)의 주요 원칙은 기호(점수)가 반드시 피검자가 반응을 한 시점의 인지적인 조작 특성을 반영해야 한다는 것이다. 실시 절차상, **로르샤하** 반응 후 질문 단계가 이러한 정보에 몇 가지 예상치 못한 문제를 발생시킬 수가 있다. 채점의 목적은 질문 단계 이전 순수한 반응 단계에 반영된 피검자의 인지적 특성에 충실해야 한다. 특히 초심자들의 경우 이점을 명심해야 한다. 채점하는 사람은 처음 반응과 질문 단계에서 추가되거나 정교화된 정보가 연속적인 것이라는 자의적인 가정을 검토할 필요가 있다. 왜냐하면 처음 잉크반점을 보고 한 반응과 질문 단계 간에는 시간적으로나 물리적으로 많은 사건이 있을 수 있고, 언급한 것처럼 질문 단계에서는 예상하지 못한 조작 과정이 발생할 수도 있다.

기호화(채점)의 규칙을 이해하기는 쉽다. 물론 항상 적용하기 쉬운 것은 아니지만, 기호화에서의 두 번째 중요한 규칙은 반응에서 나타나는 모든 요소를 채점에 포함시켜야 한다는 것이다. 비록 로르샤하가 제안한 채점 원칙은 그의 사망 이후 많은 다른 사람의 체계에 비해 정교함이 덜하기는 하지만, 그는 이러한 원리를 중요하게 여겼다.[4] 그의 사망 후 발전된 **로르샤하** 채점 체계들은 클로퍼가 이 원리에서 다소 큰 이탈을 시도한 것을 제외하면[5], 이러한 규칙을 준수해 왔다.

여덟 개 각각의 범주를 구체적으로 설명하기 전에 채점 과정에 대해 자세히 살펴보는 것이 도움이 될 듯하다. 다음은 카드 III에 대한 평범 반응의 예다.

---

4) 로르샤하가 사용했던 채점 방식은 다른 연구자들이 발전시켜 온 것보다 간단한 편이다. 채점 체계는 그의 이른 사망 때문에 완성되지 못했고, 그의 연구에서 사용되었던 잉크반점은 음영을 거의 포함하고 있지 않았다. 그의 논문이 발표된 후 인쇄 기술의 문제로 음영 요소가 만들어지거나 과장되어 사용되곤 했다. 검사를 발전시키기 위해 음영 특성을 반영한 반응을 표시할 수 있는 몇 가지 새로운 기호가 필요하게 되었다.

5) 1940년대 초 클로퍼는 결정인이 너무 관대하게 채점되는 것에 대한 우려를 해결하기 위해 하나의 결정인이 해석에서 중요한 영역을 점해야 한다고 주장했다. 그러므로 로르샤하에 의해서 제안된 혼합된 결정인의 원리를 이용하는 대신, 그는 주요 결정인으로서 오직 하나의 결정인 채점에 역점을 두었다. 그리고 반응에서 남은 모든 것은 '추가적인 것'이라 부르고 양적으로 반 정도의 중요성을 할당했다. 1965년 캘리포니아 아실로마에서 가진 인터뷰에서, 클로퍼는 그러한 결정에 대해 아쉬움을 표시했다. 하지만 이후에도 주 반응과 추가된 반응의 이분법적 분류 방식을 고집했고, 사실 적절한 반응에 존재하지 않을 수도 있는, 그러나 질문 단계에서 질문에 의해서 유도된 결정인에 대해서 지나치게 강조하는 것을 피하라고 강조했다.

반 응

이것은 사람이네요. 내가 추측하기로는 아마도 남자 같아요.

질문 단계

검사자: (피검자의 반응을 반복한다.)

피검자: 예. 바로 여기요. (*D9* 지점을 가리킨다.)

검사자: 당신이 본 것처럼 제가 볼 수 있도록 도와주세요.

피검자: 여기가 머리고, 몸이고 다리예요.

이 경우는 반응이 간단한 편이다. 이 피검자는 단 하나의 형태를 보고했지만, 대부분의 사람은 이 카드에서 두 개의 반응을 하곤 한다. 그래도 이 경우 평범 반응에 해당된다.

이 반응을 기호화하면 다음과 같다.

영역과 발달질	결정인과 형태질	내 용	평 범
Do	*Fo*	*H*	*P*

*Do Fo H*의 채점을 보면, 잉크반점에서 흔히 사용되는 부분 영역을 사용했고(*D*), 하나의 대상으로 보았으며(*o*), *F*는 잉크반점의 형태만이 대상으로 파악하는 데 결정인으로 사용되었다. 형태질 기호인 *o*는 보편적으로 형태를 사용하였고, 내용 반응인 *H*는 인간 내용이라는 의미며, 기호 *P*는 일반적으로 사람들이 빈번하게 보고하는 반응이라는 의미다.

카드 III에 대한 두 번째 반응에 대한 기호화 결과는 반응이 복잡해짐에 따라 채점이 얼마나 복잡해질 수 있는지를 볼 수 있다.

반 응

두 명의 여인이 항아리 안의 무언가를 휘젓고 있네요.

질문 단계

검사자: (내담자의 반응을 반복한다.)

피검자: 예, 맞아요. 여기요(*D9*를 가리키며).
서로 마주 서 있고 가슴이고, 하이힐을 신고 있어요.

검사자: 항아리라고 했나요?

피검자: (*D7*을 가리키며) 이곳이 항아리이고, 그 안의 무언가를 휘젓고 있네요. 무엇인지는 모르겠어요.

이 예에서 피검자는 반응하는 동안 기호화하는 데 필요한 대부분의 정보를 제공하고 있다. 인간 형태가 보고되었고, 운동성이 묘사되었다. 질문 단계에서는 인간의 영역과 두 번째 내용(신발)이 추가된 것을 확인하였고, 검사자는 피검자가 자발적으로 전에는 보고하지 않았던 다른 특징을 자발적으로 보고할 때 항아리의 영역에 관해 적절하게 질문해야 한다. 이런 경우에는 질문 단계에서 더욱 구체적인 작업이 필요하다. 채점은 다음과 같다.

영역과 발달질	결정인과 형태질	쌍	내 용	평 범	Z 점수
D+	*Mao*	(2)	*H, Hh, Cg*	*P*	3.0

이 기호화/채점은 내담자가 반점의 흔한 부분 영역을 사용하였고(*D*), 행동은 통합적인 형태 특성을 전제로 한다(+). 달리 표현하면, 피검자가 반점의 영역을 심리적으로 구분한 후 다른 대상(두 사람과 항아리)으로 분리하였다가 두 사람이 항아리 속의 무언가를 휘젓고 있다는 내용으로 그 두 대상을 의미 있는 방식으로 조직화했다. 결정인은 형태 특징을 보고 능동적인 인간의 운동성을 본 것으로 채점되었다(*Ma*). 쌍(pair)의 표시는, 반점의 대칭성을 사용해 두 개의 같은 대상을 보았을 때 하게 된다. 반응의 내용은 여인이라고 했으므로, 인간 반응(*H*), 항아리는 주거와 관련된 대상(*Hh*), 그리고 신발은 의류 반응(*Cg*)으로 표시한다. 평범한 반응이므로 P, 반점의 인접한 부분 영역들이 의미 있게 대상들로 조직화되었으므로 조직화 점수인 *Z* 점수 3.0이 할당된다. 반응에는 다양한 결정인이 반영되며, 한 가지 이상의 특수점수로 채점될 수 있다. 다음의 예를 보자.

반 응

(카드 III에서) 전쟁터에 있는 해골 같아요. 진짜 역겹네요.

질문 단계

검사자: (내담자의 반응을 반복한다.)

피검자: 와. 머리와 다리가 보이네요(*D1* 영역을 가리키며). 해골 같은데요.

검사자: 해골 같다고요?

피검자: 마르고 빳빳하게 보이네요. 머리는 둥글고 모두 뼈같이 보여요.

검사자: 전쟁터고, 정말로 역겹다고 하셨어요.

피검자: 예, 전쟁에서 싸우다가 벽 뒤에 잔뜩 피를 묻힌 것 같아요. 빨간 점들이 피같이 보이는데요. 그들 뒤에 있는 벽에 피가 흘러내리고 있어요.

이 반응은 질문 단계에서 어떻게 정보가 자발적으로 생성되어 나타나며, 이 반응들이 채점에 어떻게 기여하는지에 대한 좋은 예라 할 수 있다. 검사자가 피검자의 반응을 명료화하기 위해 전쟁터 같고, 정말로 역겹다는 느낌에 대해 물어보았을 때 피검자는 두 가지 결정인(붉은 피, 입체감—이런 것들은 기본 반응에서는 명백하지 않은 것이었다.)을 지적했다. 두 가지는 반응에 중요하게 기여했던 결정인으로 포함된다.

반응에서 여러 개의 결정인이 있을 때, 각각에 다 점을 찍어 표시하는데, 이를 혼합 반응(Blends)이라 한다. 이 반응에 대한 완성된 기호는 다음과 같다.

영역과 발달질	결정인과 형태질	쌍	내 용	Z 점수	특수점수
WS+	*Ma.C.* FD_o	(2)	(*H*), *Bl*	5.5	*FAB-COM, AG*

전체 반점이 사용되었고(*W*), 공백 영역이 사용되었다(*S*). 통합된 대상이므로 발달질 기호인 +가 영역 기호에 첨가된다. 세 가지 결정인이 있는데, 능동적인 인간-유사 운동 반응(*Ma*), 특별한 형태가 없는 유채색 반응(*C*), 형태 차원 반응(*FD*)으로 곧 혼합 반응이다. 반응의 내용이 다소 이상하더라도 형태 특징은 적절하게 사용하였으므로 형태질 기호인 *o*가 결정인에 추가되었다. 두 가지

유사한 대상이 보고되었는데, 대칭적인 반점의 특징을 사용하였기 때문에 '쌍'으로 채점되었다. 내용 기호는 (*H*)로 표시되는데, 인간-유사 형태로 반응하였고, 피반응이 있었다(*Bl*). 조직화 활동 점수로 5.5의 *Z* 점수를 기록했다. 마지막으로 두 개의 특수점수가 채점되었는데, 첫 번째는 운동성의 현실적인 가능성을 고려하면, 해골은 만화나 상상을 제외하면 싸운다는 표현이 적합하지 않다. 여기서 만화라는 언급도 없었지만, 또한 해골은 피를 흘리지 않는다. 객관적으로나 현실적으로 가능하지 않은 이상한 관계가 보고되었을 때, 그것을 우화적 조합(Fabulized Combinations)이라 부르고, FABCOM으로 표시한다. 두 번째 특수점수는 운동의 성질을 표현하기 위해 사용되는데, 여기선 분명히 공격적인 내용으로 표현되었으므로 AG라고 표시한다.

처음 예의 묘사나 마지막의 예의 복잡한 묘사나 단일 반응에 대한 기호화는 해석적으로 거의 중요하지 않거나 아예 중요하지 않을 수도 있다. 이미 말했지만 기호들은 빈도 자료로 전환되고 그런 자료에서 수많은 비율(ratio & proportion)이 산출된다. 각 기호, 채점에서 산출된 빈도들은 카드의 순서에 따라 나열한다. 이것을 점수 계열표(sequence of scores)라 부른다. 반응 기록에 대한 점수 계열

표 5-1 점수 계열

카드	번호	반응 영역	번호	결정인(s)	쌍반응	내용(s)	평범 반응	Z	특수점수
I	1	WSo	1	FC′o		Art,(A)		3.5	AB
	2	W+	1	Fu	2	Art,(H)		4.0	GHR
II	3	W+	1	FMa.FC′.CFo	2	A,Bl		4.5	AG,MOR,PHR
	4	DS+	5	ma.VFu		Sc,Cl		4.5	
III	5	D+	1	Mao	2	H,Id	P	3.0	AG,GHR
	6	Do	3	Fu		Sc			
IV	7	W+	1	Ma.FD.TFo		H,Cg,Na	P	4.0	MOR,PHR
V	8	Wo	1	FMa.FC′u		A		1.0	AG,PHR
VI	9	Wo	1	FTo		Ad	P	2.5	MOR
	10	D+	4	mao		Sc,Na		2.5	
	11	Dv	1	C′		An			MOR
VII	12	W+	1	Mao	2	H,Ls	P	2.5	AG,GHR
VIII	13	Wo	1	FC.FC′o		Art		4.5	AB
	14	DSo	3	Fo		An		4.0	PER
IX	15	W+	1	FD.FC.FVu		Art		5.5	
X	16	Dv	1	CF.mpo		Na,Art			
	17	D+	10	FCo	2	A		4.0	FAB
	18	DSo	11	FC′-		Xy		6.0	
	19	D+	6	Mao	2	H,Cg		4.0	COP,GHR

표 5-2 구조적 요약

구조적 요약

반응 위치 특성

Zf	= 16
ZSum	= 60.0
ZEst	= 52.5
W	= 9
D	= 10
W+D	= 19
Dd	= 0
S	= 4

발달질

+	= 10
o	= 7
v/+	= 0
v	= 2

형태질

	FQx	MQual	W+D
+	= 0	= 0	= 0
o	= 12	= 4	= 12
u	= 5	= 0	= 5
−	= 1	= 0	= 1
none	= 1	= 0	= 1

결정인

복합 결정인
FM.FC'.CF
m.VF
M.FD.TF
FM.FC'
FC.FC'
FD.FC.FV
CF.m

단일 변인	
M	= 3
FM	= 0
m	= 1
FC	= 1
CF	= 0
C	= 0
Cn	= 0
FC'	= 2
C'F	= 0
C'	= 1
FT	= 1
TF	= 0
T	= 0
FV	= 0
VF	= 0
V	= 0
FY	= 0
YF	= 0
Y	= 0
Fr	= 0
rF	= 0
FD	= 0
F	= 3
(2)	= 6

내 용

H	= 4
(H)	= 1
Hd	= 0
(Hd)	= 0
Hx	= 0
A	= 3
(A)	= 1
Ad	= 1
(Ad)	= 0
An	= 2
Art	= 5
Ay	= 0
Bl	= 1
Bt	= 0
Cg	= 2
Cl	= 1
Ex	= 0
Fd	= 0
Fi	= 0
Ge	= 0
Hh	= 0
Ls	= 1
Na	= 3
Sc	= 3
Sx	= 0
Xy	= 1
Id	= 1

접근 방식

I	WS.W
II	W.DS
III	D.D
IV	W
V	W
VI	W.D.D
VII	W
VIII	W.DS
IX	W
X	D.D.DS.D

특수점수

	Lv1	Lv2
DV	=0x1	0x2
INC	=0x2	0x4
DR	=0x3	0x6
FAB	=1x4	0x7
ALOG	=0x5	
CON	=0x7	
Raw Sum6	=1	
Wgtd Sum6	=4	

AB	= 2	GHR	= 4
AG	= 4	PHR	= 3
COP	= 1	MOR	= 4
CP	= 0	PER	= 1
		PSV	= 0

비율, 백분율과 이탈치

R = 19	L = 0.19				
EB = 4:3.5	EA = 7.5	EBPer = N/A			
eb = 5:10	es = 15	D = −2			
	Adj es = 13	Adj D = −2			
FM = 2	SumC' = 6	SumT = 2			
m = 3	SumV = 2	SumY = 0			

FC:CF+C	= 3:2
Pure C	= 0
SumC':WsumC	= 6:3.5
Afr	= .58
S	= 4
Blends:R	= 7:19
CP	= 0

COP = 1 AG	= 4
GHR:PHR	= 4:3
a:p	= 8:1
Food	= 0
SumT	= 2
Human Cont	= 5
Pure H	= 4
PER	= 1
Isol Indx	= .47

a:p	= 8:1	Sum6	= 1	XA%	= .89	Zf	= 16	3r+(2)/R	= .32
Ma:Mp	= 4:0	Lv2	= 0	WDA%	= .89	W:D:Dd	= 9:10:0	Fr+rF	= 0
2AB+Art+Ay	= 9	WSum6	= 4	X−%	= .05	W:M	= 9:4	SumV	= 2
Mor	= 4	M−	= 0	S−	= 1	Zd	= +7.5	FD	= 2
		Mnone	= 0	P	= 4	PSV	= 0	An+Xy	= 3
				X+%	= .63	DO+	= 10	MOR	= 4
				Xu%	= .26	DQv	= 2	H:(H)+Hd+(Hd)	= 4:1

PTI = 0	DEPI = 6*	CDI = 2	S-CON = 7	HVI = No	OBS = No

표의 예가 〈표 5-1〉에 제시되어 있다.

반응 영역 기호 다음에 나온 숫자는 반응에 사용된 반점 영역의 기호를 나타낸다. 점수 계열표는 변인 각각에 대한 빈도의 수를 보기 쉽게 기록한 것으로 구조적 요약의 상단에 기입한다. 해석 과정에 기본이 되는 비율을 계산해 구조적 요약 하단에 기록한다. 구조적 요약의 예는 〈표 5-2〉에 제시되어 있다. 구조적 요약이 완성되었을 때, 한 개인의 심리적 특징과 관련된 풍부한 정보를 얻을 수 있다.

무엇보다 반응에 대한 채점이 정확하게 이루어지는 것이 중요하다. 기호 선택에 신중해야 하며, 모호성이 최소화될 수 있도록 최대한 확인해야만 각 변인과 관련된 정보가 극대화될 수 있다. 수많은 연구가 각 변인들의 채점자 간 신뢰도를 확인하기 위해 이루어졌고, 최소 85%의 정확률을 얻었다. 종합체계의 세 번째 개정을 위해 추가로 두 가지의 연구가 수행되었다. 첫 번째 연구는 20명의 채점자와 25명의 정상인 기록이 포함되었고, 두 번째 연구에는 15명의 채점자와 20명의 정신증 환자군의 기록이 포함되었다. 이 연구들을 통해 다음의 몇 개 장에 포함된 다양한 정보를 얻었고, 이것들은 매우 의미 있는 것들이다. 로르샤하 언어로 구성된 채점 결과들을 8개의 기본 범주로 구분하여 설명할 것이다.

참고문헌

Beck, S. J. (1937). Introduction to the Rorschach method: A manual of personality study. *American Orthopsychiatric Association Monograph No. 1*.

Beck, S. J. (1945). *Rorschach's test. II: A variety of personality pictures*. New York: Grune & Stratton.

Beck, S. J., & Molish, H. B. (1967). *Rorschach's test. II: A variety of personality pictures* (2nd ed.). New York: Grune & Stratton.

Cronbach, L. J. (1949). Statistical methods applied to Rorschach scores: A review. *Psychological Bulletin, 46*, 393-429.

Exner, J. E. (1969). *The Rorschach systems*. New York: Grune & Stratton.

Friedman, H. (1952). Perceptual regression in schizophrenia: An hypothesis suggested by the use of the Rorschach test. *Journal of Genetic Psychology, 81*, 63-98.

Hertz, M. R. (1940). *Percentage charts for use in computing Rorschach scores*. Cleveland, OH: Western Reserve University, Brush Foundation and the Department of Psychology.

Hertz, M. R. (1952). The Rorschach: Thirty years after. In D. Brower & L. E. Abt (Eds.), *Progress in clinical psychology*. New York: Grune & Stratton.

Hertz, M. R. (1963). Objectifying the subjective. *Rorschachiana, 8*, 25-54.

Holtzman, W. H., Thorpe, J. S., Swarz, J. D., & Herron, E. W.(1961). *Inkblot perception and personality*. Austin: University of Texas Press.

Klopfer, B., Ainsworth, M. D., Klopfer, W. G., & Holt, R. R. (1954). *Developments in the Rorschach technique. I: Technique and theory*. Yonkers-on-Hudson, NY: World Books.

Klopfer, B., & Kelley, D. M. (1942). *The Rorschach*

technique. Yonkers-on-Hudson, NY: World Books.

Piotrowski, Z. A. (1957). *Perceptanalysis*. New York: Macmillan.

Rapaport, D., Gill, M., & Schafer, R. (1946). *Diagnostic psychological testing* (Vol. 2). Chicago: Yearbook Publishers.

Schafer, R. (1954). *Psychoanalytic interpretation in Rorschach testing*. New York: Grune & Stratton.

Zubin, J., Eron, L. D., & Schumer, F. (1965). *An experimental approach to projective techniques*. New York: Wiley.

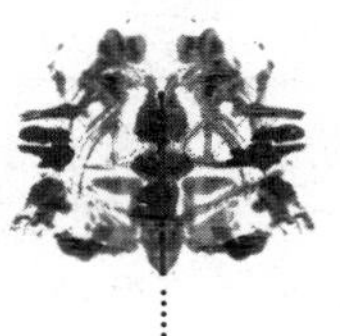

제6장 반응 영역과 발달질: 기호화와 준거

반응의 기호를 결정하는 데 가장 먼저 당면하는 문제는 "반응 영역, 즉 잉크반점의 어느 부분에 대해 반응하였는가?" 하는 것이다. 개방적 질문을 하면서 검사를 진행하면, 두 가지 접근 중 어느 접근을 사용해서 반응했는지 알 수 있다. 피검자는 반점의 전체나 일부만을 선택하였을 수 있다. 잉크반점의 전체를 근거로 반응하였을 경우 전체 반응이라 하고 *W*로 채점한다. 부분을 근거로 반응하였을 경우 부분 반응이라 하고, 이를 기호화하기 위해 사용하는 기호는 피검자들이 흔히 사용하는 부분인가 아닌가에 따라 다르다. 흔하게 선택하는 영역에 근거해서 반응했다면 *D*라고 기호화하고, 반대로 흔하게 사용되지 않는 영역에 근거해서 반응하였다면 *Dd*로 기호화한다. 피검자가 카드의 흰 공간을 포함하여 반응하였다면 영역 기호에 S를 추가한다. 기호와 기준은 로르샤하가 제안한 것으로 사용한다. *D*와 *Dd*의 구분은 경험적 연구 결과에 근거하여 구분한 것이므로 반응 영역을 정의하기 위해 임의적인 판단을 피해야 한다. 반응 영역에 적절한 기호를 결정하기 위해 "전체가 ……처럼 보여요." 또는 "이 윗부분만 보면 ……일 것 같아요."와 같은 피검자의 반응에서 중요한 단서를 얻을 수 있다. 이 경우 질문 단계에서는 반응 영역을 간단히 확인하면 된다. 그러나 대부분의 반응에서 피검자들은 반응할 때 사용한 잉크반점의 영역을 구체적으로 표현하지 않기 때문에 이를 질문 단계에서 확인해야 한다. 일반적으로 피검자가 질문 단계에서 적절한 준비가 되어 있다면 반응 영역은 쉽게 알아낼 수 있다. 그러나 일부 피검자들의 반응 영역이 모호할 때가 있다. 이때 검사자는 "그 부분을 손가락으로 지적해 보세요." 또는 "어떤 부분인지 제가 당신처럼 볼 수 있도록 지적해 주세요."와 같은 지시를 통해 반응 영역을 확인할 수 있다. 반응 영역을 기호화하는 데 흔히 사용되는 네 가지 기호와 그 준거들은 〈표 6-1〉에 제시되어 있다.

표 6-1 반응 영역의 기호와 기준

기 호	정 의	기 준
W	전체 반응(Whole Response)	잉크반점 전체를 반응에 사용했을 경우
D	흔한 부분 반응(Common Detail Response)	흔히 반응되는 잉크반점의 부분 영역을 사용한 경우
Dd	드문 부분 반응(Unusual Detail Response)	드물게 반응되는 반점의 영역이 사용된 경우
S	공백 반응(Space Response)	흰 공간이 반응에 사용된 경우로 다른 반응 위치 기호들과 함께 사용된다(*WS*, *DS* 또는 *DdS*).

W 반응: 전체 영역

*W*의 채점 기준은 피검자가 잉크반점의 전체를 사용하였는가 하는 것이며 반점의 전체 영역을 사용했을 경우에 *W*로 기호화한다. 피검자가 반점의 전체를 사용했는지를 확인하는 것은 매우 중요하다. 때때로 잉크반점 전체를 사용한 것처럼 반응하지만 실제로는 잉크반점 전체가 사용되지 않았을 수도 있다. 예를 들어, 카드 I 과 V에서 가장 빈번하게 보고되는 반응은 '박쥐'다. 피검자의 약 97%는 잉크반점 전체를 보고 그렇게 반응하지만 일부 피검자들은 정확한 대답을 하기 위해 반점의 일부를 제외하고 반응할 수 있다. 이와 같이 반점의 일부 작은 부분들이 포함되지 않았다면, *W*로 기호화할 수 없다. 일반적인 실시 조건에서는 전체 반응을 제대로 확인하기는 어렵지 않다. 채점자 간 일치도에 관한 연구에서는 25개의 반응에 20명의 채점자가 포함되었고, 또 다른 연구에서는 20개의 반응에 15명의 채점자가 포함되었는데, 채점자의 실수에 따른 경우를 감안하더라도 이 두 연구 모두에서 *W* 채점에 대한 일치율은 99%였다.

D 반응: 흔히 사용되는 영역

D 기호화는 사람들이 보편적으로 사용하는 영역을 기준으로 하자는 로르샤하의 제안을 따르기로 한 것이다. 또 그는 어떤 반점 영역과 다른 반점 영역을 구분하는 것은 피검자들이 그 영역에 대해 얼마나 빈번하게 반응을 형성하는가를 기준으로 적용해야 한다고 제안했다. 로르샤하에 대한 초기 연구들은 쉽게 확인되는 부분 영역과 보다 분명하게 확인되지만 드문 영역을 구분하여 채점하려고 노력했다. 이런 노력들은 모든 의사 결정에 공통적으로 적용되는 것도 아니고 로르샤하의 의도를 수용하는 것만도 아니다. 그러다 보니 잉크반점의 다른 영역에 대해 정의하는 방식들에는 차이가 있다. 1972년에 공식화된 종합체계에서는 벡이 사용했던 부분 영역에 대한 부호를 받아들이기로 했다. 이것은 세 가지를 고려한 결정이었는데, 첫째로 헤르츠(1970)가 벡, 피오트로브스키와 클로퍼의 채점 체계와 자신의 것을 비교해 보았더니, 부분 반응 *D*로 채점하는 것이 적절하겠다고 판단된 영역 97개 중 90개 영역에서 벡과 의견이 일치하였다고 보고했다. 둘째,

벡의 체계에는 헤르츠가 고려하지 않았던 25개 영역이 포함되어 있었다. 마지막으로 대부분의 임상가들이 이미 벡의 체계를 친숙하게 사용하고 있다는 것을 보고한 연구 결과를 고려했다(Exner, 1974; Exner & Exner, 1972).

종합체계의 두 번째 개정판을 준비하기 위해 벡의 형식에 따라 *D*로 채점된 103개의 반점 영역에 대한 반응의 빈도를 검토하여 프로토콜 전집에서 각각 1,500개의 기록을 무선적으로 구분해 두 개의 표본집단을 만들었다. 한 집단에는 750명의 비환자 성인과 아동, 그리고 750명의 정신분열증 성인과 아동 외래 환자로 구성되었다. 또 다른 집단은 750명의 정신과 입원 환자와 150명의 정신분열증 환자들, 그리고 750명의 비환자 성인과 아동으로 구성되었다. 다양한 집단별로 나타낸 반응의 분포를 보면, 다른 집단에서 얻은 기록들과 차이가 거의 없었다. 그래서 5%를 절단 점수 기준으로 피검자의 5% 이상이 그 영역에 대해 적어도 한 개 이상의 반응을 하는, 즉 흔하게 반응하는 영역을 *D*로 표시하기도 했다.

벡이 선정한 103개의 영역 중 26개를 *D*로 기호화했다. 일찍이 벡은 작은 표본집단에서 관찰한 것을 기준으로 그 빈도에 따라 *D* 영역에 숫자를 부여했다. 가장 빈도가 높은 영역을 *D1*, 다음으로 빈도가 높은 영역을 *D2* 등으로 명명하였는데, 벡이 지정한 대부분의 *D* 영역은 *D7*, *D8*처럼 순위는 높지 않았다. *D*로 확인된 26개의 영역들은 벡이 선정한 영역은 아니지만, 카드 IV, VI, VII, VIII와 IX에 각 하나씩 피검자 5% 이상이 반응하는 다섯 개의 영역을 찾아 *Dd*로 명명했다.

종합체계는 82개의 *D* 영역의 목록을 포함하고 있다. 어떤 것은 또 다른 것보다 더 빈번하게 사용되기도 한다. 이는 분명한 듯도 하고 아닌 듯도 한 자극의 특성으로 말미암아 윤곽이 명확하지 않으므로 그럴 수 있다. 검사를 받은 피검자의 95%가 카드 VIII에서 분리된 대상으로 *D1* 영역을 동물이라고 답했다. 분명히 잘 보면 그 윤곽이 동물 형태로 확인될 만한 것이었다. 모든 카드마다 피검자들이 자주 사용하는 영역이 있다. 많은 *D* 영역이 반점의 큰 영역을 차지하지만, 늘 그런 것은 아니다. 전체에서 아주 작은 영역이 *D*에 해당되기도 한다. *D* 영역에 대한 숫자는 부록의 표에 제시하였다.

Dd 반응: 드물게 사용되는 영역

W 반응이나 *D* 반응이 아니면 *Dd*로 기호화하는데, *Dd*는 잉크반점에서 드물게 사용되는 영역이다. 피검자의 5% 미만이 사용하는 영역에 대해 *Dd*로 정의했다. 5%가 너무 낮은 기준이라는 논쟁이 있기는 하지만, 대부분 *D* 영역이 피검자의 20%나 그 이하에 의해 선택된다는 사실을 고려하면 타당한 듯하다. 실제로 일부 *D* 영역을 40% 이상의 피검자가 선택하곤 한다. 두 번째로 피검자의 15~20%에서 넓은 *D* 영역이 선택된다. 이러한 *D* 영역의 두 번째는 세 번째 *D*보다 더 빈번하고 유의미하게 선택되는데, 피검자의 5~10%에서 선택된다. 이러한 발견은 흔한 부분 반응에서도 두세 개를 변별하는 기준이 되었다.

클로퍼는 종합체계의 공식과 관련해 시도한 것이지만, 변별은 그다지 해석에 영향을 주지는 않는다. *Dd*로 확인된 영역은 선택 빈도가 5%가 되지 않는다. 피검자의 3% 정도가 선택하거나 때로는 1~2%의 빈도로 선택하며, 대부분 1% 미만의 피검자가 선택한다. 대개의 피검자들이 주의를 기울이지 않는 영역이나, 그 영역에 피검자가 주의를 기울였다 해도 반응 이전에 잠정적인 답변들이 대부분 버려진다. 벡(1937, 1944)은 *Dd* 영역에도 숫자를 붙이는 것이 편할 것이라는 생각을 하였다. *D* 영역 외에도 5% 이하의 피검자가 선택했던 영역과 로르샤하연구재단(Rorschach Research Foundation)에서 수행된 연구에서 제안된 몇 개의 영역이 *Dd* 영역으로 추가되었다. *Dd* 영역의 대부분이 잉크반점 모양의 일부 작은 조각이지만, *Dd*로 기호화되는 데 영역의 크기가 결정적인 조건은 아니다. 피검자는 보다 분명하게 하려고 노력하느라 전체 반점에서 어느 작은 부분을 누락시키거나 흔하게 선택하는 부분 영역을 배제하기도 한다. 이렇게 *Dd* 영역이 만들어진다. *Dd*에는 특별히 숫자를 표기하지 않는다. 왜냐하면 아주 드문 빈도의 영역이어서 숫자를 표기하게 되면 감당하기 어려울 만큼 많은 숫자를 정해야 하기 때문이다.

S 반응: 공백 부분이 사용된 반점 영역

반응에 흰 공간 영역이 사용되었을 경우 *S*를 사용한다. 흰 공간은 두 가지 방식 중 하나로 사용될 수 있다. 즉, 피검자는 흰 공간을 다른 반점 영역들과 통합시키거나 흰 공간 영역만을 선택해서 반응할 수 있다. 어떤 방식으로 흰 공간을 사용했는가에 관계없이 *S*는 단독으로 기호화할 수 없다. 대신에 *WS*, *DS*, *DdS*처럼 항상 다른 기호와 같이 사용한다. 다른 영역의 기호와 함께 *S* 반응을 사용하는 근거는 영역 선택의 세 가지 유형을 사용하는 근거와 같은 맥락이다.[1)]

다양한 *D* 영역에 대한 위치 기호화

어떤 *D* 영역은 다른 *D* 영역의 조합이다. 예를 들어, 카드 III에서 *D1* 영역은 실제로는 *D9* 영역과 *D7* 영역이 조합된 것이다. 유사하게, 카드 IX에서 *D1*과 *D3*를 조합하면 *D12* 영역이 된다. 그러므로 *D*로 표시되어 있는 반응들은 모두 *D*로 기호화해야 한다. 그러나 흔히 사용되지 않는 영역들을 조합하여 새로운 영역을 만드는 경우도 있다. 그 조합이 한 가지 대상만을 포함하고 있으면 *Dd*로 기호화한다. 반대로 피검자가 조합한 *D* 영역들을 개별적인 대상으로 지각하였다면, 하나 이상의 *D*가 포함되어 있더라도 *D*로 기호화하는 것이 정확하다. 이러한 반응을 통합된(synthesized) 반응이라 하고 발달질을 기호화할 때 기록한다.

---

1) 역자 주: 공백(흰 공간) 반응은 반응 영역 기호인 *W*, *D*, *Dd*와 함께 사용한다. 공백은 잉크반점의 영역과 흰 부분이 맞닿아 생기는 영역이므로 지각 과정의 특성에 따라 함께 기호화한다.

예를 들어, 카드 III에서 한 사람(*D9*)이 도자기 공장(*D7*)에서 일을 하고 있다고 보고할 수 있다. 이 반응에서 각각의 *D* 영역은 사람과 도자기 공장이라는 개별적인 대상을 나타내는 데 사용되었다. 반면에 한 사람(*D9*)이 괴상한 손(*D7*)을 가지고 있다는 반응처럼 동일한 두 영역이 보다 독특하게 통합될 수도 있다. *D9*+*D7*은 *D* 영역이 아니다. 따라서 *Dd*로 기호화할 수 있다.

일단 채점자는 *D* 영역에 익숙해야 하는데, 그래야 *D*, *Dd*나 *S* 영역을 확인하는 데 오류가 발생하지 않는다. 이전의 채점자 간 신뢰도 연구에서 *D* 영역에 대한 일치 비율은 99%, *Dd*에 대해서는 99%, 그리고 *S*에 대해서도 98%에 이르는 등 매우 높은 수준의 일치도를 보이고 있다. 따라서 이러한 영역 확인에 오류가 있다면, 채점자의 실수인 경우가 많다.

발달질(*DQ*)[2]

반응 영역의 선택과 관련된 자료는 피검자가 반응을 형성하는 데 반영된 조직화나 처리 과정의 특징이나 질을 구분하는 두 번째 기호를 추가하면서 해석적 가치가 높아진다.

모든 반응이 *W*, *D*, *Dd*, *S*를 포함하고 있어도 동일한 방식으로 조합되지는 않는다. 로르샤하는 말 그대로 '통각적 접근' 방식에 의해 이러한 차이점이 드러나게 된다는 점에 주목했다. 또한 반응을 형성할 때 아무리 단순하고 구체적인 방식에 머무르는 방식으로 반점에 접근한다 하더라도 피검자는 매우 섬세한 심상 작업을 할 수밖에 없다고 지적했다. 그의 사후 검사에 대한 연구가 진행되면서 '조직화되지 않은' '단순한' '조직화된' '조합된' 그리고 '상위의' 등의 용어로 발달질에 대한 변별 작업이 시도되었다.

예컨대, 피검자가 잉크반점 특성의 특수한 요구에 부응하지 못하는 방식으로 반점을 사용하는 조직화되지 않은 반응이 있을 수 있다. 구름, 피, 페인트, 먼지, 섬 등 자극의 특성과 다소 무관하거나 혹은 구체적 수준에 머무르는 반응이 그 예가 될 수 있다. 검사 상황에서 반응이 형성되기 위해서는 특수한 자극의 특성을 의미 있는 방식으로 조직화해야 하는 필연성이 있다. 구름, 섬, 피부 등은 대상의 내적 특징과 관련된 특정한 형태 요구가 없는 것이고 외적 형태가 언제든지 변경될 수 있는 것이다. 보다 상위 수준에서 보되 경제성을 감안한다면 잉크반점과 반점 영역은 박쥐, 사람, 나무, 표범 가죽, 바바도스 섬, 기타 특정한 형태를 공유할 수 있는 단일 대상으로 정의할 수 있다. 이러한 반응을 하기 위해서는 자극의 특성을 의미 있는 방식으로 조직화해야 한다. 조합된 혹은 질적으로 우수한 반응은 보다 고차적인 인지 활동을 요구한다. 예컨대, '아주 큰 돌을 함께 들어 올리고 있는 두 사람'이나, '낮은 언덕 위에서 아이를 돌보고 있는 여자', 혹은 '달빛에 비친 물의 그림자 위로 미끄러지듯이 움직이는 잠수함'이 그 예가 될 수 있다. 반응 영역의 위치 부호는 반응을 형성하는 데 필요한 특징을 조직

2) 역자 주: Developmental Quality

화하는 데 관련된 정보를 제공해 주지는 않기 때문에 이 특징을 확인하는 데 이차적인 기호가 필요했다.

심리적인 복잡성과 유연성의 수준을 구분하는 로르샤하의 잠재성을 확인한 최초의 연구자는 메일리-드보레츠키(1939, 1956)였다. 그녀는 로르샤하(1921), 피아제(1924), 그리고 벡(1933)의 연구 결과를 토대로 다양한 연령의 아동이 반응 영역을 선택하는 수준에 대해 연구했다. 연령이 증가하면서 영역을 선택하는 특성과 통합에 있어서 전반적인 '풍부함'이 발견되고 다양한 영역을 세분화하는 과정에서 인지 발달의 연구가 필요하다고 제안했다. 라파포트, 길, 그리고 샤퍼(1946)는 *W* 반응의 다양한 유형에 대해 잉크반점의 동일한 잠재성에 대해 실험적인 접근을 제안했다. 프리드만(1952, 1953)은 반응 영역의 위치를 구별하기 위한 정교한 방법을 제안했다. 그는 인지 발달에 관한 베르너(1948, 1957)의 이론에 근거해 그것과 유사하지만 전체와 세부 반응을 적용하는 방식으로 라파포트의 접근보다 더 포괄적인 기준을 제시했다. 그는 반응 영역을 표기하기 위해 6개의 범주를 사용했고, 그중 3개는 '발달적으로 상위의 수준' 부호 혹은 점수로 간주되고, 나머지 3개는 '발달적으로 낮은 수준'에 해당되는 것이다. 프리드만의 연구로 인지 기능의 발달 수준을 연구하는 데 반응 영역과 위치는 유용한 방법이 될 수 있다는 가능성을 확인할 수 있게 되었다.

종합체계에서 발달질(DQ)을 기호화하기 위해 프리드만 식의 접근을 적용하려 할 때 세 가지 문제에 당면하게 된다. 범주 중 2개는 기준이 중복되는 경향이 있었고, 채점자 사이에 충분한 합의를 보는 데 상당한 어려움이 있었다. 또한 5개의 잉크반점은 자극의 통일성 측면에서 나머지 5개의 잉크반점과 다르다. 아마도 가장 중요한 것은 '발달적으로 하위의 수준'에 해당되는 범주 중 하나는 직접적으로 잉크반점의 윤곽을 부적절하게 사용한 특성과 관련된다는 점이다. 즉, 반응의 형태질(FQ)은 지각의 정확성과 관련 있는 반면에 발달질(DQ) 기호는 인지 기능 수준과 관련된다. 이 둘 간에 분명히 어떤 상관은 있지만, 발달질을 기호화하는 프리드만의 기준에서 시사된 것보다는 덜한 것 같다.

종합체계가 처음 발표되었을 때(Exner, 1974), 발달질과 형태질 사이에 중복되는 점에 대한 해결책이 없었다. 그러나 다른 두 가지 쟁점은 6개에서 4개로 범주의 수를 줄임으로써 해결되었다. 4개의 범주는 +(통합), o(평범), v(모호), 그리고 −(임의적인)의 상징으로 기호화하였다. 임의적인 부호(−)는 형태질과 직접적으로 관련된다. 연구에 따르면 비논리적인 관련성을 부여하여 만들어진 것인 만큼 해석상의 문제를 해결하기 위한 노력이 계속되었다. 그 쟁점은 궁극적으로 문제를 해결하기 위한 연구에서 시도해 왔던 할시테드-라이탄 신경심리적 검사를 사용하여 수집된 + 자료에 관한 결과를 검토함으로써 해결되었다. 연구 자료에서 4분위 수로 나누어 첫 번째와 네 번째는 v 혹은 발달질에서 −로 부호화되는 반응이기도 하지만, 또한 어떤 통합 작용에도 포함되는 반응이므로 특별한 주의를 기울여 비교하였다. 이런 유형의 반응은 두 개의 실험적인 발달질 점

표 6-2 발달질의 기호와 기준

기 호	정 의	기 준
+	통합 반응 (Synthesized response)	두 가지나 그 이상의 대상이 분리되어 있으나 의미상 충분한 관련성을 가지고 있는 경우다. 또한 반응에 포함된 대상 중 적어도 하나 이상이 구체적인 형태를 이루고 있는 것이어야 한다(예: 풀숲을 걷는 개, 우습게 생긴 모자를 쓴 남자, 구름 사이를 날고 있는 비행기, 작은 소녀의 머리, 여자가 머리 리본을 하고 있다).
o	보편적 반응 (Ordinary response)	하나의 반점 영역이 자연스러운 형태를 가지고 있는 단일 대상을 나타내거나 대상이 특정한 형태로 묘사된 경우(예: 전나무, 고양이, 토템 조각상, 단풍잎, 박쥐, 깃발, 사람의 머리)다.
v/+	통합 반응 (Synthesized response)	두 가지나 그 이상의 대상이 분리된 것이지만 상호 연관성이 있으나, 포함된 어느 대상도 명확한 형태로 묘사되지 못한 경우(예: 뭉쳐지는 구름, 해변가에 초목이 있고 만 주위에 바위와 모래가 있다)다.
v	모호한 반응 (Vague response)	잉크반점에 대해 보고된 대상이 구체적인 형태를 띠지 못하고 포함된 어느 대상도 명확한 형태로 묘사되지 못한 경우(예: 구름, 하늘, 노을 색, 얼음)다.

수 중 v/+ 혹은 −/+로 할당되었다(Exner, 1983). 가설에 따르면, 통합 반응(+, v/+ 혹은 −/+)의 빈도가 많은 사람은 더 자주 높은 4분위 수준으로 분류되었다. 다시 말해, 문제 해결과 개념 형성 영역에서 더 높은 수준의 수행을 보이고, 할시테드-라이탄 신경심리검사상 더 우수한 수행을 보였다. 대조적으로 통합 수준이 낮은 반응과 −와 v반응의 빈도가 평균값보다 높은 사람은 가장 낮은 4분위 수준에 분류되었다.

이 분석에서 두 번째 단계는 임의적인 의미로 할당된 마이너스(−)의 존재가 분포의 첫 번째, 네 번째 4분위의 구분에 상당히 기여하는가에 대해 확인하는 작업이었다. 결과는 부정적이었다. 프리드만은 이 임의적인 발달질 기호가 아주 적은 빈도로 발생되고 낮은 4분위의 점수에 해당되는 사람들에게서도 흔하지 않다는 점을 발견했다. 그 결과로 발달질에 대한 임의적인 의미의 마이너스 기호를 제거하고 이전에 v(모호한)로 기호화되었던 반응을 통합한 또 다른 기호가 필요했다. 어떤 형태 요구도 기대되지 않는 대상을 확인하는 데 사용될 수 있는 기호로 v/+를 상정하게 되었다. 이렇게 4개의 발달질 기호가 종합체계에 자리 잡게 되었다. 각 기호에 대한 설명은 〈표 6-2〉에 제시하였다. 채점자 간의 일치도를 봤을 때 두 연구에서 + 기호의 일치율은 95%, v/+는 94%, o는 96%, 그리고 v는 95%였다. 반응의 영역 선택을 기호화하였을 때, 채점 결과의 불일치는 채점자의 실수에 기인하는 경우가 많다고 볼 수 있다.

통합 반응

두 개의 통합(+와 v/+) 반응 준거에는 '분리되어 있으나 관련된……' 기준이 포함된다. 두 개 이상의 대상이어야 하고 그들은 서로 의미 있는 관계로 보고되어야 한다. 예컨대, 담장 위에 앉아 있는 새들은 + 기호를 부여한다. 담장과 새 두 마리라는 세 개의 대상이 있고, 상호 관련성이 확인되기 때문이다. 두 마리 새가 같은 담장 위에 있다는 것도 의미 있는 관련성이다. 만약, 잉크반점을 보고 두 마리 새라고만 답한다면 두 개 이상의 대상이긴 하지만 의미 있는 관련성을 확인할 수 없으므로 보편적인 수준의 조직화 활동, 즉 o 기호로 채점한다.

'몰려오고 있는 두 종류의 구름' 같은 반응은 '몰려오고 있는'이라는 말이 관련성을 확인하게 해 주지만, 대상(구름)은 구체적인 형태 요건에 충족되지 않으므로 v/+ 기호가 적절하다. 반면에 '두 구름이 만들어져서 퍼지면서 함께 몰려오고 있다.'는 반응은 퍼진다는 형태적인 요구를 기대하기에 충분하므로 + 기호가 적절하다.

만약 분리된 물체가 형태에 옷이나 덮개를 포함하고 있을 때, 덮개나 옷이 인물이나 대상의 자연스러운 윤곽을 바꾸거나 분리되지만 의미 있는 관계를 상징하기 위해 잉크반점 영역을 사용하는 경우 +를 기호화한다. 예를 들면, 사람들은 흔히 카드 III에서 한 사람, 혹은 두 사람을 보고한다. 턱시도를 입었다고 묘사되며, 그것은 그 형태가 검은색이기 때문이라는 추측이 가능하다. 이 경우 +라기보다는 o가 적정하다. 왜냐하면 동일한 반점 영역이 인물과 옷 모두에서 사용되었으며, 옷은 인물의 자연적 윤곽을 바꾸지 않았다. 반면에, 만약 그 형태(*D9*)가 재킷을 입고 있는 것으로 묘사되고, 접은 옷깃(*Dd27*, 그리고 그것은 *D9*의 일부)이 돌출되어 있거나, 혹은 벙어리장갑을 끼고 있는 사람(*D9*)이라면 + 기호가 적절하다. 첫 번째 예에서 접은 옷깃은 그 사람의 자연적 윤곽을 바꾼다. 두 번째 예에서 분리된 반점 영역이 사용된다. 유사하게, 만약 그 형태(*D9*)가 신발(*Dd33*, 그리고 그것은 *D9*의 일부분으로 사용되어)을 신고 있는 것으로 묘사된다면 + 기호가 적절하다.

형태 요구에 관한 쟁점

+와 o에 대한 발달질 기호의 준거에는 대상의 구체적인 형태 요구 조건이 포함되어 있다. 즉, 일반적으로 보고되는 대상은 일관적인 형태를 갖고 있다는 의미다. 물체를 확인하는 데 명사가 사용되더라도 어떤 구체적인 형태가 포함되어 보편적으로 공유될 수 있다. 예를 들면, 남자, 새, 나비, 거미, 사자, 의자, 배, 집 등의 단어는 각각의 종이나 군 내에서 어떤 변화가 있다고 해도 그 특유의 구체적인 형태 특징이 있다. 사람은 키가 작거나 크거나 말랐거나 뚱뚱하거나 등등으로, 의자는 매우 넓다거나 그 형태에 대한 묘사가 보편적이다. 다른 대상들도 o로 기호화하려면 그 대상에 대해 일관적으로 요구되는 형태가 있어야 한다. 부수적으로 또 다른 대상이 형태 요구가 구체적이지 않더라도 보편적인 형태 요구에 부응하는 대상과 의미 있는 관련성을 보인다면 +로 기호화한다.

구름, 호수, 섬, 잎, 페인트, 추상화 같은 단어는 대체로 다양한 형태로 변이가 가능하다. 즉, 구체적 형태 요구에 해당되지 않는다. 구체적인 형태 요구에 해당되지 않는 대상이라면, v(모호한), 구체적인 형태 요구는 없으나 서로 의미 있는 관련성을 보고하는 경우는 v/+(통합된)로 기호화한다.

사람들은 구체적인 형태 요구가 없는 대상인데도 상세하게 표현하면서 형태 요구 조건에 근접하는 묘사를 시도할 수도 있다. 예를 들면, '구름' 반응은 흔히 v로 채점되지만, '뭉게구름처럼 보이는'으로 표현할 수 있다. 이것은 v보다는 o로 기호화할 수 있도록 구체화한 셈이다. 또 다른 예로 잎 혹은 덤불, 피는 흔히 v로 기호화해야 한다. 예를 들면 '뾰족한 세 모서리가 있는 잎' 혹은 '줄기가 있고 위는 뾰족한 잎 모양'으로 구체화하면 o로 채점해야 한다. 피검자가 형태 요구가 없는 대상에 대해 임의적으로 구체적인 형태 요구를 부여하게 되면서 v보다는 o 기호를 부여하는 것이 적합해진다. 마찬가지로 흐르는 피나 가지들이 위로 자란 덤불 또한 형태 요구가 부여된 것이라 볼 수 있다.

예

각 반응에서 잉크반점의 영역은 사용된 잉크반점 영역과 인지 발달을 반영하는 발달질, 이렇게 두 개의 약속을 반영하게 된다. 다양한 채점의 예가 〈표 6-3〉에 제시되어 있다.

요 약

반응 영역은 정확하게 채점되어야 한다. 기준이 합리적이고 분명하긴 하지만 기호화하는 과정에서 사례들은 준거에 수월하게 부합되지 않을 수 있다. 따라서 일련의 순서에 따라 주의를 기울이는 과정이 필요하다. 반응 프로토콜을 해석하는 반점 영역 선택의 해석적 가치는 매우 중요하다. 이러한 자료들을 근거로 해서 한 개인의 인지 기능, 지각적 주사, 성취 욕구, 관습에 대한 자각, 그리고 선호하는 경향에 대한 해석 가설은 경제적으로 통합될 수 있다.

이러한 채점이 정확하다면, 해석 또한 보다 정확한 추정으로 진행될 것이고, 채점이 정확하지 않다면, 해석 과정이 순탄치 못할 것이다.

표 6-3 반응 위치 영역과 발달질의 기호화 예

카드	반응	영역과 발달질 기호
I	두 마녀가 한 여자 주위를 돌면서 춤추고 있어요(*W*)	*W*+
	산호 조각(*D1*)	*Dv*
	두 유령이(*DdS30*) 언덕을 오르고 있어요(*Dd24*)	*DdS*+
II	두 마리의 개가 코를 문지르고 있어요(*D6*)	*D*+
	화려한 색채의 지도(*W*)	*Wv*
	고드름(*Dd25*)	*Ddo*
III	퍼즐의 몇 조각(*W*)	*Wv*
	사람이 거울에 반사된 자신의 모습을 보고 있어요(*D1*)	*D*+
	메기(*D2*)	*Do*
IV	나무 밑둥에 앉아 있는 남자(*W*)	*W*+
	폭풍우가 될 구름이 모이고 있어요(*W*)	*Wv*/+
	양쪽 부츠 한 켤레(*D6*)	*Do*
V	박쥐(*W*)	*Wo*
	무언가의 X-레이 사진(*W*)	*Wv*
	미국 지도(*W*)	*Wo*
VI	모피 조각(*D1*)	*Dv*
	곰가죽 양탄자, 여기는 다리 부분이에요(*D1*)	*Do*
	관목들이나 언덕 위에 무언가가 있어요(*D3*)	*Dv*/+
VII	목걸이(*W*)	*Wo*
	대양 위의 한 섬(*WS*)	*WSv*/+
	새가(*Dd25*) 자신의 둥지를 향해 날고 있어요(*D6*)	*Dd*+
VIII	밝게 빛나는 샹들리에(*W*)	*Wo*
	절개한 동물의 내부(*W*)	*Wv*
	막대기 사이에 찢어진 옷이 걸려 있어요(*D5*)	*D*+
IX	큰 폭발(*W*)	*Wv*
	핵폭발과 버섯 모양의 구름(*W*)	*Wo*
	마른 핏자국(*Dd28*)	*Ddv*
X	물고기와 뱀장어 같은 많은 물속의 생물들이 바위 주위를 돌며 헤엄치고 있어요(*W*)	*W*+
	물고기들(*D2*), 게들(*D1*), 생물들(*W*) 같은 물에서 볼 수 있는 많은 것들이에요	*Wo*
	중앙에 보석과 함께 부처(*DdS29*)가 있어요(*D3*)	*DdS*+

참고문헌

Beck, S. J. (1933). Configurational tendencies in Rorschach responses. *American Journal of Psychology, 45*, 432-443.

Beck, S. J. (1937). Introduction to the Rorschach method: A manual of personality study. *American Orthopsychiatric Association. Monograph No. 1.*

Beck, S. J. (1944). *Rorschach's test. I: Basic processes.* New York: Grune & Stratton.

Exner, J. E. (1974). *The Rorschach: A Comprehensive System*, Volume Ⅰ. New York: Wiley.

Exner, J. E. (1983). *1983 Alumni newsletter.* Bayville, NY: Rorschach Workshops.

Exner, J. E., & Exner, D. E. (1972). How clinicians use the Rorschach. *Journal of Personality Assessment, 36*, 403-408.

Friedman, H. (1952). Perceptual regression in schizophrenia: A hypothesis suggested by the use of the Rorschach test. *Journal of Genetic Psychology, 81*, 63-98.

Friedman, H. (1953). Perceptual regression in schizophrenia: An hypothesis suggested by the use of the Rorschach test. *Journal of Projective Techniques, 17*, 171-185.

Hertz, M. R. (1970). *Frequency tables for scoring Rorschach responses* (5th ed.) Cleveland, OH: Western Reserve University Press.

Meili-Dworetzki, G. (1939). Le test Rorschach et l'evolution de la perception. *Archives de Psychologie, 27*, 111-127.

Meili-Dworetzki, G. (1956). The development of perception in the Rorschach. In B. Klopfer et al. *Developments in the Rorschach technique. II: Fields of application.* Yonkers-on-Hudson, NY: World Books.

Piaget, J. (1924). *Le Judgement et le Raisonnement chez l'Enfant.* Neuchatel, Switzerland: Delachaux & Niestle.

Rapaport, D., Gill, M., & Schafer, R. (1946). *Diagnostic psychological testing* (Vol. 2.). Chicago: Yearbook Publishers.

Rorschach, H. (1921). *Psychodiagnostik.* Bern: Bircher.

Werner, H. (1948). *Comparative psychology of mental development* (Rev. ed.). Chicago: Follett.

Werner, H. (1957). The concept of development from a comparative and organismic point of view. In D. B. Harris (Ed.), *Concept of development.* Minneapolis: University of Minnesota Press.

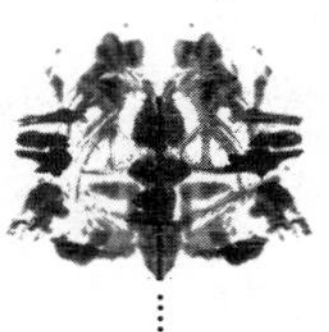

제7장
결정인: 기호화와 준거

반응을 기호화하는 과정에서 가장 중요하고 복잡한 과제는 반응의 결정인이 무엇인가를 확인하는 것이다. 즉, 피검자의 반응 형성에 기여한 잉크반점의 특징을 찾는 것이다. 일반적으로 사람들은 복잡한 세상의 사물을 구별할 때 형태, 색채, 음영, 움직임 등과 같은 다양한 자극의 영향을 받게 된다. 잉크반점을 보고 반응할 때도 마찬가지인데, 이는 **로르샤하**의 시각적 자극을 환경의 특성들이 축소된 것으로 볼 수 있기 때문이다.

로르샤하 그림들이 어떤 임의적인 형태, 색채, 그리고 음영 그 이상의 것이 아닌 것 같아도, 자극들은 피검자가 이미 알고 있거나 혹은 상상하는 대상과 유사하면서도 동일하지 않은 특성을 가지고 있다. 그 유사성은 피검자가 잉크반점이나 일부분에 대해 "무엇처럼 보입니까?"라는 질문에 대해 어떤 대상을 말하는 데 기여한다. 실제로 잠정적인 답변 중 가장 적합한 것을 말하게 되고, 적정하지 않은 답변은 배제되곤 한다.

일반적으로 몇 개의 가능한 답변이 검열되어 삭제된 후에 과제의 요구에 충분히 상응하는 것으로 선택하여 반응하며, 또 다른 과제에서도 유사한 결정 과정이 진행된다. 그래도 남아 있는 유용한 답변 중 선택을 할 수 있다. 마지막 선택 과정은 피검자의 습관, 성격 특성뿐 아니라 검사를 시행할 당시 심리적 상태의 영향을 받는다. 욕구, 태도, 갈등, 생활양식 등은 마지막 선택 과정에 영향을 미치는 중요한 특징들이다.

아쉽게도 검사자가 피검자에게 카드를 제시하고 첫 반응이 나타날 때까지의 몇 초 동안에 일어나는 복잡한 심리 내적 과정을 정확하게 측정할 수 있는 방법은 없다. 그러나 이러한 과정의 산물인 반응 자체에는 심리적 과정의 특징을 반영하는 요소가 포함되어 있을 것이다. 이러한 요소를 정확하게 기호화하면 피검자의 심리적 작용이나 개인의 특징에 관한 다양한 정보를 얻을 수 있다. 단일한 반응을 채점한 것으로만 피검자의 심리적 특성에 관한 유용한 정보를 얻을 수는 없지만, 각 반응에 대한 채점 결과에서 다양한 기호의 빈도 자료, 특히 반응 결정인의 빈도 자료를 사용하면 피검자의 심리적 과정에 대한 더 많은 정보를 얻을 수 있다. 특히 결정인의 채점은 이러한 정보를 결정하는 매우 중요한 요소다. 결정인의 채점은 반응이 자극의 단일한 특성에 의해 분명하게 확인되는 경우라면 비교적 쉽지만, 종종 그렇지 못한 경우가 있다. 예를 들면, '긴 줄기를 가진 노란 장미(색채와 형태)'나 '어두운 그림자 속의 남자(형태와 음영)'와 같이 피검자의 반응은 자극들의 하나보다는 그 이상의 특성을 포함하곤 한다. 또 다른 경우, 활을 쏘는 사람이나 날고 있는 박쥐 등과 같이 형태 특성이 움직임(운동성)의 인상을 형성하는 데 영향을 끼치기도 한다. 간혹 반점의 대칭성이 거울 속에 비친 자신을 보고 있는 여자와 같이 반사나 반영과 같은 인상을 형성하는 데 사용되기도 한다. "날개와 몸의 형태 때문에 박쥐처럼 보여요."와 같이 어떤 반응에서는 형태가 그 대상을 확인하기 위한 목적으로 사용되기도 한다.

그림의 자극 특성들은 여러 방식으로 반응을 형성하게 하고 체계적인 채점을 고안하기 위한 노력을 복잡하게 만들기도 한다. 결정인을 채점하는 과정에 대해서는 그 반응들의 구조에 따라 다양한 시각이 요구되는데, 이러한 변산성의 문제는 종종 로르샤하에 대한 논쟁거리가 되어 온 것이기도 하다. 로르샤하는 원래 결정인으로 다섯 개의 기호—형태(*F*), 인간 운동/움직임(*M*) 그리고 세 가지의 유채색(*FC, CF, C*)—를 제안하였는데, 그중에 유채색 반응에서 형태의 상대적인 중요성에 대해 강조하기 위해 사용했던 결정인은 두 개였다(1921). 그의 채점 체계는 피검자가 동물이나 무생물의 운동을 보고하거나 지각적인 차원성, 반사 혹은 무채색을 사용하여 보고한 경우, 반응을 구분하여 채점할 기호를 고려하지 않았다. 인쇄 과정을 통해 음영이 발생되기 이전에 로르샤하가 사용한 잉크반점 그림은 음영을 고려할 필요가 없었고, 이 때문에 그는 잉크반점의 특징적인 음영에 대해 채점 기호를 고안하지 않았던 것이다. 그러나 잉크반점 그림이 카드로 인쇄되었을 때 그는 잉크반점에서 두드러지는 음영 특성에 흥미를 가지고 여섯 번째의 채점 기호(*C′*)를 고안하였고, 그것은 그의 사후에 출판된 논문(1923)에서 '명암(chiaroscuro)' 반응으로 소개되었다.

로르샤하의 여섯 번째 채점 기호는 다른 연구자들에 의해서도 연구되고 재확인되면서 그 근거가 만들어졌다. 아쉽지만 로르샤하의 체계를 확립하고자 애썼던 사람들은 다른 연구자들이 사용하는 채점 기호를 공유하지 않으면서 자기들만의 기호나 기준을 사용하려 했다. 결국 어떤 합의를 보지 못하였고, 둘 혹은 그 이상의 체계에서 동일한 기호를 사용하더라도 그 기호의 준거가 다른 경우도 있었다. 실제로 미국의 연구자 다섯 명이 의견의 일치를 본 기호가 거의 없을 정도였다(Exner, 1969). 예를 들면, 색채 반응의 12가지 다른 유형을 대표하는 16개의 다른 기호가 있었고, 음영 반응에 대한 채점 기호도 너무 많았다. 종합체계에서 결정인에 대한 기호와 기준은 상대적으로 덜 복잡하다. 어떤 것은 경험적인 근거가 없는데도 과도하게 정교화되기도 하고 요약된 자료의 대표성을 인정하기 어려운 하위 채점 기호도 있다. 중요한 결정 인자를 생략하거나 채점 정의가 불명확하여 체계들 간에 구성 기준이 다른 경우도 있다. 결정인에 대한 채점은 각 체계와 연구 결과마다 상충되기도 했다.

결국 종합체계에서는 결정인 채점을 위해 24개의 채점 기호를 사용하기로 했다. 그중 5개는 로르샤하가 제안한 원래의 것이고, 나머지 기호 대부분과 기준은 주로 벡과 클로퍼의 접근 방식과 또 다른 방식에서 선택되었다. 1970년 이후 연구 결과에 의해 채택된 것은 없다. 24개의 기호들은 자극장이 사용된 방식에 따라 각각 7개의 큰 범주로 나뉜다. 7개의 범주는, 형태, 운동, 색채(유채색, 무채색), 음영, 음영 차원(형태), 그리고 마지막으로 대칭성이다. 24개의 채점 기호들과 기준은 〈표 7-1〉에 제시되어 있다.

표 7-1 결정인의 기호와 기준

범 주	기 호	기 준
형태(Form)	*F*	형태 반응: 전적으로 잉크반점의 형태 특성을 근거로 한 반응
운동 (Movement)	*M*	인간 운동 반응: 인간의 움직임이나 동물 또는 가상의 인물이 인간과 같은 움직임을 하는 경우
	FM	동물 운동 반응: 동물의 운동을 포함한 반응, 그 동물에게 종 특유의 자연스러운 행동을 기술하였을 때 해당된다. 피검자가 보고한 움직임이 그 동물에게 특유하거나 자연스러운 것이 아닐 경우 인간 운동 반응의 기호 *M*으로 채점
	m	무생물 운동 반응: 무생물, 유기체가 아니거나 감각이 없는 사물의 움직임을 포함한 반응
유채색 (Chromatic Color)	*C*	순수 색채 반응: 전적으로 반점의 유채색에 근거해 반응이 기술되고 형태에 근거하지 않은 경우
	CF	색채-형태 반응: 일차적으로는 반점의 색채에 근거해 반응하였으나 이차적인 결정인으로 형태를 사용한 경우
	FC	형태-색채 반응: 주로 형태 특성에 근거해 반응했고 이차적인 결정인으로 색채를 사용한 경우
	Cn	색채 명명 반응: 잉크반점의 색채를 그대로 명명한 경우이며, 색채명이 실제 반응의 내용이 됨
무채색 (Achromatic Color)	*C′*	순수 무채색 반응: 색채를 표현하기 위해 반점의 회색, 검은색 혹은 흰색을 사용하고 형태에 근거를 두지 않은 경우
	C′F	무채색-형태 반응: 반점의 회색, 검은색 혹은 흰색을 사용하되, 이차적인 결정인으로 형태를 사용한 경우
	FC′	형태-무채색 반응: 형태 특성에 근거하여 반응하되, 이차적 결정인으로 무채색을 사용한 경우

음영-재질 (Shading-Texture)	*T*	순수-재질 반응: 형태가 개입되지 않고 반점의 음영 특징이 촉감을 나타낸 경우
	TF	재질-형태 반응: 반점의 음영 특징이 촉감이나 재질을 표현하는 데 사용되고 반응을 분명하게 정교화하기 위해 형태 특성을 이차적으로 사용한 경우
	FT	형태-재질 반응: 잉크반점의 형태에 근거하여 표현되나 재질을 표현하기 위해 이차적으로 음영 특징을 사용한 경우
음영-차원 (Shading-Dimension)	*V*	순수 음영 차원 반응: 잉크반점의 음영 특징이 깊이나 차원을 표현하는 데 사용되고 형태를 포함시키지 않은 경우
	VF	음영 차원-형태 반응: 잉크반점의 음영 특징으로 깊이나 차원을 표현하고 이차적으로 형태를 포함시킨 경우
	FV	형태-음영 차원 반응: 잉크반점의 형태 특징을 근거로 표현하나 음영 특징이 깊이나 차원을 표현하고 이차적으로 사용한 경우
음영 확산 (Shading-Diffuse)	*Y*	순수 확산된 음영 반응: 재질이나 차원이 전혀 개입되지 않고 형태가 없으면서 밝고 어두운 특성만 전적으로 반응을 형성하는 데 사용한 경우
	YF	확산된 음영-형태 반응: 재질이나 차원은 포함되지 않은 채, 반점의 밝고 어두운 특성이 일차적으로 사용되고, 형태 특성을 이차적으로 사용한 경우
	FY	형태-확산된 음영 반응: 주로 반점의 형태 특징을 기초로 형성된 반응. 재질이나 차원은 포함되지 않으며, 그림의 밝고 어두운 특성이 반응을 명료하게 표현하는 데 사용한 경우
형태 차원 (Form-Dimension)	*FD*	형태에 근거한 차원 반응: 반점의 크기나 모양 혹은 크기와 모양에 근거해 깊이, 거리, 그리고 차원성의 인상을 표현한 경우. 음영 특성이 반응의 인상에 영향을 주지 않은 경우
쌍반응 반사 반응 (Pair & Reflections)	*(2)*	쌍반응: 반점의 대칭성에 근거해 두 개의 동일한 대상을 보고한 경우. 두 대상은 모든 면에서 동일해야 하지만, 반사되거나 거울에 비친 경우는 제외됨
	rF	반사-형태 반응: 반점의 대칭성 때문에 반점이나 반점의 영역을 반사된 것, 또는 거울에 비친 상으로 보고한 경우. 구름, 경치, 그림자 등과 같이 특정한 형태가 없는 것으로 보고한 경우
	Fr	형태-반사 반응: 반점의 대칭성에 근거해서 반점이나 반점의 영역을 반사된 것 혹은 거울상으로 보고하되, 구체적인 형태 특징에 근거하여 일정한 형태가 있는 경우

형태 결정인(*F*)

로르샤하는 대상을 정의하는 데 형태 특성이 사용되었을 때 *F*로 기호화하기로 했다. 이 기호는 이후 다른 여러 체계에서도 동일하게 공유되었고 그 기준도 거의 같았다. *F*는 결정인 특성의 하나로 어떤 반응에도 기호화될 수 있고 다른 결정인이 반응 형성에 기여하지 않았을 때 단일하게 사용할 수 있다.

피검자는 매우 다양한 방식으로 반응에 형태를 사용하게 되는데, '형태'라는 단어를 직접 쓰는 경우는 극히 드물다. 대신 '모양'이란 단어를 사용하거나 자신이 보고한 대상이 다른 것과 구분되는 형태적 특성을 보고하는 경우가 더 많을 것이다. 피검자는 "이것은 날개, 몸, 그리고 꼬리예요." "이건 머리고 여기는 다리예요. 그리고 이건 나무의 기둥이에요."와 같이 분명하게 드러나는 특성을 언급하기 때문에, 반응에 '형태'나 '모양'이라는 단어가 사용되지 않았다고 걱정할 필요는 없다.

형태 특성이 사용되면 다른 결정인의 채점도 *F*에 포함시켜 기록하게 되는데, 그것이 인간 운동이나 무생물 운동(*M*이나 *m*)으로 채점되어야 할 때는 *F*와 *M* 혹은 *m* 중 단독으로 어느 하나를 선택해야 한다. *M*과 *m*은 형태를 포함하는데, 어떤 대상이 특정한 형태 요구가 없다고 해서 형태 반응으로 채점할 수 없는 것은 아니다. 예를 들면, '비구름'이라는 반응은 "비구름처럼 온통 검어요."와 같이 구체적인 형태를 포함하지 않으면 *C'*의 무채색 기호로 채점한다. 그런데 이와 달리 무채색을 언급하지 않고 "비구름처럼 불규칙적으로 생겼고 위쪽은 더 좁아요."라고 반응할 수 있는데, 이 경우에는 원래 일정한 형태가 없는 구름을 사용하였다고 하더라도 피검자가 형태를 부여하는 단어만을 사용하였기 때문에 *F*로 채점한다.

반응에 다른 결정인이 포함되지 않은 경우에는 *F*로 기호화한다. 그러나 흔히 검사자들은 다른 결정인이 개입되어 있을 때 형태 결정인이 일차적 혹은 이차적 결정인인지를 판단하는 것이 매우 어렵다. 특히 유채색이 개입되어 있을 경우 더 그러하다. 예를 들면, "정말 예쁜 꽃이에요."의 반응 후 질문 단계에서 "글쎄요. 그것은 장미처럼 붉은색이고 여기가 꽃잎이고 여기가 줄기예요."라고 답하면, 유채색과 형태가 포함된다. 여기서 중요한 것은 반응을 형성하는 데 형태가 일차적으로 사용되었는지 이차적으로 사용되었는지에 대한 것이고, 반응에서 단어들이 함께 사용되었고 질문 단계에서 *CF*로 기호화할 것인지, *FC*로 채점할 것인지에 대해 논의가 있을 수 있다.

검사자들은 "당신이 본 것처럼 저도 볼 수 있도록 도와주세요."라고 질문 단계를 진행한다. 만약 "장미처럼 보여요, 보세요. 꽃잎과 줄기예요. 색도 그렇네요."라고 한다면 형태에 근거한 정보가 일차적이기 때문에 *FC*로 기호화하는 것이 적절하다. 만약 반응이 "환한 붉은 장미같이 정말 예뻐요. 여기는 꽃잎이에요."라면, 형태보다는 색채를 강조한 것이기 때문에 *CF*로 기호화되어야 한다. 난감하게도 피검자 중 몇몇은 반응 단계에서 한 반응을 고쳐 말하기도 하는데 "글쎄요. 장미같이 보이는데, 붉은색이고 꽃잎과 줄기가 있어요."와 같은 경우 형태가 일차적으로 사용된 것인지에 대한 판단은 임상가의 몫이 된다.

형태에 근거해서만 하는 반응들이 반응 기록들의 단일 범주로 가장 많고, 반응의 95% 이상에서 보통의 형태 특성이 사용된다.

운동 결정인[1)]

로르샤하 반응에는, 첫째 인간 운동 혹은 인간과 같은 행동, 둘째 동물의 운동, 셋째 무생물 혹

1) 역자 주: movement는 운동이라 통용되고 있으나 움직임의 의미로 해석되어도 다름없다.

은 무기물이나 힘과 같은 세 가지의 운동이 포함된다. 로르샤하는 인간 혹은 인간과 유사한 행동을 포함하는 것으로 하나의 운동(Movement) 유형만 기호화했다. 그는 인간 운동과 같은 의미로 동물 운동을 포함시켜 동물 운동 반응의 의미를 소홀히 하며 기호를 고안하지 않았다. 벡(1937, 1944, 1961)도 동물 운동이나 무생물 운동을 배제하면서 로르샤하의 입장을 지지했던 반면에 클로퍼(1936, 1942, 1954), 헤르츠(1942, 1951, 1970)와 피오트로브스키(1937, 1947, 1957)는 동물 운동 반응과 무생물 운동 반응도 운동 반응과 같은 과정을 통해 형성된다고 주장함으로써 반대 입장을 취했다. 그들은 동일한 기호로 동물 운동 반응과 무생물 운동 반응을 표기했지만, 무생물 운동에 대한 채점 기준에는 차이가 있었다.

양쪽 입장 모두 부분적으로는 타당할 수 있다. 세 유형의 운동이 동일한 심리적 과정의 다른 수준을 대표하는 것이기 때문에 제안할 수 있는 경험적 지지 증거는 매우 부족했다. 그러나 이후의 연구 결과들은 세 가지 유형의 반응들이 상대적으로 다른 정신적 조작 과정을 대표한다는 점을 시사하고 있기 때문에 종합체계에는 세 가지 채점 기호가 포함되었다.

인간 운동(*M*)

기호 *M*과 채점의 기준은 로르샤하가 이미 제안한 것이었다. 로르샤하 이후에 발표된 체계들도 인간 운동 반응에 이 기호를 부여했고, 벡, 클로퍼와 헤르츠는 로르샤하가 고안한 세 가지 기준을 사용했다. 피오트로브스키(1947, 1957), 라파포트와 샤퍼(1946)는 로르샤하의 기준을 수정했는데, 피오트로브스키는 어떤 유형의 운동이나 몸짓 반응을 위해 잉크반점을 사용하였을 때만 기호 *M*으로 채점할 수 있다고 주장했다. 그는 형태 특성을 설명하기 위해 부가적으로 운동 특성이 투입되었을 때, *M*으로 잘못 채점되지 않도록 신중을 기해야 한다는 취지에서 그런 기준을 고안해 냈다. 한편 라파포트는 운동의 주체가 분명히 인간이거나 인간에 매우 가까운 형태를 포함할 때만 *M*을 기호로 사용할 수 있다고 주장했다. 이 기준들이 실제로 어떤 경험적 근거나 설득력 있는 논리를 가지고 있는 것은 아니다.

*M*은 인간의 운동성이나 활동에 대해 채점하는 기호다. 인간의 활동이나 운동성은 뛰다, 점프하다, 날다, 논쟁하다와 같은 능동적인 내용과 자다, 생각하다, 미소짓다, 보다 등의 수동적인 내용의 특성이 있을 수 있다. 이미 언급한 것처럼 *M*이 채점되면 형태 기호 *F*는 채점되지 않는다. 물론 드물게 형태가 없는 움직임에 대한 반응, "그것은 어둠같이 보여요." "내게 행복을 상기시켜요." "나쁜 냄새가 나요." 등과 같이 인간의 감각 경험을 내용으로 해도 *M*은 이미 어떤 형태를 전제로 하는 것이라 본다.

*M*은 인간 내용이어야만 채점되는 것은 아니다. 인간에게만 가능한 운동성이 반영되어 있다면 그 자체로 *M*으로 채점될 수 있다. 대부분의 답변에서 운동은 반응 단계에서 보고되지만 종종 질문 이전에 보고되지 않는 경우가 있다. 예를 들면, 카드 III에서 "두 사람처럼 보여요."라고 반응

했다면, 형태만 보고된 답변이다. 그러나 질문 단계에서 검사자의 질문에 "그래요, 여기요. 두 사람이 뭔가를 하고 있는 것처럼 보여요."라고 답한다면, 이것은 반응을 하면서 운동을 지각하였으나 이것을 언어적으로 보고하지 않은 것이라 할 수 있다. 단, 검사자의 질문 때문에 운동성이 부여된 것이라면 *M*으로 채점되지 않아야 하며, 자발적인 것이어야만 채점된다. 대부분의 *M* 반응에 인간 혹은 인간과 유사한 모양이 포함되곤 하지만, 그 운동성의 주체가 동물인 경우도 있을 수 있다. 동물 특유의 행동이 아닌 인간의 행위로 묘사되면, 인간 운동으로 채점될 수 있다. 예를 들어, "두 마리의 딱정벌레들이 논쟁 중이다." "두 마리의 곰이 카드놀이를 하고 있다."라고 하면 *M*으로 채점한다. 이와는 달리, "두 마리의 딱정벌레가 무엇을 가지고 싸우고 있다." "두 마리의 곰이 놀고 있다."고 하면, *M*으로 채점되지 않으며, 이때는 동물 운동(*FM*)으로 채점한다.

동물 운동(*FM*)

이 채점 기호는 클로퍼와 센더(1936)에 의해 제안되었다. *FM* 기호에 대해 클로퍼는 형태에 근거한 반응에 대해 특별한 고려를 해야 한다고 하면서도 운동과 색채를 사용하는 것에 대해 중요하게 생각했던 로르샤하의 사후 출판된 1923년의 논문에 근간을 두었다고 한다. 로르샤하의 몇 가지 사례에서 운동성이 포함된 동물이 등장하는데, 이러한 사례를 보며 클로퍼는 자연스럽게 이 범주에서 동물 운동 기호를 고안하게 되었다고 한다. 그러나 1942년까지 클로퍼는 '반응 경향성' (→)이라는 의미의 다른 기호를 사용하면서 동물 운동 반응에 대한 *FM* 기호는 유보해 두었다. 통합 체계에는 *FM* 채점에 대한 그의 기준을 포함시켰다.

*FM*은 '짖고 있는 개' '날고 있는 박쥐' '먹이에 슬금슬금 다가가고 있는 표범'과 같이 종 특유의 행동인 경우에 채점된다. 대부분의 *FM*이 동물의 전체 형태를 포함하고 있지만, "두 마리의 동물이 덤불 뒤로 허둥거리며 숨고 있어요. 여기 다리만 보이잖아요."와 같이 동물의 부분을 포함하는 경우도 있다. 간혹 *FM* 반응의 내용들은 공룡이나 유니콘과 같이 가상적이거나 신화적인 것일 수도 있다. 또한 동물로 묘사된 공상과학적 창조물이 인간과 유사한 행위를 하는지, 동물의 행위를 하는지를 구분해야 한다. 전자의 경우는 *M*으로 채점된다. 흔하지 않은 경우지만, 동물은 '앞으로 날아오르는 뱀'과 같이 종 특유의 행동이 아닌 동물 행동일 경우 이러한 반응이 형성되기까지 인간의 공상이 반영된 것이라는 측면에서 *M*으로 채점한다.

무생물 운동(*m*)

운동 반응의 세 가지 유형 중에는 무생물, 무기체 혹은 감각을 느끼지 않는 대상의 운동성이 포함되어 있다. 피오트로브스키(1937)가 가장 먼저 제안한 기호 *m*이 이 반응을 위해 사용된다. 클로퍼와 헤르츠가 그들의 채점 체계에서 사용했는데, 피오트로브스키가 고안한 것보다 더 광범위한 기준으로 남성적 힘, 얼굴 표정까지 포함시켰다. 통합 체계에서는 무생물 반응의 채점에 피오트로브스키의 기준이 사용되었다. 매우 엄격한 기준이어서 *M*과 *FM* 범주 간에 중복되지 않았다. 사람도 동물이 아닌 대상의 운동성은 *m*으로 채점되었다.

무생물 운동 반응은 '불꽃놀이' '구부러진 나무' '피고 있는 꽃' '피어오르는 구름' '휘날리는 깃발' '찢어진 옷' '어떤 것을 뚫고 지나가는 총알' '솟아오르는 불꽃' '공중에 날아다니는 나뭇잎' 등의 예처럼 해당되는 범위가 매우 넓다. 무생물 운동 반응의 내용은 정적인 경우도 있다. 예를 들면, '말리기 위해 펼쳐 놓은 가죽'이나 '기둥에 걸려 있는 코트' 등은 자연스럽지 않은 외부의 힘에 의해 취해진 상태이기 때문에 *m*으로 채점한다. '밧줄을 잡고 대롱대롱 매달린 남자'인 경우에는 *M*으로 채점하지만, '땅바닥에 누워 있는 죽은 사람' 반응이라면 *M*으로 채점하지 않는다. 반면에 '목이 기울어진 채 누워 있는 죽은 사람'인 경우에는 *m*으로 채점된다. 정적인 대상에 *m*을 채점할 때 가장 중요한 점은 자연스럽지 않은 긴장(외부의 힘에 의해 만들어진) 상태의 여부라 할 수 있다. 때때로 무생물 대상이 인간과 유사한 행동이나 인간의 특성을 가진 것처럼 묘사될 때가 있다. '왈츠에 맞추어 춤추는 나무' '시들고 있어 기분이 좋지 않은 꽃' 등이 그 예가 될 수 있는데, 이러한 반응들은 *m*보다는 *M*으로 채점되어야 한다.

채점자 간 일치도(〈표 7-3〉 참조)에 대한 두 개의 연구에서 채점자들은 반응의 90% 이상에서 운동성의 세 가지 유형에 대해 채점에 대한 의견의 일치를 보았다. *M*과 *FM*의 채점에서 가장 불일치했던 이유는 채점자가 주의를 기울이지 않아서였는데, 그보다 더 큰 불일치는 인간과 유사한 행동을 보이는 공상과학 속의 등장인물에 대해 *M*이나 *FM* 중 어느 것으로 채점해야 할까에 대해 결정해야 할 때였다. *m*의 채점에 대해서는 '바닥에 깔려 있는 러그'처럼 형태가 정적인 운동성으로 잘못 채점된 경우에 의견 불일치 빈도가 높았는데, 원칙적으로 보면 대상이 부자연스러운 긴장 상태로 기술된 것이 아니기 때문에 *m*으로 채점하지 않아야 한다.[2)]

능동적인-수동적인 운동성에 대한 첨자(*a*, *p*)

기호화에서 두 번째로 중요한 점은 모든 운동 반응에 첨가되어야 한다는 것이다. 즉, 운동성이 능동적이냐 수동적이냐를 표시하는 첨자([a]_능동, [p]_수동)다. 로르샤하는 '굴절(잉크반점의 중앙을 향한 운동성)'이나 '확산(잉크반점의 중앙에서 가장자리로 확산하는 운동성)' 등 운동 특성 평가의 중요성을 지적했다. 벡 등(1961)은 '정적인' 제3의 운동성에 대해서도 관심을 가져야 한다고 했고, 피오트로브스키(1957, 1960)는 다양한 운동성의 특성에 대해 연구하였는데, 그는 능동적-수동적,

2) 역자 주: 부자연스러운 긴장 상태인 경우는 *m*이지만, '깔려 있는'은 자연스러운 상태의 형태로 보고 *F*로 채점하는 것이 적절하다.

협동적-비협동적, 그리고 공격적-친밀한 운동성의 차이에 대해 지적하기도 했다. 피오트로브스키의 가설을 검증하기 위해 계획된 몇몇 연구 결과를 보면, 능동적-수동적 차원이 일관적으로 해석적 의미를 제공한다.

종합체계가 발전함에 따라 생긴 복잡한 문제 중 하나는 a와 p를 판단하기 위한 정확한 기준을 설정하기 어렵다는 점이다. 그럼에도 불구하고 대부분의 검사자는 운동 반응에 적용하는 능동과 수동의 의미에 대해 의견이 일치하고 있다. 또한 신뢰도에 대한 연구 결과는 능동적인 혹은 수동적인 운동성의 구별에 대해 매우 긍정적이다. 10명의 박사후 과정 전임연구원들이 150개의 운동 반응에 대해 93%의 일치율을 보였고, 단시간의 훈련을 받은 10명의 고등학생들도 동일한 150개의 반응에 대해 94%의 의견 일치를 보였다(Exner, 1978). 또 다른 연구에서도 20명의 비환자 성인(심리학에 대해 전혀 훈련받은 적이 없는)과 **로르샤하** 훈련이 포함된 심리검사 과정을 이수한 20명의 2년차 심리학과 대학원생들에게 능동적 혹은 수동적인 내용의 동사를 포함한 300개의 단어를 주고 물었다. 심리학에 대해 친숙하지 않은 성인의 경우, 능동적인 운동성으로 '도약하다' '언쟁하다' '급상승하다'와 같은 단어를, '미끄러지듯 흐르다' '생각하다' '질질 끄는' 등의 경우를 수동적인 운동성으로 평가했다. 반면, 학생들에게는 수련받은 내용에 따라 채점하도록 지시했는데, 20명의 학생들은 300개의 단어 중 213개의 단어(71%)에 대해서는 의견 일치를 보였고, 나머지 87개 중 70개에서 최소 15~20개(75%)에서 의견 일치를 보였다. 학생들의 채점 결과 전반적인 의견 일치율은 95%였다. 비환자 성인들의 경우 300개의 단어 중 112개(37%)에서만 의견의 일치를 보았고, 나머지 188개 중 121개에 대해 최소 15~20개의 의견 일치를 보였다. 전반적으로 보면, **로르샤하**에 대해 배우지 않은 비환자 성인군에서도 86%의 의견 일치를 보였다. 전체적인 반응의 맥락을 고려하지 않은 결과이긴 하지만, 훈련을 받은 사람들 간의 일치율은 매우 높았고, 훈련받지 않은 사람들에게서도 높은 일치율이 나타났다. 이 연구에 사용된 300개의 단어를 〈표 7-2〉에 제시했다. 또한 집단별 의견에 일치를 보였던 채점 기호와 동의한 사람들의 수를 볼 수 있을 것이다. 능동적-수동적 운동성의 차이를 확인하는 데 참고로 해야겠지만, 채점 기호의 결정 지침으로 삼으라는 것은 아니다.

능동적-수동적 특성의 결정은 완료된 반응의 맥락에 준하여 이루어져야 한다. 능동적-수동적 운동성 간의 관계 해석에 대한 연구 결과를 보면, '말하고 있는'은 수동적 운동성으로 채점되어야 한다고 했고, 따라서 '말하고 있는'이란 단어는 판단하기 어려운 단어에 대한 평가척도로 활용되곤 한다.

이러한 맥락에서 '속삭이다' '서 있다' '바라보다' 등의 경우는 쉽게 수동적인 운동성으로 채점되며, '외치다'와 '논쟁하다'는 능동적인 운동성으로 정의된다.

몇 가지 운동 반응은 항상 수동적으로 채점된다. 왜냐하면 추상화, 캐리커처 혹은 그림이라 명명하며, 반응의 운동성을 제한적으로 표현한 것

표 7-2 300 항목별 2개 집단 간 능동적-수동적 운동성 첨자 부여 결과

항 목	일반인 N=20 기호	일반인 N=20 수	학생 N=20 기호	학생 N=20 수	항 목	일반인 N=20 기호	일반인 N=20 수	학생 N=20 기호	학생 N=20 수
유기된, 버려진	p	19	p	18	더없이 행복한 (보기에)	p	17	p	20
가속적인, 속도가 붙은	a	20	a	20	바람에 흩날리는 (머릿결)	p	18	p	20
비난하는, 고발하는	a	20	a	19	자랑하는, 거만한	a	20	a	20
활동적인	a	17	a	18	잘 튀는 (공)	a	20	a	17
훈계하는, 경고하는	a	19	a	20	부숴진	a	18	a	16
악화된 (보기에)	a	18	a	16	충돌한, 부딪친 (공들)	p	14*	p	15
공격적인	a	20	a	20	타고 있는 (불)	p	13*	p	17
흥분한	a	18	a	19	침착하게, 태연하게	p	19	p	20
병든, 괴로워하는	p	16	p	19	부르는, 외치는	a	20	a	20
막연한 (느낌)	p	20	p	20	움직이는	a	20	a	20
불안해하는	a	18	a	20	베어내는, 조각하는	a	18	a	20
놀란 (보기에)	p	14*	p	15	격식을 차리지 않은 (보기에)	p	17	p	20
명랑한 (보기에)	p	15	p	18	붙잡고 있는	a	20	a	20
닻을 내린, 가까이 모여 있는	p	20	p	20	축하하는	a	20	a	20
화가 난 (보기에)	a	20	a	20	도전적인	a	18	a	20
고민의, 고뇌에 찬 (보기에)	p	16	p	14*	비난하는, 책망하는	a	20	a	20
생기가 있는	a	15	a	18	추적하는, 뒤쫓는	a	20	a	20
불쾌해하는 (보기에)	p	14	p	16	(음식물을) 씹는	a	18	a	20
근심하는, 불안한	a	17	a	15	박수치는	a	19	a	20
변명하는	p	16	p	14*	등반하는	a	20	a	20
따지는, 논쟁하는	a	20	a	20	착 붙은 (의지하지 않고)	p	20	p	20
오르는, 상승하는 (연기)	p	19	p	20	긴장하기쉬운,신경을건드리는	a	18	a	20
알아 차린 (보기에)	p	14*	p	13*	침착한, 차분한 (보기에)	p	16	p	18
나쁜, 좋지 않은 (보기에)	a	11*	p	12*	혼란스러운 (보기에)	p	17	p	20
당황스러운, 좌절한	p	16	p	17	기어 돌아다니는, 느린 (동물)	a	18	a	20
빵을 굽는	p	18	p	16	몸을 쭈그리는, 웅크리는 (동물)	p	16	p	20
균형을 잡는 (꼭대기에서)	a	17	a	20	우는	p	17	p	20
햇볕을 쬐는 (햇볕에서)	p	19	p	20	껴안고 싶어 하는	p	18	p	20
목욕하는	a	14*	a	16	춤추는	a	20	a	20
강타하는, 때려 부수는	a	20	a	20	거래하는, 교섭하는	a	18	a	20
투쟁하는	a	20	a	20	결정하는	a	14*	a	17
빛나는, 희색이 만연한 (햇볕에)	p	16	p	20	방어적인 (보기에)	p	15	p	19
눈살을 찌뿌리는 (바람에)	p	19	p	20	패배시키는 (보기에)	p	19	p	20
당황하는 (보기에)	p	18	p	20	요구가 지나친	a	20	a	20
출혈하는	p	20	p	20	혼란시키는	p	18	p	20

의기소침한, 억압된	p	20	p	20
가난한, 불우한 (보기에)	p	17	p	20
악화된	p	20	p	20
단호한 (보기에)	a	17	a	19
굳게 결심한 (느끼기에)	a	19	a	20
실망스러운 (느끼기에)	p	18	p	20
토론하는	a	17	a	20
방해하는, 어지럽히는 (화나서)	a	14*	p	13*
꿈꾸는	p	16	p	20
물방울이 떨어지는 (물)	p	20	p	20
물에 빠져 있는	a	13*	p	18
떨어진 (잎들)	p	20	p	20
죽어 가는	p	20	p	20
분출하는, 방출하는	a	16	a	18
어리둥절한, 당혹한	p	13*	p	17
똑바로 선 (음경, 남근)	a	19	a	20
행복감에 빠져 있는 (보기에)	a	14	a	15
흥분한, 자극받은	a	20	a	20
지칠대로 지친	p	20	p	20
감정이 격발한	a	20	a	20
직면한, 얼굴 맞댄	p	14*	p	20
떨어지는, 감퇴하는	p	20	p	20
느끼는 (육체의, 물리적인)	a	16	a	14*
느끼는 (정신적인)	p	18	p	16
사나운, 잔인한	a	20	a	20
전투적인, 싸우는	a	20	a	20
속을 채우는 (웅덩이, 연못을 채우는)	p	14*	p	19
단단한 (근육)	a	15	a	18
고정된	a	20	a	20
펄럭이는 (바람에)	p	20	p	20
퍼덕거리는 (새)	a	18	a	20
달아나는	a	20	a	20
떠다니는	p	20	p	20
흐르는 (강)	p	19	p	20
날으는	a	20	a	20
깜짝 놀란 (보기에)	p	18	p	20
도박하는, 노름하는	a	16	a	20
숨이 가쁜 (숨)	a	17	a	12
응시하는	p	18	p	20
노려보는, 쏘아보는 (누군가를 향해)	a	17	a	20
우아하게, 상냥하게 (서 있는)	a	14*	p	16
빻는, 가는	a	17	a	19
성장하는, 발육하는 (식물)	a	15*	p	14*
착각하는, 환각 상태의	a	13*	p	17
망치로 치는	a	20	a	20
매달린, 교수형에 처한 (사람)	p	18	p	20
행복한 (보기에)	a	17	a	19
매우 지친 (보기에)	p	14*	p	17
돕는	a	20	a	20
주저하는, 망설이는	p	15	p	19
잡는	a	17	a	20
적의가 있는, 적개심이 있는 (보기에)	a	20	a	17
사냥하는	a	20	a	20
다치게 하는	a	20	a	20
한가한	p	19	p	20
상상하는	a	13*	p	18
성급한, 조급한 (보기에)	a	14*	p	14*
충동적인, 감정에 끌린	a	18	a	20
(마음을) 내키게 하는	p	13*	p	20
자력이 없는, 저항할 수 없는	p	20	p	20
상처를 입은	p	20	p	20
검열하는, 면밀히 살피는	a	16	p	14*
교제하는	a	20	a	20
흥미 있는	a	13*	a	17
고립된, 격리된 (느끼기에)	p	18	p	20
조롱하는, 우습게 여기는	a	20	a	20
잡아당기는	a	19	a	20
달리기, 조깅	a	20	a	20
어울리는, 결합하는 (두 사람)	a	18	a	20
명랑한, 즐거운, 유쾌한 (보기에)	a	17	a	18
뛰어 오르는	a	20	a	20
장난치는, 놀리는 (두 사람)	a	20	a	19
죽인	a	20	a	20
아는 듯이, 아는 체하고 (보면서)	p	14*	a	17
노동에 종사하는, 고통을 겪는	a	20	a	20
착륙하는 (비행기)	a	18	a	16
웃는, 즐거워하는	a	15	a	13*
눕히는	p	20	p	20

인도하는, 안내하는	a	17	a	20	난폭한, 잔인무도한	a	20	a	20
곁눈질하는, 추파를 던지는 (늑대, 색마)	a	15	a	20	한걸음, 보폭	a	20	a	20
성향이 있는 (~에 대해)	p	17	p	20	아픈, 고통을 주는 (느끼기에)	p	14*	p	20
들어 올리는	a	20	a	20	헐떡거리는 (개)	p	13*	a	16
절뚝거리는	a	14*	a	13*	통과하는	a	20	a	20
짐을 싣는 (화물)	a	20	a	20	평화로운 (보기에)	p	20	p	20
갈망하는, 동경하는 (보기에)	p	14*	p	18	난처하게 하는 (보기에)	p	15	p	20
느슨하게, 헐거운	p	11*	p	16	짐을 싣는, 태워 가는	a	20	a	20
사랑하는 (두 사람, 연인)	a	18	a	20	노는	a	20	a	20
탐욕적인 (보기에)	a	15	a	20	좋아하는, 만족스러운 (느끼기에)	p	13*	p	17
드러누운 (아래로)	p	20	p	20	만족스러운 (보기에)	p	15	p	20
미친, 격노한 (보기에)	a	17	a	20	심사숙고하는	p	12*	p	20
신비한, 마법에 걸린 듯한	a	14*	p	13*	설교하는, 전도하는	a	20	a	20
케이크를 만드는	a	20	a	20	~인 체하는 (자는 척하는)	p	11*	p	16
짓이기는	a	20	a	20	배회하는	a	20	a	20
마음이 좁은, 인색한 (보기에)	a	16	p	15	부푼 (풍선)	p	14*	p	20
명상하는	p	14*	p	20	당기는	a	20	a	20
월경(생리)을 하는	p	16	p	20	미는	a	20	a	20
불쌍한, 비참한 (보기에)	p	20	p	20	공을 가볍게 치는, 퍼팅하는 (골프)	a	20	a	20
섞인	a	20	a	20	기묘한, 괴상한 (보기에)	p	16	p	20
모형의 (세워진)	p	14*	p	20	불평이 많은, 투덜거리는 (보기에)	p	15	p	20
모형의 (점토로 만든)	a	11*	a	18	조용한, 고요한	p	20	p	20
오르는 (산 등에)	a	20	a	20	떨리는, 흔들리는	a	13*	p	14*
움직이는	a	20	a	20	경주하는	a	20	a	20
폭행하는	a	20	a	20	격노한, 맹렬한 (강물)	a	20	a	20
살인하는	a	20	a	20	세우는 (통나무집을)	a	20	a	20
명상하는 (혼자)	p	15	p	20	들이받은 (자동차 2대)	a	20	a	20
신경과민의 (느끼기에)	a	13*	p	18	열광적인	a	16*	p	18
신경질적인 (보기에)	p	12*	p	20	도달하는	a	20	a	20
꾸벅꾸벅 조는 (잠들기 위해)	p	20	p	20	준비된 (달릴 준비가 된)	a	20	a	20
주의를 주는, 통지하는 (누군가에게)	a	17	p	20	무모한 (보기에)	a	12*	p	20
감각을 잃은 (느끼기에)	p	18	p	20	상쾌하게 하는	p	13*	p	11*
반대하는, 이의가 있는	a	20	a	20	후회하는, 양심의 가책을 느끼는	p	15	p	17
잘 잊어버리는, 건망증이 있는	p	20	p	20	안일한, 안온한	p	20	p	20
관찰하는, 목격하는	p	16	p	20	단념한, 체념한	p	16	p	20
불쾌한, 거슬리는 (보기에)	a	13*	p	14*	굳게 결심한 (보기에)	a	13*	a	15
줄줄 흘러나오는	p	20	p	20	과묵한, 말을 삼가는 (보기에)	p	11*	p	17
여는 (문을)	a	16	a	20	회전하는	a	17	a	20
반대하는, 이의를 제기하는	a	18	a	20	타는 (말을)	a	20	a	20

울리는 (벨을)	*a*	14*	*a*	18	빠져 드는 (진흙에)	*p*	20	*p*	20
멋진 직물, 훌륭한 직물	*a*	20	*a*	20	(무력으로) 정복된, 억제된, 가라앉은 (보기에)	*p*	16	*p*	20
으르렁거리는 (사자)	*a*	20	*a*	20	고통받는	*a*	13*	*p*	17
활기 있는, 넘치는 (물)	*a*	13*	*p*	18	의심스럽게 보이는	*p*	12*	*p*	20
굴러 가는 (공)	*p*	17	*p*	20	수영하는	*a*	20	*a*	20
배를 젓는	*a*	20	*a*	20	매력 있는, 애교 있는	*a*	18	*a*	20
달리는, 경마용의	*a*	20	*a*	20	말하는	*a*	13*	*p*	18
슬픈 (보기에)	*p*	18	*p*	20	가볍게 두드리는	*a*	20	*a*	20
슬픈 (느끼기에)	*p*	20	*p*	20	눈물어린, 슬픈	*p*	17	*p*	20
축 늘어진	*p*	16	*p*	20	말하는, 알리는	*a*	14*	*p*	18
돛을 단 (보트)	*p*	14*	*p*	20	공포스럽게 하는 (느끼기에)	*p*	16	*p*	20
만족스러운 (느낌)	*p*	13*	*p*	19	공포스러운	*a*	14*	*a*	13*
날카롭게 소리지르는, 비명지르는	*a*	20	*a*	20	내던지는	*a*	20	*a*	20
앉아 있는	*p*	17	*p*	20	부딪치는, 세게 때리는	*a*	20	*a*	20
보는	*p*	15	*p*	20	경사진, 기운	*p*	14*	*p*	20
펄펄 끓는, 비등하는	*a*	16	*a*	20	절찬받는 (사람)	*a*	17	*a*	20
흔드는	*a*	16	*a*	18	고민하는 (느낌들)	*p*	15	*p*	20
충격적인	*p*	13*	*p*	20	언급하는, 접촉하는 (두 사람)	*a*	14*	*a*	17
노래하는	*a*	20	*a*	20	고요한, 잔잔한 (보기에)	*p*	20	*p*	20
사악한, 음흉한 (보기에)	*a*	13*	*a*	16	근심스런, 곤란한 (보기에)	*p*	13*	*p*	20
걷어내는	*a*	17	*a*	14	선회하는, 회전하는 (주변의)	*a*	20	*a*	16
자는	*p*	20	*p*	20	알아채지 못하는	*p*	20	*p*	20
미끄러지는	*p*	15	*p*	20	불안정한	*p*	14*	*p*	20
냄새가 나는	*a*	12*	*p*	17	화가 난, 전복 상태의 (느끼기에)	*p*	13*	*p*	20
연기나는, (불)	*p*	17	*p*	20	도약하는, 뛰는 (동물)	*a*	18	*a*	20
담배피우는 (사람)	*a*	18	*a*	20	흔들리는, 진동하는	*a*	20	*a*	20
거만한	*a*	11*	*p*	19	정력적인, 혈기 왕성한	*a*	20	*a*	20
말하는	*a*	16	*a*	14*	격렬한, 맹렬한	*a*	20	*a*	20
엎지른 (물)	*p*	14*	*p*	20	기다리는	*p*	16	*p*	20
튀어 오르는	*a*	16	*a*	20	걷는	*a*	20	*a*	20
돌풍, 스콜 (비)	*a*	14*	*a*	18	원하는, 갈망하는	*p*	11*	*p*	16
찌르는 듯한, 통렬한	*a*	20	*a*	20	보는	*a*	13*	*p*	20
서 있는	*p*	13*	*p*	20	피곤한, 기진맥진한 (느끼기에)	*p*	15	*p*	20
김이 나는 물	*p*	18	*p*	20	혼란스러운, 빙글 돌려진	*a*	20	*a*	20
폭풍우가 있는, 비바람이 부는	*a*	13*	*a*	20	부상한, 다친	*p*	17	*p*	20
어루만지는, 쓰다듬는	*a*	11*	*a*	16	쓰는	*a*	20	*a*	20
발버둥치는, 기를 쓰는	*a*	20	*a*	20	영향을 받기 쉬운, 고분고분한	*p*	18	*p*	20

이기 때문이다. 보고된 반응의 기술 내용과 관련 없이 수동적 운동성 기호 *p*로 채점된다. 많은 정적 반응이 '7월 4일의 불꽃놀이를 표현한 추상화'와 같이 무생물 운동을 포함한다. '폭발하는' 운동은 분명히 능동적인 것이나, 그것은 추상화라는 단어로 제한되면서 *mp*로 채점되어야 한다. '두 사람이 무언가를 들기 위해 애쓰고 있는 그림'이나 '산을 오르고 있는 두 마리 사자의 도안'과 같이 '~의 그림'이나 '~의 도안'이라는 제한으로 능동적인 운동성을 포함하고는 있으나 정적인 반응이 된다. 이 반응들은 *Mp*나 *FMp*로 채점된다.

언어 표현의 방식으로 사용된 단어를 근거로 하기보다 오히려 피검자가 반응을 제한하고 있는지의 여부를 확인하는 것이 중요하다. 예를 들면, 아동은 반응 자체보다는 오히려 반점과 관련하여 반응에 '그림'이나 '사진'이라는 단어를 종종 사용하곤 한다. 간혹 정적인 반응과 명확한 언어적 표현 간의 변별은 어렵다. 전형적으로 후자는 몇몇 반응에서 발생되는데(예, 박쥐의 그림처럼 보인다.) 그것이 의심되는 경우, 질문 단계에서 분명하게 하기 위한 노력이 필요하다. 세 유형의 운동 반응과 능동적-수동적 채점의 몇 가지 예들이 〈표 7-3〉에 제시되어 있다. 대부분이 반응에 나타난 것만 포함시켰지만, 때로는 질문 단계에서 나타난 결정적인 부분들도 첨가했다.

표 7-3 운동 반응의 세 가지 유형 예

카 드	반응 영역	반 응	
I	*D4*	여자가 팔을 올리고 서 있어요.	*Mp*
I	*W*	두 마녀가 빙돌아서 무언가를 상징하듯 춤추고 있어요.	*Ma*
I	*W*	나비가 날고 있어요.	*FMp*
I	*Dd24*	교회 종이 울리고 있어요(*Dd31*은 종의 추).	*ma*
I	*W*	떨어진 낙엽이 부서지고 있어요(피검자: 가장자리에 작은 조각들이 떨어지고 있어요).	*mp*
II	*W*	서커스에서 두 광대가 춤추고 있어요.	*Ma*
II	*D3*	월경	*Mp*
II	*D6*	두 마리의 개가 싸우고 있어요.	*FMa*
II	*D4*	발기된 성기(남근)	*Ma*
II	*DS5*	돌고 있는 팽이	*ma*
III	*D1*	두 사람이 무언가에 기대고 있어요.	*Mp*
III	*D1*	두 사람이 무언가를 집어 올리고 있어요.	*Ma*
III	*D3*	낭떠러지 사이로 두 마리의 나비가 날고 있어요.	*FMa*
III	*D2*	박쥐가 거꾸로 매달려 자고 있어요.	*FMp*
III	*D2*	벽에 피가 흘러내리고 있어요.	*mP*
IV	*W*	한 남자가 그루터기에 앉아 있어요.	*Mp*
IV	*W*	한 거인이 다가오고 있어요.	*Ma*

IV	*D1*	애벌레가 스물거리고 있어요.	*FMa*
V	*W*	나비가 나풀거리고 있어요.	*FMp*
V	*W*	누군가가 토끼처럼 입은 사람이 발레를 하고 있어요.	*Ma*
V	*W*	두 사람은 서로에게 의지했어요.	*Mp*
VI	*D3*	발기된 음경	*Ma*
VI	< *D4*	배 한 척이 조용하게 앞바다를 지나가고 있어요.	*mp*
VI	*Dd19*	모터보트가 강 위쪽으로 거슬러 올라가고 있어요.	*ma*
VII	*D2*	거울을 보고 있는 꼬마	*Mp*
V	*W*	춤추고 있는 두 여자	*Ma*
VIII	*Dd*	(*D1*을 포함해서) 동물이 무언가에 오르고 있어요.	*FMa*
VIII	*D4*	개구리가 무언가를 껑충 뛰어넘고 있어요.	*FMa*
VIII	*D5*	두 깃발이 산들바람에 흔들리고 있어요.	*mp*
IX	*W*	성교(*D9*가 남자, 나머지는 여자)하는 것	*Ma*
IX	> *D1*	여자가 아이를 쫓아가고 있어요.	*Ma*
V	*W*	핵폭발	*ma*
IX	*DS8*	폭포	*mp*
X	*D1*	게가 무언가를 꽉 잡고 있어요(*D12*).	FMa
X	*D2*	콜리(개)가 밑에 앉아 있어요.	*FMp*
X	*Dd*	(*D9* 더 위쪽 각 가장자리) 두 소년이 서로 대화하고 있어요.	*Mp*
X	V *D10*	누군가 그네에서 흔들고 있어요.	*Ma*
X	V *D6*	두 사람이 서로 손을 내밀고 있어요.	*Ma*
X	*W*	불꽃	*ma*
X	*D7*	사슴이 뛰어오르고 있어요.	*FMa*
X	*D3*	땅 씨앗이 떨어지고 있어요.	*mp*
X	*W*	많은 해초가 떠 있어요.	*mp*
X	*D11*	두 동물이 기둥에 오르려고 시도하고 있어요.	*FMa*

유채색 결정인[3]

유채색(Chromatic Color) 반응의 채점 기호는 로르샤하가 사용하였던 것과 같으며 채점의 기준도 그가 제시했던 기준과 매우 유사하다. 그는 피검자들은 종종 유채색에 의해 영향을 받아서 유채색의 특성을 보유한 5개의 반점에 대한 반응을 형성하는 요인으로 사용한다고 보았다. 로르샤하는 세 범주로 반응을 구분했는데, 첫째 유채색 특성만을 사용한 반응(*C*), 둘째 색채를 주요하게 사용하되 부차적으로 형태를 사용한 반응(*CF*), 셋째 기본적으로 형태를 사용하되 색채를 포함시킨 반응이다. 그는 또한 색채를 명명하는 반응에 대

3) 역자 주: 이 책에서 Chromatic의 번역은 색채 혹은 유채색으로 혼용했다.

해 독립된 채점 기호(*C*)를 사용했다.

채점 체계를 연구한 사람들은 로르샤하의 유채색 반응 채점 범주를 포함시켰으나, 그중 일부 연구자들은 실제로 사용할 때 그 기준을 변화시켰다. 그중 벡이 로르샤하의 기준에 가장 충실했던 사람이라면, 클로퍼와 라파포트는 그 기준에서 이탈한 사람일 것이다. 벡을 제외한 사람들은 광범위하게 유채색 반응 채점 범주를 포함시키며 확장시켰다. 기준에는 차이가 있지만, '색채 투사(color projection)' '색채 부인(color denial)' '있는 그대로의 색채(crude color)' '색채 묘사(color description)' '색채 상징(color symbolism)' '임의적이고 자의적인 색채(arbitrary color)' 그리고 '억지스러운 색채(forced color)'에 대한 특수점수는 다양한 체계에서 발견할 수 있으며, 벡을 제외한 대부분이 '색채 명명(color naming)'을 포함시켰다. 색채 명명과 색채 투사를 제외한 유채색 반응을 채점하기 위해 만든 다양성의 유용함을 지지하는 경험적 연구는 없다. 색채 투사와 관련된 자료는 결정인과는 별개로 채점되어야 한다는 점을 시사하고 있기 때문에 종합체계에서 유채색에는 *C*(순수한 유채색), *CF*(유채색-형태), *FC*(형태-유채색), 그리고 *Cn*(유채색명명) 등을 포함한 반응을 채점하기 위해 네 개의 기호를 포함한다.

순수 유채색 반응(*C*)

기호 *C*는 잉크반점의 색채 특성만을 사용한 경우에 채점된다. 유채색 반응의 세 유형에서 형태가 배제된 것으로 흔하지 않다. 순수한 유채색 반응으로 채점하려면 피검자가 형태 특성은 확인하려 하지 않고 유채색만 구체화하거나 함축하려한 것이어야 한다. 순수한 유채색 반응의 흔한 예로는 피(혈액), 페인트, 물, 그리고 아이스크림 등을 들 수 있다. 그중 어떠한 것은 일정한 형태를 포함하기도 하는데, 예를 들면 '흐르고 있는 피' '아이스크림 한 숟가락'과 같은 반응이 있을 수 있다. 이때 채점 기호는 *C*보다는 *CF*가 적절하다.

때로는 로르샤하를 사용하는 초심자들이 모든 것은 형태를 가지고 있다는 보편적인 사실 때문에 순수한 유채색 반응을 채점하기로 결정하는 것에 고민할 때가 있다. 논박할 근거가 있긴 하지만 여기서는 중요하지 않으므로 논하지 않는다. 피검자가 유채색 반응을 형성하거나 선택하기 위해 형태를 사용하며 처리하거나 반응을 분명하게 하는 경우가 있다. 이때 피검자가 적절한 반응을 형성하는 데 실패하게 되면 정보 처리 과정, 중재 과정 혹은 자극 특징을 통합하는 데 역기능적 특징이 있다는 증거가 된다. 예를 들면, '피 한 방울'이라는 반응의 경우 윤곽이 있는 것 같지만, 그 윤곽이란 무한한 경우의 수를 포함한다. 만약 피검자가 '피 한 방울' 반응을 하고 더 이상의 설명을 첨가하지 않는다면, 실제로 윤곽을 배제하거나 무시하려는 인지적인 조작 양상을 시사하는 것일 수 있다. 이와는 달리, '정말 동그란 피 방울'이나 '주변으로 튀는 것처럼 보이는 피 한 방울'과 같이 반응할 수도 있다. 각 반응에서 피검자는 분명하지는 않지만, 의미 있는 방식으로 윤곽을 사용한 것이므로 *CF*로 채점하는 것이 적절하다. 어떤 경우에는 질문 단계 전까지는 형태가 주입되지 않는 경우가 있다. 카드 X에 대한 두 개의 유사한 전체 반응의 예를 한 번 보자.

반 응

전부 페인트예요.

질 문

검사자: (피검자의 반응 반복)

피검자: 예, 전부 다요. 누군가 거기에 페인트를 뿌려 놓은 것 같아요.

검사자: 왜 그것이 페인트처럼 보이는지 설명해 주세요.

피검자: 여기 색이 다 그래요. 페인트 같잖아요.

이 반응에서는 형태가 언급되거나 질문 단계에서 즉각적으로 확인되지 않았기 때문에 *C*로 기호화하는 것이 적합하다. 두 번째 예는 반응이 유사하긴 하지만 약간은 다르다.

반 응

와, 페인트네요.

질 문

검사자: (피검자의 반응 반복)

피검자: 예. 어떤 추상화 같아요.

검사자: 추상화요?

피검자: 예. 양쪽 옆이 똑같은데, 이 색은 두 가지 의미를 가진 것 같아요. 작가는 어떤 것이 더 예쁜가 선택하려고 고안된 무언가를 전달하려고 했던 것 같은데요.

이 반응에서 피검자는 질문이 시작되었을 때 형태를 사용할 가능성을 두었고, 검사자가 질문하자 바로 그것을 확인했다. 대부분 이런 유형의 반응은 '오, 추상화군요.'와 같이 형태가 함축되어 반응 단계에서 보고되지만, 이 피검자는 그렇지 않다. 질문 단계 동안 형태가 나타났기 때문에 이 반응은 *C*보다는 *CF*로 채점되는 것이 적절하다. 반응 결정인으로 *C*만 사용된다면, 발달질(*DQ*)은 *v*로 채점되어 형태 요구가 없다는 것을 표시한다. 그러나 순수한 유채색 반응(*C*)은 색채가 사용되지 않은 대상의 어떤 형태나 운동성을 포함하는 반응에 이차적인 결정인으로 채점될 수 있다. 예를 들면, 카드 III에서 '악의적인 싸움을 하고 있는 두 사람(*D1*)' '여기 붉은 것 모두 피처럼 보여요(*D2*와 *D3*).' 의 반응이 있을 수 있다. 이런 반응에서는 결정인 기호는 M^a(싸우는 두 사람) 그리고 *C*(혈액/피), 발달질 기호는 +가 된다.

유채색-형태 반응(*CF*)

CF 반응은 색채 특성에 의해 형성되나 동시에 형태를 사용한다. 이미 언급했듯이 '나무딸기 셔벗 두 숟가락(카드 VIII)'이나 '산불의 오렌지 빛 불꽃(카드 IX)'과 같이 특정한 형태 요구를 가지지 못한 대상을 포함하는 반응이나 형태를 부차적으로 사용한 경우에 해당된다. 그러나 *CF* 반응의 대부분은 형태 요구[4]에 부합하는 대상들이 포함된다.

4) 역자 주: 형태 요구(Form requirement)를 가지는 대상이란 상식적으로 정형의 대상으로 그 형태를 연상할 수 있다는 의미로 이해할 수 있다.

C 반응과 *CF* 반응을 구별하기는 쉬운 편이지만, *CF*와 *FC* 채점의 구별은 쉽지 않다. 하지만 그 또한 주먹구구식의 기준은 아니므로 그 차이를 구분할 수는 있다. 대개의 *CF* 반응은 색채가 분명히 드러나기 때문에 확인하기 쉽다. 색채채점과 관련한 묘사의 예를 보자.

반 응

예쁜 꽃이네요.

질 문

피검자: 초록 잎이 있는 아름다운 오렌지이고 이것은 줄기입니다.

반 응

이것은 숲이네요.

질 문

피검자: 색이 서로 다른 식물과 나무들입니다.

반 응

매우 이색적인 나비네요.

질 문

피검자: 아름다운 빨간색이고 색이 독특하고 이것들은 날개입니다.

반 응

버터로 튀긴 계란이에요.

질 문

피검자: 버터로 튀긴 것처럼 노랗네요. 중간에 노른자 보세요.

이러한 반응들은 유채색이 압도적으로 사용되었고, 형태가 어느 정도 사용되었기 때문에 *CF*로 채점해야 한다. 그러나 질문 단계에야 색채가 언급되었다는 사실에 유념해야 한다. 실제로 다음의 예에서 볼 수 있는 바와 같이 어떤 반응들은 모두 *FC* 반응 또는 순수 *F* 반응으로 채점할 수 있다. 다음과 같이 또 다른 경우가 있다.

반 응

예쁜 꽃이네요.

질 문

피검자: 이것은 줄기, 이것들은 잎, 그리고 이것은 꽃이고 화분에 담겨 있습니다.

검사자: 예쁘다고 하셨나요?

피검자: 예, 예쁜 오렌지색 꽃이에요.

반 응

숲이네요.

질 문

피검자: 여기 나무와 수풀의 모양이 보이네요. 이것은 숲 중간에 난 도로 같아요.

반 응

매우 이색적인 나비네요.

질 문

피검자: 매우 특이한 날개를 가지고 있어요. 이런 모양의 날개를 하고 있는 나비는 흔하지 않아요. 붉은색도 그래요.

반 응

버터로 구운 계란이네요.

질 문

피검자: 글쎄요, 계란을 깨뜨렸을 때처럼 울퉁불퉁한 모양을 하고 있네요. 이건 노른자인 것 같아요.

검사자: 버터로 구운 것이라고 하셨어요.

피검자: 예, 노란색이어서 버터에 구운 것이라고 생각했어요.

꽃, 나비, 계란의 이러한 세 가지 반응은 색채가 사용되었지만, 주요한 결정인은 형태이므로 *FC*로 채점한다. '숲'이라는 반응에서는 형태만 포함되었고, 검사자가 질문할 소지가 있는 핵심 단어나 구가 없기 때문에 *F*로 채점한다.

검사자는 *CF*와 *FC* 반응을 구별하기 위해 엄격한 기준을 채택할 필요는 없다. 클로퍼와 헤르츠는 *CF*와 *FC*를 구분할 때 내용의 형태 요구의 여부를 기준으로 사용하자고 제안했다. 그래서 일반적으로 누구나 그 형태를 연상할 수 있는 '꽃'의 반응은 *FC*로 채점하지만, 호수와 같이 보편적인 형태를 공유하지 않는 반응이라면 *CF*로 채점한다. 원칙의 의도가 중요하고 논리적으로는 합당한 것은 아니지만, 같은 내용이라 해도 모든 사람이 반응에 색채 자극을 포함시키지 않는다는 점을 간과해서는 안 될 것이다. *CF*-*FC* 간을 구별하는 가장 중요한 원칙은 신중하게 피검자의 언어 표현을 잘 살펴보아야 한다는 것이다. 실제로 유채색 영역을 사용한 모든 반응은 피검자가 어떻게 말했느냐에 따라 *C*, *FC*, *CF* 혹은 *F*로 채점된다. 네 번의 질문을 통해 채점된 피검자의 언어 표현 그대로 '꽃처럼 보여요.'라는 카드 X에 대한 반응의 경우를 보자.

피검자 1: 매우 다양한 색깔이네요, 분홍, 파랑, 노랑 같은 색깔들이 꽃 같아요(*C*).

피검자 2: 이것은 매우 다양하고 예쁜 색깔들인데, 정원에 있는 다양한 꽃처럼 가지런히 놓여 있어요(*CF*).

피검자 3: 마치 부케 같네요. 분홍색의 긴 글라디올러스와 짧은 줄기의 작은 노란색 데이지, 그리고 파란색은 국화 같기도 해요. 어떤 줄기는 갈색 잎이 달려 있고, 가늘고 긴 대포처럼 생긴 잎도 있어요. 정말 매력적인 부케예요(*FC*).

피검자 4: 글쎄요. 정원을 내려다본 것 같아요. 저마다 다른 모양의 잎과 꽃들이에요. 이렇게 많은 꽃을 본 적이 없는데. (검사자: 정원이라고 하셨나요?) 그렇죠. 아마도 그런 것 같은데요. 이렇게 놓여 있는 다른 것은 잘 모르겠는데요. (검사자: 왜 꽃으로 보셨는지 제가 잘 모르겠는데요.) 다 다른 꽃 모양이잖아요(*F*).

형태-유채색 반응(*FC*)

FC 반응은 무엇보다 유채색 사용을 조절했다는 의미를 내포한다. *CF* 반응에서 이미 언급한 것처럼 *FC*는 기본적으로 형태 특성을 강조하고, 반응의 내용을 명료화하고 정교화하기 위해 유채색을 사용한다. 다음의 세 가지 반응처럼 전형적으로 형태 특성이 강조된다.

반 응

나비예요.

질 문

검사자: (피검자의 반응을 반복한다.)

피검자: 예, 붉은 것이요. 이건 날개고, 작은 몸체예요.

반 응

해부도예요.

질 문

피검자: 글쎄요. 양 옆의 분홍색은 폐 같고, 여기가 (가리키며) 갈비뼈, 제 생각에 이 부분은 하체 같아요. 아마도 위이거나 장일 것 같아요.

검사자: 위나 장이라고요?

피검자: 글쎄요. 이것은 그냥 얼룩 같아요. 제 생각에 기관들이 이것처럼 얼룩들 같아요.

반 응

노란 나팔꽃이에요.

질 문

피검자: 이런 꽃잎은 나팔꽃 같아요. 여기 줄기와 꽃이 있어요. 대부분의 나팔꽃은 이것처럼 노란색이에요.

이 반응들은 모두 *CF* 반응으로 특히 나팔꽃과 해부도가 그러하다. 검사자는 색채를 당연히 사용했을 것이라 기대되는 '위나 장'이 포함된 해부도라는 반응에 대해 질문하였던 것 같다. 사실 이 예가 *FC*와 *CF*를 구별하기 위해 피검자의 언어적 표현에 주의를 기울여야 한다는 점을 강조하기에 적절한 예는 아니다.

대부분의 *FC* 반응은 특정한 형태 특성을 가진 대상에 관한 것이 많지만, 반응의 내용이 *FC*인지를 결정하는 데 필수적인 규칙이나 지침은 아니다. 반응이 *FC*로 채점되려면, 대상이 꼭 특정한 형태 요구를 보유한 것이어야 하는 것은 아니다. 해부, 무성한 잎, 해양 동물, 혈액세포와 같이 모호하지만 형태 요구를 가진 많은 내용은 색채가 관련되더라도 형태 특성을 강조하며 명료해지는 경우라면 *FC* 채점이 적절하다.

하향식 원리

*CF*와 *FC* 반응을 구분하는 것은 어려운 것 같지만, *C*와 *CF* 반응을 구분하는 것은 그리 어렵지 않다. *C* 반응은 "이 붉은색은 피예요. 다른 붉은 색도 마찬가지예요." "이것은 파란색이라서 물같이 보여요." "서로 다른 색깔의 페인트들이군요." 또는 "이것은 파란색이네요. 가끔 얼음이 파란색으로 보일 때가 있어요."와 같이 분명하게 드러나곤 한다. 이러한 예들은 분명히 *C* 반응이지만, 가끔 형태가 있는 대상에 접촉하고 있을 때는 *CF*로 채점한다. 예를 들어, "이 붉은 것은 피예요. 서로 싸우고 있는 곰들의 몸에 묻어 있어요."와 같이 붉은 피는 전형적으로 *C*로 채점하지만 형태가 있는 대상(곰)에 근접(묻어 있어요)해 있기 때문에 한 단계를 낮추어 *CF*로 채점한다. 만약 "두 마리의 곰이 싸우고 있고 뒤에 있는 붉은 것들이 피 같기 때문에 상처를 입었을 것 같아요."라고 반응하였다면 피와 곰이 관련은 있지만 곰에 피가 묻어 있

지 않기 때문에(근접해 있지 않기 때문에) 두 번째로 사용된 결정인으로 *FM* 다음에 *C*를 기입한다.[5)]

유채색 사용 확인

유채색을 사용했는지 확인하는 것이 곤혹스러울 때가 있다. 첫째, 많은 피검자는 "이 붉은색은 나비같이 보여요." "이 파란색은 거미 같아요."와 같이 대상의 반응 위치를 언급하기 위해 색을 사용할 수 있다. 이러한 반응들은 단순히 위치를 지적하기 위해 색채를 사용한 것이므로 색채 반응으로 채점하지 않는다. 물론 이 두 반응은 색채를 포함하고 있지만 색채 결정인으로 기호화하기 위해서는 다른 표현이 필요하다. 둘째, 피검자가 색채가 있는 반점의 영역에서 대상을 보고하고, 그 반응에 색채가 상당한 영향을 준 것으로 보이긴 해도 피검자가 직접적으로나 함축적으로 색채를 보고하지 않는 경우다. 이때는 첫 번째 경우에 비해 검사자가 더 곤란할 수도 있다. "이것은 정말 아름다운 꽃처럼 보여요."와 같은 반응을 보면, 질문 단계에서 검사자는 반응의 핵심 단어에 근거해서 "아름답다고 하셨어요?"라고 질문할 수 있다. 이 질문에 대해 피검자가 "네, 매우 작고 섬세하게 보여요."라고 대답했다면, 반응에 포함된 전체 영역이 색채로 되어 있지만 이 반응은 색채로 채점하지 않는다. 채점은 반드시 피검자의 언어적 표현을 고려해야 한다.

5) 역자 주: FMa.C.

직접적인 유채색 사용

어떤 반응들을 보면, 피검자가 분명히 색채를 결정인으로 사용한 경우도 있다. 다음은 반응 내용에 직접적으로 색채가 사용된 예들이다.

> 붉은색은 분명히 피 같아요.
> 오렌지색은 산불처럼 보여요.
> 파란색은 물이네요.
> 초록색은 잎이군요.

이 반응들은 색채를 사용한 것이 분명하기 때문에 색채 반응으로 채점해야 한다. 많은 반응이 그 색채와 내용이 일치하긴 하지만, 또 한편으로 대부분의 색채 사용이 분명하지 않을 수 있다. 예를 들면 다음과 같다.

> 붉은색은 피일 것 같아요.
> 오렌지색은 불이나 뭐 그런 것 같은데요.
> 파란색 부분은 물인 것 같은데요.
> 초록색 부분은 아마도 숲일 것 같아요.

이 반응들을 보면, 피검자는 분명하게 말하지 않았고, 대신 불분명한 표현('~일 것 같아요.' '아마도 ~일 것 같아요.')을 했다. 따라서 검사자는 "무엇 때문에 그렇게 보았는지 알 수가 없어요." 또는 "무엇이 그렇게 보이도록 한 것 같나요?"와 같은 질문을 통해 색채를 사용했는지 확인해야 한다.

유채색 명명 반응(*Cn*)

로르샤하는 색채를 직접 명명하는 반응이 악화된 간질 환자의 반응에서 관찰되었다고 진술하였지만, 관심은 덜 가졌던 것 같다. 피오트로브스키(1936)는 기질성 문제를 보인 환자를 대상으로 한 연구에서 색채 명명에 대해 *Cn* 기호를 소개하였는데, 그는 일반적인 유채색 반응보다 유채색 자체의 인식에 대해 관심을 가지고 있었다. 색채 명명에 관한 몇몇 연구 결과에서는 해석적 가치가 시사되었다. 종합체계에서는 *Cn* 기호를 채택하고 클로퍼와 라파포트의 기준을 수용했다. 대상에 대해 유채색을 직접적으로 표현하고('붉은색이에요.' '초록색, 노란색, 그리고 파란색이에요.'), 그 유채색 명명 표현이 반응인 경우가 해당된다.

검사자는 유채색 카드를 보며 유채색에 대해 하는 코멘트와 색채를 명명하는 반응을 혼동하지 않아야 한다. "와, 정말 예쁘다." "어머나, 이 색깔들 좀 봐." 등의 코멘트는 유채색에 대한 명명이 아니다. 코멘트는 해석적으로는 중요할 수 있지만, *Cn*에 유사하다 하더라도 분명히 구분되어야 한다. 대부분의 *Cn* 반응은 기계적이거나 반점에 대해 몰입하지 않고 거리를 두는 것으로 피검자가 복잡한 자극(잉크반점)을 통합하는 데 어려움이 있다는 의미일 수 있다.

네 가지 유채색 반응의 예들이 〈표 7-4〉에 제시되어 있다. 반응에 대한 질문들은 채점 기호를 결정하기 위한 목적에 충실해야 하는데, 맥락을 고려하여 어떤 질문은 생략하였고, 또 어떤 질문은 부분적으로 제시하였다.

무채색 결정인

로르샤하는 무채색(Achromatic Color)을 결정인으로 사용할 것을 제안하지 않았다. 무채색 반응 기호들은 클로퍼와 마이엘(1938)에 의해 고안된 것으로 *C'*를 기호로 사용한다. 유채색 반응과 구분되는 기호를 사용해야 한다는 클로퍼의 결정은 부분적으로는 로르샤하의 결정인 제안을 배제하고, '명암(chiaroscuro)' 반응을 평가하는 체제를 정교화하려고 했던 빈더(1932)의 의견을 수용한 것이다. 로르샤하처럼 빈더는 무채색 반응에 대한 구분된 채점 기호를 제안하지는 않았지만, 그의 의견은 '음영(shading)'과 같은 밝고-어두운 특성을 사용한 반응보다 해석적으로 다르다는 점을 함축하고 있었다. 클로퍼는 검은색, 회색 혹은 흰색 특성 중 어느 하나를 사용하면 *C'* 반응으로 정의했다. 이 기호와 기준들은 라파포트에 의해 채택되었고, 그 다양성은 피오트로브스키와 헤르츠의 방법에도 포함되었다.

캠포와 드 드 산토스(1971)는 잉크반점의 밝고-어두운 특성에 근거한 반응 채점과 관련해 여러 문헌을 개관하고, *C'* 기호로 분명하게 구분할 수 있다고 결론지었다. 연구 결과들로도, 채점 기호도 유용한 해석적 정보를 반영한다는 등 *C'* 반응이 음영 반응과는 다른 인지적 조작 과정을 반영한다는 의견이 지지되었다. 종합체계에서는 클로퍼가 사용한 기호와 기준을 수용했고, 유채색 반응의 기호를 사용하는 맥락에서 형태 사용과 관련된 기호들을 따르기로 했다.

표 7-4 유채색 반응의 네 가지 유형 예

카드	영역	반응	질문	채점
II	*D3*	이 붉은 것은 피 같아요.	피검자(S): 온통 다 불그스름하군요.	*C*
II	*D3*	빨간 나비		*FC*
II	*D2*	마치 횃불 같은 불	S: 음. 이건 마치 높이 타오르는 횃불처럼 붉군요.	*CF.ma*
II	*W*	곡예단의 두 어릿광대	S: 빨간 모자를 쓰고 있는 걸 보니 곡예단이라고 생각되네요.	*FC*
III	*D2*	질 나쁜 고기	S: 색깔을 보니 상한 것처럼 보여요.	*C*
III	∨ *D2*	벽이나 무언가에서 흘러내리는 피	S: 빨간색인데다 흘러내리는 것처럼 보여요.	*CF.mp*
VIII	*W*	죽어 있는 동물	S: 안쪽이 온통 부패한 것 같군요. 검사자(E): 부패했다고요? S: 네, 색깔이 온통 부패한 것처럼 보이는데다가 뼈들도 보이잖아요.	*CF*
VIII	*D5*	두 개의 파란 깃발		*FC*
VIII	*W*	분홍색, 주황색, 그리고 파란색		*Cn*
VIII	*D2*	선데이 아이스크림 (과즙을 얹은 아이스크림)	S: 오렌지와 라즈베리 아이스크림, 이렇게 두 주걱으로 되어 있어요.	*CF*
IX	*W*	산불	S: 음…… 여기 나무들이랑 다른 것들에 불이 타오르고 있어요. E: 나무들이랑 다른 것들이요? S: 봐요. 이 녹색 부분은 나무들이고, 나머지 것들은 관목들이에요.	*ma.CF*
IX	*D4*	신생아	S: 머리가 보이죠? 이게 다예요. 연분홍빛을 띠는 게 신생아임에 틀림없어요.	*FC*
IX	∨ *W*	핵폭발	S: 맨 꼭대기 부분은 버섯 모양을 한 핵구름이고, 여기 이 밑의 주황색 부분은 화염이에요. 그리고 이 초록색 부분은 연기예요.	*ma.CF*
X	∨ *D4*	해마	S: 이것은 녹색의 그 모양을 하고 있어요.	*FC*
X	*D9*	산호	S: 이것은 산호색을 띠고 있어요.	*C*
X	*W*	정말 근사한 몇 점의 추상화	S: 음. 화가가 각각 동일한 모양을 한 양쪽 면이 같도록 하기 위해 노력한 것 같아요. 그는 다양한 색깔을 사용해서 그가 가진 다양한 생각을 표현했어요.	*FC*
X	*W*	몇 가지 종류의 추상화	S: 내 생각에 정말 근사한 추상화인 것 같아요. 정말 좋은데요.	*CF*
X	*D13*	감자 칩	S: 음…… 감자 칩 같은 모양을 하고 있어요. 하나인 것처럼 같은 모양을 하고 있군요.	*FC*
X	*D15*	꽃	S: 어떤 종류인지는 모르겠지만, 진한 노란색이에요. 그다지 많은 가지를 가지고 있지 않아 꽃잎 같아 보이는 식물의 부분인 것처럼 보여요.	*FC*
X	*D12*	잎	S: 잎처럼 초록색이에요.	*CF*

잉크반점의 무채색 특성을 사용한 반응에 대한 채점 기준은 유채색의 그것과 마찬가지로 분명하게 적용되어야 한다. 다행하게도 대부분의 무채색 반응은 '검은색' '회색' 혹은 '흰색'과 같은 단어가 사용된다. "이 박쥐는 검은색이에요. 대부분의 박쥐처럼요." "눈처럼 흰색이에요." 혹은 "그림자 같아요. 회색이잖아요."와 같은 예가 있을 수 있다. 각 반응들은 분명히 무채색을 사용하고 있다.

무채색을 사용했는지를 분명히 밝히기 위해 '밝은-어두운'이라는 두 핵심 단어를 자주 사용한다. 이들 두 단어는 색채를 나타낼 때 사용되기도 하지만, 음영 사용을 표현할 때도 있다. 예를 들면, "밤처럼 어두워요."라는 반응은 색채를 표현하기 위해 회색-검은색을 사용했지만, "어두워요. 여긴 깊이가 깊은 것 같아요."의 반응은 깊이를 표현하기 위해 음영 특성을 사용한 것이므로 *V*(음영 차원) 기호가 포함되어야 하며, "여기는 구름 위처럼 밝아요."란 반응은 *Y*와 같은 확산된 음영(diffuse shading)을 사용한 것으로 볼 수 있다. X-레이 반응은 항상 대부분 무채색이나 확산된 음영 특성을 포함하지만, *F*로 채점될 수도 있다.

무채색과 관련해 '밝다' '어둡다'와 같은 단어나 '색깔로 보아'라는 어구처럼 의도가 분명하지 않다면, 확산된 음영 반응으로 채점하는 것이 적절하다. '검은색' '흰색' '회색' '밝다' '어둡다'와 같이 무채색을 의미하는 핵심 단어는 종종 "이 흰색 부분은 ……처럼 보여요." "이 어두운 부분은 ……처럼 보여요."와 같이 반점의 반응 위치를 나타내기 위해서도 사용된다. 유채색 반응처럼 피검자의 의도가 분명하고 명확할 때 무채색 반응으로 기호화한다는 원칙에 충실해야 한다.

순수 무채색 반응(*C'*)

*C'*는 피검자가 잉크반점의 무채색 특성에만 근거해 반응했을 때 사용하는 기호다. 이것은 매우 드문데, 형태가 언급되지 않는 반응이다. 어떤 경우에 색채는 반응에서 '하얀 눈'처럼 직접적으로 사용될 수 있다. 그러나 대부분의 경우, 반응에 형태가 언급되지 않는 내용이 있다면, 질문 단계에서 무채색 사용에 대해 언급되어야 한다. 카드 *V*에 대한 두 가지 반응이 그 좋은 예가 될 수 있다.

반 응

진흙 같아요.

질 문

검사자: (피검자의 반응을 반복한다.)

피검자: 네, 검잖아요.

검사자: 당신이 본 것처럼 저도 볼 수 있게 설명해 주세요.

피검자: 전부 다요. 전부 검잖아요. 진흙처럼.

반 응

석탄 같네요.

질 문

검사자: (피검자의 반응을 반복한다.)

피검자: 까만데요.

검사자: 당신이 본 것처럼 저도 볼 수 있게 설명해 주세요.

피검자: 석탄이에요. 석탄처럼 까맣잖아요.

이러한 각 반응들에서 형태 특징을 보려는 노력은 없고, 각 반응에서 피검자가 자발적으로 무채색을 반응에 사용했다. 만약 두 번째 반응이 "석탄 조각 같아요."라고 하면서 들쑥날쑥한 형태를 언급하려 한 노력이 반영되었다면, *C′F*로 채점할 수 있다.

무채색-형태 반응(*C′F*)

C′F 반응은 무채색 특성이 주요하게 언급되고 반응을 정교화하기 위해 형태가 사용된 것이다. 대부분의 이 반응에서 형태는 다소 모호하거나 구분되지 않고, 분명히 반점의 무채색 특성이 반응을 형성하는 데 기여한다.

반 응

흰 구름이 있는 검은 하늘이에요.

질 문

검사자: (피검자의 반응을 반복한다.)

피검자: 이것은 전부 검고요. 여기는 흰 구름 같아요.

반 응

검은 산호 조각이에요.

질 문

검사자: (피검자의 반응을 반복한다.)

피검자: 네 개는 검은 산호 조각 같아요. 검은 산호, 보석 같아요.

첫 번째 예에서는 흰 공간에서 잉크반점의 검은색의 구분이 모호하게 이루어졌지만, 내용으로 보아 이때는 *C′*보다 *C′F*로 채점하는 것이 더 적합하다. 두 번째 예에서는 잉크반점에서 '조각'으로 분명하게 그 형태를 언급하였으므로 *F*로 채점한다. 때로 피검자들은 무채색 특성 때문에 '연기'를 보고할 수 있는데, 무채색과 연기의 형태를 사용하였느냐에 따라 *C′*나 *C′F*로 채점한다. 그러나 대부분 연기 반응은 무채색보다는 음영 때문에 보고되곤 하므로 신중하게 어떤 채점 기호를 부여할 것인지 결정하여야 한다. 피검자들은 무채색 반응보다는 음영 반응을 언급하기 위해 '색깔'이란 단어를 사용하곤 한다.

형태-무채색 반응(*FC′*)

*FC′*는 형태가 주요 결정인으로 사용되고 무채색이 이차적 결정인으로 사용될 때 사용되는 채점 기호다. 이것은 대부분의 무채색 반응에서 나타나며, 형태 특성을 강조하기 때문에 확인하기 쉬운 편이다. 카드 I과 V에서 '검은 박쥐나 새' 같은 보편적인 *FC′* 반응의 예를 보면, 카드 I의 *DdS26*에 대해 '가장 무도회에서 핼러윈 가면이에요(질문 후 답변: 하얗네요).', 카드 II에 대해 '아프리카 여자예요(질문 후 답변: 아프리카 여자처럼 까맣잖아요).', 카드 IV에 대해 '나무 형태예요.'의 반응, 카드 X의 *D8* 영역에 대해 '회색 개미 혹은 벌레' 등이 나타나곤 한다.

음영 결정인

반점의 밝고-어두운 특성을 결정인으로 사용한 반응을 채점하는 것이 로르샤하에서 가장 논쟁이 많이 되는 주제 중의 하나다. 이미 논의하였지만, 결정인에서 중요한 한 범주임에 틀림이 없다. 앞에서 언급했듯이 로르샤하는 자신의 초기 반점 그림판에서 음영의 특성이 두드러지지 않았기 때문에 초기 논문에서 음영이나 '명암' 특성에 대해 언급하지 않았다. 이 특징은 그림판이 인쇄되면서 부각된 것이었는데, 엘렌버거(1954)는 로르샤하가 의도한 것은 아니었더라도 새롭게 창조된 로르샤하의 가능성에 대해 본능적으로 인식했었다고 주장했다. 로르샤하는 음영이 있는 카드에 대해 연구했던 짧은 기간 동안 헬-던켈 해석에서 언급했던 것처럼 (*C*)로 음영 관련 반응을 기호화하였다.

빈더(1932)는 로르샤하의 제안을 수용한 음영 특성에 대해 확장된 채점 기호를 발전시켰다. 그는 음영 반응에 대해 네 가지의 특징을 언급하였지만, 실제로는 두 개에 대한 기호만을 제안했다. 즉, '카드 전체의 밝고 어두운 특성이 확산되는 인상'에 근거한 것으로 헬-던켈(*Hd* 기호를 사용한)의 *F*(*Fb*)로 잉크반점의 영역 내에서도 구분되었다. 또한 빈더는 간혹 피검자들이 형태로 음영의 윤곽을 사용하거나 무채색으로 밝고 어두운 특성을 사용하기도 한다고 보고했다. *Hd*나 *F*(*Fb*)는 그의 기준에 적합하지 않았기 때문에 그는 특수점수를 부여하지 않았다.

빈더의 연구는 음영 반응에 대한 연구자의 의사 결정에 분명히 영향을 주었다. 무채색 반응에 대한 점수에 더해서 피오트로브스키는 음영 반응에 대한 두 개의 범주를 제안했는데, 그것은 *c*나 *Fc*로, 회색의 밝은 부분에 의해 형성된 음영 특성이나 재질 반응에 채점되었다. 다른 하나는 *c*′나 *Fc*′로 잉크반점의 어두운 분위기가 포함되거나 불쾌한 기분을 표현할 때 채점했다. 한편 라파포트는 음영에 대해 두 개의 범주를 제안했는데, 그 중 하나는 *Ch*, *ChF* 혹은 *FCh*로 두 번째에 해당되지 않는 모든 음영 반응을 제외한 음영 반응들을 대표하는 것이었다. 나머지 하나는 (*C*)*F*나 *F*(*C*)로 중요한 내면 정서 정보를 구체화할 수 있는 음영 구성 요소의 재질과 관련된 것, 그리고 색채 형태 반응에 채점한 것이다.

헤르츠도 무채색 반응에 음영 반응의 세 범주를 포함시켰는데, 그 첫 번째 범주는 *c*, *cF* 혹은 *Fc*로 재질이나 표면 혹은 반사되는 특성을 나타내는 데 음영이 사용되었을 때 사용했다. 두 번째, (*C*), (*C*)*F*와 *F*(*C*) 기호들은 세 가지 간의 관계에 대한 해석에 도움이 되는 경우 채점되었다. 세 번째는 *Ch*, *ChF* 혹은 *FCh* 기호로 모든 음영 반응에 사용되었다. 벡 또한 음영 반응을 위한 세 개의 범주를 제안했다. 그중 하나는 *T*, *TF* 혹은 *FT*로 재질의 인상을 형성하는 데 사용된 음영 반응에 채점되었다. 두 번째는 *V*, *VF* 혹은 *FV*로 깊이나 거리의 해석에 음영 특성이 기여하는 경우 부여된다. 세 번째, *Y*, *YF* 또는 *FY*는 음영 반응의 모든 유형에 채점되었고, 무채색이 사용된 경우에도 기호화되었다.

클로퍼는 음영 특성에 대해 매우 복잡하게 접근하였는데, 그는 빈더 이후 최초로 음영 반응에 대한 채점과 해석의 다양한 범주를 제안했다(1937). 그는 무채색 반응과 함께 음영의 네 가지 범주를 공식화하기도 했다. 첫 번째는 *c*, *cF*와 *Fc*로 음영이 재질, 표면 혹은 반사적인 특성을 나타내는 데 사용된 경우인데, 이 범주는 헤르츠가 사용한 기준과 동일하고 벡이 사용한 *T* 기호와 유사했다. 두 번째는 *K*와 *KF*로 음영이 확산되는 특성으로 지각되는 경우에 채점되었다. 이 범주는 빈더의 *Hd*, 라파포트와 헤르츠의 *Ch*, 벡의 *Y*와도 유사했다. 세 번째로 *FK*는 음영 특성을 깊이, 전망, 선형적인 조망, 반사 혹은 경치 등을 표현하기 위해 사용되었다. 이러한 기준은 헤르츠의 (*C*)와 벡의 *V*와도 유사했다. 네 번째 범주는 *k*, *kF*와 *Fk*로 2차원적인 자극에 3차원적인 특성을 부여하기 위해 음영 특성이 사용된 경우로 구분되었다. X-레이나 지형을 나타낸 지도(지형도) 반응에 주로 사용되었다. 클로퍼는 반응의 특정한 유형에 대해 매우 다양한 개별적인 원칙으로 다소 복잡한 기준을 고안했다. 네 번째 범주의 기호는 기준에 적합하지 않아도 음영 반응이 사용된 경우 채점되기도 했는데, 그는 *FK*를 사용하면서도 또 달리 *Fc*를 사용하는 그만의 독특한 원칙을 사용했다. 예를 들면, 투시화나 투영도는 무채색이 밝은색으로 사용된 반응이므로 모두 *Fc*로 채점해야 한다고 했고, 음영의 정밀한 부분이 대상의 일부를 특정화하는 데 사용되면 *Fc*로 채점하고, 볼록하거나 둥근 덩어리감을 표현하는 데 사용된 경우에도 *FK*보다는 *Fc*로 채점했다. 음영이 언급되지 않았더라도 깊이나 반사 등의 표현이면 *FK*에 해당했다.

종합체계에서는 음영 반응에 대한 채점 기호와 기준을 선택할 때 앞서 언급한 연구자들의 것을 부분적으로 수용했다. 클로퍼의 방식은 매우 광범위하긴 하지만, 채점 기호가 기준에서 예외적인 조항을 너무 많이 가지고, 동일한 반응에 대해 너무 개별적으로 접근하여 해석의 가능성이 많이 발생된다. 음영 반응에 대한 경험적 자료들의 비교 작업은 매우 복잡했는데, 이는 각기 다른 채점 체계를 통일된 방식으로 변환하는 것이 매우 어렵기 때문이었다. 그러나 반사 반응은 음영 차원(vista) 반응과는 해석적으로 다르며, 투시화와 덩어리감(입체감)을 강조하는 것 또한 지각적으로 다르다고 보아야 한다는 점은 비교적 분명하다. 자료들은 또한 X-레이와 지형도 또한 무채색을 사용한 것인지 확산된 음영을 사용한 것인지에 따라 음영을 지각한 방식에 차이가 있다는 점을 지적하고 있다. 기준이 분명하려면 개별적이고 독특한 채점 기호는 피해야 하고, 또 그러자면 음영 반응의 다양한 유형에 대한 구분이 명확해지지 않는다는 점에서 논쟁은 계속되었다. 그래서 종합체계에서는 기본적으로는 벡의 *T*, *V*와 *Y*를 선택하고 기준은 세 가지 중 두 가지만을 채택했다. 음영에 대한 기준에서는 음영 차원 범주를 선택하고 확산된 음영 범주에서는 무채색을 배제하였다.

음영에 대한 채점 기호를 선택하는 일은 때로 로르샤하를 사용하는 초심자에게 매우 어려운 일일인 듯하다. 많은 피검자가 '음영'이라는 단어를 직접적으로 사용하지 않기 때문이다. 그러나 대부분의 검사자는 피검자들이 "여기 색이 그래요." "여기 색이 좀 다르잖아요." 등과 같이 음영을 구분하기 위해 '색'이라는 단어를 사용한다는 점을 경험하곤 한다. 어떤 피검자는 "여기 이 선이 쭉 있어요."와 같이 마치 형태를 지적한 것처럼 표현하지만, 색의 순도에 대해 다르게 표현하는 것이다. 일반 음영을 사용한 것이 확인되면, 배제되는 과정에 근거해 어떤 유형인지를 구별해야 한다.

재질 결정인

재질(Texture) 반응의 세 기호(*FT*, *TF*와 *T*)는 음영 특성이 촉각적인 인상으로 해석되었을 때 채점하게 된다. 피검자들은 대상의 재질이나 구성을 외현적으로나 내현적으로 정교화하는데, 부드러운, 단단한, 매끄러운, 거친, 비단 같은, 입자가 거친(굵은), 모피 같은, 차가운, 뜨거운, 끈적거리는, 혹은 반들반들한(기름칠한 듯한)과 같은 촉각적인 특성을 가진 대상을 표현하기 위해 음영을 사용한다. 재질은 단순히 그 표현된 단어에 근거해서만 채점하지는 않는다. 분명히 재질이나 촉각을 표현하기 위해 음영을 사용한 경우에만 해당된다. 따라서 검사자의 질문 단계의 기술이 중요하다. 예를 들어, 피검자가 '거친, 털이 덥수룩한 혹은 모피 같은'의 단어를 사용했어도 그것이 형태를 설명하기 위한 것이라면 음영 특성을 사용한 것이 아니므로 재질 반응으로 채점하지 않는다. 또한 색채 때문에 '차가운' 혹은 '뜨거운'의 반응을 한 경우라면 이 또한 재질 반응으로 채점하지 않는다.

순수 재질 반응(*T*)

T 반응은 세 가지 재질 관련 반응 중 흔하지는 않다. 잉크반점의 음영 요소는 형태가 포함되지 않은 재질을 표현하는 데 사용되는 것으로 *TF*와 *T*를 구분하는 기준은 *CF*와 *C*를 구분하는 기준과 동일하다. 즉, 피검자가 잉크반점에 대해 형태를 부여하는 노력을 기울이지 않은 셈이다. 나무, 살, 양모, 머리카락, 그리고 비단 등이 *T*로 채점되며, 음영 특성을 재질로 지각하였으나 반점의 형태는 반응에 사용하지 않은 경우다. 형태가 사용되거나 형태 요구가 있는 대상이라면, 다소 모호하다 하더라도 *T*보다는 *TF*로 채점해야 한다.

재질-형태 반응(*TF*)

TF 반응은 반점의 음영 특성이 재질로 해석되고 이차적으로 형태가 사용된 경우에 해당된다. 많은 경우 얼음덩어리, 기름투성이의 천 조각, 털 조각, 혹은 매우 딱딱한 금속 등과 같이 모호한 형태로 표현되기도 한다. *TF*는 특정한 형태가 사용되었으나 분명히 음영 특성이 반응을 형성하는 데 주요한 요소일 때 채점한다. "빵가루가 묻은 무엇 같은데, 새우 같은데……. 네, 맞아요, 새우 튀김 같은데요(카드 VII)." 특정한 형태를 가진 대상이라도 일차적으로는 재질이 주요한 특성으로 형태는 이차적인 특성으로 사용되어야 *TF*로 채

점된다. 카드 VI에 대한 매우 유사한 반응이 세 가지 예시될 텐데, 이 예를 통해 어떻게 형태와 재질이 사용되는지를 비교할 수 있다.

반 응

와, 재미있군요. 이것은 가죽 같아요. 점이 있는 동물 가죽일 것 같아요.

질 문

검사자: (피검자의 반응을 반복한다.)

피검자: 글쎄요. 그래요. 좀 흐릿하긴 한데, 여기가 다리인 것 같네요.

이 반응에서는 검사자가 어떤 지시나 질문을 하지도 않았는데, 피검자가 형태를 먼저 언급했다. 피검자는 반응에서는 다소 모호하게 말했고, 가죽이라는 단어를 사용하고 나서, 동물 가죽이라고 구체화했다. 이렇게 보면 형태 요구가 없는 반응이다. 음영에 대한 질문의 주요 단서는 '좀 흐릿하긴 한데'라는 음영 특성에 대한 표현이고, 다음으로 형태에 대한 언급이 있었다. 이 반응은 *TF*로 채점될 수 있다. 다음의 예는 반응은 유사하지만, 그 채점은 다르다.

반 응

이것은 내가 느끼기엔 가죽 같아요.

질 문

검사자: (피검자의 반응을 반복한다.)

피검자: 음영이 털같이 보이고요, 가장자리는 동물 가죽처럼 거칠게 보여요. 여기는 다리 같고 여기는 둔부인 것 같아요.

이 반응은 질문 단계에서 음영 특성이 우선적으로 언급되긴 했으나 *FT*가 적절하다. *TF*가 아닌 *FT*로 채점되는 이유는 반응이 분명한 형태를 포함하고 있고, 동물의 몸체에 대한 언급이 어떤 형태를 분명히 가지고 있는 것이라 판단되기 때문이다. 재질이 사용된 듯하지만 형태만 사용된 경우가 다음의 예다.

반 응

글쎄요. 이것은 피부 같아요.

질 문

검사자: (피검자의 반응을 반복한다.)

피검자: 예, 확실하지는 않아요. 모피상이 앞다리는 가져가지 않은 것 같네요.

검사자: 나는 당신처럼 보이지 않는데요.

피검자: 윗부분은 제외하고요. 여기는 뒷다리 같고요. 여기는 앞다리 같아요.

이 반응에는 음영이 사용되지 않았다. 형태 특성만 강조되었으므로 *F*로 채점되어야 한다. 어떤 연구자들은 카드 VI에 대한 대부분의 동물 가죽 반응들은 재질을 표현하기 위해 음영이 사용되었던 것이라 보기 때문에 그것이 구체화되지 않더라도 *FT*라 채점하는 것이 옳다고 한다. 하지만 경험적 연구 결과에 따르면, 그렇지는 않은 듯하다. 바우먼(1959)은 실루엣 형태로 동물 가죽을 보고한 경우, 그 반응에는 카드의 음영 특성이 배제되어 있었다고 했고, 그 결과는 카드 IV와 VI의 회색-검은색의 특성을 유채색으로 바꾸어 반응하게 했을 때도 동물 가죽 반응이 보고된 빈도에 큰 변화가 없었다고 보고하여 그 결과가 검증되기도 했다.

형태-재질 반응(*FT*)

*FT*는 형태가 일차적으로 사용되고 이차적으로 음영 특성이 재질을 표현하기 위해 사용된 경우에 채점된다. *FT*로 채점되는 대부분 반응의 대상은 특정한 형태 요구를 가지는 것들이다. 예를 들면, 카드 II와 VIII에서 동물 반응을 했다면, 음영 특성 때문에 털로 정교화되곤 한다. 카드 IV에서 흔히 보고되는 사람과 유사한 형태도 털이 있는 것으로 해석되곤 한다. *FT*는 특정한 형태 요구를 가진 대상을 포함한다. 카드 VI에 대한 동물 가죽이라는 답변은 모든 재질 반응에 *FT*로 채점된다.

성인 비정신분열증 환자의 850개 반응 프로토콜과 250개의 성인 비환자군의 프로토콜에서 *FT*, *TF*, *T* 반응의 요소들을 비교해 보았다. 22,311개 반응이 포함된 1,100개의 프로토콜은 851개의 재질 반응이 포함되어 있었다. 851개의 반응 중 카드 VI에 대한 반응이 364개(43%)였고, 그중 337개가 보편적인 동물 가죽 반응이었고, 그중 318개가 *FT*로 채점되었다. 카드 IV에 대한 재질 반응이 202개(24%)로 두 번째로 많았고, 그중 161개가 *FT*로 채점되었으며, 동물 가죽 반응과 털 코트를 입은 인간 혹은 털이 있는 인간과 유사한 대상으로 구분되었다. 카드 I, II, III, IV에서는 112개의 재질 반응이, 카드 VII, VIII, IX, X에 대한 173개의 재질 반응이 나타났다. 851개의 재질 반응 중 727개(85%)가 *FT*로 채점되었고, 107개(13%)는 *TF*, 15개(2%)는 순수한 재질 반응(*T*)으로 채점되었다.

음영-차원 결정인

흔하지는 않지만, 잉크반점의 밝고 어두운 특성을 깊이나 음영-차원(VISTA)으로 해석하는 경우가 있다. "그 아래에 있어요." "그 뒤에 있어요." "가장자리 주변에……." "보다 더 높아요." "……위에 걸치고 있어요." "위에서 보면……." 등과 같이 잉크반점의 평평한 관점을 달리 보는 데 음영을 사용하는 경우다.

깊이나 차원을 나타내려 한 것이 분명하다면, 검사자는 그것이 음영에 근거한 것인지 크기 혹은 윤곽의 특성 때문에 생긴 것인지에 대해 판단해야 한다. 후자의 경우라면, 채점은 *FD*이고 차원이 아니다. 차원에 대한 판단이 곤혹스러운 때는 반응이 재질을 포함하고 있을 가능성이 있을 때다. '거친 사포(재질)'와 '험한 산맥(차원)'을 구별하는 것처럼 쉬울 수도 있지만, 때로는 '울퉁불퉁한' '들쭉날쭉한' 혹은 '거친'과 같은 단어는 차원뿐만 아니라 재질을 의미하기도 하기 때문에 판단이 어려울 때가 있다. "뇌 같아요. 이 선들을 보면 정말 울퉁불퉁한 것이 뇌의 회처럼 보여요."라는 반응에서 "이 선들이 그렇게 보여요."라고 음영을 사용하였기 때문에 차원 반응으로 볼 수 있지만, "울퉁불퉁해 보여요."로 재질 반응을 사용했다고 보기 어렵다. 그러나 만약 "당신이 만져 보면 알 거예요. 울퉁불퉁한 느낌이에요."라고 했다면 차원의 의미가 아닌 재질 반응이 적절하다.

반응의 차원성이 모호하면, 검사자는 관련된 질문을 통해 확인해야 한다. '다리 사이에 머리가 있는 괴물'이 카드 IV의 반응일 때, 이것은 형태나 음영에 근거해 차원성이 반영된 것이라 볼 수 있다. "그의 머리가 다리 사이에 있다고 했나요?"와 같이 질문해야 한다. 다음과 같이 음영 차원 반응에 대한 세 개의 채점 기호가 있다.

순수 음영 차원 반응(*V*)

순수한 *V* 반응은 특히 흔치 않다. *V* 기호는 형태를 사용하지 않으며 반점의 음영 특성에 근거해 깊이나 차원성을 보고하는 경우에 채점한다. "깊어 보이네요."(질문) "아래가 정말 어두워 보여요, 이해하기 어려워요."와 같은 반응들은 자극의 형태 특성을 무시하기 때문에 다소 극적일 때가 있다. "양쪽보다 중앙이 더 깊어 보여요."와 같이 형태를 정교화하려고 음영을 사용하는 반응이 있다. 이런 경우 *V*보다는 *VF*로 채점한다.

음영 차원-형태 반응(*VF*)

*VF*는 분명하지 않은 방식으로 형태 특성을 사용하고 깊이나 차원성을 표현하기 위해 음영 특성을 중요하게 사용한 경우에 채점한다. 대부분의 *VF* 반응은 "위로 아래로, 지도 같아요." (질문) "지리 수업 시간에 본 것 같은데, 어두운 곳은 산이고, 밝은 곳은 고원 같아요." "먹구름 같아요." (질문) "하나는 뒤에 있어요. 밝은 것은 앞에 있는 거죠." "흐르는 강과 깊은 골짜기 같아요." (질문) "어두운 선은 강이 아래로 흐르는 거고, 나머지는 골짜기의 양쪽이에요."와 같이 특정한 형태 요구는 없지만 아예 형태가 무시된 것은 아니다. 만약 형태 특성이 보다 더 구체적이거나 중요하게 강조된다면 *FV*가 적절하다.

형태-음영 차원 반응(*FV*)

FV 기호는 음영 차원 반응 중 가장 흔하다. 형태가 주요 결정인으로 사용되고, 음영은 깊이나 차원을 표현하기 위해 이차적으로 사용된다. 대부분의 *FV* 반응은 비교적 특정한 형태 요구를 가진 내용이지만, *FV*와 *VF* 반응을 구별할 수 있는 적절한 지침이 필요하지는 않다. 예를 들면, 우물이나 저수지처럼 비교적 특정한 형태가 기대되는 대상일 수 있지만, 우물이나 저수지를 포함한 대부분의 반응은 피검자가 형태 특성보다 오히려 음영을 강조할 경우 *VF*로 채점되기도 한다.

FV 반응은 일반적으로 형태를 정교화하거나 강조하는 경우에 해당된다. 어떤 내용이든 빈번하게 나타나는 인간 혹은 동물 모양에서 예외적인 반응에 이르기까지 차원을 포함할 수 있다. *FV* 반응에는 다리, 댐과 수로 등이 나타나곤 하는데, 형태가 강조된 어떤 반응에서든 차원성에 대한 표현이 포함될 수 있다. 카드 I의 가운데 영역에 대한 반응 중 많은 경우가 "커튼 뒤에 서 있는 사람"이나 "드레스를 입은 사람이 비춰서 보일 거예요."와 같이 차원을 전제로 사람 모양이 보고되곤 한다. 분명한 형태가 있는 대상과 그 대

표 7-5 재질 반응과 음영 차원 반응 유형의 예

카드	영역	반응	질문	채점
I	W	바싹 마른 잎	S: 부분이 빠지거나 떨어졌어요. 바스락거리네요. E: 바스락거려요? S: 거칠거칠해 보여요. 색이 그래요.	FT
I	D4	커튼 뒤에 있는 여자	S: 그녀의 전부를 볼 수는 없어요. 단지 여자의 하반신(D3)만을 볼 수 있어요. 이것은 커튼 같고 그 뒤에 여자가 있는 것 같아요.	FV
I	W	기름 얼룩이 진 낡고 찢어진 헝겊 조각	S: 이것은 전체가 다 검고, 기름진 무언가 헝겊처럼 보여요.	TF
II	D4	포경한 음경(성기)	S: 중심부에서 왼쪽으로 갈라진 부분이 보여요.	FV
II	D1	테디 베어(곰 인형)	S: 형태가 그렇고, 모든 부분이 부드러운 털로 되어 있군요. (비벼댐)	FT
II	DS5	구멍처럼 깊은 것	S: 마치 밑바닥이 없는 구덩이 같은 곳에서 둥근 가장자리를 보는 것 같아요. 밑으로 내려갈수록 밑바닥도 보이지 않을 만큼 깊어요.	VF
III	D1	벨벳 정장을 입은 두 신사	E: 벨벳 정장이라고 하셨어요. S: 네, 반질반질한 검은색 벨벳으로 보이는군요.	FT
III	D3	나비넥타이	S: 가운데 부분에 크고 불룩한 나비 매듭이 있군요. 진한 선은 부풀어 오른 부분 같아요.	FV
IV	W	사냥꾼의 장화가 있는데 멀리 보임	S: 장화는 앞뒤가 다른 색 때문인지 좀 멀리 보이는데요. E: 멀리요? S: 색의 차이 때문에 뒤의 것은 더 멀리 보이잖아요.	FV
IV	W	낡은 곰 가죽	S: 이것은 매우 잘 낡아서 부드러운 모피같이 보여요. (비벼댐)	FT
IV	Dd30	벌겋게 달아오른 대못	S: 검은 부분은 열 때문에 벌겋게 달아오른 것처럼 보여요.	FT
V	W	모피 망토를 걸친 사람	S: 망토에 모피로 보이는데요. (카드를 손가락으로 문지름) 촉감이 그런 것 같아요.	FT
V	W	만지면 끈적거림	S: 흠…… 끈적거리는 음식물일 뿐이에요.	T
V	W	왼쪽보다 오른쪽이 좀 뒤로 빠진 느낌	S: 중앙에서 오른쪽은 좀 뒤로 간 느낌이에요. 어두운 색 때문인지…….	V
V	W	바위 뒤에 있는 토끼 머리	S: 여기 있어요(D6). 윤곽은 볼 수 없어요. 검은 부분은 토끼 앞에 바위가 있어서예요.	FV
VI	D1	관개 배수구	S: 그 중심에서 밑으로 내려와요. 그 그늘은 회색으로 표현한 것인가 봐요.	FV
VI	D4	얼음 덩어리	S: 온통 얼음 왕국처럼 추운 느낌이 들어요. 좀 다른 회색이라서인가. (지적하며)	TF
VI	W	가죽 같은 피부	S: 가죽 같은 느낌이 나요. 이 다른 색 선들이 그런 느낌을 줘요.	TF
VI	∨Dd	깊은 골짜기	S: 이 부분(D12)이요. 위로 튀어나온 것처럼 보여요. 아래는 깊고, 차이 나는 색이 그런 것 같아요.	VF
VII	>D2	개	S: 뺨의 털과 다리의 털이요. 이 어두운 색 때문에 그런 것 같아요.	FT

VII	*W*	바위	S: 4개 정도 되는 바위요. 둥글고 아래 2개는 아래에 있어 더 어두운 색인가 봐요.	*VF*
VII	*Dd25*	뒤에 댐이 있는 것 같음	S: 여기가 댐이고요. 여기(*Dd25*)와 여기는 물을 저장하는 곳이고, 아마 같이 만나는 곳인가 봐요.	*FV*
VII	∨ *W*	숱이 많은 머리	S: 숱이 많은 넘실거리는 머리 같아요. 그냥.	*T*
VIII	*D5*	상상 속의 숲	S: 울창하게 큰 나무들이 가득한 숲이요.	*VF*
VIII	*D2*	아이스크림 셔벗	S: 거친 셔벗 느낌이에요.	*TF*
IX	*D6*	보들보들한 솜사탕	S: 보들하고 부드러운 거. 둥글둥글하고 뭉친 것 같아요.	*VF*
IX	*DS8*	유리관 속의 식물	S: 식물 줄기만 보이지만, 유리관 속이라 흐리게 보이는 것 같아요.	*FV*
X	*DS8*	동굴 안을 들여다본 것 같음	S: 입구 같아요. 들여다보면 어두워서.	*VF*
X	*D9*	이 분홍색 부분은 산맥을 그린 지도 같음	S: 학교에서 쓰는 지도요. 울퉁불퉁 튀어나온 입체지도.	*VF*
X	*D13*	가죽 조각	E: 울퉁불퉁? S: 무두질하지 않은 거친 가죽 같아요.	*TF*
X	*D3*	단풍나무 종자(씨)	S: 가장자리가 거칠고, 둥그래요. 굵은 느낌이에요.	*FV*

상을 설명하기 위해 부수적으로 음영을 차원성으로 사용한 것이므로 *FV*가 적절하다. “잎 아래에서 기어 나오는 벌레나 애벌레예요.”와 같이 카드 IV의 중앙 하단에 간혹 보고되곤 하는 반응도 FV로 채점된다. 전형적으로 피검자들은 깊이를 표현하기 위해 음영을 사용하곤 한다. 재질 반응과 음영 차원 반응의 다른 유형들이 〈표 7-5〉에 제시되어 있다. 여기에서도 결정인을 판단할 수 있는 중요한 질문을 위주로 인용하였으며 그렇지 않은 질문은 생략하였다.

확산된 음영 결정인

재질이나 차원이 아닌 음영 반응은 확산된 음영(Diffused Shading)으로 채점된다. 음영이 특정한 형태로 사용되지 않을 때, 음영 차원이나 재질 반응보다 더 보편적으로 채점되곤 한다. 로르샤하가 (*C*)로 제안했던 음영 반응과 유사한데, 확산된/퍼진 음영 특성이 반응 형성에 주요하게 사용된다. 확산된 음영 채점 결정은 피검자가 직접 밝은, 어두운, 암흑 등의 단어를 무채색에 의해 혹은 확산된 음영에 의해 사용했는지에 따라 달라진다. 무채색에 관련된 원칙이 채점을 좌우하는데, 검사자가 무채색에 의해 밝고 어두운 특성을 확신하기 어렵다면, 확산된 음영 반응 채점이 적절하다. 간혹 피검자들은 “여러 분홍색 때문에 지저분해 보여요.” “폭풍이 칠 때처럼 좀 다른 회색들이 있어요.” “ 색이 마른 피같이 보이게 해요.” “색이 마구 섞여 있어서 핑거 페인팅 같아요.”와 같이 확산된 음영 반응을 하곤 한다.

순수 확산된 음영[6] 반응(*Y*)

Y 기호는 잉크반점의 밝고 어두운 요소에만 근거해 답한 경우에 채점된다. 어떠한 형태 특성도 포함되지 않으며, 내용은 전형적으로 안개, 먼지, 어둠 그리고 연기와 같이 형태 특성이 포함되지 않는다. 순수 *Y* 반응을 결정인으로 하는 반응은 매우 드물다.

확산된 음영-형태 반응(*YF*)

YF 반응은 반응을 형성하는 데 잉크반점의 밝고 어두운 특성이 일차적으로 사용되고 2차적으로 그 형태가 사용되었을 경우 기호화된다. *YF* 반응의 내용은 구름이나 그림자, 불특정한 형태의 X-레이 그리고 '불에서 피어나는 연기'와 같이 특정한 형태의 대상과 관련된 연기처럼 대체적으로 모호하거나 분명하지 않은 형태를 띠곤 한다. 순수한 음영 확산 반응과 확산된 음영-형태 반응을 구분할 수 있는 주요한 요소는 이러한 모호함이 있더라도 피검자가 형태 특성의 윤곽을 사용할 의도가 있었는가 하는 것이다. *YF* 반응과 *FY* 반응 또한 형태를 강조하였는가에 따라 구분된다. 어떤 특정한 형태 요구를 충족시키는 내용은 *YF*로 채점되지 않으며, 반응을 형성하는 데 음영 특성이 주요한 요소로 고려되었을 때만 기호화된다.

6) 역자 주: 원서에는 음영(shading) 반응으로 표기되어 있으나, 이해를 돕기 위해 음영 확산/확산된 음영(diffuse shading)으로 번역했다.

형태-확산된 음영 반응(*FY*)

FY 기호는 반응을 형성하는 데 형태가 주요한 요소로 고려되었을 때, 그리고 음영 특성은 그 반응을 정교화하는 데 기여했을 때 해당된다. 특정한 내용과 관련된 그림자, 어떤 특정 대상의 X-레이, 그리고 '더러운 얼굴'처럼 어떤 특정한 형태 요구를 필요로 하는 대상을 정교화해야 하는 경우에는 *FY*로 기호화한다. *FY* 반응은 어떤 내용에 따라 *YF*나 *Y*로 채점되지 않는 예가 있는데, 예를 들어 순수하게 형태에 근거한 예외적인 반응으로 '구름'이 있을 수 있다. 구름 반응과 그림자가 관련되어 있을 때 그 기호는 *YF*이지만, "평평한 꼭대기에 있는 구름같이 보여요. 마치 비가 오기 전의 층운 같은데, 그것은 어두워요."라고 하는 경우는 *FY*가 적합하다.

동시에 잉크반점의 음영 특성이 윤곽으로 사용되는 경우도 있다. 간혹 카드 I의 *D3* 영역을 사람의 아랫부분으로 보면서 '이 어두운 선'이라는 표현에서 음영 특성이 윤곽으로 사용되었음을 알 수 있다. 어두운 점 또한 눈의 윤곽으로 사용되는 경우가 있다. 이것은 음영 반응으로 보기보다는 형태 반응으로 채점되어야 한다. 피검자가 윤곽을 잡기 위해 잉크반점의 음영 특성과 혼동하지 않으면서 잉크반점의 밝고 어두운 특성을 선택하여 반응한 것이기 때문에 해석적으로 꽤 중요하다. 확산된 음영 반응의 다양한 유형의 예들이 〈표 7-6〉에 제시되어 있다. 반응 후 질문이 기호화 결정에서 중요하기 때문에 함께 제시했다.

표 7-6 확산된 음영 반응의 예

카드	영역	반응	질문	채점
I	*W*	골반 X-레이	S: X-레이를 찍는 것처럼 어둡고, 골반처럼 보여요.	*FY*
I	< *D8*	야간의 크리스마스 트리	S: 야간일 것 같이 어두워요.	*FY*
I	*W*	잉크	S: 잉크가 검은 것처럼 온통 검을 뿐이에요.*	*Y*
II	*D3*	매우 우아한 나비	E: 당신은 이것이 우아하다고 말했어요. S: 내가 생각하기에 날개에서 나오는 다양한 색깔을 당신은 볼 수 있어요.	*FY*
II	*D4*	교회 탑	S: 꼭대기에 불빛 같은 게 보여요. 아마 해가 비치면 더욱 환하게 비치겠죠.	*FY*
III	*D7*	몇 가지를 찍어 놓은 X-레이	S: X-레이처럼 다양한 색을 가지고 있어요.	*YF*
IV	*W*	어둠	S: 왜 그런지는 정확히 설명할 수 없지만, 그저 어둠으로 보일 뿐이에요.	*Y*
IV	*D3*	다채로운 색깔의 꽃	S: 이 안에 다양한 색깔이 들어 있어요. 마치 중간 부분부터 다양한 색깔의 꽃잎이 있는 것 같아요.	*FY*
V	*W*	썩은 고깃덩어리	S: 이것들 중 몇 개는 나머지의 다른 것들보다 훨씬 더 썩었어요. E: 더 썩었다고요? S: 색깔이 다르잖아요.	*YF*
VI	*D2*	매우 광택 나는 침대 기둥	S: 아주 빛나 보여요.	*FY*
VI	*D4*	야간에 항해하는 함선 같아요.	S: 온통 어두운 게 야간임에 틀림없어요.	*ma.FY*
VII	*W*	내 생각에 구름 떼인 것 같아요.	S: 아주 변칙적인 구름일 거예요. 어두운 색깔과 밝은 색깔을 가지고 있는 구름, 마치 적운인 것 같군요.	*FY*
VII	*W*	폭풍을 동반한 구름	S: 폭풍을 동반한 구름이 어두운 것처럼 어두워요.	*YF*
VII	*D1*	화강암 상	S: 화강암처럼 검네요.	*FY*
VIII	*D1*	얼굴 전체가 더러운 동물	S: 때가 긴 눈두덩이가 검은색이에요. 거기가 더 그렇고, 더 더러워요.	*FY*
IX	∨ *W*	자욱한 연기와 불	S: 주황색 부분이 불이고, 나머지 부분은 연기예요. 당신은 색깔들이 어떻게 조화를 이루는지 볼 수 있어요.	*CF.YF*
X	*D11*	몇 개의 말라비틀어진 뼈	S: 마른 뼈처럼 보이는데, 이 바깥 부분이 더 밝아서 마른 것임에 틀림없어요.	*YF*

* 피검자가 '잉크같이 검은'이라고 지적하면 C′로 채점한다.

형태 차원 반응(*FD*)

깊이, 거리 또는 차원이 음영 특징에 근거를 두고 있지 않을 때 형태 차원으로 채점한다.

일반적으로 크기 차원은 *FD*를 기호화하기 위해 필수적인 요소다. 예를 들어, "발이 머리에 비해 너무 크네요." "매우 작게 보이는 것을 보니 멀리 떨어져 있는 것 같아요." 또는 '내가 멀리서 바라다본 것처럼 저 멀리 있는 것 같아요."라는 반응처럼 크기의 차이가 반응 형성에 중요한 요소다. '다리와 팔의 일부밖에 보이지 않아요. 나머지는 이 뒤에 있을 거예요.'라는 반응처럼 대상의 일부가 제외되어 있다면 형태로 깊이나 차원을 보게 되었음을 의미하기 때문에 *FD*로 채점한다.

어떤 *FD* 반응은 매우 미묘하기 때문에 검사자들은 형태 차원 반응으로 결정할 때 많은 어려움이 있다. "한 남성이 두건을 쓰고 서 있어요.'라는 반응을 예로 들 수 있다. 이 경우 두건이 얼굴이나 신체의 다른 부분을 덮고 있는지, 만약 덮고 있다면 어떻게 해서 그렇게 보게 되었는지를 질문해

표 7-7 형태 차원 반응의 예

카드	영역	반응	질문	채점
I	< *D1*	언덕에서 멀리 떨어져 있는 나무	S: 더 많이 작은 것이 아마 멀리 떨어진 것임에 틀림없어요.	*FD*
II	*D4+DS5*	호수 끝에 있는 몇 개의 절(사원)	S: 이것은(*D5*) 호수이고, 여기(*D4*)에 절이 있어요. 원근법으로 생각해야 해요.	*FD*
III	V *Dd20*	쭉 뻗은 길 위에 있는 두 그루의 나무	S: 이것은(*D4*) 나무들이고, 이것(*D11*)은 길이에요. E: 당신은 언덕에서 떨어진 부분이라고 말했어요. S: 꼭 언덕일 필요는 없어요. 단지 그것들은 작고, 그 길은 아주 넓어서 길에서 멀리 떨어져 있는 거예요.	*FD*
IV	*W*	누워 있는 사람	S: 그 사람의 발이 꼭 나를 향해 있는 것처럼 앞으로 나와 있어요. 머리는 반대쪽으로 눕혀 있어요. 마치 등이 납작하게 되어 있는 것처럼 말이에요.	*Mp.FD*
V	*D4*	동물이 수풀 뒤쪽에서 점프하고 있는데, 당신은 동물의 다리 부분만 볼 수 있어요.	S: 수풀 끝 부분이 여기예요. 뒷부분에 있는 이것이 다리예요.	*FMa.FD*
VI	*W*	언덕 꼭대기에 세워진 종교 상	S: 아주 작은 게 멀리 떨어져 있는 것 같아요. 마치 당신이 상상할 수 있을 만큼 뻗으면 언덕이 여기 있는 것처럼 말이에요.	*FD*
VII	*Dd19*	멀리 떨어져 있는 도시	S: 당신은 거기에서 교량을 볼 수 있어요. E: 당신은 흩어져 있다고 말했어요. S: 아주 작은 게 멀리 떨어져 있음에 틀림없어요.	*FD*
VIII	*D4*	언덕 저편에 떨어져 있는 두 사람	S: 당신은 언덕인 것 같은 곳에 서 있는 사람(*Dd14*)을 볼 수 있어요.	*Mp.FD*
IX	< *Dd16*	암초 바깥 부분에 서 있는 사람	S: 음… 여기가 암초(D3의 대부분)이고, 그 바깥쪽에 있는 게 이 사람이에요. 나무인지 뭔지를 향해 구부리고 있어요. 꽤나 멀리 있어요. E: 아주 멀다고요? S: 그 사람이 너무 작아서 그를 보기조차 어려운 걸요.	*Mp.FD*
X	V *D6*	두 사람이 서로 마주 보고 서서 밀어내고 있어요.	S: 그들의 몸은 앞으로 구부리고 있는 것 같은 모양을 하고 있어요. 서로의 앞에서 서로 밀고 있는 것처럼 팔을 뻗고 있어요.	*Mp.FD*

야 한다. 어떤 경우 두건은 이차원적 특징일 수 있다. 그러나 때로 피검자는 "얼굴의 일부밖에 보이지 않아요."라고 말할 수도 있다.

쌍 반응과 반사 반응

종합체계에는 다른 채점 체계에 없는 두 개의 범주가 있는데, 쌍 반응과 반사 반응이다.

잉크반점의 대칭성이 대상을 확인하는 데 중요한 특성으로 사용된다. 쌍 반응은 꽤 자주 나타나는데, 다른 결정인들의 오른쪽 칸에 결정인들의 형태질을 기록한 옆에 기입한다. 쌍 반응은 (2)로, 반사 반응은 *Fr*과 *rF*로 채점한다.

쌍 반응(2)

반응의 대칭성이 두 개의 대상을 보고하는 데 중요하게 사용된 경우 (2) 기호로 채점한다. 쌍이라는 특성은 반응의 형태 특성과는 독립적으로 채점할 수 있다. 다시 말하면, 그 대상이 반사된 것이면 이미 두 개의 대상을 포함하는 반사 반응으로 채점되어 따로 (2)라는 쌍 반응으로 표기하지 않는다. 쌍에 대한 표현은 사람마다 다양한데, 흔히 피검자들은 '두 개가 있어요.'로 표현하지만, 또 '두 개'라는 언급을 하지 않는 경우도 많다. 흔히, '곰들' '개들' '사람들'처럼 복수를 사용하거나 '한 쌍의 ~이에요.'라고 말한다. 때로 어떤 피검자는 "개처럼 보이네요."라는 반응과 같이 한 대상만을 말한 뒤 질문 단계에서 "양쪽에 한 마리씩 있어요."라고 말하기도 한다. 이 경우에도 쌍 반응으로 채점한다. 흔하지는 않지만 피검자는 "두 사람이 있어요."라는 반응처럼 쌍을 말하고는 이후 반응 단계나 질문 단계에서 "한 사람은 남성이고 한 사람은 여성이에요."와 같이 두 사람을 구분해서 말하기도 한다. "하나가 더 커요." "하나가 더 뚱뚱해요." "이쪽이 더 어두워요."와 같은 반응처럼 대상을 구분하여 반응하면 쌍 반응으로 채점하지 않는다.

형태-반사 반응(*Fr*)

반사 반응은 대상이 대칭이고 동일해야 한다는 측면에서 쌍 반응과 같지만 피검자가 보고한 대상이 반사된 것이거나 거울에 비친 상이어야 한다는 점에서는 다르다. 언급한 것처럼 반사 반응으로 채점되면 쌍 반응은 채점하지 않는다. *Fr*은 어떤 형태 특성을 가지고 있는 대상이나 내용을 분명하게 하는 데 형태가 사용되고, 잉크반점의 대칭성 때문에 반사된 혹은 거울에 비친 것으로 표현되었을 때 채점한다. 많은 경우, 운동 특성이 반사 반응에 포함되곤 하는데, 예를 들면 "어떤 사람이 거울을 보고 있어요." "어떤 동물이 바위 위를 걷고 있는데, 여기는 그 모습이 반사되고 있는 거예요."라는 반응이 흔하다.

반사-형태 반응(*rF*)

반사-형태 반응 기호는 잉크반점의 대칭 특성이 반응 형성에 일차적으로 기여하고, 대상이 반사되고 있다는 점을 정교화하기 위해 이차적으로 형태가 불분명하게 혹은 모호하게 사용되었을 때 부여하게 된다. 예를 들어, '여기 보세요. 모두 다 물에 비춰 반사되고 있어요.'로 표현될 수 있다. 반사-형태 반응은 흔히 나타나지는 않는데, 구름, 바위, 그림자, 비와 같이 불분명한 형태 요구를 가진 대상으로 표현되곤 한다. 어떤 경우에는 피검자가 특정한 형태가 없는 대상을 선택했지만, 그 대상을 묘사하는 과정에서 형태를 부여하는 경우가 있다. 이때는 반사-형태 반응(*rF*)보다는 형태-반사 반응(*Fr*)이 적합하다. 호수나 연못에 비춰진 풍경을 표현할 때 이런 경우가 종종 있다. 대부분의 경우 풍경과 관련된 설명을 하면서 형태를 설명해야 하므로 이때 형태-반사 반응(*Fr*)으로 기호화되곤 한다. 쌍 반응과 반사 반응에 대한 예들이 〈표 7-8〉에 제시되어 있다.

혼합 반응(.)

한 반응에 하나 이상의 결정인이 사용될 때 이를 혼합 반응이라 한다. 결정인이 여러 개일 경우 혼합 반응 기호인 '점(.)'으로 구분하여 *M.YF*와 같이 기록한다. 이 경우 인간 운동 반응과 확산된 음영-형태 반응으로 반응이 구성되었다는 의미다. 혼합 반응의 빈도는 반응 프로토콜마다 다양하다. 2,000개의 프로토콜을 수집해 보았더니 반응의 20% 이상이 혼합 반응이었는데, 반응 프로토콜 자료들 간에 그 변산도가 매우 큰 편이었다. 어떤 반응 프로토콜은 50% 이상이 혼합 반응인 경우도 있었고, 또 어떤 경우는 하나도 없기도 했다. 이론적으로 반응은 어떠한 결정인들 간의 조합도 가능하며, 그 채점도 그에 따라 다양해질 수 있다. 대부분의 혼합 반응은 두 개 정도의 결정인으로 조합되는데, 어떤 경우는 서너 개, 심지어 다섯 개 이상의 결정인으로 구성되기도 한다. 로르샤하 연구자들 간에 이견이 있긴 하지만, 대부분 로르샤하의 초기 제안에 따르는 편이다. 로르샤하는 다양한 결정인이 사용된 그대로 표기하도록 했는데, 그가 출판한 프로토콜을 보면 비교적 혼합 반응이 적은 편이다. 그가 사용했던 잉크반점에 음영 특성이 거의 없었던 점을 고려하면 이해할 만하다. 한편 클로퍼(1942, 1954)는 로르샤하의 의견에 이의를 제기했는데, 그는 로르샤하반응에는 주요한 결정인이 있고, 첨가되거나 부가적으로 반응 형성에 기여한 결정인으로 나누어 채점하는 것이 해석적으로 의미 있다고 보았다. 이러한 주장이 클로퍼 체계의 주요한 한계였을 것이라 여겨지는데, 주요한 결정인과 부가적인 결정인을 구분하는 데 다소 모호한 위계적인 도식(*M*이 주요 결정인으로 사용되고, 유채색, 재질, 무채색이 다음의 순으로 중요하게 사용되었다는 도식)을 사용하는 것은 실질적으로 매우 복잡한 일이었다. 워낙에 클로퍼는 로르샤하의 다중 채점 기법을 따랐는데, 질문 단계에서 보다 정교화된 질문을 하다 보니 결정인 범주의 수가 증가되고, 또한 해석에 어려움이 크다는 점을 지적했다. 또한 그는 어떤 한 개념의 부분에 관련된 주요한 결정인이 있다고 확신했고, 질문 단계에서 더 알아낸 결정인들은 부가적이어서 피검자의 기본적인 성격을 이해하는 데

표 7-8 반사 반응과 쌍 반응의 예

카드	영역	반응	질문	채점
I <	*D2*	양쪽에 한 명씩 서 있는 한 쌍의 당나귀		*F*(2)
I	*D1*	둥지 밖으로 머리를 내밀어 밖을 엿보는 두 마리 작은 새		*FMp*(2)
II <	*D6*	얼어 있는 연못을 살금살금 기어가다가 얼음에 자신을 비춰보는 토끼	S: 이 하얀 부분은 얼음이고, 당신은 거기에 비치는 것을 볼 수 있어요.	*FMa.Fr*
II	*W*	재주를 부리고 있는 두 마리의 곰	S: 발바닥을 문질러 대며 곡예를 하는 것처럼 빨간 모자를 쓰고 있어요.	*FMa.FC*(2)
III	*D1*	뭔가를 집어 올리고 있는 두 사람		*Ma*(2)
III	*D1*	거울에 비친 자신을 지켜보는 사람	S: 자기 자신을 보고 있는 것처럼 앞으로 구부리고 있어요.	*Mp.Fr*
IV <	*W*	이쪽으로 돌아보면 무언가 비치는 것을 볼 수 있어요. 아마도 구름이겠죠.	S: 내 생각에 이쪽에 비치는 그 무언가는 구름인 것처럼 보여요. E: 어떻게 구름처럼 보인다는 건지 알 수 없군요. S: 밤에 낀 구름처럼 온통 어두워요. 형체를 구분할 수가 없어요.	*YF.rF*
IV	*D6*	한 쌍의 장화		*F*(2)
V	*W*	두 사람이 등을 맞대고 누워 있어요.		*Mp*(2)
VI >	*W*	모두 같이 이쪽으로 내려져 있어요.	S: 바위인지 뭔지는 잘 모르겠지만, 비춰져 있는 양쪽 면인 것 같아요.	*rF*
VI <	*D1*	물에 비친 게 마치 야간 잠수정 같아요.	S: 밤 시간인 것처럼 온통 어두워요. 당신은 여기 비춰진 잠수함의 전망탑과 선체를 볼 수 있어요.	*FC′.Fr*
VII	*D2*	어린 소녀 같군요. 양쪽에 한 명씩 서 있어요.		*F*(2)
VII	*D2*	거울을 보고 있는 어린 소녀		*Mp.Fr*
VIII	*DS*	한 쌍의 깃발		*F*(2)
VIII <	*W*	서로 엉켜져 있는 몇 개의 암석인지 뭔지 호수의 지류에 있는 것 같아요. 그곳에 비친 그를 볼 수 있어요. 그가 그것을 내려다보고 있어요.		*FMa.Fr*
IX <	*DS*	당신은 물 바깥쪽에 서 있는 것 같아서 멀리 떨어져 있는 해안선을 볼 수 있어요.	S: 그래요. 물에 비쳐 있군요. 이 물결선을 봐요. (중간 부분을 지적한다.) 작게 보이는 게 멀리 떨어져 있음이 틀림없어요. 당신은 무슨 나무인지 뭔지가 바깥쪽에 있는 게 보이죠.	*FD.rF*
IX	*D3*	두 개의 핼러윈 가면	S: 핼러윈 가면같이 오렌지색이고요. 웃으면서 서로 등을 기대고 있어요.	*Ma.FC*(2)
X	*D1*	두 마리의 게	S: 양쪽에 하나씩요. 똑같아요.	*F*(2)
X	*D7*	사슴이에요. 뛰고 있는 것 같아요.	S: 여기랑 여기요. 똑같이 생겨서 뛰어오르는 것처럼 다리가 뻗어 있어요.	*FMa*(2)

중요하게 고려할 수 없다고 주장했다. 1938년 그는 확실하지 않은 결정인에 대해 부가적인 것으로 채점했고, 모든 점수가 일관적일 것이라 예상하는 것은 비실제적이라 결정했다.

채점자 간 동의

채점자들 간에 채점 일치율을 보기 위한 두 연구 결과를 제시했다. 각 결정인에 따라 〈표 7-9〉에서 비교할 수 있다. 예상대로 수동적 운동성과 능동적 운동성의 채점에서 가장 불일치했다. 다른 특정 결정인에서도 불일치율이 유사하긴 했지만, 전체적인 범주에서 일치율을 비교해 보는 것이 중요하다. 재질 반응이나 유채색 반응에서 의문이 제기되는 경우가 꽤 많았다. 이 결과는 훈련받은 채점자들이 동일한 프로토콜에 대해 채점을 한 후 비교한 것인데, 다소 오류가 있고, 다소 불일치하는 것이 없지 않겠지만, 로르샤하 결정인의 복잡성에 비한다면 수용할 만한 한계로 여겨진다.

요 약

24개의 결정인 기호는 로르샤하의 구조적 요약 자료의 핵심이라 할 수 있다. 이 기호들이 한 개인의 성격 특징이나 행동과 직접적으로 상관이 있는 것은 아니지만, 해석자가 피검자의 반응 유형과 성격 특징에 대한 그림을 그려보는 데 유용

표 7-9 신뢰도 연구에서 나타난 채점자 간 일치율

변 인	25개 반응 프로토콜에 대한 20명의 채점자 간 일치율	20개 반응 프로토콜에 대한 15명의 채점자 간 일치율
M	96	96
FM	96	98
m	93	95
운동 기호	97	98
a	90	91
p	88	89
C 또는 *Cn*	89	91
CF	90	92
C 또는 *CF*	95	96
FC	97	96
유채색 기호	98	99
C′	98	97
C′F	91	90
FC′	94	96
유채색 기호	96	95
T	99	99
TF	96	94
FT	94	91
재질 기호	97	97
V	–	99
VF	98	96
FV	97	95
차원 기호	99	98
Y	89	90
YF	87	89
FY	94	92
음영-확산 기호	95	97
FD	97	95
rF	92	94
Fr	93	93
(2)	98	99
F	90	91

한 자료가 될 수 있다. 해석자가 고려해야 할 반응의 또 다른 특징이 남아 있는데, 그중 4개(형태질, 내용, 평범 반응, 그리고 조직화 활동)를 다음 장에서 만나게 될 것이다.

참고문헌

Baughman, E. E. (1959). An experimental analysis of the relationship between stimulus structure and behavior on the Rorschach. *Journal of Projective Techniques, 23*, 134-183.

Beck, S. J. (1937). Introduction to the Rorschach method: A manual of personality study. *American Orthopsychiatric Association Monograph, No. I.*

Beck, S. J. (1944). *Rorschach's test: Basic processes.* New York: Grune & Stratton.

Beck, S. J., Beck, A. G., Levitt, E. E., & Molish, H. B. (1961). *Rorschach's test. I: Basic processes* (3rd ed.). New York: Grune & Stratton.

Binder, H. (1932). Die Helldunkeldeutungen im psychodiagnostischen experiment von Rorschach. *Schweizer Archiv fur Neurologie und Psychiatrie, 30*, 1-67, 232-286.

Campo, V., & de de Santos, D. R. (1971). A critical review of the shading responses in the Rorschach I : Scoring problems. *Journal of Personality Assessment, 35*, 3-21.

Ellenberger, H. (1954). The life and work of Hermann Rorschach. *Bulletin of the Menninger Clinic, 18*, 173-219.

Exner, J. E. (1961). Achromatic color in Cards IV and VI of the Rorschach. *Journal of Projective Techniques, 25*, 38-40.

Exner, J. E. (1969a). Rorschach responses as an index of narcissism. *Journal of Projective Techniques and Personality Assessment, 33*, 324-330.

Exner, J. E. (1969b). *The Rorschach systems.* New York: Grune & Stratton.

Exner, J. E. (1978). *The Rorschach: A Comprehensive System. Volume 2: Current research and advanced interpretation.* New York: Wiley.

Hertz, M. R. (1942). *Frequency tables for scoring Rorschach responses.* Cleveland, OH: Western Reserve University Press.

Hertz, M. R. (1951). *Frequency tables for scoring Rorschach responses* (3rd ed.). Cleveland, OH: Western Reserve University Press.

Hertz, M. R. (1970). *Frequency tables for scoring Rorschach responses* (5th ed.). Cleveland, OH: Western Reserve University Press.

Klopfer, B. (1937). The shading responses. *Rorschach Research Exchange, 2*, 76-79.

Klopfer, B., Ainsworth, M., Klopfer, W., & Holt, R. (1954). *Developments in the Rorschach technique. I: Theory and technique.* Yonkers-on-Hudson, NY: World Books.

Klopfer, B., & Kelley, D. (1942). *The Rorschach technique.* Yonkers-on-Hudson, NY: World Books.

Klopfer, B., & Miale, F. (1938). An illustration of the technique of the Rorschach: The case of Anne T. *Rorschach Research Exchange, 2*, 126-152.

Klopfer, B., & Sender, S. (1936). A system of refined scoring symbols. *Rorschach Research Exchange, 1*, 19-22.

Piotrowski, Z. (1936). On the Rorschach method and its application in organic disturbances of the central nervous system. *Rorschach Research Exchange, 1*, 148-157.

Piotrowski, Z. (1947). A Rorschach compendium. *Psychiatric Quarterly, 21*, 79-101.

Piotrowski, Z. (1957). *Perceptanalysis*. New York: Macmillan.

Piotrowski, Z. (1960). The movement score. In M. Rickers-Ovsiankina (Ed.), *Rorschach psychology*. New York: Wiley.

Rapaport, D., Gill, M., & Schafer, R. (1946). *Diagnostic psychological testing* (Vol. 2). Chicago: Yearbook Publishers.

Rorschach, H. (1921). *Psychodiagnostik*. Bern, Switzerland: Bircher.

Rorschach, H., & Oberholzer, E. (1923). The application of the form interpretation test. *Zeitschrift fur die Gesamte Neurologie und Psychiatrie, 82*, 240-274.

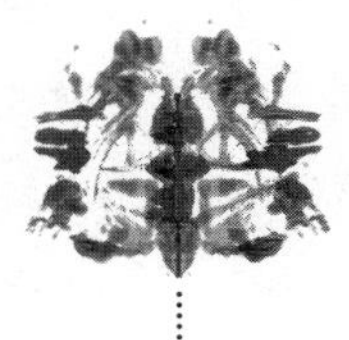

제8장

형태질, 내용, 평범 반응과 조직화 활동

반응 영역, 발달질, 결정인을 기호화하고 나면, 추가해야 할 네 개의 범주가 있다. 그 첫 번째가 형태질을 결정하는 일이다. 이는 피검자가 보고하는 반응 내용의 대상에 잉크반점의 특성이 적합한가에 대한 것이다. 두 번째는 반응에 포함된 내용에 대한 기호화이고, 세 번째는 반응이 보편적인 빈도로 나타나는 평범한 반응인가에 대한 검토를 해야 한다. 네 번째는 조직화 점수가 부여되는 반응이라면 그 점수를 찾는 일이다. 조직화 점수는 잉크반점의 특성 간에 통합이 이루어졌을 때 부여되는 점수다.

이러한 과정이 일반적인 단계인데 형태질을 결정하는 데는 더욱 신중함이 요구되긴 하지만, 반응 영역과 발달질을 결정하는 과정과 유사하다.

형태질

형태질(이하 *FQ*)을 기입하는 것은 로르샤하 반응의 기호화에서 매우 중요한 과정으로 반응에 형태가 사용된 경우는 언제나 그렇다. *FQ*의 기호화는 *C*, *C'*, *T*, *V* 혹은 *Y*와 같이 반응에 형태가 사용되지 않은 경우 한 개의 결정인만 있을 때는 기입하지 않는다. 이는 "이것은 슬픔이에요. 슬픔처럼 검기만 해요."와 같이 형태 없는 인간 운동 반응(Formless *M*)에서도 마찬가지다. 이 반응은 *Mp.C'*로 *FQ*를 기입하지 않는다.

FQ 기호화는 반응에 잉크반점이 적합('fit')한가에 대한 정보를 제공하는데, 즉 잉크반점의 영역이 반응 속의 대상을 구체화하는 데 필요한 형태로 잘 사용되었는가에 관한 정보를 준다. '적합도(goodness of fit)'는 검사를 발전시켜 온 연구자들 간에 의견 일치를 보아 온 개념이다. 연구자들은 저마다 *FQ*는, 즉 형태 사용이 적합하냐, 아니냐를 구분하는 검사의 매우 중요한 부분 중 하나이고 중요한 기준이 된다. 이 기준은 로르샤하가 권고했던 바와 일치한다.

그런데 두 가지의 기본점 외에 연구자들은 반

응에 사용된 형태의 적합도를 정교화하는 가장 최선의 방법을 찾아내었다. 벡, 레비트 그리고 몰리시(1961)와 헤르츠(1970)는 로르샤하의 지침에 가장 가깝게 따랐다. 로르샤하는 적합한 형태질을 보이는 경우 + 기호를, 적합하지 않은 형태질을 보이는 경우 − 기호를 부여했는데, 특정한 영역에 대한 반응을 통계적인 빈도에 근거해 할당했다.[1)]

벡과 헤르츠 두 사람은 보다 구체적으로 +와 − 형태질을 구분하기 위해 카드와 반응 위치 영역에 따라 기준표를 제시했다. 두 사람이 동일한 반응 영역을 사용한 것은 아니지만, 헤르츠는 벡의 기준과 자신의 기준 간에 일치도가 매우 높다고 보고했다. 피오트로브스키(1957)와 라파포트는 형태의 적합도를 결정하는 데 통계적인 빈도를 사용하는 것에 대해 동의했지만, 적합도를 일치시키기 위해 빈도 분포를 조사하지는 않았다. 클로퍼의 초기 작업에서 보면, 그도 역시 +와 − 기호를 사용했지만, 통계적인 빈도를 기준으로 삼는 것에 대해서는 대체적으로 반대했던 것 같다. 오히려 그는 검사자의 주관적인 평가에 비중을 두었다. 결국 복잡한 형태 수준 평정을 선호하면서 +와 − 기호를 삭제하였다(Klopfer & Davidson, 1944).

종합체계를 개발하면서 채점자 간의 일치도를 검증하는 경험적인 접근 방식을 선택했고, 형태 사용의 적합도를 평가하기 위해 다양한 타당도 연구 결과를 근거로 채택하기로 결정했다. 벡과 헤르츠의 방식과 같이 통계적인 빈도에 근거한 방법은 이러한 목표에 적합했다. 다만, 통계적인 빈도에 근거하다 보니 실제적으로 나타난 한계는 + 반응이라 해도 그 질이 모두 균등하지 않고, − 형태질이라 해도 마찬가지란 점이었다. 라파포트(1946)는 그의 연구에서 보다 많은 범주의 형태질 기준을 제시하였는데, 형태질이 피검자의 '현실 검증(reality testing)'을 분명하게 이해하는 데 중요한 기준이 될 수 있기 때문이라고 지적했다.

메이먼(1966, 1970)은 라파포트의 제안에 따라 여섯 개의 범주로 다음과 같이 형태질을 구분하려고 했다.

- *F*+: 연상과 현실 간의 적합하고 성공적인 조화를 이룬 반응
- *Fo*: 특별한 창조적 노력 없이 형성된 반응, 대부분의 반응이 이에 해당되며, 평범하다.
- *Fw*: *F*+와 *Fo* 반응에서 현실적인 특성을 고수하기보다 다소 유의미한 변환을 보이는 반응. 일반적인 윤곽이 반응을 형성하는 데 충돌되지 않는다면 *Fw*+로, 다소 덜 적합하다면 *Fw*−로 구분한다.
- *Fv*: 특정한 형태가 없는 내용인 경우 모호한 형태의 대상을 포함하는 반응
- *Fs*: 형태를 왜곡하여 적합성이 손상된 경우
- *F*−: 피검자의 독단적인 지각 과정을 통해 잉크반점의 구조적인 요소가 무시된 경우

메이먼은 +나 −와 같은 구분보다는 진단적으

1) +와 − 기호 할당에 대해 킨더, 브루베이커, 잉그람, 그리고 리딩(1982)은 벡의 결정에 따르고 있다. 벡은 대부분 그의 주관적인 결정에 따라 기호를 구분했다.

로 유용한 기준을 사용해야 한다고 주장했다. 그는 건강에 대한 평정, 불안에 대한 내성, 동기, 자아 강도, 그리고 대인관계의 질 등의 요인들과 형태질 간의 상관이 높았다고 보고했다. 일단은 메이먼의 형태질 기준이 통계적인 빈도에 근거한 자료들과 통합된다면, 종합체계에 적합하다고 판단했다.

사전 연구에서 네 명의 채점자를 메이먼 방식의 형태질 채점에 익숙해지도록 훈련시키고 이 기준의 유용성을 평가해 보았다. 20개의 반응 기록에 대해 형태질만을 채점하도록 했는데, 지침으로 벡의 적합한 형태냐 아니냐의 기준을 참고하도록 하였다. 평정 결과, 채점자들 간에 형태질 채점의 일치도는 41~83%로 실망스러웠다. 이 차이에 대해 분석한 결과, 신뢰도 문제가 컸다. 특히 *Fw*+나 *Fw*− 간의 채점에서 상당한 이견을 보였고, *Fv* 범주에 대해서도 그러했다. 메이먼의 기준에서는 *Fv*인 것이 벡의 기준에서는 +였다. 벡의 기준에서 −인 형태질이 메이먼의 기준에서는 *Fv*에 해당되었다. 또한 *Fs*와 *F*−의 채점에도 이견이 있었다.

이러한 결과로 메이먼의 기준에 수정이 필요했다. *Fv*와 *Fs*는 삭제하고, *Fw* 반응들은 *Fw*+와 *Fw*−로 구분하기보다는 한 개의 기호로 통일할 필요가 있었다. 네 명의 채점자들이 다시 20개의 반응 프로토콜에 새로운 기준으로 채점을 시도했다. 수정된 기준을 근거로 형태질을 채점한 결과, 87~95%로 채점자 간 일치도가 향상되었다. 이는 매우 고무적인 결과였다.

이후 벡과 헤르츠의 기준에 비중을 두면서 통계적인 빈도를 통합한 메이먼의 형태질 평가 방식을 선택하기로 결정했지만, 형태를 사용하되 얼마나 구체적으로 적합하게 사용하였는가를 변별하기로 하였고, 낮은 빈도로 사용된 경우 형태가 얼마나 적합하게 사용되었는가를 기준으로 형태질을 결정하기로 했다. 네 개의 범주와 각각의 준거들이 〈표 8−1〉에 제시되어 있다.

형태질 기호화는 기호를 결정인 기호의 뒤에 기입한다. 예를 들어, *F*+, *Fo*, *Fu* 혹은 *F*−의 형태로 기입하게 된다. 유사하게 순수한 형태만을 사용한 반응이 아닌 경우에도 마찬가지로 *Mao*, *FTu*, *FC.FD*−, *FMp.FC′*+ 등과 같이 결정인 기호 뒤에 기입하게 된다.

부록에 제시한 표에 카드별 반응의 목록과 영역별로 형태질을 결정하는 데 참고할 기준이 제시되어 있다.

최근 개정판에서는 9,500개의 반응 기록에서 205,701개의 반응을 표집으로 하였고, 비환자 집단(51,183개의 반응), 비정신분열증 외래 환자 집단(92,951개의 반응), 그리고 비정신분열증 입원 환자 집단(61,567개의 반응)으로 구성되었다. 5,018개의 항목으로 각각 o, u, −로 구분하여 형태질을 나열했다.

반응에 나온 항목이 부록에 제시한 표에서 o이고 *W* 혹은 *D* 영역이면, 9,500개의 반응 기록에서 최소 2%(190개 혹은 그 이상)의 피검자에게서 나온 반응으로 잉크반점의 윤곽이 있고, 대상을 형성하는 데 반점의 형태가 타당성 있게 사용되었다고 볼 수 있다. 865개의 항목들이 *W* 혹은 *D* 영역으로 사용되었다.

표 8-1 형태질의 기호와 기준

기 호	정 의	기 준
+	Ordinary-elaborated	반점의 형태를 예외적으로 구체화시켰다면 Ordinary로 채점된다. Ordinary elaborated는 형태를 사용한 적절성에 관계없이 그 반응의 질이 양호하면 그것만으로도 충분히 +로 채점된다. 꼭 독창적이거나 창의적일 필요는 없지만, 형태의 부분들이 사용된 방식이 매우 그럴 듯해야 한다.
o	Ordinary	대상을 설명하기 위해 일반적인 형태 특징을 명확하게 사용한 경우에 채점한다. 형태질 평가표를 근거로 *W*와 *D* 영역에서 약 2%, *Dd* 영역에서 피검자 중 최소 50명이 보고한 반응이다. 반응의 질을 향상시키려고 정교화 노력을 하지는 않은 경우다.
u	Unusual	적절한 반응을 하기 위해 형태의 기본적인 윤곽을 사용하되, 반응 빈도는 낮은 반응이다. 예외적이긴 하나 관찰자에 의해 비교적 쉽고 빨리 알아볼 수는 있다.
−	Minus	반응을 형성하기 위해 그림 형태가 왜곡되고 인위적이며 비현실적으로 사용된 경우다. 그림의 윤곽이나 구조를 무시하거나 없는 선이나 모양을 인위적으로 만들어 대치시키는 경우에 해당된다.

Dd 영역에 형태질이 o인 항목은 적어도 50명 이상의 피검자들의 반응 기록에 나온 것으로 잉크반점의 윤곽을 적절하게 사용한 경우 잉크반점의 그 영역을 사용한 사람들의 3분의 2 이상에서 나온 항목이었다. *Dd* 영역에 형태질 o로 채점되는 146개의 항목들이 부록의 표에 제시되어 있다.

평범한 형태질과 정교화된 형태질 반응 구분

반응에 포함된 대상이 부록에 제시된 목록 중에서 평범한 형태질로 구분되어 있는지를 확인해보아야 한다. 정교화된 형태질 반응(+)의 빈도만큼이나 o 형태질 반응도 모든 집단에서 매우 적을 수 있다. 하지만 정교화된 + 형태질 반응을 무시하거나 소홀하게 보아서는 안 된다. + 반응들은 구분하기가 쉽다. 유사한 답을 하는 피검자들과 확연하게 구분될 정도로 구체적이고 타당하게 형태의 부분을 잘 통합한 반응이기 때문이다. + 반응은 잉크반점의 형태 특성에 집중되기 때문에 눈에 분명하게 띈다.

예를 들어, 대다수의 사람이 인간 형태 반응을 하는데, 그들은 머리, 몸, 그리고 다리에 대해 지적한다. 정교화된 진술을 하는 피검자의 경우 서너 개의 다른 특징, 예를 들면 얼굴 표정, 팔, 허리라인, 발이나 신발에 대해서도 구체적으로 언급하곤 한다. 동물을 내용으로 반응하는 사람들도 대부분 머리, 몸, 그리고 간혹 다리를 언급하는데, 정교화된 진술에서는 귀, 꼬리, 발 그 밖에도 여러 가지 특성을 추가적으로 진술하곤 한다.

때때로 정교화된 +와 평범한 o 형태질을 결정하는 것은 채점자의 주관적인 판단에 의해 이루어지곤 하는데, 경험을 하다 보면 결정하는 것이 수월해질 것이다. 일반적으로 교육 수준이 높은 사람들의 프로토콜들에는 하나 혹은 두 개 이상의 + 반응이 있지만, + 반응들은 교육 연령이 낮은 사람들에게서도 나타나므로 검사자들은 이러한 가능성을 염두에 두어야 한다. + 반응을 적합하게 결정하기 위해서 검사자가 주의해야 할 것 중 하나는 길이가 긴 반응과 창의적인 형태질의 반응을 혼동해서는 안 된다는 것이다. + 반응의 채점은 관례적이거나 보편적인 방식이 아닌 보다 정교화된 형태의 조합이 있을 경우에만 해당된다. 대체로 길거나 창의적이지만, 반응의 길이와 창의성이 + 형태질 채점의 핵심은 아니다.

드문 형태 사용 반응 채점

형태 사용에 관한 조건은 평범한 형태질 반응으로 채점하기 어려운 경우와 드문 형태질 반응으로 채점하는 경우가 다르지 않다. 반응은 적절한 윤곽을 사용했고 그것이 검사자/채점자에게도 수월하게 지각되어야만 한다. 평범한 형태질 반응(o)과 드문 형태질 반응(u) 간의 차이는 부록에 제시된 9,500개의 반응 기록 중 적어도 2% 내에 속한 반응이냐 아니냐에 따른다. 부록에 드문 형태질로 표기되어 있고 *W* 혹은 *D*의 반응 위치 영역인 반응이라면, o 형태질로 기호화되는 2% 이하의 반응이라 볼 수 있는데, 3명의 평정자 간에 이견이 있었을 경우지만, 피검자가 대상을 빠르고 쉽게 보고, 반점 형태의 윤곽은 적합하게 사용한 경우라 볼 수 있다. 부록에 이러한 반응의 항목들 1,611개가 제시되어 있다.

*Dd*의 반응 위치 영역에 해당되고, 부록에 u 형태질 반응으로 명기되어 있다면, 50명보다 적은 수의 피검자에게서 나온 반응의 경우지만, 이 또한 3명의 평정자에 의해 의견 합일을 보지 못한 경우이고, 윤곽은 적합하게 사용된 경우로 볼 수 있다. 부록에 *Dd* 영역에 u 형태질인 반응은 565개 포함되어 있다.

추정(extrapolation)[2]에 의한 형태질 채점

부록에 많은 항목을 포함하려고 노력하였으나, 모든 범주의 가능한 답변을 아우를 수는 없었다. 표에서 찾을 수 있는 것이라면 +, u의 여부를 쉽게 찾아 기입하면 되지만, 그렇지 않은 경우가 생기곤 한다. 많은 경우, 반응이 부록에 없으면 u 혹은 − 형태질로 채점할 수 있다. 하지만 검사자는 이러한 결정을 하기 전에 표에 있는 항목에서 추정하고, 피검자의 다른 반응이 어떠한 형태질을 부여받았는지에 대해 고려하여 신중하게 채점해야 한다.

예를 들어, '자이로스코프(gyroscope)'는 카드 II의 *DS5* 영역 항목에는 없지만, o 형태질로 기호화된 '톱'이라는 반응과 항목이 유사하다고 판단한다. 자이로스코프는 톱의 형태를 가지고 있기 때문에 o 형태질을 부여하는 것은 적합하다. 또, 카드 V에서 *D10* 영역을 제외한 반점 영역은 번호

2) 역자 주: extrapolation은 보외법(補外法)으로 번역 가능하지만, 이해를 돕기 위해 원래 있는 예를 참고로 하여 '추정하거나 보충한다'는 의미로 '추정'으로 의역했다.

가 부여되어 있지 않은데, 간혹 *D10*을 배제하고 박쥐, 나비 혹은 새라고 말하는 경우가 있다. 이런 경우는 배제된 영역이 매우 작은 부분이기 때문에 *W* 영역의 반응 항목에서 추정하여 o 기호로 채점한다.

추정하여 형태질 기호를 부여할 때 우선은 모양이 비슷한가를 본다. 반응의 대상이 부록에서 − 형태질로 분류되어 있으면 −로 표기한다. 또한 u 형태질 반응과 유사한 모양을 가진 대상이라면 u로 표기한다. 추정을 하는 경우 채점자의 주관적 판단이 요구되는데, 이때 주의할 점은 과잉 일반화를 하지는 말아야 한다는 것이다. 검사자는 논리적으로 보수적이어야 한다. 동시에 반응에 포함된 대상은 부록에 있는 항목들과 분명하게 유사점이 적을 때, 과감하게 추정을 포기하고 u인지, −인지를 결정해야 한다.

마이너스반응 채점

부록에 있는 마이너스 반응들의 목록은 제한되어 있다. *W*와 *D* 반점 영역에서 마이너스인 경우의 예는 1,395개, *Dd* 영역에서는 436개다. 적어도 9,500개의 반응 프로토콜에서 각 반응 항목별로 적어도 네 번 정도의 빈도를 가진 경우 마이너스 형태질로 채점한다. 부록의 〈표 A〉에 많은 수의 마이너스 형태질 반응이 다양하게 포함되어 있진 않다. 마이너스 형태질로 채점하기 전에 검사자는 잉크반점의 윤곽이 적합하게 사용되었는지에 의거해 u 형태질인지 −형태질인지 숙고해야 한다. 원래의 항목과 유사한 형태 사용의 여부를 추정하는 데 실패하면, 드문 형태질과 마이너스 형태질 반응을 구분하는 준거를 기준으로 신중하게 검토해야 한다. 즉, 반응이 쉽고 빠르게 형성된 것이고 잉크반점의 윤곽을 무시하는 것이 아니면 u 형태질로 채점되어야 한다. 그렇지 않다면 −로 채점되어야 한다.

대부분의 −반응에 사용된 잉크반점의 영역은 잉크반점의 윤곽선을 사용하기도 하고 보고된 실제 대상과 일치하기도 한다. 하지만 대상이 전반적인 적합도에서 잉크반점의 윤곽을 의미 있게 왜곡하거나 무시하는 경우, 그리고 쉽고 빠르게 반응을 형성하는 데 동조하기 어려운 점이 분명하다. 많은 마이너스 반응이 실제로 있지 않은 잉크반점의 윤곽선을 만들어 내기도 하는데, 이렇게 존재하지 않는 윤곽선이 반응의 대상에 중요한 특성이 될 때 반응은 마이너스 형태질로 채점한다. 어떤 검사자들은 마이너스 형태질 채점을 매우 꺼리는 경우가 있는데, 이는 마이너스 반응이 제공하는 해석적인 내용이 마치 매우 부정적이고 병리적인 것으로 잘못된 편견만을 가졌기 때문일 수도 있다. 실제로 피검자 집단[3]에 속한 많은 사람이 하나 혹은 그 이상의 마이너스 반응을 보였다.

부록에 포함된 마이너스 반응이 기준을 따르는 것은 중요하나, 모든 집단에서 낮은 빈도인 반응이어야 할 필요는 없다. 카드 IX에서 얼굴이라는

3) 역자 주: 이미 제시된 것처럼 피검자 집단은 비환자 집단(51,183개의 반응), 비정신분열증 외래 환자 집단(92,951개의 반응), 그리고 비정신분열증 입원 환자 집단(61,567개의 반응)으로 구성되었다.

반응이 나왔을 때, 이 반응은 청소년 환자 집단과 비환자 집단에서 모두 종종 나오는 보편적인 반응이다. 이는 (청소년) 피검자들이 분리된 잉크반점의 형태를 폐쇄된 것으로 보는 경향 때문에 발생한 현상일 수 있다. 그런 경향이 있지만, 피검자들은 잉크반점에 분명히 없는 윤곽을 만들어내어야만 하기 때문에 마이너스로 채점되는 것이 적합하다.

여러 개의 대상이 포함된 반응

몇몇 반응에는 동일한 형태질로 채점될 수 없는 여러 대상이 포함되곤 한다. 가끔 전체 반응에 형태질이 다른 여러 대상이 포함되어 있으며, 전체 반응의 형태질은 덜 유리하게 채점되곤 한다. 이때 형태질은 덜 양호한 수준으로 채점되곤 한다. 이때 형태질의 기준은 드문(u) 형태질(−)보다는 +나 o가 더 양호한 수준이고 u형태질은 마이너스 수준보다는 더 양호한 것으로 볼 수 있다. 반응에 포함된 다른 대상이 매우 중요한데, 만약 대상이 전체 반응에서 중요하지 않으나 제시된 형태질 목록에 있는 것이라면, 그 대상은 반응에서 중요한 비중을 차지하는 다른 대상에 비해 더 양호한 수준이므로 채점자는 더 양호한 형태질 기호로 채점하는 것이 적합하다.

카드 X을 채점할 때 이러한 문제가 흔히 발생한다. 피검자들은 여러 가지 곤충이나 수중생물을 보고하는데, 이 중 대부분은 o로 채점할 수 있지만 한두 반응은 u 또는 −로 채점할 수 있다. u 또는 −로 표시된 대상이 전체 반응에서 중요하지 않다고 생각되면 o로 채점하는 것이 바람직하다. 부록에서 '동물, 바다에 사는 것' '곤충'으로 제시된 것은 적합한 윤곽이 있는 것으로 o로 채점하는 항목이기 때문이다. 즉, 반응에 포함된 대상의 대부분이 형태를 적합하게 사용하면서 형성된 것이라 할 수 있다. 그러나 만약 곤충이나 해양 동물 중 하나가 반응에 매우 중요한 것인데 마이너스 형태질이라면, 예를 들어 '이것들은 무언가 먹이를 먹으려고 하고 있는 벌레들과 곤충들이에요. (질문) 개미(*D8*), 애벌레(*D4*), 거미(*D1*) 하지만 이 큰 벌레들(*D9*)은 서로를 밀어 내려고 하고 있어요.'라는 반응일 때, 개미, 애벌레 그리고 거미는 〈표 A〉의 항목에서 o로 채점되는 대상들이지만, 벌레는 −로 채점되는 것이다. 또한 이 반응 전체에서 벌레는 중요한 주제 항목으로 보이므로 −로 채점하게 된다.

마찬가지로 카드 Ⅲ의 *D1* 영역에 대한 반응 중 "두 사람이 무언가 하고 있어요."라고 했을 때, 〈표 A〉에서는 '두 사람, 분리된 대상으로 *D7* 영역과 함께'가 o 기호의 기준에 해당된다. 반응에서 *D1* 영역과 함께 일반적으로 *D7* 영역을 포함시키는 경우가 많긴 하지만, 이 반응에서 영역의 특징을 왜곡했다고 볼 수는 없다. '무언가'를 하고 있다는 것이 '북을 중심으로 돌며 춤을 추고 있다.' '탁자를 향해 구부리고 있다.' '버섯을 줍고 있다.'는 반응일 수 있다. 이때 북, 탁자 혹은 버섯들은 항목에 있는 것이므로 만약 그것이 분리된 답으로 나온다면, 형태질은 표 기준에 따라 u로 표기한다. 하지만 이 반응에서 사람이 중심인물이라면 o로 표기한다. '무언가'를 하고 있는 것에서 '몸을 구부리고 사람의 폐(허파)를 잡아당기고 있다.'고 한다면 *D7* 영역이 폐(허파)로 반응에서 꽤 중요한 대상으로 사용되었는데 마이너스 형태질에 해당되므로 전체적으로 반응의 형태질은 마이너스가 된다.

채점자는 분리된 대상을 채점할 때 매우 신중해야 한다. 또 다른 예를 들면, 카드 II에서 '서커스에서 두 마리의 개가 공연을 하고 있는데, 빨간색은 서커스 분위기를 나타내기 위한 것이고 개들은 코 위에 무엇을, 아마도 공(*D4*)을 얹어 놓고 돌리고 있다.'는 반응이 있다고 하자. *D1*은 개로 o로 채점되는 반응이지만, *D4*의 공은 부록에 없는 항목일 뿐더러 잉크반점이 공과 닮지도 않았다. 그렇다면 이 반응에는 o, u 또는 − 중 어떤 형태질이 적합할까? 이 경우에는 피검자가 그렇게 반응하게 된 논리를 살펴보면 채점하는 데 큰 도움이 될 수 있다. 개와 서커스 분위기를 가장 중요한 결정적인 요소라고 보았다면 o로 채점할 수 있다. 이 경우 공은 그다지 중요하지 않다. 피검자는 공연하고 있는 두 마리의 개가 무엇을 돌리고 있다고 말했다. 그래서 피검자는 '무엇을'의 대상이 공이었다고 보인다. 따라서 *D4* 영역이 공과 유사하지는 않지만 피검자의 논리가 어느 정도 적절하고 크게 왜곡되지 않았다고 볼 수 있으므로 u나 −로 채점하는 것보다 o로 채점하는 것이 더 적절하다.

채점자 간 동의

채점자 간 일치도(신뢰도)에 대한 두 개의 연구에서 형태질의 기준으로 제시된 부록은 상당히 신뢰할 수 있다. 20명의 채점자가 25개의 반응 기록을 검토한 결과, + 반응의 채점 일치도는 93%, o 형태질 반응의 채점 일치도는 97%, u 는 94%, 그리고 −는 94%였다. 20개의 반응 프로토콜에 대해 15명의 채점자들의 의견 일치율은 +가 96%, o에서는 97%, u에서는 95%, 그리고 − 형태질인 경우 93%로 나타났다.

내 용

모든 반응은 내용에 대해 채점 기호가 부여된다. 내용에 부여되는 채점 기호들은 그 반응에 포함된 대상이 적절하게 속해진 범주로 채점된다. 로르샤하(1921)는 내용 기호를 여섯 개만 상정했었다. *H*(Human, 인간), *Hd*(Human Detail, 인간 부분), *A*(Animal, 동물), *Ad*(Auimal Detail, 동물 부분), *Ls*(Landscape, 풍경) 그리고 *Obj*(Inanimate Opjects, 무생물 대상)가 그것이었다. 검사를 실시하면서 초기에 매우 많은 대상이 반응에 등장하면서 이 여섯 개의 범주가 매우 적고 적절한 구분을 해 주지 못한다는 인식이 커지면서 많은 연구자는 로르샤하가 제안한 초기 목록을 더욱 구체화하고 확장시켰다. 다소 이견이 있긴 했으나, 목록은 매우 많이 증가되었다. 벡은 36개의 범주를 사용했고 클로퍼와 데이빗슨(1962)은 23개의 범주를 사용했다. 실제로 사용하는 상징 기호에도 약간의 차이가 있었다.

종합체계에서 사용하는 내용 상징의 목록은

13,000개 이상의 반응에서 사용된 것을 기준으로 수집되었다. 벡의 목록을 기준으로 하여 20회 이상 등장하지 않는 내용은 누락시켰다. 이러한 절차를 통해 35개에서 19개의 목록으로 감소되었고, 이러한 기준에 근거하여 빈도가 매우 제한된 경우 '개인 특정적인(idiographic)' 것으로 구별하여 구조적 요약에서도 따로 기입하도록 했다. 다음으로 19개의 기호 중에서 해부(*An*) 반응은 179개였는데, 그중 97개의 X-레이 내용 반응이 있어 벡은 구분하지 않고 *An*으로 사용했지만, 종합체계에서는 구분하여 기호화하기로 했다. 유사한 경우가 불(*Fi*) 반응으로 317개의 반응에서 두 개 이상의 유사한 반응이 구분되어 나왔다. 248개의 폭발 반응이 있었는데, 그중 절반이 '불' 내용과 함께 나왔고, 69개가 폭발과 관련되지 않은 불 반응이었다. 이런 결과로 폭발 반응을 불 반응에서 분리해야 할 필요성이 제기되었다. 또한 인간 반응의 25%, 동물 반응의 10% 이상에서 마녀, 거인, 괴물, 유니콘, 그리고 악마와 같은 가상적이거나 신화적인 인간 혹은 동물 내용이 있었다. 클로퍼, 피오트로브스키 그리고 라파포트의 방식이 매우 타당하다고 지적되면서 (*H*), (*Hd*), (*A*) 그리고 (*Ad*)의 네 개의 범주가 추가되었다. 또한 *Hx*와 같이 인간의 정서와 감각 경험을 내용으로 하는 상징 기호가 추가되었다.

종합체계에서 사용하는 목록들은 결국 26개로 추려졌고, 〈표 8-2〉에 제시되었다.

표 8-2 반응 내용의 기호와 기준

범 주	기 호	기 준
Whole human	*H*	전체 사람 형태를 본 반응. 나폴레옹, 잔 다르크 등과 같은 역사적인 실존 인물을 포함하고 있으면 반응 내용에 *H*와 함께 *Ay*를 부가적으로 표기한다.
	(H)	가상적인 인물이거나 신화 속 등장인물을 묘사한 경우. 광대, 거인, 마녀, 이야기 속에 등장하는 요정, 천사, 난쟁이, 악마, 유령, 공상과학소설 등에 등장하는 우주인이나 인간과 유사한 괴물, 인간의 형상을 한 실루엣(그림자)일 때 채점한다.
Human detail	*Hd*	팔, 머리, 다리, 손가락, 발, 하체, 혹은 머리가 없는 사람과 같이 불완전한 인간의 신체 부분에 대한 표현일 경우
	(Hd)	가상적인 이야기나 신화에 등장하는 불완전한 인간 형태를 표현할 경우. 악마의 머리, 마녀의 팔, 천사의 눈, 공상과학소설 등에 등장하는 우주인, 핼러윈 축제 때 만드는 호박등이나 도깨비불, 그리고 동물 모양의 가면을 제외한 모든 가면을 포함시킨다.
Human experience	*Hx*	두 사람이 서로를 사랑스러운 눈빛으로 바라보고 있다, 매우 슬퍼하는 고양이, 서로에게 화가 난 두 사람, 뭔가 메스꺼운 냄새를 맡은 여자, 매우 행복해하는 사람, 매우 흥분되어 있는 남자, 많이 아파하고 있는 사람 등과 같이 어떤 대상에 대한 인간의 정서나 감각 경험이 분명하고 모호하지 않아야 한다. 그러나 파티에 참석한 사람들, 화가 난 얼굴, 심술궂어 보이는 사람, 지쳐 보이는 두 사람 등, 그 정서 경험이 귀속되는 근원이 분명하지 않을 때 *Hx*로 기호화하지 않는다. *Hx*는 사랑, 미움, 우울, 행복, 소리, 냄새, 공포 기타 사람의 정서나 감각 경험을 포함하는 형태가 없는 *M* 반응에 일차적으로 채점

		된다. 또한 특수점수 *AB*가 함께 채점된다.
Whole animal	*A*	전체 동물 형태가 포함된 반응
	(A)	가상적이거나 신화에 나오는 동물을 전체 형태로 표현한 반응. 유니콘, 용, 마술 개구리, 날아다니는 말, 또는 전설 속의 검정 말, 갈매기 조나단 리빙스턴 등과 같이 특정한 캐릭터인 경우도 포함된다.
Animal detail	*Ad*	불완전한 동물 형태를 포함한 반응. 말 발굽, 가재의 집게발, 개의 머리, 동물 가죽 등
	(Ad)	가상적이거나 신화 속 동물의 불완전한 형태를 표현한 반응. 페가수스의 날개, 피터 래빗의 머리, 곰 푸우의 다리, 그리고 모든 동물 가면을 포함한다.
Anatomy	*An*	골격, 근육, 또는 뼈 구조, 두개골, 갈비뼈, 심장, 폐, 위, 간, 근섬유, 척추, 뇌와 같은 내부 기관을 포함하고 있는 반응. 단, 조직 슬라이드를 포함한 경우에는 이차적으로 *Art* 기호를 함께 기입한다.
Art	*Art*	추상이거나 구상이거나 유채나 수채화, 도안 또는 삽화인 경우와 동상, 보석, 촛대, 샹들리에, 배지, 인장, 장식품과 같은 예술 작품이 포함된 반응. 카드 VII에서 장식품으로 나타난 깃털은 *Art*로 채점한다. *Art*로 채점되는 많은 반응에 이차적인 내용이 채점되는데, 두 마리 개의 그림이라는 반응에는 *Art, A*로, 두 마녀 조각상일 경우에는 *Art, (H)*로, 또한 두 사람의 캐리커처일 때는 *Art, H*로 채점된다.
Anthropology	*Ay*	토템, 로마 시대의 투구, 대헌장, 산타 마리아, 나폴레옹의 모자, 클레오파트라의 왕관, 화살촉, 선사시대의 도끼, 인디언의 전쟁 때 쓰는 머리장식과 같은 역사적 · 문화적 의미를 담고 있는 경우
Blood	*Bl*	인간이나 동물의 피가 표현된 반응
Botany	*Bt*	덤불이나 꽃, 해초류, 나무와 같은 살아 있는 식물이나 잎, 꽃잎, 나무줄기, 뿌리, 새 둥지 등과 같은 식물의 일부분을 표현한 경우도 포함한다.
Clothing	*Cg*	모자, 장화, 벨트, 드레스, 넥타이, 재킷, 바지, 스카프와 같은 의복 종류를 표현한 반응
Clouds	*Cl*	구름에 한해 채점한다. 안개나 아지랑이 등은 *Na*로 채점한다.
Explosion	*Ex*	불꽃과 폭풍, 폭발이 포함된 반응
Fire	*Fi*	불이나 연기를 표현한 반응
Food	*Fd*	튀긴 닭이나 아이스크림, 새우튀김, 야채, 솜사탕, 껌, 스테이크, 생선 살코기와 같은 일반적인 음식의 종류를 표현한 반응. 새가 벌레나 곤충을 먹는 것처럼 그 동물 특유의 먹이를 표현한 경우도 포함된다.
Geography	*Ge*	지명이 분명하게 거론하지 않더라도 지도를 표현한 경우
Household	*Hh*	침대, 고기 써는 칼, 의자, 부엌 가구, 정원용 호스, 유리잔, 램프, 잔디용 의자, 접시, 모피 깔개(동물 가죽으로 만든 깔개 *Ad*로 채점하고 이차적으로 *Hh*를 채점한다.), 은식기 등과 같은 가정용품을 본 반응. 샹들리에나 촛대 또는 탁자 중앙의 장식 접시와 같은 예술 작품에는 *Hh*와 함께 *Art*로 채점한다.
Landscape	*Ls*	산, 산맥, 언덕, 섬, 동굴, 바위, 사막, 늪(습지), 산호초나 바닷속 풍경 같은 바다 경치 등을 표현한 반응
Nature	*Na*	태양, 달, 행성, 하늘, 물, 대양, 호수, 강, 얼음, 눈, 비, 안개, 아지랑이, 무지개, 폭풍우, 회오리, 밤, 빗방울 등과 같은 *Bt, Ls*로 채점하지 않는 자연적인 환경에 대해 채점한다.

Science	*Sc*	비행기, 건물, 다리, 차, 전구, 현미경, 오토바이, 발동기, 악기, 레이더 기지, 길, 로켓, 배, 우주선, 기차, 망원경, TV 안테나, 무기 등과 같은 직·간접적인 과학적 개발품이나 공상과학에 관련된 내용
Sex	*Sx*	남성 성기, 질, 엉덩이, 가슴(단순히 남성, 여성을 구별하기 위한 언급은 제외), 고환, 생리, 유산, 성관계와 같이 성기관이나 성적인 행동을 연상시키는 내용에 채점한다. 대개의 경우 이차적으로 채점되는데, 그 일차적인 내용은 *H, Hd, An*일 경우가 많다.
X-레이	*Xy*	뼈나 내부 기관을 포함하고 X-레이를 내용으로 하는 반응. Xy로 채점하면, 해부와 관련된 내용이 있어도 *An*으로 기호화하지 않는다.

여러 가지 내용 채점

흔히 많은 반응은 하나 이상의 내용을 포함하는 경우가 많다. 자연, 식물, 풍경 반응이 동시에 나타날 때를 제외하고는 반응에 포함된 모든 내용을 기호화한다. *Na*는 항상 *Bt.Ls*보다 우선해서 기호화한다. 만약 반응이 *Na*와 *Bt* 또는 *Ls*를 포함하고 있다면 *Na*만 채점한다. 예를 들어, '물속에 있는 돌 위를 걸어 가는 동물이 이 덤불을 잡으려고 한다.'는 반응이 있다면 이 반응에는 네 가지 내용이 포함된다. 동물(*A*), 돌(*Ls*), 물(*Na*), 덤불(*Bt*) 중 *A*나 *Na*로 채점한다. 만약 *Na*가 포함되지 않았으나 *Bt*와 *Ls* 중 하나가 포함된다면 채점한다. 자연, 식물, 풍경 반응과 관련해서 이러한 규칙을 적용하는 이유는 세 가지 반응 모두가 소외지표를 계산하는 데 포함되므로 어느 한 가지 반응에 지나치게 영향을 주지 않도록 하기 위해서다. 한 반응에 여러 내용이 포함되어 있을 경우 그 반응에 가장 핵심적인 내용의 기호를 먼저 제시하고 다른 내용들과 쉼표로 구분한다. 예를 들어, 큰 모자를 쓰고 있는 사람이 나무 옆에 서 있는 그림이라고 반응하였을 경우 그림이 가장 핵심적인 내용이고, 사람, 모자, 나무와 같은 내용은 그림을 구성하는 내용들이기 때문에 *Art, H, Cg, Bt*로 나타낸다. '이것은 나무 같고 나무 옆에 사람이 서 있는데 이 여자는 큰 모자를 쓰고 있다.'는 반응에서 검사자는 나무를 맨 먼저 말했지만 사람이 가장 핵심적인 내용이므로 *H, Cg, Bt*로 채점한다.

드문 내용 반응

어떤 반응들은 표준적 반응 내용 중 어느 것과도 일치하지 않는 내용을 포함하고 있을 수 있다. 그럴 경우 특이한 내용은 구조적 요약표에 특이한 내용란 *Id*에 그대로 기입하면 된다. 그러나 특이한 내용으로 기입하기 전에 피검자의 반응 내용이 표준적 내용 분류 중 어느 것과도 일치하지 않는다는 것을 확인하여야 한다. 예를 들어, 시험관이나 회전목마는 실제로 매우 특이한 내용이고 언뜻 보기에는 매우 드물게 나타나는 반응으로 보이지만 시험관은 *Sc*로, 회전목마는 *Art*로 채점하는 것이 적절하다.

평범 반응(*P*)

대부분 검사에서 매우 빈도가 높은 13개의 반응이 있다. 이를 평범 반응이라 하며 적어도 세 개의 반응 중 한 번은 나타나는 반응을 기준으로 정의한다. 이 반응은 *P*로 기호화하고 반응 내용의 기호 뒤에 기록한다. *P*는 어떤 반응이 평범 반응인지 아닌지를 양자택일해서 결정한다. 어떤 반응은 평범 반응과 매우 비슷하지만 실제 평범 반

표 8-3 비환자군과 환자군 프로토콜에서 나타난 반응과 통합 체계에서 사용된 평범 반응

카드	위치	기 준	비환자군 (%)	환자군 (%)
I	*W*	박쥐 반점의 윗부분을 박쥐의 머리 부분으로 지각하고 전체 반점 영역을 포함하고 있어야 한다.	48	38
I	*W*	나비 반점의 윗부분을 나비의 윗부분으로 보고, 반점의 전체를 포함해야 한다.	40	36
II	*D1*	곰, 개, 코끼리, 양과 같은 명확히 확인되는 동물. 흔히 머리나 상체로 보는 반응이지만 전체 동물을 포함하고 있으면 *P*로 채점한다.	34	35
III	*D9*	인간 모습이나 인형 또는 캐리커처와 같이 표현 *D1*을 두 사람의 모습이라고 하면 *D7*을 인간의 일부분으로 포함시키지 않아도 *P*로 기호화한다.	89	70
IV	*W* or *D7*	인간이나 거인, 괴물, 공상과학에 나오는 생물체와 같이 인간을 닮은 대상	53	41
V	*W*	나비 반점의 윗부분을 나비의 상단부로 보고 항상 반점 전체 영역에 대해 반응해야 한다.	46	43
V	*W*	박쥐 반점의 윗부분을 박쥐의 상단부로 보고 항상 반점 전체 영역에 대해 반응이 이루어져야 한다.	36	38
VI	*W* or *D1*	동물 가죽, 피혁, 융단이나 모피. 흔히 가죽이나 융단, 모피는 자연적인 것이든 인공적으로 만든 것이든 고양이, 여우와 같은 동물을 전체적으로 표현한 것으로 간주하고 평범 반응으로 채점한다. 피검자가 동물 가죽을 언어적으로 표현한 것인지, 반응에 내포되어 있어 그 의미가 그러한지에 따라 달리 채점될 수 있다.	87	35
VII	*D1* or *D9*	사람의 머리나 얼굴. 구체적으로 여자나 아이, 인디언이라 말하는 경우도 있으나 성별을 말하지 않는 경우도 포함한다. 흔히 *D1, D2, D23* 영역에 대해 평범 반응을 하곤 한다. *D1*을 사용한 경우에는 *D5* 영역은 머리나 날개로 보곤 한다. *D2*나 *Dd23* 영역을 포함하는 반응이라면 *D9* 영역을 머리나 얼굴로 사용하는 경우에만 P로 채점한다.	59	47
VIII	*D1*	개, 고양이, 다람쥐와 같은 종류의 전체 동물 모습. *D4* 영역과 가까운 부분을 동물의 머리로 보는 경우	94	91
IX	*D3*	인간이나 인간과 닮은 대상, 즉 마녀, 거인, 공상과학에 나오는 생물체, 괴물 등의 반응	54	24
X	*D1*	영역만으로 거미의 전체 신체기관들을 설명해야 한다.	42	34
X	*D1*	영역만으로 게의 전체 신체기관을 묘사해야 한다. 많은 다리를 가진 동물들이라 해도 다른 종류는 *P*로 채점되지 않는다.	37	38

응과 완전히 일치하지 않을 수 있다. 또한 반응 내용과 사용한 영역이 완전히 일치하지 않을 수도 있다. 이 경우에는 *P*로 기호화하지 않는다. 어떤 반응이 *P*인지 아닌지를 결정하기 위해서는 반드시 카드의 방향을 고려해야 한다. *P*로 기호화하기 위해서는 카드의 방향이 위를 향할 필요는 없으나 인간이나 동물의 머리가 포함된 반응이라면 머리의 위치가 모양을 바로 세웠을 때 위치와 같아야 한다. 카드 I, II, III, IV, V, VII, VIII, IX에 대한 반응을 *P*로 기호화할 때 반드시 이 규칙을 적용해야 한다. 예를 들어, 카드 I과 V를 뒤집어 박쥐라고 했다면 *W*로 채점할 수 있는데, 머리의 위치가 카드를 바로 세웠을 때의 위치와 동일하다면 *P*로 기호화한다. 마찬가지로 흔히 카드 VIII의 *D1* 영역에 대해 동물이라는 평범 반응이 나타나는데 만약 검사자가 카드를 뒤집어서 동물이라고 했다면, 그 동물의 머리 위치는 카드를 바로 세웠을 때의 위치와 같아야 *P*로 기호화할 수 있다.

채점자 간 동의

2개의 채점자 간 일치도 연구에서 평범 반응의 일치율은 99%였다. 각 반응의 1차 내용을 채점했을 때도 평범 반응의 채점 일치율은 매우 높았다. 25개의 반응 기록에 대해 20명의 채점자가 채점을 실시했을 때도 1차 내용에서 95%의 일치율을 보였고, 20개의 반응 프로토콜을 15명이 채점하도록 하였을 때도 96%의 일치율이 보고되었다. 그러나 이 두 집단들의 반응 기록에서 부가적인 내용에 대한 채점 일치율은 상대적으로 매우 낮았다. 25개의 반응 기록에 대해 20명이 반응의 2차적인 내용에 대해 채점 일치도를 비교했을 때 78% 정도였고, 20개의 반응 기록을 15명의 채점자가 채점했을 때는 82%를 겨우 넘었다. 이 두 집단 간의 2차 내용에 대한 채점 일치율의 차이는 누락된 반응 내용 때문이었다. 하지만 예술(*Art*), 인류학(*Ay*), 식물(*Bt*), 의류(*Cg*), 자연(*Na*), 풍경(*Ls*) 등과 같이 1차 내용보다는 2차 내용으로 빈도수가 높은 몇몇의 중요한 내용들은 구조적 요약의 계산에서도 매우 중요한 변인이었다. 검사자들은 각 반응들을 매우 신중하게 살펴보아야 하는데, 카드마다 부가적인 2차 내용들을 채점할 때 더욱 그렇다.

조직화 활동

조직화 활동은 반응에 나타난 또 다른 중요한 특징이다. 조직화 활동에는 *Z* 점수라고 하는 채점이 있는데, 개별적인 *Z* 점수는 해석적 가치가 없고 그 빈도와 총합은 피검자가 자극 영역을 조직화하려는 경향과 그 효율성에 대한 중요한 정보를 제공해 준다.

조직화 점수(Z 점수)를 가장 먼저 제안한 사람은 벡(1933)이었다. 그는 자극이 포함하고 있는 복잡성과 조직화 유형에 따라 반응에 가중치를 부여하는 방식을 사용했다. 그의 방식은 그대로 종합체계에 적용되었다. 헤르츠는 가중치(g 점수, 1940)를 일괄적으로 부여하자고 주장했던 반면에 클로퍼(1944)는 형태 수준 평정뿐만 아니라 다른 요소들도 조직화 점수에 반영해야 한다고 했다. 따라서 조직화 활동에 대한 대표치로 볼 수만은 없다. 로르샤하도 연상의 조작(Assoziationsbetrieb)[4] 개념에 대해 논의를 하긴 했지만 다른 체계에서와 마찬가지로 조직화 활동에 대한 공식적인 점수를 포함시키지는 않았다.

조직화 활동이 나타나면 자극 영역 요소들 간의 관계가 형성된다. 예를 들어, 대부분의 반점에서 분리된 대상은 개별적인 부분으로 더 잘 지각되기 때문에 *W* 반응보다 부분 반응이 나타나는 경우가 많다. 따라서 피검자가 *W* 반응을 하였다면 자극 영역에 대한 조직화가 일어났다고 볼 수 있다. 경제적인 사람들은 하나의 대상을 보고하거나 형태 대칭을 사용해서 한 쌍의 대상을 기술할 것이다. 그러나 카드에서 특정 영역과 다른 영역들 간의 관계를 유발시키는 어떤 것도 찾아볼 수 없다. 이것은 피검자가 의미 있는 관계를 형성하려는 노력, 즉 자극 영역의 자료들을 조직화하려고 노력할 때 나타난다. 예를 들어, 피검자들은 카드 VIII의 *D1* 영역을 흔히 동물이라고 하는데 이 반응을 평범 반응으로 채점한다. 단순히 그 영역을 동물이라고 하는 피검자도 있고 대칭되는 반점의 양쪽 각각에 대해 동물이라고 할 수도 있다. 이러한 반응은 매우 단순하다. 이와는 달리 동물이 나무나 산을 오르고 있다든지 또는 카드를 돌려서 동물이 바위를 건너고 있다고 말하는 피검자들도 있다. 이러한 반응들은 보다 정교하게 자극 영역을 조직화하려는 인지적 활동 수준이 높다는 것을 지적하는 것으로 이를 *Z* 점수로 나타낸다. *Z* 점수는 다음 중 적어도 한 가지 기준을 만족시키는 형태를 포함하는 반응에 대해 채점한다.

- *ZW*: 전체 반응의 발달질이 +, v/+ 또는 o일 때(전체 반응의 발달질이 *V*일 때는 *Z* 점수를 주지 않는다.)
- *ZA*: 반점의 인접한 부분에서 2개 이상의 개별적인 대상을 지각하고 이러한 대상이 서로 의미 있는 관계를 이루고 있을 경우
- *ZD*: 반점의 인접하지 않은 부분에서 2개 이상의 개별적인 대상을 지각하고 그 대상들이 서로 의미 있는 관계를 이루고 있을 경우
- *ZS*: 반점의 공간과 다른 영역을 통합하여 반응. 흰 공간만 사용된 경우는 Z 점수를 부여하지 않음

반점을 어떻게 사용하였는가와 관련해서 *ZW*와 *ZS*를 기록한다. *Wv*가 아닌 *W* 반응과 흰 공간을 반응의 한 부분으로 사용하였다면 *Z* 점수를 채점한다. 인접한 반점 영역을 포함하는 *ZA*와 인접하지 않은 *ZD*로 채점하기 위해서는 분리되거나 개별적인 대상이 서로 의미 있는 관계를 이루고 있어야 한다. 어느 한 기준이라도 만족시키는 반응이면 *Z* 점수를 채점한다. 예를 들어, '두 사람이 서로 마주 보고 있다.' '어떤 동물이 해안을 따라 걷고 있다.' '바위 위로 피어오르는 연기'와 같은 반응이면 통합 활동이 나타나기 때문에 이때의 발달질 기호는 +, v/+가 된다.

4) 역자 주: Assoziationsbetrieb는 독일어로 association operation, 즉, 연상의 조작이라는 의미로 의역했다.

*Z*를 채점하기 위해서는 반드시 형태가 사용되어야 한다. 따라서 '페인트 얼룩'처럼 발달질이 *v*인 반응(*DQv*)은 *C*로 기호화하고 *Z* 점수를 매기지 않는다. 마찬가지로 *Wv* 반응도 원래 일정한 형태가 없는 반응이기 때문에 *Z* 점수를 채점하지 않는다. 흰 공간을 포함하고 있는 반응에 대하여 *Z* 점수를 채점하려면 다른 영역도 포함되어야 한다. 흔히 카드 I의 전체 영역을 얼굴이라고 하면서 흰 공간을 눈 또는 입이라고 한다. 마찬가지로 카드 II의 *D3* 영역을 배출구, *DS5* 영역을 우주선이라고 한다. 반대로 *DS5* 영역을 로켓이라고 하면서 다른 영역을 포함하고 있지 않으면 *Z* 점수를 채점하지 않는다.

반점의 흰 공간과 다른 영역이 통합되어 있다고 가정할 때는 주의해야 한다. 대상의 영역을 규정할 때 흰 공간을 포함시켜 어떤 영역의 범위를 정할 수 있지만 흰 공간이 대상의 어느 부분인지를 구체적으로 말하기 어려울 때는 *ZS*를 채점하지 않는다. 반점 영역이 조밀하고 테두리가 연결되어 있다기보다는 조각나 있는 카드 III와 X에 대한 반응에서 *ZS*를 잘못 채점하는 경우가 많다. 흔히 이러한 카드에서 여러 영역을 묶어서 얼굴이라고 말하고 얼굴을 구성하는 눈, 코, 입, 귀, 수염 등을 구체적으로 표현한다. 이처럼 피검자 자신이 사용한 영역을 구체화할 때 다양한 부분들과 흰 공간을 통과하는 임의적인 선을 그어서 말하는 경우가 있는데, 이 경우에는 흰 공간이 다른 부분들과 통합되어 있다고 볼 수 없다. 대부분의 이러한 반응은 피검자가 형태주의의 폐쇄성 원리를 사용하기 때문에 나타난 것으로 *ZS*를 채점하지 않는다. 카드 III와 X에서 흰 공간을 통합하여 얼굴로 반응하는 경우도 있다. '광대 얼굴인데 눈과 코가 있고 하얀 칠을 하고 있다.'는 반응처럼 흰 공간을 구체적으로 사용하고 있을 경우

표 8-4 카드별 조직화 활동 값(*Z*)

	조직화 활동의 유형			
카 드	*W* (DQ: +, v/+, o)	인접 부분	비인접 부분	공간 통합
I	1.0	4.0	6.0	3.5
II	4.5	3.0	5.5	4.5
III	5.5	3.0	4.0	4.5
IV	2.0	4.0	3.5	5.0
V	1.0	2.5	5.0	4.0
VI	2.5	2.5	6.0	6.5
VII	2.5	1.0	3.0	4.0
VIII	4.5	3.0	3.0	4.0
IX	5.5	2.5	4.5	5.0
X	5.5	4.0	4.5	6.0

이 표는 사무엘 벡과 레비트, 몰리시(1961)의 **로르샤하 검사**에서 발췌했음.

에는 흰 공간과 다른 영역이 통합되어 있다고 볼 수 있으므로 당연히 점수를 준다.

일단 반응에서 *Z* 점수가 부여되면 다음으로는 적절한 값을 찾아야 한다. *Z* 값은 카드마다 4개의 준거에 따라 구해져 있으며, 〈표 8-4〉에 제시했다. *Z* 값은 인지적인 복잡성 혹은 인지적인 노력과 관련성이 높다. 한 반응에서 *Z*의 준거가 하나 이상 해당되는 경우 높은 값을 할당한다. 예를 들어, 카드 I의 전체 영역에 대한 반응이 '한 사람이 중앙에 있고요(*D4*), 두 사람이 그녀를 중심으로 춤추고 있어요(*D2*).'인 경우, *ZW*와 *ZA*에 모두 해당되는데, 이때 *ZW* 값은 1.0이고, *ZA* 값은 4.0이므로 더 높은 값인 4.0를 할당하면 된다.

Z 값은 *W+ FMa.FCo* (2) *A,Ls P* 4.5와 같이 내용과 평범 반응 기호를 기입한 후 적어 넣는다.

참고문헌

Beck, S. J. (1933). Configurational tendencies in Rorschach responses. *American Journal of Psychology, 45*, 433-443.

Beck, S. J., Beck, A., Levitt, E., & Molish, H. (1961). *Rorschach's test. I: Basic processes* (3rd ed.). New York: Grune & Stratton.

Hertz, M. R. (1940). *Percentage charts for use in computing Rorschach scores*. Cleveland, OH: Western Reserve University, Brush Foundation and Department of Psychology.

Kinder, B., Brubaker, R., Ingram, R., & Reading, E. (1982). Rorschach form quality: A comparison of the Exner and Beck systems. *Journal of Personality Assessment, 46*, 131-138.

Klopfer, B., & Davidson, H. (1944). Form level rating: A preliminary proposal for appraising mode and level of thinking as expressed in Rorschach records. *Rorschach Research Exchange, 8*, 164-177.

Klopfer, B., & Davidson, H. H. (1962). *The Rorschach Technique: An introductory manual*. New York: Harcourt, Brace & World.

Mayman, M. (1966). *Measuring reality-adherence in the Rorschach test*. American Psychological Association meetings, New York.

Mayman, M. (1970). Reality contact, defense effectiveness, and psychopathology in Rorschach form level scores. In B. Klopfer, M. Meyer, & F. Brawer (Eds.), *Developments in the Rorschach technique. III: Aspects of personality structure* (pp. 11-46). New York: Harcourt Brace Jovanovich.

Piotrowski, Z. (1957). *Perceptanalysis*. New York: Macmillan.

Rapaport, D., Gill, M., & Schafer, R. (1946). *Diagnostic psychological testing* (Vol. 2). Chicago: Yearbook Publisher.

Rorschach, H. (1921). *Psychodiagnostik*. Bern, Switzerland: Bircher.

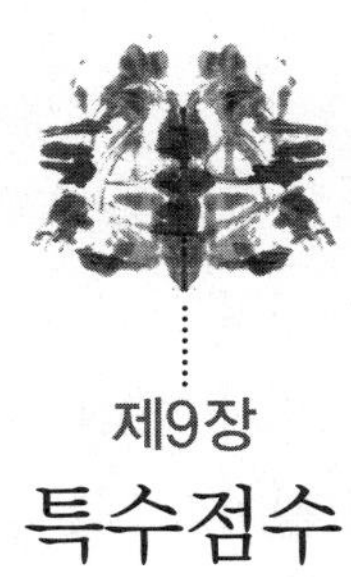

제9장
특수점수

로르샤하 반응을 기호화하는 과정에서 마지막 과제는 피검자의 답이 한 개 혹은 그 이상의 특수점수를 추가로 부여할 만한지에 대해 결정하는 일이다. 반응의 특성을 정의하는 로르샤하의 다른 기호들처럼 특수점수는 수량적인 점수이기보다는 반응에 평범하지 않은 특징이 있다는 의미로 부여하는 기호다. 현재는 15개의 특수점수가 종합체계에 포함되어 있다. 평범하지 않은 표현을 기호화한 6개의 특수점수가 있는데, 보속성의 특성을 기호화하는 데 사용되는 4개는 반응 내용을, 2개는 인간 표상에 관여되는 내용을 구분하기 위해 사용되는데, 그중 1개는 보다 개인적인 답변에, 그리고 또 하나는 특수한 색채 현상을 언급하는 답변에 부여된다.

이렇게 반응에 나타난 예외적인 특징에 대해 확인할 필요성이 있다는 점을 인식한 사람들은 라파포트, 길 및 샤퍼(1946)였는데, 이러한 목적으로 25개의 특수점수를 고안하기도 했다. 라파포트가 이미 지적하였지만, 불행히도 이러한 기준이 결과적으로는 여러 면에서 중복되어 채점자 간의 일치도가 그리 높지 않았다. 결국 타당도 문제가 난점으로 남아 있다. 처음 로르샤하 종합체계가 출판되었을 때는(Exner, 1974) 특수점수가 포함되지 않았는데, 이는 특수점수에 대한 기준, 채점자 간 일치도 혹은 타당성을 확증해 줄 자료가 부족했기 때문이다. 예외적인 표현을 처리하기 위해 라파포트와 그 동료들(1946), 샤퍼(1954) 그리고 와이너(1966)의 연구 성과를 기반으로 하여 제안된 특수점수 5개가 초기 출판 2년 후(Exner, Weiner, & Schuyler, 1976)에 첨가되었다. 종합체계가 발전되면서 1978년과 1982년 사이(Exner, 1978; Exner & Weiner, 1982)에 3개의 특수점수 기호가 첨가되었고, 나머지 7개의 특수점수 기호는 로르샤하연구재단(Rorschach Research oundation)에서 연구가 진행되면서 개발되었다(Exner, 1991, 2000, 2001).

드문 언어 표현[1)]

드문 언어 표현(Unusual verbalization)은 인지활동의 연구에서 매우 중요한 주제고, 특히 역기능적일 경우 더욱 그러하다. 일시적으로든 장기적으로든 인지적인 오류가 있는 사람이라면 언어 표현에도 나타나게 될 것이고 이러한 인지적인 오류의 증거들은 성인뿐만 아니라 아동에게서도 종종 나타나곤 한다. 일반적으로 정확하고 세세하게 자신의 생각을 표현할 수 있는 사람은 많지 않다. 대부분의 사람이 자신의 논리나 판단에 앞서 일시적으로 잠시 머뭇거리지만, 스스로 즉각적인 인식이 가능하다. **로르샤하**를 실시하였을 때 이와 유사하게 인지적인 활동에서 이탈이나 실수가 발생할 수 있고, 이때 검사자는 그 사람의 사고에 대한 중요한 정보를 얻을 수 있다.

로르샤하 반응에서는 인지적 곤란이 세 가지 형태로 나타날 수 있는데, 첫째 이탈된 표현(Deviant Verbalization), 둘째 부적절한 결합(Inappropriate Combination), 셋째 부적절한 논리(Inappropriate Logic)가 그것이다. 6개의 특수점수는 **로르샤하** 반응에서 이러한 인지적 곤란이 있음을 표시하는 역할을 하게 된다. 이탈된 표현을 표시하기 위해 *DV*와 *DR*이 사용되며, 부적절한 결합을 표기하기 위해 *INCOM, FABCOM, CONTAM*과 같은 3개의 기호가 사용된다. 또한 부적절한 논리를 의미하는 *ALOG*라는 기호가 사용된다.

6개의 특수점수 중 4개, 즉 이탈된 표현 기호인 이탈된 언어 표현(*DV*)과 이탈된 반응(*DR*), 그리고 부적절한 결합의 기호 3개 중 2개인 모순된 조합(*INCOM*)과 우화적인 조합(*FABCOM*)은 사고 내용의 기괴함에 따라 각각 수준 1이나 수준 2로 구분한다. 이러한 구분은 각각의 반응 범주에서 수준별로 인지장애의 정도를 판단할 수 있기 때문이다.

수준 1과 수준 2 구별

수준 1과 수준 2의 구별은 인지적인 부주의함의 정도와 그 인지적인 혼란의 정도가 가벼운 수준인지 심각한 수준인지를 판단하기 위한 것이다. 그 수준의 판단에 주관성이 개입될 수 있지만, 기괴성과 부적절성에 따라 신뢰할 만한 평가 과정을 거쳐야 한다.

이렇게 구별할 때 채점자는 현실이 무시되거나 배제된 대답을 어떻게 측정해야 하는지에 대해 그 기준을 검토해야 한다. 즉, 인지적인 혼란이 관념적인 자유분방함에 의한 우발적인 형태로 반영된 것인지 혹은 현실과 동떨어져 왜곡되고 붕괴되어 부적절한 사고로 나타난 것인지에 대해 검토해야 한다.

수준 1 반응

수준 1은 비교적 가벼운 정도로 비논리적이고,

1) 역자 주: verbalization은 언어 표현 혹은 표현으로, response(s)는 반응으로 구분했다.

유동적이며 특이하고 우회적이고 장황한 사고가 나타날 경우에 해당된다. 수준 1로 채점되는 반응들이 특수점수의 기준을 만족시키는 것이긴 하지만, 흔히 어떤 판단을 내리면서 신중하지 않을 때 발생되는 실수의 양상이나 인지적인 실수와 크게 다르지 않다.

다시 말하면, 수준 1의 점수가 부적절한 언어를 사용하고 과제와는 동떨어진 엉뚱한 단어를 사용하는 등 독특하거나 잘못된 판단을 반영하는 것이어도 그것은 정말 객관적으로 기괴한 것은 아니다. 오히려 그것은 전형적으로 단어를 선택하는 데 부주의하거나 미성숙하거나 교육의 기회가 제한되었거나 혹은 충분히 생각하지 않고 판단한 결과로 나타난 반응일 수 있다.

수준 2 반응

수준 2는 인지적으로 해리되었거나 비논리적이고 유동적이거나 혹은 우회적인 사고를 보이되, 보다 심각한 경우의 반응에 채점한다. 수준 2의 반응은 과제에 대한 표현 양상 또한 예외적으로 특이하거나 이탈 혹은 고립된 경우고, 판단의 결함이 현저하게 나타난다.

수준 2의 반응은 뚜렷하게 부적절하고 기괴하기 때문에 분명하게 드러나며, 채점에서 재고의 여지가 없는 경우가 많다. 반응을 점수화하는 데 수준 2로 채점하기에 조심스러운 경우라면 수준 1의 점수로 채점하도록 한다. 조금이라도 의문이 생긴다면 다시 신중하게 검토하고 수준 1의 점수를 주는 것이 좋다. 수준 1과 수준 2의 결정 과정에는 피검자의 연령, 교육 수준, 그리고 문화적 환경과 같은 외부 요인과 독립적으로 결정되어야 한다. 기호화와 채점 과정에서는 어떤 인위적인 요소가 개입되어 객관적인 평가 자료를 오염시키지 않아야 한다. 이러한 외부 요인들은 특수점수를 해석할 때 고려할 수 있다.

이탈된 언어 표현(*DV & DR*)

이탈된 언어 표현에는 두 개의 특수점수가 있다. 하나는 인지적인 혼란에 의해 부적절한 단어를 선택한 표현에 대한 것이고, 다른 하나는 더 광범위하게 나타난 반응을 나타내기 위한 것이 있다. 이 두 가지 모두 피검자의 의사소통을 분명히 방해하는 개인의 특정한 표현 방식이라 볼 수 있다.

이탈된 표현(*DV*)

*DV*는 부적합한 단어나 문자를 사용할 때 채점한다. *DV*는 신조어(neologism) 혹은 비효율적으로 단어가 중복 사용(redundancies)되었을 경우에 채점되는데, 두 가지 모두 반응에서 기이한 인상을 주는 것들이다. *DV* 반응은 대개의 경우 부적절한 단어를 포함하고 있기 때문에 비교적 쉽게 찾아낼 수 있다.

- 신조어(Neologism): 피검자의 언어 능력에 미루어 충분히 정확한 표현이 가능한데도 부

반 응	채 점
레슬링 선수들이 서로 짓누르고 있는 모습이에요(Wrestlers trying to *squish* each other).	*DV1*
사람들이 바위나 담요 등에 성적인 의지를 하고 있어요. (People having sexual *recourse* on a rock or blanket).	*DV2*
망원경으로 볼 수 있는 박테리아(Some bacteria you might see under a *telescope*)	*DV2*
사람의 공식적인 발등의 X-레이(An x-ray of somebody's *public* arch)	*DV2*
털썩 앉은 파리(A fly *plopping*)	*DV1*
러시아에서 온 것 같은 오용한/횡령한 사람(A *misappropriated* person, like from Russia)	*DV1*
이 꽃들은 중심에 버터스카치가 있어요(These flower have a *butterscotchy* center).	*DV1*
이 피는 모여 있는 것처럼 모두 딱딱해요(This blood is all hard, like *congregated*).	*DV2*
성경에는 악의 동산에서 온 뱀들이 있어요(These are snakes in the Bible, from the garden of *evil*).	*DV2*
얼음 위를 활주하는 토끼처럼 보여요(This looks like a rabbit, *slithering* on the ice).	*DV1*

적절한 단어를 사용하거나 비전형적인 단어를 사용하는 경우를 포함한다.

몇 가지 예를 들어 수준 1과 2를 구분해 볼 수 있다.[2)]

때로는 물건의 부분에 대해 부적절한 단어를 사용하기도 한다. 나비를 묘사할 때 더듬이 대신 촉수라는 단어를 사용하면, 이러한 것들은 *DV*가 아니라 부적절한 조합 *INCOM* 반응이 된다.

- 비효율적으로 단어를 중복 사용(Redundancy): 사물의 특성을 불필요하게 두 번 이상 사용하거나 특이한 단어를 기이하게 사용하는 경우를 포함한다.

몇 가지 예를 들어 수준 1과 2를 구분해 볼 수 있다.

반 응	점 수
질의 두 개 쌍둥이 (The *two twin* lips of a vagina)	*DV2*
작고 조그만 새(A *tiny little* bird)	*DV1*
주의: 조금 작은 새(little tiny bird)는 *DV*로 채점되지 않는다.	
사람의 죽은 시체 (The *dead corpse* of a person)	*DV1*
세 명의 트리오(*A trio of three* people)	*DV2*
두 마리 새 한 쌍(*A pair of two* birds)	*DV1*
그것은 텅 빈 비어 있는 공간이에요. (It's empty, like a *hollow void*)	*DV1*
전당포 표시 위에 있는 두 배의 두 공 같이 (Like the *double two* balls on a pawnbroker's sign)	*DV2*

이탈된 반응(*DR*)

*DR*은 피검자가 과제에 대해 왜곡하거나 이탈

2) 역자 주: 이해를 돕기 위해 원문과 번역문을 함께 실었다. 이탤릭체로 된 단어에 주의해 보자.

되어 이상하거나 특이한 반응을 할 경우에 채점한다. 과제와는 전혀 무관하거나 왜곡된 단어를 사용하곤 하는데, *DR*은 과제에 적합하지 않은 단어를 사용하는 경우와 부적절하게 장황한 반응을 하는 경우로 구분된다. 이탈된 반응은 기괴하지는 않지만, 과제에 부적합한 단어를 사용하곤 한다. 다음과 같이 두 가지의 채점이 가능하다.

- 부적절한 관용구나 어구의 사용: 채점에 앞서 구분해야 할 과제에 부적절하거나 상관이 없는 말들을 사용하는 삽입구가 많은 문장도 있다. 예를 들어, '이것들은 정말 이해하기가 어렵네요.' 혹은 '색깔이 변하는 것 같아요.'라거나 '다시 보면 더 많은 걸 볼 수 있을 텐데.'와 같은 말들은 *DR*로 채점하지는 않는다. *DR* 점수는 반응 그 자체가 부적절한 어구를 포함하고 있거나 과제에 대한 구의 사용이 부적절할 때 채점된다. 부적절한 구는 반응을 더 독특하게 하는 데 사용된 표현이고 피검자의 입장에서는 그 어구가 반응과 관련이 없어도 삽입하려고 의도했던 것이다.

  대부분의 *DR*은 부적절한 어구를 포함하고 있지만, *DR 2*는 적응에 필요한 관념적인 통제(ideational control) 과정에 어려움이 있다는 점을 시사한다. 수준 1과 2의 경우로 반응을 구별할 수 있다.

- 우회적이고 장황한 반응: 유동적이고 산만한 대답(Circumstantial Response)은 과제를 무시하는 경향으로 볼 수 있다. 대부분의 검사자들은 우회적이거나 장황하게 하는 반응을 쉽게 찾아낼 수 있는데, 그 이유는 피검자가 쏟아 놓은 이야기들이 거의 반응 과제와는 무관한 것이 많기 때문이다. 이러한 것은 과제에 대한 관념적인 산만성(ideational distraction)이라 볼 수 있는데, 피검자는 대상에 대한 명료한 정의를 하지 못하곤 한다.

  우회적인 반응이라고 해서 그 반응이 길어야 하는 것은 아니다. 우회적인 *DR* 반응과 정교하고 과제에 적절한 반응과 과장스럽긴 해도 과제에 초점을 유지하고 있는 반응과는 구분해야 한다. 어떤 피검자는 스스로 설명하는 것 자체에 대해 매우 곤혹스러워 한다. 그러다 보니 과장하기도 한다. 예를 들어, '이쪽으로, 잠깐만요, 오케이, 이쪽으로, 음…… 그러니까, 어머, 개 같은데. 아니다, 개라기보다는 여우가 낫겠군.' 등등은 부산하고 부적절한 반응이지만, 우회적인 반응은 아니다. 자신이 말하려는 주제를 유지하면서 반응하고 있기 때문에 이런 경우는 *DR*로 채점하지 않는다.

어떤 사람들은 정말 세밀하고 구체적으로 반응을 정교화하는 경우가 있다. 분명히 적절한 대답이지만, 반응의 방향성은 유지하되 단지 표현 방식이 아주 정교하고 세밀하여 우회적이거나 장황해지는 경우가 있을 수 있다. 우회적인 반응 *DR*은 피검자가 반응해야 할 과제를 상실하고 때로는 주제를 이탈하는 경우도 발생한다. 수준 1과 2의 경우를 보자.

반 응	점 수
바닷가재임에 틀림없어요. 하지만 지금은 제 철이 아니에요(It could be lobsters *but they're not in season*).	*DR1*
개인 것 같아요. 우리 아버지는 개를 한 마리도 못 기르게 하셨어요(I guess a dog, *my father never let me have one*).	*DR1*
식물 아닌가요, 그런 식물은 아무도 본 적이 없을 거예요(It's some kind of plant that *no one has ever seen*).	*DR2*
클린턴의 얼굴인데요. 만약 당신이 민주당원이라면요(It could be the face of Clinton *if you're a Democrat*).	*DR2*
박쥐예요. 난 나비를 보고 싶었는데(A bat, *but I wanted to see a butterfly*).	*DR2*
(여성의) 질이에요. 누구나 여기에 집착할 걸요(A vagina, *whoever made these was preoccupied*).	*DR1*

반 응	점 수
이게 무엇인지 확실하지 않아요. 어떤 동물의 코 같기도 하고 아마 말이나 소과 동물 같은데……. 정열과 심리적 드라마를 연출하는 거 같은데요. 제가 그걸 두 번 봤거든요. 아, 그래요, 말의 코네요. (I'm not sure what this could be, something like an animal nose, maybe equine or bovine, *like in that play that was so filled with passions and psychological drama. I saw it twice.* Yes, the nose of a horse.)	*DR2*
닭 같아요. 산드라에게 받은 것 같은데, 하지만 어머니가 잘 만드세요. 정말 제가 배가 고픈 게 틀림없어요. (It's like chicken, like you get from Colonel Sanders, *but my mother makes it better, I think I must be getting hungry.*)	*DR1*
아일랜드 지도 같아요. 아마 아닐지도, 아마 다른 장소일 수도 있겠는데, 하지만 아일랜드가 맞을 거예요. 아일랜드에 대해서 잘 알진 못해요. 하지만 멕시코에 대해선 잘 알아요.(It's like a map of Ireland, maybe not Ireland, maybe someplace else, but it could be Ireland. *I don't know much about Ireland but I know about Mexico.*)	*DR2*
아마도 두 마리 뱀인 것 같은데, 저는 항상 뱀을 싫어했어요. 제 형은 항상 나를 이상한 것으로 못살게 굴었어요. (Maybe two snakes, *I always hated snaked, my brother used to tease me about it something awful.*)	*DR1*
언덕에서 멀리 떨어져 서 있는 나무 같아요. 그곳은 내가 모든 것에서 벗어나 가고 싶은 평화로운 장소 같아요.(It looks like some trees way off on a hill, it looks so peaceful, *like a place that you'd want to go to get away from everything.*)	*DR1*
물에 떠 있는 기름 같아요. 더러운 사람들이 환경을 더럽히려고 물에 버리는 오물 같은 거요. 사람들은 정말 불결해요. 그들의 탐욕을 채우지 못하게 법을 만들거나 그런 사람들을 없애야 돼요.(It looks like oil on water and garbage too, just a lot of pollution with all the foul impurities that filthy people have thrown into the environment. *People really are filthy, they ought to make laws to eliminate them or force them to wallow in their own filth.*)	*DR2*
오, 이런, 잡지에서 본 적이 있는데, 사모아나 어디선가에서 온 사람 같아요. 난 책을 많이 읽어요. 왜냐하면 그렇게 하면 당신을 더욱 세련되게 하고 매일매일 독서를 하면 당신은 많은 것을 알게 되죠.(Oh dear, I've seen something like that in a magazine, it's like a person from Samoa or someplace like that, *I read a lot because it sharpens your mind and you can learn a lot about the world if you devote some thom to reading every day.*)	*DR2*

대부분의 검사자는 *DR*을 쉽게 확신할 수 있다. 왜냐하면 장황한 언어 표현이 실질적인 반응과는 연관성이 없기 때문이다. 그러면서 부수적인 언어들까지 기괴하거나 기묘하지는 않다. 다른 상황에서는 적절할 수도 있지만, 현재 피검자에게 주어진 반점에 대한 반응으로는 적절하지 않다. 또한 어떤 *DR* 반응은 *DV*를 포함하기도 하는데, 이때는 *DR*만 채점한다.

부적절한 조합

대상에 대해 비현실적인 특성을 보고하고, 대상들 간에 현실적으로 가능하지 않은 관계를 보고하거나 추론하고, 대상과 관련된 부적합한 행위를 보고하거나 현실을 거스르는 방식으로 부적절한 요약을 하는 반응에 대해 3개의 특수점수(*INCOM, FABCOM, CONTAM*)로 채점한다. 부적절한 조합 반응 세 가지 형태 중 두 가지(*INCOM, FABCOM*)는 수준 1과 2로 구분한다.

모순된 조합(*INCOM*)

*INCOM*은 한 대상에 대해 하나 혹은 그 이상의 부적절하거나 불가능한 특성 및 활동으로 반응의 내용을 진술하는 경우다. 대상이 만화에 등장하는 경우라면 그 행위가 실제로는 불가능하더라도, *INCOM*으로 채점하지 않는다. *DV*와 *DR* 반응처럼 수준 1과 수준 2로 구분하는 기준은 기묘함이다. 수준 1의 *INCOM* 반응은 흔히 나타나기도 한다. 수준 2의 *INCOM*은 이상하고 비현실적인 내용이다. 몇몇 예에서 수준 1과 수준 2를 구분하는 차이를 알 수 있을 것이다.

우화적인 조합(*FABCOM*)

*FABCOM*은 두 가지 이상의 대상이 있을 수 없는 방식으로 관계를 맺고 있는 것(Fabulized

반 응	점 수
고환이 4개인 개구리(A frog with *four testicles*)	*INCOM2*
박쥐, 여기가 날개, 몸이고, 이것은 손이에요(A bat, here are the wings, body, and these are his *hands*).	*INCOM1*
닭의 머리를 가진 여자(A woman with the *head of a chicken*)	*INCOM2*
붉은 곰들(*Red* bears)	*INCOM1*
날개가 있는 신기한 남자 성기(A marvelous penis *with wings*)	*INCOM2*
노란 눈을 가진 남자(A man with *yellow eyes*)	*INCOM1*
저쪽에 있는 개가 소리치며 웃고 있어요(A dog there, he's *laughing out loud*).	*INCOM2*
머리가 두 개인 사람(A person with *two heads*)	*INCOM2*
여러 개의 튀어나온 뿔을 가진 거미(A spider with a lot of *antlers* sticking out)	*INCOM1*
고양이 얼굴인데 웃고 있어요(A cat's face, he's *smiling*).	*INCOM1*

Combination: *FABCOM*)을 말한다. 이 반응은 항상 분명하게 분리된 두 가지 이상의 반점 부분을 포함하고 있다. *FABCOM*은 또한 분명하게 이해하기 어렵다. 투명성을 제외하고는 항상 두 가지 이상의 대상을 포함한다. *FABCOM*의 기본적인 지침은 앞서 언급한 대로 기묘함이다. 수준 1 반응은 주로 만화에서 묘사되는 것과 같은 반응이어서 특수점수를 하지 않을 수 있지만, 수준 2 반응에서는 현실성이 없는 기묘한 방식으로 기술되는 반응이다. 또한 받아들이기 어려운 투명성은 항상 수준 2에서 나타난다. 다음은 수준 1과 2의 몇 가지 예다.

오염(*COMTAM*)

이것은 부적절한 조합 중에서 가장 기괴한(bizarre) 반응이다. *CONTAM*은 두 가지 또는 그 이상의 인상들이 비현실적으로 하나의 반응으로 결합된(fused) 것을 말한다. 결합(fusion) 과정을 거치게 됨으로써 반응들을 개별적으로 보고했을 때보다 인상의 적합성(adequacy)이 손상되어 나타난다. *INCOM* 반응은 분리된 반점 부분들을 현실적으로 가능하지 않은 하나의 대상으로 결합한 것인 데 비해, *CONTAM* 반응은 반점의 한 부분만 사용된다. 이것은 마치 필름이 이중으로 노출되어 상이 겹치듯이 심리적으로 반응이 덧씌워진(overlay) 것이다. 항상 그렇지는 않지만 종종 신조어(neologism)나 다른 특이한 언어적 표현(peculiar verbal expression)을 사용하여 대상을 기술한 반응도 있다. '곤충의 얼굴과 황소의 얼굴에 덧씌워져서 곤충 황소의 얼굴로 보여요.'라는 반응은 신조어를 사용한 반응의 전형적인 예라 할 수 있다. 카드 III를 보고 나비와 꽃의 인상을 혼합하여 '나비꽃'이라고 반응하는 것도 마찬가지다.

반 응	채 점
두 마리 개가 농구를 하고 있어요(Two dogs playing *basketball*).	*FABCOM1*
두 여자가 잠수함을 공격하고 있어요(Two women attacking a *submarine*).	*FABCOM2*
두 마리 개미가 춤추고 있어요(Two ants *dancing*).	*FABCOM1*
저기 앉아 있는 큰 남자의 심장 뛰는 것이 보여요(There is a big man sitting there and you *can see his heart pumping*).	*FABCOM2*
쥐가 회전목마를 타고 있어요(Some mice riding on a *merry-go-round*).	*FABCOM1*
토끼 머리인데 눈에서 연기가 나오고 있어요(The head of a rabbit with *smoke coming out of his eyes*).	*FABCOM2*
닭들이 하이파이브를 하고 있어요(Two chickens there, they are doing a *high five*).	*FABCOM1*
많은 곤충이 파티를 열고 있어요(It looks like a lot of insects *having a party*).	*FABCOM1*
나비가 개를 삼키고 있어요(A butterfly *swallowing a dog*).	*FABCOM2*
두 마리 비버가 크리스마스 트리를 이로 갉아 대고 있어요(Two beavers *trimming a Christmas tree*).	*FABCOM1*

'이것은 피와 섬처럼 보여요. 이것은 분명 피 흘리는 섬이에요.' 또는 '이것은 불처럼 보이고 이것은 산처럼 보여요. 따라서 이것은 불타는 산일 겁니다.'와 같은 반응처럼 비합리적 논리가 개입된 반응도 있다. 어떤 반응들은 기본 반응 단계보다 질문 단계에서 더 분명하고 극적으로 나타날 수 있다. 다음 카드 I의 반응이 그 예가 될 수 있다.

반 응

이것은 나비예요.

질 문

검사자: (피검자의 반응을 반복한다.)

피검자: 여기는 날개(*D2*), 그리고 몸통(*D4*), 여기는 눈(*DdS26*), 그리고 입(*DdS29*), 그리고 귀(*Dd28*)예요.

이 반응에서 피검자는 '얼굴' 반응을 평범 반응('나비')에 결합하고 있다. 각각 형태질은 o이므로 채점은 다음과 같이 한다.

WSo Fo A P 3.5 CONTAM

일단, 반응이 *CONTAM*으로 채점되었다면, 그 반응에 드문 언어 표현(*DV, DR, INCOM, FABCOM, ALOG*) 기준을 만족시키는 내용이 있다 해도 다른 특수점수를 주지 않는다.

부적절한 논리(*ALOG*)

*ALOG*는 대답을 정의하는 데 잉크반점을 보편적이지 않고 부적절하게 곡해하여 사용한 것을 말한다. 이는 판단의 흐름을 단순하게 사고하고 흐름을 놓치는 것을 나타낸다. *ALOG*는 곡해한 논리가 자동적으로 검사자가 촉발시키지 않은 상황에서 제공할 때만 점수를 준다. 때때로 *ALOG*는 기본적인 반응으로 쉽게 확인할 수 있는데, 비논리적인 '왜냐하면'이라는 요소가 있기 때문이다. 대개 이것은 크기, 공간적 요소, 색, 혹은 대상의 모양에 의해 정의된다. 다음과 같은 전형적인 *ALOG*가 있다.

- 이것은 북극임에 틀림없어요. 왜냐하면 카드 맨 위쪽에 있기 때문입니다(This must be the north pole *because it is at the top the card*).
- 그는 광부임에 틀림없어요. 왜냐하면 전체가 검기 때문입니다(He *must be* a coal miner *because he's all back*).
- 녹색 부분은 양상추임에 틀림없어요. 왜냐하면 토끼 옆에 있으니까요(The green part *must be* lettuce *because it's next to this rabbit*).
- 그것은 거대한 새임에 틀림없어요. 왜냐하면 카드 전체에 존재하니까요(It *has to be* a giant bird *because it takes up all of it* [the card]).

또 다른 경우, 질문 단계에 물을 때까지 *ALOG*가 분명하게 드러나지 않거나, 피검자가 기본 반응 단계에서 사용했던 핵심 단어를 검사자가 반복하며 질문할 때 나타나기도 한다. 어떤 예(여기서는 이탤릭체로 표기해 둔)에서는 분명한 단어 덕분에 분명하게 *ALOG* 채점을 확신하게 되는 경우도 있다.[6)]

반 응

거인이 틀림없어요(That must be a giant).

질 문

검사자: (피검자의 반응을 반복한다.)

피검자: 여기에 그의 머리와 팔이 있어요. 거인이 분명해요. 왜냐하면 그는 큰 발을 가지고 있거든요(Here's his head & arms, it must be a giant *cuz he's got those big feet*).

반 응

악마일 것 같아요(That ll an evil person).

질 문

검사자: (피검자의 반응을 반복한다.)

피검자: 여기 그의 머리, 모자, 그리고 다리가 있어요(Here's his head & hat & legs).

검사자: 당신은 그것이 악마라고 말하셨어요.

피검자: 틀림없어요. 검은 모자를 썼으니까요(*He must be, he's wearing a black hat*).

반 응

그것은 고양이일 거예요(That 11 a cat).

질 문

검사자: (피검자의 반응을 반복한다.)

피검자: 머리와 다리가 있어요. 죽은 게 틀림없어요. 왜냐하면 눈이 보이지 않아요(There's his head & legs, *he must be dead because you can't see his eyes*).

반 응

슬픔에 잠긴 사람의 얼굴 같아요(That 11 the face of a sad man).

질 문

검사자: (피검자의 반응을 반복한다.)

피검자: 눈과 코, 입이 있고 수염이 있어요(Here r the eyes and nose and mouth and he has a mustache).

검사자: 그가 슬픔에 잠긴 사람이라고 하셨어요.

피검자: 틀림없어요. 그의 수염이 밑으로 처졌거든요(It *has to be, his mustache droops down*).

반 응

공룡들이 여자를 먹고 있어요(Dragons eating a woman).

질 문

검사자: (피검자의 반응을 반복한다.)

피검자: 그 여자가 중간에 있고 그것들이 양 옆에 있어요(She's in the middl & thyr on each side).

검사자: 저는 당신이 본 것처럼 보이지가 않아요.[3)]

피검자: 글쎄요. 그녀의 머리는 이미 없어졌고, 이것들은 무척 커요. 틀림없이 공룡이에요. 그들이 분명히 여자를 먹은 거예요(Well her head is already gone, *these thgs r so big, thy must be dragons thy r the only ones tht eat woman*).

---

3) 역자 주: 당신이 본 것처럼 보이지 않아요(제가 당신이 본 것처럼 볼 수 있도록 도와주세요. 조금 더 자세히 설명해 주세요.).

세 가지 예에서 검사자는 피검자에게 기본 반응에서 언급되었던 핵심 단어를 반복하며 질문하거나 명료하게 할 것을 요청하고, *ALOG* 반응은 자발적으로 나왔다. 검사자가 대답을 유도하거나 자극하지는 않았다. 그러나 고유의 반응에 포함되어 있던 핵심 단어와 관련되지 않은 구체적인 질문을 하여 간혹 결함이 있는 논리가 분명해지는 경우가 있다. 분명히 결함이 있는 논리가 있다 하더라도, 그것은 피검자가 반응을 설명하기 위해 질문 단계에서 또 다른 질문에 대한 과제처럼 반응하게 된 것이므로 기본 반응에 대해 *ALOG* 로 채점하지는 않는다. 예를 들면 다음과 같다.

반 응

두 사람이 무언가 하고 있는데, 아마도 춤을 추고 있는 것 같아요(It ll two people doing smthg, mayb dancing).

질 문

검사자: (피검자의 반응을 반복한다.)

피검자: 예, 여기 두 명이 있고, 한 명이 여기, 또 한 명이 여기, 여기 머리와 다리가 보이죠. 춤추고 있는 것처럼 구부리고 있잖아요. 아마 아프리카 사람 같아요(Yes, there are two of them, one here and one here, c the heads & legs, they r bent over lik in a dance, probably African people).

검사자: 아프리카 사람이라고요?

피검자: 글쎄, 어두운 색이니까, 검은색요, 다른 것은 북이 틀림없어요(*D7*을 지적하며). 왜냐하면 사람들이 그 주위에서 춤을 추고 있으니까요. 정말 춤추는 사람이 많네요〔Well thyr dark colored, black, I guess that other thing (points to *D7*) *must b a drum cuz that's what they dance around, they do that a lot*〕.

구체적인(concrete) 수준의 논리(다른 것은 북이 틀림없어요. 왜냐하면 사람들이 그 주위에서 춤을 추고 있으니까요.)는 분명히 알기 쉽지만, 문제는 그것이 검사자에 의해 유도되었느냐 아니냐다. 검사자의 물음(아프리카 사람들이라고요?)이 유도를 한 것일 수도 있고 아닐 수도 있다. 그런데 이 경우는 만약 검사자가 질문하지 않았다면 분명해지지 않았을 것 같아 보인다. 따라서 이 반응에 대해 *ALOG*라는 채점을 할 수 없다.

보속성(*PSV*)

특수점수 *PSV*는 세 가지 종류로 나타날 수 있다. 첫째는 두 개 또는 그 이상 거의 동일한 반응이 같은 카드에서 나올 때다. 둘째는 다른 카드가 제시되었을 때 그 전에 보았던 카드에 했던 반응을 다시 언급할 때다. 셋째는 피검자가 여러 카드에 동일한 반응을 반복적으로 하는 경우다. 이러한 반응은 인지적 융통성이 부족했거나 인지적인 역기능이나 뚜렷한 심리적인 집착에 의한 보속성을 반영한다.

적어도 세 가지 유형의 보속성이 분명하게 나타나는데, 동일하게 *PSV* 특수점수로 채점한다. 논리적으로 인지적인 역기능이나 심리적인 집착이 다르다는 점은 지적할 수 있지만, *PSV*라는 단일한 특수점수로 채점하는 이유는 보속성의 각 유형들이 독립적으로 확인되어야 한다는 것을 논쟁할 만한 타당한 자료가 없기 때문이다.

카드 내 보속성

카드 내 *PSV* 반응은 동일한 영역, 발달질, 결정인, 형태질, 내용 및 동일한 *Z* 점수가 동일한 반응이 연속적으로 두 개의 반응에서 나타나는 경우를 말한다. 구체적인 내용은 약간 다를 수 있지만 내용의 범주는 동일하다. 특수점수는 같은 두 반응에 모두 채점하지는 않는다.

카드 내 보속성이 흔한 경우가 카드 V에서인데, 피검자가 처음에 '박쥐'(*Wo Fo A P 1.0*)라는 반응을 하고, 그다음에 '새'(*Wo Fo A 1.0*)로 평범반응이 아닌 것을 제외하면 채점은 동일하다. 평범 반응 *P*는 카드 내 *PSV* 채점에서 중요한 결정 요소는 아니다. 하지만 특수점수를 제외한 다른 채점 기호들은 동일해야 하며, 연속적인 반응일 경우에만 카드 내 *PSV*로 채점한다.

내용 보속성

카드 내 보속성은 동일한 카드에 대해 연속적인 반응에만 나타나는 것인 데 비해, 내용 보속성은 대개 동일한 카드 내에서 일어나지 않는다. 경우에 따라 피검자가 이미 본 것과 '같은 것'이라고 확인하는 경우가 있다. 두 번째 반응의 채점은 첫 번째와 같지 않으며, 종종 그 채점은 분명히 다를 수 있다.

예를 들어, 피검자가 한 카드에 두 사람이 싸우고 있다고 보고했는데, 그다음에 "어머, 또 그 사람들이에요, 하지만 지금은 싸우고 있지 않아요."라고 할 수 있는데, 내용 보속성의 결정적인 문제는 피검자가 이미 이전의 카드 반응으로 보고한 것과 동일한 것으로 새로운 대상을 말하는 경우다.

기계적 반복

보속성 반응의 세 번째 유형은 지적인 손상이나 신경학적 손상을 가진 사람들에게서 빈번하게 발견되곤 한다. 흔히 이러한 보속성은 적은 반응 수나 단순한 반응 기록에서 나타나곤 하는데, 사람들은 기계적으로 반복해서 동일한 대상을 보고한다. 예를 들어, 카드 I에서 '박쥐', 카드 II에서도 '박쥐', 카드 III에서도 또 하나의 '박쥐' 등으로 나타난다. 기계적으로 되풀이하는 사람들은 14개 이하의 반응을 하는 경우가 많고, 대개의 경우 타당한 반응 기록으로 보기 어렵다. 이런 경우, 검사자는 피검자에게 재검사를 시도해 얻을 수 있는 가치에 대해 신중하게 검토해 보아야 한다.

특수한 내용 특징

자기의 특징과 관련된 것으로 여겨지는 투사된 자료나 특정한 인지적 특징이 포함된 반응을 확인하기 위해 4개의 특수점수가 고안되었다. 이러한 반응 특징은 다양한 내용 채점 기호나 결정인에 의해 확인되지 못한다. 각 4개의 특수점수 범주는 자기상이나 대인관계에 대한 생각이나 중요한 주제의 특징과 관련되어 있다.

추상적 내용(*AB*)

AB 특수점수는 분명하고 구체적인 상징적 대상을 포함하는 두 종류의 반응을 채점할 때 사용한다. *AB* 유형 중 하나는 인간의 정서나 감각 경험과 같은 인간의 경험 내용을 채점하기 위해 사용한다. 이것은 '이 전체 모양은 우울을 표현하고 있어요. 모두 검고 우울하게 보여요(*Wv Mp C′ Hx AB*).' '전부 분노 같아요, 진한 색들이 서로 섞여 있어요(*Wv Ma.C.Y Hx AB*).' 혹은 '혼란이에요, 마치 엄청나게 큰 소음 같아요(*Wv Ma Hx AB*).'와 같이 형태가 없는 *M*(*formless M*) 결정인을 포함하고 있으므로 형태질은 *v*(*DQv*)가 된다.

두 번째 유형은 형태가 사용되고 피검자가 분명하고 구체적인 상징적 표상을 명확하게 표현한 반응이다. 예를 들어, 직접적으로 피검자가 대상에 상징적 의미를 부여하는 경우인데, '이 조각은 삶에 대한 사랑의 표현이다(*Do Fu Art AB*).'와 같은 반응이 그에 해당된다. 또 다른 반응은 분리된 반점의 특성을 형태가 있는 대상을 상징적으로 구현한 것이다. '여기 서로를 갈망하는 사랑하는 두 사람이 있다. 이 중앙의 붉은 부분이 그들의 사랑과 갈망을 보여 준다(*D+ Ma.Co 2 H, Hx P 4.0 AB*). 구체적 표현이 포함되어 있지 않은 추상화는 *AB*로 채점하지 않는다. 다음과 같은 예들이 *AB*로 채점될 수 있다.

- 공산주의를 상징하는 조각
- 숲과 강을 상징하는 국기
- 여성의 아름다움을 상징하는 현대무용
- 심장, 이것은 밸런타인 데이를 상징해요.
- 피를 흘리고 있는 짐승과 그들의 고통을 상징하기 위해 아래로 흘러내리고 있는 붉은 색을 그린 거예요.
- 악마를 상징하는 마스크
- 삶의 고뇌를 묘사한 추상화
- 순수성에 대한 투쟁을 담은 블레이크의 그림
- 아이들을 순진무구하게 묘사한 조각들

공격적 운동(*AG*)

AG 기호는 운동 반응(*M*, *FM* 혹은 *m*)에 명백하게 싸우거나, 부수거나, 논쟁하거나, 화가 나서 보거나 등의 행위가 포함된 반응을 나타내는 기호다. 공격성이 발생하고 있어야 한다. '곰이 총에 맞았어요.' '폭파당한 배' 등과 같이 대상이 공격성의 대상이 되는 경우에는 *AG*로 하지 않는다. 그러나 폭발 자체는 *AG*로 기호화하지 않지만, 폭발을 통해 무언가가 파괴되었을 때는 *AG*로 기호화한다. 다음은 그 예다.

- 남자의 얼굴인데, 그는 무엇인가 때문에 무척 화가 나 있어요.
- 담을 관통하는 첫 번째 충돌처럼 보여요.
- 찢어진 옷의 조각같이 보여요.
- 무언가에 대해 논쟁하는 두 사람
- 두 마리 곤충이 이 기둥을 쓰러뜨리려고 애

쓰고 있어요.

- 그 남자가 당신을 노려 보고 있는 것같이 보여요.

협동적 운동(*COP*)

COP 기호는 두 가지 또는 그 이상의 대상이 분명하게 긍정적이거나 협동적인 상호작용을 포함하는 운동 반응(*M*, *FM* 혹은 *m*)에 주게 된다. 상호작용의 긍정적이거나 협동적인 특징은 분명해야 한다. 따라서 '두 사람이 함께 무엇을 보고 있다.' 거나 '두 사람이 이야기하고 있다.'와 같은 반응은 *COP*로 기호화하지 않는다. 춤추고 있다는 항상 *COP*로 기호화할 수 있는데, 그 또한 두 개 혹은 그 이상의 대상이 포함되는 경우에 한해서다. 사람이나 동물들이 공격적인 행위를 하기 위해 협동하고 있는 경우에는 *AG*와 *COP*가 함께 기호화될 수 있다. 몇 가지 예를 보자.

- 두 사람이 식탁을 들고 있어요.
- 두 마리 곤충이 기둥을 쓰러뜨리려고 해요.
- 두 사람이 서로 기대어 비밀을 나누고 있어요.
- 세 사람이 함께 춤을 추고 있어요.
- 새끼에게 먹이를 주고 있는 새
- 두 아이가 시소를 타고 있어요.
- 두 마리 늑대가 다른 동물을 공격하고 있어요.

병리적인 내용(*MOR*)

*MOR*로 기호화하는 되는 대상은 다음 두 가지 특징을 가지고 있다.

- 죽은, 파괴된, 폐허가 된, 오염된, 손상된, 상처 입은 또는 깨어진 대상으로 지각한 경우. 예를 들어, 깨어진 유리, 죽은 개, 해진/낡아 빠진 장화, 상처 입은 곰, 상처, 찢어진 코트, 썩은 잎사귀, 아메바를 자른 실험용 절편, 나무뿌리의 밑동이 땅 위에 파헤쳐져 있다, 피 흘리는 얼굴, 무너져 버린 집, 찢겨진 나비 등.
- 대상에 대해 명백히 불쾌한 기분이나 특징을 부여하는 반응. 예를 들어, 음울한 집, 슬픈 나무, 불행한 사람, 울고 있는 사람, 우울증 등.

인간 표상 반응[4)]

대부분의 반응 기록은 인간 표상의 형태가 포함된다. 페리(1991) 등은 어떤 면에서 인간이 지각하거나 타인과 상호작용하는 방식으로 반응이 나타난다고 가정했다. 그들은 자아 손상 지표를 만들 때 인간 표상 반응을 하나의 부분으로 채점하기 위해 연산을 포함시켰다(Perry & Viglione, 1991; Perry, Viglione, & Braff, 1992; Perry, McDougal, & Viglione, 1995). 이에 비해 번즈와 비글리온(1996)은 대인관계와의 관련성과 연관시켜 연산식을 따로 연구하여 중요한 관계를 지적

4) 역자 주: 종합체계가 개정되면서 추가된 변인 중 하나.

했다. 그들은 로르샤하연구재단(Rorschach Research Foundation)의 로르샤하연구협회(Rorschach Research Council)와 작업하면서 연산 방식을 수정할 것을 제안했다. 이 연구에는 대인관계 행동과 관련해 어떤 정보가 타당한 것인지를 검증하기 위해 몇 가지 자료가 포함되었다.

이러한 결과 분석을 통해 인간 표상 반응을 구분하기 위해 종합체계에 두 개의 특수점수를 추가할 것인가를 결정하는 데 매우 중요하고 긍정적인 발견을 얻게 되었다(Exner, 2000). 즉, *GHR*(good)과 *PHR*(poor)이라는 특수점수로 반응에 대한 다른 기호들이 확인된 후 첨가하는 것으로 결정했다.

인간 표상 반응은 하나 혹은 그 이상의 인간 내용이 들어 있는 *H*, (*H*), *Hd*, (*Hd*) 혹은 *Hx*의 채점이 포함되기 때문에 쉽게 확인할 수 있다. 그러나 어떤 반응에는 인간과 닮은 특성이 다른 방식으로 확인될 수 있다. 예를 들어, '발레하는 토끼'는 인간과 같은 행위로 *M*이라고 기호화하고, '장난치는 두 마리 개'는 긍정적인 상호작용으로 특수점수 *COP*로 기호화한다. 이런 맥락에서 인간 표상 반응에는 다음과 같은 세 가지 기준이 있다.

- 인간 내용 기호를 포함하는 반응[*H*, (*H*), *Hd*, (*Hd*), *Hx*]
- 결정인 *M*을 포함하는 반응
- 특수점수 *COP*나 *AG*를 포함하는 *FM* 반응

표 9-1 Good(HPR)과 Poor(HPR) 채점 과정 단계

좋은 인간 표상 반응(*GHR*)과 빈약한 인간 표상 반응(*PHR*)의 결정 순서

1. 순수한 *H* 반응으로 아래와 같은 조건에 해당될 때 *GHR*로 채점한다.
   (a) *FQ+*, *FQo* 또는 *FQu*의 형태질
   (b) *DV*를 제외한 특수점수로 기호화되지 않는 경우
   (c) *AG*나 *MOR*를 제외한 특수점수로 채점되지 않는 경우
2. 다음의 경우 중 어느 한 가지에 해당될 때 *PHR*로 채점한다.
   (a) *FQ*−나 *FQnone*(No Form), 혹은
   (b) *FQ+*, *FQo*나 *FQu*와 하나의 *ALOG*, *CONTAM*이나 수준 2에 해당되는 특수점수가 있을 경우
3. *AG*는 없고 *COP*로 채점되는 남은 인간 표상 반응일 때 *GHR*로 채점한다.
4. 다음의 경우에 해당될 때 *PHR*로 채점한다.
   (a) *FABCOM*이나 *MOR*
   (b) 내용 기호 *An*
5. 카드 III, IV, VII 그리고 IX에 평범 반응으로 기호화될 남은 인간 표상 반응이 있을 때 *GHR*로 채점한다.
6. 다음의 어느 경우든 남아 있는 인간 표상 반응은 *PHR*로 채점한다.
   (a) *AG*, *INCOM*이나 *DR*
   (b) *Hd* 기호[(*Hd*) 기호는 제외]
7. 남은 모든 인간 표상 반응은 *GHR*로 채점한다.

반응 채점	GHR / PHR의 결정
D+ Ma.FYo 2 H, Cg P 3.0 FABCOM	단계4에서 *PHR*로 기호화
DSo FC'o (Hd)	단계7에서 *GHR*로 기호화
W+ FMa.FCo 2 A, Bt 4.5 COP, ALOG	단계2에서 *PHR*로 기호화
D+ Ma.mpo 2 Hd, Art P 3.0 DV	단계5에서 *GHR*로 기호화

다른 반응 특성을 포함한 기호로 채점하는 과정에, 각 반응은 인간 표상 반응에 적합한지를 결정하기 위해 검토되어야 한다. 만약 그렇다면 채점자는 두 가지 특수점수 *GHR*, *PHR* 중 어떤 것이 적합한지를 〈표 9-1〉에 나와 있는 단계에 따라 결정해야 한다.

이러한 단계들은 순차적으로 기호를 결정하기까지 계속된다. *Do Fo H*로 채점한 반응을 보자. 이것은 *GHR*을 부여하기 위한 단계 1의 기준에 해당된다. 순수 *H* 반응과 o 형태질을 가진 경우 해당되는 특수점수는 없다. 반대로 *Do Fo Hd*는 *Hd*를 포함하고 있기 때문에, 단계1의 기준에 해당되지 않는다. 반응은 *Hd* 내용이 있으므로 단계6에서 *PHR*로 결정된다. 다른 예들도 이러한 결정 과정을 통해 채점된다.

개인적 반응

많은 반응은 '나' '나에게' '나의 또는 우리' 등 일인칭 대명사를 포함한다. '(내가) 보기에는 박쥐같아요.' '(내가 생각하기에) 두 사람이에요.' 처럼 반응을 하는 과정에서 흔히 이러한 대명사를 자연스럽게 사용한다. 그러나 자기 참조를 다소 다르게 사용하는 반응도 있다. 이러한 반응은 방어의 형태를 나타내는 것이기 때문에 특수점수로 채점한다.

개인화(*PER*)

*PER*은 자신의 반응을 정당화하고 명료화하는 과정에서 개인적 지식이나 경험을 언급할 때 채점한다. 흔히 *PER*은 '나는' '나에게' '나의' '나와 같은' 인칭대명사를 포함하지만, 인칭대명사가 사용되지 않더라도 개인적 지식이나 경험을 표현하는 경우도 있다. 이때는 단순히 언급하는 것이 아니고 자신의 반응을 정당화하기 위해 개인적 지식이나 경험을 사용하였다는 것을 확신할 수 있어야만 *PER*로 기호화한다. 예를 들어, '그들은 그것을 오래전에 사용했어요.' '나는 이것을 본 적은 없지만, 그랬을 거라고 생각합니다.' '나는 이것을 좋아하지 않아요.'와 같은 반응은 *PER*이 아니다. 다음은 *PER*의 예다.

- 우리는 예전에 이와 비슷한 것을 가졌었어요.
- 나는 마당에서 항상 이것을 보았어요.
- 나는 그것들을 이렇게 만들었어요.
- 그들은 당신에게 군대에서처럼 입으라고 할

거예요(내 경험상 알고 있다.).

- 아버지가 나에게 예전에 어떤 것을 보여 주셨어요.
- 당신이 생물학을 듣는다면 그렇게 보는 것을 알게 될 거예요.
- 나는 내 딸을 위해 그런 것을 하나 샀어요.
- 나의 할아버지는 그것들을 수집하곤 했어요.
- 나는 TV에서 그것을 본 적이 있어요.
- 내가 알기로는 분명히 사람들은 그것을 장식으로 많이 사용하곤 하죠.

특수한 색채 현상

대부분의 경우 피검자들은 유채색명, 즉 붉은색은 붉은색, 녹색은 녹색으로 비교적 분명하게 말한다. 드물기는 해도 색채명을 잘못 말하는 경우도 있다. 이때 언어적 실수인지 색채시의 문제인지 주의 깊게 질문해야 한다. 피검자가 자신의 반응을 바르게 정정한다면 언어적 실수를 의미하는 *DV*로 채점해야 한다. 다음은 색채와 관련된 특수한 경우다.

색채 투사(*CP*)

CP 기호는 피검자가 무채색 반점을 유채색으로 보고할 때 채점한다. 이러한 반응은 매우 드물지만 카드 IV와 V에서 흔히 나타난다. 대부분의 경우 유채색이 암시되지만 '아, 너무나 아름다운 나비다.'라는 최초 반응에서는 구체적으로 알 수 없다. 그래서 질문 단계에서 아름다운이라는 핵심 단어를 사용해서 질문해야 하고, 이에 대해 '아름다운 자주색이 보여요. 노란색과 파란색도 있어요.'라고 보고할 경우 채점하게 된다. 색채시 결함이 있기 때문에 이러한 반응이 나타난다는 증거는 없으며, 연구에 따르면 이러한 반응은 중요한 해석적 의미가 있다.

*CP*는 무채색 영역에 대해 유채색을 보고할 때만 채점한다. *CP* 반응의 대부분은 형태의 음영 특징을 사용하여 유채색을 말하는 경향이 있는데, 이때 음영 확산(*FY*, *YF* 혹은 *Y*) 결정인으로 채점해야 할 때가 있다. 반점에 유채색(*FC*, *CF* 혹은 *C*)이 없기 때문에 색채 결정인을 사용하여 채점하지는 않는다.

한 반응이 여러 개의 특수점수에 해당될 때

반응의 내용이 하나 이상의 특수점수에 해당되는 경우는 흔한데, 해당되는 특수점수를 모두 기호화한다. 그러나 이러한 규칙에도 예외가 있다. 15개의 특수점수 중 9개(*PSV*, *AB*, *AG*, *COP*, *MOR*, *GHR*, *PHR*, *PER*, *CP*)는 서로 개별적이고 독립적이기 때문에 그 기준을 만족시키는 반응이면 모두 채점하지만, 여섯 가지 결정적 특수점수는 상호 관련성을 가지고 있기 때문에 한 반응이 한 가지 이상의 특수점수의 기준에 해당될 때 주의해야 한다.

만약에 *CONTAM*으로 채점했다면 다른 다섯

가지 특수점수(*DV, DR, INCOM, FABCOM, ALOG*)로 채점하지 않아야 한다. 왜냐하면 *CONTAM*으로 채점한 반응은 심각한 인지적 혼란이 반영된 것이기 때문에 그 반응에 *DV*나 *DR*에 해당되는 단어나 표현이 포함되거나, *ALOG* 기준을 만족시키는 요소가 있다 하더라도 전자에 후자의 기준을 더 포함시킨다면, 오히려 해석에 혼란을 야기할 수 있다.

그러면 나머지 다섯 가지 특수점수는 서로 같이 채점할 수 있는가 하는 문제가 생긴다. 반응을 개별적인 언어 사용으로 서로 분리할 수 있다면 함께 채점할 수 있다. 즉, 한 가지 결정적 점수의 기준을 만족시키는 언어 사용이 다른 결정적 점수를 만족시키는 언어 사용과 독립적으로 채점될 수 있다면, 두 가지의 특수점수로 기호화할 수 있다. 그러나 그 기준이 중복된다면, 가중치 값(*WSum6*)이 높은 것으로 하나만 채점한다.

예를 들어, '두 마리의 곰이 손을 서로 마주치고 있어요.'라는 반응은 *INCOM*(손)과 *FABCOM*(서로 손을 마주치고 있어요.)에 해당된다. 그러나 이 반응은 *FABCOM*으로 채점하는데, *FABCOM*으로 확인된 표현 속에 *INCOM*에 해당되는 단어가 포함되어 있기 때문이다. 인지적 혼란의 동일한 표현 중 단어가 문장이나 구에 포함되어 있으면 결정적인 특수점수 외에 부가적인 채점 근거로 사용하지 않는다. 이미 언급한 것처럼 *DV*가 *DR*의 맥락에서 나타나면 *DV*로 채점하지 않는다.

한편 반응이 결정적 특수점수를 만족시키는 언어적 표현으로 분리될 수 있고 중복되지 않는다면, 두 가지 특수점수 모두 채점한다. '두 마리 분홍색 곰이 아이스크림을 기어 올라가고 있어요.'라는 반응은 *INCOM1*(분홍색 곰)과 *FABCOM2*(아이스크림 위로 기어 올라가요.)라는 내용을 모두 포함한다. 이러한 반응은 두 요소가 분리되고 중첩되는 언어적 표현이 아니기 때문에 두 가지 모두를 채점한다.

채점자 간 일치율

15개의 특수점수 중 13개에 대한 두 채점자 간의 채점 일치도에 대한 연구 결과를 〈표 9-2〉에 제시했다. *GHR*와 *PHR* 특수점수에 대한 채점자 간 일치도를 결정하기 위해 74개의 인간 표상적 반응을 포함한 321개의 반응을 사용해 연산을 결정하기 위해 29명의 채점자를 대상으로 한 다른 연구 결과도 〈표 9-1〉에 제시했다. *GHR*과 *PHR*은 각각 96%, 97%의 일치율을 보였다.

표 9-2 13개 특수점수에 대한 채점자 간 일치율

특수점수	상 징	25개 반응 기록에 대한 20명 채점자 간 일치율	20개 반응 기록에 대한 15명 채점자 간 일치율
이탈된 언어 표현	*DV*	96	97
이탈된 반응	*DR*	94	95
부적합한 조합	*INCOM*	97	97
우화적인 조합	*FABCOM*	98	97
부적절한 논리	*ALOG*	93	95
오염	*CONTAM*	99	99
보속성	*PSV*	반응 없음	99
공격적 운동성	*AG*	97	96
협동적 운동성	*COP*	98	99
병리적 내용	*MOR*	98	99
추상적 내용(추상화)	*AB*	96	95
개인적인 내용(개인화)	*PER*	96	97
색채 투사	*CP*	99	반응 없음

참고문헌

Burns, B., & Viglione, D. J. (1996). The Rorschach Human Experience Variable, interpersonal relatedness and object representation in nonpatients. *Psychological Assessment, 21*, 109-112.

Exner, J. E. (1974). *The Rorschach: A Comprehensive System. Volume 1*. New York: Wiley.

Exner, J. E. (1978). *The Rorschach: A Comprehensive System. Volume 2. Current research and advanced interpretation*. New York: Wiley.

Exner, J. E. (1991). *The Rorschach: A Comprehensive System. Volume 2: Interpretation* (2nd ed.). New York: Wiley.

Exner, J. E. (2000). *A primer for Rorschach interpretation*. Asheville, NC: Rorschach Workshops.

Exner, J. E. (2001). *A Rorschach Workbook for the Comprehensive System* (5th ed.). Asheville, NC: Rorschach Workshops.

Exner, J. E., & Weiner, I. B. (1982). *The Rorschach: A Comprehensive System. Volume 3. Assessment of children and adolescents*. New York: Wiley.

Exner, J. E., Weiner, I. B., & Schuyler, W. (1976). *A Rorschach Workbook for the Comprehensive System*. Bayville, NY: Rorschach Workshops.

Perry, W., McDougal, A., & Viglione, D. J. (1995). A five year follow up on the temporal stability of the Ego Impairment Index. *Journal of Personality Assessment, 64*, 112-118.

Perry, W., & Viglione, D. J. (1991). The Rorschach Ego Impairment Index as a predictor of outcome in melancholic depressed patients treated with tricyclic antidepressants. *Journal of Personality Assessment, 59*, 487-501.

Perry, W., Viglione, D. J., & Braff, D. (1992). The Ego Impairment Index and schizophrenia: A validation study. *Journal of Personality Assessment, 59*, 165-175.

Piotrowski, Z. (1957). *Perceptanalysis*. New York: Macmillan.

Rapaport, D., Gill, M., & Schafer, R. (1946). *Diagnostic psychological testing* (Vol. 2). Chicago: Yearbook Publishers.

Schafer, R. (1954). *Psychoanalytic interpretation in Rorschach testing*. New York: Grune & Stratton.

Weiner, I. B. (1966). *Psychodiagnosis in schizophrenia*. New York: Wiley.

제10장
구조적 요약

보다 명확한 구조적 요약을 위해 피검자의 각 반응을 정확하게 기호화해야 한다. 구조적 요약에는 채점 기호의 빈도, 비율 그리고 백분율과 같은 수치를 기록하게 된다. 이런 수치들은 한 개인의 심리적 특성과 기능이 집약된 것이라는 여러 가정을 고려하여 산출된 것이다.

구조적 요약지[1)]는 원자료, 즉 프로토콜을 요약하기 위해 다섯 장과 반응 위치 기록지로 구성한다. 첫 번째 장은 인적 사항, 두 번째 장은 반응들을 채점한 결과를 기록한다. 세 번째 장은 실제 구조적 요약이며, 네 번째는 여섯 가지 중요한 지표들을 기록한다. 다섯 번째 장에는 여러 가지 계산 수치와 *Z* 점수를, 그리고 마지막에는 선택한 영역을 나타내기 위해 사용하는 반응 위치 기록지를 첨부한다.

구조적 요약은 세 단계를 거친다. 즉, 첫째 각 반응의 기호나 점수 계열 기록, 둘째 각 변인의 빈도 기록, 셋째 여러 변인의 비율, 백분율, 산출된 점수 등을 기록한다. 이러한 과정을 알아보기 위해 원자료를 충실하게 활용해야 한다.

점수의 계열

각 반응을 기호화한 자료와 카드별 반응들을 순서에 따라 목록화한다. 이 작업은 반응을 채점할 때 해야 하지만, 대부분의 검사자는 원자료 자체나 반응 우측에 채점을 기록하고 그 기록을 점수 계열 기록지에 옮겨 적는 방식을 선호한다. 정확하게 정리해야 빈도를 계산하기 쉽고, 점수 계열 자체는 중요한 해석적 자료를 제공할 수 있다고 생각하기 때문이다. 구조적 요약지의 점수 계열에는 각 카드의 번호, 반응 번호, 사용한 반점 영역의 기호와 반점 영역의 기호로 반응 위치 영역을 표시할 수 있다. 예를 들어, *D3, DdS26*과

1) 역자 주: 국내에서 통용되어 온 기록지를 토대로 원서에 소개된 구조적 요약지에 가장 가깝게 구현하여 부록에 제시하였다.

같이 반응의 위치 영역에 수치를 기록할 수 있는 칸이 있다. 만약 부록의 표[2]에서 *Dd* 영역이 표시되지 않은 영역이라면 99라는 숫자로 표기하기로 약속한다. 점수 계열 기록지의 영역을 표시하여 개인 기록을 해석하고 연구할 때 매우 유용하게 사용할 수 있다. 〈표 10-1〉은 26세 여성의 프로토콜을 점수화한 것이고, 이 자료로 구조적 요약표를 작성한 것이다.

표 10-1 26세 여성의 점수 계열표

카드	반응 번호	반응 영역	영역 기호	결정인	(2)	내용	평범 반응	Z	특수점수
I	1	DSo	4	Fo		A		3.5	
	2	Wo	1	Fo		A		1.0	MOR,INC
	3	Wo	1	FMpo		A	P	1.0	
II	4	DSo	6	FC′o		Xy			
	5	Do	3	FC.FYo		A			
	6	D+	6	FCo		An,Bl		3.0	
III	7	Do	3	Fo		Cg			
	8	D+	1	Mpo	2	H,Hh	P	3.0	GHR
	9	D+	9	Ma.CF.mao	2	H,Cg,Art	P	4.0	COP,GHR
IV	10	W+	1	Mp.FV.FT+		(H),Bt	P	4.0	GHR
V	11	Wo	1	Fo		A	P	1.0	INC
	12	Wo	1	FYo		A,Sc		1.0	PER,MOR,DR
VI	13	W+	1	Fr.FV.FY+		Sc,Na		2.5	
VII	14	Dv	4	ma.YFo		Na			
	15	Dd+	99	Mp.FC′.YFu	2	H.Cl,Cg,Id		1.0	PER,GHR
	16	Do	3	Fo	2	Ad,Cl			INC
VIII	17	WS+	1	FMa.CFu	2	A,Ge	P	4.5	FAB,DV
IX	18	DdSo	99	FCu		Na			
	19	DdS+	99	mp.CFu		Hh,Na		4.5	
	20	Do	11	Fo		An			
X	21	Do	7	FC′o	2	Ad			MOR
	22	D+	1	FMp.FCo	2	A,Bt	P	4.0	FAB
	23	Do	4	CFo	2	A			PER,ALOG,DR
	24	Do	2	FMau	2	A			
	25	D+	8	Mau	2	(A)		4.0	AG,PHR

2) 역자 주: 부록의 카드별 반응 위치 영역을 표시한 그림을 참조하라.

표 10-2 조직화 점수의 빈도를 알 때 추정되는 Z의 최적값

Zf	Zest	Zf	Zest	Zf	Zest	Zf	Zest
1	—	14	45.5	27	91.5	40	137.5
2	2.5	15	49.0	28	95.0	41	141.0
3	6.0	16	52.5	29	98.5	42	144.5
4	10.0	17	56.0	30	102.5	43	148.0
5	13.5	18	59.5	31	105.5	44	152.0
6	17.0	19	63.0	32	109.5	45	155.5
7	20.5	20	66.5	33	112.5	46	159.0
8	24.0	21	70.0	34	116.5	47	162.5
9	27.5	22	73.5	35	120.0	48	166.0
10	31.0	23	77.0	36	123.5	49	169.5
11	34.5	24	81.0	37	127.0	50	173.0
12	38.0	25	84.5	38	130.5		
13	41.5	26	88.0	39	134.0		

구조적 요약-상단부

구조적 요약의 준비는 〈표 10-3〉에서 보듯이 구조적 요약표의 상단부에 각 기호의 빈도를 기록하는 것부터 시작한다.

반응 위치 영역 특성

반응 영역과 관련해서 다음 세 가지 사항을 기록해야 한다. 첫째, 조직화 활동, 둘째 영역 기호, 셋째 발달질.

조직화 활동

조직화 활동에서는 세 가지 항목이 필요하다. 첫 번째 *Zf*(*Z* 점수의 빈도)는 조직화 점수가 채점되는 반응의 수, 두 번째 *ZSum*은 해당되는 반응에 할당된 *Z* 점수값을 모두 합한 것, 세 번째는 〈표 10-2〉에서 조직화 점수 빈도값에 해당되는 추정된 최적의 가중치(*Zest*)가 그것이다. 예를 들어, *Zf*가 15이면 *Zest*는 49.0이다.

영역 기호

기본적인 세 가지 영역 기호 각각의 빈도를 계산한다. 또 다른 두 가지의 기록 방식이 필요한데, 그중 하나가 *W*와 *D* 반응을 더한 것이고, 다른 하나는 *S* 반응의 빈도다. *S* 반응의 빈도는 기본 세 가지 영역 기호인 *W*, *D* 혹은 *Dd*와 분리하여 계산하지 않는다.

발달질

반응 영역에 관계없이 발달질 기호 각각 빈도를 기입한다.

표 10-3 26세 여성의 구조적 요약표

반응 위치 특성

변인	값
Zf	= 15
ZSum	= 42.0
ZEst	= 49.0
W	= 7
D	= 15
W+D	= 22
Dd	= 3
S	= 5

발달질

변인	값
+	= 10
o	= 14
v/+	= 0
v	= 1

형태질

	FQx	MQual	W+D
+	= 2	= 1	= 2
o	= 17	= 2	= 17
u	= 6	= 2	= 3
−	= 0	= 0	= 0
none	= 0	= 0	= 0

결정인

혼합 결정인

FC.FY
M.CF.m
M.FV.FT
Fr. FV. FY
m.YF
M.FC′.YF
FM.Cf
m.CF
FM.FC

단일 변인

변인	값
M	= 2
FM	= 2
m	= 0
FC	= 2
CF	= 1
C	= 0
Cn	= 0
FC′	= 2
C′F	= 0
C′	= 0
FT	= 0
TF	= 0
T	= 0
FV	= 0
VF	= 0
V	= 0
FY	= 1
YF	= 0
Y	= 0
Fr	= 0
rF	= 0
FD	= 0
F	= 6
(2)	= 10

내용 변인

변인	값
H	= 3
(H)	= 1
Hd	= 0
(Hd)	= 0
Hx	= 0
A	= 10
(A)	= 1
Ad	= 2
(Ad)	= 0
An	= 2
Art	= 1
Ay	= 0
Bl	= 1
Bt	= 2
Cg	= 3
Cl	= 2
Ex	= 0
Fd	= 0
Fi	= 0
Ge	= 1
Hh	= 2
Ls	= 0
Na	= 4
Sc	= 2
Sx	= 0
Xy	= 1
Id	= 1

인지적 접근 방식

카드	접근
I	DS.W.W
II	DS.D.D
III	D.D.D
IV	W
V	W.W
VI	W
VII	D.Dd.D
VIII	WS
IX	DdS.DdS.D
X	D.D.D.D.D

특수점수

	Lv1	Lv2
DV	=1x1	0x2
INC	=3x2	0x4
DR	=2x3	0x6
FAB	=2x4	0x7
ALOG	=1x5	
CON	=0x7	
Raw Sum6	= 9	
Wgtd Sum6	=26	

AB	= 0	GHR	= 4
AG	= 1	PHR	= 1
COP	= 1	MOR	= 3
CP	= 0	PER	= 3
		PSV	= 0

비율, 백분율과 이탈치

R	= 25	L	= 0.32		
EB	= 5:6.0	EA	= 11.0	EBPer	= N/A
eb	= 7:11	es	= 18	D	= −2
		Adj es	= 12	Adj D	= 0
FM	= 4	SumC′	= 3	SumT	= 1
m	= 3	SumV	= 2	SumY	= 5

변인	값
FC:CF+C	= 4:4
Pure C	= 0
SumC′:WsumC	= 3:6.0
Afr	= .56
S	= 5
Blends:R	= 9:25
CP	= 0

변인	값
COP = 1 AG	= 1
GHR:PHR	= 4:1
a:p	= 6:6
Food	= 0
SumT	= 1
Human Cont	= 4
Pure H	= 3
PER	= 3
Isol Indx	= .60

a:p	= 6:6	Sum6	= 9	XA%	= 1.00	Zf	= 15	3r+(2)/R	= .52
Ma:Mp	= 2:3	Lv2	= 0	WDA%	= 1.00	W:D:Dd	= 7:13:3	Fr+rF	= 1
2AB+Art+Ay	= 1	WSum6	= 26	X−%	= .00	W:M	= 7:5	SumV	= 2
Mor	= 3	M−	= 0	S−	=	Zd	= −7.0	FD	= 0
		Mnone	= 0	P	= 7	PSV	= 0	An+Xy	= 3
				X+%	= .76	DQ+	= 10	MOR	= 3
				Xu%	= .24	DQv	= 1	H:(H)+Hd+(Hd)	= 3:1

PTI = 1	DEPI = 5*	CDI = 2	S−CON = 5	HVI = No	OBS = No

결정인

결정인이 함께 사용된 경우를 제외하고는 각각 따로 기록한다. 각 혼합 반응은 혼합 반응(Blends)란에 따로 기록하고 혼합 반응에 포함된 결정인들은 단일 결정인(Single)의 빈도 계산 기록에 포함시키지 않는다.

형태질

형태질을 기록하는 세 가지 배열 방식이 있다. 첫 번째는 기록된 프로토콜의 모든 반응의 *FQx*(형태질)를 맨 앞에 두고 네 가지 유형의 형태질에 따라 각각의 빈도를 기록한다. 그리고 형태를 사용하지 않은 반응의 빈도수도 기입한다. 두 번째, *MQual*(인간 운동 반응 형태질)란에 모든 인간 운동 반응의 형태질을 기록한다. 세 번째, *W+D*는 *W*와 *D* 영역을 사용한 반응 모두의 형태질 빈도를 기입하기 위한 란이다.

내 용

내용 행에는 모두 27개의 범주를 기입한다. 각 반응 내용의 빈도를 기입하며 일차 혹은 이차 반응에 관계없이 기입한다.

접근 방식에 대한 요약

구조적 요약의 우측 상단은 피검자에 의해 사용된 반응 영역의 위치를 순서대로 기록하는 란이 있다. 이것은 각각의 카드에 반응할 때 영역 선택 계열성에 대한 정보를 제공한다. 예를 들어, 카드 I에서 세 개의 반응을 얻었다고 하자. 첫 번째는 흰 공백을 포함해 흔한 부분 영역(*DS*), 두 번째 반응은 전체 반응(*W*), 그리고 세 번째 반응 또한 전체 반응(*W*)이었다. 따라서 카드 I의 접근 방식란에는 *DS*, *W*, *W*로 기록된다.

특수점수

마지막 빈도 란에는 15개 특수점수가 기록되는데 두 가지 계산이 필요하다. 첫 번째, 6개 특수점수의 원점수를 합한다. 이것은 *DV*, *INCOM*, *DR*, *FACOM* 그리고 *ALOG*, *CONTAM* 기록에 대한 수준 1과 2의 빈도를 합하여 기록한다.

두 번째, 6개 특수점수의 원점수에 가중치를 곱하고 모두 합하여 *WSUM6*란에 기록한다. 6개 특수점수에 대한 가중치 계산은 다음과 같다.

$$\begin{aligned} WSUM6 = {} & (1)\times DV+(2)\times DV2+(2)\times INCOM \\ & +(4)\times INCOM2+(3)\times DR \\ & +(6)\times DR2+(4)\times FACOM \\ & +(7)\times FACOM2+(5)\times ALOG \\ & +(7)\times CONTAM \end{aligned}$$

구조적 요약-하단부[3)]

자료의 빈도를 계산하고 하단부에 기입하면 구조적 요약표가 완성되는데, 하단부는 모두 7개 영역으로 구분되어 있다. 가장 아랫부분에 6개의 특수지표, 즉 *PTI, DEPI, CDI, S-CON, HVI* 및 *OBS*를 완성하고, 〈표 10-4〉와 같이 특수지표 기록지에 기록한다.

핵심 영역

핵심 영역(Core Section)은 구조적 요약 하단부 좌측 상단에 있으며, 16개 항목을 기록한다. 그중 7개는 빈도를 계산한 것으로, 전체 반응수를 나타내는 *R*와 *FM, m, SumC′, SumT, SumV*와 *SumY*이다. 이 중 *SumC′, T, V*와 *Y*는 하위 채점 유형을 포함하여 합을 계산한다. *SumC′*는 *FC′, C′F* 및 *C′*, *SumT*는 *FT, FT* 및 *T*를 포함하며, *V*와 *Y* 도 마찬가지다.

9개의 비율과 산출한 값은 다음과 같다.

- **Lambda(*L*)** 프로토콜에서 모든 반응 중 순수한 *F* 반응의 빈도를 비교하는 비율이다. 이것은 자료를 경제적으로 사용하는 데 관련이 있다. 계산은 다음과 같다.

$$L = \frac{F(\text{순수 형태 반응수})}{R-F(\text{전체 반응수}-\text{순수 형태 반응수})}$$

25개 반응 중 순수 반응이 6개, 전체 반응이 19개이면 *L*=(6/19)=.32

- **Erlebnistypus(*EB*)** *EB*는 두 가지 중요한 변인인 인간 운동 반응과 가중치를 부여한 유채색 반응의 합 간 관계를 나타낸다. 즉, *SumM*과 *WSumC*의 비율이다.

*WSumC*는 각각의 유채색 반응 유형에 가중치를 곱해서 계산한다. 색채 명명 반응은 계산에 포함시키지 않는다.

$$WSumC = (0.5)\times FC+(1.0)\times CF+(1.5)\times C$$

원자료에서 *M* 반응은 5, *FC* 반응은 4, *CF* 반응은 4, *C* 반응은 0이므로 *WSumC*=6.0이고 *EB*는 5:6.0이다.

- **Experience Actual(*EA*)** *EA*는 개인의 가용 자원과 관련이 있다. *EB*의 두 항 *SumM*과 *WSumC*를 합해 준다. 이 경우에 *EA*는 5+6.0=11.0이다.

- **EB Pervasive(*EBPer*)** 이 부호는 의사결정에서 *EB* 양식의 지배성과 관련 있는 비율이다. 여기에는 세 가지 기준이 있다.
  - *EA*가 4.0 혹은 그 이상이 되어야만 한다.
  - *Lambda*는 1.0보다 작아야 한다.
  - *EA*가 4~10이라면 *EB*의 한 항은 적어도 다른 한쪽보다 2점 이상 많아야 한다. 만약 *EA*가 10 이상이라면 *EB*의 한 항은 적어도 다른 한쪽보다 2.5 이상 커야 한다.

이 세 가지 기준에 모두 만족되면, *EBPer*는 *EB*의 큰 수에서 작은 수를 나누어서 계산

---

3) 역자 주: 각 지표들의 명칭은 이해를 돕기 위해 기호의 의미를 살려야 하는 것은 원어 그대로 두고, 국어로 의미 전달을 하는 것이 이해에 도움이 되는 것은 번역하였다.

한다. 예를 들어, *EA*=11.0, *Lambda*=.32 이면 두 가지 기준에는 맞지만, *EB*는 5:6, *EA*가 10보다 클 때 *EB*의 한 항이 다른 항 값보다 2.5보다 더 커야 한다는 조건을 만족하지 못한다. 그러므로 이 프로토콜에 *EBPer*를 적용할 수 없다. *EB*가 4:7이라면 두 값 간에 차이가 3.0이므로, *EBPer* 값은 작은 값 4로 큰 값 7을 나누어 1.8이 된다.

- **Experience Base(*eb*)** 이것은 모든 비인간 운동 결정인과 무채색 결정인을 비교하는 것이다. 이는 피검자가 경험하는 자극에 관한 정보를 제공한다. *SumFM+m*:*SumC´+SumT+SumY+SumV*로 나타낸다. 오른쪽은 네 가지 결정인에 해당하는 점수의 빈도를 합한 것이다. 예를 들어, 4개의 *FM*, 3개의 *m*, 그리고 3개의 무채색 결정인(*SumC´*), 1개의 재질 결정인(*SumT*), 음영 차원(*Vista=SumV*) 반응이 2개, 확산된 음영 결정인(*SumY*)이 5로, *eb*는 7:11이 된다.

- **Experienced Stimulation(*es*)** 이것은 *eb* 자료를 근거로 계산한다. 현재 경험하는 자극과 관련이 있다. *eb* 좌우항 *Sum FM+m+SumC´+SumT+SumY+SumV*의 합이다. 앞의 프로토콜에서 *es*는 7+11=18이다.

- **D 점수(*D*)** *D* 점수는 *EA*와 *es* 간의 관계에 대한 중요한 정보를 제공한다. 이 점수는 스트레스에 대한 내성과 통제 요소와 관련이 있다. 이 점수는 먼저 원점수에서 두 변인 *EA*와 *es*의 차이를 계산하고 해당하는 *D* 점수를 〈표 10-4〉에서 찾아 표시한다. 그리고 이 원점수 차이를 표준편차 2.5를 기준으로 한 표준점수로 변환시킨다. 만약 *EA−es*가 +2.5에서 −2.5 범위라면 두 점수 간의 차이는 유의미하지 않고, 이때의 *D* 점수는 0이다. 만약 *EA−es*의 차이가 +2.5보다 크고 +1단위로 증가한다면 점수는 2.5가 된다. *EA−es*의 차이가 −2.5보다 적어질 때는 −1만큼 감소한다. 표본에서 *EA−es*이면 11.0−3=+8.0이므로 *D*= +3이 된다.

표 10-4 *EA−es* 값과 D 점수

(*EA−es*) 값	D 점수
+13.0 ~ +15.0	+5
+10.5 ~ +12.5	+4
+8.0 ~ +10.0	+3
+5.5 ~ +7.5	+2
+3.0 ~ +5.0	+1
−2.5 ~ +2.5	0
−3.0 ~ −5.0	−1
−5.5 ~ −7.5	−2
−8.0 ~ −10.0	−3
−10.5 ~ −12.5	−4
−13.0 ~ −15.0	−5

- **Adjusted es(*Adj es*) 조정** *D* 점수가 스트레스의 내성과 가용자원에 대한 정보를 제공한다면 *Adj es*는 상황적 요소의 영향을 받았는지를 알아보는 것이다. 이것을 알아보는 한 가지 방법은 *es*에서 상황적 현상과 관련 있는 모든 요소를 제외시키는 것이다. *m*과

*Y*에서 각각 1을 남겨 두고 초과된 *m*과 *Y*를 합하여 *es*에서 빼 주면 Adjusted es 값이 나오게 된다. 앞에서 $m=3$과 $Y=5$이므로 *es*18에서 *m*값 2개와 *Y*값 4를 빼 주어 *Adj es*는 12가 된다. 이 값으로 Adjusted D점수를 계산한다.

- **Adjusted D 점수(*Adj D*)** 조정된 *D* 점수는 *EA*−*Adj es*로 계산한다. 이를 *D* 점수 환산표에 적용시키면 구할 수 있다. 앞에 제시한 점수는 *EA*가 11.0, *Adj es*는 12이고 차이 점수는 1로 조정된 *D* 점수는 0이 된다.

관념화 영역

이 영역은 9개의 항목으로 구성된다. 9개 중 5개는 구조적 요약표의 상단 부분의 값들을 변환한 빈도치들이다. *MOR*, *Sum6*, 수준 2의 특수점수, M−와 형태 없는 M 반응이 그것이다. *WSum6*는 구조적 요약 상단에 이미 계산되어 있다. 남은 3개의 항목은 두 개의 비율과 한 개의 지표로 구성된다.

- **Active : Passive Ratio(*a* : *p*)** 이 관계는 관념과 태도의 융통성과 관련이 있다. 왼쪽에는 능동 운동 반응의 총반응수(*Ma*+*FMa*+*ma*)를, 오른쪽에는 수동 운동 반응의 총반응수(*Mp*+*FMp*+*mp*)를 기입한다. *a*와 *p* 첨자로 기호화한 운동 결정인은 양쪽 모두에 포함시킨다. 예시된 사례에서 *a* : *p*는 6 : 6이다.

- **M Active : Passive Ratio(*Ma* : *Mp*)** 이 비율은 사고 특징과 관련이 있다. 인간 운동 반응만의 능동성과 수동성의 비율이다. 예시된 자료의 비율은 *Ma* : *Mp*=2 : 3이다

- **주지화 지표(The Intellectualization Index)-*2AB*+(*Art*+*Ay*)** 이 지표에는 특수점수인 *AB*(Abstract)와 *Art* 및 인류학(*Ay*) 내용이 포함된다. 이 지표는 *AB* 반응수에 2를 곱하고 *Art*와 *Ay* 내용의 반응수를 더해서 구한다. 예시된 자료에서는 *AB*나 *Ay*가 없고 1개의 *Art* 반응이 있어 지표값은 1이다.

정동/정서[4] 영역

이 영역은 7개의 항목으로 구성된다. 3개는 빈도인데, 이 항목들(Pure *C*, *S*, *CP*)은 구조적 요약표의 상단에 의해 환산된 값이다. 나머지 4개의 항목들(형태−유채색 비율, 통제 비율, 정동 비율 및 복잡성 비율)은 다음과 같이 계산한다.

- **Form-Color Ratio(*FC* : *CF*+*C*)** 이 비율은 감정/정서 조절과 관련이 있다. *FC* 결정인을 사용한 총반응수와 *CF*+*C*+*Cn* 반응수 간의 비율이다. *EB*와 *EA*를 사용한 *WSumC*와

4) 역자 주: 정동/정서(Affect) 영역의 제목은 의미에 근거를 두어 감정/정서 영역으로 이 책에서는 혼용했다.

는 달리 이 비율에서는 색채 반응의 가중치가 동일하다. 앞에 제시한 *FC*가 4, *CF*가 4, 그리고 *C*가 0이므로 비율은 4:4이다.

- **Constriction Ratio(*SumC′* : *WSumC*)** 이 비율은 감정을 지나치게 내면화하는 것과 관련이 있다. *C′* 결정인을 사용한 총반응수와 *WSumC*의 비율이다. 앞에 제시한 예는 *C′*는 3, *WSumC*는 6이므로 비율은 3:6.0이다.

- **Affective Ratio(*Afr*)** 이 비율은 정동/정서 비율로 카드 I부터 카드 VII까지의 반응수와 나머지 카드의 반응수 비율이다. 피검자의 정서적 자극에 대한 관심을 나타내며, 공식은 다음과 같다.

$$Afr = \frac{\text{카드 VIII, IX, X 반응수의 합}}{\text{카드 I, II, III, IV, V, VI, VII 반응수의 합}}$$

- **Complexity Ratio(*Blends* : *R*)** 이 비율은 혼합 반응의 수와 총반응수의 비율로 복잡성 지표다. 앞에 제시한 사례에서는 9 : 25다.

중재 영역

인지적인 중재(Cognitive Mediation)에 관련된 영역은 평범 반응(popular responses)의 빈도와 다섯 가지 비율 값으로 구성된다.

- **Form Appropriate Extended(*XA+%*)** 이 공식은 반점의 형태를 알맞고 적합하게 사용했는지 판단하기 위해 마련된 것이다.

$$XA\% = \frac{FQ\text{가 +, }o\text{이거나 }u\text{인 반응수의 합}}{R}$$

예시에서 전체 반응 25개 중 형태질이 +인 반응이 2개, 형태질이 흔한 경우가 17개, 그리고 드문 형태질로 본 반응이 6개였다. 그러므로 25를 전체 반응수 25로 나누면 1.00이다.

- **Form Appropriate−Common Areas (*WDA%*)** *W*와 *D* 영역 반응의 합에 대한 반응의 형태질의 비율을 고려한 정도로 잉크반점 형태를 적절하게 사용했는지 판단하기 위한 공식이다.

$$WDA\% = \frac{W, D\text{ 영역 반응 중 }FQ\text{ 기호가 +, o이거나 u의 반응수의 합}}{\text{W와 D 영역 반응들의 합}}$$

*W*와 *D* 영역에서 *FQ* 기호가 +, *o*이거나 *u* 인 반응들의 수가 22개, *W*와 *D* 영역에 대해 반응한 것이 전체 22개이므로 이를 나누면 *WDA%*는 1.00이다.

- **Distorted Form(*X-%*)** 지각적 왜곡의 정도를 나타내는 비율로 다음과 같다.

$$X\text{-}\% = \frac{FQx-\text{의 합}}{R}$$

예에서는 25개의 전체 반응에서 마이너스 반응이 0개이므로 *X−%*는 .00이다.

- **Conventional Form Use(*X+%*)** 보편적인 사물에 대한 정의다. 형태를 관습적으로 사용한 정도를 나타내며, 다음과 같이 계산한다.

$$X+\% = \frac{FQx\text{가 }+\text{인 반응과 }o\text{인 반응수의 합}}{R}$$

예에서 *FQx*가 +인 반응 2개와 *o*반응 17개를 합하여 전체 25개의 반응으로 나누면, .76이 된다.

- **Unusual Form Use(*Xu%*)** 윤곽을 적절히 사용했지만 비관습적 형태(드문 형태질)로 사용한 반응수를 전체 반응수로 나눈다.

$$Xu\% = \frac{FQx\text{가 }u\text{인 반응들의 수}}{R}$$

예에서 드문 형태질 반응이 6개이므로 전체 25로 나누면, .24가 된다.

처리 과정 영역

이 영역은 정보 처리(information processing)와 관련된 정보를 얻을 수 있는 영역으로, 구조적 요약표의 상단에 기입되는 6가지 항목들, 즉 네 가지 빈도 자료(*Zf, PSV, DQ+*, 그리고 *DQv*), 두 가지 관계 및 차이 점수로 구성되었다.

- **Economy Index(*W : D : Dd*)**[5] 전체 반응수를 좌항으로 하고, 흔한 부분 영역 반응수를 가운데, 드문 부분 반응수를 우항에 두는 비율 지수다.

- **Aspiration Ratio(*W : M*)**[6] 전체 반응수(*W*)와 인간 운동 반응(*M*)의 비율 지수다.

- **Processing Efficiency(*Zd*)**[7] *Zd*는 *ZSum−Zest*이다. 앞의 예에서 *ZSum*=42.0, *Zest*=49.0이므로 *Zd*는 −7.0이 된다.

대인관계 영역

대인관계에 대한 정보를 제공하는 영역으로 10개의 항목으로 구성되어 있다. 10개 중 5개, 즉 협동 운동(*COP*) 반응수의 합, 공격 운동(*AG*) 반응수의 합, 음식(*Fd*) 반응수의 합, 순수 인간 내용(*H*) 반응수의 합, 그리고 개인화된(*PER*) 반응수의 합으로, 이렇게 구조적 요약 상단에 있는 빈도

---

5) 역자 주: 경제성 지수로 인지적 혹은 사고 활동의 경제성에 대한 해석과 관련된 지수다.

6) 역자 주: 잉크반점을 전체로 통합하여 보려고 한 인지적인 시도를 전체 영역(*W*) 반응으로 보고, 그것에 대한 실제 가용한 인지적 자원을 인간 운동(*M*) 반응수로 해석하여 피검자의 포부(기대) 수준과 실제 가용한 지적 자원에 대한 추정치를 해석하는 데 도움이 되는 비율 지수다.

7) 역자 주: 인지 처리 과정의 효율성 지표로 조직화 점수의 합에서 추정된 가중치를 제하여 구한다.

자료를 환산한 값이다.

GHR : *PHR*와 같이 *GHR* 반응수의 합을 좌항에, *PHR* 반응수의 합을 우항에 기입한다. 구조적 요약 상단에 기입된 빈도 자료 관계 지수와 핵심 영역에 기입되었던 재질(*T*) 반응수의 합, 그리고 관념화 영역에 기록되었던 능동 운동성과 수동 운동성 간의 비율(*a* : *p*)을 기입한다. 나머지 두 개의 항목은 다음과 같은 공식으로 환산하여 기록한다.

- **Interpersonal Interest** 이 지표는 사람들에 대한 관심의 정도를 알아보기 위한 것이다.

  Human Cont = *H*+(*H*)+*Hd*+(*Hd*)

  〔단, 인간의 경험(*Hx*) 반응은 제외한다.〕

  예시에서는 3개의 *H*, 1개의 (*H*), 그리고 *Hd*는 없으므로 합은 4가 된다.

- **Isolation Index (*Isolate/R*)** 이 지표[8]는 사회적 고립과 관련이 있고, 식물, 구름, 지도, 풍경, 그리고 자연과 같은 다섯 가지 내용 범주의 일차 및 이차 반응을 모두 포함하여 다음과 같이 계산하며, 반응마다 가중치가 부여된다.

$$Isolate/R = \frac{Bt + 2Cl + Ge + Ls + 2Na}{R}$$

예시에서는 2개의 *Bt*, 2개의 *Cl*, 1개의 *Ge*, *Ls*는 없고, 2개의 *Na*가 있기 때문에 2+2(2)+1+0+2(4)=15개가 되어 전체 반응 25개로 나누면 .60이 된다.

8) 소외지표

자아-지각 영역

이 영역은 7개의 지수로 구성되는데, 그중 4개가 빈도 자료 혹은 반응수의 합이다. 반사 반응의 합(*Fr*+*rF*)과 형태 차원(*FD*) 반응수의 합, 특수 내용 점수 중 병리적인 내용(*MOR*) 반응수의 합, 그리고 해부(*An*) 반응과 X-레이(*Xy*) 반응수의 합을 기록한다. 다섯 번째로는 핵심 영역에 기입했던 음영 차원(*V*) 반응수의 합을 기록한다.

여섯 번째 항목은 *H*:(*H*)+*Hd*+(*Hd*)의 비율을 기록한다. 사례에서는 순수한 인간 내용 반응이 3개, (*H*) 반응수가 1개로 3 : 1 이 된다.

다음 일곱 번째 항목은 다음과 같은 공식으로 환산한다.

- **Egocentricity Index (*3r+(2)/R*)**[9] 이 지표는 자존감과 관련이 있는 지표로 전체 반응 기록에 대한 반사 반응의 합(*Fr*+*rF*)과 쌍반응수(2)의 합에 각각 가중치를 부여하고 그 값들을 더한 값의 비율이다.

$$3r + (2)/R = \frac{3x(Fr + rF) + Sum(2)}{R}$$

9) 역자 주: 원어에 충실히 자아 중심성 지표로 통용한다.

표 10-5 특수 지표

S-Constellation(자살 지표; 자살 잠재성)

☐ 8개 조건 혹은 그 이상에 해당되면 표시
주의: 14세 이상인 경우만 고려함

- ☐ FV+VF+V+FD>2
- ☒ 유채색 음영 혼합>0
- ☒ 3r+(2)R<.31이거나>.44
- ☐ MOR>3
- ☒ Zd>+3.5이거나 Zd<−3.5
- ☒ es>EA
- ☐ CF+C>FC
- ☐ X+%<.70
- ☒ S>3
- ☐ P<3이거나 P>8
- ☐ Pure H<2
- ☐ R<17

PTI(지각-사고 지표)

- ☐ XA%<.70이고 WDA% <.75
- ☐ X−%>.29
- ☐ LVL2>2이고 FAB2>0
- *☒ R<17이고 WSUM6>12 이거나 R>16이고 WSUM6>16
- ☐ M−>1이거나 X-%>.40

1 **Sum PTI**

DEPI(우울지표)

☒ 5개 조건 혹은 그 이상에 해당되면 표시

- ☒ FV+VF+V>0이거나 (FD>2)
- ☒ (Col-Shd Blends>0)이거나 (S>2)
- *☐ (3r+(2)/R>.44이고 Fr+rF=0) 또는 (3r+(2)/R<.33)
- *☐ (Afr<.46)이거나 (Blends<4)
- ☒ SumShading>FM+m)이거나 (SumC′>2)
- ☒ (MOR>2)이거나 (2×AB+Art+AY>3)
- ☒ Cop<C2)이거나 ([Bt+2×C1+Ge+Ls+2Na]/R>.24)

CDI(대처 손상 지표)

☐ 4개 혹은 5개의 조건에 해당되면 표시

- ☐ (EA<6)이거나 (AdjD<0)
- ☒ (COP<2)이고 (AG<2)
- ☐ (Weighted Sum C<2.5)이거나 *(Afr<.46)
- ☐ (Passive>Active+1)이거나 (Pure H<2)
- ☒ (Sum T>1)이거나 (Isolate/R>.24)이거나 (Food>0)

HVI(과민성 지표)

☐ (1)조건에 해당되어야 하고, 그다음의 조건에 최소 4개 이상 해당되어야 표시

- ☐ (1) FT+TF+T=0

- ☒ (2) Zf>12
- ☐ (3) Zd>+3.5
- ☒ (4) S>3
- ☐ (5) H+(H)+Hd+(Hd)>6
- ☐ (6) (H)+(A)+(Hd)+(Ad)>3
- ☐ (7) H+A:Hd+Ad<4:1
- ☐ (8) Cg>3

OBS(강박적 유형 지표)

- ☐ (1) Dd>3
- ☒ (2) Zf>12
- ☐ (3) Zd>+3.0
- ☐ (4) Populars>7
- ☒ (5) FQ+>1

☐ 1개 조건 혹은 그 이상에 해당될 때 표시

- ☐ (1)부터 (5)까지 모두 만족
- ☐ (1)부터 (4)까지 2개 이상 만족하고 FQ+>3
- ☐ (1)부터 (5)까지 항목 중 3개 이상 만족하고 X+%>0.89
- ☐ FQ+>3이고 X+%>.89

*아동의 경우 조정되어야 함.

예시에서 1개의 반사 반응과 10개의 쌍 반응이 있어 자아 중심성 지표는 [(3)×1+10]/25=.52가 된다.

특수 지표

구조적 요약 하단에는 6개의 특수 지표가 있는데, 지각적-사고 지표(Perceptual-Thinking Index: *PTI*), 우울지표(Depression Index: *DEPI*), 대처 결함/손상 지표(Coping Deficit Index: *CDI*), 자살 지표(Suicide Constellation: *S-CON*), 과잉경계 지표(Hypervigilance Index: *HVI*), 강박 지표(Obsessive Style Index: *OBS*)로 구성된다.

이 지표들은 별도로 마련된 지수 기록지에 각각 표시하고, 체크한 것을 구조적 요약 하단에 다시 적는다. 연령이 적은 피검자의 자료를 해석하기 위해서는 4개의 변수에서 분할 점수를 고려해야 한다. *PTI*의 *WSum6*와 *DEPI*에서의 (3*r*+(2)/ *R*), *DEPI*와 *CDI*에 공통적인 *Afr*는 〈표 10-5〉에서처럼 별(*) 표시를 하고 〈표 10-6〉을 참고하여 연령별로 특수 지표에 체크될 만한 값인지 분할 점수를 확인해 보아야 한다.

표 10-6 아동 · 청소년의 조정된 자기 중심성 지표와 *WSum6*, *Afr*

자기 중심성 지표의 연령 조정치

연령	3r+(2)/R가 아래 값보다 작을 때 유의미함	3r+(2)/R가 아래 값보다 클 때 유의미함
5	.55	.83
6	.52	.82
7	.52	.77
8	.48	.74
9	.45	.69
10	.45	.63
11	.45	.58
12	.38	.58
13	.38	.56
14	.37	.54
15	.33	.50
16	.33	.48

*WSum6*의 연령 조정치

전체 반응수가 17개 혹은 그 이상	
5~7세:	*WSum6*>20
8~10세:	*WSum6*>19
11~13세:	*WSum6*>18
전체 반응수가 17개보다 작을 때	
5~7세:	*WSum6*>16
8~10세:	*WSum6*>15
11~13세:	*WSum6*>14

Afr의 연령 조정치

5세와 6세:	*Afr* <.57
7~9세:	*Afr* <.55
10~13세:	*Afr* <.53

제3부 로르샤하의 본질

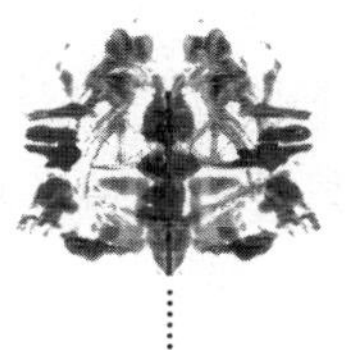

제11장
반응 과정

로르샤하를 잘 사용하려면, 피검자가 잉크반점을 보고 반응을 형성하는 과정과 그 반응을 어떤 정보로 해석할 수 있는지에 대해 잘 알아야 한다. 이러한 과정들은 피검자의 로르샤하 반응에 대해 해석의 원리나 절차들을 적용하는 데 매우 기본적인 요건이다. 초심자나 로르샤하에 대해 알지 못하는 사람들은 잉크가 번진 듯한 10개의 그림(잉크반점)에 대한 반응만으로 어느 한 사람에 대한 많은 정보를 얻을 수 있다는 점을 믿기 어려울 것이다. 이것은 회의적인 사람들에 의해 종종 제기되는 문제인데, 안타깝게도 검사에 대한 설명들이 아직은 이 회의론자들의 이견에 시원하게 반박하지는 못하고 있다.

아마도 투사적 기법 사용에 대해 전문가들의 선호도가 높아지고 로르샤하가 '투사기법' 중 주요한 방법으로 알려지면서 이러한 회의론의 목소리는 더욱 커진 듯하다. 이 시기에 주로 강조된 것은 내용 분석이었고, 로르샤하의 특성은 주로 투사 과정의 관점에서 해석되었다. 일부에서는 특정 형태(종류)의 내용에 대한 직접적인 상징 해석을 시도하였고(Philips & Smith, 1953), 다른 이들은 반점 자극을 공통된 상징적인 의미로 동일하게 받아들였고, 아버지 카드, 어머니 카드, 성 카드, 대인관계 카드 등에 대한 왜곡된 개념을 만들어 내기도 했다(Halpern, 1953; Meer & Singer, 1950; Pascal, Reusch, Devine, & Sutell, 1950). 투사 과정에 대한 강조는 로르샤하가 제공하는 유용성을 확대시키기도 했지만, 로르샤하의 특성에 대한 포괄적인 이해 노력을 방해하거나 애초에 로르샤하가 이 방법에 대해 생각했던 것에 대한 의도와 연구 결과 또한 오염시키는 경향이 있었다.

로르샤하가 의도했던 로르샤하 개념

로르샤하는 로르샤하 잉크반점을 보고 피검자가 반응하는 과정에 관심이 있었고 반응 작용과 관련된 몇 가지 가설을 만들었다. 그는 자극의 형태에 따라 형성되는 시각적인 이미지, 그리고 통합된 기억들을 통해 반응이 이루어진다고 가정했다. 또한 자극 이미지를 기존에 가지고 있던 기억 심상과 맞추려는 노력은 의식적으로 이루어지게 된다고 주장했다. 다시 말하면, 반점이 기억 속에 있는 객체와 일치하지 않는다는 것을 인식하게 되므로 이 방법은 실상 동일하지 않지만 유사한 것처럼 반점 또는 반점의 영역을 동일시하려는 사람의 의지가 필요하다.

로르샤하는 이를 연상 과정으로 기술하였으며, 기존의 기억 심상과 자극 감각을 통합하거나 동질화하는 사람들의 능력 간에는 역치의 차이가 있을 수 있다고 가정했다. 따라서 그는 이 차이점 때문에 자극의 발생에 대해 저마다 다양한 양상으로 반응하게 된다고 믿었다. 무의식적인 요소가 반응의 형성에 영향을 줄 수도 있다는 개념을 부정한 것도 이러한 전제 때문이었고, 반응 과정을 지각이나 통각으로 보았다.

로르샤하는 상상은 검사의 기본 과정과 거의 혹은 전혀 관계가 없을 것이라 했고, 반응에 대한 윤색에 기여할 것이라고 조심스럽게 주장했다. 만약 그가 일찍 사망하지 않고 머리(1938)의 투사 개념이나 프랭크(1939)의 투사적 가정 형성에 대해 고찰할 수 있었다면, 그는 아마 반응을 끌어내는 의사 결정과의 관련성에 대해 더 깊이 이해할 수 있었을 것이다. 하지만 투사의 개념이 반응 과정의 중요한 요소일 것이라는 관계를 부인했을지도 모르겠다.

로르샤하 사후 수십 년 동안 **로르샤하**와 반응 과정의 특성이 분명히 소홀히 다뤄진 분야인 것도 사실이다. 이처럼 소홀했던 이유는 주로 이 검사를 발전시켜 온 연구자들도 다양한 관심거리를 가지고 있어서였다. 흥미로운 것은 축적된 연구 결과 내용이 로르샤하가 생각했던 것보다 훨씬 복잡해지긴 했지만, 결국 반응 과정에 대해 **로르샤하**가 제안했던 가정을 대부분 지지해 준다는 점이다. 반응이 언어적으로 표현되기 전에 매우 다양한 심리적 조작(operation) 과정이 발생한다는 점과 그것이 매우 짧은 시간 동안 일어난다는 점에 대해 **로르샤하**를 연구하고 발전시켜 온 연구자들 역시 초창기에는 인식하지 못했던 것들이었다.

의사 결정 과제 로르샤하

현재의 기억과 반점이 동일하지 않다는 인식에서 시작하여 반응이 형성된다는 로르샤하의 가정은 옳았다. 보통 검사자에 의해 **로르샤하**가 소개되고 잉크반점이 피검자에게 공개되기 이전에 이미 피검자는 어떤 인식을 하게 된다. 카텔(1951)은 가장 처음으로 피검자의 입장에서 **로르샤하**를 수행하는 상황에 대해 투사 개념과 관련시켜 기술했던 사람이다. 그는 피검자가 실제로는 이 반점과 똑같은 대상이 존재하지는 않는다는 사실을 자각해야 한다고 했다. 그는 이 작업은 피검자가 자극을 잘못 지각하도록 하고, 이 잘못된 지각을 통해 무언가를 이 자극에 투사하도록 촉진한다고 했다.

카텔이 투사 조건을 바르게 기술했더라도 로르샤하가 실시되는 상황에 적용하기에 적절하지 않을 수 있다. 왜냐하면 그의 '오지각'이라는 용어는 자극을 변환하는 방법을 의미하느냐, 혹은 자극이 확인되는 방법을 의미하느냐에 따라 달리 사용될 수 있기 때문이다. 전자는 자극이 잉크반점이라는 실재적인 사실을 무시했다는 점을 의미하고, 후자는 그와 같은 의미를 전달하지 않았다는 점에서 용어의 의미와 달리 사용되어야 한다. 로르샤하는 반응에서의 확인 과정을 필수적인 작용 중 하나라고 믿었다. 그는 반점을 있는 그대로 명명하는 피검자를 보고 나서 이 사람들은 지적으로 결함이 있거나 신경학적 손상, 혹은 심한 정신증 때문에 매우 심각한 장해가 있기 때문에 연상이나 통합적 조작 활동을 수행할 수 없을 만큼 기능이 결여되어 있거나 퇴화된 것이라 해석했다. 로르샤하를 사용하는 많은 전문가들은 손상 정도가 심해 로르샤하 작업을 수행하기 어려운 사람들이나, 반점을 보며 환각 형태의 반응(예, '오 하느님, 이 지독한 것들을 물러가게 해 주십시오.')만을 보이는 지극히 현실과 동떨어진 사람들을 만나기도 했다. 하지만 이는 매우 드문 경우들이다. 로르샤하를 접하는 절대 다수의 피검자들은 자신들이 잉크반점에 반응하고 있다는 사실을 잘 자각하고 있다.

검사자들은 피검자들에게는 "이제 잉크반점 검사를 시작하려고 합니다."와 같이 말하거나 청소년들에게도 이와 유사하게 "이제 잉크반점을 보게 될 것입니다."라고 말함으로써 미리 준비시키게 된다. 하지만 '잉크반점'이라는 단어를 말하지 않고 소개하는 경우에도 피검자가 잉크반점인지 몰랐다고 고집할까 봐 지레 부담을 느낄 수 있다. 예를 들어, 500명의 환자 및 비환자 5~7세 아동을 대상으로 검사했을 때, 207명은 자극의 특성에 대한 소개를 먼저 하고 나서 반응하게 했다(Exner, 1980). 그런데 이들의 대답이나 반응은 "이건 잉크반점이에요." "잉크들이 붙어 있는 모습이에요."부터 "이거 어떻게 만드는지 알아요." 또는 "우린 이거보다 더 예쁘게 잘 만들어요."에 이르기까지 매우 다양했다. 실제로 이 아동들은 지극히 사실에 대한 내용만을 말했다. 즉, 자극이란 단지 잉크반점뿐인 것이다. 하지만 만일 처음 반응에서 이러한 대답이 나오게 되면 반응으로 인정되지 않는다. 대신 검사자는 '예, 알고 있어요. 이것은 잉크반점 검사예요. 맞아요. 그런데…….'와 같이 말하여 기타 다른 반응이 나올 수 있도록 유도해야 한다.

실제로 검사 상황의 특성은 잉크반점의 형체를 있는 사실과 다른 그 무엇으로 확인해 주도록 요구하는 것이다. 그리고 한 개인이 자신의 본래 모습을 유지하면서 현실을 위반하도록 하는 조건이 존재하기 때문에 어떤 면에서 로르샤하는 문제 해결 상황이라고 할 수 있다. 자극이 일련의 복잡한 심리학적 조작을 촉진하여 자극을 오인하도록 요구하여 결국 내적인 여러 조작의 결과를 언어적인 진술로 반응하도록 만든다.

결정과 선택

검사자들은 많은 피검자들이 자극에 대해 오인하도록 강요하는 과제에 대해 '잉크반점'이라고만 답변할까에 대해 걱정할 수 있겠지만, 그러한 경우는 실제로 흔치 않다. 제시된 형태 혹은 그 일부분에 맞는 유사한 답변들도 가능하기 때문이다. 대부분의 사람은 이 형태가 제시되면 즉시 이러한 특성을 자각하게 된다. 따라서 로르샤하를 수행하면서 주의해야 할 것은 반응으로 인정할 것과 그렇지 않은 것을 결정하는 것이다.

로르샤하가 발표된 후 수십 년 동안 이를 사용하고 연구한 대부분의 사람은 많은 사람에게 잠재적으로 나타날 가능성이 있는 타당한 답변의 실제 빈도에 대해서는 잘 모르고 있다. 몇 가지 이해할 만한 이유들이 있는데, 이는 로르샤하의 초기 실험 작업들에 의해 로르샤하가 만들어진 방법에서 그 기원을 찾을 수 있다. 로르샤하 그림들은 그 형태가 대부분 모호하고 일부의 연구자들에 의해서는 검사로서 기능을 하기 어려운 것으로 질타받아 왔다(Exner, 1996). 그럼에도 로르샤하가 자신의 연구에 관해 보고했던 내용을 보면, 그는 이러한 모호성의 개념을 의미 있는 방식으로 지지하고 있고, 이러한 그의 의견은 로르샤하 그림들이 의도된 자극 특성으로 수정되지 않고 연구되는 데 기여했다.

로르샤하의 관찰 내용 대부분은 장 · 단기 기록과 반응 시간 자료에 관한 많은 해석적 가정을 세울 수 있게 한다.[1)] 후자는 다양한 연구자로 하여금 그들의 체계에 광범위하게 수용하게 하였고, 모든 연구자와 기타 많은 실험자는 '색채에 의한 충격'에 대한 로르샤하의 개념을 빠르게 통합하고 확대하였으며 '회색-검은색 충격'의 개념도 고안해 냈다. 둘 모두 피검자 내면의 불안과 동일하게 가정되고 있으며 신경증적 특성을 반영하는 것으로 생각되었다(Beck, 1945; Klopfer & Kelly, 1942; Miale & Harrower-Erikson, 1940; Piotrowski, 1957). 이는 피검자가 반점 특성에 의해 다소 충격을 받았으며, 이 때문에 반응의 형성에 어려움을 겪게 된다는 것을 의미한다.

잠재적 답변 가능성에 관해 많은 연구자를 오해하게 만드는 또 다른 요인은 이미 알려진 개념이 너무 다양하다는 점이었다. 사용하는 채점체계에 따라 다소 다르기도 하지만, 성인의 평균 반응 개수는 22~32개였고, 표준편차는 5~8 정도(Beck, Beck, Levitt, & Molish, 1961; Exner, 1974, 1978), 아동의 반응수는 훨씬 더 적었다(Ames, Learned, Metraux, & Walker, 1952; Ames,

---

1) 로르샤하는 우울한 피검자들 대부분이 15개에서 30개 정도의 반응을 하는데 무뚝뚝하거나 의기소침한 피검자는 그보다 더 적은 반응을 한 결과에 주목했다. 반응을 하기 전에 많은 사람이 시간을 다소 지체하곤 하는데, 지각이나 관념화 과정이 산만한 사람들은 매우 빨리 반응하기도 한다는 점을 발견했다. 로르샤하는 첫 반응의 반응 시간이나 각 잉크반점당 소요된 시간은 기록하지 않았지만, 반응 시간을 충실하게 기록해야 한다고 강조하는 로르샤하의 추종자들은 '색채 충격(color shock)'의 개념과 함께 또 다른 가설도 필요하다고 주장했다. 이전 카드에 대한 반응에서 나타나는 반응 시간의 지연현상과 유사해도 첫 번째 전체 유채색 잉크반점인 8번 카드에 대한 반응을 형성하는 데 어려워하고 시간이 지연되는 현상에 대해 로르샤하는 '색채 충격'이라는 용어를 사용했다. 그는 정서적인 억압의 한 형태가 반영된 무기력감으로 설명했다.

Metraux, & Walker, 1971; Beck et al., 1961; Exner, 1978; Exner & Weiner, 1982, 1995). 반점 하나에 두세 개의 대상을 보거나 오인하게 된다는 의미이고, 피검자들이 여러 반점에 대해 한 개 이상을 보기 어렵다는 주장은 거의 없다. 평균 반응수로 적어도 피검자가 일단, '정상적인' 범위 내에 있다고 가정할 수 있는 것은 수백 개의 로르샤하 연구에 의해 확인되었다.

피검자들이 적은 수의 반응을 하게 되는 이유는 피검자가 반점 외에는 아무것도 볼 수 없다고 하는 경우인데, 이에 대해 로르샤하는 일부 피검자들이 '거부'를 하게 된다는 점에 주목하고, 이는 사고의 단절 과정을 유발할 수도 있다고 했다. 클로퍼와 켈리(1942)는 이 가정에 동조하는 경향이 있었으나, 벡(1945)은 이와 같은 거절 혹은 거절 경향도 개념을 형성하는 과정, 특히 더욱 어려운 반점인 경우에 발생하는 문제에 따른 것일 수 있다고 주장했다. 이 문제는 반응 과정 시간이 자극의 난이도나 복잡성에 대한 지표일 것이라는 가정하에 카드 난이도에 관한 몇 가지 연구의 동기가 되었다(Dubrovner, VonLackum, & Jost, 1950; Matarazzo & Mensh, 1952; Meer, 1955; Rabin & Sanderson, 1947). 미어는 반점의 난이도 수준이 주는 영향을 살펴보기 위해 12가지의 연구에서 반응 시간에 대해 정확한 형태를 사용해 보았다. 로르샤하연구재단에서 수집된 빈도 자료에 따르면, 반점 난이도나 복잡성 수준에 의해 차이를 보이지는 않음을 시사하고 있다(Exner, Martin, & Cohen, 1983). 한편, 미어는 피검자들이 각각의 반점에 대하여 한 가지 이상의 대상을 발견하도록 노력해야 한다는 일종의 부담을 느끼게 한다고 보고했다. 임상가나 연구자들은 대부분의 피검자들이 가능성 있는 답변을 빠르고 비교적 쉽게 형성한다는 데 동조하지 않았던 반면에 미어의 결과는 일부 연구에 의해 지지되었다.

잠재적인 반응 범위

종합체계를 개발하는 동안 주요한 관심 중 하나가 피검자에 대한 검사자의 영향이었다. 상당한 문헌을 검토하였고, 일부 로르샤하 반응 특성들은 표준 절차의 변형된 조건에 의해 영향을 받아 다르게 나타날 수 있다는 점이 제기되었다. 예를 들어, 피검자에게 더 많은 것을 발견하고 그들의 움직임을 찾아내라고 하거나 더 작은 대상을 찾아보라는 등의 다른 지시와 로르샤하에 대한 소개를 달리하는 등 다양한 실시 절차 등을 적용한 결과, 그 반응들에 큰 차이가 있었다(Coffin, 1941; Hutt, Gibby, Milton, & Pottharst, 1950; Abramson, 1951; Gibby, 1951).

또한 여러 로르샤하 연구자들이 사용하는 지시들 간의 차이는 반응 기록의 평균 반응수와 진술의 길이에도 상당한 차이를 발생시켰다(클로퍼=23.9, 벡=31.2, 헤르츠=32.9, 피오트로브스키=33.8, 라파포트=36.4). 괴체어스(1967)는 벡과 클로퍼의 검사 지시들 간의 차이점을 알아보기 위해 16명의 검사자를 활용하여 교차 타당도를 측정했다. 각 검사자는 벡의 지시를 사용하여 8회의 검사를 실시해 보고, 클로퍼의 지시를 사용하여 8회의 검사를 실시해 보았다. 괴체어스는 '당신이 볼 수 있는 모든 것에 대해 말해 보세요.'와 반응이 하나밖에 없을 경우, 처음 다섯 개의 카드에 대한 2차 반응을 얻기 위한 조언 등을 포함해 벡의 지시 형태로 실시하는 경우가 클로퍼의 형태로 실시되는 경우보다 평균 6개의 반응을 더 얻게 된다는 점을 발견했다.

몇몇 연구에서 언어적으로든 비언어적으로든 '강화'는 어떤 반응의 빈도를 변경시킬 수 있다는 점에 대해 검증되었다(Wickes, 1956; Gross, 1959; Dinoff, 1960; Magnussen, 1960; Hersen & Greaves, 1971). 이러한 점에 대한 인식이 높아지면서 대다수의 피검자들이 잉크반점을 접하게 되면 될 수 있는 대로 많은 잠재적 반응이 형성된다는 점을 증명하기 위한 노력들이 이어졌다. 반응 과정에 대한 일부 초기 연구자들도 이러한 가능성에 대한 잠정적인 추측을 하기는 했지만, 특별히 중요하게 생각하지는 않았다. 적어도 1970년대까지도 이에 관해 우연하게 발견하고 지적한 이도 없었다.

반응에 대한 강화의 영향에 대한 한 초기 연구를 보면, 비환자 10명과 외래 환자 10명 등 각 10명으로 구성된 2개 집단을 대상으로 한 가지 반점마다 60초의 제한 시간을 주고 될 수 있는 대로 많은 반응을 하도록 요청했다(Exner, & Armbruster, 1974). 이들에게는 반응을 할 때마다 반응 1개당 10센트를 즉시 지불했다(강화). 비환자 집단의 경우 10개의 그림에 대해 68~147개의 반응이 나왔고, 평균 반응수는 104개였다. 외래 환자 집단의 경우 평균 113개의 반응을 했고, 71~164개 사이였다.

이처럼 예상치 못했던 많은 반응에 따라 몇 가지 의문이 제기되었다. 첫째, 돈(10센트)을 이용한 강화 방법은 어느 정도까지 로르샤하 반응 과정에 영향을 주었는가? 둘째, 60초의 노출 시간은 해당 그림에 대해 피검자가 어느 정도까지 검토할 수 있도록 하며, 그에 따라 표준 실시 조건에서는 발생할 수 없는 반응을 만들어 내게 하지는 않았는가? 셋째, 강화 조건 때문에 피검자들이 전형적인 조건보다 얼마나 더 빈번하게 정확한 형태를 거스르는 반응을 하게 되었는가? 마지막으로, 넷째 한 검사자가 사전 검사를 실시했기 때문에 여러 검사자가 실시한 경우보다 비정상적으로 더 많은 답변을 하게 된 것은 아닌가? 이처럼 제기될 수 있는 몇 가지 문제들로 말미암아 보다 정교한 연구 설계가 필요했다.

엑스너와 암브루스터 및 미트먼(1978)은 12명의 경험 많은 검사자가 각 20명의 피검자로 구성된 5개의 집단을 검사하도록 했다. 1집단과 2집단은 40명의 성인 비환자로 구성되었으며, 연령은 20~41세였고, MMPI의 K-척도 점수 분포에 따라 각 20명으로 양분되었다. 3집단은 20명의 아동 비환자로 구성되었으며, 연령은 11~13세였다. 4집단은 2명의 우울증 환자로 구성되었으며, 연령은 29~51세였다. 5집단은 20명의 정신분열증 환자로 구성되었고, 연령은 24~42세였다. 그리고 참여자 모두 이전에 로르샤하를 한 번도 경험해 보지 않은 사람들이었다. 검사자들은 무작위로 배정되어 한 집단에서 최다 4명까지, 그리고 모든 집단에서 총 10명 이하의 피검자들을 검사

표 11-1 4회(시간) 간격을 두고 반점에 노출했을 때 5개 집단의 평균 반응 횟수, X+%의 평균값 및 평범 반응수

	처음 15분		두 번째 30분		마지막 45분		총 60분	
	M	SD	M	SD	M	SD	M	SD
MMPI K 척도 50점 이상의 비환자군 20명								
R	30.4	4.1	31.2	5.8	21.7	4.1	83.3[a]	9.2
X+%	88.9	11.1	81.4	9.9	89.3	9.6	85.1	10.2
P	5.2	2.1	3.5	1.3	3.2	1.1	10.8	2.8
MMPI K 척도 50점 이하의 비환자군 20명								
R	38.1	6.8	32.2	6.1	30.4	7.8	100.6	10.4
X+%	83.2	9.7	79.6	7.6	78.1	8.7	79.9	9.8
P	5.0	1.9	2.4	1.1	1.9	0.9	9.3	3.1
비환자 아동 20명								
R	38.9	7.1	30.7	4.3	24.5	8.3	94.1	9.8
X+%	84.6	7.8	80.1	8.5	84.1	7.8	83.3	8.1
P	5.3	1.8	2.4	1.1	2.0	1.1	9.7	2.2
정신분열증 입원 환자 20명								
R	22.7[b]	6.2	18.1[b]	5.1	22.4	6.7	63.2[b]	9.4
X+%	63.2[c]	10.8	54.6[c]	11.7	49.3[c]	11.4	53.6	12.7
P	2.4[c]	1.6	1.7	1.0	4.3[c]	1.7	8.4	3.8
우울 입원 환자 20명								
R	14.8[b]	4.4	17.1[b]	5.7	19.3	7.8	51.2[b]	7.8
X+%	77.1	6.8	72.3	7.1	68.7	8.3	71.9	8.9
P	6.2	3.1	3.1	1.4	0.9	0.7	10.2	4.3

[a] MMPI의 K 척도 점수가 50점 이하인 집단 중 비환자군보다 유의미하게 낮은 값을 보임, $p < 01$.
[b] 비환자군과 유의미한 차이, $p < 01$.
[c] 다른 모든 집단과 유의미한 차이, $p < 01$.

하도록 했다. 모든 피검자는 잉크반점검사에 관한 표준화 연구에 자발적으로 참여한 사람들이었다. 검사를 시작하기 전에 각 반점당 60초의 시간이 주어지며, 이 시간 동안 주어진 잉크반점에 대해 발견할 수 있는 모든 내용을 말해야 한다는 점을 고지한 것 외에 전체 검사 과정은 표준화된 방법에 따라 실시되었다.

반응은 녹음되었으며, 15초 간격으로 무음 신호를 삽입했다. 검사자는 모두 10개의 카드에 대한 응답이 이루어지고 난 후에 테이프를 되감고 위치를 알기 위해 한 번에 하나씩 재생하였다. 이를 통해 적절한 형태의 사용에 대한 답변 내용을 검토했다. 각 집단이 응답한 횟수는 〈표 11-1〉에 제시되어 있으며, 처음 15초, 두 번째 15초, 그

리고 마지막 30초 동안에 이루어진 평균 횟수와 평균 X+%에 대한 자료 및 각 시간 간격 동안 주로 나오게 되는 답변의 평균 빈도가 기록되었다.

〈표 11-1〉에 있는 자료로 표준 실시 절차를 사용할 때 평균 22회 반응이 이루어지는 반면에 실험 조건에서는 이의 2~4배 정도 반응이 이루어지고 있음을 알 수 있다. 이 자료에서 반점이 노출되고 처음 15초 동안 이루어지는 평균 반응 횟수를 측정한 내용은 더욱 흥미로웠다. 대부분의 일반 피검자들이 30초와 50초 동안 카드를 그대로 보유하는데, 세 개의 비환자 집단 모두 이 시간 동안 표준 실시 조건의 경우보다 15초 동안 전체 반응의 1/3 정도 반응을 한 것으로 나타났다. 정신과 환자 두 집단 모두 검사가 표준 조건에서 실시되었을 때 예상대로 최소한 처음 15초 동안에 많은 반응을 했다.

피검자들이 지시받은 대로 많은 반응을 하고 있다는 사실 외에 적절한 형태로 보았는가도 매우 중요하다. X+%는 반응 기록을 토대로 일반적 혹은 일상적인 반응을 한 비율을 나타내는 반면에 '평범 반응'은 보편적이고 공통된 반응을 말한다.[2] X+%의 평균은 네 개의 비정신분열환자 집단 모두 60초의 시간 동안 평범 반응을 하는 등 비교적 일관적인 양상을 보인 결과다. 이들은 반점이 노출된 각 시간 간격 동안 반응의 형태 정확성이 위반되지 않았다. 평범 반응 자료도 이런 의미에서 매우 중요하다. 4개의 비정신분열 집단들은 처음 30초간의 노출 시간 동안 평균 8개의 평범 반응을 하였고, 이들 중 2/3는 노출 후 처음 15초 동안에 한 것이었다.

따라서 비교적 짧은 노출 시간 동안, 이들 네 개 집단에 속한 피검자들은 더 많은 반응을 하였고 표준 조건에서 검사가 실시되었을 때 *P* 반응은 일반적인 경우보다 더 많았다. 대부분의 피검자, 특히 비환자인 경우 각 반점에 대한 반응 시간이 매우 빨라 주로 2~3초 이내였다. 그리고 카드별 반응수에도 많은 차이가 있었다. 잉크반점이 하나의 형태에 가까운 카드 IV, V, VI과 IX에서는 평균보다 적은 수의 반응을 한 반면에 반점이 여러 조각난 부분으로 구성된 카드 III, VIII와 X에서는 평균 반응수보다 더 많은 수의 반응을 보였다.

이 연구의 결과는 피검자들이 잉크반점에 노출된 후 비교적 짧은 시간 동안 가능한 여러 개의 답을 한꺼번에 할 수 있는데, 그것은 주로 자극의 형태와 관련성이 있다는 점을 보여 준다. 가장 짧았던 비환자의 기록은 56개였으며, 환자 집단에서는 우울증 집단에 속한 환자의 반응으로 34개였다. 처음 30초 동안에 이루어진 반응의 횟수만을 놓고 보면, 비환자 집단에서 최소치는 23개, 최대치는 89개였다. 한 우울증 환자의 경우 처음 30초간은 불과 10개의 반응밖에 없었으나, 40명의 정신분열 환자 중 32명은 이 시간 동안 최소 16개의 반응을 했다.

이러한 결과는 환자와 비환자 간의 반응에 대해 출판되었던 이전의 문헌 내용과 매우 상이한 것이었다. 예를 들어, 미국의 경우 성인 비환자에서 평균 반응수(이하 *R*)는 22.3개였고, 기록의 대

---

2) 현 종합체계에서 13개의 평범 반응이 확인되었지만, 그 당시에는 17개의 평범 반응으로 기호화하였다.

부분이 17~23개였다. 다른 나라에서 수집된 표본에 대한 평균 *R*도 이와 유사했다. 예를 들어, 일부 국가에서 비환자 표본에 대한 자료가 제16차 국제로르샤하학회의 한 심포지엄에 보고되었다(Erdberg & Shaffer, 1999). 그 자료의 표본들은 피검자 수(*N*)가 72~520명 정도였다. 기록된 평균 *R*를 살펴보면, 벨기에=22.7, 핀란드=22.1, 덴마크=24.5, 일본=26.3, 페루=22.0, 포르투갈=22.1, 스페인=24.8 등이었다.

반응 과정

만일 피검자들인 각 잉크반점에 대해 쉽게 될 수 있는 대로 많은 답변을 할 수 있는데도, 반응으로 표현할 때 이보다 훨씬 더 적은 수의 반응을 하게 된다면 그 이유는 무엇 때문일까?

엑스너와 암브루스터, 미트먼 등의 연구 결과에 근거해 추정해 보면, 대부분 피검자는 자신들이 형성한 가능 답변 중 25~35%만을 반응으로 내놓는다. 이러한 현상이 발생하는 이유를 이해하기 위해 잉크반점을 접한 후 형성된 여러 개의 답변에서 반응으로 전달될 때의 심리학적 조작 활동의 의미에 대해 살펴보아야 한다. 즉, 반응이 나오기 전 불과 몇 초 동안 최소한 6단계의 심리적 조작 활동이 일어난다. 이와 같은 활동은 각자 개별적이지 않으며 반응 과정의 세 가지 단계로 묶어서 이해할 수 있다.

단계 1

① 시각적 입력과 자극 및 각 부분의 부호화

② 자극 혹은 각 부분에 대한 분류(확인) 및 생성되는 잠재적 답변의 순서 정렬

단계 2

③ 순위가 낮은 답변의 폐기

④ 검열을 통해 나머지 가능하지 않은 답변의 폐기

단계 3

⑤ 피검자의 특질이나 성격 유형에 따라 남아 있는 답변 중 일부를 선택

⑥ (심리적) 상태의 영향에 의해 남아 있는 답변들 중 선택

이와 같은 작용이 일어난 후에는 한 잉크반점 그림에 대한 첫 번째 반응이 외적으로 탄생한다. 이 과정은 '이것은 무엇처럼 보이나요?'와 같은 검사자들의 질문에 의해 활발해진다. 어떤 의미에서 이 과정은 어떤 사람에게 의자 사진을 보여주고 동일한 질문을 했을 때 일어나는 반응과 유사하다고 할 수 있다. 비록 지시 내용은 매우 간단하지만, 이 작업은 자극 영역의 아주 부분적이거나 외형적인(distal) 특성[3]에 상응하는 답변을 선택하는 것이라는 의미를 갖는다. 자극 영역의 외형적 부분 특성이란 자극 영역을 구성하는 외현적 요소들이다. 예를 들어, 의자가 다리, 앉는

3) 역자 주: distal properties에서 distal의 사전적 의미는 '말초적'이라 해야 하지만, 여기에서는 의미상 전체 잉크반점의 외형적 부분 특성을 일컫는 말로 의역했다.

부분, 그리고 등받이 등으로 구성되는 것과 같다. 물론 다른 특성을 가지고 있을 수도 있지만, 이러한 구성 요소들을 중요한 외형적인 부분(Attneave, 1954)이라고 부르며, 탁자나 의자와 같은 유사한 외형적 부분을 가진 다른 사물들과 구별할 수 있게 해 준다.

중요한 외형적 부분은 사물을 어떻게 보았다는 것에 대해 가장 설득력을 갖는 기본적인 특성이다. 실제로 이는 사물을 결정적으로 확인하게 해주는 매개변수를 생성하며, 구체적으로 확인할 수 있게 해 주는 요소들로 구성된다. 예를 들어, 대부분의 사람은 원형이고 크기도 거의 비슷하지만 야구공과 오렌지를 쉽게 구분한다. 이 두 가지 모두 불변하는 중요한 외형적 특성을 가지고 있기 때문에 쉽게 구별할 수 있는 것이다. 오렌지는 질감이 비교적 거칠고 확연히 독특한 색상을 가지고 있는 반면에 야구공은 흰색으로 솔기를 가지고 있다.

로르샤하 그림의 특성을 실제 사물과 일치시키는 작업은 그림의 외형적 특성이 의자나 야구공에 비해 구체적이지 않고 추상적이므로 훨씬 더 복잡하다. 하지만 앞서 말한 것처럼 로르샤하 각 그림은 사람의 기억 속에 저장된 사물들과 유사하여 쉽게 확인이 가능한 구별되는 특징을 많이 포함하도록 만들어졌다. 따라서 이들 그림들이 전반적으로, 혹은 완전히 모호한 형태라 볼 수는 없다. 각 그림은 각 영역이나 그 일부에 대한 외형적 특성에 일치하는 일련의 해독에 한계가 되는 매개변수인 중요한 외형적 부분을 포함하고 있다(Exner, 1996). 이처럼 명백한 특성이 존재하므로 비교적 이른 시간 내에 가능한 답변을 할 수 있도록 한다.

입력 과정

인간의 정보 처리 능력을 측정하는 일은 매우 어렵다. 로르샤하 그림은 시각적 자극의 형태를 가지며 시각 정보의 처리가 매우 빠르게 일어난다. 시각적 처리 과정에 관한 이론들은 아직도 논의 중이지만(Hochberg, 1981; Neisser, 1976; Pomerantz & Kubovy, 1981), 다수의 연구는 어떤 패턴이나 그림 재인은 매우 이른 시간 내에 일어날 수 있다고 주장하고 있다(Fisher, Monty, & Senders, 1981). 지난 30년 동안 시각 처리에 관한 논문이 급증하고는 있지만(아마도 뛰어난 기술들이 증가하면서 빚어진 결과일 것이다), 최근 엑스너(1980, 1983)가 로르샤하 잉크반점에 대한 비환자 성인들의 시각적 주사 활동을 연구할 때까지만 해도 로르샤하 연구에서는 시각 처리에 대한 방법론은 활성화되지 않았다. [그림 11-1]은 19세의

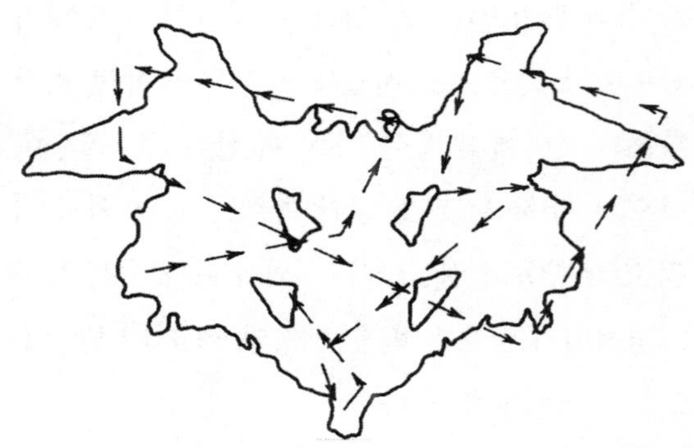

[그림 11-1] 19세 여성의 노출 후 처음 500ms 동안 시각적 주사 양상

여성이 약 500ms 동안 카드 I을 보면서 눈으로 주사한 그대로의 전송 사진이다.[4] 각 그림에서 화살표는 이 여성의 시각적 장의 초점을 나타낸다. 지엽적인 시각적 장이 어디까지인지 분명하지는 않지만, 어림잡아 중심부에서 각 방향으로 각 1인치의 범위가 사용되는 경우, 이 여성은 반점 전체를 본 것이며, 약 1.5초 동안 한 번 이상 여러 부분을 주사한 것이 된다. 따라서 거의 모든 사람이 1초 동안 거의 완벽하게 카드 I을 관찰할 것으로 생각된다. 125명의 성인 비환자들의 카드 I에 대한 첫 번째 반응에서 반응 시간이 5.79(*SD*=2.38)초라는 결과를 얻은 것은 매우 중요하다. 다시 말해, 완전히 카드의 잉크반점 그림을 주사하고 부호화하는 데는 1초가 필요하겠지만, 첫 번째 반응을 하기까지는 거의 5초가 소요된다는 것이다.

[그림 11-2]는 23세의 남성이 카드 III의 그림을 주사한 시각 운동의 전송 사진이다. 이 그림은 카드 잉크반점이 제시된 후 1.1초 동안 이 남성의 눈 활동을 말해 주고 있다. 눈의 활동은 곧 이 남성이 조각난 그림 특성을 최소한 한 번은 주사하고, 일부분은 한 번 이상 관찰했음을 보여 준다. 이 카드에 대한 처음 응답까지의 반응 시간은 7.74초(*SD*=3.1)였으며, 대다수의 사람이 처음 반응을 하기까지 약 4.5~11초가 걸린다는 점을 보여 준다. 따라서 잉크반점 그림이 제시되고 처음 반응을 얻기까지 5~9초의 시간이 소요되는 것으로 생각된다.

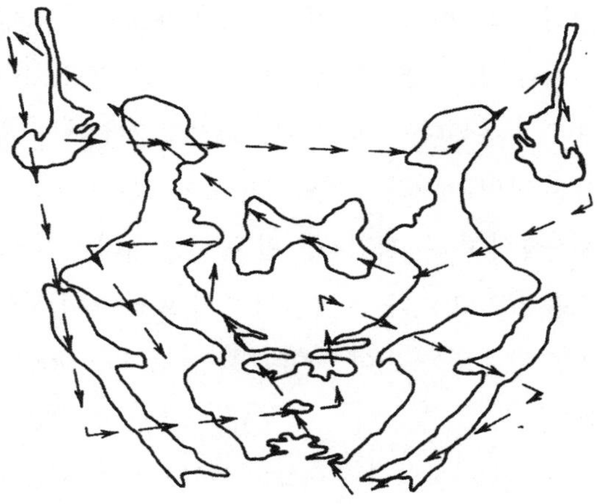

[그림 11-2] 23세 남성의 노출 후 처음 1100ms 동안 시각적 주사 과정 관찰

이 결과가 시사하는 중요성은 피검자가 자극을 배우 빠르게 입력할 수 있다는 것만이 아니다. 이 같은 결과는 눈의 활동에 관한 많은 연구를 통해서도 유추해 볼 수 있는데, 이에 따라 입력과 출력 사이에 존재하는 지연 시간에 관해 알 수 있다. 수 초 동안의 시간은 실제로 많은 중요한 작용이 일어나고 노출된 자극에 대하여 가능한 답변을 취하게 되는 의사 결정이 이루어지는 시간이다.

분류(확인) 과정

자극 영역이 주사되면, 부호화되고 단기 저장소에 감각 정보의 형태로 자리 잡게 되는 분류 과

4) 걸프와 웨스턴 모델 200 안구 운동 모니터로 주사 활동을 녹화했다. 피검자가 머리를 움직이지 않도록 고정시켜 놓고, 피검자가 쓴 안경테에 설치한 작은 스크린을 통해 순간 노출 기록기로 잉크반점을 노출시켰다. 안구 운동은 적외선 감지기를 통해 컴퓨터에 아날로그 방식으로 변환되어 기록되고 변환기에서 디지털 방식으로 바뀌어 비디오 화면에 그 활동이 재생되도록 했다.

정이 시작된다. 장기 저장소에서 자료는 해당 영역이나 부분들을 분류(확인)하기 위한 비교 기준으로 사용된다. 그림을 부호화하고 저장하는 이 짧은 작업은 시간이 지나더라도 지속된다는 점에 주목해야 한다. 피검자는 반응 시간 내내 손에 카드를 가지고 있다. 시각적인 주사 과정은 이 시간 동안 계속되는 것이며, 부호화는 점차 정교해지게 된다.

분류가 시작되면 부호화된 영역에 있는 또렷하거나 중요한 외형적 특징의 존재가 더욱 중요하게 된다. 일부 예에서 어떤 사람은 그림의 모호성 때문에 이 영역을 전체적으로 혹은 일부를 쉽게 분류할 수 없는 것처럼 보인다. 하지만 심각한 지적 결함이나 신경학적 장애를 가진 사람들을 제외한 대부분의 피검자는 이미 알고 있거나 상상하게 되는 대상에 견주어 이 영역 내에 있는 요소들을 쉽게 구분한다. 이는 10개의 각 영역에 있는 중요 외형적 특징들이 실재하거나 상상 속에 있는 대상에 대한 유사성을 생성하기 때문이다. 그 결과, 일부 전체 잉크반점이나 반점의 부분 영역은 우선순위의 선정과 폐기 과정이 완료될 때 실제로 전달되는 반응에 유사성이 포함된다.

이는 로르샤하가 각각의 그림을 고안해 낸 방식 때문에 발생한다. 그는 단순히 페인트나 잉크를 종이에 떨어뜨린 것이 아니라 결과적으로는 대칭성을 만들고 결정하기 위해 종이를 접어 형태를 만들었다. 로르샤하는 이와 같이 로르샤하를 만들었지만, 모호한 형태를 만든 후에는 반점에 대한 상세한 내용을 스케치했다. 이는 각 반점에 대한 반응을 구체적으로 분류 가능한 독특한 특징을 포함하도록 하기 위해서였다. 평범 반응이 존재하는 이유도 바로 이와 같은 노력에 따른 로르샤하의 의도로 보인다.

평범 반응

3개의 프로토콜 중 적어도 1번 정도 나타나는 반응을 평범 반응으로 정의하였지만, 이것은 특별한 기준으로 정해진 것은 아니다. 실제로 가장 많은 평범 반응은 훨씬 더 높은 빈도로 나타난다. 피검자의 90% 이상이 네 발 달린 동물과 같은 형태로 보고하는 카드 VIII의 *D1* 영역을 예로 들어보자. 이는 카드의 영역에 있는 형태들이 다리와 몸통, 그리고 머리가 있는 네 발 짐승과 충분히 비교가 되는 모습이고, 그 위치도 그림에서 다소 명확하게 구분되어 있었기 때문이다. 따라서 이 영역(분홍색)의 채색이 다소 어울리지 않게 되어 있다 하더라도 명확성과 위치, 그리고 반점의 다른 영역이 쉽게 확인될 수 없도록 한 경우에도 동물이라는 답변의 빈도는 증가하게 된다.

이와 마찬가지로 피검자의 85%는 카드 I과 카드 V를 날개가 있는 대상으로 반응했고, 80% 이상은 카드 III의 *D9* 영역을 인간의 모습으로 보고했다. 실제로 13개의 평범 반응 중 2개만이 평범 반응을 구별하기 위해 사용된 7,500개 프로토콜에서 50% 이하의 반응 빈도율을 보였다. 인간의 모습이나 인간과 같은 형상으로 보고한 카드 IX의 *D3* 영역 응답은 기록의 39% 이하의 반응 빈도율을 보였고, 카드 II의 *D1* 영역에 있는 동물의 머리 혹은 동물 모양은 이 프로토콜 중에서

35%의 반응 빈도율을 보였다.

결정적으로 중요한 부분을 공유하는 다른 반응

10개의 그림 각각에는 평범 반응을 유도하는 주요한 외형적 부분 특징들 외에도 다른 외형적 부분 특징이 포함되어 있기 때문에 대상이나 대상의 종류를 구분하는 데 도움이 되곤 한다. 때때로 중요한 특성이 공유되어 하나의 반점 영역에서 한 가지 이상의 대상을 확인할 수 있게 해 준다. 카드 I과 카드 V에 관한 결과들이 그 좋은 예라고 할 수 있다.

엑스너(1959)는 카드 I의 회색-검은색을 하늘색, 노란색, 분홍색 등으로 변경하되 모든 다른 특징은 그대로 유지했는데, 그림이 파란색과 노란색이 되면, 회색-검은색이었을 때 약 45% 정도로 나타났던 박쥐라는 응답이 거의 0의 빈도 수준으로 감소한다는 결과를 얻게 되었다. 대조적으로, 0%에 머물던 나비에 대한 답변은 카드 I을 채색하자 80% 이상으로 증가했다. 따라서 박쥐를 나타내는 영역을 확인하는 데는 무채색이 더욱 중요하다는 것을 암시하고 있다. 또한 *Dd34* 영역을 카드 I 그림에서 배제시켰을 때, 박쥐와 나비라는 반응의 빈도 모두 감소하고 얼굴이나 마스크라는 반응이 증가하게 되었다. 이와 유사한 결과는 중요한 외형적 특징을 변경한 카드 V에서도 나타났다.

피검자의 약 85%가 카드 V를 박쥐나 나비라고 반응한다. 각 반응에 대한 비율도 거의 같아서 나비 반응은 44%이고 박쥐라는 반응은 41%였다. 그렇다면 어떤 사람들은 반점을 박쥐로 보고 다른 사람들은 나비라고 보게 되는 것일까? 그 차이점은 성별이나 나이, 병력이나 기본적인 반응 습관과는 무관하다. 가장 중요한 차이점은 카드 V의 자극 영역에 있는 세 가지의 중요한 외형적 특징에 하나 혹은 그 이상의 가중치를 두고 있기 때문이다(Exner, 1996). 회색-검은색으로 된 그림은 나비라는 반응을 기대하게 하지만, 분홍색으로 채색되면 예상보다는 많지는 않으나 반응 빈도에 변화가 생기게 된다. 즉, 응답자의 약 55%가 나비라는 반응을 하는 반면에 약 30%는 박쥐라고 대답했다(Exner, 1959).

카드 V의 다른 두 가지 중요 특성은 형태에 관한 것으로, 박쥐나 나비라는 답변을 선택하도록 하는 가능성이 더욱 높아진다. 첫 부분은 *D10* 돌출된 영역으로 이 부분은 두 가지 답변이 모두 가능할 수 있으나 분명하지는 않다. *D10* 부분이 반점에서 제거되면 응답자의 약 70%는 나비라고 반응하는 반면에 15%만이 박쥐라고 반응했다. 분명한 것은 *D10* 영역이 중요한 부분으로 나비에 대한 반응을 감소시키고 박쥐라는 반응을 유도한다는 것이다. 또 다른 중요한 부분은 *Dd34*의 돌출된 부분이다. 이 부분이 제거되면 응답자의 70%는 대부분 박쥐라고 생각하게 되며 나비라는 반응은 15% 미만이 될 것이다. 이로써 *Dd34* 부분은 나비라는 반응을 하도록 하는 중요한 외형적 특징이라 할 수 있다(Exner, 1996).

외형적 특징의 효과

외형적 특징의 효과는 시각 영역의 위치가 변경되게 되면 그에 따라 종종 변하곤 한다. 예를 들어, 카드 VII은 수직 위치에 있고 응답자의 65%는 *D2* 영역을 인간의 모습이라고 파악하며, 약 25%는 동물, 주로 토끼라고 판단하게 된다. 카드 VII이 측면으로 놓이게 되면 *D2* 부분은 거의 인간으로 확인되지 않고 약 50%의 피검자는 개로 보고하곤 한다(Exner, 1996).

반점에서는 주로 형태가 가장 중요한 외형적 특징이지만, 색상과 음영 특징도 종종 응답 매개변수를 결정짓는 잠정적인 역할을 한다. 예를 들어, 카드 VI는 전체적인 회색 형태를 띠고 있어서 내부에 있는 음영 영역을 제거하게 되며, *D1* 영역에 대한 동물의 피부나 가죽이라는 평범 반응은 현저하게 감소된다. 그러나 음영 영역을 그대로 두고 색상(파랑, 노랑 또는 분홍)을 채색하게 되면 평범 반응은 감소하지 않는다(Exner, 1961).

종종 반점의 외형적 특징은 비록 특정한 반응을 유도하지 않는 경우에도 답변을 형성하는 데 영향을 준다. 예를 들어, 카드 II의 *D1* 영역에 대한 평범 반응은 동물이며, 움직임(*FM*)은 이러한 답변의 85% 정도에 영향을 주고 있다.

피검자의 약 30%는 호의적인 움직임(*COP*)으로 동물로 파악하게 되며, 주로 싸움(*AG*)이나 상처(*MOR*)와 같은 공격적인 움직임과 관련해서는 피검자의 40%가 동물로 반응했다. *COP*가 있는 경우, 반점의 적색 부분(주로 *D3*)에 대해 매 5회의 반응 중 2회 정도였다.

만일 붉은색 *D2*와 *D3* 부분이 반점에서 제거되거나 회색-검은색으로 변경되면 동물의 움직임이라는 응답에는 변화가 없으나, *AG*와 *MOR* 움직임이라는 답변이 5% 이하로 감소되면서 *COP* 반응의 비율은 70%로 증가하게 된다. 카드 II에서 붉은색 영역은 비록 피검자의 40%가량이 적색에 영향을 받지 않더라도 *AG*와 *MOR*이라는 반응을 형성하게 하는 것으로 나타났다.

종종 잉크반점의 외형적 특징은 영역에 대해 주목하게 해서 해당 영역에 대한 반응 비율을 높이기도 한다. 예를 들면, 카드 X에서 파란색 영역인 *D1*에서 가장 빈번한 답변은 거미나 게였다. 엑스너와 와일리(1976)는 파란색이 조화되지 않은 영역을 만들어 낸다고 가정하고, *D1* 영역을 적갈색으로 변경하는 염색법을 사용해 보았다. 비환자와 입원 환자를 무작위로 추출해서 각 50명으로 구성된 2개의 집단을 만들고, 그들을 대상으로 표준 카드 X과 변형 카드 X으로 검사를 실시해 보았다. 변형 카드로 실시한 집단에서는 거미나 게로 반응하는 영역 모두에 동일하게 영향을 주는 정도로 채색하였는데도 거미나 게라는 반응이 거의 없었다.

파란색이었던 반점의 *D6* 영역을 다른 색으로 채색한 경우보다 두 배나 많은 반응을 보였다는 결과 때문에 오히려 혼란스러워졌다. 그래서 30가지 문항지를 긴급히 작성하여 실험에 참여한 50명을 대상으로 조사해 보았다. 여기에는 한 가지 중요한 항목, 즉 가장 좋아하는 색에 관한 질문이 포함되어 있었는데, 41명이 '파란색'이라고 답했다. 이 영역의 파란색 부분이 사람들로 하여금 분류 과정 동안 색채에 주목하도록 영향을 주었다는 점이 명백하게 된 것이다. 엑스너와 와일리(1977)는 이러한 가정을 시험하기 위해 카드 X을 완전히 다른 색으로 채색하여 30명을 대상으로 시험을 수행하였는데, 이들 중 절반은 표준 카드 X으로 실험하였으며 나머지 절반은 달리 채색된 카드로 실험했다. 실험집단 중에 3명만이 *D1* 영역을 거미나 게라고 응답한 반면에 통제집단에서는 15명 중 12명이 그렇게 답했다. 카드 X에 대한 유사한 결과는 유채색과 무채색 그림으로 비교 응답을 수행한 실바(2002)에 의해서도 보고되었다.

일시적 요인과 분류

분류 과정과 관련된 인지 활동에도 연구할 부분이 많이 있지만, 형태가 시각장으로 입력된 직후 신속하게 시작된다는 점만큼은 분명하다. 로르샤하학회에서는 무시된 내용이었지만, 스테인(1949)의 연구를 통해 확인해 볼 수 있는데, 그는 두 개의 실험집단에 잉크반점을 4회 순간 노출했다. 실험집단(상향 집단)은 처음 검사에서 1초의 1/100 동안 보여 주었고 1/10초 동안 두 번째 노출을 시켰으며, 세 번째는 3초, 네 번째는 무제한 노출시켰다. 통제집단(하향 집단)은 반대의 순서로 노출시켰다. 즉, 무제한 노출을 시도해 본 것이다.

아쉽게도 검사 시행 간의 시간 간격은 매우 짧았으며, 신속한 재검사 과정도 일부 결과에 대해서는 좌절되었다. 그럼에도 불구하고 반응 형성이 신속한 이유는 상승 집단에서 얻은 결과에서 얻어졌다. 10ms 동안만 반점을 노출한 처음 시도에서 피검자들은 평균 10개의 반응을 했으며, 범위는 5~14개였다. 이후 반점이 3초간 노출되었던 두 번째 시도에서 평균 답변의 개수는 1개로 증가했으며, 범위는 8~17개였다.

그러나 스테인은 훨씬 더 긴 노출 시간과 더불어 응답의 횟수는 반점의 형태에 의해서도 많은 영향을 받는다는 점에 주목했다. 세 번째 시도(3초 노출)에서, 상당수의 평범 반응은 반점이 매우 짧은 간격 동안 노출된 경우보다 더 많았다. 다시 말해, 일단 반점이 해당 영역에 충분히 노출되고 나면 응답들 간에 상당한 동질성이 발견되었다.

관련된 연구에서 호리우치(1961)는 80명의 비환자와 80명의 신경증 환자 및 80명의 정신분열 환자 집단에게 각각 카드 III과 카드 VI을 0.1초, 0.3초, 1.0초, 그리고 무제한의 시간 동안 순간 노출로 제시했다. 그녀는 80명의 비환자 집단 중 60명과 신경증 환자와 정신분열 환자의 절반 정도는 100ms 노출 시간 동안 반점당 최소 1개의 반응을 한다는 사실을 발견했다. 노출 시간이 300ms로 증가되면 모든 비환자는 반점당 최소 1개의 반응을 했지만, 신경증 환자와 정신분열증 환자 집단은 반응 개수가 증가하지 않았다. 또한 신경증 환자와 정신분열 환자 집단의 일부 피검자들은 반점이 1초 동안 노출된 후 반점마다 서로 다른 반응을 하기는 어렵다는 사실도 밝혀냈다. 이로부터 호리우치는 반응을 하기 위해 중재 활동이 필요한 사람들이 정신병리가 있는 사람들이라는 결론을 내렸다.

콜리건과 엑스너(1985)는 정신분열 환자와 정

형외과 환자 및 비환자 등 각 35명으로 구성된 세 개 집단을 대상으로 순간 노출 방법으로 반점을 제시했다. 각 집단을 무작위로 12명씩 세분화된 집단으로 재배치하였으며 200ms 동안 반점을 노출시켰다. 피검자들은 900ms가 지나면 사라진다는 소리가 난 후 각자 반응하도록 했다. 실험을 통해 72명의 비정신과적 환자 중 62명은 각 반점당 최소 1개의 응답을 할 수 있으며, 10명 중 9명은 선택에 따라 200ms나 400ms의 세분화된 집단에 속하도록 했다. 각 하위 집단에서 비정신과적 피검자 중 몇 명은 12~15개의 반응을 하였으나, 36명의 정신분열 환자 집단 중 17명은 10개 이하의 반응을 했다. 이들 17명 중 8명은 60ms의 하위 집단으로 재분류되었다. 이 결과는 정신병리에 의해 중재 기능이 손상된다는 호리우치의 가설을 지지해 주었으나, 그보다 정신분열증 환자의 경우 이 검사 상황에 매우 강하게 방어적인 양상을 보인다는 결론이 더 타당해 보인다.

이 연구에서 얻을 수 있는 또 하나의 중요한 결론은 적절한 반점 형태의 사용에 관한 것이다. 비정신과적 환자군에 속한 피검자들의 반응 중 약 70%는 적절하게 형태를 사용하고 있다. 반점의 윤곽 형태는 조각난 부분으로 구성된 카드 II, III, VIII, 그리고 X은 폐쇄의 원리가 반영된 반응이 나타나는데, 카드 III이 '얼굴'과 같다고 말한 것처럼 각자의 상상에 따라 생성되는 내용들이 반응으로 나타나는 것이라 보인다. 이는 분리된 조각들로 구성된 카드의 잉크반점의 경우, 피검자가 충분히 잉크반점을 전체적으로 주사할 노출시간이 충분하지 않을 수 있다.

콜리건(1992)은 30인의 비환자를 대상으로 무선적으로 표집하여 각 10명의 하위 집단으로 분류하고 앞과 동일한 실험설계를 사용했다. 잉크반점을 한 집단에 대하여 600ms 동안 노출시켰고, 두 번째 집단에는 800ms, 그리고 마지막 집단에는 1초 동안 노출시켰다. 각 집단에 대한 평균 *R*는 11.2, 10.9 그리고 12.7이었으며 *R*의 범위는 노출 시간에 따라 더 컸다. 600ms 집단에서 8~14개였으며, 800ms 집단에서는 8~16개, 1초 노출 집단에서는 8~19개였다. 그리고 평범반응 평균수는 집단별로 각각 2.6, 3.2 및 4.7개였다. *XA*%는 600ms, 800ms 및 1초 군에서 각각 74%, 83% 및 86%였다. 이에 따라 *X*−%는 600ms 군에서는 26%에서 14%로 감소하게 되었다. 모든 집단에서 개인별로 카드 V에 대해 마이너스 반응은 없었다. 한편 제일 빠른 시간 동안 주사된 카드는 전체가 단일한 형태로 구성된 카드였다. 흥미로운 것은 마이너스 반응의 50%가 '얼굴' 반응이었다는 점인데, 이 반응들의 대부분이 카드 III, VIII, 그리고 X에서 나타났다. 이것은 1초의 노출 시간이 주어진다 하더라도 조각난 형태의 분리된 특성을 가진 잉크반점의 경우 충분하게 주사하기에 시간이 넉넉지 않다는 점을 시사한다.

즉, 영역 내에 분리된 부분이 많을수록 반점을 부호화하고 분류하는 과정에 더 많은 시간이 소요되고, 눈으로 확인한 자료와 표준 범위에서 관습적인 추정을 하게 되므로 가능한 반응이 많지 않다면, 노출 이후 2~3초의 시간은 해당 영역에서 적어도 세 가지 대상을 부호화하고 분류하기에 충분하다는 의미가 된다. 그렇다면 어떤 피검자들은 왜 두 배의 시간이 소요되고 대답을 하기까지 더 많은 시간이 소요되는 것일까? 이는 아마도 답변의 순서를 정하고 폐기하는 과정이 이와 같은 지연에 영향을 끼치는 것이라 생각할 수 있다.

가능한 답변의 순위 설정과 폐기

피검자가 검사에 응하도록 지시하는 것은 매우 간단하고 반응 횟수에 대한 요구나 제한적인 지시를 하지는 않는다. 카드 I에 대해 한 가지 반응을 하는 사람에게 더 많은 답변을 하도록 독려하면, 이는 피검자에게 한 가지 반응으로 충분하지 않다는 것을 전달하는 셈이 된다. 하지만 카드 I에 대해서 한 가지 이상의 반응을 하는 사람은 검사자의 수동적인 수용에 의한 경우를 제외하고는 자신이 한 반응수가 적절한지에 대해 확인받을 길이 없다. 어떤 사람들은 '이제 됐나요?' 또는 '얼마나 많이 대답해야 하죠?'와 같이 질문하면서 적합한 방향을 찾으려고 하지만, 카드 I에서 적절한 기준이 임의적으로 정해지지 않으면, '당신이 하고 싶은 대로 할 수 있어요.'라는 개방적인 답변을 해 줄 수 있다. 검사에 응하면서 얼마나 많은 가능한 반응을 해야 하는지를 자신이 결정하도록 요구받는 셈이다.

이런 문제에 직면하게 되면, 피검자들은 반응의 수에 대해 경제성의 원칙을 적용하게 된다. 다시 말해, 강박적인 성향이 강한 사람은 반점에 대해 지정되거나 보편적으로 기대되는 수의 반응을 하려고 하지만, 표준적인 과정을 통해 이런 그의 성향이 배제될 수 있다. 그러나 대부분의 사람은 자신의 반응 결과에 매우 보편적이거나 조심스러운데, 아마도 그래서 대다수의 사람이 평균 22개 정도의 반응을 하는 듯하다. 주어진 과제를 경제적으로 해결하려는 경향이 효율성의 문제인지 방어적인 은닉의 의도인지는 확실하지 않지만 아마도 둘 다 관련될 것이라 생각된다. 대개의 피검자들은 아동이라도 심리검사라는 기대를 하기 때문에 종종 잉크반점 검사가 모호하다거나 자신에게 무언가 잘못된 것이 있을지도 모른다는 생각을 하는 경우도 있다. 그리고 이들은 로르샤하에 정답이나 오답이 있거나 성적이 산출되고 합격이나 불합격 등의 특징을 가진 교육적인 시험의 모형을 연상하기도 한다. 심지어 검사자들이 과정에 대한 설명이나 피드백을 충분하게 해 주어도 대다수의 피검자는 이전에 이미 가졌던 선입견의 영향을 받게 되곤 한다. 즉, 이런 상황에서 과제를 빠르고 효과적으로 완료하고자 하는 욕구는 자연스러운 것이고, 그래서 피검자는 경제성의 원리에 근거해 반응하게 된다.

순서 선택하기

경제성의 원리에 영향을 끼치는 또 다른 요소는 자동적으로 떠오른 답변들의 순위를 정하는 과정이다. 앞서 언급한 대로 일부 반점이나 반점 영역은 다른 것들보다 분류하기 쉬운 것이 있다. 단일 반점이나 단일 반점 영역은 대부분 한 번 이상 충분히 확인된다. 예를 들어, 카드 I의 전체 모양은 박쥐나 새, 나비로 분류될 수 있다. 어떤 사람은 이 반응 중에서 두세 가지를 모두 선택하지만 대다수는 이들 가능한 답변 중에 한 가지만을 선택하게 된다. 이런 과정 중에 사람들은 나머지 답을 버리게 된다. 셋 중 어느 것을 답하느냐 하는 것은 새나 나비보다는 박쥐와 더 비슷하다는 등의 순서를 정하는 선택에 의해 결정된다.

또한 하나의 반점 영역이나 여러 영역에서도 가능한 여러 개의 답변을 해야 하는지에 대하여 제각기 이와 유사한 과정이 일어난다. 예를 들어, 한 피검자가 카드 I을 박쥐와 나비로, *D4*를 여자로, *D2*를 동물로, *D7*을 새로, *Dd29*를 삼각형으로 분류할 수 있다고 하자. 하지만 어떤 이는 예시한 것처럼 여섯 가지 답변을 모두 하지 못할 수도 있다. 대개의 경우 2~3개의 답변을 하게 된다. 적어도 부분적으로는 이 중 어떤 것에 대해 두세 가지의 답변을 하기로 결정하기 위해 피검자는 가능성 있는 답변들에 순서를 매기고 비교하게 된다.

마틴과 토머스(1982)는 프로젝터를 사용하여 28명의 고등학생 집단을 대상으로 반점을 두 차례 제시하는 실험을 했다. 처음 제시할 때 각 잉크반점 그림을 1분씩 노출시키고 학생들로 하여금 반점마다 3개의 답변을 적도록 했다. 두 번째 제시에서는 각 잉크반점을 15초 동안 노출시키고 학생들에게 그림을 다시 한 번 보고 자신이 기술한 세 가지 답변 중 한 가지를 선택하도록 했다. 그리고 답변을 선택한 이유에 대해서도 간략하게 기술하도록 했다. 총 280가지의 답변 중에, 159개의 답변은 '가장 비슷하게 생겨서'를 이유로 선택했다는 결과를 얻게 되었다.

알고 있는 대상과의 유사성에 따라 답변의 순위가 정해지는 것은 분명해 보이지만, 이 과정이 주로 검사자에게 전달하는 반응을 선택하는 데 깊이 관여한다고 가정하기는 어렵다. 가능한 답변 내용이 무엇인지, 그리고 어느 것을 폐기해야 하는지를 결정하는 데 중요한 역할을 하는 다른 세 가지 요인이 있다.

검열을 통한 폐기

앞서 언급했듯이 대개의 피검자들이 심리검사에 대한 어느 정도의 편견을 가지고 로르샤하를 대한다. 어떤 이는 일반적인 심리검사에 관심을 가지고 있고, 특히 로르샤하에 대해 그러한 경우가 많다. 일반적으로 검사에 대한 단편적인 정보나 부분적인 것이지만, 검사를 대하는 피검자의 태도는 보다 광범위한 태도와 평소의 가치관 등의 영향을 반영하게 된다. 출처가 어떠하든 그의 태도는 결국 폐기와 선택이라는 과정에 영향을 주게 된다. 예를 들어, MMPI-K 척도는 사회적으로 용인되는 답변을 하도록 하는 방향과 관련되어 있는 것으로 입증되었다(Dahlstrom, Welsh, & Dahlstrom, 1972). 앞서 언급한 엑스너와 암브루스터, 미트먼의 초기 연구(1978)에서는 MMPI-K 척도 분포를 기준으로 하여 점수가 높은 집단에서 낮은 사람들에 비해 평균 17개나 적은 수의 반응을 보였다. 이는 사회적으로 용인될 수 있는 답변을 하려는 경향이 강한 사람일수록 그렇지 않은 사람에 비해 더 많은 답변을 보류하거나 폐기하려는 경향이 강하다는 점을 시사하는 결과라 할 수 있다. 이러한 결과는 피검자들이 다소 답변을 보류하거나 폐기하려는 상황에 관한 몇 가지 다른 연구에 동기를 주게 되었다.

엑스너와 암브루스터, 미트먼이 수행한 초기 연구(1978)에서는, 10명의 치료자들에게 지금껏 로르샤하를 경험하지 못한 환자들을 각자 2명씩 모집해 달라고 요청했다. 이들 환자들을 무작위로 추출하여 각 치료자가 자신의 환자 1명과 자신이 한 번도 만나 보지 못했던 타 치료자의 환자 1명을 검사하도록 했다. 그 결과, 만나 보지 못했던 환자에 비해 자신이 치료하던 환자에게서는 훨씬 더 많은 성반응(4.3 : .8)뿐만 아니라 평균 10개 더 많은 반응을 얻게 되었다. 루라와 엑스너(1978)는 10명의 중학교 교사를 대상으로 로르샤하를 실시하였고, 이때도 앞의 설계를 적용했다. 각 교사들에게 자신이 가르치는 7학년 학생 2명씩을 지원자로 선발해 달라고 했으며, 선발 기준은 학급에서 뛰어난 역량을 보이는 학생이었다. 지원 학생들을 무작위로 추출하여, 각 교사들에게 자신이 담당하는 학생 1명과 한 번도 만나 보지 못했던 학생 1명을 검사하도록 요청했다. 자신을 가르치는 교사에게 검사를 받은 학생은 그렇지 않은 학생(통제집단)에 비해 평균 16개 더 많은 수의 반응을 했다.

이 연구 결과, 피검자들은 정서적으로나 지적으로 친밀하게 느끼는 사람에게 더 많은 반응을 했고, 떠올랐으나 보류하거나 폐기한 반응의 수가 적었다. 하지만 이 결과로만 능숙한 검사자가 얼마나 많은 반응을 유도해 내는지에 영향을 준다거나 줄 수 있다고 해석하는 것에는 다소 무리가 있다. 만일 검사가 표준화된 방법으로 이루어진다면 검사자들이 정규분포를 이루는 반응을 얻을 수 있을 것으로 기대해 볼 수 있다.

엑스너(1974)는 경험이 거의 없는 검사자들은 검사 실시 절차에 대한 훈련을 받지 않은 것에 대해 스스로 느끼는 어려움이나 불편함 때문에 정상적인 검사 실시 상황보다 더 적은 수의 반응을 얻게 될 것이라 주장했다. 검사자들이 느끼는 불편함은 분명히 피검자들에 대한 이해를 어렵게 하고 적극적으로 임하지 못하게 할 수 있다. 하지만, 검사 실시에 대한 수련감독 경험이 있다면, 이런 문제는 수월하게 해결될 수 있다.

굿맨(1979)은 10명의 남성 검사자와 10명의 여성 검사자에게 각각 피검자 집단을 할당하여 검사자의 성별 차이에 의한 영향을 연구했다. 굿맨은 협력자로 하여금 피검자들을 대상으로 검사자들이 TAT를 실시하는 상황을 녹화하여 보여 주며 검사자의 대인관계에서의 '온화함'을 평정하도록 했다. 검사 결과, 동성과 이성의 짝지음이 결과에 어떤 영향을 주지 않는 것으로 나타났다. 또한 경험이 많은 검사자일수록 대인관계에서 보다 온화하다고 평정되었고, 경험이 부족한 사람에 비해 더 많은 인간 운동 반응을 유도해 낸다는 점도 발견했다. 또한 경험이 많은 검사자는 아직 대학원에 재학 중인 검사자들보다 평균적으로 더 많은 반응(17~27개의 반응수 차이를 보였다)을 얻는다는 점도 발견했다. 물론 검사자와 피검자 간에 라포 형성이 가능한 답변을 폐기하거나 검열하는 데 영향을 주겠지만, 답변에 대한 사회적 바람직성이나 수용 가능성, 그리고 검사 수행 세트 등이 검열 과정에 더 많은 영향을 끼치는 것으로 보인다.

엑스너와 루라(1976)는 비환자 남성 30명과 여성 30명을 대상으로 어떤 피검자들이 반점에 대하여 쉽게 지각할 수 있는지를 알아보고자 했다. 피검자 모두 이전에 검사를 받은 경험이 없는 사람들로 60명의 피검자를 각각 30명씩 임의로 집단에 배치하고 호텔의 대형룸 양편에 소형 탁자를 두고 앉도록 했다. 그리고 이 두 집단은 두꺼운 슬라이딩 벽으로 분리시켰다. 피검자 모두에게 반점마다 5개의 반응 내용과 전체 50개의 반응이 반응위치기록지와 함께 제시되었다. 다섯 개의 반응들은 무선적인 순서로 집단별로 6명 이상의 목록에서 같은 반응 위치에 해당되지 않았다. 다섯 개의 답변에는 한 개의 평범 반응과 보편적인 반응 2개, 그리고 그 외 자주 나오지 않는 두 개의 반응이 포함되었다. 이 다섯 개의 답변 중 하나인 표적 반응에는 성과 상해 또는 폭력 등의 내용이 포함되도록 하였다.

예를 들어, 카드 I에 대해 나열된 5개의 반응들은 박쥐, 마스크, 동물, 종, 그리고 표적 반응인 나체의 여성이었다. 모든 표적 반응들은 반점의 분명하거나 큰 영역에 대해 형성된 것이었다. 피검자들은 165초 동안의 시간 동안 화면에 투사되는 각 반점을 세심하게 보고, 주어진 배치도에 나타난 영역을 검토하여 각각 나머지 네 개의 답변과 비교할 때 쉽게 반응할 수 있는 것인지를 결정했다. 피검자들은 하나는 보기 쉬운 순서로, 또 다른 하나는 무작위로 재배치하도록 요구받았다. 두 집단 간에 유일한 차이점은 한 집단에는 정상인들이 자주 보고하는 반응들로 구성되어 있고, 두 번째 집단은 심각한 정신과 환자들에 의해 보고되는 반응 내용으로 구성되어 있었다.

이들 집단들이 정한 순위를 비교한 결과, 가장 현격한 차이는 50개의 답변 중에 22개(표적 반응 10개 중 8개 포함)에서 발생했다. 예를 들어, 30명 중에 4명만이 카드 I의 표적 반응만 1, 2위에 있었고, 30명 중 15명은 표적 반응을 5위에 할당했다. 한편 30명의 피검자 중 19명은 정상인들이 주로 답하는 표적 반응을 1위나 2위에 두었다. 카드 IX에 대해 열거된 반응은 동물의 가죽, 토템상, 인간 형태, 개 그리고 표적 반응인 남성의 성기 등이 포함되도록 했다. 이 집단에서 2명은 정신과 환자에게서 얻은 표적 반응을 2위와 3위에 두었고, 나머지 28명은 표적 반응을 4위 혹은 5위에 두었다. 19명은 비환자군 성인에게서 얻었다고 들은 표적 반응을 1위에 두었고, 나머지 4명은 표적 반응을 2위에 두었다. 기타 나머지 3명은 표적 반응을 4, 5위에 두었다.

토머스, 엑스너 및 루라(1977)는 또 다른 60명의 비환자군을 대상으로 실험설계를 수정했다. 이 집단은 무작위로 각 30명으로 다시 나누고 동일한 실험 상황에 배치했다. 이들에게도 앞서 연구에 사용되었던 동일한 5개 답변으로 된 목록을 제공하였으나, 반응의 위치가 표시되지 않은 반응 위치 기록지를 제공했다. 이 집단에는 유사하지만 답변의 출처가 조금 다른 형태가 주어졌다. 한 집단에는 성공한 사업가들이 가장 빈번하게 하는 답변을 들려주고, 다른 한 집단에는 정신과 입원 환자들이 가장 빈번하게 하는 답변을 들려

표 11-2 두 집단을 1, 2위와 4, 5위의 순위로 구분해 10개의 반응 빈도 비교

카드	영역	반 응	구 분					
			집단 1 정신분열증 환자군			집단 2 일반 회사원군		
			1~2	3	4~5	1~2	3	4~5
I	*D4*	알몸의 여자	5	4	16*	18*	9	3
II	*D2*	피흘리는	1	10	19	14*	5	11
III	*D2*	흘러내리는 피	5	11	14	16*	6	8
IV	*W*	무시무시한 괴물	21	6	3	20	9	1
V	*W*	싸우는 숫양들	7	15	8	18*	10	2
VI	*D2*	성기	3	9	18*	21*	5	4
VII	*D6*	자궁	0	7	23*	13*	9	9
VIII	*W*	해부되어 열린 가슴	4	7	19	14*	5	11
IX	*D6*	엉덩이	0	12	18*	11*	11	8
X	*D9*	혈흔	5	13	11	15*	7	8

*본 구분에서는 큰 수가 통계적으로 유의미한 것으로 판단함. $p < .05$

주었다. 그리고 반점을 화면에 투사하는 대신, 각자에게 로르샤하 카드를 지급했다. 이들은 필요한 시간을 주고 각 대상을 나열하고 검정색 마커펜을 이용하여 배치도에 각각 나타내도록 했다. 5개 모두 배치하고 표시한 후, 가장 보기 수월하도록 결정하도록 했다. 그 결과는 이전의 연구와 유사했다.

이 집단은 50개의 답변 중 21개의 순위 내용에서 차이가 있었다(표적 반응 10개 중 9개 포함). 10개의 표적 반응과 순위 빈도는 〈표 11-2〉에 제시되었다. 1과 2위 그리고 4와 5위의 순위 분류는 보기 가장 쉬운 것과 가장 어려운 형태에 할당하도록 하였다.

각 연구에서 집단들 간에 할당한 순위는 반응이 어떤 사람들의 집단에서 얻었는가에 따라 달랐다. 부정적인 내용(정신분열 환자에게서 얻은 반응)이 일반적으로 지각하기에 쉽지 않은 순위의 반응으로 배치되고, 긍정적인 경우 이보다는 덜하다는 가정은 논리적이다. 이와 같은 연구들이 반응을 선택할 때 발생되는 검열 조작에 대해 포괄하고 있지는 않지만, 어떻게 이러한 조작과정이 발생되는지에 대해서는 단서를 제공할 수 있다. 순위를 설정하는 조작 과정이 대상과의 유사성을 기준으로 가능성 있는 답변들의 순서를 매기게 하고 있지만 검열 조작 과정에서 검사 상황에 비추어 부정적인 가치 판단이 부여되기 때문에 답변이 폐기된다.

반응을 선택하는 양식과 개인의 특질

반응에 순서를 정하는 것과 검열하는 작업이 반응 과정에서 중요한 구성 요소이기는 하지만, 선택을 결정하고 폐기하는 것에 이러한 조작 기능을 대신할 수 있는 또 다른 요소가 있다. 그 요소 중에서도 좀 더 강력하게 영향을 끼치는 것은 개개인의 기본적인 심리적 특성으로 반응을 결정하는 데 매우 압도적인 역할을 하리라는 가정에는 의심의 여지가 없다. 심리적 특성은 개인의 심리적인 조작 활동이나 행동을 형성하는 데 상대적으로 꽤 일관적으로 관여하게 되기 때문이다. 전통적으로 이 요소는 심리적 습관, 특질, 유형, 소인으로 명명되어 왔던 것이다. 명칭이 어떻게 사용되었던 간에 이것은 다양한 대처 반응을 선택하는 데 나머지 반응의 경향을 창조하고 행동적 선호성을 이끌어 내는 성격 구조의 보다 지배적인 복합체라 할 수 있다.

이러한 양상은 종종 그들을 잘 아는 사람에 의해 표현된 어떤 사람의 진술에도 반영되곤 한다. 예를 들어, 사람들은 조용한, 수줍은, 자발적인, 정서적인, 힘 있는, 수동적인 등등으로 표현될 수 있다. 어떤 사람은 스트레스에 직면하였을 때 매우 강한 것으로 기술될 수 있는 반면에 어떤 이들은 스트레스 상황에서 쉽게 와해되는 것으로 여겨진다. 이러한 한 개인에 대한 진술을 제공할 수 있는 사람이 진술된 대상과 빈번한 접촉을 한다면, 이 진술은 상당히 정확한 것이라 할 수 있다. 이러한 특성들은 대처를 해야 하거나 문제를 해결해야 할 때 의사 결정을 하는 작업에 특히 영향을 끼친다. 따라서 의사 결정을 요구하는 로르샤하 과제에서는 이러한 개인의 특성이 반응에 영향을 줄 것이라는 가정은 지극히 당연하다. 요약하면, 로르샤하에 대한 반응 과정에서 발생되는 조작 과정은 그 개인의 행동적인 특성 경향이 반영되고, 반응의 어떤 것들은 다소 장황하고 산만하거나 반복되는 경향도 있다. 이러한 반복 경향성은 로르샤하에서 주요한 특성이 될 수도 있다. 신뢰도를 검증할 만한 유용한 근거들은 로르샤하의 역사만큼이나 산만하여, 로르샤하의 신뢰도를 검증하기 위해 연구자들은 대부분 반분기법을 사용하면서, 검사가 내적으로 일관성이 있다는 점을 증명해 왔다(Vernon, 1933; Hertz, 1934; Ford, 1946; Orange, 1953). 그 결과가 충분히 유의미하긴 하지만, 매우 일부에서만 내적 일치도가 .75 이상으로 보고되었다. 이러한 접근이 타당하기 위해서는 자극이 동일하다는 전제하에서 이루어졌다는 것이고, 동일하게 어떤 유사한 종류의 반응을 산출하도록 자극하게 될 것이라는 전제가 있어야 한다. 그러나 로르샤하 각 카드는 동일한 자극이 아니고, 복잡성의 수준이 다르며, 카드의 그림이 발생시킬 가능성이 있는 반응의 내용들이 분명히 다르다.

종합체계를 발전시키는 데, 연구자들은 신뢰도의 문제를 반응 종류별로 시간적 일치도를 분석해 해결하려고 했다. 피검자들이 반응의 대부분에서 자기만의 반응 양식을 선호할 것이고, 이러한 반응 양식을 반복 측정해 보면 일관적인 특성이 산출될 것이라는 조작적 가정을 했던 것이다. 이에 대해 홀츠버그(1960)는 성격 변인이 시간에 따라 일관적이지 않을 수 있다고 지적하면서 피검자는 이전에 검사를 하였을 때의 반응이 기억나기 때문에 다음 검사에서는 다른 반응을 할 것이라며 **로르샤하**에는 검사-재검사 모델이 적합하지 않다고 주장하기도 했다. 하지만 보다 분명한 이론은 없다. 주요한 내용 자료들은 오랜 시간에 걸쳐 일관적으로 남아 있는 소위 피검자의 성격 특질에서 추출될 것이다(London & Exner, 1978). 엑스너, 암브루스터, 그리고 미트먼(1978)의 연구에서는 **로르샤하**의 재검사 반응에서 기억이 중요한 변인이라면, 이전에 보았던 것은 덜 회상하고, 이전에 보고했던 것은 더 잘 회상할 것이라며 오히려 반응 과정에서 얻을 수 있는 정보에 대해 언급했다.

시간적 일치도에 대한 많은 연구가 성인과 아동 집단, 환자와 비환자 집단을 대상으로 이루어졌다. 첫 번째와 두 번째 검사 간 간격은 며칠에서 몇 달까지 다양했다. 반응 양식과 소인의 일치도에 관해 고려하려면, 오랜 시간 간격을 둔 두 번의 검사를 통해 중요한 자료를 얻을 수 있다. 첫 번째 연구(Exner, Armbruster, & Viglione, 1978)는 100명의 비환자 성인과 각각 50명씩의 남녀를 대상으로 36~39개월 후에 재검사를 실시했다. 두 번째 연구(Exner, Thomas, & Cohen, 1983)는 50명의 비환자 성인 중 각각 25명씩의 남녀를 대상으로 12~14개월 후에 재검사를 실시했다. 1983년의 원 프로토콜 자료에 새로운 변인으로 채점한 자료가 추가되었다(Exner, 1999). 이 연구에서 산출된 재검사와 원검사 간의 상관은 〈표 11-3〉에 제시되어 있다.

약 1년 후 이 50명에 대한 재검사 자료 중 4개 변인에서 .90 이상의 상관을 얻었고, 나머지 25개 변인에서 .81과 .89 사이의 상관을 얻었다. 10개 변인 간의 상관계수는 .75 이하로 나타났는데, 그것은 10개의 변인들이 심리적 특질·특성뿐만 아니라 검사 상황에 임하는 피검자의 심리학적 상

표 11-3 50명의 비환자 성인의 12 혹은 14개월 후 재검사 자료와 100명 성인을 대상으로 36에서 39개월 후 재검사한 자료의 상관계수 비교

변 인	내 용	1년 후 재검사 *r*	3년 후 재검사 *r*
R	반응수	.86	.79
P	평범 반응	.83	.73
Zf	*Z*(조직화 점수) 점수	.85	.83
F	순수 형태	.74	.70
M	인간 운동	.84	.87
FM	동물 운동	.77	.72
m	무생물 운동	.26	.39
a	능동적/적극적(강한) 운동성	.83	.86

p	수동적(약한) 운동성	.72	.75
FC	형태 유채색 반응	.86	.86
CF	유채색 형태 반응	.58	.66
C	순수 유채색	.56	.51
CF+C	유채색 반응	.81	.79
SumC	유채색 반응 합	.82	.86
SumT	재질 반응	.91	.87
SumC′	무채색 반응	.73	.67
SumY	확산된 음영 반응	.31	.23
SumV	음영 차원 반응	.87	.81
FD	형태 차원 반응	.88	.83
Fr+rF	반사 반응	.82	.78
(2)	쌍 반응	.81	.83
DV+DR	이탈 반응	.72	.79**
INC+FAB	부적절한 조합	.89	.82
COP	협동적 운동성	.81	*
AG	공격적 운동성	.82	*
MOR	병리적 내용	.71	*
비율과 백분율			
L	순수 형태 반응 비율	.78	.82
EA	경험 실제	.83	.85
es	경험 자극	.64	.72
Adj es	조정된 *es*	.82	*
D	스트레스 내성 지표	.91	.83
XA%	적절한 형태 사용	.89	*
WDA%	*W+D* 영역에 적절한 형태 사용	.92	*
X+%	적절한/흔한 양호한 형태 사용	.86	.80
X−%	왜곡된 형태 사용	.92	.86
Afr	정서 비율	.82	.90
3r+(2)/R	자아 중심성 지표	.89	.87
WSum6	가중치가 부여된 특수점수 합	.86	*
Blends	혼합 결정인	.62	.67
Intell	주지화 지표	.84	*
Isolate/R	소외지표	.84	*

* = 재검사 연구에서 계산되지 않은 변인.

** = 연구에서 종합체계의 *DR*가 채점되지 않아 *DV*만 포함됨.

태의 영향을 반영하는 것이기 때문이다. 약 3년 동안 이루어진 재검사 자료에서도 상당히 유사한 결과를 얻었다. 한 개의 변인에서 .90이 나타났고, 18개의 다른 변인에서는 .80과 .87 사이의 상관이 나타났다. 상황 조건과 관련된 6개의 변인 모두 .70 이하의 상관을 보였다. 순수한 심리 측정적 관점에서 보면, .80 이하의 상관은 변인의 일관성과 안정성의 요구에 부합하기에는 충분하지 않다고 지적될 수 있지만, 이러한 주장은 .70과 .79 사이의 재검사 상관을 가진 변인들로 그 기준을 낮추어야 했다. 1년 후 재검사 자료에서 7개 변인이, 3년 동안의 재검사 자료에서는 10개의 변인이 있었다. 이러한 변인들과 관련된 특성과 조작은 높은 재검사 상관을 보이는 변인들의 그것과 일치하지는 않는다. 그러나 여전히 변인의 최소한 반 이상은 가정에 상응하는 설명력이 있다고 보인다. 따라서 상당한 안정성을 가지고 있는 특성과 이러한 변인들을 가정하는 것이 합리적으로 보이지만, 오랜 시간 간격을 둔 연구를 포함하여 다른 조건에 영향을 받는 변인 역시 고려되어야 한다.

〈표 11-3〉에 목록에 있는 26개의 단일 변인들에만 관심을 가지는 것은 실제로 중요하지 않은데, 이는 분리된 해석이 검사 전체 반응을 해석하는 데 매우 위험한 시도일 수 있기 때문이다. 〈표 11-3〉에서 제시한 15개의 비율과 백분율이 해석에 좀 더 중요한 역할을 하며, 이 변인들의 대부분은 .80 이상의 재검사 상관을 보였다. .80 이하의 상관을 보이는 변인들은 상태 변인과 더 관련되는 것으로 나타났다.

〈표 11-3〉의 자료가 제시되었지만, 비환자 성인들에게서는 시간적으로 매우 안정적인 변인으로 알려진 특성들이 아동에게는 나타나지 않았다. 엑스너와 와이너(1982)는 8세 때 재검사한 6세 아동과 12세 때 재검사한 9세 아동 집단에서는 재검사 상관이 매우 낮았다고 했다. 57명의 8세 비환자 아동들에 대한 종단적 연구에서, 8세에 처음 검사를 실시하고, 그 후 2년씩 간격을 두면서 16세까지 검사를 실시하였는데, 대부분의 변인의 재검사 상관은 14~16세 간 간격까지 낮게 유지되는 경향을 보였다(Exner, Thomas, & Mason, 1985). 이것이 아동의 개인적 특질이나 양상이 시간에 따라 안정적이지 않다는 의미는 아니다. 더구나 이러한 양상들이 반응의 선택에 거의 영향을 끼치지 않을 것이라고 해석할 수 없다. 두 번째 검사가 한 달 이내에 실시되었을 때는, 아동과 성인 모두에서 대부분 변인의 재검사 상관은 상당히 높다. 〈표 11-4〉는 이러한 세 가지의 연구 결과를 함께 제시한 것인데, 7일 후에 재검사한 25명의 8세 아동에 관한 연구 자료(Exner & Weiner, 1982)와 35명의 비환자 9세 아동과 35명의 비환자 성인을 대상으로 3주 후에 실시된 재검사(Thomas, Alinsky, & Exner, 1982)와의 상관계수가 있다.

7일 후에 재검사한 8세 아동 집단의 상관은 9개 변인에서 .90 이상이었고, 13개의 변인에서 .80~.89로 나타났다. 9세 아동 집단은 8개의 변인에서 .90 이상이었고, 나머지 17개의 변인에서는 .80에서 .89였다. 성인 집단의 상관은 6개의 변인에서 .90 이상이었고, 25개의 나머지 변인에

표 11-4 7일 후 재검사한 8세 비환자 아동 25명, 3주 후 재검사한 9세 비환자 아동 35명, 약 3주 후 재검사한 비환자 성인 35명의 검사-재검사 상관계수

변 인	내 용	8세 7일 후 재검사 r	9세 3주 후 재검사 r	성인 3주 후 재검사 r
R	반응수	.88	.87	.84
P	평범 반응	.86	.89	.81
Zf	*Z*(조직화 점수) 빈도	.91	.92	.89
F	순수 형태	.79	.80	.76
M	인간 운동	.90	.87	.83
FM	동물 운동	.75	.78	.72
m	무생물 운동	.49	.20	.34
a	능동적/적극적(강한) 운동성	.91	.91	.87
p	수동적(약한) 운동성	.86	.88	.85
FC	형태 유채색 반응	.90	.84	.92
CF	유채색 형태 반응	.76	.74	.68
C	순수 유채색	.72	.64	.59
CF+C	유채색 반응	.89	.92	.83
SumC	유채색 반응 합	.88	.87	.83
SumT	재질 반응	.86	.92	.96
SumC'	무채색 반응	.77	.74	.67
SumY	확산된 음영 반응	.42	.17	.41
SumV	음영 차원 반응	.96	.93	.89
FD	형태 차원 반응	.74	.81	.90
Fr+rF	반사 반응	.83	.80	.89
(2)	쌍 반응	.74	.77	.83
DV+DR	이탈 반응	.71**	.76**	.74
INC+FAB	부적절한 조합 반응	.72	.81	.92
COP	협동적 운동성	*	*	*
AG	공격적 운동성	*	*	.81
MOR	병리적 내용	*	*	.83
비율과 백분율				
L	순수 형태 반응 비율	.82	.84	.76
EA	경험 실제	.85	.87	.84
es	경험 자극	.74	.70	.59
Adjes	조정된 es	*	*	.79
D	스트레스 내성 지표	.93	.91	.88
XA%	적절한 형태 사용	*	*	*

WDA%	W+D 영역에 적절한 형태 사용	*	*	*
X+%	적절한/흔한 양호한 형태 사용	.95	.92	.87
X−%	왜곡된 형태 사용	.83	.80	.88
Afr	정서 비율	.91	.91	.85
3r+(2)/R	자아 중심성 지표	.94	.86	.90
WSum6	가중치가 부여된 특수점수 합	*	*	*
Blends	혼합 결정인	.57	.64	.71
Intell	주지화 지표	*	*	*
Isolate/R	소외지표	*	*	*

* = 재검사 연구에서 계산되지 않은 변인.

** = 연구에서 종합체계의 *DR*가 채점되지 않아 *DV*만 포함됨.

서는 .80~.89였다. 짧은 기간의 재검사 연구에서 산출된 높은 상관계수를 보면, 개인의 성격 특성들이 반응의 선택에 중요한 역할을 한 듯하다. 그러나 이 결과는 짧은 간격의 재검사가 실시되었을 때 홀츠버그(1960)의 견해처럼, 보이는 대로가 아닌 기억에 의해 반응하게 되어 상관이 높아졌을 가능성도 배제할 수는 없다. 하지만 이런 가능성에 대한 증거 또한 없다.

엑스너(1980)는 수련 중인 검사자들의 실습 대상으로 4개의 초등학교에서 60명의 비환자군 8세 아동들을 모집했다. 각각 아동들은 그들의 부모에 의해 연구에 자원하게 되었고, 이들에게는 정규 학교 시간 동안 5~7일 간격으로 검사가 최소한 두 번 실시될 것이라고 알렸다. 10명의 숙련된 검사자가 검사를 실시했다. 검사자들이 로르샤하의 신뢰도 연구로만 추측하도록 연구의 목적에 대해 따로 언급하지 않았다. 첫 번째 검사는 연구 감독자가 교실에서 직접 아동을 각 학교에서 제공해 준 검사실로 데리고 와서 검사자를 소개해 주었다. 두 번째 검사는 3일에서 4일이 경과된 후 실시했다. 60명의 아동은 실험 전 30명씩 두 집단에 무작위로 배치했다. 통제집단에 배치된 아동들에게는 첫 번째 검사와 두 번째 검사 절차를 동일하게 했다. 실험집단의 아동들은 검사실로 동행하는 도중 연구 감독자가 아동에게 검사를 실시하는 실습생들을 훈련시키는 데 중요한 문제가 있어 아동의 도움이 필요하다고 요청했다. 아동들이 첫 번째 검사에서 한 답변을 기억하려고 애쓰면 동일한 답변을 반복적으로 듣게 되어 실습 시간이 많이 소요되기 때문에 첫 번째 한 답변을 하지 않아야 한다고 요청했고 아동들은 그렇게 약속했다. 50센트씩 사례금을 받기로 했고, 실험집단의 모든 아이가 두 번째 답변을 바꾸기로 했다.

두 집단의 재검사 상관계수의 수치는 두 개의 변인을 제외하고 대체로 동일했다. 재검사에서 실험집단의 아동은 첫 번째 검사보다 유의미하게 적은 순수 형태 반응(*F*)을 했고, 유의미한 수준으로 음영과 무채색을 포함하는 반응을 더 많이 했다. 반면에 두 집단 간에 본질적으로 상관의 차이가 없었고, 〈표 11-3〉에 제시된 7일 후에 재검사를 실시한 8세 아동들의 상관과 매우 유사했다. 실험집단의 아동들이 실제로 다른 반응을 했느냐 안 했느냐가 중요한 관심사였다. 20개로 짝지어진 집단 3에서 나온 60개 반응수를 무선표집하고 전문가 평정자 3명이 각 집단에 배치되었다. 전문가는 반응 기록 각각의 쌍을 읽고, 두 번째 검사의 모든 반응을 확인하도록 지시받았다.

통제집단에서 546개의 반응 중 481개(86%)가 첫 번째 검사에서 나왔던 반응이 반복되었다. 실험집단에서는 첫 번째 반응과 유사하거나 동일한 반응이 551개의 반응 중에 77개(14%)였다. 이를 통해 실험집단의 아동들이 두 번째 검사에서 다른 반응을 하기로 약속한 것을 전반적으로 수용했다고 볼 수도 있지만, 그럼에도 불구하고 첫 번째 검사의 반응과 두 번째 반응 선택의 경향은 유사한 분포를 보였다.

〈표 11-2〉 혹은 〈표 11-3〉에서 제시되지 않은 다른 구조적 자료가 있는데, 이 자료는 반응 선택과 관련된 일치도 가설의 연구에서 중요한 것이다. 이 자료들 중에는 세 가지 관계 혹은 비율 방향이 있다. 이 비율 관계에서 보이는 경향[5)]과 그 값의 차이가 검사 해석에 중요하다. 첫째로, Erlebnistypus(*EB*)는 *M*과 *SumC*의 관계를 반영한다. 경향과 차이 모두 이 관계를 해석하는데 중요하다. 50명의 비환자군 성인을 대상으로 한 1년 후 재검사 연구에서 이미 예측했던 것처럼 피검자 40명의 첫 번째 검사에서 *EB* 비율의 한쪽이 다른 값보다 2점 이상 컸다. 두 번째 검사에서 40명 중 39명이 *EB*에서 적어도 2점 차이를 보여 주었고, 오직 하나만 경향에 변화가 있었다(Exner, 1999). 100명의 비환자군 성인의 3년 후 재검사 연구에서 첫 번째 검사 반응 기록 중 83개에서 *EB*점수상 최소 2점 차이를 보였다. 재검사에서 이 83개 중 77개의 반응에서 2점 이상의 차이가 나타났고, 오직 두 개만 경향에 변화가 있었다.

두 번째 중요한 비율은 *FC*와 *CF+C*의 관계에 관한 것이다. 1년 후 재검사 연구에서 50명의 참가자 중의 27명이 *FC* 값이 *CF+C*의 값과 동등하거나 더 컸다. 나머지 23명은 *CF+C*의 값이 더 높았고, 재검사 자료에서는 27명 중 26명에서 *FC* 값이 크게 나타나 *FC* 경향이 나타났다(Exner, 1999). 3년 후 재검사 연구에서 100개의 첫 번째 기록 중 57개가 이 비율에서 2점 이상의 차이를 보였다. 재검사에서 57개의 반응 중 50개가 2점 이상의 차이를 보였지만, 그 경향은 변화하지 않았다.

세 번째는 능동적/적극적 운동과 수동 운동의 비율로 차이의 크기 역시 중요하다. 1년 간격의 재검사 연구에서 50개의 첫 번째 검사 반응 중 47개가 수동 운동 빈도보다 능동적/적극적 운동의 빈도가 같거나 더 컸다. 재검사 원자료에서는 47개 중 46개가 수동 운동보다 능동적/적극적 운동에서 빈도가 더 높았다(Exner, 1999). 3년 기간을 둔 재검사에서, 첫 번째 기록의 76개에서 2점

---

5) 역자 주: 비율 경향(ratio direction)은 변인들 간의 비율에서 좌항이나 우항 중 어떤 항의 값이 큰가를 의미한다. 즉, *FC*: *CF+C*에서 *FC* 값이 크다면 *FC* 경향성으로 표현하고, *CF+C* 값이 크면 *CF+C* 경향성으로 표현한다.

이상의 차이가 나타났는데, 그중 60개가 능동 반응에서 더 높은 점수를 보였다. 재검사에서 60개 중 57개가 능동적/적극적인 측면에 여전히 2점 이상의 높은 점수를 보였으나, 원래 수동 운동성 빈도가 높았던 16개 중 11개가 2점 이상 높아졌다.

재검사 기간의 간격이 길든 짧든, 한 피검자가 다른 내용의 반응을 하게 되더라도 로르샤하의 점수와 비율 간에 일관성은 반응을 선택하는 데 개인의 특질과 양식이 잠재적으로 크게 영향을 끼칠 것이다. 그러나 여전히 피검자가 반응을 하고 최종 결정을 내리는 데 기여하는 또 다른 요소들이 있다.

반응 선택과 심리 상태

많은 성격적 특성과 그 특성의 결과로 생기는 행동들은 그것들을 유발하는 상황에서 상당히 일치한다. 다시 말해, 습관, 특질, 개인의 반응 양식은 일관적으로 나타난다. 어떤 특정한 행동은 어떤 특정 상황에서 나타날 수 있다. 그 상황은 내적·외적인 요소 모두를 포함한다. 예를 들어, 외부의 일에 열성적인 사람도 기온이 섭씨 43도 이상이거나 0 이하라면 외부 활동을 덜 할 것이다. 실내에서 혹은 앉아서 하는 일로 소일할 수 있다. 마찬가지로 기온이 38도를 넘거나 복통이 일어나도 외부 활동을 덜할 것이다. 사람은 변하지 않지만, 외부 혹은 내부 환경이 다른 행동을 유발하도록 변화했다.

유사하게 일상적인 행동의 변경은 개인의 심리적 상태의 변화에서 기인한 것일 수 있다. 욕구와 정서의 감소/증가나 예상치 못한 스트레스의 발생 혹은 다양한 정신병리적 상태의 발병은 새로운 행동을 유발하는 데 영향을 줄 수 있다. 대부분의 경우 사람의 기본은 변하지 않지만 일부 예상치 못한 행동이 나타날 수 있다. 때때로 행동에 작은 변화만 있을 수 있지만, 또 다른 경우 기대되는 행동에서 매우 벗어난 행동을 보일 수도 있다. 이것들은 상태 현상으로 사람의 일상적인 심리적 기능을 대신하는 경향이 있으며, 일상적인 심리적 행동이 아닌 것을 자극할 것이다.

강조하였듯이 로르샤하 반응은 결정을 하는 행동의 표본으로 간주될 수 있다. 그러므로 심리적 상태가 변경되면 검사 동안 허용된 반응의 선택에 영향을 끼칠 수 있다. 예를 들면, 〈표 11-2〉와 〈표 11-3〉에서 목록화된 변인 중 두 개는 재검사 간격의 길고 짧음에 관계없이 낮은 재검사 신뢰도를 보인다. 이 변인은 *m*과 *SumY*인데, 두 변인 모두 기록에서 한 번 나타나는 것으로 기대되었다. 이두 변인은 모두 상황적 스트레스와 관련이 있다(Shalit, 1965; Armbruster, Miller, & Exner, 1974; Exner, Armbruster, Walker, & Cooper, 1975; Exner, 1978; Exner & Weiner, 1982). 그러므로 이 변인들 중에서 하나 혹은 둘 다 높은 빈도를 보인다면, 어떤 상황적으로 관련된 현상의 존재가 무력감과 통제 상실에 대해 걱정할 때 나타나는 정신적·정서적 경험을 자극하고 있다는 신호다.

어떻게 로르샤하 반응의 선택에서 상태 조건에 의해 영향을 받을 수 있는지에 대한 실례가 재질 반응에 의해 증명되었다. 모든 비환자군 성인의 대략 70~80%가 하나의 재질 반응을 하였는데, *SumT*의 재검사 신뢰도는 보통 .80에서 .90의 범위를 보인다. 만약 최근에 유의미한 정서적 상실을 경험했다면, 재질 반응의 평균수는 대부분 증가할 것이다. 엑스너와 브라이언트(1974)는 최근에 밀착된 정서적 관계에서 분리된 경험을 한 30명의 성인 기록에서 평균 4개의 재질 반응을 발견했다. 약 10개월 후에 재검사하였을 때, 30명 중 21명은 새로운 관계를 확립했다고 보고하였고, 혹은 해체했던 관계를 재구조화하였다고 보고했다. 그리고 이들은 한결같이 두 번째 검사에서 더 적은 재질 반응을 보였다. 상실감을 계속 경험한 나머지 9명은 두 번째 검사에서도 3개 이상의 재질 반응을 보였다.

다양한 심리적 상태가 일시적인 것이어도 일차적인 성격 구조를 압도하는 보다 강력한 형태일 수 있다. 행동의 넓은 스펙트럼에 영향을 끼치는 많은 정신병리적 상태는 이러한 충격력을 가지고 있으며, 그들은 로르샤하의 응답 선택에 영향을 끼친다. 심각한 혹은 견딜 수 없는 우울이 이것의 한 예가 될 수 있다. 우울한 사람은 원근과 무채색 반응을 다른 집단보다 더 많이 하는 경향이 있다. 그들은 역시 *MOR* 반응도 더 많이 하는 경향이 있고, 자아 중심성 지표에서 대개 낮은 점수를 보인다. 할러와 엑스너(1985)는 엑스너(1980)가 채택한 것과 유사한 설계를 사용하여 연구를 하였는데, 우울 증상과 무력감으로 입원한 50명의 환자를 대상으로 했다. 첫 번째 검사를 실시한 후 3~4일 후에 다시 검사가 실시되었는데, 무작위로 선택된 반수의 환자들이 두 번째 검사에 다른 응답을 하도록 요구받았다. 이 집단은 첫 번째 검사 반응의 약 33% 정도 반복한 반면에 통제집단은 거의 70% 응답을 반복했다. 실험집단이 두 번째 검사에서 새로운 응답을 68% 이상 하였다고 해도 두 집단의 재검사 신뢰도는 동일한 설계로 아동을 대상으로 한 엑스너의 연구에서 보고된 것과 매우 유사했다. 게다가 이 집단은 우울과 관련된 변인의 어떤 것에서도 유의미하게 다르지 않았다.

상태가 좀 더 심각해진다면, 결정을 하는 데 상태의 영향은 더 커질 것이다. 엑스너 등(1985)은 거의 일 년 동안 치료를 받은 후에도 중증 우울장애로 진단받고 입원한 청소년들에게서 우울의 주요한 지표의 재검사 신뢰도가 확인되었다고 보고했다. 다른 한편, 로르샤하 반응의 선택은 상태의 영향에 좌지우지되곤 한다. 엑스너, 코헨 및 힐먼(1984)은 DSM-III의 진단 규준에 따라 주요우울장애로 진단받은 46명의 사람에게 치료의 종결단계에서 재검사를 했다. 입원 당시 치료를 시작하여, 퇴원하고 평균 2년 동안 치료를 계속했다. 우울과 관련되는 변인들의 재검사 상관이 매우 낮게 나타났는데, 원근 변인이 .19이고 *MOR* 반응의 상관이 .33이었다.

요약하면, 로르샤하에 반응하는 한 개인의 심리적 상태가 응답의 최종 결정에 기여한다. 반응을 선택할 때 심리적인 상태의 영향은 개인이 갖는 상태의 충격이나 상태의 기간에 따라 다를 것이다. 상태는 다른 영향을 주는 특질, 양식, 혹은 습관을 대신할 수 없다.

투사와 반응 과정

모든 반응의 선택과 버림에서 투사가 일어나는가? 투사의 정의가 단지 모든 결정 작동을 포함하는 것으로 확장된다면 이 입장은 논쟁거리가 될 수 있지만, 그것은 너무 단순하거나 혹은 과도하게 포괄적인 입장이다. 반응의 선택이 오로지 순서를 정하는 작업과 범주화에 의해서만 이루어진다면 투사가 포함된 과정이 중요하지 않을 수 있다. 박쥐와 두 마리의 개, 나비, 나무 등과 같이 반점의 가장자리를 사용하여 만들어 낸 좀 더 보편적인 반응은 투사의 증거가 없는 반응의 예로 볼 수 있다. 유사하게, 반응 순서와 검열 결과로 잠재적인 반응을 버리는 것 또한 투사적 과정에 의해 영향을 받지 못한다. 이러한 버림의 과정은 검사 상황에 대한 지각과 그 사람의 가치와 태도에 의해 조금 더 촉진된다.

개인의 특질과 양식이 투사에 의해 유의미하게 영향을 받는다는 것을 객관적으로 검증하기는 어렵다. 반면에 개인의 특질과 양식이 투사가 일어날 때 투사 과정의 방향을 정하는 데 영향을 주게 되며, 상태와 투사 간에도 이와 유사한 관계가 있다. 어떤 일정한 상태가 한 개인에게 강렬하고 넓게 영향을 끼치고 있다면 그것은 풍부한 투사적 자료를 쉽게 발생시킬 수 있다.

로르샤하의 반응 과정에서 투사가 이루어지고, 투사의 존재가 검사의 해석적 산출에 상당한 추가적 정보를 제공하는 것은 분명하지만, 투사적 자료와 투사적 자료가 아닌 것을 구별하는 것이 매우 중요하다. 엑스너(1989)는 투사 반응에는 두 가지 형태가 있다는 것을 제안했다. 한 형태는 I 단계 작업 과정 동안에 형성되고, 두 번째 형태는 II 단계 혹은 III 단계 작업 과정 동안에 형성된다.

투사와 I 단계

투사의 첫 번째 형태는 범주화 과정과 입력 단계 동안에 오지각 혹은 왜곡의 사고 과정을 촉진하는 로르샤하 반응에서 볼 수 있다. 가령, 대부분의 사람이 '공'이라고 보는 카드에서 피검자들도 흔히 그렇게 반응할 것이다. 어떤 대상의 부분적이고 외형적인 특성은 그것을 정의하는 특징을 소홀히 보게 만들기도 하고, 또 한편으로는 매우 날카롭게 하기도 한다. 예를 들어, 그것은 기능적으로('당신이 던진 어떤 것') 혹은 포괄적으로 명명('사람이 만든 거예요.')될 수 있다. 하지만 적절한 반응의 범위는 제한된다.

지각적으로 손상되지 않은 한 피검자가 그 공을 비행기, 악마, 혹은 신장으로 잘못 명명한다면, 자극의 구체적인 장이 거의 무시되거나 왜곡되었기 때문에 투사가 발생했다고 가정할 수 있다. 잉크반점의 세부적인 요소가 어떤 반응이나 반응의 종류를 촉진시키긴 하지만, I 단계의 작업에서는 잉크반점의 특성이 무시되거나 간과되는 방식으로 투사 가능성은 감소된다. 기술적으로는 결핍되거나 손상된 반응이지만, 반응이 어떤 신경생리학적으로 관련된 지각적 왜곡의 생산물이 아니라면, 장의 변형을 통해 있는 현실을 대신하는 내면의 심리학적 세트나 작업의 중재 과정의 결과물로 가정하는 것이 타당할 수 있다. 즉, 투사 과정이 포함되어 있다고 볼 수 있다.

투사와 반응 II, III 단계

반응 I 단계에서 투사가 중요한 역할을 하지만, 투사의 영향을 받은 것이라고 해야 더욱 적절하다. II 단계와 III 단계에서 투사는 보다 분명해진다. 이 작업 과정에서 자극장을 과잉 정교화하거나 분리하는 방식으로 상상적인 투사가 발생된다. 예를 들어, 2 곱하기 2를 해 보라고 했을 때 대부분의 사람은 4라고 대답할 것이다. 그러나 그 대답은 다음과 같은 투사된 방식에서는 윤색될 수 있다. '대답은 4다. 4는 내가 가장 좋아하는 숫자인데, 그것은 일 년이 사계절이기 때문에 그렇고, 삶의 순환이 너무도 중요하기 때문이다.'

질문 자체로 볼 때, 그러한 대답을 기대하는 의도가 없었기 때문에 이러한 과잉 정교화는 그 사람에 대한 어떤 특정한 정보를 제공한다. 이 예에서 과제의 특성은 숫자 곱셈이고, 투사가 나타날 가능성은 적다. 보편적으로 기대되는 투사는 아니다. 로르샤하에서 과제와 장 모두에서 가능한 매개변수의 폭은 매우 넓다. 반면에 장의 제한된 모호성과 과제의 특성은 투사를 촉발하지는 않더라도 투사가 발생할 가능성을 가진 대부분의 어떤 특성을 윤색하거나 독특하게 해석하는 것을 방해하거나 막지는 않는다. 투사된 형태들은 어떤 반응이 형성될 때 반영되어 결과적으로는 반응으로 표현된다.

이러한 투사가 포함된 대부분의 반응은 큰 해석적 의미를 지니지 않는다고 보는데, 그 이유는 장으로부터 과도하게 동떨어져 있거나 혹은 과도하게 정교화되었기 때문이다. 이러한 반응에서는 대상이 특정한 혹은 독특한 방식으로 묘사된다. 이런 종류의 투사는 운동성이 있는 대답에서 볼 수 있는데, 또 어떤 경우는 운동성과 무관할 때도 있다. 여하튼 피검자는 대상을 묘사하는 데 꽤 심혈을 기울여 윤색했다는 점을 알 수 있다. 이렇게 투사된 대답들은 사람들의 느낌이나 행동과 관련된 어떤 정보를 직접적으로 반영하곤 한다.

해석 과정 동안 모든 반응 및 군더더기 말들을 모두 인식해야 하는 것은 아니며, 투사된 자료들이라는 점을 인식하는 것이 중요하다. 대다수의 반응 프로토콜에는 이미 가지고 있는 특성 자체보다 투사가 포함되지 않은 반응들이 더 많이 있다. 투사가 전혀 이루어지지 않은 반응도 매우 흔하다. 대개의 경우 매우 경계적인 사람으로 짧은 반응 프로토콜을 보일 때 소수의 단어들로 제한되어 보다 정교화된 프로토콜보다 해석적으로는 덜 반가운 자료다. 투사된 반응에 나타난 한 개인의 지극히 개별적인 특성은 해석자들이 그 개인을 묘사하는 데 매우 큰 도움이 된다.

로르샤하 과제의 특성은 정보 처리, 분류, 개념화, 의사 결정을 포함한 복잡한 과정을 촉진하고 투사가 발생할 수 있는 심리학적 단서를 제공한다. 간단하지만 표준적인 검사 실시 절차들이 정확하게 사용되면 한 개인의 습관, 특성, 스타일, 현재의 상태, 그리고 성격 용어로 구성되는 다양한 정보를 얻게 된다. 이 과정은 복잡하지만, 숙련된 사용자가 검사의 특성과 작용의 기전, 역할을 잘 이해하고 있다면 그리 복잡한 도구가 아니다. 그러나 검사를 실시하는 절차는 매우 세심한 주의를 요한다. 검사의 의도나 사용자의 단순한 말실수에 의해 결정적으로 영향을 받게 될 수 있으며 그로 인해 해석의 방향이나 평가의 가치는 본래 의도와 달라질 수 있다.

참고문헌

Abramson, L. S. (1951). The influence of set for area on the Rorschach test results. *Journal of Consulting Psychology, 15*, 337-342.

Ames, L. B., Learned, J., Metraux, R. W., & Walker, R. N. (1952). *Child Rorschach responses*. New York: Hoeber-Harper.

Ames, L. B., Metraux, R. W., & Walker, R. N. (1971). *Adolescent Rorschach responses*. New York: Brunner/ Mazel.

Armbruster, G. L., Miller, A. S., & Exner, J. E. (1974). *Rorschach responses of parachute trainees at the beginning of training and prior to the first jump*. Rorschach Workshops (Study No. 201, unpublished).

Attneave, F. (1954). Some information aspects of visual perception. *Psychological Review, 61*, 183-193.

Beck, S. J. (1945). *Rorschach's test II: A variety of personality pictures*. New York: Grune & Stratton.

Beck, S. J., Beck, A. G., Levitt, E. E., & Molish, H. B. (1961). *Rorschach's test I: Basic processes* (3rd ed.). New York: Grune & Stratton.

Cattell, R. B. (1951). Principles of design in "projective" or misperceptive tests of personality. In H. Anderson & G. Anderson (Eds.), *Projective techniques*. Englewood Cliffs, NJ: Prentice-Hall.

Coffin, T. E. (1941). Some conditions of suggestion and suggestibility: A study of certain attitudinal and situational factors in the process of suggestion. *Psychological Monograghs, 53* (Whole No. 241).

Colligan, S. C. (1992). *Responses of nonpatients to a tachistoscopic presentation of the Rorschach*. Washington, DC: Society for Personality Assessment.

Colligan, S. C., & Exner, J. E. (1985). Responses of schizophrenics and nonpatients to a tachistoscopic presentation of the Rorschach. *Journal of Personality Assessment, 49*, 129-136.

Dahlstrom, W. G., Welsh, G. S., & Dahlstrom, L. E. (1972). *An MMPI handbook* (Vol.1., rev.). Minneapolis: University of Minnesota Press.

Dinoff, M. (1960). Subject awareness of examiner influence in a testing situation. *Journal of Consulting Psychology, 24*, 465.

Dubrovner, R. J., VonLackum, W. J., & Jost, H. (1950). A study of the effect of color on productivity and reaction time in the Rorschach test. *Journal of Clinical Psychology, 6*, 331-336.

Erdberg, S. P., & Shaffer, T. W. (1999). *International symposium on Rorschach nonpatient data: Findings from around the world*. Amsterdam: XVI International Congress of Rorschach and Projective Methods.

Exner, J. E. (1959). The influence of chromatic and achromatic color in the Rorschach. *Journal of Projective Techniques, 23*, 418-425.

Exner, J. E. (1961). Achromatic color in Cards IV and VI of the Rorschach. *Journal of Projective Techniques, 25*, 38-40.

Exner, J. E. (1974). *The Rorschach: A Comprehensive System. Volume 1*. New York: Wiley.

Exner, J. E. (1978). *The Rorschach: A Comprehensive System. Volume 2. Recent research and advanced interpretation*. New York: Wiley.

Exner, J. E. (1980). But it's only an inkblot. *Journal of Personality Assessment, 44*, 562-577.

Exner, J. E. (1983). Rorschach assessment. In I. B. Weiner (Ed.), *Clinical methods in psychology*. New York: Wiley.

Exner, J. E. (1989). Searching for projection in the Rorschach. *Journal of Personality Assessment, 53*, 520-536.

Exner, J. E. (1996). Critical bits and the Rorschach response process. *Journal of Personality Assessment, 67*, 464-477.

Exner, J. E. (1999). The Rorschach: Measurement concepts and issues of validity. In S. B. Embretson & S. L. Hershberger (Eds.), *The new rules of measurement*. Mahwah, NJ: Erlbaum.

Exner, J. E., & Armbruster, G. L. (1974). *Increasing R by altering instructions and creating a time set*. Rorschach Workshops (Study No. 209, unpublished).

Exner, J. E., & Armbruster, G. L., & Mittman, B. (1978). The Rorschach response process. *Journal of Personality Assessment, 42*, 27-38.

Exner, J. E., & Armbruster, G. L., & Viglione, D. (1978). The temporal stability of some Rorschach features. *Journal of Personality Assessment, 42*, 474-482.

Exner, J. E., & Armbruster, G. L., Walker, E. J., & Cooper, W. H. (1975). *Anticipation of elective surgery as manifest in Rorschach records*. Rorschach Workshops (Study No. 213, unpublished).

Exner, J. E., & Bryant, E. L. (1974). *Rorschach responses of subjects recently divorced or sepatated*. Rorschach Workshops (Study No. 206, unpublished).

Exner, J. E., Cohen, J. B., & Hillman, L. B. (1984). *A retest of 46 major depressive disorder patients at the termination of treatment*. Rorschach Workshops (Study No. 275, unpublished).

Exner, J. E., & Leura, A. V. (1976). *Variations in ranking Rorschach responses as a function of situational set*. Rorschach Workshops (Study No. 221, unpublished).

Exner, J. E., Martin, L. S., & Cohen, J. B. (1983). *Card by card response frequencies for patient and nonpatient populations*. Rorschach Workshops (Study No. 276, unpublished).

Exner, J. E., Thomas, E. A., & Cohen, J. B. (1983). *The temporal consistency of test variables for 50 nonpatient adults after 12 to 14 months*. Rorschach Workshops (Study No. 281, unpublished).

Exner, J. E., Thomas, E. A., & Mason, B. (1985). Children's Rorschachs: Description and prediction. *Journal of Personality Assessment, 49*, 13-20.

Exner, J. E., & Weiner, I. B. (1982). *The Rorschach: A Comprehensive System. Volume 3: Assessment of children and adolescents*. New York: Wiley.

Exner, J. E., Weiner, I. B. (1995). *The Rorschach: A Comprehensive System. Volume 3: Assessment of children and adolescents* (2nd ed.). New

York: Wiley.

Exner, J. E., & Wylie, J. R. (1976). *Alterations in frequency of response and color articulation as related to alterations in the coloring of specific blot areas*. Rorschach Workshops (Study No. 219, unpublished).

Exner, J. E., & Wylie, J. R. (1977). *Differences in the frequency of responses to the D1 area of Card X using an achromatic version*. Rorschach Workshops (Study No. 237, unpublished).

Fisher, D.F., Monty, R. A., & Senders, J. W. (Eds.). (1981). *Eye movements: Cognition and visual perception*. Hillsdale, NJ: Erlbaum.

Ford, M. (1946). *The Application of the Rorschach test to young children*. Duluth: University of Minnesota, Institute of Child Welfare.

Frank, L. K. (1939). Projective methods for the study of personality. *Journal of Psychology, 8*, 389-413.

Gibby, R. G. (1951). The stability of certain Rorschach variables under conditions of experimentally induced sets: I. The intellectual variables. *Journal of Projective Techniques, 15*, 3-26.

Goetcheus, G. (1967). *The effects of instructions and examiners on the Rorschach*. Unpublished master's thesis, Bowling Green State University, Bowling Green, OH.

Goodman, N. L. (1979). *Examiner influence on the Rorschach: The effect of sex, sex-pairing and warmth on the testing atmosphere*. Doctoral dissertation, Long Island University, Brooklyn, NY.

Gross, L. (1959). Effects of verbal and nonverbal reinforcement on the Rorschach. *Journal of Consulting Psychology, 23*, 66-68.

Haller, N., & Exner, J. E. (1985). The reliability of Rorschach variables for inpatients presenting symptoms of depression and/or helplessness. *Journal of Personality Assessment, 49*, 516-521.

Halpern, F. (1953). *A clinical approach to children's Rorschachs*. New York: Grune & Stratton.

Hersen, M., & Greaves, S. T. (1971). Rorschach productivity as related to verbal reinforcement. *Journal of Personality Assessment, 35*, 436-441.

Hertz, M. R. (1934). The reliability of the Rorschach ink-blot test. *Journal of Applied Psychology, 18*, 461-477.

Hochberg, J. (1981). Levels of perceptual organization. In M. Kubovy & J. R. Pomerantz (Eds.), *Perceptual organization*. Hillsdale, NJ: Erlbaum.

Holzberg, J. D. (1960). Reliability re-examined. In M. Rickers-Ovsiankina (Ed.), *Rorschach psychology*. New York: Wiley.

Horiuchi, H. (1961). A study of perceptual process of Rorschach cards by tachistoscopic method on movement and shading responses. *Journal of Projective Techniques, 25*, 44-53.

Hutt, M., Gibby, R. G., Milton, E. O., & Pottharst, K. (1950). The effect of varied experimental "sets" upon Rorschach test performance. *Journal of Projective Techniques. 14*, 181-187.

Klopfer, B., & Kelly, D. M. (1942). *The Rorschach technique*. Yonkers-on-Hudson, NY: World Books.

Leura, A. V., & Exner, J. E. (1978). *Structural differences in the records of adolescents as a function of being tested by one's own teacher*. Rorschach Workshops (Study No. 265, unpublished).

London, H., & Exner, J. E. (1978). *Dimensions of personality*. New York: Wiley.

Magnussen, M. G. (1960). Verbal and nonverbal

reinforcers in the Rorschach situation. *Journal of Clinical Psychology, 16*, 167-169.

Martin, L. S., & Thomas, E. E. (1982). *Selection of preferred responses by high school students.* Rorschach Workshops (Study No. 278, unpublished).

Matarazzo, J. D., & Mensh, I. N. (1952). Reaction time characteristics of the Rorschach test. *Journal of Consulting Psychology, 16*, 132-139.

Meer, B. (1955). The relative difficulty of the Rorschach cards. *Journal of Projective Techniques, 19*, 43-53.

Meer, B., & Singer, J. L. (1950). A note on the "father" and "mother" card in the Rorschach inkblots, *Journal of Consulting Psychology, 14*, 482-484.

Miable, F. R., & Harrower-Erikson, M. R. (1940). Personality structure in the psychoneuroses. *Rorschach Research Exchange, 4*, 71-74.

Murray, H. A. (1938). *Explorations in personality.* New York: Oxford University Press.

Neisser, U. (1976). *Cognition and reality.* New York: Appleton-Century-Crofits.

Orange, A. (1953). Perceptual consistency as measured by the Rorschach. *Journal of Projective Techniques, 17*, 224-228.

Pascal, G., Ruesch, H., Devine, D., & Suttell, B. (1950). A study of genital symbols on the Rorschach test: Presentation of method and results. *Journal of Abnormal and Social Psychology, 45*, 285-289.

Phillips, L., & Smith, J. G. (1953). *Rorschach interpretation: Advanced technique.* New York: Grune & Stratton.

Piotrowski, Z. (1957). *Perceptanalysis.* New York: Macmillan.

Pomerantz, J. R., & Kubovy, M. (1981). Perceptual organization: An overview. In M. Kubovy & J. R. Pomerantz (Eds.), *Perceptual organization.* Hillsdale, NJ: Erlbaum.

Rabin, A. I., & Sanderson, M. H. (1947). An experimental inquiry into some Rorschach procedures. *Journal of Clinical Psychology, 3*, 216-225.

Shalit, B. (1965). Effects of environmental stimulation on the M, FM, and m responses in the Rorschach. *Journal of Projective Techniques and Personality Assessment, 29*, 228-231.

Silva, D. (2002). The effect of color in the productivity in Card X of the Rorschach. *Rorschachiana, 25*, 123-138.

Stein, M. I. (1949). Personality factors involved in the temporal development of Rorschach responses. *Rorschach Research Exchange, 13*, 355-414.

Thomas, E. A., Alinsky, D., & Exner, J. E. (1982). *The stability of some Rorschach variables in 9-year-olds as compared with nonpatient adults.* Rorschach Workshop (Study No. 441, unpublished).

Thomas, E. A., Exner, J. E., & Leura, A. V. (1977). *Differences in ranking responses by two groups of nonpatient adults as a function of set concerning the origins of the responses.* Rorschach Workshop (Study No. 251, unpublished).

Vernon, P. E. (1933). The Rorschach inkblot test II. *British Journal of Medical Psychology, 13*, 179-205.

Wickes, T. A. (1956). Examiner influence in a testing situation. *Journal of Consulting Psychology, 20*, 23-26.

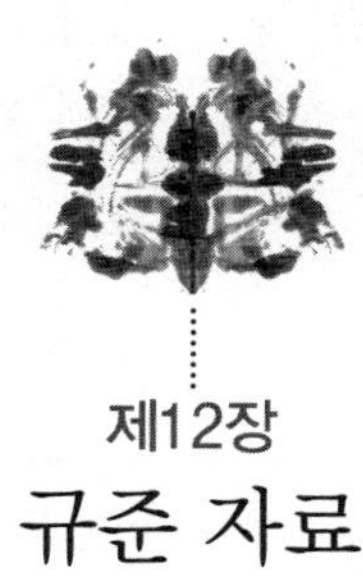

제12장
규준 자료

앞 장에서는 반응을 선택하고 형식화하는 데 포함되는 심리적 조작에 대해 설명하면서 이와 관련된 검사의 특성을 설명했다. 검사를 더 잘 이해할 수 있는 관점을 하나 더 소개하자면, 반응의 비율과 검사의 수많은 구조적 특성에 관한 것이다.

대개 비환자군의 규준 자료는 규준 집단에 대한 기술적 정보를 제공하는 데 유용해서 피검자 개개인의 점수를 비교할 수 있는 참조 체계로서 중요한 역할을 하게 된다. 또한 무엇보다 중요한 것은 일반적인 해석적 가설을 발전시킬 수 있고 편차 원리를 이용해 기대하던 것과 다른 자료에 대해 보다 합리적으로 해석할 수 있다.

성인 비환자군

비환자군의 프로토콜은 10년 이상(1973~1986) 수집되었고, 이용 가능한 프로토콜의 수가 증가되면서 세 차례 개정되었다(Exner, 1978, 1986, 1990, 2001; Exner, Weiner, & Schyler, 1976). 반응수가 14개 이하의 프로토콜의 타당성에 대한 지적 때문에(Exner, 1988) 1990년에 이루어진 포괄적인 개정에서는 14개 이하의 반응 프로토콜들은 모두 폐기되었다. 이렇게 1,100명 이상의 비환자군의 프로토콜이 수집되었고, 성별, 지역, 사회경제적 수준을 기준으로 구분하여 얻은 표본은 700명이었다.

1999년에는 700명의 표본집단에서도 중복된 200개의 기록을 정리하면서 표본의 계층에 영향을 주지 않을 인구학적 특성을 고려한 새로운 비환자군 자료로 대치하여 최종 표본은 600명의 비환자군 성인(Exner, 2001)의 자료가 남았다. 각각 남녀 300명씩, 다섯 개 지역 출신들을 120명씩 고루 포함시켰다. 지역은 동북부, 남부, 중서부, 남서부, 서부로 사회경제적 수준 역시 나누어 비교했다. 각 지역에서도 남녀 수를 동등하게 하려고 했으나 쉽지 않았다. 남녀의 총수는 네 지역에서 거의 동일했지만, 남서부 집단에서는 여성이 72명, 남성이 48명이었으며, 중서부 집단은 남성이 74명, 여성이 46명으로 지역 간 다소 차이가 있었다.

비환자군 자료 수집 설계

피검자 모집과 표본집단의 크기에 대한 부담이 있긴 했으나 무난히 42명의 검사자에 의해 600명의 반응 프로토콜이 수집되었다. 모든 피검자는 지원자로 구성되었고, 한 검사자가 25명 이상의 피검자를 검사하지 않도록 했다. 특별히 심리검사를 받아야 할 이유가 있는 사람은 없었고, 구체적인 신체적 병력이 있는 사람도 없었다. 피검자의 약 17%(101명)는 심리학자나 교육상담자에게 8회기 이하의 상담을 받은 경험이 있었고, 69명은 학업 및 직업 상담을 목적으로 상담을 받은 적이 있었다. 19명은 단기 부부상담을 받은 적이 있었으며, 13명은 친구와 가족 구성원과의 이별로 단기 지지치료를 받았다.

지원자는 우편을 통해 모집되었고, 협력기관이나 직장을 통해 모집되었다. 그 편지의 내용은 검사 표준화를 위한 프로젝트에 참가해 달라는 요청이었으며, 결과를 피드백해 준다고 하진 않았다. 이 표본에 포함된 600명의 피검자 중 409명은 직장을 통해 지원하게 되었고, 대개 감독자의 지도하에 실시되었다. 검사는 근무 시간에 실시되었는데, 153명은 그들이 속한 동물애호가협회나 볼링동호회 등 취미모임이나 사교모임에서 모집되었다. 나머지 38명은 사회복지 단체의 도움을 받아 인원을 보충할 수 있었다. 참여에 대한 재정적인 보상은 없었으나, 모든 참가자에게 감사를 표하는 카드를 전달했다.

비환자군의 특성

비환자군 집단의 평균연령은 31.73세(표준편차=10.69; 중앙치=30; 최빈치=22)이며, 19~69세 범위였다. 피검자의 학력 평균은 13.43년이었으며, 8~19년이었다. 인구학적 변인의 내용과 사회경제적 수준에 관한 자료는 〈표 12-1〉에 있다. 사회경제적 지위는 홀링 셰드와 레드리치 척도(9점 척도)를 사용하였는데, 상중하의 세 하위 집단으로 나누어 SES[1] 2점은 중-상 집단, SES 5점은 중-중 집단, SES 9점은 국가 보조를 받아야 하는 집단이었다. SES 1점(상-상 집단)은 아무도 없었으며, SES 9점의 '하 집단'은 41명이었다. 다변량 모형으로 이 세 하위 집단 간에 유의미한 차이가 있는지에 대해 검토하였는데, SES 9점 집단과 다른 집단의 구성원 간에 유의미한 차이가 발견되었다. SES 9점 집단은 유의미하게 높은 *Lambda* 값을 보였고, *EA*와 *es*에서는 더 낮은 평균값을 보였다. 결과적으로 그들은 *EA*와 *es*에 기여하는 결정인의 대부분 변인에서 더 낮은 평균값을 보였다. 600명의 자료를 SES 9점 피검자가 제외된 559명의 수정된 표본과 비교했다. 전반적으로 SES 9점 집단은 전체 표본에서 7%만 차지했기 때

1) 역자 주: SES(Socioeconomic Status) 사회경제적 지위.

표 12-1 비환자 성인 600명의 인구학적 변인

결혼 상태			연 령			인 종		
미혼	165	28%	18~25	195	33%	백인	493	82%
동거	49	8%	26~35	240	40%	흑인	60	10%
결혼	270	45%	36~45	102	17%	히스패닉	36	6%
별거	32	5%	46~55	32	5%	아시안	11	2%
이혼	72	12%	56~65	23	4%			
사별	12	2%	65세 이상	8	1%			
학 력			**거주지**			**사회경제적 수준**		
12년 이하	32	5%	도시	221	37%	상	54	9%
12년	163	27%	중·소도시	256	43%	중	372	62%
13~15년	318	53%	시골	123	21%	하	174	29%
16년 이상	87	15%						

문에 그 표본에서 그 집단을 포함시켰다고 하여 자료 의미에 변동은 없었다. 비환자군 성인 표본의 113개 변인들의 기술적 통계자료는 〈표 12-2〉에 제시되어 있다.

〈표 12-2〉 자료

〈표 12-2〉에 모든 변인의 산술평균과 표준편차를 제시했다. 통계적으로 중앙집중치는 해석에 유용한 자료이며, 특히 점수의 분포가 정상 분포곡선과 가까울 때 그렇다. 일부 **로르샤하** 변인들을 해석할 때도 이 원리가 적용될 수 있었는데, 조금 더 넓은 범위에 분포되어 있고, 좀 더 다른 점수 분포 형태를 보였다. 정상성에서 이탈된 분포의 평균, 특히 표준편차는 반응 비율의 실제분포에 대한 적절한 설명을 제공하지 못할 가능성이 커 좋은 자료가 될 수 없다.

점수가 J-커브에 있을 때, 즉 대부분의 값 중 하나가 커브의 1, 2, 3 값에 해당될 때, 그리고 이 점들에서 거의 이탈되지 않을 때 특히 그러하다. 때때로 일부 해석자들과 연구자들은 **로르샤하** 비환자군 자료에서 변량을 확인하려고 지침서로 **로르샤하** 비환자군 자료를 사용하면서 변산을 규명하려는 시도를 하는 과정에서 잘못 유도해 내는 경향이 있다. 이것은 보통 기호화의 일부 점수 분포를 식별하는 데 실패하였기 때문에 일어난다.

일부 **로르샤하** 기호의 빈도는, 약 3~4점 이하의 작은 범위 변산을 보인다. 그 범위가 크다 하더라도 일부 변인의 빈도는 1~2점 혹은 0에 근사한 값으로 나타날 수 있다. 사실, 일부 **로르샤하** 변인들의 빈도는 이렇게 제한된 범위를 보인다. 그러므로 이 J-커브 변인의 평균은 낮은 빈도, 실제 빈도가 평균 범위 이하라는 의미로 해석

표 12-2 비환자 성인 600명의 기술통계치(N=600)

변 인	평 균	표준편차	최소치	최대치	빈 도	중앙치	최빈치	편포도	첨 도
R	22.32	4.40	14.00	43.00	600	22.00	23.00	.86	1.90
W	8.28	2.36	3.00	24.00	600	8.00	9.00	1.67	7.82
D	12.88	3.77	.00	32.00	598	13.00	14.00	−.14	1.72
Dd	1.16	[1.67]	.00	15.00	370	1.00	.00	4.00	24.01
S	1.57	[1.28]	.00	10.00	514	1.00	1.00	1.99	7.61
DQ+	7.36	2.23	1.00	19.00	600	7.00	6.00	.53	1.24
DQo	13.58	3.67	5.00	36.00	600	14.00	15.00	1.26	5.69
DQv	.98	[1.26]	.00	6.00	306	1.00	.00	1.35	1.30
DQv/+	.39	[.61]	.00	2.00	193	.00	.00	1.32	.65
FQx+	.71	[.88]	.00	5.00	290	.00	.00	1.33	2.19
FQxo	16.44	3.34	7.00	29.00	600	17.00	17.00	.25	.59
FQxu	3.49	2.03	.00	16.00	580	3.00	3.00	1.50	5.33
FQx−	1.56	1.20	.00	8.00	513	1.00	1.00	1.25	2.58
FQxNone	.11	[.37]	.00	3.00	60	.00	.00	3.80	17.53
MQ+	.44	[.68]	.00	3.00	210	.00	.00	1.52	1.98
MQo	3.57	1.84	.00	8.00	595	3.00	3.00	.42	−.62
MQu	.21	.51	.00	5.00	104	.00	.00	3.24	16.14
MQ−	.07	[.27]	.00	2.00	35	.00	.00	4.48	21.40
MQNone	.01	[.08]	.00	1.00	4	.00	.00	12.15	146.23
S−	.25	[.56]	.00	3.00	117	.00	.00	2.71	8.25
M	4.30	1.95	1.00	10.00	600	4.00	3.00	.48	−.55
FM	3.74	1.31	.00	9.00	598	4.00	4.00	.15	.58
m	1.28	.99	.00	6.00	458	1.00	1.00	.62	.61
FM+m	5.01	1.70	.00	12.00	599	5.00	5.00	.20	.25
FC	3.56	1.88	.00	9.00	580	3.00	3.00	.38	−.24
CF	2.41	1.31	.00	7.00	564	2.00	3.00	.29	−.17
C	.12	[.37]	.00	3.00	61	.00	.00	3.76	17.14
Cn	.01	[.08]	.00	1.00	4	.00	.00	12.15	146.23
Sum Color	6.09	2.44	.00	12.00	599	6.00	5.00	.11	−.66
WSumC	4.36	1.78	.00	9.50	599	4.00	3.50	.11	−.54
Sum C′	1.49	[1.16]	.00	10.00	490	1.00	1.00	1.41	5.96
Sum T	.95	[.61]	.00	4.00	490	1.00	1.00	.83	3.33
Sum V	.28	[.61]	.00	5.00	124	.00	.00	2.71	9.58
Sum Y	.61	[.96]	.00	10.00	262	.00	.00	3.53	23.46
Sum Shading	3.32	2.09	.00	23.00	588	3.00	3.00	2.54	15.45
Fr+rF	.11	[.43]	.00	4.00	48	.00	.00	4.98	30.45
FD	1.18	[.94]	.00	5.00	456	1.00	1.00	.84	1.35
F	7.95	2.83	2.00	23.00	600	8.00	7.00	.92	2.04

(2)	8.52	2.18	1.00	21.00	600	8.00	8.00	.29	2.11
3r+(2)/R	.40	.09	.03	.87	600	.39	.33	.47	3.86
Lambda	.60	.31	.11	2.33	600	.53	.50	2.27	8.01
EA	8.66	2.38	2.00	18.00	600	9.00	9.50	−.04	.42
es	8.34	2.99	3.00	31.00	600	8.00	7.00	1.43	6.58
D Score	−.03	.97	−10.00	3.00	600	.00	.00	−3.06	24.34
AdjD	.15	.82	−5.00	3.00	600	.00	.00	−.88	5.89
a (active)	6.44	2.23	.00	14.00	599	6.00	6.00	.32	.01
p (passive)	2.90	1.64	.00	9.00	572	3.00	2.00	.57	.03
Ma	2.90	1.57	.00	8.00	583	3.00	2.00	.52	−.26
MP	1.42	1.03	.00	5.00	493	1.00	1.00	.53	−.13
Intellect	1.57	1.48	.00	9.00	449	1.00	1.00	1.27	2.16
Zf	11.84	2.78	5.00	27.00	600	12.00	12.00	.87	3.44
Zd	.57	2.98	−11.50	9.50	560	.50	−1.00	.31	.48
Blends	5.15	2.08	.00	12.00	598	5.00	5.00	.00	−.26
Blends/R	.24	.10	.00	.67	598	.24	.26	.35	.65
Col-Shd Blends	.45	[.68]	.00	5.00	215	.00	.00	1.70	4.12
Afr	.67	.16	.23	1.29	600	.67	.67	.35	.65
Populars	6.58	1.39	3.00	10.00	600	6.00	6.00	−.09	−.47
XA%	.92	.06	.57	1.00	600	.94	.96	−1.34	3.68
WDA%	.94	.06	.54	1.00	600	.95	1.00	−1.42	4.93
X+%	.77	.09	.35	1.00	600	.78	.80	−.86	2.33
X−%	.07	.05	.00	.43	513	.05	.04	1.41	4.56
Xu%	.15	.07	.00	.45	580	.15	.13	.54	.86
Isolate/R	.19	.09	.00	.60	588	.18	.16	.51	.41
H	3.21	1.71	.00	9.00	595	3.00	2.00	.97	.84
(H)	1.22	1.02	.00	6.00	432	1.00	1.00	.65	.48
Hd	.84	[1.02]	.00	7.00	336	1.00	.00	1.98	6.60
(Hd)	.21	[.50]	.00	4.00	109	.00	.00	2.90	11.25
Hx	.03	[.23]	.00	4.00	14	.00	.00	11.29	164.54
All H Cont	5.49	1.75	1.00	15.00	600	5.00	5.00	.59	1.24
A	7.96	2.25	3.00	25.00	600	8.00	7.00	1.06	5.03
(A)	.27	[.54]	.00	3.00	137	.00	.00	2.31	6.38
Ad	2.30	[1.20]	.00	9.00	571	2.00	2.00	.79	2.85
(Ad)	.10	[.34]	.00	2.00	53	.00	.00	3.57	13.07
An	.54	[.77]	.00	4.00	243	.00	.00	1.59	2.81
Art	.90	.91	.00	5.00	363	1.00	.00	.98	1.20
Ay	.35	[.52]	.00	3.00	198	.00	.00	1.23	1.38
Bl	.20	[.46]	.00	3.00	104	.00	.00	2.40	5.80
Bt	2.37	1.32	.00	6.00	551	2.00	3.00	.17	−.29

Cg	1.41	1.09	.00	5.00	482	1.00	1.00	.73	.29
Cl	.14	[.38]	.00	2.00	78	.00	.00	2.67	6.76
Ex	.20	[.40]	.00	2.00	119	.00	.00	1.57	.74
Fi	.56	[.77]	.00	4.00	240	.00	.00	1.09	.22
Food	.21	[.47]	.00	3.00	112	.00	.00	2.26	5.03
Ge	.05	[.24]	.00	2.00	27	.00	.00	5.18	28.97
Hh	.99	.90	.00	4.00	407	1.00	1.00	.85	.57
Ls	.86	.79	.00	3.00	382	1.00	1.00	.60	−.23
Na	.36	[.63]	.00	6.00	178	.00	.00	2.35	11.12
Sc	1.12	[1.15]	.00	6.00	388	1.00	.00	1.22	1.96
Sx	.11	[.47]	.00	5.00	46	.00	.00	6.16	48.09
Xy	.05	[.24]	.00	2.00	29	.00	.00	4.80	24.46
Idio	1.36	[1.32]	.00	7.00	404	1.00	.00	1.03	1.43
DV	.59	[.78]	.00	4.00	266	.00	.00	1.36	1.77
INCOM	.56	[.78]	.00	4.00	263	.00	.00	1.74	3.91
DR	.39	[.69]	.00	4.00	175	.00	.00	1.97	4.15
FABCOM	.27	[.52]	.00	3.00	141	.00	.00	1.85	3.02
DV2	.00	[.06]	.00	1.00	2	.00	.00	17.27	297.49
INC2	.02	[.13]	.00	1.00	10	.00	.00	7.57	55.49
DR2	.01	[.11]	.00	1.00	8	.00	.00	8.50	70.61
FAB2	.03	[.16]	.00	1.00	16	.00	.00	5.89	32.81
ALOG	.04	[.20]	.00	2.00	21	.00	.00	5.58	33.07
CONTAM	.00	[.00]	.00	.00	0	.00	.00	—	—
Sum 6 Sp Sc	1.91	1.47	.00	7.00	496	2.00	1.00	.80	.56
Lvl 2 Sp Sc	.06	[.25]	.00	2.00	34	.00	.00	4.33	19.52
WSum6	4.48	4.08	.00	28.00	496	4.00	.00	1.42	3.25
AB	.16	[.43]	.00	3.00	84	.00	.00	2.82	8.39
AG	1.11	1.15	.00	5.00	380	1.00	.00	1.02	.60
COP	2.00	1.38	.00	6.00	498	2.00	2.00	.25	−.63
CP	.01	[.09]	.00	1.00	5	.00	.00	10.84	115.98
GOODHR	4.93	1.78	.00	10.00	598	5.00	5.00	.36	.02
POORHR	1.53	1.46	.00	8.00	431	1.00	1.00	1.25	2.30
MOR	.79	[.89]	.00	4.00	321	1.00	.00	1.01	.60
PER	.92	[.91]	.00	5.00	385	1.00	1.00	1.33	3.39
PSV	.07	[.25]	.00	2.00	38	.00	.00	3.84	14.28

주: [ ] 안의 값은 신뢰롭지 못하여 기대 범위를 추정하는 데 사용할 수 없다. 이 변인들은 대개의 모수통계분석에 포함시키지 않는다.

될 수 있다. 점수의 J-커브 분포가 약간의 극한의 점수를 포함하고 있을 때 특히 그러하다.

모수 변인이나 비모수 변인이나 비율을 이해하는 데 반응의 빈도나 다른 변인들이 첨가되면 더 도움이 된다. 이 변인들에는 빈도, 범위, 중앙치, 최빈치, 편포, 그리고 첨도가 있다. 빈도 자료로 특이한 반응을 한 사람에 관한 정보를 얻을 수 있다. 범위는 변인 값의 폭을 의미하며, 중앙치는 그 폭의 중간점에 관한 정보를 제공한다. 또한 최빈치는 분포에서 가장 많이 나타난 빈도 값을 알려 준다. 편포와 첨도의 값은 곡선의 실제 형태에 관한 정보를 준다. 이 여덟 개의 측정치들은 하나만 사용할 때보다 훨씬 더 많은 정보를 제공한다.

〈표 12-2〉에 거의 1/2에 해당되는 변인들의 표준편차가 괄호 안에 제시되어 있는데, 이는 그 빈도가 정상적으로 분포되어 있지 않다는 의미다. 이때 여러 변인의 자료가 변산을 규명하기 위한 근거로서 사용된다면, 좋은 기준이 될 수 있다. 평균은 일부 정보를 줄 수 있으나, 일반적으로 표준편차는 매우 신중하게 사용되어야 한다.

예를 들어, 〈표 12-2〉의 자료는 *SumC′*의 평균이 1.49이고 표준편차가 1.16이다. 이 두 측정치가 액면 그대로 적용된다면, 600명 중 2/3는 .33~2.65개의 *C′* 반응을 한 셈이다. 따라서 *SumC′*의 '평균 범위'는 0~3이라는 결론이 도출된다. 하지만 이것은 다른 자료와 일치하지 않는다. 중앙치가 1이라는 것은 표본의 반 이상이 *SumC′* 값에서 0이나 1을 보였다는 것을 의미한다. 최빈치 역시 1이지만, 범위가 0~10으로 넓다. 빈도는 490으로 표본의 82%가 적어도 하나의 *C′* 반응을 했다는 것이며, 나머지 18%는 응답을 하지 않았다는 것이다.

편포도치가 +1.41이면 낮은 점수 값이 많다는 의미이고 첨도치가 +5.96이어서 1 혹은 2에 해당되는 점수가 많은 것으로 나타났다. 편포도와 첨도 값을 다른 측정치와 고려해 보면, 이탈 극단 수치로 표준편차가 증가하기 때문에 J-커브가 나타날 수 있지 않을까에 대한 의심의 소지는 다소 적다. *SumC′*의 가장 최적의 평균 범위 추정은 무엇일까? 중앙치와 최빈치 둘 다 1이고, 평균이 2보다 작고, 표본의 18%만이 0 값을 보인 것을 고려해 볼 때, 2보다 크거나 0은 이탈치로 고려되어야 한다. 그러므로 평균 범위는 1~2가 가장 적당할 것이다.

빈도 자료는 중앙치와 최빈치가 기대되는 반응 비율을 확인하는 데 도움이 된다. *DQv/+*, *MQ+*, *C* 그리고 *Fr+rF* 변인을 예로 들어 보자. *DQv/+*, *MQ+*는 표본의 1/3에서 최소한 하나의 반응을 보인다. 이 변인들의 중앙치와 최빈치는 둘 다 0이다. 그러므로 기대된 반응 비율은 둘 다 0이다. *C*와 *Fr+rF*에 관한 자료는 좀 더 명확하다. 두 변인의 빈도 자료는 비환자군 피검자의 10% 이하에서 하나 이상의 응답을 하는 것으로 나타났다. 다시 말해, 중앙치와 최빈치가 둘 다 0이므로 대체로 잘 나타나지 않는 반응이라 여길 수 있다.

〈표 12-2〉의 자료는 반응 비율에 관한 흥미로운 정보를 제공해 주지만, 이 자료는 대부분의 해석적 가정이 산출되는 기본적인 근거라 할 수는 없다. 〈표 12-2〉 자료의 일부를 보면, 점수 분포에 관한 다른 정보로 다시 확인하지 않으면 잘못

된 결론이 도출될 수도 있다. *EB*(Erlebnistypus)에 대한 분포는 그 좋은 예일 수 있다. 여기에는 *M*과 *SumC*와의 관계가 포함되는데, 두 변인은 모두 모수 변인이다. 비환자군 자료를 개관하면서 '평균' *EB*를 추정하기는 쉽다. 〈표 12-2〉의 자료에서 *M*의 평균은 4.30(표준편차=1.9, 중앙치=4, 최빈치=3)이고, *SumC*의 평균은 6.09(표준편차=2.44, 중앙치 6.0, 최빈치 =5.0)이다.

두 개의 잘못된 결론이 이 자료를 토대로 도출될 수 있다. 하나는 표본의 피검자 대부분이 *SumC* 평균이 *M*의 평균보다 높기 때문에 외향적이라고 결론 내리는 것이다. 두 번째는 표본에서 대부분의 사람이 두 변인의 변량 중에서 상당히 중복되기 때문에 양향형(ambitents)이라고 단정하는 것이다. 두 결론은 모두 옳지 않다. 왜냐하면 어떤 중요한 변인의 분포는 두 개의 최빈치가 있거나(bimodal), 심지어는 세 개의 최빈치를 갖는(trimodal) 경향이 있기 때문이다. 이 분포는 대개 *EB*(내향형의 introversive, 외향형의 extratensive, 양향형의 ambitent)나 혹은 *Lambda*(회피적인 avoidant)에 의해 설명된 것과 같은 반응 양식의 차이 때문에 생성된다.

확인된 바에 의하면 내향성은 색채 반응보다는 인간 운동 반응을 더 많이 하며, 외향성은 그 반대다. 이 두 집단의 *M*과 *WSumC*의 자료가 융합되었을 때, 두 변인에 대한 기술적 통계는 거짓이 될 수 있다. 이 두 변인만으로 외향과 내향을 설명하기에는 충분치 않다. 오직 두 개의 변인이 두 개의 반응 양식과 관련되고 포함된다면 이 문제는 중요하지 않을 것이다. 어쨌든 내향과 외향은 그들이 보고하는 수많은 결정인, 내용, 특수점수의 빈도에 있어서 실제로 다르다. 이 차이점은 종종 양향형의 자료가 추가되면 더욱 불명확해지고, 그 문제는 *Lambda* 변인 때문에 훨씬 더 복잡해진다.

*Lambda*는 이미 알고 있듯이 순수 형태 반응의 비율을 나타낸다. 순수 형태 반응은 경제적이며, 대부분의 프로토콜에서 발견된다. 순수형태 반응의 빈도가 많을 때, 산출되는 *Lambda* 값은 1.0 이상이며, 다른 결정인의 빈도와 일부 추가적 검사 변인들의 빈도도 전형적으로 낮아진다. 때때로 높은 *Lambda* 값은 방어적인 수검 태도를 나타내기도 하지만, 대부분의 높은 *Lambda* 기록은 *EB*에 의해 규명되는 외향 혹은 내향 반응 양식보다는 잠재적인 반응 양식을 설명하는 자료다. 높은 *Lambda* 기록의 자료는 내향, 외향, 그리고 양향형과 융합되면, 잘못 도출된 기술적 통계의 가능성이 증가된다. 그 자료 세트가 전체 집단에 대한 결과를 반영하는 반면에 그것은 오직 각각의 하위 집단에 나타나는 보편적인 양상에 대한 단서를 제공한다. 〈표 12-3〉은 백분율과 해석하는 비율에 결정적인 절단점에 초점을 맞추면서, 혹은 네 개의 기본적인 반응 양식의 존재를 정의하면서 전체 정상 표본의 점수 분포에 관한 중요한 정보를 얻을 수 있다.

〈표 12-3〉 자료는 표본의 33%가 내향으로 산출되었고, 38%는 외향, 19%는 양향형, 그리고 10%는 높은 *Lambda*(회피 양식)으로 나타났다. 높은 *Lambda* 피검자는 표본에서 제외되고, 나머지 하위 집단이 비교되었으며, 그 결과가 〈표

표 12-3 비환자 성인 600명의 프로토콜에서 나타난 36개 변인의 빈도

비율, 백분율과 특수지표								
유 형						형태질		
내향성	199	33%				XA% > .89	443	74%
우세한	52	9%				XA% < .70	2	0%
양향성	116	19%				WDA% < .85	29	5%
외향성	227	38%				WDA% < .75	3	1%
우세한	59	10%				X+% < .55	9	2%
회피적	58	10%				Xu% >.20	129	22%
						X−% >.20	15	3%
						X−% >.30	2	0%
D-Scores								
D Score > 0	100	17%						
D Score = 0	420	70%				형태 색채 간 비율		
D Score < 0	80	13%				FC > (CF+C) +2	151	25%
D Score < −1	29	5%				FC > (CF+C) +1	245	41%
						(CF+C) > FC+1	70	12%
Adj D Score > 0	151	25%				(CF+C) > FC+2	24	4%
Adj D Score = 0	389	65%						
Adj D Score < 0	60	10%						
Adj D Score < −1	21	4%						
						S-Constellation Positive	0	0%
Zd > +3.0(Overincorp)	100	17%				HVI Positive	18	3%
Zd < −3.0(Underincorp)	39	7%				OBS Positive	8	1%
PTI = 5	0	0%	DEPI = 7	2	0%	CDI = 5	2	0%
PTI = 4	0	0%	DEPI = 6	4	1%	CDI = 4	21	4%
PTI = 3	1	0%	DEPI = 5	24	4%			
여러 변인								
R < 17	58	10%				(2AB+Art+Ay) > 5	12	2%
R > 27	55	9%				Populars < 4	7	1%
DQv > 2	73	12%				Populars > 7	184	31%
S > 2	86	14%				COP = 0	102	17%
Sum T = 0	110	18%				COP > 2	213	36%
Sum T > 1	65	11%				AG = 0	220	37%
3r+(2)/R <.33	80	13%				AG > 2	74	12%
3r+(2)/R >.44	140	23%				MOR > 2	26	4%
Fr+rF > 0	48	8%				Level 2 Sp.Sc. > 0	34	6%
PureC > 0	61	10%				GHR > PHR	526	88%
PureC > 1	7	1%				Pure H < 2	71	12%
Afr < .40	18	3%				Pure H = 0	5	1%
Afr < .50	66	11%				p > a+1	11	2%
(FM+m) < Sum Shading	87	15%				Mp > Ma	82	14%

표 12-4 Lambda 값이 1.0 이하인 227명의 외향, 199명의 내향, 116명의 양향적 비환자 성인의 프로토콜에 나타난 25개 변인 비교

	외향형				내향형				양향형			
변인	평균	표준편차	빈도	최빈치	평균	표준편차	빈도	최빈치	평균	표준편차	빈도	최빈치
M	2.99	.92	227	3.00	6.42[a]	1.26	199	7.00	3.95[b]	1.36	116	3.00
FC	4.65[a]	2.80	224	5.00	3.03	1.49	193	3.00	3.12	1.77	111	2.00
CF	3.45[a]	1.06	226	3.00	1.65	.82	185	2.00	1.91	1.13	105	1.00
C	.19	[.47]	37[e]	.00	.02	[.12]	3	.00	.15	[.40]	15	.00
WSumC	8.28[a]	1.65	227	8.00	4.70	1.65	198	5.00	5.20	2.02	116	4.00
FM+m	5.07	1.59	227	5.00	3.72	1.21	199	5.00	5.34[c]	1.69	116	5.00
EA	9.04	1.82	227	8.50	9.61[b]	2.17	199	9.50	7.64[a]	2.53	116	7.50
es	8.53	2.48	227	7.00	8.21	2.72	199	7.00	9.42[c]	3.65	116	9.00
SumY	.71	[.77]	124[e]	.00	.45	[.83]	65	.00	.80	[1.42]	57	.00
Sum Shad	3.46	1.61	225	3.00	3.01	1.88	194	3.00	4.09[c]	2.95	116	3.00
Blends	5.86	1.75	226	6.00	4.83[b]	2.11	198	5.00	5.34	2.01	116	5.00
Col-Shd Bl	.70	[.83]	116[d]	.00	.29	[.52]	52	.00	.33	[.54]	34	.00
Afr	.71[a]	.16	227	.91	.64	.15	199	.67	.63	.16	116	.60
H	2.41	.90	227	2.00	4.79[a]	1.71	199	5.00	2.55	1.23	113	3.00
All H Cont	4.76	1.43	227	5.00	6.69[a]	1.51	199	7.00	5.09	1.75	116	5.00
Bt	2.97[a]	1.30	220	6.00	2.03	1.25	177	5.00	1.94	1.14	100	4.00
Bl	.35	[.58]	68[d]	.00	.06	[.27]	9	.00	.18	[.43]	19	.00
Ex	.10	[.30]	23	.00	.31	[.46]	61[d]	.00	.23	[.44]	26	.00
Fi	.75	[.88]	110[d]	.00	.31	[.41]	61	.00	.48	[.70]	43	.00
Food	.36	[.58]	71[d]	.00	.10	[.30]	20	.00	.16	[.44]	16	.00
Ls	.76	.72	138	1.00	1.14	.85	148[d]	1.00	.72	.79	65	1.00
AB	.23	[.47]	63[d]	.00	1.12	[.42]	17	.00	.10	[.31]	12	.00
COP	1.83	1.23	189	2.00	2.45[a]	1.54	170	2.00	1.82	1.25	94	2.00
CP	.02	[.15]	5	.00	.00	[.00]	0	.00	.00	[.00]	0	.00
GHR	4.32	1.33	227	4.00	6.29[a]	1.69	199	6.00	4.37	1.65	115	4.00

[a] = 집단 간 유의미한 차이 ($p < .001$).
[b] = 외향 집단과 유의미한 차이 ($p < .001$).
[c] = 외향 집단과 유의미한 차이 ($p < .001$).
[d] = 집단 간 비례 도수의 차이 ($p < .001$).
[e] = 내향 집단과 비례 도수 차이 ($p < .001$).

12-2〉에 있다. 〈표 12-4〉에서 보여 주듯이 25개의 변인 중 오직 하나(색채 투사 반응: *CP*)를 제외한 모든 변인에서 세 집단 간에 유의미한 차이가 나타났다. 이 차이의 일부는 상당히 극적이다. 예

를 들어, 내향적인 사람은 순수 인간 반응의 수가 평균 수준인 반면에 나머지 두 집단은 평균보다 2배 정도의 반응을 보였다. 그들의 약 1/3이 다른 집단에 비해 *GHR* 응답을 더 많이 했다. 외향의 거의 30%는 '피' 반응을 하였는데, 양향형 집단의 약 15%만이 '피' 반응을 하였고, 내향 집단은 5% 이하만이 '피' 반응을 보였다. 반대로 외향의 오직 10%만이 '폭발' 반응을 한다면, 양향형의 22%와 내향의 31%가 '폭발' 반응을 보였다. 색채 음영 반응은 외향의 약 반수에서 나타났으나, 나머지 두 집단에서는 30% 이하에서 나타났다.

〈표 12-4〉에 제시된 대부분의 변인이 해석에 핵심적인 역할을 하는 변인의 비율과 백분율 등의 계산에 직접적으로 영향을 준다. 그러므로 이 변인에 관한 해석적 규칙은 네 개의 기본적인 반응 양식에 관해 공식화하는 것이다. 전체 자료 세트가 일부 연구 목적을 위해서 충분하긴 하지만, 전반적으로 좀 더 특정한 반응 양식인 단일 기록을 비교하는 것이 더 현실적이다. 이러한 맥락에서 내향적, 외향적, 양향적, 그리고 회피적인 반응 양식으로 나눈 비환자군 표본의 기술적 통계를 〈표 12-5〉에서 〈표 12-12〉까지 제시하였으며, 여기에는 인구학적 정보가 포함되었다.

표본집단의 통일성

비환자군 자료를 해석의 기준으로 사용할 때 발생되는 문제는 그 자료가 어느 정도 비환자군을 대표할 수 있는가 하는 것이다. 예를 들어, 샤퍼, 에드버그 및 해로이언(1999)은 비환자군 지원자로 대학원생 123명을 표본집단으로 사용했다. 〈표 12-2〉와 〈표 12-3〉에 나타나듯이 많은 변인이 600명의 비환자군의 자료와 매우 유사했다. 그러나 엑스너(2002)가 언급했듯이 분명한 차이가 있다. 그 자료에서 *R*의 평균은 20.83이고, 중앙치는 18, 최빈치는 14인 것에 비해, 600명의 비환자군 표본의 평균 *R*은 22.32, 중앙치는 22, 최빈치는 23이었다.

Lambda 값도 600명 표본의 10%인 것에 비해 샤퍼 등이 대상으로 했던 피검자들의 41%에서 .99 이상이 나왔다. 일부 다른 변인들에서 두 집단 간 차이가 있었는데, *Afr*의 평균이 .48 : .67, *XA%*의 평균은 7.8 : .92, *WDA%*의 평균은 .82 : .94였다. *XA%*와 *WDA%*의 집단 간 차이는 형태 사용 변인들에 대한 차이를 반영하는 결과로 볼 수 있다. *X+%*의 평균은 .51 : .77이었고, *Xu%*는 .28 : .15, *X−%*는 .21 : .07이었다. 샤퍼의 연구에서는 44명(36%)만 최소 하나의 재질 반응을 한 반면에 더 큰 표본에서는 490명(82%)이 최소한 하나의 재질 반응을 했다. 샤퍼 연구에서 피검자의 30%가 적어도 하나의 반사 반응을 한 반면에 600명의 표본에서는 8%만 반사 반응을 보였다. 또한 샤퍼의 피검자의 *WSumC, EA, es*가 600명의 표본보다 약 2점 낮았다. 흥미롭게도 샤퍼의 표본에 283명의 비환자군을 추가하자, 이 값들이 다소 증가하는 듯했지만(Shaffer & Erdberg, 2001) 큰 차이는 없었다.

샤퍼의 자료와 〈표 12-2〉〈표 12-3〉 자료 간 논의된 차이 때문에 발표된 표본의 유용성을 확

표 12-5 내향적 성인의 기술통계치(N=199)

변 인	평 균	표준편차	최소치	최대치	빈 도	중앙치	최빈치	편포도	첨 도
연령	33.23	11.39	19.00	69.00	199	31.00	26.00	1.26	1.30
학력	13.69	1.52	8.00	18.00	199	14.00	14.00	.08	.05
R	22.90	4.84	14.00	38.00	199	23.00	20.00	.63	.56
W	8.62	2.59	3.00	20.00	199	8.00	8.00	1.58	6.26
D	13.01	3.88	.00	22.00	198	13.00	14.00	−.06	.96
Dd	1.27	[1.34]	.00	9.00	137	1.00	1.00	1.97	7.36
S	1.51	[1.24]	.00	7.00	165	1.00	1.00	1.35	2.48
DQ+	8.54	2.31	4.00	19.00	199	9.00	9.00	.15	1.12
DQo	12.77	3.61	5.00	26.00	199	12.00	11.00	.68	.40
DQv	1.20	[1.41]	.00	5.00	111	1.00	.00	.97	−.27
DQv/+	.39	[.61]	.00	2.00	65	.00	.00	1.30	.63
FQx+	.79	[.99]	.00	5.00	99	.00	.00	1.46	2.71
FQxo	17.00	3.68	8.00	27.00	199	17.00	18.00	.36	.52
FQxu	3.64	1.94	.00	14.00	196	4.00	4.00	1.50	5.39
FQx−	1.45	1.17	.00	6.00	163	1.00	1.00	.98	.85
FQxNone	.02	[.14]	.00	1.00	4	.00	.00	6.89	45.95
MQ+	.52	[.76]	.00	3.00	78	.00	.00	1.47	1.77
MQo	5.41	1.36	1.00	8.00	199	5.00	6.00	−.33	.12
MQu	.39	.69	.00	5.00	62	.00	.00	2.52	10.38
MQ−	.09	[.35]	.00	2.00	13	.00	.00	4.33	19.06
MQNone	.01	[.10]	.00	1.00	2	.00	.00	9.89	96.96
S−	.20	[.48]	.00	3.00	34	.00	.00	3.01	11.58
M	6.42	1.26	2.00	10.00	199	7.00	7.00	−.02	.27
FM	3.72	1.21	1.00	6.00	199	4.00	4.00	.07	−.31
m	1.47	.94	.00	4.00	164	2.00	2.00	.06	−.40
FM+m	5.20	1.49	1.00	9.00	199	5.00	5.00	.17	−.32
FC	3.03	1.49	.00	7.00	193	3.00	3.00	.31	−.13
CF	1.65	.82	.00	5.00	185	2.00	2.00	.17	.66
C	.02	[.12]	.00	1.00	3	.00	.00	8.02	62.95
Cn	.00	[.00]	.00	.00	0	.00	.00	—	—
Sum Color	4.70	1.65	.00	9.00	198	5.00	5.00	.08	.39
WSumC	3.19	1.07	.00	6.00	198	3.50	3.50	−.18	.36
Sum C′	1.33	[1.13]	.00	8.00	146	1.00	2.00	1.21	4.89
Sum T	.93	[.54]	.00	3.00	164	1.00	1.00	.32	2.08
Sum V	.31	[.53]	.00	2.00	54	.00	.00	1.53	1.44
Sum Y	.45	[.83]	.00	6.00	65	.00	.00	3.06	13.94
Sum Shading	3.01	1.88	.00	13.00	194	3.00	3.00	1.50	4.30
Fr+rF	.11	[.49]	.00	4.00	14	.00	.00	5.97	41.10

FD	1.30	[.95]	.00	4.00	154	1.00	1.00	.31	−.31
F	7.46	2.56	2.00	15.00	199	7.00	7.00	.48	−.39
(2)	8.99	2.06	3.00	14.00	199	9.00	8.00	.38	.28
3r+(2)/R	.41	.09	.25	.87	199	.40	.38	1.81	6.56
Lambda	.50	.17	.11	.92	199	.50	.33	.40	−.17
EA	9.61	2.17	2.00	16.00	199	9.50	9.50	−.05	.47
es	8.21	2.72	3.00	21.00	199	8.00	7.00	.96	2.39
D Score	.17	.74	−3.00	2.00	199	.00	.00	−.57	4.25
AdjD	.41	.73	−3.00	2.00	199	.00	.00	−.25	2.31
a (active)	7.84	2.09	2.00	14.00	199	8.00	6.00	.29	−.30
P (passive)	3.79	1.72	.00	9.00	192	4.00	5.00	−.08	−.29
Ma	4.41	1.27	1.00	8.00	199	4.00	4.00	−.13	.08
Mp	2.03	1.12	.00	5.00	181	2.00	3.00	−.01	−.50
Intellect	1.35	1.47	.00	9.00	136	1.00	1.00	1.67	4.02
Zf	12.80	2.98	6.00	25.00	199	13.00	13.00	.42	2.52
Zd	−.12	3.08	−6.50	8.50	190	−.50	−3.00	.39	−.28
Blends	4.83	2.11	.00	11.00	198	5.00	5.00	.24	−.27
Blends/R	.22	.10	.00	.57	198	.20	.25	.63	.24
Col-Shd Blends	.29	[.52]	.00	2.00	52	.00	.00	1.56	1.57
Afr	.64	.15	.23	1.14	199	.67	.67	.33	1.03
Populars	6.54	1.36	3.00	10.00	199	6.00	6.00	.07	−.11
XA%	.94	.05	.69	1.00	199	.95	.95	−1.39	4.25
WDA%	.95	.05	.69	1.00	199	.96	1.00	−1.50	3.83
X+%	.78	.09	.35	1.00	199	.79	.80	−1.36	4.66
X−%	.06	.05	.00	.31	163	.05	.05	1.43	4.47
Xu%	.16	.07	.00	.45	196	.15	.15	.87	1.92
Isolate/R	.19	.10	.00	.60	193	.17	.13	.69	1.00
H	4.79	1.71	1.00	9.00	199	5.00	5.00	.30	−.09
(H)	1.27	1.19	.00	4.00	134	1.00	.00	.66	−.46
Hd	.48	[.85]	.00	5.00	65	.00	.00	2.25	5.99
(Hd)	.15	[.40]	.00	2.00	27	.00	.00	2.66	6.77
Hx	.03	[.16]	.00	1.00	5	.00	.00	6.11	35.75
All H Cont	6.69	1.51	2.00	15.00	199	7.00	7.00	.72	4.14
A	7.91	2.07	3.00	14.00	199	8.00	8.00	.22	.07
(A)	.29	[.56]	.00	3.00	48	.00	.00	2.19	5.43
Ad	2.34	[1.07]	.00	5.00	189	2.00	2.00	−.13	−.17
(Ad)	.08	[.29]	.00	2.00	15	.00	.00	3.71	14.19
An	.59	[.79]	.00	4.00	86	.00	.00	1.31	1.60
Art	.72	.84	.00	4.00	103	1.00	.00	1.12	1.28
Ay	.38	[.53]	.00	3.00	73	.00	.00	1.11	1.47

Bl	.06	[.27]	.00	2.00	9	.00	.00	5.35	30.64
Bt	2.03	1.25	.00	5.00	177	2.00	3.00	.09	−.73
Cg	1.73	1.27	.00	5.00	163	1.00	1.00	.32	−.79
Cl	.18	[.45]	.00	2.00	31	.00	.00	2.48	5.68
Ex	.31	[.46]	.00	1.00	61	.00	.00	.84	−1.30
Fi	.46	[.66]	.00	2.00	72	.00	.00	1.15	.10
Food	.10	[.30]	.00	1.00	20	.00	.00	2.67	5.22
Ge	.03	[.16]	.00	1.00	5	.00	.00	6.11	35.75
Hh	1.24	1.00	.00	4.00	151	1.00	1.00	.70	.35
Ls	1.14	.85	.00	3.00	148	1.00	1.00	.13	−.86
Na	.41	[.75]	.00	6.00	60	.00	.00	2.88	14.66
Sc	1.09	[1.09]	.00	6.00	136	1.00	1.00	1.44	2.92
Sx	.10	[.49]	.00	5.00	12	.00	.00	6.89	57.06
Xy	.03	[.16]	.00	1.00	5	.00	.00	6.11	35.75
Idio	1.42	[1.22]	.00	7.00	141	1.00	.00	.71	.97
DV	.70	[.89]	.00	4.00	94	.00	.00	1.18	.78
INCOM	.51	[.77]	.00	4.00	76	.00	.00	1.77	3.46
DR	.30	[.61]	.00	3.00	45	.00	.00	2.17	4.52
FABCOM	.27	[.50]	.00	3.00	49	.00	.00	1.92	4.47
DV2	.01	[.07]	.00	1.00	1	.00	.00	14.10	199.00
INC2	.01	[.10]	.00	1.00	2	.00	.00	9.89	96.96
DR2	.03	[.17]	.00	1.00	6	.00	.00	5.53	28.95
FAB2	.05	[.21]	.00	1.00	9	.00	.00	4.41	17.63
ALOG	.02	[.16]	.00	2.00	2	.00	.00	11.30	133.83
CONTAM	.00	[.00]	.00	.00	0	.00	.00	—	—
Sum 6 Sp Sc	1.88	1.54	.00	7.00	155	2.00	2.00	.70	.10
Lvl 2 Sp Sc	.09	[.32]	.00	2.00	16	.00	.00	3.76	14.75
WSum6	4.30	4.09	.00	28.00	155	4.00	.00	1.56	4.97
AB	.12	[.42]	.00	2.00	17	.00	.00	3.61	12.41
AG	1.16	1.17	.00	5.00	132	1.00	1.00	1.09	.81
COP	2.45	1.54	.00	6.00	170	2.00	2.00	.04	−.76
CP	.00	[.00]	.00	.00	0	.00	.00	—	—
GOODHR	6.24	1.69	2.00	10.00	199	6.00	5.00	−.04	−.49
POORHR	1.35	1.45	.00	7.00	126	1.00	.00	1.15	1.12
MOR	.93	[.98]	.00	4.00	114	1.00	.00	.75	−.23
PER	.98	[.87]	.00	5.00	133	1.00	1.00	.80	1.51
PSV	.04	[.19]	.00	1.00	7	.00	.00	5.08	24.10

주: [ ] 안의 값은 신뢰롭지 못하여 기대 범위를 추정하는 데 사용할 수 없다. 이 변인들은 대개의 모수 통계분석에 포함시키지 않는다.

표 12-6 내향적 성인의 36개 변인 빈도(N=199)

인구학적 변인

결혼 상태		
미혼	47	24%
동거	13	7%
기혼	99	50%
별거	14	7%
이혼	21	11%
사별	5	3%

연 령		
18~25	56	28%
26~35	75	38%
36~45	43	22%
46~55	11	6%
56~65	10	5%
65세 이상	4	2%

인 종		
백인	172	86%
흑인	16	8%
히스패닉	5	3%
아시안	6	3%

성 별		
남	104	52%
여	95	48%

학 력		
12년 이하	4	2%
12년	47	24%
13~15년	112	56%
16년 이상	36	18%

비율, 백분율과 특수지표

유 형		
내향성	199	100%
우세한	52	26%
양향성	0	0%
외향성	0	0%
우세한	0	0%
회피적	0	0%

형태질		
XA% >.89	167	84%
XA% <.70	1	1%
WDA% <.85	6	3%
WDA% <.75	1	1%
X+% <.55	3	2%
Xu% >.20	40	20%
X−% >.20	4	2%
X−% >.30	1	1%

D-Scores		
D Score > 0	47	24%
D Score = 0	138	69%
D Score < 0	14	7%
D Score < −1	6	3%
Adj D Score > 0	82	41%
Adj D Score = 0	108	54%
Adj D Score < 0	9	5%
Adj D Score < −1	2	1%

형태 유채색 간 비율		
FC > (CF+C) + 2	53	27%
FC > (CF+C) + 1	89	45%
(CF+C) > FC+1	9	5%
(CF+C) > FC+2	4	2%

S-Constellation Positive	0	0%
HVI Positive	6	3%
OBS Positive	5	3%

Zd >+3.0 (Overincorp)	33	17%
Zd <−3.0 (Underincorp)	22	11%

PTI = 5	0	0%	DEPI = 7	0	0%	CDI = 5	0	0%
PTI = 4	0	0%	DEPI = 6	1	1%	CDI = 4	1	1%
PTI = 3	1	1%	DEPI = 5	9	5%			

여러 변인

R < 17	18	9%	(2AB+Art+Ay) > 5	2	1%
R > 27	25	13%	Populars < 4	3	2%
DQv > 2	40	20%	Populars > 7	58	29%
S > 2	28	14%	COP = 0	29	15%
Sum T = 0	35	18%	COP > 2	97	49%
Sum T > 1	18	9%	AG = 0	67	34%
3r+(2)/R < .33	20	10%	AG > 2	25	13%
3r+(2)/R >.44	52	26%	MOR > 2	13	7%
Fr+rF > 0	14	7%	Level 2 Sp.Sc. > 0	16	8%
PureC > 0	3	2%	GHR > PHR	187	94%
PureC > 1	0	0%	Pure H < 2	3	2%
Afr < .40	9	5%	Pure H = 0	0	0%
Afr <.50	25	13%	p >a+1	3	2%
(FM+m) <Sum Shading	17	9%	Mp > Ma	16	8%

표 12-7 외향적 성인의 기술통계치(N=227)

변 인	평 균	표준편차	최소치	최대치	빈 도	중앙치	최빈치	편포도	첨 도
연령	31.25	11.06	19.00	67.00	277	29.00	22.00	1.38	1.53
학력	13.41	1.61	9.00	19.00	227	13.00	12.00	.40	.22
R	22.43	3.09	15.00	32.00	227	22.00	21.00	.06	.61
W	8.68	2.11	5.00	24.00	227	9.00	9.00	2.80	15.52
D	12.92	3.26	1.00	23.00	227	13.00	13.00	−.59	1.50
Dd	.82	[.84]	.00	3.00	130	1.00	.00	.65	−.50
S	1.45	[.87]	.00	4.00	205	1.00	1.00	.62	.45
DQ+	7.11	1.91	3.00	17.00	227	7.00	6.00	1.21	3.33
DQo	14.00	2.44	7.00	22.00	227	14.00	15.00	−.19	.87
DQv	.87	[1.00]	.00	5.00	123	1.00	.00	1.17	1.36
DQv/+	.44	[.61]	.00	2.00	86	.00	.00	1.05	.09
FQx+	.86	[.83]	.00	4.00	138	1.00	.00	.65	−.04
FQxo	16.70	2.74	10.00	23.00	227	17.00	17.00	−.08	−.15
FQxu	3.22	1.73	.00	9.00	216	3.00	3.00	.48	.25
FQx−	1.49	1.09	.00	7.00	198	1.00	1.00	1.49	4.28
FQxNone	.17	[.42]	.00	3.00	35	.00	.00	2.85	10.50
MQ+	.57	[.67]	.00	3.00	107	.00	.00	.85	−.02
MQo	2.36	1.02	.00	5.00	226	2.00	3.00	.18	−.69
MQu	.04	.21	.00	1.00	10	.00	.00	4.47	18.17
MQ−	.02	[.13]	.00	1.00	4	.00	.00	7.38	52.95
MQNone	.00	[.00]	.00	.00	0	.00	.00	—	—
S	−.19	[.45]	.00	3.00	40	.00	.00	2.56	8.09
M	2.99	.92	1.00	6.00	227	3.00	3.00	.12	.52
FM	3.94	1.17	.00	8.00	226	4.00	4.00	−.08	.52
m	1.13	.96	.00	6.00	172	1.00	1.00	1.27	3.31
FM+m	5.07	1.59	1.00	9.00	227	5.00	5.00	.19	−.15
FC	4.65	1.80	.00	9.00	224	5.00	5.00	.04	−.11
CF	3.45	1.07	.00	7.00	226	3.00	3.00	.18	.59
C	.19	[.47]	.00	3.00	37	.00	.00	3.03	11.39
Cn	.00	[.00]	.00	.00	0	.00	.00	—	—
Sum Color	8.28	1.65	3.00	12.00	227	8.00	8.00	−.14	.03
WSumC	6.05	1.09	4.00	9.50	227	6.00	6.00	.26	.09
Sum C′	1.47	[1.04]	.00	5.00	194	1.00	1.00	.83	.93
Sum T	1.04	[.59]	.00	4.00	201	1.00	1.00	1.27	4.75
Sum V	.23	[.61]	.00	5.00	38	.00	.00	3.59	18.47
Sum Y	.71	[.77]	.00	3.00	124	1.00	.00	.96	.58
Sum Shading	3.46	1.61	.00	10.00	225	3.00	3.00	1.03	1.56
Fr+rF	.08	[.37]	.00	3.00	12	.00	.00	5.25	29.80

FD	1.18	[.79]	.00	5.00	191	1.00	1.00	.92	2.44
F	7.66	1.87	3.00	12.00	227	8.00	8.00	−.10	−.35
(2)	8.46	1.67	5.00	12.00	227	8.00	8.00	.20	−.65
3r+(2)/R	.39	.07	.27	.61	227	.38	.33	.90	.55
Lambda	.54	.17	.19	.91	227	.53	.53	.10	−.51
EA	9.04	1.82	5.50	15.50	227	9.00	8.50	.26	.49
es	8.53	2.48	4.00	18.00	227	8.00	7.00	.59	.83
D Score	.07	.69	−3.00	2.00	227	.00	.00	−.08	3.88
AdjD	.15	.68	−2.00	3.00	227	.00	.00	.59	3.48
a (active)	5.73	1.81	.00	11.00	226	6.00	5.00	.21	−.20
P (passive)	2.37	1.31	.00	8.00	221	2.00	2.00	1.31	2.99
Ma	1.95	.99	.00	6.00	214	2.00	2.00	.29	.47
Mp	1.07	.78	.00	4.00	179	1.00	1.00	.65	.70
Intellect	1.96	1.44	.00	7.00	201	2.00	1.00	1.12	1.42
Zf	11.83	2.31	8.00	27.00	227	11.00	11.00	1.92	9.10
Zd	1.57	2.74	−3.50	9.50	210	1.00	2.00	.73	.49
Blends	5.86	1.75	.00	12.00	226	6.00	6.00	−.02	.87
Blends/R	.26	.08	.00	.57	226	.26	.26	.01	2.22
Col−Shd Blends	.70	[.83]	.00	5.00	116	1.00	.00	1.33	2.75
Afr	.71	.16	.27	1.09	227	.71	.91	.18	−.15
Populars	6.77	1.36	4.00	9.00	227	7.00	8.00	−.36	−.63
XA%	.93	.05	.72	1.00	227	.94	.96	−1.01	1.99
WDA%	.93	.05	.72	1.00	227	.95	.96	−1.00	2.12
X+%	.78	.09	.38	1.00	227	.79	.86	−.74	2.16
X−%	.07	.05	.00	.24	198	.05	.04	.88	1.32
Xu%	.14	.07	.00	.35	216	.14	.14	.22	.18
Isolate/R	.21	.09	.05	.45	227	.19	.16	.57	−.37
H	2.41	.90	1.00	6.00	227	2.00	2.00	.47	.75
(H)	1.18	.90	.00	6.00	170	1.00	1.00	.69	2.50
Hd	.93	[.84]	.00	4.00	153	1.00	1.00	.81	.78
(Hd)	.24	[.49]	.00	3.00	49	.00	.00	2.42	7.80
Hx	.01	[.13]	.00	2.00	1	.00	.00	15.06	227.00
All H Cont	4.76	1.43	2.00	12.00	227	5.00	4.00	.95	2.79
A	8.14	2.08	4.00	14.00	227	8.00	7.00	.75	−.17
(A)	.21	[.49]	.00	3.00	42	.00	.00	2.75	9.48
Ad	2.21	[.98]	.00	5.00	219	2.00	2.00	.02	−.19
(Ad)	.12	[.40]	.00	2.00	21	.00	.00	3.53	12.22
An	.44	[.67]	.00	4.00	82	.00	.00	1.96	5.93
Art	1.15	.87	.00	5.00	176	1.00	1.00	.76	1.69
Ay	.34	[.51]	.00	2.00	72	.00	.00	1.10	.08

Bl	.35	[.58]	.00	3.00	68	.00	.00	1.58	2.22
Bt	2.97	1.30	.00	6.00	220	3.00	3.00	.09	−.15
Cg	1.17	.86	.00	5.00	181	1.00	1.00	.86	1.87
Cl	.11	[.32]	.00	2.00	23	.00	.00	2.97	8.33
Ex	.10	[.30]	.00	1.00	23	.00	.00	2.66	5.12
Fi	.75	[.88]	.00	4.00	110	.00	.00	.74	−.51
Food	.36	[.58]	.00	3.00	71	.00	.00	1.51	1.98
Ge	.08	[.28]	.00	2.00	16	.00	.00	3.84	15.22
Hh	.88	.75	.00	3.00	157	1.00	1.00	.76	.70
Ls	.76	.72	.00	3.00	138	1.00	1.00	.68	.19
Na	.37	[.56]	.00	2.00	74	.00	.00	1.23	.56
Sc	1.12	[1.07]	.00	6.00	150	1.00	.00	1.08	2.29
Sx	.05	[.24]	.00	2.00	11	.00	.00	4.91	26.09
Xy	.04	[.21]	.00	1.00	10	.00	.00	4.47	18.17
Idio	1.53	[1.28]	.00	5.00	170	1.00	1.00	.59	−.30
DV	.53	[.65]	.00	3.00	102	.00	.00	.93	.20
INCOM	.61	[.76]	.00	4.00	112	.00	.00	1.58	3.63
DR	.37	[.73]	.00	4.00	60	.00	.00	2.29	6.03
FABCOM	.23	[.47]	.00	2.00	47	.00	.00	1.91	2.93
DV2	.00	[.00]	.00	.00	0	.00	.00	—	—
INC2	.00	[.07]	.00	1.00	1	.00	.00	15.06	227.00
DR2	.00	[.00]	.00	.00	0	.00	.00	—	—
FAB2	.02	[.15]	.00	1.00	5	.00	.00	6.55	41.35
ALOG	.05	[.22]	.00	1.00	11	.00	.00	4.23	16.06
CONTAM	.00	[.00]	.00	.00	0	.00	.00	—	—
Sum 6 Sp Sc	1.82	1.46	.00	7.00	190	2.00	1.00	1.09	1.34
Lvl 2 Sp Sc	.03	[.16]	.00	1.00	6	.00	.00	5.94	33.62
WSum6	4.21	4.23	.00	22.00	190	3.00	2.00	1.80	4.08
AB	.23	[.47]	.00	2.00	48	.00	.00	1.88	2.76
AG	1.15	1.19	.00	5.00	145	1.00	.00	1.00	.46
COP	1.83	1.23	.00	4.00	189	2.00	2.00	.14	−.91
CP	.02	[.15]	.00	1.00	5	.00	.00	6.55	41.35
GOODHR	4.32	1.33	1.00	8.00	227	4.00	4.00	.27	.50
POORHR	1.51	1.33	.00	8.00	168	1.00	1.00	1.02	1.89
MOR	.71	[.78]	.00	4.00	121	1.00	.00	1.01	.97
PER	.99	[.94]	.00	5.00	158	1.00	1.00	1.57	4.24
PSV	.07	[.27]	.00	2.00	15	.00	.00	4.01	16.78

주: [ ] 안의 값은 신뢰롭지 못하여 기대 범위를 추정하는 데 사용할 수 없다. 이 변인들은 대개의 모수 통계분석에 포함시키지 않는다.

표 12-8 외향적 성인의 36개 변인 빈도(N=227)

인구학적 변인

결혼 상태		
미혼	73	32%
동거	14	6%
기혼	99	44%
별거	13	6%
이혼	24	11%
사별	4	2%

연 령		
18~25	82	36%
26~35	90	40%
36~45	26	11%
46~55	18	8%
56~65	7	3%
65세 이상	4	2%

인 종		
백인	176	78%
흑인	27	12%
히스패닉	19	8%
아시안	5	2%

성 별		
남	118	52%
여	109	48%

학 력		
12년 이하	13	6%
12년	65	29%
13~15년	115	51%
16년 이상	34	15%

비율, 백분율과 특수지표

유 형		
내향성	0	0%
우세한	0	0%
양향성	0	0%
외향성	227	100%
우세한	59	26%
회피적	0	0%

형태질		
XA% >.89	168	74%
XA% <.70	0	0%
WDA% <.85	7	3%
WDA% <.75	1	0%
X+% <.55	2	1%
Xu% >.20	41	18%
X−% >.20	3	1%
X−% >.30	0	0%

D-Scores		
D Score > 0	36	16%
D Score = 0	168	74%
D Score < 0	23	10%
D Score < −1	6	3%
Adj D Score > 0	44	19%
Adj D Score = 0	166	73%
Adj D Score < 0	17	7%
Adj D Score < −1	4	2%

형태 유채색 간 비율		
FC > (CF+C) + 2	67	30%
FC > (CF+C) + 1	102	45%
(CF+C) > FC+1	36	16%
(CF+C) > FC+2	11	5%

Zd >+3.0 (Overincorp)	45	20%
Zd <−3.0 (Underincorp)	3	1%

S-Constellation Positive	0	0%
HVI Positive	3	1%
OBS Positive	1	0%

PTI = 5	0	0%
PTI = 4	0	0%
PTI = 3	0	0%

DEPI = 7	1	0%
DEPI = 6	0	0%
DEPI = 5	7	3%

CDI = 5	0	0%
CDI = 4	6	3%

여러 변인					
R < 17	14	6%	(2AB+Art+Ay) > 5	8	4%
R > 27	17	7%	Populars < 4	0	0%
DQv > 2	13	6%	Populars > 7	81	36%
S > 2	25	11%	COP = 0	38	17%
Sum T = 0	26	11%	COP > 2	68	30%
Sum T > 1	28	12%	AG = 0	82	36%
3r+(2)/R < .33	36	16%	AG > 2	36	16%
3r+(2)/R >.44	39	17%	MOR > 2	5	2%
Fr+rF > 0	12	5%	Level 2 Sp.Sc. > 0	6	3%
PureC > 0	37	16%	GHR > PHR	195	86%
PureC > 1	4	2%	Pure H < 2	34	15%
Afr < .40	2	1%	Pure H = 0	0	0%
Afr <.50	14	6%	p >a+1	7	3%
(FM+m) <Sum Shading	30	13%	Mp > Ma	47	21%

표 12-9 양향적 성인의 기술통계치(N=116)

변 인	평 균	표준편차	최소치	최대치	빈 도	중앙치	최빈치	편포도	첨 도
연령	31.13	9.36	19.00	62.00	116	30.00	30.00	1.30	2.14
학력	13.09	1.54	9.00	18.00	116	13.00	12.00	.33	.76
R	20.84	4.99	14.00	38.00	116	20.00	20.00	1.21	1.96
W	7.86	2.17	3.00	18.00	116	8.00	7.00	.95	3.74
D	11.53	3.82	.00	20.00	115	12.00	14.00	−.37	.15
Dd	1.45	[2.49]	.00	15.00	70	1.00	.00	3.75	16.62
S	1.90	[1.65]	.00	9.00	98	2.00	2.00	1.89	5.21
DQ+	6.73	1.87	2.00	13.00	116	7.00	8.00	−.15	.56
DQo	12.82	4.58	5.00	34.00	116	12.00	14.00	2.18	7.93
DQv	.88	[1.25]	.00	5.00	50	.00	.00	1.50	1.85
DQv/+	.41	[.70]	.00	2.00	33	.00	.00	1.44	.60
FQx+	.57	[.83]	.00	4.00	47	.00	.00	1.70	3.61
FQxo	15.27	3.54	7.00	29.00	116	15.00	13.00	.55	.95
FQxu	3.16	2.10	.00	13.00	110	3.00	2.00	1.93	6.78
FQx−	1.68	1.26	.00	6.00	101	1.00	1.00	1.07	1.16
FQxNone	.16	[.47]	.00	3.00	14	.00	.00	3.60	14.91
MQ+	.26	[.59]	.00	3.00	23	.00	.00	2.68	7.87
MQo	3.28	1.44	.00	8.00	114	3.00	3.00	.54	.86
MQu	.25	.51	.00	2.00	25	.00	.00	1.94	3.01
MQ−	.15	[.36]	.00	1.00	17	.00	.00	2.02	2.14
MQNone	.01	[.09]	.00	1.00	1	.00	.00	10.77	116.00
S−	.41	[.82]	.00	3.00	29	.00	.00	2.03	3.21
M	3.95	1.36	1.00	10.00	116	4.00	3.00	1.08	2.65
FM	3.85	1.33	1.00	9.00	116	4.00	4.00	.43	1.22
m	1.48	1.08	.00	4.00	90	2.00	2.00	.31	−.29
FM+m	5.34	1.69	2.00	10.00	116	5.00	5.00	.19	.18
FC	3.12	1.77	.00	8.00	111	3.00	2.00	.53	.05
CF	1.91	1.13	.00	5.00	105	2.00	1.00	.20	−.54
C	.15	[.40]	.00	2.00	15	.00	.00	2.80	7.72
Cn	.02	[.13]	.00	1.00	2	.00	.00	7.51	55.43
Sum Color	5.20	2.02	1.00	9.00	116	5.00	4.00	.11	−.59
WSumC	3.69	1.40	.50	8.00	116	3.50	3.50	.02	.01
Sum C′	1.97	[1.38]	.00	10.00	107	2.00	1.00	1.97	8.83
Sum T	.94	[.64]	.00	4.00	92	1.00	1.00	.87	3.85
Sum V	.38	[.77]	.00	3.00	28	.00	.00	2.07	3.55
Sum Y	.80	[1.42]	.00	10.00	55	.00	.00	3.92	20.18
Sum Shading	4.09	2.95	1.00	23.00	116	3.00	3.00	3.16	15.33
Fr+rF	.10	[.35]	.00	2.00	9	.00	.00	3.96	16.24

FD	1.29	[1.17]	.00	5.00	84	1.00	1.00	1.08	1.39
F	6.96	2.56	2.00	17.00	116	7.00	7.00	.91	2.36
(2)	7.89	2.76	1.00	13.00	116	8.00	7.00	−.07	.22
3r+(2)/R	.40	.11	.03	.63	116	.40	.50	−.91	2.43
Lambda	.52	.19	.13	.92	116	.50	.50	.11	−.25
EA	7.64	2.53	2.00	18.00	116	7.50	7.50	.51	1.52
es	9.42	3.65	4.00	31.00	116	9.00	9.00	2.60	11.17
D Score	−.53	1.51	−10.00	2.00	116	.00	.00	−3.24	15.20
AdjD	−.25	1.05	−5.00	2.00	116	.00	.00	−1.75	5.49
a (active)	6.37	1.87	2.00	12.00	116	6.00	6.00	.55	.58
p (passive)	2.93	1.48	.00	6.00	109	3.00	2.00	.28	−.12
Ma	2.60	1.08	1.00	7.00	116	2.00	2.00	1.29	2.78
Mp	1.37	.87	.00	3.00	98	1.00	1.00	.16	−.61
Intellect	1.27	1.37	.00	6.00	72	1.00	.00	1.04	.47
Zf	11.29	2.66	5.00	24.00	116	11.00	10.00	.78	3.71
Zd	.64	2.69	−6.50	8.00	108	.50	1.00	.38	.16
Blends	5.34	2.01	1.00	10.00	116	5.00	5.00	−.03	−.55
Blends/R	.26	.11	.05	.67	116	.26	.26	.69	1.14
Col−Shd Blends	.33	[.54]	.00	2.00	34	.00	.00	1.40	1.05
Afr	.63	.16	.27	1.29	116	.60	.60	.54	1.83
Populars	6.43	1.53	3.00	10.00	116	6.00	8.00	−.02	−.37
XA%	.91	.07	.57	1.00	116	.93	.95	−1.53	4.07
WDA%	.92	.07	.54	1.00	116	.94	1.00	−1.81	7.49
X+%	.76	.09	.50	1.00	116	.78	.75	−.46	1.02
X−%	.08	.07	.00	.43	101	.06	.04	1.76	5.67
Xu%	.15	.08	.00	.39	110	.15	.16	.50	.75
Isolate/R	.18	.09	.00	.47	111	.17	.13	.25	.07
H	2.55	1.23	.00	7.00	113	3.00	3.00	.85	2.25
(H)	1.32	.99	.00	4.00	87	1.00	2.00	.29	−.24
Hd	.97	[1.19]	.00	7.00	71	1.00	1.00	2.61	10.41
(Hd)	.26	[.63]	.00	4.00	22	.00	.00	3.26	13.10
Hx	.02	[.13]	.00	1.00	2	.00	.00	7.51	55.43
All H Cont	5.09	1.75	1.00	10.00	116	5.00	5.00	.60	.91
A	7.65	2.31	3.00	14.00	116	7.00	6.00	.24	−.51
(A)	.27	[.53]	.00	3.00	27	.00	.00	2.24	6.11
Ad	2.10	[1.55]	.00	9.00	107	2.00	2.00	1.83	5.45
(Ad)	.11	[.34]	.00	2.00	12	.00	.00	3.12	9.84
An	.57	[.87]	.00	4.00	45	.00	.00	1.69	2.68
Art	.76	.98	.00	5.00	55	.00	.00	1.39	2.17
Ay	.30	[.48]	.00	2.00	34	.00	.00	1.11	−.16

Bl	.18	[.43]	.00	2.00	19	.00	.00	2.32	4.91
Bt	1.94	1.14	.00	4.00	100	2.00	2.00	−.12	−.72
Cg	1.43	.93	.00	4.00	98	1.00	1.00	.33	−.19
Cl	.20	[.42]	.00	2.00	22	.00	.00	1.88	2.53
Ex	.23	[.44]	.00	2.00	26	.00	.00	1.58	1.31
Fi	.48	[.70]	.00	3.00	43	.00	.00	1.28	.83
Food	.16	[.44]	.00	2.00	16	.00	.00	2.74	7.17
Ge	.03	[.18]	.00	1.00	4	.00	.00	5.17	25.16
Hh	.76	.87	.00	3.00	61	1.00	.00	.97	.19
Ls	.72	.79	.00	3.00	65	1.00	.00	1.07	1.04
Na	.29	[.56]	.00	2.00	28	.00	.00	1.78	2.25
Sc	1.05	[1.28]	.00	5.00	63	1.00	.00	1.37	1.70
Sx	.17	[.58]	.00	3.00	12	.00	.00	3.80	14.65
Xy	.11	[.37]	.00	2.00	11	.00	.00	3.49	12.48
Idio	1.09	[1.19]	.00	5.00	67	1.00	.00	.96	.50
DV	.61	[.88]	.00	4.00	49	.00	.00	1.62	2.41
INCOM	.51	[.75]	.00	4.00	46	.00	.00	1.84	4.44
DR	.46	[.75]	.00	3.00	39	.00	.00	1.78	2.90
FABCOM	.37	[.65]	.00	2.00	32	.00	.00	1.54	1.07
DV2	.01	[.09]	.00	1.00	1	.00	.00	10.77	116.00
INC2	.03	[.18]	.00	1.00	4	.00	.00	5.17	25.16
DR2	.02	[.13]	.00	1.00	2	.00	.00	7.51	55.43
FAB2	.01	[.09]	.00	1.00	1	.00	.00	10.77	116.00
ALOG	.03	[.18]	.00	1.00	4	.00	.00	5.17	25.16
CONTAM	.00	[.00]	.00	.00	0	.00	.00	—	—
Sum 6 Sp Sc	2.05	1.48	.00	6.00	96	2.00	2.00	.45	−.31
Lvl 2 Sp Sc	.07	[.25]	.00	1.00	8	.00	.00	3.44	10.05
WSum6	4.97	4.06	.00	17.00	96	4.00	.00	.83	.33
AB	.10	[.31]	.00	1.00	12	.00	.00	2.63	5.05
AG	1.15	1.05	.00	4.00	79	1.00	1.00	.77	.34
COP	1.82	1.25	.00	4.00	94	2.00	2.00	.08	−.98
CP	.00	[.00]	.00	.00	0	.00	.00	—	—
GOODHR	4.37	1.65	.00	10.00	115	4.00	4.00	.32	.92
POORHR	1.69	1.53	.00	7.00	90	1.00	1.00	1.37	2.54
MOR	.78	[.99]	.00	4.00	55	.00	.00	1.18	.80
PER	.94	[.88]	.00	5.00	77	1.00	1.00	1.14	2.85
PSV	.04	[.20]	.00	1.00	5	.00	.00	4.55	19.11

주: [ ] 안의 값은 신뢰롭지 못하여 기대 범위를 추정하는 데 사용할 수 없다. 이 변인들은 대개의 모수 통계분석에 포함시키지 않는다.

표 12-10 양향적 성인의 36개 변인 빈도(N=116)

인구학적 변인

결혼 상태		
미혼	30	26%
동거	12	10%
기혼	45	39%
별거	4	3%
이혼	22	19%
사별	3	3%

연 령		
18~25	35	30%
26~35	53	46%
36~45	21	18%
46~55	2	2%
56~65	5	4%
65세 이상	0	0%

인 종		
백인	98	84%
흑인	7	6%
히스패닉	11	9%
아시안	0	0%

성 별		
남	52	45%
여	64	55%

학 력		
12년 이하	10	9%
12년	36	31%
13~15년	61	53%
16년 이상	9	8%

비율, 백분율과 특수지표

유 형		
내향성	0	0%
우세한	0	0%
양향성	116	100%
외향성	0	0%
우세한	0	0%
회피적	0	0%

형태질		
XA% >.89	76	66%
XA% <.70	1	1%
WDA% <.85	10	9%
WDA% <.75	1	1%
X+% <.55	2	2%
Xu% >.20	21	18%
X−% >.20	8	7%
X−% >.30	1	1%

D-Scores		
D Score > 0	10	9%
D Score = 0	69	59%
D Score < 0	37	32%
D Score < −1	12	10%
Adj D Score > 0	16	14%
Adj D Score = 0	72	62%
Adj D Score < 0	28	24%
Adj D Score < −1	11	9%

형태 유채색 간 비율		
FC > (CF+C)+2	23	20%
FC > (CF+C)+1	42	36%
(CF+C) > FC+1	13	11%
(CF+C) > FC+2	4	3%

S-Constellation Positive	0	0%
HVI Positive	8	7%
OBS Positive	2	2%

Zd >+3.0 (Overincorp)	20	17%
Zd <−3.0 (Underincorp)	6	5%

PTI = 5	0	0%	DEPI = 7	1	1%	CDI = 5	2	2%
PTI = 4	0	0%	DEPI = 6	2	2%	CDI = 4	8	7%
PTI = 3	0	0%	DEPI = 5	6	5%			

여러 변인					
R < 17	23	20%	(2AB + Art + Ay) > 5	1	1%
R > 27	8	7%	Populars < 4	4	3%
DQv > 2	11	9%	Populars > 7	35	30%
S > 2	24	21%	COP = 0	22	19%
Sum T = 0	24	21%	COP > 2	36	31%
Sum T > 1	15	13%	AG = 0	37	32%
3r +(2)/R < .33	17	15%	AG > 2	9	8%
3r+(2)/R > .44	35	30%	MOR > 2	7	6%
Fr + rF > 0	9	8%	Level 2 Sp.Sc. >0	8	7%
PureC > 0	15	13%	GHR > PHR	95	82%
PureC > 1	2	2%	Pure H < 2	20	17%
Afr < .40	5	4%	Pure H = 0	3	3%
Afr < .50	18	16%	p > a+1	1	1%
(FM+m) < Sum Shading	24	21%	Mp > Ma	14	12%

표 12-11 *Lambda* 값이 높은 성인의 기술통계치

변 인	평 균	표준편차	최소치	최대치	빈 도	중앙치	최빈치	편포도	첨 도
연령	29.64	8.66	19.00	61.00	58	28.50	24.00	1.21	1.90
학력	13.28	1.66	10.00	18.00	58	13.00	13.00	.91	.94
R	22.83	5.34	14.00	43.00	58	21.50	23.00	1.68	3.83
W	6.36	1.72	4.00	12.00	58	6.00	5.00	.85	.61
D	14.91	4.19	2.00	32.00	58	15.00	16.00	.47	5.28
Dd	1.55	[2.65]	.00	11.00	33	1.00	.00	2.54	6.11
S	1.65	[1.72]	.00	10.00	46	1.00	1.00	2.45	8.98
DQ+	5.55	1.72	1.00	10.00	58	6.00	6.00	.07	.53
DQo	16.21	4.34	6.00	36.00	58	16.00	16.00	1.90	7.78
DQv	.91	[1.57]	.00	6.00	22	.00	.00	1.89	2.79
DQv/+	.16	[.37]	.00	1.00	9	.00	.00	1.95	1.89
FQx+	.12	[.38]	.00	2.00	6	.00	.00	3.33	11.57
FQxo	15.88	3.24	8.00	24.00	58	16.00	16.00	.13	.71
FQxu	4.72	2.67	1.00	16.00	58	4.00	3.00	1.78	4.95
FQx−	1.95	1.47	.00	8.00	51	2.00	1.00	1.29	3.53
FQxNone	.16	[.45]	.00	2.00	7	.00	.00	3.04	8.94
MQ+	.05	[.29]	.00	2.00	2	.00	.00	6.04	37.89
MQo	2.59	1.44	.00	7.00	56	2.00	2.00	.80	.74
MQu	.16	.45	.00	2.00	7	.00	.00	3.04	8.94
MQ−	.02	[.13]	.00	1.00	1	.00	.00	7.61	58.00
MQNone	.02	[.13]	.00	1.00	1	.00	.00	7.61	58.00
S−	.28	[.52]	.00	2.00	14	.00	.00	1.76	2.37
M	2.83	1.49	1.00	7.00	58	3.00	2.00	.80	.18
FM	2.78	1.64	.00	9.00	57	3.00	3.00	1.37	3.22
m	.76	.82	.00	3.00	32	1.00	.00	.87	.15
FM+m	3.53	2.06	.00	12.00	57	3.00	3.00	1.67	4.75
FC	1.95	1.22	.00	5.00	52	2.00	2.00	.70	.87
CF	1.95	1.29	.00	4.00	48	2.00	3.00	−.05	−1.08
C	.12	[.38]	.00	2.00	6	.00	.00	3.33	11.57
Cn	.03	[.18]	.00	1.00	2	.00	.00	5.23	26.35
Sum Color	4.05	1.63	1.00	7.00	58	4.00	3.00	.16	−.64
WSumC	3.10	1.36	.50	5.50	58	2.75	4.00	.06	−.94
Sum C′	1.12	[.94]	.00	3.00	43	1.00	1.00	.67	−.25
Sum T	.67	[.71]	.00	3.00	33	1.00	1.00	1.18	2.22
Sum V	.12	[.50]	.00	3.00	4	.00	.00	4.66	22.88
Sum Y	.41	[.73]	.00	3.00	18	.00	.00	2.01	4.19
Sum Shading	2.33	1.78	.00	9.00	53	2.00	2.00	1.43	2.70
Fr+rF	.28	[.56]	.00	2.00	13	.00	.00	1.93	2.88

FD	.57	[.68]	.00	2.00	27	.00	.00	.78	−.48
F	12.72	2.80	7.00	23.00	58	12.00	11.00	1.24	3.08
(2)	8.38	2.71	3.00	21.00	58	8.00	8.00	1.74	7.27
3r+(2)/R	.40	.08	.21	.61	58	.40	.35	.27	.16
Lambda	1.33	.38	1.00	2.33	58	1.16	1.00	1.53	1.29
EA	5.93	1.92	2.00	11.00	58	6.00	6.00	.12	.11
es	5.86	2.87	3.00	14.00	58	5.00	3.00	1.40	1.62
D Score	−.07	.90	−3.00	3.00	58	.00	.00	−.92	5.52
AdjD	.02	.78	−2.00	3.00	58	.00	.00	−.03	4.86
a (active)	4.57	2.15	1.00	10.00	58	4.50	5.00	.72	.63
p (passive)	1.79	1.32	.00	7.00	50	2.00	1.00	1.10	2.75
Ma	2.02	1.28	.00	6.00	54	2.00	2.00	1.11	2.02
Mp	.81	.81	.00	3.00	35	1.00	1.00	.78	.18
Intellect	1.45	1.53	.00	8.00	40	1.00	1.00	1.66	4.53
Zf	9.62	2.42	5.00	19.00	58	9.00	9.00	1.14	2.75
Zd	−1.12	2.66	−11.50	4.50	52	−1.25	−3.00	−.78	2.95
Blends	3.07	1.68	1.00	7.00	58	3.00	2.00	.48	−.66
Blends/R	.14	.07	.04	.36	58	.13	.05	.74	.26
Col−Shd Blends	.24	[.47]	.00	2.00	13	.00	.00	1.75	2.28
Afr	.56	.18	.27	1.26	58	.54	.67	.80	1.61
Populars	6.31	1.22	4.00	9.00	58	6.00	5.00	.27	−.87
XA%	.91	.06	.76	1.00	58	.90	.96	−.39	−.55
WDA%	.92	.06	.78	1.00	58	.94	.96	−.62	−.36
X+%	.71	.09	.40	.85	58	.71	.65	−.99	2.41
X−%	.09	.06	.00	.19	51	.07	.04	.23	−1.03
Xu%	.20	.08	.05	.40	58	.19	.15	.51	−.17
Isolate/R	.15	.08	.00	.35	57	.16	.17	.27	−.30
H	2.29	1.18	.00	5.00	56	2.00	2.00	.58	.21
(H)	.98	.83	.00	3.00	41	1.00	1.00	.61	.01
Hd	1.47	[1.38]	.00	6.00	47	1.00	1.00	1.59	2.68
(Hd)	.22	[.50]	.00	2.00	11	.00	.00	2.20	4.26
Hx	.16	[.59]	.00	4.00	6	.00	.00	5.37	33.27
All H Cont	4.97	1.52	2.00	9.00	58	5.00	4.00	.89	.94
A	8.07	3.14	3.00	25.00	58	8.00	6.00	2.90	14.31
(A)	.40	[.62]	.00	3.00	20	.00	.00	1.78	4.23
Ad	2.95	[1.43]	.00	7.00	56	3.00	3.00	.24	.41
(Ad)	.09	[.28]	.00	1.00	5	.00	.00	3.02	7.42
An	.72	[.85]	.00	3.00	30	1.00	.00	1.09	.65
Art	.76	.96	.00	3.00	29	.50	.00	1.24	.68
Ay	.38	[.62]	.00	3.00	19	.00	.00	1.87	4.59

Bl	.14	[.35]	.00	1.00	8	.00	.00	2.15	2.74
Bt	1.97	1.14	.00	5.00	54	2.00	2.00	.43	−.17
Cg	1.24	1.26	.00	5.00	40	1.00	1.00	1.26	1.46
Cl	.03	[.18]	.00	1.00	2	.00	.00	5.23	26.35
Ex	.16	[.37]	.00	1.00	9	.00	.00	1.95	1.89
Fi	.31	[.57]	.00	2.00	15	.00	.00	1.69	1.98
Food	.12	[.42]	.00	2.00	5	.00	.00	3.67	13.26
Ge	.07	[.37]	.00	2.00	2	.00	.00	5.23	26.35
Hh	1.00	.97	.00	3.00	38	1.00	1.00	.82	−.17
Ls	.57	.57	.00	2.00	31	1.00	1.00	.32	−.84
Na	.29	[.50]	.00	2.00	16	.00	.00	1.37	.88
Sc	1.38	[1.30]	.00	5.00	39	1.00	.00	.75	.18
Sx	.26	[.74]	.00	5.00	11	.00	.00	4.94	30.09
Xy	.05	[.22]	.00	1.00	3	.00	.00	4.15	15.82
Idio	1.05	[1.85]	.00	7.00	26	.00	.00	2.26	4.49
DV	.38	[.52]	.00	2.00	21	.00	.00	.88	−.42
INCOM	.67	[.91]	.00	4.00	29	.50	.00	2.02	5.14
DR	.64	[.67]	.00	2.00	31	1.00	.00	.57	−.66
FABCOM	.22	[.42]	.00	1.00	13	.00	.00	1.35	−.16
DV2	.00	[.00]	.00	.00	0	.00	.00	—	—
INC2	.05	[.22]	.00	1.00	3	.00	.00	4.15	15.82
DR2	.00	[.00]	.00	.00	0	.00	.00	—	—
FAB2	.02	[.13]	.00	1.00	1	.00	.00	7.61	58.00
ALOG	.07	[.26]	.00	1.00	4	.00	.00	3.49	10.57
CONTAM	.00	[.00]	.00	.00	0	.00	.00	—	—
Sum 6 Sp Sc	2.05	1.26	.00	7.00	55	2.00	1.00	1.20	3.02
Lvl 2 Sp Sc	.07	[.26]	.00	1.00	4	.00	.00	3.49	10.57
WSum6	5.21	3.30	.00	15.00	55	4.50	2.00	.45	−.16
AB	.16	[.49]	.00	3.00	7	.00	.00	4.12	20.31
AG	.71	1.01	.00	4.00	24	.00	.00	1.37	1.19
COP	1.47	1.13	.00	4.00	45	1.00	1.00	.35	−.75
CP	.00	[.00]	.00	.00	0	.00	.00	—	—
GOODHR	4.00	1.34	.00	7.00	57	4.00	3.00	−.13	.74
POORHR	1.85	1.72	.00	8.00	47	1.00	1.00	1.67	3.98
MOR	.62	[.67]	.00	3.00	31	1.00	.00	.98	1.40
PER	.40	[.82]	.00	5.00	17	.00	.00	3.56	17.37
PSV	.19	[.40]	.00	1.00	11	.00	.00	1.62	.66

주: [ ] 안의 값은 신뢰롭지 못하여 기대 범위를 추정하는 데 사용할 수 없다. 이 변인들은 대개의 모수 통계분석에 포함시키지 않는다.

표 12-12 Lambda 값이 높은 성인의 36개 변인 빈도(N=58)

인구학적 변인

결혼 상태		
미혼	15	26%
동거	10	17%
기혼	27	47%
별거	1	2%
이혼	5	9%
사별	0	0%

연 령		
18~25	22	38%
26~35	22	38%
36~45	12	21%
46~55	1	2%
56~65	1	2%
65세 이상	0	0%

인 종		
백인	47	81%
흑인	10	17%
히스패닉	1	2%
아시안	0	0%

성 별		
남	26	45%
여	32	55%

학 력		
12년 이하	5	9%
12년	15	26%
13~15년	30	52%
16년 이상	8	14%

비율, 백분율과 특수지표

유 형		
내향성	0	0%
우세한	0	0%
양향성	0	0%
외향성	0	0%
우세한	0	0%
회피적	58	100%

형태질		
XA% >.89	32	55%
XA% <.70	0	0%
WDA% <.85	6	10%
WDA% <.75	0	0%
X+% <.55	2	3%
Xu% >.20	27	47%
X−% >.20	0	0%
X−% >.30	0	0%

D-Scores		
D Score > 0	7	12%
D Score = 0	45	78%
D Score < 0	6	10%
D Score < −1	5	9%
Adj D Score > 0	9	16%
Adj D Score = 0	43	74%
Adj D Score < 0	6	10%
Adj D Score < −1	4	7%

형태 유채색 간 비율		
FC > (CF+C) + 2	8	14%
FC > (CF+C) + 1	12	21%
(CF+C) > FC+1	12	21%
(CF+C) > FC+2	5	9%

S-Constellation Positive	0	0%
HVI Positive	1	2%
OBS Positive	0	0%

Zd >+3.0 (Overincorp)	2	3%
Zd <−3.0 (Underincorp)	8	14%

PTI = 5	0	0%	DEPI = 7	0	0%	CDI = 5	0	0%
PTI = 4	0	0%	DEPI = 6	1	2%	CDI = 4	6	10%
PTI = 3	0	0%	DEPI = 5	2	3%			

여러 변인					
R < 17	3	5%	(2AB+Art+Ay) > 5	1	2%
R > 27	5	9%	Populars < 4	0	0%
DQv > 2	9	16%	Populars > 7	10	17%
S > 2	9	16%	COP = 0	13	22%
Sum T = 0	25	43%	COP > 2	12	21%
Sum T > 1	4	7%	AG = 0	34	59%
3r+(2)/R < .33	7	12%	AG > 2	4	7%
3r+(2)/R >.44	14	24%	MOR > 2	1	2%
Fr+rF > 0	13	22%	Level 2 Sp.Sc. > 0	4	7%
PureC > 0	6	10%	GHR > PHR	49	84%
PureC > 1	1	2%	PureH < 2	14	24%
Afr < .40	2	3%	Pure H = 0	2	3%
Afr <.50	9	16%	p >a+1	0	0%
(FM+m) <Sum Shading	16	28%	Mp > Ma	5	9%

인하기 위한 새로운 비환자군 표본 수집을 자문하는 로르샤하연구재단이 발족되었다.

새로운 표본집단을 사용한 연구 설계

이 연구(Exner, 2002)는 1999년 가을에 시작되어, 1973에서 1986년까지 진행되었던 원래의 연구와 같은 실험설계를 적용했다. 현재 모델은 이전 모델과 비교할 때 세 가지 차이점이 있다. 첫째, 여러 경로를 통해 1973~1986년에 검사를 받은 비환자군의 약 75%를 다시 모집했다. 현재 프로젝트에서도 검사자가 피검자에게 직접 참여를 요청하는 편지(원래의 연구에서 사용한 편지를 약간 수정함)를 보내거나 관련 기관 등을 통해 연락을 취했다. 둘째, 이전 연구에서는 고려하지 않았던 피검자에게 처방된 약물이나 혹은 불법적인 약물 사용 여부를 물었다. 이 항목은 시대적으로 검토해야 하는 것이라는 판단에서 첨가된 것인데, 검사받은 피검자 중에 장기적이고 유의미하게 항정신제를 복용해 왔거나, 반복적으로 불법적인 약물을 복용해 왔다고 보고한 사람의 자료는 제외했다. 셋째, 이전 연구와의 차이점은 원래의 프로젝트에서는 피검자에게 보수를 지급하지 않았다. 이 프로젝트에서도 직접 돈을 주지는 않지만, 피검자의 이름으로 25달러를 기부하는 형식을 취했다.

600명의 비환자군 표집에서 시작해서 1,100개 이상의 프로토콜을 수집하기 위해 10년의 기간이 소요되었고, 현재도 보조를 맞추어 진행 중이다. 프로젝트를 시작한 첫 2년 동안, 거의 13명의 훈련받은 검사자가 14개 주에서 200명의 피검자를 대상으로 검사를 실시했고, 그 기록들을 채점하고 컴퓨터로 입력해 로르샤하 워크숍 출판사의 중앙 컴퓨터에서 오류 검토 작업이 진행된다. 또한 채점의 정확률을 높이기 위해 4개의 프로토콜

표 12-13 비환자 성인군의 기술통계치(N=175)

변 인	평 균	표준편차	최소치	최대치	빈 도	중앙치	최빈치	편포도	첨 도
연령	35.53	13.23	19.00	86.00	175	32.00	24.00	1.26	1.70
학력	14.15	1.73	10.00	20.00	175	14.00	14.00	.61	.35
R	22.98	5.51	14.00	51.00	175	22.00	21.00	1.65	5.14
W	9.20	4.23	3.00	37.00	175	8.00	8.00	2.35	10.59
D	12.45	5.11	.00	32.00	173	13.00	14.00	.19	1.31
Dd	1.33	[1.47]	.00	8.00	116	1.00	.00	1.74	4.31
S	2.23	[1.96]	.00	17.00	162	2.00	1.00	3.36	19.57
DQ+	8.33	3.13	1.00	21.00	175	8.00	9.00	.73	2.05
DQo	13.93	4.59	4.00	36.00	175	14.00	14.00	1.02	3.57
DQv	.41	[.70]	.00	3.00	52	.00	.00	1.74	2.47
DQv/+	.32	[.70]	.00	6.00	44	.00	.00	4.04	26.03
FQx+	.47	[.87]	.00	5.00	52	.00	.00	2.27	5.92
FQxo	14.95	3.39	8.00	29.00	175	15.00	16.00	.33	1.25
FQxu	5.03	2.77	1.00	17.00	175	5.00	3.00	1.64	4.25
FQx−	2.33	1.73	.00	12.00	163	2.00	2.00	2.09	7.51
FQxNone	.20	[.49]	.00	3.00	29	.00	.00	2.76	8.54
MQ+	.31	[.62]	.00	3.00	42	.00	.00	1.94	3.15
MQo	3.86	1.88	1.00	9.00	175	4.00	3.00	.36	−.60
MQu	.41	.77	.00	5.00	49	.00	.00	2.46	8.00
MQ−	.17	[.44]	.00	2.00	24	.00	.00	2.75	7.10
MQNone	.00	[.00]	.00	.00	0	.00	.00	—	—
SQoal−	.53	[.82]	.00	4.00	67	.00	.00	1.76	3.12
M	4.75	2.19	1.00	11.00	175	5.00	3.00	.37	−.11
FM	3.86	1.98	.00	10.00	169	4.00	4.00	.42	.53
m	1.47	1.35	.00	10.00	138	1.00	1.00	2.08	8.79
FC	2.81	1.79	.00	8.00	161	2.00	2.00	.60	.11
CF	2.93	1.89	.00	12.00	165	3.00	2.00	1.49	4.92
C	.23	[.54]	.00	3.00	33	.00	.00	2.70	8.24
Cn	.00	[.00]	.00	.00	0	.00	.00	—	—
Sum Color	5.97	2.68	.00	14.00	174	6.00	5.00	.54	.42
WSumC	4.69	2.27	.00	15.00	174	4.50	4.00	1.09	2.87
Sum C′	1.64	[1.31]	.00	8.00	146	1.00	1.00	1.26	2.90
Sum T	.90	[.64]	.00	2.00	130	1.00	1.00	.08	−.52
Sum V	.37	[.82]	.00	5.00	42	.00	.00	3.23	13.06
Sum Y	.82	[1.06]	.00	7.00	95	1.00	.00	2.44	9.60
Sum Shading	3.72	2.27	.00	14.00	173	3.00	3.00	1.67	4.21
Fr+rF	.26	[.81]	.00	7.00	26	.00	.00	4.81	30.77
FD	1.42	[1.13]	.00	5.00	136	1.00	1.00	.67	.12

F	7.97	3.51	1.00	23.00	175	7.00	7.00	.96	2.28
(2)	8.51	2.69	2.00	21.00	175	8.00	9.00	.66	2.50
3r+(2)/R	.41	.11	.13	.87	175	.39	.38	.93	2.84
Lambda	.61	.38	.06	2.33	175	.50	.50	1.43	2.65
FM+m	5.33	2.55	.00	20.00	174	5.00	6.00	1.34	6.30
EA	9.43	3.39	2.00	24.00	175	9.50	8.00	.82	2.08
es	9.05	3.99	2.00	34.00	175	9.00	8.00	1.98	9.16
D Score	.03	.90	−3.00	3.00	60	.00	.00	−.45	3.83
AdjD	.29	.89	−3.00	3.00	73	.00	.00	−.05	2.71
a (active)	6.54	2.84	.00	18.00	174	6.00	6.00	.44	1.07
p (passive)	3.57	2.09	.00	13.00	169	3.00	3.00	.98	2.23
Ma	2.86	1.66	.00	8.00	164	3.00	3.00	.50	.32
Mp	1.90	1.33	.00	7.00	154	2.00	2.00	.99	1.84
Intellect	2.26	2.08	.00	12.00	141	2.00	1.00	1.40	2.83
Zf	13.34	4.55	2.00	41.00	175	12.00	12.00	2.04	8.62
Zd	.47	3.88	−13.50	12.00	164	.50	−.50	−.16	1.30
Blends	5.55	2.72	.00	18.00	172	5.00	4.00	.54	1.58
Blends/R	.24	.11	.00	.53	172	.24	.24	.00	−.30
Col-Shd Blends	.65	[.91]	.00	6.00	82	.00	.00	2.43	9.42
Afr	.61	.18	.21	1.26	175	.63	.67	.19	.35
Populars	6.30	1.58	1.00	11.00	175	6.00	7.00	−.32	1.02
XA%	.89	.07	.69	1.00	175	.90	.90	−.75	.49
WDA%	.91	.06	.69	1.00	175	.92	.95	−.98	1.29
X+%	.68	.11	.35	.95	175	.69	.67	−.55	.25
X−%	.10	.06	.00	.31	163	.10	.05	.77	.72
Xu%	.21	.09	.05	.49	175	.21	.16	.50	−.07
Isolate/R	.21	.10	.00	.60	171	.20	.16	.56	1.11
H	3.12	1.71	.00	10.00	172	3.00	3.00	.82	1.00
(H)	1.39	1.09	.00	6.00	137	1.00	1.00	.86	1.33
HD	1.06	[1.03]	.00	5.00	116	1.00	1.00	1.07	1.46
(Hd)	.59	[.87]	.00	4.00	68	.00	.00	1.44	1.52
Hx	.14	[.50]	.00	4.00	18	.00	.00	4.75	27.45
All H Cont	6.15	2.53	.00	18.00	174	6.00	7.00	.96	3.05
A	8.05	2.65	3.00	25.00	175	8.00	6.00	1.78	8.80
(A)	.32	[.58]	.00	3.00	47	.00	.00	1.82	3.20
Ad	2.70	[1.57]	.00	9.00	169	3.00	2.00	.79	.99
(Ad)	.14	[.40]	.00	2.00	22	.00	.00	2.85	7.96
An	.87	[1.12]	.00	7.00	98	1.00	.00	2.15	6.67
Art	1.27	1.31	.00	6.00	112	1.00	.00	1.09	1.13
Ay	.59	[.76]	.00	4.00	82	.00	.00	1.47	2.78

Bl	.27	[.55]	.00	3.00	39	.00	.00	2.16	4.79
Bt	2.25	1.54	.00	6.00	150	2.00	2.00	.36	−.48
Cg	1.99	1.56	.00	8.00	143	2.00	2.00	.92	1.31
Cl	.22	[.49]	.00	2.00	33	.00	.00	2.17	4.00
Ex	.20	[.51]	.00	4.00	29	.00	.00	3.59	18.27
Fi	.75	[.87]	.00	4.00	95	1.00	.00	1.36	2.31
Food	.30	[.56]	.00	3.00	45	.00	.00	1.90	3.67
Ge	.09	[.33]	.00	2.00	14	.00	.00	3.80	15.15
Hh	1.11	.97	.00	5.00	123	1.00	1.00	.72	.45
Ls	1.04	1.16	.00	9.00	112	1.00	1.00	2.51	12.88
Na	.51	[.89]	.00	6.00	62	.00	.00	2.70	10.50
Sc	1.55	[1.23]	.00	6.00	143	1.00	1.00	.97	1.03
Sx	.18	[.49]	.00	3.00	25	.00	.00	3.01	9.74
Xy	.09	[.29]	.00	1.00	16	.00	.00	2.86	6.25
Idiographic	.37	[.61]	.00	3.00	53	.00	.00	1.60	2.19
DV	.42	[.71]	.00	5.00	58	.00	.00	2.43	9.62
INCOM	.72	[.90]	.00	4.00	85	.00	.00	1.25	1.28
DR	.82	[.93]	.00	7.00	101	1.00	.00	2.11	10.20
FABCOM	.43	[.68]	.00	3.00	61	.00	.00	1.72	3.11
DV2	.00	[.00]	.00	.00	0	.00	.00	—	—
INC2	.03	[.18]	.00	1.00	6	.00	.00	5.16	24.94
DR2	.03	[.18]	.00	1.00	6	.00	.00	5.16	24.94
FAB2	.06	[.23]	.00	1.00	10	.00	.00	3.84	12.96
ALOG	.06	[.23]	.00	1.00	10	.00	.00	3.84	12.96
CONTAM	.00	[.00]	.00	.00	0	.00	.00	—	—
Sum 6 Sp Sc	2.58	1.79	.00	10.00	155	2.00	2.00	.78	1.09
Lvl 2 Sp Sc	.13	[.37]	.00	2.00	20	.00	.00	2.96	8.70
WSum6	7.08	5.35	.00	28.00	155	6.00	.00	1.03	1.66
AB	.20	[.51]	.00	3.00	27	.00	.00	2.82	8.26
AG	.94	1.08	.00	7.00	103	1.00	.00	1.73	5.45
COP	2.09	1.35	.00	6.00	157	2.00	2.00	.54	.06
CP	.00	[.00]	.00	.00	0	.00	.00	—	—
GOODHR	5.13	2.15	.00	13.00	173	5.00	4.00	.42	.68
POORHR	1.97	1.57	.00	8.00	147	2.00	1.00	1.10	1.56
MOR	.92	[.96]	.00	4.00	103	1.00	.00	.84	.13
PER	.87	[1.01]	.00	7.00	101	1.00	.00	1.95	7.37
PSV	.10	[.33]	.00	2.00	15	.00	.00	3.63	13.73

표 12-14 비환자 성인군의 36개 변인 빈도(N=175)

인구학적 변인

결혼 상태		
미혼	45	26%
동거	6	3%
기혼	91	52%
별거	6	3%
이혼	23	13%
사별	4	2%
기타(미기재)	0	0%

연 령		
18~25	44	25%
26~35	56	23%
36~45	44	25%
46~55	15	9%
56~65	10	6%
65세 이상	6	3%

인 종		
백인	150	86%
흑인	14	8%
히스패닉	10	6%
아시안	1	1%
그 외	0	0%
기타(미기재)	0	0%

성 별		
남	85	49%
여	90	51%

학 력		
12세 이하	2	1%
12세	33	19%
13~15세	101	58%
16세 이상	39	22%

비율, 백분율과 특수지표들

유 형		
내향성	59	34%
우세한	8	5%
양향성	34	19%
외향성	54	31%
우세한	7	4%
회피적	28	16%

형태질		
XA% >.89	93	53%
XA% <.70	1	1%
WDA% <.85	20	11%
WDA% <.75	2	1%
X+% <.55	19	11%
Xu% >.20	88	50%
X−% >.20	15	9%
X−% >.30	1	1%

D-Scores		
D Score > 0	34	19%
D Score = 0	115	66%
D Score < 0	26	15%
D Score < −1	7	4%
Adj D Score > 0	57	33%
Adj D Score = 0	102	58%
Adj D Score < 0	16	9%
Adj D Score < −1	5	3%

형태 유채색 간 비율		
FC > (CF+C) + 2	25	14%
FC > (CF+C) + 1	40	23%
(CF+C) > FC+1	53	30%
(CF+C) > FC+2	29	17%

S-Constellation Positive	0	0%
HVI Positive	10	6%
OBS Positive	2	1%

Zd >+3.0 (Overincorp)	39	22%
Zd <−3.0 (Underincorp)	24	14%

PTI = 5	0	0%
PTI = 4	0	0%
PTI = 3	1	1%

DEPI = 7	1	1%
DEPI = 6	5	3%
DEPI = 5	22	13%

CDI = 5	0	0%
CDI = 4	11	6%

여러 변인					
R < 17	12	7%	(2AB+Art+Ay) > 5	13	7%
R > 27	25	14%	Populars < 4	8	5%
DQv > 2	3	2%	Populars > 7	31	18%
S > 2	58	33%	COP = 0	18	10%
Sum T = 0	45	26%	COP > 2	61	35%
Sum T > 1	27	15%	AG = 0	72	41%
3r+(2)/R < .33	34	19%	AG > 2	12	7%
3r+(2)/R >.44	53	30%	MOR > 2	11	6%
Fr+rF > 0	26	15%	Level 2 Sp Sc > 0	20	11%
PureC > 0	33	19%	GHR > PHR	152	87%
PureC > 1	6	3%	Pure H < 2	29	17%
Afr < .40	19	11%	Pure H = 0	3	2%
Afr <.50	44	25%	p >a+1	12	7%
(FM+m) <Sum Shading	30	17%	Mp > Ma	41	23%

마다 녹음하여 그 반응을 채점과 비교해 일치시키고, 검사자에게 채점에 대한 피드백을 제공했다. 이 프로젝트에 포함된 처음 175명의 자료는 〈표 12-13〉과 〈표 12-14〉에 제시되어 있다.

〈표 12-15〉는 600명의 표본에서 얻은 12개의 변인 자료가 포함되어 있다. 그리고 현재 프로젝트에서 수집된 175명의 자료도 포함되어 있다. 이것은 샤퍼의 표본과 600명의 피검자 표본 간 두드러지게 불일치하는 차이점을 보였던 변인을 중심으로 비교한 것이다.

두 표본 자료는 12개의 변인에서 모두 유사했다. 새로운 표본에서 *X+%*의 평균은 .09 높았고, *Xu%*의 평균은 600명의 표본보다 .6 더 높았다. 그리고 *Afr*의 평균은 새로운 집단에서 .6만큼 낮았다. 해석의 기본 규칙에 어떤 변화가 필요할 만큼의 차이점은 나타나지 않았다. 실제로 〈표 12-3〉과 〈표 12-13〉에서 제시하는 변인들을 보면, 두 집단 간 수치가 매우 유사함을 알 수 있다.

〈표 12-13〉과 〈표 12-14〉에 제시된 비율 자료에서 몇 개의 변인 간에 차이가 있는데, 〈표 12-15〉에 제시된 것처럼 600명의 표본에서 10%인 58명만이 1.0 이상의 *Lambda* 값을 보였다. 새로운 표본에서는 28명(16%)이 높은 *Lambda* 값을 보였다. 600명의 표본에서는 10%가 순수 색채 반응을 보였는데, 새로운 표본에서는 19%가 순수 색채 반응을 보였다. 600명 표본에서는 5%만이 *DEPI*가 해당되었는데, 새로운 표본에서는 17%가 *DEPI*에 해당되었다. 또한 600명 표본의 66%가 *CF+C*보다는 *FC* 반응을 적어도 한 개 이상 보였는데, 새로운 표본에서는 37%만 그러한 양상을 보였다. 이 차이가 흥미로운 결과이긴 하지만, 해석의 기본 방향을 달리할 만큼은 아니다. 또한 새로운 표본이 넓은 지역에서 표집된 것은 아니지만 600명 표본에서 발표된 자료와 비교해 두 집단 간의 유사성은 설득력이 강하다. 즉, 반응 채점이나 비율에 대한 비교치로 합당한 자료가 판단되며,

표 12-15 현행 연구에 포함된 초기 175명 비환자군과 출판된 표집 600명 환자군의 12개 변인 비교

변 인	평 균	표준편차	범 위	빈 도	중앙치	최빈치	편포도	첨 도
R(600)	22.32	4.40	14~43	600	22	23	.86	1.90
R(175)	22.98	5.51	14~51	200	22	21	1.65	5.14
Lambda(600)	.60	.31	.11~2.33	200	.53	.50	2.27	8.01
Lambda(175)	.61	.38	.06~2.33	200	.50	.50	1.43	2.65
Afr(600)	.67	.16	.23~1.29	600	.67	.67	.35	.65
Afr(175)	.61	.18	.21~1.26	175	.63	.67	.19	.35
XA%(600)	.92	.06	.57~1.00	600	.94	.96	−1.34	3.68
XA%(175)	.89	.07	.69~1.00	175	.90	.90	−.75	.49
WDA%(600)	.94	.06	.54~1.00	600	.95	1.00	−1.42	4.93
WDA%(175)	.91	.06	.69~1.00	175	.92	.95	−.98	1.29
X+%(600)	.77	.09	.35~1.00	600	.78	.80	−.86	2.33
X+%(175)	.68	.11	.35~.95	175	.69	.67	−.55	.25
Xu%(600)	.15	.07	.00~.45	600	.15	.13	.54	.86
Xu%(175)	.21	.09	.05~.49	175	.21	.16	.50	−.07
X−%(600)	.07	.05	.00~.43	513	.05	.04	1.41	4.56
X−%(175)	.10	.06	.00~.31	163	.10	.05	.77	.72
SumT(600)	.95	.61	0~4	490	1.00	1.00	.83	3.33
SumT(175)	.90	.64	0~2	130	1.00	1.00	.08	−.52
Fr+rF(600)	.11	.43	0~4	48	.00	.00	4.98	30.45
Fr+rF(175)	.26	.81	0~7	27	.00	.00	4.81	30.77
EA(600)	8.66	2.38	2~18	600	9.00	9.50	−.04	.42
EA(175)	9.43	3.39	2~24	175	9.50	8.00	.82	2.08
es(600)	8.34	2.99	3~31	600	8.00	7.00	1.43	6.58
es(175)	9.05	3.99	2~34	175	9.00	8.00	1.98	9.16

비환자군을 대표할 만하다고 여길 수 있다.

참고문헌

Exner, J. E. (1978). *The Rorschach: A Comprehensive System. Volume 2: Current research and advanced interpretation.* New York: Wiley.

Exner, J. E. (1986). *A Rorschach Workbook for the Comprehensive System* (2nd ed.). Bayville, NY: Rorschach Workshops.

Exner, J. E. (1988). Problems with brief Rorschach protocols. *Journal of Personality Assessment, 52*, 640-647.

Exner, J. E. (1990). *A Rorschach Workbook for the Comprehensive System* (3rd ed.). Asheville, NC: Rorschach Workshops.

Exner, J. E. (2001). *A Rorschach Workbook for the Comprehensive System* (5th ed.). Asheville, NC: Rorschach Workshops.

Exner, J. E. (2002). A new nonpatient sample for the Rorschach Comprehensive System: A progress report. *Journal of Personality Assessment, 78*, 391-404.

Exner, J. E., Weiner, I. B., & Schuyler, W. (1976). *A Rorschach Workbook for the Comprehensive System*. Bayville, NY: Rorschach Workshops.

Shaffer, T. W., & Erdberg. P. (2001). *An international symposium on Rorschach Nonpatient Data: Worldwide findings*. Annual meeting, Society of Personality Assessment, Philadelphia.

Shaffer, T. W., Erdberg, P., & Haroian, J. (1999). Current nonpatient data for the Rorschach, WAIS-R, and MMPI-2. *Journal of Personality Assessment, 73*, 305-316.

제4부 로르샤하 해석

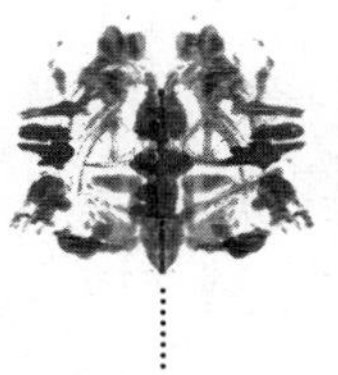

제13장
해석에 관한 일반 지침

로르샤하 해석의 일부 측면은 상당히 간단한 듯하지만 전체적인 해석 과정은 매우 복잡하고, 사례마다 그 내용이 다르다. 로르샤하를 해석하는 사람은 논리적 개념의 이론적 입장을 견지할 수 있어야 하고, 또 그렇게 하지 못하면 의미 있는 결론에 도달하기 어렵다. 해석 과정 중에도 해석자는 로르샤하 자료를 통합하기 전에 의문을 제기해야 한다. 일반적인 해석이란 체계적으로 자료를 통합하기 전에 가능한 반론들에 대해 살펴보고 그 결과물들을 개념적으로 조직화하는 것이라 할 수 있다. 다음에서 제시하는 기본적으로 갖추어야 할 세 가지 조건을 갖춘 사람이라면 이 과정이 그리 어렵지 않을 것이다.

로르샤하 해석에 앞서 알고 있어야 할 것

가장 먼저, 검사자는 검사의 특성을 이해하고 있어야 하고, 피검자가 반응을 선택하여 형식적으로 표현하는 데 포함된 복잡한 과정을 이해할 수 있어야 한다. 각각의 반응은 기호화되고, 채점되며, 수많은 계산 공식의 기초 자료로 사용되는데, 이 과정에서 세 종류의 상호 관련된 자료들이 발생한다. 이 세 종류의 자료들은 다음과 같이 구성되어 있다. 첫째, 검사자의 질문에 대한 반응이나 대답을 한 사람의 언어 표현, 둘째 기호화된 자료와 피검자의 대답에 포함된 부수적인 자료들, 셋째 많은 변인, 비율, 백분율과 산출된 지표들에 대한 자료, 그리고 기호화된 변인들의 빈도와 구성 내역 등이다. 이 세 자료는 검사 해석의 내용물이 된다. 전형적으로 이 자료는 개개인에 대한 타당하고 유용한 심리학적 정보를 구성하기에 충분하다. 그 설명들은 해석자가 종종 피검자의 반응 선택과 그 형식에 기여하는 요소에 관심을 가지고 검토하게 되면 더욱 정교해질 수 있다.

두 번째 조건은 해석에 대한 숙련성이다. 해석에 대한 숙련성이란 개인에 대한 합리적 이해와 개개인의 성격에 대한 지식, 견해를 기초로 한다. 그렇다고 해서 로르샤하 자료를 어떤 특정한 성격 이론의 맥락에서 해석해야 한다는 의미는 아니다. 로르샤하는 성격에 관한 다양한 이론적 모델 중 어떤 것으로도 해석될 수 있다. 또한 그 자료를 설명할 수 있는 타당성 있는 자료들에 근거하여 가장 적합한 방식으로 해석되어야 한다.

해석은 항상 독특한 개개인에 대한 관점을 기초로 이해를 심화시킬 수 있도록 진행되어야 한다. 해석자는 어떤 사람도 동일하지 않다는 인식을 가지고 피검자의 사고, 정서, 자기상, 통제와 같은 성격적 변인에 대한 중요한 자료를 통합해야 하고, 아울러 피검자의 개성을 가능한 한 찾아내도록 애써야 한다.

로르샤하 해석에 앞서 해석자가 갖추어야 할 요건이란 정신병리와 부적응에 대한 올바른 지식이다. 이것은 단순히 어떤 진단을 하기 위해서나, 정상과 비정상이라는 다소 구체적이지 못한 이해 그 이상의 것을 말한다. 정신병리와 부적응에 대한 올바른 이해란 한 개인에게 어떤 특성이 취약한 요인인지, 그리고 어떤 다양한 취약성이 어울려 내적 혹은 외적 부적응을 초래하게 되는지에 대한 깊은 인식과 관심이 포함되어야 한다.

해석을 위한 몇 가지 지침

해석 과정은 해석자가 검사의 목표나 과정에 대한 현실적인 자각과 이해를 가지고 있을 때 수월해진다. 현실적인 자각은 해석자를 결함이 있는 가설이나 잘못된 결론으로 빠지게 할 많은 함정에 대비할 판단 기준을 갖게 한다. 그것은 몇 가지 중요한 내용을 포함하는데, 그 각각의 내용은 정보를 통합하는 데 어떤 방식으로든 기여하게 될 것이다. 이 현실적인 자각은 검사 상황의 특성에 대한 이해뿐만 아니라 자료를 통합하고 검토된 정보에 의해 보편적으로 기대되는 내용, 그리고 가설에 의해 공식화된 원리를 포함한다.

피검자와 검사 상황

해석자가 검사받는 사람에 대한 중요한 정보를 알고 있고, 검사를 받게 된 상황적인 사유에 대해 알고 있다면, 해석은 보다 쉽게 진행될 수 있다. 맹목적인 분석은 학문적 측면에서는 흥미롭고 일부 타당한 결론을 도출할 수도 있다. 그러나 해석자는 현실에서 피검자에 대한 기본적인 정보들, 예를 들어 연령, 성별, 결혼 상태, 교육적 배경, 검사를 받는 이유에 대한 정보들은 검사 자료에서 나타난 결과와 통합해야 한다.

때로 검사가 시행되는 상황이 특수한 동기를 내포하는 경우라면 반응을 선택하거나 반응을 형성하는 데 영향을 줄 수 있다. 그렇다고 피검자의 동기가 검사 자료에 엄청난 영향을 주게 된다는 것은 아니다. 그러나 피검자가 검사를 받는 동안 해석자가 보일 수 있는 반응이나 반응을 발생시키는 전형적인 특성에 대해 인식하고 있다면, 그 피검자에게서 나타나는 특정한 자료를 명료하게 확인할 수 있을 것이다. 예를 들어, 로르샤하 검사를 받는 대부분의 사람이 자신이 해결할 수 없는 문제를 경험하고 있어서 약간의 혼란감과 불편감을 느낀다면, 검사를 받는 대부분의 성인은 신중하게 자신을 개방하는 경향이 있다. 특히 그들이 평가 절차에 대한 정보를 제공받은 경우라면 더욱 검사와 검사 상황이라는 일반적이지 않은 장면이라는 데서 오는 영향은 덜 받는다. 그런데 도움을 구하기 위해 온 전형적인 성인 환자와는 달리 검사와 검사 상황에 대해 걱정하는 사람들 중 다른 경우가 있다. 예를 들어, 심리적으로 곤란을 겪고 있는 아동은 곤란을 겪는 성인보다 검사에 더 방어적인 경우가 흔한데, 이는 그 상황에 대한 불안이나 공포 때문일 수 있다. 이러한 방어성은 유형적으로 검사 자료에 특징적인 문체로 반영되곤 하며, 해석자는 종종 그 특성이 검사 상황에 기인하는 것인지, 피검자의 심리 구조상 핵심적인 요소인지를 결정해야 할 때가 있다.

유사하게 살인이나 마약 때문에 유죄가 선언된 사람은 직장에서 승진을 하고 싶은 사람과는 검사 태도에서 상당히 다른 양상을 보일 것이다. 전자는 때때로 상당히 기괴하게 보이는 방식으로 반응을 정교화할 수 있다. 이에 비해 후자는 보통 매우 관습적인 방식으로 표현하려 애쓰며, 훨씬 신중할 것이다. 마찬가지로 신체적 외상으로 소송을 건 사람과 아동의 후견인을 찾는 부모는 검사에 대해 매우 다른 양상을 보일 것으로 기대된다.

검사 수행 목적에 따른 태도 차이가 실제로 개개인의 전형적인 성향이나 태도를 변경시키는 것은 아니지만, 간혹 상황은 한 사람이 다른 상황에 처했을 때와는 다르게 반응하도록 하기도 한다. **로르샤하** 자료 또한 피검자의 변하지 않는 성격 양상만 나타내는 것은 아니므로 해석자는 이 차이점을 예리하게 탐지할 수 있어야 한다.

통계에 근거한 연구 결과만 고려하자면 오히려 해석자가 한 개인의 상황적인 특성인지, 일시적인 특성인지에 대해 감별할 수 있게 도움을 주지만, 개인의 심리 구조 내에서 안정적인 것인지, 만성화된 것인지 감별하는 데는 큰 도움이 되지 않는다. 이러한 차이에 대해 확신을 가지고 변별하기 위해 해석자는 피검자가 검사를 받으러 온 사유와 상황을 잘 알고 있어야 한다.

편차 원리

해석적 과정은 보통 세부적인 자료에서 시작된다. 즉, 변인들의 군집은 각자 해석되고 다른 변인들과의 관련성에 대해 연구된다. 종종 이렇게 세부적인 자료부터 시작된 해석을 통해 단순하거나 혹은 구체적인 가설을 세울 수 있다. 이렇게 세워지는 가설들은 편차 원리에 근거하는데, 산출된 자료들이 규준 자료에서 이탈된 정도나 기대되는 결과와의 차이를 의미 있게 해석하게 된다.

가설을 세우는 데 규준에서 이탈된 정보(편차)를 의미 있게 사용하는 것은 법칙 정립적인 접근으로 **로르샤하** 해석에서 매우 중요하다. 그러나 이러한 통계적인 절차는 자칫 과도하게 단순화되거나 잘못된 결론을 내리게 할 수도 있다. 한 변인에서 편차가 관찰되었을 때 해석자는 성급하게 결론을 내리고 싶은 유혹을 느낄 수 있다. 가령, 4개의 *COP* 반응을 보이는 한 성인의 원자료를 보자.

이것은 일반적인 정상 성인의 중앙치나 최빈치와 비교하였을 때 상당히 높은 빈도다. 일반적으로, *COP* 반응은 긍정적인 것으로 여겨지는데, 기록에서 4번의 반응이 나온 것은 아마도 이 피검자가 다른 사람과 쉽게 상호작용하고 타인과 매우 긍정적이고 호의적인 관계를 맺을 수 있을 것이라는 가설을 세울 수 있다. 이러한 가설이 물론 사실일 수도 있지만, 또 한편으로는 사실이 아닐 수도 있으므로 절대로 성급하게 결론 짓지 않아야 한다.

일부 해석자들이 편차 값에 의거해 해석하려는 의도를 이해할 수 있지만, 대부분 이것은 발표된 규준 자료와 참고 자료에 대해 맹목적으로 의존하는 것일 수 있다. 현명하게 적용된다면 그 자료들은 검사 자료를 이해하고 활용하는 데 매우 중요한 역할을 할 수 있다. 이 자료들은 분명 한 개인의 독특한 양상을 규명하는 중요한 근거인 반면에 단순하고 부분적으로만 적용된다면 매우 잘못된 결론을 내리게 할 수 있다.

몇몇 특성과 관련해 **로르샤하** 변인들이 연구되고 그 타당성이 지지되기 때문에 그 연구 결과들을 토대로 규준 자료들이 더욱 오용되는 경우가 있다. 이 경우, **로르샤하** 변인들은 단일한 맥락 혹은 분리된 정보로 해석되어 통합되기 어려워진다. 불행하게도 어떤 해석자는 이런 통계적 견해에만 매달려 한 개인의 심리적 특성과 조작 과정 중에 나타나는 상호작용을 무시하는 경향이 있다.

이 상호작용이 무시되거나 단일 변인만을 근거로 한 해석적 가설이 세워지다면 오류가 발생할 가능성은 증가될 수밖에 없고, 이러한 해석적 가설에 의한 이탈치(편차)는 어떻게 해석해야 하는지 결정하여야 한다. 이렇게 부분적인 정보에 근거한 가설들은 불가피하게 피검자에 대한 전반적인 이해를 완성하지 못하고 정보들을 조직화하는 데 실패하면, 더더욱 위험한 일은 한 개인에 대한 왜곡되거나 잘못된 결론을 도출하는 실수를 초래한다.

예를 들어, 앞서 해석자가 4개의 *COP* 반응에 따라 타인에 대해 매우 긍정적이며 호의적이어서 쉽게 관계를 형성할 수 있는 사람이라는 가설을 내릴 수 있다고 했다. 이 가설은 협동적 운동 반응에 대한 일반적인 결과와 일부 부합되는 가설일 뿐이다. 그러나 그의 반응이, 첫째 4개의 *COP* 반응 중 3개에서 공격적 운동 반응이라는 특수점수(*AG*)를 받았다고 가정해 보자. 둘째, 4개의 *COP* 반응 중 두 개는 *M*− 로 채점되었다고 하자. 셋째, 인간 내용의 모든 반응이 (*H*)이거나 (*Hd*)라고 해 보자. 이 세 가지의 추가 정보로 보아 초기 가설이 기각되어야 한다는 데는 재고의 여지가 없다. 4개의 *COP* 반응이 해석에 매우 중요한 근거이지만, 다른 많은 자료는 피검자의 프로토콜에 대해 논리적 가설을 설정하기 전에 보다 다각적인 이해와 조사가 필요하다는 점을 시사한다.

유능한 해석자는 이탈된 자료를 현명하게 활용하며 성급한 결론을 내리지 않는다. 이탈된 편차 값에 근거한 가설도 프로토콜의 다른 자료로부터 산출된 가설들과 같이 통계적인 결과일 수 있다. 전반적인 자료를 검토하고 그 자료들이 첨가되어야 하며, 해석 과정의 초기에 설정된 가설을 더 포괄적이고 정밀하게 수정해야 한다. 이러한 과정을 통해 피검자만의 독특한 무언가를 찾아내야 한다.

자료 통합 과정의 과제

해석자는 항상 자료를 통합하는 데 예민해야 한다. 로르샤하 프로토콜이 축어 그대로 기록되었는지나 반응의 기호화가 옳게 되었는지에 대한 문제가 우선 해석 과정에서 중요할 수 있다. 이는 구조적 요약 자료를 검토할 때 특히 중요하다. 구조적 요약 자료들은 각 반응에 대해 결정된 기호들 간의 산술적인 계산에 의해 산출된 것이어서 반응을 기호화하는 과정에서 내려진 결정의 정확성에 의존할 수밖에 없다. 모든 해석자는 반응을 틀림없이 기호화하고, 채점 기호 간의 연속성을 정확하게 집계하고, 꼼꼼하게 그 빈도 자료를 기록하며, 비율, 백분율, 파생된 변인 들을 오차 없이 계산하는 과정에서 틀리지 말아야 한다. 따라서 채점의 정확성에 대해 검토하는 과정은 해석 과정에 앞서 여러 번 강조해도 부족할 정도다.

로르샤하 결과에는 좀처럼 드러나지 않는 실수가 있다. 검사자는 피검자의 언어 반응을 축어로 기록해야 한다. 반응 순서와 반응 시간, 그리고 잉크반점의 상하 위치, 반응의 위치와 결정인 등의 사항을 틀림없이 꼼꼼하게 기록해야 하고, 변인의 계산도 정확하게 완성해야 한다. 또 다른 종류의 실수도 일어나게 되는데, 이것은 반응이 채점되고 기호화될 때 생기는 오류다. 신중한 검사자도 때때로 이러한 실수를 할 수 있다.

채점과 기호화 과정에서 생기는 오류는 두 가지 형태로 나타나는데, 누락시키거나 잘못하는 경우다. 숙련된 채점자들이 하는 실수는 대부분은 누락 오류가 많다. 즉, 복잡한 혼합 반응에서 결정인을 포함시키지 않거나, 쌍 기호를 채점하지 않거나, 평범 반응 기호화를 잊어버리거나 부차적인 내용을 무시하는 오류를 범한다. 좀 덜 숙련된 채점자들 역시 누락의 오류를 보이지만, 그들은 대체로 잘못된 기호화와 채점의 실수를 범하곤 한다. 예를 들어, 결정인 간의 위계 원리를 무시하고, *CF* 대신에 *C*로 기호화한다거나, 피검자의 의도가 명확하지 않은데도 *Y* 결정인 대신에 *C′*로 채점하거나, 잘못된 *Z* 점수로 채점하거나, 반응이 *FD*인데 음영 차원(*V*) 반응으로 기호화하기도 하며, 논리적이지 않고 이상한 단어를 포함하는 반응을 잘못된 특수점수로 채점하는 오류를 범할 수 있다.

다행히도 구조적 요약은 풍부한 자료에서 산출된다. 그래서 한두 개의 실수는 구조적 자료의 해석적 유의미성에 큰 영향을 주지는 않는다. 물론, 한 개의 실수도 해석에 큰 영향을 줄 수 있는 경우가 있기는 하지만 대체로 그 자료가 빈도나 비율, 백분율 등등의 값을 변화시키지는 않는다.

가령, 카드 VI에 평범 반응을 했는데, *FT* 혹은 *TF* 기호를 하지 않을 경우 *T*=0이라는 구조적 자료가 산출된다. *T* 값이 0이면 보통 대인관계에 관한 군집에서 중요하게 여기는 이탈된 결과다. *T*는 역시 *es*와 *Adjes*의 값에 기여하는 변인이고, *D* 점수와 관련이 있다. 분명히 하나의 실수라도 해석적 가설이 공식화되었을 때 예상치 못한 오해석을 산출해 도미노 효과를 초래할 수 있다. 카드 I의 응답을 보며 그 예를 고려해 보자.

반 응

화형대에 묶여 있는 여자와 그 주변이 연기 같아요.

질 문

검사자: (피검자의 반응을 반복한다.)

피검자: 여자가 공중에 손을 위로 올리고 있는 것 같아요. 여기는 어두운데 그녀 주변을 둘러싸고 연기가 막 피어올라요.

검사자: 연기가 피어올라요?

피검자: 불에서 연기가 위로 막 피어오르는데요. 여자는 마치 잔다르크 같은데 화형대에 서 있어요. 아! 불은 여기 보이지 않고, 연기만 보여요.

이 반응은 대부분은 상당히 직접적으로 표현되었지만, 피검자의 의도에 관해 충분히 알기 어려운 모호한 언어 표현도 포함되어 있다. 또 두 개의 채점 기호 중 선택해야 할 것도 있는데, '어두운데……'라는 말이 사용되었는데, *YF* 기호가 맞는지, *C′F* 기호가 맞는지에 대해 고민하게 한다.

올바른 채점은 다음과 같다.

W+ Mp.mp.YFu H, Fi, Ay 4.0 MOR.

일부 채점자들은 상태를 무시하고 *YF* 대신에 *C′F*로 채점할지 모른다. '밝고 어둡다'라는 단어가 사용될 때 그 의도가 명확하지 않다면, 확산된 음영 기호가 더 적절하다. 이 반응에서 올바른 구조적 요약은 자료 1에 제시된 것이다. 채점자가 *YF* 대신에 *C′F*라고 채점한다면, 몇 개의 변인들의 값이 변경될 것이며, 이는 자료 2에 제시되어 있다.

반응이 올바르게 채점된다면, 자료들은 다음과 같은 가정을 만들어 낼 것이다. 첫째, −1의 *D* 점수 값과 조정된 *D* 값이 0이라는 점을 고려해 볼 때, 또한 낮은 *EA* 값을 고려해 볼 때, 상황적인 스트레스가 피검자에게 과부하 상태를 초래하였음을 시사한다. 둘째, *D* 점수가 마이너스이므로

자료 1 – *YF*로 채점했을 때

EB = 5:2.5	EA = 7.5		FC:CF+C = 3:1
eb = 6:5	es = 11	D = −1	SumC′:WsumC = 2:2.5
	Adjes = 10	AdjD = 0	
FM =5	C′ = 2	T= 1	
m =1	V = 0	Y= 2	

자료 2 – *C′F*로 채점했을 때

EB = 5:2.5	EA = 7.5		FC:CF + C = 3:1
eb = 6:5	es = 11	D = −1	SumC′:WsumC = **3**:2.5
	Adjes = **11**	AdjD = **−1**	
FM = 5	C′ = **3**	T = 1	
m = 1	V = 0	Y = **1**	

과부하된 상황이 잠재적인 충동성을 생성할 수 있다. 셋째, *EB*(5 : 2.5)에서 내향성을 가리키듯이 이 충동성의 일부가 피검자 본래의 관념적 유형에 영향을 끼칠 가능성이 커 보인다. 즉, 사고의 일부 패턴은 덜 명확하거나 다소 파편화되어 있을 가능성이 있다. 이 가설 또한 신중하게 점검되어야 하지만, 궁극적으로 이러한 결과는 상황적 스트레스 문제에 대한 개입의 필요성을 언급하는 데 중요한 정보일 수 있다.

잘못된 자료에서 산출되는 해석적 가정은 상당히 다를 것이다. 거기에는 상황적 스트레스에 관한 언급이 없는 대신, *D* 점수가 −1이기 때문에 과부화된 상태가 상황적인 것이라기보다는 만성적인 것이라는 가설을 세울 것이고, 스트레스에 대한 인내력이 부족하다는 언급과 함께 복잡하고 대처 기술이 요구되는 상황에서 효과적으로 기능할 수 있는 능력이 저하되었다고 가정할 수 있으며, 관념적, 그리고 행동적 충동성에 대한 또 다른 잠정적 가설을 세워야 한다. *EB*(5 : 2.5)와 관련해서, *C′* 반응수, 그리고 *SumC′* : *WSumC*에서 왼쪽 값의 더 높다는 사실은 그 과부하의 근거가 과도한 신중함과 감정을 자연스럽게 내재화하는 데 어려움이 있어서라고 가정하게 한다. 감정 표현을 억제하는 경향과 그것을 내재화하는 경향은 외적으로는 긴장, 불안, 우울과 같은 심리적 불편감을 초래하게 될 것이다.

여기서는 이러한 정서적 · 감정적 위축과 감정을 내재화하는 경향에 대해 언급될 것인데, 특히 스트레스에 대한 내성 능력이 부족하여 쉽게 심인성 신체 증상을 보일 것이다. 이 잘못된 가설이 다른 자료와 비교하여 조심스럽게 제안된다 하더라도 최종적인 결론은 피검자가 감정을 조절하는 데 만성적인 어려움을 가지고 있다고 제안될 것이고, 그에 대한 개입을 권고해야 한다.

근소한 차이로 발견되는 현상

한 가지 반응의 기호가 잘못되었을 경우 얼마나 잘못된 해석적 가설을 유도해 내는지를 설명하였는데, 해석자가 특별히 주의해야 할 또 다른 문제에 대해 예를 들어 설명하고자 한다. 이것은 겉보기에는 매우 중요한 결과인 것처럼 보이는 자료에 대한 예다.

자료를 보았을 때, 해석자는 *Y* 반응이 잘못 채점된 것이라면 조정된 *D* 점수가 마이너스 값이 된다는 점을 알고 있어야 한다. 다시 말해, 조정된 *D*는 0에 가까운 점수가 된다.

마찬가지로 잘못된 자료를 보았을 때, 빈틈 없는 해석자는 *EA*의 값이 1점 이상이라면 조정된 *D*점수는 0일 것이고, 조정된 *es* 값이 1점 더 적을 것이라 예상해야 한다. 또한 중요한 *SumC′* : *WSumC* 비율에서 왼쪽의 값이 오른쪽 값에 비해 .5점 높게 된다는 이 근소한 차이를 해석자가 발견한다면 이러한 변인과 관련된 항목을 포함하는 반응들의 채점 결과를 조심스럽게 검토하는 꼼꼼함이 필요하다.

이 예에서 잘못된 자료들이 발견되면 아마도 *EA* 값을 살피고, 특히 네 개의 반응에 대해 색채 반응을 검토해야 한다. 중요한 것은 그 기호화가 바르게 되었느냐 하는 것이다. *FC* 반응 중 하나가 *CF*로 채점되면 그것은 *SumC'*: *WSumC* 비율의 해석에 영향을 주게 되고, *D* 점수도 바뀌게 된다. 반대로 *CF* 반응이 제대로 채점되었다면, *D* 점수와 *SumC'*: *WSumC* 비율에서 나온 가설은 지지받을 수 있을 것이다.

두 번째 예는 회색-검은색과 음영 기호에 대한 것이다. 이 경우 재질 반응이 *T*로 채점되어야 하는지 *Y*로 기호화되어야 하는지 판단해야 한다. 동일한 문제가 세 개의 *C'* 반응과 *Y* 반응에도 해당되었는데 *C'* 기호가 적절한지 확인하는 것이 필요하다. *C'* 기호가 잘못된 것이라면, 그 자료로 초기 가설을 기각하거나 수정할 수 있다.

몇 개의 반응 채점을 검토하는 데는 시간이 많이 소요되지 않는다. 숙련된 전문가라면 몇 분 정도면 가능할 것이지만, 초심자는 꽤 오랜 시간이 소요될 것이다. 가장 좋은 방법은 해석을 하기 전에 모든 반응에 대한 채점을 검토하는 것이고, 채점 자체를 변화시키기 위해서가 아니라 생략한 것 혹은 잘못된 채점이 있는지를 검토하는 과정이 될 것이다.

숙련된 전문가조차 결코 자신이 채점한 것에 완벽한 확신을 가지지 못한다. 모든 기호에 대해 검토하는 것은 특히 검사를 실시한 사람의 해석에 동의하지 않을 때 중요한 작업일 수 있다. 신중하게 내용을 검토하면서 반응 기록을 자세히 살핀다. 이때 질문 단계의 추가 질문이나 반응위치영역기록지 등을 참고할 수 있다.

채점의 정확성은 반응마다의 채점과 백분율, 그리고 각 변인들 간의 비율을 산출하기 위한 계산을 통해 확인될 수 있다. 해석은 구조적 요약뿐만 아니라 프로토콜 원자료의 앞뒤의 관계를 검토하는 과정이 필요하다. 일반적으로 어떤 카드에서 평범 반응을 했는지, 어디에서 공백(*S*) 반응을 했는지, 반사 반응의 내용은 무엇인지, 특수점수에서 *DR*로 기호화된 내용은 무엇인지 등에 대한 질문이 검토되는데, 이 질문들은 해석을 명확하게 하는 데 기여할 뿐만 아니라 해석적 제안이 지나치게 단편적이거나 구체적이라는 가능성을 축소시켜 주기도 한다.

군집 해석

검사 자료의 대부분은 군집으로 묶인다. 이것은 〈표 13-1〉에 제시되어 있다. 7개의 군집들은 사람들의 기본 특성과 관련되고, 그 세부 자료들이 해석 과정 동안 검토되어야 한다. 여덟 번째 군집 자료는 상황적 스트레스가 가정될 때 검토된다. 일부 변인들은 하나 이상의 군집에 포함된다. 즉, 그 변인들 또한 여러 심리적 특성이나 조작 과정과 관련되기 때문이다.

예를 들어, 중재와 자기 지각 군집에 -반응이 포함될 수 있다. 또한 어떤 운동 내용은 자기 및 대인관계적 지각 군집에 포함된다. 높은 *Lambda*값은 통제, 정서, 정보 처리 과정, 인지적 중재, 그리고 관념화와 관련된다. 그리고 과민성 지수(*HVI*)는 처리 과정 활동, 관념화, 자기 지각, 그리고 대인 지각과 관련된다.

일부 변인이 여러 군집에 포함된다고 해서 그 군집이 항상 유의미한 해석 정보라는 의미는 아

표 13-1 심리학적 특성 관련 군집

기능 요소	변 인
정동 특성	DEPI, CDI, EB*(외향성), Lambda, EBPer, eb(우항값[SumC′+Sum T+Sum V+Sum Y]), SumC′ : WSumC, Afr, 2AB+(Art+Ay), CP, FC : CF+C, 순수C(빈도& 질), S, 혼합 반응, 유채색-음영 혼합 반응, 음영 혼합 반응
통제 역량 스트레스 내성, 인내력	D 점수, Adj D 점수, CDI, EA(Sum M, WSumC), EB, Lambda, es & Adj es(FM, m, Sum T, Sum V, Sum C′, Sum Y)
인지적 중재	R, Lambda, OBS, XA%, WDA%, X−%, FQ−, S−, (왜곡의 수준을 가늠하기 위해 마이너스 반응을 검토할 것)P, FQ+, X+%, Xu%
관념화	EB*(내향 유형), Lambda, EBPer, a : p, HVI, OBS, MOR, eb(좌항 값[FM+m]), Ma : Mp, 2Ab+(Art+Ay), Sum6, WSum6, 특수점수 6개의 질, MQ, M 반응의 질
정보 처리	Lambda, EB, OBS, HVI, Zf, W : D : Dd, 반응 영역의 위계, W : M, Zd, PSV, DQ, 발달질의 위계
대인 관계 지각	CDI, HVI, a : p, Fd, SumT, 인간 내용 반응의 합, H, GHR, PHR, COP, AG, PER, 소외지표, M의 내용과 FM 반응의 내용 중 쌍인 것
자기 지각	OBS, HVI, Fr+rF, 3r+(2)/R, FD, SumV, An+Xy, MOR, 순수H : 비순수H, 인간 내용 반응의 기호, 마이너스 반응의 내용, MOR, 인간 내용과 운동 반응
상황 관련 스트레스	D 점수, Adj D 점수, EA, EB(0점), m, SumY, SumT, SumV, 혼합 반응의 복잡성, 유채색 음영 반응과 m+Y 혼합 반응, 순수C, M, M−, 형태 없는 M

니다. 예를 들어, *MOR* 값이 0 혹은 1이라면, 그 결과는 자기 지각에 관한 자료를 평가할 때 해석자에게 유용하고 중요한 것이지만, 관념화에 관한 자료를 검토할 때는 덜 중요하다. 반대로, *MOR* 값이 3 이상이라면, 해석자는 두 번 그 자료를 사용할 것인데, 한 번은 자기 지각에서 부적 양상을 보이는 결과에 관해서, 또 다른 하나는 사고를 평가할 때 사용한다. 왜냐하면 자기에 대한 부정적 태도의 경향의 신호인 *MOR*의 값이 상승했기 때문에 해석자는 그 개인의 비관적인 내용의 사고를 예상할 수 있다.

그러므로 한 변인이 하나의 군집에 의한 해석의 결과에 기여할 수도 있지만, 그 변인의 값과는 관계없이 동일한 변인이 다른 군집에서 중요한 역할을 할 수도 있다.

체계적 접근

본질적으로 로르샤하 프로토콜에 대한 해석은 반응 원자료에 기초해야 한다. 일반적으로 반응 원자료란 구조적 요약, 채점 순서, 언어 표현을 들 수 있다. 심리 측정적 맥락에서 보면, 구조적 요약은 로르샤하의 '하드 데이터'를 구성하는 것이라 할 수 있고, 그것이 기본적인 해석적 가설을 형성하는 데 기여할 것이라는 기대는 합당하다.

그러나 이 가설의 일부는 너무 일반적이거나 너무 구체적이어서 잘못 단정될 수도 있다. 구조적 요약에 대한 연구 결과, 다른 구조적 변인들에 앞서 언어 자료나 혹은 그 연속적인 위계들을 검토하는 것이 필요하다는 지적이 많다.

〈표 13-2〉에는 군집별로 중요한 자료들이 순서대로 제시되어 있다. 〈표 13-2〉에 제시되어 있듯이, 어떤 자료를 다른 자료로 변환하는 것이 체계적 해석 과정의 일부가 될 수 있다. 예를 들어, 어떤 자료에서 다른 자료로의 변환은 해석자가 명확하지 않은 결과에 대해 판단해야 할 때 유용할 수 있다. 어떤 자료에서 다른 자료로의 유연성 있는 변화는 검사 결과를 포괄적이고 의미 있게 해석하는 핵심적인 과정일 수 있다. 특징적인 위계는 종종 구조적 요약에서 얻은 가설을 확증하고 명확하게 해 주며 검증할 수 있는 정보를 제공한다. 때때로 예외적인 위계의 효과가 새로운 가설을 제공할 수 있다. 또한 언어 자료는 새로운 가설을 제안하고 확인하는 데 필요한 자료를 풍부하게 제공할 수 있다.

구조 확립을 위한 기본 가정

해석자는 피검자에 대한 전반적인 그림을 그려 보기 위해 기본적인 틀을 사용하면서 해석을 진행하게 된다. 각 군집의 다양한 구성 요소가 검토된 것처럼 가설들이 세워져야 하는데, 우선 그 가설들은 간단하고 일반적이지만 많은 연구 결과에 준해 첨가되거나 다져지곤 한다. 하나의 가설은 다른 가설에 의해 해석적으로 유추될 수 있는데, 그중 어떤 것도 쉽게 기각되지 않는다. 왜냐하면 연구를 통해 생성된 가설들도 결과들을 통합하는 과정에서 조정될 수 있기 때문이다.

자료 군집에 의해 제안된 가설들은 그 자료가 풍부하기 때문에 연역적인 해석적 접근을 가능하게 한다. 일부 군집에서 얻은 결과들이 평범하기만 할 수도 있다. 하지만 그 가설들은 전체의 부분일 수 있으며, 동시에 그 개인의 독특하고 극적인 자료에서 도출된 또 다른 가설일 수 있기 때문에 그 결과를 통합하려는 노력이 중요하다.

어떤 가설은 의문이 제기될 수도 있고 신뢰하기 어려울 수도 있다. 이론적으로 견고한 해석은 어떤 것은 강조하고 부각시키고 또 어떤 것은 부적절하게 기술하고, 어떤 것은 배제하는 등의 방식으로 가설을 조직화하는 것이며, 위계적으로 축적된 자료에 의해 가능하다.

〈표 13-2〉에 포함된 모든 단계가 예비 가설의 근거가 된다. 그리고 그것은 독특하고 극적인 것이 아니어서 자연스럽게 어떤 가설이 지지되지 않을 때가 특히 중요하다. 이탈된 결과나 극적인 결과는 해석자의 흥미를 자극할지 모르지만, 의미 있는 가설을 보증하지는 않는다. 왜냐하면 그것은 극히 개별적인 정보를 반영하는 것일 수 있기 때문이다. 가령, 한 개의 반사 반응, 여러 개의 재질 반응, 그리고 '부패한 상태의 신체 일부분'과 같은 반응은 중요한 정보로 해석자가 세운 가설을 분명하게 해 줄 수 있다. 즉, 이 결과들이 타당성을 검증하는 데 필요조건이라 할 수는 없다. 결과에 대한 유의미성은 보편적인 자료들을 포함

표 13-2 각 군집 간 변인 검토 순서

통제와 스트레스 내성

단계 1 Adjusted D 점수와 CDI
단계 2 EA
단계 3 EB와 Lambda
단계 4 es와 Adj es
단계 5 eb

상황 관련 스트레스

단계 1 es와 Adj es와 관련된 D 점수
단계 2 D와 Adj D 점수 사이
단계 3 m 과 Y
단계 4 T, V 개인력과 관련된 3r+(2)/R
단계 5 D 점수(순수 C, M −, 형태 없는 M 점검)
단계 6 혼합 반응
단계 7 유채색 음영 혼합 반응과 음영 혼합 반응

정동 특성

단계 1 DEPI와 CDI
단계 2 EB와 Lambda
단계 3 EBPer
단계 4 eb의 우항과 관련 변인들
단계 5 SumC′:WSumC
단계 6 정동 비율
단계 7 주지화 지표
단계 8 색채 투사
단계 9 FC:CF+C
단계 10 순수 유채색 C
단계 11 공간 반응
단계 12 혼합 반응(Lambda와 EB)
단계 13 m과 Y 혼합 반응
단계 14 혼합 반응의 복잡성
단계 15 유채색 음영 혼합 반응
단계 16 음영 혼합 반응들

자기 지각

단계 1 OBS와 HVI
단계 2 반사 반응
단계 3 자아 중심성 지표
단계 4 FD와 음영 차원(개인력과 관련된)
단계 5 An + Xy
단계 6 MOR합
단계 7 H:(H)+Hd+(Hd)와 인간 내용 반응 점검
단계 8 Search for projections
a − 반응
b MOR 반응
c M과 인간 내용 반응
d FM과 m 반응
e 그 외 반응에 나타난 윤색에서 투사 점검

정보 처리

먼저 검토할 변인들(L, EB, OBS, HVI)
단계 1 Zf
단계 2 W:D:Dd
단계 3 반응 영역 위계
단계 4 W:M
단계 5 Zd
단계 6 PSV
단계 7 DQ
단계 8 DQ 위계

인지적 중재

먼저 검토할 변인들(R, OBS, L)
단계 1 XA%와 WDA%
단계 2 형태질 채점이 안 되는 변인
단계 3 X−%, FQ 빈도, S 빈도
단계 3a 동일한 주제들
단계 3b − 반응의 왜곡 수준
단계 4 평범 반응
단계 5 FQ+ 빈도
단계 6 X+%와 Xu%

관념화

단계 1 EB와 Lambda
단계 2 EBPer
단계 3 a:p
단계 4 HVI, OBS, MOR
단계 5 eb의 좌항
단계 6 Ma:Mp
단계 7 주지화 지표
단계 8 Sum6와 WSum6
단계 9 특수점수 6개의 질
단계 10 M 형태질
단계 11 M 반응의 질

대인관계적 지각

단계 1 CDI
단계 2 HVI
단계 3 a:p
단계 4 음식 반응(Fd)
단계 5 Sum T
단계 6 인간 내용의 합과 순수 인간 H 반응 합
단계 7 GHR:PHR
단계 8 COP와 AG 빈도와 채점
단계 9 PER
단계 10 소외지표
단계 11 M 반응 내용과 FM 반응 중 쌍 반응 내용

하는 모든 자료를 고려하여 판단하게 된다. 이탈되지 않은 결과들은 전형적으로 피검자에 대한 전반적인 인상을 형성하기 위해 매우 중요하게 채택되곤 한다.

예를 들어, 다음에 제시된 〈표 13-3〉의 정보 처리 과정에 관한 자료들을 보자. 이들은 22개의 반응에서 나온 자료인데, 여기에는 두드러지게 일탈되거나 극적인 자료는 없다. 그런데도 이 자료들에서 몇 가지 유용한 가설과 피검자에 대한 중요한 정보를 얻을 수 있다.

정보 처리 군집에 대해 해석하려면 몇 가지 필수적인 정보가 요구되는데, 그 자료는 반응 유형이나 자료의 맥락을 파악하는 데 유용하기 때문이다. 여기에는 *EB, Lambda, HVI, OBS* 변인들이 포함된다. 이 변인에 의하면 피검자는 관념 형성 유형(EB)이고 *Lambda* 값이 .67이다. 이 결과 중 어떤 것도 피검자의 정보 처리 활동이 비정상적인 유형이라 시사하지는 않는다. 또한 *OBS*와 *HVI* 모두 부적 결과를 보이므로 새로운 정보를 처리할 때 지나치게 경계하거나 완벽주의적인 특성을 보일 이유가 없다.

*Zf*는 기대되는 범위에 있으며, 대부분의 성인에서 나타나는 정도다. *W*:*D*:*Dd* 비율이 7:13:2로 그의 정보 처리 과정은 상당히 경제적이라고 해석될 수 있다. 하지만 반응 위치의 위계를 보면, 사고 활동의 경제성을 그의 정보 처리 과정 책략에 대한 유의미한 정보로 보기에 적절하지 않다. 7개의 *W* 반응 중 6개는 카드의 첫 번째 반응이고, 7개 중 4개의 반응은 *W* 반응을 하기 위해 상당한 노력이 필요한 카드에서 나타났다(카드 VII, VIII, IX, X). *W*:*M* 비율은 7:5인데, 이것은 피검자가 내향적인 사람일 것이라는 기대에 부응하는 것이다.

Zd 점수는 +.5이고 *PSV* 반응이 없다는 점은 그의 주사 전략이 상당히 효과적이라는 점을 시사한다. *DQ*+ 값이 7이라는 것, 즉 7개의 좋은 발달질로 채점되는 반응이 각 반점들에 분포되어 있다는 것은 그의 인지적 조직화 활동이 상당히 세련되고, 대부분의 성인에게 기대되는 정도라는 점을 말해 준다.

표 13-3 26세 남성의 정보 처리 관련 변인

EB = 5:2.5	Zf = 12	Zd = +.5	DQ+ = 7
L = .67	W:D:Dd = 7:13:2	PSV = 0	DQ v/+ = 0
HVI = NO	W:M = 7:5		DQv = 0
OBS = NO			

반응영역과 발달질 위계

I:	Wo.Do.Ddo	VI:	Do.D+
II:	D+.DSo	VII:	D+.Wo
III:	D+.Ddo	VIII:	W+.Do
IV:	Wo.Do.Do	IX:	Wo.D+
V:	Wo	X:	W+.Do.Do

이 결과들을 검토한 후 신중하지 못한 해석자는 정보 처리 활동에 어려움이 없다고 결론을 내릴지도 모른다. 또한 평가서도 그렇게 쓸 것이다. 이러한 진술이 적합하더라도 피검자의 강점에 대한 정보를 간과했기 때문에 부적절할 수 있다. 그가 복잡성에 대해 과도하게 회피적이지도 않고 과도하게 몰입하지도 않는다는 사실은 중요하다. 또한 그가 최대한 많이 조직화하려고 노력한다는 사실, 그리고 그 조직화 과정은 경제적이면서도 매우 세련된 방식이므로 피검자의 중요한 강점으로 이해할 수 있다.

"아무런 어려움도 없다."라고 진술하기는 아직 이르다. 여기에는 몇 가지 다른 이유들이 있을 수 있는데, 인지 활동과 관련된 다른 두 개의 군집 자료가 검토되기 전까지는 알 수 없다.

인지적 중재 자료 중 6개의 변인에 해당되는 반응이 나왔으며, 이 6개 중 5개가 해당 카드(카드 I, IV, VIII, IX, X)의 첫 반응이었다. 5개 반응 모두 *W*의 반응 위치에 해당되었다. 이러한 결과는 *W*:*D*:*Dd*와 *W*:*M* 비율에서 얻은 가설이 다시 수정되어야 한다는 점을 시사한다. 또는 7개의 *DQ+* 반응 중 4개가 *FABCOM*(우화적 조합, Fabulized Combination) 특수점수를 포함하는 반응이다. 이 경우에는 그가 상당히 세련된 방식으로 조직화한다는 가설을 일부 변경하거나 기각할 수도 있다.

이전의 예에서 조직화하는 군집들을 검토해서 얻은 요약 자료의 중요성에 대해 강조하였지만, 장점과 단점 또한 신중하게 검토되어야 한다. 구조적 요약은 늘 검증되어야 하며, 여러 군집 자료들이 제공하는 어떤 가설적 자료도 역시 서로 다른 군집 자료들과 비교하여 수정될 수 있어야 한다.

어떤 군집 자료를 토대로 해석하려 할 때 해석자는 모든 자료를 적합한 방법으로 얻었는지, 그리고 결과 수집에서 편의성 때문에 중요한 정보가 누락되지는 않았는지를 확인해야 한다. 피검자가 이러저러한 특성을 가지고 있다는 인상을 얻는 것만으로는 충분하지 않다. 피검자의 성격적 특징을 개념화하는 데 인지적인 조직화 특성은 매우 중요한 정보가 되므로 그에 대한 주의가 필요하다. 즉, 다음과 같은 의문이 생길 때 답을 탐색해야 한다. 첫째, 이 사람에게 보이는 특성으로 예측할 수 있는 성격적 특징은 무엇인가? 둘째, 이 특성은 이 사람의 심리 내부에서 다른 특성과 어떻게 상호작용하며 관련되는가?

군집 검토 순서

해석은 군집별 모든 자료를 빈틈없이 검토해야 하는데, 각 군집의 해석 순서는 피검자마다 다르다. 일단 12개의 핵심 변인이 확인되면, 중요하거나 우선 해석되어야 하는 순서대로 검토해야 한다.

실제로 두세 개의 핵심 변인이 한 개인의 심리적 특성을 확인하는 데 중요한 자료가 될 수 있다. 일반적으로 이 자료들은 각 개인을 설명하는 데 상당한 역할을 하곤 한다. 또한 성격 구조에 대한 주된 요소나 심리적인 조직화 과정에 영향을 주는 주요한 요인에 관련되어 있다. 다른 자료들을 설명하는 역할을 하기도 하고, 한 개인의 심리적 기능에 대한 방향을 잡을 수 있도록 도움이 되기도 한다. 따라서 산출된 자료들이 결국 전반적인 진술들 간의 관계에 중심이 되므로 해석의 시작 시점에서 해석자가 관심을 가질 필요가 있는 군집을 결정하는 과정이 매우 중요하다.

12개의 변인과 해석 전략은 〈표 13-4〉에 제시되어 있다. 이것들은 중요도에 따른 순위에 근거해 나열된 것인데, 일반 첫 번째 핵심 변인이 유력하다면 전형적인 군집 순서에 따르기를 권한다.

12개의 핵심 변인은 두 가지 특성에 의해 분류될 수 있는데, 앞의 6개 변인들(*PTI*>3, *DEPI*>5와 *CDI*>3, *DEPI*>5, *D* 점수<*Adj D* 점수, *CDI*>3, *Adj D* 점수<0)은 성격 구조에 대한 것이어서 정신병리나 잠정적으로 해체에 대한 정보를 기대할 수 있다. 뒤의 6개 변인들은 기본적인 성격 유형에 대한 것이어서 조직화나 기능의 기초적인 정보를 포함하고 있다. 대체적으로 순서대로 앞의 변인부터 살펴보게 되는데, 어떤 경우는 단순히 핵심 변인부터 검토하는 보편적인 순서를 거슬러야 할 때가 있다. 또한 제2 변인, 제3 변인을 살펴보는 것이 완전한 해석에 앞서 중요할 때가 있다. 각 전략들은 논리적인 순서를 따르게 되어 있어서 새로운 자료가 있어도 이미 가정된 해석에 적절하게 통합될 수 있다. 보편적인 순서는 〈표 13-4〉에 예시된 것처럼, 경험적이고 논리적인 순서를 따라 제1, 제2, 제3의 군집들이 검토되고, 그 개인의 가장 핵심적인 특성에 관한 정보들을 제공한다. 마찬가지로 새로이 발견되는 자료들은 이 보편적인 순서에 적절하게 통합될 수 있다.

해석자는 12개의 변인들이 따로 분리된 것이 아니라는 점을 늘 명심해야 한다. 모든 군집은 상호 관련되어 있으므로 동일한 순서는 아니더라도

표 13-4 핵심 변인과 관련된 해석 탐색 전략

의미 있는 변인 값	군집 검토 순서
PTI>3	정보 처리 → 인지적 중재 → 관념화 → 통제 → 정동 → 자기 지각 → 대인관계 지각
DEPI>5와 CDI>3	대인관계 지각 → 자기 지각 → 통제 → 정동 → 정보 처리 → 인지적 중재 → 관념화
DEPI>5	정동 → 통제 → 자기 지각 → 대인관계 지각 → 정보 처리 → 인지적 중재 → 관념화
D<ADJ D	통제 → 상황적 스트레스(다음의 정적 변인이나 제3의 변인을 확인할 것)
CDI>3	통제 → 대인관계 지각 → 자기 지각 → 정동 → 정보 처리 → 인지적 중재 → 관념화
ADJ D가 마이너스	통제 →(다음의 정적 변인이나 제3의 변인을 확인할 것)
Lambda>.99	정보 처리 → 인지적 중재 → 관념화 → 통제 → 정동 → 자기 지각 → 대인관계 지각
FR+RF>0	자기 지각 → 대인관계 지각 → 통제(다음의 정적변인이나 제3의 변인을 확인할 것)
EB가 내향 유형	관념화 → 정보 처리 → 인지적 중재 → 통제 → 정동 → 자기 지각 → 대인관계 지각
EB가 외향 유형	정동 → 자기 지각 → 대인관계 지각 → 통제 → 정보 처리 → 인지적 중재 → 관념화
p>a+1	관념화 → 정보 처리 → 인지적 중재 → 통제 → 자기 지각 → 대인관계 지각 → 정동
HVI에 해당될 때	관념화 → 정보 처리 → 인지적 중재 → 통제 → 자기 지각 → 대인관계 지각 → 정동

인지 활동, 정보 처리, 중재와 관념화 군집 중 적어도 3개의 군집을 함께 해석해야 한다. 또한 상호 관련성 때문에 자기 지각과 대인관계에 대한 지각을 함께 고려해야 한다.

제3의 변인으로 해석하기

어떤 프로토콜은 유력한 핵심 변인이 나타나지 않는 경우도 있다. 이때는 제3의 변인 중 유력한 변인을 선택해야 한다. 〈표 13-5〉에는 유력한 핵심 변인이 없을 때 종종 제3의 변인으로 선택되곤 하는 순위를 제시해 두었다. 핵심 변인과는 달리 제3의 변인은 예측력이 낮은 편이다. 관련된 추가적 정보들이 포함된 제2의 변인은, 예측력은 없더라도 피검자에 대한 유의미한 정보를 제공하는지가 대안적인 변인들을 선택하는 데 중요한 결정 기준이 된다. 〈표 13-5〉는 초심자들에게 제2, 제3의 변인을 선택하는 데 지침이 될 것이다.

단, 이 변인들이 크게 변화하지는 않지만, 해석자는 피검자의 주변에 어떤 예외적인 요소들이 있다면 언제든 추가적인 정보에 의해 해석에 반영할 준비를 하고 있어야 한다.

결과의 통합

로르샤하의 특징은 개별적인 특성에 대한 정보뿐만 아니라 보편적으로 타인과 공유하는 특성에 대한 정보를 얻을 수 있다는 점이다. 즉, 그 개인의 독특성에 대한 특별한 정보를 여러 측면에서 포착할 수 있다. '~를 할 수 있다.'는 표현을 쓴 이유는 어떤 결과 요약은 그 개인의 개별적인 특성 정보를 누락할 수도 있기 때문인데, 이는 로르샤하 자료가 빈약할 때 발생할 수 있다. 혹은 해석

표 13-5 제3의 변인에 기초한 해석 탐색 전략

의미 있는 변인 값	군집 검토 순서
OBS에 해당될 때	정보 처리 → 인지적 중재 → 관념화 → 통제 → 정동 → 자기 지각 → 대인관계 지각
DEPI=5	정동 → 통제 → 자기 지각 → 대인관계 지각 → 정보 처리 → 인지적 중재 → 관념화
EA > 12	통제 → 관념화 → 정보 처리 → 인지적 중재 → 정동 → 자기 지각 → 대인관계 지각
M− > 0 또는 Mp > Ma 또는 Sum6 Sp Sc > 5	관념화 → 인지적 중재 → 정보 처리 → 통제 → 정동 → 자기 지각 → 대인관계 지각
Sum Shad > FM+m 또는 CF+C > FC+1 또는 Afr < .6	정동 → 통제 → 자기 지각 → 대인관계 지각 → 정보 처리 → 인지적 중재 → 관념화
X−% > 20% 또는 Zd > +3.0 또는 < −3.0	정보 처리 → 인지적 중재 → 관념화 → 통제 → 정동 → 자기 지각 → 대인관계 지각
3r+(2)/R < .33	자기 지각 → 대인관계 지각 → 정동 → 통제 → 정보 처리 → 인지적 중재 → 관념화
MOR > 2 또는 AG > 2	자기 지각 → 대인관계 지각 → 통제 → 관념화 → 정보 처리 → 인지적 중재 → 정동
T=0 또는 > 1	자기 지각 → 대인관계 지각 → 정동 → 통제 → 정보 처리 → 인지적 중재 → 관념화

자가 결과를 통합하는 데 실패하더라도, 그 진술 자체를 소개하고 군집별 결과를 요약할 수 있다.

로르샤하 결과를 해석할 때는 여러 변인과 군집 자료에서 잠정적인 해석이나 결론과 그 자료들을 해석하는 데 필요한 개인력 등의 정보를 최대한 활용하여 통합하려는 노력이 필요하다. 이미 제시된 가설이나 결론들도 그 피검자의 개인적 특성과 환경 변인들을 고려하여 신중하게 검토해야 한다. 이미 이 장의 처음에서 강조했던 것처럼 로르샤하 해석에 앞서 해석자가 갖추고 있어야 할 지식과 경험들이 통합적이고 적합한 해석을 가능하게 하는 데 도움이 될 것이다.

실제로 개념적인 통합 과정은 로르샤하 해석에 있어 단계마다 계속되어야 한다. 반응 유형이나 통제, 방어 전략, 인지 활동 특성, 자기상, 그리고 대인관계적인 양식 등 개인의 성격 특성과 심리적인 조작 활동에 대한 참조 정보들을 로르샤하 자료와 관련시켜 이해하려고 노력해야 한다. 로르샤하의 해석에 들이는 노력과 시간은 기술과 경험이 향상되면서 개선될 것이고, 일단 로르샤하에 대한 전문가의 수준에 이르면 정확하게 해석하는 데 90분 정도면 충분할 것이다.

이어진 장들은 군집 해석의 구체적인 전략에 대한 것이다. 변인과 해석 규칙들은 자세하게 다루었다. 마지막 장에서는 그러한 해석 규칙과 다양한 군집 자료에서 얻은 가설과 결론들이 한 개인에 대한 포괄적인 기술로 통합되는 예를 소개하고자 한다.

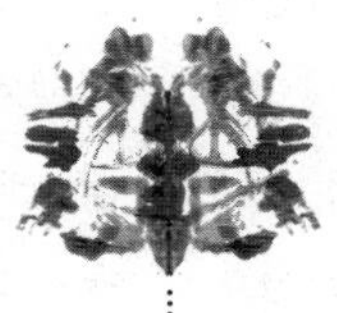

제14장
통제와 스트레스에 대한 인내/내성 능력

군집 자료에 관한 해석의 원리를 파악하기 위해서는 일련의 순서에 따라야 하는데, 다음 두 가지 이유로 통제 관련 군집 자료를 살펴보아야 한다. 첫째, 통제 주제는 핵심 변인에 기초한 탐색 전략을 적용할 때 가장 우선적으로 드러난다. 둘째, 통제의 개념과 자원은 종종 그 개인의 심리학적 특징 연구에서 중요하게 언급되어 온 개념이다. 특히 해석자가 어떤 사람의 정서적 · 관념적 기능을 이해하기 위해 고민할 때는 더욱 중요하게 고려해야 할 변인이라 할 수 있다.

통제의 개념

통제의 개념은 실험정신병리학 연구에서만 체계적인 연구 주제로 다루어 왔다. 그러나 대부분 전형적이고 실험 조건이라는 한계가 있었고, 그 결과들은 통제의 이론적 개념에 대해 간접적인 정보만을 제공해 왔다. 일반적으로 통제에 대한 이론은 자아 기능과 이차 과정 활동에 관한 정신분석 모형이나 욕구 감소 혹은 욕구의 항상성과 관련한 성격 모형에서 중요하게 다루어졌다.

다른 한편으로 정서적인 충동과 관련된 연구가 많은데 여기서는 충동적인 사람들은 통제력이 부족하다고 설명한다. 충동성이라는 용어는 종종 불분명하게 사용되기도 하는데 충동적인 행동은 통제된 충동 행동과 통제되지 못한 충동 행동으로 구분되곤 한다. 예컨대, 충동적인 행동에는 아동의 고집이나 짜증에서부터 극단적인 범죄까지 포함된다. 극단적인 범죄들은 매우 불안정한 경우에 해당되는데, 이때 사람이 정서에 압도되어 행동의 통제 능력을 상실하면서 불안정성이 나타나게 된다. 한편, 아동이 부리는 짜증의 대부분은 불안정성만의 산물은 아니다. 아동이 통제하기 어려운 행위들의 대부분은 중요한 타인, 즉 양육자에게 영향을 끼칠 목적(의사를 전달할 목적)으로 선택되기도 한다.

일반적으로, 통제의 개념은 '상황이 요구하는

것에 부응하거나 저항하기 위해 필요한 행동들을 신중하게 계획하고 실행하는 역량'이라고 정의하는 것이 적절하다. 사실상 그것을 조직화하고 방향을 결정하는 것이 그 개인의 능력이다. 양분법적인 가정을 하자는 것은 아니다. 통제 능력은 상황에 따라 감소하거나 강해질 수 있다. 가장 좋은 예는 일반적으로 사람의 느낌과 사고에 대해 조사해 보면 더 쉽게 알 수 있다.

대다수의 사람은 그들의 어떤 감정—즐거움, 감격, 두려움, 불만, 좌절, 화 등—의 표현이 상황보다 더 강하거나 더 극적으로 나타나는 순간에 당혹스러워한다. 전형적으로, 그것은 순간적으로 통제에 실패한 것이어서 그 반응은 적절하거나 효과적이지 못할 수도 있다. 마찬가지로 대부분은 자신의 느낌이 너무 강하고 감정에 이성이 압도되어 행동이 통제되지 않는 상태로 통제의 어려움을 진술하곤 한다. 마찬가지로 생각/사고는 조직화되거나 방향성을 가지는데, 통제가 느슨해지면 생각의 초점을 유지하거나 집중하기가 어렵다고 하거나 무작위적이거나 목적이 없어지기도 하며, 내적 혹은 외적 힘에 의해 사고가 비합리적이거나 단절되는 경우도 있다.

대부분 통제의 실패는 표현하고자 하는 강력한 향상에의 욕구와 관련되어 안도감이나 만족감을 느끼기 어렵게 할 수 있다. 또한 집중하여 사고하기 어렵고, 백일몽처럼 혹은 사고가 분절될 때, 지루함에서 벗어나고 싶어 하거나 보다 분명한 관념적 초점에서 어긋나려 하는 경우가 있다. 통제의 실패가 느낌이나 사고를 압도할 때, 왜 이것이 발생하는가에 대해 이해하는 것이 사람의 내면 심리를 이해하는 데 중요하다. 때로는 통제의 실패가 심리학적인 징후가 될 수 있다. 달리 말하면, 대부분의 경우 일탈을 제지할 수 있는 충분한 통제 능력을 가지고 있지만, 다양한 원인에 의해서 그렇지 못한 경우도 있다. 다른 한편으로 통제 역량에 한계가 있는 사람들도 있는데, 그들은 일시적으로나 만성적으로 상황 및 스트레스에 압도되는 경우도 있다. 사람들은 느낌이나 사고를 압도하는 통제(능력) 상실에 대한 두려움을 종종 경험하게 되는데, 사실 그들은 스스로 자기 한계의 희생자가 되곤 한다.

통제 능력과 관련된 가정

이미 지적했듯이 통제 역량은 요구된 상황에 저항하거나 부응하기 위해 신중하게 계획된 행동을 하는 데 기여한다. 그러기 위해서는 자신의 욕구를 충족시키는 데 필요한 요소를 활용할 수 있는 능력이 전제되어야 한다. 통제의 특성을 이해하는 데 중요한 세 가지 개념, 첫째 자원(resources), 둘째 자극의 속성(stimulus demand), 셋째 스트레스에 대한 인내력(stress tolerance)을 살펴보자.

자 원

자원의 개념은 자신의 느낌을 인식하고 활용하는 방식을 개선시킬 수 있는 인지적인 역량의 총체라고 할 수 있다. 한 사람에게 가용한 자원들은 정신병리적인 잠재성을 가지고 있거나 혹은 아닐 수도 있다. 한정된 자원들이 자동적으로 부적응을 발생시키지는 않는다. 그리고 풍부한 자원이라고 해서 반드시 긍정적인 적응으로 이어지고, 병리 가능성을 배제하는 데 충분조건이 되는 것도 아니다. 심각한 혼란을 경험하는 사람들도 종종 풍부하고 가용한 자원을 보유하고 있고, 한정된 자원을 가진 사람들도 그들 나름대로 꽤 효과적인 적응기제를 가지고 있는 경우도 많다.

자원의 개념이 폐쇄적인 에너지 체계처럼 변경 불가능하다는 의미는 아니다. 약하게나마 상관이 있지만, 자아 강도와는 다른 개념으로 이해되어야 한다. 자아 강도는 어떤 것을 선택하고 실행하는 동안 내면의 욕구, 가치, 외적인 상황 조건 등을 중재하는 효과적인 정신 활동(2차적 정보 처리 활동)에 관여한다. 자아 강도가 약하거나 제한되어 있다면, 행동을 결정하고 실행하기 위해 환경이나 주변 여건을 고려하는 데 실패하고 내적인 갈등이나 욕구를 주변 환경과 절충하기도 어렵기 때문에 진단적인 부적응이나 병리 가능성이 커질 수 있다. 따라서 자아 강도는 잠재적으로 병리와 직접적인 관계를 가지고 있지만, 자원의 가용성과 필연적인 관계를 가지고 있다고 보기는 어렵다.

지능과 가용한 자원 간의 상관에 대해서는 신중해야 한다. 지능이 낮은 경우 평균이거나 그 이상의 지능을 가진 사람들이 대체적으로 가용한 자원을 더 보유하고 있을 것이라 예상하지만, 그렇게 단정하기도 어렵다. 평균 이상의 꽤 높은 지능을 가진 것으로 측정된 사람보다 평균 정도의 지능을 가진 경우 더 풍부한 가용 자원을 보유한 사례도 있다.

자원은 그 사람의 행동을 통제하는 개별적인 역량과 상관이 있는 듯하다. 그들의 행동이 생산적이거나 적응적이거나 혹은 그렇지 않더라도 자신이 가진 자원을 다양한 방식으로 활용할수록 자신의 행동을 결정하고 방향을 설정하는 것이 수월하다.

자극의 요구

피검자의 통제 능력을 평가하고 이해하는 데 그가 경험하는 스트레스 자극의 내용을 파악하는 작업은 매우 중요하다. 만약에 이론적으로 자극의 요구 수준이 그 개인이 보유한 자원의 용량을 초과하면, 어떤 혼란, 즉 심리적 혼란이 발생할 수밖에 없기 때문이다. 이는 그 사람의 통제 능력이 감소되거나 상실되는 것이다. 어떤 요구는 내부에서나 외부에서 발생할 수도 있다. 그러나 대부분의 자극 요구는 내부로 향하고, 이 때문에 활성화된 정서적인 동요는 쉽게 조절되지 않는다. 이런 일종의 심리 내적인 동요에만 주의를 기울여야 하는 것은 아니다. 관념과 정서 중 어떤 것이든 그러한 개인의 반응을 유발하는 주변의 요구들이 있게 마련이다. 그것은 사람의 활동을 자극하는 신호체계와 같은 것으로 대부분의 시간이 개인 활동의 목적을 변경하는 데 소요되지만, 그것이 지나치거나 과도하게 다르게 되면, 그것은 그 개인에게 파괴적인 힘이 될 수 있다. 예를 들어, 감정은 어떤 자원의 변화에 의해 창조되기도 한다. 어떤 것은 욕구에 의해 창조된다. 어떤 것들은 보편적이거나 특별하게 표현되지 않을 수도 있고, 어떤 것들은 자기상이나 자존감에 대한 반추의 산물이라고 할 수 있다.

스트레스 인내력/내성 능력

통제에 대한 역량과 관련된 세 번째 개념은 스트레스에 대한 인내력이다. 스트레스에 대한 인내력은 한 개인이 가진 자원들의 부산물이라고 할 수 있다. 그 사람의 자원이 증가하면, 스트레스에 대한 인내력 또한 향상된다. 반대로 자원에 한계가 생기면 스트레스에 대한 인내력 또한 그러하다. 통제 또는 스트레스 인내력이 건강한 적응과 동등한 개념은 아니다. 통제 능력이나 인내력이 강하다고 해서 그에 따라 선택되고 실행되는 행동들이 필연적으로 효과적이고 적응적이거나, 심지어 논리적일 것이라 추정할 수는 없다. 즉, 통제 능력과 인내력을 이용할 수 있는 충분한 자원을 가진 사람만이 적절하게 행동을 계획하고 조직하여 실행할 수 있다는 것을 의미한다. 만약 통제에 대한 역량에 문제가 생기거나 부적절해지면, 스트레스에 대한 인내력이 감소하여 부적응의 전조가 된다.

스트레스에 대한 인내력/내성이 제한되어 있거나 부적절한 경우에도 두 가지 상황이 가능하다. 하나는 제한된 자원으로 기대 이상의 적응을 해온 사람은 일상생활을 방해할 정도의 일시적인 스트레스에 의해 압도될 수 있다. 즉, 자원이 부족하기 때문에 갑자기 발생하는 일상생활의 복잡한 스트레스에 매우 취약하다. 결과적으로 스트레스의 과부하 상태에 의해 한 개인이 보다 효과적으로 행동을 계획하고 조직화하기 어렵게 된다. 또 다른 경우, 스트레스에 대한 인내력이 평소에 적절했던 경우라도 스트레스가 일시적으로 증가하게 되면, 과부하 상태에 의해 효과적으로 대처하고 반응할 수 있는 정도를 넘어서게 된다. 두 가지 상황 모두 결과적으로는 과부하된 스트레스 때문에 심리적인 조직화 활동이 방해받게 되는 셈이다. 만성적으로 과부하된 스트레스에 노출된 사람도 있다. 그들은 쉽게 조절할 수 있는 정도보다 더 노력을 기울여야 한다는 상황적 요구를 경험하게 된다. 그러다 보면 많은 행동이 부적절해지고 비효과적이게 되어, 새로운 스트레스의 요구에 의해 삶 전체가 혼란에 빠지기도 한다.

통제 관련 로르샤하 변인

통제 역량을 잘 기술하기 위해 해석자는 단일한 점수로 가정이나 결론을 내리려고 섣불리 서두르지 말아야 하고 적절한 판단을 할 수 있어야 한다. 쉽게 가설을 세우거나 점수 하나하나에서 결과를 도출하려고 하지 말아야 한다. 군집 내의 주요소 *D*, *Adj D*, *EA*, *es*, *Adj es*, *CDI* 등은 중요한 정보를 제공한다. 이 변인들 각각에서 도출된 가정은 그 피검자를 설명하는 다른 결과처럼 중요하고 특별한 자료일 수도 있지만, 또 다른 한편으로는 지극히 일반적인 정보일 수도 있다.

예를 들어, 조정된(Adjusted D) 점수는 어떤 부담이나 스트레스 상황하에서 통제 능력을 발휘한다는 가장 직접적이고 단일한 지표이고, 그 값은 매우 중요하다. 하지만 단독으로 그 값의 크고 작음만으로는 통제 역량에 대한 정보로 보기 어려우며, 자칫하면 스트레스 인내력에 대한 그릇된 정보를 얻게 되기도 한다. *EA*, *EB*나 *Adj es* 값이 통제와 스트레스 인내력 특징을 이해하는 데 유용하며, 아울러 *Lambda*나 *CDI*도 가설 형성에 중요한 역할을 하게 된다.

미리 살펴보아야 할 것

통제군집을 가장 먼저 검토해야 하는 경우는 주요 변인(*CDI*에 해당, *D* < *Adj D*, 또는 *Adj D*가 음수 범위)에 해당될 통제와 관련된 문제가 있다는 가정이 가능할 때로 군집 정보에 대해 다음과 같은 의문을 가져야 한다. 첫째, 문제의 근원과 사전 정보에 근거해 세운 가설이 타당한가? 둘째, 만성적인 문제인가? 셋째, 본래 이 개인이 가지고 있는 자원을 활용하는 데 문제가 생겼는가? 처음에 군집 내 변인을 살펴보지 않으면 탐색해야 할 적절한 시작점을 놓치게 된다. 우선 통제와 스트레스 인내력과 관련한 피검자의 예외적 특성에 대해 먼저 탐색한다.

일반적으로 군집 내 변인 값은 평균 범위에 있을 것으로 예상된다. *D*값은 아동이나 청소년을 제외하고 0으로 기대된다. *EA*, *Adj es*, *es* 값이 평균 범위에 있으면, *eb*도 예외적인 값이 나오지는 않으며, *CDI* 값은 4보다 작을 것으로 예상된다. 실제로 값이 예상과 같다면, 결과는 의외로 단순해진다. 일반적인 사람들만큼 스트레스에 대한 통제 역량과 인내력을 가진 사람이고, 대부분의 사람이 하는 만큼 자신의 자원을 활용할 것이라 기대할 수 있다. 만약 변인의 값이 기대하는 것과 다르다면, 해석자는 다른 변인 값들과의 관계에 대해 주의 깊게 검토해야 한다.

사례 1과 사례 2는 두 성인의 반응 기록이다. 이 사례를 통해 통제군집의 해석을 시도해 볼 것이다. 통제군집에 포함된 각 변인들에 대해 귀납적이고 연역적인 논리로 가설을 세우고, 각 단계별로 체계적인 해석을 시도해 보자.

사례 1

직업 승진과 관련된 사정 목적으로 평가가 의뢰된 30세 남성이다. 그는 7년 동안 경찰서에서 일했고, 최근 형사 계급으로 승진했다. 혁혁한 공로로 3개의 감사장을 받았고, 영웅적 행위가 한 건 더 있었지만, 그것은 공교롭게도 심리평가를 받는 계기가 되었다. 4년 전쯤 용의자를 체포하면서 과도한 공격성을 보였고 물리적인 상해를 크게 입혔다는 고소가 접수되면서 조사를 받게 되었는데, 결과는 무혐의였다. 이후 지난 4년 동안 용의자를 추격하며 5대의 경찰차를 파손시키고, 최근 2개월 전에는 용의자의 차에 자신의 차를 추돌시켜 용의자를 체포한 것으로 과도한 무력 행사에 대해 징계받게 되었다. 월급 지급이 중단되었고, 심리학적 평가 결과에 의해 어떤 결정이 내려질 것이다.

그에게는 3명의 자녀가 있다. 그의 아버지는 60세이고 목수며, 어머니는 59세의 주부다. 25, 27세의 결혼한 여동생이 있고, 22세의 남동생은

사례 1 30세 남성의 통제 관련 변인

EB = 6:2.5	EA = 8.5		D = 0	CDI = 2
eb = 5:4	es = 9	Adj es = 9	AdjD = 0	L = .47
FM = 5 m = 0	SumC′ = 1	SumT = 1	SumV = 1	SumY = 1

최근에 대학을 졸업했다. 그는 18세에 고등학교를 졸업했고, 범죄 처벌에 대한 막중한 의지를 가지고 2년제 대학에 들어갔다. 2년을 마친 후, 군대에 가고 3년의 의무 기간 동안 군인 경찰로 일했다. 23세에 제대했을 때, 현재 복무 중인 경찰서에서 일을 얻었다.

24세에 고등학교 때 알고 지내던 두 살 연하의 여성과 결혼했다. 그 결혼은 18개월 만에 끝났고, 합의 이혼을 했다. 그는 과음을 한 상태로 2회 이상 아내를 구타한 적이 있었고, 그에 대해 후회했다. 이후 술을 마시지 않는다고 진술했다. 지난 3년간 자신보다 두 살 연상의 여성과 관계를 지속했고 지난해에 함께 살았다. 결혼에 대한 확신은 없었지만 가능성은 있었다고 한다. 범죄자를 체포하는 동안 수백 번이나 그의 연발 권총을 빼내었지만, 결코 직무 중에 발사하지는 않았다고 진술했다. 약 2년 전에 궤양이 생겼고, 약을 복용하고 있다. 경미한 진통 때문에 자동차 사고가 있기도 했고, 4일 정도 입원한 적이 있다. 다른 사고에서 다친 적은 없다.

주된 문제는 그의 통제 능력에 대한 것이었다. 한 감독자는 특히 그가 '권총을 느슨하게' 해 놓고 있었는지에 대해 물었다. 다른 문제는 그가 현직으로 복귀할 수 있는지, 아니면 다른 부서로 가야 하는지에 대해 논의가 이루어졌다. 그는 부서 변경을 반대하면서, 경찰서 내에 너무 정치적이거나 제한과 주의 사항이 많다고 불평했다. 치료가 필요한 정신병리적인 문제가 있는지 평가가 의뢰되었다.

사례 2

26세 여성으로 30일간 입원해서 약물 남용 프로그램에 들어가도 좋은지에 대해 평가가 의뢰된 경우다. 소아과 간호사였던 그녀는 코카인 사용 때문에 일을 잠시 그만두어야 한다는 정신과 의사의 권고를 받았다. 평가와 치료가 완료될 때까지 그녀의 고용과 관련된 최종 결정이 유보되었다. 그녀는 미혼이며, 22세에 3년간 간호사 프로그램을 수료했다. 4년 동안 같은 병원에서 근무했고, 가장 좋은 평가를 받았다. 그녀는 몇 년 동안 마약을 우발적으로 사용해 왔고, 지난 몇 달 동안 그 횟수가 증가되었다고 진술했다. 그녀는 이것을 일시적인 우울 때문이라고 말했지만, 약혼자와 4달 전에 파혼한 경험이 있다.

사례 2 26세 여성의 통제 관련 변인

EB = 0:6.0	EA = 6.0		D = −1	CDI = 3
eb = 6:4	es = 11	Adj es = 9	AdjD = −1	L = .67
FM = 4 m = 2	SumC′ = 1	SumT = 2	SumV = 0	SumY = 2

제12장에서 지적했듯이 내향적이고 외향적인 성인은 각각 많은 변인에서 의미 있는 차이를 보인다. 그리고 그런 차이점은 전체 성인 비환자군의 예를 참고해야 한다.

사례 1은 *EB*=6:2.5으로 내향형인 사람으로, 사례 2는 *EB*=0:6.0로 외향형인 사람으로 해석할 수 있다.

일반 해석

우선 가중치가 주어진 *D* 값(*Adj D*)과 *CDI*를 살펴보자. 처음에 지적했듯이, *Adj D*는 전형적으로 어떤 사람의 통제 역량에 대한 가장 직접적인 정보를 제공한다. 그러나 *Adj D*가 0이나 그 이상이 되고, *CDI*가 양수 범위면 *Adj D*의 타당도를 재고해야 한다.

1단계: *Adj D*와 *CDI*

*Adj D*와 *CDI* 값은 통제와 스트레스 인내력에 대한 정보를 제공한다.

잠정적 소견 1: 만약 *Adj D* 값이 0이고, *CDI* 값이 4 이하이면, 스트레스 통제와 인내력에 대한 개인의 역량은 대부분의 타인과 유사한 수준일 것이다. 2단계로 넘어가자.

사례 1: 유력한 소견

*Adj D*는 0이고 *CDI*는 3이므로 통제 역량은 대부분의 성인과 유사한 수준일 것이라고 가정하는 것이 적절하다.

잠정적 소견 2: *AdjD* 값이 0이지만, *CDI* 값이 4 또는 5라면 성격 구조가 덜 성숙할 것이라 추정된다. 스트레스 상황에 취약할 가능성이 있고 이에 따른 곤란은 대인관계에서 쉽게 발생할 것이다.

잠정적 소견 3: *CDI* 값을 고려하지 않으면, *Adj D* 값이 양수 범위에 있기 때문에 다른 사람들보다 스트레스에 대한 인내력이 강한 편이고, 통제 능력과 관련된 문제를 덜 경험하는 것 같다. *Adj D* 값이 양수라고 해서 적응을 더 잘할 것이라는 의미는 아니다. 단순히 그 개인의 의지적인 통제가 가능한 능력일 수 있다.

잠정적 소견 4: *Adj D* 값이 음수면, 만성적으로 스트레스의 과부하 상태에 있다고 가정할 수 있다. *CDI* 값을 고려하지 않는다면 결과적으로 스트레스를 효과적으로 다룰 통제 역량도 정상적으로 기대되는 수준 이하일 수 있다. 그리고 충동성이 있기 때문에 더 통제 문제에 취약하거나 비구조화된 스트레스하에서 영향을 강하게 받지만, 그러한 사건들이 구조화되어 있거나 잘 정의된 상황에서는 스트레스를 덜 느끼는 것으로 해석할 수 있다. 적절하게 기능하는 사람은 심각한 심리적 갈등 없이 환경에 익숙해지고 요구나 기대에 부응하며 행동도 예측 가능하다. 통제 능력의 손상에 따른 위험은 익숙해진 수준 이상으로 스트레스 정도가 증가하게 되면서 더 분명하게 드러난다. 2단계로 가자.

사례 2 유력한 소견

*Adj D*는 −1이고 *CDI*는 3이다. 그러므로 그녀는 얼마간 과부하 상태에 있고 아마도 그녀의 통제 역량은 한계에 있으며, 특히 잘 구조화되지 않은 상태에 있다고 가정하는 것이 타당하다.

잠정적 소견 5: 만약 *Adj D* 값이 −1 이하이면, *CDI* 값은 고려하지 않더라도 그것은 통제력를 잃을 수 있을 정도로 매우 취약하고, 스트레스가 생기게 되면 쉽게 붕괴될 수 있다고 추정할 수 있다. 일반적으로 *Adj D*가 −1 이하인 사람들은 개인력에서 잘못된 판단, 정서적 혼란 그리고 행동적 비효율성에 의해 표현되는 신경증적 사건을 발견할 수 있다. 그들은 이성적으로나 정서적인 측면에서 과부하 상태로 만성적인 취약성을 내포하고 있다. 그리고 전형적으로 매우 구조화되어 있고 일반적인 경우에만 통제감을 느끼고 적절하게 기능할 수 있다.

주의: 개인력에 따라 교육적 혹은 직업적인 성공과 같은 복잡한 노력과 의미 있는 성취와 관련된 정보를 잘 검토해 보아야 한다. 높은 성취 수준을 보이는 경우는 대략 *Adj D* 점수가 음수 범위이긴 하지만 −1보다 더 낮게 나오지는 않는다. 그러므로 만약 음수 범위의 *Adj D* 점수가 의미 있는 성취의 역사를 가진 개인의 기록에서 발견되면, "*Adj D* 점수가 타당하다면, 현재 붕괴 과정이 진행되고 있을 가능성을 반영한다."라고 가정할 수 있다. 2단계로 가자.

2단계: *EA*

Adj D 값의 타당성을 평가하기 위해 *EA*를 검토한다. 처음에 지적했듯이, *EA*는 항상 한 사람이 늘 사용할 수 있는 자원의 지표로 군집에서 가장 중요한 변인이다. 그러나 높은 *Lambda* 값이나 예외적인 *EB* 점수(모두 3단계에서 다시 언급할 것이다) 때문에 잘못 해석될 수도 있다. 만약 *Adj D* 값이 0이면 *EA*는 적어도 평균 범위에 있게 될 것이라고 기대된다. 만약 *Adj D* 점수가 양수 범위이면, *EA*는 평균보다 더 높을 것이라고 기대된다. 이 경우 이용 가능한 자원이 충분하다는 의미이기는 하지만, 건강한 적응이나 효과적인 심리적 조작 활동을 하고 있다는 의미는 아닐 수 있다. 즉, 자원이 어떻게 이용되는가는 전적으로 별개의 문제다.

잠정적 소견 1: *EA* 값이 평균 범위에 있으면(청소년기과 성인기는 7~11, 10~12세까지 아동기는 6~10, 10세 이하의 아동기는 4~9), *Adj D* 값은 0일 것으로 기대된다. 만약 *Adj D*가 0이면 스트레스 인내력과 통제 역량에 대해 신뢰할 수 있고 타당한 지표라고 볼 수 있다. 3단계로 가자.

사례 1 유력한 소견

*EA*가 8.5이면 일반적인 성인에게 기대되는 범위의 점수다. 여기서는 1단계에서 전개된 가설에 대해 반론이나 수정이 필요하지 않다.

잠정적 소견 2: 만약 *EA* 값이 평균 범위에 있고 *Adj D* 값이 양수 범위에 있다면, 이것은 드문 경우이며, *Adj es* 값이 실제로는 기대보다 낮다는 의미다. *Adj es*는 내적으로 경험하는 자극에 대한 정보를 제공하는데, 상황적 스트레스 요소에 의해 한 개인이 적응하는 데 어려움이 있을 때 *es*보다 1점 정도 낮을 것이라고 예측할 수 있다. 전형적으로 *Adj es*는 *EA* 값으로부터 ±2.5 범위에 있게 될 것이다. 그러므로 *EA*가 평균 범위에 있는 사람들에게 기대되는 *Adj D* 값보다 더 높으면 잘못된 해석이나 재평가가 필요할 수 있으므로 4단계에서 *es*와 *Adj es*를 재검토해 보아야 한다. 3단계로 가자.

잠정적 소견 3: 만약 *EA* 값이 평균 범위이거나 그 이상이고 *Adj D* 값이 음수 범위에 있다면, 그것은 *Adj es* 값이 예상 외로 높을 것이라는 신호로 예외적인 결과일 수 있다. *Adj es* 값이 상황적인 스트레스 요소 때문에 조정 · 산출된다는 점을 꼭 기억해야 한다. 그러므로 *Adj es* 값이 예외적으로 증가한 것에 대해 4단계에서 평가할 것이고 *Adj D*의 타당성을 고려한 결론은 그때까지 보류해야 할 듯하다. 3단계로 가자.

잠정적 소견 4: 만약 *EA*의 값이 평균 범위 이상으로 기대되면, *Adj es* 점수는 양수 범위에 있을 것으로 기대되고, 스트레스의 통제 역량과 인내력에 대한 신뢰도와 타당도 지표로 볼

사례 1 30세 남성의 통제 관련 변인

EB = 6:2.5	EA = 8.5		D = 0	CDI = 2
eb = 5:4	es = 9	Adj es = 9	AdjD = 0	L = .47
FM = 5 m = 0	SumC′ = 1	SumT = 1	SumV = 1	SumY = 1

사례 2 26세 여성의 통제 관련 변인

EB = 0:6.0	EA = 6.0		D = −1	CDI = 3
eb = 6:4	es = 11	Adj es = 9	AdjD = −1	L = .67
FM = 4 m = 2	SumC′ = 1	SumT = 2	SumV = 0	SumY = 2

수 있다. 3단계로 가자.

잠정적 소견 5: 만약 *EA*의 값이 평균 범위보다 높고 *Adj D* 점수가 0이면, 예외적으로 큰 *Adj es* 값은 현재 피검자가 기대되는 것보다 더 높은 통제 역량을 가지고 있을 가능성을 시사한다. 이러한 가능성은 4단계에서 주의 깊게 검토되어야 한다. 3단계로 가자.

잠정적 소견 6: 만약 *EA*가 유의미한 범위에서 평균(대부분의 성인은 6.5보다 낮다)보다 더 낮으면, 그것은 피검자에게 가용 자원이 제한되어 있다는 의미다. 음수 범위의 *Adj D* 값이 예상 외의 값은 아니다. 어린 아동이 아닌데 만약 *Adj D* 값이 0이거나 더 많으면, 낮은 *EA* 값이 나타난 사람에 대해 복잡한 사회 속에서 지극히 일상적인 스트레스에 의해 붕괴될 수 있을 만큼 만성적으로 취약한 경우로 오해석될 소지가 있다. 그들은 모호하지 않고 잘 구조화된 환경에서는 가장 효과적으로 기능한다. 3단계로 가자.

사례 2 유력한 소견

Adj es 값이 9에 *EA* 값이 6으로 성인에게서 보편적이지 않은 결과다. 1단계에서 얻은 통제 능력이 제한되어 있다는 가설을 지지할 만하다. 그러나 유능했던 학업적 · 직업적 역사는 다소 가설과 모순되는 것 같고, 그것은 남은 해석 단계를 재검토하기 전까지 재고해 보아야 한다.

3단계: *EB*와 *Lambda*

이 단계에서는 *EB*의 양쪽 항의 값을 검토하면서 시작해 보자. 어떤 항도 0의 값이 보편적이지는 않다. *EB*의 어느 항이든 값이 0이면 *EA*를 신뢰할 수 있을지는 회의적이다. 전형적으로 이런 결과는 그 사람이 혼란스러운 스트레스 상황의 소인이나 일종의 심리적 혼란의 결과물로 예외적인 정서적 문제를 가지고 있다는 지표가 될 수 있다. 만약 다른 경우라면 *Adj D* 값의 타당성에 대해 심각한 의문이 제기되어야 한다.

또한 이 단계에서 *Lambda* 값을 검토해야 한다. *Lambda*는 전체 반응 기록에 대한 순수한 형태 반응(*F*)의 비율로 외부 자극을 얼마나 경제적으로 다루는가와 관계가 있다. 피검자들은 영역이 복잡하거나 애매한 것을 심리적으로 무시하는 인지적 책략을 사용하는데, 형태 그대로 사용하거나 반점의 지극히 기본적이거나 분명한 특성만을 주장하기도 한다. 아동의 경우 성인보다 빈번하게 나타나지만, 성인들에게도 보편적으로 나타날 수 있다.

피검자의 연령이 어떠하든 자극장의 추이대로 수동적으로만 따르는 것은 일종의 회피라고 할 수 있다. 문제는 그것이 발생되느냐 아니냐보다는 얼마나 자주 발생되느냐다. 흔히 *Lambda* 값은 1.0보다 적지만, 만약 1.0이나 그보다 높은 값이라면, 특히 7세 이상의 아동에게서 1.3, 성인에게 1.2보다 높은 값이 나온다면, 그것은 검사를 수행하는 과정에서 나타나는 상황적 방어성이거나 기본적으로 회피적 반응 유형인 사람일 수도 있다.

높은 *Lambda* 값이 상황과 관련된 것인지 회피 반응 유형과 같은 기본적 특성의 표현인지 구별할 완벽한 지침은 없다. 일반적으로 *Lambda*의 높은 값이 검사 수행 중에 피검자가 상황적 방어성을 보인 것이라면, 전체 반응수가 17보다 적고, *EA*는 3.5나 그보다 작은 값일 거라 예상할 수 있다. 또한 *EB*는 적어도 한쪽 항에서 0의 값을 가지게 될 것이다. 전형적으로 높은 *Lambda*(*L*>.99)가 회피 유형의 반영인 경우라면, *EA* 값은 적어도 4.0이 되거나 *EA* 값이 4.9보다 적을 때, 피검자는 적어도 16개 이상의 반응을 했을 것이다.

Lambda 값이 .99보다 크고, *EA* 값이 4.0보다 작으면 상황적인 방어성에 의해 반응 기록의 수(R)가 작을 수 있다. 해석자는 *EA* 값이 신뢰할 수 있거나 타당하지 않을지도 모를 가능성에 주의를 기울여야만 한다. 이 자료만으로는 통제 능력에 대한 명확한 예상이 어렵다.

Lambda 값이 1.0이거나 더 높은 회피 유형이라면 피검자가 복잡한 영역을 무시하거나 심지어 복잡하거나 애매한 요소들의 존재를 부인하거나 자극 영역을 단순하게 묘사하는 경향이 있어서인 경우가 있다. 이러한 회피 유형 또한 통제 역량과 관련하여 설명할 수 있다. 통제 역량이 성공적으로 이용될 때, 자극이나 외부 단서를 무시하거나 부인함으로써 복잡성과 애매함을 피하려는 경향을 실제 자극을 축소시켜 접하는 방식으로 미리 과부하될 통제의 부담을 피하는 간접적인 회피 유형이라 설명할 수 있다. 만약 회피 유형인 피검자가 자극 영역이 본질적으로 복잡하거나 애매하기 때문에 간접적으로라도 성공하지 못하면, 적절한 통제 수준을 초과하는 능력이 요구되는 상황적 위험에 직면할 수도 있다. 이렇게 회피 유형인 사람들은 외부적인 요구에 반응해야 한다는 실제적인 필요성과 부딪히는 상황을 피하려 하는 욕구 간의 갈등을 안고 있다.

잠정적 소견 1: 만약 *EB* 양쪽 항의 값이 0 이상이고 *EA* 값이 3.5보다 높으면, 그리고 만약 *Lambda* 값이 1.0보다 작거나 *EA* 값이 6.0보다 크면, 혹은 만약 *Lambda*의 값이 .99보다 높거나 *EA* 값이 신뢰할 수 있다면, *Adj D*에서 얻은 통제에 대한 추정치는 타당할 것이다. 4단계로 가자.

사례 1 유력한 소견

*EB*는 6:2.5이고 *Lambda* 값은 .47이다. 1단계에서 형성된 가설에 도전하거나 수정할 만한 요인은 없는 듯하다.

사례 1 30세 남성의 통제 관련 변인

EB = 6:2.5	EA = 8.5		D = 0	CDI = 2
eb = 5:4	es = 9	Adj es = 9	AdjD = 0	L = .47
FM = 5 m = 0	SumC′ = 1	SumT = 1	SumV = 1	SumY = 1

잠정적 소견 2: 만약 *EB* 두 항 모두 값이 0보다 높지만 그 결과, *EA*가 4.9보다 낮고, 이때 *Lambda* 값이 .99보다 낮다면, *EA* 값은 신뢰할 수 있다. 그러나 *Adj D*가 잘못 산출될 수 있으므로 *Adj es*와 *es*에 대한 자료에 비추어 4, 5단계에서 매우 주의 깊게 평가해야 한다. 4단계로 넘어가자.

잠정적 소견 3: 만약 *EB* 두 항 값이 모두 0보다 높으면 *EA*는 3.5보다 높지만, 성인들의 평균치 6.5와 청년층의 평균보다는 낮은 수치다. 또한 *Lambda* 값이 1.0이거나 그보다 높다면 *EA* 값은 신뢰할 수 있지만, *Adj D* 값은 오해석될 수 있다. *Adj D* 값이 0보다 크면 *Adj es* 값이 매우 낮게 나오기 때문에 타당하게 볼 수 없다. 만약 *Adj D*가 0보다 크면, 통제 역량에 대한 가설은 5단계에서 *es*에 대한 신중한 평가 후 수정되어야 한다.

잠정적 소견 4: *EB* 양쪽 모두에 값이 추가되어 *EA*가 4.0보다 낮게 되면, *Lambda*의 값은 1.0이거나 더 높게 되고, 특히 반응수가 17개보다 작으면, *EA*는 신뢰할 수 있는 자료로 고려할 수 없다. 이런 조건이라면, *D* 또는 *Adj D* 점수 중 하나 또는 *EA*에서 통제에 대한 가설을 수립하는 것은 시간 소모적이다. 그러므로 평가하려는 시도와 논리적인 정확성을 가지고 통제에 대한 기술과 평가를 시도했다 해도 그 가설은 기각해야 하며, 해석자는 다른 군집 자료에 관심을 가져야 한다.

잠정적 소견 5: 만약 *EB*의 *M* 값이 0이고 *WSumC* 값이 3.5보다 크면, *Lambda* 값과 관계없이 피검자가 현재 정서적으로 과부하 상태이거나 압도되어 있다고 볼 수 있다. 항상 정서적인 범람이 만성적이거나 기질적인 것은 아니다. 오히려 사람이 간혹 정서에 의해 영향을 강하게 받거나 효과적으로 저항하는 것이 불가능할 때 발생하는 상태다. 그러한 느낌의 강도는 파괴적이고 자극적인데, 과부하 상태의 불안정한(labile) 정서 형태를 보이곤 한다. 이것은 다른 경우에는 발생하지 않는 행동을 유발하는데, 이때 행동은 정서적인 긴장과 불안정 상태를 이완하고자 하는 노력일 수 있으며, 그 행동 이후 전형적으로 일종의 심리적인 재구조화가 발생하곤 한다.

정서적 긴장과 부담이 과부하되는 상태(정서적 범람)는 사고 활동에 주된 충격적인 간섭 요소가 된다. 특히 이성적인 활동에서 적절한 지연 능력을 발휘하기 어렵게 하기 때문에 진단을 결정하는 과정 동안 적절한 주의와 집중이 필요하다고 언급되어야 한다. 그러므로 이성적이거나 행동적으로 충동성이 발현될 가능성들이 의미 있게 증가된다. 이런 결과들이 명확하다면, *Adj D* 점수는 전형적인 통제 역량에 대한 타당한 척도로 볼 수 없다. 그러므로 *Adj D* 점수나 *EA* 값에 의해 도출된 가정은 버려야 하고 통제와 관련된 자료에 대한 재검토는 중단되어야 한다. 현재 통제 역량은 매우 취약하다고 결론짓는 것이 합리적일 것이다. 때로 *D* 점수는 현재의 통제 능력에 대해 정보를 제공할 수도

사례 2 26세 여성의 통제 관련 변인

EB = 0:6.0	EA = 6.0		D = −1	CDI = 3
eb = 6:4	es = 11	Adj es = 9	AdjD = −1	L = .67
FM = 4 m = 2	SumC′ = 1	SumT = 2	SumV = 0	SumY = 2

있지만, 그 또한 잘못 오해할 소지가 있다. *Lambda*의 값이 1.0보다 작고 *EA* 값이 5.0보다 더 많지 않다면, *D* 점수의 해석적 가치는 고려되지 않는다.

통제와 관련된 진술에서 정서적 범람에 대해 정교화할 필요는 없으므로 정서에 대한 군집이 검토될 때나 *D* 점수가 *Adj D* 점수보다 작을 때, 이 문제는 광범위하게 다룰 수 있다.

사례 2 유력한 소견

*EB*는 0:6.0이다. 이 경우 현재 정서적인 과부하상태로 인해 *EA*, 6.0의 값은 평소보다 더 낮게 추정된 것이라 가정할 수 있다. *Adj D* 값과 *EA*는 현재 시점에 국한되는 것이 아니므로 전형적 통제 능력에 대해 검토하고 결론을 내리는 데 기본적인 자료가 될 수는 없다. 결과들은 그녀가 항상 쉽게 격렬해지는 정서적 문제에 의해 분명하지 않은 정보를 제공한 셈이므로 그녀의 평소 통제 능력에 대해 어떤 결론을 내리는 데 적합하지 않다는 지적이 다시 한 번 상기되어야 한다. 그녀의 현재 통제 능력은 매우 약해져 있다는 결론을 내릴 수 있다. 사실, −1이라는 *D* 점수와 정서적 범람의 증거를 고려할 때, 그녀는 통제 역량을 약화시키는 정서적 과부하 속에 있기 때문에 쉽게 충동적인 양상을 보일 것이라 가정하게 한다.

잠정적 소견 6: 만약 *Sum C* 값이 0이고 *M* 값이 3 이상이면, *Lambda*의 값과 관계없이 피험자가 강력한 견제나 감정의 단절에 적지 않은 에너지를 투자한다는 가정이 가능하다. 이러한 특성은 평소 사람들이 사용하는 자원을 초과하여 소요하게 한다. 그리고 그러한 스트레스의 초과 때문에 취약해지고, 또 그에 따라 심한 혼란이 발생한다.

이 결과가 분명하다면, *Adj D* 값을 통해 얻은 가설만 통제 역량에 대한 전형적인 지표라고 할 수 없다. 그러므로 *Adj D* 점수나 *EA* 값에서 발전된 가설들은 기각되어야 한다. 대안으로 현재의 통제 능력이 취약한 상태라고 가정할 수 있다. *D* 점수는 현재 통제 능력이 미숙하다는 것을 설명해 주는 변인이지만, 이 또한 오해석의 소지가 없지 않다. *Lambda* 값이 1.0보다 적고 *EA*가 5.0보다 많음에도 불구하고, 해석적 가치는 크지 않다. 이 즈음에서 사례 2의 통제 능력과 관련된 자료에 대한 검토는 일단 중단해야 한다. 정서적인 문제에 대해서는 정서 군집을 검토하면서 살펴보아야 한다. *D* 점수가 *Adj D* 점수보다 낮을 경우도 마찬가지다.

4단계: *Adj es*

처음에 지적했듯이 *Adj D* 점수가 0이거나 양수라면, 이것은 *EA*가 평균 혹은 평균 이상이기보다 오히려 *Adj es*가 기대보다 낮은 값이기 때문일 수 있다. *Adj D* 점수가 음수이면 지속적으로 경험한 불편이나 스트레스가 보편적인 정도 이상으로 더 많을 경우이고, 심리적으로 매우 복잡한 사람이거나 이전 상태보다 어떤 것에 의해서든 현재에는 악화된 상태라는 신호일 수도 있다.

잠정적 소견 1: *Adj es* 값이 평균적인 범위에 있다면 (보통 5~9, 12세 이하의 아동들은 약간 낮다), 그리고 *EA*의 신뢰성을 의심할 만한 여지가 없다면, *Adj D* 점수도 신뢰할 만하고 스트레스에 대한 인내력과 통제에 대한 역량을 반영하는 타당성 있는 지표로 볼 만하다. 5단계로 가자.

사례 1 유력한 소견

*Adj es*가 9의 값인 경우는 성인에게서는 일반적이다. 그러므로 *Adj D* 점수에서 유래된, '통제에 대한 그의 역량이 보편적인 성인과 유사한 수준'이라는 가설은 합리적일 듯하다.

잠정적 소견 2: 만약 *Adj es*의 값이 평균치보다 더 높고 *EA*의 신뢰성에 도전할 만한 유의미한 자료가 없다면, *Adj D* 점수는 과도하게 엄격한 평가가 이루어졌다는 의미이거나 피험자의 스트레스 인내력과 통제 역량을 과소평가하였다는 해석이 가능하다. 높은 *Adj es* 값은 심리적인 복잡성이 보편적인 정도를 초과하고 있다는 가정을 가능하게 한다. 이러한 가능성은 5단계에서 보다 신중하게 평가될 수 있다. 5단계로 가자.

잠정적 소견 3: 만약 *Adj es*가 기대하던 값보다 낮으면, 사례 1의 *Adj D* 점수는 피검자의 통제 역량과 스트레스 인내력이 과대평가된 결과일 수 있다. *Adj D* 점수가 0보다 크면 특히 그러한데, 이 가능성 또한 5단계에서 주의 깊게 평가될 것이다. 5단계로 가자.

5단계: *eb*

5단계에서는 *eb* 값을 재검토하고, 항상 스트레스와 관련되지는 않지만 *Adj es* 값에 반영되는 변인들(*FM*, *SumC′*, *SumT*, *SumV*)의 값을 살펴보아야 한다. 이는 피검자가 빈번하게 경험하는 외적인 스트레스에 대한 심리적인 반응 활동에 대

사례 1 30세 남성의 통제 관련 변인

EB = 6:2.5	EA = 8.5		D = 0	CDI = 2
eb = 5:4	es = 9	Adj es = 9	AdjD = 0	L = .47
FM = 5 m = 0	SumC′ = 1	SumT = 1	SumV = 1	SumY = 1

한 평가가 주요 목적이다. 이 단계에서 주요한 문제는 어떤 변인들의 예외적인 값이 *Adj D* 값에 대한 오해석의 소지를 발생시키게 되었는지에 대해 검토하는 것이다.

잠정적 소견 1: *eb*의 좌항 값은 우항 값보다 더 클 것으로 추정된다. 만약 우항 값이 더 높고 *es*의 값이 4이거나 그보다 더 크면, 현재 어떤 고통을 경험하고 있다고 예측할 수 있다. *Adj D* 점수에 직접적인 영향을 끼치지는 않더라도 스트레스 인내력과 통제 역량에 대한 결론을 내리기 전에 이 점에 대해 주의해야 한다.

잠정적 소견 2: 만약 *FM*이 5보다 크다면, 혼란스럽고 지리멸렬한 사고 양상을 보일 것이라 해석하는 것이 보편적이다. 이와 같은 관념 형성 활동이 늘 그래 왔다기보다는 현재 심한 욕구 불만족에 의해 유발된 것으로 볼 수 있다. 그러한 욕구 불만족과 관련된 불편감은 사고의 계획성과 조직화에 간섭하고 종종 집중과 주의를 방해한다.

잠정적 소견 3: 만약 *FM*의 값이 2보다 작다면, 내적인 욕구를 보편적이고 전형적인 방식으로 경험하지 않거나 대개의 사람에 비해 상대적으로 더 성급한 활동 상태라 볼 수 있다.

잠정적 소견 4: *SumC′*의 기댓값은 1 또는 2다. 만약 *SumC′*의 값이 2를 넘으면, 그것은 피검자가 외현화하고 싶은 감정을 극도로 내면화하고 있다는 것을 시사한다. 이런 심리적 과정은 불안, 슬픔, 긴장, 염려 등의 주관적인 불편을 경험하게 할 수 있고 신체적인 불편에 기여할 수도 있다.

잠정적 소견 5: 만약 *SumV*의 값이 0보다 크면, 대부분의 사람보다 자신의 부정적인 모습에 주목하는 자기 점검을 할 가능성이 있다. 이런 유형의 점검은 종종 자기 비난을 경험하게 하고 우울과 자기 파괴적인 생각의 전조가 된다. 대부분 지속적으로 자기를 평가절하한다. 그러나 때때로 하나 혹은 그 이상의 음영 차원 반응은 피검자의 죄책감이나 수치심에 의해 나타난다고 볼 수 있다. 만약 음영 차원 반응이 반응 기록에서 나타나면, 그것은 그들이 상황적으로 발생된 것인지 아닌지 주의 깊게 결정해야 하는데, 이때 피검자의 개인력을 중요하게 살펴보아야 한다. 만약 그의 개인력으로 이러한 가능성이 지지된다면, 음영 차원 반응이 없는 경우, *Adj D* 점수가 바뀌면서 *Adj es*가 변화되는지 계산해 보아야 한다. 만약 *Adj D* 점수가 변한다면, 대안적 진술을 포함시켜 통제 역량에 대해 결론을 요약해야 한다.

사례 1 유력한 소견

그의 반응 기록에서 한 개의 음영 차원 반응은 현재 그의 상황에 대한 반추와 관련되는 듯하다. 그러하건 아니건, 음영 반응을 배제하고 *Adj es*가 바뀌어도 *Adj D* 점수에는 변화가 없다.

잠정적 소견 6: *SumT*의 값이 1보다 크다면 정서적 결핍을 경험했을 가능성을 시사한다. 대부분의 경우 이러한 경험은 상황과 관련될 것이고, 피검자가 개인적으로 경험한 최근의 사건들부터 검토되어야 한다. 만약 이 가정이 개인력에 의해 지지된다면, *Adj D* 값을 재검토해 보아야 한다. 즉, 최근 정서적으로 중요한 대상의 상실과 같은 상황적인 문제와 관련성이 있을 수 있다. 이러한 가능성이 개인력에서 확인된다면, *Adj D* 점수에 변화가 있는지 검토하기 위해 *T* 값을 1로 두고 *Adj es* 값을 구해야 한다. *Adj D* 값이 변하면, 통제 역량에 대한 결론에 원래의 *Adj D* 값과 수정된 *Adj D* 값에서 얻은 가정을 반영해야 한다.

하지만 만약 개인력에서 그와 같은 상실의 가능성이 지지되지 않는다면, 정서적 박탈(또는 외로움) 상태가 지속되어 왔을 수 있고, 대인관계에서 친밀감에 대한 욕구가 정상적인 범위를 초과하는 것이라 가정할 수 있다. 이 경우에 *Adj es*나 *Adj D*를 다시 계산하지 않는다.

사례 2 유력한 소견

피검자의 평소 통제 역량을 분명하게 확인해 보려는 노력은 3단계에서 기각되었지만, 그녀의 반응 기록에는 2개의 결(재질) 반응이 있다는 점이 흥미롭다. *SumT* 값은 최근 들어 그녀의 기능에 혼란이 생겼다는 점을 시사하는 증거가 될 수 있다. *EA*가 유의하지 않지만 우리의 계산에서 *T* 값을 1로 두고 구한 가중치 *Adj es* 값은 8이 되고, *Adj D*는 0이 된다. 현재 있는 그대로의 값들로 보면, 그녀의 평소 통제 역량은 시사된 만큼 빈약한 것은 아닌 셈이다.

통제 관련 결과 요약

통제와 관련한 결과는 전체적인 성격 기술에 일부 기여하기도 하지만, 한 문장이나 두 문장으로 요약할 수 있다. 흔히, *Adj D* 점수가 0이거나 그보다 크면, *D* 점수도 마찬가지이고(다음 장에서 볼 것이다), *CDI*의 준거에는 해당되지 않으며, *Adj es*에 기여하는 변인들도 예외적인 값을 가지지 않는다. '이런 사람은 통제나 스트레스 인내력에 명백한 문제가 없다. 일반 성인만큼 가용한 자원을 가지고 있고(2단계), 대부분의 성인만큼 통제에 대한 역량도 가지고 있다(1단계). 지속적으로 최근까지 스트레스를 경험하고 있었던 것 같으며 통제 능력상에서 어떤 현저한 충격이 있는 것 같지 않다(5단계).'와 같이 간결한 진술들이 적절할 수 있다.

이 진술들은 전반적인 심리적 기술을 분명하게

사례 2 26세 여성의 통제 관련 변인

EB = 0:6.0	EA = 6.0		D = −1	CDI = 3
eb = 6:4	es = 11	Adj es = 9	AdjD = −1	L = .67
FM = 4 m = 2	SumC′ = 1	SumT = 2	SumV = 0	SumY = 2

하는 데 필수 요건은 아니다. 그 진술들에는 피검자들이 명백하게 통제 문제는 없다고만 간결하게 지적하고 있다. 예를 들어, 사례 1에서 제기된 통제의 문제점은 30세의 경찰관이 의욕적인 의무행위에 따라 중지 명령을 받게 된 경우다.

통제군집의 점수는 그가 통제와 관련한 문제를 가지고 있지 않다는 점을 시사한다. 그리고 대부분의 성인과 마찬가지로 스트레스를 다룰 수 있는 것으로 보인다. 다른 말로 하면, 그는 결정을 수행할 충분한 자원을 가진 사람이며, 그가 충동에 취약하다고 볼 이유가 없다. 그의 현실 검증력과 마찬가지로 그의 정서가 그의 결정이나 그나 타인에 대한 시각 등에 미친 충격이 그의 결정과 행동에 영향을 준 특성에 대한 정보를 줄 수 있을 것이지만, 통제 능력의 문제를 평가할 만한 중요한 발견은 없었다.

다른 사례의 경우에는 로르샤하가 그녀의 성격을 기술하고 진단과 관계된 의문을 제기하며, 그녀의 성향이나 치료 계획의 형성에 매우 중요하다. 그녀는 26세의 소아과 간호사로서 직업을 잠시 보류하고 입원 환자 물질 남용 프로그램에 들어갔다. 여기에서의 발견들은 그녀가 현재 과부하 상태에 있고 통제와 스트레스 인내력에 대한 능력이 최고로 취약해져 있으며, 특히 익숙하지 않은 복잡한 상황에서 그러하다는 점을 시사한다(1단계). 또한 그녀가 보편적인 성인들이 경험하는 수준 이상으로 주관적으로 스트레스를 경험하고 있다는 근거가 있다(2단계). 그러나 이러한 소견 모두 오해의 소지가 있을 수 있다. 다른 자료는 그녀가 지금 강한 정서에 의해 압도되어 있다는 점을 강력하게 시사하기 때문이다(3단계). 이러한 정서의 강도는 꽤 파괴적이고 심지어 사고활동에 간섭하거나 방해할 수 있으며, 충동적인 행동을 발생시킬 수 있다. 분명히 그녀의 현재 통제에 대한 역량은 매우 제한적이지만, 만약 현재의 정서적 혼란이 없었다면 통제능력이 어떠했을지에 대해 추측하기는 다소 무리가 있다. 10~14일 이후에 재검사에서 이런 의문에 대해 보다 명료한 탐색이 이루어져야 한다.

통제 관련 변인 연구와 가정들

실제 경험에 가용한 자원(*EA*)

이 개념은 종합체계의 발달 과정 동안 점진적으로 개선되어 온 스트레스에 대한 통제와 내성 능력에 대한 정보를 줄 수 있는 변인에 대한 이해를 도와줄 수 있다. 종합체계의 기본 요소들이 선택되고 검증될 초기에 *EA*는 쉽게 해석될 수 있는 변인으로 고려되지 못하고 거의 버려졌다. 그러나 *EA*를 개념화한 벡(1960)의 발견에서 이 변인에 대한 면밀한 검토가 이루어지게 되었다. *EA*에 대한 벡의 개념은 로르샤하의 제안을 일부 수용하였지만, 심리치료를 종결한 사람들의 자료를 분석하면서 구체화되었다.

벡은 성공적으로 치료를 종결한 사람들은 재검사 자료에서 그들의 이전 검사 반응 기록에서와 같은 방향의 *EB* 값을 보였고 치료 후 반응이 더 많아지는 것은 아니지만, 그래도 그 값이 커지는 경향이 있다고 지적했다. 그는 *EB*의 양쪽 항을 합한 결과는 그들이 이용할 수 있는 자원들이 어느 정도로 조직화될 수 있는지의 범위를 나타내는 지표가 될 수 있다고 주장했다. 벡은 *M*과 *WSumC*의 증가는 아마도 이용 가능한 자원들이 확장되는 것으로 더 내적인 삶과 감정적인 경험의 발달을 반영하는 것이라고 주장했다. 벡의 발견은 심리분석적 치료를 지속하기 이전과 이후에 13명의 환자 자료를 연구한 피오트로브스키와 슈라이버(1952)의 주장과 유사하다. 또한 그들은 비율의 방향은 일관되게 유지되는 경향이 있으나, *EB* 비율의 각 항의 값들이 치료 이후에 의미 있게 증가하였다고 보고했다.

*EA*의 개념과 직접적으로 관계된 다른 연구는 바시(1955)에 의해 보고되었다. 그는 28명의 피험자에게 5초, 15초 노출 후 반응을 비교하기 위해 카드 IX을 연속해서 200번 보여 주었다. 그는 그중 성인 18명의 *M*: *WSumC*의 비율이 일반적으로 거의 동등해지는 것을 발견했다. 처음 노출에서 높은 수를 보였던 요소의 값은 점차 감소되었고, 다른 요소의 값은 점점 증가했다. 실험적이긴 하지만 28명의 피험자 중 23명의 *EB* 값이 점점 거의 동등하게 되었다. *EB*를 구성하는 값의 합은 상대적으로 안정적으로 유지되었다. 28명 중 22명은 *EA*의 합이 1점 이상 변화하지 않았다.

에르지넬(1972)은 **로르샤하**와 유사한 6개의 잉크반점의 초기 연구(Kemalof, 1952) 자료를 그대로 이용한 연구에서 연속해서 6일 동안 12명의 사람에게 실시했다. 에르지넬은 *M*+*SumC*(*EA*)는 매일 약간씩 차이가 있었고, *EB*의 방향은 상대적으로 일정하게 유지되었는데, 이는 피검자의 기분이 전환되었기 때문일 수 있다고 제안했다. 그러나 *EA*가 72회의 관찰 중 50회에서(70%) 3.0이나 그보다 적은 값으로 변동을 보이는 것은 흥미롭다.

가용한 자원들에 대한 벡의 개념 형성 작업과 함께 이런 발견들에 힘입어 세 개의 재검사 연구(Exner, 1974)의 자료들이 재검토되었다. 한 가지 자료 비교에는 18개월 간격으로 재검사를 받은 30명의 환자와 30명의 비환자군의 반응 기록이 포함되었다. 30명의 비환자군은 모두 남자이고 고등학교를 졸업하지는 않았지만, 다양한 분야의 비숙련 근로자로 적절한 기능을 하는 사람들이었다. 이 집단의 *EA* 평균값은 첫 검사에서 6.25였고, 두 번째 검사에서 6.75였다. 환자 집단은 학교를 '중퇴'하고 법적 강제에 의해 치료를 받게 되었다. 그들은 치료자의 보고에 기초해서 '향상된 집단'과 '향상되지 않은 집단'으로 다시 나뉘었다. 향상되지 않은 환자 집단의 *EA* 평균값은 첫 치료에서 3.65였고, 두 번째 검사에서 4.25였으나 향상된 집단은 첫 치료에서 평균 *EA*가 3.75였던 반면에 두 번째 검사에서 7.25의 평균값을 보였다($p<.02$).

두 번째 연구 자료는 치료 전과 치료 종결 후 검사를 받은 각각 12명의 환자 집단의 것이다. 장기치료가 계획된 한 집단은 평균 20.2개월의 기간 동안 평균 131회의 치료 회기를 가졌다. 지지적-지시적인 치료적 접근으로 계획된 두 번째 집단은 평균 47.4회기를 하였고, 10.3개월의 평균 기간이 소요되었다. 각 집단은 적합한 약을 처방받았으나, 약이 주요한 치료 방법은 아니었다. 처치 전 검사에서 *EA* 평균값은 장기간 집단에서는 4.51이었고 지지적-지시적인 집단에서는 4.76으로 두 집단에서 매우 유사했다. 처치 후 검사에서 *EA* 평균값은 지지적-지시적인 집단에서 5.51이었던 것에 비해 장기치료 집단에서 8.26으로 차이가 큰 편이었다($p < .01$).

유사한 결과들이 치료하기 전에 검사한 많은 환자의 경우에서 보고되었고, 추후 1년에서 5년 사이에 두 번이나 그 이상 재검사를 받은 경우였다. 와이너와 엑스너(1991)는 각각 88명의 환자 집단을 연구했다. 단기치료가 처방된 한 집단은 평균 62.1회기로 27개월 내에 종결되었다. 역동적인 치료법이 처치 조건이었던 두 번째 집단은 30개월에 평균 224회기를 가졌다. 단기간 집단에서 21명의 사람들의 *EA* 값이 치료 초기에 7.0보다 낮았다. 20명 중 단 11명이 27~30개월 이후 재검사에서 지속적으로 *EA*가 7.0보다 낮은 값을 보였다. 또한 역동적인 접근을 적용하는 치료집단의 88명 중 30명이 치료 초기에 *EA*의 7.0보다 낮은 값을 보였다. 반면에 27~30개월 이후의 재검사에서 7명이 낮은 *EA*의 값을 보였다.

엑스너와 생글레이드(1992)는 단기간의 치료와 단기치료[1)]에 각각의 35명의 사람들로 구성된 두 집단을 연구하였다. 단기간 치료집단은 일주일에 한 번 평균 47치료 회기를 가졌고, 단기치료 집단은 평균 14.2치료 회기를 가졌다. 35명의 단기간 치료 환자 중에 15명이 개입 초기에 *EA*의 값이 7.0 이하였고, 15명 중 8명이 치료 종결 후에도 지속적으로 낮은 *EA* 값을 보였다. 단기치료에 참여했던 35명 중 11명은 치료 초기에 7.0보다 낮은 *EA* 값을 보였고, 11명 중 9명이 치료 후기에도 낮은 *EA* 값이 지속되었다. 에이브러함, 레피스토, 루이스, 슐츠 및 핀켈버그(1994)는 외래 치료보다 입원 치료에 적합한 50명의 성인 자료를 재검토했다. 기저선 검사에서 50명 중 48명(96%)의 *EA* 값이 7.0 이하였고, 그 집단의 평균 *EA*는 3.19였다. 2년 후에 7.0보다 낮은 *EA* 값이 지속된 비율은 38명(76%)으로 감소했지만, 그 피검자들의 평균 *EA*는 5.38로 증가했다.

제12장에서 지적했듯이, *EA*의 일시적인 안정성은 짧은 간격이나 꽤 장기간 이후에 비환자 성인을 대상으로 한 재검사에서도 유사하게 나타났는데, 1년 후의 재검사에서의 *EA* 값의 상관이 .83이고, 3년 후에는 .85였다. 대조적으로 30명 환자 집단에 대한 재검사 *EA* 값의 상관은 집중적인 심리치료 6개월 이후의 재검사에서도 .70이었고, 같은 집단을 18개월 후에 재검사했더니 .58이었다(Exner, 1978). 이와 유사하게 비환자 아동에 대한 *EA* 값의 재검사 상관은 짧은 간격 후에 재검사할 때 .80 이상의 범위에서 유의미하였지만, 9개월이나 그 이상의 기간 이후에 재검사를 했을 때는 .19~.45의 범위에 있어 유의미하지 않았다(Exner & Weiner, 1982; Exner, Thomas, & Mason, 1985). 한편, 비환자 아동의 *EA* 평균값을 5~13세 연령 사이, 즉 장기적으로 관찰하였을

1) 역자 주: short-term therapy와 brief therapy의 역어를 구분하기 위해 단기간의 치료와 단기치료로 구분했다.

때 아동의 발달에 따라 한 해에 .5 이상 증가하지는 않았지만, 매년 증가 추세를 보였다. 이는 *EA*와 발달 간에 어떤 상관관계가 있음을 시사하는 자료로 여겨진다.

엑스너, 비글리온과 길레스피(1984)는 *EA*와 *Zf* 간에 유의미한 상관이 있음을 보고했다. *Zf*는 지능뿐만 아니라 성취 욕구와도 약간의 상관을 보였다. 따라서 지능과 성취 욕구 또한 *EA*의 중요한 요소인 듯하다. 그러나 *EA*는 IQ의 범위가 80~120($r=.12$)의 비환자 분포에서 의미 있는 상관을 보이지는 않았다. 하지만 만약 IQ의 범위를 110~140으로 제한하면, 상관은 증가한다($r=.38$). 이러한 결과로 보아 지능이 좋은 사람들은 그들이 더 쉽게 이용할 수 있는 방식으로 자원을 조직화하고 구체화한다는 해석이 가능할 것이다.

*EA*뿐만 아니라 두 *D* 점수와 관계성에 대해 잘 이해하기 위해서는 *M*과 *WSumC*, 이 두 변인에 대해 관심을 가져야 한다. 이 두 변인은 자원을 이용하는 양상을 반영하며, 심리적인 행위들에 신중하다는 의미다. 이러한 결과를 지지하는 자료들이 추론상으로 다양할 뿐만 아니라 실제로도 많은데, 어떤 것은 *M*이나 유채색 반응에 특별히 주목했던 연구 결과에서 얻은 것도 있고, 어떤 것은 *EB*와 관계된 연구 결과로 알게 된 것도 있다. 이러한 세 가지 구조적 요인과 관계된 연구는 다음 장에서 기술될 것이다.

경험과 경험된 자극(*eb, es, Adj es*)

*EA*와 관계된 발견을 종합체계에 포함시키는 것은 물론 중요하지만, 주로 경험 기초(Experience base: *eb*)와 초기에 경험의 잠재성 · 가능성(experience potential: *ep*)이라고 잘못 명명했던 경험된 자극(experienced stimulation: *es*), 두 다른 변인의 해석에 대한 개념적 오류 때문에 유용성이 간과된 면이 있다. *eb*는 그 개인에게 아직 충분히 인식되거나 가용하지 않은 반응 경향성을 나타내는 것이라고 제안했던 클로퍼의 비율에서 유래되었다(B. Klopfer, Ainsworyh, Klopfer, & Holt, 1954).

클로퍼가 비율을 개념화한 개념들은 주로 *FM*, *m* 그리고 어떤 음영 변인들이 치료에 호의적인 반응을 예언하는 지표로 반영된 진단척도(B. Klopfer, Kirkner, Wisham, & Baker, 1951)의 개발에 앞서 이루어진 연구 결과에 근거를 두고 있다. 클로퍼와 피오트로브스키(1957)는 *FM*과 *m* 반응들이 내향적인 경향성과 근본적인 경향성을 반영하며, 관념 형성의 방식은 덜 반영할 것이라 여겼던 반면에 음영 반응은 충분히 발달되지는 않았으나 외적인 경향성을 반영한다고 보았다.

클로퍼와 피오트로브스키는 *eb* 변인에 대한 잠재적인 요인이 만약 변인들이 미숙함과 가용하지 않은 반응 경향성을 반영하는 것이라면, 그 빈도는 치료나 발달 때문에 *EA*가 증가하는 것만큼 감소될 것이라는 논리적인 추측을 낳게 한다고 가정했다. 이러한 *eb*와 관련한 잘못된 예측은 더 많은 자료가 그 개념화에 대해 반증하는 증거들을 누적시킬 때까지 지속되었다. 이에 대한 반증의 시작은 두 개의 작은 실험실 연구에서 비롯되었다(Exner & Bryant, 1975, 1976). 한 연구는 난이도가 높은 거울추적검사를 포함했고, 두 번째는 회전자 추적 수행을 연구했다. 각각 그 결과는 *EA*보다 더 높은 *ep* 값을 보인 사람은 역으로 할 때가 바로 할 때보다 그 수행이 서툴렀다.

와이너-레비와 엑스너(1981)는 80명 비환자들을 대상으로 더 정교한 조사를 시도했는데, 그들은 잘 쓰지 않는 손으로 회전자를 추적하도록 요구받았다. 이때 청각적 피드백은 그들의 표적이 꺼져 있을 때 제공되었다. 피검자의 절반은 오른쪽 시계 방향으로 60rpm으로 일정하게 움직이는 목표를 추적했다. 또 다른 절반은 같은 방식으로 추적했지만, 회전자의 속도가 2초마다 5rpm으로 증가되고, 방향은 역전되었다. 모든 참가자는 높은 역전 속도에서는 불가능한 표적 적중률이 70%가 되려고 애쓰도록 요청받았고, 매번 그들에게는 이를 완료할 수 있도록 노력하게 하는 기회가 주어졌다. 그 결과, 높은 *EA* 값을 가진 사람들은 70%의 표적 목표에 도달하고서도, 수행의 점근선에 도착했다는 것을 인식하고 3~4분이 지나고 나서야 자신의 행동을 멈추는 것으로 나타났다. *EA*보다 더 높은 *ep* 값을 보인 사람들은 자신의 수행이 악화되어도 7분 이상이 되어서야 과제 수행에 들이는 노력을 멈추는 것으로 나타났다. 이 결과는 *EA-ep*가 절차와 매개적인 조작 활동의 효과성, 즉 대처 전략들의 폭과 유연성에 관련된 변인이라는 점을 시사한다.

이런 연구 결과로 말미암아 잠재적으로 가정했던 개념에 대한 재평가와 이용 가능한 자료들을 보다 면밀하게 검토할 필요성이 제기되었다. 이 자료들에는 아동(Exner & Weiner, 1982), 성인 비환자 자료(Exner, 1986), 아동에 대한 종단적 연구에서 3번째 재검사 자료(Exner et al., 1985), 그리고 첫 외래 환자 자료, 첫 입원 환자 자료, 치료 중인 환자들의 추후 검사 자료들이 수집된 규준 자료도 포함되었다. 한편 이런 자료들을 사용한 몇몇 내적 상관 연구는 내향적인 경향성과 관계된 *FM*과 *m*이나 외향적 경향성과 관련된 무채색과 음영 반응 간의 개념을 지지하는 데 실패했다. 예를 들면, *M*과 *FM* 간의 내적 상관은 .11에서 .19 범위에 있고, *M*과 *FM*+*m*은 .10에서 .20 사이에 있었다. 이와 유사하게 무채색과 음영의 합과 *WSumC*의 내적 상관은 .22에서 .24의 범위에 있었으며, 음영 반응과 형태 색채 반응(*FC*)은 −.14~−.19의 범위였다. 또한 음영 반응과 색채-형태 반응과 색채 반응(*CF*+*C*)은 .23에서 .37의 범위였다(Exner, 1983; Exner, Viglione et al., 1984).

비환자 아동에 대한 자료 조사에서는 발달 연령에 따라 *EA*가 점차 증가하는 것이 드러났지만 *FM*, *m*과 음영 반응의 값에는 약간의 변화만 있었다. 치료 전과 후의 기록은 비교해 보았을 때 호전이 있다고 판단된 환자의 *EA*는 증가하고, *ep*와 함께 *m*과 *SumY* 값이 감소되었으며, 음영 변인들은 치료 전 검사에서 예상치 않은 높은 값을 보였다.

이런 자료들로 *ep*에 대한 '가능성 · 잠재성'이라는 용어가 잘못 사용되었다는 점이 지적되었고, *ep*가 조작이나 통제하는 데 이용되는 것이 아니라 심리적인 활동성의 지표라는 점이 지적되었다. 결과적으로 *ep*는 *eb* 변인들이 어떤 심리학적인 잠재성을 반영한다는 클로퍼와 피오트로브스키의 가정을 기각하고 경험된 자주 추구(*es*)로 다시 명명되었다(Exner, 1986). 그러나 *ep*에 대한 가정은 많은 측면에서 명확했다. 즉, 어떤 형태의 경험이 요구되는지의 가능성 혹은 잠재성을 반영할 것이라는 가정은 옳았다. 이것은 *eb*에 포함된 변인에 대한 다양한 연구에 의해 지지되었다.

동물 운동 반응(*FM*)

*FM*과 *m*은 욕구나 요구 상태에 의해 야기된 정신적 활동과 관련되어 있으며, 그것은 개인이 주의를 기울이는 직접적인 목표점은 아니다. 오히려 피검자의 주의 초점을 변경하도록 하곤 하는 관념적인 신호체계로 작용하는 보다 주변적이고 말초적인 과정이라 할 수 있다. 자연스럽고 유용한 변경 활동일 수 있지만, 만약 그것이 예외적인 변칙이나 극단적인 경우라면 주의나 집중에 곤란을 초래하는 방해적인 요소가 될 수 있고, 추론에 투입되는 노력을 방해하거나 전환시킬 수 있다. 불면증인 경우에도 있을 수 있고, '마구 진행되는 생각'이나 '너무 내 마음속에 많은 것이 있다.'고 호소하는 사람들에게서도 나타난다. 집중을 방해하는 경향이 있는 주변적 관념과 특정한 사물이나 사고의 '순서'에 자연스러운 주의의 초점을 유지하는 데 어려움을 가진 사람이 있을 수 있다.

*FM*과 *m*이 동일한 정신 과정을 전제로 하지만, 그들이 상관된 활동성의 기원은 매우 다르다. *m*변인은 불안정하고 종종 상황적 스트레스와 관계가 있다. *FM* 변인은 장시간에 걸쳐 상당히 안정적이다. *FM*에 대한 재검사 자료는 재검사가 짧거나 아주 긴 간격 이후에 실시되더라도 낮은 수에서 .70까지 범위와 상관이 나타나 다소 흥미롭다. 로르샤하 변인들은 대개의 경우 .70의 재검사 상관을 보이고, 비교적 긴 기간을 둔 경우 로르샤하 변인들의 재검사 상관은 .80이나 짧은 간격 후에 .90의 재검사 상관을 보인다. *FM*에 대한 재검사 상관의 상대적인 일관성은 그것이 상당히 안정적이더라도 관련되는 상황적인 변인의 영향을 받게 된다.

사실 *FM*은 많은 다른 로르샤하 변인들보다 덜 연구되었지만, 자료들이 축적되면서 *FM*의 해석에 유용한 결과를 얻게 되었다. *FM*은 알코올(Piotrowski & Abrahamsen, 1952)과 나트륨 아미탈(Warshaw, Leiser, Izner, & Sterne, 1954)에 의해 의식 상태가 불분명해졌을 때[2] 증가하는 양상을 보였다. 엑스너, 잘리 및 슈마허(1976)는 암페타민을 빈번히 복용하는 15명의 약물치료 프로그램의 입회 첫날 기록을 연구했다. 그들은 대체로 같은 프로그램에 참여한 15명의 만성 마리화나 사용자(*M*=4.11)보다 높은 빈도의 *FM*(*M*=6.94)을 기록했다. 실제로 암페타민 복용자들은 심한 정신분열증의 많은 증상 형태를 보이는 반면 마리화나 사용자들은 그렇지 않다. 10명의 헤로인에 중독된 매춘 여성들에게서 얻은 프로토콜(Exner, Wylie, Leura, & Parrill, 1977)과 연령, 결혼 상태,

2) 역자 주: 의식 상태가 흐릿해졌을 때, 즉 약물 등으로 정상적인 각성 상태에서 이탈된 상태에서 충동성이나 이성적인 판단이 어려운 상황에서 *FM* 변인이 증가되는 양상을 보였다는 의미로 해석된다.

지능, 출산 유무, 학력 수준을 맞춘 10명의 통제 집단을 비교했다. 10명의 매춘 여성들의 기록에서 통제집단에 비하여 거의 2배 이상의 *FM* 반응 수를 발견할 수 있었다.

*FM*과 관련된 자료들에서 연구자들은 *FM* 반응이 자신의 욕구가 채워지지 않았을 때, 즉 만족되지 못할 때의 욕구 불안과 관련이 있을 것이라고 했다. 또한 피검자가 대처해야 할 문제에 신중하게 주의를 기울이지 못할 때 나타나는 타당한 이유 없이 촉발되는 사고 활동에 의해 나타난다고 했다. 한편, 엑스너, 쿠퍼 및 워커(1975)는 10일간 의학적으로 체중 감량 프로그램을 받는 9명의 비만 남성들의 로르샤하 반응 변화를 연구했다. 각 환자들은 최소 50파운드의 체중 초과를 보이는 가운데 프로그램에 참가했다. 그리고 초과된 몸무게를 통제하는 첫 처방으로 유동 음식만 섭취하도록 하기 위해 12일 동안 입원해야 했는데, 이 기간 동안 평균 몸무게가 8.3kg이 감소했고, 열흘째에는 모든 참가자가 심리적으로나 신체적으로 매우 허기져 있었다. *FM* 반응의 평균수는 3.77(2~6)개로 예상되었다. 두 명은 더 적은 *FM* 반응을 보였는데, 한 사람은 3개에서 0개로, 다른 사람은 4개에서 1개로 감소했다. 반면에 다른 피검자들의 프로토콜에서는 3개에서 4개로, 다른 6명의 피검자들에게서는 2개에서 4개로, 나머지 피검자에게서는 3개에서 8개로 *FM* 반응수가 증가되는 양상을 보였다.

이 결과에 더해 또 다른 연구에서는 15명의 청소년 범죄자들(Exner, Bryant, & Miler, 1975)의 프로토콜에서 청소년 유치 센터에 들어갈 때, 그리고 다시 60일 이후 검사가 이루어졌다. 15명 모두 반사회적인 행동 경험이 있고, 도둑질에서 강도질까지의 범위에 걸친 범죄자 유치장에 구속할 것이냐에 대해 '결정 보류 기간' 판결을 받았다. 60일이 경과된 후, 자신들이 석방될 가능성을 알지 못하는 상태였다. 첫 검사에서 *FM* 반응의 평균은 4.27(*SD*=1.3)이었던 반면에 두 번째 검사에서는 *FM* 반응의 평균수는 6.89(*SD*=1.9, t=4.68, $p<.02$)로 증가했다.

리지웨이와 엑스너(1980)는 로르샤하와 맥클러랜드 성취욕구척도(McClelland Need Achievement Scale: NAch, McClelland, Atkinson, Clark, & Lowell, 1953)를 16명의 1년차 의과대 학생에게 2번 시행했다. 적률상관으로 여러 가지 로르샤하 변인들과 성취 욕구 점수를 산출했다. 첫 번째 검사에서는 유의미하지 않았지만, 성취 욕구가 상승한 상황인 첫 번째 전공 해부 시험 전 2~3일 이전에 시행된 두 번째 검사에서 *FM* 반응과 *NAch* 사이에 유의미한 결과가 나타났다〔*rho*=.41($p<.01$)〕. 엑스너(1979)는 신체 억제 실험 연구에 참가한 15명의 남성 지원자를 모아 실험 일주일 전에 기저선 수치를 얻기 위해 로르샤하를 시행했다. 지원자들은 그들이 신체적으로 억류된 상태를 지속하게 되는 시간에 따라 수고료를 지불받았다. 모든 피검자가 손가락 끝, 발가락 그리고 눈을 최소한으로 움직이도록 통제하기 위해 32개의 가죽 끈을 이용해 큰 나무로 된 의자에 억류시켰다. 의자의 한쪽에는 단추가 있어 피검자가 억류 상태를 종결해 달라는 요청을 할 수 있도록 했다. 억류를 풀기 전에 실험자가 피검자에게 로르샤하를

시행했다. 첫 번째 검사에서의 평균 반응수는 23.3개였고, *FM*은 평균 3.26(*SD*=1.64)개로 나타났다. 재검사에서의 평균 반응수는 18.6개였던 반면에 *FM* 반응의 평균수는 5.42(*SD*=2.02)개($p<.02$)였다. 이런 결과는 *FM* 반응이 심사숙고하지 않은 조급한 상태나 절차와 관련되어 있고, 덜 통제되거나 직접적이고 충동적인 특성과 관련되어 있다는 점을 암시한다.

한(1964)은 *FM* 반응수가 *M* 반응수를 초과할 때, 주지화, 합리화, 퇴행, 치환을 포함한 방어의 측정치들과 높은 상관을 보였다고 했다. 그녀는 *FM* 반응이 충동을 보유하려고 하지만, 충동을 외적으로 표현하는지 행동을 내면화하는지에 대한 여부를 반영하는 것이라 제안했다. 그러나 재발의 준거로 방어와 관련된 이 변인들을 이용하는 것이 효율적이지는 않다. 엑스너, 무릴로 및 카나보(1973)는 병원에서 퇴원한 후 105명의 비정신분열증 환자를 1년 동안 추적 조사해 보았는데, 그중 24명이 12개월 이내에 재입원하게 되었다. 재발되지 않은 81명 중 9명과 비교하였을 때, 재입원한 24명 중 17명은 퇴원하기 전 로르샤하 반응 기록에서 *FM* 반응과 *M* 반응이 더 많았다. 엑스너(1978)는 또한 사회적으로 철회된 아이들에게서 *FM* 반응보다 *M* 반응이 더 많은 결과에 주목했고, 이하누스, 케인오넌 및 반하마키(1992)는 11~25세의 신체적인 장애가 있는 19명의 사람들이 짝지어진 통제집단에 비해 *FM* 반응이 상대적으로 많았다고 보고했다.

몇몇 연구에서 *FM* 반응이 증가하는 경향은 피검자의 행동적인 기능 장애와 상관이 높았다. 피오트로브스키와 에이브러햄슨(1952)은 *M* 반응보다 *FM* 반응이 더 많은 사람은 알코올이나 마약을 복용하여 정상적인 의식 상태를 유지하지 못하고, 더 공격적인 경향이 있다고 보고했다. 톰슨(Thompsonm, 1948)은 *FM*이 무책임감, 공격성, 혼란을 반영하는 MMPI 측정치와 유의미한 상관관계가 있다는 것을 발견했다. 슈머와 슈머(Summer & Summer, 1958)도 *FM*과 공격적인 행동 간에 의미 있는 상관을 보고하였고, 앨투스(Altus, 1958)는 MMPI의 정신분열증 척도상에서 높은 점수를 받은 학생들이 그 척도에서 낮은 점수를 받은 학생보다 더 유의미하게 많은 *FM* 반응을 보였다고 했다. 베리먼(1961)은 *FM*은 창조적인 예술가의 생산성의 수준과 상관된다고 주장하기도 했고, 피오트로브스키와 슈라이버(1952)는 *FM* 반응의 질이 치료 기간 동안 변화되는 양상을 보였고, 일반적으로 더 주장적이고 덜 수동적인 경향으로 변화되는 것 같다고 보고했다. 그리고 이러한 변화를 피검자들이 성공적으로 '생명력 있고 활기가 넘치는' 행동의 변화에 상응하는 것으로 해석했다. 엑스너(1978)는 행동장애나 품행장애로 구분된 480명의 성인 집단에서 비환자 성인(*M*=4.33)과 비교하여 약간 더 많은 *FM* 반응(*M*= 6.02)이 나왔다고 했다.

FM 반응의 평균수는 비환자군의 자료를 근거로 보았을 때, 16세 정도에는 3.5~5.0, 600명의 성인 집단에서는 3.74로 나타났다. 예상되는 개수는 3~5개 정도가 될 것이다. *eb*의 다른 변인들은 0~1의 값을 보일 것으로 예상된다. *eb*의 좌항 값이 항상 우항의 값보다 높을 것으로 기대

되는 이유는 통제 자료의 해석에 대한 원리들의 5단계에서 지적했다. 더 높은 좌항 값을 가지는 *eb*는 비환자군 아동과 성인에서 최소 85%에서 나타났다. 높은 좌항 값의 *eb*는 비환자군에서보다 비율적으로 수가 적긴 하지만, 환자군에서도 흔하게 발견된다. 예를 들어, 그것은 성격장애군의 70~75%, 외래 환자군의 60~70%, 그리고 정신분열증 환자군에서 50~60%의 순으로 좌항 값이 높은 *eb*를 발견할 수 있다. 심각한 우울증인 경우 30~40%에서도 더 높은 좌항 값의 *eb*가 나타났다. *eb*의 우항 값에 포함된 4개의 변인은 불안정한 정서적 경험과 관련되는 것으로 알려져 있기 때문에 새삼스러운 결과도 아니다.

재질, 조망 및 무채색 변인

기호 *SH*(음영 반응)가 종종 *SumT, SumV, SumC′, SumY*의 네 변인의 합산 값을 표현하는 데 이용되곤 한다. 4개 합산 변인이 공통적인 특징을 공유한다는 점을 함축하기 때문에 다소 오해의 소지가 있다. 그러나 4개의 변인 모두 충돌하거나 불안정한 정서와 관련되어 있긴 하지만, 각각 공통의 특징 이상의 고유한 특성을 가진다. *SumY*는 매우 불안정하고 상황적 경험과 관계된다. 이 합은 *Adj es*가 산출될 때 제외된다. 다른 두 개인 *SumT, SumV*는 재검사 상관관계에서 평균 .80, .90을 보여, 있든 없든 피검자가 내적으로 매우 안정적이었다. *SumC′*는 평균 .60~.70의 재검사 상관관계를 가졌지만, 드물게 아주 높거나 낮게 나타나곤 했다. *FM*과 같이 기질적인 안정성을 가지긴 했지만, 상황적인 조건에 의해 영향을 많이 받는다.

네 개 변인의 합은 *eb*의 우항 값을 구성하게 되며, 때때로 기대되는 범위, 2~4보다 지나치게 높을 때나 *eb*의 좌항 값을 초과할 때, 피검자가 주관적으로 고통을 느끼고 있다는 분명한 지표가 될 수 있다.

재질/ 결[3] 변인(*SumT*)

재질 반응은 비환자들의 기록에서 빈번하게 나타난다. 비환자군의 프로토콜에서 75~80%의 피검자들에게서 적어도 1개 이상의 재질 반응이 나타나며, 1개 이상인 경우도 드물다. 환자들은 비환자들의 반응에서보다 재질 반응을 덜 빈번하게 하고 재질 반응이 증가하는 것은 재질 반응이 없는 경우만큼이나 해석적으로 중요하다. 클로퍼(1938)는 재질 반응에 대해 처음으로 주목했었고, 이후 클로퍼와 동료들(1954)은 피검자의 애정과 의존에 대한 욕구가 재질 반응과 상관이 높다고 주장했다. 맥페이트와 오(1949)는 재질 형태 반응(*TF*)과 순수한 재질 반응(*T*)이 연령이 높은 성인기나 성인기 초기(청년기)에 더 빈번하다고 지적했다. 콜슈테트(1952)는 이에 대해 청년기의 성인들이 사회적으로나 성적으로 불안정하기 때문일 것이라고 해석했다. 몬탈로토(1952)는 자녀들에게 제재가 심한 어머니와 지내는 6~7세 아동의

3) 역자 주: 재질 반응의 번역은 '재질' 혹은 '결'로 할 수 있는데, 이 책에서는 혼용하였다.

경우, 민주적인 어머니를 둔 같은 연령의 아동들보다 유의미하게 재질 반응이 많은 결과에 주목했다. 브리처(1956)는 거부적인 모성을 경험한 환자들과 과보호하는 모성을 경험한 환자 간에 비교했을 때, 과보호적인 모성을 경험하는 환자에게서 재질 반응이 더 많이 나타난다는 점을 발견했다. 즉, 거부하는 모성을 경험하는 경우 오히려 사랑받고 싶은 욕구를 감소시키는 것 같다고 지적했다.

헤르츠(1948)는 재질 반응들은 환경과의 상호작용에 보다 큰 호의를 갖는 경우와 관련이 있고, 신중하고 예민한 특성을 반영하는 것 같다고 보고했다. 브라운 등(1950)은 신체화 증상을 보이는 환자들이 다른 문제로 치료받는 환자들보다 유의미하게 재질 반응을 덜 하는 것으로 나타났다고 했고, 슈타이너(1947)는 실업자들이 성공적 직업인보다 통계적으로 의미 있게 더 많은 재질 반응을 한다고 보고했다. 한편, 앨러핸드(1954)는 재질 반응이 갈등이 유발된 실험 상황에서 측정된 분노지수와 상관이 높았다고 했다. 윌러(1960)는 재질 반응과 웰시 또는 테일러 분노척도상의 점수 간의 상관을 발견하는 데 실패했지만, 분노의 전체적인 '인상'과 관련성이 있는 재질 반응이 있었다고 했다. 포타닌(1959)의 연구에서는 자신을 독립적이라고 묘사하는 사람보다 의존적인 성향이라고 스스로 인식하고 보고하는 사람들이 재질이 포함된 지형적인 형태를 선호하는 것으로 나타났다. 코언(1956)은 **로르샤하** 변인을 요인 분석해 보았더니 *M* 반응과 내적 예민성 혹은 공감과 관련된 혼합 반응에서 재질이 포함되어 있었다고 했다.

엑스너(1978)는 환자들이 비환자군에서의 경우보다 더 많은 수의 재질 반응을 하는 것으로 보고했다. 아마도 환자군에 포함된 사람들이 정서적인 궁핍을 오랫동안 경험해 왔고, 가까운 시간 내에도 정서적인 결핍 경험을 했기 때문일 것으로 해석할 수 있다. 예를 들어, 엑스너와 브라이언트(1974)는 최근 들어 별거하거나 이혼한 30명의 사람들의 **로르샤하** 반응에서 3.57개의 재질 반응(*SD*=1.21)이 평균적으로 나타났고, 절단점 이하로 재질 반응이 적었던 경우가 없었다. 반면에 인구통계학적으로 비교한 통제집단에서는 평균 1.31개의 재질 반응(*SD*=.96)이 나타났고, 30명 중 4명의 기록에는 재질 반응이 없었다. 30명 중 별거하거나 이혼한 사람들 21명에게 6개월 후 재검사를 실시해 보았는데, 그중 14명은 그들의 별거나 이혼 관계가 재구조화되거나 재배치되었다고 보고했다. 그들은 첫 번째 시행에서 평균 3.49의 값을 보였던 반면에 두 번째 시행에서는 평균 2.64의 값으로 변화를 보였다. 유사하게 엑스너와 로라(1975)의 연구에서 한쪽이나 양쪽 부모의 사망 혹은 이혼 때문에 60일 내에 처음으로 양부모 집에 사는 8~12세의 아동 23명의 반응에서 평균 2.87개의 재질 반응(*SD*=1.12)이 보고되었다.

엑스너, 레반트로서 및 메이슨(1980)은 우울증으로 진단받은 50명 중 적어도 한 개의 재질 반응을 했던 36명의 환자들이 '테디 베어, 가장 좋아하는 담요' 등등 어린 아동과 같이 과도기적 대상을 가졌다는 것을 발견했다. 대조적으로 처음 우울증 진단을 받은 50명 중 재질 반응이 없는 10명의 환자들이 과도기적 대상을 가지고 있다고 보고했다. 이러한 발견은 성인 비환자들에 의해 보고된 과도기적 대상과의 관계 양상과 유사하다(Exner & Chu, 1981). 재질 반응이 없는 사람과 재질 반응을 하는 사람은 매우 다른 심리적 특성을 보인다. 엑스너와 로라(1976)는 7~11세의 아동으로 양부모와 함께 사는 아동 중 14개월 이상 지속적으로 같은 집에 거주하지 않은 아동 32명과 태어난 이후로 생물학적 부모와 함께 사는 동일한 지적 능력 수준에 해당되는 아동 32명을 통제집단으로 비교해 보았다. 양부모 집에서 사는 아동들의 평균 *SumT*는 .457(*SD*=.26)이고 32명의 기록 중 20명의 반응 기록에는 재질 반응이 없었다. 통제집단 32명의 평균 *SumT*는 1.47(*SD*=.52)이었고, 3대의 반응 기록에만 재질 반응이 없었다.

그들의 첫 검사에서 재질 반응이 없었던 양부모 집에서 사는 아동들의 20명 중 16명에게 4개월 이후 재검사를 실시해 보았더니, 16명 중 15명에게 재질 반응이 나타나지 않았다. 이런 현저한 차이를 잉크반점이 '명료하지 않다'는 이유만으로 설명하기 어렵다. 첫 번째 검사에서, 양부모 집에서 사는 아동 20명 중 16명의 기록에 적어도 하나의 회색-검정이나 음영 반응(평균 1.4개)이 있었고, 대부분 *C'*나 *Y* 변인들이 포함되었다. 재검사에서 재질 반응이 없는 15명의 아동들도 평균 1.7개의 회색-검정이나 음영 반응을 했다.

이런 결과로 보아, 한 개인에게 중요한 정서적 경험이나 의존 욕구는 '중성화'되고, 이는 영속적인 특성을 지니게 된다는 가정을 지지하는 셈이다. 피어스(1978)는 8세 이전에 부모의 부재를 경험한 아동 52명의 반응 기록에서 유사한 발견을 보고했는데, 재질 반응은 단 7명의 반응 기록에서만 나타났다.

엑스너(1978)는 환자들의 로르샤하 반응 기록에 대해 알지 못하는 33명의 치료자들로 하여금, 1차로 6~8회 치료 회기가 끝난 다양한 증상을 가진 150명의 환자들을 평정하도록 할당했다. 그 결과 치료 전에 재질 반응이 없었던 사람들이 한 개라도 있던 환자들보다 치료에 대한 동기화 작업이 매우 어려웠던 것으로 평정되었다. 엑스너, 마틴 및 토머스(1983)는 재질 반응이 없는 경우 재질 반응이 있는 피검자들보다 대기실에서 출입문에서 대각선으로 앉아 있는 실험 도우미와 더 먼 거리의 좌석을 선택하는 경향이 있다는 것을 발견했다. 또한 그들의 반응 기록에서 한 개 이상의 재질 반응을 가진 사람은 실험 도우미와 더 가까이 앉는 경향이 있고, 빈번하게 대화를 시도한 반면에 재질 반응이 없는 사람들은 대기 시간 10분 동안 거의 아무 말도 하지 않았다.

마시와 비글리온(1992)은 성인 여성 81명에게 10개의 로르샤하 카드 중 6개를 실시하고 카드마다 두 개의 대답을 하도록 요청했다. 그다음에 모든 피검자는 54개의 3차원 블록을 포함한 일련의 검사에 참가했다. 블록은 크기(큰 것과 작은 것)가 다양하고, 세 가지 색깔, 세 가지 모양, 세 가지 재질(거칠고, 매끈하고, 부드럽고)로 되어 있다. 그들의 만지는 활동을 기록한 비디오테이프의 내용을 평정했는데, 변경된 로르샤하 절차 동안에 재질 반응이 있는 사람들은 재질 반응이 없는 사람들보다 촉감의 특징에 의해 블록을 분류하는 것으로 나타났다. 카텔라(1999)는 79명의 성인을 세 가지 애착 종류, 즉 안정적 · 집착적 · 회피적인 유형으로 분리했다. 그는 안정적 유형인 사람들은 하나의 재질 반응을 가지는 경향이 있는 반면에 집착 유형인 경우 한 개 이상의 재질 반응을, 회피적 애착 유형은 재질 반응이 거의 없었다.

가코노와 멜로이(1991)는 정신병질적, 경도의 그리고 심각한 수준으로 구분될 수 있는 두 가지 범주의 반사회적 성격 특성 준거에 적합한 42명의 남성 범죄자를 대상으로 했을 때, 경도의 범주에 속한 사람들은 심각한 사람들보다 유의미하게 더 많은 재질 반응을 보였다고 했다. 웨버, 멜로이 및 가코노(1992)는 성인 감정 부전 문제로 입원한 청소년 환자와 비교하여 품행장애로 입원한 청소년들의 반응 기록에서 재질 반응의 빈도가 유의하게 낮았다고 보고했다. 러빙과 러셀(2000)은 66명의 청소년 범죄자를 정신병질적 수준에 대한 높음, 중간, 낮음의 세 범주로 구별했는데, 중간과 낮은 범주에 속한 청소년들의 약 75%의 기록에서 최소 한 개의 재질 반응이 있던 반면에 정신병질적 수준이 높은 범주에 속한 청소년들의 29% 이하에서만 하나의 재질 반응이 나타났다고 보고했다. 블라이스, 힐젠로스 및 포울러(1996)는 재질 반응이 연기성 성격장애의 DSM-IV 진단과 통계적으로 유의미하고 중요한 상관관계에 있다는 것을 발견했다.

*SumT*와 관계된 소견들은 강력하다. 하나 이상의 재질 반응이 있는 사람들이 친밀감에 대한 욕구가 상대적으로 매우 강하며, 외로움을 경험하거나 정서적으로 타인과 친밀하려는 그들의 욕구는 어떻게든 악화된다. 다른 한편으로 재질 반응이 없는 사람은 대인관계적 접촉에서 더 억제적이고 거리를 멀리하는 것으로 나타났다. 그들은 또한 대부분의 사람에 비해 개인적 공간의 문제에 더 주목하는 것으로 나타난다. 흥미롭게도 사전 검사 반응 기록에서 재질 반응이 없는 사람들은 치료적인 접근 방법의 종류가 어떠하든 9~15개월의 치료 회기 이후 반응 기록에서 적어도 한 개의 재질 반응을 하곤 했다(Exner, 1978; Weiner & Exner, 1991; Exner & Sanglade, 1992).

음영 차원 반응의 합(*SumV*)

음영 차원 반응은 차원적 형태가 포함된 대답을 하는 반응에 대해 로르샤하가 언급했던 참고문헌에서 발견되었다(Rorschach & Oberholzer, 1923). 클로퍼, 켈리 및 벡(1944)은 잉크반점의 음영 형태에 근거하여 차원으로 구성한 반응을 채점하기 위해 이 기호를 만들었다. 그들은 이 음영 차원 반응이 내성의 형태와 관련된다고 주장했는데, 클로퍼는 분노를 다루기 위해 감정적인 거리를 유지하는 노력을 반영한다고 했던 반면에 벡은 우울증이나 열등감에 의해 형성된 더 침울한 감정 분위기와 관련되는 것으로 해석했다. 음영 차원 반응은 성인 비환자군의 기록(*M*=.28)에서는 21%에서 나타나는 비교적 빈번한 음영 반응이다. 아동 비환자군 사이에 보면, 5~11세의 아동 905명의 기록에서 단 2개의 기록에서만 발견되었다. 음영 차원 반응의 빈도는 비환자 청소년군의 기록에서 더 많은데, 12세 청소년들 사이에서 의미 있게 더 많이 나타나고, 비환자 청소년 중 12~16세의 청소년 기록에서 대략 유사한 비율의 빈도로 나타났다. 음영 차원 반응은 심각한 수준의 우울을 보이는 피검자 기록에서 더 많이 나타나는데, 우울을 경험하는 비환자군 279명의 기록 중 약 55%에서 최소 하나의 음영 차원 반응이 있었다.

클로퍼(1946), 라이트와 에이믹(1956)은 중장년층 사이에서는 음영 차원 반응이 매우 적은 빈도로 나타난다는 점을 발견했다. 멜처(1944)는 음영 차원 반응이 말더듬의 증상을 보이는 경우, 그렇지 않은 경우보다 유의미하게 많은 빈도로 발생한다고 보고했다. 브레드웨이, 라이언 및 코리건(1946)은 음영 차원 반응이 여자 비행청소년들의 '치료 가능성(예후)'과 상관된다고 보고했다. 불러와 르피버(1947)는 알코올중독자가 정신병질적 성격장애보다 유의미하게 더 많은 음영 차원 반응을 한다는 것도 발견했다. 그들은 이것이 알코올중독자가 더 자기 비난적이기 때문이라고 해석했다. 라비노비치(1954)는 음영 차원 반응이 GSR(Galvanic Skin Response) 편향과 개념적 역치와 더 의미 있게 관련될 것이라고 보았는데, 불쾌한 자극을 피하기 위한 시도를 반영하는 것으로 해석했다. 피스크와 바우먼(1953)은 음영 차원 반응은 많은 반응수의 기록을 보인 외래 환자에게서 재질 반응이 있었다고 보고했다.

엑스너(1974)는 검사 후 60일 내에 자살 시도를 한 피검자들 사이에서 재질 반응이 더 빈번하게 발견되었다고 했다. 그는 와일리(1977)와 함께 음영 차원 반응은 검사 후 60일 내에 발생된 자살과 의미 있게 상관이 높았고, 자살 관련 사고의 한 변인으로 발견되었다고 했다. 엑스너, 마틴 및 메이슨(1984)은 검사 60일 이내에 자신의 죽음에 영향을 받는 101명의 피검자군에게서 자살특수지표의 타당성을 입증했다. 그들은 음영 차원 반응이 자살 사고의 매우 중요한 변인이라는 점도 발견했다. 엑스너(1978, 1991)는 음영 차원 반응이 적어도 6개월간 심리치료를 받아 온 환자의 반응 기록에서 치료 이전보다 증가되는 경향이 있었다고 했다. 엑스너(1974)는 치료받기 전 반응 기록에 음영 차원 반응이 있었던 집단 심리치료에 참가하는 환자들에게서 집단 회기 동안 더 자기 초점적 문장을 만드는 경향이 나타났다고 지적했다. 엡슈타인(1998)은 비환자들의 경우보다 외상적 뇌손상 환자들에게서 비환자군에 비해 상대적으로 더 많은 음영 차원 반응이 나타났다고 보고했다.

*SumV*에 대한 재검사 상관은 긴 간격을 두었을 때 낮은 값부터 평균 .80까지 나타났고, 범위와 짧은 간격에서는 .80 상단에서 .90의 하단까지 넓은데, 상관의 크기에 따라 음영 차원 반응이 지속적으로 나타나지 않는 경향이 있다. 문맥상, 음영 차원 반응이 있는 경우, 전형적으로 그 개인의 만성적인 기질 특성으로 간주할 수 있다. 그러나 엑스너(1993)는 두 개의 회고적 연구를 통해 음영 차원 반응 중 상황적인 조건과 관련된 것도 있다고 지적했다. 34개의 반응 기록을 비교하였는데, 이때 피검자들은 가까운 친구나 친척들을 폭행하여 체포되었거나 가까운 친구나 친척들에 대해 자동차 사고를 통해 의도하지 않은 살인을 저지

르게 된 경우였다. 통제군은 자신도 모르는 사이 남에게 해를 입히게 된 사람들 34명, 그들은 살해하거나 폭행하거나 살해 의도를 가진 기습 등의 형태로 나타난 경우였다. 통제군이 34개의 기록 중 2개의 경우에만 음영 차원 반응이 있던 것과 비교해 실험군 중에서는 절반 이상의 기록(18개)에 적어도 하나 이상의 음영 차원 반응이 나타났다.

재검사 상관을 보기 위한 두 번째 연구는 임신 3개월 만의 유산을 두 번째로 경험한 여성 18명의 반응 기록을 비교한 것이었다. 그들의 기록은 심리학적 평가와 내적 고통을 치유받기 위해 단기간 입원한 여성 18명의 반응 기록과 비교되었다. 비교집단에서 단 한 명의 반응 기록에서 음영 차원 반응이 나타났던 반면에 두 번째 유산을 경험했던 여성들의 18개 반응 기록 중 8개에서 음영 차원 반응이 있었다. 한편, 흥미롭게도 실험집단의 음영 차원 반응 대부분은 만성적으로 자기 파괴적인 경향을 가진 사람들에게서는 드문 범위의 자기 중심성 지표 값이 나타났다. 그러므로 이러한 예로, 음영 차원 반응들은 최근에 있었던 행동이나 사건들과 관계된 죄책감이나 자책의 상황적 감각을 더 반영하는 것이라 할 수 있다.

음영 차원 반응과 관련된 자료의 대부분은 그것이 내성의 상징이라는 클로퍼와 벡의 입장을 지지하는 것으로 나타났다. 그러나 그 관계가 직접적이라는 것은 불확실하다. 대신 음영 차원 반응은 자기-초점적이나 자기-반성적 행동에 의해 산출된 부정적인 정서적 경험과 관계되는 것 같다. 음영 차원 반응의 빈도가 낮은 경우도 해석적으로 중요할 수 있다. 음영 차원 반응이 없는 경우는 일반적으로 음영 차원 반응이 있는 경우보다는 긍정적으로 해석될 수 있다. 음영 차원 반응이 있는 경우, 이는 불안을 시사하며, 피검자가 자신을 반추하는 내성에 의해 내적 고통이 있으며, 이러한 내적 고통은 자신에 대한 부정적인 지각에 의해 발생한 것이라 해석할 수 있다.

하나 혹은 더 많은 음영 차원 반응이 있다면, 초기 치료에 대한 동기를 평가하는 과정에서 실질적으로 고려되어야 한다. 부정적 감정을 유발하는 자기를 파괴하는 경향은 초기 치료에서 중요한 장해가 될 수 있다. 음영 차원 반응이 있을 때 긍정적으로 해석할 수 있는 경우는 어떠한 형태로든 방치되었거나 몇 개월간 (부정적인) 발달적 개입이 제공되었을 때다. 그 상황에서, 개입은 부정적인 형태로 자기-검열이 증가될 수밖에 없고, 이 때문에 고통감과 분노를 경험하는 경우일 것이다. 그러나 음영 차원 반응이 치료 종결 가까이에 있는 환자 기록에서는 거의 나타나지 않을 것으로 기대된다. 비록, 자기-검열이 치료 이후에 확실히 지속될 것이지만, 분노와 고통감이 일상적이지는 않게 될 것이다. 이러한 내성은 자기-검열과 감정적으로 거리 두기의 양상과 관련되지만, 고통스러운 감정 경험을 촉발시키지는 않는 로르샤하 검사의 다른 변인 *FD*와 관련되곤 한다.

무채색 반응의 합(*SumC′*)

클로퍼(1938)는 잉크반점의 흰색, 회색, 검정 형태가 색으로서 이용되는 반응에 대한 특정한 채점 기호를 처음으로 제안하였다. 그는 이러한 반응들이 톤이 낮은 감정, 즉 우울한 감정들과 상관이 높다고 가정했다. 그러나 이는 반드시 다른 검사 결과들과 상응하는 경우에만 해당된다고 했다. 예를 들어, 그는 색깔로 흰 공간을 포함한 무채색을 유채색 반응의 일부로 사용한다면, 오히려 유쾌한 감정과 상관될 수 있다고 했다. 이후 클로퍼는 회색과 검정이 포함된 무채색 반응들은 우울 특성과 관련이 있다고 가정했다(B. Klopfer & Spiegelman, 1956). 라파포트, 길 및 샤퍼(1946)는 무채색 반응은 간접적이고 더 의식적인 방어의 표현이라고 주장했다. 피오트로브스키(1957)는 무채색 반응은 우울한 기분과 관련된다고 가정했지만, 웨버(1937)의 발견을 인용해서, 알코올중독자들은 공백 영역과 밝은 회색 영역을 포함한 유채색 반응을 하는 것으로 보아 반응에 흰 공간과 밝은 회색 영역이 포함되면 유쾌한 정서도 있는 것으로 보았다.

엑스너(1974)는 무채색 반응들이 비환자 반응 기록의 경우보다 신체화 장애, 강박장애, 정신분열증 환자군에게서 약 2배 정도 빈번하게 나타난다는 것을 발견하였다. 그리고 수동 공격적이거나 정신병질로 진단된 환자들의 반응에서보다도 약 3배 이상 더 빈번하게 나타났다. 또한 입원 시점에 '자살 시계'에 있던 정동장애로 처음 진단받은 64명의 입원 환자들의 치료 전 반응 기록을 검토한 결과, 64명 중 16명이 진단 55일 내에 자살 시도를 하였는데, 자살 시도를 하지 않았던 48명(71%) 중 34명과 비교하여 16명의 반응 기록 중 5명(31%)의 반응 기록에서 *SumC′* 반응이 나왔다. 이러한 발견은 감정 억제와 *SumC′* 사이에 상관관계가 있음을 시사하는 것으로 여겨진다.

엑스너와 로라(1977)는 '행동 표출' 범죄와 관계된 의학적으로 본 소인에 대한 권고를 하기 위해 행동 문제를 보인 청소년 20명과 20명의 비환자 청소년의 반응 기록을 비교했는데, 통제집단($p < .01$)으로 사용된 20명의 비환자 청소년(M=1.12, SD=.79)의 반응 기록보다 의미 있게 더 많은 *SumC′* 반응(M=2.77, SD=1.03)이 나타났다고 보고했다. 두 집단 모두 청소년들의 행동 표출문제와 관련하여 소인에 대한 소견을 결정하기 위해 8주 후에 재검사를 실시했다. 통제집단에서는 첫 검사에서와 유사하게 나타난 반면(M=1.07, SD=.87)에 행동화 문제 집단은 첫 검사의 결과보다 유의미하게 *SumC′* 반응이 감소했다(M=1.11, SD=.94). 이러한 결과로 보아, *SumC′*와 심리적인 방어가 관련될 것이라는 라파포트의 제안이 지지될 수 있다. 이러한 발견은 초기에 언급된 재검사 상관 자료와 일치하기도 하는데, *SumC′*가 상대적으로 안정적인 특성을 가지고 있지만, 어떤 상태적인 영향력에 의해 변화될 수도 있다.

심각한 우울증 환자의 반응 기록에서 3개 혹은 그 이상의 무채색 반응이 발견되는 것은 드물지 않다. 엑스너(1978)는 우울증 입원 환자에게 우울증의 임상적 징후가 완화되었을 때 검사해 보면, *SumC′*의 값은 그들의 이전 검사 기록의 값의 절반보다도 적고 때로는 재검사 시 반응수가 유의미하게 증가하기도 한다고 했다. *SumC′* 값의 증가는 어떤 심각한 감정적 장해가 있다는 증거로서 유용하다고 볼 수 있다(Exner, 1983, 1991).

무채색 반응은 어떤 형태로든 감정적 억제와

관련된다고 가정할 때, 해석자는 이러한 반응에 반점의 형태가 어떤 역할을 했는지에 대해 주목할 필요가 있다. *FC'*의 반응으로 형태를 일차적으로 사용했다면, 감정적 억제와 인지적인 통제가 있었음을 시사한다. 감정적 억제는 불안과 혼동되지 말아야 한다. 이는 불안이 감정적 억제 경험과 동반될 수 있기 때문이다. 오히려 심리학적으로 혀를 깨무는 것과 같이 정서가 내면화되고, 그래서 결과적으로는 어떤 불안정성이 발생할 수 있다. *C'*로 대변되는 불안정성은 피검자에게서 여러 가지 형태로 나타날 수 있는데, 모호한 불편감이나 긴장으로 보이곤 하는 불안정감 등 다양한 범위로 나타날 수 있다.

D 점수(*D, Adj D*)

*EA*와 *eb*를 구성하는 변인들로 축적된 자료들은 두 변인 사이의 상관관계가 한 개인의 통제 역량과 스트레스 내성에 대한 정보를 제공할 수 있다는 점을 지지한다. 경험적인 정신병리학에서 중요시되어 온 스트레스의 요구 정도나 과부하 등에 대한 개념을 공식화하는 데 차이 점수를 이용하는 것은 타당하다. 이 점수들은 한 개인의 좌절, 스트레스, 스트레스 내성, 그리고 정서와 관련된 많은 결과물에 근거를 두고 있다. 그러한 개념들의 가장 직접적인 설명은 이전에도 있었지만, 프렌치(1947), 겐트(1947), 리델(1944), 마이어(1949), 매슬로(1947), 밀러(1944), 세일리(1956)의 연구 결과들은 스트레스와 정서의 관계들에 대한 중요한 정보가 포함되어 있었다(Seligman, Abramson, Semmel, & von Baeyer, 1979; Lazarus, 1983; Lazarus & Folkman, 1984; Lazarus, 1991).

두 개의 논란점이 *EA*와 *eb* 차이 점수에 의해 제기된다. 하나는 원점수 차이의 심리측정적인 보전에 관한 것과 *eb* 변인들의 불안정성에 대한 것이다. 따라서 이러한 논란을 해결하기 위한 방법으로 표준편차를 *D* 점수 범위를 정하는 데 이용하기도 했다. *EA*와 *es*의 차이 값은 비환자 성인 600명의 반응 기록 중 65%에서 2.5점 이내에 있었다. 그러므로 + 혹은 −2.5 범위에서 *D* 점수는 0이고, +혹은 −2.5 밖의 범위는 0보다 크거나 작은 *D* 점수 값을 표현하는 것과 동일하게 사용된다. 그러나 *EA*와 *es*의 공식에는 *eb*에 포함된 두 불안정한 변인들, 즉 상황적 스트레스(*m*과 *SumY*)들이 포함되어 있다. 결과적으로 그러한 변인들을 조정해(*Adj es*) 두 번째 차이 점수(*Adj D*)를 만든다. 실제로 *es*는 *m*과 *SumY*가 포함된 값이고, 600명의 비환자 집단의 87%에서 0 또는 그보다 많은 *Adj D* 점수가 나온다.

한 개인에게 보다 전형적인 특성을 통제하려 할 때 두 값의 차이 점수(*EA* − *Adj es*)인 *Adj D*가 더욱 중요해진다. *Adj D* 점수가 음수일 필요는 없지만, 자동적으로 나타나는 조정 문제는 없다. 성인 비환자군 5% 정도에서 0이나 그 이하인 *Adj D* 값이 나타났다. 한편 환자들 사이에 음수 범위의 *Adj D* 점수가 발견되는 것은 흔한 일이다. 때때로 *EA* 값이 예상보다 작을 때도 그렇지만, *Adj es* 값이 *EA*보다 더 많이 클 때 종종 발생한다. 웨이너와 엑스너(1991)는 *Adj es*가 장기간 치료 프로그램과 단기간 치료 프로그램 이후 값이 낮아지는 경향이 있다고 했다. 엑스너와 생글레이드(1992)도 이와 유사하게 *es*와 *Adj es*의 값이 단기 혹은 장기치료를 받은 거의 모든 환자에게서 감소하는 경향이 있었다고 보고했다. 결과적으로 *D*와 *Adj D*의 점수가 증가되는 셈이다.

0보다 큰 *Adj D* 값이 종종 긍정적으로 간주되곤 하지만, 스트레스에 대한 통제나 내성을 위해 활용되는 개인의 능력 중 어떤 것은 어떤 치료 상황에서는 실제로 방해물이 될 수도 있다. 예를 들어, 벡(1960)은 명백한 증상을 보이는 정신분열증 사이에서 *EA*가 가장 높은 경향이 있는 것으로 나타났는데, 그들은 치료가 어려운 경우였다고 지적했다. 그 환자들의 대부분은 편집증적 특성을 보였다. 그는 "내적 에너지가 더 많이 공급되면 될수록 그것은 증상의 해결에 기여하는 천성적인 성격이 병리적 증상으로 전환될 수 있다."고 했다. 어떤 외래 환자들의 자료는 이 가정에 부합되기도 했다. 치료에 가장 빠르게 반응하는 환자들은 전형적으로 생생한 고통 속에 있는 사람들이다. 0보다 큰 *D* 점수를 보인 환자들은 스트레스에 더 무의식적으로 반응하는 경향이 있고, 치료과정에 필수적인 환자-치료자 동맹은 더욱 천천히 발달된다. 이 소견들은 *D* 점수가 스트레스에 대한 내성과 관련되어 있다는 결론에 영향을 끼쳤다.

참고문헌

Abraham, P.P., Lepisto, B. L., Lewis, M. G., Schultz, L., & Finkelbach, S. (1994). An outcome study: Changes in Rorschach, variables of adolescents in residential treatment. *Journal of Personality Assessment, 62*, 505-514

Allerhand, M. E. (1954). Chiaroscuro determinants of the Rorschach test as an indicator of manifest anxiety. *Journal of Projective Techniques, 18*, 407-413.

Altus, W. D. (1958). Group Rorschach and Q-L discrepancies on the ACE. *Psychological Reports, 4*, 469.

Bash, K. W. (1955). Einstellungstypus and Erlebnistypus, C. G. Jung and Herman Rorschach. *Journal of Projective Techniques, 19*, 236-242.

Beck, S. J. (1944). *Rorschach's test. I: Basic Processes*. New York: Grune & Stratton.

Beck, S. J. (1960). *The Rorschach experiment: Ventures in blind diagnosis*. New York: Grune & Stratton

Berryman, E. (1961). Poet's responses to the Rorschach. *Journal of General Psychology, 64*, 349-358

Blias, M. A., Hilsenroth, M. J., & Fowler, J. C. (1998). Rorschach correlates of the *DSM-IV* histrionic personality disorder. *Journal of personality Assessment, 70*, 355-364

Bradway, k., Lion, E., & Corrigan, H. (1946). The use of the Rorschach in a psychiatric study of promiscuous girls. *Rorschach Research Exchange, 9*, 105-110.

Breecher, S. (1956). The Rorschach reaction patterns of maternally overprotected and rejected schizophrenics. *Journal of Nervous and Mental Disorders, 123*, 41-52.

Brown, M., Bresnoban, T. J., Chakie, F. R., Peters, B.,

Poser, E. G., & Tougas, R. V. (1950). Personality factors in duodenal ulcer: A Rorschach study. *Psychosomatic Medicine, 12, 1-5.*

Buhler, C., & LeFever, D. (1947). A Rorschach study on the psychological characteristics of alcoholics. *Quarterly Journal of Studies on Alcoholism, 8,* 197-260.

Casella, M. J. (1999). The Rorschach texture response: A conceptual validation study. *Dissertation Abstracts International, 60,* 2405.

Coan, R. (1956). A factor analysis of Rorschach determinants. *Journal of projective Techniques, 20,* 280-287.

Epstein, M. (1998). Traumatic brain injury and self perception as measured by the Rorschach using Exner's comprehensive system. *Dissertation Abstracts International, 59,* 0870.

Erginel, A. (1972). On the test-retest reliability of the Rorschach. *Journal of Personality Assessment, 36,* 203-212.

Exner, J. E. (1974). *The Rorschach: A Comprehensive System. Volume 1.* New York: Wiley.

Exner, J. E. (1978). *The Rorschach: A Comprehensive System. Volume 2. Current research and advanced interpretation.* New York: Wiley.

Exner, J. E. (1979). *The effects of voluntary restraint on Rorschach retests.* Rorschach Workshops (Study No. 258, unpublished).

Exner, J. E. (1983). Rorschach assessment. In I. B. Weiner (Ed.), *Clinical methods in psychology* (2nd ed.). New York: Wiley.

Exner, J. E. (1986). *The Rorschach: A Comprehensive System. volume 1: Basic foundations* (2nd ed.). New York: Wiley.

Exner, J. E. (1991). *The Rorschach: A Comprehensive System. Volume 2: Interpretation* (2nd ed.). New York: Wiley.

Exner, J. E. (1993). Vista and guilt or remorse. *Alumni Newsletter* (pp. 3-7). Asheville, NC: Rorschach Workshops.

Exner, J. E., & Bryant, E. L. (1974). *Rorschach responses of subjects recently divorced or separated.* Rorschach Workshops (Study No. 206, unpublished).

Exner, J. E., & Bryant, E. L. (1975). *The EA and ep variables as related to performance on a mirror tracing task.* Rorschach Workshops (Study No. 209, unpublished).

Exner, J. E., & Bryant, E. L. (1976). *The EA and ep variables as related to performance on an accelerated pursuit rotor task.* Rorschach Workshops (Study 219, unpublished).

Exner, J. E., Bryant, E. L., & Miller, A. S. (1975). *Rorschach responses of some juvenile offenders.* Rorschach Workshops (Study No. 214, unpublished).

Exner, J. E., & Chu, A. Y. (1981). *Reports of transitional objects among nonpatient adults as related to the presence or absence of T in the Rorschach.* Rorschach Workshops (Study No. 277, unpublished).

Exner, J. E., Cooper, W. H., & Walker, E. J. (1975). *Retest of overweight males on a strict dietary regimen.* Rorschach Workshops (Study No. 210, unpublished).

Exner, J. E., & Leura, A. V. (1975). *Rorschach responses of recently foster placed children.* Rorschach Workshops (Study No. 196, unpublished).

Exner, J. E., & Leura, A. V. (1977). *Rorschach per-*

formances of volunteer and nonvolunteer adolescents. Rorschach Workshops (Study No. 238, unpublished).

Exner, J. E., Levantrosser, C., & Mason, B. (1980). *Reports of transitional objects among first admission depressives as related to the presence or absence of T in the Rorschach.* Rorschach Workshops (Study No. 266, unpublished).

Exner, J. E., Martin, L. S., & Mason, B. (1984). *A review of the Suicide Constellation.* 11th International Rorschach Congress, Barcelona, Spain.

Exner, J. E., Martin, L. S., & Thomas, E. A. (1983). *Preference for waiting room seating among subjects with elevations or absence of T in the Rorschach.* Rorschach Workshops (Study No. 282, unpublished).

Exner, J. E., Murillo, L. G., & Cannavo, F. (1973). *Disagreement between ex-patient and relative behavioral reports as related to relapse in non-schizophrenic parients.* Eastern Psychological Association, Washington, DC.

Exner, J. E., & Sanglade, A. A. (1992). Rorschach changes following brief and short term therapy. *Journal of Personality Assessment, 59*, 59-71.

Exner, J. E., Thomas, E. A., & Mason, B. (1985). Children's Rorschachs: Description and prediction. *Journal of Personality Assessment, 49*, 13-20.

Exner, J. E., Viglione, D. J., & Gillespie, R. (1984). Relationships between Rorschach variables as relevant to the interpretation of structural data. *Journal of Personality Assessment, 48*, 65-70.

Exner, J. E., & Weiner, I. B. (1982). *The Rorschach: A Comprehensive System. Volume 3. Assessment of children and adolescents.* New York: Wiley.

Exner, J. E., & Wylie, J. R. (1977). Some Rorschach data concerning suicide. *Journal of Personality Assessment, 41*, 339-348.

Exner, J. E., Wylie, J. R., Leura, A. V., & Parrill, T. (1977). Some psychological characteristics of prostitutes. *Journal of Personality Assessment, 41*, 474-485.

Exner, J. E., Zalis, T., & Schumacher, J. (1976). *Rorschach protocols of chronic amphetamine users.* Rorschach Workshops (Study No. 233, unpublished).

Fiske, D. W., & Baughman, E. E. (1953). The relationship between Rorschach scoring categories and the total number of responses. *Journal of Abnormal and Social Psychology, 48*, 25-30.

French, T. M. (1947). Some psychoanalytic applications of the psychological field concept. In S. S. Tomkins (Ed.), *Contemporary psychopathology* (pp. 223-234). Cambridge, MA: Harvard University Press.

Gacono, C. B., & Meloy, J. R. (1991). A Rorschach investigation of attachment and anxiety in antisocial personality disorder. *Journal of Nervous and Mental Diseases, 179*, 546-552.

Gantt, W. H. (1947). The origin and development of nervous disturbances experimentally produced. In S. S. Tomkins (Ed.), *Contemporary psychopathology* (pp.414-424). Cambridge, MA: Harvard University Press.

Haan, N. (1964). An investigation of the relationships of Rorschach scores, patterns and behaviors to coping and defense mechanisms. *Journal of Projective Techniques and Personality Assessment, 28*, 429-441.

Hertz, M. R. (1948). Suicidal configurations in

Rorschach records. *Rorschach Research Exchange, 12*, 3-58.

Ihanus, J., Keinonen, M., & Vanhamaki, S. (1992). Rorschach movement responses and the TAT Transendence Index in physically handicapped children. *Perceptual and Motor Skills, 74*, 1115-1119.

Kallstedt, F. E. (1952). A Rorschach study of 66 adolescents. *Journal of Clinical Psychology, 8*, 129-132.

Kemalof, S. (1952). The effect of practice in the Rorschach test. In W. Peters (Ed.), *Studies in Psychology and Pedagogy*. Instanbul: University of Istanbul Press.

Klopfer, B. (1938). The shading responses. *Rorschach Research Exchange, 2*, 76-79.

Klopfer, B., Ainsworth, M., Klopfer, W., & Holt, R.(1954). *Developments in the Rorschach technique. Vol I.* Yonkers-on-Hudson, NY: World Books.

Klopfer, B., & Kelley, D. (1942). *The Rorschach technique*. Yonkers-on-Hudson, NY: World Books.

Klopfer, B., Kirkner, F., Wisham, W., & Baker, G. (1951). Rorschach prognostic rating scale. *Journal of projective Techniques, 15*, 425-428.

Klopfer, B., & Spiegelman, M. (1956). Differential diagnosis. In B. Klopfer and others. *Developments in the Rorschach technique. II: Fields of application*. Yonkers-on-Hudson, NY: World Books.

Klopfer, W. (1946). Rorschach patterns of old age. *Rorschach Research Exchange, 10*, 145-166.

Lazarus, R. S. (1983). The costs and benefits of denial. In S. Breznitz (Ed.), *The denial of stress* (pp. 1-30). New York: International Universities Press.

Lazarus, R. S. (1991). *Emotion and adaptation*. New York: Oxford University Press.

Lazarus, R. S., & Folkman, S. (1984). *Stress, appraisal and coping*. New York: Springer.

Leura, A. V., & Exner, J. E. (1976). *Rorschach Performances of children with a multiple foster home history*. Rorschach Workshops (Study No. 220, unpublished).

Liddell, H. S. (1944). Conditioned reflex method and experimental neurosis. In J McV. Hunt (Ed.), *Personality and the behavior disorders* (Vol. 1, pp. 389-412). New York: Ronald Press.

Light, B. H., & Amick, J. (1956). Rorschach responses of normal aged. *Journal of Projective Techniques, 20*, 185-195.

Loving, J. L., & Russell, W. F. (2000). Selected Rorschach variables of psychopathic juvenile offenders. *Journal of Personality Assessment, 75*, 126-142.

Mair, N. R. F. (1949). *Frustration*. New York: McGraw-Hill.

Marsh, A., & Viglione, D. J. (1992). A conceptual validation study of the texture response on the Rorschach. *Journal of Personality Assessment, 58*, 571-579.

Maslow, A. H. (1947). Conflict, frustration and the theory of threat. In S. S. Tomkins (Ed.), *Contemporary psychopathology* (pp. 588-594). Cambridge, MA: Harvard University Press.

McClelland, D. C., Atkinson, J. W., Clark, R. W., & Lowell, E. L. (1953). *The achievement motive*. New York: Appleton-Century-Crofts.

McFate, M. Q., & Orr, F. G. (1949). Through adolescence with the Rorschach. *Rorschach Research Exchange, 13*, 302-319.

Meltzer, H. (1944). Personality differences between stuttering and nonstuttering children as indicated by the Rorschach test. *Journal of Psychology, 17*, 39-59.

Miller, N. E. (1944). Experimental studies of conflict. In J. McV. Hunt (Ed.), *Personality and the behavior disorders* (Vol. 1, pp. 431-465). New York: Ronald Press.

Montalto, F. D. (1952). Maternal behavior and child personality: A Rorschach study. *Journal of Projective Techniques, 16*, 151-178.

Pierce, G. E. (1978). The absent parent and the Rorschach "T" response. In E. I. Hunter & D. S. Nice (Eds.), *Children of military families*. Washington, DC: U.S. Government Printing Office.

Piotrowski, Z. (1957). *Perceptanalysis*. New York: Macmillan.

Piotrowski, Z., & Abrahamsen, D. (1952). Sexual crime, alcohol, and the Rorschach test. *Psychiatric Quarterly Supplement, 26*, 248-260.

Piotrowski, Z., & Schreiber, M. (1952). Rorschach perceptanalytic measurement of personality changes during and after intensive psychoanalytically oriented psychotherapy. In G. Bychowski & J. L. Despert (Eds.), *Specialized techniques in psychotherapy*. New York: Basic Books.

Potanin, N. (1959). Perceptual preferences as a function of personality variables under normal and stressful conditions. *Journal of Abnormal and Social Psychology, 55*, 108-113.

Rabinovitch, S. (1954). Physiological response, perceptual threshold, and Rorschach test anxiety indices. *Journal of Projective Techniques, 18*, 379-386.

Rapaport, D., Gill, M., & Schafer, R. (1946). *Psychological diagnostic testing* (Vol. 2). Chicago: Yearbook Publishers.

Ridgeway, E. M., & Exner, J. E. (1980). *Rorschach correlates of achievement needs in medical students under an arousal state*. Rorschach Workshops (Study No. 274, unpublished).

Rorschach, H., & Oberholzer, E. (1923). The application of the interpretation of form to psychoanalysis. *In Zeitschrift fur die Gesamte Neurologie und Psychiatrie, 82*, 240-274.

Seligman, M. E. P., Abramson, L. Y., Semmel, A., & von Baeyer, C. (1979). Depressive attributional style. *Journal of Abnormal Psychology, 88*, 242-247.

Selye, H. (1956). *The stress of life*. New York: McGraw-Hill.

Sommer, R., & Sommer, D. T. (1958). Assaultiveness and two types of Rorschach color responses. *Journal of Consulting Psychology, 22*, 57-62.

Steiner, M. E. (1947). The use of the Rorschach method in industry. *Rorschach Research Exchange, 11*, 46-52.

Thompson, G. M. (1948). MMPI correlates of movement responses on the Rorschach. *American Psychologist, 3*, 348-349.

Waller, P. F. (1960). The relationship between the Rorschach shading response and other indices of anxiety. *Journal of Projective Techniques, 24*, 211-216.

Warshaw, L., Leiser, R., Izner, S. M., & Sterne, S. B.(1954). The clinical significance and theory of sodium amytal Rorschach testing. *Journal of Projective Techniques, 18*, 248-251.

Weber, A. (1937). Delirium tremens und alkoholhalluzinose in Rorschachen Formdeutversuch. *Zeitschrift fur die Gesamte Neurologie und Psychiatrie, 159*.

Weber, C. A., Meloy, J. R., & Gacono, C. B. (1992). A Rorschach study of attachment and anxiety in inpatient conduct disordered and dysthymic adolescents. *Journal of Personality Assessment, 58*, 16-26.

Weiner, I. B., & Exner, J. E. (1991). Rorschach changes in long-term and short-term psychotherapy. *Journal of Personality Assessment, 56*, 453-465.

Wiener-Levi, D., & Exner, J. E. (1981). The Rorschach EA-ep variable as related to persistence in a task frustration situation under feedback conditions. *Journal of Personality Assessment, 45*, 118-124.

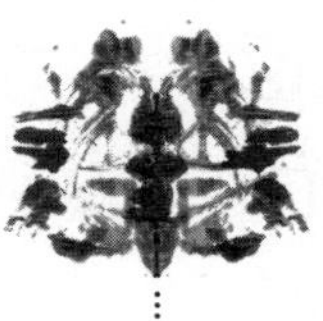

제15장
상황과 관련된 스트레스

로르샤하 수행을 위해 방문한 대다수의 피검자들, 대부분 정신건강 서비스를 받으러 내원한 사람들은 개인마다 어떤 스트레스를 경험하고 있을 것이다. 전형적으로 이 스트레스는 일정 기간 지속되어 왔을 것이고, 그 스트레스에 따른 산물들은 수많은 연구 자료에 의해 확인되었다. 그중 몇몇의 스트레스는 보다 최근의 특정 사건에 연관되었을 수 있는데, 이는 상황적 스트레스라 분류할 수 있다. 상황에 의해 발생된 스트레스는 실패, 실망, 정서적 상실, 의사 결정 과정의 갈등과 같은 다양한 개인적 외상 중 어떤 것과도 관련되어 있을 수 있다. 대체로 이 스트레스들은 잘 적응하는 사람에게조차 꽤 큰 심리적 불안을 생성한다. 만약 그 상황적 스트레스 경험이 만성적 스트레스 상황을 압도한다면, 그 새로운 경험은 이미 있는 불안을 더욱 증폭시키고, 가끔은 심리적인 황폐화를 야기할 수도 있다. 이미 있는 환경과 관계없이 상황적으로 관련된 스트레스 경험들은 거의 언제나 심리적 기능의 어떤 측면에 충격을 준다.

다수의 경우, 개인의 생활사를 통해 상황적인 스트레스를 이해할 수 있고, 로르샤하 결과를 적절하게 적용할 근거를 찾을 수 있다. 어떤 경우에는 그 기록이 막연하고 불완전하거나 쓸모없을 수도 있고, 해석자를 더욱 곤란하게 만들 수도 있다. 개인력과 별개로 해석자의 책임은 로르샤하 자료가 스트레스 유발과 관련한 상황적 근거를 반영하고 있는지를 결정하는 것이다. 이 결과들은 종종 다양한 자료와 높은 상관을 보일 것이다. 상황적 스트레스 효과와 관련된 정보가 무시된다면, 상황적 스트레스의 충격을 고려하는 적절한 내용이 제시되지 못하게 되고, 다양한 자료의 해석을 잘못된 방향으로 유도할 위험이 있다.

상황적 스트레스 관련 로르샤하 자료

통상적으로 상황 관련 스트레스는 D 점수의 차

이로 판단한다. *D* 점수가 조정된 *D* 점수(*Adj D*)보다 작을 때 *D* 점수 간에 차이가 날 때, 상황적 스트레스와 연관성이 있거나 관련 가능성이 있는 변인들의 관계를 살펴보아야 한다. 앞서 언급하였듯이, 조정된 *D* 점수는 전형적이거나 평상시의 통제를 위한 능력을 잘 반영하는 지표라 할 수 있다. 반면에 *D* 점수는 현재의 조절과 스트레스 내성 능력에 대한 지수라 할 수 있다. 이 두 *D* 점수 차이가 크면, 한 사람의 통제나 조절 능력이 감소되고, 평소보다 스트레스에 대해 내성하기 어려운 환경에 있을 것이라고 보는 가정이 적합하다.

이러한 배열 내의 모든 변수(*D, Adj D, m, SumY*, 혼합 결정인의 복잡성, 유채색-음영 혼합 결정인, *SumT, SumV*, 순수 *C, M*, 형태 없는 *M*)는 상황적 스트레스와 관련될 수 있다. 그러나 이들은 또한 다른 심리학적 특징들과 관련되어 있다. 그러므로 이 변수들의 해석은 일반적인 해석 지침을 제공하는 군집의 결과에서 얻을 수 있다. 그러나 그러한 일반적인 해석 중 어느 것에서도 이러한 변수를 묶어 평가한 것은 없다.

예를 들어, 배열에 포함된 어떤 변수들은 통제와 관련된 군집에서 유래되었고, 이미 검토되었다. 나머지는 정동, 관념, 자기 지각, 대인 지각과 관련하여 군집에 포함되어 있다. 이들은 세 번째 핵심 변인이 유의할 때(*D*<*Adj D*) 함께 검토한다. 왜냐하면 그 결과가 상황적 스트레스가 있다는 점을 전제로 하고, 상황적 스트레스의 충격과 관련된 중요한 정보를 그 배열이 제공할 것으로 추정하기 때문이다.

먼저 살펴볼 내용

세 가지의 주요 목적이 있다. 첫째, *D* 점수의 차이가 상황적 스트레스를 제대로 반영하고, 그 결과가 잘못된 것이 아니라는 것을 확인하기 위해, 둘째 스트레스 경험의 양을 평가하고 가능한 한 정확하게 공식화하기 위해, 셋째 다양한 군집에 반영된 심리학적 특징을 연구할 때 상황적 경험의 효과로 다른 결과들을 설명할 수 있는 개념 체계를 확립하기 위해 우리는 일련의 변인을 검토해야 한다.

사례 3, 4, 5로 소개된 성인 3명의 상황적 스트레스 변인 자료를 해석 연구를 위해 인용했다.

사례 3

36세의 남성으로, 부인이 이혼 소송을 제기한 상태다. 이 이혼 소송에는 6세, 9세 된 두 딸에 대한 양육권 분쟁이 포함되어 있었다. 그들은 10년간 결혼 생활을 해 왔다. 그는 1남 2녀 중 장남이다(33, 34세의 여동생이 있다). 부모는 모두 생존해 있는데, 62세의 아버지는 라디오 방송국에서 일을 하고 있다. 60세의 어머니는 가정주부다. 그는 자신의 가족이 매우 친밀하다고 했고, 18세에 고등학교를 졸업하고 통신학을 전공할 계획으로 대학에 입학하였으나 2년 후 학업을 그만두고, 보험회사의 홍보부에서 일을 하기 시작했다. 27세 때 광고회사로 자리를 옮겼다. 그는 현재 그곳에서 중간 관리직을 맡고 있다.

그의 부인(36세 동갑)은 대학을 졸업하였고, 고등학교 생물교사다. 그녀는 결혼 후 첫 두 해 동

사례 3 36세 남성의 상황적 스트레스 자료

				혼합 결정인 유형	
EB = 3:7.0	EA = 10.0		D = −1	M.FD.FY	= 1
eb = 6:7es	= 13	Adj es = 10	Adj D = 0	M.CF	= 1
FM = 4 m = 1	C′ = 1 T = 2 V = 1 Y = 4			FM.CF	= 1
		(3r+(2) / R) = .43		FM.FT	= 1
				m.CF	= 1
Pure C = 1 M− = 0	MQnone = 0		Blends = 7	CF.YF	= 1
				FC.FC′	= 1

안 정교사로 근무했고, 2년 전 다시 정교사로 복직하기 전까지 대리교사로 시간제로 근무했다. 첫째 아이는 초등학교 4학년, 둘째는 1학년으로 그들이 만족스럽게 잘 자라고 있다고 했다. 약 8개월 전, 그의 부인은 그가 직장에서 불륜을 저질렀다는 사실을 안 후 그에게 집에서 나갈 것을 요구했다. 그는 별거 이후 다른 아파트에 살고 있다.

별거 시 합의에 따라 딸들은 부인과 함께 살며, 그는 일주일에 한 번 데려갈 수 있었다. 그는 아이들과 좀 더 같이 있게 해 줄 것을 요구했으나, 그의 부인은 거절했다. 그녀는 완전한 자녀 양육권을 원했으며, 이혼 소송 중 부인은 아이들이 이중의 삶을 강요받는다면, 그것은 불공정한 것이라고 주장했다. 검사 전 면담에서 그의 부인이 자녀 양육권 조정에 반대하는 것에 대하여 품고 있는 분노 외에는 정서적으로 큰 어려움은 없다고 했다. 그는 자신이 좋은 아버지며, 그의 아이들과 관계된 결정권을 보다 적극적으로 행사하길 원한다고 주장했다. 그는 이혼이 완료되면 재혼할 수도 있다고 했지만, 구체적으로 설명하지는 못했다. 양측 변호사들은 두 부모에 대한 심리학적 평가(**로르샤하** 포함)에 동의했다.

사례 4

그녀는 23세로 지난 2년간 비행기 승무원으로 근무했다. 그녀는 21세에 대학을 졸업하고 지금의 직업을 얻었는데, 그녀는 '재미있을 것 같았고, 난 여행을 좋아해요.' 라고 말했다. 대략 4주 전 그녀의 여행 가방 검사에서 30온스의 코카인이 발견되어 항공사로부터 정직당했다. 그녀는 단지 친구들을 위해 운반을 했다고 주장했으나, 후에 '가끔, 그러나 항상 일이 없는 날에만' 코카인을 복용했다고 시인했다. 그녀는 그 사건 이후 매우 당황스럽고 우울했다고 얘기했으며 복직을 원했다. 그녀의 복직을 위해 노동조합에서 심리학적 평가를 의뢰했다.

그녀는 3자매 중 둘째다(자매의 나이는 26, 17세). 아버지는 51세로 대학교수이고, 어머니는 52세로 사회 활동을 하지 않는다. 그녀는 광범위한 교우 관계를 가지고 있으며, '특별한 애인'은 없지만, 데이트를 정기적으로 하는 등 개인적인 문제는 없다고 했다. 대학 시절 그녀는 가끔씩 자유로이 마약을 접했다. 그녀는 비행 승무원이 될 것을 확신하지 못했으나 적어도 5년 동안은 해 볼 생각이었다고 말했으며, 결혼도 하고 싶다고 했다. "20대

사례 4 23세 여성의 상황적 스트레스 자료

			혼합 결정인 유형
EB = 5:6.0	EA = 11.0	D = −2	
eb = 8:8	es = 16 Adj es = 13	Adj D = 0	M.CF.FC′ = 1
			M.FD = 1
FM = 5 m = 2	C′ = 3 T = 1 V = 1 Y = 4		FM.CF.Fr = 1
	(3r+(2) / R) = .48		FM.FC′ = 1
			m.CF = 2
Pure C = 0 M− = 1	MQnone = 0	Blends = 8	FC.FY = 2

후반이에요. 그렇지만 일도 계속하고 싶어요." 그녀는 "나는 정말 내 일에 능숙해요."라고 주장하며, 불공평하게 대우받는다고 얘기했다. "다른 사람들 중에는 정말 심한 마약 중독자도 있는데 그들은 한 번도 잡히지 않았어요." 그녀는 만일 해직당하면 아마도 다른 직업을 구하기가 어려울 수 있다는 것을 알고 있다.

사례 5

이 57세 남성은 그의 주치의가 검사를 의뢰했다. 그가 주치의에게 계속되는 현기증을 호소한 후, 일반적인 심리검사와 함께 신경심리학적 검사도 의뢰되었다. 그는 집중 곤란을 호소했고, 특히 종종 밤중에 잠을 깨서 다시 잠드는 게 어려우며, 다음날 낮에 몹시 피곤함을 느낀다고 했다. 그는 세 가지 증상이 나타나기 전까지 건강이 좋았다. 검사 의뢰에 앞서, 종합 신체검사(심혈관 질환 및 신경 검사를 포함한)에서 이상 소견은 없었다.

그는 주립 대학교에서 공학 학사학위 취득 후 22세에 결혼했다. 그의 부인은 같은 22세며, 같은 해에 졸업했고, 미술을 전공했다. 얼마 안 되어 그는 베트남에서 지낸 16개월을 포함하여 3년간 군대에 있었다. 그동안 그의 부인은 고등학교에서 미술을 가르쳤다. 제대 후 그는 기계설비회사에 일자리를 구하고 7년간 일했다. 그때 그의 부인은 두 자녀를 출산하였고, 아들은 현재 29세, 딸은 27세다. 두 자녀 모두 기혼이며, 멀리 떨어져 살고 있다. 32세에 그는 동료와 함께 교량 건

사례 5 57세 남성의 상황적 스트레스 자료

			혼합 결정인 유형
EB = 8:5.0	EA = 13.0	D = 0	
eb = 7:8	es = 15 Adj es = 10	Adj D = +1	M.FC.FY = 1
			M.CF = 2
FM = 4 m = 3	C′ = 2 T = 2 V = 0 Y = 4		FM.FT.FY = 1
	(3r+(2) / R) = .38		FM.FC′ = 1
Pure C = 0 M− = 0	MQnone = 0	Blends = 7	m.CF = 1
			m.YF = 1

설을 위한 골조를 다루는 사업을 시작했다. 사업은 성공적이었고 현재 34명의 직원이 있다.

약 2년 전 그의 부인이 자궁암 진단을 받은 지 8개월 후 사망했다. 그는 부인의 죽음 이후, 매우 힘든 시간이었으나 점차 적응하고 있음을 느낀다고 말했다. 지난 몇 개월간 그는 평소보다 더 많은 시간을 회사 일을 쉬며 지냈다. 그는 자녀들을 방문하고, 두 명의 친구들과 멀리 낚시 여행을 가는 데 그 시간을 사용했다. 그는 "점차 내 인생을 함께 보내도록 할 계획이다."라고 말했다. 그는 부인의 투병 중에 매우 분노하고 우울했으며, 그녀의 죽음 후에 무력감을 느꼈다고 말했으나, 지난 몇 달간 큰 슬픔이나 우울함을 경험하지는 않았다고 했다. 그는 "두세 명의 친구들이 나를 이혼녀들과 연결해 주려고 노력했지만, 나는 별 관심이 없었다."라고 말했다. 최근 '오랜 시간 연구해 온' 새로운 건축설계에 많은 시간을 할애했으며, 그 프로젝트에 진전이 있었다. 그는 그의 현기증이나 집중력 상실 경험에 대해 "나는 내가 종양이나 뭐 그런 걸 갖고 있을지 모른다고 생각했다."는 얘기 외엔 달리 문제점을 인식하고 있지 않았다.

D 점수 간에 차이가 있을 때의 기본 가설

처음에 지적했듯이, *D* 값이 *Adj D*의 값보다 적을 때, 변인들의 집합에 대해 해석적인 구조를 잡기 위해 기본적인 가설이 세워진다. 실제로 사람들은 어떤 상황적 스트레스 때문에 평소보다 자극의 요구가 증가하는 경험을 하게 된다. 그래서 평소처럼 어떤 결정이나 행동을 조직화하지 못한다.

두 번째 가설은 *D* 점수가 음수 범위라면, 그 사람이 그 즈음 과부하 상태에 처해 있고, 그 결과로 평소의 경우보다 더 충동이 표출될 가능성이 고조되어 있다고 볼 수 있다.

점수 차이 검토

제13장에서 강조되었듯이, 결과에 대해 의문을 가지는 것이 언제나 현명한 태도라 할 수 있다. 특히, *D* 점수를 검토할 때는 더욱 중요하다. 종종 *D* 점수는 *EA*−*es* 공식에서 1점 차이만 나도 낮은 범위에 있다는 의미다. 예를 들어, 만약 *EA*가 9이고 *es*가 12인 경우, −3점의 차이를 보여 −1의 *D* 점수가 산출된다.[1] 만약 차이가 2점이라면, *D* 점수는 0이 될 것이다. 유사하게, 만약 *EA*가 10.5이고 *es*가 15이면, (그 차이 값은, −4.5가 되므로) *D* 점수는 −1이 되는 반면에 *es*가 16이면 *D* 점수는 −2가 될 것이다. 숙련된 해석자는 그러한 미세한 차이에 따라 결과의 큰 차이를 예상하고, *es*와 *Adj es* 값에 영향을 끼치는 *m*, *Y* 그리고 *C′* 변인들이 포함된 반응의 채점을 검토하려 할 것이다.[2]

1) 역자 주: 제10장 구조적 요약의 〈표 10−4〉 *EA-es D* 점수 환산표를 참고하라.

D 점수에 의해 자료에 의문을 가져야 하는 이유는 상황적 스트레스와 관계된 변인들의 배열을 연구할 때 체계적인 재검토가 필요하기 때문이다. 일반적인 해석의 첫 단계 이후 *D* 점수들 간의 단 1점 차이라도 주의를 기울이는 것이 상황적 스트레스에 대한 타당성을 검토하는 데 매우 중요한데, 이 과정은 그리 단순하지 않다.

일반 해석

1단계: *D*, *EA*, *es*, *Adj es*와 개인력(적합하다면)

오긍정의 가능성을 타진하기 위해 *EA*−*es*와 EA−*Adj es*의 차이와 관련된 *D* 점수를 재검토한다. 반응 원채점 자료 때문에 *D* 점수 차이가 발생한 것이 아닌지를 확인한다.

잠정적 소견 1: *D* 점수는 *Adj D* 점수보다 작고 *es*와 *Adj es* 간의 차이가 2점 이상이다. 만약 이런 소견이 일치되면 *D* 점수가 오긍정일 가능성은 희박하다. 2단계로 가자.

사례 3, 4, 5에 대한 유력한 소견

이 경우, *es*와 *Adj es* 간의 차이는 2~5점 범위에 있다.

잠정적 소견 2: *D* 점수는 *Adj D* 점수보다 작고, *es*는 *Adj es* 보다 단 1점이 더 많다. 왜냐하면 *D* 점수의 차이는 *es*와 *Adj es* 간의 차이에 의해서 산출되기 때문이다. 이 두 변인에 대한 기본적 가설에 오류를 제기하는 첫 번째 도전은 *D* 점수가 잘못 산출되었을 가능성에 대한 것이다.

*es*와 *Adj D* 간의 차이 점수는 반응에 대한 바른 채점이 전제되어야 한다. *m*과 *Y*의 결정인들이 포함된 반응을 검토해야 한다. 만약 기호화가 부정확하다면, *es*와 *Adj es* 간의 차이와 *D* 점수 간의 차이도 검토되어야 한다. 만약 부정확하다면, 상황적 스트레스와 관련된 가설도 잘못된 것이므로 그와 관계된 변인들의 배열을 탐색하는 작업은 중단되어야 한다.

잠정적 소견 2a: 만약 *m*과 *Y*의 결정인들의 점수가 정확하다면, 기본적 가설에 대한 두 번째 도전 작업은 상황적 스트레스를 만들 수 있는 환경의 다양성 중 최근의 역사에 초점을 맞추는 것이다.

① 개인력에 대한 정보는 피검자가 경험하는 최근 상황과 스트레스에 대한 정보를 명확하게 해 줄 수 있다. 개인력에 의해 기본적 가정은 지지되고, *D* 점수가 음수 범위에 있으면, 충동 잠재성으로 간주되는 두 번째 진술은 그대로 유지할 수 있다. 배열 탐색을 지속해야 한다. 2단계로 가자.

② 개인력은 매우 간략하거나 부정확하기 때문

2) 역자 주: $es = SumFM + m + SumC' + SumT + SumY + SumV$
$Adj\ D = es - 1m + 1Y$

에 수동적으로 얻은 정보만으로는 본질적으로 최근의 스트레스 경험으로 간주되는 유용한 정보가 없을 수 있다. 이런 경우에는 기본 가정과 대안적인 가정은 조심스럽게 추측으로 남게 되고, 변인 배열에 대한 탐색은 지속 되어야 한다. 때로 다른 변인 자료에서 특히 *SumT*(1보다 더 많은)나 *SumV*(0보다 더 많은) 값이 기대 이상 높다면 상황적 스트레스를 시사한다. 만약 자료가 배열 자료에서 탐지되지 않으면, 최종 결정에 기본적 가정이 포함될지에 대해 해석자의 결정이 필요하다. 포함시키지 않거나 혹은 포함된다면, 경험적인 '아마도 현재 경험하고 있을 것'이라는 추측으로 표현되어야 한다. 하지만 그것이 충동 문제의 진술을 언급하는 것은 현명하지 못하다. 2단계로 가자.

③ 개인력이 잘 수집되어도 상황적 스트레스 경험과 관계된 정보가 포함되지 않을 수 있다. 이러한 환경 안에서 해석자는 상황적 스트레스와 관계된 기본적 가설과 충동과 관련된 두 번째 가정에 대해서도 심사숙고해야 한다. 만약, 배열의 다른 자료에 대해 살펴보고 *SumT*나 *SumV*에 대해 의외의 값이 포함되지 않았다면, 해석자의 판단이 요구된다. 어떤 해석자들은 아마도 배열의 탐색을 중지하고 자료의 다른 군집을 살펴보는 것, 즉 두 가설을 모두 버리는 것이 최선이 될 수 있다. 다른 해석자들이 자료에 더 근접하기를 고집하고 소견들을 포함시키기를 원할 수도 있다. 만약 후자의 전략을 선택하기로 결정하면, 결과는 그대로 유지해도 될 듯하다.

2단계: *Adj D*–*D*

스트레스의 강도(중요성)에 대한 추정치를 얻기 위해 *D* 점수와 *Adj D* 점수 간의 차이를 검토해야 한다.

잠정적 소견 1: 결과의 1점 차이가 상황적 스트레스의 영향이 가벼운 것부터 적당한 것까지 범위를 나타나게 된다. *D* 점수 간의 1점 차이가 어떤 심리적 혼란이 있다는 신호라고 해도 그것 때문에 당황할 필요는 없다. 3단계에서 7단계까지 재검토하는 작업이 이 문제를 명확하게 해 줄 수 있다. 3단계로 가자.

사례 3과 5 유력한 소견

각각의 경우, *Adj D* 점수는 −1의 *D* 점수보다 1점이 더 많다. 이것은 혼란과 갈등의 가능성을 시사한다.

잠정적 소견 2: 만약 *D* 점수 값이 *Adj D*보다 1점 이상 작다면, 그것은 스트레스의 경험이 상황적일 것이라는 의미다. 스트레스의 영향은 대부분 사고와 행동의 습관적인 패턴에 유의미한 간섭을 하게 된다. 자료를 3단계에서 6단계까지 재검토하는 과정에서 이 가정은 보다 명확해질 것이다. 3단계로 가자.

사례 3 36세 남성의 상황적 스트레스 자료

EB = 3:7.0	EA = 10.0	D = −1	혼합 결정인 유형
eb = 6:7es	= 13 Adj es = 10	Adj D = 0	M.FD.FY = 1
			M.CF = 1
FM = 4 m = 1	C′ = 1 T = 2 V = 1 Y = 4		FM.CF = 1
	(3r+(2) / R) = .43		FM.FT = 1
			m.CF = 1
Pure C = 1 M− = 0	MQnone = 0	Blends = 7	CF.YF = 1
			FC.FC′ = 1

사례 5 57세 남성의 상황적 스트레스 자료

EB = 8:5.0	EA = 13.0	D = 0	혼합 결정인 유형
eb = 7:8	es = 15 Adj es = 10	Adj D = +1	M.FC.FY = 1
			M.CF = 2
FM = 4 m = 3	C′ = 2 T = 2 V = 0 Y = 4		FM.FT.FY = 1
	(3r+(2) / R)= .38		FM.FC′ = 1
Pure C = 0 M− = 0	MQnone = 0	Blends = 7	m.CF = 1
			m.YF = 1

사례 4 23세 여성의 상황적 스트레스 자료

EB = 5:6.0	EA = 11.0	D = −2	혼합 결정인 유형
eb = 8:8	es = 16 Adj es = 13	Adj D = 0	M.CF.FC′ = 1
			M.FD = 1
FM = 5 m = 2	C′ = 3 T = 1 V = 1 Y = 4		FM.CF.Fr = 1
	(3r+(2) / R) = .48		FM.FC′ = 1
			m.CF = 2
Pure C = 0 M− = 1	MQnone = 0	Blends = 8	FC.FY = 2

사례 4 유력한 소견

Adj D 점수가 0이고 *D* 점수가 −2이다. 혼란과 갈등은 상당이 강한 듯하고, 심리적 조작 활동에 영향을 끼칠 가능성도 꽤 클 것 같다.

3단계: *m*과 *SumY*

상황적인 스트레스는 사람의 사고와 정서에 부작용을 초래할 수 있다. 사고나 정서상에서 스트레스의 영향은 *m*과 *SumY* 값에 의해 직접적으로 반영된다. 이 변인 값이 하나 혹은 둘 다 증가되면 *D* 점수 값이 *Adj D*보다 작다. 이 단계의 목적은 변인 값이 그 사람의 최근 심리적 상태를 이해하는 데 유용한 정보를 제공할 것인지 아닌지를 결정하는 것이다.

m 변인은 침습적인 관념의 형태와 관련된다.

그러한 사고 문제가 증가될 때, 주의와 집중을 방해하고 판단을 흐리게 할 수 있다. *SumY* 변인은 반응을 형성하는 데 무기력감과 무능감에 의해 유발된 기분과 관련된다. 이러한 감정이 격렬해지면, 불안, 분노 또는 슬픔으로 나타나고, 매우 혼란스러워질 수 있다.

만약 상황적 스트레스가 정서 또는 어떤 다른 것보다 사고에 더 영향을 준다면, 스트레스의 결과를 이해하는 데 중요할 뿐 아니라 그것을 다루기 위한 개입 전략을 계획할 때도 매우 중요하다.

잠정적 소견 1: 만약 *m* 값이나 *SumY* 값이 서로 3배 이상 더 많지 않다면, 스트레스의 심리적 결과가 사고와 정서 모두에 영향을 미칠 만큼 확산되어 있다고 추정할 수 없다. 그러나 만약 둘 중 하나의 값이 다른 것보다 3배 이상은 아니지만, 주목할 만큼 증가(2배 이상)되면, 그것은 그 사람에 대해 기술하는 데, 특히 언급할 가치가 있는 스트레스의 영향에 대한 어떤 단서가 될 수 있다. 4단계로 가자.

사례 4와 5 단정적 소견

이 경우 *m*과 *SumY* 두 변인 서로 3배 이상 더 많지 않지만, 사례별로 보면 상황적 스트레스의 영향이 확산되는 경향이 있다. 여기서 값이 증가한다고 해서 해석에 어떤 영향을 주지는 않는다.

사례 4에서 4개의 *Y* 반응들은 그녀의 현재 상황에 의한 무기력감 때문에 그녀가 상당한 불안정감을 경험하고 있다는 점을 반영하는 가치 있는 정보로 현재 스트레스가 확신될 조짐이 보인다. 사례 5에서 두 변인 값의 증가에 따라 스트레스 반응이 주의 집중을 방해하고 혼란을 야기하며, 무기력감에서 유발된 실질적인 불안정감을 지속되게 할 것임을 시사한다.

잠정적 소견 2: *m*의 값이 *SumY* 값의 3배보다 더 많을 때, 그것은 스트레스가 관념적으로는 더 실질적인 영향을 끼친다는 점을 시사한다. 결과적으로 주의와 집중을 현저하게 손상시키는 것이다. 4단계로 가자.

잠정적 소견 3: 만약 *SumY* 값이 *m* 값보다 3배 이상 더 많으면, *m* 값은 스트레스가 정서에 더 영향을 끼친다는 의미가 된다. 스스로 설명할 수 없는 불안이나 긴장, 그리고 불안정감을 경험할 수 있다. 4단계로 가자.

사례 3 유력한 소견

SumY 값이 *m* 값보다 4배 이상 더 많다. 이것은 스트레스가 그의 감정에 주된 영향을 끼치고 상당한 긴장이나 분노가 유발될 가능성을 강하게 시사한다.

4단계: *Adj D, D, SumT, SumV*

*SumT*와 *SumV*의 값에 비추어 *Adj D*와 *D* 사이의 차이를 검토한다. 두 *D* 점수들은 표준편차에 근거한 표준 점수고, 이 점수 간의 차이는 상황적 스트레스의 영향에 대한 추정치를 제공한다. *SumT*와 *SumV*로부터 얻는 부차적인 자료

들은 *D* 점수들의 차이에서 도출한 가설들이 확증되거나 수정되는 데 중요한 요인이 된다.

항상 재질과 음영 차원 변인들은 안정적이며 기질 특성과 관련된 것으로 간주된다. 그래서 이 변인들은 *es*의 조정 값에 포함되지 않는다. 그러나 때로 *SumT*나 *SumV*의 값은 상황이나 상태와 같은 현상적 여건을 반영할 수 있다. 따라서 만약 둘 중 하나가 기대한 값보다 더 높다면, 그 높은 점수가 현재 상황이나 환경과 상관이 있는지 확인하기 위해 개인력을 재검토하면서 *SumT*와 *SumV*의 값을 살펴보아야 한다.

잠정적 소견 1: 만약 *SumT* 값이 1보다 크지 않고 *SumV* 값이 0보다 크지 않으면, 또는 *SumV*가 0보다 더 크지만 자아 중심성 지표 (3r+(2)/R) 값이 .32보다 크지 않으면, *D* 점수 간의 차이를 재고할 이유는 없다. 그렇다면 5단계로 가는 것이 적합하다.

주의: 자아 중심성 지표 값이 .33이라면 15세 혹은 그 이상인 경우에만 절단값으로 적정하다. 다음의 절단 점수들이 더 어린 연령에 적용될 수 있다.

14세=.37, 12~13세=.38, 9~11세=.45, 8세=.48, 5~7세=.52

잠정적 소견 2: *SumT* 값이 1 보다 더 크거나 *SumT* 값이 0보다 크고 자아 중심성 지표 (3r+(2)/R) 값이 .33이거나 더 크면(아동을 위한 조정 값), *D* 점수 값에 오해석의 여지가 있다. *D* 점수는 어떤 경우든 재고해 볼 수 있다. 결정은 개인력에 따라 달라지게 된다.

예를 들면, *SumT* 값이 2 이상이면, 상황적 스트레스 중 최근의 정서적 손상과 관계된다고 볼 수 있다. 이것은 개인력에 의해 쉽게 확인될 수 있다. 만약 개인력에서 최근 정서적 손상이 명확하게 드러나지 않는다면, *SumT* 변인들에 근거한 *D* 점수의 차이를 재고할 필요는 없다.

마찬가지로 .33이나 그보다 큰 자아 중심성 지표 값의 한 변인이나 하나 혹은 그 이상의 *SumV* 값에는 어떤 상황적 스트레스가 최근에 발생된 죄의식이나 자책의 감정과 관련되어 있을 것이다. 이것은 개인력에 의해 쉽게 확인될 수 있다. 만약 개인력에서 죄의식이나 자책의 가능성에 대해 합리적으로 설명할 증거들이 없다면, *SumV* 변인에 근거한 *D* 점수 차이를 재고할 필요는 없다.

개인력에서 *SumT*의 예로 최근 정서적 손상에 대한 지지가 제공되거나 최근 사건에 의해 죄책감이나 자책의 감정이 발생되어 *SumV*가 나타난 것이라면, *D* 점수의 차이를 재고해야 한다. 각 변인 값에 대한 기대치 이상의 점수들을 *Adj es*에서 제하였을 때, *Adj D* 점수가 증가되는지에 대해 결정하기 위해 *EA*−*Adj es* 공식을 재검토한다. 주지했듯이 *SumT*의 기댓값은 1이고, *SumV*에 대한 기댓값은 0이다. 예를 들어, 재질 반응이 2개이고 음영 차원 반응이 0개라서 *D* 점수 간에 차이가 발생한다면, 1의 추가 점수를 *Adj es*에서 빼고, *Adj D*를 다시 계산한다. 이처럼 재질 반응 3개와 2개의 음영 차원 반응이 있는 경우에는 *Adj es*에서 4를 뺀다.

대다수의 경우, *Adj es*에서 1 또는 2점이 제해진다고 해서 *Adj D*가 변화되는 것은 아니다. 그러나 *D* 점수 간 차이가 증가하는 경우, 2단계에서 세웠던 가설은 변경된다. 이러한 가설을 변경하려면, *SumT*가 있는 경우 개인력에서 최근의 정서적 손상이 개인력에서 확인되거나 *SumV* 값이 크고 죄책감이나 양심의 가책 혹은 후회의 감정이 피검자에게 중요한 주제로 확증되어야 한다. 만약 개인력에서 특정하게 이러한 주제가 중요하다고 확인되면, 이 가설은 *D* 점수 간의 차이에 대해 분명하게 반영되는 방식으로 재진술되어야 한다. 다른 한편, 개인력의 정보가 분명하지 못한 사건들로 변별력이 약하다면, 2단계에서 세워진 가설들은 보다 개연성이 있는 진술로 남게 된다.

사례 3 유력한 소견

사례 3의 프로토콜에서는 자아 중심성 지표가 .43, *SumT*는 2 그리고 *SumV* 값은 1을 얻게 되었다. 그의 개인력으로 보아 기댓값 이상으로 큰 변인 모두 상황적 조건에 의해 영향을 받았다는 해석이 가능하다. 정서적 손상은 그가 이혼하면서 딸들과 제한적인 접촉을 하고 있고, 다른 여자와의 최근 관계도 불명확하다는 사실들이 반영된 것으로 판단된다. 그의 외도는 결혼 생활에 파탄을 가져왔고, 자녀 양육권 상실의 가능성이 그로 하여금 죄의식과 자책, 후회의 감정을 느끼도록 할 것이라 생각할 수 있다. *D* 점수 간의 차이 값 1은 *Adj es*(10−2=8)에서 2점을 제하면서 재고되고, *Adj D* 점수는 0이 된다. 여기서 *Adj es*보다 *EA*가 크기 때문에 그의 스트레스 통제와 내성 능력에 대한 가설은 지지될 수 있다.

그러므로 2단계에서 세웠던 가설은 유지되면서 추가될 필요가 있다. 따라서 (2, 3단계의 소견에 의거해) 다음과 같이 진술될 수 있다.

"그는 심리학적으로 기분에 파괴적인 영향을 주는 상황적인 스트레스를 경험하고 있는 것 같다(4단계에서 추가될 수 있는 것은). 이렇게 심리학적으로 파괴적인 사건들은 결혼생활의 파단을 몰고 온 그의 행위에 대한 후회나 자책감, 그리고 자녀에 대해 관여할 수 없다는 상실감과 관련된 듯하다. 또한 동시에 매우 복잡하고 익숙하지 않은 상황에서 심리적인 붕괴의 원인이 된 것 같다."

사례 4 유력한 소견

사례 4의 프로토콜에는 1개의 음영 차원 반응이 있다. 그리고 자기 중심성 지표 값은 .48이다. 이는 그녀의 최근 상황과 관련된 죄의식이나 자책감과 관련된 것으로 볼 수 있지만, 이 값을 *Adj es*에서 제하여도 *Adj D* 점수에 변화는 없다.

사례 5 유력한 소견

그의 프로토콜에는 두 개의 재질 반응이 있고, 그의 아내를 싫어하는 것과 관련되는 것 같다.

*Adj es*로부터 1의 값을 제해도, +1의 *Adj D* 점수 값은 변함이 없다.

5단계: *D* 점수

충동성과 스트레스 과부하 상태에 대해 중요한

사례 3 36세 남성의 상황적 스트레스 자료

EB = 3:7.0	EA = 10.0	D = −1	혼합 결정인 유형
eb = 6:7es	= 13 Adj es = 10	Adj D = 0	M.FD.FY = 1
			M.CF = 1
FM = 4 m = 1	C′ = 1 T = 2 V = 1 Y = 4		FM.CF = 1
	(3r+(2) / R) = .43		FM.FT = 1
			m.CF = 1
Pure C = 1 M− = 0	MQnone = 0	Blends = 7	CF.YF = 1
			FC.FC′ = 1

사례 4 23세 여성의 상황적 스트레스 자료

EB = 5:6.0	EA = 11.0	D = −2	혼합 결정인 유형
eb = 8:8	es = 16 Adj es = 13	Adj D = 0	M.CF.FC′ = 1
			M.FD = 1
FM = 5 m = 2	C′ = 3 T = 1 V = 1 Y = 4		FM.CF.Fr = 1
	(3r+(2) / R) = .48		FM.FC′ = 1
			m.CF = 2
Pure C = 0 M− = 1	MQnone = 0	Blends = 8	FC.FY = 2

사례 5 57세 남성의 상황적 스트레스 자료

EB = 8:5.0	EA = 13.0	D = 0	혼합 결정인 유형
eb = 7:8	es = 15 Adj es = 10	Adj D = +1	M.FC.FY = 1
			M.CF = 2
FM = 4 m = 3	C′ = 2 T = 2 V = 0 Y = 4		FM.FT.FY = 1
	(3r+(2) / R)= .38		FM.FC′ = 1
Pure C = 0 M− = 0	MQnone = 0	Blends = 7	m.CF = 1
			m.YF = 1

정보원인 *D* 점수 값을 재검토하고, 순수 유채색 반응, 형태가 왜곡된 인간 운동 반응(*M*−), 형태가 없는 인간 운동 반응(*Formless M*) 등의 보조자료들을 적절히 고려한다.

잠정적 소견 1: 만약 *D* 점수 값이 0이거나 더 크면, 상황적 스트레스의 영향은 아마도 적정한 상태일 것이다. 그러나 *Adj D*보다 *D*가 작으면, 첫째 어떤 상황적 스트레스가 존재하며, 둘째 스트레스 내성은 평소보다 낮고, 전형적인 통제 능력은 평소보다는 덜 견고한 상태로 볼 수 있다는 가설을 지지할 수 있다. *D* 값이 0 혹은 그보다 많다면, 통제의 상실에 따라 충동성이 발현된다는 2차 가설을 지지할 수 있는 증거는 없다고 볼 수 있다.

D 점수가 0이거나 그 이상일 때 순수 *C* 반응

이 있다고 해서 충동성을 가정할 수는 없다. 대신, 어떤 경우 가용한 자원들이 정동/감정을 조율하거나 보유하는 데 활용되지 못할 것이라 볼 수 있다. 이는 정동 관련 군집을 검토할 때 다시 살펴보기로 하자. *D* 점수가 0이거나 그 이상일 때, *M*−나 형태 없는 *M* 반응이 있는 경우에도 무조건 관념적으로 통제 능력을 상실한다고 볼 수 없다. 관념화와 관련된 군집을 검토할 때보다 사고 활동에 대한 중요한 문제들이 제기될 것이다. 6단계로 가자.

사례 5 유력한 소견

D 점수가 0이고 분명히 상황적으로 관련된 스트레스가 있는 것이 명백하지만, 그의 기능에 끼치는 영향은 적정한 정도라 할 수 있다. 따라서 평소 그의 통제 능력이 견고했다는 가정을 할 수 있다. 순수 *C*, *M*−, 형태 없는 *M* 반응은 없으므로 그가 현재 심리적인 붕괴나 충동성에 취약하다고 볼 수 없다.

잠정적 소견 2: 만약 *D* 점수가 음수 값이면, 피검자는 효율적으로 반응하거나 대처할 수 있는 정도보다 더 많은 스트레스의 요구를 경험하고 있는 과부하 상태라 할 수 있다. 결과적으로 통제 역량이 저하되고 어떤 의사 결정이나 행동이 충분한 사고 과정을 거치기보다는 충동성에 의해 압도당하기 쉽다.

만약 이런 소견이 지지된다면, 순수 *C*, *M*−, 형태 없는 *M* 반응이 있다는 사실이 매우 중요하게 된다. *D* 점수가 −값일 때 한 개 혹은 그 이상의 순수 *C* 반응이 있다면, 정동에 충동성이 매우 강하게 존재한다는 의미일 수 있고, *D* 점수가 음수 값일 때, *M*−와 형태 없는 *M* 반응이 있는 경우, 관념의 통제가 이미 과부하 상태라서 사고 활동에 손상이 있을 가능성이 시사된다.

잠정적 소견 2a: 만약 *D* 점수의 값이 −1이면, 피검자는 친숙한 환경, 특히 구조화되고 잘 정의된 상황에서는 적절하게 기능할 것이라고 기대할 수도 있다. 그러나 다른 한편으로, 상황이 더 복잡하고 애매하게 되면, 혼란과 충동적 사고나 행동에 있어 취약성이 증가된다. 이런 취약성은 *EA*가 적정한 정상 범위 이하로 값이 저하될 때 확증될 수 있다.

D 점수가 −1인 프로토콜에 순수 *C* 반응이 있다면, 정서적 충동의 가능성이 있고, 이것은 잘 통제되지 않는 행동의 가능성을 높인다. *D* 점

사례 5 57세 남성의 상황적 스트레스 자료

			혼합 결정인 유형
EB = 8:5.0	EA = 13.0	D = 0	M.FC.FY = 1
eb = 7:8	es = 15 Adj es = 10	Adj D = +1	M.CF = 2
FM = 4 m = 3	C′ = 2 T = 2 V = 0 Y = 4		FM.FT.FY = 1
	(3r+(2) / R) = .38		FM.FC′ = 1
Pure C = 0 M− = 0	MQnone = 0	Blends = 7	m.CF = 1
			m.YF = 1

수가 −1일 때 *M*− 반응이나 형태 없는 *M* 반응이 있다면, 상황적 스트레스가 판단을 방해하거나 사고활동에 이상성이 있다는 시험적인 가설을 세울 수 있다. 이런 가설은 관념화와 관련된 군집을 검토하면서 평가될 수 있다. 6단계로 가자.

사례 3 유력한 소견

D 점수가 −1이고 순수 *C* 반응이 있다. 그가 현재 통제하기 어려운 과부하 상태에 있고 그의 의사 결정이나 행동에 문제가 발생될 가능성을 내포한다. 특히 구조화되지 않고 친숙하지 않은 상황에서 사고 기능이 원활하지 못할 수 있다. 그의 정동 상태가 통제 밖에 있을 때가 있고, 일상적인 정도 이상으로 충동적인 행동의 가능성도 시사한다.

잠정적 소견 2b: 만약 *D* 점수가 −1보다 작으면, 통제에 곤란이 크다는 점에 더욱 주의를 기울여야 한다. *EA* 값을 고려하지 않더라도, 심리적인 붕괴 가능성이 분명히 있는데, 특히 관념적이고 행동적인 측면에서 취약할 수 있다. 적절하고 효율적이었던 기능들이 구조적이고 익숙한 상황에서도 매우 예외적인 양상으로 나타날 수 있다. *D* 점수가 −3, −4보다 작을 경우, 이러한 예외적인 양상은 거의 기하학적인 비율로 증가한다. 6단계로 가자.

사례 4 단정적 소견

D 점수가 −2이다. 이는 심한 과부하 상태고, 통제의 지속적인 어려움을 경험하고 있다는 점을 시사한다. 그녀는 일관적으로 기능하지 못하고 있는데,

사례 3 36세 남성의 상황적 스트레스 자료

EB = 3:7.0	EA = 10.0	D = −1	혼합 결정인 유형
eb = 6:7es	= 13 Adj es = 10	Adj D = 0	M.FD.FY = 1
			M.CF = 1
FM = 4 m = 1	C′ = 1 T = 2 V = 1 Y = 4		FM.CF = 1
	(3r+(2) / R) = .43		FM.FT = 1
			m.CF = 1
Pure C = 1 M− = 0	MQnone = 0	Blends = 7	CF.YF = 1
			FC.FC′ = 1

사례 4 23세 여성의 상황적 스트레스 자료

EB = 5:6.0	EA = 11.0	D = −2	혼합 결정인 유형
eb = 8:8	es = 16 Adj es = 13	Adj D = 0	M.CF.FC′ = 1
			M.FD = 1
FM = 5 m = 2	C′ = 3 T = 1 V = 1 Y = 4		FM.CF.Fr = 1
	(3r+(2) / R) = .48		FM.FC′ = 1
			m.CF = 2
Pure C = 0 M− = 1	MQnone = 0	Blends = 8	FC.FY = 2

이는 충동성 때문이며, 충분한 사고 과정을 거친 의사 결정이나 판단과 행동을 하기 어려운 상태로 볼 수 있다. 순수 *C*나 형태 없는 *M* 반응들은 없지만, *M*− 반응이 있어서 만약 충동성이 발현되면, 관념적인 통제의 문제와 그에 따른 판단과 의사 결정에 곤란이 뒤따르게 될 것이라는 점을 시사한다. 이것은 관념화 군집 자료를 검토할 때 다시 고려되어야 한다.

6단계: *m*이나 *Y* 변인이 포함된 혼합 반응

혼합 반응은 피검자의 심리학적인 복잡성의 개략적 지표라 할 수 있다. 이 단계에서는 한 개인의 심리학적 복잡성이 상황적 스트레스로 증가된 자극 요구로 말미암아 유의미하게 심화되었는지에 대해 검토하게 된다. 단순한 계산의 두 단계가 필요하다.

우선, 프로토콜에서 *m*이나 *Y* 반응이 포함된 혼합 반응의 수를 계산한다. 종종 *M.FY*, *m.CF*, *CF.YF*와 같은 두 개의 반응 혼합이 있는데, *M.m.YF* 또는 *m.CF.YF*와 같이 세 개 이상의 반응 혼합도 있다. 두 번째로는 전체 프로토콜에서 *m*이나 *Y* 반응이 포함된 혼합 반응이 차지하는 비율이 어느 정도인지를 계산한다.

잠정적 소견 1: 만약 *m*이나 *Y* 반응이 포함된 혼합 반응의 수가 0보다는 많지만, 혼합 반응 전체의 20% 미만이라면, 스트레스 상황이라서 심리적인 복잡성이 매우 경미하게 증가된 상태로 추정할 수 있다. 7단계로 가자.

잠정적 소견 2: 만약 *m*이나 *Y* 반응이 포함된 혼합 반응의 수가 전체 혼합 반응수의 20~30%라면, 상황적 스트레스의 결과로 피검자의 심리적인 복잡성이 적당히 주의를 기울여야 할 만큼 심화되었을 것으로 추정할 수 있다. *D* 점수가 음수 범위에 있으면 스트레스의 과부하 상태이며 심리적인 복잡성이 심화되고 충동적인 행동의 잠재성이 증가하는 것으로 해석할 수 있기 때문에 매우 중요한 소견이다. 7단계로 가자.

사례 3과 5 유력한 소견

두 프로토콜에는 7개의 혼합 반응이 있고, 각각 *m* 반응이나 *Y* 반응이 포함된 혼합 반응이 2개다(사례 3에는 *m.CF*, *CF.YF*, 사례 5에는 *m.CF*, *m.YF*가 있다). 각 사례마다 혼합 반응이 전체 중 약 29%의 비율로 나타났다. 따라서 피검자 각각의 심리적인 복잡성이 상황적 스트레스에 의해 적당히 증가한 상태로 추정할 수 있다. 특히, 사례 3에서는 이런 상태가 거의 충동에 대한 잠재성을 증가시키는 데 기여한다고 해석할 수 있다.

잠정적 소견 3: 만약 *m*이나 *Y* 반응이 포함된 혼합 반응의 수가 전체 혼합 반응의 30% 이상이라면, 피검자의 심리적 복잡성이 상황적 스트레스의 결과로 발생하였을 가능성을 가늠할 수 있다. 이는 심리적 복잡성이 증가하게 되면, 실질적으로 피검자가 심리적인 붕괴에 대해 취약해진다는 점 때문에 매우 중요한 소견이다. 특히 음수 범위의 *D* 점수가 나오면 앞으로 붕괴와 충동성의 가능성이 증가될 것이므로, 이 피검자는 매우 취약하고 손상 중인 상태일 수 있다.

사례 4 유력한 소견

프로토콜에 8개의 혼합 반응이 있고, 그중 4개(*m.CF*가 2개, *FC.FY*가 2개)가 상황적인 반응 변인이었다. 그 변인들이 프로토콜의 50%를 차지해 일상적인 경우보다 현재 더 심리적으로 복잡한 상태라고 해석할 수 있다. 이것은 심리적인 붕괴와 충동성의 잠재성으로 심리적인 복잡성을 증가시킨다.

7단계: 유채색-음영 혼합

사람이 감정에 의해 종종 혼란스러워진다는 것은 피검자 개개인의 심리를 이해하는 데 중요하다. 유채색과 음영의 혼합 반응은 *FC.FY*, *CF.FC′*, *Ma*, *FC.FV*와 같이 유채색과 무채색 결정인, 혹은 유채색과 음영 결정인을 포함하는 반응으로 기호화되며, 감정에 대한 혼란이나 양가감정의 징후로 이해할 수 있다.

대부분의 사람이 때때로 자신의 감정에 의해 혼란을 경험한다. 그리고 이 경우 반응 프로토콜에서 유채색과 음영의 혼합 반응이 포함되는 것 또한 드문 일이 아니다. 그러나 프로토콜에 한 개 이상의 유채색과 음영 혼합 반응이 포함된 경우는 흔하지 않은데, 상황적인 스트레스가 있을 때, 그 스트레스가 감정의 혼란을 발생시킨 것인지 혹은 증가시킨 것인지를 확인하는 것이 중요하다. 이러한 작업을 위해 두 단계가 필요하다.

첫째, 해석자는 *CF.C′F*, *FMa.FC.TF*, *FC.FV*와 같이 유채색 결정인과 재질, 음영 차원 혹은 무채색 결정인 등의 조합에 의해 만들어진 유채색과 음영 반응이 있는지를 확인해야 한다. 유채색과 음영 혼합 반응은 지속되어 온 혼란이나 양가감정의 가능성을 시사하는 증거일 수 있다.

둘째, 해석자는 *Mp*, *FC.FY*, *ma.CF.YF*, *FC.FY*와 같이 유채색 결정인에 *Y* 결정인이 더해진 유채색 음영 혼합 반응이 있는지도 확인해야 한다. 유채색과 음영 결정인의 혼합 반응은 상황적인 기분/감정의 혼란 가능성을 시사하기 때문이다.

잠정적 소견 1: 만약 혼합 반응에 유채색과 *T*, *V* 또는 *C′* 결정인의 혼합이 포함되지는 않았지만, 유채색과 음영 혼합 반응에 *Y* 결정인이 포함된다면, 상황적인 스트레스가 어떤 심각한 감정적 혼란을 발생시키고 있다는 가정이 가능하다. 일반 해석을 위해 다음 군집으로 진행하자.

사례 5 유력한 소견

프로토콜에 한 개의 유채색과 음영의 혼합 반응이 있고, *Y* 결정인(*M.FC.FY*)이 포함되어 있다. 이로 보아 그가 경험했던 상황적 스트레스가 그의 감정적인 혼란을 발생시켰을 것이라고 해석할 수 있다.

잠정적 소견 2: 만약 혼합 반응에 유채색과 *T*, *V* 또는 *C′*의 결정인이 적어도 한 개 이상 있고, 유채색과 *Y* 결정인이 혼합된 유채색-음영 혼합 반응이 한 개 이상 있다면, 이미 기존에 있던 정서적인 혼란에 더해 상황적인 스트레스에 의

사례 5 57세 남성의 상황적 스트레스 자료

			혼합 결정인 유형
EB = 8:5.0	EA = 13.0	D = 0	M.FC.FY = 1
eb = 7:8	es = 15 Adj es = 10	Adj D = +1	M.CF = 2
FM = 4 m = 3	C′ = 2 T = 2 V = 0 Y = 4		FM.FT.FY = 1
	(3r+(2) / R) = .38		FM.FC′ = 1
Pure C = 0 M− = 0	MQnone = 0	Blends = 7	m.CF = 1
			m.YF = 1

한 강화가 있었다는 해석이 가능하다. 다음으로 가자.

사례 3 유력한 소견

사례 3에서는 두 개의 유채색과 음영 혼합 반응(*CF.YF, FC.FC′*)이 있다. 두 개 중 처음 반응으로 보아 상황적인 스트레스가 이미 감정적으로 혼란스러웠던 피검자를 더욱 혼란스럽고 어렵게 했을 것이라고 볼 수 있다.

잠정적 소견 3: 무채색 결정인과 *T, V* 또는 *C′* 결정인은 포함되어 있지만, 유채색 결정인의 혼합 반응이 없고, 유채색과 *Y* 결정인의 유채색–음영 혼합 반응은 한 개 이상 있다면, 스트레스에 의해 강한 정서적 혼란이 야기되었다고 가정할 수 있다. *D* 점수가 음수 범위라면, 정서적 혼란이 피검자의 심리적인 붕괴와 충동성의 가능성을 더욱 증가시키는 것으로 해석할 수 있다.

잠정적 소견 4: 만약 혼합 반응 중에 무채색 결정인과 *T, V* 또는 *C′* 결정인이 있고, 유채색과 *Y* 결정인이 함께 있는 한 개 이상의 유채색 –음영 혼합 반응이 있다면, 이미 있던 정서적 혼란을 상황적인 스트레스가 심화시켰다고 가정할 수 있다. *D* 점수가 어떻든 정서적인 혼란은 피검자를 심리적인 붕괴의 일화에 취약하게 할 수 있다. 만약 *D* 점수가 음수 범위라면,

사례 3 36세 남성의 상황적 스트레스 자료

			혼합 결정인 유형
EB = 3:7.0	EA = 10.0	D = −1	M.FD.FY = 1
eb = 6:7es	= 13 Adj es = 10	Adj D = 0	M.CF = 1
FM = 4 m = 1	C′ = 1 T = 2 V = 1 Y = 4		FM.CF = 1
	(3r+(2) / R) = .43		FM.FT = 1
			m.CF = 1
Pure C = 1 M− = 0	MQnone = 0	Blends = 7	CF.YF = 1
			FC.FC′ = 1

사례 4 23세 여성의 상황적 스트레스 자료

			혼합 결정인 유형
EB = 5:6.0	EA = 11.0	D = −2	
eb = 8:8	es = 16 Adj es = 13	Adj D = 0	M.CF.FC′ = 1
			M.FD = 1
FM = 5 m = 2	C′ = 3 T = 1 V = 1 Y = 4		FM.CF.Fr = 1
	(3r+(2) / R) = .48		FM.FC′ = 1
			m.CF = 2
Pure C = 0 M− = 1	MQnone = 0	Blends = 8	FC.FY = 2

이러한 혼란의 강도는 충동의 가능성을 매우 강하게 증가시키는 데 기여할 수 있다.

사례 4 유력한 소견

사례 4에서는, 3개의 유채색-음영 혼합 반응(*M.CF.FC′*, 두 개의 *FC.FY* 반응)이 있다. 후자의 두 개는 상황적인 관련성이 있는 것 같고, 피검자가 양가적이고 모호한 감정을 느낄 것으로 가정할 수 있다. 특히, *D* 점수가 −2이기 때문에 심리적인 붕괴와 충동성의 잠재성은 일련의 정서적 혼란에 의해 쉽게 증가될 수 있다는 점이 이 단계에서 매우 중요하다.

상황적 스트레스 관련 결과 요약

일반적으로 상황적 스트레스와 관련된 유의한 소견들이 있다면, 한 개인에게 통제 능력과 스트레스에 대한 내성 문제들과의 상관관계에 주의해야 한다.

한편 어떤 경우에는 결과들이 다소 모호하기 때문에 해석자는 어떻게 하면 피검자에 대해 보다 더 잘 접근하는 진술을 할 수 있을지 판단하기 위해 애써야 한다. 예를 들어, *Adj D* 점수가 0이고 *D* 점수가 −1일 때, 개인력에는 스트레스 경험에 대한 정보가 없다면, *es*와 *Adj es* 간의 1점 차이에 의해 발생된 *D* 점수 간의 차이로 피검자의 상황적 스트레스에 대한 진술을 해야 하기 때문에 매우 신중해야 한다. 통제와 스트레스 내성 능력은 대부분의 성인 수준과 유사하지만, 경미하게 상황적인 스트레스를 경험하게 되면 이 능력들은 약화될 것이다.

대부분의 경우, 자료가 더 결정적일수록 피검자에 대한 진술은 정확해진다. 이혼과 자녀 양육에 대한 분쟁 중인 36세의 남자에 관한 사례 3은 좋은 예다. 그의 기록에 대한 소견은 다음과 같이 요약할 수 있다.

일반적으로 그의 통제 역량과 스트레스에 대한 내성 능력은 대부분의 성인의 수준과 유사하다. 하지만 그의 상황적 스트레스는 최근 그의 역량에 영향을 끼치게 된 듯하다(2단계). 결과적으로 어떤 심리적 와해나 붕괴의 가능성과 충동성이 강하게 잠재되어 있다(2단계와 4단계에서). 현재 그는 상황에 대해 무기력감을 느끼는 것 같고(3단계), 그것은 그가 꽤 오랫동안 느껴 온 감정일 것으로 추정되며, 현재 그의 결혼 생활의 파탄과 관련된 죄의식과 자책감을 경험하고 있다(4단계). 그는 아마도 구조적이고 친밀한 상황에서는 적절히 기능할 것이지만, 복잡하고 애매한 환경에서는 효율성이 저하될 것이다. 결과적으로 그는 그의 감정에 압도되기 쉽게 취약하고, 심리적인 혼란이나 붕괴의 두려움 앞에서 효과적인 대처 행동을 결정하지 못하고 충동적으로 행동할 가능성이 있다(5단계에서). 상황적 스트레스에 의해 심리적인 복잡성이 다소 증가하면서 그의 감정에 의해 스스로 혼란을 경험할 수 있다(6, 7단계).

23세의 비행기 승무원인 사례 4를 요약하면 다음과 같다.

그녀의 통제 능력과 스트레스 내성 능력은 대부분의 사람과 유사하다. 그러나 최근 상황적인 스트레스 때문에 문제가 생긴 듯하다. 상황적 스트레스는 심리적인 활동에 중대한 방해 변인으로 잠재되어, 충동 경향성을 자극했다(2단계). 이러한 방해가 그녀의 정서와 사고에 영향을 주고 확산되는 경향이 있으나(3단계), 어떤 자료들은 스트레스가 그녀의 감정적인 측면에 더 큰 영향을 주고 있다고 지적한다(5단계). 스트레스 상황은 그녀를 평소보다 심리적으로 매우 복잡하게 하고 있다(6단계). 그리고 그녀가 만성적으로 정서적인 혼란을 경험하도록 할 수 있다. 이것은 심리적인 붕괴와 충동성의 잠재 가능성을 지지하는 증거들이다(7단계).

사례 5에서의 소견을 요약한 것은 다른 사례와 다소 차이가 있다. 그는 늘 견고한 통제 역량과 스트레스 내성 능력을 보유하고 있으나 상황적인 변인들은 그에게 매우 강한 영향을 끼친다(2단계). 그가 최근에 경험한 스트레스는 실제로 심각한 혼란을 일으키지는 않았지만(5단계), 그의 사고와 감정에 중요한 충격을 가한 것 같다(3, 4단계). 늘 그랬던 것은 아니지만, 현재 매우 혼란스럽고 정신적으로 주의를 집중하기 어려울 정도다. 또한 외로움과 무력감을 경험하고, 쉬고 싶어하며, 이러한 감정들이 불안정성을 강화시키고 있다(3, 4단계). 때때로 그는 자신의 혼란된 감정 상태를 인식하면서도 효율적으로 대처하지 못하여, 결과적으로 자신의 의사 결정과 행동 중 일부는 그의 평소 일상만큼 조직화되지 못하고 혼란된 감정에 의해 방해받곤 한다.

사례 5 기록의 나머지를 모두 검토하지 않았지만, 상황적 스트레스에 대한 소견은 이미 해석자가 피검자에게 가능한 치료를 추천하는 데 영향을 끼쳤다. 그의 35세의 부인은 8개월 전에 사망했다. 이 정도의 기간은 상실에 대한 애도 기간이며 납득할 만한 적응 기간으로 여겨진다. 그러나 이 경우에 그는 자신의 비탄에 적절하게 대항할 수 없었던 것 같다. 그리고 그가 경험했던 상실감을 악화시키는 데 기여하는 삶의 방식을 고수하려고 한다.

*m*과 *Y* 관련 변인 연구와 가정들

1970년대 이전에는 무생물 운동 반응 기호 *m*에 대한 연구는 거의 전무했다. 클로퍼, 헤르츠 및 피오트로브스키가 그들의 채점 체계에 채점 기호로 포함시켰는데, 이 기호가 사고나 동기를 반영한다는 가정이 그들이 가정한 인지적 틀의 개념에는 포함되지 않았다. 클로퍼, 에인스워드, 클로퍼와 홀츠(1954), 헤르츠(1948), 그리고 피오트로브스키(1957)는 *m*이 특히 대인관계에서의 좌절 경험과 관계될 것이라 주장했다.

Y 변인과 관계된 1970년대 초의 논문은 *m* 반응보다 더 광범위하지만, 또한 더 모순적이다. 어떤 분류자들은 제각각 확산 음영의 기호화에 대한 다른 준거와 상징을 이용했던 적이 있다. 바인더(1932)는 처음으로 무채색과 음영 반응의 기호화 작업을 시도했고, 그에 이어 각 분류자들이 저마다 무채색과 음영 반응의 기호들을 제시했다. 로르샤하 결과에서 중요한 결정인이라는 데 동의했지만, 확산 음영을 포함한 기호화의 준거를 마련하는 데는 합의하지 못했다. 대부분의 분류자가 확산 음영 반응은 차이가 있겠지만 다양한 형태와 영향력을 가지고 피검자의 불안과 관련되는 것 같다고 가정했다.

벡(1945)은 확산 음영 반응은 고통스러운 '행위의 부재'가 반영되는 것이라 했다. 이후 벡과 몰리시(1967)는 이런 설명을 확장시켜서 확산 음영 반응이 무기력감을 반영하는 것이라 가정했다. 또한 확산 음영 반응이 형태-확산 음영 반응(*FY*)일 때는 어떤 행위를 할 수 있도록 자극하여 무기력감을 해소하는 유형의 반영일 수 있기 때문에 더 긍정적인 내용으로 보았다. 반면에 *YF*와 순수한 *Y* 반응은 무기력감을 표출하고 해소하는 데 무능력하다는 가정을 할 수 있다고 했다. 라파포트, 길 및 샤퍼(1946) 등은 확산 음영 반응이 종종 초점적이거나 직접적인 행동을 하고자 하는 욕구가 대체된 일련의 불안을 반영하는 것이라 가정했다. 클로퍼 등(1954)은 확산 음영 반응이 부유 상태의 불안이라 가정했고, 벡의 확산 음영 반응과 수동성 가설과 라파포트의 확산 음영-불안 가설, 이 두 입장은 이후 많은 연구에서 거론되었고, 각기 유용함을 지지받았다.

1970년 이전에는, 무생물 운동 반응과 확산 음영 반응과 관련된 많은 논문이 두 변인 중 하나에만 초점을 맞췄다. 맥아서와 킹(1954)은 유채색 반응이 우위로 형성된 혼합 반응에 포함된 *m* 반응의 조합이 성공하지 못한 대학생들을 구분해 준다는 점을 발견했다. 반면에 메이엄버와 로이(1962)의 연구에서는 비행 청소년들 사이에서 *m* 반응이 의미 있게 증가되었다. 닐(1960)은 움직임과 관념의 억제 모형을 이용해 통제집단과 비교해 *m*의 증가에 원인이 되는 조건을 발견했다. 그녀는 행동과 욕구들을 통합하지 못함으로써 긴장과 갈등이 유발되고 그로 인해 *m* 반응이 증가한다는 소견을 피력했다. 피오트로브스키와 슈레이버(1952)는 치료에 성공적으로 반응할 것으로 예측된 환자들의 치료 후 반응 기록에서는 *m* 반응이 없었다고 보고했다.

샬리트(1965)는 상황적 스트레스와 *m* 반응 간

의 관계에 대한 보다 분명한 소견을 보고했다. 그는 심각한 폭풍 속에서 매우 작은 배에 있어야 하는 것으로 자연적인 스트레스 상황으로 간주하고, 20명의 이스라엘 선원들에게 로르샤하 재검사를 실시했다. 초기 검사는 약 1년 전 이들이 이스라엘 해병으로 입대한 시점에 실시되었다. 샬리트는 재검사에서 *M*과 *FM*의 빈도에 변화가 없었으나 *m* 반응의 빈도가 의미 있게 증가하였다는 점을 발견했고, 이 결과가 폭풍에 의해 유발된 상황적 스트레스와 관련된다고 해석했다. 또한 *m* 반응의 증가는 자신의 통제 능력이 붕괴될 것에 대한 두려움과 와해에 대한 긴장감을 반영하는 것이라 가정했다. 샬리트의 발견과 해석은 *m*과 관련한 기존의 연구에 대한 도전으로 여겨졌다. 만약 *m* 반응이 스트레스하에서 통제 능력이 붕괴되고 와해될 것에 대한 두려움과 관련된다면, 통제 능력 부족에 대한 무기력감에 대한 쟁점은 그의 소견의 타당도를 검증하기 위해 또 다른 연구 설계를 계획해야 하고, 그 연구에서 중요한 독립변인이 되어야 한다.

엑스너와 워커(1973)는 20명의 우울증 입원 환자를 대상으로 4명의 실험자가 재검사를 실시하도록 했다. 기저선 검사는 입원 이후에 5~7일에 실시되었고, 20명 중 14명의 프로토콜에서 적어도 하나의 *m* 반응이 나왔다(M=1.26, SD=.83), 20명 중 17명의 기록에서 적어도 하나의 확산 음영 반응(M=1.73, SD=1.46)이 나왔다. 첫 번째 재검사는 입원 후 12~15일에 다른 검사자에 의해 환자들이 *ECT*를 시행받기 하루 전에 실시되었다. 16명을 포함해 첫 재검사 프로토콜에서는 적어도 하나의 *m* 반응이 나타났고(M=2.57, SD=1.09, p<.05) 집단에서 *m* 반응의 평균수는 유의미하게 증가했다. 20명 중 18명은 첫 재검사 반응 기록에서 적어도 하나의 확산 음영 반응을 보였지만(M=1.94, SD=1.72), 평균이 유의미하게 증가하지는 않았다. 다른 실험자에 의한 두 번째 재검사는 입원 이후 27~40일쯤 퇴원 시점에 실시되었다. 반응수가 일반적으로 첫 두 검사 중 하나보다 많았지만, 20명 중 6명의 퇴원 환자에게서만 *m* 반응이 나타났고(M=.39, SD=.88), 20명 중 단 11명에게서만 확산 음영 반응이 있었다(M=.91, SD=1.01).

암브루스터, 밀러 및 엑스너(1974)는 20명의 낙하산 훈련병을 대상으로 첫 훈련의 3일 중 하루를 택해 2명의 검사자가 로르샤하 검사를 실시하도록 했다. 그들은 첫 낙하 훈련을 하기 직전 저녁 혹은 하루 전에 다른 검사자에 의해 재검사를 받도록 했다. 20명의 참가자 중 3명은 첫 검사에서 *m* 반응이 있었는데(M=.16, SD=.48), 재검사에서는 12명의 참가자 반응 기록에서 적어도 하나의 *m* 반응이 나왔다(M=1.68, SD=.73, p<.01). 기저선 검사에서 9개(M=.72, SD=.84)였던 확산 음영 반응은 재검사 기록에서 14개(M=1.22, SD=.93)로 증가되었다.

결과를 비교하기 위해 자연적인 스트레스 상황에서 어떠한지를 보기 위해 한 연구는 25명의 긴급을 요하지 않는 수술 환자를 대상으로 4명의 검사자가 수술 25~60일 전에 검사를 실시했다. 그들은 수술하기 전날이나 수술 당일 아침에 다른 검사자에 의해 재검사를 받았다(Exner,

Armbruster, Walker, & Cooper, 1975). 25개 반응 기록 중 10명의 반응 기록에서 16개의 *m* 반응이 있었고, 19명의 재검사 반응 기록에서 41개의 *m* 반응이 나타났다($p<.02$). 또한 기저선 기록 중 13개에서 21개의 확산 음영 반응이 있었고(M=1.0, SD=.74) 재검사 프로토콜 중 22~56개의 확산 음영 반응이 나타났다(M=2.5, SD=.96, $p<.01$). 두 번째 재검사는 퇴원 이후 60~70일 간격으로 실시되었는데, 25개의 반응 기록 중 8개의 반응 프로토콜에서 14개의 *m* 반응이 나왔고, 10개의 프로토콜에서 16개의 확산 음영 반응이 나타났다.

엑스너(1978)는 장기간 장기 역동적인 심리 치료에 참여했던 56명의 환자들에게서 평균 2개의 *m* 반응과 약 1개의 확산 음영 반응이 나왔다고 기록하고 있다. 이는 비환자군의 기록과 크게 다르지 않다. 약 9~12개월의 치료 과정의 경과 시점에 다른 검사자가 재검사를 실시했을 때, *m* 평균수는 1.74에서 2.93개로 증가했고, 확산 음영 반응의 총수는 1.08개에서 2.37개로 증가되었다. 이러한 증가는 그들의 치료자에 의해 판단된 바로는 매우 중요한 갈등과 그에 따른 상당한 불편감을 경험하고 있는 시점과 상응했다. 캄포(1977)는 로르샤하 검사상 적어도 3개의 *m* 반응을 보였던 72명의 환자를 대상으로 연구했는데, 어떤 심리적인 장해의 심각성과 *m* 반응이 관련되지는 않는 듯하지만, 심각한 불편감과는 상관이 높은 것 같다고 결론지었다.

불러와 르페버(1947)는 초기에 알코올중독자들을 대상으로 벡의 음영-수동성 가설을 검증하려 했고, 그들은 알코올중독자들의 반응에서 확산 음영 반응이 유의미하게 많이 나온다고 보고했다. 에이클러(1951), 콕스와 사라손(1954)은 실험적으로 유발시킨 스트레스 상황하에서 확산 음영 반응이 유의미하게 증가하였다고 했다. 이와 유사하게 레비트와 그로츠(1960)도 최면술로 불안을 유발시킨 후 확산 음영 반응이 의미 있게 증가하였다고 했다. 레보, 토알 및 브라이크(1960)는 24명의 불안이 높은 피검자 중 12명에게 *CO2*를 처치하였더니, 처치하지 않은 집단에 비하려 유의미하게 확산 음영 반응이 감소했다고 보고했다. 이러한 연구 결과들은 음영-불안 가설을 지지하는 경향이 있긴 하지만, 또 한편 많은 연구 결과가 이 가설과 상충되기도 한다.

여러 가지 연구 결과에서 불안척도 점수와 확산 음영 반응 간에 의미 있는 관계를 찾아내지 못했다(Goodstein, 1954; Holtzman, Iscoe, & Calvin, 1954; Goodstein & Goldberger, 1955; Cevitt, 1957; Waller, 1960). 메롤(1999)은 상태-기질불안척도와 *m, Y* 또는 *T* 변인들의 점수 사이의 상관관계가 없다는 점도 지적했다. 슈와츠와 케이츠(1957)는 실험적으로 유발시킨 스트레스 모형으로 스트레스를 경험한 피검자가 통제집단보다 확산 음영 반응을 의미 있게 더 적게 한다고 보고했다. 베르거(1953), 피셔(1968), 숀과 바드(1958)는 실험적으로 유발시킨 것이 아닌 진짜 스트레스 상황하에 피검자가 있을 때 검사를 했는데, 확산 음영 반응이 상황적 스트레스와 관련성이 높다는 증거를 발견하지 못했다고 보고했다. 뉴링거(1965)는 *Y* 관련 반응(*YF, FY, Y*)만으로 불안의 다양한 양상을 설명하기보다는 다른 변인들의 배열에 의해 불안을 설명할 수 있다고 지적했다. 골드프라이드, 스트라이커 및 웨이너(1971)도 언어화된 결과물(반응 기록)에서 불안을 점수화한 엘리저의 **로르샤하** 점수를 검토하면서 유사한 입장을 밝혔다. 확산 음영-수동성 가설과 관련된 연구는 불안 문제를 다룬 것보다는 덜하지만, 그 결과들은 꽤 일관적이다. 클레바노프(1946)는 '작업 중 피로'를 경험하는 비행사들이 상당히 많은 수의 확산 음영 반응을 한다는 점을 발견했다. 그는 또한 철회와 수동성 경향이 있는 피검자들과의 연관성을 언급했다. 엘스테인(1965)은 확산 음영 반응이 환경에 대한 수동성을 보이는 경향과 꽤 상관이 높다는 점을 지적했다. 그는 *Y* 반응 수가 많은 피검자가 그들이 속한 환경 속에서 더욱 억제적이고 수동적인 경향이 있다고 했고, 그들이 속한 세계에서 그들 자신을 폐쇄하려고 한다고 지적했다. 다양한 결정인을 연구하기 위해 요인 모형을 이용했던 살몬, 아널드 및 콜리어(1972)도 '음영'으로 회색-검은색의 무채색 특성으로 모든 반응을 묶었다. 그런데도 그들은 '음영' 특성과 정서 및 지적 통제력 간의 매우 높은 상관을 발견했고, 이러한 변인 간의 복합적인 결과물로 철회 행동을 들었다.

불행하게도 많은 실험실 연구는 불안, 스트레스 내성의 수준 혹은 무기력감과 수동성의 정도를 구분하는 데는 실패했다. 즉, 통제의 문제나 통제력 상실과 관련된 문제들에 대해 몇몇 결과 소견들에서 혼동이 있었다. 예를 들면, 비글리온과 엑스너(1983)가 무선적으로 선택된 지원자 대학생 집단의 반수를 대상으로 좌절감을 유발하기 위해 해결 불가능한 철자 놀이 과제를 할당했다. 그들은 실험집단 내의 참가자들 사이에서 상태 불안이 증가되는 조건이었지만, **로르샤하** 결과에서는 좌절감이 유발되는 과제를 할당받지 않은 피검자 집단의 결과와 큰 차이를 보이지 않았다. 그리고 어떤 집단에서도 *m*이나 *SumY*, 무채색 및 음영 반응의 증가를 볼 수 없었다. 대조적으로 맥코웬, 핑크, 갈리나 및 존슨(1992)은 비글리온과 엑스너의 디자인을 사용했는데, 스트레스 조건에서 그 스트레스를 통제 가능하건 그렇지 않건 간에 *m* 반응이 상승하고, 그 스트레스가 통제 불가능할 때 확산 음영 반응이 증가한다고 보고했다.

이미 언급하였듯이, 독립변인이 잘 설계된 몇몇 실험실 연구에서는 좌절감을 경험하는데도 통제집단의 결과가 나왔다. 더 자연적인 스트레스 조건하에서는 선택적인 구분이 유용하지 않다. 예를 들어, 리지웨이와 엑스너(1980)는 16명의 의대 1학년생들을 대상으로 수련 과정 직전과 첫 전공 해부학 시험 직전에 **로르샤하**와 맥클랜드 성취욕구척도를 실시했다. 16명 중 9명의 재검사 기록에서 *m*과 *sumY*의 빈도가 증가되었다.

또 다른 재검사 연구에서 엑스너, 토머스, 코헨, 리지웨이 및 쿠퍼(1981)는 퇴원 하루 혹은 이틀 전의 54명의 입원 환자를 대상으로 5명의 검사자가 **로르샤하**를 수행하도록 했다. 한 집단은 심근경색 때문에 13~17일까지 입원한 27명의 남성들로 구성되었다. 이들은 병에서 회복되었어도 퇴원 후 적어도 90일간은 위험이 남아 있는 경우였다. 통제집단은 정형외과 수술에서 회복 중인 21명의 남성들로 이루어졌다. 그들의 평균 입원일은 15일이었다. 대부분 깁스를 한 채였지만, 그들의 회복이나 앞으로의 건강에 대한 심각한 위험 인자는 없었다.

기저선 검사에서 27명의 심장병 환자 중 24명이 총 58개의 *m* 반응(*M*=2.15, *SD*=1.01)을, 그리고 27명 중 25명이 총 69개의 확산 음영 반응(*M*=2.56, *SD*=.84)을 나타냈다. 21명 중 20명의 정형외과 환자들의 반응 기록에서 총 26개의 *m* 반응(*M*=1.31, *SD*=.67, $p<.01$)이 나왔고, 반면에 총 29개의 확산 음영 반응이 통제군 환자 27명 중 19명에게서 나왔다(*M*=.70, *SD*=.54, $p<.01$). 두 집단은 각기 심장병 환자들의 위험 요소가 대체로 감소되었을 때인 퇴원 후 93~118일 중에 재검사를 받았다. 이때 정형외과 환자 집단에서는 21개의 *m* 반응(17개의 반응 기록에서)이 나왔고, 심장병 환자 집단에서는 22개의 *m* 반응(19개의 반응프로토콜에서)이 나왔다. 정형외과 환자 집단이 21개의 확산 음영 반응을(18개의 반응 기록에서) 한 반면에 심장병 환자 집단들은 25개의 확산 음영 반응(20개의 반응 기록에서)을 했다. 분명히 재검사 자료는 두 집단에서 유사하게 나왔고, 양쪽 모두 비환자 집단의 반응 기록과 유사한 정도의 *m*과 *Y* 반응의 빈도를 보였다.

*m*과 *SumY* 반응에 나타난 상황적 스트레스의 영향은 다른 심리적 특성에 의해 좌우되는 것으로 보인다. 예를 들어, 가코노와 멜로이(1991)는 심각한 수준과 경미한 수준의 정신병질 특성을 보이는 반사회적 성격장애 범죄자들을 두 집단으로 연구했는데, 후자의 집단에서 확산 음영 반응이 의미 있게 높은 빈도로 나타났다고 했다. 또한 웨버, 멜로이 및 가코노(1992)의 연구에서는 입원 중인 청소년 품행장애 집단과 비교해서 입원한 기분부전 청소년 환자들에게서 확산 음영 반응의 빈도가 의미 있게 높은 것으로 나타났다.

참고문헌

Armbruster, G. L., Miller, A. S., & Exner, J. E. (1974). *Rorschach responses of parachute trainees at the beginning of training and shortly before their first jump.* Rorschach Workshops (Study No. 201, unpublished).

Beck, S. J. (1945). *Rorschach's test II: A variety of personality pictures.* New York: Grune & Stratton.

Beck, S. J., & Molish, H. B. (1967). *Rorschach' test II: A variety of personality pictures* (2nd ed.). New York: Grune & Stratton.

Berger, D. (1953). The Rorschach as a measure of real life stress. *Journal of Consulting Psychology, 17*, 355-358.

Binder, H. (1932). *Die Helldunkeldeutungen im psychodiagnostischem experiment von Rorschach.* Zurich, Switzerland: Urell Fussli.

Buhler, C., & LeFever, D. (1947). A Rorschach study on the psychological characteristics of alcoholics. *Quarterly Journal of Studies on Alcoholism, 8*, 197-260.

Campo, V. (1977). *On the meaning of the inanimate movement response.* Ninth International Rorschach Congress, Fribourg, Switzerland.

Cox, F. N., & Sarason, S. B. (1954). Test anxiety and Rorschach performance. *Journal of Abnormal and social Psychology, 49*, 317-377.

Eichler, R. M. (1951). Experimental stress and alleged Rorschach indices of anxiety. *Journal of Abnormal and Social Psychology, 46*, 344-356.

Elstein, A. S. (1965). Behavioral correlates of the Rorschach shading determinant. *Journal of Consulting Psychology, 29*, 231-236.

Exner, J. E. (1978). *The Rorschach: Comprehensive System. Volume 2: Recent developments and advanced interpretation.* New York: Wiley.

Exner, J. E., Armbruster, G. L., Walker, E. J., & Cooper, W. H. (1975). *Anticipation of elective surgery as manifest in Rorschach records.* Rorschach Workshops (Study No. 213, unpublished).

Exner, J. E., Thomas, E. A., Cohen, J. B., Ridgeway, E. M., & Cooper, W. H. (1981). *Stress indices in the Rorschachs of patients recovering from myocardial infarctions.* Rorschach Workshops (Study No. 286, unpublished).

Exner, J. E., & Walker, E. J. (1973). *Rorschach responses of depressed patients prior to ECT.* Rorschach Workshops (Study No. 197, unpublished).

Fisher, R. L. (1958). The effects of a disturbing situation upon the stability of various projective tests. *Psychological Monographs, 72*, 1-23.

Gacono, C. B., & Meloy, J. R. (1991). A Rorschach investigation of attachment and anxiety in antisocial personality disorder. *Journal of Nervous and Mental Diseases, 179*, 546-552.

Goldfried, M. R., Stricker, G., & Weiner, I. B. (1971). *Rorschach handbook of clinical and research applications.* Englewood Cliffs, NJ: Prentice-Hall.

Goodstein, L. D. (1954). Interrelationships among several measures of anxiety and hostility. *Journal of Consulting Psychology, 18*, 35-39.

Goodstein, L. D., & Goldberger, L. (1955). Manifest anxiety and Rorschach performance in a chronic patient population. *Journal of Consulting Psychology, 19*, 339-344.

Hertz, M. R. (1948). Suicidal configurations in Rorschach records. *Rorschach Research Exchange and Journal of Projective Techniques, 12*, 3-58.

Holtzman, W. H., Iscoe, I., & Calvin, A. D. (1954). Rorschach color responses and manifest anxiety in college women. *Journal of Consulting Psychology, 18*, 317-324.

Klebanoff, S. A. (1946). Rorschach study of operational fatigue in Army Air Force combat personnel. *Rorschach Research Exchange, 9*, 115-120.

Klopfer, B., Ainsworth, M., Klopfer, W., & Holt, R. (1954). *Developments in the Rorschach technique, vol. 1.* Yonkers-on-Hudson, NY: World Books.

Lebo, D., Toal, R., & Brick, H. (1960). Rorschach performances in the amelioration and continuation of observable anxiety. *Journal of General Psychology, 63*, 75-80.

Levitt, E. E. (1957). Alleged Rorschach anxiety indices in children. *Journal of Projective Techniques, 21*, 261-264.

Levitt, E. E., & Grosz, H. L. (1960). A comparison of quantifiable Rorschach anxiety indicators in hypnotically induced anxiety and normal states. *Journal of Consulting Psychology, 24*, 31-34.

Majumber, A. K., & Roy, A. B. (1962). Latent personality content of juvenile delinquents. *Journal of Psychological Research, 1*, 4-8.

McArthur, C. C., & King, S. (1954). Rorschach configurations associated with college achievement. *Journal of Educational Psychology, 45*, 492-498.

McCowan, W., Fink, A. D., Galina. H., & Johnson, J. (1992). Effects of laboratory-induced controllable and uncontrollable stress on Rorchach variables m and Y. *Journal of Personality Assessment, 59*, 564-573.

Merolle, P. (1999). The validity of anxiety-related variables in Exner's Comprehensive System. *Dissertation Abstracts International, 60*, 3010.

Neel, F. A. (1960). Inhibition and perception of movement on the Rorschach. *Journal of Consulting Psychology, 24*, 224-229.

Neuringer, C. (1965). The Rorschach test as a research device for the identification, prediction and understanding of suicidal ideation and behavior. *Journal of Projective Techniques and Personality Assessment, 29*, 71-82.

Piotrowski, Z. (1957). *Perceptanalysis*. New York: Macmillan.

Piotrowski, Z., & Schreiber, M. (1952). Rorschach perceptanalytic measures of personality changes during and after intense psychoanalytically oriented psychotherapy. In G. Bychowski & J. L. Despert (Eds.), *Specialized techniques in psychotherapy*. New York: Basic Books.

Rapaport, D., Gill, M, & Schafer, R. (1946). *Psychological diagnostic testing* (Vol. 2). Chicago: Yearbook Publishers.

Ridgeway, E. M., & Exner, J. E. (1980). *Rorschach correlates of achievement needs in medical students under an arousal condition*. Rorschach Workshops (Study No. 274, unpublished).

Salmon, P., Arnold, J. M., & Collyer, Y. M. (1972). What do the determinants determine: The internal validity of the Rorschach. *Journal of personality Assessment, 36*, 33-38.

Schon, M., & Bard, M. (1958). The effects of hypophysectomy on personality in women with metastatic breast cancer as revealed by the Rorschach Test. *Journal of Projective Techniques, 22*, 440-445.

Schwartz, F., & Kates, S. L. (1957). Rorschach performance, anxiety level and stress. *Journal of Projective Techniques, 21*, 154-160.

Shalit, B. (1965). Effects of environmental stimulation on the M, FM, and m responses in the Rorschach. *Journal of Projective Techniques and Personality Assesment, 29*, 228-231.

Viglione, D. J., & Exner, J. E. (1983). The effects of state anxiety and limited social-evaluative stress on the Rorschach. *Journal of Personality Assessment, 47*, 150-154.

Waller, P. F. (1960). The relationship between the Rorschach shading response and other indices of anxiety. *Journal of Projective Techniques, 24*, 211-216.

Weber, C. A., Meloy, J. R., & Gacono, C. B. (1992). A Rorschach study of attachment and anxiety in inpatient conduct disordered and dysthymic adolescents. *Journal of personality Assessment, 58*, 16-26.

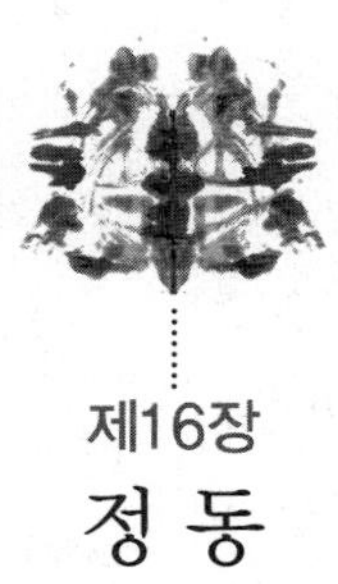

제16장 정 동

사람의 정서[1]는 복잡하고 이해하기 어렵다. 기분은 사고와 얽히고, 판단, 결정, 대부분의 모든 방식의 행동에 영향을 끼치면서 한 개인의 심리적 활동에 스며 있다. 정서는 한 개인의 행동 양식과 태도를 만드는 데 중요하게 기여하며, 대부분의 반응 양식 형성에 중요한 역할을 한다. 그것은 가치 있는 장점이 될 수도 있지만, 심각한 단점이 될 수도 있다. 어떤 정서는 매우 이해하기 어렵게 드러나지 않지만, 어떤 정서는 매우 강하여 쉽게 드러난다. 때때로 정서는 다루고 조절하기 쉽지만, 때로는 정서가 행동을 형성하거나 실행하는 데 끼치는 영향을 통제하기 매우 어렵다.

정서와 관련된 수많은 로르샤하 변인이 있지만, 우리는 간접적으로만 소견을 얻을 수 있다. 따라서 그 소견들에서 추론된 가설들을 신중하게 통합해야 한다. 해석의 주제들은 피검자의 심리적인 기제와 기능에 정서는 어떤 역할을 하는지에 대한 판단이다. 사람마다 다르고 복잡한 심리적 특성에 대해 의미 있는 기술을 하기 위해 몇 가지 문제들을 먼저 검토하여야 한다.

1) 역자 주: affect는 '정동' 으로, emotion은 '정서' 로, feeling은 '감정' 으로 통상적인 번역을 했다.

정동 관련 로르샤하 변인

유채색, 무채색, 그리고 음영 변인이 정동 군집에 포함된다. 공백 반응, 색채 투사, 혼합 반응의 빈도 역시 포함된다. 다른 군집처럼 대부분의 가정은 변인 값에 근거하는데, 군집 단독으로 유용한 경우도 있고, 다른 군집과 아울러 판단해야 하는 경우도 있다. 예를 들어, 가설을 세울 때 정동 비율 지수(*Afr*)를 단독으로 보더라도, 군집 내의 다른 변인들의 값을 고려하지 않을 수 없다.

그러나 일부 변인들은 크게 중요하지 않을 수 있는데, 이는 대개의 경우 비율의 형태로 평가되기 때문이다. 예를 들어, 가중치가 부여된 유채색 반응들의 합(*WSumC*)은 단독으로는 해석적 유용성을 갖지 않지만 경험 기초 변인(*EB*)이나 무채색 반응의 합과 가중치가 부여된 유채색 반응의 합 간 비율(*SumC′: WSumC*)에 포함되면 매우 중요해진다. 공백 반응(*S*), 색채 투사 반응(*CP*), 순수한 유채색 반응(*C*), 다른 변인과 같은 단일 변인의 빈도는 중요한 해석적 가정을 세우는 데 기초가 된다. 정동에 관련된 일부 변인은 또한 다른 군집에서도 나타나지만, 여기서는 다르게 언급된다. 예를 들어, 제15장에서 본 것처럼 재질 반응, 순수 유채색 반응, 혼합 반응의 수와 형태에 관련된 자료는 상황적 스트레스와 관련된 변인들을 평가할 때 중요하다. 이 변인 자료들은 스트레스의 영향을 변별하는 데 활용된다. 정동 연구에 있어서, 앞에 언급된 수치 자료들은 피검자의 정서 기능을 조망하는 데 매우 유용하다.

먼저 살펴볼 문제

피검자의 프로토콜을 해석할 때, 반드시 언급해야 할 몇 가지 중요한 질문이 있다.

- 정서가 결정과 행동 실행에서 핵심 요소인가, 대처와 결정에서 주변적인 요소인가?
- 부적인 정서에 평소와 차이가 있다는 증거가 있는가?
- 평소 정서적 자극을 처리하려 애쓰는가, 현재 정서에 대해 평소와 다르게 방어적이라는 증거가 있는가?
- 감정은 쉽고 효과적으로 조절되는가?
- 감정에 의해 평소와 다른 태도가 형성되는가?
- 자신의 감정에 의해 스스로 혼란스러워하는가?

사례 6, 7, 8의 프로토콜에서 추출한 정서와 관련된 변인의 자료가 해석 단계 과정을 설명하는 데 사용될 것이다.

사례 6

30세의 미혼 여성으로, 외래에서 치료를 담당하는 심리학자에 의해 평가가 의뢰되었다. 그녀는 검사 전 면접에서 우호적이고 개방적이며 매력적인 인상이라고 기록되어 있었다. 적어도 1년간 '활기 없는' 기분이나 느낌으로 생활해 왔다고 했다. 지난 6~8개월 동안 '이유 없이' 매우 긴장되고 불안했으며, 이러한 경험들 때문에 일에 방해를 받았던 것 같았다. 하지만 슬프거나 우울한 경험에 대해 "그렇지 않아요. 그건 별개의 것이예요."라며 부인했다. 신체적으로 건강하며, 매일 운동을 하고, 식욕이나 수면에 문제가 없다고 했다. 그녀는 삼남매 중 막내(41세의 오빠, 33세의 언니)로, 아버지는 68세의 성공한 사업가며, 최근 심장질환으로 은퇴했다. 어머니는 64세이고 주부이며, 그녀의 부모와 형제들은 모두 대학을 졸업했다.

그녀는 대학 졸업 후 25세에 법학학위를 취득하기 위해 법대에 들어갔다. 주립 변호사 시험에 합격한 후 저작권과 특허권 부서에 취직해 즐겁게 일에 전념하고 있다고 말했다. 다른 직장에서도 두 번이나 스카우트 제의를 받았지만, 현재 직장에서 대우가 적절하다고 느꼈다.

사례 6 30세 여성의 정동 관련 자료

						혼합 결정인	
EB	= 8:3.0			EBPer	= 2.7		
eb	= 3:6	L	= .31	FC:CF+C	= 4:1	M.CF.C′F	= 1
DEPI	= 5	CDI	= 1	PureC	= 0	M.FC.FD	= 1
						M.m	= 1
C′ = 4	T = 1			SumC′:SumC	= 4:3.5	FD.FC′	= 1
V = 0	Y = 1			Afr	= .50	FM.FD	= 1
						FM.Fr	= 1
Intellect	= 6	CP	= 0	S = 2 (카드 I , II , III에서 S = 1)			
Blends:R	= 6:21			Col-Shad Bl	= 1		
m + y B1	= 1			Shading Bl	= 0		

그녀는 자신의 사회생활이 매우 활발했다고 했다. 대학 1학년 재학 중에 첫 성관계를 했고, 2, 3학년 동안 학교에서 잘 어울렸지만, 법대에 진학할 계획을 가지고 있었기 때문에 졸업과 함께 많은 관계들이 갑자기 단절되었다. 법과대 재학 중, 그리고 졸업하고 1년 동안 성관계를 포함해 정말 많은 사회 경험을 다양하게 쌓았지만, '그때 일상은 매우 지루했다.'고 보고했다. 3년 전에 기혼인 동료와 관계를 가지기 시작했는데, 그 동료가 다른 주에서 일자리를 갖게 되면서 관계가 끝났다. "나는 그가 그의 아내로부터 떠나도록 할 수 있다고 생각했는데 그렇지 않았어요."라고 말했다. 이후 2년 동안 정말 열심히 일했다고 했다. 대부분의 남자와 피상적으로 만났고, 그녀의 현실적인 경력은 날로 높아졌지만, 스스로는 자신의 미래에 대해 회의적이었다. 긴밀하고 지속적인 관계를 형성하고 유지하는 데 무언가 문제가 있다고 느꼈다고 했다. 결혼하고 싶었고, 가능하다면 아이를 가지고 싶었다. 자신의 현재 증상들이 사회적인 경력에 방해가 되지 않길 바랐고, 다른 어려운 일들이 발생되지 않기를 바랐기 때문에 심리치료자를 찾았다. 치료자는 그녀의 성격적인 특성과 긴장과 불안의 원천, 그리고 우울의 근거에 대한 탐색을 요청했다.

사례 7

28세의 남성으로 자신은 원하지 않았지만, 형과 여자 친구에 의해 치료가 권유된 사람이다. 그는 몇 해 동안 우울한 기분이 나아졌다 심해졌다를 반복했다고 보고했다. 일에 방해가 되었고, 알코올남용도 하게 되었다. 보다 많은 활동을 하면 나아질 거라 기대했는데 오히려 더 우울해졌다고 했다. 3자녀 중 둘째(형은 33세, 여동생은 24세)고, 아버지는 60세로 패브릭회사의 대표로 일하고 있다. 어머니는 58세로 주부다. 자신이 가진 잠재력을 발휘하지 못해 왔기 때문에 아버지에게 인정받지 못해 왔다고 했고, 어머니는 그를 맹목적으로 사랑했기 때문에 늘 불편했다고 했다. 형과의 관계는 친밀했지만, 여동생과는 불편했다고 했고,

사례 7 28세 남성의 정동 관련 자료

EB	= 4:5.0			EBPer	= NA	**혼합 결정인**	
eb	= 5:4	L	= 1.30	FC:CF+C	= 1:4	M.CF.FC′	= 1
DEPI	= 5	CDI	= 5	Pure C	= 1	M.FC	= 1
						m.CF	= 1
C′ = 1 T	= 2			SumC′:SumC	= 1:5.0	FM.FC	= 1
V = 0 Y	= 1			Afr	= .67	FM.FT	= 1
Intellect	= 2	CP	= 0	S = 4 (카드 Ⅰ, Ⅱ, Ⅲ에서 S = 2)			
Blends:R	= 5:24			Col-Shad Bl	= 1		
m + y B1	= 1			Shading Bl	= 0		

형과 여동생은 기혼이다.

대학 3학년을 마치고, 친구가 운영하던 음식점에서 매니저로 3년 동안 일했는데, 사람들을 대하는 것이나 관리하는 것이 힘들었지만 '나름대로 노력은 했다.'고 보고했다. 현재 조경회사에서 일하고 있는데, 스스로 전망이 전혀 없는 직업이라고 했다. 부모는 대학으로 돌아가길 권유했지만, 그는 그것에 대해 갈등 중이었다. 지난 2년 동안, 직업적으로 벌이가 좋은 27세 여성과 동거를 해 왔는데, "그녀는 내게 최고다."라고 말할 정도로 만족해하지만, 그녀는 가끔 그가 과도하게 안전 지향적이고 야망이 부족하다고 불만스러워했다고 한다. 그는 주말에는 과음을 했고, 종종 그녀에게 언어적으로 욕설을 퍼붓는 등 학대 행위를 보였다. 그는 음주를 하면 통제력을 상실하게 되는 것 같다고 했는데, 대학 시절 꽤 다양한 약물을 복용한 경력이 있었지만, 지난 4~5년 동안은 그런 적이 없다고 했다. "그것은 아무런 문제가 되지 않았고, 그저 이건 우울증이다."라고 주장했다. 음주 때문에 치료에 참여해야 한다고 했고, '내 삶에서 무언가 의미 있는 것을 하기 위해' 치료가 필요하다고 했다. 치료자는 그가 쉽게 감정을 통제하지 못하는 것과 우울의 진단, 그리고 치료 목표와 치료의 방향을 어떻게 결정하면 좋을지에 대해 평가를 의뢰했다.

사례 8

33세의 기혼 여성으로 2달 동안 치료하던 정신과 주치의에 의해 평가가 의뢰되었다. 6개월 전부터 거의 일주일에 한 번 정도 우울한 경험을 해서 항우울제를 처방받아 복용 중이지만, 효과가 없다고 했다. 지난 2, 3일 전의 일화를 이야기했는데, "전 정말 몹시 흥분을 잘해요. 일종의 불안 같은데, 이렇게 우울한 적은 없었어요. 노곤하고 모든 것에서 동떨어진 것 같은 기분이었고, 종종 잠들기도 어려워요. 의뢰된 것만으로도 매우 불안했는데, 내가 미친 것 같아요."라면서 걱정했다.

그녀는 매력적이지만, 단정하지는 못하며, 정리되지 않은 차림새를 하고 다니곤 한다. 3자녀 중 둘째고, 고등학교 교사이신 60세의 아버지와 60세 주부인 어머니가 계신다. 34세로 기혼이고 석유

사례 8 33세 여성의 정동 관련 자료

EB	= 3:7.0			EBPer	= 2.3	혼합 결정인	
eb	= 7:10	L	= .18	FC:CF+C	= 3:4	C.C′.m	= 1
DEPI	= 6	CDI	= 1	Pure C	= 3	CF.m	= 1
						M.FY	= 1
C′ = 1	T = 4			SumC′:SumC	= 1:7.0	FM.FT.FY	= 1
V = 1	Y = 4			Afr	= .37	FM.FV	= 1
						FM.FY	= 1
Intellect	= 10	CP	= 0	S = 4 (카드 I, II, III에서 S = 4)		m.FC	= 1
Blends:R	= 7:26			Col-Shad Bl	= 1		
m + y B1	= 4			Shading Bl	= 1		

탐사회사에 근무하는 오빠와 결혼해서 두 아이를 두고 있는 26세 여동생이 있다. 성장력은 극히 정상이었다고 보고했다. 대학에는 예술 교육을 받기 위해 18세에 입학했고, 2년이 되던 해에 사진에 관심이 생겼고, 주간잡지에 상업적인 사진기자로 일하기 위해 2학년 말에 학교를 그만두었다. 고등학교 시절 자주 데이트를 즐겼고, 17세에 첫 성관계를 가졌다. 대학에서도 여러 번 데이트를 했고, 어느 누구와도 깊이 관계하고 싶어 하지 않았다. 같은 잡지사에서 영업을 담당하던 남편을 만나 1년 정도 연애 후 22세 되던 해에 결혼했고, 서로 흥미가 유사하고 같은 활동을 즐겼다고 했다. 결혼 6개월 후 임신했지만, 초기 4개월에 유산했고, 의사는 아이를 앞으로 가지기 어려울 것이라고 했다. 그래서 부부는 입양을 고려하기로 했지만 아직 결정하지 못했다. 그녀는 그런 사건들이 자신의 우울과는 무관할 것이라고 주장했다.

자신의 일에 진전이 없어 우울한 것이라 주장했고, 최근 들어 당분간은 시간제로 일하려고 한다고 했다. 35세인 남편은 TV 네트워크의 영업사원으로 일하고 있다. 일 때문에 일주일에 하루 이틀 정도는 집을 비우게 되고, 때로는 출장이 길어질 때도 있다. 그녀는 남편이 집을 자주 비우는 것과 자신의 우울이 관련되었다고 믿었다. 의뢰한 의사는 우울의 근원에 대해 평가해 달라고 요청했다.

일반 해석

*DEPI*와 *CDI*를 먼저 검토한다. 사실 *DEPI*와 *CDI*는 정동과 직접적으로 관련되어 경험적으로 증명된 자료는 아니다. 이 두 지표가 정동과 관련된 군집에 정적인 상관을 보이지 않는 이유는 둘 다 정동, 인지, 자기 지각, 대인관계 변인과 같은 이질적인 요인이 혼합되어 있기 때문이다.

*DEPI*에는 각각의 준거에 대해 검증된 14개의 변인이 포함되어 있으며, *DEPI* 점수는 0에서 7점 범위다. 14개 변인 중 5개는 직접적으로 정동과 관련이 있고(*SumV*>0, 유채색-음영 혼합 반응

BI>0, *S*>2, 음영 반응의 합>*FM*+*m*와 *C´*의 합>2), 6개 변인은 인지적 특성과 관련이 있다〔*FD*>2, 자아 중심성 지표>.44(연령에 따라 다르게 적용), 정동 비율<.46(연령에 따라 다르게 적용), *MOR*>2, 그리고 주지화 지표(2*AB*+*Art*+*Ay*)>4〕. 나머지 세 개 중 두 개는 대인관계와 관련이 있고(*COP*<2와 소외지표>.24), 하나는 심리적 복잡성(혼합 결정인<4)과 관계가 있다.

*CDI*는 11개의 변인으로 구성되어 있으며 0~5점이다. 11개 변인 중 6개는 주로 대인 지각이나 행동과 관련된다(*COP*<2, *AG*<2, *p*>*a*+1, 순수 *H*<2, 소외지표>.24, *Fd*>0). 나머지 5개 변인 중 세 개는 정동과 관련된다(*WSumC*<2.5, 정동 지수<.46와 T의 합>1). 나머지 두 개(*EA*<6.0와 *Adj D*<0)는 개인의 자원과 통제에 영향을 미친다.

두 지표 모두 이질적인 변인이 혼합되어 형성되었지만, 정동을 살펴볼 때 항상 검토해야 한다. *DEPI* 또는 *DEPI*와 *CDI*가 둘 다 의미 있게 나오면, 정동에 대해 의미 있게 평가해야 한다.

1단계: *DEPI*와 *CDI*

만약 *DEPI*가 5, 6, 7점의 양의 값을 갖고, *CDI*가 4 미만으로 정적인 결과를 확인할 수 없다면, 두 가정 중 하나는 정동과 관련된 다른 소견과 맞추어 보아야 한다. *DEPI* 값이 5, 6, 7이고, *CDI*가 4 혹은 5점으로 정적인 결과가 나오면, 정동과 관련된 다른 소견을 검토하고 나서 두 다른 가설 중 적정한 것을 선택한다.

잠정적 소견 1: *DEPI* 값이 6이나 7이고 *CDI* 값이 4보다 적으면, 유의미하게 무력한 정적 문제가 있음을 가정할 수 있다. 전형적으로 *DEPI* 값이 6이나 7인 사람은 고통이나 우울을 호소하고, 역기능적 행동을 보인다. 이러한 소견은 진단이나 치료에서 주의깊게 고려되어야 한다.

사례 8 유력한 소견

*DEPI*가 6점이다. 이것은 그녀의 증상을 보면 당연할 수 있다. 우울, 무기력, 수면의 어려움을 호소하기 때문이다. 이러한 소견들은 그녀에게 심각한 정서적 문제가 있음을 지지해 준다.

잠정적 소견 2: *DEPI* 값이 5이고 *CDI*가 4 이하일 때, 피검자가 성격적으로 정서적 혼란을 자주 경험한다는 점을 시사한다. *DEPI* 값이 5인 사람은 우울, 침울함, 긴장, 불안이 재발하는 경험에 대해 자주 호소하지만, 많은 사람이 부적인 정서 경험과 관련된 간헐적인 일화를 일관적으로 보고하지는 않는다. 부적인 정서 경험을 말하지 않더라도 해석자는 *DEPI*가 정적인 결과에 대해 간과해서는 안 된다. 잠재적인 정서적 혼란을 의미하며, 신중하게 고려되어야 할 사항이다.

사례 6 유력한 소견

DEPI 값이 5로, 종종 정서적으로 혼란스러울 것이라 가정할 수 있다. 이는 그녀가 긴장과 불안을 호소한 바와 일치한다. 우울하다고 단정할 만한 소견

사례 8 33세 여성의 정동 관련 자료

EB	= 3:7.0		EBPer	= 2.3	혼합 결정인	
eb	= 7:10	L = .18	FC:CF+C	= 3:4	C.C′.m	= 1
DEPI	= 6	CDI = 1	Pure C	= 3	CF.m	= 1
					M.FY	= 1
C′ = 1	T = 4		SumC′:SumC	= 1:7.0	FM.FT.FY	= 1
V = 1	Y = 4		Afr	= .37	FM.FV	= 1
					FM.FY	= 1
Intellect	= 10	CP = 0	S = 4 (카드 I, II, III에서 S = 4)		m.FC	= 1
Blends:R	= 7:26		Col-Shad Bl	= 1		
m + y B1	= 4		Shading Bl	= 1		

사례 6 30세 여성의 정동 관련 자료

EB	= 8:3.0		EBPer	= 2.7	혼합 결정인	
eb	= 3:6	L = .31	FC:CF+C	= 4:1	M.CF.C′F	= 1
DEPI	= 5	CDI = 1	Pure C	= 0	M.FC.FD	= 1
					M.m	= 1
C′ = 4	T = 1		SumC′:SumC	= 4:3.5	FD.FC′	= 1
V = 0	Y = 1		Afr	= .50	FM.FD	= 1
					FM.Fr	= 1
Intellect	= 6	CP = 0	S = 2 (카드 I, II, III에서 S = 1)			
Blends:R	= 6:21		Col-Shad Bl	= 1		
m + y B1	= 1		Shading Bl	= 0		

은 아니지만 가능성을 배제할 수 없다.

잠정적 소견 3: *DEPI* 값이 6이나 7이고, *CDI* 값이 4나 5라면, 정서적으로 혼란스럽다는 언급이 있어야 한다. 그러나 정서적 문제로 인해 효과적이고 가치 있는 대인관계를 형성하고 유지하기 어렵다. 사실 *DEPI* 값은 정서적 문제를 설명하는 데 의미가 다소 과장될 수 있다. 이는 대인관계 행동에 관련된 두 변인이 (*COP*<2와 소외지표>.24) *DEPI*와 *CDI*에 포함되어 있기 때문이다. 결과적으로 양성인 *CDI*는 항상 *DEPI* 점수에 1점을 더하게 한다. *DEPI* 점수가 간과되어서는 안 되지만, 만성적인 정서 문제를 나타내는 변인으로 과잉 해석되어서도 안 된다.

두 지표에 모두 해당되는 사람은 사회적 환경에서 허둥대는 경향이 있을 것이라 가정되는데, 다른 사람과의 관계가 대개의 경우 피상적이고, 빈약하며, 의미 있게 형성되지 않기 때문이다. 따라서 실망, 걱정, 심지어는 절망의 일화가 흔하며, 이러한 일화 중에 경험하는 정서적 혼란감은 종종 만성적 우울의 경우와 유사

사례 7 28세 남성의 정동 관련 자료

EB	= 4:5.0			EBPer	= NA	혼합 결정인	
eb	= 5:4	L	= 1.30	FC:CF+C	= 1:4	M.CF.FC′	= 1
DEPI	= 5	CDI	= 5	Pure C	= 1	M.FC	= 1
						m.CF	= 1
C′= 1 T	= 2			SumC′:SumC	= 1:5.0	FM.FC	= 1
V = 0 Y	= 1			Afr	= .67	FM.FT	= 1
Intellect	= 2	CP	= 0	S = 4 (카드 I, II, III에서 S = 2)			
Blends:R	= 5:24			Col-Shad Bl	= 1		
m + y B1	= 1			Shading Bl	= 0		

하다. 그러나 이 사람들은 심리적으로 정서장애와 다른데, 그들의 정서는 지지 체계가 강해지고 약해짐에 따라 훨씬 더 자주 변화하기 때문이다. 즉, 치료 계획과 대상을 정할 때, 주요 정서장애를 가진 사람들과 매우 다르다. 사회 적응 능력은 일차적인 치료 목표가 되며, 항우울제의 사용에서는 주의해야 한다.

잠정적 소견 4: *DEPI* 값이 5이고 *CDI* 값이 4나 5라면, *DEPI* 값을 해석할 때 주의해야 한다. 이것은 둘 다 해당되면 *DEPI*와 *CDI* 간의 관련성 때문으로 볼 수 있다. 그러므로 성격적으로 정서적 혼란 경험에 대한 두드러지는 취약성을 가지고 있다기보다는 사회 적응이 어려워 정서적 문제가 발생하였을 가능성이 있다고 가정하는 것이 더 적절할 것 같다.

사례 7 유력한 소견

DEPI 값이 5이고 *CDI* 값이 5이므로, 그는 사회 적응이 어려워 정서적 문제가 있을 수 있다. 그가 우울을 호소한 것은 아마도 그가 자주 고민하기 때문이며, 사회적으로 부적합하거나 비효율적으로 느끼는 사람들 사이에 보편적이기 때문에 이러한 감정을 우울로 전이시킨 것이라 볼 수 있다. 그러나 일반적으로 기분 부전이나 정서적 혼란을 경험하는 사람들과는 매우 다르다.

2단계: *EB*와 *Lambda*

*EB*는 사람의 심리와 정서 간 관계에 대한 정보를 제공한다. 이것은 특히 *EB* 자료가 독특한 대처 방식을 가리킬 때 중요하다. 대처 방식은 *EA*가 10 미만이고, *EB*의 한쪽 값이 다른 값에 비해 2배 이상 클 때 확인할 수 있다. 또는 *EA*가 10보다 크고 한쪽이 2배 이상 클 때 확인할 수 있다. 내향적인 방식은 *EB*의 좌항 값이 더 크고, 우항 값이 더 크면 외향적인 방식을 시사한다. 두 값의 차이가 크지 않으면, 일관적인 대처 방식이 없고, 양향적인 사람으로 해석된다.

내향형인 사람은 결정을 내리기 전에 심사숙고하길 좋아한다. 그들은 생각하는 동안에는 정서를 보류해 두고 다양한 가능성을 고려하기 전까지 행동하는 것을 미룬다. 외향형인 사람은 더 직관적이다. 그들은 감정과 생각을 분리하기 어렵고 결정을 내리는 데 감정을 직접적으로 사용하는 경향이 있다. 그들은 결정이나 문제를 해결하는 데 다양한 접근을 실제로 시도해 보는 것에 매우 편안해한다. 이러한 두 방식 모두 성인과 후기 청소년기에 보편적이며, 어느 한쪽이 더 바람직한지를 판단하는 것은 합리적이지 않다. 그것들은 단순히 일상생활의 대처에 사용되는 매우 다른 심리적 접근법이며, 둘 다 매우 효과적으로 사용될 수 있다.

반면에 양향형인 사람은 결정이나 문제 해결에 있어서 내향형 방식, 외향형 방식 둘 다 일관성을 보이지 않는다. 반대로 그것은 비일관적이고 감정의 역할 역시 이 작업에서 매우 다양하다. 양향적인 사람이 내향, 외향 방식보다 덜 효과적이지만, 반드시 또 그것이 부적응 유형이라고 단정할 수는 없다.

*EB*에 대한 해석이 다소 간단해 보일 수 있지만, 해석자가 알아야 할 매우 중요한 두 가지 주의 사항이 있다. 첫째는 높은 *Lambda* 값이 회피 방식을 시사하면 *EB* 자료에 대한 해석은 더 복잡해진다. 그것은 내향적이거나 외향적인 방식의 일부 특징에 에너지를 지나치게 쏟는 경향이 있다. 회피 방식이 자극 상황의 일부 측면을 무시하거나 부인함으로써 심리적인 복잡성이나 모호함을 단순화하는 경향이 있기 때문이다. 이것은 내적이고 외적인 정서 경험을 모두 포함한다. 그러므로 *EB* 유형이 특정한 대처를 반영하는 것으로 나타나거나, 혹은 광범위한 회피 방식에 의해 수정될 것인지를 판단할 때 *EB*가 결정적인 자료인지를 검토하기 위해 *Lambda* 값을 살펴보아야 한다.

둘째는 *EB* 자료로 그 개인의 특정한 대처 방식을 확인하기 전에 해석자는 그러한 결론을 내리는데, 일반적인 원칙에 대한 두 가지 중요한 예외 사항을 고려해야 한다. 두 경우 모두 *EB*의 한쪽 항이 0이면, 자료의 해석적 타당성에 재고가 필요하다.

예외 1: 첫 번째 예외는 *EA*가 4.0보다 작은 반응 프로토콜에 대한 것이다. 이 경우 많은 반응 기록에서 0:2.0, 0:3.5, 2:0, 3:0처럼 *EB*의 좌항 값이나 우항 값이 0이다. 그러나 일부는 2:1, 1:2.5와 같이 양쪽 모두 0보다 큰 값일 때도 있다.

잠정적 소견 1: 예외 1의 준거에 부합한다면, *EB* 자료는 명확한 대처 유형을 변별하는 데 타당하지 않다. 따라서 *EB* 자료로 정서적 특징을 살펴볼 때는 내향형, 양향형, 외향형 유형을 확인하는 근거로 간주할 수 없다. 보통 *Lambda* 값이 .99보다 큰데, 이것은 이 장의 후반부에서 더 논의될 회피적 유형과 관련될 것이다. 4단계로 가자.

예외 2: 두 번째 예외는 0:4.0, 0:6.5 등과 같이 *EB*의 좌항 값이 0이고 우항 값이 3.5 이상인 프로토콜과 3:0, 5:0처럼 우항 값이 0이고, 좌항 값이 최소한 3 이상인 프로토콜이다. 이러한 값은 내향적이거나 외향적인 유형을 나타내지만, 특이한 정서적 상황 때문에 사실이 아닐 수도 있다. 나타난 대처 방식이 만성적인 특성일 것이라 간주되어서는 안 된다.

잠정적 소견 2: 예외 2의 준거에 부합하고, *EB* 왼쪽 값이 0이라면, 그 사람은 정서에 압도당하는 경향이 있을 것이다. 이러한 조건이면, 해석자는 아마도 독특한 유형을 가정하기보다는 *EB* 자료를 피검자의 현재 정동 상태를 기술하는 데 사용해야 한다. 그것은 매우 강한 정서가 사고를 방해하고, 특히 결정을 내릴 때 주의와 집중에 필수적인 능력을 손상시키는 상태로 볼 수 있다. 이러한 강한 정서는 매우 혼란스럽고 전형적으로 관념적이고 행동적인 충동성을 일으킬 수 있다.

일반적으로 정서에 압도되는 경우, 드물게 강력한 정서 경험에 일시적으로 대항하기 어려운 상태일 수 있다. 정서적으로 압도되었을 때, 정서에 관한 모든 자료는 주의 깊게 당시의 맥락에서 언급되어야 한다. 정동과 관련된 변인 자료들은 그 사람의 현재 정서 상태에 대한 유용한 정보가 될 수 있다. 그러나 일시적인 특징과 특질을 구별하는 것은 어렵다. 4단계로 가자.

잠정적 소견 3: 예외 2의 준거에 부합하고 *EB*의 우항 값이 0이라면, 그것은 과도하게 정동적으로 억제되어 있다는 의미다. 이때 해석자는 특정한 대처 유형이나 방식에 대한 가정을 하기보다 *EB* 자료를 그 사람의 현재 정동 상태를 기술하는 데만 사용해야 한다. 현재 피검자가 정서를 엄격히 숨기고 통제하는 데 에너지를 쏟는 상황이다. 이렇게 지나치게 억제하는 경향은 사람의 자연스러운 상태를 방해하지만, 긴 시간 동안 지속되지는 않는다. 정서적으로 숨을 참고 있다고 볼 수 있다. 사람들은 오랫동안 모든 감정 표현을 쉽게 억제하지 못할 뿐 아니라 잠깐 동안이라도 정서를 억제하게 되면, 사람들은 매우 불편해하게 된다. 만약 억제하는 시간이 오랫동안 지속되면, 과부하 상태의 정동은 방출되어야 한다. 만약 방출이 일어나지 않는다면, 사람은 강한 정동에 압도당할 것이고, 매우 혼란스러운 상태에 빠지게 된다. 정서적 불안정성(lability)은 대부분의 심리적 기능을 정서가 압도하고 있는 상황을 말한다. 그것은 현실과 무관하게 이완을 시도하려 하면 극단적인 행동으로 몰아가고 결정을 내리도록 하기도 한다. 심한 억제가 지속되는 것이 시사되면, 정동 관련 자료들은 보다 신중하게 고려되어야 한다. 이미 언급한 것처럼 정동 관련 변인들은 현재 피검자가 어떤 정동 상태인지에 대한 정보를 제공해 주긴 하지만, 보다 기질적인 특징부터 일시적인 정서 상태인지를 구별하는 데 결정적인 증거가 되긴 어렵다. 4단계로 가자.

예외 1, 2에 해당되지 않는다면, *EB*와 *Lambda* 자료를 통해 몇 가지 해석이 나올 수 있다. 그것은 4단계에서 언급될 것이다.

잠정적 소견 4: *EB*가 외향적인 대처 유형을 시사하고, *Lambda* 값이 1.0보다 작을 때, 대개 그 사람은 문제 해결이나 의사 결정에 감정과 사고가 혼재되는 경향을 시사한다. 이들은 정서에 의해 영향을 받고 적용하려 하며, 시행착오 행동을 통해 가정과 가설을 검증하고자 한다. 시행착오 행동은 외향적인 사람이 익숙한 방식으로, 그들은 더 내성이 강하고 문제 해결에 오류가 일어났을 때 덜 걱정한다. 반면에 외향적이지 않은 사람의 경우보다 오랜 실패로 받은 정서적 영향은 더 강력하다. 이 유형의 사람들은 개방적으로 자신의 기분을 내보이거나 덜 신중한 자신에 대해 개의치 않는다. 3단계로 가자.

사례 8 유력한 소견

*EB*가 3 : 7.0이고 *Lambda* 값이 .18이다. 외향형의 대처 유형이고, 그녀의 감정이 사고에 중요한 영향을 끼치며, 결정을 내릴 때 시행착오적인 접근 방식을 적극적으로 사용한다는 점을 알 수 있다. 그녀는 감정을 표현하고 평소 감정 표현을 통제할 것에 대해 앞서서 걱정하지 않는다.

잠정적 소견 5: *EB*가 외향적 대처 유형이고 *Lambda* 값이 .99보다 크면 회피-외향형으로 볼 수 있다. 보통 그 사람은 다른 사람에 비하여 감정적이고, 감정의 영향을 크게 받는 것으로 가정할 수 있다. 또한 시행착오 행동을 통해 자신의 가정이나 추측 등을 검증하곤 한다. 그러나 회피적 유형이어서 복잡한 정서 경험을 충분하게 구분하지 못할 가능성이 많다. 이러한 상황에서는 의사 결정을 해야 할 때, 상황에 적합한 정도 이상 혹은 그 이하로 감정에 의해 영향을 받는다. 결과적으로 나타나는 행동도 비효율적일 때가 많다.

예를 들어, 외향형인 사람은 시행착오 행동이 일상적이고, 문제 해결에 오류가 일어났을 때에도 문제 발생 시 내성이 강하고 덜 걱정하는 경향이 있다. 회피적인 유형이라면, 이러한 내성력과 걱정을 덜 하는 경향이 극단화될 수 있고, 비효과적인 행동을 지속할 수밖에 없는 의사 결정을 내리면서 매우 심각한 문제가 발생한다. 외향형인 사람은 감정을 더 잘 표현하

사례 8 33세 여성의 정동 관련 자료

EB	= 3:7.0			EBPer	= 2.3	혼합 결정인	
eb	= 7:10	L	= .18	FC:CF+C	= 3:4	C.C′.m	= 1
DEPI	= 6	CDI	= 1	Pure C	= 3	CF.m	= 1
						M.FY	= 1
C′= 1	T = 4			SumC′:SumC	= 1:7.0	FM.FT.FY	= 1
V = 1	Y = 4			Afr	= .37	FM.FV	= 1
						FM.FY	= 1
Intellect	= 10	CP	= 0	S = 4 (카드 I, II, III에서 S = 4)		m.FC	= 1
Blends:R	= 7:26			Col-Shad Bl	= 1		
m + y B1	= 4			Shading Bl	= 1		

고 이러한 표현 방식을 조절하고 통제하는 데 덜 신경 쓴다. 회피-외향적 유형인 사람은 심리적인 복잡성을 무시하고 단순화하려 하기 때문에 이러한 경향이 더 강해진다. 즉, 회피-외향적인 사람은 감정 표현을 통제하는 데 소홀해지고, 때때로 충동적으로 보일 수 있다. 3단계로 가자.

잠정적 소견 6: *EB*가 내향형이고, *Lambda*가 1.0보다 작다면, 그 사람은 문제를 해결하거나 의사 결정을 하는 과정에 깊이 개입하지 못하고 피상적인 수준의 감정을 지속하는 것으로 가정할 수 있다. 판단을 내릴 때 외적인 피드백보다는 오히려 자신의 내적인 평가에 의존하며 될 수 있는 대로 시행착오 행동을 피하는 경향이 있다. 비내향적인 사람들에 비해 문제 해결 과정의 오류에 대해 내성이 약하고 인내하는 경향이 약해, 다른 사람들에 비해 미리 의사 결정 과정에서 매우 신중하고 심사숙고한다. 감정을 드러내려고는 하나, 감정 표현을 조율하고 통제하는 것을 더 많이 염려하는 경향이 있다. 3단계로 가자.

사례 6 유력한 소견

*EB*가 8 : 3.0이고 *Lambda* 값이 .31이다. 내향형이라고 해석할 수 있다. 그녀는 어떤 의사 결정을 할 때 관념적으로 치우쳐 있어서 감정을 잠시 배제시키는 사람이다. 대개 문제 해결 과정에서 시행착오 행동을 피한다. 감정을 내보이려는 마음은 있으나 감정이 적절히 통제되는가에 대한 염려가 많은 편이다.

잠정적 소견 7: *EB*가 내향형을 시사하고 *Lambda*가 .99보다 크다면, 회피-내향적 유형이라 할 수 있다. 문제를 해결하고 의사 결정을 하면서 더욱 피상적인 수준의 감정을 경험한다. 그러나 회피 유형은 이런 관념적인 지향성 때문에 전반적으로 효과를 저하시키기도 한다. 예를 들어, 내향성은 시행착오 행동을 피하고 결정을 내릴 때 외적 평가보다는 내적인 평

사례 6 30세 여성의 정동 관련 자료

EB	= 8:3.0			EBPer	= 2.7	혼합 결정인	
eb	= 3:6	L	= .31	FC:CF+C	= 4:1	M.CF.C′F	= 1
DEPI	= 5	CDI	= 1	Pure C	= 0	M.FC.FD	= 1
						M.m	= 1
C′ = 4 T	= 1			SumC′:SumC	= 4:3.5	FD.FC′	= 1
V = 0 Y	= 1			Afr	= .50	FM.FD	= 1
						FM.Fr	= 1
Intellect	= 6	CP	= 0	S = 2 (카드 I, II, III에서 S = 1)			
Blends:R	= 6:21			Col-Shad Bl	= 1		
m + y B1	= 1			Shading Bl	= 0		

가에 더 의존한다. 인내와 추론을 통해 생각하는 과정에서 단순하고 덜 까다로운 회피적 경향과 충동하기 쉽다.

일단, 갈등이 생기면 회피적인 유형은 내향형의 특징을 압도하고 보다 단순하고 덜 사고하는 양상을 보인다. 이러한 과정을 통해 판단은 흐려질 수 있다. 내향형인 사람들은 의사 결정 과정에서 매우 신중한 편인데, 회피적이고 내향적인 유형인 경우에는 감정적으로도 단순한 해결을 위해 신중을 기하지 못한다.

예를 들어, 내향형인 사람들은 정서 표현 조율을 염려하고 걱정하며, 감정 표현 방법을 선택하는 데 열중한다. 때때로 회피적이고 내향형인 사람들은 이러한 노력이 지나치게 번거로운 일이라 여기고 감정을 표출하는 데 심한 통제를 하거나 아예 전적으로 회피하는 양상을 보인다.

잠정적 소견 8: *EB*가 내향적이거나 외향적인 대처 유형의 우세성을 보이지 않고 *Lambda* 값이 1.0보다 작으면, 양향적인 사람이라 할 수 있다. 양향적인 사람은 문제를 해결하거나 의사 결정 과정에서 일관된 접근 방식을 취하지 못한다. 그래서 양향형인 사람은 감정이 사고나 문제 해결, 의사 결정 행동에 비일관적이고 산만하게 작용한다.

어떤 경우 외향형인 사람처럼 감정에 의해 압도되기도 하고, 또 어떤 경우는 유사하지만, 내향형 유형의 사람처럼 감정을 주변적이고 피상적인 수준으로 배제하거나 다루지 못하곤 한다.

감정을 적용하는 데 비일관적인 특성은 감정에 의해 쉽게 혼란스러워지는 양향형 특성으로 나타나, 결과적으로 정서는 사고에 과도하게 영향을 끼치거나 의사 결정에 적절하게 반영되지 않곤 한다. 이러한 일관성의 부족은 감정 표현에서 이상한 형태로 반영되곤 한다. 어떤 경우, 감정 표출은 유사한 상황에서조차 덜 혹은 지나치게 통제되거나, 강하게 혹은 덜 강하게 조율되곤 한다. 4단계로 가자.

잠정적 소견 9: *EB*가 내향형이거나 외향형의 대처 유형의 우세성이 나타나지 않고, *Lambda* 값이 .99보다 크다면, 회피적-양향형인 사람이라 볼 수 있다. 회피적인 사람은 단순화하려는 경향이 우세하지만 이차적으로 내향형이나 외향형의 특성이 뚜렷하지 않기 때문에 회피적 외향형이나 회피적 내향형처럼 일관된 유형의 문제 해결이나 의사 결정 특성을 보이지 않는다. 회피적인 특성이 더 전반적이어서 복잡하거나 모호한 상황을 지각하는 정도에 영향을 끼치곤 한다. 그래서 감정이 덜 조율되거나 혹은 과도하게 억압되는 빈도나, 덜 세련된 사고 과정에 의해 발생되는 사건들의 빈도가 회피적인 유형이 아닌 양향형인 사람들에게서 보다 높다.

쉽게 예상할 수 있듯이 아동에게는 이런 경우가 빈번하다. 그들은 비일관적이고 복잡하거나 모호한 것을 조정하는 데 어려움이 있다. 다행히 환경이 매우 참을성 있게 아동의 정서적 혹은 사고 활동의 실수들을 용서해 준다. 그러나 연령이 증가하면서 환경의 인내심이 약해지고 후기 청소년기나 성인기에 회피적-양향형의 특성이 공존하는 사람은 문제에 적응하는 데 매우 취약해지는데, 이는 심리적으로 복잡한 것을 피하려고 하는 소인을 가지고 있고, 꽤 긴 기간 동안 복잡한 환경 속에서 적응적이고 효과적으로 행동하는 데 정서적으로 비일관적이기 때문이다. 4단계로 가자.

사례 7 유력한 소견

*EB*가 4 : 5.0이고 *Lambda* 값이 1.30으로 회피적-양향형을 의미한다. 그는 복잡성과 모호함을 무시하거나 부인함으로써 단순화하려는 성향이 매우 강하다. 그는 문제 해결이나 어떤 의사 결정을 할 때 매우 비일관적이다. 이러한 비일관성은 정서를 조절하는 데도 영향을 끼친다. 동시에 이러한 비일관성은 다소 혼란스러운 유사한 상황에서 지나치게 통제되기도 한다.

3 단계: *EBPer*

*EB*가 내향형 또는 외향형인 대처 유형이고(사례 6, 8처럼), *Lambda*가 .99보다 큰 경우(회피-내향형과 회피-외향형)를 제외하면, *EBPer*는 그 유형이 어떤 문제 해결이나 의사 결정 상황에서 전반적으로 우세한지를 결정하는 변인이다. 즉, 우세한 대처 유형에 대해 더욱 정확한 평가를 할 수 있게 된다. 결과는 그 개인의 많은 측면에 영향을 끼치는 전반적인 우세 유형에 대해 선형적인 평가치라기보다는 범주적(예 혹은 아니요) 예측모형으로 사용될 수 있다. 한 개인의 대처 유형 특성은 결함이라기보다는 대처 행동과 의사 결정 활동에서 유연성이 부족할 가능성의 지표가 될 수 있다.

잠정적 소견 1: 피검자가 외향형이고 *EBPer* 값이 2.5보다 작다면, 피검자는 대처 방식에서 생각과 감정이 섞여 혼돈스러워 하는 경향이 있다고 가정한다. 그러나 외향형인 방식을 유연하게 사용할 수 있고 보다 명백한 관념적 접근을 하기 위해 감정을 덮어 둘 수 있다. 4단계로 가자.

사례 8 유력한 소견

그녀는 외향형이고, *EBPer*는 2.3이다. 그녀는 다소 융통성 있고 때때로 관념적인 접근을 하기 위해 결정이 필요할 때 직관적인 접근을 하기도 한다.

잠정적 소견 2: 피검자가 외향형이고 *EBPer* 값이 2.5 이상이라면, 결정을 내릴 때 정서의 영향을 많이 받는다고 가정한다. 외향적 대처방식을 융통성 있게 사용하지 못해, 직관적인 시행착오 과정적 접근 방식보다 더 효과적인 욕구 지연과 심사숙고의 전략을 사용하기 어려울 수 있다. 외향적 유형이 우세하다면, 감정을 표현하는 방식을 조율하는 데 덜 염려하는 경향이 있다고 볼 수 있다. 4단계로 가자.

잠정적 소견 3: 내향인 사람으로 *EBPer* 값이 2.5 보다 작다면, 의사 결정 이전에 감정을 배

제시키며 관념화 작업에 집중할 것으로 예측되지만, 종종 감정이 사고 활동에 직접적으로 영향을 끼치거나 의사 결정에 유의미하게 기여하는 경우가 많다.

잠정적 소견 4: 내향인 사람이고 *EBPer*가 2.5보다 크면, 대부분의 경우 감정은 의사 결정에 제한된 영향을 끼칠 것으로 가정할 수 있다. 대부분의 감정 표현은 엄격하고 통제되어, 문제 해결이나 의사 결정 과정에 더 직관적인 시행착오적 접근이 더 효과적일 경우에도 회피하는 경향을 보일 수 있다. 4단계로 가자.

사례 6 유력한 소견

EB 비율은 8:3.0이고 *EBPer* 값은 2.7로 그녀는 심한 내향 대처 유형으로 볼 수 있다. 그녀가 결정을 내리는 방식은 모든 명확한 가능성을 고려할 때까지 행동을 지연시키는 것이다. 그렇게 할 때 그녀는 가능한 한 감정을 생각과 분리하며 문제 해결 과정에서 부분적으로는 시행착오적 접근이 분명히 바람직한데도 그 방법을 피한다. 보통 그녀는 정서 표현을 매우 통제할 것이다.

4단계: *eb* 값의 우항 값

이 단계는 *eb*의 우항 값을 검토하고, 피검자가 호소하는 불편감이 있다면 관련된 변인을 확인하는 과정이 포함된다. 전형적으로 *eb*의 우항 값은 2~5점이며, 좌항 값보다 작다.

*eb*의 우항 값이 크다면, 그것은 보통 불편감이나 일부 다른 종류의 정서적 불안정감을 의미한다. 좌항 값이 2 보다 작은 경우 이러한 해석은 예외적이다. 이러한 경우에 *eb* 오른쪽에 관련된 변인 값은 평소와 다른 불안정감이 있는지 확인하기 위해 신중하게 검토되어야 한다. 제14, 15장에서 보았듯이 이 값들은 일부 또는 모두가 예상치 못한 부정적인 정동 경험을 시사하기 때문에 *eb*의 좌항 값이 더 크더라도 주의해야 한다.

잠정적 소견 1: *eb*의 좌항 값이 우항 값보다 크고 *SumT*가 1을 넘지 않고, *SumC'*는 2를 넘지 않으며, *SumV*는 0을 넘지 않고, *SumY*는 2를 넘지 않는다면, 어떤 구체적인 가설도 타당하지 않다. 5단계로 가자.

잠정적 소견 2: *eb*의 좌항 값이 우항보다 크고, 기댓값 이상의 *SumT*, *SumC'*, *SumV*, 그리고 *SumY* 값이 나오면, 불안정감과 관련된 가설이 세워진다. 제15장에서 보았듯이 *SumY*가 2 이상이면, 무기력과 관련된 부정적인 감정을 의미한다. 마찬가지로 *T*, *V* 변인은 상황 스트레스와 관련될 수 있지만, 부정적인 정서 경험과 더 관련될 수 있다.

만약 *SumT* 값이 1보다 크고 최근 정서적 상실의 증거가 없다면, 만성적인 외로움이나 정서적 빈곤을 의미할 수 있다. *SumV* 값이 0보다 크고 죄책감이나 자책감으로 귀인할 이유가 없다면, 그것은 스스로를 꾸짖거나 비하하는 경향에서 비롯된 부정적인 정서나 불안을 나타낸다. *SumC'* 값이 2보다 크다면 정서 표현을 억제하고 그것의 영향을 억압하는 경향 때문에 생긴 분노나 부정적인 감정을 나타낸다. 사실 *C′* 변인은 방출되어야만 하는 감정을 심리적으로 삼키고 내재화하는 것과 관련된다. 5단계로 가자.

사례 7 유력한 소견

*eb*가 5:4이지만, 2개의 재질 반응이 있다. 개인력을 보면, 최근 정서적 상실에 대한 어떤 증거도 없다. 따라서 그는 다른 사람들보다 꽤 오랫동안 더 외로움과 빈곤감을 경험해 왔을 가능성이 있다. 이것은 불안정감이나 고통감에 기여할 수 있다.

잠정적 소견 3: *eb*의 좌항 값이 3 이상일 때 우항 값이 좌항보다 크다면, 또는 좌항 값이 3보다 작을 때 우항 값이 적어도 4 이상이라면, 그 사람은 고통을 느끼고 있는 것으로 가정된다. 고통은 몇 가지 형태를 발생시킬 수 있다. 직접적으로 우울이나 불안의 형태가 될 수 있고, 간접적으로 심한 긴장, 불안, 불면증, 그리고 무기력 등과 같은 다양한 심인성 신체 증상의 형태를 보일 수도 있다.

이러한 소견이 타당하다면, 우항 *eb*의 우항 값에 기여하는 각각의 변인으로 불편감의 근원을 밝히고, 적합한 가설을 세우기 위해 잠정적 소견 2에 기술된 관계를 고려하며 평가해야 한다. 5단계로 가자.

사례 6과 8 유력한 소견

두 경우, *eb* 우항 값이 좌항보다 더 크다. 사례 6은 3:6이고, 사례 8은 7:10이다. 두 사람 모두 어떤 형태의 고통을 경험하고 있다고 가정할 수 있다. 이것은 내용의 특징과 이전에 보았던 *DEPI* 값으로 미루어 보면 당연하다. 사례 6은 긴장과 불안을 보고했고, *DEPI* 값이 5다. 사례 8은 잦은 우울을 호소했고, *DEPI* 값은 6이다. 따라서 중요한 문제는 어떤 정서 요소가 그 상황에 기여하는가라고 할 수 있다.

사례 6에서는 방출하고 싶어 하는 감정을 억압하고 내재화하는 그녀의 경향과 관련된 *SumC′* 값[2]을 중요하게 평가해야 한다. 이것은 극단적으로 내향적인 사람에게는 드물지 않지만, 그녀는 지나치게

사례 7 28세 남성의 정동 관련 자료

EB	= 4:5.0			EBPer	= NA	**혼합 결정인**	
eb	= 5:4	L	= 1.30	FC:CF+C	= 1:4	M.CF.FC′	= 1
DEPI	= 5	CDI	= 5	Pure C	= 1	M.FC	= 1
						m.CF	= 1
C′ = 1 T	= 2			SumC′:SumC	= 1:5.0	FM.FC	= 1
V = 0 Y	= 1			Afr	= .67	FM.FT	= 1
Intellect	= 2	CP	= 0	S = 4 (카드 I, II, III에서 S = 2)			
Blends:R	= 5:24			Col-Shad Bl	= 1		
m + y B1	= 1			Shading Bl	= 0		

사례 6 30세 여성의 정동 관련 자료

EB	= 8:3.0			EBPer	= 2.7	혼합 결정인	
eb	= 3:6	L	= .31	FC:CF+C	= 4:1	M.CF.C′F	= 1
DEPI	= 5	CDI	= 1	Pure C	= 0	M.FC.FD	= 1
						M.m	= 1
C′ = 4	T = 1			SumC′:SumC	= 4:3.5	FD.FC′	= 1
V = 0	Y = 1			Afr	= .50	FM.FD	= 1
						FM.Fr	= 1
Intellect	= 6	CP	= 0	S = 2 (카드 I, II, III에서 S = 1)			
Blends:R	= 6:21			Col-Shad Bl	= 1		
m + y B1	= 1			Shading Bl	= 0		

사례 8 33세 여성의 정동 관련 자료

EB	= 3:7.0			EBPer	= 2.3	혼합 결정인	
eb	= 7:10	L	= .18	FC:CF+C	= 3:4	C.C′.m	= 1
DEPI	= 6	CDI	= 1	Pure C	= 3	CF.m	= 1
						M.FY	= 1
C′ = 1	T = 4			SumC′:SumC	= 1:7.0	FM.FT.FY	= 1
V = 1	Y = 4			Afr	= .37	FM.FV	= 1
						FM.FY	= 1
Intellect	= 10	CP	= 0	S = 4 (카드 I, II, III에서 S = 4)		m.FC	= 1
Blends:R	= 7:26			Col-Shad Bl	= 1		
m + y B1	= 4			Shading Bl	= 1		

자신의 정서에 대해 심한 불편함을 느끼거나 혹은 두려워할 수 있다. 사례 8은 매우 다르다. 그녀는 *SumY*[3]와 *SumT*[4]에서 유의미한 상승을 보인다. 많은 음영 반응은 우울을 조절할 수 없음과 관련될 수 있지만, 다른 원인이 그녀의 무기력을 유발할 수 있다. 재질 반응은 훨씬 더 중요하다. 개인력에서는 정서적 상실에 대한 명백한 증거가 없다. 그러므로 만성적인 외로움이나 정서적 빈곤감을 가정하는 것이 더 합당하다. 그녀는 행복한 결혼이라 보고하지만, 회의적이며, 특히 입양에 대해 생각하고 있는 것과 남편이 일 때문에 집을 비우는 것과 관련해 그녀가 보고하는 것 이상으로 훨씬 더 고통스러워하고 있다고 볼 수 있다.

5단계: *SumC′* : *WSumC*

이 비율은 정서의 억제나 억압과 관련된다. 유채색 반응(*FC, CF, C*)은 정서의 방출과 방출이 통제되거나 조절되는 정도와의 관련성을 가지고 있다. 앞에서 보았듯이 무채색 반응(*FC′, C′F, C′*)은 정서의 억압이나 내재화로 야기되는 분노 감

2)~4) 역자 주: 사례 6에서 *SumC′* 값은 4, *SumY* 값은 4이고 *SumT* 값은 4로 높다.

정과 관련된다. 모든 사람이 때때로 이럴 수 있지만, 어떤 사람들은 더 빈번하고 과도하다. 과도한 억압의 이유는 다양하다. 어떤 사람들은 스스로 정서 통제에 대한 자신의 능력을 믿지 못하기 때문에 감정을 억압한다. 다른 사람들은 일부 감정에 의해 혼란되고 감정을 직접적으로 다루는 것을 피하기 때문에 억압한다. 때때로 어떤 사람들은 자신의 감정에 대해 곤란해하거나 심지어 죄책감까지 느껴서 자신의 감정을 타인과 공유하거나 표현하는 데 불안해한다.

원인과 관계없이 정서가 과도하게 억압되면, 결과는 고통스럽고 때때로 매우 심각한 부담이 되기도 한다. 이것이 기질적인 특징일 경우, 불편한 정동을 내면화한 결과로 두통, 위 계통, 장 계통의 문제, 혈압 문제 등과 같은 다양한 신체 증상을 일으키고, 긴장, 불안, 우울과 같은 정서적 붕괴의 발병에 기여한다.

잠정적 소견: 피검자가 내향적, 외향적, 양향적인 대처 유형이냐 혹은 회피적인 유형이냐와 무관하게 *WSumC*는 *SumC′* 값과 같거나 더 클 것으로 예상된다. 사례 7과 8의 경우라면, 어떠한 해석적 가설도 세우기 어렵다. 그러나 *SumC′* 값이 *WSumC* 값보다 크다면, 다른 사람들보다 정서의 방출을 억압하는 것으로 가정하고 결과적으로 정상적인 경우보다 더 많이 분노 감정으로 고통을 받는다고 해석할 수 있다.

사례 6 유력한 소견

4 : 3.5의 비율로 그녀가 대부분의 사람보다 훨씬 더 많이 정서 표현을 억압하고 있음을 알 수 있다. 이미 4단계에서 보았지만, 그녀가 불안정한 감정 상태로 고통받고 있다는 가정은 여기에서 확증되었다. 우울에 대한 직접적인 호소가 없는 사람이지만, *DEPI* 결과는 의외의 것도 아니다.

6단계: 정동 비율

이 변인은 경험이나 정서적 자극에 대한 피검자의 관심을 시사한다. 짐작하겠지만, *Afr*의 평균값은 내향적, 외향적, 양향적인 사람 간에 차이가 있고, 높은 *Lambda* 값을 가진 회피 유형과도 다르다. 〈표 16-1〉에 7개 집단에 대한 해석을 목적으로 '평균' 범위를 제시해 두었다.

종종 내향적인 사람은 .65보다 작은 *Afr* 값을 보이는 반면, 외향적인 사람은 .70보다 큰 *Afr* 값을 보인다. 하지만 *EB*의 유형을 연구할 때, *Afr* 값의 분포에서 겹쳐지는 측면이 있다. *Afr*의 평균값은 14세 이하의 어린 아동들에게서 분산된 분포를 보인다. 회피 유형의 사람들은 보통 그들이 속한 *EB* 집단에 비해 낮은 *Afr* 평균값을 보이지만,

표 16-1 7개 집단의 정동 비율

집 단	평균 범위
외향적인 성인 및 14세 이상 청소년	.60~.89
내향적인 성인 및 14세 이상 청소년	.53~.78
양향성 성인 및 14세 이상 청소년	.53~.83
회피 유형의 성인 및 14세 이상 청소년	.45~.65
5~6세 아동	.57~1.05
7~9세 아동	.55~.92
10~13세 아동	.53~.83

그렇다고 해서 반드시 그들이 정서 자극을 피하는 것을 의미하진 않는다. 정서적 억압이나 심각한 정서적 어려움을 의미하는 다른 증거가 없다면, 회피 유형인 사람의 낮은 *Afr* 값을 심리적 복잡성을 피하려는 경향으로 보는 것이 타당하다.

잠정적 소견 1: *Afr* 값이 평균 범위에 있다면, 해석은 간단해진다. 즉, 피검자는 특정한 대처 유형을 가지고 있는 대부분의 사람(아동의 경우에는 연령에 따라)처럼 호의적이고, 감정적으로 관여된 자극에 몰두한다. 이것은 특별히 의미 있는 소견은 아니지만, 만약 그 사람이 정서의 조절이나 통제에 지속적인 어려움을 가지고 있다면, 그들 스스로의 문제에 대한 자각 능력이 부족한 상태로 볼 수 있다. 대개의 경우, 정서적 자극은 어떤 반응이나 변화를 요구하며 진행된다. 그러므로 통제에 어려움이 있는 사람은 정서 자극을 회피하는 것이 더 익숙하고 쉬우며 정서적 자극의 요구에 덜 집중하는 경향이 있다(9단계와 10단계 참조). 7단계로 가자.

잠정적 소견 2: *Afr*의 값이 평균 범위 이상이면, 그 사람은 정서 자극에 매우 쉽게 끌리고 감정 변화에 관심이 많다. 이 소견은 외향형인 사람들에게 더 보편적으로 적합하지만, 그들에게만 해당되는 것은 아니다. 어떤 결함으로 간주될 것이 아니라, 오히려 단순하게 감정이나 정서에 강한 흥미를 반영하는 것으로 볼 수 있다. 한편, 이런 사람들은 강한 정서 자극에 의해 더욱 당혹스러워하거나 강화받기도 한다. 감정의 통제나 조절에 문제가 있다면 정서 자극을 추구하려는 경향이 정서적 변화가 예상되거나 요구되는 빈도를 증가시키기 때문에(9단계와 10단계 참조) 개인에게는 취약점이 될 수 있다.

사례 7 유력한 소견

Afr 값 .67은 회피 대처 유형인 사람에게 기대되는 이상의 값이다. 잠정적이긴 하지만, 입력되는 자극들은 단순화하고 심리적인 복잡성을 회피하려는 사람들에게서 나타나는 보편적인 수준 이상으로 정서 자극에 강한 관심이 있다는 의미일 수 있다. 그가 정서 조절이나 통제에 어려움이 있다는 점을 고려

사례 7 28세 남성의 정동 관련 자료

EB	= 4:5.0			EBPer	= NA	**혼합 결정인**	
eb	= 5:4	L	= 1.30	FC:CF+C	= 1:4	M.CF.FC′	= 1
DEPI	= 5	CDI	= 5	Pure C	= 1	M.FC	= 1
						m.CF	= 1
C′ = 1 T	= 2			SumC′:SumC	= 1:5.0	FM.FC	= 1
V = 0 Y	= 1			Afr	= .67	FM.FT	= 1
Intellect	= 2	CP	= 0	S = 4 (카드 I, II, III에서 S = 2)			
Blends:R	= 5:24			Col-Shad Bl	= 1		
m + y B1	= 1			Shading Bl	= 0		

한다면 정서 자극에 대한 이러한 개방성은 문제를 악화시킬 수 있다.

잠정적 소견 3: *Afr* 값이 평균보다 낮지만 .43보다 크다면, 그 사람은 정서 자극에 관심이 덜하거나 처리할 의지가 부족한 사람일 수 있다. 이것은 회피 유형의 사람에게서 나타나는 보편적인 특성으로 심리적인 복잡성을 제한하는 셈이다. 하지만 이러한 특성을 단점이나 약점으로만 간주하기보다는, 정서적 자극에 덜 관여하고자 하는 경향을 반영하는 것으로 이해할 수 있다. 다른 자료들이 조절이나 통제에 관련된 문제성을 시사한다면, 이는 그러한 문제에 대해 자각하고 있기 때문에 자신의 어려움을 심화시키는 상황(9단계와 10단계 참조)을 회피하려는 경향일 수 있다. 7단계로 가자.

사례 6 유력한 소견

Afr 값은 .50으로 내향적인 사람에게 예상되는 값보다 약간 낮으며, 그녀가 정서적인 색채의 자극에 관여되기를 덜 선호하며 관심도 적다는 점을 시사한다. 4단계와 5단계에서 보았듯이 그녀가 정서 표현을 억제하는 경향에 비추면 의외의 결과는 아니다.

잠정적 소견 4: *Afr*의 값이 .44보다 낮다면, 그것은 정서 자극을 강하게 피하려는 경향을 나타낸다. 이러한 사람은 정서를 처리해야 할 때 매우 불안정해진다. 결과적으로 그들은 사회적으로 억제되고 고립된다. 보통 이러한 소견이 적합하다면, 정서적 억제를 의미하는 증거나(5단계 참조) 분명하게 보이는 정서적 방어성의 증거(7단계와 8단계 참조)들이 있을 것이다. 특히 아동이나 청소년 프로토콜에서 중요한데, 발달에 기여하는 많은 일상적 변화들을 회피하거나 지나치게 조심스럽게 접근하려 하기 때문이다. 7단계로 가자.

사례 8 유력한 소견

.37의 *Afr*의 값은 특히 외향적인 사람에게서는 기대보다 매우 낮은 값이다. 그것은 그녀가 정서적으로 직면하기를 회피하는 경향이 있다는 의미일 수 있다. *DEPI*[5]에 해당되고 4단계에서 언급된 무력감

사례 6 30세 여성의 정동 관련 자료

						혼합 결정인	
EB	= 8:3.0			EBPer	= 2.7		
eb	= 3:6	L	= .31	FC:CF+C	= 4:1	M.CF.C′F	= 1
DEPI	= 5	CDI	= 1	Pure C	= 0	M.FC.FD	= 1
						M.m	= 1
C′ = 4 T = 1				SumC′:SumC	= 4:3.5	FD.FC′	= 1
V = 0 Y = 1				Afr	= .50	FM.FD	= 1
						FM.Fr	= 1
Intellect	= 6	CP	= 0	S = 2 (카드 I, II, III에서 S = 1)			
Blends:R	= 6:21			Col-Shad Bl	= 1		
m + y B1	= 1			Shading Bl	= 0		

사례 8 33세 여성의 정동 관련 자료

EB	= 3:7.0			EBPer	= 2.3	혼합 결정인	
eb	= 7:10	L	= .18	FC:CF+C	= 3:4	C.C′.m	= 1
DEPI	= 6	CDI	= 1	Pure C	= 3	CF.m	= 1
						M.FY	= 1
C′ = 1	T = 4			SumC′:SumC	= 1:7.0	FM.FT.FY	= 1
V = 1	Y = 4			Afr	= .37	FM.FV	= 1
						FM.FY	= 1
Intellect	= 10	CP	= 0	S = 4 (카드 I, II, III에서 S = 4)		m.FC	= 1
Blends:R	= 7:26			Col-Shad Bl	= 1		
m + y B1	= 4			Shading Bl	= 1		

을 포함하여 고통감을 경험하고 있으므로 예상하기 어려운 것도 아니다. 그녀가 의사 결정에 지침이 되는 중요한 자원인 일상적인 정서 경험들과 그녀에게 익숙한 대처 유형에 대해 불신하고 두려워하고 있다는 의미이기 때문에 특히 중요한 소견이다.

7단계: 주지화 지표

이 지표(*2AB+Art+Ay*)는 주지화 방어기제 사용과 관련된 정보를 제공한다. 그것은 정서적 상황이나 경험의 영향을 정서적 차원이 아니라 관념적 차원으로 다루며 감소시키거나 중화시키는 과정을 말한다. 감정을 감추거나 부인하려고 하여 결과적으로 정서가 직접적으로 또는 현실적으로 다뤄질 가능성을 감소시키는 것은 가성 주지화 과정(pseudo-intellectual process)이라 할 수 있다.

주지화는 사람들이 피하고 싶은 정서 상황에 직면했을 때 사용하는 방어적 방법으로, 중요한 점은 이 사람이 주지화를 하고 있는지가 아니라, 이 방법이 과도하게 사용되는가에 있다. 4 이하의 주지화 지표 값은 해석적 의미를 지니지 못한다. 사례 7은 이에 해당된다.

잠정적 소견 1: 4~6의 값은 그 사람이 보통 사람들보다 더 감정을 지적인 방식으로 다루는 경향을 나타낸다. 이 과정이 정서의 영향을 감소시키거나 중화시키지만, 또한 상황의 영향뿐만 아니라 진짜 의미까지 왜곡시켜 부인하고 있을 수도 있다. 8단계로 가자.

사례 6 유력한 소견

6이라는 값으로 그녀가 대부분의 사람보다 더 지적인 수준으로 특히 불편한 정서를 다룬다는 가정을 할 수 있다. 이 중성화 방법은 4, 5, 6단계에서 보았듯이 정서를 직접적으로 다루는 것을 회피하는 사람들에게 보편적으로 나타난다.

잠정적 소견 2: 값이 6을 넘을 때, 그 사람은 정동적으로 스트레스 상황이라고 지각할 때 쓰는 주요 방어법이 주지화라고 해석할 수 있다.

5) 역자 주: 사례 8에서 *DEPI* 값이 6으로 정적인 결과를 보였다.

사례 8 33세 여성의 정동 관련 자료

EB	= 3:7.0		EBPer	= 2.3	혼합 결정인	
eb	= 7:10	L = .18	FC:CF+C	= 3:4	C.C′.m	= 1
DEPI	= 6	CDI = 1	Pure C	= 3	CF.m	= 1
					M.FY	= 1
C′ = 1	T = 4		SumC′:SumC	= 1:7.0	FM.FT.FY	= 1
V = 1	Y = 4		Afr	= .37	FM.FV	= 1
					FM.FY	= 1
Intellect	= 10	CP = 0	S = 4 (카드 I, II, III에서 S = 4)		m.FC	= 1
Blends:R	= 7:26		Col-Shad Bl	= 1		
m + y B1	= 4		Shading Bl	= 1		

이 방법은 정서 자극의 강도가 증가할 때 더 비효율적인 양상을 보이기 때문에 이러한 사람들은 강한 정서 경험 동안 혼란에 더 취약하다. 8단계로 가자.

사례 8 유력한 소견

사례 8의 값은 10이고, 그녀가 정서적 경험의 영향을 회피하기 위해 주요 방어로 주지화를 사용하고 있다는 점이 시사된다. 이것은 매우 낮은 *Afr*의 정보를 고려하면, 그녀가 자신의 감정과 함께 환경이 자신에게 부과한 부담에서 벗어나고 있으며, 그 영향을 부인하려고 함을 의미한다. 이러한 전략은 누구나 정서적 혼란에 취약하게 만든다. 그러나 이 취약성은 외향 대처 유형인 사람에게 더욱 강하게 나타날 수 있다.

8단계: 색채 투사

색채 투사(*CP*)는 매우 드문 현상이고, 사례 6, 7, 8처럼 그 값도 항상 0으로 기대된다. 하나의 *CP*라도 특별한 해석적 중요성을 갖는다. *CP*는 불쾌한 정서 경험을 다루기 위해 특이한 형태의 부인을 사용하는 것을 나타낸다.

잠정적 소견: *CP*의 값이 0보다 크다면, 그 사람은 부적절하게 정적인 정서나 정서 가치를 상황에 치환시킴으로써 불안정감이나 불쾌한 정서 혹은 정서적 자극 상황을 부인하고 있다는 의미일 수 있다. 이것은 현실을 무시하거나 왜곡하는 히스테리적 과정이다. 보통 이러한 방어를 사용하는 사람들은 부정적인 감정을 적절히 다룰 수 있는 자신의 능력에 대해 매우 불안해하고, 자신의 정동적 표현을 조절하는 데 어려움이 있다. 결과적으로 그들은 환경에서 지각되거나 예기되는 가혹함을 다루어야 하는 부담을 회피하기 위해 현실을 왜곡하는 경향이 있다. 이러한 방어는 세련되지 못해 너무 빤히 드러나고, 그러한 방어를 사용하는 사람들은 빈번히 타인들이 자신을 정서적으로 피상적인 사람으로 여긴다는 것을 알게 된다. 9단계로 가자.

9단계: *FC* : *CF+C* 비율

FC : *CF+C*와 순수 유색채 반응 값은 정서 표출이나 표현 조절과 관련된 정보를 준다. *FC* 반응은 정서 경험을 더 잘 통제하거나 조절하는 것과 관련이 있고, *CF* 반응은 덜 억제된 정동 표현과 관련이 있다. *C* 반응은 이보다 더 억제되지 않은 있는 그대로의 정동 표출과 상관이 높다. 그러나 *CF*와 *C* 값은 *CF+C*에 비해 독립적으로는 해석적 가치가 낮다. 대부분의 비환자 성인은 *CF+C* 값 이상으로 높은 *FC* 값을 보인다. 반면에 어린 사람들(아동과 청소년)은 *FC* 반응보다 *CF+C* 반응을 더 많이 보인다.

잠정적 소견 1: *FC*의 값이 *CF+C* 값보다 최소 1점 이상 크거나 2배 이상이고, *C* 값이 0이라면, 그 사람은 대부분의 성인처럼 정서 표출을 통제하거나 조절할 것으로 가정된다. 이것은 15세 이하에서는 드문 경우인데도 실제로 나타난다면 어린 피검자들이 보편적인 정도보다 정서 표현에 더 엄격한 통제를 가하고 있다고 볼 수 있다. 11단계로 가자.

잠정적 소견 2: *FC* 값이 *CF+C* 값보다 2~3배이고 *C*가 0이라면, 보통 사람들보다 정서 표출에 엄격한 통제를 가하는 경향이 있다. 이것 또한 15세 이하의 피검자 기록에서는 드물다. 11단계로 가자.

잠정적 소견 3: *FC* 값이 *CF+C* 값보다 3배 이상이고 *C*가 0이라면, 그 사람은 일반적인 경우보다 훨씬 과도한 정서 표현의 통제 경향이 있다고 볼 수 있다. 이러한 소견은 더 강한 정동 표출에 대한 두려움과 불신을 시사하며, 정서적으로 위축되어 있다고 해석할 수 있다. 11단계로 가자.

사례 6 유력한 소견

비율은 4 : 1이고 *C* 반응은 없다. 그녀는 이미 주지화하는 매우 내향적인 사람이고, 정서 표현을 억제하는 경향을 보인다. 그러므로 그녀가 색채 반응을 했을 때, 형태가 우세한 형태 색채 반응이었을 것이

사례 6 30세 여성의 정동 관련 자료

EB	= 8:3.0			EBPer	= 2.7	**혼합 결정인**	
eb	= 3:6	L	= .31	FC:CF+C	= 4:1	M.CF.C′F	= 1
DEPI	= 5	CDI	= 1	Pure C	= 0	M.FC.FD	= 1
						M.m	= 1
C′ = 4	T = 1			SumC′:SumC	= 4:3.5	FD.FC′	= 1
V = 0	Y = 1			Afr	= .50	FM.FD	= 1
						FM.Fr	= 1
Intellect	= 6	CP	= 0	S = 2 (카드 I , II, III에서 S = 1)			
Blends:R	= 6:21			Col-Shad Bl	= 1		
m + y B1	= 1			Shading Bl	= 0		

라고 예측하기 쉽다. 이는 그녀가 아마도 정서 자체를 매우 불편해하고 강한 정서적 자극에 매우 두려움을 느끼며, 자신의 정서 표현을 매우 통제하려 한다는 가설을 확증해 준다.

잠정적 소견 4: *FC* 값이 *CF+C* 값보다 최소한 1점 이상 크거나 두 배이고, *C* 값이 1이라면, 그 사람은 다른 사람들처럼 정서 표현을 조절한다고 볼 수 있다. 그러나 정서 표현이 잘 통제되지 않을 때 효율적으로 조절하기 어려울 가능성이 있다. 한편 이는 15세 이하의 피검자 기록에서는 드문 경우다. 10단계로 가자.

잠정적 소견 5: *FC* 값이 *CF+C* 값의 2배 이상이고 *C*가 1 이상이라면, 대부분의 경우 정서 표현은 엄격히 조절되지만, 엄격한 통제를 하다 보니 실패에 취약할 수 있다. 이런 사람들은 보통 자신의 엄격한 통제와 조절을 좌절시키는 또 다른 감정과 충돌하게 된다. 10단계로 가자.

잠정적 소견 6: 성인 기록에서 *FC* 값이 *CF+ C* 값보다 최소 1점 많거나 2배이고, *C*가 1보다 크다면, 그 사람은 정서 표현을 효율적으로 조절하려고 애쓰지만, 잠재적으로 정서 통제와 조절에서 심각한 좌절이 자주 발생할 가능성을 시사한다. 이것은 적정하게 통제를 하리라 기대되는 성인들의 반응 프로토콜에서는 매우 드문 일이다. 한편 정서 표현에 대한 적절한 조절을 학습하는 과정 중인 아동이나 청소년의 기록에서는 보편적으로 나타나곤 한다. 10단계로 가자.

잠정적 소견 7: *CF+C* 값이 *FC* 값과 같거나 2점 이상 크고 *C* 값이 0 또는 1일 때, 그 사람은 대부분의 성인보다 정서 표현 조절에서 덜 엄격하다고 볼 수 있다. 이 사람들은 보편적인 사람들보다 감정 표현에 있어서 더 분명하고 강한 경향이 있다. 특히 통제의 어려움이 없다면 성인에게 반드시 부정적으로 해석될 것은 아니지만, 내향적이거나 현실 검증에 문제가 있는 사람들이나 정서적 혼란을 경험하는 사람들에게는 약점이 될 수 있다. 이러한 조건의 어떤 것도 정서 표현의 정도가 상황에 부적절할 수 있는 상황을 유발할 수 있다. 대부분 초기 청소년기나 아동에게 보편적인 것이지만, 나이와 상관없이 내향적인 사람에게는 덜 보편적인 현상이다. *C* 반응이 있다면 10단계로, *C* 값이 0이라면 11단계로 가자.

잠정적 소견 8: *CF+C* 값이 *FC*와 같거나 2점 이상 높고, *C* 값이 1보다 클 때, 잠재적으로 심각한 통제와 조절의 곤란이 있음을 의미한다. 이들은 정서 표현이 과도하게 강하고 충동적인 인상을 보인다. 이런 문제는 통제의 어려움도 유발할 수 있지만, 정서의 조절이 매우 중요한 것으로 여겨지지 않는 미성숙한 심리 수준을 반영하는 것이라 볼 수 있다. 이러한 소견은 아동에게 매우 보편적이며 아동의 행동에서 자주 나타나는 풍부한 정서와 조절 능력의 한계를 반영하는 것이기도 하다. 그러나 이 결과는 연령과 관계없이 내성적인 사람들에게서는 매우 드물게 나타난다. 내성적인 사람에게 이런 특성이 나타난다면, 관념화 방식이 손상된 것이고, 다른 심리적인 작용에 의해 방해받는 것으로 가정하는 것이 타당하다. 10단계로 가자.

사례 8 유력한 소견

FC : *CF*+*C* 비율이 3 : 4인 것은 이상하지 않지만 세 개의 *C* 반응은 의미 있게 해석될 만한 정서적 통제의 문제가 있음을 시사한다. 때때로 그녀의 정서 표현은 부적절하게 강했는데, 이는 아마도 충동적인 인상을 주었을 것이다. 개인력으로 보면, 미숙하다거나 정서적인 통제 문제에 대한 단서가 없지만, 오히려 이러한 불일치성이 심각한 정서적 통제의 문제를 야기하였을 것으로 해석할 수 있다. 통제의 문제가 있다면, 그것은 그녀가 스스로 통제에 큰 어려움을 가지고 있다는 느낌을 회피하기 위해 일련의 노력을 기울이고 있다는 점이 반영된 낮은 *Afr* 값과 강한 주지화 경향을 고려할 수 있다.

잠정적 소견 9: *CF*+*C* 값이 *FC* 값보다 3점 이상 크고, *C* 값이 0이라면, 그 사람은 다른 사람들보다도 정서 표현을 덜 조절하는 것임을 시사한다. 이러한 성인은 자신의 정서가 표현되는 강도 때문에 자기 자신에게 주의를 많이 기울인다. 이것은 높은 빈도의 덜 억제된 정서 표현의 효율성 또는 비효율성이 사회 환경에서의 표현에 대한 수용 정도로 결정되기 때문에 반드시 취약점은 아니다. 그러나 현실 검증에서의 어려움이나 정서적 혼란이 있다면, 잘 통제되지 않은 정서 표현이 사회적 상황에서 부적절하게 발생할 수 있다. 한편, 이것은 초기 청소년기와 대부분의 아동에게서 매우 보편적이다. 11단계로 가자.

잠정적 소견 10: *CF*+*C* 값이 *FC* 값보다 3점 이상 크고, *C* 값이 1 이상이라면, 정서 조절 능력이 약하다고 볼 수 있다. 어린 아동에게서 보편적이지만, 성인에게서는 드문 값으로, 타인에게 충동적이거나 정서적으로 매우 미성숙한 것

사례 8 33세 여성의 정동 관련 자료

EB	= 3:7.0			EBPer	= 2.3	혼합 결정인	
eb	= 7:10	L	= .18	FC:CF+C	= 3:4	C.C′.m	= 1
DEPI	= 6	CDI	= 1	Pure C	= 3	CF.m	= 1
						M.FY	= 1
C′ = 1	T = 4			SumC′:SumC	= 1:7.0	FM.FT.FY	= 1
V = 1	Y = 4			Afr	= .37	FM.FV	= 1
						FM.FY	= 1
Intellect	= 10	CP	= 0	S = 4 (카드 I, II, III에서 S = 4)		m.FC	= 1
Blends:R	= 7:26			Col-Shad Bl	= 1		
m + y B1	= 4			Shading Bl	= 1		

으로 여겨진다. 이러한 소견이 현실 검증에 어려움을 가지고 있는 사람이나 정서적 혼란을 겪는 사람에게 나타난다면, 조절 실패는 결과적으로 사회 적응에서 매우 부정적인 영향을 끼친다. 이러한 발견이 내향인 사람에게 나타난다면, 그것은 관념적인 방식의 기능이나 효율성에 관해서 심각한 문제가 있음을 의미한다. 10단계로 가자.

사례 7 유력한 소견

비율이 1 : 4이고 한 개의 *C* 반응이 나타났는데, 이것은 그의 정서 표현이 보편적인 경우보다 매우 강함을 나타낸다. *CDI*에 해당되고 회피적 방식으로 미루어 보아, 그는 정서 표현을 통제하는 데 부주의하고 관심이 없으며, 때때로 정서 표현은 부적절하게 강하고 불안정할 가능성이 있다. 이런 가설은 술에 취하면 폭언을 하는 그의 개인력과 일치하며, 정서 조절의 문제가 주요 개입 목표가 되어야 함을 시사한다.

10단계: 순수 유채색 반응

C 반응을 해석하는 것은 심한 정서적 억압을 하는 사람들과 대조적으로 미성숙하거나 더 원시적인 형태의 반응을 나타내는 정도를 평가하기 위해 중요하다. *C* 반응은 매우 덜 세련되고 미숙함에 있어 다양한 수준으로 반영된다. 어떤 *C* 반응은 더 지적이고 채점이 의미하는 것 이상으로 더 정교화된 것일 때도 있다. 추상적인 예술이나 장식과 관련된 반응은 이 범주에 해당된다.

다른 *C* 반응은 튀는 피, 불, 근육, 조직 세포와 같은 원초적인 특성 때문에 더욱 눈에 띈다. *C* 반응이 더 지적으로 묘사된다면, 정서 조절 실패가 더 미묘하고 변덕스러울 수 있다. 더 원시적인 *C* 반응은 정서 통제를 등한시하고 부적응 행동을 발생시키는 통제와 조절의 문제를 빈번하게 보이는 사람들에게 보편적으로 나타나곤 한다.

잠정적 소견: 모든 *C* 반응이 방어적이거나 가상/허위적인 주지화 수준이라면, 그것은 심각한 정서 조절 문제에 대한 평가를 할 때 *CF* 반

사례 7 28세 남성의 정동 관련 자료

EB	= 4:5.0			EBPer	= NA	혼합 결정인	
eb	= 5:4	L	= 1.30	FC:CF+C	= 1:4	M.CF.FC′	= 1
DEPI	= 5	CDI	= 5	Pure C	= 1	M.FC	= 1
						m.CF	= 1
C′ = 1 T	= 2			SumC′:SumC	= 1:5.0	FM.FC	= 1
V = 0 Y	= 1			Afr	= .67	FM.FT	= 1
Intellect	= 2	CP	= 0	S = 4 (카드 I, II, III에서 S = 2)			
Blends:R	= 5:24			Col-Shad Bl	= 1		
m + y B1	= 1			Shading Bl	= 0		

응과 유사하게 해석할 수 있다. 역으로 *C* 반응이 더 원시적인 형태라면, 어린 아동의 경우를 제외하고는 유의미한 결합으로 해석된다. 이러한 반응은 아마도 조절이나 통제의 실패가 있을 때, 결과적인 행동이 부적절하고 잠재적으로 부적응적일 것이라 시사된다. 11단계로 가자.

11단계: 공백 반응

대부분의 사람은 보통 카드 I, II에서 최소한 하나의 공백 반응(*S*)을 하며, 2개의 *S* 반응도 보편적이다. 일반적으로 전경(반점 형태)과 배경(공백)을 역으로 보거나, 통합하는 것은 그 피검자의 개별성을 반영하는 것으로 볼 수 있다. 그러나 *S* 반응의 수가 증가되면, 거부나 반항성, 심지어 분노에 대해 고려해 봐야 한다. 두 개 이상의 *S* 반응이 있다면 중요하게 보아야 한다. 어떤 피검자들은 검사 자체에 대해 매우 부정적인 접근을 하기도 한다. 따라서 성격 특징과 상황적인 특징 모두를 고려해야 한다.

잠정적 소견 1: 사례 6(*S*=2)처럼, *S*값이 0~2라면 유의미하지 않다. 12단계로 가자.

잠정적 소견 2: *S* 값이 3이고 모든 *S* 반응이 처음 두 카드에서 나타났다면, 피검자는 검사에 대한 준비가 되지 않은 것이고 상황적 요구에 거부적으로 반응하는 것을 의미한다. 이것이 일부 드문 반항성을 반영하는 것이지만, 부정주의가 상황적으로만 관련된 것일 수 있다.

잠정적 소견 3: *S* 값이 4나 5이고, 모든 *S* 반응이 처음 세 카드에서 나타났다면, 그 사람은 검사 상황에서 매우 초조하고 흥분된 상태일 수 있다. 아마도 원치 않는 도전에 직면했을 때 과도하게 반항적일 가능성을 반영하지만, 권위에 대해 거부적일 가능성도 반영한다. 12단계로 가자.

사례 8 유력한 소견

그녀의 기록에 4개의 *S* 반응이 있고 모두 처음 세

사례 8 33세 여성의 정동 관련 자료

EB	= 3:7.0			EBPer	= 2.3	**혼합 결정인**	
eb	= 7:10	L	= .18	FC:CF+C	= 3:4	C.C′.m	= 1
DEPI	= 6	CDI	= 1	Pure C	= 3	CF.m	= 1
						M.FY	= 1
C′ = 1 T	= 4			SumC′:SumC	= 1:7.0	FM.FT.FY	= 1
V = 1 Y	= 4			Afr	= .37	FM.FV	= 1
						FM.FY	= 1
Intellect	= 10	CP	= 0	S = 4 (카드 I, II, III에서 S = 4)		m.FC	= 1
Blends:R	= 7:26			Col-Shad Bl	= 1		
m + y B1	= 4			Shading Bl	= 1		

카드에서 나타났다. 그녀는 평가 상황에서 위협받고 있다고 느끼고 과제에 더 적응될 때까지 다소 부정적으로 반응했다.

잠정적 소견 4: *S* 값이 3이고 세 *S* 반응 중 적어도 하나가 카드 II 이후에 나왔다면, 피검자는 다른 사람들보다도 환경에 대해 더 부정적이고 반항적인 경향이 있음을 나타낸다. 이는 취약성을 시사하는 결과는 아니지만, 조화롭고 호혜적인 원만한 사회적 관계를 형성하는 데 불리할 수 있다. 12단계로 가자.

잠정적 소견 5: *S* 값이 4 이상이고, *S* 반응 중 적어도 하나가 카드 III 이후에 나왔다면, 상당한 분노를 경험하고 있다고 볼 수 있다. 대개의 경우 분노는 일반화되어, 환경에 대한 태도에 큰 영향을 끼친다. 이것은 개인의 심리 기능에 작용하는 특질인데, 의사 결정을 내리고 대처를 하는 데 영향을 끼친다. 이러한 특질을 가진 사람들에게 분노는 그들의 행동에서 직접적이고 분명한 방식으로 반영된다. 다른 사람들에게 하는 표현은 미묘하고 간접적이며, 만약 정서 억압이 그 사람의 심리적 기제에 중요한 특징이라면, 분노 감정을 단순화시켜 속으로만 담아 둘 것이다. 분노를 다루는 방법과 상관없이, 이들은 사회적 교류에서 요구되는 타협에 대한 인내가 부족하기 때문에 보통 타인과 의미 있는 관계를 유지하는 데 어려움을 갖는다. 통제나 조절의 문제가 있는 경우라면, 그 사람의 보다 강력한 정동의 표출들에는 이러한 매우 부정적인 세트들의 표현이 반영될 것이다. 12단계로 가자.

사례 7 유력한 소견

4개의 *S* 반응이 있고, 두 개는 카드 III 이후에 나타났다. 그는 화가 난 사람이다. 이것은 그의 미성숙함, 사회적 부적절성, 직업 적응의 실패를 보면 당연한 결과다. 그의 알코올남용과 직접적으로 관련되어 있을 것이다. 이러한 소견은 치료 계획에 중요하게 반영되어야 한다.

사례 7 28세 남성의 정동 관련 자료

EB	= 4:5.0			EBPer	= NA	**혼합 결정인**	
eb	= 5:4	L	= 1.30	FC:CF+C	= 1:4	M.CF.FC′	= 1
DEPI	= 5	CDI	= 5	Pure C	= 1	M.FC	= 1
						m.CF	= 1
C′ = 1 T = 2				SumC′:SumC	= 1:5.0	FM.FC	= 1
V = 0 Y = 1				Afr	= .67	FM.FT	= 1
Intellect	= 2	CP	= 0	S = 4 (카드 I, II, III에서 S = 2)			
Blends:R	= 5:24			Col-Shad Bl	= 1		
m + y B1	= 1			Shading Bl	= 0		

12단계: 혼합 반응, *EB* 및 *Lambda*

기록에서 혼합 반응의 비율이나 수는 그 사람의 심리적 복잡성에 대한 자료를 제공한다. 이 정보는 그 사람의 심리, 특히 정서적 특징을 이해하려고 할 때 중요할 수 있다. 모든 사람이 복잡하지만, 어떤 사람은 다른 사람들보다 더 복잡하다. 어떤 사람에서든 복잡성의 정도는 정적이지 않다. 대신 그 사람 특유의 전형적인 수준에 따라 증가하기도 하고 감소하기도 한다.

예를 들어, 매우 지적인 사람은 지적 수준이 평균이거나 그 이하인 사람들보다 심리적으로 더 복잡하다. 그러나 언제라도 개인 내에 존재하는 스트레스 경험, 충족되지 않은 욕구, 미해결된 과제 등에 따라 그 상황은 바뀔 수 있다. 스트레스, 욕구, 충돌이 있거나 완화될 때, 복잡성은 어느 정도 감소되지만, 스트레스, 욕구, 충돌의 경험이 증가하면 복잡성의 정도도 높아진다. 프로토콜에서 혼합 반응의 빈도나 비율을 해석하려고 할 때 언급해야 할 첫 번째 문제는 그 사람에게 기대되는 것과 일치되어 보이는가 하는 것이다. 다음 단계에서 이 소견은 그 사람의 현재 상황적 맥락에서 검토된다.

대부분의 혼합 반응은 최소한 하나 이상의 정서와 관련된 결정인(유채색, 무채색, 음영 반응)이 포함된다. 그러므로 정서 연구에 직접적으로 관련되어 있고, 혼합 반응이 정서 관련 결정인을 포함하지 않더라도 복잡성은 정서가 경험되는 방법이나 정서가 나타나는 방법에 영향을 끼치기 때문에 정서 연구에 중요하다. 기대된 혼합 반응의 수는 *EB* 유형과 *Lambda*에 따라 다르다. *Lambda* 값이 .99보다 크지 않을 때 내향형의 사람은 외향형이거나 양향형인 사람보다 더 적은 수의 혼합 반응을 한다. 전형적으로 그들 반응의 20%는 혼합 반응이고 혼합 반응의 비율이 전체 반응의 25%를 넘으면(평균은 13~26%) 드문 경우에 해당된다. 외향형인 사람은 전체 반응의 25%가 혼합 반응이고 전체 반응의 33% 정도가 되어도(평균은 19~33%) 일반적인 경우로 평가할 수 있다. 양향형인 사람의 혼합 반응은 평균적으로 25%이지만, 35%를 넘어도 보편적이라 할 수 있다(이 집단의 평균은 16~36%).

Lambda 값이 1.0 이상이라면, 혼합 반응의 비율은 보통 낮을 것으로 기대된다. 회피 유형인 사람들은 15% 이하의 혼합 반응을 보이며, 10%보다 작아도 일반적이라 볼 수 있다(평균은 8~14%). 이것은 복잡성을 최소화하려는 회피 유형인 사람들의 특성과 일치한다.

잠정적 소견 1: 혼합 반응의 비율이 *EB*나 *Lambda*에 의해 반영된 방식에 상응하여 평균 범위라면, 심리적 복잡성의 수준이 유사한 유형의 다른 사람들과 큰 차이가 없을 것으로 가정한다. 13단계로 가자.

사례 8 유력한 소견

외향적인 사람의 기록(27%)에서 26개의 반응 중 7개의 혼합 반응은 그녀의 심리적 복잡성의 정도가 동일한 유형의 대부분의 사람과 다르지 않음을 시사한다. 이것은 그녀가 겪고 있을 것으로 보이는 고통

사례 8 33세 여성의 정동 관련 자료

EB	= 3:7.0		EBPer	= 2.3	**혼합 결정인**	
eb	= 7:10	L = .18	FC:CF+C	= 3:4	C.C′.m	= 1
DEPI	= 6	CDI = 1	Pure C	= 3	CF.m	= 1
					M.FY	= 1
C′ = 1 T	= 4		SumC′:SumC	= 1:7.0	FM.FT.FY	= 1
V = 1 Y	= 4		Afr	= .37	FM.FV	= 1
					FM.FY	= 1
Intellect	= 10	CP = 0	S = 4 (카드 I, II, III에서 S = 4)		m.FC	= 1
Blends:R	= 7:26		Col-Shad Bl	= 1		
m + y B1	= 4		Shading Bl	= 1		

의 관점에서 보면 의외의 소견이다.

잠정적 소견 2: 혼합 반응의 비율이 *EB*나 *Lambda*에서 시사된 대처 유형에 비추어 평균 이하라면, 그 사람의 심리적 복잡성의 정도가 예상보다 덜할 것이라는 해석이 가능하다. 이러한 소견은 미성숙한 사람들에게 일반적인데, 이들은 복잡한 정서적 상황을 직면할 때 행동적으로 곤란을 보인다. 13단계로 가자.

잠정적 소견 3: 혼합 반응의 비율이 *EB*나 *Lambda*에서 시사되는 반응 양식에 비추어 평균보다 높다면, 그 사람의 심리적 기능은 예상되는 정도보다 더 복잡하다는 해석을 할 수 있다. 대부분의 혼합 반응이 하나 이상의 정서와 관련된 변인을 포함하기 때문에 정서적으로 예상하지 못한 복잡성이 내재되어 있을 것이라는 소견이 가능하다. 그 사람이 다양한 정서적 경험을 할 때 이용할 수 있는 자원을 풍부하게 보유하고 있다는 의미에서 취약점이라 볼 수는 없다. 만약 자원에 한계가 있거나 통제나 조절에서 문제가 있다면, 복잡성이 증가되는 것은 정서가 행동의 일관성이나 안정성에 결정적으로 파괴적인 영향을 끼칠 가능성을 증가시킨다. 13단계로 가자.

사례 6와 7 유력한 소견

사례 6의 내향형인 사람은 21개의 반응(29%) 중 6개의 혼합 반응을 보였는데, 이것은 평균보다 약간 더 높았다. 아마도 이것은 그녀의 고통감과 관련될 것이다. 사례 7은 21개의 반응 중 5개의 혼합 반응을 보였다. 이것은 21%이지만, 회피 유형인 사람에겐 다소 드문 경우다. 두 사람 모두 현재뿐만 아니라 앞으로의 일에 대한 조망을 할 수 있는 지적인 환자들이기 때문에 이러한 소견이 예상을 빗나갔다고 볼 수는 없다. 심리적인 복잡성의 수준이 예상한 것보다 높은 것이 이들에게 중요한 단점이 될 것인지에 대해 결정하는 것은 중요하다.

사례 6 30세 여성의 정동 관련 자료

EB	= 8:3.0			EBPer	= 2.7	혼합 결정인	
eb	= 3:6	L	= .31	FC:CF+C	= 4:1	M.CF.C′F	= 1
DEPI	= 5	CDI	= 1	Pure C	= 0	M.FC.FD	= 1
						M.m	= 1
C′ = 4	T = 1			SumC′:SumC	= 4:3.5	FD.FC′	= 1
V = 0	Y = 1			Afr	= .50	FM.FD	= 1
						FM.Fr	= 1
Intellect	= 6	CP	= 0	S = 2 (카드 I, II, III에서 S = 1)			
Blends:R	= 6:21			Col-Shad Bl	= 1		
m + y B1	= 1			Shading Bl	= 0		

사례 7 28세 남성의 정동 관련 자료

EB	= 4:5.0			EBPer	= NA	혼합 결정인	
eb	= 5:4	L	= 1.30	FC:CF+C	= 1:4	M.CF.FC′	= 1
DEPI	= 5	CDI	= 5	Pure C	= 1	M.FC	= 1
						m.CF	= 1
C′ = 1	T = 2			SumC′:SumC	= 1:5.0	FM.FC	= 1
V = 0	Y = 1			Afr	= .67	FM.FT	= 1
Intellect	= 2	CP	= 0	S = 4 (카드 I, II, III에서 S = 2)			
Blends:R	= 5:24			Col-Shad Bl	= 1		
m + y B1	= 1			Shading Bl	= 0		

13단계: 상황적 스트레스와 관련된 혼합 반응

12단계에서 현재 심리적인 복잡성에 대한 정보를 얻었지만, 아울러 현재 수준이 전형적인지, 상황적인 요인 때문에 두드러지게 증가되어 왔는지 판단하는 것이 중요하다. 제15장에서 설명되었듯이, *FC.FY, m.CF*와 같은 *m* 또는 *Y*로 만들어진 혼합 반응의 수를 검토한다. 사례 6, 7과 같이 대부분의 기록에서, 1개의 혼합 반응은 흔하고, 12단계에서의 소견을 재검토할 필요는 없다. 반면에 하나 이상의 혼합 반응이 있다면, 이 소견에 주목해야 한다.

잠정적 소견: *m*이나 *Y* 변인이 포함된 혼합 반응의 수가 1보다 크다면 전체 혼합 반응수에서 *m*과 *Y*의 수에서 각 1을 제하고 합해 전체 반응(*R*)에 대한 혼합 반응의 비율을 다시 계산한다. 만약 재계산된 비율이 12단계에서 보았던 것과 다른 범위에 속하면, 12단계에서 나온 복잡성에 관한 소견은 수정되어야 한다. 평소보다 상황적인 스트레스 때문에 복잡성이 증가한 경우라고 볼 수 있고, 그러한 상황적 요인이 없어진다면 복잡성이 감소될 것이라고 소견을

내어도 좋은지에 대해 타당성을 결정해야 한다. 14단계로 가자.

사례 8 유력한 소견

12단계에서 보았듯이, 그녀의 26개의 반응 중 7개(27%)가 혼합 반응이었고, 이것은 외향형인 사람에게 전형적인 복잡성 수준에 해당된다. 그러나 7개의 혼합 반응 중 6개에 *m*과 *Y* 변인이 포함되어 있다. *C,C'.m*, *CF.m*, *M.FY*, *FM.FT.FY*, *FM.FY*와 *m.FC* 중 *m*과 *Y* 각각 1을 제하고 재계산(4/26)한 결과는 15%, 이 비율은 외향형인 사람에게 예상되는 것보다는 낮다. 그녀는 일상적인 상황에서 분명히 복잡한 사람은 아니다. 어떤 정보로든 상황적 요인이 그녀의 심리적인 복잡성을 평소보다 증가시켰는지를 알아야 한다. 그녀는 자신의 감정을 피하고 부인하기 위해 열심히 일하는 여성이다. 원치 않는 감정을 이런 방식으로 다루려 하기 때문에, 심리적 복잡성이 고조되면서 그녀의 정서적 고통감을 강화시키고 더 큰 부담을 느끼도록 할 것이다.

14단계: 비일상적인 복잡성

심리적 복잡성의 비일상적인 수준은 12, 13단계에서의 소견만으로 충분하게 설명되지 않는다. 어떤 경우에 혼합 반응의 비율이 평균 정도이거나, 기대되는 것 이상으로 더 복잡한 사람의 평균보다도 더 낮을 수 있다. 다른 경우에는 혼합 반응의 비율이 기대되는 것보다 더 크지만 복잡성이 높진 않다. 전형적으로 이러한 경우는 과도하게 복잡한 혼합 반응으로 확인된다.

예를 들어, 대체적으로 4개의 혼합 반응이 있으면, 그중 3개는 2개의 결정인을 포함하곤 한다. 4개 중 1개는 3개의 결정인을 포함하기도 하는데 혼합 반응이 3개 이상의 결정인을 포함하고 있는 경우는 드물다. 그러므로 혼합 반응의 4분의 1만이 3개의 결정인을 포함하고 있다면, 이 단계의 소견은 큰 의미가 없다. 이것은 사례 7에 해당된다. 사례 7은 5개의 혼합 반응 중 1개만이 3개의 결정인으로 이루어져 있다.

잠정적 소견: 혼합 반응 중 4분의 1 이상에 3개의 결정인이 포함되어 있거나 1개 이상에 4개 이상 결정인이 포함되어 있다면, 12단계의 소견은 수정되어야 한다. 여기서는 피검자의 심리적 기능이 지나치게 복잡할 가능성에 주목해야 한다. 이 증가된 복잡성은 거의 항상 정서 경험의 결과로 볼 수 있다. 이것이 반드시 취약성이나 결함이 되는 것은 아니지만, 특히 자원이 제한되어 있는 사람이거나, 감정 통제와 조절의 문제가 있을 때 역기능적으로 표현될 수 있다. 15단계로 가자.

사례 6과 8 유력한 소견

사례 6에서 6개의 혼합 반응 중 2개가 3개의 결정인을 가지고 있다. 마찬가지로 사례 8에서 7개의 혼합 반응 중 2개가 3개의 결정인을 가지고 있다. 사례 6에 대한 12단계의 소견으로 평균보다 약간 강하고 고통감으로 예상할 수 있는 평균 이상의 심리적 복잡성이 있음을 알 수 있다. 현재 때때로 그녀의 심리적 기능이 평소보다 더 복잡할 것이라는 소견이 유력하다.

사례 8의 소견은 더 중요하다. 12단계에서 그녀가 기대했던 것보다 덜 복잡하다고 보았는데, 그녀가 매우 복잡한 사람은 아니지만, 상황적인 요인에 의해 심리적인 복잡성이 증가된 것으로 13단계에서 수정이 있었다. 세 가지 결정인으로 이루어진 혼합 반응 모두 *m*이나 *Y* 결정인을 포함하고 있는데도 13단계에서 고려되지 않았다. 분명히 어떤 상황적 요인은 그녀가 효율적으로 다룰 수 없는 과도한 복잡성을 제공하고 있다. 개인력으로 보면, 두 달 동안의 치료가 성공적이지 않았다는 것을 제외하면, 상황적 스트레스에 관한 어떠한 정보도 제공되지 않았다. 어떤 중요한 정보가 감춰졌을 가능성이 있거나, 그녀의 우울 경험이 그녀의 주관적 보고에서 나타난 것보다 훨씬 더 강하고 무기력하게 하는 것일 수 있다.

15단계: 색채-음영 혼합 반응

색채-음영 혼합 반응은 유채색 결정인(*FC, CF, C*)과 무채색 결정인(*FC′, C′F, C′*) 또는 음영 결정인들〔확산된 음영(*Y*), 재질(*T*) 혹은 음영 차원(*V*)〕을 포함하는 반응을 말한다. 그것은 보통 감정에 대한 불확실성, 혼란, 혹은 양가성을 반영한다.

색채-음영 혼합 반응은 내향형이거나 회피 유형인 사람들보다 외향형이고 양향형인 사람의 프로토콜에서 더 자주 나타난다. 대처 유형에 대한 문제가 고려될 때마다 의미 있게 해석해야 한다는 것은 아니지만 대처 유형이나 빈도에 대한 문제들이 이러한 소견과 가설을 설정하는 데는 중요할 수 있다.

잠정적 소견 1: 외향형이거나 양향형인 사람의 기록에서 *C′*, *T*와 *V* 변인이 포함된 색채-음영 혼합 반응이 1개 있다면, 그 사람은 때때로 정서나 정서적 상황으로 불확실함을 느끼거나 혼란될 수 있다고 가정할 수 있다. 이것은 다른 대처 유형을 보이는 사람보다 감정에 더 관여되는 외향형인 사람에게 특히 부정적인 소견이라고 할 수는 없다. 외향형인 사람에게 감정에 대한 불확실성에 의한 간헐적인 일화들은 다소 일상적이긴 하지만, 아마도 그들이 감정을 다루는 데 다른 사람보다 안정적이기 때문에 그렇게 혼란스러워지지는 않는다.

사례 8 유력한 소견

1개의 색채-음영 혼합 반응(*C.C′.m*)은 그녀가 자신의 감정에 대해 때때로 불확실하게 느낄 가능성을 시사한다. 보통 이러한 소견은 그녀가 외향형이기 때문에 중요하게 간주되진 않는다. 그러나 이전에 보았던 그녀의 정서적 어려움으로 보아, 소견을 요약할 때 신중함이 필요하다.

잠정적 소견 2: 내향형이거나 회피 대처 유형인 사람의 기록에서 *C′*, *T*와 *V* 변인으로 만들어진 1개의 색채-음영 혼합 반응이 있거나, 외향형이거나 양향형인 사람의 프로토콜에서 하나 이상의 혼합 반응이 있다면, 그 사람은 종종 정서나 정서적 상황 때문에 혼란스러워한다고 가정해야 한다. 이러한 사람들은 보통 다른 사람들보다 정서 경험을 더 강하게 하며, 정서 상황에 접근할 때도 곤란을 경험한다. 내향형이고 회피 대처 유형인 사람에게 이러한 소견이 나오면, 그들이 경험에 익숙하지 않고 그 문제를 해결하는 데 큰 어려움을 가지고 있기 때문에, 이러한 특징의 영향으로 매우 혼란스러울 것이라고 해석할 수 있다.

사례 6과 7 유력한 소견

두 기록 모두 하나의 색채-음영 혼합 반응을 가지고 있다. 사례 6에서는 *M.CF.C′F*이고, 사례 7에서는 *M.CF.FC′*이다. 이러한 사람은 평소보다 더 자주 감정에 대해 양향형의 대처를 하고 정서적으로 혼란스러워한다. 이러한 경험은 그들이 경험하는 고통을 증가시킨다.

잠정적 소견 3: 대처 유형의 특성과 상관없이 *Y* 변인으로 만들어진 하나 이상의 색채-음영 혼합 반응이 있다면, 상황적 요인에 따른 감정에 의해 불확실성이나 혼란이 있음을 가정할 수 있다. 이러한 형태의 혼란은 외향형이거나 양향형인 사람보다 내향형이고 회피 대처 유형인 사람에게 더 심할 수 있다. 잠정적 소견 1, 2가 합당하다면, 이 소견은 이전에 세워진 가설에 대한 보충 설명으로 간주되어야 한다. 16단계로 가자.

16단계: 음영 혼합 반응

FT.FC′, *FV.FY* 등과 같은 음영 혼합 반응은 매우 드물고 쉽게 예상되지 않는 것이다. 매우 고통스러운 정서 경험을 반영하곤 한다.

잠정적 소견: 1개 이상의 음영 혼합 반응이 있다면, 그것은 매우 고통스러운 정서를 의미한다. 평소의 부정적 정서의 원인에 대해 조사하는 것은 쉽지 않지만, 때때로 채점 결과는 그것과 관련된 특징에 대한 단서를 준다. 이러한 종류의 매우 강한 분노는 그 사람의 전반적인 심리 기능에 혼란스러운 영향을 끼친다. 그것은 사람의 정서에서 우세한 요소는 아니지만, 사고 활동에 많은 영향을 준다. 주의력과 집중력에 영향을 주고, 고통 때문에 판단력이 약화될 수도 있다.

사례 8 유력한 소견

1개의 음영 혼합 반응(*FM.FT.FY*)이 있다. 그것은 외로움이나 허기짐과 빈곤감을 증대시키는 상황적인 요소(*FY*)에 기인하는 것 같다. 4개의 재질 반응 중 하나가 혼합 반응으로 나타나 그녀의 부정적 집착이 매우 강하다는 것을 시사하는 것도 중요한 사실이다. 그녀의 남편이 집을 자주 비우는 것이 자신의 문제와 관련 있다는 신념이 있지만, 그녀의 개인력으로는 외로움에 대한 충분한 정보를 얻기 어렵다.

정동 관련 결과 요약

사례 6

이 30세 여성은 일의 효율성을 방해하는 긴장

과 불안을 주요 문제로 치료에 참석했다. 그녀는 슬프거나 우울하다는 것은 부인했다. 의뢰인은 그녀가 보이는 우울의 원인과 증거에 대해 물어 왔는데, 이를 위해서는 정동 군집에서 얻은 소견에 대한 요약이 필요하다. 두 번째 질문에 대한 대답은 확실하지 않아 전체 프로토콜이 검토되어야 충분히 탐색될 수 있다.

그녀는 고통을 경험하고 있는(4단계) 관념적인 사람이다(2단계). 사실 그녀는 긴장, 불안, 침울, 우울(1단계)과 같은 빈번한 정서적 혼란을 겪는 사람들에게 보편적으로 나타나는 몇 가지 특징을 보이고 있다. 결정을 내리는 방법에서도 매우 일치하는 정보가 있다. 전형적으로 그녀는 모든 분명한 가능성을 고려할 때까지 어떠한 행동도 지연시키고, 그렇게 할 때 그녀는 감정을 철저히 통제하고 될 수 있는 대로 생각과 분리시킨다. 그녀는 직관적으로 결정을 내리는 것을 좋아하지 않고 어떤 경우에 그러한 접근이 분명히 더 좋은데도(2, 3단계) 문제 해결에 시행착오적 접근도 회피한다.

그녀는 감정을 억압하고 내재화하는 경향이 있다. 이것이 관념적인 사람에게는 흔한 일이지만, 그녀는 이것이 과도하고, 억압과 내재화가 누적되어 매우 짜증으로 표출되는 불편감이 있다. 평소 이러한 전략을 과도하게 사용하는 이유는 정서에 대해 불편해하고 두려워해서다(4, 5단계). 그녀는 정서적으로 통제해야 할 상황을 회피하고(6단계), 감정을 다른 사람들보다 더 지적인 수준으로 다룬다. 이것이 감정의 영향을 직접적으로 다루기 어려워 택한 부인의 형태라 할 수 있다(7단계).

그녀는 자신의 정서 표현이 철저히 통제되도록 열심히 일한다(9단계). 이것은 정서가 불편하고 그것이 매우 강해지는 것이 두려운 사람에게 보편적인 특성이다. 그녀는 지적인 사람들이 흔히 그렇듯 심리적으로 복잡한 사람이지만(12단계), 복잡성 수준은 예상보다 다소 높다(14단계). 이 드문 정도의 복잡성은 그녀가 정서에 대해 양향형이거나 정서적으로 혼란스러운 사람이라는 사실과 관련 있어 보인다. 이 혼란은 때때로 다소 파괴적이고, 그녀가 겪는 고통을 가중시킬 수 있다(15단계).

긴장과 불안에 대한 그녀의 호소는 그렇게 오랫동안 감정을 회피하고 통제해 왔기 때문에 당연한 결과일 수 있다. 이와 같은 과잉 통제는 그녀의 욕구에 역효과를 발생시키고, 다른 사람과 효율적으로 관계할 수 있는 가능성을 제한할 수 있다.

사례 7

이 28세의 남성은 만성적 우울에 대해 호소했고, '쉽게' 감정을 조절하지 못하고 욕설을 하게 되는 알코올남용에 대해 인정했다. 의뢰인은 우울의 증거에 대해 물었고, 치료적 접근법의 추천을 요청해 왔다.

그는 사회 적응의 어려움 때문에 정서적으로 홍분된 사람이다. 우울에 대한 그의 보고는 사회적 실패에 대해 느끼는 고통감의 전이라 할 수 있다. 그러나 기분 부전이나 주요 정동장애를 가진 사람들이 겪는 것과는 다르다(1단계). 그는 복잡성과 모호함을 무시함으로써 회피하는 성향이 매우 강하다. 그는 의사 결정이나 문제 해결에서 먼저 그것들을 단순한 수준에 놓는데, 이는 매우 비일관적이다. 이것은 그가 정서를 조절하는 방식에 영향을 끼치고, 자주 그 자신의 감정을 표현하는 방법이 부적절하거나 모호할 수 있다(2, 9단계).

그는 다른 사람들보다 더 외로움과 빈곤감이나 허기짐을 느끼는 것 같은데, 아마도 이것은 그가 호소하는 불편감이나 고통에 기여하는 듯하다(4단계). 그는 특이한 정서 경험을 표현하곤 하는데, 이는 심리적인 복잡성과 모호함을 회피하려 하는 사람에게 흔한 일이다(6단계). 이러한 표현은 그가 자신의 정서를 잘 통제하지 못하기 때문에 정서가 공개되는 경우 대부분의 사람보다 더 취약할 수 있다. 이는 일반적으로 성인에게 기대되는 정도 이상으로 좀 더 심한 편이다(9단계). 그의 사회적 단순함의 맥락에서 보면, 그가 자신의 정서 표현 통제에 대해 부주의하고 덜 염려하는 미성숙한 사람인 것 같다. 결과적으로 그는 때때로 부적절하게 강하거나 심지어 불안정할 가능성도 있다(1, 9, 10단계).

그의 상황은 그가 화난 사람으로 보인다는 사실 때문에 더 난해해졌다. 이것은 그의 미성숙, 사회적 단순함, 직업 실패의 측면에서 보면 당연하다. 이러한 분노 감정은 그가 음주를 했을 때 발생하는 공격적인 분출과 직접적으로 관련이 있다(11단계). 그는 복잡성을 회피하는 사람에게 기대되는 것 이상으로 더 복잡한 사람이다(12단계). 이러한 복잡성의 일부는 때로 정서적 양가성과 함께 매우 혼란되어 심화될 수 있다. 또한 이러한 경험은 아마도 그가 겪는 고통을 가중시킬 것이다(15단계). 감정 통제의 문제와 분노는 치료 계획에 중요하게 고려되어야 한다.

사례 8

33세의 여성은 6개월 동안 우울을 겪고 있으며, 항우울제가 좋은 효과를 보이지 않아서 의뢰되었다. 그녀는 매우 심각한 정서적 문제를 호소하고 있다(1단계). 그녀는 자신의 감정이 사고에 중요한 역할을 하며, 결정을 내릴 때 시행착오적인 접근을 사용하는 사람이다(2단계). 그러나 그녀에게는 이러한 의사 결정 방식을 사용하는 데 다소 융통성을 발휘하고, 종종 더 관념적 접근을 위해 직관적인 접근을 보류하는 것이 도움이 될 것이다(3단계). 평소 그녀는 자신의 정서를 표현하는 경향이 있으며, 감정을 통제해야 한다는 것에 대해 걱정하지 않지만(2단계), 지금은 걱정하고 있는 것 같다.

그녀는 매우 고통스럽고(4단계), 어떻게 해서든 정서적으로 직면하게 되는 것을 피하고자 한다(6단계). 매우 외롭고 무기력하며(4단계), 의사 결정 과정에서도 갈등을 피하고자 애쓰는 익숙한 방식 그대로 불신이나 두려움 등 자신의 감정으로 갈등하는 것조차 피하려고 하고 있다(6단계). 정서적 경험의 영향을 회피하거나 최소한 중성화하려고 주지화하곤 한다. 이런 노력은 과도하리만큼 빈번하게 시도되고 있고, 환경이 자신에게 부과한 부담이나 그에 따르는 감정에서 벗어나고 싶어 한다는 점을 알 수 있다. 이러한 유형의 심리적 방어는 정서적으로 붕괴될 가능성에 취약하다(7단계).

현재 그녀는 감정 통제에 큰 어려움이 있고, 때때로 자신의 정서 표현이 부적절하게 강하고, 미성숙하거나 충동적이라는 인상을 얻을 수 있다(9단계). 분명히 그녀는 이것을 알고 있다. 따라서 그녀는 자신의 정서적 경험에 직면하지 않고 관념적으로 다루려 한다(10단계). 그러나 이러한 과정은 오히려 그녀의 전체적인 효율성을 감소시키고 있다. 평소 그녀는 매우 복잡한 사람이 아니지만(12, 13단계), 상황적 요인이 그녀를 더 복잡하게 만들 수 있다. 이 심화된 복잡성은 정서적 고통의 수준을 증가시키고, 원치 않는 감정을 다루려 할 때 매우 부담을 느낀다(13, 14단계). 그녀는 감정에 대해 불확실하고 혼란스러워하며(15단계), 때때로 외로움과 빈곤감에 관련된 고통을 겪는 것으로 보인다(16단계).

개인력에서는 이러한 소견을 지지해 주는 최근의 상실이나 외상에 대한 증거가 없다. 분명히 개인 정보는 그녀에 대한 다양한 시각을 가질 수 있게 해 주는 점에서 중요하다. 아울러 그녀의 결혼에 대한 이야기들도 필요하다.

정동 관련 변인 연구와 개념들

*DEPI*와 *CDI*

우울감이 주요 문제인 경우를 정확히 확인하는 데 유용한 변인을 찾으려는 연구자들의 도전은 두 가지 주제로 복잡해졌다. 첫째, 호소나 증상으로서의 우울은 정신과 환자에게 매우 보편적이다. 우울은 이상한 사고, 빈약한 현실 접촉, 성적 역기능보다 사회적으로 수용되는 증상이므로, 환자들이 쉽게 인정하는 증상이다. 결과적으로 많은 환자들이 우울로 병원에 오거나 통원 치료를 받는다. 둘째, 정신분열증과 같이 두드러진 특징과 달리, 우울은 사실 반응적인 불편감부터 정신분열정동장해(schizoaffective disturbance)까지 다양한 증후를 가지고 있다. 결과적으로 우울한 사람을 단순히 불만족스럽고, 불행하고, 고통받는 사람에게서 구별해 내는 변인을 찾기 위해 다른 집단을 검토하는 것이 필요하다. 즉, 환경의 복잡성을 대하는 데 다소 무기력한 사람을 포함해, 기분부전(dysthymics; 신경증적 우울), 단극성 우울(unipolar depressives), 양극성 장애(bipolar disorders), 정신분열정동장해 집단과 비교가 필요하다.

원래 *DEPI*는 우울집단과 세 통제집단을 효과적으로 구별하는 5개의 변인으로 구성되었지만(Exner, 1986), 좀 더 명확한 조망을 주지는 못하고 있다. 기분부전장애 환자들과 단극성 우울집단에서 우울한 사람의 70%를 정확하게 구별하긴 하지만, 통제집단에서 긍정 왜곡률(false positive rate)이 비우울 환자의 30%에서 비환자 집단의 10%까지의 범위였고, 부정 왜곡률(false negative rate) 또한 명백히 우울한 성인 환자 집단에서 60%를 넘었으며, 우울한 아동의 경우에는 상대적으로 더욱 높았다(Lipovsky, Finch, & Belter, 1989).

문제는 1978과 1990년에 일어난 우울과 정서장애에 대한 정의가 변화함에 따라 더 커졌는데,

그동안 **로르샤하** 외의 자료들에 근거한 모순적인 입장과 많은 연구 발견으로 주목받은 정동장해에 관한 연구 결과가 모호했다. 분명히 호소로서의 우울은 대부분 보편적으로 나타나는 증상과 계속 구별되었지만, DSM 입장도 우울한 환자의 동질성에 대한 발견이 부족하다는 점을 공개적으로 인정하고 있다.

예를 들어, 와이너(1989)는 우울한 사람의 증거인 모호함, 불일치성, 과잉일반화에 대한 매우 훌륭한 검토를 통해, 우울의 특징을 정의하면서 DSM 접근에 대해서는 비평했다. 그는 "우울은 상태, 특질, 증상, 증후, 질병에 대한 명칭, 범주명, 동시에 설명적 개념으로서 광범위하게 사용되고 있다."고 언급했다. 우울을 동질적인 심리적 또는 생물학적 성향을 가지고 있는 것으로 보기 때문에 많은 문제가 일어나고, 이러한 가정을 기초로 해서 우울에 대한 몇 가지 다양화된 개념이 나오고 있다(A. Beck, 1967; Blatt, Quinlan, Chevron, McDonald, & Zuroff, 1982; Brown & Harris, 1978; Chadoff, 1974; Kendell, 1976; Millon & Kotik, 1985; Seligman, 1975; Abramson, Metalsky, & Alloy, 1989). 어떤 사람들은 발달적 시기를 우울 성향이 발달하는 배경으로 보는 반면에 다른 사람들은 잘못된 귀인, 부정적인 자기개념, 불행한 사회적 상호작용 등에 초점을 맞춘다. 어느 것이 원인이든, 또는 원인군들이 확인되든 아니든, 동질성의 개념은 그대로다. 그러나 실제 DSM 진단 준거는 동질성에 대한 개념에서 많이 벗어나 끝없이 많은 조합을 통해 결국은 우울증이라는 동일한 진단을 산출해 내는 여러 증상과 증후군들의 혼합된 개념을 반영하고 있다. 예를 들어, 와이너(1989)는 만약 불쾌한(dysphoric) 기분이 존재한다면, 기분부전장애라는 진단을 가져올 수 있는 증상들과 증후군의 286가지의 가능한 조합이 있다고 지적하기도 했다.

우울증에 관한 입장과 결과들의 검토를 통해 우울증이거나 정동장애라고 진단된 경우에는 적어도 세 종류의 다른 사람들이 있다는 결론을 내릴 수 있다. 즉, 첫째 정서적으로 혼란된 사람들, 둘째 인지적으로 비관적이고 행동에서 자기 파괴적인 사람들, 셋째 복잡한 사회를 만족시키는 데 무기력한 사람들이다. 이 세 가지가 명백하게 구분되는 상태는 없으며, 서로 상당히 중첩되어 있다. 그러나 어떤 소견은 이 세 가지가 개인의 심리적인 조직 내 일차적 특징을 반영한다는 가설을 지지해 준다고 주장하기도 한다.

1986년 그 가정은 원형의 지표를 대신하기 위해 세 개의 *DEPI*를 만들려는 임시적인 목적으로 시도된 연구에 기초를 제공했다. 첫 번째 단계는 정서적으로 혼란되었다고 진단된 피검자에게서 수집된 1,400개 이상의 사례를 검사 외 자료를 사용해 세 개의 큰 집단으로 나누는 것이었다. 집단들은 임의로, 첫째 정서적으로 우울한, 둘째 인지적으로 우울한, 셋째 무기력한 집단으로 구분되었다. 자료가 불충분했기 때문에 650개 이상의 사례에서 이 분류가 불가능했으나, 궁극적으로 세 개의 집단이 형성되었고, 각각은 200명 이상의 피검자를 포함했다. 요인분석은 흥미롭지만 불명확한 결과를 산출했다. 결과적으로 다섯 가지 요인 중 두 개의 요인이 세 집단 모두에서 공통적이었고, 두 개의 요인은 두 집단에서만 공통적이었으며, 한 가지 요인은 유의미하지 않았다. 이 결과는 이 집단들이 어떤 면에서 차이가 있다는 점을 암시한다. 다음 단계는 다변량분산분석, 집단 간 상관 분석, 판별함수분석을 실시했다.

처음 두 집단(정서적으로 우울한 집단과 인지적으로 우울한 집단)의 자료는 매우 많은 부분에서 중복되었으나, 세 번째 집단의 자료는 더 구별되었다. 어떤 전략이 사용되었든 경험적으로 처음 두 집단을 분리하는 것은 불가능했다. 그리고 그 결과, 두 집단은 새로운 *DEPI*를 고안하기 위한 연구에서 표적 표본으로 사용될 단일한 집단으로 합쳐졌다(*N*=471). 이것은 판별분석과 분할표를 사용한 결과였고, 세 번째 집단(무기력한 집단, *N*=213)은 결과가 검증될 때 사용되는 표본이 되었다. 이 결과는 우울증이나 정동장애의 존재가 확인되려면 적어도 15개의 변인이 고려되어야 한다는 점을 나타낸다. 이 15개의 변인은 새로운 *DEPI*를 구성하는 7개 검사의 기초가 되었다.

개정된 *DEPI*의 첫 번째 검증은 무력한 집단이라고 범주화되었던 피검자의 표본에 초점을 맞추었으며, 그 결과는 매우 실망스러웠다. 213명의 피검자 중 단지 36명(17%)만이 새로운 *DEPI*에서 5, 6, 7의 값을 보였다. *DEPI*를 위한 마지막 분할표에서 5, 6, 7의 값이 지표를 구성하기 위해 사용된 표적 표본 471명의 피검자 중 403명(85%)을 구별해 냈으므로 이것은 매우 주목할 만한 결과로 보인다. 궁극적으로 무기력한 집단 표본이 *CDI*를 고안할 때 사용되었으며, 이 지표는 단독으로 사용되든, 우울을 고려할 때 이차적인 자료로서 검토되든 매우 유용한 지표로 확인되었다. *DEPI*의 두 번째 검증은 자료의 부족으로 앞서의 세 집단, 즉 정서적으로 우울한 집단, 인지적으로 우울한 집단, 무기력한 집단으로 구분되지 않는 663명의 피검자를 사용해 이루어졌다. 81%(539명)가 5, 6, 7의 값을 얻었고, 469명(71%)이 6 또는 7의 값을 얻었다.

다른 집단에서 개정된 *DEPI* 값에 대한 검토를 통해 다양한 결과를 얻었다. 예를 들어, 성인 비환자 집단에서 '긍정 왜곡'(5 이상) 비율은 5~17%이고, 비환자 아동 표본에서는 2~5%다. DSM-III-R 준거로 주요 정동장애로 진단받고, 로르샤하 검사에서 *Lambda* 값이 1.0이하인 193명의 입원 환자 표본에서, 73%는 *DEPI*에 해당되었고, 절반 이상에서 6이나 7 값을 보였다(Exner, 2001). *Lambda* 값이 1.0 이상인 유사한 표본에서(*N*=86) 63%가 유의미한 범위의 *DEPI* 값을 보였는데, 거의 모두 5였다(Exner, 2001). 유의미한 범위의 *DEPI* 값을 보인 정신분열증 입원 환자 중 30%에서 *Lambda* 값이 1.0보다 적었고, 정신분열증 입원 환자의 22%에서 *Lambda* 값이 1.0 또는 그 이상이었다(Exner, 2001). 이러한 발견은 유의미한 *DEPI* 값이 진단적 범주에 상응하는 것이라기보다는 정서적 문제를 반영하는 값으로 해석되어야 한다는 점을 시사한다.

볼, 아처, 고든 및 프렌치(1991)는 처음으로 그러한 경고를 한 사람들이다. 이들은 우울한 특징을 가진 166명의 아동과 청소년을 대상으로 원래의 *DEPI*와 개정된 *DEPI*를 연구해서, 개정된 *DEPI*의 예견적 효율성이 35%라고 지적했다. 그래서 *DEPI*가 아동과 청소년에서 우울을 진단하는 데 사용되어서는 안 된다고 주장했다. 마찬가지로 칼슨, 쿨라 및 세인트 로렌트(1977)는 주요 우울장애로 진단받은 40명의 입원 환자를 확인하는 데 *DEPI*를 사용하는 것에 대해 부정적인 의견을 피력했다. 잔삭(1997)은 우울장애인 60명의 성인과 30명의 비우울 통제집단을 비교하여, 외향적인 사람들이 양향적이거나 내향적인 사람들보다 높은 *DEPI* 값을 보인다고 보고했다. 연구에서 *DEPI*와 *CDI*를 함께 보면 우울장애인 사람의 72%를 정확히 확인할 수 있었다.

*CDI*는 개정된 *DEPI* 연구의 성과물이었다. 앞서 보았듯이, 개정된 *DEPI*는 '무기력한'으로 범주화되는 우울-정동장애를 보이는 많은 피검자를 확인하는 데는 효과적이지 않았다. 결과적으로 5 이하의 *DEPI* 값을 보인 무기력한 집단(*N*=177)의 기록과 원래 목표 집단에서 부정 왜곡 반응을 보였던 69명을 합해 새로운 연구를 위한 246명의 집단을 만들었다. 상관분석과 판별기능분석을 사용해서 검토되었다.

11개의 변인을 묶기 위해 이 집단은 합리적으로 동질적이라는 것이 증명되었다. 11개 변인이 몇 가지 혼합되어 나타났고, 결국 5개의 식을 만들고 하나의 식마다 1점을 줄 때 가장 큰 효율성을 산출한다고 결정되었다. 따라서 4나 5를 결정적 값으로 사용할 때 새로운 목표집단의 246명 중 194명(79%)이 정확하게 파악되었으며, 여기에는 177명의 무력한 집단 중 143명(81%)이 포함되었다. 이 새로운 지표가 앞서의 *DEPI* 분석에서 정보가 없어 분류될 수 없었던 663명의 집단에서 계산된 결과, 219명(33%)이 유의미한 범위에 해당되었고, *DEPI*에서 유의미하지 않았던 124명 중 93명이 포함되었다.

정동장애 진단을 받았으나 *DEPI*에 유의미한 값이 나오지 않았던 피검자의 79%가 또한 이 지표에서 4나 5점이었다. 얼핏 보면 이 지표의 변인들은 이질적인 혼합으로 보이나 대부분이 사회적/대인관계 활동과 어떤 관련을 가지고 있다는 것이 분명하다.

새로운 지표의 유용성을 평가하기 위해 논리적으로 몇 개의 다른 집단에서 나타나는 이 지표 점수들을 검토했다. 그 결과 비환자 아동에게서는 4나 5점으로 비율이 높았으나(6~24%), 비환자 성인의 약 3%가 4나 5점이었다. 정신분열증 환자의 20~25%와 부적응적인 성격장애 환자의 거의 50%가 4나 5점이었다. 가장 높이 유의미한 비율을 보인 집단은 부적절한 성격 집단(88%), 알코올과 약물 남용자(74%), 부적응적인 성격장애자(69%)였다. 이 자료들을 통해 이 지표를 가장 잘 기술하는 대처 손상이라는 명칭이 선택되었다.

다양한 정신질환자의 집단에서 상당한 수에서 *CDI*의 유의미한 비율이 나타난다는 사실을 고려해 볼 때, 이 새로운 지표가 단순히 두 번째의 우울지표가 아니라는 점이 명확해진다. 개념적으로 *CDI*는 대처상의 제한이나 결함을 가진 사람들을 구별하는 측정도구라 할 수 있다. 이 가정에 대한 검증 자료는 처음으로 치료를 시작한 440명의 외래 환자들의 자료에서 얻었다. 이 환자들의 초기 면접 내용은 '현재의 주 호소 문제'를 포함한 다양한 변인으로 기호화되었다. 현재의 주 호소 문제는 다음과 같이 기호화되었다. ① 우울, ② 불안, ③ 사고의 통제, ④ 정서 통제, ⑤ 신체적 문제, ⑥ 대인관계에서의 어려움 등으로 각 환자들은 3개 이상 보고했다. 두 집단을 만들기 위해 분류 프로그램이 사용되었는데, 목표집단은 ⑥ 대인관계상의 어려움을 가진 모든 피검자로 구성되었고, 통제집단은 여섯 번째 항목에 해당되지 않는 나머지 피검자로 이루어졌다. 440개의 기록에서 *CDI*가 측정되었고 125명이 4나 5점이었다. 이 125명의 분포는 〈표 16-2〉에 제시되어 있다.

이 자료는 표적집단의 피검자가 실제로 대인관계에서의 어려움을 더 많이 보인다는 것을 의미하지 않는다. 대인관계에서의 어려움을 호소하는 피검자가 명백히 이 문제에 더 예민하게 의식하고 있다는 것을 가리킨다.

*CDI*는 우울지표가 아니지만, 우울하다고 진단된 피검자에게서 *CDI*가 유의미하다면 이는 치료계획에 상당한 의미를 제공한다. 예를 들어, 반수는 개인 정신병원에 입원했고, 반은 공립병원에 입원한 315명으로 처음 입원 우울 환자 집단 237명(75%)은 5 이상의 *DEPI* 값이 나왔고 이 237명 중 80명(34%)은 4나 5의 *CDI*를 보였다.

표 16-2 대인관계와 CDI 간의 관계

	대인관계 불만 있는 집단 $N=204$		대인관계 불만 없는 집단 $N=236$	
	N	백분율	N	백분율
CDI = 4	36	18	18	8
CDI = 5	61	30*	10	4
CDI가 정적인 사례 수	97	48*	28	12

* = 유의미한 범위 ($p<.001$).

이것은 5 이하의(부정 왜곡) *DEPI*를 받은 78명 중 58명(74%)이 4 이상의 *CDI* 점수를 보였다는 의미다. 다르게 말하면, 전체 집단의 25%가 *DEPI*와 *CDI*가 모두 유의미했고, 50%가 *DEPI*에 해당되었지만 *CDI*는 아니고, 집단의 18%가 *CDI*에 해당되었지만 *DEPI*는 아니었다. 종합적으로 볼 때, 집단의 93%가 두 지표에 해당되었다.

315명 중 42일 이상 입원한 사람은 아무도 없었다. 315명 중 271명에게서 입원 후 5개월이 경과된 시기의 자료를 얻을 수 있었는데, 271명 중 72명은 이 기간 중 재입원했다. 이 72명의 초기 자료를 검토한 결과 33명이 *DEPI*와 *CDI*에서 정적인 결과를 보였다. 24명은 *CDI*에 해당되었으나 *DEPI*에서는 아니었다. 13명은 *DEPI*에 해당되었고 나머지 2명은 어느 것에도 해당되지 않았다. 다시 말해, 재발한 사람의 79%가 처음 입원했을 당시 *CDI*가 유의미했다. 이것은 원래 집단의 *CDI*의 유의미한 비율인 43%보다 통계적으로 더 큰 비율이다. 외적이든 내적이든 많은 변인이 재발에 기여하고, *CDI*를 이루는 11개의 변인들이 '가장 좋은' 예측 값이라고 가정하는 것은 오류일 수 있다. 그럼에도 불구하고, *CDI*가 유의미했던 재발병자의 비율이 높다는 것은 대인관계 기술과 적응 문제가 입원 동안 또는 퇴원 후 치료에서 적절하게 다루어지지 않았다는 것을 의미한다.

흥미롭게도 유의미한 *CDI*가 반영하는 사회적 결함은 잘 계획된 치료에 의해 보다 쉽게 변하는 것 같다. 두 개의 치료 효과 연구(Weiner & Fxner, 1991; Exner & Sanglade, 1992)의 결과, 치료의 시작 당시 *CDI* 값이 4나 5였던 70명의 환자 중 46명

(66%)이 8~14개월의 치료 후 두 번째로 실시한 **로르샤하** 결과에서 더 이상 *CDI*가 유의미하게 나타나지 않았다. 반대로 2~3개월의 짧은 치료는 대처상의 결함에 거의 효과가 없는 것으로 보인다(Exner & Sanglade, 1992). 따라서 *CDI*가 유의미한 범위에 해당된다는 사실은 피검자의 현재와 가까운 미래에 재발의 가능성이 높은 반면에 적절한 치료 기회가 주어진다면 대부분의 이런 환자들에게 변화의 예후는 상당히 좋다는 의미이기도 하다.

EB 유형

로르샤하(1921)는 경험(*Erlebnistypus*: *EB*)을 이 검사에서 가장 중요한 특징 중 하나라고 보았다. 그는 이것이 피검자의 기저의 선호 반응 유형을 반영한다고 주장했다. 유채색 반응에 가중치를 준(*FC*는 .5, *CF*는 1.0, 순수 *C*는 1.5) 이유는 명확하지 않다. 분명히 그는 유채색 반응이 *M* 반응보다 더 빈번히 일어난다고 지적했으며, 이 가중치가 평균적인 빈도의 표준화에 기여하고, 동시에 형태의 사용을 감소시키거나 배제하는 색 반응에 대한 적절한 강조에 공헌할 것이라 주장했다.

로르샤하는 *EB* 비율이 *M* 방향으로 뚜렷하게 크다면, 그 사람은 기본적인 충족을 위해 내면의 삶을 사용한다고 가정했다. 그는 이것을 내향형이라고 명명했지만, 이것은 융(Jung) 학파의 내향성(introversion) 개념과 동일한 것은 아니라고 강조했다. 융 학파의 내향적인 사람은 다른 사람과 거리를 두고 종종 자기 내부로 고립되거나 위축되었다고 지각되는 사람이라고 개념화되는 반면에 **로르샤하**의 내향형은 개인의 자원이 사용되는 방식에 초점을 두며 반드시 직접적이고 외현적으로 나타나는 행동의 특성을 의미하는 것은 아니다. 따라서 내향형인 사람은 다른 사람들에 비해 활발할 수도 있으며, 내적으로는 자신의 중요한 욕구의 만족을 위해 내면의 삶을 사용하는 경향이 있다. 반대 방향으로 우세한 사람은 자신의 기본적인 욕구 충족을 위해 그 자신과 세계 간에 상호작용을 사용하는 경향이 있는 외향형인 사람이다. 그들은 내향인 사람보다 더 일상적으로 그 세계를 향해 정서를 표현한다. 로르샤하는 양향형인 사람이 세 종류 중 만족을 얻기 위해 자원을 사용하는 데 가장 융통성이 있다고 가정했다(그러나 이것은 오류로 밝혀졌다).

로르샤하는 내향형 특성과 외향형 특성이 반대 특성은 아니며, 단순한 심리적 유형이나 선호라고 강조하면서 *EB*를 체질적으로 타고난 반응 경향성으로 지각했다. 그는 이 유형이 비교적 안정적인 개인의 심리적 특성이라고 믿었으나, 스트레스와 같은 다양한 상황이 순간적으로 이 반응 선호를 바꿀 수 있거나 어떤 치료적 효과가 더 영구적인 변화를 가져올 수 있다고 지적했다. 그는 또한 0 : 1이나 1 : 0처럼 *EB*가 낮은 빈도로 나타날 때 유형의 발달이나 기능에 협착이 발생되었거나, 정신병리의 경우 그 협착이 정서 마비에 대한 유연하지 못한 방어 노력일 가능성도 있다고 가정했다.

축적된 연구 결과들은 내향형, 외향형에 관한

로르샤하의 기본적인 주장을 지지한다. 그는 두 유형이 직접적으로 욕구 만족의 성취와 관련되어 있다고 가정했는데, 실제로는 피검자가 심리적으로 익숙해져 있고 편안해하기 때문에 각 유형에 관련된 심리적인 책략이 만족이나 욕구 감소를 얻기 위해 전형적으로 사용되는 것이라고 할 수 있다.

*EB*에 관한 문헌들은 다양하며, 로르샤하가 이런 관계를 부인했음에도 불구하고, 외향형이거나 내향형을 융 학파의 내향성–외향성 모형에서 기대되는 행동과 동일하게 보려는 경향 때문에 종종 혼란되기도 한다(Bash, 1955; Kloper, Ainsworth, Kloper, & holt, 1954; Mindness, 1955). 대부분의 연구자는 이 두 기본적인 유형, 외향형과 내향형에 초점을 맞추었고, 두 집단 간의 매우 명확한 차이를 확인했다. 골드파브(1945, 1949)는 생애 초기에 비인격적인 시설 조건에서 자랐던 아동들이 현저한 외향형 특징을 보인다는 것을 발견했다. 래비노비치, 케나드, 피스터(1955)는 극도의 외향성과 극도의 내향성 간에 *EEG*의 현저한 차이를 보고했고, 내향형인 피검자들이 '피질의 조화'를 나타내는 지표에서 더 높은 값을 보였다고 보고했다. 싱어와 스폰(1954), 싱어와 허먼(1954)은 대기하는 시간 동안 개인의 유형과 운동 활동의 빈도 간에 어떤 관계가 있다는 증거를 보고했다. 싱어(1960), 싱어와 브라운(1977)은 *EB*에 관한 문헌을 검토하고, 타고난 기질의 두 차원—하나는 내적 경험에 대한 능력, 다른 하나는 활동이나 운동성—이 비율에 반영된다고 주장했다. 몰리시(1967)는 문헌 검토 결과 *EB*에 나타나는 요소는 대부분의 성격 측면에 직접적인 영향을 끼치며, 행동과도 연관성이 높다고 했다. 싱어와 몰리시는 내향형인 사람이 문제 해결, 스트레스 상황, 그리고 환경에 대한 반응성 등 여러 행동 면에서 외향형인 사람과 다르게 반응한다는 것을 나타낸 연구 결과를 내놓았다.

*EB*의 방향성은 성인기 동안 상당히 안정적이다. 엑스너, 암브루스터 및 비글리온(1978)은 3년 후의 재검사에 참가한 100명의 성인 비환자 피검자 중 77명이 두 검사에서, 외향형이거나 내향형이라는 것을 발견했다. 그들은 분류 준거로 *M*과 *WSumC*의 차이가 2점 이상인 경우를 사용했다. 재검사에서 이 77명 중 단지 2명만이 방향이 바뀌었다. 유사하게 1년 후의 재검사에 참가한 50명의 비환자 성인 중 39명이 첫 번째 검사에서, *EB*의 어느 한편이 다른 편보다 2점 이상의 차이로 컸다. 1년 후에 이 39명 중 38명이 적어도 2점 차이를 보였으며, 아무도 방향성이 변하지 않았다.

*EB*의 방향성은 아동에게는 시간 간격이 길어짐에 따라 다소 덜 안정적이다. 5~7세 대다수의 아동은 외향적인 유형이었고, 반면에 10% 이하가 내향적인 유형이었다. 또한 양향적인 아동의 비율은 14세까지 비환자 성인 집단보다 유의미하게 크다. 엑스너와 와이너(1982)는 8세 아동 중에서 단지 12명만이 14세까지 외향적인 기질을 유지한 한편, 7명의 9세 아동은 14세까지 내향성을 유지했다는 것을 발견했다. 엑스너, 토머스 및 메이슨(1985)은 8세부터 2년 간격으로 5회의 재검사를 받은 57명의 피검자에게서 *EB* 유형의 상당한 변화를 발견했다. 규준 연구, 신뢰도 연구, 종

단적 연구를 종합적으로 볼 때 만약 내향형이거나 외향형 유형의 우세성이 지속적인 성격 특징이 된다면, 이 내향형 또는 외향형은 아마도 성인기 초기 전과 청소년기 중반에 안정적이게 될 것이다.

비환자 자료(제12장 참조)에서 70% 이상의 성인이 내향형이거나 외향형이며, 각 비율은 거의 비슷하고, 19%는 양향형이고, 나머지 10%는 회피형이라는 결과가 나왔다. 이러한 분포는 환자 집단의 것과는 매우 다르다. 예를 들어, *Lambda* 값이 1.0 이하인 200명의 입원한 정신분열증 환자 집단에서는 71%가 내향형이고, 10%가 외향형이며, 19%가 양향형이었다(Exner, 201). *Lambda* 값이 1.0 이하인 193명의 입원한 우울증 환자 집단에서는 27%가 내향이고, 19%가 외향이며, 54%가 양향형이었다(Exner, 2001). 535명의 외래 환자 표본은 28%가 내향형, 14%가 외향형, 21%가 양향형, 38%가 회피형을 보였다(Exner, 2001). 치료자가 '두드러진' 히스테리 특징을 가지고 있다고 평가한, *Lambda* 값이 1.0 이하인 100명의 외래 환자 프로토콜을 검토한 결과는 54명이 외향형, 11명이 내향형, 35명이 양향형이었다(Exner, 1993). 이러한 자료는 이전에 보고된 비환자와 정신과 환자의 자료와 일치하고(Exner, 1978, 1990), 로르샤하의 지적과는 반대로 양향형이 세 가지 유형 중에서 더 융통성 있거나 더 적응적이지 않다는 점을 의미한다. 오히려 양향형인 사람들은 내적인 문제와 대인관계 문제에 더 취약한 것으로 보인다. 몇 가지 다른 연구의 결과 또한 이 소견을 지지한다. 예를 들면, 비환자 100명을 첫 검사 3년 후 재검사했을 때(Exner et al., 1978), 양향형이었던 20명은 외향이나 내향형 유형보다 낮은 재검사 신뢰도를 보였다(Exner, 1978). 이 발견에서 양향형은 대처 행동에서 일관성이 덜하다는 의미일 수 있다.

내향형 15명, 외향형 15명, 양향형 15명을 대상으로 한 문제 해결에 대한 연구에서(Exner, 1978), 내향형인 사람들은 가장 적은 조작을 수행해 결론에 도달하였다. 외향형인 사람들은 더 많은 조작을 수행했으나 문제의 결론에 도달하는 데는 내향성과 비슷한 정도의 시간이 걸렸다. 양향형인 사람은 외향형인 사람들보다 더 많은 조작을 수행했고, 외향형이나 내향형인 사람보다 유의미하게 더 많은 시간을 필요로 했으며, 더 많은 조작을 반복했고, 조작에서 유의미하게 더 많은 오류를 범했다. 이 자료는 내향형과 외향형의 어느 한쪽이 더 효과적이거나 바람직하다고 구분하는 것은 불가능하지만, 양향형이 행동 패턴에서 덜 효율적이고 덜 일관적이라는 점을 의미한다. 이러한 발견은 로젠탈(1954)에 의해 보고된 자료와 일치한다. 그는 또한 내향 유형과 외향 유형의 문제 해결 방식은 뚜렷이 구별되나 해결점을 획득하는가의 면에서는 동일하다고 결론지었다.

엑스너와 뮤릴로(1975)는 148명의 입원 환자를 퇴원 후 1년까지 연구했다. 퇴원 시 로르샤하를 실시하고, *EB*가 어느 유형인가와 *EA*가 *es*보다 큰가에 기초해 분류했다. 41명의 환자가 처음 12개월 안에 재입원했는데, 이 중 49%가 양향형이었고, 거의 79%가 *EA*보다 높은 *es*를 보였다.

엑스너(1978)는 또한 여러 다른 치료들의 기능을 평가하기 위해 279명의 외래 환자를 치료 시작부터 28개월 동안 추적 연구했다. 치료는 역동적인 심리치료에서 바이오피드백에 이르기까지 모두 7가지였다. 회복에 대한 평가는 환자, 치료자, 그리고 환자 주변의 중요한 사람들로부터 90일의 시간 간격을 두고 실시되었으며, 환자들은 치료를 종결했든 지속하든지와 관계없이 최초의 치료가 시작된 지 9~12개월 사이에 재검사를 받았다. 치료의 종류와 관계없이 처음 12개월 동안 90일 간격으로 실시한 평가 모두에서 양향형 집단이 진전이나 회복과 관련된 지표의 평균이 가장 낮았다 .

와이너와 엑스너(1991)는 장기치료 효과 연구에서 역동적 모형의 치료를 받은 88명 중 32명이 치료 시작 당시 양향형이었다는 점에 주목했다. 치료가 시작된 지 27~31개월 후에 실시된 두 번째 재검사에서 단지 9명만이 계속 양향형이었다. 이와 대조적으로 18개월 이하의 단기치료를 받은 88명 중 38명이 치료 전에 양향형이었는데, 치료가 시작된 지 27~31개월 후에 실시된 두 번째 검사에서(이때 피검자들은 이미 모두 치료를 끝낸 상태였다) 28명이 계속 양향형으로 나타났다. 다소 유사한 결과가 엑스너와 생글레이드(1992)에 의해 실시된 연구에서 나타났다. 35명으로 구성된 두 집단이 각각 시간적으로 짧은 단기치료와 구조화된 단기치료를 받았다. 시간적으로 짧았던 단기치료 집단에서 35명 중 18명이 치료 전에 양향형이었다. 치료 시작 8~12개월 후에 실시된 재검사에서 18명 중 17명이 여전히 양향형의 특징을 보였다. 그러나 이와 대조적으로 구조화된 단기치료 집단에서 35명 중 19명이 치료 전에는 양향형이었다. 치료 시작 8~12개월 후에 실시된 재검사에서 19명 중 8명만이 여전히 양향형 특징을 보였다. 이 결과는 적절한 발달적 구조 틀이 주어지면 양향형이 내향형이나 외향형으로 변화한다는 주장을 지지한다.

로르샤하 변인에 대한 자료를 환자, 비환자 집단에서 *EB*와 관련하여 보면, 인간 운동 반응과 유채색 반응뿐만 아니라 17개의 해석적으로 중요한 변인에서 매우 큰 차이가 나타난다. 그것은 *EA, Adj es,* 동물과 무생물 운동 반응, 혼합 반응의 비율, 확산된 음영, 색채-음영 혼합 반응, *Afr*, 특수점수 AB, COP, CP, 인간 내용 반응들의 합, 그리고 피, 폭발, 불, 음식 등과 같은 특수내용 반응 등이다. 해석 목적으로 *Lambda*와 *EB* 유형에 의해 규준 자료를 구분했는데, 각 집단에 대한 자료의 전체적인 구성은 매우 일관적이었다. 내향형인 환자, 비환자는 서로 매우 유사하고 외향형인 환자, 비환자 집단과는 매우 다르며, 내향형, 외향형 두 집단은 양향형 집단과 매우 다르다.

내향형인 사람이 정서를 혐오하거나 회피한다는 증거는 없지만, 내향형인 사람은 관념적인 조작 동안 감정을 더 통제한다는 자료가 있다. 블래트와 파이어슈타인(1977)은 내향형인 피검자가 문제 해결을 하는 동안 더 큰 심박동의 변화를 보인다고 보고했다. 엑스너, 토머스 및 마틴(1980)은 30명의 비환자 성인을 대상으로, 논리 분석 과제(Langmuir, 1958)의 두 문제를 푸는 동안, 심박수, 호흡 횟수, GSR[6)]를 기록하기 위해 6개 채널의 신체 상태 그래프를 사용했다. 참가가 중 15명은 분명한 내향형이었고(*M*이 *WSumC*보다 4점 이상 크다), 나머지 15명은 분명한 외향형(*WSumC*가 *M*보다 4점 이상 크다)이었다. 피검자 모두는 *D* 점수가 0이거나 +1이었다. 기록을 위해 머리에 전극을 부착시킨 후 5분 동안 기저선이 측정되었다. 그다음 피검자에게 문제에 관한 지시를 주었고, 피검자가 과제에 대해 적응하도록 본 과제 전에 예비 문제를 10분 동안 풀게 했다. 그다음 30분 동안 피검자는 두 개의 본 문제(뒷번호로 갈수록 난이도가 더 높음)를 풀었고, 심박 수, 호흡수와 GSR가 기록되었다.

심박동 수에서는 블래트와 파이어슈타인의 연구 결과와 유사한데, 내향형 집단의 피검자가 전반적으로 심박 수가 감소하는 경향과 함께 더 큰 변화를 보였다. 예비 문제와 본 문제 사이의 휴식 시간 3분 동안 변화는 덜 했으며, 심박 수는 증가하는 경향을 보였다. 유사한 감소 양상이 내향형 집단의 호흡수에서도 나타났는데 3분간의 휴식 시간 동안에는 다시 호흡수가 증가했다. GSR 값 또한 문제를 푸는 30분 동안 낮아졌다. 외향 유형 집단은 심박 수와 호흡수 모두 과제 시작 직후 급격히 증가해서 기저선보다 유의미하게 높은 수준으로 계속 유지되었고, 문제를 푸는 동안에는 심박과 호흡수의 변동률이 유의미하게 낮았다. 3분간의 휴식 시간 동안 심박 수는 내향형 집단보다 더 많은 변화를 보였으며, 낮아지는 경향을 보였고, 호흡수도 같은 양상을 보였다. 외향형 집단의 GSR 값은 과제 시작 후 처음 10분 동안 점차적으로 증가했으며, 문제를 푸는 30분 동안 기저선보다 높게 유지되었다.

어떤 연구들은 외향형이 내향형보다 산만성 요인에 더 민감하다는 주장을 지지한다. 추와 엑스너(1981)는 20명의 내향형 피검자와 20명의 외향형 피검자를 대상으로 다음의 실험을 했다. 이들은 모두 *D* 점수가 0이었다. 이들에게는 두 가지 조건하에서 네 자릿수의 덧셈 문제를 주고 속도와 정확성을 보았다. 피검자는 모두 대학 3, 4학년이었고 경영학을 전공하고 있었으며, 두 집단의 학점 평균은 비슷했다. 한 조건은 조용한 방인 반면에 다른 조건은 피검자들에게 불규칙한 소음이 들리고 섬광이 강한 전구가 번쩍이는 방이었다. 조용한 조건에서 내향형 집단과 외향형 집단은 완성한 문제 수나 계산상 오류 수에서는 차이를 보이지 않았다. 그러나 방해 조건에서 내향형 집단은 외향형 집단보다 유의미하게 더 많은 문제를 완성했고, 계산 오류가 더 적었다.

외향형인 사람들은 문제 해결 과정에서 보다 더 많은 작업을 시도하고 의사 결정이나 문제 해결에서 내향형인 사람과는 유의미하게 다르다. 정보를 위한 교환 과정에서의 위험 요소나 시행착오의 가능성을 즐기기도 하고, 내향형인 사람들이 의사 결정이나 조작에서 기대하는 것 이상으로 외부의 평가에 의지하기도 한다. 이러한 가정은 간접적이거나 외향형인 사람들 일부에 대한 기술이라는 반박도 있고, 불분명하고 심하게 단순한 오해라는 지적도 있다. 예를 들어, 외향형인 사람은 문

6) 역자 주: GSR(Galvanic skin response)는 심리적인 자극을 주었을 때 피부 상태 변화를 계기적으로 포착하는 것으로 거짓말 탐지기에 활용된다.

제 해결 과정에서 많은 작업을 하는 것이 분명한데도, 많은 연구에서는 *EB* 유형과 장의존성 혹은 장독립성의 다양한 측정치 간의 관계를 밝히는 데 실패하고 있다. 또한 내적 통제와 외적 통제 소재에 대한 빈도 연구를 통해 살펴보았는데, 정상군 내 내향성과 외향성 간 관계에서도 큰 차이가 없었다. 몇몇의 지지하는 증거들을 고려해 보면, 외향형인 사람이 외부 자극을 의사 결정 작업에 어떻게 활용하느냐에 대해 가설을 확장시키는 것이 가능할 것 같다. 외향형인 사람들은 세상과의 상호작용을 욕구 만족 추구를 위해서나 필요한 정보의 원천으로 지각하고 활용하려 한다. 즉, 어떤 대처 반응을 계획할 때, 좀 더 무언가를 찾으려 시도하고 행동하려 한다. 엑스너와 토머스(1982)가 지원한 타 전공 대학생들을 외향형과 내향형으로 각각 15명씩 나누어 7분간의 구조적 면접 장면을 촬영했다. 면접은 한 사람이 수행했고 학자적 자격에 대한 개인의 태도를 물었다. 무음 처리로 면접 장면을 재생하며 세 평정자가 평가한 결과, 외향형인 피검자들의 경우 15.64회(*SD*=4.61), 내향형인 피검자들에게서는 8.22회(*SD*=4.07)로($p<.2$), 외향형의 경우 손의 위치나 앉아 있는 태도, 의자를 돌리거나 팔을 움직이는 빈도가 더 높았다.

*Lambda*와 관련된 자료를 보면, 피검자는 새로운 자극에 심리적으로 개입하는 경향과 관련이 있다(Exner, 1978, 1993). *Lambda*가 낮을 때 피검자는 기대되는 것보다 더 개입한다. 이것은 다양한 내적 또는 외적 요인에 의해 나타난다. 반대로 *Lambda*가 평균보다 높으면, 즉 .99보다 높다면, 그것은 피검자가 자극 상황을 쉽게 다룰 수 있는 수준으로 단순화시키는 경향을 시사한다. 피검자는 종종 자극장을 협소화하거나 단순화시키는 과정에서 자극의 중요성을 최소화하거나 자극의 어떤 요소를 무시하는 경향이 있다. 그것은 새로운 상황에 대처하는 일시적인 회피나 더 영속적인 회피를 강화한다. 어느 쪽이든, 결과적으로 행동은 상황이 요구하는 데 덜 효율적이고 때때로 사회적 기대와 반대되는 위험이 있다.

회피형인 사람의 행동은 입력 단계에서 단순화가 일어나는 인상을 준다. 즉, 심리적으로 좁은 시야를 사용해 장의 중요한 요소들을 선별적으로 처리하게 된다. 그러나 이 설명은 높은 *Lambda*를 가진 피검자가 자극의 처리에서 어떤 심각한 문제도 보이지 않으며, 소홀한 처리 과정이 관찰되지 않는다는 점에서 실제로 적절하지 않은 것 같다. 더 논리적으로 설명하면, 이 단순화는 피검자의 욕구와 상황의 지각된 요구가 대치된다는 판단에 의해 장의 중요한 요소를 덜 중요하게 보이게 하는 방어 과정이라는 설명이 더 타당할 것이다. 이때 덜 중요하게 보이게 된 요소들은 반응의 형성 과정에서 거의 주의를 끌지 않는다.

불행히도 검사 상황의 요구에 저항을 나타내는 낮은 반응수와 높은 *Lambda*를 보이는 프로토콜과 회피적 대처 유형의 타당한 지표로 여기는 낮은 반응수와 높은 *Lambda*의 프로토콜을 구별하는 쉬운 방법은 없다. 명백히 반응수가 더 클수록 회피 유형을 확인하는 절단 값이 .99보다 커질 수 있다. 그러나 14, 15, 16개처럼 기록이 짧지만 수용 가능한 한계 내에 있다면, 해석자는 절단 값을 성인의 경우에는 1.1로, 어린 피검자의 경우에는

1.2로 올리는 것을 고려해야 한다. 이것은 '엄격한' 규칙은 아니며, 최종적인 판단은 프로토콜이 상당히 풍부하거나 복잡한지 아닌지의 관점에서 (즉, 반응들이 단순히 순수 형태 반응인 것은 아닌지) 결정되어야 한다. 만약 그렇다면, 절단점을 올리는 것은 적용 가능할 것이지만, 그렇지 않다면 .99라는 절단 값이 유형을 정의하는 데 가장 적합할 것이다.

회피형의 선행 요소는 다양하다. 어떤 경우에 그것은 단순히 아동에서 성인기까지 지속되는 미성숙과 사회적 부적응성을 야기시키는 발달 지체의 산물이기도 하다. 회피형은 비환자 아동에게 드물지 않게 나타난다. 예를 들어, 5~12세의 비환자 아동의 11~17%가 이 특징을 보인다. 그러나 12세 이후에는 그 비율이 감소한다. 13~16세의 비환자에서는 9~12%로 나타나고, 비환자 성인에게서는 약 10%만이 이 특징이 나타났다.

어린 아동에게 회피나 단순화의 전략은 아동이 더 쉽게 세상을 다룰 수 있도록 하기 때문에 상당히 중요하다. 그러나 아동의 개념화 능력이 증가하고 아동에게 복잡성이 덜 위협적이게 됨에 따라 회피나 단순화의 전략은 그 중요성이 감소된다. 어떤 경우 청소년기나 성인기까지 회피 전략이 지속적으로 사용된다면, 사회적 박탈감과 욕구 충족에 대한 과도한 집착 때문이라고 해석할 수 있다. 다른 경우, 이 유형은 환경에 대한 부정적 태도나 거부증(negativism)으로 고착되기도 한다.

이 유형의 기원과 상관없이 이 유형만으로도 적응에서 만성적인 위험 요인이 될 수 있다. 회피하려는 경향성은 상황의 요구에 부응하는 데 실패하거나 사회적 적응을 위한 노력의 효과를 저하시킨다. 방어이기는 하지만, 회피 유형은 적응적일 수도 있다. 예를 들어, 제한된 지능, 제한된 융통성, 제한된 스트레스 인내력을 가진 피검자는 매일매일 세상에 의해 주어지는 무수한 복잡성을 피하는 것이 중요할 수 있다. 이런 식으로 복잡성을 더 쉽게 다룰 수 있게 해 주는 협소화된 자극장은 이런 사람들에게 매우 유용할 수 있으며, 그들과 세계 간의 갈등으로 사회적 규칙과 기대를 깨는 일을 예방해 줄 수도 있다. 엑스너, 볼, 콜리건, 스티처 및 힐먼(1996)은 경도 혹은 중한 정도의 폐쇄적 뇌손상으로 진단된 60명의 성인 입원 환자를 대상으로 입원 3~5주 후에 로르샤하 검사를 실시했다. 그 결과 60명 중 44명(73%)이 회피적 유형으로 나타났다. 엑스너 등은 *F* 반응이 기대한 것보다 높은 것은 그 사람이 기능 수준을 쉽게 회복하려고 자원을 절약하고 있음을 시사한다.

F 반응이 심리적 경제성과 상관이 있다는 데는 의심의 여지가 없다. 로르샤하(1921)는 처음으로 이것에 주목했으며, *F* 반응이 피검자의 주의 집중력 특징과 관련된다고 했다. 벡(1945)과 클로퍼 등(1954)은 *F* 반응은 형식적 추론과 관련된다는 라파포트, 길 및 샤퍼의 주장에 어느 정도 동의하면서, *F*가 '정서의 지연'과 관련된다고 지적했다. 세 의견 모두 잉크반점의 자극 특성이 어떤 정서적 또는 갈등 상태를 만들고, *F* 반응을 선택하는 의사 결정은 일종의 문제 해결 과정이라고 제안했다. 라파포트는 자아 기능의 갈등과 관계없다는 하트먼의 주장에 반대했고, *F*를 선택하는 결정은 방어 형태일 수 있다고 주장했다. 벡과 클

로퍼도 이 입장에 동의했다. 이들은 정동과 갈등이 반응을 하기 위한 의사 결정 과정 동안 나타나며, 이것은 다소 더 신중하고 의식적인 과정에 의해 통제된다고 주장했다.

에임스, 런드, 메트로 및 워커(1952)와 에임스, 메트로 및 워커(1971)의 발달적 연구, 엑스너와 와이너(1982)의 규준 자료, 그리고 엑스너, 토머스 및 메이슨(1985)의 종단적 연구에서, 비교적 높은 *F* 반응률은 아동과 청소년의 연령이 증가함에 따라 그 비율이 감소되었다. 클로퍼는 아동이 정서를 표현하는 데 대한 무능력과 두려움, 갈등의 해소 방법이 부족한 것에서 오는 경직성으로 해석했다. 새뮤얼 벡(1944), 파울센(1941)과 스위프트(1945)는 모두 *F*의 비율이 지능과 유의미한 상관을 보인다고 했다. 그들은 지능이 지체된 아동이 유의미하게 낮은 *F* 빈도를 보이는 결과에 주목했다. 유의미하게 낮은 *F* 반응률은 또한 간질 환자군에서도 나타났다(Arluck, 1940). 라빈, 파파니아 및 맥미카엘(1954)은 *F*의 비율이 흥분 상태에서 증가하지만, 이 경우 반응의 질은 저하된다고 보고했다. 불러와 르피버(1947)는 알코올 중독자들이 일반적으로 정신질환자보다 높은 빈도의 *F*를 보인다고 보고했다. 헨리와 로터(1956)는 검사의 목적을 알고 있는 피검자들에게서 더 많은 *F* 반응이 나온다는 점을 지적했고, 하프너(1958)는 피검자가 될 수 있는 대로 빨리 반응하도록 지시받은 경우 순수 *F*가 유의미하게 낮게 나타났다고 보고했다. 이 자료들은 종합적으로 피검자가 더 방어적인 위치에 있을 때 *F* 반응수가 증가한다는 것을 시사한다. 또한 피검자가 *F* 반응의 형성에 필수적인 심리적 지연 과정을 유지할 수 없을 때 *F* 반응의 비율이 낮아진다는 점도 의미한다. *F*가 경제적인 요소라는 생각은 더 심각한 정신병리에 관한 연구에서 간접적으로 지지되었다. 서먼(1955)은 급성 정신분열증 환자들에 비해 순수한 *F* 반응은 적었다고 보고하면서, 위기 상황에서 그 문제를 해결하려고 투쟁하는 것만큼 스트레스를 많이 경험하고 있는 상태일 것이라 해석했다. 켈리, 마굴리스 및 바레라(1941)도 ECT 처리를 한 다음 순수 형태 반응(*F*)이 유의미하게 증가했다고 보고했고, 라파포트(1946)도 다른 유형의 정신분열증보다도 편집형 정신분열증이 사람들에게서 순수 형태 반응의 비율이 높았다고 지적했다. 골드먼(1960)은 관해 상태 이전보다 호전된 정신분열증 환자들에게서 순수 형태 반응의 비율이 높았다고 보고했고, 엑스너와 뮤릴로(1973)의 연구에서도 입원 환자군의 반응 프로토콜에서보다 53명의 정신분열증 환자군의 **로르샤하** 반응에서 *Lambda* 값이 더 높았다. 또 다른 연구(Exner, 1986)에서는 입원 당시 정신분열증으로 진단받은 109명의 환자를 대상으로 퇴원 후 8~10주 후에 **로르샤하**를 실시했더니, 이들의 퇴원 후 반응 프로토콜에서 순수 형태 반응률이 유의미하게 증가했다. 엑스너와 뮤릴로(1977)의 연구에서는 퇴원하고 1년 안에 재입원한 정신분열증 환자들보다 퇴원 후 *Lambda* 값이 유의미하게 높았던 환자들이 적어도 퇴원 후 2~3년간은 입원하지 않은 상태로 나타났다.

대부분의 성인 비환자군에서는 반응 프로토콜에서 25~40%의 순수 형태 반응이 나타났던 반면에 사회적 혹은 비사회적인 행동의 역사를 가진 경우 순수 형태 반응의 비율이 더 높았다. 엑스너(1990)는 성격 문제로 진단된 180명의 성인을 대상으로 *Lambda* 값의 평균을 산출하였는데, 2.12(*SD*=2.39)로 .99보다 높았고, 이들의 반 이상이 위법행위 경험이 있었다. 가코노, 멜로이 및 브리지스(2000)의 연구에서는 소아 성도착 환자군의 51%, 사이코패스 집단의 38%에서 회피 성향을 보였다. 반나타인, 가코노 및 그린(1999)은 법정 문제와 연관된 180명의 피검자들에게 MMPI-2와 **로르샤하**를 실시해, 편집형 정신분열증, 구분이 어려운 정신분열증 집단, 그리고 분열정동장애 집단으로 나누었다. 이들 집단에서 *Lambda* 값의 평균은 1.4였고, *Lambda* 값 대신 순수 형태 반응의 비율로 비교해 본 결과 비대칭과 편포 현상이 두드러지게 나타났으며, *L* 척도와 *Lambda* 값에 상관이 매우 높았다. 이렇듯 MMPI-2의 *L* 척도의 높은 점수와 순수한 형태 반응의 비율이 높은 결과는 단순하게 문제를 처리하는 방식을 시사한다. 이는 과제에 개입하여 처리하는 회피적인 태도로 해석될 수 있다.

정동 비율(*Afr*)

클로퍼와 켈리(1942), 새뮤얼 벡, 벡, 레비트와 몰리시(1961)는 마지막 세 가지 카드에 대한 반응의 수가 나머지 카드에 대한 반응과 대조하여 보면, 자신의 세계에 대한 '정서적 · 감정적' 반응의 지표로 볼 수 있다고 했다. 그들이 제시한 비율 계산법은 달랐지만(클로퍼는 8~10%를 사용했고, 벡은(정동 비율을 고안했다), 그들은 카드 VIII, IX, X에 대한 반응의 비율이 높다면 그 사람은 정서적으로 민감하고, 비율이 낮다면 그 사람은 정서적으로 방어하거나 정서 자극에서 철회하는 것이라는 기본 원칙에 동의했다.

몇 가지 초기 연구는 이 가설을 언급했지만, 일반적으로 부정적인 소견을 내놓았다(Sapenfield & Buker, 1949; Dubrovner, VonLackum, & Jost, 1950; Allen, Manne, & Stiff, 1951; Perlman, 1951; Meyer, 1951). 불행하게도 이러한 연구의 대부분은 집단 실시 방법이나 검사-재검사 방법을 사용하는 것과 같은 설계상 결점이 있었다. 바우먼(1959)은 잉크반점에 여러 가지 변화를 주어 그림의 자극적 특성에 대해 조사했다. 그의 발견은 표준 **로르샤하**로 검사받은 집단의 참가자들은 유채색 버전으로 검사받은 사람들보다 200개 이상의 반응을 했고, 차이는 유채색을 포함하는 다섯 개의 그림에서 많은 반응을 했다는 것이다. 엑스너(1962)는 비교집단을 사용해서 한 집단에는 표준 **로르샤하** 카드로 두 번째 집단은 유채색 버전으로 검사를 실시했다. 결과는 특히 마지막 세 카드에서 많은 반응을 자극한다는 것이 증명되었다. 실바(2001)도 이와 유사한 결과를 보고했다. 이러한 결과들이 유채색-정동 가설에 직접적인 지지 근거를 제공하지는 않지만, 자극의 색이 반응에 충분한 영향을 준다는 점을 시사한다.

*Afr*는 경험적 자료들만으로 완전한 개념적 연결을 가정하기는 어렵기 때문에 검사 연구에서 흥미로운 변인 중 하나다. *Afr*의 재검사 상관은

매우 높다. 제11장에서 보았듯이(〈표 11-2〉, 〈표 11-3〉 참조), 짧은 기간 후에 재검사받은 비환자 아동과 성인에게서 .80에서 .90, 장기간 후에 재검사한 성인에게서도 동일한 상관이 나타났다. 이러한 결과로 어떤 형태의 정서와 관련된 개인의 방식이 관련되었다는 가정을 지지하는 것이라 볼 수 있다. *Afr*와 관련된 개념적 근거는 카드 VIII, IX, X이 유채색 잉크반점이라는 사실에서 유래되었다.

엑스너(1978)는 *Afr*의 장기간의 신뢰도를 검증하기 위해 *EB* 자료를 사용해서, 3년 후에 재검사가 이루어진 100명의 비환자 성인을 세 집단으로 나누었다(Exner, Armbruster, & Viglione, 1977). 37명의 내향형인 사람과 43명의 외향형인 사람, 그리고 20명이 양향형인 사람들로 구성되었고, 재검사 상관은 세 집단에서 상당히 높았지만, 집단에 대한 *Afr*의 평균은 큰 차이가 있었다. 양향형 집단의 평균값은 다른 두 집단의 평균값이었다(내향형=.62, *SD*=.13; 양향형=.67, *SD*=.11; 외향형=.79, *SD*=.14). 각 집단은 비교적 집단 내에서는 일관되나 대조되는 두 집단에서는 마지막 세 카드에서 반응수 비율의 차이가 있었다. 이러한 결과는 이전 연구들에서 나타난 성인 비환자 집단에서의 결과와 크게 다르지 않았다. *EB* 자료와 *Afr*의 평균 범위에 대한 자료는 〈표 13-5〉를 참조하면 된다.

*Afr*와 행동 간의 관계 연구들은 이러한 유형의 사례와 때로는 시간 경과에 따른 변화에 대한 연구 결과가 첨가되면서 활기를 띠게 되었다. 예를 들어, 비환자의 연구에서 나온 *Afr*에 대한 소견을 근거로 여러 유형의 장기치료 효과 연구에 참여한 사람의 기록을 검토할 수 있었다. *Lambda* 값이 1.0 이하인 297명의 외래 환자의 치료 전 프로토콜에서 *Afr*는 51명의 양향형 환자에서, 99명의 외향형 환자에서 .69, 128명의 내향형 환자에서 .67의 평균값을 보였다. 내향형 피검자와 외향형 피검자에 대한 *Afr*는 거의 양봉 분포를 보였다. 내향형인 사람의 표본에는 *Afr*가 .40 이하인 36명의 프로토콜과 *Afr*가 .80 이상인 31명의 기록이 포함되었다. 유사하게 외향형 집단은 .50 이하의 *Afr* 값을 보인 27명의 피검자와 .90 이상인 33명으로 구성되었다. 이런 결과들은 환자 집단 간 *Afr* 평균에서 큰 차이를 보이지 않았으나, 상위나 하위 극단에 분포한 비환자 집단과 비교할 경우에는 매우 다른 *Afr* 분포를 보였다.

이 환자들은 치료 종결 여부와 관계없이 9~12개월 후에 재검사를 실시했다. 세 번째 검사를 실시한 27~34개월에는 279명의 환자 중 199명이 다른 사람들보다 유의미하게 회복된 것으로 평가되었다. 회복되었다고 평가된 시점에서도 세 번째 로르샤하 결과에서는 172명이 여전히 *EB*에서 기존의 방향성을 유지하고 있음을 보여 주었다. 10명은 양향형, 92명은 내향형, 그리고 69명은 외향형이었다. 내향형과 외향형의 *Afr* 값을 비교해 보면, 평균값은 .63과 .71이었지만, 값은 각 집단에서 정상 분포를 보였음이 더욱 중요하다. 첫 검사에서 두 개의 최빈치가 있는 분포는 세 번째 검사에서는 나타나지 않았다. 반면에 회복되지 않은 것으로 평가된 80명의 *Afr* 값의 분포를 살펴보았더니, 27명은 .50 이하, 24명은 .80 이상의 극단적인 두 개의 최빈치 분포를 보였다. 높고 낮은 값은 내향형이거나 외향형인 집단에 동등하게 해당되었다. 흥미롭게도 *Afr* 값이 낮은 27명 중 19명은 *Adj D*가 0이거나 +범위에 있고, 반면에 *Afr*가 높았던 21명의 피검자들 중 17명은 *Adj D* 값이 음수였다.

발달상의 자료들은 *Afr*와 정서적인 자극에 대한 수용 정도 사이의 연관성에 대해 지지 소견을 내놓고 있다. 5~8세의 어린 아동들의 *Afr* 평균은 .88~.69다. 16세까지는 .70 상위와 .60 사이에 값이 존재한다. 각 연령 집단의 표준편차는 1.0 미만이고 분포 모양에 대한 다른 기술통계 자료들은 대부분이 상당히 정상 분포에 가까웠다. 이런 자료들은 어린 아동들의 쉽게 흥분하는 경향과 잘 일치되며, 이런 특성들이 연령이 증가하면서 점차 어떻게 조절되고 완화되는지를 보여준다. 엘리슨(1998)은 방임되었거나 우울한 학령기 아동에게서 비환자 아동보다 *Afr* 값이 낮게 나타난다고 했다. 이것은 비환자 성인보다 매우 낮은 .40~.49 사이의 *Afr* 값이 나타난 주요 정동장애로 진단받은 성인에게도 마찬가지다. 드루이터와 코헨(1992)은 광장공포증이 있는 공황장애 환자가 *Afr* 값이 매우 낮게 나타나는 경향이 있다는 것에 주목했다. 회피 방식을 가진 사람의 자료에서도 역시 *Lambda* 값이 1.0보다 낮은 사람보다 *Afr* 값이 낮게 나온다(〈표 13-5〉 참조).

두 개의 실험 연구에서 *Afr*가 정서 자극을 처리하는 데 흥미가 있거나 이를 선호하는 것과 관련이 있음이 시사되었다. 첫 실험(Exner & Thomas, 1984)은 20명의 비환자들이 포함되었는데, 그중 10명은 *Afr*에서 .80을 초과했다. 남은 10명은 *Afr* 값이 .50 미만이었다. 이들에게 1점은 '별로 좋아하지 않는다.'이고, 12점은 '가장 좋아한다.'라는 1~12점 척도로 어떤 12개의 화가의 스케치를 평가하도록 지시했다. 6개의 스케치는 인디아 잉크, 즉 무채색 그림이었고, 다른 상황 속에 사람이 처해 있는 것이었다. 나머지 6개는 앞의 6개의 복제품이지만 색이 포함되어 있었다. 낮은 *Afr* 값을 지닌 10명의 피검자 중 9명은 모든 무채색 그림을 유채색 그림보다 더 좋다고 평가한 반면에 *Afr*가 높았던 다른 10명의 피검자 중 7명은 모든 유채색 그림을 더 좋게 평가했다. 두 번째 실험은 6개의 광고 만화가 포함되고, 이들 중 3개씩 무채색과 유채색 형식으로 함께 제시했다(Exner, Thomas, & Chu, 1985). 주요 정동장애로 진단된 10명의 입원 환자들이 피검자로 참여했는데, *Afr* 값이 낮은 5명과 *Afr* 값이 .70 이상인 5명으로 구성했다. *Afr* 값이 낮은(.50 이하) 5명은 3개의 무채색 그림에서 적어도 2개를 더 선호하는 것으로 나타난 반면에 *Afr* 값이 높았던 5명은 일관되게 3개의 유채색 그림을 더 선호한다고 평가했다.

유채색 반응과 가중치를 부여한 유채색 반응의 합(WSunC)

로르샤하(1921)는 유채색 반응은 정서와 관련된다고 가정했다. 그는 그것이 정서적 흥분성의 지표를 제공하고, 색이 형태와 함께 사용되는 정도는 정서적 충동에 대한 안정화의 정도를 나타내는 것으로 볼 수 있다고 가정했다. 그는 *FC* 반응이 정서 표현에 대한 조절과 통제를 나타내는 반면에 *CF*와 *C* 반응은 정서가 더 표출되고 우세한 경우와 관련된다고 제안했다. 로르샤하는 *CF* 반응은 짜증, 암시성, 민감성, 공감 같은 정서가 행동의 형태와 방향을 주도하는 상황에서 인지적인 적응이 덜 보이는 행동과 관련 있다고 설명했다. 그는 순수 *C* 반응은 충동성 같은 거의 적응적이지 않은 행동과 관련된다고 가정했다. 그는 *CF*+*C* 반응에 대한 *FC* 비율이 그 사람의 정서적 상태의 통제 가능성 정도를 가리키는 지표라고 지적했다.

자료가 로르샤하의 기본 가정을 지지하기는 하지만, 그는 세 변인 사이, 특히 *CF*와 *C*를 구별하는 것을 지나치게 단순화했다. 이것은 두 변인이 두 변인의 합보다 상당히 낮은 일시적 안정성을 가지고 있기 때문이다. 예를 들어, *CF*+*C*에 대한 장기간의 재검사 상관은 약 .80인 반면에 두 변인 각각의 재검사 상관은 .51~.66이다. 유사하게 *CF*+*C*에 대한 단기간의 재검사 상관은 .83~.92인 반면에 두 변인 각각의 단기간의 재검사 상관은 .59~.76이다. 이것은 *C* 반응이 *CF*와 동일하게 간주되어야 한다는 것을 의미하진 않는다. 왜냐하면 *C*는 더 강렬하고 잘 통제되지 않은 정서 방출의 형태와 관련이 있기 때문이다.

엑스너(1993)는 순수 *C* 반응이 약점을 나타낸다고 보았다. 즉, 그 사람은 정서적 경험이 너무 강렬해서 인지적으로 조정할 수 없는 경우다. 그러나 그것은 또한 어떤 결정이 조정에 필요한 노력을 발휘하는 것보다 추진하게 하는 방법을 제시하는 경우를 의미한다. 다른 예에서, 순수 *C* 반응은 특히 통제가 결여된 정서적 행동을 반영한다. 300명의 환자, 비환자 성인의 재검사 자료에 대한 검토는 단 1개의 순수 *C*가 첫 검사에서 나타났다면, 두 번째 검사에서 다시 나타날 가능성은 .65를 넘지 않지만, 첫 검사에서 2개 이상의 순수 *C* 반응이 일어났다면, 두 번째 검사에서 1개 이상 나타날 가능성은 .90을 넘는다. 그러므로 많은 순수 *C* 반응이 나타난다면, 그 사람의 행동은 매우 강한 정서적 특성으로 특징 지을 수 있다. 그러나 순수 *C* 반응으로 설명되는 제한된 통제가 충동성처럼 특질이라고 가정하는 것은 잘못된 것이다. 통제와 충동성 경향에 대한 문제는 *D* 점수 및 *D* 점수와 관련된 변인으로 가리켜진다. 유채색 반응은 단순히 통제 요소와 관련되기도 하고 그렇지 않기도 한 정서 표현에 대한 조절을 반영한다. 이 맥락에서 *FC*:*CF*+*C* 비율과 *WSumC*는 정서적 적응에 대한 정보를 제공함으로써 해석에 기여한다.

유채색 반응은 인지적인 노력과 복잡성이 얼마나 많이/적게 관계되는가 하는 점에서 상당히 다양하게 나타날 수 있다. 샤크텔(1943)은 이러한 의견을 처음으로 제안하였는데, 최소한의 인지적인 활동을 통해 유채색을 지각하고 수동적인 과정을 통해 유채색 반응이 나타난다고 했다. 리커스-오브시안키나(1943)는 지각과 관련된 많은 연구를 검토하였는데, 색 지각은 자극 입력의 중재 과정에서 인지적인 노력을 덜 요구하며, 형태 지각보다 더 즉각적으로 일어나는 과정이라는 결론을 내렸다. 라파포트 등(1946)은 *CF*와 *C* 반응이 지연 기능이 짧아서 나타나는 반응이라고 보았다. 샤피로(1956, 1960)는 색 경험과 관련된 '지각의 양식'을 정의하기 위해 임상적 · 실험적 문헌을 검토했다. 그는 어떤 유채색 반응은 정서의 지연에 필요한 인지적 기능이 이완된 상태인 지각적 수동성과 관련되고, 정서가 행동으로 방출되는 정도는 인지적 기능의 이완 정도에 비례한다고 결론 내렸다. 피오트로브스키(1957)는 *FC* 반응이 피검자가 형태와 색을 정확한 방식으로 조합하기 위해 인지적 지연 과정이 필요하기 때문에 인지적인 복잡성과 관련되어 있다고 가정했다. 그는 *CF*와 *C* 반응이 인지적 요소가 전반적으로 느슨해지고 정서 상태에 압도된 상황을 반영한다는 데 동의했다.

유채색 반응과 정서 활동을 연결 짓는 이론은 상당히 복잡한 논란거리였던 것이 사실이다. 불행히도 이 문제에 대해 의견이 불일치하면서, 연구자들은 유채색 반응 그 자체에 대해 주목하지 못하고 로르샤하가 소개한 '색채 충격'의 개념에만 초점을 두어 왔다. 로르샤하는 그것을 유채색으로 칠해진 형상에 대한 경악 반응이라고 정의했는데, 1932년에서 1950년대 사이의 많은 연구들은 긴 반응 시간, 연속성의 붕괴, 평범 반응이 없는 것, 낮은 *R* 등을 포함하는 색채 충격을 나타내는 지표에 관해 집중했다. 1940년대와 1950년대의 많은 로르샤하 연구는 다양한 항목을 타당화하려는 시도를 했지만, 어떤 것도 아우르는 결론을 내리지 못했다. 켄(1954)은 이런 많은 연구를 검토하고 잉크반점의 색 특징에 의해 실제로 촉진되는 색채 충격의 신호가 거의 없다고 결론내렸고, 크룸톤(1956)은 색채 충격은 유채색 잉크반점의 무채색 판에서도 종종 일어난다는 것에 주목했다.

많은 연구 노력이 색채 충격에 관한 연구에 기울인 것은 사실이지만, 부정적인 소견마저도 색-정서 이론에 직접적으로 적절하다고 해석된 것은 잘못된 일이다. 이 문제에 더 직접적으로 접근한 연구들은 일반적으로 이 개념을 지지했다. 클라스킨(1952)은 유채색과 재질이 함께 있는 반응을 한 피검자는 스트레스에 더 민감하다는 것을 발견했다. 왈렌(1948)은 유채색의 정동적인 질이 반응을 촉진하는 효과를 가지고 있다는 것을 발견하기도 했다. 그레이슨(1956)은 색 하나보다 색과 형태의 조합이 반응을 더 많이 하게 하는 데 영향을 끼친다고 보고했고, 크룸톤(1956)은 무채색 카드보다 유채색 카드가 바람직하지 않은 정서와 공격적이고 수동적인 반응 내용을 더 잘 유발시키는 경향이 있다고 보고했다. 포시스(1959)는 색 카드가 불안 점수를 상승시킨다고 보고했다. 엑스너(1959)는 피검자에게 카드 I을 표준적인 회색-검은색 버전이 아닌 다양한 유채색이 사용된 형태로 제시했을 때 *R*과 내용 점수 모두가 유의미하게 변한다는 것을 발견하였다고 했다.

발달 과정과의 관계에 대한 로르샤하 연구 결과들은 색-정서 가설에 어느 정도의 지지를 제공한다. 많은 연구자는 *유채색* 반응이 아동에게서 많이 나타난다고 보고했다(Halpern, 1940; Klopfer & Margulies, 1941; Ford, 1946; Rabin & Beck, 1950; Ames et al., 1952). 또한 에임스는 2년 후에는 *CF* 반응이 더 주도적이 되고 *FC* 반응이 연령이 증가함에 따라 늘어나기는 하지만, 이런 현상은 16세까지 지속된다는 것을 발견했다. 그녀의 소견은 일반적으로 비환자 아동에 대한 자료와 유사하다(Exner & Weiner, 1995).

FC : *CF*+*C* 비율에서 보이는 방향성에 대한 안정성은 성인에게 매우 두드러진다. 엑스너 등(1978)은 100명의 비환자 성인을 3년 후에 재검사한 자료에서 이 비율의 한쪽 값이 첫 검사에서 최소한 1점으로 다른 쪽 값보다 크다면, 두 번째 검사에서도 동일한 방향성을 갖는다는 것을 발견했다. 동일한 안정성은 짧은 기간 후에 비환자 성인과 아동 집단을 대상으로 한 재검사에서도 발견되었다(Exner, 1986). 안정적인 비율의 방향성이 첫 검사 후 1년 후에 실시한 재검사에서 정신분열증 환자와 우울한 입원 환자들이 모두 정교한 치료 프로그램을 받고 퇴원했음에도 불구하고 발견되었다(Exner, 1983). 이러한 안정적인 방향성은 또한 1년 이상의 치료를 받고 있는 외래 환자에게도 발견되었다(Weiner & Exner, 1991; Exner & Sanglade, 1992).

비환자 성인은 보통 *CF*+*C*만큼의 *FC* 반응을 하고, *FC*가 다소 많다. 예를 들어, 정상 표본에서 600명의 비환자 성인 중 396명(66%)은 *CF*+*C*보다 하나 이상의 많은 *FC* 반응을 한다. 반면에 아동은, 12세까지, 심지어는 청소년 중기에까지 *FC*보다 *CF*+ *C*가 유의미하게 많고, *FC* 값은 보통 *CF*+ *C*보다 크지 않다. 환자 집단에서도 우항 값이 더 큰 *FC* : *CF*+*C* 비율을 보이는 경향이 있다. 이것은 아동, 청소년과는 다른 이유로 많은 환자가 정서 통제에서 문제를 경험하기 때문이다. 그러나 여기에도 예외가 있다. 예를 들어, 심인성 신체화 증상으로 치료받는 48명의 외래 환자 프로토콜에서 27명이 4 : 1 이상의 *FC* : *CF*+*C* 비율을 보이고, 4명만이 *FC* : *CF*+*C* 비율에서 *FC*가 *CF*+*C*보다 1.5배 적었다.

비율에서 우항 값이 더 큰 것으로 보아 정서적 행동이 격렬하거나 충동성이 특징적일 것이라 해석할 수 있다. 예를 들어, 길(1966)은 문제 해결 과제에서 반응을 지연하는 사람은 *CF*+*C* 반응보다 더 많은 *FC* 반응을 한 반면에 반응 형성에서 이런 지연을 시도하거나 성공하지 못하는 사람들은 *FC*보다 *CF*+*C* 반응을 더 많이 한다고 지적했다. *CF*+*C* 반응의 높은 빈도가 충동성이나 공격적인 행동과 상관된다는 것을 발견한 여러 연구들(Gardner, 1951; Stoment & Finney, 1953; Finney, 1955; Sommer & Sommer, 1958; Townsend, 1967)이 있다. 밀러(1999)의 연구에서는 가정폭력의 개인력이 있는 부부의 프로토콜에 유의미하게 많은 순수 *C* 반응이 있고, 가정폭력의 개인력이 없는 자녀 양육권 분쟁 사례의 반응 프로토콜보다 *FC* 반응이 많지 않았다. 판틀, 에브너 및 하이넌(1994)은 *CF*+*C*보다 많은 *FC*가 있는 반응 기록은 반응 전략을 형성하는 능력과 피드백으로부터 얻는 이익을 평가하는 고돈의 진단 구조 지연 과제에서도 관련성이 나타났다고 보고했다.

스토스키(1952)는 치료 전 프로토콜에서 *CF*+*C*보다 많은 *FC*가 있는 정신분열증 환자들의 예후가 더 좋았다고 보고했고, 엑스너, 뮤릴로 및 카나보(1973)는 105명의 비정신분열증으로 입원한 환자들의 치료 전후 기록을 비교했을 때, *CF+C*가 더 많았다가 *FC* 반응의 빈도가 증가하는 추세로 유의미하게 변화되는 현상을 발견했다. 엑스너와 뮤릴로(1975)의 연구에서도 치료 후 12개월 안에 재발한 환자들이 재발하지 않은 환자들에 비해서, 퇴원 당시 실시한 검사에서 *FC* : *CF+C* 비율의 우항 값이 유의미하게 높았다. 엑스너(1978)도 199명의 외래 환자 중에서 유의미하게 향상되었다고 평가된 116명의 치료 전 기록에서 *FC*보다 *CF+C* 반응이 더 많았으나, 치료 28개월 후에 수집된 기록에서는 단지 61명만이 여전히 *CF+C* 반응이 *FC*보다 많았다고 지적했다.

한편, 브레넨과 리처드(1943)는 *WSumC* 값이 높은 사람은 *WSumC* 값이 높은 피검자보다 더 쉽게 최면에 걸린다는 결과를 보고했다. 유사하게 스타이젤(1952)과 린톤(1954)은 *WSumC* 값이 높은 피검자가 검사자의 암시에 따라 더 쉽게 그들의 판단을 바꾼다는 점도 지적했다. 맨(1956)은 환경과 관련된 단어의 수와 *WSumC* 값 간의 유의미한 관계를 발견했다. 엑스너와 암브루스터(1979)는 공장의 생산 라인에서 일하는 30명의 노동자를 대상으로 *WSumC*와 주커먼(1971)의 감각추구척도 간에 유의미한 상관(rho=.48)을 발견했다. 와이겔과 엑스너(1981)는 54명의 비환자 사무직 근로자에게 60장의 슬라이드를 보여 주고, 호감도 5점 척도를 사용해 각 슬라이드에 대해 평정하도록 했다. 이 집단은 21명의 외향형, 14명의 양향형, 19명의 내향형으로 구성되었다. 슬라이드 중 30장은 자연 경관이나 건물의 사진이었고, 나머지 30장은 사람들, 또는 개와 놀고 있는 소년처럼 사람과 동물 간의 상호작용과 관련된 것이었다. 피검자들이 *WSumC* 점수 분포의 중앙값을 기준으로 해서 각각 27명의 두 집단으로 나눴을 때 두 집단 간에 어떤 유의미한 차이도 없었다. 그러나 14명의 양향적인 사람을 표본에서 제외하고, *WSumC* 값의 중앙값을 기준으로 해서 집단을 나눴을 때, *WSumC* 점수 분포의 상위 20명은 하위 20명보다 두 슬라이드에 대해 유의미하게 더 높은 평균의 선호도를 보였다. 예상대로 *WSumC* 점수 분포의 상위 20명 중 14명이 외향성 유형이었다. 드루이터와 코헨(1992)의 연구에서는 공황장애와 광장공포증이 있는 사람에게서 *WSumC* 값이 낮았다.

무채색 반응의 합과 유채색 반응의 합의 비율(*SumC'*: *WSumC*)

이 비율은 심인성 신체 증상 환자 집단 300명의 기록을 분석한 연구에서 고안되어 발전하였다(Exner, 1994). 300명의 프로토콜 중 219명(73%)에서 *Sum* 값이 *WSumC* 값을 초과한다는 점에 주목했다. 이 결과는 심인성 신체 증상을 보이는 환자들에게 내사의 과정이 신체적 문제에 기여한다는 점을 시사한다. 심인성 신체 증상을 보이는 환자 집단의 결과를 근거로 198명(63%)이 *SumC'* 값이 *WSumC*보다 더 큰 주요 우울장애로 진단받은 315명 입원 환자의 프로토콜을 검토해 보았다. 계속해서 3회기나 6회기를 마친 425명의 성인 외래 환자에 대해 치료자의 평가 결과, 어떤 종류의 정서적 억압을 해 온 것으로 평가되는 158명의 환자를 추출했다. 치료 전 프로토콜에서 *WSumC*보다 *SumC'*이 더 높은 121명(77%)을 포함해, 약 80%가 양향형이거나 외향형이었다. 대조적으로 치료자에게 평가받은 나머지 267명의 환자 중 19명(7%)만이 이 특징을 보였다.

색채 투사(*CP*)

특수점수 *CP* 또한 피검자가 정서 경험에 대해 어떻게 반응하는가에 대한 자료를 제공한다. 그것은 피검자가 무채색 카드를 유채색으로 확인하는 경우를 설명한 피오트로브스키(1957)에 의해 제안되었다. 그는 *CP*가 불편하고 무기력한 감정을 명료하고 비현실적인 긍정적 정서의 톤으로 대체함으로써 다루려는 시도인 진술하지 못한 정서를 반영한다고 가정했다. 이런 전제는 *CP* 반응이 매우 드물기 때문에 검증하기 어렵다. 예를 들어, *CP*는 성인 비환자 정상군 표본에서 600명 프로토콜 중 다섯 경우에서, 모두 외향적인 사람의 기록에서 나타났고, 1,390명의 비환자 아동 기록 중 단 7명에게서만 나타났다(Exner, 2001).

치료의 처음 2주 동안 이전 장기간의 치료 효과 연구에 참석하기 위해 자원한 외래 환자 430명의 기록을 검토해 보았더니, 44명의 프로토콜에서 최소한 한 번 *CP*가 있었다. 4회기나 8회기의 치료 후에 수집된 환자 기록에서는 *CP* 반응을 하는 사람의 주요 증상 패턴이 심인성 신체 증상(*N*=14), 정서를 다루는 데 히스테리와 유사한 경우(*N*=20), 우울(*N*=7), 강박 증상과 유사한 특징(*N*=3)으로 나타났다. 방어기제 세 가지에 대한 치료자의 평가도 회기 중에 이루어졌다. 적어도 하나 이상의 *CP* 반응을 한 44명의 사람 중 42명(95%)은 주요 방어기제로 부인을 사용하는 것으로 평가되었다. 그리고 나머지 385명의 환자 중 약 32%만이 방어기제로 부인을 자주 사용하는 것으로 평가되었다. 하나의 준거 변인(부인)만 포함되긴 했지만, 그것은 *CP*가 원치 않는 감정을 다루기 위한 방법으로 부인을 많이 쓰는 것과 관련된다는 피오트로브스키의 가설이 일부 지지될 만하다.

공백 반응(*S*)

로르샤하는 반응에 잉크반점의 공백이 사용되는 것은, 피검자가 지각 과정에서 전경과 배경의 관계를 뒤바꾸려는 것으로 이는 반항 또는 부정주의를 반영하는 것이라 가정했다. 새뮤얼 벡(1945)과 라파포트 등(1946)은 이 가설을 지지했지만, 그것이 단순히 그 사람이 자신의 반응 방식을 강조하는 고집스러운 모습을 가리킬 수도 있다고 지적했다. 클로퍼 등(1954)은 건설적인 자기 주장성의 한 형태로 해석될 수 있다고 제안하면서 이런 입장을 지지한 반면에 피오트로브스키(1957)는 그것이 독립성에 대한 투쟁을 나타낸다고 논쟁했다. 모두 그것이 매우 빈번히 나타난다면, 그것은 현실 접촉에 대한 어떤 갈등과 충돌의 가능성을 설명한다고 강조했다.

작은 수의 S 반응에 대한 연구 결과에서는 이러한 다양한 입장에 대해 부분적으로만 지지하는 결과가 나왔다. 카운트와 멘시(1950)는 재검사 모델을 적용하여 암시적으로 갈등을 유발시킨 후에 S 반응이 유의미하게 증가되는 것을 발견했다. 폰다(1951)와 반두라(1954)는 S와 반항적인 경향성 사이에 유의미한 정적 관계를 발견했다. 로젠(1952)은 S 반응의 빈도와 MMPI의 높은 *Pd* 점수 간에 유의미한 상관을 보고했지만, S 반응과 정신병리 진단 간의 관계성은 발견하지 못했다. 라파포트 등(1946)은 편집형 정신분열증 환자에게서 높은 S 반응이 나타났다고 했고, 몰리시(1955)는 정신분열증 환자 기록에서 S 반응이 나타나는 것은 환경에 대한 수동적 저항이 유지되는 과정을 나타낸다고 가정했다. 폰다(1960)는 S와 관련된 논문을 재검토하고, S 반응의 비율은 자율성에 대한 방어에 기울이는 노력을 가리키는 것이라고 결론 내렸다.

비환자 성인과 아동의 프로토콜에서 나온 자료는 두 개의 S 반응이 기대되지만, S 값이 3 이상이면 그 소견은 중요하다. 상황적으로 거부증에 관련된 성향적 적개심과 구별해야 한다. 가장 평범한 S 반응은 카드 I(얼굴의 구조)과 카드 II(로켓)에서 일어나며, 가끔은 카드 IV, V, VI, VIII에서 나타난다. 모든 S 반응이 전경과 배경을 바꾸는 것과 관련이 있다는 로르샤하의 가정과 부분적으로 일치한다. 카드 I에서는 일치하지 않았는데, 비환자 성인의 거의 20%와 비환자 아동의 30%에서 이 카드에서 일종의 얼굴 반응—대개 고양이 얼굴, 가면, 핼러윈의 호박—이 나타났다. 이런 종류의 반응은 만일 윤곽선에 대한 대비 효과를 강조하기 위해 여백 반응이 밝거나 어두운 회색으로 채색되는 경우에도 동일한 빈도로 나타난다. 그러나 여백 부분을 회색-검은색으로 채색하여 윤곽을 제거한다면, 즉 배경과 동일하게 만들면, 얼굴 반응 빈도는 0으로 감소했다. 다른 내부의 여백 부분은 또한 배경이라기보다는 전경의 일부로 지각된다. 이것은 카드 VIII의 *DS3*와 카드 IX의 모든 여백 부분이 포함된다.

신뢰도 자료를 보면 상당한 변수 때문에, 모든 여백 반응이 동일한 심리적 작용과 상관을 보이진 않는다. 짧은 간격의 재검사 상관은 .59~.73이었고, 긴 간격의 재검사 상관은 .72~.79였다. 성인과 아동이 포함된 환자와 비환자 집단 165쌍의 결과를 분석하였더니, 다음의 3개 집단에서 첫 번째 반응에 적어도 하나 이상이 S 반응이 나왔다. ① *WS*와/혹은 *DS*, ② *DdS*만, ③ *WS*, *DS*, *DdS*가 다 나타난 집단에서 단기간의 재검사 상관은 낮은 편이었다.

첫 검사에서 카드 I, II, III에서 모두 S 반응이 나타난 네 번째 집단이 만들어졌다. *WS*나 *DS* 반응만 한 집단(N=38)을 통해 얻은 재검사 상관은 .63이다. *DdS* 반응만 한 집단(N=33)에서 상관은 .71이었으나 *WS*, *DS*, *DdS*를 반응한 집단(N=94)에서는 .81이었다. 짐작되듯이, 마지막 집단은 S 평균값이 1.23, 1.41인 다른 두 집단보다 유의미하게 S 평균값(3.97, SD=1.1)이 컸다. 즉, S 반응이 기대 수준보다 더 상승한 것은 보다 안정적인 특성을 반영한다. 모든 S 반응이 카드 I,

II, III에서 나온 집단(N=28)의 재검사 상관은 .32로, 이는 이런 반응들이 보다 상황과 관련되고, 아마도 검사를 받는 것에 대한 저항을 시사하는 것으로 보인다.

혼합 반응

하나 이상의 결정인이 반응에 있다면, 그것은 잉크반점을 보고 반응을 형성하는 동안 일어나는 활동과 기대되거나 요구되는 것 이상으로 인지적인 지연 과정이 필요하다는 의미다. 대부분 이러한 복잡한 반응은 정서 경험과 관련되는 변인들을 동반하게 될 것이다. 모든 혼합 반응의 약 70%에 하나 이상의 운동 결정인이 포함되지만, 2% 미만에 *M.FM, M.m, FM.m*과 같이 운동 결정인만 포함되고, 모든 혼합 반응의 약 7%에 *FD*와 하나의 운동 결정인이 포함된다. 그러므로 모든 혼합 반응의 90% 이상에 정서 경험과 직접적으로 관련되는—유채색 또는 무채색, 음영 결정인—하나 이상의 결정인이 포함된다.

혼합 반응을 야기하는 과정은 순수 *F* 반응에서 반영된 극단의 경제적 과정을 나타내는 것으로 간주될 수 있다. *Lambda*와 혼합 반응 빈도 간의 상관은 비환자에게서는 −.43이고, 외래 환자 사이에서는 −.49다. 달리 말하면, *F*는 단순하고 수월한 분류 과정을 통해 나오는 반응인 반면에 혼합 반응은 자극 요소에 대한 중요한 분석과 통합이 발생하는 사고 활동의 산물이라 볼 수 있다.

혼합 반응은 대부분의 프로토콜에서 보편적으로 나타난다. 예를 들어, *Lambda* 값이 .99를 넘는 58명을 포함해, 600명의 비환자 성인 표본 중 598명이 하나 이상의 혼합 반응을 보였다. 유사하게 하나 이상의 혼합 반응이 1,390명의 비환자 아동 중 1,373명의 기록에서 나타났다. 전형적으로 내향형은 반응의 약 20%가 혼합 반응이며, 외향형은 반응의 약 25%, 양향형은 혼합 반응이 반응의 25%를 약간 넘었다. 또한 앞에서 암시되었듯이, 혼합 반응의 비율은 *EB* 방식과 상관없이 *Lambda*와 관련된다. 예를 들어, *Lambda* 값이 .50~.99인 272명의 외래 환자 집단에서 약 8%만이 전체 반응의 32% 이상 혼합 반응의 비율을 보였다. 반면에 *Lambda* 값이 .50 이상인 143명의 외래 환자 집단에서 약 34%가 전체 반응의 32%보다 많은 혼합 반응의 비율을 보였다.

수많은 요소가 혼합 반응을 형성하는 복잡한 활동을 유발한다. 제15장에서 보았듯이, 때때로 상황적인 스트레스는 혼합 반응을 증가시키는 것으로 보이기도 하지만, 대부분의 혼합 반응은 상황적으로 관련되지 않는다. 비환자 사이에서 모든 혼합 반응의 90% 이상이 *m*이나 *Y* 변인을 포함하지 않는다. 엑스너(1974)는 IQ 90을 넘지 않는 피검자에게서 혼합 반응 없는 프로토콜이 발견된다고 보고했지만, 메이슨과 엑스너(1984)는 언어성 IQ(r=−.03) · 동작성 IQ(r=.02)와 혼합 반응 빈도 간에 매우 낮고 유의미하지 않은 상관을 보고했다.

혼합 반응에 대한 해석은 양과 내용에 근거해야 한다. 청소년이나 성인의 기록에서 혼합 반응이 없는 것은 부정적인 신호인데, 그것은 심리적으로 여유가 없거나 억제되어 있다는 의미일 수 있다. 그래서 자기 자신과 환경에 대해 덜 민감할 수 있다. 반응 기록에서 혼합 반응의 비율이 기대되는 범위보다 낮다면, 그것은 복잡한 정서 자극을 다루는 데 어려움을 유발하는 심리적 빈곤함을 시사한다. 이러한 어려움이 있다면, 그것은 정서 표현을 조절하는 데 반영되곤 한다. 반대로, 혼합 반응의 비율이 유의미하게 상승하면, 그것은 심리적 복잡성을 의미한다. 그 사람이 많은 자원을 가지고 있다면, 그것은 자극에 대한 더 큰 민감성을 제안하기 때문에 복잡성은 기능하는 데 자산으로 보인다. 그러나 자원이 더 제한되어 있거나 통제나 조절에 문제가 있다면, 복잡성은 정서가 그 사람의 행동적 일치성이나 안정성에 해로운 영향을 끼칠 가능성을 증가시킨다.

혼합 반응의 비율이 높다면, 다음의 세 가지 가능성을 고려해 보아야 한다. 첫째, 어떤 사람들은 과제가 요구하는 가장 경제적인 방식을 찾는 데 어려움을 느낀다. 그들은 종종 충족되지 못한 욕구, 충돌, 정서의 피해자가 된다. 결과적으로 그들은 자신의 자원을 효율적으로 사용하지 못한다. 그들의 몰두와 염려는 집중력이나 논리적 추론을 방해한다. 따라서 그들은 더 쉽거나 경제적인 해결책을 지각하는 데 실패해서, 자극에 과도하게 말려들게 한다. 그것은 신중하지 못하고 오히려 후퇴하는 무능력이 된다. 실제로 이런 것이 나타난다면, 혼란을 의미하는 다른 많은 특징이 동반되는 경우일 것이다.

두 가지 다른 조건이 높은 비율의 혼합 반응을 발생시킬 수 있는데, 둘 다 더 긍정적으로 보일 수 있다. 성취 지향적인 사람들은 융통성이라는 장점이 있고 상황에 쉽게 적응할 수 있다. 이러한 사람들은 검사 과제에 대해 자신과 기술을 겨루는 도전으로 보고, 성취감을 얻기 위해 경제성을 희생시킨다. 그들은 단순한 반응을 하지 않고 자극의 복잡성을 효율적으로 다루기 위해 애쓴다. 그렇다면 반응 기록의 많은 특징은 통제력, 융통성, 적응력 및 심리적으로 건강함을 시사한다. 높은 비율의 혼합 반응을 내는 세 번째 조건 또한 성취와 관련되지만, 도전을 위해서라기보다는 오류나 실패를 피하기 위한 것이다. 그것은 상승된 *Zd* 점수로 확인할 수 있다. 혼합 반응의 비율과 *Zd* 점수 간에는 유의미하고 정적 상관이 있다(비환자에게서는 .46, 외래 환자에서는 .42). *Zd* 점수가 +3.0보다 크다면, 그 사람은 전형적이거나 필수적인 장보다 자극장을 조직하는 데 더 노력을 들이는 것이다. 즉, 일어나는 상황에 좌우되기 때문에, 이점이나 단점이 될 수 있는 일종의 인지적 비능률이라 할 수 있다. 이와 관련해서는 다음 장에서 더 자세히 논의할 것인데, 혼합 반응의 비율과 *Zd* 점수가 충분히 상승된다면 안정성, 현실 검증력, 명쾌한 사고력, 스트레스 인내력, 통제력에 관련된 다른 자료가 기대되는 비율보다 높은 혼합 반응이 걱정과 관련되는지, 단지 더 견고하게 확립된 인지적 방식이 기여한 것인지와 관련된 결정적인 요소라 할 수 있다.

혼합 반응의 내용은 정서적 요소가 그 사람의 심리적 작업에서 어떻게 작용하는가에 대한 일부 단서를 제공할 수 있다. 예를 들어, *Ma.FC*의 혼합 반응은 일반적으로 *CF.FMp*보다 더 긍정적으로 여겨진다. 전자에서 인지적으로 지연시킬 수 있고 정서가 잘 조절되는 특성이 반영되었다면, 후자에서는 덜 조절된 정서가 우세하며, 수동적인 욕구와 관련된 요소들이 섞여 있다. 이와 유사하게 *Mp.FC'*의 혼합 반응은 효율적이라 여겨지지 않는 수동적인 정서적 억제를 제안하지만, 무기력감을 나타내는 *mp.YF* 같은 혼합 반응보다는 더 긍정적이다.

음영과 색채 음영 혼합 반응

이 같은 형태의 혼합 반응은 특별히 중요한 정서적 특징을 갖는다. 음영 혼합 반응은 최소한 2개 이상의 무채색, 음영 결정인(*FT.FY, FV.FC', C'F.YF* 등)을 갖는데, 이것은 드물고 의외의 것들이다. 그것은 600명의 비환자 성인 기록 중 오직 2명에게서 나타났고, 328명의 정신분열증 프로토콜에서 7명에게서 나타났다. 그것은 279명의 우울을 보이는 입원 환자 프로토콜 중 29명에게서 나타났으며, 주요 증상으로 우울을 보이는 216명의 외래 환자 프로토콜 중 21명에게서 나타났다. 4개의 무채색, 음영 변인이 분노나 고통스러운 정서 경험과 관련되기 때문에, 하나의 대답에서 2개 이상 나타난다는 것은 모든 정서적 기능에 매우 혼란스러운 영향을 끼치고, 사고에 많은 영향을 주는 더 고통스러운 정서 경험을 하고 있음을 시사한다. 음영 혼합 반응의 요소는 중요하다. 그것이 오직 2개의 결정적 변인을 가지고 있고, 2개 중 하나가 *Y* 변인이라면, 그 경험은 더 상황적으로 관련되는 것이라 볼 수 있다. 만약 결정적인 변인인 *Y*가 포함되어 있지 않다면, 오히려 더욱 만성적인 강한 고통감을 경험하고 있다는 점을 시사한다.

유채색-음영 혼합 변인은 음영 혼합 변인보다 더 빈번하게 나타난다. 1개 이상의 유채색-음영 혼합 변인은 약 2/3가 외향형이거나 양향형인 600명 비환자 성인 프로토콜에서 215명에게서 나타났다(36%). 한편, 비환자 아동과 청소년의 기록에서는 덜 나타난다. 그것은 정상 표본 연령 기록에서 20% 미만으로 나타났다. 유채색-음영 혼합 반응은 우울환자에게서 가장 빈번히 나타난다. 입원한 우울환자 기록의 65% 이상, 장기간의 치료를 받고 있는 우울한 외래 환자 프로토콜의 70%에 최소한 1개 이상이 있고, 두 집단의 25%에 3개 이상이 있었다. 이와 대조적으로 정신분열증 환자 기록 중 약 35%에서 나타나며, 비우울 외래 환자의 40%보다 약간 많이 나타난다.

새뮤얼 벡(1949)은 유채색-음영 혼합 반응을 기쁨과 고통을 동시에 가지고 있는 형태를 나타낸다고 제안하면서 처음으로 정교화했다. 애플바움과 홀즈먼(1962)은 유채색-음영 혼합 반응이 자살 경향이 있는 사람의 기록에서 자주 나타남을 발견했다. 엑스너와 와일리(1977)는 또한 그것이 효과적인 자살과 유의미하게 상관된다는 것을 발견했지만(r=.34), 다른 집단에서도 높은 빈도로 나타났기 때문에 그것을 단독으로 보았을 때는 유용한 지표가 아니다. 그럼에도 불구하고 자살특수지표에 반영된다. 실버그와 암스트롱(1992)은 유채색-음영 혼합 반응이 심각하게 우울한 자살 가능성이 있는 청소년을 확인하는 데 도움이 된다는 것을 발견했다. 애플바움과 콜손(1968)은 유채색-음영 혼합 반응이 정서 경험에 몰두된 형태를 반영한다고 제안했다. 엑스너(1978)는 그것이 때때로 양향형과 같은 혼동된 정서 경험을 시사한다고 가정했다.

모든 색채-음영 혼합 반응의 장기간의 재검사 신뢰도는 .48~.57이고, 30일 정도의 재검사 신뢰도는 .55~.67로 비교적 중간 정도였다. 그러나 캐슬(개인적 교신, 1984)이 제안했듯이 이러한 상관은 *Y* 변인 때문에 다소 오해의 소지가 있다. 비환자 성인의 유채색-음영 혼합 변인에서 대략 60%, 비환자 아동의 혼합 변인에서 70%, 환자의 혼합 변인에서 40%가 *Y* 변인을 포함하고 있는데, 이것은 상황적 요소가 혼합 반응에 기여했다는 점을 시사한다. 150명의 비환자 성인의 장기간의 재검사 신뢰도와 유채색-음영 혼합 반응이 *Y* 변인을 포함하였는지로 나눈 두 집단은 캐슬의 가정을 확증해 준다. *Y* 변인을 포함하는 반응의 상관은 .28~.41이고, *Y* 변인을 포함하지 않는 반응의 상관은 .68~.79다.

30일 이내에 두 번째 검사를 받은 130명의 비환자 성인과 아동의 재검사 기록을 같은 방식으로 나누었을 때, *Y* 변인을 포함하는 반응의 재검사 상관은 .16~.34이고, *Y* 변인을 포함하지 않는 혼합 반응의 재검사 상관은 .73~.82다. 이러한 발견은 음영 혼합 반응처럼 특징이 상황적인 것인지, 만성적인 것인지 구별해야 한다는 것을 제안한다. 만약 만성적이라면, 양향형은 그 사람을 정서로 혼란되게 하고, 같은 상황에 대해 긍정적, 부정적인 감정을 모두 느끼게 하는 특질로 존재하는 경향이 있다. 이러한 사람들은 다른 사람들보다 감정을 더 강하게 느끼고, 때때로 정서적 상황에 접근하는 데 어려움을 유발한다.

유채색-음영 혼합 반응이 상황적이건 만성적이건 그러한 반응이 존재하는 것은 정서에 어려움이 있음을 의미한다. 감정에 대한 혼란은 상황 특정적일 수 있고, 그렇다면 반드시 결점이나 비효율적인 정서적 적응에 몰두하게 하진 않는다. 반면에 특질로서의 양가성은 다양한 정서 상황에 대한 정서적 반응의 일관성을 유지하는 데 많은 잠재적인 위험을 낳는다. 정서적 반응이 불일치하면, 그 불일치는 환경에서 다양한 관계에 상당한 영향을 끼친다.

참고문헌

Abramson, L. Y., Metalsky, G. L., & Alloy, L. B. (1989). Hopelessness depression: A theory based sub-type of depression. *Psychological Review, 96*, 358-372.

Allen, R. M., Manne, S. H., & Stiff, M. (1951). The role of color in Rorschach's test: A preliminary normative report on a college student population. *Journal of Projective Techniques, 15*, 235-242.

Ames, L. B., Learned, J., Metraux, R. W., & Walker, R. N. (1952). *Child Rorschach responses.* New York: Harper & Row.

Ames, L. B., Metraux, R. W., & Walker, R. N. (1971). *Adolescent Rorschach responses.* New

York: Brunner/Mazel.

Applebaum, S. A., & Colson, D. B. (1968). A reexamination of the color-shading Rorschach Test response. *Journal of Projective Techniques and Personality Assessment, 32*, 160-164.

Applebaum, S. A., & Holzman, P. S. (1962). The colorshading response and suicide. *Journal of Projective Techniques, 26*, 155-161.

Arluck, E. W. (1940). A study of some personality differences between epileptics and normals. *Rorschach Research Exchange, 4*, 154-156.

Ball, J. D., Archer, R. P., Gordon, R. A., & French, J. (1991). Rorschach depression indices with children and adolescents: Concurrent validity findings. *Journal of Personality Assessment, 57*, 465-476.

Bandura, A. (1954). The Rorschach white space response and oppositional behavior. *Journal of Consulting Psychology, 18*, 17-21.

Bannatyne, L. A., Gacono, C. B., & Greene, R. L. (1999). Differential patterns of responding among three groups of chronic, psychotic, forensic patients. *Journal of Clinical Psychology, 55*, 1553-1565.

Bash, K. W. (1955). Einstellungstypus and Erlebnistypus: C. G. Jung and Herman Rorschach. *Journal of Projective Techniques, 19*, 236-242.

Baughman, E. E. (1959). An experimental analysis of the relationship between stimulus structure and behavior in the Rorschach. *Journal of Projective Techniques, 23*, 134-183.

Beck, A. T. (1967). *Depression: Clinical, experimental and theoretical aspects*. New York: Harper & Row.

Beck, S. J. (1944). *Rorschach's test. I: Basic processes*. New York: Grune & Stratton.

Beck, S. J. (1945). *Rorschach's test. II: A variety of personality pictures*. New York: Grune & Stratton.

Beck, S. J. (1949). *Rorschach's test. I: Basic processes* (2nd ed.). New York: Grune & Stratton.

Beck, S. J., Beck, A., Levitt, E. E., & Molish, H. B. (1961). *Rorschach's test. I: Basic processes* (3rd ed.). New York: Grune & Stratton.

Blatt, S. J., & Feirstein, A. (1977). Cardiac response and personality organization. *Journal of Consulting and Clinical Psychology, 45*, 111-123.

Blatt, S. J., Quinlan, D. M., Chevron, E. S., McDonald, C., & Zuroff, D. (1982). Dependency and self criticism: Psychological dimensions of depression. *Journal of Consulting and Clinical Psychology, 50*, 113-124.

Brennen, M., & Richard, S. (1943). Use of the Rorschach test in predicting hypnotizability. *Bulletin of the Menninger Clinic, 7*, 183-187.

Brown, G. W., & Harris, T. (1978). *Social origins of depression*. New York: Free Press.

Buhler, C., & LeFever, D. (1947). A Rorschach study on the psychological characteristics of alcoholics. *Quarterly Journal of Studies on Alcoholism, 8*, 197-260.

Carlson, C. F., Kula, M. L. & St-Laurent, C. M., (1997). Rorschach revised DEPI and CDI with inpatient major depressives and borderline personality disorder with major depression. *Journal of Clinical Psychology, 53*, 51-58.

Chadoff, P. (1974). The depressive personality: A critical review. In R. J. Friedman & M. M. Katz (Eds.), *The psychology of depression*. Washington, DC: Winston.

Chu, A. Y., & Exner, J. E. (1981). *EB style as related to distractibility in a calculation task*. Rorschach Workshops (Study No. 280, unpublished).

Counts, R. M., & Mensh, I. N. (1950). Personality characteristics in hypnotically induced hostility. Journal of Clinical Psychology, 6, 325-330.

Crumpton, E. (1956). The influence of color on the Rorschach test. *Journal of Projective Techniques, 20*, 150-158.

de Ruiter, C., & Cohen, L. (1992). Personality in panic disorder with agoraphobia: Rorschach study. *Journal of Personality Assessment, 59*, 304-316.

Dubrovner, R. J., VonLackum, W. J., & Jost, H. A. (1950). A study of the effect of color on productivity and reaction time in the Rorschach test. *Journal of Clinical Psychology, 6*, 331-336.

Elisens, M. M. (1998). The cognitive and emotional correlates of neglect in school age children. *Dissertation Abstracts International, 58*, 3920.

Exner, J. E. (1959). The influence of chromatic and achromatic color in the Rorschach. *Journal of Projective Techniques, 23*, 418-425.

Exner, J. E. (1962). The effect of color on productivity in Cards VIII, IX, X of the Rorschach. *Journal of Projective Techniques, 26*, 30-33.

Exner, J. E. (1974). *The Rorschach: A Comprehensive System. Volume 1.* New York: Wiley.

Exner, J. E. (1978). *The Rorschach: A Comprehensive System. Volume 2. Current research and advanced interpretation.* New York: Wiley.

Exner, J. E. (1983). Rorschach assessment. In I. B. Weiner (Ed.), *Clinical Methods in Psychology* (2nd ed.). New York: Wiley.

Exner, J. E. (1986). *The Rorschach: A Comprehensive System. Volume 1: Basic foundations* (2nd ed.). New York: Wiley.

Exner, J. E. (1990). *A Rorschach Workbook for the Comprehensive System* (3rd ed.). Asheville, NC: Rorschach Workshops.

Exner, J. E. (1993). *The Rorschach: A Comprehensive System. Volume 1: Basic Foundations* (3nd ed.). New York: Wiley.

Exner, J. E. (1994). *Recent research. Alumni Newsletter.* Asheville, NC: Rorschach Workshops.

Exner, J. E. (2001). *A Rorschach Workbook for the Comprehensive System* (5th ed.). Asheville, NC: Rorschach Workshops.

Exner, J. E., & Armbruster, G. L. (1979). *Correlations between some Rorschach variables and Zuckerman sensation seeking scores.* Rorschach Workshops (Study No. 252, unpublished).

Exner, J. E., Armbruster, G. L., & Viglione, D. (1978). The temporal stability of some Rorschach features. *Journal of Personality Assessment, 42*, 474-482.

Exner, J. E., Boll, T. J., Colligan, S. C., Stischer, B., & Hillman, L. (1996). *Rorschach findings concerning closed head injury patients. Assessment, 3*, 317-326.

Exner, J. E., & Murillo, L. G. (1973). Effectiveness of regressive ECT with process schizophrenia. *Diseases of the Nervous System, 34*, 44-48.

Exner, J. E., & Murillo, L. G. (1975). Early prediction of posthospitalization relapse. *Journal of Psychiatric Research, 12*, 231-237.

Exner, J. E., & Murillo, L. G. (1977). A long-term follow up of schizophrenics treated with regressive ECT. *Diseases of the Nervous System, 38*, 162-168.

Exner, J. E., Murillo, L. G., & Cannavo, F. (1973). *Disagreement between patient and relative behavioral reports as related to relapse in non-schizophrenic patients.* Eastern Psychological Association, Washington, DC.

Exner, J. E., & Sanglade, A. A. (1992). Rorschach changes following brief and short-term therapy. *Journal of Personality Assessment, 59*, 59-71.

Exner, J. E., & Thomas, E. A. (1982). *Postural-gestural behaviors among introversives and extratensives during a structured interview.* Rorschach Workshops (Study No. 292, unpublished).

Exner, J. E., & Thomas, E. A. (1984). *The relation of Afr and preference for artist sketches.* Rorschach Workshops (Study No. 294, unpublished).

Exner, J. E., Thomas, E. A., & Chu, Y. A. (1985). *Afr and cartoon ratings.* Rorschach Workshops (Study No. 302, unpublished).

Exner, J. E., Thomas, E. A., & Martin, L. S. (1980). *Alterations in GSR and cardiac and respiratory rates in introversives and extratensives during problem solving.* Rorschach Workshops (Study No. 272, unpublished).

Exner, J. E., Thomas, E. A., & Mason, B. (1985). Children's Rorschach's: Description and prediction. *Journal of Personality Assessment, 49*, 13-20.

Exner, J. E., & Weiner, I. B. (1982). *The Rorschach: A comprehensive system. Vol. 3. Assessment of children and adolescents.* New York: Wiley.

Exner, J. E., & Weiner, I. B. (1995). *The Rorschach: A comprehensive system. Vol. 3. Assessment of children and adolescents* (2nd ed.). New York: Wiley.

Exner, J. E., & Wylie, J. (1977). Some Rorschach data concerning suicide. *Journal of Personality Assessment, 41*, 339-348.

Finney, B. C. (1955). Rorschach test correlates of assaultive behavior. *Journal of Projective Techniques, 19*, 6-16.

Fonda, C. P. (1951). The nature and meaning of the Rorschach white space response. *Journal of Abnormal and Social Psychology, 46*, 367-377.

Fonda, C. P. (1960). The white space response. In M. Rickers-Ovsiankina (Ed.), *Rorschach psychology.* New York: Wiley.

Ford, M. (1946). *The application of the Rorschach test to young children. University of Minnesota Child Welfare Monographs.* No. 23.

Forsyth, R. P. (1959). The influence of color, shading and Welsh anxiety level on Elizur Rorschach content analysis of anxiety and hostility. *Journal of Projective Techniques, 23*, 207-213.

Gacono, C. B., Meloy, J. R., & Bridges, M. R. (2000). A Rorschach comparison of psychopaths, sexual homicide perpetrators, and nonviolent pedophiles: Where angels fear to tread. *Journal of Clinical Psychology, 56*, 757-777.

Gardner, R. W. (1951). Impulsivity as indicated by Rorschach test factors. *Journal of Consulting Psychology, 15*, 464-468.

Gill, H. S. (1966). Delay of response and reaction to color on the Rorschach. *Journal of Projective Techniques and Personality Assessment, 30*, 545-552.

Goldfarb, W. (1945). Psychological privation in infancy and subsequent adjustment. *American Journal of Orthopsychiatry, 15*, 249-254.

Goldfarb, W. (1949). Rorschach test differences

between family reared, institution reared, and schizophrenic children. *American Journal of Orthopsychiatry, 19*, 624-633.

Goldman, R. (1960). Changes in Rorschach performance and clinical improvement in schizophrenia. *Journal of Consulting Psychology, 24*, 403-407.

Grayson, H. M. (1956). Rorschach productivity and card preferences as influenced by experimental variation of color and shading. *Journal of Projective Techniques, 20*, 288-296.

Hafner, A. I. (1958). Response time and Rorschach behavior. *Journal of Clinical Psychology, 14*, 154-155.

Halpern, F. (1940). Rorschach interpretation of the personality structure of schizophrenics who benefit from insulin therapy. *Psychiatric Quarterly, 14*, 826-833.

Henry, E. M., & Rotter, J. B. (1956). Situational influences on Rorschach responses. *Journal of Consulting Psychology, 20*, 457-462.

Jansak, D. M. (1997). The Rorschach Comprehensive System Depression Index, depression heterogeneity, and the role of self-schema. *Dissertation Abstracts International, 57*, 6576.

Keehn, J. D. (1954). The response to color and ego functions: A critique in light of recent experimental evidence. *Psychological Bulletin, 51*, 65-67.

Kelly, D., Margulies, H., & Barrera, S. (1941). The stability of the Rorschach method as demonstrated in electric convulsive therapy cases. *Rorschach Research Exchange, 5*, 44-48.

Kendell, R. E. (1976). The classification of depression: A review of contemporary confusion. *British Journal of Psychiatry, 129*, 15-28.

Klatskin, E. H. (1952). An analysis of the effect of the test situation upon the Rorschach record: Formal scoring characteristics. *Journal of Projective Techniques, 16*, 193-199.

Klopfer, B., Ainsworth, M., Klopfer, W., & Holt, R. (1954). *Developments in the Rorschach technique* (Vol. 1). Yonkers-on-Hudson, NY:World Books.

Klopfer, B., & Kelley, D. (1942). *The Rorschach technique*. Yonkers-on-Hudson, NY: World Books.

Klopfer, B., & Margulies, H. (1941). Rorschach reactions in early childhood. *Rorschach Research Exchange, 5*, 1-23.

Langmuir, C. R. (1958). *Varieties of decision making behavior: A report of experiences with the Logical Analysis Device*. Washington, DC: American Psychological Association.

Linton, H. B. (1954). Rorschach correlates of response to suggestion. *Journal of Abnormal and Social Psychology, 49*, 75-83.

Lipovsky, J. A., Finch, A. J., & Belter, R. W. (1989). Assessment of depression in adolescents: Objective and projective measures. *Journal of Personality Assessment, 53*, 449-458.

Mann, L. (1956). The relation of Rorschach indices of extratension and introversion to a measure of responsiveness to the immediate environment. *Journal of Consulting Psychology, 20*, 114-118.

Manson, B., & Exner, J. E. (1984). *Correlations between WAIS subtests and nonpatient adult Rorschach data*. Rorschach Workshops (Study No. 289, unpublished).

Meyer, B. T. (1951). An investigation of color shock

in the Rorschach test. *Journal of Clinical Psychology, 7*, 367-370.

Miller, T. A. (1999). Rorschach assessment of object relations and affect control in domestic violent and non-violent couples. *Dissertation Abstracts International, 59*, 4069.

Millon, T., & Kotik, D. (1985). The relationship of depression to disorders of personality. In E. E. Beckham & W. R. Leber (Eds.), *Handbook of depression: Treatment, assessment, and research.* Homewood, IL: Dorsey Press.

Mindness, H. (1955). Analytic psychology and the Rorschach test. *Journal of Projective Techniques, 19*, 243-252.

Molish, H. B. (1955). *Schizophrenic reaction types in a Naval Hospital population as evaluated by the Rorschach test.* Washington, DC: Bureau of Medicine and Surgery, Navy Department.

Molish, H. B. (1967). Critique and problems of the Rorschach. A survey. In S. J. Beck & H. B. Molish, *Rorschach's test. II: A variety of personality pictures* (2nd ed.). New York: Grune & Stratton.

Pantle, M. L., Ebner, D. L., & Hynan, L. S. (1994). The Rorschach and the asessment of impulsivity. *Journal of Clinical Psychology, 50*, 633-638.

Paulsen, A. (1941). Rorschachs of school beginners. *Rorschach Research Exchange, 5*, 24-29.

Perlman, J. A. (1951). Color and the validity of the Rorschach 8-9-10 percent. *Journal of Consulting Psychology, 15*, 122-126.

Piotrowski, Z. (1957). *Perceptanalysis.* New York: Macmillan.

Rabin, A. I., & Beck, S. I. (1950). Genetic aspects of some Rorschach factors. American *Journal of Orthopsychiatry, 20*, 595-599.

Rabin, A. I., Papania, N., & McMichael, A. (1954). Some effects of alcohol on Rorschach performance. *Journal of Clinical Psychology, 10*, 252-255.

Rabinovitch, M. S., Kennard, M. A., & Fister, W. P. (1955). Personality correlates of electroencephalographic findings. *Canadian Journal of Psychology, 9*, 29-41.

Rapaport, D., Gill, M., & Schafer, R. (1946). *Psychological diagnostic testing* (Vol. 2). Chicago: Yearbook Publishers.

Rickers-Ovsiankina, M. (1943). Some theoretical considerations regarding the Rorschach method. *Rorschach Research Exchange, 7*, 14-53.

Rorschach, H. (1921). *Psychodiagnostik.* Bern, Switzerland: Bircher.

Rosen, E. (1952). MMPI and Rorschach correlates of the Rorschach white space response. *Journal of Clinical Psychology, 8*, 238-288.

Rosenthal, M. (1954). *Some behavioral correlates of the Rorschach experience balance.* Unpublished doctoral dissertation, Boston University.

Sapenfield, B., & Buker, S. L. (1949). Validity of the Rorschach 8-9-10 percent as an indicator of responsiveness to color. *Journal of Consulting Psychology, 13*, 268-271.

Schachtel, E. G. (1943). On color and affect. *Psychiatry, 6*, 393-409.

Seligman, M. E. P. (1975). *Helplessness: On depression, development and death.* San Francisco: Freeman.

Shapiro, D. (1956). Color-response and perceptual passivity. *Journal of Projective Techniques, 20*, 52-69.

Shapiro, D. (1960). A perceptual understanding of color response. In M. Rickers-Ovsiankina (Ed.), *Rorschach psychology*. New York: Wiley.

Sherman, M. H. (1955). A psychoanalytic definition of Rorschach determinants. *Psychoanalysis, 3*, 68-76.

Silberg, J. L., & Armstrong, J. G. (1992). The Rorschach test for predicting suicide among depressed adolescent inpatients. *Journal of Personality Assessment, 59*, 290-303.

Silva, D. (2001). The effect of color on the productivity in Card X of the Rorschach. *Rorschachiana, 25*.

Singer, J. L. (1960). The experience type: Some behavioral correlates and theoretical implications. In M. Rickers-Ovsiankina (Ed.), *Rorschach psychology*. New YorK: Wiley.

Singer, J. L., & Brown, S. L. (1977). The experience type: Some behavioral correlates and theoretical implications. In M. A. Rickers-Ovsiankina (Ed.), *Rorschach psychology* (2nd ed.). Huntington, NY: Robert E. Krieger.

Singer, J. L., & Herman, J. (1954). Motor and fantasy correlates of Rorschach human movement responses. *Journal of Consulting Psychology, 18*, 325-331.

Singer, J. L., & Spohn, H. (1954). Some behavioral correlates of Rorschach's experience-type. *Journal of Consulting Psychology, 18*, 1-9.

Sommer, R., & Sommer, D. T. (1958). Assaultiveness and two types of Rorschach color responses. *Journal of Consulting Psychology, 22*, 57-62.

Steisel, I. M. (1952). The Rorschach test and suggestibility. *Journal of Abnormal and Social Psychology, 47*, 607-614.

Storment, C. T., & Finney, B. C. (1953). Projection and behavior: A Rorschach study of assaultive mental hospital patients. *Journal of Projective Techniques, 17*, 349-360.

Stotsky, B. A. (1952). A comparison of remitting and nonremitting schizophrenics on psychological tests. *Journal of Abnormal and Social Psychology, 47*, 489-496.

Swift, J. W. (1945). Rorschach responses of eightytwo pre-school children. *Rorschach Research Exchange, 7*, 74-84.

Townsend, J. K. (1967). The relation between Rorschach signs of aggression and behavioral aggression in emotionally disturbed boys. *Journal of Projective Techniques and Personality Assessment, 31*, 13-21.

Wallen, R. (1948). The nature of color shock. *Journal of Abnormal and Social Psychology, 43*, 346-356.

Weigel, R. B., & Exner, J. E. (1981). *EB style and preference for interpersonal and impersonal slides among nonpatient adults*. Rorschach Workshop (Study No. 291, unpublished).

Weiner I. B., & Exner, J. E. (1991). Rorschach changes in long-term and short-term psychotherapy. *Journal of Personality Assessment, 56*, 453-465.

Wiener, M. (1989). Psychopathology reconsidered: Depressions interpreted as psychosocial transactions. *Clinical Psychology Review, 9*, 295-321.

Zuckerman, M. (1971). Dimensions of sensation seeking. *Journal of Consulting Psychology, 36*, 45-52.

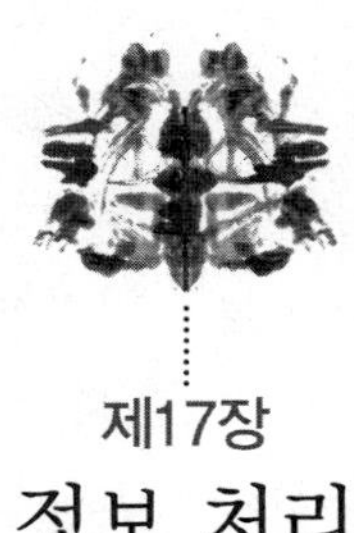

제17장
정보 처리

정보 처리와 관련된 변인들은 인지적 활동에 관한 자료들이 포함된 세 군집 중 하나다. 세 군집들은 세 가지의 중요한 인지 삼제(cognitive triad)로, ① 정보의 입력에 관여하는 심리적인 절차인 정보 처리(information processing), ② 입력된 정보가 전환되거나 해석되고 확인되는 과정에서 발생하는 심리적 작용 과정인 인지적 중재(cognitive mediation), ③ 입력된 정보 확인 후 전환된 정보에 대한 관념화(ideation) 과정으로 구성된다. 해석자는 산출된 결과를 통해 얻은 이 세 군집에서 피검자의 심리적인 특성 정보를 도출할 수 있다.

많은 연구자가 세 가지 군집 자료에 대해 서로 독립적인 개념이라고 주장해 왔고, 실험심리학의 결과에서도 이 세 가지의 인지적 과정들이 지각적-인지적으로 각각 상이한 요소들과 관련된 것으로 검증되었다. 한 요소의 작용이 다른 두 요소 중 적어도 하나의 작용에 매우 직접적인 영향을 줄 수 있다는 것도 분명하게 증명되었다. 그러므로 한 사람의 인지적 기능을 대표하는 개념들로 가정하는 것은 타당하며, 한 사람이 사고하고 의미 있는 행동을 하는 데 기본인 연속적 정보 처리 과정 자료로 볼 수 있다. 그 처리 과정은 다음과 같이 나타낼 수 있다.

입력 -------➤	전환/해석 --------➤	개념화
(정보처리)	(중재)	(사고)

실제로 많은 경우를 보면, 피검자가 이미 가지고 있는 개념적 틀(conceptual sets)은 피검자에게 로르샤하 자극이 입력되는 정보 처리 과정에 영향을 준다. 입력이 중재(변환)되는 방식 또한 입력 정보에 대한 개념화 과정에 필연적인 영향을 준다. 세 가지 기능 간의 순서가 있지만, 로르샤하 결과를 해석할 때는 이 세 가지 군집 정보가 동시에 고려되어야 한다. 이 기능들을 독립적으로 살펴보고, 마지막으로는 이 세 가지 기능 간의 관계를 포괄하는 가설을 세워야 한다.

한편 관념화에 대한 정보는 기록이 해석되는

시점에서 매우 결정적인 경우를 제외하면, 보편적으로 정보 처리, 중재 이후 마지막의 순으로 해석하게 된다. 왜냐하면 정보가 피검자의 심리 체계 내에 입력될 때, 전략과 심리적인 조작 활동에 의해 직접적인 영향을 받게 되기 때문이다.

정보 처리는 단기기억에서 자극 도형이 있는 카드의 지면을 주사(scanning, 走査)하여, 지면이나 그것의 일부 이미지를 창조하는 과정이 포함된다. 동기, 경제성, 성취 욕구, 방어, 이미 형성된 인지적인 틀 또는 이전에 인식된 태도들과 같은 요소가 정보를 처리하는 데 영향을 줄 수 있다. 사람들에겐 최신의 정보가 입력될 때 그것을 확인하는 정보 처리 과정의 습관이 있다. 따라서 모호한 모양의 10개의 카드를 보게 되었을 때, 피검자의 머릿속에 목록화된 잠정적인 답들(잠정적인 반응들)은 그 사람의 동기나 정보 처리 과정의 전형적인 형태, 그리고 추론 과정, 검사 상황에서 일부 제공되는 정보로 얻은 것이고, 그중 최종 반응이 선택된다.

예를 들어, 어떤 사람들은 모든 카드에 전체(이하 *W*) 반응을 하기도 하는데, 이때 잉크반점마다 각기 요구되는 노력의 형태는 매우 다양하다. 카드 III, IX, X처럼 자극 도형의 특징이 여러 부분의 도형으로 분리되어 있는 것일 때, 전체 영역으로 반응을 하려면 피검자에게는 상대적으로 더 많이 주사하는 인지적 노력이 필요하다. 반면에 카드 I, IV, V에서처럼 자극 도형의 형태가 보다 분명할 때 *D* 반응보다 *W* 반응을 형성하는 데에는 상대적으로 주사하는 노력이 덜 필요하다. 따라서 심사숙고하는 진지한 사람이라면 항상 분명한 잉크반점에만 *W* 반응을 하고, 보다 변칙적이고 조각난 잉크반점 도형에 대해서는 좀 더 쉽게 *D* 반응을 하곤 한다. 또한 어떤 사람은 자주 잉크반점의 이미지를 분리해서 복잡하게 반응을 형성하는 반면에 또 다른 사람은 하나의 사물을 포함하는 단순한 내용의 반응을 형성하고 잉크반점의 이미지를 분리하여 복잡하게(*DQ*+) 반응을 통합하기도 한다. 한편 어떤 사람들은 인지적 노력을 기울이지 않고 모호하게 처리하는(*DQv*) 경향이 있다. 후자는 덜 정교한 처리 노력과 일시적인 특성을 반영하는 반면에 전자는 주의 깊게 주사하는 특성과 잉크반점이 있는 카드의 지면에 대해 재주사(rescanning) 노력을 기울이는 경향으로 해석할 수 있다.

어떤 접근 유형이든 잉크반점 도형의 이미지를 해석하거나 개념화하는 방법에 영향을 줄 수 있다. 그러므로 해석자는 세 가지 요소를 모두 해석하기 위해 표면화된 자료 이면에 있는 세 가지 인지 요인 각각의 자료 세트에서 전개된 가설들을 주의 깊게 다시 살펴보아야 한다. 아울러 각각의 군집에 의해 얻은 가정들이 다른 두 군집에서 가치 있는 설명을 찾는 데 매우 중요한 단서를 제공할 수 있으므로 세 요인 군집을 우선순위에 관계없이 모두 꼼꼼히 검토해야 한다.

정보 처리 관련 로르샤하 변인

정보 처리와 관련한 군집에서 변인 간에 상호 관련성이 높긴 하지만, 그것들은 두 개의 하위 세트로 묶일 수 있다. 그 하나는 정보를 처리하는 노력이나 동기를 설명하는 정보인데, 이 자료는 *Zf*, *W*:*D*:*Dd*, *W*:*M*과 위치 부호의 순서로 구성된다. 두 번째 하위 세트는 *DQ*, *Zd*를 포함하며, 발달질 부호의 순서에 의해 PSV의 여부가 첨가된다. 공통적으로 이 세트는 정보 처리 과정의 질 혹은 수준과 처리 과정의 효율성에 대한 정보를 제공한다.

먼저 살펴볼 내용

두 개의 자료 하위 세트에 대한 해석은 다음의 세 가지 질문 내용에 중요성을 둔다. 첫째, 문제 해결 또는 의사 결정과 관련된 처리 과정에서 어떤 유형의 노력이 투입되고 있는가? 둘째, 한 사람의 정보 처리 과정의 일관성과 질, 효율성이 기대되는 범위에 있는가? 셋째, 정보 처리 과정에서 중요한 문제가 있는가? 있다면 사람의 전체적 효율성에 그것이 어떻게 영향을 미치는가?

이러한 일반적 질문에 쉽게 대답할 수 있는 것은 아니다. 처리 과정 활동에 관한 로르샤하 자료에서 이용할 수 있는 정보의 넓이와 깊이가 해석자가 원하는 것보다 더 결정적으로 제한적일 수 있기 때문이다. 이는 아마도 검사의 특성에 기인하는 것이지만, 로르샤하에서 얻을 수 있는 주제가 특정한 초점이 없고, 또한 그러한 정보를 해석하기 위해 필요한 관련 연구가 매우 적기 때문이기도 하다. 그럼에도 불구하고, 이 결과들은 매우 중요한 것이며, 결코 우연한 것으로 다룰 수 없다. 사례 9, 10, 11의 자료는 정보 처리 자료 군집에서 얻을 수 있는 정보들을 어떻게 해석할 것인지에 대한 지침을 제공한다.

사례 9

16개월 전에 다발성 동맥경화증으로 진단받은 29세의 여성이 내과의사에 의해 정신과 외래에 의뢰되었다. 크게 놀라울 만한 것이 아니지만, 지난 10개월간 기분 변화는 꽤 심했다고 한다. 어떤 때는 짧은 기간 동안 우울한 것처럼 보이며, 어떤 때는 부적절하게 고양되어 있는 것 같았다. 처음에 주치의는 질병에 대해 그녀 스스로 조절하고자 하는 전략의 맥락에서 이러한 기분 변화 일화를 이해했다. 그러나 최근 5~6개월 동안 매우 적극적인 성관계의 상대가 있었고, 매주 다른 성관계 상대자가 있었다. 주로 술집이나 나이트클럽에서 남자를 만나왔다. 주치의는 이러한 행동이 신체 건강에 잠재적으로 해로울 것이라 판단했고, 그녀에게 정신병리적인 특성이 있음을 가정하며 자문을 구했다.

1남 1녀 중 둘째이고, 오빠는 34세로 결혼을 했고 세 아이가 있다. 아버지는 63세의 철도기술자이고 어머니는 61세의 전업주부다. 주립대학에서 도서관학을 전공하여 22세에 졸업하고 얼마 후 선박회사에서 근무하던 동기생과 결혼했다. 이후에 전문대학의 도서관 사서로 근무해 왔다. 결혼 생활은 10개월 만에 종료되었는데, 결혼 생활에 대해 "우리는 대부분 모든 것에 의견이 맞지 않았어요, 남편은 술을 너무 많이 마셨고 이미 그 사람에겐 다른 여자가 있었어요."라고 회상했다. 결국 그들은 그녀가 24세 되던 해에 이혼했다.

사례 9 29세 여성의 정보 처리 변인

EB	= 4:4.5	Zf	= 9	Zd	= −3.5	DQ+	= 6
L	= .21	W:D:Dd	= 4:10:3	PSV	= 1	DQv/+	= 0
HVI	= NO	W:M	= 4:4			DQv	= 1
OBS	= NO						

반응 영역과 발달질 계열 정보

I :	Do. DdSo	VI :	Do
II :	W+.DS+	VII :	D+
III :	D+	VIII :	Do.Dv
IV :	Wo	IX :	Do.Dd+
V :	Wo.Wo	X :	Do.D+.Ddo

스스로 자신은 일을 즐기고 사람들을 만나는 것을 좋아한다고 보고했다. 이혼 후 그녀는 잠시 데이트를 했지만, 두 친구와 함께 한 주에 4~5일 밤 다양한 유흥가를 드나들기 시작했다. 그녀는 주치의가 과도하게 반응한다고 생각했고, "그 선생님은 보수적이에요, 나도 조심해야 한다는 것을 알고 있고 아무하고나 잠자리를 하지는 않는다고요."라고 말했다. 다발성 동맥경화증으로 진단받은 후 매주 그에 대한 치료와 함께 심리치료를 받았고 "약 8개월 동안 정말 도움이 됐어요."라고 말했지만 "하지만 지금 같은 것들이 내게 정말 필요하지는 않아요."라며 매번 논쟁을 벌였다. '만약 좋은 남자를 만난다면' 결혼하고 싶다고 말했다. 주치의는 심리치료를 계속 받아야 한다고 판단했는데, 현실 검증력과 명백한 기분의 변동에 대해 의문을 제기했다. 그녀의 성적인 행동과 의학적 상태, 그리고 관련된 방어기제에 대한 심리학적 평가를 요청했다.

사례 10

20세의 남성이 교양과정 담당 학생과장에 의해 심리학적 평가에 의뢰되었다. 이 대학에서 대개의 학생들이 일반 교양과정에 참여하지만, 몇몇은 철학과 종교학을 전공하는데, 이 남성은 현재 후자를 선택해 지속적으로 평균 이상의 학점을 받아 왔다. 그런데 타인과의 상호작용에서 유난히도 큰 소리를 내는 사람으로 보고되었다. 이전에 거만함과 공격적인 언사에 대해 또래에게서 지적을 받은 적이 있고, 자신이 신의 말씀을 전하는 '특별한' 재능을 가졌다고 했으며, 또래들의 '나태함'이 간과된다면 큰 죄악이라 주장했다.

그는 3남매 중 셋째로, 형은 25세의 전기기술자이고, 여동생은 23세로 컴퓨터 프로그래머다. 53세인 아버지는 지방 증권거래소의 관리자로 일한다. 그는 18세에 고등학교를 졸업하고 직업을 가져 본 적이 없다. 평가받는다는 사실에 초조해했고, 다른 사람들이 그가 신으로부터 위임받은 자격을 질투할 것이라고 말했다. 그는 자신이 특별한 능력을 가지고 있는 것은 아니지만, 그가 한

사례 10 20세 남성의 정보 처리 변인

EB	= 7:6.0	Zf	= 14	Zd	= +4.0	DQ+	= 12
L	= .61	W:D:Dd	= 4:18:7	PSV	= 0	DQv/+	= 0
HVI	= YES	W:M	= 4:7			DQv	= 1
OBS	= NO						

반응 영역과 발달질 계열 정보

I:	WSo.DS+	VI:	D+.D+
II:	D+.Do.D+.Ddo	VII:	D+.Do.DSo
III:	D+.Dd+.Do	VIII:	W+.Dd+.Dv.Ddo
IV:	W+.Ddo	IX:	DdS+.Ddo.Do
V:	Wo.Do	X:	Do.Do.Do.Do

사례 11 41세 여성의 정보 처리 변인

EB	= 4:6.0	Zf	= 15	Zd	= −2.0	DQ+	= 9
L	= .20	W:D:Dd	= 15:2:1	PSV	= 0	DQv/+	= 1
HVI	= NO	W:M	= 15:4			DQv	= 1
OBS	= NO						

반응 영역과 발달질 계열 정보

I:	Wo.Wo.W+.W+	VI:	W+.D+
II:	W+	VII:	W+
III:	W+	VIII:	W+.Do
IV:	Wo	IX:	Wv/+.Ddo
V:	Wo.Wo	X:	W+.Wv

종교적 경험이 타인들을 위한 헌신에 큰 역할을 할 것이라고 강력하게 주장했다. 그는 특혜받지 못한 분야에서 일을 할 것이고, 자신은 전도사로 사명감을 가지고 봉사할 것이라고 했다. 의뢰된 사유는 심각한 정신과적 장애가 있는지와 대인관계에서 개선의 여지 및 예후의 권고를 얻기 위해서였다.

사례 11

가출을 하여 행방불명되었다가 3일 동안 폭음을 하고 정신과에 입원한 41세의 여성이 입원 10일 만에 의뢰되었다. 그녀는 모텔 침대에서 깨어나 자신이 그곳에 어떻게 있게 되었는지에 대해 기억하지 못했다. 이것이 두 번째 발생한 사건이었다고 하는데, 첫 번째는 4년 전에 일어났다고 한다. 역시 8일간 행방불명되었고, 호텔 객실에서 깨어나 자신에 대한 적절한 지남력을 가지고 있지 못했다. 단주 프로그램에 참석했고 12일

후에 퇴원했다. 남편에 따르면, 심리치료를 받았지만 7회기로 종결되었다고 했다. 지난 2년간 AA 모임에 참석해 왔고 최근 남편과의 언쟁이 있을 때까지 자신의 병이 완화되었다고 믿어 왔다고 했다.

20세에 술을 마시기 시작해 그 당시에 약물(마리화나, LSD, 코카인)을 했다고 한다. 그러나 그녀의 음주에 대해 걱정해 주는 사람이 아무도 없었다. 가족 내에서 둘째 혹은 딸로서 '부적절감'을 느꼈다고 한다. 아버지는 10년 전에 돌아가셨고, 68세인 어머니는 그녀의 오빠와 함께 살았는데 알츠하이머로 고통받고 있다. 21세에 대학을 중퇴하고 잠시 백화점에서 화장품 판매를 한 적이 있었다. 대학 졸업 후 택시회사에 다니던 남편과 데이트를 하면서 23세가 되던 해에 결혼을 했다. "그가 허락할 때만 집 밖을 나갈 수 있었고, 직장에 나갔어요."라고 말했다. 남편은 현재 사업체의 경영자로 자주 해외 여행을 간다. 그녀는 12년 전 그가 업무상 여행을 처음 갔을 때 두세 번 동행했었지만, 외국 도시에서 의사소통의 어려움이 있었고, 낮 시간의 대부분을 바쁜 남편과 함께하는 것이 성가셨다고 했다. 또한 그 당시에 임신 중이었다. 현재 10세인 아들이 태어났고, "나는 엄마 역할에 전념해야만 했어요."라고 말했다. 그리고 지난 5년간 술을 마시지 않았으나, 아들이 학교에 입학했을 때 초조해지고 우울해졌고 술을 많이 마시게 되었으며, 아들이 2학년이 되었을 때 처음으로 음주 후 일시적인 기억상실(blackout)을 경험했다.

처음으로 술을 많이 마시게 되었을 때는 항상 집이었으나, 그 후 술집에서 만난 사람과의 관계가 가정을 위태롭게 할 정도가 되었을 때도 그러한 자신의 행동이 자신의 삶을 보다 윤택하게 해주는 것이라고 생각하기도 했다. 항상 아이를 돌볼 사람을 고용했고 남편이 부재중일 때는 늘 술을 마시기 위해 외출했다.

혼외 성경험이 많았다는 것을 인정했지만 많은 일화들을 회상하지는 못했다. 그녀는 '성'에 흥미가 없었다고 하면서 "아마 그랬을 거예요."라며 무성의하게 보고했다. 남편 때문에 강제로 해독제를 먹었고, 강한 분노를 느껴 이혼을 고려하게 되었다고 한다. 그녀는 아들을 실망시켰다는 점에 대해 인정하면서 아들에게 좀 더 긍정적이고 일관되게 행동하지 않은 것에 대해 죄책감을 느꼈다. "때때로 나는 도망치고 싶은 욕구를 느껴요."라고 했으며, 과거에 했던 자살에 대한 생각에 대해서도 보고했다. 기꺼이 치료에 다시 참여할 것이지만 결혼 생활에 대해서는 불확실하고 회의적으로 느낀다고 했다. 아들과의 관계에 대해 많이 걱정했고 매우 피상적이고 와해될 것 같다고 했지만, 분명히 '술을 그만 마시면' 아들과의 관계가 더 가까워질 것 같다고 했다. 신경심리학적 평가 결과에는 일부 중등도의 인지적 기능의 손상이 나타났다. 웩슬러지능검사 개정판(WAIS-R)에서는 언어성 지수 112, 동작성 지수 119로 소검사 점수 간의 변산(언어성 검사 점수의 폭은 9~13, 동작성 검사 점수의 폭은 7~16)이 큰 편이었다. 평가 결과는, 첫째 외래 치료보다는 장기간의 입원이 더 적절하고, 둘째 치료 관계에서 그녀의 성격에 대한 주요한 평가 결과와 반응성을 검토하고 책임감을 주지시켜야 하며, 셋째 혼자만으로는 위험하다는 점(통제가 어렵다는 점), 넷째 동시에 부부치료가 필요하다는 것이었다.

일반 해석

살펴볼 변인(*EB*, *Lambda*, OBS, HVI)

정보 처리 과정 자료의 해석은 반응 유형이나 자료들의 관계를 고려해야 한다. 그러므로 *EB*, *Lambda* 값, OBS, HVI에 해당되는지와 해석적 맥락의 일관성을 확인해야 한다. 내향형, 외향형, 회피형, 강박적 또는 과민한 유형 여부를 미리 살펴보아야 한다. 개개의 의미가 변하지는 않지만, 한 가지나 혹은 몇 가지 변인들의 조합에 해당되더라도 특정 유형에 해당된다면 한 개인에 대한 정확한 해석과 결론을 이끌어낼 맥락에서 변인을 검토해 봐야 한다.

예를 들면, *W*:*M*은 동기와 관련이 있지만, *EB*를 고려하지 않고서는 정확하게 해석될 수 없다. 내향형인 사람들이 항상 외향형인 사람보다 *M* 반응이 더 많긴 하지만, *W* 반응수는 유사하기 때문이다. 회피적인 유형(*Lambda*>.99)일 경우, 사고의 정체성, 그리고 정보를 단순화시켜 처리하려는 경향이 반영되었는지 살펴보아야 한다. 회피적 유형인 대부분의 사람은 새로운 정보를 처리할 때 보수적이고 다른 사람에 비해 덜 분명하다. 늘 부정적이지는 않지만, 간혹 회피적 유형은 전반적인 정보 처리 작업의 질이나 효율성에 부정적 영향을 끼칠 수 있다.

마찬가지로 OBS, HVI에 해당되면, 정보 처리 노력과 투입의 질을 고려한 해석이 가능하다. OBS에 해당되면 그것은 완벽주의와 과도한 구체화에 대한 집착이나 몰두에 대한 특징적 경향성을 시사하곤 한다. 이러한 사람들은 항상 정확해야 한다는 욕구에 의해 정보 처리 행동에도 매우 주의를 기울인다. 과도할 경우, 이 특징은 역효과를 보이며, 중재 및 사고 영역에 영향을 주는 정보 처리 과정에서 문제를 야기하게 된다. 만약 HVI에 해당되면, 그것은 과도한 경계 상태의 신호라 볼 수 있다. 이런 사람들은 환경에 대해서 경계하거나 의심하곤 한다. 그들은 항상 새로운 정보의 입력과 처리에 대해 지나치게 걱정하고, 종종 자극 도형을 포함한 카드의 지면을 부적절할 정도로 신중하게 관찰하는 등 자신의 의사 결정을 확신하기 위해 상당한 노력을 기울인다. 이러한 점은 많은 경우 보다 섬세한 정보 처리 노력을 기울이게 한다. 하지만 정신병리가 있을 경우 과도한 경계적 태도나 의심은 전형적으로 과도한 집착을 유발하고 종종 전체적인 자극을 고려하지 못하여 지나치게 구체적인 부분에 기민성을 보이게 된다. 정보 처리 활동이 혼란스러워지고 비효율적이며 왜곡된 중재 작용으로 이어질 수 있다.

일단 선행 조건에 대해 살펴보았다면, 해석을 하기 위해 먼저 정보 처리 과정에 투자된 노력의 특징을 검토해 보아야 한다. 기본적인 정보를 제공하는 *Zf*와 *W*:*D*:*Dd*를 살펴보아야 하는데 각각에서 얻은 가설은 잠정적인 것으로 3단계에서 반응 계열을 검토한 후, 그 결과와 통합해 의미 있는 추론을 해야 한다. 결과적으로 해석의 초점은 *W*:*M*, *Zd* 점수, 보속성 및 발달질 점수 등에 반영된 동기, 효율성과 질적 측면에 대해 주목해야 한다.

1단계: 조직화 점수의 빈도 *Zf*

Z 점수가 부여되는 반응 빈도는 피검자의 정보 처리 노력에 대해 추정 값을 제공한다. *Z* 점수는 세 개의 반응 유형에만 채점되는데, 첫째 분명한 형태를 언급하거나 또는 형태 요구가 있는 *W* 반응, 둘째 잉크반점의 부분이 분리된 대상으로 확인되고 의미 있게 통합된 경우, 셋째 흰 공백 부분(이하 *S*)이 반응에 사용된 잉크반점의 부분 안에 통합된 경우다. 이미 언급했던 것처럼 일부 *W* 반응은 *D* 반응보다 더 쉽게 형성될 수 있다. 따라서 단순한 *W* 반응으로 거의 대부분 사람들의 반응에서 4~5개의 *Z* 점수는 예측할 만하다. 분리된 잉크반점들을 각각의 대상으로 인식하는데, 의미 있는 유형으로 그 대상 간에 재통합을 시도하는 과정은 잉크반점을 다시 한 번 주의 깊게 주사함으로써 기억 정보 창고에서 잉크반점에 더 적합하고 명확한 이미지를 찾아내게 된다. 이와 유사하게, 반응에서 흰 공백을 통합하여 사용하는 경우 단순히 *W* 반응을 형성할 때 필요한 정도보다 더 복잡한 정보 처리 노력이 요구된다. 평균 또는 일반적인 범위의 *Zf*는 흔히 나오지만, 정보 처리 변인과 관련하여 피검자의 정보 처리 노력에 대한 의미 있는 정보를 얻을 수 있다는 점에서 중요하다.

잠정적 소견 1: 만약 *Lambda* 값이 1.0보다 작다면, *Zf* 값은 개인의 유형과 관계없이 9~13 범위로 기대된다. 이 범위는 성인뿐 아니라 아동에게도 적용 가능하다. 만약 *Lambda* 값이 이 범위에 있다면 정보 처리 노력이 대부분의 사람과 유사하게 보편적이라고 추측할 수 있다. 평균적인 기댓값보다 더 크다면, 일반적으로 잉크반점에 대한 정보 처리 노력이 보편적인 정도 이상으로 많을 것이라고 해석할 수 있다. 평균값보다 더 작다면, 정보 처리 유형에서 보다 신중하다거나 의사 결정에 앞서 과도하게 고민이 많은 특성을 반영하기도 한다.

사례 9, 10, 그리고 11의 결과

1.0보다 *Lambda* 값이 적어 양향적인(ambitent) 유형으로 가정되는 사례 9의 경우, *Zf*가 9인데, 이는 일반적으로 기대되는 범위보다 더 낮은 점수에 해당된다. 사례 10 역시 양향적이며, *Zf*가 14로 기댓값보다 크다. 그는 과민한 유형일 것으로 기대되며, 이런 사람들은 신중하고 항상 어떤 것도 놓치지 않으려 애쓰며 정말 열심히 일을 한다. 사례 11의 자료 중 신경심리학적 평가 결과에서 일부 중등도의 뇌손상을 보인다는 점이 다소 의외다. 뇌 기능상의 손상이 있는 사람들은 늘 그들의 정보 처리에 더 신중을 기한다. *Zf*가 15인 그녀는 자신에게 제시되는 새로운 자극을 조직화하기 위해 매우 애쓰고 있다는 것을 알 수 있다. 아울러 이러한 노력이 그녀에게 생산적인지를 판단하는 것은 매우 중요하다.

잠정적 소견 2: 만약 *Lambda* 값이 1.0 이상이라면, 회피적 유형이라 할 수 있으며 *Zf* 값은 6~10에 있을 것으로 기대된다. 경제적으로 반응하려 하고 복잡한 것을 피하려는 경향 때문에 회피적 유형을 가진 사람들은 더 낮은 점수를 보일 것이다. 그렇다고 해서 정보 처리 노력이 부적절하다는 의미는 아니다. 그것은 단순히 회피적 유형으로 일관되게 신중하거나 조심스러운 경향을 반영하는 것일 수 있다. 만약 *Zf* 값이 일반적인 기댓값보다 더 크다면, 그것은 회피적 유형이 꽤 공고해져 잠정적인 적응 문제를 발생시킬 수 있는 처리 과정의 한계를 시사한다. 2단계로 가자.

2단계: 반응 위치의 비율 *W*:*D*:*Dd*

이 비율은 인지적 전략과 경제성의 맥락에서 정보 처리 노력에 대해 조망할 수 있게 해 주는 변인이다. 더 많은 노력이 더 나은 정보 처리 과정에 필요충분조건은 아니라는 점이 매우 중요하다. 그것은 과제 해결에 필요해서라기보다는 개인적으로 어떤 정보를 처리하는 데 많은 전략과 노력을 사용한다는 것을 의미한다. 예를 들어, 몇몇의 잉크반점(I, IV, V)에서 아주 쉽게 *W* 반응을 형성할 수 있더라도, 일부 다른 잉크반점(II, VI, VII, VIII)에서 *W* 반응은 더 많이 자극 도형을 주사하는 노력을 요구하며, 적어도 세 개의 잉크반점(III, IX, X)에서 *W* 반응이 형성되는 경우 더 많은 노력을 필요로 한다. 그러므로 모든 잉크반점에서의 *W* 반응은 상당한 노력이 있었다는 점을 시사하지만 그것이 경제적이라거나 효과적인 전략이라 단정하긴 어렵다.

한편, *D* 반응은 다르다. *D* 영역은 카드 V를 제외하고는 모든 잉크반점을 구분하는 것이 상당히 쉽다. 따라서 *D* 반응을 하는 것은 사람이 과제로부터 부담을 느끼면서 다양한 대답을 하는 것보다 경제적이다. 즉, 정보 처리 과정의 경제성에 의해 자연스럽게 발생되는 경향일 수 있다. 성인과 9세 이상의 아동 대부분에서 반응 영역은 *W* 반응보다는 항상 정보 처리 노력이 덜 요구되는 *D* 반응에 집중되는데, 이러한 특성에는 또 다른 이유가 있다. 모든 자극 도형에서 잉크반점의 형태 특성과 일치하는 *W* 반응의 잠재적 반응수가 잉크반점의 형태에 적합한 *D* 반응의 잠재적인 빈도수보다 적다.

한편 거의 모든 드문 부분(이하 *Dd*) 영역 반응은 상당한 훑어보기 이후에 형성된다. 일반적으로 *Dd* 반응에는 더 많은 정보 처리 노력이 필요하다. *Dd* 반응에는 보다 완전한 모양과 장의 역전, 혹은 흰 공백만을 사용하는 등의 경우를 예외로 한다. 그래서 *W*:*D*:*Dd* 비율을 고려할 때, *D* 빈도는 *W*의 빈도보다 1.3~1.6배 정도 더 크고, *Dd* 빈도는 3 미만이 평균적이다. 이러한 예측은 *EB* 유형이나 *Lambda* 값을 고려하지 않아도 적용된다. 단, 10세 미만의 아동에게는 예외인데, 그들은 전형적으로 적어도 *D* 반응만큼이나 많은 *W* 반응을 하며, 때때로 좀 더 많은 *W* 반응을 하기도 한다. 종종 모호한 전체(이하 *Wv*) 반응은 청소년이 과제에 대해 무관심하며 도형 자극장의 복잡성을 개의치 않았기 때문일 수 있다. 검사 상황에서 불확실감이나 위협감을 느낀 아동은 *Dd* 반응을 더 많이 하는 경향이 있다.

잠정적 소견 1: *W*: *D*: *Dd* 비율에서 변인에 대한 값이 보편적으로 기대되는 범위(1:1.3~1.6:*Dd*<4)에 있다면, 사용된 정보 처리 노력과 전략은 대부분의 사람과 유사할 가능성이 있다. 이 가정은 매우 중요하지만, 반응 위치의 계열을 세 번째 단계에서 검토할 때까지는 가설로 간주되어야 한다. 반응 위치의 계열은 정보 처리 과정의 노력이나 동기를 설명하는 첫 번째와 두 번째 단계에서 결과를 명료화하는 데 중요하다.

잠정적 소견 2: *W*: *D*: *Dd* 비율에서 세 변인의 값이 보편적으로 기대되는 범위에 있지 않다면, 정보 처리 노력 그리고/또는 전략의 비일상성을 시사한다. 여러 가능성이 있지만 적용 가능한 가정을 전제로 주의 깊게 검토되어야 한다.

잠정적 소견 2a: *W*: *D*: *Dd* 비율 값에서 *W* 반응이 기대되는 정도보다 크거나 *Dd* 값이 3을 넘지 않는다면, 정보 처리에 투입되는 노력이 더 크다고 볼 수 있다. 이 가정은 *W* 값이 8을 넘게 되면 확정될 수 있다. 만약 *W* 반응의 비율이 기대된 것보다 더 크지만 *Dd* 반응의 빈도가 3을 넘지 않는다면, 이 결론은 2c에서 제기되는 가능성과 함께 검토되어야 한다.

사례 11 유력한 소견

W: *D*: *Dd* 비율이 15:2:1이므로 규준 수치에서 기대된 것보다 정보 처리에 쓰인 노력이 더 많음을 시사한다. 이것은 *Zf*와 관련된 결론에 부합되며, 이러한 노력의 질이나 효율성에 대한 의문이 제기될 수 있다. 인지적인 중재와 사고 영역 군집 자료가 검토되기 전까지는 성급히 결론지어서는 안 된다.

잠정적 소견 2b: *W*: *D*: *Dd* 비율에서 *D* 반응의 수치가 보편적인 정도보다 더 클 때, 그것은 정보 처리 노력을 결정하고 실행하는 데 경제

사례 11 41세 여성의 정보 처리 변인

EB	= 4:6.0	Zf	= 15	Zd	= −2.0	DQ+	= 9
L	= .20	W:D:Dd	= 15:2:1	PSV	= 0	DQv/+	= 1
HVI	= NO	W:M	= 15:4			DQv	= 1
OBS	= NO						

반응 영역과 발달질 계열 정보

I:	Wo.Wo.W+.W+	VI:	W+.D+
II:	W+	VII:	W+
III:	W+	VIII:	W+.Do
IV:	Wo	IX:	Wv/+.Ddo
V:	Wo.Wo	X:	W+.Wv

적이라는 의미로 볼 수 있다. 특히 *D* 반응의 비율이 *W* 반응의 비율보다 2~3배 더 크고 *Dd* 반응의 빈도 값이 4 미만인 경우는 더욱 그러할 수 있다. *Dd* 반응의 빈도 값이 3보다 크다면, *D* 반응 값이 크다고 해도 사고 활동의 경제성은 피검자의 일관적인 특성이 아닐 수 있으며, 2c에서 제시되는 가능성과 함께 다시 검토되어야 한다.

사례 9 유력한 소견

W:*D*:*Dd* 비율이 4:10:3이면, 정보 처리 과정에서 매우 신중하고 보수적이며 경제적인 특성을 시사한다. 때로는 이러한 접근 유형의 특성이 자기 확신이 부족하다는 점을 의미하기도 하지만, 어떤 경우 새로운 경험에 몰두하는 것에 대해 거부하는 양상을 반영하기도 한다.

잠정적 소견 2c: 앞에서 언급한 것처럼 *Dd* 반응이 경제적인 정보 처리 특성만을 반영하는 것은 아니다. 일반적으로 *Dd* 반응은 신중하게 자극 도형을 훑어본 후 형성되며, 단기기억에 저장된 이미지가 재형성되어야 한다. *Dd* 반응의 빈도가 3보다 클 때, 그것은 보편적인 정도보다 주사하는 과정에서 전환이 많이 일어나고 반점의 세부적인 특성에 주의를 기울이는 양상을 반영하는 경우가 많다. *Dd* 반응수가 예상외로 많다면 *W*:*D*:*Dd* 비율을 해석해야 한다. 2a, 2b에서 거론된 *W*와 *D* 관계에 일반적인 원칙을 적용할 수 있지만 *Dd* 결과에 따른 수정이 불가피하다.

예를 들어, *W* 반응이 반응에 비해 많으면, 정보 처리 노력과 관련된 가설은 *Dd* 반응의 더 높은 빈도 값에 의해 신뢰할 수 있다. 그러나 이러한 결과에 대한 타당성은 *Dd* 반응에 대한 보다 실제적인 설명에 의해서 검증될 수 있다. 여기서 세 가지의 설명이 가능해진다.

- 완벽주의를 향한 강박적 경향성이 피검자로 하여금 자극장의 아주 작은 부분에까지 불필요하게 열중하게 할 수 있다. 특히 OBS에 해

사례 9 29세 여성의 정보 처리 변인

EB	= 4:4.5	Zf	= 9	Zd	= −3.5	DQ+	= 6
L	= .21	W:D:Dd	= 4:10:3	PSV	= 1	DQv/+	= 0
HVI	= NO	W:M	= 4:4			DQv	= 1
OBS	= NO						

반응 영역과 발달질 계열 정보

I :	Do. DdSo	VI :	Do
II :	W+.DS+	VII :	D+
III :	D+	VIII :	Do.Dv
IV :	Wo	IX :	Do.Dd+
V :	Wo.Wo	X :	Do.D+.Ddo

당되는 사람들의 경우, 늘 *D* 반응보다 *W* 반응이 적은 편이다. 이는 그들이 복잡한 과제를 다룰 때 자신의 의사 결정에 불편함을 느끼고, 덜 복잡한 것이거나 다루기 쉬운 부분을 선호하고, 쉬울수록 더 잘 처리하는 특성 때문이다.

- 매우 경계하거나 불신하며 지각된 모호성으로 인한 곤란함을 나름대로 최소화하려는 노력을 반영할 수 있다. 이렇게 하는 방법 중 하나로 정확한 윤곽을 가진 것처럼 보이는 *Dd* 영역을 선택하거나 때로는 부분적으로 떼어 만들기도 한다. 회피적 유형을 보이는 사람이나 HVI에 해당되는 사람들 사이에서 흔히 이러한 접근 방식이 나타나곤 한다.
- 거부적이거나 부정적인 인지 세트를 가진 사람은 카드의 흰 공백을 사용함으로써 과도하게 자극에 몰입하려 한다. 흰 공백 부분을 포함시킨 일부 반응들이 *WS* 또는 *DS*로 기호화될 수 있는데, 흰 공백 부분을 초과하여 사용한 경우에는 드문 부분과 공백을 함께 사용한 경우(*DdS*)로 간주되어 *Dd* 빈도 수를 증가시키게 된다. 보편적이지는 않은 정보처리 전략 양상은 어떤 집단에 특정하게 나타나는 것보다는 유의한 정서적 혼란을 경험한 이들에게서 일반적으로 나타나곤 한다.

사례 10 유력한 소견

W:*D*:*Dd* 비율이 4:18:7로 다소 특이하지만, 그는 과민한 유형에 부합되지 않는다. *D*와 *Dd* 반응의 높은 빈도는 그가 상황에 대한 전체적인 조망을 무시하는 부적절한 경향성이 있음을 시사한다. 실제로 그러하다면, 그의 사고 및 현실 검증력에 큰 영향을 끼칠 것이다.

3단계: 반응 위치 계열

반응 위치의 계열성에 대해 검토하는 작업은 두 가지 목적에서 필요하다. 첫째, 어떤 잉크반점에서 *W* 반응이 만들어졌는지에 대한 정보를 얻기 위해서인데, 1단계와 2단계에 공식화된 가설

사례 10 20세 남성의 정보 처리 변인

EB	= 7:6.0	Zf	= 14	Zd	= +4.0	DQ+	= 12
L	= .61	W:D:Dd	= 4:18:7	PSV	= 0	DQv/+	= 0
HVI	= YES	W:M	= 4:7			DQv	= 1
OBS	= NO						

반응 영역과 발달질 계열 정보

I:	WSo.DS+	VI:	D+.D+
II:	D+.Do.D+.Ddo	VII:	D+.Do.DSo
III:	D+.Dd+.Do	VIII:	W+.Dd+.Dv.Ddo
IV:	W+.Ddo	IX:	DdS+.Ddo.Do
V:	Wo.Do	X:	Do.Do.Do.Do

을 재평가하는 데 필요한 중요한 원천을 제공한다. 둘째, 정보 처리에 대한 노력과 전략이 검사 전반에 걸쳐서 합리적이고 일관적으로 투여되었는지에 대한 정보를 얻기 위해서다. 이것은 개인의 정보 처리 습관에 관한 또 다른 조망을 제공한다. *W* 반응의 연속성은 항상 1단계와 2단계의 가설을 지지하게 하겠지만 반응 영역의 위치 계열 자료는 때때로 이러한 가설을 수정하거나 거부하는 것에 중요한 단서가 될 수 있다. 이것은 1단계와 2단계에서 서로 일치하지 않은 가설이 도출되었을 때 더욱 그러하다.

예를 들면, 구조적 요약에서 *Zf*는 10이고 *W*:*D*:*Dd*의 비율이 9:11:1일 때, *W*:*D*:*Dd* 값은 *W* 반응의 높은 비율에 따라 보편적인 정도보다 더 힘들여 과제를 수행할 것이라는 가설을 세울 수 있다. *Zf* = 10의 값은 투여하는 노력의 수준은 평균 정도일 것이라는 점을 시사한다. 통찰력 있는 해석자라면, 만약 *W* 반응 계열이 카드 I, IV, V 그리고 VII에서 각각 두 개, IV번에서 9번째 *W* 반응이 나오면, *W*:*D* = 9:1에서 나온 가정은 수정해야 한다는 점을 알 것이다. 왜냐하면, 9개 중 6개의 *W* 반응이 *W* 반응이 쉬운 카드 I, IV, V에서 나왔고 나머지 3개는 *W* 반응이 어려운 카드에서 나왔기 때문이다. 즉, *Zf*를 근거로 한 가정이 더 타당하다. 대조적으로 *Zf*와 *W*:*D*:*Dd* 값은 같은데 카드 I, II, IV, V, VII, VIII, X에서 *W* 반응이 각 한 개씩, 카드 IX에서 두 개의 *W* 반응이 나온 경우 프로토콜을 보면 매우 인상적인 배열과 상당한 노력이 시사된다. 이 경우 *Zf*보다 *W*:*D*:*Dd*의 비율에 근거한 가설이 더 적합하다.

몇몇의 예에서 *Zf*와 *W*:*D*:*Dd*에 관한 자료는 해석자의 판단을 그르치게 할 수 있고, 단지 반응 위치의 계열에 대해 검토하는 것만으로도 해석적 정보가 분명해질 수 있다. 검사를 받는 사람이 검사 수행에 대해 잘 준비하도록 검사자가 충분히 배려하지 않았을 가능성이 있고, 혹은 상황적으로 과도하게 발휘된 신중성의 영향일 수도 있다. 전형적으로 개개인마다 처음 4~5개 정도의 매우 단순한 *D* 반응이나 *Dd* 반응을 하곤 한다. 흰 공백을 사용하여 반응을 하는 경우도 별다르지 않다. 일단 상황을 보다 편안하게 느끼면, 피검자는 마지막 5개의 잉크반점에서 4~5개의 *W* 반응을 한다. 6 또는 7 정도의 *Zf* 점수와 5:10:3의 *W*:*D*:*Dd* 비율이 나오면 과도하게 경제성을 추구하고 피상적으로 검사에 임했을 가능성을 시사한다. 실제로 피검자가 그 과제에 적응한 이후에는 정보 처리 노력을 일관적으로 기울일 수 있다.

반응 위치의 계열성을 조사하는 두 번째의 목적은 그 사람이 일관적으로 정보 처리 노력을 투입하는지에 대해 알아내기 위해서다. *W* 반응의 반응 순서는 매우 중요한데, 일관적인 사람은 한 카드 내에서 처음이나 마지막에 *W* 반응을 하는 경향이 있다. 반면에 비일관적인 사람들은 *W* 반응의 분산 경향성이 보다 큰 편이다. 기대된 것보다 기록에서 *Dd* 반응수가 많다면, *Dd* 반응에서도 정보 처리 노력의 일관성에 유사한 양상이 예측될 수 있다. *Dd* 반응은 일반적으로 카드에 대한 첫 반응으로 나오지는 않는다. 사실상 대부분의 *Dd* 반응은 잉크반점에 대한 반응 계열에서 거의 마지막 즈음에 나타난다.

특히, *W*와 *Dd* 반응에서 반응 계열의 양상이 카드에 걸쳐 매우 불규칙적이거나 다양하면, 피검자가 문제를 해결하거나 의사 결정을 하는 동안 투입하는 정보 처리 노력과 전략이 비일관적이라는 의미다. 이러한 양상은 아동에게서는 일반적으로 관찰되며, 청소년기 또는 성인의 비일관적인 양상은 정보 처리 습관에 대한 효율성이 결여되어 있음을 시사하는 것일 수 있다. 이것이 한 사람의 주요한 인지적 경향성이 아니라고 해도, 그 사람이 투입하는 정보 처리 노력과는 관계없이 비일관적인 정보 처리 습관은 입력에 오류를 발생시키거나 정보 처리 활동을 질적으로 저하시킬 가능성을 증가시킨다.

잠정적 소견 1: 정보 처리 노력과 관련된 가설이 1단계와 2단계에 의해 얻게 되면, *W* 반응의 계열성은 이러한 가설을 지지하는 근거가 된다. 1단계와 2단계의 가설이 일치하더라도 계열성이 둘 중 하나를 지지하지 않는다면 두 가설은 수정되어야만 한다. 특히, *W*와 *Dd*에서 반응 위치 선택에 대한 계열성이 프로토콜의 대부분에 상당히 일관되게 나타난다면, 그것은 정보 처리 노력과 습관이 규칙적이고 예측 가능하다고 추정할 수 있다. 만약 반응 위치 선택에 대한 계열성이 매우 비일관적이라면, 정보 처리 노력과 전략에 관련된 가설은 노력과 전략의 불규칙성에 주의를 기울이기 위해 수정되어야 한다.

사례 11에 대한 소견

*Zf*와 *W*:*D*:*Dd* 두 자료에서 얻은 결과는 새로운 정보를 처리하는 데 많은 노력이 투자되었다는 의미다. 반응 위치의 계열성은 우리의 가설을 확신하게 할 뿐 아니라 그녀가 정보 처리 접근에서 매우 일관성이 있다는 점을 보여 준다. 그녀는 각 카드에서 *W* 반응을 했고, 카드 I, V 및 X에서 다양한 *W* 반응을 했다. 그녀의 전체 반응에서 두 개의 *D* 반응과 하나의 *Dd* 반응은 모두 그 카드 내에서 두 번째 반응이었다.

사례 11 41세 여성의 정보 처리 변인

EB	= 4:6.0	Zf	= 15	Zd	= −2.0	DQ+	= 9
L	= .20	W:D:Dd	= 15:2:1	PSV	= 0	DQv/+	= 1
HVI	= NO	W:M	= 15:4			DQv	= 1
OBS	= NO						

반응 영역과 발달질 계열 정보

I:	Wo.Wo.W+.W+	VI:	W+.D+
II:	W+	VII:	W+
III:	W+	VIII:	W+.Do
IV:	Wo	IX:	Wv/+.Ddo
V:	Wo.Wo	X:	W+.Wv

잠정적 소견 2: 1단계와 2단계에서 얻은 가설이 일치하지 않는다면, *W* 반응의 계열성은 보다 정확한 확인을 위해 적합한 자료를 제공해야 한다. 잠정적 소견 1처럼 반응 위치 선택의 계열성은 특히 *W*와 *Dd* 선택에서 상당히 일관될 것이라 기대된다. 만약 그러하다면 정보 처리 습관은 규칙적이며 예측 가능하다고 추정할 수 있다. 그러나 만약 반응 위치 선택의 계열성이 현저하게 비일관적인 양상을 보인다면, 노력과 전략의 불규칙성을 언급하기 위해 전반적인 정보 처리 노력과 전략에 대한 가설이 수정되어야 한다.

사례 9에 대한 소견

*Zf*로 얻은 결과는 그녀가 새로운 정보를 처리할 때 대부분의 사람처럼 노력을 투입한다고 가정한다. 그러나 *W*:*D*:*Dd* 비율 자료는 그녀가 대부분의 사람보다 더 신중하거나 경제적인 유형을 선호한다는 점을 시사한다. 반응 위치 계열성은 후자의 가설을 지지한다. 4개의 *W* 반응 중 3개는 카드 I과 V에서, 나머지 하나는 카드 II에서 나타났다. *Dd* 반응은 모두 카드마다 마지막 반응에서 나타났다. 이러한 양상은 2단계에서 전개되었던 경제성과 주의에 관한 가설에 부합되는 매우 효율적인 접근인 듯하다. 일반적으로 그녀는 새로운 정보를 처리하는 데 매우 열성적이지는 않으나, 일상적으로 경제적인 사고 활동을 하고 있는 것 같다.

사례 10에 대한 소견

Zf 값으로 신중한 정보 처리 노력을 예측할 수 있지만, *W*:*D*:*Dd*의 결과는 전체적 상황을 희생시키더라도 과도하게 부분적인 것에 몰두하는 경향을 시사한다. 반응 위치 계열성은 두 개의 가설을 지지할 수 있는데, 모든 카드에 다양한 반응을 한 것은 신중한 노력을 해 왔음을 의미한다. 그러나 7개의 *Dd* 반응은 과도하게 구체적인 것에 몰입하는 경향을 시사한다. 하나(카드 IX)는 첫 번째 반응이었고, 네 개(카드 III, IV, VIII, IX)는 두 번째 반응이었으며, 나머지 두 개(카드 II, VIII)는 마지막 반응이었다. 이것은 매우 불규칙적인 접근으로 정보 처리의 효율성과

사례 9 29세 여성의 정보 처리 변인

EB	= 4:4.5	Zf	= 9	Zd	= −3.5	DQ+	= 6
L	= .21	W:D:Dd	= 4:10:3	PSV	= 1	DQv/+	= 0
HVI	= NO	W:M	= 4:4			DQv	= 1
OBS	= NO						

반응 영역과 발달질 계열 정보

I :	Do. DdSo	VI :	Do
II :	W+.DS+	VII :	D+
III :	D+	VIII :	Do.Dv
IV :	Wo	IX :	Do.Dd+
V :	Wo.Wo	X :	Do.D+.Ddo

사례 10 20세 남성의 정보 처리 변인

EB = 7:6.0	Zf = 14	Zd = +4.0	DQ+ = 12
L = .61	W:D:Dd = 4:18:7	PSV = 0	DQv/+ = 0
HVI = YES	W:M = 4:7		DQv = 1
OBS = NO			

반응 영역과 발달질 계열 정보

I : WSo.DS+	VI : D+.D+
II : D+.Do.D+.Ddo	VII : D+.Do.DSo
III : D+.Dd+.Do	VIII : W+.Dd+.Dv.Ddo
IV : W+.Ddo	IX : DdS+.Ddo.Do
V : Wo.Do	X : Do.Do.Do.Do

효과성이 손상되었음을 의미하며, 결론적으로 과민하기만 한 유형의 소유자일 수 있다.

4단계: *W* : *M*의 비율

W:*M*은 소망 혹은 포부 수준(aspiration)에 대한 정보를 주는 비율이다. 이는 대부분 *W* 반응이 과제에 필요한 노력보다 더 많은 노력을 투입하는 특성을 반영하는 것으로 보는 한편, *M* 반응은 추론보다 고차적인 개념화 작업, 그리고 사고 활동에 방향성을 부여해 주는 기능적인 정보 처리 능력과 관련된다고 보기 때문이다. 다시 말해, *M* 반응의 빈도는 성취지향적 활동에 이용되는 일련의 기능적 능력에 대한 중요한 지표로 간주된다.

W:*M* 비율은 *Zf* 또는 *W*:*D*:*Dd* 비율보다 정보 처리 노력에 대한 직접적인 정보는 덜 제공하며, 오히려 사람의 성취에 대한 관심과 관련이 있다. 이 자료는 정보 처리 노력을 평가하는 데 도움이 될 수 있으며 때때로 매우 현실적이거나 혹은 지나치게 관습적이고 조심스러운 노력과 같은 정보를 제공하기도 한다. 해석적으로 정보 처리 노력이 한 사람의 가용한 자원과 상응해야 한다는 기대를 근거로 한다.

비율은 *M* 반응수에 비해 *W* 반응수가 더 크거나 작은 상황, *W*와 *M*의 비율적 관계가 불균형적일 때 해석적으로 중요한 의미가 있다. *W*:*M*의 관계가 불균형적인가는 *EB*에 대한 해석과 함께 판단되어야 한다. 대부분 외향형일 때보다 내향형일 경우 *M* 반응이 더 많고, 양향형은 외향형보다 *M* 반응이 많지만, 내향형보다는 *M* 반응이 적기 때문이다. 동시에 이 세 개 집단 모두 유사한 수의 *W* 반응을 하는 경향이 있다.

잠정적 소견 1: *W* 반응은 *EB* 유형과 관련하여 고려해 보았을 때, *M* 반응수보다 실제로 더 크다. 내향적인 경우 1.5:1, 양향적일 때는 2:1, 또는 외향적일 때 3:1을 넘지 않는 경우다. 이러한 결과가 나오면, 그는 현재의 기능적인 능력에 적합한 정도 이상으로 성취하기 위해 애쓰고 있다고 볼 수 있다. 만약 이러한 경향성이 모든 행동에서 발생한다면, 성취 목표에 대한 실패 가능성이 증가하게 되고, 이러한 실패의 영향으로 좌절을 경험하게 할 수 있다. 이러한 가설은 발달질에서 *DQ*+ 반응의 빈도가 적다면 확실해진다.

이 결과들은 성인과 연령이 많은 청소년에 대해서 중요한 해석 정보지만, 아동과 더 어린 청소년에게는 흔한 결과이므로 적절하지 않을 수 있다. 대부분의 5~6세 아동은 5:1과 8:1 사이의 *W*:*M* 비율을 가지며, 더 큰 차이가 있을 때도 있다. 유사하게 9~11세 아동은 종종 4:1 또는 더 큰 *W*:*M*의 비율을 보이며, 12~14세 아동에게는 3:1의 비율이 일반적이다. 어린 아동들은 자신의 능력을 과대 평가하고 매우 높은 목표를 세운다. 다행히 그들은 대부분 자신의 목표에 적은 가치를 두며, 좌절의 영향이 상대적으로 길지 않기 때문에, 보통 좀 더 무심한 방식으로 실패의 결과를 다룰 수 있다. 5단계로 가자.

사례 11 유력한 소견

사례 11의 *W*:*M*의 비율은 불균형적이다. 그녀는 15:4의 *W*:*M*으로 외향적이며, 이것은 4:1로 감소되며 자신의 기능에 적당한 정도 이상으로 성취를 추구한다고 가정할 수 있다. 그녀의 성취 동기는 훌륭하지만, 그녀의 개인력과 신경심리학적 평가에 의해 나타난 중등도의 손상을 고려하면 실패의 위험 가능성도 크다는 점을 배제하기 어렵다.

잠정적 소견 2: *W* 반응의 비율은 *EB* 유형을 고려했을 때, *M* 빈도와 비교하여 불균형적으로 작다. 비율이 1.2:1이면 외향적이고, 양향적인 성향일 때 그 차이는 더 작을 수 있으며, 내향적일 때 .75:1과 같은 비율을 보일 수 있다.

이런 결과와 일치하면, 그것은 매우 주의를 기울이고, 전반적으로 신중하거나 혹은 성취 대상을 정의할 때 열의가 없는 경우일 수도 있다. '주의 깊고–신중한'과 '열의가 없는' 것의 차이점은 보통 *Zf*로 결정될 수 있다. 만약 *Zf*가 평균이라면, 또는 특히 평균 이상이라면, 사람은 성취 목표 설정에 주의 깊고 신중할 수 있다. 만약 *Zf*가 평균 이하라면, 아마도 성취 목표를 세우는 것에 관해 전반적으로 경제적이고 다소 열의가 없을 수 있다. 회피적 유형인 사람도 이러한 양상을 보일 수 있다. 5단계로 가자.

사례 9와 10 유력한 소견

사례 9에서 4:4의 *W*:*M*의 비율은 1:1로 환산되는데, 이것은 양향적일 때 특이한 것이다. *W*:*M* 비율은 그녀가 성취 목표를 정할 때 매우 주의 깊고 신중하다는 것을 말한다. 이것은 그녀의 정보 처리 노력과 관련된 다른 결과와 일치하는 것으로 보인다.

사례 10의 4:7의 *W*:*M*은 .57:1로 환산되는데, 이것은 양향적인 경우와 매우 다르다. 그는 14의 *Zf*를 보이지만 과민하다. *W*:*M*은 *W*:*D*:*Dd* 자료에서 나타난 매우 주의 깊고 신중한 접근과 같은 맥락의 해석이 가능하다.

5단계: *Zd*

Zd 값은 프로토콜에서 *Z* 점수의 합(*ZSum*)과 조직화 점수 반응의 빈도에 근거해 추정된 *Z* 점수(Zest)와 일치하는지를 확인하는 차이 점수다. *Zd* 점수는 정보 처리 작업 동안 발생된 주사 활동의 효율성 근거를 제공한다. 동시에 정보 처리를 효율적으로 하기 위한 강력한 동기를 확인할 수 있다. +3.0과 −3.0 사이의 *Zd* 값이 기대된다.

잠정적 소견 1: *Zd* 값이 사례 11(−2.0)처럼 평균 범위라면, 그것은 주사의 효율성이 대부분의 사람과 유사하다는 것을 가정할 수 있게 한다. 6단계로 가자.

잠정적 소견 2: *Zd* 값이 −3.0보다 작을 때, 그것은 보통 과소 통합적인 주사 활동을 의미한다. 다시 말해, 피검자는 빠르게 대충 주사하며, 잉크반점 지면에 존재하는 중요한 작은 부분이나 단서를 종종 무시하게 될 것이다. 이것은 10세 미만의 아동에게 보편적이며, 일반적으로 아동에게 심각한 결점이 없다면 중요하게 볼 것은 아니다. 그러나 연령이 높은 아동이나 성인의 경우, 과소 통합은 비효과적인 행동 양상을 유발하고, 중요한 단서에 대한 잘못된 인지적 중재를 하게 해 결정적으로 행동의 방향을 변경할 수도 있다. 과소 통합하더라도 인지적인 지연과 주사 과정이라는 인지적인 재구조화 과정을 거쳐 수정되기도 한다.

사례 9 유력한 소견

이 여성은 *Zd* 점수가 −3.5인데, 이는 기대되는 평균 범위보다 작은 값이다. 그녀는 과소 통합하는 사람으로 그녀의 주사 과정은 명백하게 비효율적인 것이며, 성급하고 부주의하다. 이것은 그녀가 의사결정과 행동에 대해 아주 중요한 단서를 무시하기 쉬운 경향성이 있다는 의미다. 하지만 이러한 가정은 분명히 신중하고 주의 깊게 정보를 처리한다는 5단계 이전의 가설과 불일치하는 부분이다. 이것은 가정과 회피적 유형이 아닌데도 그녀가 심리적인

사례 9 29세 여성의 정보 처리 변인

EB	= 4:4.5	Zf	= 9	Zd	= −3.5	DQ+	= 6
L	= .21	W:D:Dd	= 4:10:3	PSV	= 1	DQv/+	= 0
HVI	= NO	W:M	= 4:4			DQv	= 1
OBS	= NO						

반응 영역과 발달질 계열 정보

I :	Do. DdSo	VI :	Do
II :	W+.DS+	VII :	D+
III :	D+	VIII :	Do.Dv
IV :	Wo	IX :	Do.Dd+
V :	Wo.Wo	X :	Do.D+.Ddo

사례 10 20세 남성의 정보 처리 변인

EB	= 7:6.0	Zf	= 14	Zd	= +4.0	DQ+	= 12
L	= .61	W:D:Dd	= 4:18:7	PSV	= 0	DQv/+	= 0
HVI	= YES	W:M	= 4:7			DQv	= 1
OBS	= NO						

반응 영역과 발달질 계열 정보

I :	WSo.DS+	VI :	D+.D+
II :	D+.Do.D+.Ddo	VII :	D+.Do.DSo
III :	D+.Dd+.Do	VIII :	W+.Dd+.Dv.Ddo
IV :	W+.Ddo	IX :	DdS+.Ddo.Do
V :	Wo.Do	X :	Do.Do.Do.Do

복잡성을 피하려는 경향이 있음을 시사하는 단서다.

잠정적 소견 3: *Zd* 값이 +3.0보다 크다면 그것은 보통 과도 통합(overincorporationg) 유형으로 볼 수 있다. 과도 통합은 주사 활동에서 인지적으로 더 큰 노력을 요구한다. 과도 통합자들은 부주의를 피하려고 상황의 특성을 주사하기 위해 필요 이상으로 더 많은 노력을 기울여야 한다고 느낀다. 투입되는 노력이 다소 덜 효율적이더라도 과도 통합은 주사 과정에 모든 자극 단서를 입력시킨다는 면에서 긍정적인 자원일 수 있다. 반면에 이들은 이와 같은 유형의 중요성을 지나치게 강조하는 경향이 있고, 의사 결정 시 불필요하게 우유부단할 수밖에 없기 때문에 심리적 붕괴나 해체가 있다면 오히려 취약점이 된다. 6단계로 가자.

사례 10 유력한 소견

사례 10은 +4.0의 *Zd* 점수가 나오고, 주사 활동에 아주 철저하다는 해석을 할 수 있다. 이 소견은 과민한(hypervigilant) 유형에서 기대되는 것이고, 다른 소견들은 그가 매우 신중하고 보수적이라는 점을 시사한다. 그러나 정보 처리에 대한 그의 일반적 접근 또한 불규칙하고 다소 혼란되어 있다. 따라서 과도 통합적 유형은 그에게 자원이라기보다는 취약성이 될 수 있고, 아마도 그의 요란한 정보 처리 노력에 기여하는 요소일 것이라 해석할 수 있다.

6단계: 보속성(PSV)

Zd 값과 무관하게, PSV 반응이 있다는 것은 정보 처리 효율성에 어떠한 문제가 있다는 의미로 해석된다. 반응의 세 가지 종류는 PSV(카드 내, 내용, 기계적인 보속성)로 기호화된다. 가장 일반적인 것은 카드 내 보속성이다. 그것은 이전 반응과 거의 동일한 대답에 대해 기호화된다. 동일한 위치, 발달질, 결정인, 형태질, 반응 내용 기호, 동일한 *Z* 점수를 갖는다.

내용 보속성은 사람이 이전에 보았던 동일한 사물을 답할 때 기호화된다. 내용 보속성은 정보 처리와는 다소 무관하다. 오히려 그것들은 인지적 집착에 관한 정보를 제공한다. 기계적 보속성은 피검자가 잉크반점의 특징을 무시하고 온통 동일한 내용으로 보고할 때 기호화된다. 보속성은 전형적으로 단순하며, 일반적으로 매우 심각한 인지적·신경학적 문제를 반영하기 때문에 로르샤하 검사에 부적합한 피검자를 통해 얻게 되는 타당성이 낮은 반응 프로토콜에서 빈번하게 나타난다.

잠정적 소견 1: PSV 값이 1이며, 카드 내 PSV일 때, 그것은 사람이 어떠한 주의를 전환하는 데 어려움이 있다는 점을 의미한다. 즉, 덜 효율적인 정보 처리 활동을 할 것이라고 해석된다. 7단계로 가자.

사례 9 단정적 소견

프로토콜에 하나의 보속성이 있고 그것은 카드 V(첫 반응은 나비고, *Wo FC'. FMao A P 1.0*, 두 번째 반응은 박쥐며 *Wo FMa. FC'o A 1.0*)에 대한 두 번째 반응이 카드 내 보속성으로 채점된다. 이것은 때때로 그녀가 주의를 전환시키는 데 어려움이 있을 수 있으며, 정보 처리에서 덜 효율적일 수 있다는 점을 시사한다. 이것은 그녀의 *Zd* 점수에서 얻은 가설과 일치하는 것으로 보인다.

잠정적 소견 2: 카드 내 PSV 값이 1보다 크다면, 주의 전환에서 상당한 어려움이 있음을 의미한다. 일반적으로 이러한 결과는 매우 어린 아동, 심리적 혼란이 있는 사람 또는 신경학적 문제를 가진 사람에게만 해당될 수 있다. 만약 이러한 결과가 나타난다면, 로르샤하 자료에서 나타난 것보다 인지적 기능에 대한 더 주의 깊은 평가가 있어야 한다. 7단계로 가자.

7단계: 발달질의 분포

*DQ*의 분포는 정보 처리 활동의 질과 연관되나 또한 중재 및 개념화와 관련된다. 따라서 정보 처리와 관련된 *DQ* 점수의 해석은 주의 깊게 이루어져야 한다. 정보 처리 과정은 입력 작동(주사와 정신적인 상이 만들어지는 작업)에 초점이 맞추어지지만 반응의 발달질을 기호화하는 것은 반응하는 과정에 반영된 인지적 활동의 결과인 반응에 근거해 기호화되기 때문이다.

정보 처리 과정의 질이 양호한 수준이라면, *DQ* 점수의 논리는 '명확한' 반응으로 기호화 될 수 있다. 명확한 반응은 합리적이고 정확한 것이라고 판단된다. 그것은 형태 요구나 형태의 특정성이 있고, 일부 예에서는 자극, 즉 잉크반점을 통합하는 과정을 포함하기도 한다. *DQ+*와 Do 반응은 명확한 반면에 *DQv*와 *DQv/+* 반응은 명확하지 않은 반응이라고 본다.

적어도 다음과 같이 인지적 활동의 정교화 정도의 차이에 따라 네 가지 발달질을 기호화하게 된다.

DQ+ *DQo* *DQv/+* *DQv*

이러한 연속선상에서, 왼쪽 끝에 있는 *DQ+* 반응은 분석과 통합의 가장 정교한 수준을 나타낸다. 대부분의 사람이 몇 가지의 이러한 반응을 하지만, 질 높은 교육을 받았거나 심리학적으로 좀 더 복잡한 사람들 사이에서 발생한다. 연속선상에서 정반대 끝에는 *DQv* 반응이 있다. 그것들은 분석 노력을 거의 기울이지 않고 잉크반점을 통합하지 않는 미숙한 인지 활동을 반영하며, 정보 처리의 형태가 단편적이고 인상에 근거하며 확산적이고 부조리할 가능성을 시사한다. 그것은 아동이나 지적 제한이 있거나 신경학적 손상이 있는 사람들에게 가장 많이 나타난다.

*DQo*는 연속선상의 중앙점에서 약간 왼쪽에 있다. 많은 사람에게서 나타나는데, 인지활동의 질이 낮다기보다는 인지적인 경제성을 반영하는 것일 수 있다. 오히려 신중한 경향일 수 있고 형태를 분명히 인지하고 잉크반점 지면이나 일부의 본질적인 명확성에 주목하는 특성일 수 있다. *DQv/+*는 연속선상의 중앙점과 오른쪽 끝점의 가운데에 위치하며, 네 가지 *DQ* 유형 중 가장 적은 빈도로 나타난다. 어린 아동의 기록에서 유의미하게 나타난다면, 더 높은 수준의 인지 활동을 지향하는 것으로 해석할 수 있다. 그러나 *DQv/+* 반응은 거의 대부분 정보 처리 결정에 결함이 있거나 통합을 시도하지만 손상되어 있음을 의미하는 것으로, 청소년이나 성인의 기록에서는 기대되지 않는다.

명확한 반응(*DQ+*와 *DQo*)은 효율성이나 효과적 조절과 같은 뜻은 아니다. 정보 처리를 포함해 인지적 작업이 매우 복잡하고 정교한 특성을 보인다고 해서 그 과정의 결과물(반응과 행동)이 꼭 현실에 적합하거나 적응적인 조절 양상으로 나타나는 정적 상관만을 기대하기는 어렵다. 사실 매우 심각한 증상 양상과 많은 부적절한 행동도 그에 상응하는 매우 정교한 인지적 작업이 없다면 가능하지 않다.

예상되는 범위와 값

성인과 청소년들에게서 *DQ+*와 *DQv*의 범위와 비율은 매우 다양한 *EB* 값으로 나타난다. 내향적인 경우, 인간 운동 반응(*M*)이 더 많고, *M*은 대부분의 다른 반응보다 자극에 대한 통합 과정이 포함되어야 하기 때문에 *DQ+*가 많다. 외향적인 경우, 내향적이거나 양향적인 경우보다 *DQv* 반응이 더 많을 가능성이 있다. 분명하게 외향적인 경우, 유채색 특성에 더 반응하는 경향이 있으며, 피, 불, 잎, 그림과 같은 형태가 요구되지 않는 유채색을 포함하는 확산적 반응을 할 가능성이 더 많다.

의외로 회피적 유형인 경우, 주목할 만하지는 않다. 대개의 회피적 유형인 사람들도 *DQv* 반응과 *DQ+* 반응을 많이 한다. 분명히 회피적 유형은 노력에는 영향을 주지만, 정보 처리의 질에 별다른 차이를 반영시키지 못한다. 다른 한편, *Zd*에 의해 반영되는 정보 처리 효율성은 *DQv*와 *DQv/+* 반응과 일부 관련이 있다. 이러한 유형은 과도 통합이나 과소 통합(underincorporating)의 여부에 따라 크기는 두 배의 차이를 보이기도 하지만, 이러한 차이점은 반드시 규칙적이지는 않다. 일부 과도 통합자들은 종종 의외로 높은 빈도의 *DQv*와 *DQv/+* 반응을 보이기도 한다. 이러한 경우, 정보 처리 질에서 혼란이 있다는 의미이고, 성인과 청소년이 양향적이고 외향적인 경우 *DQ*+ 값은 5~8 정도가 나올 것으로 기대되는 반면에 성인과 청소년에게 내향적인 경우 7~10 정도가 기대된다. 이렇게 *EB*에 근거한 차이는 12세 미만의 아동에게는 적용할 수 없다. 12세 미만의 아동의 값은 5~8 정도가 기대된다. 성인과 청소년이 내향적이고 양향적인 경우, *DQv* 값은 0이거나 1 정도가 기대된다. 성인과 청소년의 외향적인 경우는, 1이나 2 정도가 기대된다. 일반적으로 아동에게는 *DQv*의 값이 더 크다. 사실 4 정도는 10세 이하의 아동에게 흔한 편이다. *DQv/+* 반응은 성인과 아동 모두에게 일반적이지 않아서, 성인과 좀 더 연령이 높은 아동들에게 기대되는 값은 0이지만, 10세 이하의 아동에게서 1의 값이 나오기도 한다.

잠정적 소견 1: 만약 *DQ*+ 값이 예상 범위에 있고, *DQv*와 *DQv/+*의 결합된 값이 내향적이거나 양향적인 경우 1보다 크지 않거나, 외향적인 경우 2보다 크지 않다면, 보통 정보 처리의 질이 매우 적절하다고 가정할 수 있다.

사례 9와 11 유력한 소견

*DQ*의 수가 두 사례 모두 각각 6과 9로 예상값 이내에 있다. 양향적 경우인 사례 9는 1개의 *DQv* 반응이 포함된 반면에 사례 11은 외향적인 프로토콜로 하나의 *DQv*와 1개의 *DQv/+* 반응이 있다. 이것은 이 두 여성의 경우 정보 처리의 질이 적절하다는 의미다.

잠정적 소견 2: 만약 *DQ*+ 값이 예상값 범위에 있고, *DQv*와 *DQv/+*의 합이 내향적이거나 양향적인 경우 1개이거나, 또는 외향적일 경우 2개 이상이라면, 정보 처리의 질이 적절하다고 가정할 수 있다. 동시에 정보 처리 활동이 덜 적절하거나 성숙한 수준 값에 부족하므로 고려해 보아야 한다. 이러한 경우는 아동에게는 일반적이나 청소년과 성인에게는 일반적이지 않다. 정보 처리는 입력 과정에서 이완이나 결합에 영향을 주는 경우가 종종 있으며, 통제의 어려움에 대한 조짐일 수 있다.

사례 9 29세 여성의 정보 처리 변인

EB	= 4:4.5	Zf	= 9	Zd	= −3.5	DQ+	= 6
L	= .21	W:D:Dd	= 4:10:3	PSV	= 1	DQv/+	= 0
HVI	= NO	W:M	= 4:4			DQv	= 1
OBS	= NO						

반응 영역과 발달질 계열 정보

I : Do. DdSo	VI : Do
II : W+.DS+	VII : D+
III : D+	VIII : Do.Dv
IV : Wo	IX : Do.Dd+
V : Wo.Wo	X : Do.D+.Ddo

사례 11 41세 여성의 정보 처리 변인

EB	= 4:6.0	Zf	= 15	Zd	= −2.0	DQ+	= 9
L	= .20	W:D:Dd	= 15:2:1	PSV	= 0	DQv/+	= 1
HVI	= NO	W:M	= 15:4			DQv	= 1
OBS	= NO						

반응 영역과 발달질 계열 정보

I:	Wo.Wo.W+.W+	VI:	W+.D+
II:	W+	VII:	W+
III:	W+	VIII:	W+.Do
IV:	Wo	IX:	Wv/+.Ddo
V:	Wo.Wo	X:	W+.Wv

잠정적 소견 3: 만약 *DQ+* 값이 예상값 범위 이상에 있고 *DQv*와 *DQv/+*를 구성하는 값이 내향적이거나 양향적인 경우 하나 이상이거나, 또는 외향적일 경우 2 미만이라면, 정보 처리의 질이 양호하며, 오히려 복잡할 가능성이 있다고 가정할 수 있다. 비록 이 결과가 보다 교육을 많이 받은 피검자들 사이에서는 일반적일 수 있으나, 조절에 대한 보다 효율적인 인지 또는 보다 효과적인 대처 양상의 증거로 반드시 적합한 것은 아니다. 그것은 단순히 정보 처리 입력 과정이 질적으로 양호하다는 의미일 수 있다. 8단계로 가자.

사례 10 유력한 소견

12개의 *DQ+* 반응이 양향적인 경우 기대하는 값 이상이다. *DQv* 반응은 없다. 이것은 그의 정보 처리의 질이 매우 양호하며, 심리적으로 복잡할 가능성이 있다. 그가 과민한 유형으로 새삼스러운 소견은 아니며, 지능이 좋을 것이라는 가정은 타당하다. *Zf*가 평균 이상이며 과도 통합적 유형이라는 소견과 일치한다.

사례 10 20세 남성의 정보 처리 변인

EB	= 7:6.0	Zf	= 14	Zd	= +4.0	DQ+	= 12
L	= .61	W:D:Dd	= 4:18:7	PSV	= 0	DQv/+	= 0
HVI	= YES	W:M	= 4:7			DQv	= 1
OBS	= NO						

반응 영역과 발달질 계열 정보

I:	WSo.DS+	VI:	D+.D+
II:	D+.Do.D+.Ddo	VII:	D+.Do.DSo
III:	D+.Dd+.Do	VIII:	W+.Dd+.Dv.Ddo
IV:	W+.Ddo	IX:	DdS+.Ddo.Do
V:	Wo.Do	X:	Do.Do.Do.Do

잠정적 소견 4: 만약 *DQ+* 값이 예상값 범위 이상이고 *DQv*와 *DQv/+*를 구성하는 값이 내향적이거나 양향적인데 1 이상이거나, 또는 외향적인데 2 이상이라면, 정보 처리의 질이 매우 양호하거나 좀 더 복잡할 것이라 가정할 수 있다. 그러나 동시에 정보 처리 활동의 질이 정보 처리 결과에 비해 결함이 있거나 미성숙하다는 의미이기도 하다. 심리적 혼란을 경험한 사람에게 흔하게 나타나곤 한다. 이와 같은 정보 처리의 문제는 새로운 입력 자극을 변환하고 개념화하는 데 문제가 잠재되어 있음을 의미한다.

잠정적 소견 5: 만약 *DQ+* 값이 예상값 범위보다 작고, 내향적이거나 양향적인데 *DQv*와 *DQv/+*를 구성하는 값이 하나도 없고, 또는 외향적인데 2 미만이라면, 정보 처리의 질은 적절하나 전형적인 정도에 비해 상대적으로 신중하거나 경제적이라 해석할 수 있다. 이런 결과는 회피적 유형이 사람들에게 흔한 것으로 심리적 활동 방향에 결정적인 영향을 끼친다는 의미로 볼 수 있다.

잠정적 소견 6: 만약 *DQ+* 값이 예상 범위보다 작고, 내향적이거나 양향적인데 *DQv*와 *DQv/+*를 더한 값이 하나 이상이거나, 또는 외향적인데 두 개 이상이라면, 특히 복잡한 상황에서 정보 처리의 질이 적절하지 않을 수 있음을 의미한다. 간혹 정보 처리 과정에서 발생되는 일련의 이완이나 결함은 적응의 어려움을 발생시킨다. 8단계로 가자.

8단계: 발달질의 계열

반응 위치 기호의 계열과 같이, *DQ* 연속성 또한 정보 처리 노력의 적당함이나 질을 이해하려고 할 때 유용한 정보를 제공한다. 일부 잉크반점에 대해 *W* 반응을 형성하기 쉽지만, 또 어떤 잉크반점에 대해서는 *W* 반응을 형성하기가 쉽지 않다는 점에 주목해야 한다. *DQ+*반응에는 매우 다양한 형태가 나타나는데 *W* 반응들이 의미하는 바와는 반대되는 해석을 해야 할 수도 있다.

일반적으로, 자극 지면이 부분으로 나뉘어 있을수록 *DQ+* 반응이 더 쉽게 나타날 수 있다. *DQ+* 반응은 카드 II, III, VII, VIII, 그리고 IX에서는 덜 나온다. *DQ+* 반응은 카드 III에서 가장 자주 나타나고, 카드 V에서 가장 적게 나타난다. *DQv* 반응은 덜 일관적이지만, 특히 카드 III, VIII, X의 유채색 잉크반점에서 높은 빈도로 발생된다.

어느 카드에서 *DQ+*와 *DQv*가 나왔는지에 대한 정보를 검토해 보면 정보 처리와 관련된 가설을 명료하게 할 수 있다. 유사하게, 잉크반점에 나타난 이 두 발달질의 계열 연속성 정보가 유용할 때가 있다. 예를 들어, 잉크반점에 대해 습관적으로 *DQ+* 반응을 하는 피검자의 경우 이것은 정보 처리가 효율적이라는 의미라기보다는 단지 양질의 정보 처리에 익숙하다는 의미다.

다른 한편, *DQ+* 반응이 한 카드의 마지막 반응에 주로 나오면, 그것은 완전하게 주사하거나 조직화할 때까지 과제에 집중한다는 의미일 수 있다. 이것은 긍정적인 특징이지만, 피검자는 새로운 정보를 처리해야 할 때 최대한 질적 정보 처리 과정에 주의를 기울이는 것이 익숙한 사람일 수 있다. 때때로 *DQ*+의 반응에 흔히 공간을 통합한 활동이 포함된다. 이는 좋은 질의 반응이긴 하지만, 공간 통합은 환경에 대한 어떤 부정적이거나 적대적인 조망이 활성화되어 있을 때 주로 발생하는 경향이 있다.

10세 미만의 아동을 제외하고, 첫 반응에 *DQv* 반응이 나오지 않는다. *DQv*가 첫 반응이면, 특히 첫 반응으로 나타난 카드가 하나 이상이면, 두 가지 해석이 가능하다. 하나는 잘 성립된 이미지를 형성하고 검토하기 이전에 조급한 결정을 하는 인지적 충동성에 의한 것이라는 해석이다. 다른 하나는 단기기억으로부터 이미지를 창조하거나 유지하는 것에 어떤 어려움이 있을 수 있다는 해석이다. 이 경우 흔히 초점적 주의를 기울이는 데 어려움이 있다.

발달질의 연속성을 검토하다 보면, *DQv* 반응은 잉크반점에 대한 중간이나 마지막 반응으로 나타나는 경우가 대부분이다. 보통 이것은 피검자가 자극에 의해 혼동되거나, 불만족스럽거나, 좌절되었을 때 발생되며, 자극의 이미지가 저장되고 과제가 그것과 연관된 사고 활동을 요구하는 과정에 의해 위협을 받아 형성되었을 가능성이 있다. 그래서 피검자는 자극의 이미지를 변경하려 하고, 어떤 사람은 단순히 잉크반점 카드를 회전시키거나 그대로 두고 새로운 이미지를 형성하기도 한다. 이것은 *DQv* 반응을 하는 것보다 상황을 다루는 보다 은밀한 유형일 수 있다. *DQv*는 정보 처리 노력에 문제가 생기면서 나타나게 되는데, 윤곽을 무시하면서 기존에 저장된 이미지를 재구조화하는 작업이 실패하면서 윤곽이 확산되고 모호해진다.

DQv 반응이 중간이나 마지막으로 나타나는 것에 대한 또 다른 설명은 피검자가 자극에 의해 형성된 이미지를 유지하는 데 필요한 단기기억에 문제가 있다는 것이다. 특별한 경우지만, 인지적으로 또는 신경학적 손상이 있는 피검자에게만 해당되는 설명이다. 만약 이러한 손상이 있다면, *DQv* 반응의 빈도는 매우 중요하며, 전체 기록들은 다른 유의미하고 타당한 자료로 대치되어야 한다.

잠정적 소견 1: *DQ* 계열 정보로 피검자의 정보 처리 노력, 효율성, 그리고 질과 관련된 결과를 통합해 이전에 나타난 결과들을 보완하거나 명료화해야 한다. 간혹 발달질의 계열에 대한 정보가 다른 소견들과 대립될 수 있는데 이때는 이전의 가설들이 수정되어야 한다.

사례 9

6개의 모든 *DQ*+ 반응은 상대적으로 모양(II, III, VII, IX, X)이 분리된 것이었으며, 그중 3개가 각 카드의 첫 반응이었다. 하나의 *DQv*는 카드 VIII에서 두 번째 반응이고, 이것은 다소 독특했다. 그러나 계열성에서 보면 주목할 만한 것은 없다. 그녀의 정보 처리 활동의 질이 경제성은 높고 적절하지만, 매우 보수적이다.

사례 10

그의 12개의 *DQ*+ 반응은 10개의 카드 중 8개에서 고루 나타났다. 7개는 각 카드의 첫 반응이었고, 4개는 두 번째 반응이었다. 이는 정보 처리 과정의 질이 높다는 근거가 된다.

그러나 *DQ*+ 반응 중 3개는 *Dd* 영역에서 나왔고, 8개 카드 중 6개는 *DQ*+ 반응이 있었으며, 통합된 반응에 뒤이어 한 개 혹은 두 개 이하의 덜 세련된 반응이 나왔다. 그의 정보 처리 노력의 질은 양호하지만, 다소 과제에 집착하고, 과민한 특성이 평소의 정보 처리 과정의 질에 분명하게 영향을 줄 것이라는 점을 의미한다.

사례 11

9개 *DQ*+ 반응 중 6개는 첫 반응이며, 질이 좋은 반응이다. 그러나 마지막 2개에서 반응 형성에 어려움이 있었던 것으로 나타났다. 카드 IX에 대한 첫 반응은 *DQv*/+였으며, *Ddo* 영역이었다. 카드 X에 첫 반응은 *W*+이었고, 마지막 반응 발달질은 *Wv*였다. 이는 그녀의 정보 처리 과정이 뒤로 갈수록 붕괴되며, 정보 처리 과정의 시간이 더 있더라도 정보 처리 노력의 질을 유지할 수 있는지에 대한 의문이 생긴다. 이 의문점에 대해 인지적 중재와 사고(관념화) 관련 자료가 검토될 때까지는 명확한 결론을 내리기 어렵다.

정보 처리 관련 결과 요약

정보 처리 결과에 대한 소견은 '정보 저장' 다음에 요약되어야 한다. 요약은 간단할 것이다. 왜냐하면 결과는 지각적-인지적 정보 처리 입력의 측면만을 나타내기 때문이다. 결과가 적합한 것인지는 인지적 삼구조의 두 개 다른 군집들로부터 전개된 결론을 포괄하여 통합하였을 때 의미가 있다. 이 장에서 사용된 세 가지 사례에 대한 요약은 다음과 같이 정리할 수 있다.

사례 9

그녀는 신중해 보이며 새로운 정보를 처리할 때 경제성을 추구하려 애쓴다(1단계와 2단계). 이것은 자기 노력에 대한 확신이 부족하기 때문일 수 있으며, 새로운 경험을 해야 할 때 미묘하게 거부하려 할 수 있다. 원인이 무엇이든, 그녀는 정보 처리에 매우 열심히 임하지는 않을 것이다(3단계와 4단계). 사실상 그녀는 종종 비효율성과 성급한 정보 처리 양상을 보일 수 있고(5단계), 동시에 적절하게 주의를 전환시키는 데 어려움이 있을 것이다(6단계). 이는 특히 의사 결정과 행동에 중요한 환경 단서를 무시하는 경향으로, 그녀의 특징적인 경향성일 수 있다. 이러한 부정적 특징에도 불구하고, 그녀의 정보 처리 노력의 질에 문제가 있다고 가정하기에는 충분한 근거가 부족하다(7단계와 8단계).

사례 10

그는 매우 경계하는 사람이며, 타인을 불신하는 특성이 새로운 정보를 처리하는 과정에 영향을 끼친다. 정보를 열심히 조직화하지만(1단계), 그렇게 하면서 종종 너무 지나치게 구체화되고 단편적인 양상을 보인다(2단계와 3단계). 새로운 자극 지면을 주사할 때, 과제에서 매우 완벽하려 하며 신중한 노력을 기울인다. 이러한 정보 처리 접근 방식이 긍정적으로 평가될 수도 있지만, 예를 들어 지나친 구체화 작업은 종종 상황에 대한 전체성을 무시하고 비일관적인 처리와 때때로 산만한 방식을 취하도록 할 수 있다(5단계와 3단계). 실제로 정보 처리에 관련된 능력의 질은 매우 높은 수준이지만, 인지적인 중재와 관념화에 대한 정보를 검토한 후 정보 처리 노력에 대한 재검토가 이루어져야 한다(7단계와 8단계).

사례 11

그녀는 일반적인 것보다 새로운 정보를 조직화하기 위해 더 많은 노력을 투자한다(1단계). 노력은 매우 일관적이지만(2단계와 3단계), 가끔 그녀 자신의 기능에 합당한 정도 이상으로 성취하기 위해 과도한 노력을 기울인다(4단계). 이 상당한 노력의 원인은 명백하지는 않지만, 실수하는 것을 예방하고자 하는 노력을 시사한다. 일부 자료로 보아 지속적으로 세련되지 않더라도 실제 정보 처리 능력의 질은 적절한 수준이라는 해석이 가능하다.

정보 처리 관련 변인 연구와 개념들

언급했던 것처럼 정보 처리와 관련된 로르샤하 변인에 연관된 연구 결과에 아쉬움이 많다. 연구하기 어려운 주제이며, 종종 매우 방대한 방법론이 요구된다. 그럼에도 불구하고 다행히 지금까지의 연구 결과로 기본적인 해석의 틀을 얻을 수 있었다.

강박적 유형 지표(OBS)

1990년에 제안된 OBS는 개정된 정신분열증과 우울지표 간의 교차 타당화 연구 등 검증 과정을 거쳤다. 정신분열증이나 심각한 우울 둘 다가 아닌 사람들이 포함된 정신증적 집단에서 긍정 왜곡률에 대한 지표를 검증하는 것이 중요했다. 피검자는 32명의 외래 환자, 강박증으로 진단받은 사람, 명백한 강박 행동이 확인된 두 번째의 외래 환자들로 구성되었다. 후자에 포함된 사람들의 대부분은 주요 증상으로 불안을 호소하였으나 그들 중 33명은 특징적으로 공황증상을 보였다.

146개의 프로토콜에 대한 판별함수분석 결과, 6개 변인에 대해 7개 조건에서 상당한 동질성을 보였다. 다양한 조합으로 이 조건들을 적용했을 때, 146명의 피험자 중 101명(69%)은 정확히 확인되었다. 조건 중 2개(*FQ+*와 *X+%*)는 다른 5개의 조건보다 부하치가 컸다. 따라서 OBS의 계산에 타당하게 나타난 변인 중 일부 4개의 조합이 포함된다(Exner, 1990).

비환자군 집단에서 OBS는 아동과 청소년의 1,390개의 프로토콜 중 2개가 정적인 결과를 보였는데, 600개 중 8개(1%)는 성인 자료에서였다. 후자는 5명의 내향성, 1개의 외향성 피검자의 반응 프로토콜, 나머지 2개는 양향적인 피검자의 반응 프로토콜이었다. 535개의 외래 환자 프로토콜에서 OBS에 해당된 경우는 44개였다. 44개 중 35개는 내향적 피검자들에게서, 양향형의 피검자 기록에서는 6개만 나타났으며, 외향적 프로토콜에서 2개, 그리고 회피형의 기록 중 1개였다. OBS는 정신분열증이나 우울 관련 입원 환자의 프로토콜에서는 해당되지 않았다.

과민성 지표(HVI)

HVI는 표면적으로 편집형 성격과 관련된 것으로 볼 수 있는 다섯 개 변인의 군집을 타당화하는 작업에서 고안된 것이다(Exner, 1986). 그러나 좀 더 자세한 군집 연구를 통해, 편집(paranoid)이라는 용어는 적절하지 않은 것으로 확인되었다. 군집은 150명의 망상형 정신분열증 환자를 대상 연구에서 확인되었다. 표본집단의 70% 이상은 5개 변인 모두 해당되었고, 85% 이상은 5개 변인 중 적어도 4개에서 정적인 결과가 있었다. 반면에 망상적 특성이 없는 150명의 정신분열증 비교 집단 중 13%에서만 5개의 모든 변인이 정적인 결과를 보였고, 17%만이 5개 중 4개 변인에 해당되었다. 5개의 변인이 각각 관련이 있었기 때문에 결과는 개념적으로는 타당하다. *T* 반응이 없으면 좀 더 경계적이고, 타인과의 관계가 더 소원한 경향을 반영하며, 머리, 윤곽선 등을 포함하는 인간 부분 반응과 동물 부분 반응, 공백 반응의 빈도가 높은 것은 부정주의나 분노와 상관이 있었다. 또한 *Zf*와 *Zd* 값의 상승은 주의 깊게 정보 처리를 하지만, 정보 처리의 범위가 너무 광범위하게 확대되어 있다는 의미다.

편집형 성격장애로 진단받은 20명의 외래 환자의 프로토콜을 살펴보았더니, 20개의 사례 중 12명에게서 5개 변인에 정적인 결과가 나왔고 5개 중 최소 4개 변인에서 16의 정적 결과 값이 나타났다. 이것은 편집형 특징과 관련된 군집이기 때문이라는 가설을 지지하는 결과이므로 긍정 왜곡 사례와 관련된 추가 소견으로는 편집형 특성 군집에 대한 개념적 모형을 재고해야 한다. 5개의 변인은 특정적으로 편집형 특성에만 해당되는 것이 아니라 외래 집단에서 간혹 정적이었고, 일부 환자가 아닌 다른 여러 집단의 피검자들에서도 꽤 많은 비율에 해당되었다.

긍정 왜곡의 결과는 150명의 망상형 정신분열증 집단과 20명의 편집형 성격장애, 그리고 무작위로 선정된 200명의 성인 일반 집단과 환자, 치료자, 중요한 타인이라는 세 가지 집단에서 치료과정 중의 행동, 관계 및 경과에 대한 충분한 정보가 있는 200명의 외래 환자 집단을 판별함수분석한 결과에서 얻었다.

판별함수분석 결과에 따르면, 7개 변인이 군집에 포함되었는데, *T*=0의 변인 조건이 변량의 반 이상을 설명하는 것으로 나타났다. 결과적으로, *T* 반응이 없어야 한다는 것이 필수 조건이 되었고, *T* 반응이 있다면 군집은 정적인 결과로 볼 수 없다. 결국 8개의 변인이 추가되었으며, 다양한 연구 결과를 통해 과민성 지표로 가장 적합한 것으로 확인되었다. 과민성 지표는 망상형 정신분열증 150명 중 132명(88%)에게서 정적이었고, 편집형 성격장애 20명 중 18명에게서 양성으로 나타났다. 반면에 우울로 처음 입원한 환자의 약 10%(N=179), 외래 환자의 8%(N=535), 성인 일반 집단의 약 1%(N=600)로 적은 수에 해당되었다.

HVI에 대한 가장 좋은 설명은 지표를 고안할 때 사용했던 초기 200명의 외래 환자 집단 자료를 통해 얻었다. 그들 중 단지 23명만이 HVI가 정적이었는데, 이는 매우 분명하게 구분되었다. 흥미롭게도 23명 중 3명만이 그들의 치료자에 의해 편집형 특징을 가진 사람으로 진단되었거나 중요한 타인에 대해 충분한 근거 없이 의심하는 경향으로 묘사되었다. 그러나 23명 모두는 그들의 치료자에 의해 전반적으로 신중하고, 매우 예민하며, 그들의 환경에 대해 부적절하게 염세적인 것으로 확인되었다. 치료자 중 20명은 그들의 내담자가 타인에 대해 냉소적이고, 또는 불신한다고 평가했으며, 23명 모두는 타인과의 친밀한 관계 형성을 기피한다는 경향이 있다고 묘사했다. 이러한 평가 결과를 종합해 보면, 피검자들은 관련된 경고나 환경적인 단서 등이 없을 때조차도 특이한 예감과 기대를 한다는 점을 시사한다. 집단으로 치료를 시도했을 때, 그들은 치료에 매우 늦게 반응하는 것으로 평가되었으며, 23명 중 8명은 치료를 중단했다. HVI에 정적인 사람들에 대한 일반적인 설명은 비교적 적은 표본 집단에서 얻은 것이 사실이지만, 치료자들과 중요한 타인의 보고 간의 강력한 동일성으로 보아 그 타당성이 매우 높은 것이라 볼 수 있다. 명백하게 이들은 스스로를 환경의 잠재적인 희생자로 간주했고, 자신이 희생되지 않기 위해 기민한 상태를 유지해야 한다고 믿는다. 분명히 이러한 사고의 틀이나 유형이 정신병리에 의해 강화되거나 분명해진다면, 보다 직접적으로 편집형 성격장애나 망상형 정신분열증으로 진단된 사람들의 특성처럼 보다 명료하게 편집증적 특성으로 드러날 가능성이 있다.

조직화 활동(*Zf, Zd*)

연상 활동에 대한 논의에서 정보 처리에 대해 일부 설명하긴 했지만, 조직 활동을 설명하는 공식적인 부호는 포함되지 않았다. 벡(1993)은 자극의 복잡성과 조직화 유형에 근거한 가중치 도식을 사용해서 *Z* 점수의 개념을 확장하여 소개했다. 헤르츠(1940)는 다른 변인을 통합했는데, 모든 조직화된 반응에 동일하게 가중치를 부여하는 형식으로 *g* 변인을 도입했다. 조직화 활동과 관련된 개념과 연구의 대부분은 벡의 *Z*에 초점이 맞추어졌다.

검사가 발달되는 동안, IQ 값의 유래와 관련된 조직화 활동 점수의 임상적인 유용성이 다소 오해석되어 왔던 점이 있다. 벡도, "총점(*ZSums*)은 *S* 지능만큼이나 매우 다양하다."라고 하였으며, 이에 더하여 조직 활동 점수에 대한 연구의 상당한 부분은 지능검사의 수행과 관계가 있고, 이러한 잘못된 개념도 권장되어 온 듯하다. 아무튼 조직 활동 점수는 가중치가 부여된 벡의 *Z* 또는 가중치가 없는 헤르츠의 g를 사용하더라도, 지능검사의 일부 구성 요소와 정적 상관이 있다. 정적 상관의 다양성은 채점의 두 가지 유형 모두에서 보고되어 왔다.

위스너(1948)는 웩슬러-벨레브 IQ와 가중치가 있는 *Z* 점수 간의 .536의 상관을 보고했다. 시손과 타울비(1955)는 웩슬러 IQ와 가중치가 부여된 *ZSum*과 가중치가 없는 *ZSum*에서 각각 .43과 .52의 상관을 얻었다. 블래트(1953)는 가중치가 부여된 *ZSum*과 언어성, 그리고 기초정신능력 검사(Primary Mental Abilities Test)의 추론 능력 점수 간에 .49와 .46의 상관을 보고했다. 특히 휘스너의 보고는 조직화 활동과 지능 간 관계를 이해하는 데 특히 중요하다. 그는 *ZSum*과 카드 I, V의 박쥐처럼 조직화되지 않은 전체 반응에서 나타난 *Z* 점수를 소거하고 수정된 *ZSum*을 포함한 자료와 웩슬러-벨레브에서 소검사 각각의 상관을 조사했다. 벡의 *ZSum*은 두 개의 언어성 소검사(어휘 .605, 기본 지식 .365)와 2개의 동작성 소검사(빠진 곳 찾기 .346, 기호 쓰기 .308)와 유의한 상관을 보였으며, 토막 짜기와는 .102로 낮은 상관을 보였다.

위스너의 수정된 *ZSum*은 공통성과는 .306, 모양 맞추기와 -.059까지의 높은 상관의 차이를 보였다. 그의 자료는 *Z* 점수 할당에 대한 가중치 부여의 방법이 지적인 조직화 활동의 일부와 유의하게 상관이 있지만, 그렇지 않은 것도 있다는 점을 시사한다. 헤르츠(1960)는 12세 아동에게서, 벡의 *ZSum*과 오티스의 IQ(.113) 그리고 스탠퍼드-비네 정신 연령(.113) 사이에는 실질적으로 더 낮은 상관을 보고했고, *g* 점수와 IQ와 정신 연령 간(.256 그리고 .249)의 낮은 정적 상관을 보고했다. 지적인 연속선상의 하단에서, 졸스(1947)는 '지능지체아(feebleminded)' 소검사를 이용하여 가중치를 부여한 *ZSum*과 비네 IQ 간에 .08의 상관이 나왔고, 웩슬러 IQ와 .15의 상관을 보고했다. 크롭(1955)은 *Z*점수 연구를 검토해 *W*와 *M* 간 높은 상관을 확인했으나, 지능검사에 의해서 조작적으로 정의된 지능과는 연관이 없었다.

명백히 지능은 조직화 활동과 일부 관계가 있다는 것이 확인되었지만, 정신병리가 있는 일부 사례에서 이 관계는 분명히 반응 유형에 따라 다양했다. 슈미트와 폰다(1953)는 *Z* 점수가 정신분열증보다 조증에서 더 유의하게 높은 결과를 보였음을 밝혔다. 바벨(1941)과 헤르츠(1948) 모두 우울 환자의 조직화 활동이 더 낮은 수준이었다고 했고, 벡(1952)과 몰리시(1955)는 체계화된 망상 작용으로 투사적 갈등 경향이 있는 환자의 조직화 활동이 더 높은 수준이었다고 보고했다. 분명히 지능은 조직화 활동의 필수 조건이지만 다른 요인들은 활동의 빈도와 특성에 영향을 미친다.

성인과 아동, 환자와 대부분 사람들의 반응은 약 50% 정도 *Z* 점수로 채점된다. 회피형인 사람들은 꽤 많은 반응이 단순해서 더 낮은 *Zf*(조직화 점수의 빈도)를 보이곤 한다. *Zf*가 낮으면, 그것은 지적인 한계를 의미할 수 있지만 자극 지면의 복잡성에 개입하기 꺼려 하는 특성을 나타낼 가능성이 있다. 높은 *Zf*는 지적 노력의 결과물이거나 좀 더 주의 깊고 정확한 유형으로 자극 지면을 다루기 위한 필요에서 나온 결과일 수 있다. *Zf*에 대한 신뢰할 수 있는 자료는 단기와 장기 재검사 결과 모두에서 풍부하게 나왔다. 재검사에서 *Zf*에 대해 단기간에는 .81～.89의 범위로 상관을 보이며, 장기간에는 .83～.89의 범위를 보였다. 요구되는 것보다 더 많은 노력으로 과제에 접근하는 사람의 특성에 대한 정보를 *Zf*가 제공하는 것은 맞지만, 개개인의 노력 수준이 다양하고, 조직화의 결과물인 반응의 질은 평범한 수준에서 매우 정교화된 것까지의 범위로 연속성을 띠기 때문에 단독으로만 고려되면 잘못된 결론을 도출할 수도 있다.

예를 들어, 어린 피검자는 성인의 경우와 대략 동일한 비율의 *Z* 점수를 보이는 경향이 있다. 어린 피검자는 성인보다 *DQ+* 반응의 비율이 더 작은 편이며, 이들의 반응 기록에는 잉크반점의 인접한 부분이나 구체적인 부분에 대해 반응하는 경우가 매우 적고, 대부분 *Wo* 또는 통합된 *S* 반응을 더 보인다. 이것은 아마도 과제에 임하는 아동에게 빈번하게 보이는 '무모하거나 경솔한' 접근 방식을 반영하는 것이기도 하지만, 또한 일반적인 경우보다 아동의 단순한 인지 발달 수준을 반영하는 것이기도 하다.

종합체계의 발달에 앞서 *Z* 점수에 대한 소견들은 논리적인 타당성이 있는 것으로 여겨졌다. 그러나 벡과 헤르츠에 의해 주장되었던 것처럼 조직화된 모든 반응을 동일하게 간주해야 하는지, 조직화된 반응의 상이한 수준에 대한 가중치를 포함해야만 하는지에 관한 의문이 남는다. 이러한 문제 해결에 윌슨과 블레이크(1950)의 결과가 큰 공헌을 했다. 그들은 104개의 기록으로 *Z* 점수의 빈도(*Zf*)와 가중치가 부여된 *ZSum* 간에 .989의 상관을 보고했다. 그들은 두 개의 변인 사이에 동일성을 설명하기 위한 추정 *ZSum*(*Zest*)의 표를 발전시켰다. 그들의 81명의 '정상' 사례와 23명의 정신병적 사례를 포함하여 8명의 정신증 환자가 포함되어 있었다. 그 결과 재검증을 위해 더 많은 정신과 성향의 집단을 연구하는 것이 필요했는데, 이를 위해 각각 60명씩 한 집단은 일반인으로 구성되었고, 두 번째 집단은 26명의 정신분열증 환자와 34명의 비정신분열증 외래 환자로 구성되었다. .984의 *Zf*와 *ZSum* 간의 상관이 외래 환자에서 나타났고, 이것은 윌슨과 블레이크의 연구 결과와 일치했다. 그러나 정신과 집단의 *Zf*와 *ZSum* 간의 상관은 다소 낮은 .708이었다. 정신과 환자군의 반응 프로토콜로 자료에 대한 더 구체적인 연구결과, 약 25%에서, 4점 이상 *ZSum*에서 윌슨-블레이크의 추정(*Zest*) 표와 차이가 있었다. 점수 차이(*Zd*)는 *ZSum*과 *Zest* 간의 불일치를 반영하기 위해 만들어졌으며, 실제 차이를 확인하기 위해 표준편차에 기초한 +3.0 그리고 −3.0의 절단점이 제안되었다. 반대로 정신과 환자군의 반응 프로토콜 60개 중 19개는 +3.0∼−3.0 범위 밖의 *Zd* 점수를 보였다.

후속 결과들로 *Zd* 점수는 정보 처리 행동에 관한 유용한 정보를 제공하는 변인으로 알려졌고, 이러한 논점과 연관된 여러 연구가 수행되었다. 엑스너와 루라(1974)는 2학년과 3학년 아동 47명을 대상으로 오류율을 연구했다. 그들은 −3.0보다 작은 *Zd* 점수를 보인 12명의 아동이 +3.0∼−3.0의 범위의 *Zd* 점수를 보인 29명의 아동보다 '사이몬 가라사대' 과제에서 더 많은 오류를 보였다. 또한 +3.0보다 더 큰 *Zd* 점수를 보인 6명의 아동이 평균 범위에 해당되는 아동보다 게임에서 더 적은 실수를 했다. 엑스너와 캐러웨이

(1974)는 기대 범위 밖의 *Zd* 점수를 보인 32명의 대학 신입생을 선발했는데, 검사를 시행하는 방법을 숙지한 검사자들이 그들을 대상으로 로르샤하를 시행하게 했다. 단지 단어의 일부분만이 제시되었을 때 '영화 제목, 책 제목, 속담에 관해 추측하기' 과제에서 +3.0보다 큰 *Zd* 점수를 보인 16명이 −3.0보다 작은 *Zd* 점수를 보인 사람들보다 더 많이 어려워했다.

브라이언트와 엑스너(1974)는 36명의 대학 4학년생을 *Zd* 점수에 기초하여 두 집단으로 나누어 미네소타 페이퍼 폼 보드로 검증했다. 참가자의 18명(과도 통합자)은 +3.0보다 큰 *Z* 점수를, 18명(과소 통합자)은 −3.0보다 작은 *Zd* 점수를 보였다. 각 집단의 9명은 제한 시간 내(10분)에 수행해야 했고, 다른 참가자 9명은 제한 시간이 없었다. 제한 시간이 있었던 과소 통합자들은 과도 통합자들보다 2배 정도의 양을 완성했지만, 2배 정도의 오류를 보였다. 따라서 두 집단의 정확한 점수에는 유의한 차이가 발견되지는 않았다. 제한 시간이 없었던 조건에서 과도하게 통합하는 사람들은 보다 많은 문항에서 주목할 만한 시도를 했으며, 더 정확하게 해결하여 우수한 성취를 거두었다. 엑스너와 브라이언트(1975)는 80명의 대학 2학년생을 대상으로 심리학 실험 과정에서 연속적인 학습 과제 수행을 연구했는데, 그들은 +3.0보다 큰 *Zd* 점수를 보인 12명의 학생보다 −3.0 이하의 *Zd* 점수를 보인 10명의 학생들에게서 10번 연습 시행 후에 나타난 회상 점수가 더 나은 결과를 보였다. 그러나 연습 시행의 수를 두 배로 늘리자, 12명의 과도 통합하는 사람들의 회상 점수는 과소 통합하는 사람들보다 유의하게 더 높았다.

로라와 엑스너(1977)는 '과잉행동'으로 진단받고 비정상적인 EEG 소견을 보인 15명의 아동 중 14명의 프로토콜에서 *Zd* 점수가 −3.0보다 작았다고 보고했다. 엑스너(1978)는 +3.0을 초과하는 *Zd* 점수는 강박적이거나 완벽주의적 성격 특징을 보이는 사람의 프로토콜에서 보다 자주 나타나는 반면에 −3.0보다 작은 *Zd* 점수는 문제 해결 행동에서 명백하게 좀 더 충동적인 의사 결정 경향을 보이는 피검자 기록에서 더 자주 나타났다. 브라이언트, 클라인 및 엑스너(1978)는 +3.0보다 더 큰 *Zd* 점수를 갖는 13명 일반 성인 집단이 평균 범위의 *Zd* 점수를 보인 13명 일반인 통제집단보다 할스테드-라이탄검사 배터리의 시행 B 과제를 완성하는 데 더 많은 시간이 소요되었다.

엑스너, 브라이언트 및 암브루스터(1979)는 14~16세 12명의 청소년을 대상으로 익숙한 모양의 과제를 짝짓도록 하는 시각주사 유형반응을 연구했다. 참가자 중 4명은 과도 통합자였고, 4명은 과소 통합자였으며, 4명은 평균 범위의 *Zd* 점수를 보였다. 6개 각각 750ms 동안 표적 얼굴 노출을 포함한 과제는 750ms 간격을 두고 9개의 지면 얼굴 노출이 시도되었다. 참가자들은 광 지시봉을 사용하여 표적 얼굴과 동일한 지면의 얼굴을 가리키도록 지시받았다. 안구 활동은 표적 얼굴이 노출되는 동안 750ms 간격으로 기록되었다. 과도 통합자들은 과소 통합자들이 했던 것보다 주사 경로가 2배 더 많았고, 평균 범위의 *Zd* 점수보다 유의미하게 높았다. 과도 통합자들과 평균 *Zd* 점수의 피검자들은 과소 통합자들보다 주사 활동을 많이 하였고, 과도 통합자들은 다른 집단 중 어느 하나가 했던 것보다 완전한 수직 주사를 완벽하게 하는 경향성이 있었다. 정확하게 확인된 평균수는 평균 범위의 *Zd* 점수를 갖는 사람들은 4.9, 반면에 정확한 평균수가 다른 집단은 4.3이었다. 엑스너(1978)의 연구에 따르면, 9~12개월 사이에 재검사를 받은 279명 중 63명(23%)이 −3.5, 또는 치료 시작보다 낮은 *Zd* 점수를 보였다. 처음 재검사에서, 63명 중 단 17명만이 과소 통합자의 *Zd* 점수를 계속 유지했다. 처음 검사에서 0~−3.0의 *Zd* 점수를 보였던 다른 4명의 환자는 첫 재검사에서 −3.5 또는 더 적은 *Zd* 점수를 보였다. 두 번째 재검사 자료는 279명 중 26명이 −3.5 또는 더 적은 *Zd* 점수를 보였고, 기저선 점수의 20명을 포함하여 −3.0보다 작았다. 이러한 결과는 과소 통합자 대부분이 어떤 개입에 의해 다소 정확해진다는 점을 시사한다. 청소년이나 성인의 반응 기록에서 과소 통합의 증거들이 나타난 경우, 특히 복잡한 의사 결정 과정에서 어떤 다른 작용에 의해 개입을 받게 된다면, 인지적인 전략 변화가 최우선 목표가 되곤 한다. 마이켄바움(1974)에 의해 묘사된 피검자들처럼 이들은 정보 처리 과정을 지연시키는 전략을 사용하게 되곤 한다.

과도 통합과 관련된 결과들은 차이가 많다. 279명 중 47명(17%)의 환자들은 치료전 검사에서 +3.5 또는 더 큰 *Zd* 점수를 보였다. 첫 재검사에서 처음의 47명 중 42명이 포함된 71명의 환자들은 과도 통합하는 사람들의 범위에 해당되었다. 두 번째 재검사 자료에서는 279명 중 89명으로 그 빈도가 증가되었고, 첫 재검사에서 과도 통합하는 사람들 69명이 포함되었으며, 47명 중 44명은 기저선 범위의 점수를 보였다. 쉽게 변경되는 과소 통합자들과는 달리 과도 통합자들은 정보 처리 과정에서 개입에 의해 변화를 보이지는 않았다. 정보 처리 과정에서 개입은 피검자로 하여금 정보의 새로운 장에 집중하게 하고 탐색하게 하기 때문이다. 분명히 과도 통합자들은 상황의 다양성에서 이점을 얻을 수 있으며, 특히 주의 깊게 정보를 처리하는 것이 매우 중요하고 긍정적일 수 있다. 그러나 이런 과도 통합자들은 정보 처리에 이용 가능한 시간이 충분하지 않다고 가정될 때는 매우 취약해질 수 있다.

엑스너와 스탠리(1979)는 시간 추정과 관련한 예비 연구를 위해 12명의 성인 비환자군에게 소정의 비용을 지급하며 로르샤하 검사를 받도록 했다. 모두 대학에서 3학기 또는 4학기를 마쳤으며, 성직자로 일하는 사람들이었다. 그중 4명은 +3.0보다 *Zd* 점수가 컸고, 4명은 −3.0보다 작았으며, 나머지 4명은 +2.0~−2.0 범위의 *Zd* 점수를 보였다. 피검자들은 한 번에 한 명씩 전체적으로 어둡고 방음이 되는 방에 배치되었고, 의자에 팔을 올리고 기록 버튼을 사용하여 2, 6, 15분의 간격을 추정하도록 요청받았다. 4명의 과도 통합자는 1′54″~2′19″ 범위에서 정확하게 2분을 추정했다. 다른 8명의 피검자는 1′38″~2′10″ 범위에서 2분 간격을 추정했다. 과도 통합자들은 6분 추정 과제에 대해 6′18″~7′21″ 범위로 더 길게 추정하는 경향이 있었다. 다른 두 집단의 피험자들은 15분 추정 과제에 대해 가장 주목할 만한 차이점이 있었다. 과도 통합자들은 16′56″~20′13″의 추정 시간을 보였다. 4명의 과소 통합자들 중 2명은 12′14″와 13′02″로 15분 간격을 추정했다. 다른 2명의 과소 통합자들과 기대되는 *Zd* 범위에 있는 4명의 피검자들은 13′52″~15′29″ 범위에서 15분 간격을 추정했다.

과도 통합 특성이 좀 더 강박적이거나 완벽주의적인 사람들에게서 자주 나타나지만, 일반적인 특징이나 정신병리학의 진단적 지표로서만 잘못 해석해서는 안 된다. 성인 일반 표본집단의 약 17%는 10~16세 일반 아동의 25%의 경우에서처럼 +3.0보다 더 큰 *Zd* 점수를 보였다. 더 어린 아동에게서 과소 통합은 일반적인 양상이다. 성인 일반 집단의 단 7%와 비교했을 때, 5~9세 일반 아동 중 약 30%가 −3.0의 *Zd* 점수를 보였다.

전체 영역(*W*) 반응

로르샤하(1921)는 *W*가 매우 의미 있는 개념으로 자신의 환경 요소들을 조직화하는 능력을 나타낸다고 제안하면서, 지적 작용(intellectual operations)과 관련이 있다고 가정했다. 벡(1932)도 *W*와 지적 작용 간의 정적 상관을 보고하였지만, 이 문제에 대한 연구에서 입장은 차이가 있었다. 어브램스(1955)는 *W*와 IQ 간에 .40의 상관을 보고했고, 아미타주, 그린버그, 펄, 버거 및 다스톤(1955)에 의해 더 낮은 상관이 보고되기도 했다. 이전에 맥캔들리스(1949)는 학업적 성취와 관련하여 *W* 반응을 연구했을 때 유의미한 관계를 발견하지 못했고, 위텐본(1950)은 *W*와 여러 정신능력을 측정했을 때 정적 관련성을 발견하지 못했다고 했다. 로트스포(1953)는 *W*가 언어 유창성(verbal fluency)과 관련되지만 지능과 필요충분조건은 아니라고 주장했다. 홀츠버그와 벨몬트(1952)와 위스너(1948)는 *W*와 웩슬러-벨레브척도의 공통성 하위 검사와의 유의미한 관계를 찾아내지 못했다. 메이슨과 엑스너(1984)는 171명의 일반인을 대상으로 *W*와 WAIS의 이해(.20), 공통성(.24), 기호 쓰기(.20) 그리고 모양 맞추기(.19) 소검사 간의 유의하지만 낮은 상관을, 언어성 IQ와 동작성 IQ 그리고 전체 IQ와의 상관은 .10보다 더 작았다고 보고했다. 에임스, 메트로 및 월커(1971)의 연구에서는 3~4세 아동 기록에서 *W* 반응 비율이 가장 높았고, 30~40%의 아동 반응에서 청소년기를 지나 성인기가 가까워지면서 감소되는 추세를 보였다.

W 반응을 포함하여 반응 위치 빈도가 *DQ*와 연구되었을 때, 결과는 매우 일관적이었으며 명확한 관계는 지적 작용의 다른 종류로 보였다. 프리드먼(1952)은 일반 성인은 정신분열증이나 아동보다 *W*+ 반응이 좀 더 유의하게 많았다고 보고했다. 프랭크(1952)의 연구에서는 일반인과 신경증 환자군을 비교했을 때 사실상 동일한 것으로 나타났다. 블래트와 앨리슨(1963)은 더 나은 *W*의 발달질과 문제 해결력 간에 유의미한 정적 상관을 보고했고, 에임스 등(1971)은 *W* 반응질이 청소년기를 지나면서 향상된다고 지적했다. 엑스너와 와이너(1982)의 연구에서도 유사한 결과가 보고되었다. 일반적으로, *W*가 전체 자극

지면을 다루고자 하는 동기의 지표로서 고려될 수 있지만, 보다 정교하거나 복잡한 인지적 작용과의 관계는 반응에 포함된 발달질 부호를 검토함으로써 확인할 수 있다.

드문 부분 영역 반응

*Dd*의 기대되는 비율은 0~2다. 빈도가 불균형적일 때, 완벽주의 방식을 시사하거나 혹은 일상적인 처리 요구를 피하는 경향을 의미한다. *Dd* 빈도가 높으면 공간 반응이 많을 수 있는데, 아동이나 청소년에게 일반적이지는 않다. *Dd* 비율의 증가는 또한 더 수월한 정보 처리를 위해 환경에 한계를 설정하고 처리하려는 회피의 한 형태일 수 있다. 클레바노프(1949)는 남성 기능부전의 문제가 있는 사람들이 일반인들보다 유의하게 *Dd*의 빈도가 높아진 점을 발견했고, 샤크터와 코트(1948)는 직업 여성들을 체포한 다음 바로 로르샤하를 실시했더니, 그들의 반응 기록에서 *Dd*의 빈도가 급격하게 상승했다고 보고하기도 했다. 카딘스키(1952)는 *Dd*와 외적 적응과는 부적 상관을 보였지만, *Dd*와 내적 적응 간에 정적 상관을 보인다고 지적했고, 라빈, 파파니아 및 맥미카엘(1954)은 알코올을 다량 섭취한 후의 재검사 과정을 통해 *Dd* 반응이 유의하게 증가된다는 점을 보고했다.

발달질 채점

반응 위치 부호화의 해석적 가치는 그 발달질이 상이했을 때 높아진다. 모든 *W*, *D*, *Dd* 영역의 반응이 잉크반점을 동일한 유형으로 선택하거나 조직화하지 않는다. 로르샤하(1921)는 이러한 차이점을 인식했고, 통각적인(Erfassungstypen) 접근의 차이로 보았다. 일부 사람들이 반응을 형성할 때 '선명한 이미지'를 형성하는 반면에 다른 사람들은 단순하거나 단편적인 방식으로 잉크반점 전체나 잉크반점의 일부를 사용한다고 했다. 그것들은 모두 조직화되지 않은, 단순한, 조직화된, 결합된, 그리고 우수한 등의 단어를 사용하여 이러한 차이점을 기술하는 검증 과정이 반영된 것이라 할 수 있다.

메일리-도레츠키(1939, 1956)는 정신적 복잡성의 상이한 수준에 대해 고안된 방식과 반응 영역 선택에 반영되는 심리적인 유연성을 인식했던 선구자라 할 수 있다. 그녀는 로르샤하(1921), 피아제(1924), 그리고 벡(1933)에 의해 제안된 가정을 기초로 연구를 설계하여 다양한 연령의 아동에게서 나타나는 반응 영역 선택의 상이한 '수준'을 연구했다. 그녀는 반응 영역 선택에서 일반적인 질의 향상과 증가하는 연령 수준이 통합적으로 반영된다는 점을 발견했고, 반응 영역 선택의 다양성과 수준, 그리고 방식의 차이점을 통해 인지 발달에 대해 연구할 것을 제안했다. 라파포트, 길 및 샤퍼(1946)는 그 잠재적인 가치에 동의했고, *W* 영역 선택의 상이한 방식에 대해 경험적인 연구를 제안했다.

프리드먼(1952, 1953)은 상이한 반응 영역의 특정성에 대해 구체적으로 분류할 것을 제안했고, 정교한 방식을 발전시켰다. 그의 연구는 인지 발달에 관한 워너(1948, 1957)의 이론에 기초한 것이었다. 프리드먼의 접근법은 반응 영역 특수화를 위해 6개의 범주를 이용하고 그중 3개 범주는 '발달적으로 우수'하다고 간주하며, 나머지 3개 범주는 '발달적으로 지체'된 것으로 간주한다. 종합체계와 프리드먼의 접근 방식을 통합하려 시도하던 초기에 세 가지 문제점에 직면했다. 첫째, 범주 중 2가지가 준거상에서 겹쳐진다. 둘째, 2개의 다른 범주는 잉크반점 그림 5개가 자극 단위의 다른 다섯 가지와 매우 다르다는 가정이 문제로 지적되었다. 가장 중요한 논점은 세 번째인데, 부정확한 형태 사용과 직접적으로 상관되는 범주 내용에 차이가 있었다. 이러한 논점은 할스테드-라이탄 신경심리검사 배터리 자료와 함께, 문제 해결 연구 과정에서 차이를 보인 인지적 활동에 대한 의견들을 점검하는 과정에서 부각되었다. 이렇게 여러 검토 과정을 통해 종합체계(Exner, 1983)에서 현재 사용되는 네 가지의 DQ 범주를 정하게 되었다.

참고문헌

Abrams, E. W. (1955). Predictions of intelligence from certain Rorschach factors. *Journal of Clinical Psychology, 11*, 81-84.

Ames, L. B., Metraux, R. W., & Walker, R. N. (1971). *Adolescent Rorschach responses*. New York: Brunner/Mazel.

Armitage, S. G., Greenberg, T. D., Pearl, D., Berger, D. G., & Daston, P. G. (1955). Predicting intelligence from the Rorschach. *Journal of Consulting Psychology, 19*, 321-329.

Beck, S. J. (1932). The Rorschach test as applied to a feeble-minded group. *Archives of Psychology, 84*, 136.

Beck, S. J. (1933). Configurational tendencies in Rorschach responses. *American Journal of Psychology, 45*, 433-443.

Beck, S. J. (1945). *Rorschach's Test. II: A Variety of Personality Pictures*. New York: Grune & Stratton.

Beck, S. J. (1952). *Rorschach's Test. III: Advances in Interpretation*. New York: Grune & Stratton.

Blatt, S. J. (1953). *An investigation of the significance of the Rorschach z score*. Unpublished doctoral dissertation, University of Nebraska, Lincoln.

Blatt, S. J., & Allison, J. (1963). Methodological considerations in Rorschach research: The W response as an expression of abstractive and integrated strivings. *Journal of Projective Techniques, 27*, 269-278.

Bryant, E. L., & Exner, J. E. (1974). *Performance on the Revised Minnesota Paper From Board Test by under and overincorporators under timed and nontimed conditions*. Rorschach Workshops (Study No. 188, unpublished).

Bryant, E. L., Kline, J. R., & Exner, J. E. (1978). *Trials A and B performance as related to the Zd score*. Rorschach Workshops (Study No. 259, unpublished).

Exner, J. E. (1974). *The Rorschach: A Comprehensive System. Volume 1*. New York: Wiley.

Exner, J. E. (1978). *The Rorschach: A Comprehensive System. Volume 2*. Current research and advanced interpretation. New York: Wiley.

Exner, J. E. (1983). *Developmental quality scoring.* Alumni newsletter. Bayville, NY: Rorschach Workshops.

Exner, J. E. (1986). *The Rorschach: A Comprehensive System. Volume 1. Basic foundations* (2nd ed.). New York: Wiley.

Exner, J. E. (1989). The hypervigilance index. *Alumni Newsletter.* Asheville, NC: Rorschach Workshops.

Exner, J. E. (1990). *The Obsessive Style Index. Alumni Newsletter.* Asheville, NC: Rorschach Workshops.

Exner, J. E. (1993). *The Rorschach: A Comprehensive System. Volume 1. Basic foundations* (3rd ed.). New York: Wiley.

Exner, J. E., & Bryant, E. L. (1975). *Serial learning by over and under incorporators with limited and unlimited numbers of training trials.* Rorschach Workshops (Study No. 194, unpublished).

Exner, J. E., Bryant, E. L., & Armbruster, G. L. (1979). *Eye activity in a matching familiar figures task of 12 adolescents selected on the basis of Zd scores.* Rorschach Workshops (Study No. 263, unpublished).

Exner, J. E., & Caraway, E. W. (1974). *Identification of incomplete stimuli by high positive Zd and high negative Zd subjects.* Rorschach Workshops (Study No. 186, unpublished).

Exner, J. E., & Leura, A. V. (1974). *"Simon says" errors and the Zd score in young children.* Rorschach Workshops (Study No. 204, unpublished).

Exner, J. E., & Stanley, F. B. (1979). *Time estimates for three intervals by 12 subjects selected on the basis of Zd scores.* Rorschach Workshops (Study No. 268, unpublished).

Exner, J. E., & Weiner, I. B. (1982). *The Rorschach: A Comprehensive System. Volume 3. Assessment of children and adolescents.* New York: Wiley.

Frank, I. H. (1952). *A genetic evaluation of perceptual structuralization in certain psychoneurotic disorders by means of the Rorschach Technique.* Unpublished doctoral dissertation, Boston University.

Friedman, H. (1952). Perceptual regression in schizophrenia: An hypothesis suggested by use of the Rorschach test. *Journal of Genetic Psychology, 81*, 63-98.

Friedman, H. (1953). Perceptual regression in schizophrenia: An hypothesis suggested by the use of the Rorschach test. *Journal of Projective Techniques, 17*, 171-185.

Hertz, M. R. (1940). *Percentage charts for use in computing Rorschach scores.* Cleveland, OH: Western Reserve University, Brush Foundation and Department of Psychology.

Hertz, M. R. (1948). Suicidal configurations in Rorschach records. *Rorschach Research Exchange, 12*, 3-58.

Hertz, M. R. (1960). Organization activity. In M. Rickers-Ovsiankina (Ed.), *Rorschach psychology* (pp. 25-57). New York: Wiley.

Holzberg, J. D., & Belmont, L. (1952). The relationship between factors on the Wechsler Bellevue and Rorschach having common psychological rationale. *Journal of Consulting Psychology, 16*, 23-30.

Jolles, I. (1947). The diagnostic implications of Rorschach's Test in case studies of mental defectives. *Genetic Psychology Monographs, 36*, 89-198.

Kadinsky, D. (1952). Significance of depth psychology of apperceptive tendencies in the Rorschach test. *Rorschachiana, 4*, 36-37.

Klebanoff, S. G. (1949). The Rorschach test in an analysis of personality in general paresis. *Journal of Personality, 17*, 261-272.

Kropp, R. (1955). The Rorschach "Z" score. *Journal of Projective Techniques, 19*, 443-452.

Leura, A. V., & Exner, J. E. (1977). *Some Rorschach characteristics of a group of hyperactive children with abnormal EEG's.* Rorschach Workshops (Study No. 239, unpublished).

Lotsoff, E. (1953). Intelligence, verbal fluency and the Rorschach test. *Journal of Consulting Psychology, 17*, 21-24.

Mason, B., & Exner, J. E. (1984). *Correlations between WAIS subtests and nonpatient adult Rorschach data.* Rorschach Workshops (Study No. 289, unpublished).

McCandless, B. B. (1949). The Rorschach as a predictor of academic success. *Journal of Applied Psychology, 33*, 43-50.

Meichenbaum, D. H. (1974). *Cognitive behavior modification.* Morristown, NJ: General Learning Press.

Meili-Dworetzki, G. (1939). Le test Rorschach et l'evolution de la perception. *Archives de Psychology, 27*, 111-127.

Meili-Dworetzki, G. (1956). The development of perception in the Rorschach. In B. Klopfer et al., *Developments in the Rorschach Technique. II: Fields of application.* Yonkers-on-Hudson, NY: World Books.

Molish, H. B. (1955). *Schizophrenic reaction types in a Naval Hospital population as evaluated by the Rorschach test.* Washington, DC: Bureau of Medicine and Surgery, Navy Department.

Piaget, J. (1924). *Le Judgement et le Raisonnement chez l'Enfant.* Neuchatel, Switzerland: Delachaux & Niestle.

Rabin, A., Papania, N., & McMichael, A. (1954). Some effects of alcohol on Rorschach performance. *Journal of Clinical Psychology, 10*, 252-255.

Rapaport, D., Gill, M., & Schafer, R. (1946). *Psychological diagnostic testing* (Vol. 2). Chicago: Yearbook Publishers.

Rorschach, H. (1921). *Psychodiagnostik.* Bern, Switzerland: Bircher.

Schachter, W., & Cotte, S. (1948). Prostitution and the Rorschach test. *Archives of Neurology, 67*, 123-138.

Schmidt, H., & Fonda, C. (1953). Rorschach scores in the manic states. *Journal of Projective Techniques, 17*, 151-161.

Sisson, B., & Taulbee, E. (1955). Organizational activity of the Rorschach test. *Journal of Consulting Psychology, 19*, 29-31.

Varel, W. (1941). The Rorschach Test in psychotic and neurotic depressions. *Bulletin of the Meninger Clinic, 5*, 5-12.

Werner, H. (1948). *Comparative psychology of mental development* (Rev. ed.). Chicago: Follett.

Werner, H. (1957). The concept of development from a comparative and organismic point of view. In D. B. Harris (Ed.), *The concept of development*. Minneapolis: University of Minnesota Press.

Wilson, G., & Black, R. (1950). A methodological problem in Beck's organizational concept. *Journal of Consulting Psychology, 14*, 20-24.

Wishner, J. (1948). Rorschach intellectual indicators in neurotics. *American Journal of Orthopsychiatry, 18*, 265-279.

Wittenborn, J. R. (1950). Statistical tests of certain Rorschach assumptions. *Journal of Consulting Psychology, 14*, 1-19.

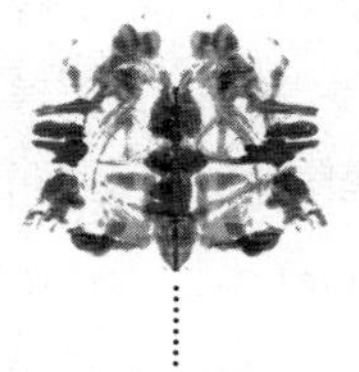

제18장
인지적 중재 과정

인지적 중재 과정은 인지 3요소(cognitive triad) 중 두 번째 군집이다. 정보 처리 자료가 정신적 이미지나 아이콘을 만들 수 있도록 하는 입력 활동이라면, 이 군집과 관련된 자료들은 그 이미지를 확인하거나 전환하는 방법에 대한 것이다. 정보 처리 과정에는 이미지를 저장하고, '무엇처럼 보이나요?' 라는 질문에 대한 답을 찾고, 개인의 기억으로부터 이용 가능한 형태를 재인해 내고 목록화하기 위해 어떠한 중재가 필요하다.

군집에 있는 변인들은 일련의 주제로 묶이는 것들이다. 피검자가 잉크반점의 모양에 상응하는 반응을 하였는가는 현실 검증 능력과 관련된다. 그것은 단순히 사용된 영역에 적절한 반응이냐보다는, 일반적인가, 그렇지 않은가 혹은 부정확한 해석이었는가를 구분할 수 있는 인지적 중재 활동에 대해 더 정확하고 구체적인 정보를 제공한다. 해석자들은 또한 명백하게 부정확한 해석인 경우에 주목해야 한다.

피검자의 반응에 대한 해석의 정확성은 제11장에서 언급했던 것처럼 해석자가 반응에 함축된 인지적 중재 과정을 어떻게 이해하는가에 따라 좌우된다. 정보 처리 반응과 형태질과의 관계 또한 매우 중요하다.

반응 과정과 중재

간단한 로르샤하 지시에 의해, 피검자는 반응을 하기 위해 잉크반점의 특정 영역을 선택한다. 잉크반점 모양은 피검자가 이미 보았거나 경험한 익숙한 것과 분명하게 다른 모양을 가진 것이 아니어서 더욱 자극적이다. 모양의 대부분은 유사하지만, 피검자가 경험한 환경 속 대상과 정확히 동일하지는 않다. 따라서 반응을 형성하는 과정에서 피검자들은 현실을 감안해야 하지만 감안하고자 하는 욕구가 우선 시 되지 않는다.

모양이나 영역을 판단하기 위해 기본적 형태로 덜 적합하더라도 매우 많은 모양과의 유사성 때문에 피검자에게는 '처럼 보이는' 것으로 간주될 수 있다. 제11장에서 언급했듯이, 잉크반점의 표면적인 모양의 일부는 다른 것보다 더 강력하고, 그것들은 특별한 반응을 자극하는 경향이 있다. 이것은 형태질 표를 살펴보면 더 잘 이해할 수 있을 것이다.

형태질 표

정확한 형태질 기호를 결정하는 데 기준이 되는 형태질 표는 여러 번 개정되었다. 1993년 이 표를 개정하면서 일반 성인 69,769명과 외래 환자 81,107명, 그리고 비정신분열증 환자 58,604명을 포함해 209,480명의 반응을 자료로 사용해 9,500개의 반응 프로토콜을 토대로 그 결과를 분석한 것이다. 5.108항목을 포함해 각각 보편적이거나 통상적인(o), 드문(u), 왜곡된(−)으로 구분했다. 또한 *W* 반응을 포함하여 1,051항목, *D* 영역에 대한 반응 2,820항목, *Dd* 영역에 대한 반응 1,147항목으로 구성했다. *W*나 *D* 반응은 9,500개의 반응 프로토콜 중 적어도 2%(190개)에서 나타나야 하고 윤곽이 있는 대상으로 보고되어야만 하며 피검자가 지각한 결과인 반응이 실제 잉크반점의 윤곽과 합리적으로 부합되어야 한다. *Dd* 반응 중 *o*에 해당되려면, 최소 50개의 프로토콜에서 *Dd* 영역에 대한 반응 중 3분의 2 이상에서 나타나야만 한다. 표에서 5,018항목 중 1,011개(21%)가 *o*로 분류되었는데 그중 865개는 *W*나 *D* 반응에서도 *o*로 분류되었다.

드문(*u*) 형태질 반응 분류를 위해 9,500개의 프로토콜 중 2% 미만에 속하는 것이었지만, 적어도 3명의 평정자가 독립적으로 평정했을 때 모두 '빠르고 수월하게' 지각하고 윤곽의 사용이 비교적 적절하다는 평가를 얻은 것이다. 표에는 2,176항목(43%)이 *u* 형태질로 분류되었고, 그중에서 1,611항목이 *W*와 *D* 영역 반응에서 얻은 것이다. 마이너스로 분류된 1,831항목은 9,500개의 프로토콜 중 최소한 4회 이상 나타난 것으로 제한했는데, 그중 *W*와 *D* 영역 반응이 1,395개 포함되었다.

o 반응을 정의하기 위해 사용된 2%라는 기준이 다소 관대하다는 지적도 있을 수 있으나, 실제로는 그리 허용적이라 볼 수 없다. 실제로 9,500개의 프로토콜에서 o로 분류된 *W*와 *D* 영역 반응 중 2% 정도에서 나타나는 반응은 매우 적기 때문이다. 앞서 언급한 바와 같이 평범 반응이 3분의 1 이상에서 나타나는 경우도 있다. 추가된 33개의 *W*와 *D* 항목은 9,500개의 프로토콜 중에서 16 혹은 25%에서 나타났고, 11~15%에서 157개가 나타났다. 대부분의 *o*항목은 603개의 프로토콜 중 6~10%에서, 59개의 항목만 2~5%에서 나타났다.

*o*와 *u* 반응 모두 윤곽을 적절하게 사용한 경우에 해당하지만, *u* 항목이 *o* 항목보다 2배 이상 많으며, 가능한 *u* 항목을 모두 고려하는 것은 어려운 일이다. *u* 반응은 검사자에게도 어떤 불확실성을 두고 인식하려 애쓰지 않아도 수월한 것이어야 한다. 그럼에도 불구하고 9,500개의 반응 프로토콜에서 *o* 반응의 비율을 나타내는 *X*+%의

평균은 .64였다(일반인 .74, 외래 환자 .64, 입원환자 .52). 즉, 표집의 209,480개의 반응 중에서 134,067개의 반응에 1,011항목이 포함되거나 o로 분류된 항목들이 포함되어 있다. 대조적으로 표본에서 *Xu*%의 평균은 .17에 불과했는데(일반인 .15, 외래 환자 .17, 입원 환자 .20), 35,616개의 반응들은 잉크반점의 윤곽을 적절하게 사용은 했으나 형태질 표에 포함될 만큼 그 빈도가 충분하지는 않았다.

실제로 이러한 수치들은 209개, 480개의 반응 중에서 약 95%(178,582)가 *W*나 *D* 영역에 대한 반응이어서 자칫 오해가 있을 수 있다. 앞서 언급한 것처럼 형태질 표는 단 865항목에 대해서만 기술한 것이며 9,500개의 기록 중 *W*와 *D* 반응에 대해서만 계산한 *X*+%는 .66이므로 178,582개의 *W*와 *D* 반응 중 3분의 2 정도가 이 865항목 중 하나 이상에 해당할 것이라는 의미가 된다.

〈표 18-1〉은 10개 카드에서 *W*와 *D* 영역에 대한 *o* 반응의 항목 수를 제시한 것이다. 865개의 *W*와 *D* 항목이 10개의 잉크반점에 골고루 분포된 것은 아니다. *o* 반응은 카드 VI, IX, X이 가장 많고, V가 가장 적다.

어떤 영역에서 *o* 형태질의 빈도는 결정적인 잉크반점의 외형적 특징에 따라 영향을 받는다. 예컨대, *D* 영역의 반(48/82) 이상에서 *o* 항목이 9개 미만이었고 3분의 1(25/82)에서는 6개 미만이었다. 영역에 대한 *o* 항목의 빈도가 낮은 이유는 잉크반점이 식별하기 어려운 외형적 특성을 띠고 있어 피검자가 적합한 대상으로 전환시키는 데 어려움이 있기 때문이다.

반응은 의사 결정의 결과물

제11장에서 언급한 것처럼 피검자들은 잉크반점을 주사하면서 여러 개의 가능한 대답을 생각하게 된다. 결정적인 특성이 있는 표면적 · 외형

표 18-1 카드별 W와 D 반응 영역에 대한 o 형태질 항목

카드	W	D1	D2	D3	D4	D5	D6	D7	D8	D9	D10	D11	D12	D13	D14	D15	합계
I	44	11	14	7	12	—	—	8	—	—	—	—	—	—	—	—	96
II	11	10	12	12	10	16	4	—	—	—	—	—	—	—	—	—	75
III	3	11	21	9	—	5	—	10	3	10	—	—	—	—	—	—	72
IV	30	12	8	4	11	10	5	10	—	—	—	—	—	—	—	—	90
V	17	4	—	—	6	—	4	5	—	8	2	—	—	—	—	—	46
VI	18	13	15	18	17	12	6	—	11	—	—	—	7	—	—	—	117
VII	18	8	14	3	8	2	9	6	3	4	5	—	—	—	—	—	80
VIII	20	1*	4	6	5	8	8	3	2	—	—	—	—	—	—	—	57
IX	24	10	16	22	5	8	10	—	10	5	—	3	3	—	—	—	116
X	13	6	5	8	4	4	7	9	10	11	8	9	8	2	8	4	116

* 12종류 이상의 동물 내용 항목이 포함됨.

적인 잉크반점의 특징 때문에 다양하게 반응의 전환이 가능해진다. 대부분의 사람은 아마도 카드 I의 잉크반점을 처음 본 후 간단하게 박쥐 또는 새, 또는 나비로 답하지만, 3개의 반응을 모두 다하는 경우는 드물다. 3개 중 2개 정도를 답할 수 있다. 어떤 사람은 가면이나 여자들과 같은 다른 반응을 선호해서 아예 이 3개 답 중 어느 것도 하지 않을 수 있다. 한 가지의 가능한 답과 또 다른 가능한 답을 비교하는 것이 인지적 중재 과정에서 이루어진다. 또 많은 잠재적인 반응은 이러한 비교 과정을 통해 검열되고 폐기된다.

피검자가 내놓는 반응은 바로 이러한 일련의 중요한 과정들을 거쳐 나온 결과물이다. 다양한 요인들이 피검자가 최종적인 반응으로 발화할 때까지 영향을 끼치게 된다. 관념의 틀, 반응 유형, 개인적 욕구, 정적/부적 감정, 사회적 요구 등은 피검자의 결정에 영향을 준다.

중재 자료를 해석할 때, 초점은 전형적으로 반응(결정)을 일으킨 것이 무엇인가가 아니라 그/그녀 자신의 심리에 의해서 영향을 받은 것과 대립되는 결정을 할 때 개인이 외부적 현실을 인식하는 범위라 할 수 있다. 평범한, 통상적인, 드문, 그리고 왜곡된 특수한 범주로 반응을 구분하는 이유는 이러한 문제와 직접적으로 관련된 연속선을 찾고 문제를 해결하기 위한 근거를 찾기 위함이다.

인지적 중재 관련 로르샤하 변인

중재 군집은 6개 변인(*XA%*, *WDA%*, *X−%*, *PX+%*, *Xu%*), 모든 반응에 대한 S를 포함한 왜곡된 형태질 반응(−)의 빈도, 형태질 분포에 대한 자료의 빈도(+, o, u, −, none) 그리고 *W*와 *D* 반응, 연속성 및 왜곡된 형태질(이하 마이너스 형태질) 반응의 특징이 포함된다. 마이너스 형태질 반응이 있을 때, 그것들은 일치하는 군집의 동질성과 왜곡의 수준에 대해 검토한다.

살펴볼 내용

자료의 해석은 여러 가지의 질문에 답하는 과정이다. 첫째, 인지적 중재 활동이 유도한 행동(반응)의 상황적 적합성(현실성)은 어느 정도인가? 둘째, 인지적 중요 활동에 의해 유도된 행동(반응)의 부적합성(비현실성) 정도는 어떠한가? 셋째, 중재 활동의 역기능성이 어떤 특정 방식으로 나타나는가? 넷째, 인지적 중재 활동이 손상되었다는 증거가 있는가? 다섯째, 기대되거나 수용되는 행동이 일반적인 상황에서 관습적인 행동이 발생되는 범위는 어떠한가? 여섯째, 입력된 자극에 대해 관습적으로 해석하는 노력의 수준은 어느 정도인가? 일곱째, 자극을 과도하게 개인적이고 관습적으로 해석하는 정도는 어떠한가?

정보 처리 자료 연구를 위해 이전 장에서 선택되었던 사례 9, 10, 11의 자료를 중재와 관련되는 소견과 해석적 지침을 설명하기 위해 재인용한다.

사례 9

29살의 도서관 사서로 다발성 동맥경화증을 앓고 있다. 그녀의 주치의는 그녀의 기분 변화, 성 행동 그리고 현실 검증력에 대해 관심을 가지고 있다.

사례 10

20세의 신학대학 학생으로 정신과적 혼란과 대인관계의 문제 때문에 소속학과의 학장이 심리학적 평가를 의뢰했다.

사례 9 29세 여성의 마이너스 반응과 무형태질 반응

R = 17		L = .21		OBS = No	마이너스 반응과 무형태질 반응
FQx+	= 0	XA%	= .76	VI 9.	Do3 Mp− Art, Hd, Sx PHR
FQxo	= 12	WDA%	= .79	VIII 12.	Dv2 CF.YF− An
FQxu	= 1	X−%	= .24	IX 13.	Do3 FC−2 A
FQx−	= 4	S−	= 0	X 17.	Ddo99 FC− An
FQxnone	= 0				
(W+D	= 14)	P	= 5		
WD+	= 0	X+%	= .71		
WDo	= 11	Xu%	= .06		
WDu	= 0				
WD−	= 3				
WDnone	= 0				

사례 10 20세 남성의 마이너스 반응과 무형태질 반응

R = 29		L = .61		OBS = No	마이너스 반응과 무형태질 반응
FQx+	= 0	XA%	= .90	IV 11.	Ddo99 F− An
FQxo	= 14	WDA%	= .95	VIII 20.	Dd+99 Mp.FD.FC− H,Cg 3.0 PHR
FQxu	= 12	X−%	= .10	X 29.	Do11 F− A INC2
FQx−	= 3	S−	= 0		
FQxnone	= 0				
(W+D	= 22)	P	= 4		
WD+	= 0	X+%	= .48		
WDo	= 13	Xu%	= .41		
WDu	= 8				
WD−	= 1				
WDnone	= 0				

사례 11 41세 여성의 마이너스 반응과 무형태질 반응

R = 18		L = .20		OBS = No	마이너스 반응과 무형태질 반응
FQx+	= 2	XA%	= .78		Ⅷ 13. W+ FC− An,Sx 4.5 PER,INC2,MOR
FQxo	= 11	WDA%	= .82		Ⅸ 16. Ddo99 FT.FC.FY− An MOR
FQxu	= 1	X−%	= .17		Ⅹ 17. W+1 F− An,Sx 5.5
FQx−	= 3	S−	= 0		
FQxnone	= 1				
(W+D	= 17)	P	= 9		
WD+	= 2	X+%	= .72		
WDo	= 11	Xu%	= .06		
WDu	= 1				
WD−	= 2				
WDnone	= 1				

사례 11

41세의 알코올중독 입원 환자다. 그녀의 장점과 경향성, 그녀가 계속 입원해야 하는지와 자살의 가능성이 있는지에 대한 정보를 얻기 위해 심리학적 평가가 의뢰되었다.

일반 해석

중재와 관련된 자료의 해석은 어렵지 않지만, 우연하게나 단편적으로 접근해서는 안 된다. 불행히도, 일부 해석자들은 평범 반응수에 대해 빠르게 검토하고 구조적 자료에 비율을 검토하는 것만으로 해석적 가설을 만들곤 한다. 이러한 전략은 일부 타당한 가정을 산출하는 데 도움이 되긴 하지만, 만약 자료의 개관이 여기서 끝난다면, 피검자의 특징적인 인지적 중재 작업에 대한 가치 있는 정보는 무시되고, 특수성은 간과될 것이다. 점수의 빈도 자료와 부적합하게 일치하는 자료들을 검토해야만, 현실 검증력의 문제와 개인의 중재 활동에 대한 의미 있는 이해가 가능하다.

해석적 전략은 6개의 기본적인 단계로, 왜곡된 형태질 반응이 기록에서 발생했다면 8개로 확장된다. 처음 세 단계는 적합하거나 적합하지 않은 반응, 그리고 중재적 역기능의 범위에 대한 문제에 집중되어 있으며, 그것이 발생했다면 현실 검증력의 손상을 반영한다. 마지막 네 단계는 일반적이거나 관습적이거나 좀 더 비일반적이고 개인적인 것을 적절하게 전환(반응)하는 범위에 초점이 맞춰진다.

먼저 살펴볼 변인(*R*, OBS, *Lambda*)

해석자들은 반응수 *R*을 항상 인식해야 한다. 이것은 특히 중재에 관한 자료가 검토될 때 중요하다. 중재 관련 자료들의 일부가 *R*에 대한 비율로 표현되고 긴 프로토콜보다 짧은 프로토콜의 비율점수에 단일반응이 끼치는 영향이 더 크기 때문이다. 가령, 15개 반응 기록에서 3개의 왜곡된 형태질(−) 반응은 .20의 *X−%*, 24개 반응 프로토콜에서 3개의 왜곡된 형태질 반응은 .13의 *X−%*로 계산된다. 피상적으로 평가한다면 .20은 .13보다 더 부정적인 해석을 내릴 수도 있지만, 이는 타당하지 않으며 매우 잘못된 결론에 도달하게 할 수도 있다. 비율 관련 자료가 아니어도, 첫 번째로 *R*은 해석적 가설을 변경할 수 있는 근거가 되기도 한다. 예를 들어, 24개 반응 프로토콜에서도 평범 반응이 7개면 기대 범위에 있다 할 수 있지만, 15개의 반응 기록에서 7개의 평범 반응은 예외적으로 많은 편이다.

두 번째 조건은 OBS다. OBS에 해당되면 완벽주의 경향에 대한 특징적인 신호가 되며 세부적인 것에 대해 특이하고 집착적인 관심을 반영한다. 이런 사람들은 정확하거나 관습적이려고 하는 욕구가 강해서 자극을 해석하는 데 과도하게 신중하다. 신중하고 정확하게 중재하기 때문에, 항상 *XA%*, *WDA%*, *X+%*에서 일반적인 평균값보다 더 높은 값이 나온다. 결과가 기대에 부합했을 때, 강박적 특성이 중재를 간섭하는 방해 요소가 된다는 점을 시사한다.

세 번째 조건인 *Lambda*는 왜곡된 형태질 반응의 동질성을 연구할 때, 그리고 중재적 결정에 있어서 관습성의 문제를 만족시킬 때, *X+%*와 *Xu%*에 대한 자료를 해석할 때 중요한 지침을 제공한다.

1단계: *XA%*와 *WDA%*

형태를 적합하게 사용하였는가의 여부는 인지적인 중재와 관련된 자료를 해석할 때 매우 중요한 기초 자료가 된다. 2개의 변인인 *XA%*, *WDA%*는 이러한 문제에 대한 직접적인 정보를 제공한다. 이 두 변인은 중재 활동이 상황에 적합한 행동(반응)을 발생시키는 정도에 대해 정보를 준다. 2개를 동시에 검토해야 적합한 형태 사용에 대한 충분한 정보를 얻을 수 있다. *XA%*는 '좋은 형태에 적합한(*Sum of FQ+, FQo, FQu/R*)' 모든 반응의 비율이다. 두 번째 *WDA%*는 *W*와 *D* 영역(*Sum W+D of FQ+, FQo, FQu/Sum W+D*)의 반응들만 계산하는 것으로 제한한다.

두 변인의 값은 모두 높고 유사할 것이라 기대되지만, 전형적으로 *WDA%*가 더 높을 것이다. 이것은 *WDA%*가 분명한 잉크반점 영역에 부여된 가장 특징적인 외현적 특성에 대한 반응이기 때문이다. 따라서 대부분의 사례에서 *XA%*는 *WDA%*보다 값이 더 작을 것이지만, 물론 반대인 경우도 있을 것이다. 해석적 가정은 각 변인의 값과 더불어 둘 간의 차이값에 따라 좌우된다.

잠정적 소견 1: 만약 *XA%*가 .78~.90이고 *WDA%* 값이 *XA%*와 동일하거나 더 크다면, 그것은 피검자의 인지적 중재 작업이 항상 상황에 적합하다는 의미다. 현재 피검자는 관습적인 현실 검증력을 보유하고 있다는 가정을 할 수 있다. 2단계로 가자.

사례 10 20세 남성의 마이너스 반응과 무형태질 반응

						마이너스 반응과 무형태질 반응
R = 29		L = .61		OBS = No		
FQx+	= 0	XA%	= .90			IV 11. Ddo99 F− An
FQxo	= 14	WDA%	= .95			VIII 20. Dd+99 Mp.FD.FC− H,Cg 3.0 PHR
FQxu	= 12	X−%	= .10			X 29. Do11 F− A INC2
FQx−	= 3	S−	= 0			
FQxnone	= 0					
(W+D	= 22)	P	= 4			
WD+	= 0	X+%	= .48			
WDo	= 13	Xu%	= .41			
WDu	= 8					
WD−	= 1					
WDnone	= 0					

사례 11 41세 여성의 마이너스 반응과 무형태질 반응

						마이너스 반응과 무형태질 반응
R = 18		L = .20		OBS = No		
FQx+	= 2	XA%	= .78			VIII 13. W+ FC− An,Sx 4.5 PER,INC2,MOR
FQxo	= 11	WDA%	= .82			IX 16. Ddo99 FT.FC.FY− An MOR
FQxu	= 1	X−%	= .17			X 17. W+1 F− An,Sx 5.5
FQx−	= 3	S−	= 0			
FQxnone	= 1					
(W+D	= 17)	P	= 9			
WD+	= 2	X+%	= .72			
WDo	= 11	Xu%	= .06			
WDu	= 1					
WD−	= 2					
WDnone	= 1					

사례 10과 11 유력한 소견

두 사례 모두에서, *XA%*는 근소한 차이로 일반적인 범위에 있다. 사례 10에서, *XA%*는 범위의 상단 끝(.90)에 있으며, 사례 11은 하단 끝(.78)에 있다. 두 사례에서 해석자는 형태질 기호화는 정확하다고 확신해야만 한다. 기호화가 정확하다고 가정하는 것으로, 두 사례에 대한 중재와 관련된 처음의 가정은, 피검자는 상황에 적합하게 반응했다는 것이다.

잠정적 소견 2: 만약 *XA%*가 .90보다 크고 *WDA%* 값이 *XA%*와 동일하거나 더 크다면, 피검자는 중재가 상황에 적합하다는 확신을 하기 위해 특별한 노력을 기울인다는 의미다. 이는 강박적 유형인 사람들에게서 흔하게 나타나는데, 다만 강박성과 동일하게 기계적으로 해석해서는 안 된다. 이것은 단순히 상황을 정확하게 변환하려는 특정한 경향성에 의해 영향을 받고 있다는 의미로 볼 수 있다.

잠정적 소견 3: *XA*%가 .78 이상이고 .75보다 적은 *WDA*%는 매우 드문 결과며 계산의 오류일 가능성도 있다. 만약 계산의 오류가 아니라면, 반응수가 적은 기록일 경우(16개 이하의 반응)이고, *Dd* 반응의 많은 수가 의외로 많고, 대부분이 *FQo*와 *FQu*로 기호화되었을 것이며, 왜곡된 형태질, 즉 마이너스 형태질로 기호화되거나 형태가 없는 *W*와 *D* 반응의 비율이 높을 것이다. 이 같은 프로토콜은 정보 처리 과정의 문제를 반영하지만, 또한 피검자가 심각한 혼란을 가장하려 할 경우 발생될 수도 있다.

잠정적 소견 4: *XA*%가 .70~.77이고 *WDA*%가 .80 이상일 때, 그것은 중재적 해석이 분명한 상황에서는 전반적으로 적합하지만, 다른 상황에는 적절하지 않을 가능성을 시사한다. 중재의 효율성(현실 검증력)이 상실된 경우는 많은 요소에 의해 영향을 받았기 때문일 수 있는데, 전형적으로 정서적 혹은 사고 활동의 간섭으로 발생하거나, 동시에 정보 처리 문제 때문에 발생할 수도 있다. 무형태질 반응과 마이너스 형태질 반응 특성에 대해 검토하면 이러한 경우에 대한 정보를 얻을 수 있다. 2단계로 가자.

잠정적 소견 5: 만약 *XA*%가 .70보다 작고 *XDA*%가 .80 이상이면, 적합한 변환 단서가 명확하지 않은 상황에서 중재(현실 검증) 작업을 주저하는 경향을 시사한다. 두 개 값 사이의 차이는 전형적으로 일부 잘못 정의된 다수의 *Dd* 반응 때문일 수 있다. 제11장에서 언급했듯이, *Dd* 반응은 경제적인 정보 처리 과정을 반영하지 않는다. 오히려 방어성, 아주 작은 부분에 대한 특이한 몰두, 또는 부정주의적인 사고의 틀에 의해 저장된 이미지를 꺼내어 재확인하거나 재구성하는 것이라 볼 수 있다. 왜곡된 형태질(마이너스 반응)과 형태질이 없는 반응에 대한 특징을 검토하여 효과적인 중재 작업에 관련된 정보를 제공해야 한다.

잠정적 소견 6: *XA*%가 .70~.77이고 *WDA*%가 .75~.79일 때, 그것은 중재적 역기능이 중등도의 수준이라는 의미일 수 있다. *XA*%가 .70 미만이고 *WDA*%가 .75~.79일 때, 그것은 역기능의 수준이 좀 더 심각하다는 의미다. 정상 범위 수치 이하에 있는 이유로 *WDA*%에 주목해야 한다. *Dd*이고, 마이너스 형태질, 그리고 형태가 없는 형태질 반응의 대다수는 일반적인 *XA*%보다 더 낮은 값일 것이고 항상 *WDA*%에 유의미한 영향을 끼치지는 않는다. *W*와 *D* 영역이 대부분 가장 구별되는 반점의 외형적인 특성이 있고, 이러한 특성에 근거해 이루어진 해석은 왜곡의 가능성이 상대적으로 적을 수 있다.

따라서 *WDA*%가 .80 미만이라면, 그것은 *W*와 *D* 영역에 대한 5개 반응 중 하나 이상이 왜곡되거나 명백히 윤곽을 무시했을 것이며, 이것은 현실 검증의 문제가 있음을 시사한다. 정서 그리고 사고의 간섭 작용은 항상 이러한

사례 9 29세 여성의 마이너스 반응과 무형태질 반응

R = 17		L = .21		OBS = No	마이너스 반응과 무형태질 반응
FQx+	= 0	XA%	= .76		VI 9. Do3 Mp− Art, Hd, Sx PHR
FQxo	= 12	WDA%	= .79		VIII 12. Dv2 CF.YF− An
FQxu	= 1	X−%	= .24		IX 13. Do3 FC−2 A
FQx−	= 4	S−	= 0		X 17. Ddo99 FC− An
FQxnone	= 0				
(W+D	= 14)	P	= 5		
WD+	= 0	X+%	= .71		
WDo	= 11	Xu%	= .06		
WDu	= 0				
WD−	= 3				
WDnone	= 0				

문제를 발생시키므로 왜곡된 형태질 특성을 검토하고 *W*와 *D* 영역에 대한 형태가 없는 반응에서 인지적 중재의 손상에 관한 정보를 얻을 수 있다. 2단계로 가자.

사례 9 유력한 소견

.76의 *XA*%와 .79의 *WDA*%는 중재의 역기능이 중등도 수준임을 시사한다. 이것은 그녀가 명확한 윤곽을 가진 영역에 대해 무시하거나 또는 왜곡된 전환을 한다는 의미이기 때문에 *WDA*%는 이 두 가지 수치 중 더 중요하게 볼 수 있다. 이것은 현실 검증력에 일부 손상이 있으며, 마이너스 형태질 반응을 검토했을 때 명백하게 확인될 수 있다.

잠정적 소견 7: *XA*%가 .70 미만이고, *WDA*%가 .75 미만일 때, 그것은 유의미하게 중재 과정의 손상이 있다는 의미다. 두 가지 요소들은 중재 활동의 손상이 어떤 범위로 발생되었는지를 이해하기 위해 중요하다. 첫 번째는 *WDA*%의 값이다. *WDA*%가 .65~.74일 경우, 역기능은 심각하며, 현실 검증력은 매우 손상되었을 수 있다. 두 가지의 소견은 정신증과 유사한 과정에 있는 피검자에게는 일반적인 경우이지만, 중재와 관련된 나머지 자료를 검토하지 않고 너무 빨리 결론에 도달했을 수 있으므로 신중해야 한다.

고려해야 할 두 번째 요소는 *XA*%와 *WDA*%의 차이이다. 그것은 종종 일상적 기능에 영향을 주는 현실 검증력 손상 범위에 대한 정보를 제공한다. 두 값의 차이가 1.0 이상일 때, 그것은 역기능이 중재에 대한 단서가 덜 분명한 상황에서 좀 더 드러날 수 있다는 점을 시사한다. 두 값의 차이가 1.0 미만일 때, 손상이 전반적으로 발생되었다는 점을 가정할 수 있다. 다시 말해, 역기능이 분명한 반점의 외형적인 특성과 무관하게 발생될 가능성이 있다. 2단계로 가자.

2단계 : 형태질이 없는 경우(FQxnone)

형태질이 없는 반응(FQxnone)에 대한 특정한 해석적 가설은 정서 및 사고와 관련된 군집에서 설명되어야 하지만, 1단계 특히 4, 5, 6, 7 단계에서 도출된 가정을 일부 수정할 필요가 있다. 형태질이 없는 반응은 일부 내적인 자극에 의해서 중재 처리 과정 동안 윤곽이 무시되었음을 의미한다. 일반적으로 윤곽은 잉크반점에서 가장 분명한 외형적 특성이며, 이것들을 무시하는 것은 자극에 대한 피검자의 인지적인 해석 작업이 특이해서일 것이고, 이는 인지적 중재 처리 과정의 결함이 있음을 시사한다. 형태질이 없는 반응의 대부분은 유채색에 대해 일어나지만 일부는 무채색이나 음영 특성(*C′*, *T* 또는 *Y*)이 사용되기도 한다. 형태질이 없는 이러한 반응 모두는 강한 정동과 관련이 있다. 매우 특이한 예로, 인간 운동을 포함하는 형태질이 없는 반응(MQnone)이 있다. 그것은 잘 통제되지 않는 관념 활동을 나타내는 것일 수 있다.

형태질이 없는 반응의 빈도는 대부분의 기록에서 0이나 1 정도로 흔하지 않으며, 중재와 관련된 다양한 비율 계산에 거의 영향을 주지 않는다. 그러나 만약 발생 빈도가 좀 더 많다면, 그것은 대부분의 형태질 채점을 할 수 없는 반응이 *W*와 *D* 영역에서 많이 나타나므로, *XA%*나 *WDA%*와 같은 인지적인 중재 군집자료의 해석과 관련될 수 있다. 가령, 14개의 *W*와 *D* 반응이 있고, 그중 18개 반응 프로토콜 중 형태질이 없는 반응이 4개라면, 나머지 10개의 *W*와 *D* 반응이 + 또는 *o* 형태질이라고 해도 *WDA%*는 .79 이상일 수 없다.

잠정적 소견: 형태질이 없는 반응이 2개 이상의 빈도로 나타난다면, 사고 세트의 간섭(만약 형태질이 없는 운동 반응이 있었다면) 또는 강한 정동(만약 다른 유형의 형태질이 없는 반응이 있다면)에 의해서 중재 활동의 효율성에 방해가 있었다는 의미이므로 1단계의 가설은 수정되어야만 한다. 마이너스 형태질 반응이 있다면 3단계로 가고, 마이너스 형태질 반응이 없다면 4단계로 가자.

3단계: *X–%*, *FQX–*, *FQxS–*, 형태질이 마이너스인 *Dd*

*XA%*와 *WDA%*의 자료가 적절한 반응 범위에 있다면, 2개의 하위 영역(3a와 3b)과 이 단계에서 검토되는 변인들이 왜곡된 형태질 반응에서 부적절한지에 주목하도록 하자. 마이너스 형태질 반응은 잉크반점의 특징이 외형적 특성에 합당하지 않은 방식으로 해석되었다는 의미가 된다. 이런 경우는 많은 반응 기록에서 나타난다. 마이너스 형태질 반응은 대체로 *Dd*, 그리고 *S* 영역에서 나타나곤 하는데, 전형적으로 *W*와 *D* 영역에서 왜곡된 형태질 반응을 한 것과 비교했을 때 보다 덜 부정적인 해석을 할 수 있다.

마이너스 형태질 반응은 많은 이유로 발생한다. 일부는 잘못된 정보 처리 과정에서 발생할 수 있는데, 많은 경우 정보 처리 과정이 적합하더라도 정서적인 요소나 사고 관념의 틀 혹은 자극 특성에 대한 잘못된 확인 절차에 집착함으로써 발생한다. 원인이 무엇이건, 마이너스 형태질은 자극 지면을 무시하거나 반응으로 투사된 개인의 내적 측면에 의해 자극과 대치되는 개념을 형성한 피검자의 일부 독특한 측면을 반영한다. 마이너스 반응, 즉 왜곡된 형태질 반응은 현실을 무시하거나 왜곡하는 것을 나타낸다. 종종 마이너스 형태질 반응은 반응 위치, 결정인, 반응 내용에 있어 동일성을 보일 수 있으며, 중재 처리 과정의 역기능의 선행 원인에 대해 중요한 통찰을 제공해줄 수 있다.

마이너스 형태질 반응 빈도가 높다면, 그것은 보통 심리학적이거나 신경학적으로 관련된 심각한 문제의 다양성과 연관될 수 있다. 이 단계에서는 기록에 나타난 마이너스 형태질 반응의 비율(*X*−%)에 대해 검토하고, 다음으로는 마이너스 형태질 반응의 높은 빈도(*FQx*−), 마이너스 형태질 반응에 대한 반응 위치의 분포의 순으로 검토가 필요하다. 처음 단계(3a)에서는 순서, 결정인 또는 마이너스 형태질 반응의 반응 내용에서 일치하는 특성을 찾아보는 작업으로 시작하여, 두 번째 단계에서는(3b) 마이너스 형태질 반응에 반영된 피검자의 역기능이 어느 정도 범위인지를 추정해 봐야 한다.

잠정적 소견 1: *X*−%가 .15 미만일 것이고, 마이너스 형태질 반응의 빈도는 0~3 정도일 것이다. 이러하다면, 중재 활동상의 역기능이 일반적인 기대 범위보다 빈도가 더 높을 것이라 예상할 수 있다. 피검자의 거부나 분노 감정들이 일시적인 사건에 중요한 영향을 끼치는지를 결정하기 위해 *S*− 반응의 빈도가 검토되어야 한다.

사례 10 유력한 소견

29개의 반응 중 3개의 마이너스 형태질 반응이 있고, 그중 하나는 *D* 반응, 그리고 나머지 둘은 *Dd* 반응 위치에서였다. *S* 영역은 포함되지 않다. .10의

사례 10 20세 남성의 마이너스 반응과 무형태질 반응

R = 29		L = .61		OBS = No	마이너스 반응과 무형태질 반응
FQx+	= 0	XA%	= .90		IV 11. Ddo99 F− An
FQxo	= 14	WDA%	= .95		VIII 20. Dd+99 Mp.FD.FC− H,Cg 3.0 PHR
FQxu	= 12	X−%	= .10		X 29. Do11 F− A INC2
FQx−	= 3	S−	= 0		
FQxnone	= 0				
(W+D	= 22)	P	= 4		
WD+	= 0	X+%	= .48		
WDo	= 13	Xu%	= .41		
WDu	= 8				
WD−	= 1				
WDnone	= 0				

X−%의 결과는 보편적인 수준이며, 중재적 처리에 대한 효율성에 관한 유의한 정보를 탐색해 볼 필요는 없어 보인다. 그러나 마이너스 형태질 반응의 3개 모두는 3a 단계와 역기능의 범위를 탐색할 3b에서 검토될 것이다.

잠정적 소견 2: *X*−%가 .15~.20이면 중등도 수준의 중재활동 역기능을 가정하기에 타당하다. *R*과 마이너스 형태질 반응의 빈도는 이런 문제를 이해하는 데 중요한 요소다. 평균 정도 빈도의 반응 기록에서 3~4개의 왜곡된 형태질 반응이 나오면, .15~.20의 *X*−%가 나오게 되고, 종종 역기능의 원인은 동질성에 대해 반응을 검토할 때보다 명확해질 수 있다. 다른 한편, 적은 수의 반응 기록에서 3개의 왜곡된 형태질 반응이 나왔다는 것은 피검자가 검사 자극을 대할 때 신중했는데도 역기능이 발생한다는 의미이기 때문에 우려할 만한 일이다. *Dd*와 *S* 반응은 대부분 간단한 프로토콜에서는 기대되지 않는다. 따라서 마이너스 형태질 반응은 *W*와 *D* 영역에서 생길 수 있다. 반응수가 14~16개이고 *X*−%가 .15~.20 범위에 있을 때, 해석자는 역기능에 관해 우연한 것으로 간과하지 말아야 한다. *X*−%에 의해 나타난 것보다 실질적으로 더 광범위할 수 있기 때문이다.

반대로, *S*−의 빈도가 *FQx*−와 동일하거나 거의 유사하다면, 중재 기능의 장해는 피검자의 정동 특성과 직접적으로 관련된 것일 수 있다. 3a 단계로 간다.

사례 11 유력한 소견

18개의 반응 프로토콜 *X*−%는 .17%이며, 3개의 마이너스 형태질 반응이 포함된 값이다. 이것은 중재 처리 과정에 대한 일시적인 손상이 있음을 의미한다. 마이너스 형태질 반응 중 2개는 *W* 반응 위치로 그녀의 중재 처리 활동이 기대와 달리 더 일시적이라는 것과 집착이 그녀의 중재 처리 활동을 압도하거나 직접적으로 영향을 끼칠 수 있다는 점을 의미

사례 11 41세 여성의 마이너스 반응과 무형태질 반응

				마이너스 반응과 무형태질 반응
R = 18	L = .20		OBS = No	
FQx+	= 2	XA%	= .78	Ⅷ 13. W+ FC− An,Sx 4.5 PER,INC2,MOR
FQxo	= 11	WDA%	= .82	Ⅸ 16. Ddo99 FT.FC.FY− An MOR
FQxu	= 1	X−%	= .17	Ⅹ 17. W+1 F− An,Sx 5.5
FQx−	= 3	S−	= 0	
FQxnone	= 1			
(W+D	= 17)	P	= 9	
WD+	= 2	X+%	= .72	
WDo	= 11	Xu%	= .06	
WDu	= 1			
WD−	= 2			
WDnone	= 1			

한다. 3a와 3b 하위 단계에서 얻은 소견은 이러한 문제를 구분하기 위해서 중요하다.

잠정적 소견 3: *X*−%가 .21~.25일 때, 일부 중재의 역기능이 광범위하게 영향을 끼칠 가능성이 있다는 의미다. 마이너스 형태질 반응 및 *S* 빈도도 *R*과 함께 이러한 소견을 이해하는 데 중요하다. 예를 들어, 기록에 14~16개의 반응이 있고 *W*와 *D* 영역에 대한 3~4개의 마이너스 형태질 반응이 있다면, 역기능은 광범위하고 심각한 것으로 해석한다.

심한 경우 평균 반응수의 반응 프로토콜에서 *Dd* 영역, 그리고 *S*를 포함한 마이너스 형태질의 반응이 최소한 반 이상일 수도 있다. 이러한 경우에 중재 역기능은 광범위한 것으로 간주되는 것이 아니라 정보 처리 또는 정동에서 보다 특정한 문제가 있어서일 수 있다. 만약 *S*−가 마이너스 형태질 반응의 적어도 반 정도에 해당된다면 부정적 정동이 피검자의 주요 문제와 분명히 관련성이 있다고 볼 수 있다. 역기능이 광범위한지와 별도로 손상의 범위는 신중하게 검토되어야 하고, 인지적 중재 활동에 대해 주목해야 한다.

사례 9 유력한 소견

17개의 반응 프로토콜에서는 *X*−%가 .24이다. 4개의 마이너스 형태질 반응에 의해 계산되었고, 이들 중 세 개는 *D* 영역이 있고 *S* 영역은 없다. 이는 현실에 대한 왜곡 경향성이 매우 광범위하다는 점을 시사한다.

잠정적 소견 4: *X*−%가 .25보다 클 때, 특히 그것이 .30 이상이라면 심각한 중재 처리 활동의 손상 가능성이 있다는 신호다. 마이너스 형태질을 보인다는 의미다. 4분의 1 이상이 마이너스 형태질 반응에서 동질성이 있는지도 보아야 한다. 그러나 역기능의 범위는 광범위하여 매우 극적일 수 있다. 이 경우 현실 검증력이 심

사례 9 29세 여성의 마이너스 반응과 무형태질 반응

R = 17		L = .21		OBS = No	**마이너스 반응과 무형태질 반응**
FQx+	= 0	XA%	= .76		VI 9. Do3 Mp− Art, Hd, Sx PHR
FQxo	= 12	WDA%	= .79		VIII 12. Dv2 CF.YF− An
FQxu	= 1	X−%	= .24		IX 13. Do3 FC−2 A
FQx−	= 4	S−	= 0		X 17. Ddo99 FC− An
FQxnone	= 0				
(W+D	= 14)	P	= 5		
WD+	= 0	X+%	= .71		
WDo	= 11	Xu%	= .06		
WDu	= 0				
WD−	= 3				
WDnone	= 0				

각하게 손상되었다는 의미이므로 피검자는 매우 무능력할 것이다.

잠정적 소견 5: 일부의 경우, *S*− 또는 *Dd* 빈도와 상관없이 *X*−%가 .70을 넘을 때, 그것은 개인이 매우 증상을 과장하거나 꾀병을 부릴 가능성이 있다. *X*−%가 .70 이상인데 타당하다면, 피검자가 검사받는 데 심각한 어려움이 있어야 한다. 사실상 이와 같은 광범위한 손상이 있는 피검자는 검사 실시도 불가능하다. 전형적으로 최근 행동의 역사로 보아 매우 활발하게 정신증과 같은 상태에 있음을 쉽게 확신할 수 있다. 만약 개인력을 보아 정신증의 일관된 증거가 분명히 제공되지 않았다면 꾀병일 가능성이 있다. 3a 단계로 가자.

3a 단계: 동질성의 문제

중재 처리 활동의 역기능에 대한 전조는 매우 특정적이다. 3단계의 처음 부분에서 *S*와 *Dd* 빈도를 조사하는 것은 역기능의 전조 요인에 대한 우려 때문이다. 그러나 마이너스 형태의 반응은 관념의 틀, 선행 조건, 그리고 정서적 요소 등 많은 이유에 의해서 발생할 수 있다. 이 3단계의 두 번째 부분은 역기능과 관련될 수 있는 일반적인 요소를 찾기 위한 시도다. 3a 단계의 잠재적인 소견은 상호 배타적인 것이 아니므로 각각의 가능성은 프로토콜을 해석할 때 고려되어야 한다.

잠정적 소견 1: 때때로 모든 마이너스 형태질 반응은 첫 2개나 3개의 카드에서 발생한다. 이것이 발생하였을 때, 역기능이 검사 상황에 영향을 끼친 것일 수 있다. 다시 말해, 개인은 과제의 특성을 이해하지 못한 것이고, 그것 때문에 불안하거나 또는 매우 부정적인 태도로 검사에 임하게 된다. 후자일 경우, 마이너스 형태질 반응은 보통 *S* 반응 영역을 포함할 것이고, 이러한 경우에 역기능은 일시적이라 볼 수 있다.

따라서 *X*−%가 검사의 수행의 질을 나타낸다면 피검자가 좀 더 익숙한 상황하에 중재 역기능에 대한 경향성을 과대 평가받을 수 있다. 검사의 상황적 특성, 검사에 대한 피검자의 편견이나 평가 사유를 고려해 현재 나타난 역기능이 일시적인지 지속적인 것인지 평가하고 생활력을 검토해 피검자가 친숙한 상황이나 원하지 않는 요구에 당면하면 혹시 현재와 같은 역기능이 반복되는 것인지를 파악해야 한다.

잠정적 소견 2: 앞서 언급했듯이, 마이너스 형태질 반응이 주요하게 *S* 영역을 포함하고 있을 때, 그것은 역기능의 일부가 거부 또는 분노와 관련 있는 정동적 문제의 결과물일 수 있다. 정동의 다른 종류 또한 중재를 방해할 수 있다. 모든 또는 대부분의 마이너스 형태질 반응은 색채가 포함된 잉크반점에, 중재의 정동적 간섭이 있어서일 경우가 많다. 마찬가지로 분노나 거부보다 다른 정동적 간섭이 중재 역기능의 주요한 전조라면, 보통 마이너스 형태질 반응의 결정인 사이에는 일부 동일성이 나타난다. 대부분은 색채 결정인, 무채색, 그리고 음영 결정인이 포함된다.

사례 10에 대한 소견

기록에서 마이너스 형태질 반응에 대한 명백한 동질성이 나타나지 않았다.

사례 9에 대한 소견

그녀의 포로토콜에는 마이너스 형태질 반응이 나타났는데 4개 중 3개는 전반적으로 유채색 카드(VIII, IX, X)에서 나타났으며, 3개 모두는 색채 결정인이었다. 이것은 정서적 문제가 중재 역기능에 대한 그녀의 경향성에 다소 영향을 미쳤을 것이라 볼 수 있다.

사례 11에 대한 소견

마이너스 형태질 반응 모두는 전반적으로 유채색 카드(VIII, IX, X)에서 나타났으며, 3개 중 2개는 유채색 결정인이었다. 부가적으로, 3개 중 하나는 매우 특이한 음영 혼합과 색채-음영 혼합(*FT, FC, FY*)의

사례 10 20세 남성의 마이너스 반응과 무형태질 반응

						마이너스 반응과 무형태질 반응
R = 29		L = .61		OBS = No		
FQx+	= 0	XA%	= .90			IV 11. Ddo99 F− An
FQxo	= 14	WDA%	= .95			VIII 20. Dd+99 Mp.FD.FC− H,Cg 3.0 PHR
FQxu	= 12	X−%	= .10			X 29. Do11 F− A INC2
FQx−	= 3	S−	= 0			
FQxnone	= 0					
(W+D	= 22)	P	= 4			
WD+	= 0	X+%	= .48			
WDo	= 13	Xu%	= .41			
WDu	= 8					
WD−	= 1					
WDnone	= 0					

사례 9 29세 여성의 마이너스 반응과 무형태질 반응

						마이너스 반응과 무형태질 반응
R = 17		L = .21		OBS = No		
FQx+	= 0	XA%	= .76			VI 9. Do3 Mp− Art, Hd, Sx PHR
FQxo	= 12	WDA%	= .79			VIII 12. Dv2 CF.YF− An
FQxu	= 1	X−%	= .24			IX 13. Do3 FC−2 A
FQx−	= 4	S−	= 0			X 17. Ddo99 FC− An
FQxnone	= 0					
(W+D	= 14)	P	= 5			
WD+	= 0	X+%	= .71			
WDo	= 11	Xu%	= .06			
WDu	= 0					
WD−	= 3					
WDnone	= 0					

사례 11 41세 여성의 마이너스 반응과 무형태질 반응

R = 18		L = .20		OBS = No	
FQx+	= 2	XA%	= .78		
FQxo	= 11	WDA%	= .82		
FQxu	= 1	X−%	= .17		
FQx−	= 3	S−	= 0		
FQxnone	= 1				
(W+D	= 17)	P	= 9		
WD+	= 2	X+%	= .72		
WDo	= 11	Xu%	= .06		
WDu	= 1				
WD−	= 2				
WDnone	= 1				

마이너스 반응과 무형태질 반응
- VIII 13. W+ FC− An,Sx 4.5 PER,INC2,MOR
- IX 16. Ddo99 FT.FC.FY− An MOR
- X 17. W+1 F− An,Sx 5.5

구성을 포함하고 있다. 그녀의 중재 역기능은 중등도 정도로 보이며, 정서와 상호작용하여 새로운 정보를 해석할 때 일부 방식에서 주목할 만한 손상을 일으킨 것으로 볼 수 있다.

잠정적 소견 3: 가끔 마이너스 형태질 반응의 대부분이 운동 결정인(*M, FM, m*)일 때가 있다. 이것은 비정상적인 사고와 관련되며, 마이너스 형태질 반응이 적어도 하나의 운동 결정인을 포함하고 있을 때, 기괴한 사고의 일부가 현실 왜곡에 기여하는 것으로 볼 수 있다. 사고의 특성은 인지적 삼구조의 세 번째 군집(사고)에서 살펴보겠지만, 여기서 *FM* 그리고 *m* 반응의 마이너스 형태질을 비교하여, *M*− 반응의 빈도를 검토하는 것이 중요하다. *M*−는 목표 지향적이고 통제된 사고의 왜곡을 시사하기 때문이다.

동시에, 일시적으로 논리의 결함에 의해 하나의 *M*− 반응이 기록에 나타나긴 한다. 2개 이상이 프로토콜에서 나타나거나 그것들이 왜곡된 형태질 반응 중 비율이 높다면, 왜곡된 사고의 형태가 중재에 영향을 미친다는 의미다. 반대로 *FM*− 그리고 *m*− 반응은 덜 의도된 형태의 관념 활동으로 볼 수 있다. 마이너스 형태질 반응의 대부분이 *FM*이나 *m* 반응일 때, 그것은 산만한 주의력과 집중력, 그리고 사고의 논리적 패턴에 장애가 있어 욕구 및 경험이 효율적인 중재를 간섭하는 것으로 해석한다.

잠정적 소견 4: 가끔 왜곡된 형태질 반응의 대부분이나 모두에 반사 또는 형태 차원 결정인이 동반된다. 이것이 유의미한 수준일 때, 중재에 대한 간섭은 자기상 문제를 반영하는 것이라 볼 수 있다.

잠정적 소견 5: 마이너스 형태질의 빈도가 세 개 이상이고 왜곡된 형태질 반응의 모두 또는 거의 모두 순수 형태 반응일 때, *Lambda* 값은 중요하다. *Lambda*가 .99 이상으로 회피적 유형일때, 마이너스 형태질 반응 간의 동질성은 비효율적이고 현실 왜곡이 지속되고 있다는 의미다. 다른 한편, *Lambda*가 1.0보다 작다면, 순수 형태이면서 마이너스 형태질 반응으로 좀 더 심사숙고하는 방어적인 현실 왜곡을 시사한다. 종종 마이너스 형태질 반응은 *Dd* 영역에서 나타나지만 *W*와 *D*에서도 나타나 왜곡을 강화하면서 상황에 대한 분명한 현실과 싸우기를 회피하는 전략을 나타낸다.

잠정적 소견 6: 마이너스 형태질 반응이 동일하게 발생하였다면, 그것은 몰두하는 특성(집착)이 오히려 중재 처리 과정의 역기능을 유발하는 것이라고 볼 수 있다. 대부분의 경우, 집착의 특성은 반응 내용에 반영되지만, 일부의 경우 자기 지각과 관련된 자료를 검토하면 더 명확히 알 수 있다.

사례 9의 소견

4개의 마이너스 형태질 반응 중 3개는 색채 결정인임을 이미 언급했다. 3개 중 두 개에 또한 해부(*An*) 반응 내용이 있다. 중요한 신체적인 문제가 있는 사람에게 해부 반응 내용이 특이한 것은 아니다. 그러나 이 경우에는 중재 처리 과정의 일부 손상은 그녀의 신체적 안녕에 대한 걱정에 의해 발생되었을 것이라 볼 수 있다.

사례 11의 소견

이 경우에 3개의 마이너스 형태질 반응은 모두 해부(*An*) 반응 내용을 포함하여 정서적 관련성을 가진 것으로 이전에 가정했었다. 3개 중 2개는 성 반응 내용이다. 이것들은 심각한 집착의 명백한 근거이며, 분명히 그녀의 중재활동에 많은 영향을 주었을 것이고 *X*-% .17 값보다 더 역기능을 초래할 것이다.

잠정적 소견 7: 마이너스 형태질 반응(*FQx*−)의 빈도가 3보다 크고 마이너스 형태질 반응의 모두 또는 대부분이 잉크반점의 첫 반응이었다. 이것은 중재 처리 과정에 열의가 없거나 성급한 접근임을 의미할 수 있다. 정보 처리 문제로도 발생할 수 있지만, 이것은 중재 처리 중 충동성에 의한 특성을 시사한다. 특히 잉크반점에 대한 대부분 반응이 적절하다면 더욱 그렇게 볼 수 있다. 다른 한편으로 왜곡된 형태질 반응의 모두 또는 대부분이 잉크반점에 대한 마지막 반응이라면, 두 가지의 가능성을 고려해야 한다. 첫째, 2개는 일반적이고, 피험자에게 특별한 중요성이 있다면 특성이나 반응 내용이 검토될 때 잘 드러나게 될 것이다. 둘째, 피험자는 여러 가지 이유로 혼란의 특성을 과장하고자 하는 경향이 있을 수 있다. 이것은 특히 왜곡된 형태질 반응이 마지막 반응이라면 그럴 수 있다. 3b 단계로 가자.

3b 단계: 마이너스 왜곡 수준

모든 마이너스 형태질 반응은 현실 왜곡의 수준을 동일하게 반영하지는 않는다. 마이너스 형태질 반응은 어느 정도 자극 지면의 요소와 일치하는 일부 특성을 가지고 있다. 반응이 마이너스 형태질로 기호화되더라도, 반응 영역은 꽤 정확하거나, 그 일부 요소는 오히려 쉽게 확인할 수 있다. 카드 II, III, X에 얼굴로 반응하며, 카드 II, III, VIII에 대해 일부 해부로 대답하며, 카드 IV 또는 V로 답하고, 카드 VII에 부서진 쿠키나 크래커로 반응하는 것은 이러한 마이너스 형태질 반응의 종류에 대한 예라 할 수 있다. 그것들은 중등도 수준의 왜곡을 반영하는 경향이 있다. 마이너스 형태질의 좀 더 심각한 유형은 대부분 양호한 형태질을 보이나 명백히 부적절한 중요한 요소를 첨가하면서 나빠지기 때문에 마이너스 형태질로 기호화된다. 예를 들어, 카드 III에서 '여자(*D7*)의 머리를 때리는 두 남자(*D9*)'라는 반응이 있다. 사람 모양으로 *D9*의 확인은 적절하며 평범 반응이지만 *D7* 영역은 인간의 머리로 명백히 마이너스 형태질이다.

마이너스 형태질 반응 중 심각한 수준의 반응은 자극 지면을 거의 완전히 무시한다. 그들의 반응 영역은 종종 확인하기 어려우며 아주 공감적인 해석조차도 상당한 어려움을 겪거나, 또는 그것을 찾아내는 것이나 대상 또는 반응의 중요한 요소를 인식하기조차 불가능하다. 예를 들어, 카드 I 전체를 '지구의 중심으로 깊게 굴을 파고 있는 광부들의 무리'로, 카드 IV의 중앙 부분을 '그렘린의 얼굴'로, 카드 X을 '머리 위로 날아가는 홍학 떼'로 반응한다. 마이너스 형태질 반응의 이러한 유형은 매우 심각한 형태의 인지적 중재 역기능을 시사한다. 그것들은 정신증과 유사하며 현실에서의 상당한 이탈을 반영한다. 따라서 자극 지면의 특성을 벗어나는 반응의 범위를 결정하기 위해서 마이너스 형태질 반응 각각을 검토하는 것이 중요하다.

반응을 검토하는 것은 투사된 자료에 대한 반응 내용을 조사하는 것이 아니다. 역기능의 심각도와 관련된 판단은 반응의 기호에 포함된 일부 특수점수에만 의지해서는 안 될 것이다. 해석자는 현실에서의 이탈이 얼마만큼 심각한지에 초점을 두어야 한다.

잠정적 소견: 만약 심각한 왜곡이 일부 마이너스 형태질 반응에서 나타난다면, 3단계와 3a 단계에서 얻은 가정은 수정되어야만 한다. 동시에 중재와 관련된 인지적 작동에 심각한 와해가 있는 것이고 정신증과 유사한 활동이 있을 것과 다르지 않다. 현실 왜곡을 시사하는 하나의 마이너스 형태질 반응이 있을 때조차 일부 행동이 요구 상황에 기대되고 적합한 것에서 매우 벗어나 있을 가능성이 있다. 다양한 마이너스 형태질 반응의 존재는 중재 활동이 종종 비효율적이고 부적절한 행동을 발생시킬 수 있으며 혼란스럽고 방해적인 행동을 할 수 있다. 4단계로 가자.

사례 9의 소견

4개의 마이너스 형태질 반응이 있다.

카드 IV(*D3*) '남성의 성기, 페니스를 그린 것입니다.' (반응 후 질문) '단지 딱딱한 것처럼 보이는 그것의 형태예요, 발기된 것 같잖아요. 그런데 하나

가 아니에요, 누군가 스케치한 것 같군요.'

카드 VIII(*D2*) '잘은 모르겠지만 내장인 것 같아요.' (반응 후 질문) '화려한 색상이군요. 나는 무슨 기관인지는 모르겠어요. 색깔 때문에 아래는 부드러운 것 같아요. 만지면 딱딱할 것 같지 않을 것처럼 탄력성 효과가 있어요.' (검사자: 나는 확실히 볼 수 없군요.) '글쎄요, 음영에 색상 방식이 다양한 효과를 줘요, 아마도 인대 같아요, 그것은 실제 핑크와 오렌지의 두 가지 색이에요.'

카드 IX(*D3*) '위의 것이 오렌지 곤충들이에요.' (반응 후 질문) '그것들은 더듬이와 집게발이 있어요, 난 곤충의 종류가 무엇인지는 모르겠지만, 색은 오렌지네요.'

카드 X(*D9*와 *D6*의 윗부분) '이것은 턱의 아랫부분이에요, 그런데 이가 없네요.' (반응 후 질문) '모양이 있네요, 핑크는 아래 부분이고 파란색은, 이는 아마도 잇몸 같아요, 그것은 모두 핑크예요, 그 색이 맞아요.'

첫 번째와 세 번째의 마이너스 형태질 반응은 유의하게 왜곡되어 있지는 않다. 두 번째 마이너스 형태질은 형태 요구를 최소화한 것이며, 심한 왜곡으로 간주할 수 없다.

그러나 마지막의 마이너스 형태질은 좀 더 심한 것이며, 심하게 왜곡되어 있다. 동시에 그녀의 신체적 안녕에 관한 집착은 주목할 만하게 현실적인 침해에 기여한다.

사례 10에 대한 소견

3개의 마이너스 형태질 반응이 있다.

카드 IV(*D1*의 위 중앙 부분) '중앙에 작은 심장이 있어요.' (반응 후 질문) '단지 여기 작은 부분만이에요(지적하면서), 그것은 심장과 같은 모양이에요.'

카드 VIII(*D4*–*Dd22*) '작은 누군가가 커튼 뒤에 서 있는 것 같아요.' (반응 후 질문) '부츠 혹은 오래된 신발, 누군가 회색 계열의 녹색 커튼 뒤에 있는 것 같아요. 그리고 그들의 4개의 발 외에는 당신은 그들을 볼 수가 없어요, 여기가 커튼이에요(외곽선).'

카드 X(*DdS22*) '이 회색이 두 개의 머리를 가진 이상한 곤충이에요.' (반응 후 질문) '브라질 또는 어딘가의 황량한 곳 같아요. 선으로 된 무언가가 있는 아메리카. 양 옆에 머리가 있고 여기가 몸이에요, 나는 이전에 이와 같은 것을 본 적이 없어요.'

이러한 각각의 마이너스 형태질 반응에서, 윤곽을 사용했으나 부적절했다. 그러나 심각한 왜곡을 나타내는 것은 없다.

사례 11에 대한 소견

이 프로토콜에는 세 개의 마이너스 형태질 반응이 포함되어 있다.

카드 VIII(*W*) '아, 골반이에요. 예, 이것이 질이죠, 갈비뼈, 또 골반과 폐' (반응 후 질문) '이것은 팔의 일부예요(*D4*), 여기의 뼈를 무엇이라 부르지요? 난 모르겠어요, 여기는 폐(*D5*), 연기가 가득 찬 폐 한 쌍이에요, 파란색, 나는 담배를 피우는 것 같아요, 갈비뼈(*D3*)와 골반과 질이에요. 아래로 내려가면서 보세요.' (검사자: 나는 당신처럼 질을 보기 어려운데요. 제가 볼 수 있도록 도와주세요.) '이 질은 의학 서적의 그림에 있어요, 여기를 보세요.' (검사자:

당신은 폐가 연기에 가득 차 있다고 말했어요.) '예, 그것들은 파래요, 그것들이 연기처럼 보여요.'

카드 IX(*D1+D6*) '이것은 폐 한 쌍이에요, 2개의 폐, 감염된 거예요.' (반응 후 질문) '폐 한 쌍이요, 이것은 아마도 척추뼈인 것 같고 스펀지 타입이에요, 분홍색과 비슷한 색은 그것을 감염된 것처럼 보이게 해요.' (검사자: 스펀지요?) '예, 당신이 부드러움을 느낄 수 있는 것처럼 부드러워요(손을 꼭 쥐면서). 스펀지처럼 딱딱하지 않아요.' (검사자: 당신은 색깔이 그것들을 감염된 것처럼 보이게 한다고 말했지요?) '예, 분홍색과는 다른 피 같아요, 감염된 것처럼.'

카드 X(*W*) '와, 저것들은 이것 또한 안쪽의 그림 같은 게 많이 있어요, 이것은 목뼈예요. 그것을 따라 내려가면(*D11*), 몸의 장기, 폐, 역시 부드러워요, 골반 뼈, 척추, 이것이 목이에요.' (반응 후 질문) '목, 척추, 그다음 여기서 멈추면 이것은 골반, 질(*D10*), 의사의 사무실 벽에서 볼 수 있는 부드러운 거예요(*D9*), 이것을 보세요, 골반 아닌가요?'

비록 각각의 응답에 윤곽이 사용되긴 했지만, 그것들은 모두 왜곡을 심화시키는 유동적인 무언가로 본다. 이것은 특히 카드 X에서 주목할 만하다. 따라서 심각한 왜곡은 없는 반면에 세 개 모두는 종종 부적절한 행동을 발생시키는 인지적 중재 과정의 문제를 반영한다.

4단계: 평범 반응

평범 반응은 잉크반점의 외형적인 영역을 이용한 반응이다. 쉽게 예측되는 분명한 상황에서 피검자가 관습적으로 반응하는지에 대한 정보를 얻게 된다. 보편적으로 검사를 받는 피검자들은 거의 모두 가장 수월한 반응을 할 것 같지만, 늘 그렇지만은 않다. 외형적인 잉크반점의 특성이 분명한 정도가 잉크반점 카드마다 다르기 때문이다. 대부분의 경우 6, 7개 혹은 8개의 평범 반응을 하곤 한다. 긴 반응 프로토콜이라도 9개가 안 되거나, 10개 이상인 경우는 흔치 않다.

잠정적 소견 1: 만약 전체 반응(*R*)이 17개 혹은 28개 사이라면 성인이나 청소년에게는 5~7개, 12세 미만인 경우 4~7개 정도 기대된다. 만약 17개 미만의 전체 반응수 중에서라면 연령에 관계없이 4개 혹은 6개 사이로 기대한다. 만약 28개의 반응이 있다면 6~9개 정도가 적정한 기댓값이 된다. 만약에 평범 반응수가 우리의 기대 범위에 있다면, 기대되거나 수용될 만한 반응 단서가 명백할 때 피검자는 그에 적정한 반응을 할 수 있다는 점을 알 수 있다. 정보 처리 과정에 문제가 있어도 단순하고 분명한 상황에서 비관습적인 반응을 할 가능성은 적다. 5단계로 가자.

사례 9 유력한 소견

17개 반응 프로토콜에서 5개 평범 반응이 있다. 반응에 대한 단서가 명백하다면 기대되거나 조건에 적정한 반응일 수 있다. 이것은 특히 3단계의 소견을 고려하면 중요한 정보이며 치료 계획과 관련하여 살펴볼 자료다.

사례 9 29세 여성의 마이너스 반응과 무형태질 반응

				마이너스 반응과 무형태질 반응
R = 17	L = .21		OBS = No	
FQx+	= 0	XA%	= .76	VI 9. Do3 Mp− Art, Hd, Sx PHR
FQxo	= 12	WDA%	= .79	VIII 12. Dv2 CF.YF− An
FQxu	= 1	X−%	= .24	IX 13. Do3 FC−2 A
FQx−	= 4	S−	= 0	X 17. Ddo99 FC− An
FQxnone	= 0			
(W+D	= 14)	P	= 5	
WD+	= 0	X+%	= .71	
WDo	= 11	Xu%	= .06	
WDu	= 0			
WD−	= 3			
WDnone	= 0			

잠정적 소견 2: 만약 평범 반응의 수가 기대 범위를 초과하면 관습과 정답과 같은 정확성에 대한 관심이 강하거나 집착해서일 수 있다. 사회적으로 기대되거나 수용될 수 있는 행동에 대해 연연해할 수 있다. 강박적 유형에서는 흔한 편이지만, 강박적인 양상의 가능성이 낮다면 완벽주의적 성향으로 해석할 수 있다. 이것을 반드시 취약점으로 해석할 필요는 없다. 피검자가 사회적으로 받아들이는지에 대한 과도한 집착 가능성이 시사된다. 이 소견은 6단계의 *XA%*와 *X+%*를 검토할 때 재평가해 보아야 한다. 5단계로 가자.

사례 11 유력한 소견

18개 반응 기록 중 9개의 평범 반응이 있다. 적절한 행동을 결정하는 데 도움이 되는 분명한 단서를 찾으려고 애쓰고 있다. 그녀는 '옳은 것'을 하려고 하고 3b 단계에서 언급한 것처럼 마이너스 반응과 산

사례 11 41세 여성의 마이너스 반응과 무형태질 반응

				마이너스 반응과 무형태질 반응
R = 18	L = .20		OBS = No	
FQx+	= 2	XA%	= .78	VIII 13. W+ FC− An,Sx 4.5 PER,INC2,MOR
FQxo	= 11	WDA%	= .82	IX 16. Ddo99 FT.FC.FY− An MOR
FQxu	= 1	X−%	= .17	X 17. W+1 F− An,Sx 5.5
FQx−	= 3	S−	= 0	
FQxnone	= 1			
(W+D	= 17)	P	= 9	
WD+	= 2	X+%	= .72	
WDo	= 11	Xu%	= .06	
WDu	= 1			
WD−	= 2			
WDnone	= 1			

사례 10 20세 남성의 마이너스 반응과 무형태질 반응

						마이너스 반응과 무형태질 반응
R = 29		L = .61		OBS = No		
FQx+	= 0	XA%	= .90			IV 11. Ddo99 F− An
FQxo	= 14	WDA%	= .95			VIII 20. Dd+99 Mp.FD.FC− H,Cg 3.0 PHR
FQxu	= 12	X−%	= .10			X 29. Do11 F− A INC2
FQx−	= 3	S−	= 0			
FQxnone	= 0					
(W+D	= 22)	P	= 4			
WD+	= 0	X+%	= .48			
WDo	= 13	Xu%	= .41			
WDu	= 8					
WD−	= 1					
WDnone	= 0					

만한 특징의 관점에서 설명할 때 흥미로운 정보다. 명백하게 조건에 맞는 행동 단서가 제공되지 않으면 그녀의 관심은 환경을 쉽게 왜곡 해석하는 원인이 되고 상황에 덜 적합한 행동을 하게 할 수 있다. 정확성에 대한 걱정 때문에 평균보다 더 많은 평범 반응을 하게 된다.

잠정적 소견 3: 만약 평범 반응의 수가 기대 범위보다 작으면 덜 관습적인 사람이고, 단순하고 정확한 상황에서조차 개인적인 반응을 하곤 한다. 이는 피검자가 사회적 관습을 무시하는 경향이 있지 않은지에 대해 의문이 제기된다. 6단계에서 다시 다루기로 하고 5단계로 가보자.

사례10 유력한 소견

29개의 반응 프로토콜에서 단 4개의 평범 반응이 있는데 1단계에서 *XA%*와 *WDA%*가 이미 언급되었던 바, 이에 대해 다시 검토해야 한다. 적절한 반응을 하긴 하지만, 여러 가지 이유로 가장 명백한 것에 대해 의기소침해지고 위축된다. 이런 방식으로 자신의 독특성을 지키려고 하는 것일 수도 있고, 또 다른 이유에서일 수도 있다. 6단계에서는 이 문제에 대해 살펴보아야 한다.

5단계: *FQ+*

특히 상당히 지적이거나 교육 연령이 높은 사람, 성인이나 연령이 많은 청소년은 1~3개 정도 *FQ+*반응이 있다. *FQ+*로 기호화하려면 관습적이고 잘 정교화되어야 한다. 왜냐하면, 지각된 대상을 기술할 때 필요한 정도보다 형태적 특성을 더 분명하게 말하기 때문이다. 있더라도 빈도가 낮으면 피검자가 정확하게 반응하려고 노력한다는 점을 시사한다. 회피적인 유형에서 *FQ+* 반응은 드물게 나타난다.

잠정적 소견 1: *FQ+* 값이 0일 경우, 만약 피검자가 교육 연령이 높거나 검사자가 보았을 때 피검자가 평균 이상의 지능을 보유하고 있다고 판단될 때, 형태질 기호를 다시 검토해 보아야 한다. *FQ+* 반응이 없다는 말은 곧 성의가 부족하거나 방어적일 가능성을 시사한다. 또한 인지적 중재 기능 손상을 시사한다. 6단계로 가자.

사례 9와 10 유력한 소견

이 반응 기록에서 모두 *FQ+* 값이 0이다. 사례 9의 피검자는 대학을 졸업했으므로 다소 의외의 결과다. 기록을 보면 *FQ+* 반응이 없다는 것은 검사에 대해 그녀가 과도하게 신중하거나 방어적으로 접근했을 가능성을 시사한다.

잠정적 소견 2: 만약 *FQ+* 값이 1~3개라면 피검자가 어떤 자극 정보에 대해 인지적 중재 처리를 하는 과정에서 정확성을 기하려 한 것이거나 검사에 대한 동기가 너무 높아서라 할 수 있다. 6단계로 가자.

사례11 유력한 소견

그녀는 *FQ+* 반응이 2개이고 정확하려 애쓰고 있다. 그리고 분명히 검사에 대한 동기가 높은 편이다.

잠정적 소견 3: 만약 *FQ+* 값이 3개보다 많으면 정확하고 옳은 것에 대한 강한 열망과 의사 결정 과정에서 과도한 신중함을 시사한다. 강박적 양상이 있는 피검자가 이렇다면 인지적 중재 처리 과정에서 과도한 완벽주의를 추구하는 경향 때문에 개인적인 성향을 희생시킨다는 점에서 취약성을 시사한다.

6단계: *X+*%와 *Xu*%

이 단계에서는 적절한 반응의 배열 여부를 검토하면서 관습적인 중재가 반응 형성에 기여했는지, 혹은 개인적인 중재가 기여했는지를 검토한다. *X+*%는 프로토콜상에서 *o* 반응의 비율이다. 형태질 표에서 쉽게 확인할 수 있다. 각 잉크반점의 외형적 특성을 합리적으로 사용했고 아울러 이 영역과 일치하는 반응의 범위도 쉽게 알 수 있다. 즉, *o* 반응은 자극 영역에 해당되는 가능성 중에 포함될 반응을 하였고, 그 피검자의 인지적 중재 결정이 상식적이고 관습적이라 해석할 수 있다.

Xu%는 반응 프로토콜에서 *u* 반응의 비율이다. 이 반응은 잉크반점 영역에 일치하더라도 흔하지 않은 반응이라는 측면에서 매우 중요하다. 거의 모든 프로토콜에서 *u* 형태질 반응이 나타나기 때문에 이 반응에 대한 해석은 가치가 있다. *u* 반응은 덜 관습적이고 더 개인적이라는 점에서 투사가 반영될 가능성이 높지만, 인지적 중재 과정에서 검토하면서 문제삼을 변인은 아니다. 반응 프로토콜에서 *Xu*%는 관습을 무시하는 경향을 시사한다.

일부 *u* 형태질 반응은 *o* 반응이 독특하고 비일상적인 방식으로 표현된 것이라 할 수 있다, 다시 말해, *u* 반응은 더 신중하고 방어적인 표현이다. 예를 들어, 카드 II에서 *D3* 영역을 나비라고 하면 *o*로 채점이 적정하지만, 동일한 영역인데 날개가 있는 곤충이라 하면 *u*로 채점하는 것이 적합하다. 물론 여기에는 논쟁의 소지가 있다. 나비 반응에 날개 있는 곤충이라 덧붙인다면 *o*로 채점한다. 곤충이 흔하지 않은 반응이라는 판단은 반영하지 않는다. 일관성이 없다고 할 수도 있겠으나 사실은 그렇지 않다. *o* 반응은 9,500개의 반응 중 최소 190개 이상에서 나타났던 반응이라는 점을 기억해야 한다. 실제로 '나비' 반응은 963개의 반응 프로토콜에서 나타났으나, 날개 달린 곤충은 37개에 그쳤을 뿐이다. 이 반응은 부적절한 반응은 아니다. 다만, 잉크반점의 외형적인 특성을 일반적인 방식으로 해석해 버리기보다 더 조직화하고 더 진지하거나 방어적인 방식으로 전환시킨 것이라 볼 수 있다.

대개의 *u* 반응은 피검자가 좀 더 신중하고 방어적이어서 *o* 반응이 단순하게 변화되어 나타난 것만으로 볼 수는 없다. 예를 들어, 카드 VI의 *D1* 영역을 기둥으로 보고 전체 영역을 허수아비로 본 *u* 반응의 경우 평범 반응인 인간이나 인간과 유사한 인물과 같은 반응만큼 쉽게 본 것일 수 있고, '기둥 위의 장화', '배지' 또는 '지도'와 같이 *W* 영역에 대한 다른 *o* 형태질 반응보다 그럴듯하게 보이는 반응이지만, 그것은 9,500개의 기록 중 43개에서만 나타났다. 분명히 허수아비라는 반응은 좀 더 창의적이다. 이 반응은 자아상이라는 측면에서 좀 더 특별한 의미일 수 있으나, 여기에서 다룰 내용은 그보다는 그 이미지가 보다 적절한 방식으로 전환되었으되 비일상적이고 비관습적인 방식으로 이루어졌다는 점이다.

특히 전체 반응수가 17개 이상이라면 그 반응의 절반 이상, 흔히 4분의 3이 *o*로 채점되지만, 그중 *u* 반응의 비율은 더 다양하게 나타날 것이고 항상 마이너스 반응보다는 높을 것으로 예상된다. *Xu*%가 .15~.25 사이가 일반적이지만, 비율이 그보다 많은 경우 개인적이거나 관습적이고 일반적으로 기대되는 행동을 고의적으로 무시하는 경향을 시사한다.

잠정적 소견 1: 만약에 *X*+%가 .70~.85라면, *Xu*%가 .10~.20의 사이 값이라면, 사회적인 요구나 기대에 부응하는 공식화된 행동 경향성을 시사한다. *Xu*%가 .10보다 작으면 일시적으로 인지적 중재상의 역기능성이 간헐적으로 사회적인 요구나 기대에 부응하는 데 간섭 요인이 된다고 볼 수 있다.

사례 9와 11 유력한 소견

사례 9에서 *X*+%는 .71이나 *Xu*%는 .06, 사례 11은 .72, .06의 값이 나왔다. *X*+% 값으로 보면 이 두 여성 모두 사회적 기대 혹은 요구에 상응하는 공식화된 행동에 근접하는 경향이 있다는 의미다.

그러나 상대적으로 낮은 *Xu*% 값은 중재 처리 과정의 역기능성의 일부가 때로 사회적 기대에 상응하는 행동에 근접하기 어렵게 방해한다고 해석할 수 있다. 사례 9에서 4개의 마이너스 형태질 반응과 높은 *X*−%를 보면 알 수 있다. 사례 11의 반응 프로토콜에서는 3개의 마이너스 형태질 반응과 하나의 형태가 없는 반응이 타나났다. 두 사례에서 높은 *X*+%는 치료 예후에 있어 긍정적이고 잠재적인 자원이라 할 수 있다.

사례 9 29세 여성의 마이너스 반응과 무형태질 반응

R = 17		L = .21		OBS = No	마이너스 반응과 무형태질 반응
FQx+	= 0	XA%	= .76		VI 9. Do3 Mp− Art, Hd, Sx PHR
FQxo	= 12	WDA%	= .79		VIII 12. Dv2 CF.YF− An
FQxu	= 1	X−%	= .24		IX 13. Do3 FC−2 A
FQx−	= 4	S−	= 0		X 17. Ddo99 FC− An
FQxnone	= 0				
(W+D	= 14)	P	= 5		
WD+	= 0	X+%	= .71		
WDo	= 11	Xu%	= .06		
WDu	= 0				
WD−	= 3				
WDnone	= 0				

사례 11 41세 여성의 마이너스 반응과 무형태질 반응

R = 18		L = .20		OBS = No	마이너스 반응과 무형태질 반응
FQx+	= 2	XA%	= .78		VIII 13. W+ FC− An,Sx 4.5 PER,INC2,MOR
FQxo	= 11	WDA%	= .82		IX 16. Ddo99 FT.FC.FY− An MOR
FQxu	= 1	X−%	= .17		X 17. W+1 F− An,Sx 5.5
FQx−	= 3	S−	= 0		
FQxnone	= 1				
(W+D	= 17)	P	= 9		
WD+	= 2	X+%	= .72		
WDo	= 11	Xu%	= .06		
WDu	= 1				
WD−	= 2				
WDnone	= 1				

잠정적 소견 2: *Xu%* 값과 관계없이 *X+%*가 .85보다 크다면, 관습에 대한 특이한 전념 경향을 시사한다. 딱히 취약성을 의미하는 것은 아니지만 사회적인 인정에 대한 과도한 희생을 하거나 집착을 할 수 있고 *X+%*의 상승은 강박성이나 완벽주의적 성향을 반영한다고 본다.

잠정적 소견 3: 만약 *X+%*가 .55~.69이고 *Xu%*가 .20이라면 피검자가 대부분의 경우보다 사회적 요구나 기대를 무시하는 인지적 중재 경향이 있음을 시사한다. 이러한 경향은 환경과의 갈등 때문에 이차적으로 발생한 것일 수 있고 상당히 다른 가치 체계를 가지고 있음을 의미한다.

원인이 무엇이건 덜 관습적인 행동이 더 잦은 경향이 있다고 볼 수는 있으나, 수용될 수 없거나 반사회적인 행동을 할 것이라는 것은 아니다. 이러한 성향이 회피적 유형인 사람(*L*>.99)

에게서 나타난다면 사회적인 소외 혹은 방어성을 시사하는 결과이며, 피검자는 위협적이거나 요구하고 베풀어 주지 않는 환경이라 주장하면서 사회와 거리를 유지하기 위한 방식의 일환으로 관습적 행동을 회피하는 경향이 있다.

잠정적 소견 4: 만약 *X*+% 값이 .55보다 작다면, 해석에서 *X*−%는 매우 중요한 기준이 될 수 있다. 만약 *X*−%가 .20보다 크다면, 기대되는 것보다 매우 비전형적이거나 부적절한 행동의 가능성이 높아진다. 인지적 중재의 역기능과 현실 검증력의 문제에 의해 비관습적인 행동이 발생할 수 있다. 해석에서 이 점이 강조되어야 하며 개인적 독특성으로 언급되어서는 안 될 것이다.

다른 한편으로 *X*−%가 .20보다 작다면 *Xu*%는 아마도 .25 이상이거나 .30 이상일 수도 있다. *X*−%가 .15보다 작으면, *Xu*%는 .30 이상일 것이다. 두 경우 모두 인지적 중재 결정이 비관습적이라는 의미인데, 그렇다 해서 현실 검증력의 문제를 반영하는 것은 아니다. 왜냐하면, 비일상적이기는 하나 상황에 따라 적절한 반응일 수도 있기 때문이다. 오히려 피검자가 사회적인 기대나 요구에 의해 영향을 덜 받는 것이라 볼 수 있다. 취약점이라 하긴 적절하지 않지만, 사회적 관습을 무시하거나 회피하는 경향의 행동이 예상된다. 비관습적인 행동의 범위나 효율성은 피검자의 창의성과 독특성, 그리고 환경의 가변성에 의해 좌우될 수 있다.

사례 10 유력한 소견

.48의 *X*+%와 .41의 *Xu*%는 매우 의외의 결과다. 사회적 요구나 기대를 무시하는 경향을 반영한다. 이러한 결과는 또한 4단계에서 언급했던 평범 반응의 낮은 빈도와 일치한다. 반드시 그렇지는 않지만, 그의 행동이 매우 관습적이지만은 않을 것이다. 대인관계에 무관심하고 방임적인 그의 개인력과 부합하는 것으로 해석되며, 환경에 의해 보편적으로 인

사례 10 20세 남성의 마이너스 반응과 무형태질 반응

R = 29		L = .61		OBS = No	마이너스 반응과 무형태질 반응
FQx+	= 0	XA%	= .90		IV 11. Ddo99 F− An
FQxo	= 14	WDA%	= .95		VIII 20. Dd+99 Mp.FD.FC− H,Cg 3.0 PHR
FQxu	= 12	X−%	= .10		X 29. Do11 F− A INC2
FQx−	= 3	S−	= 0		
FQxnone	= 0				
(W+D	= 22)	P	= 4		
WD+	= 0	X+%	= .48		
WDo	= 13	Xu%	= .41		
WDu	= 8				
WD−	= 1				
WDnone	= 0				

정된 것에서 다소 이탈된 다양한 가치 체계와 관련되어 보인다. 그의 병리적 사고 특성에 대한 의사결정이 필요하다.

중재 관련 변인 연구와 개념들

형태질

로르샤하(1921)는 피검자들이 하는 반응 중 순수한 형태 반응이 꽤 높은 비율을 차지할 것이고, 나머지 반응의 거의 대부분은 형태 특성에 의해 결정될 것이라고 했다. 형태 사용에 관한 로르샤하의 개념은 그의 연구에 핵심적인 기본 가설 중 하나다. 그는 피검자가 반응을 만들어 내는 데 적용되는 '형태' 사용의 방식이나 질은 대상을 관습적으로 혹은 현실적으로 지각하는 개인의 능력을 반영한다고 가정했다. 이 가설에 따라 그는 '분명히 보이는'이라 언급되는 +(좋은) 형태질과 −(나쁜) 형태질을 구별했다.

거의 대부분의 로르샤하 반응에서 형태가 기본적인 요소라는 데는 의심의 여지가 없다. 바우먼(1959)도 반점의 자극 특성에 관한 그의 고전적인 연구에서, 형태가 대부분의 반응이 형성될 때 우세한 요소라는 점을 지적했다. 그의 연구와 엑스너(1959)의 연구는 형태 결정인의 중요한 역할에 대해 의견이 일치한다. 연구 결과에 따르면, 잉크반점의 색과 음영의 비율은 가변적인데, 때때로 상이한 결정인이나 반응 내용의 사용 빈도에도 중요하게 영향을 끼치곤 했다. 두 연구에서 형태 결정인을 포함하는 나머지 반응의 비율은 비교적 안정적이었다. 메이슨, 코헨 및 엑스너(1985)는 비환자 집단, 정신분열증 집단, 우울증 집단의 로르샤하 자료를 요인 분석하여 보고했는데, 집단마다 전체 요인 구조가 상이한데도, 일관적으로 형태 결정인이 각 집단에서 첫 번째 우세한 요소로 나타났다.

일반적으로, 형태를 포함한 반응은 '자아'의 작용이라 여겨 왔다. 예를 들어, 자아심리학을 기반으로 연구했던 라파포트 등(1946)은 형태의 사용(자극에 대한 인지적인 매개 과정이 자극 윤곽으로 주의를 불러)이 형식적인 추론 과정을 반영하는 것이라고 주장했다. 이 작용이 함축하는 바는 주의의 탐지, 통제의 형태, 보편적인 환경에 대한 변별과 판단에 대한 정보다. 코르친(1960)은 지각적 조직화 활동의 개념적인 틀에서 이런 과정을 논했다.

로르샤하가 제안했던 *F*+%

로르샤하는 기록된 반응 중에서 분명히 시각화되는(양질의 형태) 순수 형태(*F*) 반응의 비율을 반영하는 *F*+%를 고안하였다. 그는 심각하게 와해된 집단(정신분열증, 조울증, 기질적 장애 집단 등등)의 환자가 정상 피검자가 보이는 비율보다 더 낮은 *F*+%를 보인다는 것을 증명하는 자료를 제시했다. 그는 그 비율이 낮을 때, 지각적 정확성이 제한적이고, 현실 검증력이 낮다고 가정할 수 있다고 했다. 로르샤하가 타계한 후 50년 동안 출판된 형태질에 관련된 연구의 대부분은 *F*+%에 집중되었으며, 그 결과 *F*+%에 대하여 그의 주장을 지지하는 상당한 근거들이 축적되었다.

그러나 로르샤하의 이른 사망으로 양질의 형태질 반응과 좋지 않은 형태질 반응을 정의하는 최선의 방법에 관한 논쟁의 여지가 남게 되었다. 그리고 이는 검사가 발전하는 데 주요한 논쟁거리가 되기도 했다. 로르샤하 체계를 연구한 사람들은 형태질에서 얻는 정보들이 검사의 가장 중요한 요소 중 하나라는 데 합의했고, 그들은 일반적으로 양질이나 좋지 않은 형태질 두 범주로 분류하는 로르샤하의 견해에 동의하였으나 이 점을 제외하고는 형태 사용에 관한 '적합도'를 평가하는 최상의 방법에 대해서는 의견의 차이를 보였다. 벡과 헤르츠는 양질과 빈약함을 상징하는 +와 −기호를 사용하고, 빈도 자료를 중요한 의사결정의 준거로 채택하는 로르샤하의 제안을 가장 근접하게 따랐다. 각각은 자료 전집을 확장시켜 고안한 양질과 빈약한 형태 반응들(Hertz, 1936, 1942, 1952, 1961, 1970; Beck, 1937, 1944; Beck et al., 1961)에 대해 정교한 기준을 발전시켰다.[1)]

피오트로브스키(1957)와 라파포트 등(1946)은 적합도의 정확성을 결정하기 위해 빈도 자료를 사용해야 하는 근거를 제시했다. 클로퍼의 초기 연구에서, 그 또한 +와 −기호를 사용하였으나, 결정인 준거로 빈도를 사용하는 데는 반대했다. 그는 형태 적합도의 타당성을 결정하는 데 검사자의 주관적인 평가를 주장했다. 궁극적으로 그는 형태 수준을 평정하는 데 +/− 기호의 사용을 포기했다. 그러나 클로퍼 방식을 따르는 임상가들도 형태 사용의 적절성에 관한 결정을 할 때, 벡이나 헤르츠의 형태질 표를 사용하는 경향이 있다. 이런 비교적 정형화된 접근은 *F*+%에 관한 연구를 하게 했다.

F+%에 관한 초기 로르샤하 연구의 대다수는 지능과의 관계에 관심이 있었다. 벡(1930, 1932)은 낮은 *F*+% 값과 제한된 지능 사이에 비교적 높은 상관을 보고했다. 이후 클로퍼와 켈리(1942), 그리고 슬로언(1947)이 유사한 결과를 보고했다. 그러나 *F*+%와 지적으로 지체되지 않은 피험자들 간 상관에 관한 연구들은 모순된 결과들을 산출했다. 몇몇 연구자들은 *F*+%와 IQ나 *M.A* 간 유의미한 상관을 보고하였으나, 다른 연구자들은 단일한 로르샤하 변인에서가 아니라 변인들의 군집화에서 지능과 유의미한 상관을 일관되게 보인다고 보고했다. 그런 결과들은 메이슨과 엑스너(1984)의 보고와 일치한다. 에임스 등(1971)은 일반적으로 매우 어린 아동들에게서 *F*+%가 낮지만, 6세가 되면 전형적으로 .80 수준을 넘어선다고 지적했다.

몰리시(1959)는 뇌가 손상된 사람에 관한 연구를 검토하여, 실질적인 변인이 형태질을 평가하는 데 도움이 된다는 점을 알게 되었다. 그는 경험된 손상 유형에 따라 형태질에 차이가 나타나며 그 결과 적응적인 기능이 손상되는 것이라고 해석하였다. 노인들에서 *F*+%에 관한 자료 또한 다소 혼란스럽다. 클로퍼(1946), 데이비슨과 크

1) 킨더, 브루베이커, 잉그람과 리딩(1982)은 형태질 +와 −에 대한 기준도 벡의 주관적 결정이긴 하지만, 벡의 결정을 따른다. 벡과 헤르츠는 영역 기호 부여 기준이 달랐지만 헤르츠(1970)도 벡의 기준에 많은 부분 동의했다.

루글로브(1952), 에임스 등(1954), 콜드웰(1954) 모두는 나이 든 피검자의 *F*+% 평균은 감소된다고 밝혔으나, 프라도스와 프라이드(1943), 체스로 등(1949)은 연령이 높은 피검자가 비교적 높은 *F*+% 수준을 유지한다고 보고했다.

몰리시(1967)는 *F*+%에 관한 상당량의 문헌을 검토하였고, 개인의 지적 상태와 정동 상태 모두 다양한 경향이 있다고 주장했다. 레비트와 가론(1982)은 경미한 요통을 겪고 있는 두 환자 집단을 연구하였는데, 한 집단은 의학적으로 증명할 수 있는 기질적인 요통 환자 집단이었고, 두 번째 집단은 유사한 증상을 보이기는 하지만 기질적인 문제가 없는 집단이었다. 그들은 두 번째 집단의 로르샤하에서 유의미하게 낮은 *F*+%를 지적했다.

F+%에 관한 대부분의 인상적인 자료들은 심각한 장해를 겪는 정신과 환자, 특히 정신분열증 환자의 연구에서 나오고 있다. 와이너(1966)는 다음과 같이 지적했다. "실제 정신분열증 환자와 통제집단의 *F*+%에 관한 모든 연구는……." 각각 그들 연구에서는 정신분열증 환자가 평균 .60의 *F*+%를 보인 반면에 통제집단은 유의미하게 더 높은 평균—리커의 집단에서는 87.3, 벡 집단에서는 83.9—이 나왔다. 벡(1945)은 형태 사용의 질이 좋을 때, 피검자는 현실을 존중하며, 반면에 형태질이 빈약한 경우 이런 요소를 무시하고 있음을 나타내는 것이라 설명했다. 벡과 리커-오브시아키나의 연구와 비슷한 결과는 프리드먼(1952), 베르코비츠와 레빈(1953), 크노프(1956), 몰리시와 벡(1958)에 의해 보고되었다. 셔먼(1952)은 71명의 비환자 집단과 66명의 정신분열증 집단을 고반응 집단, 저반응 집단으로 구분했다. 그는 *F*+%로 기록된 바와 상관없이 정신분열증에서 비환자는 구분할 수 있다는 것을 발견했는데, 이는 *F*+%가 .60 이하일 때는 심각한 정신병리의 지표이지만, 눈에 띄게 제한된 지적 능력이나 뇌손상을 나타내는 지표가 될 수도 있다고 제안한 벡의 결론을 지지하는 것이었다. 골드버거(1961)는 단독 설계를 사용하여 높은 *F*+%를 보이는 피검자는 '감각 박탈 일차 과정을 방해'하는 요소를 보다 잘 다룰 수 있다는 점을 알아내었다. 베이커와 해리스(1949)는 시간 압력이라는 스트레스 상황을 다루는 능력을 탐색하여 유사한 결과를 얻었다. 몇몇 권위자들은 치료적 변화의 결과로 *F*+%의 유의미한 증가를 보고하였으나, 96명의 입원 환자를 대상으로 잘 설계된 연구를 사용한 자만스키와 골드먼(1960)의 연구에서는 개입에 따라 *F*+%의 유의미한 증가를 보이지 않았으며, 전반적인 치료 전후 기록 분석에서도 유의미하게 다르지 않았다. 엑스너와 뮤릴로(1973)는 53명의 정신분열증 환자의 *F*+%가 입원 시보다 퇴원 시 대략 10% 증가하였음을 보고했다.

질이 좋은 형태질(*F*+%)

라파포트 등(1946)은 +/− 대답을 구분하는 방법에 기초한 빈도 분석 방식은 한계가 있다고 주장했다. 그는 형태질은 6개의 범주(plus, ordinary, vague, minus, special plus, special minus)로 나눌 수 있다고 제안했는데, 이 구분이 개인의 현실 검증력에 대한 분명한 이해를 제공할 것이라고 가정했다. 라파포트 등은 또한 형태를 일차적으로 포함하는 모든 반응(*F*, *FC*, *FY*, *FT*)이 포함되는 확장된 *F*+%의 계산법을 제안하였는데, 이는 샤퍼(1954)에 의해 정교화되었다. 펠드먼 등(1954)은 *F*+%와 확장된 *F*+% 간 대략 .80의 상관을 보고하였으나, 카스와 맥레이놀드(1951)는 일반적으로 비환자 성인의 확장된 *F*+%가 *F*+%보다 더 높다는 것을 분명히 보고하였다. 와이너(1966)는 *F*+%가 종종 전체 반응 중에서 일부분에서만 나타날 수 있어 얼마나 적절하게 형태가 사용되었는지에 대한 어렴풋한 정보만을 제공할 뿐이라고 지적했다. 와이너는 확장된 *F*+%가 모든 프로토콜의 지각적 정확성을 더 신뢰롭게 측정할 수 있다고 제안했다.

엑스너(1974)는 비환자 집단에서 *F*+%와 확장된 *F*+% 간 대략 .73의 상관을 보고하였고, 정신분열증 환자에서는 .73, 입원 중인 비정신분열증 환자에서는 .62의 상관을 보고했다. 그는 모든 마이너스 반응의 거의 35%가 *CF*, *YF* 등과 같은 형태 특성이 주요하지 않은 반응에서 해당되었다고 했다.

여러 변인을 고려한 형태질 평가

엑스너(1974)가 *F*+%와 확장된 *F*+%에 대해 연구한 결과는 모든 반응의 형태질에 초점을 두는 종합체계의 변인 생성에 기여했다. 이 변인 형성의 원모델은 라파포트 등(1946)의 제안에 성실했던 메이먼(1966, 1970)에 의해 발전되었다. 메이먼의 접근에는 반응을 부호화하는 형태질에 대한 여섯 가지 범주가 포함되어 있다.

F+: 상상과 현실이 일치되는 성공적인 조합

Fo: 창조적인 노력을 적게 하거나 하지 않고 분명하고 쉽게 알아볼 수 있는 반응

Fw: 현실에 기반하여 유의미하게 조합된 반응

Fv: 내용이 특정 모양의 필요 부분을 회피하는 반응

Fs: 형태의 적절한 사용이 부주의나 왜곡에 의해 와해된 반응

F−: 영역에 사용된 구조적인 비율을 근본적으로 무시한 임의적인 지각

메이먼은 이 접근이 단순한 +와 −의 구분보다 실제로 더 진단적 유용성이 있다고 지적했다. 불행히도 이 또한 몇몇 내적 합치도 문제가 있다. 반응이 *FW*+인지 *FW*−인지 혹은 *Fs*인지 *F*−인지에 관한 불일치가 종종 있고, 더욱이 모든 형태질 표가 어떤 항목은 이 범주에서 +로 기록하고, 다른 항목은 이 범주에서 −로 기록하기 때문에 *Fv* 채점에 관하여 불일치를 보인다. 그렇지만 형태질 평가에 관한 메이먼의 다변량적 접근은 분명한 이점이 있다.

종합체계의 기본적 구성 요소가 처음으로 선택될 때, 메이먼 개념의 4개 변인이 수정되었는데, 이는 메이먼의 *Fw*−, *Fs*와 *F*−를 단일한 − 범주로 묶고, *Fv*를 제외한 것이다. 이런 방식에 관하여 부가적으로 연구할 때, '흔하지 않은' 이라는 용어는 적절한 형태를 사용한 낮은 빈도의 반응이라는 사실을 반영한다는 것이다.

형태질을 구성하는 요소

세 가지 변인(*X*+%, *Xu*%, *X*−%)은 각 범주에서 반응의 빈도율을 반영한다. *X*+%와 *X*−%에 관한 연구는 이 변인들이 비환자 집단과 더 심각한 장해를 보이는 정신과 환자 집단 구분에 용이하다는 결과를 지지한다. 이 변인들은 또한 분열형 성격장애와 경계선 성격장애에서 정신분열증을 구별한다. 아동과 성인 모두 비환자 집단의 *X*+% 평균은 .70～.80이다. 표준편차는 전형적으로 대략 .10이지만 여러 환자 집단의 표준편차는 다소 더 높은 경향이 있다. 환자 집단의 *X*+%의 평균은 대개 비환자 집단보다 낮다. 이질적인 535명의 퇴원 환자 집단은 .64(*Sd*=.14)였고, 심각한 정동장애를 보인다고 진단받은 279명의 입원환자는 .53(*Sd*=.12)이었으며, 200명의 입원 중인 정신분열증 환자는 .40(*Sd*=.15)으로 나타났다.

X+%에 대한 재검사 신뢰도는 단기, 장기 검사에서 .80～.90 정도로 일관되게 높게 나타났으며, *X*+%는 8～16세의 장기 연구한 55명의 비환자 아동 집단에서 일관되게 높은 재검사 신뢰도를 보인 유일한 변인이었다. 이는 자살특수지표의 중요한 하위 변인이며 정신분열증을 변별하는데 유용한 변인임이 입증되었다. 이는 관습적으로, 즉 현실 지향적인 방식으로 반점의 형태 특징을 사용하는 것과 관련된다. *X*+%가 일반적인 기대보다 낮을 때, 이는 그 사람이 보다 더 비전형적인 방식으로 자기를 해석하는 경향이 있다는 의미다.

극단적으로 보면, 중재 과정의 왜곡은 반점 윤곽의 적절한 사용을 무시하는 보기 드문 반응의 비율인 *X*−%에 의해 반영된다. 설명된 대상은 잘 알아보기 어렵고, 많은 경우에서 찾아보기가 불가능하다. 실제로 그 반응들은 현실을 위배한 것이다. *X*+%는 또한 .80～.90에 이르는 신뢰도 계수를 보이는 상당한 장기, 단기 재검사 신뢰도를 보인다. 마이너스 반응은 보기 드문 반응이 아니라 낮은 빈도로 나타나는 반응이다. 예를 들어, 600명의 비환자 중 86%는 적어도 1개 정도의 마이너스 반응을 하며, 이 집단의 *X*−% 평균은 .07(*Sd*=.05)이다. 외래 환자는 .16(*Sd*=1.0), 입원한 정동 환자는 .19(*Sd*=1.0), 입원 중인 정신분열증 환자는 .36(*Sd*=.13)이다.

몇몇의 마이너스 반응은 아마도 중재 과정의 무시 현상 때문에 야기되지만, 대부분은 집착의 결과인 정동장애나 혼란한 인지 손상 때문인 듯하다. 예를 들어, 엑스너(1989)는 심한 신체 문제를 보이는 68명 남성의 마이너스 반응 35%가 해부 반응이나 엑스레이 반응이었고, 편집형 정신분열증 환자 마이너스 반응의 1/3 이상은 *Hd*, *Ad*, 가상의 인간이나 동물 반응을 보였다. 정동장애를 겪고 있는 사람의 마이너스 반응의 상당 비율은 무채색이나 유채색, 음영 결정인이었다(Exner, 1993). 보우비어(1995)도 헤로인 중독 문제를 가진 피검자의 반응에서 무채색 카드보다 유채색 카드에서 더 빈약한 형태질이 나타난다고 보고했다.

반면에 더 혼란한 인지 손상을 겪는 사람들은 종종 다양한 범위에서 상당수의 마이너스 반응을 보일 것이다. 예를 들어, 엡스타인(1998)은 경미한, 중간 정도의, 심각한 뇌손상을 입은 사람들이 현격하게 낮은 *X*+% 값과 큰 *X*−% 값이 나타난다고 보고했다. 핀토(1999)는 행동장애의 과거력이 있는 50명 청소년의 **로르샤하** 반응에서 유의미하게 높은 빈도의 마이너스, 드문 빈도의 형태질 반응이 나타난다는 점을 발견하였고, 바텔과 솔란토(1995)는 ADHD 아동들에게서 기대 이상의 높은 빈도로 *X*−%가 나왔다고 보고했다. 립가르와 왜러(1991)는 행동적인 문제를 보이는 유아들의 어머니가 비환자들보다 더 적은 적절한 형태 반응이 나타남을 보고했다. 반나타인, 가코노 및 그린(1999)은 법적으로 민감한 만성 정신과 환자(달리 분류되지 않은 정신분열증, 정동분열장애, 편집형 정신분열증) 세 집단의 **로르샤하**와 MMPI−2에서의 반응 패턴을 연구했다. 그들은 각 집단 기록의 절반 이상이 .50보다 작은 *X*+% 값을 보이고, 각 집단의 프로토콜 2/3 이상이 .20 수준보다 큰 *X*−% 값을 보인다고 보고했다.

X+%와 *X*−% 간 관계는 잠시 살펴본 것처럼 직접적이지는 않다. 대다수의 경우에서 작은 *X*+% 값과 큰 *Xu*% 값을 보이는데, *Xu* 반응은 잉크반점의 윤곽을 적절하게 사용하지 않은 낮은 빈도의 대답들이다. *Xu*%는 현실의 요구에 따라서 자극 영역을 해석하는 덜 평범한 방식을 의미한다. 이는 개개인의 어떤 특성의 예를 상징하는 것 같다. 몇몇의 드문 형태질 반응은 기록마다 있다. *Xu*빈도의 평균값은 비환자 집단에서 .15(*Sd*=.07), 이질적인 외래 환자 집단이 .18(*Sd*=.09), 정동장애 입원 환자가 .19(*Sd*=.10) 그리고 정신분열증 환자는 .21(*Sd*=.10)로 나타났다.

드문 형태질 반응의 빈도가 적다면, 그것은 아마도 건강하다는 징후일 것이다. 마이너스 반응과 *X*+% 값, 드문 형태질 반응에 의한 *X*+% 값의 차이는 '진행형 정신분열증과 반응성 정신분열증'의 구분과 법적으로 광기어린 살인자와 우연한 살인자의 구분에 유용한 한편, *Xu*%도 다양한 이유 때문에 나타날 것이다.

일반적으로, 드문 형태질 반응의 잦은 빈도는 관습에 덜 얽매인다는 것을 시사한다. 이런 사람들은 자기 자신에 지나치게 얽매어 있거나 관습적으로 규준을 고수하기 꺼려 한다. 만일 이런 사람에게 환경이 보편적인 행동적 기대에 부합되기를 요구하지 않는다면, *X*+% 값은 중요하지 않은 정보가 된다. 그러나 주변 환경이 비관습적인 지향을 수용해 주지 못한다면, 직면이나 적응 문제의 가능성을 고려할 만하다. 예를 들어, 홀러데이 등(1992)은 심각한 외상을 경험한 63명의 아동과 청소년을 대상으로 **로르샤하**를 연구했다. 그들은 *X*+%가 기대보다 상당히 낮은 값이었으나 X−% 값에서는 유의미한 상승을 발견하지 못했다. 사회적인 규율이나 법을 지키지 않는 수많은 사람들은 낮은 *X*+% 값을 보이는 프로토콜을 보이는데, 이는 대부분 *Xu*%의 상승 때문이다. 가코노, 멜로이 및 브리지(2000)는 소아 성애자와 성적인 자살 시도자에 관한 **로르샤하** 결과를 보고했다. *Xu*%의 평균은 .23~.27 정도의 범위를 보인 반면에 *X*−%의 평균은 .22~.26 정도였다. 명백하게, 큰 *Xu*% 값, 특히 .30 이상은 부적절한 행동 가능성의 증가를 나타낸다. 다시 말해서, 큰 *Xu*% 값과 *X*−%의 조합은 적응 문제의 가능성을 증가시킨다.

XA%, *WDA*%와 PTI

심각한 장애를 보이는 사람들의 프로토콜에서 낮은 *X*+%와 많은 *X*−%의 조합이 두드러진다. 1970년대 중반에 이러한 현상에 대해 판별함수 분석이 이루어졌는데, 이 분석의 주요 목적은 두 가지 변인이 정신증, 특히 정신분열증의 지표로 타당한가를 변별하는 것이었다. *X*+%와 *X*−%에 대한 절단점을 제시하고 있는 5가지 준거가 실험적인 지표로 상정되었다. 실험적 지표는 스피처, 엔디코트 및 로빈스에 의해 개발된 연구진단기준(Research Diagnostic Criteria: RDC)에 의해 정신분열증이라고 진단된 사람들의 프로토콜을 사용하여 여러 번 개정되었다. 최종적으로 인지적인 매개나 관념화와 관련된 8개의 변인이 포함된 5개의 지표는 1984년에 정신분열증지표(SCZI)라고 부르게 되었고, 4~5개가 '결정적인' 값으로 결정되었다.

SCZI의 유용성은 입증되었으나, 성격장애와 정동장애 진단 준거의 개정은 약물남용이나 문제행동의 과거력을 가진 청소년들과 성격장애, 정동장애 집단에게서 의도하지 않은 긍정 오류를 보였다. 그 결과, SCZI는 다음에 제시된 바와 같이 12개의 변인이 포함된 6개 검사 준거로 수정되었다.

[개정된 정신분열증지표−1991]

SCZI1 = *X*+%<.61 그리고 *S*−%<.41 혹은 *X*+% <.50

SCZI2 = *X*−%>.29

SCZI3 = *FQ*−>=*FQu* 혹은 *FQ*−>*FQo*+*FQ*+

SCZI4 = 수준 2의 합, 특수점수>1 혹은 *FAB2*>0

SCZI5 = *Sum6*>6이거나 *WSum6*>17

SCZI6 = *M*−>1이거나 *X*−%>.40

개정된 SCZI는 집단 연구에 의해서 정신분열증으로 진단받은 사람들의 65%에서 80% 정도 구분하는 데 유용하다고 설명했다. 그러나 이 지표는 때때로 잘못 사용되고, 잘못 이해된다. 부분적으로, 이는 비교적 심각한 문제를 겪는 다른 사람의 10~25%도 SCZI에 4점 이상을 얻었기 때문이다. 이런 현상은 주로 정동장애를 겪고 있는 사람들에게서 자주 나타나지만 높은 SCZI 값은 정신증 같은 조건이 존재하는 다양한 경우가 있다는 의미로 해석할 수 있다. 비정신분열증 환자가 양성의 SCZI 값을 보이는 경우 이 지표 변인 내용을 고려할 때, 긍정 오류라고 치부할 수만은 없다. SCZI는 인지적인 매개 과정과 관념화 과정의 문제에 초점을 두고 있고, 상당히 혼란스러운 사람들은 자주 이런 기능의 손상을 입기 때문이다. 이런 경우, '정신분열증지표'라는 명칭은 해석자가 이 양성의 결과를 설명하기 곤란하게 한다. 게다가 사용되는 DSM 임상적 · 행동적 준거가 점진적으로 변화된 것처럼 SCZI의 적용은 더욱 복잡해졌다.

SCZI의 더 중요한 문제는 특히 어린 아동들에게서 나타나는 긍정 오류율이 높았다는 점이다. 분명히 정신분열증이 아니고 정신증적인 양상의 증거가 없는 사람들의 프로토콜에서 왜 긍정 오류가 나타나는지 이해하기 어려웠다. 이런 맥락에서 150명의 긍정 오류 사례들(SCZI 점수가 4점 이상인 경우)의 표본이 연구를 위해 표집되었다. 그 표본은 11~15세의 청소년 70명, 성인 외래 환자 80명으로 구성되었다. 이 비교는 DSM-III, DSM-IV에 기초한 진단을 근거로 했다. 정신분열증이라 진단받은 100명의 프로토콜과 정신분열증이 아닌 다른 정신장애라고 확인된 50명의 프로토콜이 구성되었다. 두 집단은 SCZI 변인의 각각에 해당 여부를 놓고 양성의 경우 그 빈도가 검토되었다.

비교 결과 두 집단 모두에서 높은 빈도를 보인 3개의 변인에 관심을 두게 되었다. SCZI1(*X+%* <.61 그리고 *S−%*<.41 또는 *X+%*<.50)은 150개의 진-긍정 프로토콜 중 122개(81%)에서 긍정 반응을 하였으나, 150개의 오-긍정 프로토콜 중 96개(64%) 역시 긍정 반응을 했다. SCZI3(*FQ−*> =*FQu*이거나 *FQo−*>*FQo+FQ+*)은 진-긍정 기록 중 116개(77%)에서 긍정 반응을 하였으나 150개의 오-긍정 프로토콜 중 87개 (58%) 역시 긍정으로 반응했다. 세 번째 변인인 SCZI5(*Sum6*>6이거나 *WSum6*>17)에서는 둘 다 높은 비율의 긍정 반응을 했다. 각 변인에서 준거 각각의 빈도는 검토되었고, 몇몇의 도전에 따라 지표가 개선되어야 함은 분명해졌다. 이런 변인들은 이 지표에서 개선되어야 할 요소로 지적되었고, 포함된 변인들을 준거로 수정이 필요하다는 주장이 제기되었다. *X+%*나 *FQ−*는 인지적 중재 과정의 어려움에 주목한 다른 노력을 촉진시켰다. 검토 과정에서 로르샤하의 *F+%*는 개정되고 수정되었다. *F+%*는 확장된 형태 적합성 지표(*XA%*)로 재정의 되었고 모든 +, *o* 그리고 *u* 반응의 합을 *R*로 나누어 계산하기로 결정했다.

*XA%*는 모든 반응의 비율에 관한 정보를 제공하며 확인된 대상은 반점이나 반점 영역에 사용된 윤곽이 균형을 이룬다. 앞에서 설명한 진-긍정과 오-긍정 집단을 포함하여, 다양한 집단의 *XA%* 분산이 평가되었고, 그 결과 이 변인을 체계에 포함시키는 결정을 하게 되었다. SCZI 변인(SCZI1과 SCZI3)을 기초로 한두 형태질이 바뀜에 따라, *XA%*<.70 절단점은 진-긍정과 오-긍정의 변별을 더 잘 하게 되었다. *XA%*<.70은 150개의 진-긍정 사례는 119개(79%), 오-긍정 사례는 29개(17%)였다.

*XA%*에 관한 자료는 변인들이 *W* 형태 반응과 *D* 형태 반응의 적절한 사용에만 초점을 두는 것 또한 유용한지에 대해 의문을 제기했다. 이에 따라, 또 다른 새로운 변인 *WDA%*가 생성되었다. *WDA%*는 *XA%*와 유사하지만 *W*와 *D* 영역만 포함시킨다. 개념적으로 로르샤하 그림의 가장 분명한 자극 특성에 답을 하는 데는 영역에 포함된 자극 특성의 균형을 지각하고 형태를 사용하는 과정이 요구된다. 분명한 특성을 보이는 영역에서의 마이너스 반응은 사고 과정의 왜곡을 시사한다. *WDA%*에 관한 다양한 분석은 *WDA%*가 지각적-중재의 교란 지표가 될 수 있다는 것이다. 예를 들어, 150개의 진-긍정 사례 중 136개(91%)는 *XA%*<.75이지만 오-긍정 사례는 오직 34개(23%)였다. *WDA%*의 유용성은 계산에서

Dd 반응을 제거함으로써 *WA%*의 일부를 제거했다는 것이다.

*WDA%*에 관한 결과는 *WA%*보다 수정된 SCZI가 더 잘 변별하는지 혹은 *WDA%*가 분리된 준거 변인으로 사용될 수 있는지에 대한 의문을 남겼다. 이후 추가적인 분석은 이것이 단일 준거 검사로 사용될 수 있음을 보여 주었다. 예를 들어, 표적 집단에서 진-긍정 사례의 129개(86%)는 .70보다 적은 *WA%* 값과 .75보다 적은 *WDA%* 값을 보이는 반면에 오-긍정 사례는 15 사례만이 두 준거에 적합하게 나타났다. 이런 연구 결과에 따라, SCZI는 5개 준거 검사가 포함된 9개 변인 지표로 개정되었다.

동시에 지표 명칭에 대한 고려가 이뤄졌다. 힐센로스, 포울러 및 파다바르(1998)는 SCZI 연구에서 축II장애를 보이는 환자, 비임상적 표본의 사람들로부터 정신증적 장애를 변별하는 데 효과적이라는 점을 지지했다. 그러나 그들은 지표가 구체적으로 사용되지 않았다는 데서, '정신증 지표'라 부르는 것이 좋겠다고 제안하였고, 이런 주장은 다소 이론적이긴 했으나, '지각적 사고 지표(PTI)'로 결정되는데 영향을 끼쳤다. 이 명칭은 지표의 핵심을 더 정확히 표현하는 것이라 볼 수 있고, 수년간 진행되어 온 진단적 함축성의 논란을 다소 보완한 것으로 평가된다. PTI에 포함된 항목 등과 적용을 위한 준거는 다음과 같다.

지각적 사고 지표

1. *XA%*<.70이고 *WDA%*<.75
2. *X-%*>.29
3. 수준>2이고 *FAB2*>0
4. *R*<17이고 *WSUM6*>12이거나 *R*>16이고 *WSUM6*>17*
5. *M-*>1이거나 *X-%*>.40

*13세 이하인 경우
R>16: 5~7 = 20, 8~10 = 19, 11~13= 18
R<17: 5~7 = 16, 8~10 = 15, 11~13= 14

PTI는 특정한 진단적인 결정을 위한 일차적인 준거로 사용되지 않는다. SCZI와 달리, 결정적인 절단점 값은 없다. 오히려 높은 점수가 낮은 점수보다 덜 선호되는 연속적인 척도로 검토될 수 있다. PTI의 주목적은 인지적 중재와 관념화의 어려움이 있을 가능성에 대한 검토다. 높은 PTI 점수는 검사의 다른 자료를 해석에 앞서 인지적 요인 3개 군집의 자료들을 검토하는 것의 중요성을 나타내기 때문에 목록에서 첫 번째 항목(PTI>3)에 포함되었다.

4점 이상의 PTI 점수는 0점, 1점, 2점보다 인지 중재와 관념화의 곤란을 시사하는 것으로 볼 수 있다. 인지적 중재와 관념화 활동 곤란의 준거로 사용하는 것이 적합하다는 증거는 꽤 많은 연구 결과 지지되고 있다. 〈표 18-2〉는 네 집단의 PTI 점수 비교 결과다. 대개 인지 기능에서 심한

표18-2 네 집단의 PTI 값 비교 결과

PTI 점수	정신분열증 *N*=170	정동장애 *N*=170	성격장애 *N*=155	비환자 *N*=155
0	3	43	76	82
1	14	44	46	22
2	21	51	30	9
3	37	29	3	2
4	48	3	0	0
5	47	0	0	0

와해를 경험하는 두 집단(정신분열증, 주요 정동장애)에서 PTI 값이 3, 4, 5점으로 계산된 프로토콜의 빈도가 높았다.

스미스, 베이티, 노울리스 및 힐센로스(2002)는 42명의 아동과 청소년 입원 환자의 사고장애를 평가하는 PTI의 유용성을 연구했는데, PTI가 사고장애 점수를 추정하는 다른 검사 결과와 일치하는 결과를 보였다.

평범 반응

로르샤하는 그의 논문에서 평범(Popular/Vulgar) 반응을 언급하지 않았으나, 1923년에 출판된 사후 논문에는 평범 반응이 기술되어 있다. 그는 평범 반응을 세 번의 기록 중 적어도 한 번 나오는 대답이라 정의하였고, 그림의 평범한 특성을 지각하고 반응하는 능력을 반영한다고 설명했다. 이에 대해 바우먼(1954)은 검사에서 가장 안정적인 특성 중 하나라고 했고, 그 결과는 다양한 재검사 연구에 의해 지지되었다. 단기간 검사-재검사 신뢰도는 .84에서 .88 정도며, 장기간 재검사 신뢰도는 .79에서 .86 정도였다.

보르구이논과 네트(1955) 그리고 할로웰(1956)은 평범 반응의 목록들이 일반적으로 문화의 차이가 있더라도 유사하다는 결과를 보고했고, 레이톤과 클릭혼(1947), 호닝먼(1949), 요셉과 머레이(1951), 프라이드(1977)는 특정 문화 집단에서만 나타나는 독특한 평범 반응이 있을 수 있다고 지적했다. 종합체계에서는 북미 영어권 표본에서 도출된 13개의 평범 반응이 포함되어 있다. 센딘(1981)은 294명의 스페인계 성인 환자와 비환자 표본에서 13개 중 12개의 평범 반응을 찾아냈다. 카드 IX의 평범 반응은 준거를 만족시키진 못했다. 쓰가와 등(1999)은 450명의 일본인 성인 표본에서 13개 평범 반응 중 9개만이 평범 반응 준거에 해당되었다고 보고했다. 준거에 해당하지 않는 대답들은 카드 I의 나비, 카드 IX의 사람 형태, 카드 X의 거미와 게였다. 흥미롭게도 일본인 표본에서는 카드 II의 사람 형태, 카드 VI에 악기라는 두 가지 다른 대답이 나왔는데, 이는 *P* 반응 후보 목록에 포함되어 있던 답이었다.

벡(1932), 케르(1934), 그리고 헤르츠(1940) 모두는 지능 지체 피검자 사이에서 *P* 반응이 낮은 빈도로 나타난다고 보고했다. 에임스 등(1971)은 아동이 연령이 증가하면서 평범 반응의 빈도가 점진적으로 증가한다고 보고하였는데, 이런 결과는 엑스너(1990)과 엑스너와 와이너(1995)에 의해 보고된 아동, 청소년 비환자 집단의 연구 결과와 유사하다.

13개의 평범 반응이 부분적으로 중복될 수 있는데, 개인은 카드 III의 *D1* 영역을 두 명의 사람이라 보고, 두 번째 대답을 동일한 영역에서 두 명의 여자라 보는 것과 같이 동일한 *P* 반응을 한 번 이상 보이기도 한다. 다른 로르샤하 변인들과 비교할 때, 평범 반응은 비교적 그 이탈치로 이상 유무 판단에 용이한 변인이다. 비환자 성인과 입원 환자의 평균은 대략 7, 중앙값은 6과 최빈치 6 그리고 각각 4이다. 정신분열증 환자는 대략 평균이 6, 최빈치가 6, 중앙값이 5인 반면에 우울증 환자는 평균이 5보다 조금 높고, 중앙값은 5이지만 최빈치가 8이다. 각 집단 내 평범 반응은 비교적 정상 곡선을 이룬다. 따라서 대부분의 성인은 5~8개의 *P* 반응을 보일 것으로 기대된다. 그렇지 않은 경우, 그 자료는 해석적으로 주의해야 한다.

성인 기록에서 *P* 반응의 낮은 빈도는, 예를 들어 4개 이하인 경우 피검자의 의사 전달 능력이나 의지가 부족하다고 볼 수 있다. 반드시 현실 검증력이 부족하다고 할 수는 없지만, 몇몇 경우에서는 단순히 그 사람이 기대되는 것 이하로 평범한 인지 활동을 하고 있다는 의미인데, 흥미롭게도 *P* 반응의 빈도와 *X+%* 간의 상관은 100명의 비환자 성인에서 −.02로 아주 경미하게 나타났다. 즉, 낮은 빈도의 *P* 반응은 심각한 인지적인 문제를 의미하지만, 현실을 왜곡하지는 않는 독특한 사람이라는 점, 그보다도 평범한 방식으로 문제를 다루려는 경향, 고도로 관습적인 방식을 취하지는 않는 특성을 반영하기도 한다. 이런 주제를 통해 정리된 기본적인 핵심 주제는 *XA%*, *WDA%*, *X+%*에 대한 자료를 참고해야 한다.

P 반응이 적을 때, 이는 *P* 반응이 나오지 않는 카드를 확인하는 과정을 검토하는 것이 유용하다. 제8장의 〈표 8-3〉에 다양한 그림에 대하여 *P*반응을 한 사람들의 백분율이 제시되어 있는데, 그 범위는 상당하다. 90% 이상이 카드 VIII에서 평범 반응을 하였으나 카드 III에서는 오직 35%만이 평범 반응을 보였다. 그러므로 만약 *P* 반응이 적다면, 이는 *P* 반응이 높은 비율로 나타나는 카드 III, V, I, III의 포함 여부를 살펴보아야 한다. 만약 *P* 반응이 이런 카드에서 나타나지 않았다면, 해석자는 눈에 띄는 결과 내 불일치 징후나 정신병 존재 여부와 관련된 다른 증거를 탐색하고 판단해야 한다.

연속선상의 다른 한편에서는, 평범 반응의 과잉을 보이는 몇몇 사람들이 있다. 만약 *Lambda*가 1.0보다 크다면, 이는 단순히 경제적인 노력을 반영하는 것이다. 그러나 만약 *Lambda*가 높지 않다면, *P* 반응수가 많은 것은 아마도 더 단순화하고 정확하게만 하려는 지향을 반영하는 것으로, 평범하지 않은 것을 과도하게 관습적으로 다루려 한다는 것을 의미한다.

참고문헌

Abram, E. W. (1955). Predictions of intelligence from certain Rorschach factors. *Journal of Clinical Psychology, 11*, 81-84.

Ames, L. B., Learned, I., Metraux, R. W., & Walker, R. N. (1954). *Rorschach responses in old age.* New York: Harper & Row.

Ames, L. B., Metraux, R. W., & Walker, R. N. (1971). *Adolescent Rorschach responses.* New York: Brunner/Mazel.

Armitage, S. G., Greenberg, T. D., Pearl, D., Berger, D. G., & Daston, P. G. (1955). Predicting intelligence from the Rorschach. *Journal of Consulting Psychology, 19*, 321-329.

Baker, L. M., & Harris, J. G. (1949). The validation of Rorschach test result against laboratory behavior. *Journal of Clinical Psychology, 5*, 161-164.

Bannatyne, L. A., Gacono, C. B., & Greene, R. L. (1999). Differential patterns of responding among three groups of chronic, psychotic, forensic outpatients. *Journal of Clinical Psychology, 55*, 1553-1565.

Bartell, S. S., & Solanto, M. V. (1995). Usefulness of the Rorschach inkblot test in assessment of attention deficit hyperactivity disorder. *Perceptual and Motor Skills, 80*, 531-541.

Baughman, E. E. (1954). A comparative analysis of Rorschach forms with altered stimulus characteristics. *Journal of Projective Techniques, 18*, 151-164.

Baughman, E. E. (1959). An experimental analysis of the relationship between stimulus structure and behavior in the Rorschach. *Journal of Projective Techniques, 23*, 134-183.

Beck, S. J. (1930). The Rorschach test and personality diagnosis: The feeble minded. *American Journal of Psychiatry, 10*, 19-52.

Beck, S. J. (1932). The Rorschach test as applied to a feeble-minded group. *Archives of Psychology, 84*, 136.

Beck, S. J. (1937). Introduction to the Rorschach method: A manual of personality study. *American Orthopsychiatric Association, Monograph No. 1.*

Beck, S. J. (1944). *Rorschach's test. I: Basic processes.* New York: Grune & Stratton.

Beck, S. J. (1945). *Rorschach's test. II: A variety of personality pictures.* New York: Grune & Stratton.

Beck, S. J. (1948). Rorschach F plus and the ego in treatment. *American Journal of Orthopsychiatry, 18*, 395-401.

Beck, S. J., Beck, A. T., Levitt, E. E., & Molish, H. B. (1961). *Rorschach's test. I: Basic processes* (3rd ed.). New York: Grune & Stratton.

Berkowitz, M., & Levine, J. (1953). Rorschach scoring categories as diagnostic "signs." *Journal of Consulting Psychology, 17*, 110-112.

Bourguinon, E. E., & Nett, E. W. (1955). Rorschach populars in a sample of Haitian protocols. *Journal of Projective Techniques, 19*, 117-124.

Bouvier, C. R. (1995). Establishing normative data on the Rorschach for heroin versus cocaine abusers. *Dissertation Abstracts International, 55*, 2995.

Caldwell, B. M. (1954). The use of the Rorschach in personality research with the aged. *Journal of Gerontology, 9*, 316-323.

Cass, W. A., & McReynolds, P. A. (1951). A contribution to Rorschach norms. *Journal of Consulting Psychology, 15*, 178-183.

Chesrow, E. J., Woiska, P. H., & Reinitz, A. H. (1949). A psychometric evaluation of aged white males. *Geriatrics, 4*, 169-177.

Davidson, H. H., & Kruglov, L. (1952). Personality characteristics of the institutionalized aged. *Journal of Consulting Psychology, 16*, 5-12.

Epstein, M. (1998). Traumatic brain injury and self perception as measured by the Rorschach using Exner's comprehensive system. *Dissertation Abstracts International, 59*, 0870.

Exner, J. E. (1959). The influence of chromatic and achromatic color in the Rorschach. *Journal of Projective Techniques, 23*, 418-425.

Exner, J. E. (1974). *The Rorschach: A Comprehensive System. Volume 1.* New York: Wiley.

Exner, J. E. (1978). *The Rorschach: A Comprehensive System. Volume 2. Current research and advanced interpretation*. New York: Wiley.

Exner, J. E. (1983). Rorschach assessment. In I. B. Weiner (Ed.), *Clinical methods in psychology* (2nd ed.). New York: Wiley.

Exner, J. E. (1984). *More on the schizophrenia index. Alumni newsletter*. Bayville, NY: Rorschach Workshops.

Exner, J. E. (1986a). *The Rorschach: A Comprehensive System. Volume 1: Basic foundations* (2nd ed.). New York: Wiley.

Exner, J. E. (1986b). Some Rorschach data comparing schizophrenics with borderline and schizotypal personality disorders. *Journal of Personality Assessment, 50*, 455-471.

Exner, J. E. (1989). Searching for projection in the Rorschach. *Journal of Personality Assessment, 53*, 520-536.

Exner, J. E. (1990). *A Rorschach workbook for the Comprehensive System* (4th ed.). Asheville, NC: Rorschach Workshops.

Exner, J. E. (1991). *The Rorschach: A Comprehensive System. Volume 2: Interpretation* (2nd ed.). New York: Wiley.

Exner, J. E. (1993). *The Rorschach: A Comprehensive System. Volume 1: Basic foundations* (3rd ed.). New York: Wiley.

Exner, J. E. (2000). *A Primer for Rorschach interpretation*. Asheville, NC: Rorschach Workshops.

Exner, J. E. (2001). *A Rorschach workbook for the Comprehensive System* (5th ed.). Asheville, NC: Rorschach Workshops.

Exner, J. E., Armbruster, G. L., & Viglione, D. (1978). The temporal stability of some Rorschach features. *Journal of Personality Assessment, 42*, 474-482.

Exner, J. E., & Exner, D. E. (1972). How clinicians use the Rorschach. *Journal of Personality Assessment, 36*, 403-408.

Exner, J. E., Matin, L. S., & Mason, B. (1984). *A review of the Rorschach suicide constellation*. 11th International Congress of Rorschach and Projective Techniques, Barcelona, Spain.

Exner, J. E., & Murillo, L. G. (1973). Effectiveness of regressive ECT with process schizophrenia. *Diseases of the Nervous System, 34*, 44-48.

Exner, J. E., Thomas, E. A., & Mason, B. (1985). Children's Rorschach's: description and prediction. *Journal of Personality Assessment, 49*, 13-20.

Exner, J. E., Viglione, D. I., & Gillespie, R. (1984). Relationships between Rorschach variables as relevant to the interpretation of structural data. *Journal of Personality Assessment, 48*, 65-70.

Exner, J. E., & Weiner, I. B. (1982). *The Rorschach: A Comprehensive system. Volume 3. Assessment of children and adolescents*. New York: Wiley.

Exner, J. E., & Weiner, I. B. (1995). *The Rorschach: A Comprehensive system. Volume 3. Assessment of children and adolescents* (2nd ed.). New York: Wiley.

Exner, J. E., & Wylie, J. (1977). Some Rorschach data concerning suicide. *Journal of Personality Asessment, 41*, 339-348.

Feldman, M. J., Gurrslin, C., Kaplan, M. L., & Sharlock, N. (1954). A preliminary study to develop a more discriminating F+ ratio. *Journal of Clinical Psychology, 10*, 47-51.

Fried, R. (1977). *Christmas elves on the Rorschach: A popular Finnish response and its cultural sig-*

nificance. IXth International Congress of Rorschach and other projective techniques, Fribourg, Switzerland.

Feldman, H. (1952). Perceptual regression in schizophrenia: A hypothesis suggested by use of the Rorschach test. *Journal of Genetic Psychology, 81*, 63-98.

Gacono, C. B., Meloy, J. R., & Bridges, M. R. (2000). Rorschach comparison of psychopaths, sexual homicide perpetrators, and nonviolent pedophiles: Where angels fear to tread. *Journal of Clinical Psychology, 56*, 757-777.

Gibby, R. G. (1951). The stability of certain Rorschach variables under conditions of experimentally induced sets: The intellectual variables. *Journal of Projective Techniques, 3*, 3-25.

Goldberger, L. (1961). Reactions to perceptual isolation and Rorschach manifestations of the primary process. *Journal of Projective Techniques, 25*, 287-302.

Hallowell, A. I. (1956). The Rorschach technique in personality and culture studies. In B. Klopfer et al. (Eds.), *Developments in the Rorschach technique* (Vol.2). Yonkers-on-Hudson, NY: World Books.

Hertz, M. R. (1936). *Frequency tables to be used in scoring the Rorschach inkblot test*. Cleveland, OH: Western Reserve University, Brush Foundation.

Hertz, M. R. (1940). *Percentage charts for use in computing Rorschach scores*. Cleveland, OH: Western Reserve University, Brush Foundation.

Hertz, M. R. (1942). *Frequency tables for scoring Rorschach responses* (2nd ed.). Cleveland, OH: Western Reserve University Press, Brush Foundation.

Hertz, M. R. (1952). *Frequency tables for scoring Rorschach responses* (3rd ed.). Cleveland, OH: Western Reserve University Press, Brush Foundation.

Hertz, M. R. (1961). *Frequency tables for scoring Rorschach responses* (4th ed.). Cleveland, OH: Western Reserve University Press, Brush Foundation.

Hertz, M. R. (1970). *Frequency tables for scoring Rorschach responses* (5th ed.). Cleveland, OH: Western Reserve University Press, Brush Foundation.

Hilsenroth, M. J., Fowler, J. C., & Padawar, J. R. (1998). The Rorschach Schizophrenia Index (SCZI): An examination of reliability, validity, and diagnostic efficacy. *Journal of Personality Assessment, 70*, 514-534.

Holaday, M., Arnsworth, M. W., Swank, P. R., & Vincent, K. R. (1992). Rorschach responding in traumatized children and adolescents. *Journal of Traumatic Stress, 5*, 119-129.

Holzberg, J. D., & Belmont, L. (1952). The relationship between factors on the Wechsler Bellevue and Rorschach having common psychological rationale. *Journal of Consulting psychology, 16*, 23-30.

Honigmann, J. J. (1949). Culture and ethos of Kaska Society. *Yale University Publications in Anthropology, No. 40*.

Joseph, A., & Murray, V. F. (1951). *Chamorros and Carolinians of Saipan: Personality studies*. Washington, DC: Howard University Press.

Kahn, M. W. (1967). Correlates of Rorschach reality adherence in the assessment of murderers who plead insanity. *Journal of Projective Techniques, 31*, 44-47.

Kerr, M. (1934). The Rorschach test applied to children. *British Journal of Psychology, 25*, 170-185.

Kinder, B., Brubaker, R., Ingram, R., & Reading, E. (1982). Rorschach form quality: A comparison of the Exner and Beck systems. *Journal of Personality Asessment, 46*, 131-138.

Kisker, G. W. (1942). A projective approach to personality patterns during insulin shock and metrazol convulsive therapy. *Journal of Abnormal and Social Psychology, 37*, 120-124.

Klopfer, B. (1937). The present status of the theoretical development of the Rorschach method. *Rorschach Research Exchange, 1*, 142-147.

Klopfer, B., & Davidson, H. (1944). Form level rating: A preliminary proposal for appraising mode and level of thinking as expressed in Rorschach records. *Rorschach Research Exchange, 8*, 164-177.

Klopfer, B., & Kelley, D. (1942). *The Rorschach technique*. Yonkers-on-Hudson, NY: World Books.

Klopfer, W. (1946). Rorschach patterns of old age. *Rorschach Research Exchange, 10*, 145-166.

Klopfer, I. J. (1956). Rorschach summary scores and differential diagnosis. *Journal of Consulting Psychology, 20*, 99-104.

Korchin, S. J. (1960). Form perception and ego functioning. In M. Rickers-Ovsiankina (Ed.), *Rorschach psychology*. New York: Wiley.

Leavitt, F., & Garron, D. C. (1982). Rorschach and pain characteristics of patients with low back pain and "conversion V" MMPI profiles. *Journal of Pesonality Assessment, 46*, 18-25.

Leighton, D., & Kluckhohn, C. (1947). *Children of the people: The Navaho individual and his development*. Cambridge, MA: Harvard University Presss.

Lipger, R. M., & Waehler, C. A. (1991). A Rorschach investigation of mothers of behaviorally disturbed infants. *Journal of Personality Assessment, 56*, 106-117.

Loftus, R. H. (1997). A comparison of delinquents and nondelinquents of Rorschach measures of object relationships and attachment: Implications for conduct disorder, antisocial personality disorder, and psychopathy. *Dissertation Abstracts International, 58*, 2720.

Mason, B. J., Cohen, J. B., & Exner, J. E. (1985). Schizophrenic, depressive, and nonpatient personality organizations described by Rorschach factor structures. *Journal of Personality Assessment, 49*, 295-305.

Mason, B., & Exner, J. E. (1984). *Correlations between WAIS subtests and nonpatient adult Rorschach data*. Rorschach Workshops (Study No. 289, unpublished).

Mayman, M. (1966). *Measuring reality-adherence in the Rorschach test*. American Psychological Association meetings, New York.

Mayman, M. (1970). Reality contact, defense effectiveness, and psychopathology in Rorschach form level scores. In B. Klopfer, M. Meyer, & F. Brawer (Eds.), *Developments in the Rorschach technique. III: Aspects of personality structure* (pp. 11-46). New York: Harcourt Brace Jovanovich.

Molish, H. B. (1959). Contributions of projective tsets to psychological diagnosis in organic brain damage. In S. J. Beck & H. B. Molish (Eds.),

Reflexes to intelligence. Glencoe, IL: Free Press.

Molish, H. B. (1967). Critique and problems of the Rorschach: A survey. In S. J. Beck & H. B. Molish, *Rorschach's test. II: A variety of personality pictures* (2nd ed.). New York: Grune & Stratton.

Molish, H. B., & Beck, S. J. (1958). Further exploration of the six schizophrenias: Type S-3. *American Journal of Orthopsychiatry, 28*, 483-505, 807-827.

Paulsen, A. (1941). Rorschachs of school beginners. *Rorschach Research Exchange, 5*, 24-29.

Pinto, A. F. (1999). A Rorschach study of object representations and attachment in male adolescents with disruptive behaviors. *Dissertation Abstracts International, 59*, 5105.

Piotrowski, Z. (1939). Rorschach manifestations of improvement in insulin treated schizophrenics. *Psychosomatic Medicine, 1*, 508-526.

Piotrowski, Z. (1957). *Perceptanalysis*. New York: Macmillan.

Prados, M., & Fried, E. (1943). Personality structure of the older aged groups. *Journal of Clinical Psychology, 3*, 113-120.

Rapaport, D., Gill, M., & Schafer, R. (1946). *Psychological diagnostic testing* (Vol. 2). Chicago: Yearbook Publishers.

Rorschach, H. (1921). *Psychodiagnostik*. Bern, Switzerland: Bircher.

Rorschach, H., & Oberholzer, E. (1923). The application of the interpretation of form to psychoanalysis. *Zeitschrift f r die Gesamte Neurologie und Psychiatrie, 82*, 240-274.

Saretsky, T. (1963). *The effect of chlorapromazine on primary process thought manifestations*. Unpublished doctoral dissertation, New York University.

Schafer, R. (1954). *Psychoanalytic interpretation in Rorschach testing*. New York: Grune & Stratton.

Sendin, C. (1981). *Identification of popular responses among Spanish adults*. X International Congress of Rorschach and Projective Techniques, Washington, DC.

Sherman, M. H. (1952). A comparison of formal and content factors in the diagnostic testing of schizophrenia. *Genetic Psychology Monographs, 46*, 183-234.

Sloan, W. (1947). Mental deficiency as a symptom of personality disturbance. American *Journal of Mental Deficiency, 52*, 31-36.

Smith, S. R., Baity, M. R., Knowles, E. S., & Hilsenroth, M. J. (2002). Assessment of disordered thinking in children and adolescents: The Rorschach Perceptual-Thinking Index. *Journal of Personality Assessment, 77*, 447-463.

Spitzer, R. L., Endicott, J., & Robins, E. (1977). *Research diagnostic criteria (RDC) for a selected group of functional disorders*. New York: State Psychiatric Institute.

Spitzer, R. L., Endicott, J., & Robins, E. (1978). *Research diagnostic criteria for a selected group of functional disorders* (3rd ed.). New York: State Psychiatric Institute.

Taulbee, E. S. (1955). The use of the Rorschach test in evaluating the intellectual levels of functioning in schizophrenia. *Journal of Projective Techniques, 19*, 163-169.

Tsugawa, R., Takahashi, M., Takahashi, Y., Nishio, H., Nakamura, N., & Fuchigami, Y. (1999). *Popular responses among Japanese using the*

Comprehensive System. XVI International Congress of Rorschach and Projective Methods, Amsterdam.

Weiner, I. B. (1966). *Psychodiagnosis in schizophrenia*. New York: Wiley.

Wishner, J. (1948). Rorschach intellectual indicators in neurotics. *American Journal of Orthopsychiatry, 18*, 265-279.

Zamansky, H. J., & Goldman, A. E. (1960). A comparison of two methods of analyzing Rorschach data in assessing therapeutic change. *Journal of Projective Techniques, 24*, 75-82.

Zukowsky, E. (1961). *Measuring primary and secondary process thinking in schizophrenics and normals by means of the Rorschach*. Unpublished doctoral dissertation, Michigan State University, Ann Arbor.

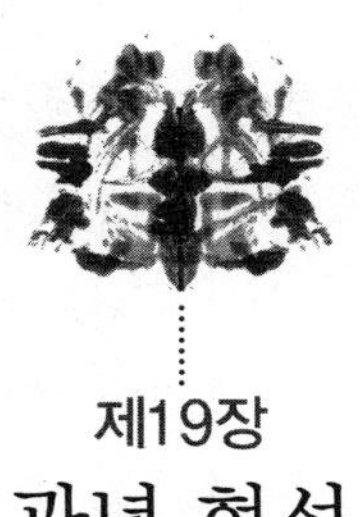

제19장
관념 형성

인지 3요소 중 세 번째 군집은 관념 형성(Ideation) 영역이다. 세 군집 모두 정신 활동의 형태에 관한 내용이지만, 관념 형성 영역이 가장 복잡하다. 정보 처리 과정 영역이 어떤 이미지를 창조하는 활동과 관련이 있다면, 중재 영역은 그 이미지를 전환하는 활동, 그리고 관념 형성 영역은 입력된 정보를 해석하고 개념화하는 활동과 관련이 있다. 관념 형성은 한 개인이 의미 있는 방식으로 상징과 개념을 조직화하는 사고 과정이라 할 수 있다. 현실 검증력의 기본 요소로 한 개인의 모든 의사 결정과 신중한 행동을 포함하는 심리적인 활동의 핵심, 즉 개념화 사고라고 할 수 있다.

모든 **로르샤하** 반응에는 어떤 개념화 과정이 반영되지만 늘 분명하지는 않은데, 반응 방식 때문에 특히 그렇다. 예를 들어, 어떤 피검자가 카드 I에 대해 '박쥐'라고 대답했다면, 반점에 대해 형성한 이미지를 전환시켜 언어적으로 표현한 것이기 때문이다. 피검자에게 반점의 어느 영역에 대해 반응한 것이고, 박쥐처럼 보인 이유가 무엇인지 설명해 달라고 요청해도, 개념적인 요소들이 그대로 표현되지 않을 수 있다. 피검자가 "이것이 날개이고, 이것이 몸통이에요."라고 말하면, 이미지에 대한 전환의 결과를 단순히 언어적으로 표현한 것으로 볼 수 있다. 관념 형성(개념화) 활동이 반응의 형성과 명료화 과정에서 발생하는 것은 분명하지만, 피검자의 언어 반응에 이런 심리적 활동이 필연적으로 반영된다고 보기는 어렵다.

다행히도, 많은 **로르샤하** 반응은 이미지에 대한 전환과 표면적인 해석 그 이상을 반영한 경우가 많다. '박쥐'는 반응 단계나 질문 단계에서 '날고 있는, 떨어지고 있는, 자고 있는, 걸려 있는'과 같이 개념화된 방식으로 기술되곤 한다. 이와 유사하게 '화난, 상처가 난, 죽은' 등으로 기술될 수도 있는데, 이 또한 개념화된 반응들이다. 이러한 반응은 관념 형성 활동의 결과물이라 할 수 있다. 몇몇 반응에서, 개념화 과정은 더욱 분명하게 나타난다. 카드 III에 "두 사람이 항아리에서 무언가를 요리하고 있어요."라고 대답하거나, 카드 V

에 “두 사람이 등과 등을 대고 앉아 있어요. 서로…….”라고 답하는 데는 상당한 사고 활동과 조직화 과정이 필요하다.

관념화 관련 로르샤하 변인

이 군집에는 14개 변인들(*EB*, *Lambda*, *EBPer*, *eb*, *a*:*p*, *HVI*, *OBS*, *Ma*:*Mp*, 주지화 지표, *MOR*, *Sum6*, *WSum6*, *M*−, *Mnone*), *M* 반응의 질과 6개의 결정적인 특수점수가 포함된다. 개념화 활동이 드러나는 대부분의 반응은 관련된 사고의 미묘한 의미까지 반영하긴 부족하다. 그러나 이 반응에서 도출된 자료 군집을 살펴보면 피검자의 관념적 활동을 이해하는 데 유용한 자료를 얻을 수 있다.

로르샤하 반응에서 관념 형성의 실제적인 표현은 여러 방식으로 나타난다. 개념화는 대상에 운동성을 귀인하는 과정에 진행되므로 모든 운동반응(*M*, *FM*, *m*)은 이러한 관념 형성의 특징을 반영한다고 볼 수 있다. 때때로 운동 반응의 관념 형성 특징은 결정인에 의해서만 드러나지만, 개념적 활동은 언어로 표현된 자료에 의해 더 분명하게 드러난다.

예를 들어, ‘어떤 한 사람이 나무 그루터기에 앉아 있다.’와 ‘남자는 먼 길을 여행하고 있는데, 그는 지금 피곤한 상태이며…….’의 반응을 비교해 보자. 두 반응 모두 *Mp* 반응이지만 첫 번째 반응은 이미지의 전환/해석에 관한 정보만 반영되어 있다. 두 번째 반응은 개념화된 자료가 훨씬 더 풍부하다. 이는 투사와 개념화의 혼돈을 피하기 위해 중요하다. 투사는 종종 개념화된 자료에 더 잘 드러나며, 자기 지각−대인 지각 군집에서 연구되는 주제다. 그러나 관념 형성의 맥락에서 자료를 해석할 때, 사고의 특성, 관념 형성의 명료함과 질, 빈도, 그리고 그 방식에 초점을 두어야 한다.

예를 들어, 앞에 제시된 두 가지 반응은 모두 개념화(한 사람이 나무 그루터기에 앉아 있다)를 포함하지만, 두 번째가 더욱더 개념적으로 정교하다(오랫동안 여행을 하다, 피곤해 보이다, 걸터앉다). 분명히 이것은 또한 투사된 재료를 더 많이 포함한 개념화임에 분명하지만, 관념 형성의 맥락에서 고려할 때 중요한 것은 개념화의 수준, 즉 질이라 할 수 있다.

운동 반응이 이 정보의 일차적인 원천이지만, 반응의 다른 특성이나 자료에서도 개인의 관념 형성 활동에 관한 중요한 자료를 얻을 수 있다. 6개의 특수점수(DV, DR, INCOM, FACOM, ALOG, CONTAM)에서 인지적인 실수, 관념 형성의 오류, 그리고 그릇된 판단에 관한 의미 있는 정보를 얻는다. 또 다른 특수점수인 MOR는 관념 형성 세트를 확인해 주는 반면에 다른 하위 집단 변인(*AB*, *Art*, *Ay*)들은 개념적 활동을 방어적으로 사용하고 있다는 점을 시사한다.

먼저 살펴볼 내용

관념 활동을 다루기 전에 먼저 살펴볼 사항은 다음과 같다. 첫째, 피검자가 일상적인 대처 방식과 의사 결정 과정에서 다양한 근거를 중심으로 주의를 기울여 사고하는지 직관적인 사고를 하는지에 대해 기술할 수 있는 유형적 특징이 있는가? 둘째, 보편적인 정도 이상으로 드러나는 주변적인 관념 활동이 있는가? 셋째, 사고의 유연성을 저하시키거나 개념화와 의사 결정 과정에 영향을 끼치는 분명히 비일상적인 사고가 있는가? 넷째, 관념 형성 과정이 명료하고 현실 검증에 부정적인 영향을 끼칠 특이점이 나타나는가?

정보 처리 과정과 인지적 중재의 해석을 기술하기 위해 이전에 제시된 사례 9, 사례 10, 사례 11에 관념화 자료 해석의 중요한 내용이 포함되어 있다. 이 장의 끝부분에는 인지 3요인인 세 군집을 통해 얻은 결론을 통합하고 요약해 놓았다.

사례 9

다발성 동맥경화증을 가지고 있는 29세 도서관 사서인 여성이다. 주치의는 그녀의 기분 변화, 성적인 행동, 그리고 현실 검증력에 주목했다.

사례 10

20세의 신학생이며, 학생과장은 정신병리적인 장애와 대인관계적인 문제에 관하여 의문을 가지고 있다.

사례 10

41세의 알코올중독 환자로, 의뢰자는 그녀의 주장과 책임감에 관한 정보를 요청하였으며, 그녀가 입원하고 있어야 할지, 자살 가능성이 있는지를 물어왔다.

사례 9 29세 여성의 관념 형성 관련 변인

						결정적인 특수점수 (R = 17)			
						DV	= 0	DV2	= 0
L	= .21	OBS	= No	HVI	= No				
EB	= 4:4.5	EBPer	= NA	a:p	= 5:6	INC	= 1	INC2	= 0
				Ma:Mp	= 1:3	DR	= 1	DR2	= 0
eb	= 7:6	[FM = 6	m = 1]			FAB	= 0	FAB2	= 0
				M−	= 1	ALOG	= 1	CON	= 0
주지화 지표	= 1	MOR	= 1	Mnone	= 0	Sum6	= 3	WSum6	= 10

M 반응 특성

IV 6. Wo Mp. FDo H P 2.0 PER, GHR
VI 9. Do Mp− Art, Hd, Sx PHR
VII 10. D+Mp.Fr.FYo H 3.5 GHR
X 24. D+Mao 2 A 4.0 INC, COP, GHR

사례 10 20세 남성의 관념 형성 관련 변인

						결정적인 특수점수 (R = 29)			
L	= .61	OBS	= No	HVI	= Yes				
						DV	= 1	DV2	= 0
EB	= 7:6.0	EBPer	= NA	a:p	= 8:8	INC	= 0	INC2	= 2
				Ma:Mp	= 3:4	DR	= 2	DR2	= 1
eb	= 9:6	[FM = 5	m = 4]			FAB	= 1	FAB2	= 0
				M−	= 1	ALOG	= 0	CON	= 0
주지화 지표	= 3	MOR	= 2	Mnone	= 0	Sum6	= 7	WSum6	= 25

M 반응 특성

II 5. D+ Ma.FCu 2 Ad 5.5 AG,FAB,PHR
III 7. D+ Mpu 2 (H),Id,Cg 3.0 DR,GHR
IV 10. W+FD.Ma.FC′o (H),Bt,Cg P 4.0 AG,GHR
VI 15. D+ Mp.mau H,Hx,Ls,Ay 2.5 MOR,AB,PHR
VII 16. D+ Mao 2 Hd P 3.0 AG,GHR
VIII 20. Dd+ Mp.FD.FC−Hd,Cg,Hh 3.0 PHR
IX 23. DdS+FC′.FC.Mp.FDo (Hd),Bt 5.0 DR2,PHR

사례 11 41세 여성의 관념 형성 관련 변인

						결정적인 특수점수 (R = 18)			
L	= .20	OBS	= No	HVI	= NO				
						DV	= 0	DV2	= 0
EB	= 4:6.0	EBPer	= 1.5	a:p	= 7:5	INC	= 0	INC2	= 4
				Ma:Mp	= 2:2	DR	= 2	DR2	= 0
eb	= 8:8	[FM = 3	m = 5]			FAB	= 0	FAB2	= 0
				M−	= 0	ALOG	= 0	CON	= 0
주지화 지표	= 3	MOR	= 7	Mnone	= 0	Sum6	= 6	WSum6	= 22

M 반응 특성

I 4. W+Mp.ma.FY+Hd, Cg 4.0 MOR, INC2,PHR
III 7. W+Ma.C.FDo 2 H,Cg, Hh,Art P 5.5 COP,GHR
VI 11. D+Mpu 2 H 2.5 MOR,PHR
VII 12. W+Ma+2 H,Cg P 2.5 COP,GHR

일반 해석

해석적 전략은 11단계로 진행하며, *M* 반응의 질을 검토하고 6개의 결정적인 특수점수에 대해 검토해야 한다. *M* 반응은 전형적으로 개념화 질에 대한 통찰과 해석에 중요한 변인이다. 특수점수와 반응수의 가중치에 관해 살펴보면, 종종 관념 형성 오류와 판단 실수에 대한 분명한 그림을 그려 내는 데 도움이 된다.

해석의 첫 7단계에서 신중하거나 혹은 방향성 있는 사고 활동이 일상생활에 어떻게 적용되는지, 그리고 비정상적인 사고 특징이나 세트들이 피검자의 관념 형성 활동의 효율성에 영향을 끼칠 수 있는지에 대한 중요한 주제를 검토하게 된다. 나머지 단계에서는 관념 형성의 명료성에 초점을 둔다.

1단계: *EB*, *Lambda*

*EB*와 *Lambda*는 16장 정동 영역에서 논의되었다. 그 논의 또한 관념 형성의 연구와 관련되어 있었지만, 그들 중 몇몇은 관념 형성의 틀에서 더 직접적으로 수정될 필요가 있다. 제16장에서 본 것처럼 *EB*는 내향형인지 외향형인지에 대한 정보를 제공한다. 만약 *EA*가 10보다 작을 때, 한쪽 값이 다른 쪽보다 2점 이상 높으면 의미가 있다고 보는데, 높은 좌항 값은 내향적인 사람, 높은 우항 값은 외향적인 사람임을 시사한다. 좌우항의 값이 적은 차이를 보인다면, 그 사람은 양향형이라고 해석한다. 이때 해석은 16장에서 논의된 예외 조건을 회상해야 하는데, 특히 관념 형성을 연구할 때 의미가 있다.

첫 번째 예외 조건은 4.0보다 작은 *EA*를 보이는 프로토콜과 관련된다. 이런 기록은 종종 0:2.0, 0:3.5, 2:0, 3:0 등처럼 *EB*의 우항이나 좌항에 0이 기록된다. 그러나 때때로, 2:1, 1:2.5, 3:.5 등과 같이 좌우항 모두 낮은 *EB* 점수를 보이기도 한다. *EB*에 관한 연구 자료가 적어서, *EB*가 내향적, 외향적, 혹은 양향적인가를 구분하는 데 타당한 지표라고 단정할 수는 없다. 일반적으로, 이런 프로토콜에서 회피 방식의 여부가 드러날 수 있다.

두 번째 예외 조건은 사고에서 더 직접적으로 나타난다. 이는 0:4.0, 0:6.5 등과 같이 *EB* 좌항이 0점이고, 우항이 3.5 이상인 프로토콜에서 외향적인 유형이지만, 불안정한 정서적 환경 때문에 분명히 외향적인 사람으로 보기 어려울 수 있다. 이런 경우, 그 사람은 정서가 너무 강하거나 압도당한 상태로 볼 수 있다.

이런 조건에 주목할 때, *EB*는 특이한 대처 방식에 대한 어떤 가정은 피하되, 강한 정서는 사고를 방해하고 특히 주의와 집중에 필요한 능력을 손상시킨다는 해석 근거로만 인용될 수 있다. 이런 정서의 강도는 꽤 파괴적이며, 대개 이상성이 있는 관념 형성이나 행동적 충동을 야기한다. 일반적으로, 관념 형성에 침투하는 이런 정서는 개인이 강력한 감정과 효과적으로 싸울 수 없는 기간 동안에 발전되고 지속되는 일시적인 상태로 볼 수 있다.

앞서 설명한 두 가지 예외 조건에 해당되지 않을 때, *EB*나 *Lambda*에서 몇몇 해석적 제안이 나올 수 있다. 제16장에서 살펴본 것처럼, 이런 두 변인의 조합은 여섯 가지 대처 방식이나 의사결정의 지향으로 구분된다. ① 내향성(introversive), ② 외향성(extratensive), ③ 양향성(ambitent), ④ 회피-내향성(avoidant-introversive), ⑤ 회피-외향성(avoidant-extratensive), ⑥ 회피-양향성(avoidant-ambitent)이다. 관념 형성 영역은 각각의 심리적 활동에서 지속적으로 중요한 역할을 하지만, 활동에서 관념 형성 영역의 우세나 일반적인 영향은 각 지향 유형에 따라 다르게 나타나는 경향이 있으며, 때로는 현저히 다르다. 이런 지향이나 방식에서 관념의 영향은 고정되거나 안정적이라 볼 수는 없지만, 여섯 가지 중 적어도 네 가지는 비교적 특정한 방식으로 사고를 활용하고 기준치를 부여하는 데 중요할 수 있다.

잠정적 소견 1: *EB*가 내향적인 방식임을 나타내고 *Lambda*가 1.0보다 적을 때, 이는 '관념 형성 지향적인' 사람임을 의미한다. 이런 사람은 주로 개념적인 사고를 한다. 그들은 깊이 사고하는 성향이 강하고, 다양한 조건을 고려할 때까지 행동을 지연시킨다. 그들은 외적인 피드백보다 내적인 평가를 신뢰하는 편이며, 정서에 의해 영향받는 것을 지나치게 회피하려 한다. 그들은 조심스러우며, 의사 결정 과정에서 정확한 논리를 적용하려 노력하고, 시행착오를 선호하지 않는다. 그들의 기본적인 대처 방식은, 사고 양식이 논리적이고 분명하며 일관적이다. 환경이 요구하는 전술이 분명할 때 유연하게 내성적 접근이나 시행착오를 통해 접근한다면, 일상의 요구에 대응하는 데 꽤 효율적일 수 있다.

잠정적 소견 2: *EB*가 내향성이고 *Lambda*가 .99보다 크면, 이는 그 사람이 회피-내향성임을 의미한다. 회피-내향성은 사고 지향적이지만, 진정한 내향성과는 실제로 다르다. 그들은 다양한 조건을 고려하는 동안 의사 결정을 미루는 경향이 있지만, 회피 방식이 우세하면 항상 철저하지 못하고, 개념적 활동을 더 단순화시키게 된다. 그들은 문제 해결이나 의사 결정 동안 피상적 수준의 감정을 유지하기를 선호하지만, 복잡하고 모호한 상황에 직면할 때정서가 사고에 침투하는 데 취약하다. 그들은 일반적으로 복잡하지 않은 논리 체계를 좋아하며, 될 수 있는 한 시행착오적 탐험을 회피한다. 이런 대처 방식을 지향하다 보니 환경이 일상적이고 모호하지 않을 때 상당히 효과적일 수 있으며, 개념적 사고가 꽤 분명하고 일관된 사고라는 근거를 제공한다.

잠정적 소견 3: *EB*가 외향성이고 *Lambda*가 1.0보다 적을 때, 그 사람은 문제 해결이나 의사 결정 동안 사고와 관련된 감정이 혼합되는 경향이 있다는 가정을 할 수 있다. 내향적인 사람이 개념 형성과 판단에 '신중한 사고'를 강조하는 반면에 외향적인 사람은 감정에 치우친다. 이들의 사고가 내향적인 사람보다 일관되지 않거나 비논리적이라 할 수는 없지만, 관념 형성 과정에서 정서의 영향은 복잡한 사고 방식을 촉진하게 된다. 외향성은 부정확하거나 모호함이 크게 두드러지는 논리 체계를 더 수용하려는 경향이 있다. 그들은 외부 피드백에 안심하고, 그들의 판단은 종종 시행착오 결과에 의해 좌우된다. 이러한 직관적 양식은 사고가 비교적 분명하고 일관되고 정서에 의해 지나치게 혼란되지 않으며 강한 감정에 의해 영향받지 않는다면, 일상생활에 매우 유용할 수 있다.

사례 11 41세 여성의 관념 형성 관련 변인

						결정적인 특수점수 (R = 18)			
L	= .20	OBS	= No	HVI	= NO				
						DV	= 0	DV2	= 0
EB	= 4:6.0	EBPer	= 1.5	a:p	= 7:5	INC	= 0	INC2	= 4
				Ma:Mp	= 2:2	DR	= 2	DR2	= 0
eb	= 8:8	[FM = 3	m = 5]			FAB	= 0	FAB2	= 0
				M−	= 0	ALOG	= 0	CON	= 0
주지화 지표	= 3	MOR	= 7	Mnone	= 0	Sum6	= 6	WSum6	= 22

M 반응 특성

I 4. W+Mp.ma.FY+Hd, Cg 4.0 MOR, INC2,PHR
III 7. W+Ma.C.FDo 2 H,Cg, Hh,Art P 5.5 COP,GHR
VI 11. D+Mpu 2 H 2.5 MOR,PHR
VII 12. W+Ma+2 H,Cg P 2.5 COP,GHR

사례 11 유력한 소견

그녀는 외향적인 사람이다. 자신의 감정과 생각이 융합되는 경향이 있으며 그것이 아마도 그녀의 많은 결정에 중요한 역할을 할 것이다. 그녀는 시행착오 과정 중 자신의 생각을 검토하기를 선호하며 방향성에 대한 외부 피드백에 좌우되는 경향이 있다.

잠정적 소견 4: *EB*가 외향성이고 *Lambda*가 .99보다 클 때, 그 사람은 회피-외향적이다. 진정한 외향성과 같이, 회피-외향적인 사람은 감정에 영향을 받고, 감정에 치중한다. 그들은 외부 피드백에 상당히 의존하며, 의사 결정 상황에 직면했을 때 종종 시행착오를 하게 된다. 그러나 회피 방식이 우세하면 다양한 정서 경험을 하지 못할 가능성이 충분히 높아지고, 흔히 그들의 감정이 사고에 지나치게 영향을 끼치게 된다. 그들의 감정 조절에 열의가 식을 때, 이런 무관심/부주의는 쉽게 충동적인 사고를 촉발시킨다. 이는 흔히 상황에 부적절하고 효과적이지 않은 결정이나 행동을 쉽게 초래하는 단순한 논리가 된다. 회피-양향적 방식의 사람은 일반적으로 예견 가능하고 복잡하지 않은 환경에서 가장 성공적으로 기능한다.

잠정적 소견 5: *EB*로 외향적이거나 내향적인 대처 양식으로 구분하기 어렵고, *Lambda*가 1.0보다 작을 때, 그 사람은 양향적이라 할 수 있다. 양향적 유형에게 의사 결정과 관련된 관념 형성 활동의 양상은 예견하기 어렵다. 결정해야 하는 상황이 유사하더라도 마찬가지다. 때때로 그들은 내향적인 방식과 유사한 사고 유형으로 결정한다. 그들은 감정을 밀어 두고, 사고가 다양한 주제를 거치는 동안 지연시키는 경향이 있다. 다른 경우에, 그들의 접근은 외향적인 사람들처럼 더욱 직관적이며 감정에 의해 영향을 더 많이 받는다. 양향적인 의사 결정과 개념 형성 과정의 일관성 부족은 효용성을 저하시키는 경향이 있다.

그 결과, 양향성 유형의 사람들은 판단의 오류에 더욱 취약하며, 이전의 판단을 더 많이 바꾸는 것 같다. 그들은 다른 사람들보다 문제 해결의 오류에서 이득을 덜 얻는다. 따라서 효과적인 해결책에 이르는 데 더 많은 시간이 소요된다. 적응 문제를 보이는 사람들이 늘 양향적으로 나타나는 것은 아니지만, 일상의 요구에 만족하지 못하는 특성을 보이곤 한다.

사례 9와 사례 10 유력한 소견

이 두 사람 모두 양향형이다. 그들의 의사 결정과 문제 해결 양상에서 상당히 비일관적인 경향이 있

사례 9 29세 여성의 관념 형성 관련 변인

L	= .21	OBS	= No	HVI	= No	결정적인 특수점수 (R = 17)			
						DV	= 0	DV2	= 0
EB	= 4:4.5	EBPer	= NA	a:p	= 5:6	INC	= 1	INC2	= 0
				Ma:Mp	= 1:3	DR	= 1	DR2	= 0
eb	= 7:6	[FM = 6	m = 1]			FAB	= 0	FAB2	= 0
				M−	= 1	ALOG	= 1	CON	= 0
주지화 지표	= 1	MOR	= 1	Mnone	= 0	Sum6	= 3	WSum6	= 10

M 반응 특성

IV 6. Wo Mp. FDo H P 2.0 PER, GHR
VI 9. Do Mp− Art, Hd, Sx PHR
VII 10. D+Mp.Fr.FYo H 3.5 GHR
X 24. D+Mao 2 A 4.0 INC, COP, GHR

사례 10 20세 남성의 관념 형성 관련 변인

L	= .61	OBS	= No	HVI	= Yes	결정적인 특수점수 (R = 29)			
						DV	= 1	DV2	= 0
EB	= 7:6.0	EBPer	= NA	a:p	= 8:8	INC	= 0	INC2	= 2
				Ma:Mp	= 3:4	DR	= 2	DR2	= 1
eb	= 9:6	[FM = 5	m = 4]			FAB	= 1	FAB2	= 0
				M−	= 1	ALOG	= 0	CON	= 0
주지화 지표	= 3	MOR	= 2	Mnone	= 0	Sum6	= 7	WSum6	= 25

M 반응 특성

II 5. D+ Ma.FCu 2 Ad 5.5 AG,FAB,PHR
III 7. D+ Mpu 2 (H),Id,Cg 3.0 DR,GHR
IV 10. W+FD.Ma.FC′o (H),Bt,Cg P 4.0 AG,GHR
VI 15. D+ Mp.mau H,Hx,Ls,Ay 2.5 MOR,AB,PHR
VII 16. D+ Mao 2 Hd P 3.0 AG,GHR
VIII 20. Dd+ Mp.FD.FC−Hd,Cg,Hh 3.0 PHR
IX 23. DdS+FC′.FC.Mp.FDo (Hd),Bt 5.0 DR2,PHR

다. 어떤 때에는 보다 사려 깊고, 사고 지향적 접근으로 의사 결정을 하지만, 다른 경우에는 감정에 상당한 영향을 받고 외부 피드백에 상당한 비중을 두어 시행착오를 하게 하는 얕은 직관에 과도하게 좌우된다.

잠정적 소견 6: *EB*가 양향적이고 *Lambda*가 .99보다 클 때, 그 사람은 회피-양향적이다. 이 방식은 *EB*와 *Lambda*를 검토해서 나온 6가지 결과 중 가장 바람직하지 못한 방식이다. 덜 유능한 양향적 유형은 회피 방식으로 불필요한 심리적 혼란과 복잡성에 대처하곤 한다. 복잡성을 회피하는 성향은 개념적 사고를 어렵게 하고, 결과적으로 개념적인 구조를 이루지 못하게 된다. 회피-양향적인 사람은 정서를 잘 조율하지 못하고 사고 활동이 세련되지 않은데, 어린 아동들에게는 매우 흔하며 대개 환경에 의해 포용되는 특성이지만, 이러한 특성이 나이든 사람에게 나타날 때는 사회적으로 수용되기 어렵다. 회피-양향적인 사람은 복잡한 환경에 효과적으로 적응하는 데 종종 곤란을 보이기 때문이다.

2단계: *EBPer*

내향적인 방식인지 외향적인 방식인지 큰 차이값을 보이는 경우, 계산되는 *EBPer* 값은 피검자의 분명하고 일관적인 의사 결정 및 대처 방식의 비효율성 여부를 평가하는 데 유용하다. 이미 살펴보았듯이 내향적 혹은 외향적인 방식은 일상의 요구에 대처하는 데 효율적이고 효과적이다. 대체로 상반되는 방식, 즉 본래의 내향적/외향적인 방식과 대립되는 대처 방식이 더 유용할 때가 있다. 내향적인 사람은 시행착오 과정을 통하여 효과적인 해결책을 더 잘 이끌어 낼 수 있다는 것을 알게 될 것이고, 외향적인 사람은 선택을 위해 지연을 하고 생각에 집중하는 것보다는 현실적인 접근을 선호한다. *EBPer* 값에 대한 의문점은 한 개인의 탄력성을 제한할 정도로 유연성이 결여된 것이 아닌가에 대한 것이다. 의사 결정 활동과 대처 활동에서 유연하지 않을 가능성을 시사하기 때문이다.

잠정적 소견 1: 어떤 사람이 내향적이고 *EBPer*가 2.5보다 적다면, 지연 책략을 포함하여 관념화 유형을 사용하는 한편, 의사 결정에 감정이 유의하게 관여될 것이라 가정할 수 있다. 반면에 *EBPer* 값이 2.5 이상이라면 직관적이거나 시행착오적인 접근이 적합한 상황이라도 의사 결정 과정에 감정/정서는 제한된 역할을 한다고 할 수 있다. 3단계로 가자.

잠정적 소견 2: 어떤 사람이 외향적이고 *EBPer*가 2.5보다 적다면, 사고와 감정이 섞이는 경향이 있다고 가정하는 근거가 된다. 감정은 다양한 조건을 신중히 고려할 수 있는 관념적 접근을 방해할 것이다. 반대로 *EBPer*가 2.5 이상이라면, 직관적인 접근이 덜 효과적인 상황이더라도 정서가 거의 대부분 사고 활동에 중요한 영향을 끼친다고 해석할 수 있다.

사례 11 41세 여성의 관념 형성 관련 변인

						결정적인 특수점수 (R = 18)			
						DV	= 0	DV2	= 0
L	= .20	OBS	= No	HVI	= NO				
EB	= 4:6.0	EBPer	= 1.5	a:p	= 7:5	INC	= 0	INC2	= 4
				Ma:Mp	= 2:2	DR	= 2	DR2	= 0
eb	= 8:8	[FM = 3	m = 5]			FAB	= 0	FAB2	= 0
				M−	= 0	ALOG	= 0	CON	= 0
주지화 지표	= 3	MOR	= 7	Mnone	= 0	Sum6	= 6	WSum6	= 22

M 반응 특성

I 4. W+Mp.ma.FY+Hd, Cg 4.0 MOR, INC2,PHR
III 7. W+Ma.C.FDo 2 H,Cg, Hh,Art P 5.5 COP,GHR
VI 11. D+Mpu 2 H 2.5 MOR,PHR
VII 12. W+Ma+2 H,Cg P 2.5 COP,GHR

사례 11 결론

*EBPer*가 1.5로 지배적 유형의 결정점 바로 아래 점수다. 그러므로 그녀의 외향적인 방식은 의사 결정에 영향을 끼치고, 유연하다고 가정할 수 있다. 그녀는 문제들에 관념적으로 접근할 것이다.

3단계: *a*:*p* 비율

인지적 유연성의 평가에 중요한 또 다른 자료는 *a*:*p* 비율이다. *EBPer*가 대처 능력을 발휘하는 접근 방식의 유연성을 평가한다면, *a*:*p* 비율은 태도나 가치관의 유연성을 평가한다. 가치관과 태도의 유연성이 부족하면 관념 형성, 즉 개념화 활동의 폭이 매우 좁다. 태도와 가치관이 고정되어 관련된 상황에서 관념과 관련된 유연성 역시 부족하게 된다. 관념적 유연성이 부족하면 자신이 처한 상황에서 다양한 개념화의 가능성을 고려하지 못하고 또 엄두도 내지 않는다. 이들의 사고는 매우 좁고 제한된 개념화의 틀을 고수하게 된다.

유연성이 결여된 사고의 예로 편견이나 왜곡이 해당될 수 있는데 유연성이 제한되거나 결여된 관념은 한 개인의 가치관이나 태도 이상에 영향을 끼친다는 점에서 *a*:*p*의 비율은 시사점이 크다. 예를 들어, 자신의 자녀가 다른 부모를 좋아한다는 것을 믿을 수 없다고 주장하는 부모나, 주어진 과제에 대한 자신의 역할만이 유일한 가능성의 단서라고 믿는 감독관을 상상해 보자. 이런 특성을 보이는 사람이 환자로 온다면, 치료자는 종종 문제나 상황의 근원에 대한 대안적인 관점을 제시하는 시도가 좌절되므로 무기력해질 것이다.

대개의 경우, *a*:*p* 비율의 한쪽 값은 다른 한쪽 값의 두 배 이상이 되지 않아야 한다. 비율값 간의 차이가 많이 난다는 것은 관념화와 관련된 피검자의 사고 특성이 더욱 고정적이고 바뀌기 어려운 경직성을 시사한다. 이런 해석은 *a*, *p*의 합이 4점 이상일 때에만 적용한다.

잠정적 소견 1: $a:p$ 비율 값의 합이 4점이거나 한쪽의 값이 9일 때, 개인의 가치관이나 사고는 유연성이 부족하고 다른 사람들보다 경직되어 있다.

잠정적 소견 2: $a:p$ 비율 값의 합이 4점 이상이고 한쪽의 값이 다른 쪽보다 2~3배 클 때, 개인의 관념화 틀과 가치관은 상당히 고정되어 있으며 변하기 어려울 것이다.

잠정적 소견 3: $a:p$ 비율 값의 합이 4점 이상이고 한쪽의 값이 다른 쪽보다 3배 이상일 때, 개인의 관념화 틀과 가치 기준은 매우 고정적이고, 상당히 안정적이다. 이런 결과를 보이는 사람들은 태도나 의견을 바꾸는 것이 매우 어려우며, 그들이 가진 견해와 다른 견해를 참기 어려워할 것이다.

사례 9, 10, 11 결론

$a:p$ 비율의 자료는 이 경우에서 적용할 수 없다. 그들은 각각 5:6, 8:8, 7:8이었다.

4단계: HIV, OBS, MOR

세 변인 모두 개념을 형성하고 사용하는 방식에 영향을 끼치는 정신적인 틀과 태도에 관련된다. HVI와 OBS는 정보 처리와 인지적 중재 변인과 관련된 정보를 검토할 때 중요한 정보의 원천으로 논의되었다. 이러한 틀 또한 관념화 연구와 매우 관련이 깊다. MOR 반응의 비정상적인 빈도는 피검자의 개념적인 사고에 상당한 영향을 끼치는 심리적인 세트가 있다는 의미로 해석할 수 있다. 이런 변인에 의해 표현되는 특성은 서로 배타적이지 않다. 그러므로 세 가지 가능한 결과를 5단계 전에 살펴보자.

잠정적 소견 1: OBS에 해당되는 결과로 정확성이나 완벽주의와 관련된 심리적 세트가 있음을 알 수 있다. 강박적인 성향의 사람들은 대개 개념을 형성하고 적용하는 데 조심스럽고 신중하다. 그들은 자신을 표현할 때 일반적인 경우보다 더 많은 말을 하는데, 이는 아마도 정확하게 하려고 애쓰는 개념적 사고의 복잡함을 반영하는 것이다. 강박적인 성향은 필요한 것보다 많은 관념화 노력과 활동을 한다. 어떤 면에서 다소 비능률적이라고 여길 수도 있다. 그러나 사고가 비일관적이고 장황하다는 증거가 있더라도 부적절한 어휘 사용, 이상한 표현 등과 같은 인지적 오류의 분명한 증거가 있어야만 한 개인의 취약성으로 해석할 수 있다.

잠정적 소견 2: HVI에 해당되면 특정한 특질이 한 개인의 내면 심리에 중요한 역할을 하며 개념적 사고에 유의미한 영향을 끼친다고 해석할 수 있다. 과민한 사람은 준비 상태를 일관되게 유지하기 위해 상당한 에너지를 사용한다. 앞일을 예상하고 미리 긴장하고 준비하는 특성은 환경에 대한 부정적이거나 불신하는 태도와 관련된다. 이는 분명 어린 아동이 자신의 행동, 특히 정서적 행동에 대한 중요한 타자의 반응을 정확히 예측하기 불가능하다는 것을 알게 된 여러 사건이 축적되면서 형성된다. 이는 불안정감과 취약성을 초래하며, 필요할 것이라고 예측된 행동에 더더욱 주의를 기울이고 조심하게 된다. 개인의 고유 공간에 점차 집착하게 되고 타인과 상호작용을 경계하고 변화에 대해 과민하게 된다.

과민한 사람은 타인과 가까워지기를 기대하지 않으며, 종종 혼란스러워하고 타인의 친밀한 행동을 의심한다. 과민성의 틀은 사람과 가까워지지 않게 하고 더욱 명백한 개념적 사고에 집착하며, 과한 경우 비논리적인 사고 양상을 초래한다. 그것만으로 병리적인 상태는 아니지만, 악화된다면 매우 분명한 편집증적 성격 특성을 포함하는 망상적 사고를 우려해야 한다.

사례 10 유력한 소견

과민성 유형이라는 점에 주목할 수 있다. 이는 정신병리 상태의 필수 신호는 아니지만 그의 사고는 덜 유동적인 것 같고, 보편적으로 기대되는 것보다 덜 논리적인 것 같다.

잠정적 소견 3: MOR 반응은 자기상의 주제와 가장 직접적인 관련이 있으며, 사례의 중요한 문제점과 관련된 군집을 살펴 신중히 예상해 볼 수 있다. MOR 반응이 3~4개 이상이 되면 비관적인 관념의 틀을 시사한다. 3점은 경미한 정도의 특성으로 고려할 수 있다. 3점 이상의 값은 거의 유전적이거나 생물학적인 특성을 의심할 수 있다. MOR 값이 3점을 넘을 때는 비관적인 경향이 강한 것으로, 사고 특성에 영향력이 클 수 있다.

경미하든 심각하든 비관적인 사고 경향은 한

사례 10 20세 남성의 관념 형성 관련 변인

			결정적인 특수점수 (R = 29)	
L = .61	OBS = No	HVI = Yes		
			DV = 1	DV2 = 0
EB = 7:6.0	EBPer = NA	a:p = 8:8	INC = 0	INC2 = 2
		Ma:Mp = 3:4	DR = 2	DR2 = 1
eb = 9:6	[FM = 5 m = 4]		FAB = 1	FAB2 = 0
		M− = 1	ALOG = 0	CON = 0
주지화 지표 = 3	MOR = 2	Mnone = 0	Sum6 = 7	WSum6 = 25

M 반응 특성

II 5. D+ Ma.FCu 2 Ad 5.5 AG,FAB,PHR
III 7. D+ Mpu 2 (H),Id,Cg 3.0 DR,GHR
IV 10. W+FD.Ma.FC′o (H),Bt,Cg P 4.0 AG,GHR
VI 15. D+ Mp.mau H,Hx,Ls,Ay 2.5 MOR,AB,PHR
VII 16. D+ Mao 2 Hd P 3.0 AG,GHR
VIII 20. Dd+ Mp.FD.FC−Hd,Cg,Hh 3.0 PHR
IX 23. DdS+FC′.FC.Mp.FDo (Hd),Bt 5.0 DR2,PHR

사례 11 41세 여성의 관념 형성 관련 변인

L	= .20	OBS	= No	HVI	= NO	결정적인 특수점수 (R = 18)			
						DV	= 0	DV2	= 0
EB	= 4:6.0	EBPer	= 1.5	a:p	= 7:5	INC	= 0	INC2	= 4
				Ma:Mp	= 2:2	DR	= 2	DR2	= 0
eb	= 8:8	[FM = 3 m = 5]				FAB	= 0	FAB2	= 0
				M−	= 0	ALOG	= 0	CON	= 0
주지화 지표	= 3	MOR	= 7	Mnone	= 0	Sum6	= 6	WSum6	= 22

M 반응 특성

Ⅰ 4. W+Mp.ma.FY+Hd, Cg 4.0 MOR, INC2,PHR
Ⅲ 7. W+Ma.C.FDo 2 H,Cg, Hh,Art P 5.5 COP,GHR
Ⅵ 11. D+Mpu 2 H 2.5 MOR,PHR
Ⅶ 12. W+Ma+2 H,Cg P 2.5 COP,GHR

개인이 세상과의 관계를 의심하거나 낙심에 찬 것으로 개념화하게 한다. 이런 틀은 노력의 질과 상관없이, 종종 노력의 결과를 부정적으로 예견하게 한다. 비관주의는 종종 어떤 주제에 대해 협소하고 구체적인 방식으로 사고하게 하고 논리적 오류와 잘못된 판단을 하게 한다. 결국, 비관주의 틀은 유의미하게 개념적 사고의 질을 저하시키고, 동시에 관념화 양상을 부각시킬 수 있다.

사례 11 유력한 소견

18개 반응 프로토콜에서 7개의 MOR 반응이 나왔다. 원자료의 내용도 중요하지만 *R*의 비율을 고려할 때, 그 상대적인 비율은 의미가 있다. 이는 매우 현저한 비관주의 틀을 시사한다. 이런 부정적인 틀은 그녀의 지배적인 경향으로 의심과 실패에 대한 기대감이 그녀의 사고 전반에 상당한 영향을 미칠 것이라 예상할 수 있다.

5단계: *eb*의 좌항(*FM, m*)

eb 좌항의 값은 *FM*과 *m* 값의 합으로 구한다. 이전 장에서 살펴본 것처럼, 이런 변인은 의식적으로 주의를 덜 기울이는 정신 활동과 관련된다. 보통 이 활동은 필요한 경험(*FM*)이나 외부 요구 상황에 대해 잠재적으로 인식하면서 나타난다. 이러한 주변적인 사고는 주의의 변화를 일으키고 각성제 역할을 하게 되어 관념화 활동의 초점을 바꾸게 된다. 주변적 사고에 주의를 두면서 강렬해지고 목표 지향적인 개념적 사고의 효율성은 저하된다. 즉, 주변적 사고에 주의를 옮기면서 주의의 분산 현상이 발생한다.

사람들은 이런 상황을 경험하며 스스로 개념적 사고의 체계적 양상에 주의 집중하거나 유지하는 것이 어렵다는 것을 알게 될 것이다. 이는 많은 사람들이 겪는 것이지만, 주변적이고 말초적인 정신 활동이 잦아지고 그 원천들이 어느 한 주제로 집중되지 못하면 단편화되고 비일관적인 개념화/관념화 활동으로 이어진다.

*eb*의 좌항 값은 주변적인 사고/관념화 활동에 관한 자료로서만 유용하다. 이는 평균 범위(3~6세 아동), 평균상 혹은 평균하로 구분된다. *FM*과 *m*의 실제 값은 주변적인 개념 활동의 원천에 대한 구체적인 정보를 제공한다. *FM*은 더 안정적이며 욕구에 의해 발생되는 정신 활동과 관련되어 나타난다.

일반적으로, *FM* 값은 성인과 아동에게서 3~5개 정도, *FM*과 *m*의 합과 1점 이내의 차이를 보인다. *m* 변인이 불안정하며, 상황적인 스트레스 요구에 의해 야기되는 주변적인 정신 활동과 관련되기 때문이다. *m* 값은 0~2점 정도이고, *FM* 값보다는 대부분 적을 것으로 기대된다.

잠정적 소견 1: *eb*의 좌항 값이 평균 범위에 있을 때, *FM* 값은 2 이상인 경우가 많다. 만일 *m* 값이 *FM* 값보다 더 크다면, 이는 주변적인 관념이 상황 스트레스에 의해 증가되었다는 의미다. 만일 *FM*의 값이 2보다 작다면, 피검자가 상황의 필요에 의해 야기되는 자연스러운 심리적 방해들을 어떻게 최소화하거나 회피하는가에 대한 정보를 준다. 주로 회피 성향을 가진 사람들은 그들이 경험하는 요구를 감소시키기 위해 재빨리 행동하는 경향이 있다. 또 다른 사람들은 목표 지향적인 사고에 주변적 사고를 방어적으로 변형시켜서 일시적이라도 욕구를 감소시키려고 한다. 안타깝게도 이 욕구들은 지속되고 더 강화되기도 한다. 예를 들어, 매우 배고픈 사람이 음식 품목을 개념화시키고, 음식 조리법에 전념하기도 한다. 이는 배고픔을 줄일 수는 없지만, 그것에 의해 야기된 주변적인 심리적 분산 현상을 중화시키는 경향이 있다. 6단계로 가자.

잠정적 소견 2: *eb*의 좌항의 값이 3인 경우는 드물다. 회피적인 대처를 하는 사람에게서 더 자주 나타난다. 회피 성향이 아니라면, 주변적인 사고를 방어적으로 직접적인 개념화 작업에 포함시켜 버릴 것이다(잠정적 소견 1을 참조).

만일 회피 성향이라면, 추상적 사고를 방해받으며 경험하는 심리적 불편감을 줄이기 위해 재빠르게 반사적으로 감소시키려 할 것이다. 만일 *FM* 값이 0이나 1이라면, 거의 대부분 그럴 것이다. 이러한 전략은 긍정적인 부분이 있지만, 서둘러 형성된 반응들은 종종 심사숙고한 결과가 아닐뿐 아니라 장기적인 효과가 매우 제한되어 있다는 면에서 부정적인 결과로 이어질 수 있다. 6단계로 가자.

잠정적 소견 3: 만일 *eb*의 좌항 값이 7이고, *FM* 반응만 있거나 혹은 단 하나의 *m* 반응만 있다면, 혹은 그 값이 7보다 높고 5개 이상의 *FM* 반응이 있다면, 내적 욕구가 피검자로 하여금 주변적인 정신 활동과 사고 수준에 머무르게 할 가능성이 있다. 대개 이러한 상황은 일시적이기보다 만성적으로 주의 집중을 자주 방해하는 경향이 있다. 만일 *m* 값이 2를 초과하면, 주변적인 정신 활동이 상황에 따른 스트레스에 의해 증가되었을 것이라 해석할 수 있다.

사례 9 29세 여성의 관념 형성 관련 변인

L	= .21	OBS	= No	HVI	= No	결정적인 특수점수 (R = 17)			
						DV	= 0	DV2	= 0
EB	= 4:4.5	EBPer	= NA	a:p	= 5:6	INC	= 1	INC2	= 0
				Ma:Mp	= 1:3	DR	= 1	DR2	= 0
eb	= 7:6	[FM = 6	m = 1]			FAB	= 0	FAB2	= 0
				M−	= 1	ALOG	= 1	CON	= 0
주지화 지표	= 1	MOR	= 1	Mnone	= 0	Sum6	= 3	WSum6	= 10

M 반응 특성

IV 6. Wo Mp. FDo H P 2.0 PER, GHR
VI 9. Do Mp− Art, Hd, Sx PHR
VII 10. D+Mp.Fr.FYo H 3.5 GHR
X 24. D+Mao 2 A 4.0 INC, COP, GHR

사례 9 유력한 소견

6개의 *FM*과 하나의 무생물 운동 반응(*m*)에 의해 좌항 값은 7이다. 그녀가 만성적으로 다른 사람들보다 더 주변적인 정신 활동에 몰두하고, 또한 주의 그리고/혹은 집중 과정에 빈번한 문제를 야기하기도 할 것이다. 그녀의 욕구에 의한 스트레스가 신체적인 문제를 발생시켰다고 볼 수 있다.

잠정적 소견 4: *eb*의 좌항 값이 7이지만, 동물 운동 반응(*FM*)이 4개를 넘지 않거나 *eb* 좌항 값이 7 이상이지만, *FM*이 5개 이상은 아니라면, 분명히 *eb*의 좌항 값은 *m* 빈도가 증가할 때 함께 커진다. 상황 관련 스트레스 때문에 주변적인 정신 활동이 발생하였고, 일시적으로 효과적인 주의 집중의 활동은 그 기간 동안 현저하게 약화된 것이다.

사례 10 유력한 소견

좌항 값이 9로 5개의 *FM*와 4개의 무생물 운동 반응(*m*)으로 구성된다. 주변적인 심리 활동이 일시적으로 증가하여 자신의 태도와 사회적 행동 모두에 어려움을 경험하게 되었다. 이 곤란은 주의 집중력에 영향을 주고, 사고의 몇몇 패턴을 분열시키기도 한다.

사례 11 유력한 소견

3개의 *FM*과 5개의 *m*으로 좌항 값은 8이다. 분명히 그녀는 상황에 따른 스트레스가 주변적인 정신 활동을 증가시켰다. 그녀가 병원에 계속 입원해 있어야 할지와 자살 시도의 여부에 대한 의문이 있다. 그녀는 주의가 산만해지고 집중의 문제를 보인다. 이는 그녀가 호소하는 불편과도 관련이 있을 것이다. 주변적인 사고가 목표 지향적인 사고를 방해하고 이로 인해 좌절하고 자살을 생각할 수도 있다.

사례 10 20세 남성의 관념 형성 관련 변인

L	= .61	OBS	= No	HVI	= Yes	결정적인 특수점수 (R = 29)			
						DV	= 1	DV2	= 0
EB	= 7:6.0	EBPer	= NA	a:p	= 8:8	INC	= 0	INC2	= 2
				Ma:Mp	= 3:4	DR	= 2	DR2	= 1
eb	= 9:6	[FM = 5	m = 4]			FAB	= 1	FAB2	= 0
				M−	= 1	ALOG	= 0	CON	= 0
주지화 지표	= 3	MOR	= 2	Mnone	= 0	Sum6	= 7	WSum6	= 25

M 반응 특성

II 5. D+ Ma.FCu 2 Ad 5.5 AG,FAB,PHR
III 7. D+ Mpu 2 (H),Id,Cg 3.0 DR,GHR
IV 10. W+FD.Ma.FC′o (H),Bt,Cg P 4.0 AG,GHR
VI 15. D+ Mp.mau H,Hx,Ls,Ay 2.5 MOR,AB,PHR
VII 16. D+ Mao 2 Hd P 3.0 AG,GHR
VIII 20. Dd+ Mp.FD.FC−Hd,Cg,Hh 3.0 PHR
IX 23. DdS+FC′.FC.Mp.FDo (Hd),Bt 5.0 DR2,PHR

사례 11 41세 여성의 관념 형성 관련 변인

L	= .20	OBS	= No	HVI	= NO	결정적인 특수점수들 (R = 18)			
						DV	= 0	DV2	= 0
EB	= 4:6.0	EBPer	= 1.5	a:p	= 7:5	INC	= 0	INC2	= 4
				Ma:Mp	= 2:2	DR	= 2	DR2	= 0
eb	= 8:8	[FM = 3	m = 5]			FAB	= 0	FAB2	= 0
				M−	= 0	ALOG	= 0	CON	= 0
주지화 지표	= 3	MOR	= 7	Mnone	= 0	Sum6	= 6	WSum6	= 22

M 반응 특성

I 4. W+Mp.ma.FY+Hd, Cg 4.0 MOR, INC2,PHR
III 7. W+Ma.C.FDo 2 H,Cg, Hh,Art P 5.5 COP,GHR
VI 11. D+Mpu 2 H 2.5 MOR,PHR
VII 12. W+Ma+2 H,Cg P 2.5 COP,GHR

6단계: *Ma*:*Mp*

모든 사람은 때때로 공상을 한다. 이는 현실의 부담이나 요구를 일시적으로 회피하기 위하여 개념적인 관념 형성을 이용하는 손쉬운 방법이다. 사실, 책, 텔레비전, 라디오, 영화 등 현대 환경은 이 공상을 부추기는 것이 많다. 이들 각각은 사람들에게 현실로부터의 이탈을 용이하게 하는 편리한 방법을 제공하지만, 그 어떤 것도 공상을 촉진하는 데 정말로 중요하지는 않다. 기억, 기대, 욕구, 욕망과 같은 많은 방법도 공상을 촉진하게 되어 대다수의 사람은 현실과는 다른 무언가에 초점을 맞추기 시작하는 개념적인 공상의 전개 형태, 즉 '백일몽'을 할 수 있다. 이런 경험은 일상에서 흔히 일어나는 일들이고, 직접적인 관념 형성이 일어나는 동안은 따분함에 대한 인식이나 인접한 세계의 적막함 등은 완화되어 사람들은 상황에 맞게 변경을 시도하기도 한다. 종종, 공상은 단순히 현실에서 가져오는 일시적인 안심 그 이상을 선사하기도 한다. 이것은 비현실적이긴 해도 어떤 경우에는 절대적인 통제감을 가져다주기도 한다. 공상을 통해 일시적으로라도 심리적인 안심을 얻게 된 사람들은 이를 이용해 방어 체계를 구성하고 이용하기도 한다. 그들은 더 자주 공상을 하게 되고 일시적인 현상이더라도 남용하게 되고, 너무 자주 현실에서 이탈되다 보니 심리적으로 취약해진다. 이렇게 현실을 피해 공상으로 관념을 즐기게 되면 현실적으로 다른 사람들로부터 고립되기 시작하는데, 공상의 힘에 의지하며 현실적인 상황을 피하게 되면 외부의 힘이 문제를 해결해 주리라는 막연한 기대를 하게 되고 더 의존하게 된다. 공상의 남용은 누구에게나 그렇지만 대부분의 내향적인 사람들에게 더 큰 위험 요인이 될 수 있다. 기본적으로 타인과 상호작용을 통해 수정될 기회를 갖지 못하여 대부분 장기간 비효율적으로 지속되기 때문이다.

Ma:*Mp*의 비율은 공상에 대해 어떤 직접적인 통찰을 제공하지는 못한다. *Ma*의 값이 *Mp*의 값보다 높다면 도움이 될 수도 있다.

두 값의 차이가 많고 작음은 중요하지 않다. *Mp* 값이 *Ma*의 값보다 높다면 대개의 경우보다 더 자주 공상을 이용하는 경향이 있고 실질적으로 *M*이 1개 이상 있어야만 해석이 가능하다.

잠정적 소견 1: *Mp*의 값이 *Ma* 값보다 1점 더 크면, 그 사람이 스트레스 상황에서 다른 사람들 보다 현실에 대해 방어적으로 공상을 대용하자 하는 경향이 있다는 의미다. 만일 그 사람이 다른 사람들에 대해 눈에 띄게 의존적이라는 다른 증거가 없다면 이 경우 심리적인 취약점으로 볼 수 없다. 이러한 경향이 그에게 매우 효과적인 방어 전략이라 할 수 있다. 그러나 타인에 대한 의존성이 큰데 공상을 남용하는 경향이 강하다면 공상 경향은 병리적 의존성을 악화시키는 요인이 될 수 있다. 공상 남용의 경향이 스트레스를 회피하려는 목적이므로 병리적 의존성이 크다고 해석한다. 7단계로 가자.

사례 10 유력한 소견

*Mp*가 *Ma*보다 1점 큰데, 이는 그가 대다수의 사람들보다 더 자주 쉽게 공상에 몰두한다는 의미다. 이러한 경향이 어떻게 그의 현재 상황과 연관되는지 그리고/혹은 그것이 유의미한 요소로 고려되어야 하는지는 그의 사고, 자기 지각 및 대인 지각에 대한 해석에 앞서 새로운 정보를 얻을 때까지 보류해 두어야 한다.

잠정적 소견 2: *Mp* 값이 *Ma* 값보다 2점 혹은 그 이상 높다면, 피검자가 유쾌하지 않은 상황을 처리하는 일상적인 전략으로 공상으로의 도피를 즐겨하고 있다는 의미다. 이 양상은 때때로 '백설공주 증후군'이라 불리는데, 이는 주로

사례 10 20세 남성의 관념 형성 관련 변인

						결정적인 특수점수 (R = 29)			
						DV	= 1	DV2	= 0
L	= .61	OBS	= No	HVI	= Yes				
EB	= 7:6.0	EBPer	= NA	a:p	= 8:8	INC	= 0	INC2	= 2
				Ma:Mp	= 3:4	DR	= 2	DR2	= 1
eb	= 9:6	[FM = 5	m = 4]			FAB	= 1	FAB2	= 0
				M−	= 1	ALOG	= 0	CON	= 0
주지화 지표	= 3	MOR	= 2	Mnone	= 0	Sum6	= 7	WSum6	= 25

M 반응 특성

II 5. D+ Ma.FCu 2 Ad 5.5 AG,FAB,PHR
III 7. D+ Mpu 2 (H),Id,Cg 3.0 DR,GHR
IV 10. W+FD.Ma.FC′o (H),Bt,Cg P 4.0 AG,GHR
VI 15. D+ Mp.mau H,Hx,Ls,Ay 2.5 MOR,AB,PHR
VII 16. D+ Mao 2 Hd P 3.0 AG,GHR
VIII 20. Dd+ Mp.FD.FC−Hd,Cg,Hh 3.0 PHR
IX 23. Dds+FC′.FC.Mp.FDo (Hd),Bt 5.0 DR2,PHR

의무와 결정을 회피하는 특징으로 설명할 수 있다. 이러한 사람들은 현실을 부정하기 위해 공상을 남용하고, 종종 그 결과들은 그들의 내적인 요구에 대해 역효과를 초래한다.

이러한 양상은 스스로 현재 자신의 효용성을 부정하게 만드는데, 이는 다른 사람들에 대한 의존과 무기력감에 빠지게 한다. 불행하게도, 이러한 양상을 보이는 사람들은 다른 사람들의 속임수에 넘어가기 쉽다. 이러한 방어적 유형은 내향적인 사람에게 특히 불리하게 작용하는데, 극도의 콤플렉스와 잠재적인 스트레스 상황에서 병리적 의존성이 부정적으로 강화되는

사례 9 29세 여성의 관념 형성 관련 변인

						결정적인 특수점수 (R = 17)			
						DV	= 0	DV2	= 0
L	= .21	OBS	= No	HVI	= No				
EB	= 4:4.5	EBPer	= NA	a:p	= 5:6	INC	= 1	INC2	= 0
				Ma:Mp	= 1:3	DR	= 1	DR2	= 0
eb	= 7:6	[FM = 6	m = 1]			FAB	= 0	FAB2	= 0
				M−	= 1	ALOG	= 1	CON	= 0
주지화 지표	= 1	MOR	= 1	Mnone	= 0	Sum6	= 3	WSum6	= 10

M 반응 특성

IV 6. Wo Mp. FDo H P 2.0 PER, GHR
VI 9. Do Mp− Art, Hd, Sx PHR
VII 10. D+Mp.Fr.FYo H 3.5 GHR
X 24. D+Mao 2 A 4.0 INC, COP, GHR

데 기여한다. 7단계로 가자.

사례 9 유력한 소견

1:3의 *Ma*:*Mp* 비율은 그녀가 직접 맞서서 처리하기를 회피하고자 하는 현실을 부인하거나 혹은 저항하는 차원에서 공상에 의존하고 있음을 의미한다. 또한 보상의 차원에서 그녀가 원치 않는 환경을 해결하는 방법으로 타인에게 지나치게 의존할 수 있다는 해석이 가능하다. 이것이 단 1점이긴 하지만, 겉으로 보기에 지나친 그녀의 성행위가 여기서 지적된 의존성과 관련이 있을 수 있다는 가정을 지지한다.

7단계: 주지화 지표

개념적 사고가 방어적으로 사용되는 또 하나의 방법은 주지화(Intellectualization)다. 감정의 강도를 줄이거나 혹은 중화시키기 위해 관념적으로 처리하는 이 방법은 16장에서 설명했다. 주지화는 현실을 변형시켜서 비정상적인 사고를 하는 부인(denial)의 한 형태다. 예를 들어, 슬픈 사람은 "나는 기분이 괜찮아요."라고 확고하게 선언하지만 자신이 바꾸어 한 진술이 맞다고 스스로를 설득하기 위해 내적으로 진술한 정서 경험을 개념적으로 왜곡해야 한다.

다수의 사람이 주지화를 사용하곤 하지만, 습관적으로 과용하게 되면 논리의 결함 혹은 내적 정서의 왜곡으로 이어지게 한다. 주지화가 자동적으로 사고장애를 초래하지는 않지만 잘못된 개념을 형성 그리고/혹은 사용할 가능성은 커진다. 극단적인 경우, 주지화는 일상적 사고에서 유발되는 잘못된 관념이나 개념을 만들어 내고 지속시키는 요소가 될 수 있다.

잠정적 소견 1: 주지화 지표 값이 4~5에 해당되면, 주지화 경향이 강하다는 의미다. 상황의 실제 효과를 부인하기 위해 개념적 사고를 왜곡되게 변형하고 전적으로 수용한다고 해석 할 수 있다. 8단계로 가자.

잠정적 소견 2: 만일 주지화 지표 값이 6을 초과한다면, 피검자는 스트레스라고 생각하는 상황에서 주요한 방어 전략으로 주지화를 사용한다고 볼 수 있다. 이는 유사 주지화 과정(pseudo-intellectual process)으로, 이러한 방어기제를 사용하여 감정을 직접적 혹은 현실적으로 처리하지 못할 가능성이 높아진다. 이렇게 왜곡된 개념화에 쉽게 동요하고, 스트레스의 강도가 증가하면 비효과적인 대처 방식에 익숙해져서 강도 높은 감정 경험이 발생하는 상황에서 그들의 관념 활동은 매우 혼란스럽고 산만해질 수 있다. 8단계로 가자.

8단계: 특수점수의 합과 가중치 합

이것은 사고의 명료함 혹은 특이점에 초점을 둔 4단계 중 첫 단계다. 여섯 가지 결정적인 특수점수들은 주로 개념적 사고에서의 곤란을 시사하며, 간접적으로는 관념 형성이 명료한지에 대해 알게 해 준다. 인지적으로 오류가 있거나 관념적인 실수 등 몇 가지 형태가 있는데, 각각이 반영하는 어려움의 정도는 크게 다르다. 특수점수 각각의 가치는 여기에 있다. 첫 번째 영역은 DV1으로 시작하며, 다른 끝은 CONTAM으로 인지적 오류를 설명할 수 있다.

DV1 INC1 DR1	DV2 FAB1 INC2 ALOG	DR2 FAB2 CONTAM
Mild	Serious	Severe

두 번째, 세 번째 영역에 해당되는 특수점수는 개념적 혹은 관념 형성의 곤란을 직접 설명하는 것이다. 첫 번째 3개 변인은 인지적 부주의를 반영한다. 인지적 부주의는 관념 형성의 연구에서 결정적인 구분을 제공하지 않지만 사고에서 명료함의 결핍이나 개념적 사고의 곤란이 있을 때 그 빈도가 현저히 증가한다.

DV1 반응은 대개 인지적으로 잘못된 처리의 간단한 예라고 볼 수 있다. 왜곡된 언어 사용 혹은 독특한 언어 표현 양식은 명확히 의사소통하는 과정을 방해할 수 있다. 이러한 반응은 주로 느낌을 명확히 혹은 쉽게 언어적으로 전달하려고 애쓰는 아동들의 반응 기록에서 흔히 나타난다 2~3개의 DV1 반응은 결정적인 의미를 부여하기에 부족하지만, 만일 성인 반응 기록에서 빈도가 높으면, 인지적인 문제가 있고, 언어 능력 문제에 초점을 두고 검토해야 한다. DV2 반응들은 더 심각한 형태의 인지적 오류를 반영한다. 이는 주로 개개인의 개념화 과정에 방해가 되는 침투적인 집착과 같은 강한 오류를 시사한다고 할 수 있다.

INCOM은 비환자 성인의 반응 기록에서 여섯 개의 특수점수 중 가장 흔하고, 아동의 반응 기록에서도 흔하다. 잉크반점의 부분을 비정상적으로 조합하여 하나의 대상으로 지각한 경우다. 기괴하지는 않지만 구체적으로 추론하고 판단해야 할 때 개념적으로 부적절한 오류가 있음을 시사한다. DV1이 있고 1개 혹은 2개의 INCOM1이 있다면 중요한 진단의 결정적 근거가 되진 않는다. 반면에 INCOM2 반응은 개념 형성 실패에서 납득할 수 있는 수준을 넘어서는 것이다. 기묘하고, 생각이 보편성 혹은 현실에 대해 무시하거나 매우 부자연스러운 집착의 경직된 논리를 반영한다.

DRI 반응은 우유부단함 혹은 주로 주어진 수행과제에 집중하지 못하고 회피하려는 방어적 시도를 의미한다. 단순히 판단의 실수와 같은 오류를 반영하지만, 만일 그 빈도가 높다거나 광범위하게 산만함이 나타나면, 관념 형성 과정에서 충동통제 능력이 매우 취약하다는 의미일 수 있다. 그들은 목표를 유지하는 능력이 손상되었다고 해석할 수 있다. DR2 반응이 1개 있어도 개념적 사고가 충동적이고 산만하다는 의미다.

FABCOM1 반응은 관념 형성이 미숙함을 반영한다. 이는 매우 느슨한 개념 형성, 즉 연상의 이완과 불합리하고 적절하지 않은 통합을 시사하며, 주로 사고가 명료하지 않을 때 발생한다. 아동에게서는 드물지 않으나 청년기와 성인기에는 더 낮은 빈도로 나타난다. 12세 이상이라면 반응 기록에서 2개 혹은 그 이상의 FABCOM1이 나타날 경우 눈여겨보아야 한다. 이는 사고의 이완과 미성숙함을 의미한다. FABCOM2는 훨씬 더 기괴하고, 개념화에 유의미한 손상이 있음을 시사한다. 그들은 현실에 대한 검증이 결여되어 있고, 관념 형성에 심각한 문제가 있기 때문에 객관적 판단에 결함이 있고 방해를 받는다. 1개의 FABCOM2로도 심각한 사고 문제와 개념적 왜곡이 심하며 현실 검증 및 판단력의 장애가 시사된다.

ALOG 반응은 잘못된 인과관계를 형성하고 지속시킨 결과의 반영이므로 논리성의 문제를 시사한다. 기괴하다기보다는 단편적이고 자의적이며, 오류가 있는 판단이 개념화에 영향을 끼치고 있음을 의미한다. 낮은 연령의 아동에서는 흔한 현상이지만, 청소년과 성인의 반응 기록에 나타났을 때는 잘못된 판단과 미성숙한 사고의 표현으로 간주되어야 한다. CONTAM 반응들은 매우 드물고, 와해된 관념화의 가장 극단적 형태를 반영한다. 느슨하고 부적절한 개념 형성의 과정을 반영하며 매우 부자연스러운 관계 설정 논리를 시사한다. 결국은 현실과 분명하게 동떨어진 사고의 형태라 할 수 있다.

대부분 반응 프로토콜에는 특수점수가 포함되어 있고, 아동의 경우 발생 빈도는 높은 편이다. DR2, FAB2, CONTAM을 제외하고 빈도가 낮다면 크게 중요하진 않다.

특수점수의 합은(*Sum6*) 얼마나 자주 인지적 오류가 발생되는지에 대한 정보를 제공하기 때문에 매우 중요하다. *WSum6*(가중치 총점)를 전체 반응수와 관련시켜 보면 사고의 명료성과 사고장애의 유무에 대해 보다 분명한 정보를 얻게 된다. *Sum6*, *WSum6*, 그리고 6가지 특수점수의 빈도는 물론 간접적이긴 하지만 중요한 정보를 제공한다. 부정적 특징이 없다는 것은 관념 형성의 문제가 덜 발생함을 의미한다. 즉, 무소식이 희소식이라 할 수 있는데, 개념적 사고의 명료함에 대한 의문을 제기하지 않아도 된다는 뜻이다. 그렇다고 해서 사고 활동이 효과적이라는 의미는 아니다. 즉, 특수점수의 부재 혹은 존재만으로 사고 활동의 질이나 문제를 단정지을 수 없다.

관념 형성의 명료함을 검토하는 과정은 다른 단계를 통해 수정될 수 있다.

잠정적 소견 1: 반응수와 관계없이 만일 14세 혹은 그 이상의 청년기에서 *WSum6*이 6개 혹은 그 이하라면, 그리고 1수준의 DV, INCOM, 또는 DR 반응이 있다면 그리 주목할 만한 결과는 아니다. 개념적 사고의 명료함에 대한 의문을 가질 이유가 없다.

잠정적 소견 1a(청소년의 경우): 청소년들에게 우리는 개념적 사고 과정 혹은 그 결과물에서 성인의 명료함 혹은 지적 세련됨이 갖추어지길 기대하지는 않는다. 다양한 경우에 인지적인 오류나 관념 형성의 질적 저하가 나타난다. 다음의 지침은 CONTAM 반응이 없을 때 청소년기의 반응에서 관념 형성을 평가하는 데 유용할 것이다. 11~13세의 *WSum6*는 8 미만, 8~10세의 *WSum6*는 10이나 그 미만, 5~7세의 *WSum6*가 12나 그 미만이면, 9단계로 가자.

잠정적 소견 2: 성인 혹은 14세 이상의 청소년에게서 *WSum6* 값이 6이나 7이면서, FABCOM이나 ALOG 반응은 있는데, CONTAM이나 수준 2의 반응이 없다면, 일반적인 빈도보다는 더 자주 결함이 있는 판단 혹은 관념 형성의 저하를 보일 수 있지만 왜곡의 가능성은 낮다고 해석한다. 사고장애를 반드시 시사하지는 않지만, 사고가 덜 명료하고 미숙하거나 혹은 덜 정교하다고 해석할 수 있다. 9단계로 가자.

잠정적 소견 3: 성인 혹은 14세 이상의 연령의 청소년 반응 프로토콜에서 반응수가 17개이고 *WSum6*가 7~10의 범위에 있지만, CONTAM과 수준 2의 반응들이 없다면, 관념 형성 활동이 보편적인 정도보다 더 자주 왜곡 혹은 결함이 있을 것이라 해석한다. 근본적인 사고장애를 반드시 반영하지는 않지만, 사고의 근거가 덜 명확하고 덜 정교하다고 해석할 수 있다. 성인이나 청소년 후기의 피검자 반응 기록에서 전체 반응수가 16개이거나 혹은 그 이하이고 *WSum6* 값이 7~9 범위이고 수준 2의 특수점수와 CONTAM 반응이 없다면 이 가설을 적용할 수 있다.

잠정적 소견 3a(아동과 청소년의 경우): CONTAM 반응이 없는 아동 및 청소년의 경우에도 유사하게 해석된다. 11~13세의 *WSum6*는 9~12, 8~10세의 *WSum6*는 11~14, 5~7세의 *WSum6*가 13~ 15 범위에 있다면 9단계로 가자.

사례 9 소견

*WSum6*의 값 10은 INCOM 1개, DR 반응 1개, 그리고 ALOG 1개로부터 얻은 값이다. 아마도 INCOM은 단편적인 원인 규명 방식이 반영된 것이고, DR는 주로 사고 과제에서 이탈하는 경향을 의미한다. ALOG는 3개 중 가장 심각한 것으로 잘못된 비논리적 판단을 반영한다. 예상보다 더 질적으로 저하되고 결함이 있는 판단의 오류를 시사하며 그녀의 사고가 지성인의 전형적인 정도보다 덜 명확하거나 덜 세련된 것이라는 결론을 내릴 수 있다.

사례 9 29세 여성의 관념 형성 관련 변인

						결정적인 특수점수 (R = 17)			
						DV	= 0	DV2	= 0
EB	= 4:4.5	EBPer	= NA	a:p	= 5:6	INC	= 1	INC2	= 0
				Ma:Mp	= 1:3	DR	= 1	DR2	= 0
eb	= 7:6	[FM = 6 m = 1]				FAB	= 0	FAB2	= 0
				M−	= 1	ALOG	= 1	CON	= 0
주지화 지표	= 1	MOR	= 1	Mnone	= 0	Sum6	= 3	WSum6	= 10

(첫 행: L = .21, OBS = No, HVI = No)

M 반응 특성

IV 6. Wo Mp. FDo H P 2.0 PER, GHR
VI 9. Do Mp− Art, Hd, Sx PHR
VII 10. D+Mp.Fr.FYo H 3.5 GHR
X 24. D+Mao 2 A 4.0 INC, COP, GHR

잠정적 소견 4: 성인 또는 14세 이상의 청소년 반응에서 전체 반응이 17개 이상이고 *WSum6*가 11~17 범위에 있다면, 이는 심각한 사고의 문제를 시사한다. 관념 형성의 근거가 불명확하고 잘못된 개념 형성이 반영된 판단 오류가 빈번하게 예상된다. 결론적으로, 의사 결정의 오류가 증가한다. 이러한 가설은 성인과 14세 이상 청소년들의 반응에서 전체 반응이 16개 이하이고, *WSum6* 값이 10~12인 경우에 적용된다.

잠정적 소견 4a(아동과 청소년의 경우): 유사한 결론은 다음의 기준 연령에 해당되는 아동 청소년에게 적합하다. 11~13세의 *WSum6*는 13~17, 8~10세의 *WSum6*는 15~19, 5~7세의 *WSum6*가 16~20 범위에 있으면 9단계로 가자.

잠정적 소견 5: 성인이나 14세 이상의 청소년에게서 *R*이 17개 이상이고 *WSum6*가 18보다 높으면, 매우 심각한 사고의 혼란이 있다는 의미다. 이 경우 개념 형성 능력의 손상과 현실 검증의 결함을 시사하며, 사고는 지리멸렬하고, 모순적이며, 종종 의사 결정의 오류와 직관적 판단의 곤란을 보인다. 주로 이들은 지속적으로 일상생활의 요구를 효과적으로 해결할 능력이 심각하게 약화된 상태다. 이 가설은 *WSum6*가 12보다 높을 때, 성인이나 청소년기 후기인 피검자에게도 동일하게 적용할 수 있다.

잠정적 소견 5a(아동과 청소년의 경우): 유사한 결론은 다음 연령의 아동 청소년에게 적합하다. 11~13세의 *WSum6*는 18 이상, 8~10세의 *WSum6*는 19 이상, 5~7세의 *WSum6*가 20 이상이면 9단계로 가자.

사례 10 20세 남성의 관념 형성 관련 변인

						결정적인 특수점수 (R = 29)			
L	= .61	OBS	= No	HVI	= Yes				
						DV	= 1	DV2	= 0
EB	= 7:6.0	EBPer	= NA	a:p	= 8:8	INC	= 0	INC2	= 2
				Ma:Mp	= 3:4	DR	= 2	DR2	= 1
eb	= 9:6	[FM = 5	m = 4]			FAB	= 1	FAB2	= 0
				M−	= 1	ALOG	= 0	CON	= 0
주지화 지표	= 3	MOR	= 2	Mnone	= 0	Sum6	= 7	WSum6	= 25

M 반응 특성

II 5. D+ Ma.FCu 2 Ad 5.5 AG,FAB,PHR
III 7. D+ Mpu 2 (H),Id,Cg 3.0 DR,GHR
IV 10. W+FD.Ma.FC′o (H),Bt,Cg P 4.0 AG,GHR
VI 15. D+ Mp.mau H,Hx,Ls,Ay 2.5 MOR,AB,PHR
VII 16. D+ Mao 2 Hd P 3.0 AG,GHR
VIII 20. Dd+ Mp.FD.FC−Hd,Cg,Hh 3.0 PHR
IX 23. DdS+FC′.FC.Mp.FDo (Hd),Bt 5.0 DR2,PHR

사례 11 41세 여성의 관념 형성 관련 변인

L	= .20	OBS	= No	HVI	= NO	결정적인 특수점수 (R = 18)			
						DV	= 0	DV2	= 0
EB	= 4:6.0	EBPer	= 1.5	a:p	= 7:5	INC	= 0	INC2	= 4
				Ma:Mp	= 2:2	DR	= 2	DR2	= 0
eb	= 8:8	[FM = 3 m = 5]				FAB	= 0	FAB2	= 0
				M−	= 0	ALOG	= 0	CON	= 0
주지화 지표	= 3	MOR	= 7	Mnone	= 0	Sum6	= 6	WSum6	= 22

M 반응 특성

I 4. W+Mp.ma.FY+Hd, Cg 4.0 MOR, INC2,PHR
III 7. W+Ma.C.FDo 2 H,Cg, Hh,Art P 5.5 COP,GHR
VI 11. D+Mpu 2 H 2.5 MOR,PHR
VII 12. W+Ma+2 H,Cg P 2.5 COP,GHR

사례 10 유력한 소견

WSum6 값은 25다. 그의 반응에는 DV, INCOM2 2개, DR2 1개, 그리고 FABCOM이 있었다. 결정적인 특수점수가 있을 때, *WSum6* 값은 사고 문제로 인한 문제가 확장될 수 있다는 해석이 가능하다. 사고는 매우 지리멸렬해지고, 이는 그의 현실 판단 능력이 눈에 띄게 손상되었음을 시사한다.

사례 11 유력한 소견

*WSum6*값 22는 두 가지 범주의 6개 특수점수에 의해 얻은 것이다. *WSum6*의 값으로 그녀의 사고가 종종 와해되고 비일관적이라는 점을 알 수 있다. 단, 사고장애의 존재 여부와 특수점수가 포함된 반응을 좀 더 신중히 고려해야 한다. 왜냐하면 사고장애는 1개 혹은 2개의 특수점수가 반영하는 바보다 더 다양한 방식으로 나타나기 때문이다.

9단계: 결정적인 특수점수 검토하기

때로 *WSum6*는 부정적 관념 형성의 근거들을 과소 평가하거나 혹은 과대 평가하기도 한다. 결정적인 특수점수가 있을 때 해석에서 중요한 의미가 있기 때문에 특수점수가 부여된 반응은 재검토해야 한다. 예를 들어, 사람이 다양한 동물을 묘사할 때 갈퀴나 발 대신 습관적으로 '손'이라는 단어로 대신해 말하는 것과 같은 *WSum6*에는 단순한 실수도 포함된다. 만일 이런 경우가 4~5회 정도 발생한다면, *WSum6* 전체 값에 부정적인 영향을 주게 된다. INCOM으로 채점하는 것이 옳다고 해도 *WSum6* 값이 높아지니 과잉 해석될 수 있으며, 8단계의 의미는 일단 축소하여 고려해야 한다. 반대로, 사고의 기괴성 단서가 되는 2~3개의 특수점수가 있어도 채점자가 수준 2에 해당한다고 채점하지 않는다면, *WSum6*는 실존하는 사고 오류의 정도를 쉽게 과소 평가한 것이 되기도 한다. 여기서 세 가지 논점에 초점을 맞추어야 하는데, 그 기준의 내용은 매우 주관적일 수 있다는 점을 고려한 것이다. 첫째, 특수점수가 하위 문화적 현상의 교육적 한계, 혹은 잘못 처리된 단어의 선택 경향 및 습관에 의해 나타날 수 있고, 둘째 명확하지 않은 사고 그리고/혹은 판결의 오류가 반응에 반영된 정도, 셋째 CONTAM, 수준 2, ALOG로 나타난 기괴한 특징이 병리적 사고를 반영하는 정도다.

잠정적 소견 1: 만일 결정적인 특수점수가 있는 각 피검자가 속한 하위문화 혹은 유사한 교육적 배경을 가진 집단에서 매우 흔한 개념적 문제가 나타난다면, 관념적 편차를 반영하는 가설들이 다소 가치가 퇴색되긴 하지만 그렇다고 채점에서 배제할 수는 없다. 이와 유사하게, 만일 특수점수의 대부분 혹은 전부가 단어 선택에 반영될 수밖에 없는 문화적인 문제를 반영한다면, 8단계에서 산출된 가설은 완화되거나 수정되어야 한다. 단, 8단계 가설에 대한 수정-완화 결과는 10단계에서 재평가되어야 한다.

잠정적 소견 2: 종종 결정적인 특수점수가 있으나 기괴성이 매우 적은 반응 기록도 있다. 그러나 몇몇 결함이 있거나 혹은 미완성인 논리가 해당 연령에서도 드문 경우라면 8단계부터 전개된 어떠한 가설을 적용해 사회적으로 혹은 어떤 외부 원인에 의해 부적절해지거나 혹은 적절하게 관념을 보유하거나 적정 방향으로 관념을 진행시킬 수 없을 가능성에 염두에 두어야 한다. 때로 통제와 관련된 자료들로 중요한 소견을 지지해 주기도 하지만 일단 현재의 결과들은 피검자에게 분명히 결함이 있는 논리나 부적절한 판단에 의한 개념 형성에 심각한 문제가 있다는 결론이 합당해 보인다.

잠정적 소견 3: ALOG, CONTAM 혹은 수준 2 반응의 기괴함이 유의하게 사고 혼란의 증거로 보인다면, 최근 피검자가 보인 행동의 역사를 살펴보는 과정이 중요해진다. 만일 행동의 역사가 이러한 근거를 지지하지 않는다면, 과장하고 있거나 혹은 꾀병의 가능성을 고려해야 한다. 10단계로 가자.

사례 9 소견

이 프로토콜에서는 3개의 중요한 특수점수가 있다.

카드 VI(*D3*) 잘은 모르겠지만, 내 생각에 이 맨 윗부분은 남성의 성기인 것 같아요. (질문) 이것은 화가가 그린 것 같아요. 내 생각에 발기된 성기인 것 같아요. 그런 모양이고, 이렇게 그렸다면 화가는 좀 이상한 사람이라고 생각되긴 하지만, 어쨌든 보이시죠? (*DR*)

카드 X(*D4*) 해마, 그들이 이렇게 둥글게 감겨 있는 거 같아요. 그렇지만 딱딱해 보이는 걸로 봐서 죽은 것 같아요. 너무 초록색이긴 하지만, 그래도 딱딱해 보여요. (검사자: 딱딱하다고요?) 잘은 모르겠지만, 그냥 보기에 죽은 것 같아요.

카드 X(*D11*) 매끄러운 부분을 잡고 있는 두 마리의 곤충 같아요. 이들 사이에 있는 것 좀 봐요. (질문) 더듬이를 갖고 있고, 뒷다리로 서 있어요. 이게 무엇이든 간에 여기를 붙잡고 뒷다리를 지탱하고 서 있는 벌떼 같아 보여요(INCOM).

8단계에서 전개된 가설은 그녀의 사고가 덜 명확하거나 비일관적이며 예상한 것보다 더 질적으로 저하되어 있고 판단의 결함을 시사한다. 이러한 특수점수가 있는 반응 기록으로, 기괴한 것은 없으나, 덜 성숙하고, 덜 구체적이다. 그녀가 반응에 불필요하게 무언가를 더한 탓에 특수점수가 발생한다. '……화가가 ……섬뜩한 무엇인가였다.' '……그래서 죽은 것임에 틀림없다.' '그들은 벌떼 같다.'로 보아 8단계의 가설과 일관성이 있는 것으로 보인다.

사례 10 소견

사례 10 반응 기록에는 7개의 특수점수가 있다.

카드 I(*W*) 중앙에 눈이 달리고 날개가 바깥쪽에 있는 어떤 곤충 같아 보여요. (질문) 눈은 날개의 한 부분 같은 여기 중앙에 있어요. 그들은 아주 우습게 생긴 날개를 가지고 있어요. (검사자: 우습게 생겼다고요?) 예, 그들은 중앙에 눈을 가지고 있어요. 뒤쪽으로 날개가 달려 있고, 여기 더듬이가 있어요. 이렇게 생긴 것을 흔히 보긴 어려워요. 나도 이전에는 본 적이 없어요.

카드 II(*D2*) 이 꼭대기 부분은 얼굴 같아 보여요. 여기에 눈이 보이죠. 새의 일종 같아요. (질문) 눈은 여기, 눈두덩은 여기 있어요. 이건 마치 그들이 혀를 밖으로 내밀어 서로 붙이고 있는 것 같아요. 무엇인지 잘 알 수 없지만, 그냥 새 같아요. 그들은 새의 얼굴을 가졌어요, 빨간 새…… 어떤 종류인지는 모르겠어요.

카드 III(*D1*) 중앙에 맞닿아 있는 두 가지, 이상해 보이는 것인데, 마치 돼지 같은 얼굴이고, 손으로 쓰이는 갈고리 발을 가지고 있어요. (질문) 이건 머리일 거예요. (지적한다.) 각이 졌어요. 여기는 몸통이에요. 무릎은 밖으로 튀어나온 괴상한 무언가를 갖고 있어요. 장화를 신고 있어요. 그들의 다리와 팔은 인간처럼 정상적으로 보여요. 하지만 갈고리 손을 갖고 있어요. 그것은 마치 이 큰 공 같은 둥근 것을 쥐고 있는 것처럼 보여요. 다른 세계로부터 창조된 무엇인가를 표현해야 해요. (검사자: 그들의 무릎에 괴상한 것이 있다고 했나요?) 괴상해 보이는 무언가가 있어요. (DR)

카드 IX(*D11+DsS22*) 이건 하얗고 초록색의 눈과 덤불 뒤로 보이는 긴 코를 가진 이상한 창조물처럼 보여요. (질문)

카드 X(*D9*) 이 빨간 부분은 창자 같아 보여요. (질문) 이 빨간 부분, 그들은 빨간색과는 다른, 길고 질척한 무언가 같아요. (검사자: 빨간색과는 다른 색이라고요?) 흐린 빨강과 진한 빨강, 심지어는 푸르스름한 부분까지, 그들이 어떻게 보이든 간에, 내가 그들을 이렇게 연상하긴 했지만, 생물을 접해 온 이후로 이들을 한 번도 본 적이 없어요. (DV)

카드 X(*D11*) 이 회색은 두 개의 손을 가진 곤충 같아 보여요. (질문) 이것은 그들이 이렇게 희귀한 것을 가질 수 있는 브라질이나 남아프리카공화국의 야생으로부터 온 무엇일 수 있어요. 이것은 그들의 긴 몸통이 각각의 면에 머리를 갖고 있어요. 나는 이것과 비슷한 걸 이전에는 본 적이 없어요. (INCOM2)

8단계의 가설은 그의 사고가 방해받은 것처럼 보이고, 그의 현실 검증 능력은 손상된 것 같았다. 실제로 이 6개 반응에 나타난 개념 형성(첫 번째 카드 X에서의 반응은 제외)은 이상하고, 기괴하다. 그러나 그는 이러한 점을 의식한 것처럼 보이고, 그의 반응을 증명하기 위해 시도한다. '……나는 결코 이것과 같은 무엇인가를 본 적이 없다. ……아무도 본 적이 없을 거다. ……다른 세계에서 온 창조물.' 어쩌면 카드 III의 반응은 제일 기괴하지만, 검사자가 '기괴한'이라는 단어를 이용하여 그를 압박할 때, 그가 회피하며 더 말하기를 거절했다. 이는 마치 그의 반응이 이상하고 그가 실제적인 접촉으로 더 극적인 손실에 대비해 스스로 방어하기 위해 열심히 작업한 것 같아 보인다.

사례 11 소견

이 반응 기록에는 6개의 결정적인 특수점수 반응들이 포함되어 있다.

카드 I(*W*) 나에게 이것은 개구리 다리를 들고 있는 나비처럼 보여요. 내 말은, 발이요. 잘은 모르겠지만, 이것은 게 발을 들고 있는 나비 같아요. (질문) 이것들은 게 발이에요. 나비가 이렇게 활짝 펴고 있고, 날개, 이게 윤곽, 날고 있어요. (검사자: 무엇 때문에 나비처럼 보았나요?) 내 생각에, 음 …… 이건 날개 같아요.

카드 I(*W*) 이것은 또한 잘 안 보이는 박쥐 같아요. (질문) 그냥 단지 날개이고, 이건 잘 안 보이는 박쥐를 상기시켜 줘요. 이건 날개지만, 머리가 없기 때문에 눈이 없고 날고 있는 것 같아 보여요. 그래서 앞이 안 보이는 것 같아요. (꼭대기 부분을 가리킴) 머리가 없어요. (INCOM2)

카드 I(*W*) 이것 역시 망토 같아요. 손을 뒤로 젖힌 뚱뚱한 여자가 바람 속에 서 있는 것 같아요. 내 말은 공기 중에 ……머리도 없이 말이에요. 내 말은 목이 베였어요. (질문) 여기 몸이네요. 뚱뚱해요, 그렇게 뚱뚱하진 않고요, 허리는 얇고, 큰 가슴, 벨트가 여기 있네요. 그녀의 다리, 깃, 그렇지만 머리가 없어요. 이것은 바람에 날리는 어깨 망토예요. 이것은 그녀의 손, 이 망토는 그 끝이 찢어진 것처럼 너덜너덜해요. (검사자: 그녀가 벨트를 차고 있다고 했죠?) 버클은 밝은 색이에요, 이 중간을 보세요, 어둡고 밝아요.

카드 II(*W*) 오…… 이것은 코를 맞대고 있는 두 마리의 어린 양처럼 보여요. 도살된 것 같아 보여요. 사람들이 이들을 어떻게 죽였는지 혐오스럽네요. 이건 전신도 아녜요. 그저 머리 부분이랑 어깨…… 이건 병적인 거예요. (질문) 귀, 머리 꼭대기 부분, 코가 맞대어 있어요. 이건 마치 이쪽으로 때려 눕힌 거 같아요. 그들은 심하게 패이고, 난도질 당했어요. 이 빨간색, 분홍색, 오렌지색들은 위로 피가 마구 튄 것처럼 보여요. 그들은 정말 난도질당했어요. 목의 끝부분이 찔리고, 정말 지저분해요. (DR)

카드 VI(*W*) 밑으로 눕혀져 있어요. 그들이 이것의 껍질을 벗기고 펼친 다음의 단지 모피예요. 그들은 이것을 기둥이나 판자에 놓았어요. 만일 당신이 그 나라에서 와서 그들이 한 짓을 안다면 정말 역겨울 거예요. (질문) 이건 미국너구리의 모피이거나 혹은 보풀보풀한 무언가일 수 있어요. 그들은 이걸 펼쳐 놓고 반으로 자르고, 다리와 팔, 발, 이건 기둥이에요. (검사자: 보풀보풀한 것이라고요?) 털 투성이요, 이 잉크 점의 직물을 봐요, 내게는 이것이 모피의 일종처럼 보인다고. (DR)

카드 VIII(*W*) 오⋯⋯ 음경 이것들은 질, 흉곽, 음경하고, 폐 같이도 보여요. (질문) 이건 어깨 부분이고, (D4) 여기는 폐, 흡연을 한 것처럼 파랗고, 흉곽, 음경, 그리고 질, 의학책에서처럼 이렇게 내려와요, 그것 같아 보여요. (검사자: 당신은 폐가 푸르다고 했나요?) 예, 푸른색인데, 그건 담배를 피워서 그런 것 같아요. (INC2)

8단계의 가설은 비논리적이고 모순된 사고의 가능성에 대해 시사했다. 분명히 그녀의 사고는 느슨해지고 때때로 비논리적인데, 스스로가 인식하고 방어하려 했다. 이는 잘못된 반응이라 할 수 없다. 흥미롭게도 6개 중 5개가 MOR로 채점되었다. 확실히 그녀는 사고에서 여러 인상적인 문제를 보이며, 산만하기보다는 더 일관적인 사고의 오류를 보이고 있다.

10단계: 인간 운동 반응의 형태질(*M*의 형태질)

인간 운동 반응은 주로 개념적 사고를 더 명확하게 진단하는 데 유용하다. 반응의 형태질은 개념 형성 과정의 근거와 논리성 평가에 중요하다. 대체를 *M* 반응은 +, *o* 혹은 *u*의 형태질로 채점되지만, 그렇지 않을 때 개념 형성의 질은 매우 심각하게 저하되거나 사고장애가 시사된다. 이러한 예상은 8단계와 9단계로에서의 소견과 일치하지만, 초기 *M* 반응의 형태질 해석에서 놓쳤던 언급들이 종종 있다.

잠정적 소견 1: 모든 *M* 반응이 +, *o* 혹은 *u*로 형태질이 채점되면 해석적 유용성은 낮다. 이는 사례 11에서도 마찬가지다.

잠정적 소견 2: 때때로 하나의 *M* 반응이 나타나기도 한다. 만일 기록에 무정형의 *M* 반응이 없고, 하나의 *M*−가 있다면, 피검자가 특정한 무언가에 집착해서 명확히 사고하고 중재하기 어려우며 이로 인한 특이한 사고의 문제가 시사된다. 한 개의 *M*−는 관념적 혼란을 나타내며, 이 해석과 관계없이 특수점수와 연관된 이전의 소견들도 대부분 유의미하다.

사례 9와 10 유력한 소견

이러한 반응 기록에서 하나의 *M*− 반응은 8단계와 9단계에서 이미 다루었다.

잠정적 소견 3: 간혹 반응 기록에는 *M*− 반응은 없고 무정형의 *M*이 있을 수 있다. 무정형의 *M*은 주로 관념의 통제에 관한 문제를 반영하는데, 이는 사고의 혼란을 시사한다. 대부분의 무정형 *M* 반응은 비탄, 분노, 고통, 무아경, 사랑 등과 같은 감정의 요인이지만, 어떤 것은 평화, 창의성, 지능과 같이 개념 결정이 더 난해한 내용일 수 있다. 전자가 감정이 사고를 통제하는 것에서 매우 불안정해지고 현실과 동떨어지게 되는 경우라면 후자는 관념이 가변적이고 유동적이어서 내적 집착이 현실을 직시하지 못하게 방해하거나 대치되는 경우라 할 수 있다. 두 가지 모두 사고 통제 능력의 약화를 시사한다. 더 난해한 무정형의 *M* 반응은 아마도 환각 경험 징후에 준하는 사고 과정을 시사한다.

잠정적 소견 4: *M*−와 무정형의 *M* 반응에 반영된 사고 조합의 해석적 유의미성은 매우 높다. 이는 주로 관념이 특이하거나 혼란스러운 것이다. 고립된 사고라 할 수도 있지만, 주로 관념적 혼란의 형태로 볼 수 있고, *WSum6*의 해석에 유의미하게 반영될 것이다.

11단계: M 반응의 질과 관념 형성에 대한 결과 요약

초기에 지적된 것처럼 반응 기록에서 많은 반응은 성격 발달 과정의 오류에 대한 정보 외에도 개념적인 사고 양상 정보를 포함한다. 그러나 많은 실례에서 보면, 반응에 나타난 장황한 설명은 피검자의 개념 형성의 문제점에 대한 더 일관적이고 직접적인 징후는 인간 운동 반응에 반영되는 경우가 많다. 이 때문에 *M* 반응은 주로 사고의 질과 명쾌함을 평가하는 최고의 정보원이라 할 수 있다. *M* 반응 빈도가 낮으면 이런 판단의 전제 조건으로 합당하지 않을 수도 있다. 특히 회피적이거나 외향적인 피검자는 1개 혹은 2개의 *M* 반응이 있고, 내향적인 피검자는 4~6개의 *M* 반응을 보이기도 한다. 반응수가 적더라도 *M* 반응은 신중하게 검토되어야 한다. 보편적인 *M* 반응은 전형적으로 명확한 사고를 반영한다. 흔히 나타나는 *M* 반응은 주로 성숙하고 분명한 방법에 의한 관념 형성에 대한 정보를 제공할 것이다. 많은 *M* 반응은 보편적이든 그렇지 않든 사고의 질에 대한 자료로 우리의 해석을 더 풍부하게 해 줄 수 있다. 더 미숙하고 유치하거나 심지어 원시적 형태가 반영되는 것도 있지만, 또 한편으로는 확실히 세련된 것들도 있다.

잠정적 소견: 성인의 반응을 보면, 운동 반응의 개념적 질은 일반적이거나 더 정교하다. 정교한 특성은 관념 형성에 대한 요약에서 결정적인 진단 소견으로 반영된다. 성인이나 청소년 후기의 반응 프로토콜에서 미숙한 개념화를 시사하는 인간 운동 반응이 한 개나 그 이상이면, 성숙하지 못한 사고 특성을 고려할 수 있다. 아동이나 청소년 전기인데 인간 운동 반응의 내용이 미숙한 개념화를 시사하는 것이 아니라면 그 또래에 비해 성숙한 사고 활동을 기대해 볼 수 있다. 원시적 형태의 인간 운동 반응은 9세 이후에는 흔하지 않다. 전형적으로 원시적 형태의 *M* 반응은 특수점수의 출현과 연관해 해석적인 시사점이 있다. 원시적 형태의 *M* 반응은 사고의 질이 매우 단편적이고 미완성이며, 성인 혹은 청소년에게서 나타나는 경우 사고 과정을 방해하는 침투적인 집착에 의해 손상되어 있다고 볼 수 있다.

사례 9 *M* 반응

카드 IV(*W*) 난 여기서는 아무것도 볼 수가 없어요. 어둠…… 글쎄…… 이것들은 장화일 수도 있어서 여긴(전체) 땅 위에 놓인 형태일 수도 있어요. 원근법에 의한 것이에요. 이것은 축소된 것이죠. 내 생각에는 사람인데, 큰 발을 가진 사람이요. 장화로 처음 본 것은 형태, 그리고 다리처럼 보이는 것들, 이것은 실제로 원근법에 의한 것은 아니에요. 발부터 보이는 거예요. 이건 놓여 있고 축소된 거예요. 이건 뉴욕 길거리에서 술 취한 채 누워 있던 남자를 떠올리게 하는군요.

카드 VI(*D3*) 음…… 난 잘은 모르겠지만, 내 생각에 이 맨 윗부분은 남성의 성기인 것 같아요. (질문) 이것은 실물이 아니라 화가가 그린 것 같아요. 발기된 성기인 것 같아요. 그런 모양이고요, 이렇게 그린 화가는 좀 이상한 사람이라고 생각되긴 하지만, 어쨌든 그래요.

카드 VII(*W*) 오…… 이런, 누군가가 거울 안을 들여다보며 거울에 비친 그녀를 바라보고 있어요. (질문) 글쎄…… 대부분 같아서요, 이 하나는 약간 더 흐릿한 것 같아요. 가장자리 부분의 어두움은 더 표현되었고, 여기 이 가장자리는 더 정밀하고, 이 부분은 실물이고, 이 왼쪽 부분은 거울에 비친 상일 거예요.

카드 X(*D11*) 그들은 무언가를 위로 잡고 있는 두 마리의 곤충 같아요. 이들 사이에 있는 것 좀 봐요. (질문) 더듬이가 있고 뒷다리로 서 있어요. 이게 무엇이든 여기를 붙잡고 뒷다리로 지탱하고 서 있는 벌 떼 같아 보여요.

사례 9의 결과 요약

그녀의 *M* 반응의 대부분은 상세하고 구체적이었다. 그녀는 종종 구체적인 대상을 몇 가지 넣어 가며 약간 방어적이긴 했지만, 이는 실제로 늘 사용되는 기제는 아닌 것 같다. 아마도 복잡한 상황에서 그녀 스스로를 믿지 못하기 때문에 취하게 되는 태도 같다. 심각한 문제를 반영하는 *M* 반응은 없었으므로, 사고에 심각한 문제가 없음을 확인할 수 있었다. 이것은 의사 결정 과정과 관련된 소견과 모순되는 것으로(1단계), 그녀는 보편적인 정도보다 더 자주 피상적으로 관념을 형성하는 경향이 있고, 주의 집중에 곤란이 있는것 같다(5단계).

가장 큰 문제는 그녀가 실제로 난폭함을 피하기 위해 환상에 대해 극단적으로 몰입하고, 곤란에 대한 의사 결정을 피하고 타인이나 상황에 의존한다고 볼 수 있다. 그녀의 사고는 때때로 바람직한 경우보다 덜 명확하고 일관성이 저하되어 판단의 정확성과 보편성에 결함이 나타날 것이다.

사례 10의 *M* 반응

카드 II(*D2*) 이 꼭대기 부분은 얼굴 같아 보여요. 여기는 눈이에요. 새의 일종 같아요. (질문) 눈은 여기 있고 눈두덩은 여기요. 이건 마치 그들이 혀를 밖으로 내밀어 서로 붙이고 있는 것 같아요. 무엇인지 잘 알 수 없지만, 그냥 새 같아요, 이것들은 새의 얼굴을 가졌어요, 빨간 새…… 어떤 종류인지는 모르겠어요.

카드 III(*D1*) 맞닿아 있는 두 가지가 이상해 보이는데, 마치 돼지 얼굴을 가진 것 같고, 손으로 쓰이는 갈고리 발을 가지고 있어요. (질문) 이건 머리들일 거예요. (지적한다.) 그들은 각진 모양이에요, 여긴 그들의 몸이고요, 무릎은 밖으로 튀어나온 괴상한 모양의 무언가가 있어요, 장화를 신고 있고, 다리와 팔은 인간처럼 정상적인 모양이에요. 하지만 갈고리 모양 손을 갖고 있어요. 그것은 마치 이 큰 공 같은 둥근 것을 그들이 쥐고 있는 것처럼 보여요. 다른 언어로부터 창조된 무엇인가를 표현해야 해요. (검사자: 그들의 무릎에 괴상한 것이 있다고 했나요?) 괴상한 모양의 무언가가 있어요. (*DR*)

카드 IV(*W*) 우선 이건 마치 당신이 그를 밑에서 보는 것처럼 약간 거대한 무엇인 것 같아요. 그리고 발은 의자 위에서 발 구르기를 하는 것 같아요. (질문) 이건 발이에요, 큰 발. 밑에서 보는 것과 같이 원근법적이네요. 그는 의자에서 발 구르기를 하기 시작했어요. 당신은 그의 머리가 아주 잘하는 걸 보지 못하죠. 그의 뒤에 나무가 있는 게 틀림없어요. 이건 트렁크일 테지만, 당신은 나머지는 보지 못해요. 여기 밖에 있는 것들은 그의 검은 망토를 묶어서 밀어 놓을 끈이에요, 그는 검은 망토를 입고 있어요.

카드 VI(*D8*) 같은 부분의 이 길은 십자가처럼 보여요. (질문) 고통스러워하는 십자가의 예수처럼 보이는 모든 것이 빛을 발하고 있어요. (검사자: 당신이 보는 것처럼 내가 그렇게 볼 수 있도록 도와주시겠어요?) 이건 이쪽으로 내려오고 있어요, 언덕, 그의 몸, 그리고 여기 바깥쪽의 팔, 그리고 나머지는 밖으로 발산되는 그의 고통이에요.

카드 VII(*D1*) 머리에 깃털을 단 두 명의 소녀는 이렇게 표정을 만들고 있어요, (질문) 여기 이건 깃털인데, 그들은 단발머리를 하고 있는 것처럼 보여요. 여기는 코, 여기는 입, 그들의 턱은 불쾌한 표정을 짓는 것처럼 내밀고 있어요, 이건 그냥 그들의 머리고, 나머지는 모르겠어요.

카드 VIII(*Dd99*) 이건 누군가가 커튼 뒤에 숨어 있는 것처럼 보이는 두 개의 장화예요. (질문) 여기 이것들은 마치 장화나 오래된 구두 같아요. 꼭 누군가가 희끗한 녹색 커튼 뒤에 숨어 있는 것 같아요. 그들의 발 외에는 그들을 볼 수가 없어요. 커튼은 여기 있고요. (윤곽)

카드 IX(*D11+Dds22*) 이건 마치 하얗고 녹색의 눈을 가진 이상한 생물 같아 보여요. 덤불 뒤로 긴 코가 보여요. (질문) 여기 이 하얗고 녹색의 부분은 눈이에요. 이건 마치 덤불에 걸려 있는 것 같은 긴 코, 여기 이게 다 덤불이에요. 인간은 아니에요. 어느 누구도 본 적이 없는 다른 세계에서 온 무언가 같아요.

사례 10의 결과 요약

일곱 개의 *M* 반응들은 상대적으로 질이 좋진 않다. 미숙하다거나 단편적이라는 증거는 없지만, 개념 형성은 종종 괴상하다. 전반적으로 그의 사고는 명확하지 않고, 의사 결정 과정에서 비일관적이다. 대부분의 그의 사고는 과민성 유형(HVI)으로, 그의 현실 검증 능력 해석에 결정적인 증거가 될 수 있다(8, 9, 10단계).

이러한 해석적 가정은 그의 상황 관련 스트레스에 의해 환기된 피상적 행동에 의해 지지될 수 있다. 이는 그의 많은 관념 형성에 지속적인 영향을 끼칠 것이라 확신할 수 있다. 증상이 만성화되었음을 시사하는 것이지만, 그가 이를 인식하고, 현실과 더 심각하게 분리되는 것을 막기 위해 의미 있는 노력을 투자하는 것은 가능할 것이다.

사례 11의 *M* 반응

카드 I(*W*) 이것 역시 어깨 망토처럼 보여요. 바람 속에서 뚱뚱한 여인이 손을 뒤로 젖히고 서 있어요. 내 말은 바람이 부는 앞쪽에, 머리가 없이 …… 내 말은…… 목이 베었어요. (질문) 여기 몸이네요, 뚱뚱해요, 그렇게 뚱뚱하진 않고요, 허리는 얇고, 큰 가슴, 벨트가 여기 있네요, 그녀의 다리, 깃, 그렇지만 머리가 없어요. 이것은 바람에 날리는 어깨 망토예요. 이것은 그녀의 손, 이 망토는 그 끝이 찢어진 것처럼 너덜너덜해요. (검사자: 그녀가 벨트를 차고 있다고 했죠?) 버클은 밝은 색이에요, 이 중간을 보세요, 어둡고 밝아요.

카드 III(*W*) 가구를 옮기고 있는 두 아가씨를 봐요, 그들은 쌍둥이 같아요, 그게 전부예요, (질문) 여기 아가씨가 있어요. 그들은 오토만—의자의 일종—혹은 의자 같은 한 쌍의 가구를 옮기고 있어요. 색깔은 붉은색이에요. 마치 아파트나 그들의 뒷벽에서 있는 장식 같아요. (검사자: 그들의 뒤요?) 그들의 뒤요.

카드 VI(*D1*) 이것 역시 샴쌍둥이 같아 보여요. 그들의 머리는 여기 있어요. (질문) 그들의 입은 벌려져 있고, 그들의 손에는 한 가닥의 머리가 쥐어져 있어요. 그들은 여기 척추가 연결되어 있어 둘 다 똑같아요, 하나의 척추만…… (중간선을 가리킨다).

카드 VII(W) 춤을 추고 있는 2명의 인디언 같아 보인다고 말할 수가 없어요. (질문) 여기 깃털이 있고, 그들의 손, 코, 입, 그리고 그들의 손은 이렇게 바깥쪽을 향하고 있어요. 여기 이 부분이 그들의 하체예요. 그들의 발이 어디 있는지는 모르겠지만, 이렇게 그들의 손을 밖으로 하면서 춤추고 있는 인디언이나 하와이 원주민 같아 보여요. (몸짓)

사례 11의 결과 요약

그녀의 *M* 반응 모두 적절한 고심 끝에 나온 반응이고, 개념 형성 작업이 잉크반점 영역과 일치함을 확인시키려고 열심히 노력한 것처럼 보인다. 일반적으로 그녀는 사고에 감정을 맞추려고 애쓰는 유형이고, 이러한 특성은 아마도 그녀의 의사 결정에 강한 영향을 준 것 같다. 그녀는 생각을 밖으로 표현하는 과정을 좋아하고, 외적인 피드백에 상당히 의존적이다. 이러한 특성은 분명한 자기 확신에 부정적인 요인이 되기도 하고, 때때로 그녀의 결정은 다양한 다른 요인 등으로부터 추출되기도 한다. 불행히도 그녀는 자기에 대한 신뢰와 실패에 대한 예측과 관련하여 비관적인 경향이 있다. 그녀의 행동 대부분에 반영된 비관성은 사고 내용과 과정에 영향을 끼친다(4단계).

그녀가 상황 관련 스트레스에 상당히 통제받고 있으나, 그에 대해 자신에게 부정적인 영향을 끼치는 요인이라고 스스로 자각하는 것 같다. 이렇게 모순적인 면은 그녀 내면에서 갈등을 유발할 수 있다(5단계). 그녀의 사고가 종종 산만하고, 모순이 많고, 심지어는 지리멸렬하기까지 한 것에 대한 징후들이 있는데, 현재의 스트레스에 의해 더욱 악화될 수 있으며, 자신과 세상에 대한 아주 비판적인 관점이 주원인이 되는 것 같다. 뚜렷한 원인이 무엇이든, 그녀의 사고는 혼란스러우며(9단계), 많은 의사 결정은 결국 그녀를 고통스럽게 하고 있다.

인지적 조작 활동 관련 결과 통합하기

인지 3요소 각각의 자료를 개별적으로 검토하는 것도 중요하지만, 그 결과들을 통합해야만 의미 있는 해석이 가능해진다. 이는 하나의 군집에 대한 소견이 종종 다른 군집에 대한 해석적 소견과의 차이 혹은 추가적인 내용을 설명할 수 있기 때문이다. 예를 들어, 산만한 사고는 종종 쓸모없는 과정을 발생시키고, 조잡한 절차가 잘못된 인지적 중재를 이끌어 낼 수 있으며, 통제의 문제들이 개념화 과정에서 개인적 독특성을 유발하게 된다. 인지적 작용 간에는 일대일의 직접적인 관계를 확인하기는 어렵다. 세 군집 각각에서 나온 소견들을 관찰하기 위해 유예의 시간을 가져야 하며, 피검자의 정황과 야기된 주제, 그리고 정동의 특성에 대해 설명해야 한다.

많은 경우에서 세 가지 인지적 작용 간의 인과관계들은 쉽게 발견된다. 3요소 간 어울림의 결과로, 이들 각각 강약의 양상은 피검자 개인에 대한 그림을 그리고 평가 과정을 통해 다다르는 논점과 정보를 더 구체화할 수 있다. 그러나 몇몇의 경우, 해석자는 '닭이 먼저냐 달걀이 먼저냐'의 딜레마에 직면하게 된다. 각각의 인지적 작용과 관련된 강약은 명확하지만 인과 관계, 특히 '약'과 관련된 관계는 그렇지 못하다. 원인 관계가 분명하지 않을 때도 소견을 통합하는 과정을 통해 각 인지적 기능들의 장점과 역할, 그리고 전체적인 조화와 효과를 더 잘 이해할 수 있다.

3개의 군집은 인지적 요인이 어떻게 어우러져서 한 개인을 이해하는 데 도움이 되는지, 어떤 중요한 쟁점에 주의해야 하는가에 대해 중요한 정보를 제공한다.

사례 9

일반적으로 그녀가 들인 노력의 질은 적절한 것이었지만, 그녀가 새로운 정보를 다루는 방법에 특징적인 양상이 드러난다. 첫째, 그녀는 새로운 정보를 취하는 데 매우 신중하고, 지나치게 절제하는 듯 보인다. 이는 자신감의 결핍을 반영하는 것이지만, 혹은 새로운 경험에 연루되기 시작하는 것에 대한 미묘한 거부감으로도 볼 수 있다. 그녀는 새로운 정보를 받아들이는 데 열심히 작업하지 않았다. 둘째, 더 중요한 것은, 진행 과정에서 그녀는 종종 경솔하고 부주의했다. 이는 그녀에게 결정과 행동에 중요할 수 있는 신호 혹은 암시를 무시하는 가능성이 높아지면서 책임질 것 또한 많아진다.

진행(절차)에 대해 신중하지만 열의 없는 그녀의 접근은 선택적으로 왜곡된 현실에 대해 겉으로 보기에 빠져드는 경향과 몇 가지 관계가 있다. 그녀는 감정적 요인 때문에 자주 이렇게 했는데, 이는 그녀의 신체적으로 좋은 상태를 유지하려는 집착과 오히려 직접적인 관계가 있어 보인다. 이러한 집착과 그에 따라 야기되는 감정은 몇 가지 눈에 띄게 심각한 현실 왜곡으로 빠져들게 한다. 그녀는 심각하게 혼란되어 있지 않다. 오히려 관습적이고 수용될 만한 반응이나 행동을 추구하는 것처럼 보인다. 그러나 건강이나 복지에 관해 갖고 있는 그녀의 집착은 종종 적응을 방해하거나 더 개인적인 연상을 통해 비현실적이고 심리적인 왜곡의 눈으로 세상을 판단하도록 할 수 있다.

주로 그녀의 사고는 명확하지만, 종종 관념 형성 과정에서 상황이 요구하는 정도 이상으로 덜 안정적이고 더 방어적인 것처럼 보인다. 그 결과로, 그녀의 사고는 때때로 산만해지기 시작한다. 이는 아마도 복잡한 상황에서 자신을 스스로 신뢰하지 못하기 때문일 것이다. 실제로 그녀는 개념을 형태화하고 적용하는 방식에서 일관적이지 않은 듯하다. 때때로 그녀는 감정을 옆으로 제쳐두고 논점을 신중하게 검토한다. 어떤 경우, 그녀는 판단이나 결정을 행하는 데 자신의 감정에 지나치게 의존한다. 상황이 유사하더라도 어떠한 접근도 일관적으로 사용되지 않는다. 이렇게 일관성이 결핍된 탓에 일상생활의 요구를 효과적으로 처리하는데 더 큰 노력이 필요하다. 이것은 필수적인 의무는 아니지만, 그녀의 상황은 더 복잡해지고, 그녀의 다양한 요구와 사건들은 종종 그녀로 하여금 집중하기 어렵게 만든다. 이러한 부담을 경험할 때, 그녀는 가혹한 현실을 피하는 방법으로 환상 속으로 표류하려는 경향을 보인다. 따라서 그녀는 자신의 문제 해결을 위해 다른 것들에 의존하기 쉽다. 현실을 외면하거나 무시하려는 성향은 때로 사고의 불명확성과 모순을 초래하고, 또한 판단력을 발휘하는 데 현저한 결함이 나타나게 한다.

사례 10

이 남성은 환경이 잠재적으로 자신을 위협하고 있다는 막연하지만 고정된 견해를 가지고 있고, 그러한 위협에 저항하기 위해 준비하는 것이 중요하다고 믿는다. 따라서 그는 매우 조심스럽고, 다른 것을 믿지 않으려는 경향이 있다. 이는 그의 인지 작용 전반에 영향을 미친다. 이것은 그가 새로운 정보를 받아들이는 것에 대한 습관에 영향을 주고, 그 정보를 해석하며, 그것을 개념화한다.

그는 새로운 정보에 직면했을 때 매우 보수적이고, 지나치게 신중하게 문제에 접근한다. 그는 정보를 관리하기 위해 열심히 작업하지만, 종종 그 구체적인 것들은 지나치게 덮어 두기 시작한다. 그는 새로운 분야를 조사하는 데 매우 철저해지려고 애쓰며, 수행 과제에 대해 상당한 노력을 쏟아 붓는다. 이러한 접근은 유용한 것이긴 하지만, 구체화 작업에 그가 주목하지 않는 것은 종종 그가 상황의 전반을 무시하고 더 일관성 없게 나아가고, 이따금 습관과 방식을 분산시킨다. 실제로 그가 진행하는 수준은 다소 식상해져서 다른 많은 요인을 개념화하는 방법은 효과적이지 못하다.

대부분의 실례에서, 그는 대략적으로 새로운 정보를 변환한다. 그는 정보들을 잘못 해석하거나 왜곡하지는 않지만, 아주 보편적인 방법으로 그 상황을 명확하게 해석하지 못한다. 이는 마치 그가 사회적 요구나 기대를 경시하는 경향처럼 나타난다. 한 사람이 이럴 경우, 그의 행동이 반사회적이거나 수용되기 힘들 것이라는 점이 중요하진 않지만, 그의 행동이 비관습적이라는 점은 주목할 만하다. 이는 대인관계와는 동떨어져 살아온 그의 역사와 다른 사람에 대한 뚜렷한 경멸에 부합되는 것으로, 그의 가치 구조가 환경에 의해 형성된 경우와는 상당한 차이가 있다.

그는 의사 결정 과정에서 매우 일관적이지 못하다. 이따금 감정을 배제하고, 매우 신중히 이성적으로 논점을 확인한다. 유사한 경우, 그의 감정은 자신의 사고에 혼합되어, 새로운 개념을 형성하거나 결정에 도달하는 데 큰 영향을 주기 시작한다. 대부분의 사람에게 이것은 매우 효과적이지 않으며, 새로운 답에 도달하기 위한 과정이라고 하기에는 너무 많은 노력이 요구된다. 일반적으로 그가 상황 관련 스트레스에 의해 환기되는 상당한 심리적 갈등을 경험하는 것처럼 보이며, 이로 인해 비효율과 무능을 보이는 것 같다. 현재는 스트레스가 없지만 더 많은 현실적 요인이 그의 감정 상태 전반을 방해한다. 이는 그가 새로운 정보를 개념화하는 방식이다. 그의 사고는 매우 명확하지만, 세상에 대해 신뢰하지 않고 조심스러워하는 자기중심적 관점의 영향을 받게 된다. 이것은 현실 검증 과정에 부정적인 영향을 끼치고, 현실과 상당히 동떨어진 위험을 사실처럼 믿게 된다. 대개 그의 사고는 매우 복잡하고, 꽤 진부하다. 그의 사고는 종종 매우 독특해서 편집증의 양상을 보일 수 있다. 그는 이러한 특성을 인식하고 있는 것처럼 보이고 감추거나 혹은 정당성을 증명하기 위한 상당한 노력을 투자하긴 하지만 비효율적이다. 전반적으로, 그는 심각한 장애가 있으며 만성적인 사고 문제가 시사된다.

사례 11

그녀는 새로운 정보를 완전히 체계화하기 위해 다른 사람보다 더 많이 노력한다. 그녀는 이러한 노력을 계속하지만 때때로 능력보다 더 많이 노력하고 성취하는 것처럼 보인다. 이러한 노력의 이유는 명확하지 않지만, 아마도 그것은 실수를 하지 않으려고 애쓰기 때문일 것이다. 물론 더욱 지속적인 시간이 흐른 후에도 이렇게 높은 수준으로 유지하는 것이 어렵긴 하겠지만, 실제로 이루고자 하는 노력의 질은 매우 적당한 수준이라 볼 수 있다.

그녀는 새로운 정보를 대략적으로 해석한다. 사실 명백한 사건에 대해 매우 조심스럽고 자신의 개념화가 상황의 실재와 부합한다는 것을 확실하게 하기 위해 열심히 작업하는데, 비교적 사회적 요구나 기대에 부합하는 행동으로 나타난다. 그러나 때때로 그녀의 감정은 사고의 초점을 흐리게 하고, 현실 검증을 방해하며, 눈에 띄게 현실과 동떨어지게 한다. 높은 빈도는 아니지만 그녀의 역할을 유의하게 방해한다. 어떤 중요한 결정을 할 때에도 감정에 지나치게 의존하게 된다. 그녀는 즉각적으로 생각을 시험해 보는 것을 좋아하고 자신의 사고 방향의 중요한 근원으로 외적 피드백을 계산해 보기를 즐긴다. 이따금 그녀의 결정은 매우 독특한 방식으로 전개되기도 하지만, 그녀로 하여금 현실을 무시하거나 왜곡하도록 야기하는 감정 상태가 분명히 있다. 주로 감정과 신체가 연관되거나 몇 가지 형태의 성적 집착으로도 나타난다.

그녀는 더 많은 의무감과 억지로 떠밀리고 있다고 인식하게 되어, 사고에 매우 실제적인 영향을 받고 있다. 이는 자기 회의와 실패에 대한 예측에 연관되는 비관적인 내용으로 만성적이고 널리 확산되는 양상이다. 일반적으로 그것은 그녀가 매우 쓸모없다고 느끼는 상황적 스트레스와 감정에 의해 악화되는 것처럼 보인다. 자신이 쓸모없다는 생각은 종종 사고를 방해하고, 모순을 키우게 된다. 일반적으로 그녀의 사고는 종종 문란하고, 일관성이 없고 심지어는 지리멸렬하기까지 하다. 현재의 스트레스가 여기에 기여하는 한편, 그녀의 신체 상황과 자신과 세상에 대한 그녀의 비관적인 관점은 주요 원인이 될 수 있다. 따라서 사고는 종종 명쾌함을 잃게 되며, 객관적 판단이 어려워진다.

관념 형성 관련 변인 연구와 개념들

사고는 상징이나 개념 간의 유의미한 조직화와 연관이 있다. 이는 모든 결정과 신중한 행동이 서서히 전개되는 심리적 행동의 핵심이 된다. 대부분의 모든 반응은 사고가 반영된 실례가 된다 (Rorschach, 1921). 로르샤하는 반응 자체가 개념화를 요구한다고 가정했지만 그는 반응마다 반영되는 관념화의 양상이 서로 다르다는 점을 초기에 인식했다. 특히 *M* 반응과 유채색 *C* 반응이 다른 종류의 심리적 행동을 반영한다고 확신했다.

로르샤하는 입원 환자들로부터 얻은 405개의 프로토콜 자료에서 그의 가설 대부분을 확인했다. 그는 *M*과 *C* 반응에 대해 포괄적으로 논의하였는데, 이 두 결정인 간 관계의 중요성과 서로 정반대의 개념은 아니라는 점을 강조했다. 그는 *M* 반응이 지능의 구성 요소를 반영한다고 가정하였는데, 유채색 반응이 '감정' 혹은 외적인 상호작용을 반영하는 반면에 *M*은 '내적 창조' 혹은 '내적 생활' 능력과 관련이 있다고 지적했다. 그는 내향성과 외향성은 개개인이 타고난 것이며, '근본적인 기질 구조'와 같은 개념이라고 주장했다. 로르샤하에 대해 내향적인 사람들은 불안정한 감정적 반응에는 덜 압도되지만, 현실에 대한 적응에 어려움이 있다고 지적했다. 그는 이처럼 환경과 더 많은 연관이 있는 사람들이 현실에 대해 더 적응을 잘하는 경향을 가진다고 판단했다. 그러나 이러한 가설을 확정해 가면서, 그는 스트레스의 양까지 측정하고자 했다. 내향성과 외향성 모두 다양한 형태로 각각이 지각하는 스트레스와 반응 방식이 있다고 보았다.

인간 운동(*M*) 반응

M 반응과 유채색 반응 관련 가설은 제16장에서 이미 논의한 로르샤하의 경험(Erlebnistypus) 개념에 근거한 것이다. 그는 또한 *M* 반응이 사고(내적 생활)의 직접적인 표현이라고 주장했으며, 정적인 잉크반점상에서 움직임을 지각할 때 이를 개념화하기 위해 창조적인 노력이 요구된다고 보았다. 지능과 관념 형성에 관련하여 *M* 반응에 대한 관심은 검사가 발전하면서 *M*에 대한 관심을

촉진하게 되었다. 다른 결정인보다도 *M* 반응이 더 관심의 주제가 되어 온 것이 사실이다. 예를 들어, 몇몇 연구는 *M* 반응과 지적 작용 간의 정적 상관 관계에 대해 보고했다. 대부분은 IQ나 지능을 측정하는 몇몇 다른 직접적인 방법과 *M* 반응의 빈도, 그리고/혹은 질을 연관시켜 왔다. 슐먼(1953)은 *M* 반응이 추상적인 사고와 정적 상관이 있으며, 욕구에 따른 즉각적 행동을 지연시키는 기제와 연관되어 있음을 증명했다. 레빈, 글라스 및 멜트조프(1957) 또한 *M* 반응과 고차적인 지적 활동은 행동을 지연시키게 한다는 데 동의했다. 메이슨과 엑스너(1984)는 179명의 비환자 집단을 대상으로 한 하위 검사에서 *M*과 어떤 WAIS(지능검사)와의 유의미한 상호 관계를 밝히는 데는 실패하였으나, 엑스너, 비글리온 및 길레스피(1984)는 *M*과 *Zf* 간의 유의미한 정적 반응과 상호 관계를 지적하기도 했다.

칼스테트(1952)는 성인의 프로토콜에서보다 청년기의 프로토콜에서 유의미하게 *M* 반응이 적었다고 했다. 에임스, 메트로 및 워커(1971)와 엑스너와 와이너(1982)는 고학년 아동이나 성인과 대조적으로 유아에게는 *M*이 유의미하게 훨씬 더 적은 이유를 설명했다. 점진적으로 증가되면 5~13세 각각의 연령에서 *M*은 의미가 커진다. 다소 결론이 지나치게 일반화된 것이란 지적도 있지만, 에임스(1960)는 *M* 반응의 빈도가 중장년층에게서 쇠퇴하는 경향이 있다고 보고했다. 로르샤하연구회에서 수집된 중장년층 대상의 자료 중 몇몇은 독신 집단이어서 일반화시키긴 어렵지만, 그들의 사회경제적 · 신체적 상황을 고려하여 세분화시켜 표집 조사해야 할 필요성이 제기되었다. 예를 들어, 혼자 살고 신체에 주요한 문제가 없는 65세 이상의 사람들은 젊은 비환자층과 매우 유사한 기록을 보였다. 반면에 자주 신체 보호를 받을 수 있는 시설 기관에 사는 65세 이상의 사람들은 젊은 비환자층과 비환자 표본보다 더 낮은 *EA* 값을 보였는데, 평균보다 무엇인가가 더 빈약하다는 인상을 얻을 수 있다.

M 반응은 종종 개인의 독창성 지표로 인식되기도 하는데, 이에 대한 경험적인 발견은 명확하지 않다. 한 개인의 독창성은 때로 현재 문제에 집중하기 어렵게도 한다(Dana, 1968). 허시(1962)는 *M*과 예술적인 재능 간의 유의미한 관계를 밝혀냈고, 리처와 윈터(1966)는 '직관과 지각' 수치와 *M* 간의 정적인 관계를 보고했다. 듀덱(1996)은 많은 *M* 반응을 보인 사람들이 TAT 이야기 꾸미기나 뢰벤필드 모자이크 꾸미기 검사에서 '독창적으로' 그들 자신을 표현하는 데서 더 유창함을 보여 준다고 보고했다. 그러나 대부분의 다른 결과들을 보면, *M*과 독창성은 무관한 것으로 나타난다.

*M*과 공상의 연관성을 확인한 작업과 의미 있는 결과가 많았다. 페이지(1957)는 *M*과 공상 간의 직접적인 관계를 보고했다. 러브랜드와 싱어(1959), 팔머(1963), 그리고 러너(1966)는 *M* 반응의 증가가 수면, 그리고/혹은 꿈의 부족과 관련이 있다고 지적해 왔다. 오린스키(1966)는 또한 *M*, 꿈의 회상, 그리고 꿈꾸는 전체 시간 간의 유의미한 관계를 증명해 보였다. 다나(1968)는 *M*과 공상 간의 긍정적인 관계에 대해 증명했는데, 그는

M 반응이 공상, 시간 감각, 지적 능력, 창조성, 지연, 그리고 대인관계의 몇 가지 양상 등을 비롯한 여섯 가지 다른 심리적 행동의 부분 혹은 전부를 대변할 수 있다고 제안했다. 콕킹, 다나 및 다나(1969)는 *M*과 공상, 시간 판단, 그리고 사고력 간의 관계를 증명할 수 있는 근거들을 보고하기도 했다.

*M*과 운동성 억제 간 관계는 종종 연구의 주제가 되어 왔는데, 특히 로르샤하(1921)는 *M* 반응이 형성될 때 운동감각적 행위가 야기된다고 했다. 싱어, 멜트조프 및 골드먼(1952)은 *M* 반응은 어색한 혹은 낯선 위치에서 잠시 '얼어붙는 것'이라고 볼 수 있다고 지적했다. *M* 반응이 증가하는 경우는 행동의 지연이 나타나거나 요구되는 이후에 나타나곤 한다(Singer & Herman, 1954 ; Singer & Spohn, 1954). 벤디크와 클로퍼(1964)는 운동성 억제의 조건하에서 *M*과 *FM* 반응이 유의미하게 증가하고, 실험적인 감각 박탈 조건하에서 *M*, *FM*과 *m*이 유의미하게 증가하였다고 보고했다. 초기 연구에서, 클레인과 슐레싱어(1951)는 *M* 반응과 운동성 억제와 로르샤하 반응의 다양성 사이에 상관관계를 시사하는 자료를 발표했다. 스틸과 칸은 운동 반응과 신체적인 힘 간의 관계를 밝히는 데 실패했지만, 그들은 *M* 반응이 많은 사람들에게서 신체적인 힘을 행사하는 경향이 있었음을 보고했다. 신체적인 힘을 사용하는 빈도가 높은 사람과 운동성의 관계 여부와 상관없이 대부분 모든 반응에서 공격 내용 반응이 나타났다. 개인의 운동성 표현 또한 쿠퍼와 카스톤(1970)에 의한 운동성 반응의 빈도 증가 연구에서 지적되었다. 이들 연구에서는 5분간의 신체 운동 전후에서 홀츠먼 잉크반점 검사가 사용되었다. 운동 반응과 운동 감각 행위 간 관계와 관련해 심리적인 내면 행동(사고 과정)에 대한 간접적인 접근만이 이루어지고 있다. 또한 *M* 반응 해석에 대한 이러한 연구들의 설명은 여전히 논제로 남아 있다. *M*과 행동지연에 관한 연구들은 이러한 종류의 반응 해석에 대해 더 직접적인 타당성을 지지해 준다.

프랭클(1953)과 미린(1955)은 *M* 반응 빈도가 높은 사람들이 사회적 갈등 조정에서 더 오랜 행위의 지연 경향이 있다고 가정했다. 베리와 블래커(1956)는 내향성인 사람이 잉크반점에 대한 반응 시간이 유의미하게 더 소요된다고 지적했다. 레빈과 스피바크(1962)는 *M* 반응수와 억압 간의 유의미한 상호 관계를 보고했다. 얼리어, 헤르츠먼, 오란스키 및 세이츠(1944)에 따르면 고산지대의 산소 결핍에 잘 견뎌 낸 사람들은 *M* 반응이 높은 사람들이었다고 한다. 종합해 보면, *M*에 관한 연구들은 일반적으로 모든 *M* 반응 형성에 사용되는 몇몇의 심리적 요인들에 관한 것이다. 이들 중 명백한 것은 운동 반응은 심리적으로 창조되는 것이고, 자극 영역에 귀인하는 것이어야 한다는 점이다. 그러나 *M* 반응의 완전한 심리학적 의미를 요약하기 위한 어떠한 시도도 매우 복잡한 사람의 행동을 충분히 설명하기 어려울 것이다. 확실히 *M* 반응은 추론, 상상, 그리고 개념화의 고차적 사고와 연관이 있다. 적극적이고 심사숙고적인 관념 형성 과정이 이루어지는 동안 자극 영역에서 자발적인 전환(반응)이 일어나도, 이러한 전환은 지연과 수렴 과정을 거쳐 반응으로 산출된다. 한 사람의 깊은 내적 사고 과정의 방향성은 이미지 혹은 공상을 낳게 되는데, 이는 자극 영역의 말단 형태 배열에 대해 반응을 형성하는 기초가 된다.

불행히도, *M*에 대한 많은 연구는 잠재적으로 혼란이 야기될 몇 가지 혹은 모든 문제를 간과해 왔는데, 이는 단독 변수 자체가 언급될 때 발생할 수 있다. 이를테면, *M* 반응의 형성에 기여하는 요소들이 또 다른 사람에게는 그렇지 않을 수 있다는 점이다. 로르샤하는 *EB*에 관한 그의 소견을 피력하면서 이를 강조했다. 요약하면, 모든 *M* 반응을 단독 범주로 간주하는 몇몇의 연구들은 잘못된, 혹은 적어도 지나치게 일반화된 결론을 낼 수 있다는 것이다. 이는 특히 연구자들이 *M*에 자신들의 소견을 일방적으로 적용하면 이때 *EB*의 논점이 간과되고, *EB*에 의한 주제를 세분해야 한다는 점이 전체 집단에서 일관되지 않은 결과를 보일 수 있기 때문이다.

*EB*는 *M* 연구와 관련된 유일한 요인은 아니다. 다른 것들이 비현실적 형상을 상술하는 반면에 몇몇의 *M* 반응은 현실적 형상과 연관이 있다. 몇몇의 *M* 반응은 단독적 형태와 연관이 있고, 나머지는 다양한 형태와 연관이 있다. 또한 *M* 반응은 공격적인지, 조합적인지, 활발한지, 혹은 열정적인지, *W*나 *D*보다 *Dd* 영역에 대한 반응인지에 따라 세분화될 수 있다. 예를 들어, 피오트로브스키(1957)와 엑스너(1974)는 *M* 특성이 행동과 대인관계의 효과성에 관련된다고 주장했다. 협동적 내용의 *M* 반응은 사회적이고 더 효과적인 행동을 지향하게 된다. 유의미하게 많은 수동적 내용의 *M* 반응을 하는 사람은 결정의 책임을 회피하기 쉽고, 행동의 방향에서 다른 사람에 대해 의지하기를 더 선호한다. 엑스너(1983)는 공격적인 내용의 *M* 반응이 많은 사람은 언어적·비언어적으로 주장적이고 공격적인 특성이 강했다고 지적했으며, 또한 대인관계를 흔히 공격적으로 해석했다. 윗킨, 다이크, 패터슨, 구덴노프 및 카프(1962)는 주장적 내용의 *M* 반응과 독립성 간 상관이 높았다고 보고했다. 와그너와 후버(1971, 1972)는 연기 학원의 학생, 군악대장, 그리고 응원단원들이 더 '드러내고자 하는' 내용의 *M* 반응을 하는 경향이 있다고 보고했다. 마찬가지로 영과 와그너(1993)는 스트리퍼 등의 일을 하는 여성은 유의미하게 더 활발한 노출적 내용의 운동 반응을 보인 한편, 모델과 같은 일을 하는 여성은 유의미하게 더 수동적으로 노출적 운동 반응을 보였다고 했다. *M* 반응의 이러한 연구 결과는 일반화하기에 앞서 신중함이 필요하다.

M 반응에 대한 해석 자료들은 다양한 병리 집단 연구를 통해 얻은 것이다. 기드햄(1936)이 우울한 환자들이 더 낮은 *M*의 빈도수를 보이는 경향이 있음을 지적한, 반면에 슈미트와 폰다(1954)는 조증 경향이 있는 환자들에서 *M* 반응 빈도수가 높다고 보고했다. 뇌 손상 환자들은 소수의 *M* 반응을 보였다. 기비, 스토츠키, 해링턴 및 토머스(1955), 그리고 토머스(1955)는 환각을 보고한 환자들이 환각을 보고하지 않은 피해망상 환자들보다 유의미하게 더 많은 *M* 반응을 보였다고 했다. 킹(1960)은 대인관계에 대한 망상을 가진 편집증-정신분열 환자들이 신체적 망상을 가

진 편집증–정신분열 환자들보다 유의미하게 더 많은 *M* 반응을 보고하였다고 했다.

로르샤하(1921)는 *M* 반응의 형태질이 좋지 않으면, 정신병리의 가능성이 더 높다고 보았다. 그러한 가설은 많은 연구 결과에 의해 지지되었다(Beck, 1945, 1965; Rapaport, Gill, & Schafer, 1946; Phillips & Smith, 1953; Molish, 1955; Weiner, 1966; Exner, 1974, 1978, 1993). 와이너는 *M* 반응이 불완전한 사회적 기술과 빈약한 대인관계와 연관될 것이라고 주장했다. 엑스너(1978, 1991)는 원래의 SCZI 지표와 개정된 SCZI 지표를 변경해야 하는 비평적인 기준의 하나로 *M* 반응을 지적했다. 실버그와 암스트롱(1992)은 하나 이상의 *M* 반응이 청소년들의 자살 가능성을 식별하기 위한 실험적인 지표로 포함되어야 한다고 주장했다.

양질의 *M* 반응이 있는 경우 긍정적인 예후 지표로 간주되어 왔는데, 특히 심각한 정신장애자들의 치료 예후를 예상할 때 그러하다. 이 요인은 로르샤하 예후 평정척도와 피오트로브스키 예후 지표에서 모두 중요하게 간주된다. 리스와 존스(1951), 그리고 립톤, 타마린 및 라테스타(1951)는 양질의 *M* 반응이 심인성 요인에 대한 치료에 순응성을 보이는 정신분열 환자를 예상하는 데 유용한 지표라고 주장했다. 피오트로브스키(1939), 할페른(1940)과 스토츠키(1952)는 호전을 보이는 환자와 그렇지 못한 환자 간 *M* 반응의 빈도에서 유의미한 차이를 보고해 왔다. 엑스너(1974)는 재발 연구에서 얻은 71명의 정신분열 환자들의 입·퇴원과 재발 기록을 비교했으며, 2차 시도에서 유의미한 증가는 발견하지 못했지만, 퇴원 이후 1년간 71명 환자 중 재발한 19명을 52명의 재발되지 않은 환자들의 기록과 비교해 볼 때 유의미하게 *M* 반응수가 적었다고 보고했다.

*EB*와 관념 형성

로르샤하의 연구에서 *M* 반응이 사고의 가장 직접적인 지표 중 하나이긴 하지만, *M* 반응의 존재나 빈도는 다른 변수의 구조, 특히 *EB* 값에 의해 지지되지 않는다면 명쾌하게 되기 어렵다고 했다. 대부분 모든 사람, 아동의 프로토콜에서도 *M* 반응이 나타나지만, 만일 적절한 체계가 지지되지 못한다면 실질적인 *M* 반응의 가치는 낮다고 볼 수 있다. 예를 들어, 다섯 개의 *M* 반응이 있을 때, 내향적인 사람이라면 결정을 내리는 데 동일한 조건의 외향적인 사람보다 더 자주 지연 전략을 이용하기 쉬울 수 있다. *EB*는 사고의 특징과 *M* 반응 관계를 이해하는 중요한 근거가 된다. 만일 *EB*가 내향적인 유형이라면, 명백한 대안이 간주될 때까지 지연하기를 선호하는 사람, 명확하고 복잡하지 않은 논리 구조를 선호하는 사람으로 해석할 수 있다. 만일 외향적인 유형이라면, 더 많은 시간을 사고하고, 더 복잡한 형태의 사고와 관계된 감정에 의해 많은 시행착오의 가능성을 가지고 있음을 의미한다. 만일 *EB*가 특정 유형을 나타내지 않는다면 양향적인 유형인데, 이는 결정에서 모순이 많고, 결정을 번복할 경향, 그리고 실수나 오류가 많은 판단을 예상할 수 있다. 사고와 연관된 해석은 지나치면 안 되지만, 16장에서 언급하였듯이, 내향성과 외향성은 문제 해결을 위한 접근 방식에서 매우 큰 차이가 있다. 외향형인 사람은 결정 혹은 해결에 접근하는 과정에서 내향형인 사람에 비해 실제로 몇 배의 시간과 조작 작업을 소모하곤 한다. 그들은 시행착오 과정을 거치고, 그들이 받은 정보를 교환하기 위해 기꺼이 오류나 실수를 받아들인다. 외향형은 세상과 상호작용하는 데 감정을 소요하고, 이러한 상호작용은 정보와 만족의 원천으로 인식된다. 엑스너와 토머스(1982)는 다른 연구에 참가했던 지원자들 15명의 외향형 비환자 대학생과 15명의 내향형 비환자 대학생에게 7분간 구조화된 면담을 녹화해 보았다. 동일 유형에게 한 면접자가 학력에 대한 태도에 대해 물었다. 녹화 자료를 다시 재생해서 이 연구에 대해 전혀 알지 못하는 세 사람에게 앞으로 굽히거나, 의자를 돌리고, 팔을 움직이거나 손짓을 보이는 피면접자들의 특징에 대해 평가하도록 해 보았다. 외향형 집단은 15.64(*SD*=4.61), 내향형 집단은 8.22(*SD*=4.07)로 평점 결과에서 차이를 보였다.

EBPer

*EBPer*는 내향형 혹은 외향형 집단 간 어떤 결정이나 대처 행동에서의 특성 정보를 얻기 위해 고안되었다. 우세형이 나타나면, 거의 대부분의 문제 해결 혹은 대처 행동에서 나타나는 특성일 것이라 추정할 수 있다(특정한 접근 방식이 덜 효과적일 수도 있고, 혹은 특정 상황에는 적합하지 못할 수도 있지만). 한 개인에게 지배적인 유형 특성은 사람들의 융통성을 제한한다. 그리고 새롭게 요구되는 상황에 쉽게 적응하기 어렵게 하기도 한다. 이는 로르샤하(1921)에 의해 주장되었는데, 유형의 이질성이나 지배성(우세성)의 주제는 활발하지 않았다. 결과적으로 *EB*의 해석은 전반적으로 문제 해결 방식이 일관적으로 유사하고 지속적이며 자신의 유형 내에서 다른 심리적 특성에 의해 차이가 있을 수 있다.

예를 들어, 더 강한 지속성을 요구하는 과제에서 각 유형의 특징 내에서 주요 차이점이 존재할 수 있다(Piotrowski, 1957; Exner, 1974; Wiemer-Levy & Exner, 1981). 그러나 이 차이점은 일반적으로 점수 차와 *EA* 크기에 영향을 준다. *M* 반응과 유채색 반응 유형과 질은 유형별 피검자의 인지적 효율성과 특성에 영향을 끼친다. 평균치의 '협동적 내용의 *M*' 반응은 일반적으로 더 사회적으로 효과적인 행동 형태를 보이고, 주장적 내용의 *M*과 장 의존적 경향 간에 정적 상관을 보였다(Piotrowsk, 1957; Exner, 1988; Witkin et al., 1962). 내향형은 대처 활동성에서 관념화 경향이 강하긴 하지만, 높은 *es*와 *M* 반응을 보인 사람이 대부분 공격적인 반면에 *EA*와 *M*이 높은 사람은 대부분 협동적이다(Exner, 1993). 외향형인 피검자 내에서 나타나는 행동적 다양성은 내향형보다 크다. 주로 *CF*와 *C* 반응이 많은 외향형은, *FC* 반응이 많은 외향형과 대처 활동의 특성에서 큰 차이를 보인다. 다시 말해서, *EA*나 *es*가 높으면 성격 특성에서와 마찬가지로 대처 활동 양상에서 큰 차이가 나타난다.

유형별 차이점에 대한 연구 결과, *EB*에 관한 싱어와 브라운(1977)의 이론적 공식화가 지지되었다. 그들은 내향형과 외향형 간에 나타나는 *EB* 차이에 대해 구조상 이미 예견되는 것이라고 지적했다. 그들은 역시 어떻게 이러한 유형적 특성이 '자연적인' 발달 과정에서 강화되거나 억압되는지에 주의를 두는 발달심리학의 많은 발견에 주목했다. 또한 로르샤하가 고안한 간단한 비율 공식보다 더 정확히 분류된 범주인 수정된 *EB*가 한 개인의 공상 능력, 정서성, 활동성, 그리고 관념과 정서(정동)의 잠재된 자발성에 대해 더 많은 정보를 제공할 것이라고 주장했다. 이러한 주장은 문제 해결 연구 자료 검토를 통해 지지되었고, 제16장에서 간략히 기술했다.

기초 연구는 대학생을 대상으로 추출된 15명의 세 집단의 자료를 분석했다. 0 혹은 +1인 *Adj D* 점수와 575~600인 SAT 언어 영역 점수를 받은 학생들을 선택했다. 외향형 집단은 *WSumC*가 *M*보다 3이상 클 때, 내향형 집단은 *M* 반응이 *WSumC* 보다 최소한 3 이상 클 때, 양향형은 *WSumC*와 *M*이 .5 이내의 차이일 때로 정했다.

논리분석기(Logical Analysis Device: LAD)[1]는 9개의 불빛이 지름 6.5인치의 원 안에 있는 디스플레이 패널을 제공하는 하드웨어(Langmuir, 1958)다. 9개의 불빛은 각각 인접한 버튼 스위치를 통해 수동으로 조작된다. 10번째 불빛, 즉 표적 지점 불빛은 원의 중간에 있고, 스위치는 없다. 여러 불빛 간 관계 정보는 원 안에 위치한 화살표로 제시된다([그림 19-1]). 각 화살표는 원안의 불빛이나 어떤 불빛 간, 그리고 표적 불빛 간 관계를 나타낸다. 불빛 간의 관계에 대한 정보는 제시되지 않는다. 불빛 간에는 다음 셋 중 하나의 관계가 존재하게 되는데, ① 하나의 불빛이 작동되면 다른 불빛을 작동시키는 것, ② 하나의 불빛이 켜지면, 두 번째는 켜지지 않는 것, ③ 두 불빛이 동시에 작동, 세 번째 불빛 작동에 촉진 기능을 한다. 목적은 3개의 불빛 스위치 조작만으로 가운데 불을 켜는 것이다. 첫 번째 문제를 풀기 전에 피검자는 시연과 설명, 그리고 실습을 통해 원리를 배운다. 피검자는 질문을 할 수 있고, 메모를 하거나, 실습 작동을 해 볼 수 있다. 작동의 올바른 조합을 찾아내는 과제는 3개의 하위 불빛 작동을 이용하는 논리 분석의 하나라 할 수 있다. 해답은 시행착오를 거쳐 찾게 된다. 궁극적으로,

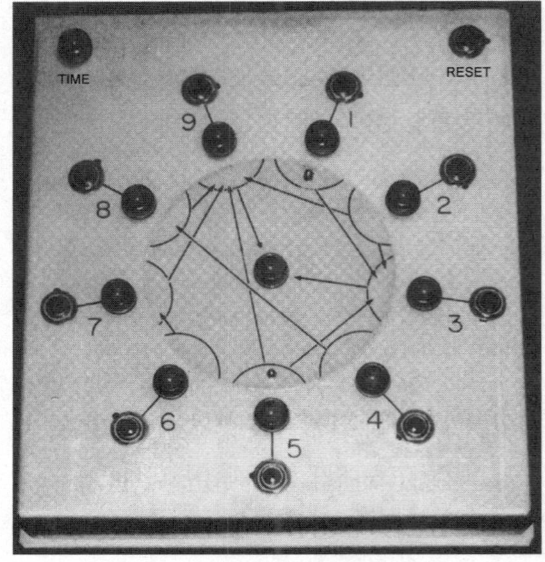

[그림 19-1]

1) 역자 주: 주어진 입력 자료로부터 원하는 결과나 작업의 정보를 얻는 데 필요한 과정들을 묘사하거나 결정하기 위해 고안된 도구.

피검자는 시험 작동을 통해 정보들을 종합하여 표적 불빛이 켜지도록 한다.

문제들은 복잡성에 따라 다양해진다. 어떤 것은 15~20개의 작동을 요구하지만, 어떤 것은 50개 정도의 관계된 정보를 조작해야만 한다. 논리적인 연역법에 의해 불필요한 조작은 점차 제거된다. 절차는 교육 기간 동안 보이고 설명되었지만, 개인마다 궁극적으로 얼마나 많은 조작을 어떤 계열로 해야 하는지를 마지막에 해답이 시도되기 전에 결정해야 한다. 조작들은 전자적으로 저장되고, 다음을 고려하여 데이터를 제공한다. ① 해답을 위한 조작의 총 횟수, ② 관계없는 혹은 무의미한 조작의 횟수, ③ 반복된 조작의 횟수 등이다. ③의 경우, 반복된 연관된 조작과 반복된 무의미한 조작으로 구분될 수 있다. 조작 간의 시간, 문제 해결에 소비된 총 시간도 역시 기록된다.

사람들은 LAD 과제에 대한 접근 방식에 따라 매우 다양하게 구분된다. 어떤 사람들은 명백한 관련이 없는데도 9개 모두 주위의 불빛들의 기능을 탐구하면서 과도하게 구조화를 시도한다. 다른 사람들은 정보를 계속해서 반복하거나 검증해 본다. 또 다른 사람들은 즉시 스위치를 작동시켜서 결국 마지막에 스위치를 조작했다. 랭뮤어가 거리의 떠돌이 악사라고 이름 붙인 이 마지막 집단이 통상적으로 가장 어렵다. 왜냐하면 그들은 자신의 행동 결과를 생각하기 위해 멈추지 않으며, 초기에 교육받은 더욱 기초적인 분석 절차에 따라 자신들의 접근을 바꾸지도 않기 때문이다. 많은 피검자에 의해 축적된 자료에 따르면, 문제 해결 접근이 우연하고 규칙 없고, 과정되는 접근 방식과 구조적이고, 유연하고, 정교한 접근까지 연속성을 보였다.

16장에서 간단히 기술한 것처럼 검사자가 45명의 피검자에게 점점 어려워진 4개의 과제를 해결하도록 요구했고 10, 15, 20, 30분의 시간 제한이 있었으며, 두 명의 피검자들에게 무작위로 지정되었다. 피검자들이 선택되는 조건은 공개되었다. 그들에게 시간 제한 조건도 알려 주지 않고 할 수 있는 한 과제를 계속 해결하라고 요구했다. 그러나 자료 분석은 각각의 과제에 대한 시간 제한하에 수행된 작업 결과만을 사용했다. 모든 사람들이 1, 2번 과제를 시간 내에 해결했다. 3번째 과제는 외향형 13명, 내향형 12명, 그리고 양향형 12명만이 시간 내에 해결을 했다. 4번째 과제는 외향형 12명, 내향형 12명, 양향형 11명들만 시간 내에 해결했다.

각 과제에 대한 자료들에 대해 3×3 분산분석(ANOVA)을 사용했다. 종속 측정치로 조작 간에 총 빈도, 총 오류 수, 충분한 시간을 정했다. 시간 내에 완료한 경우에 대해 반복된 조작, 반복된 오류, 그리고 총 소요 시간에 대해 따로 분석했는데, 결과는 내향형인 사람이 유의미하게 적은 빈도의 수행으로 목적을 달성했던 반면에 외향형인 사람은 종종 불필요한 가능성을 탐색했다. 목적을 달성하는 데 약간 적은 시간을 소비하였으나 수행과 오류를 더 많이 반복했다. 내향형인 사람은 더 느리지만, 그들의 결정에서 더욱 구조적인 과정을 통해 수행 시간을 소요한 것에 대해 보완하며 정확도가 높았다. 외향형인 사람은 과제 해결 과정에서 엉뚱하고 오류를 경험하기 쉽지만, 실수를 통해 배우고, 내향형인 사람보다 소요 시간은 상대적으로 짧았다. 양향형인 사람들은 쉽게 실수를 저질렀으며 내향형과 외향형인 사람에 비해 실수에 의해 배우지 못하고 덜 효과적인 전략을 사용했다. 그들은 시간을 많이 소비했고, 반복적으로 비효율적인 조작을 했으며, 많은 오류를 반복했다. 마지막 두 과제에서는 외향형인 사람들이 보인 오류에 비해, 2배 이상의 오류를 보였고, 내향형에 비해 3배 이상의 시간을 소요했다.

이러한 결과(Exner, 1990, 1991)로 보아 내향형과 외향형 간 공통성이 예상보다 적었다. 언급하였듯이, 내향형과 외향형이 과제 해결 시간을 기준으로 효율성 측면을 구분하기는 어렵다. 그러나 과제 3과 4에 대한 결과를 각각 연구한다면 합의점을 찾을 수 있다. 두 과제의 해결 시간은 20~30분의 시간 제한 내에 완료한 경우에만 계산되었다.

시간 제한 내 완료한 것으로 두 집단을 나누면, 어떤 결과는 주목할 만하지 않다. 내향형 12명과 외향형 13명이 시간 내에 과제 3을 끝냈으며, 내향형, 외향형 각각 12명이 과제 4를 시간 내에 끝냈다. 과제 3을 시간 내에 끝내지 못한 5명은 과제 4 역시 시간 내에 완료하지 못했다. 그러나 그들은 모두 해결할 때까지 계속했다. 과제를 해결하지 못한 사람의 수가 적어서 통계적인 비교를 할 수 없지만, 완료하지 못한 사람들과 완료한 사람들의 자료가 각 집단에서 다르므로, 이 자료는 우세한 방향이 있는(pervasive) 사람과 아닌 사람(nonpervasive)을 구분하는 의미 있는 요인이 된다.

예를 들어, 끝내지 못한 내향형인 사람은 각 과제를 완성한 내향형보다, 총 조작 수가 더 적었고, 조작 간 시간이 훨씬 더 많이 소요되었다. 끝내지 못한 외향형인 사람은 많은 조작을 하였으며, 완성한 외향형보다 조작 간 소요 시간이 짧았다. 사실, 각 집단에서 끝내지 못한 사람들은 과제 3, 4의 점수로 구분되는 예외 집단이라 할 수 있다. 과제를 완성한 두 집단 간 차이는 분명하지만 조작 소요 시간 혹은 반복한 조작에는 분명한 차이를 보이지 않았다.

이러한 결과에 따라 과제 4를 완성하지 못한 사람들의 다른 특성을 살펴보자. 모두 SAT 언어 성적은 15점 이내의 차이 범위에 있고, *D* 점수는 0, 조정된 *D* 점수도 0이었다. *X+%* 값이 72보다 낮지 않고 86보다 높지 않았다. *FC*: *CF* + *C* 비율에서 *FC*가 크고 순수 유채색 반응이 없고, *Zd* 점수는 .5 이상이었다. 로르샤하 반응 특성으로 *EB*에서 한쪽 항의 값이 3배 이상의 차이를 보였고, 3명은 한쪽 항의 값이 4배 이상의 차이를 보이기도 했다. 과제 4를 완성한 사람들의 *EB* 점수를 비교해 보았더니 한쪽 항의 값에서 3개 이상 차이를 보인 사람은 2명뿐이었다. 완성하지 못한 사람들에게서 *M*과 *SumC* 비율의 비교가 필요해 보이는 결과다. *EB*에서 양쪽 항의 값 차이가 유형의 특성 강도와 관련된다고 해석할 수 있고, 또한 각 유형의 유연성 억제와 관련될 것이라고 시사되는 점이다. 이것은 로르샤하가 발표한 1921년 결과와 일치한다. 이러한 가정에 대한 사후 검증으로, 4개의 LAD 과제 혹은 비슷한 난이도와 시간 제한, 그리고 수행에 따른 정보가 동일한 사람을 대상으로 수집한 325개의 로르샤하 반응 프로토콜을 분석해 보았다. 1974년에서 1982년 사이 로르샤하연구재단에서 실시한 프로젝트에 지원한 사람들이 LAD 과제를 완성하였다. 연구의 목적은 *EB*에 의해 차별화되는 내향형 2개 집단, 외향형 2개 집단으로, 인구통계학적 차이를 기준으로 4개 집단으로 구분했다.

4개 집단을 각 13명의 사람들로 배정하고 한쪽 항이 적어도 2.5배 이상인 경우를 어느 한쪽으로 우세한 유형이라고 정의했다. 통제집단 지정 기준은 양항 간의 차이를 2.5 이하로 정했다. 피검자들은 평균 22~24세인 19~34세 범위에 해당되었고, 각 집단에서 4명은 검사 당시 외래 환자였다. 나머지 36명은 표준화에 참가하거나 정신병 연구에 통제군으로 참여한 비환자군이었다. 완성한 사람들은 적어도 13년의 교육을 받았고, 평균 학력은 13.6~14.7년이었다. 모두 *D* 점수와 *Adj D* 점수가 0 혹은 +1이었고, *X+%* 점수는 73~86%였다. 전원에게서 적어도 6개의 평범 반응이 나왔고, *FC*:*CF+C* 비율에서 *FC*가 높았으며, 순수 *C* 반응은 없었다. 전원이 적어도 *Zf*가 10이었고, *Zd* 값은 −1.5보다 낮지 않았다. 〈표 19-1〉은 4개의 과제에 대한 각 집단의 수행 결과를 보여 준다. *EB*의 값이 적어도 2.5배 이상 차이가 날 때 더 지배적이고, 덜 유연함이 내향형과 외향형의 대처 양상의 특징으로 나타났다. 모든 피검자들이 제한 시간 내에 해결하기에 상대적으로 수월한 과제 1, 2에서 내향형 집단의 자료는 외향형 집단의 자료와 매우 유사했다. 예상한 것처럼 두 외향형 집단은 내향형 집단보다 확연히 많은 조작을 반복하는 경향이 있고, 조작 간 짧은 간격이 소요되었다. 큰 차이는 마지막 두 과제에서 크게 나타났다.

세 번째 과제는 더욱 복잡한 결합 관계를 포함하고 있으므로 훨씬 어렵다. 과제 3에서 두 외향형 집단은 모두 내향형 집단보다 더 많은 조작을 했으나, 내향형 통제집단과는 큰 차이를 보이지 않았다. 내향형 통제집단과 통제집단 간 큰 차이는 없었다. 반면에 외향형 집단은 두 내향형 집단과 6개의 변인에서 차이를 보였고, 더 많은 오류를 보였으며, 외향형 통제집단에 비해 조작 간 더 짧은 간격이 소요되었다. 내향형 집단은 과제 해결에 다른 세 집단에 비해 확연히 더 많은 시간이 소요되었다. 과제 4는 과제 3보다 더 복잡하다. 과제 3과 같이 내향형과 외향형 통제집단 간에 주력할 만한 차이는 없었다. 그러나 두 외향형과 내향형 집단 간에는 큰 차이를 보였다. 실제로 외향형 통제집단의 결과는 외향형 집단보다는 내향형 통제집단과 유사했다.

총 4개의 과제에 걸친 집단 간 경향 연구에서 두 통제집단이 문제 해결 경험 혹은 적어도 문제 해결에 사용하는 접근 방식의 수정 과정에서 더 많은 조작을 사용하고, 더 많은 오류를 통해 조작 간 더 짧은 간격을 소요하면서 외향형 통제집단과 거의 동일한 시간에 해답을 얻었다. 유사하게 외향형 통제집단은 더 적은 횟수의 조작을 사용하였고, 더 적은 오류를 통해 조작 간 간격을 늘리며, 마지막 두 과제의 해답을 구하는 데 가장 적은 평균 시간을 소요했다. 다시 말하면, 통제집

표 19-1 *M*과 *WsumC* 차이로 구분한 내향과 외향 유형별 논리 분석 결과의 6개 변인 평균

	내향형		외향형	
	우세 집단 *N*=13 M	통제 집단 *N*=13 M	우세 집단 *N*=13 M	통제 집단 *N*=13 M
Problem 1(10″)				
Operations	10.1	11.3	17.7[b]	16.8[b]
Errors	2.8	3.6	6.4[b]	5.6[a]
Time Betw Op's	20.9	20.2	13.2[b]	13.3[b]
Repeat Op's	2.6	2.8	5.7[b]	5.4[a]
Repeat Errors	1.5	1.9	2.1	3.0
Solution Time	231.6	222.4	213.9	217.5
Problem 2(15″)				
Operations	19.4	20.7	31.8[b]	29.9[b]
Errors	4.6	5.4	12.7[b]	12.2[b]
Time Betw Op's	23.3	21.7	12.2[b]	14.1[b]
Repeat Op's	3.9	4.4	9.1[b]	7.0
Repeat Errors	1.9	1.8	5.8[b]	4.1
Solution Time	441.6	419.9	414.5	421.2
Problem 3(20″)				
Operations	36.8	45.1	64.6[a]	55.9[a]
Errors	10.3	13.8	27.9[b]	19.7[c]
Time Betw Op's	29.7	23.6	12.3[b]	18.4[c]
Repeat Op's	5.8	7.1	11.4[a]	7.7
Repeat Errors	3.6	4.7	8.1[a]	6.1
Solution Time	1126.6	1001.9[a]	981.2[a]	963.3[a]
Problem 4(30″)				
Operations	42.1	54.3[a]	77.7[b]	61.0[c]
Errors	9.3	16.2[a]	31.2[b]	21.1[c]
Time Betw Op's	24.8	17.6	12.3[a]	15.6
Repeat Op's	10.8	14.3	19.5[a]	15.1
Repeat Errors	4.6	4.3	7.1	5.4
Solution Time	1254.6	952.7[c]	1049.8[a]	927.4[c]

[a] = 내향 유형 우세 집단과의 차이 $p<.01$
[b] = 내향 유형 집단과의 차이 $p<.02$
[c] = 우세 집단과의 차이 $p<.02$

단은 반대 유형의 문제 해결 방식을 수용하는 데 더 높은 유연성을 보이고, 그렇게 함으로써 그들의 결과를 향상시켰다. 내향형, 외향형 우세 집단에 속한 피검자들은 이렇게 하지 못했다. 각 과제에 대한 그들의 접근 방식은 이전의 문제에 대한 접근과 동일했다. 즉, 유연성의 부족이 효율성을

감소시키는 결과를 초래했다. 이러한 결과를 한 개인의 지배적인 문제 해결 접근 방식에 적용해 우리는 여러 명을 대상으로 자료를 수집해 보았다. *EBPer* 절단 점수 2.5를 적용해 보았을 때 426명 중 111명(26%)의 내향형과 외향형 비환자 성인은 어느 한쪽으로 우세한 특성을 보였다. 정신병 집단의 경우 그 정도가 확연히 강했다. 535명의 외래 환자 중, 224명이 내향형 혹은 외향형을 보였고, 158명(71%)가 한 방향으로 우세한 특성을 보였다. 193명의 처음 입원한 정동장애 환자 중, 89명이 내향형 혹은 외향형이었고, 89명(63%)이 특정한 우세 유형을 보였다. 200명의 초발 정신분열증 환자 집단에서, 162명이 내향형 혹은 외향형(142명의 내향형에서), 106명(65%)이 특정 우세 유형이었다.

특정한 우세 유형이 적응에 가한 영향을 주는지의 문제를 언급하지 않은 채 결론을 내리는 것이 현실적으로 타당한지는 아직 확신할 수 없으나, 매우 중요한 주제임에는 틀림없다. 엑스너(1993)는 두 개의 연구 결과를 보고했는데, 간접적으로 이 주제와 연관되어 있다. 첫 번째 연구는 261명의 입원 환자들의 사후 자료였는데, 정동 관련 문제로 입원한 대부분의 환자이고, 정신분열 환자는 없었다. 특정한 우세 유형을 보인 사람들은 입원 기간이 약간 더 길었으나, 특정 유형과 통제집단 간 외래 치료나 재발률에서는 차이가 없었다. 두 번째 연구는 239명의 외래 환자에 대한 임상 평가 결과인데, 증상이나 문제 구별 없이 이루어졌다. 치료 1~2개월에 이루어진 치료자들의 평정 결과, 특정한 우세 유형인 사람들에게서 치료 결과는 내향형 혹은 외향형인 경우 모두 거의 두 배 정도의 기간이 소요되었고, 특정 지배 유형이 아닌 경우 1년 이내에 성공적으로 종결되었다.

능동 운동 : 수동 운동(*a*:*p*) 비율

때로 *a*:*p* 비율은 관념 활동에 대한 유용한 정보를 제공한다. 로르샤하(1921)는 운동 반응 양상의 차이가 성격 특질을 구분하는 데 유용하다고 발표했다. 그는 수렴(flextion)과 확장(extension)[2]으로 구분했는데, 전자는 행동이 잉크반점의 중앙을 향하고, 후자는 행동이 잉크반점의 중앙 축에서 멀어지는 것으로 구분된다. 그는 확장형 운동 반응은 주장성을 반영하고, 복종성 · 순응성을 나타낸다고 주장했다. 햄머와 잭(1955)의 연구에서는 공격적인 성 가해자가 더 많은 확장적인 *M* 반응을 보인 반면에 노출증 가해자인 경우 변화가 내포된 *M* 반응을 보고했다. 미린(1955)은 확장적인 *M* 반응에서 많은 정신분열증 환자는 기억 과제 내용 중 모순에 매우 저항적인 반면에 수렴적 *M* 반응이 많은 정신분열증인 경우 반대로 호의적이었다고 보고했다. 웨더호른(1956)은 더 많은 운동 반응이 유발되도록 고안된 특별한 잉크반점에서 확장과 수렴적 *M* 반응은 지배적인-순종적인 경향 혹은 남성성-여성성과는 관련성이 없음을 확인했다. 벡, 벡, 레비트 및 몰리

2) 역자 주: flextion(flection)은 사전적으로 굽은 부분, 만곡, 굴곡으로, extention은 확장으로 명기되어 있으나, 이 책에서 전자는 잉크반점의 중앙으로 향하는 운동성을, 후자는 잉크반점의 중앙 축에서 멀어지는 방향의 운동성으로 구분한다고 기술하였기에 의역했음을 밝힌다.

시(1961), 그리고 피오트로브스키(1960)는 로르샤하의 수령과 확장 개념을 이용하여 운동 반응에 대한 해석적 접근에 대해 신중해야 한다고 했다. 벡은 많은 운동 반응이 그들의 범주에 맞지 않을 수 있다고 지적했다. 왜냐하면 그들은 사람이 서 있거나, 자거나 바라보는 것처럼 '정적(static)'인 내용이 포함되기 때문이다. 피오트로브스키는 *M* 반응을 협동성, 절제의 곤란, 확신하는 특징들을 이용해서 같은 호의성과 비호의성으로, 또한 석방된 군사 포로의 효율적인 행동과 부적응적 가석방 행동으로 구분할 수도 있다고 했다. 그는 역시 성공적인, 그리고 비성공적인 직무 실행 능력을 평가하여, 성공한 집단의 경우보다 주장이 강하거나 확신감 있는 *M* 반응을 보인다고 했다. 엑스너(1974)는 처음 입원한 중증 정신분열증 환자와 법정 감정 환자가 다른 정신병 환자 집단이나, 환자가 아닌 경우보다 확연히 많은 적대적인 *M*과 *FM* 반응을 보인다는 것을 발견했다. 역시 피오트로브스키가 제안한 것처럼 모든 운동 반응은 적극적 혹은 수동적 내용으로만 보고한다면 적극적인 운동 반응은 공격성의 병력이 있는(진단에 관계없이), 중증 정신분열증 집단과 성격장애 집단에서 많이 일어나는 반면에 수동적 운동 반응은 장기 입원 중인 정신분열증 환자와 우울증 환자들에게서 많이 나타난다. 적극적인 운동 반응과 수동적인 반응의 상관관계는 시간 간격에 관계없이 일반적으로 매우 높은 편이다. 적극적인 운동의 범위는 .80~.90, 소극적 운동 반응의 범위는 .70~.80이었다.

운동 반응에 대한 피오트로브스키의 연구 결과(1957, 1960), 생각이나 내적인 경험의 일관성, 지속성, 유연성 결핍은 적응에 어려움이 있는 사람에게 공통적이다. 그는 운동 반응을 '능동적인'과 '수동적인'으로 나누어 어느 한 방향이 우세할 경우 관념의 틀은 수정되거나 간섭받기 어렵다고 했다. 4개의 연구 결과는 간접적으로 이 주장을 지지한다. 엑스너(1974)는 향상된 외래 환자에 비해 향상되지 않은 외래 환자에서는 *a*와 *p* 점수 간에 큰 차이가 있다고 했다. 엑스너와 와일리(1974)는 15명의 임상의들에게 처음 8회 진료 동안 2회 치료 회기 중 환자들의 반응성을 측정하게 했다. 임상의들의 측정 결과, 사전 치료 기록에서 *a*:*p*가 3:1보다(방향에 관계없이) 낮게 나타난 경우가 3:1 이상으로 나타난 경우보다 훨씬 많았다.

엑스너와 브라이언트(1974)는 30명의 고등학교 3학년생과 4학년생들을 각각 15명씩 두 집단으로 나누었다. 처음 집단에 포함된 학생들은 모두 *a*:*p* 값이 다른 한쪽에 비해 2 혹은 그 이하였다. 30명 모두 교실에 모여, 8개의 항목이 소개된 슬라이드를 보았다. 아이템은 열쇠, 이쑤시개, 골프, 클립, 연필, 작은 코르크 마개, 실, 나무블록(3×1인치)이었다. 학생들은 별개 혹은 조합으로 8개의 각 항목을 조합하여 보았다. 각 항목에 따라 집단을 나누지 않았으나, 다양한 조합상에서는 *a*:*p* 값을 비교했을 때 두 배 이상 차이가 났다.

엑스너(1974)는 34명의 여성에게 25일간 연속으로 10분간의 공상을 하도록 하여, 일기에 기록하도록 했다. 공상에서 주요 인물의 활동이 능동적이거나 수동적인 경우로 구분했고, *a*에서 *p*, *p*에서 *a*로 이동이 있었는지 기록했다. 공상을 하도록 요구받기 이전에 $a:p$ 자료와 비교했다. 34명 중 20명의 여성은 한쪽 항의 값이 다른 항의 3배 이상이었고, 14명은 한쪽 항과 2배 이상 차이가 나지 않았다.

결과는 a나 p의 한쪽 방향으로 우세한 운동 반응을 보인 사람들은 역시 동일한 방향으로 공상 속 운동 활동의 방향을 보였고, 공상의 주요 인물이 하는 활동에서도 상대적으로 적은 변화를 보였다. 예를 들어, 현저하게 능동적인 운동 반응을 보였다면 공상에서의 주요 인물도 능동적인 경향을 보였는데, 활동의 결과는 주로 주요 인물에 의해 결정되는 특징이 있었다. 반대로, 더 많은 수동적 운동 반응은 공상의 주요 인물 역시 대개 수동적 인물이고, 공상의 결과는 제3자의 행위에 의해 방향지어졌다. 능동적이거나 수동적인 운동 반응이 일치되지 않는 여성은 공상 속 주요 인물에 부여한 능동적·수동적인 특징 또한 거의 동일한 비율을 보였다. 그리고 그들의 주요 공상 속에서 인물이나 특성이 변동적인 경향이 있었다.

능동적 인간 운동 반응: 수동적 인간 운동 반응(M^a: M^p)의 비율

$a:p$ 비율과 관련한 발견들은 $M^a:M^p$ 비율에서 일부 관념화 특성에 관한 유용한 자료를 제공한다. 34명의 여성으로부터 추출된 공상 연구에서 언급되었듯이, 27명의 여성에게서 3~9개의 수동적인 내용의 공상이 나타났다. 나머지 7명의 여성은 적어도 15개의 수동적인 공상을 보였고 (범위=15~19), 총 123개였다. 7명에게서 나타난 123개의 수동적 공상 중 단지 11개만이 주요 인물에게서 역할 이동이 있었다. 이는 수동적인 역할에서 능동적인 역할로 혹은 그 역으로의 변화를 말한다. 7명 중 4명은 $a:p$에서 p가 a보다 많거나, $M^a:M^p$에서는 수동적 M이 능동적 M보다 큰 값을 보였다. 나머지 27명의 여성 중 단 하나의 기록에서만 수동적 M이 능동적 M을 초과했다.

엑스너, 암브루스터 및 와일리(1976)는 비환자 연구의 일환으로 로르샤하 검사를 수행한 24명의 비환자 성인을 선발했다. 각각에 적어도 6개의 M 반응이 있었고, 12명에게서는 M^p보다 M^a가 많았고, 나머지에서는 M^a보다 M^p가 더 많았다. 그들이 모순되는 상황에 보이는 반응을 연구하기 위해 TAT 6장 카드의 결말을 기술하도록 했다. 예를 들어, 카드 3BM의 그림은 직업을 잃은 것을 나타내고, 13B의 소년은 소풍에서 헤매다 길을 잃은 것을 뜻하는 등이다. 이야기의 결말은 다음을 기준으로 채점했다. 첫째, 긍정적 혹은 부정적인 결말인가, 둘째 이야기에 삽입된 새로운 인물이 기여하는 결과, 셋째 이야기의 주요 인물에 의해 시작된 결과다. 다른 누군가의 행동 결과의 대다수가 정적이어서(88%), 두 집단을 구분하지 못했다. M^p가 높은 경우를 보인 12명은 새로운 사람들을 72개 중 38개(53%)를 이야기의 결말에 추가한 반면에 M^a가 높은 경우 새로운 사람들을 17개(24%)에 추가했다. 가장 큰 차이점은 성과의 초기다. M^p가 높은 집단에서 보인 72개의 결과 중 49개(68%)가 이야기 속 주요 인물이 아닌 다른 인물로 시작되었다. 높은 M^a 집단은 결말 중 21개 (29%)에서만 그러했다.

M^a : M^p를 이해하는 데 도움을 주는 추가적인 자료가 치료자 평정에서 수집되었다. 14명의 정신역동 치료자들이 56명의 환자를 대상으로 3번째, 6번째, 9번째 치료 회기가 끝난 후, 촉진, 치료에 대한 동기 평가, 걱정에 대한 공유의 수월성과 같은 다양한 치료 회기 관찰을 통해 평정했다(Exner, 1978). 치료 진행에 대한 관심, 회기 간 침묵의 간격, 무기력감 등을 포함시켰다. 치료 전 56명 중 15명은 M^p가 M^a보다 많았는데, 이 집단에 대한 치료자들의 평가 결과, 다른 41명의 환자에 비해 치료 진행 방향에 대한 관심이 많고 무기력감을 강하게 느꼈다고 했다.

엑스너(1978)는 M^p가 M^a보다 높을 때, 이것은 그 사람의 관념, 특히 그 사람의 공상은 '백설공주'로 설명될 수 있는데, 이는 더욱 특징적이다. 이것은 방어적인 행동으로서 공상이라는 소극적 형태로 전환하려는 경향이 있고, 또한 다른 사람들이 할 만한 대안이 있을 경우 자발적으로 결정이나 행동을 개시하지 않는 경향을 보인다. 비환자 집단 600명 중 약 14% 정도가 이러한 특징을 보이고 있다. 이는 535명의 외래 환자 중 32%, 279명의 우울증 입원 환자의 32%, 328명의 정신분열증 환자 중 35%의 경우와 대조적이다. 백설공주 특성은 내향형을 설명할 때 신뢰할 만한 기준이 된다. 왜냐하면 내향형은 그들의 내적 삶의 작용에 의지하는 경향이 강하기 때문이다. 이는 정서장애 환자들에게 더욱 신뢰할 수 있는 자료가 될 수 있다. 사고장애와 공상 남용은 적절하지 못한 의사 결정의 전조가 되기 때문이다.

병리적 내용

병리적(Morbid) 내용 반응과 사고 간의 관계에 대한 대부분의 자료는 우울증에 관한 연구나 우울증 환자와 함께 작업한 치료자들의 보고로 얻었다. 특수점수 MOR는 아동들의 우울증 연구 성과로서 얻었다. 자살지표로 병리적 반응(MOR)을 해석했던 과거 연구는 부분적으로 성공을 거두었다. 이러한 연구 덕분에 피셔와 클리블랜드(1958)가 제시한 기준들이 추가되었고, MOR에 대한 범주 목록들이 다섯 명의 전문가에 의해 각각 제시되었다. 그 결과, 다섯 명의 전문가들에 의해 선택된 병리의 여러 측면을 반영하는 정의들이 강화되었고, 결과적으로 총 57개의 MOR 반응이 포함된 15개의 반응 프로토콜에 대해 10명의 채점자들 간에 95%의 채점자 간 일치율을 보였다(Exner & McCoy, 1981).

3주 간격으로 실시된 재검사에서 비환자들을 대상으로 한 MOR의 재검사 신뢰도는 .71~.83의 범위를 보였다. 비환자 아동을 대상으로 한 MOR의 재검사 신뢰도는 .84~.90으로 성인보다 약간 높았다. 이는 아마도 아동에게서 MOR가 나타나는 기록들의 비율이 높기 때문일 것이다. 600명의 비환자 성인 중 53%는 적어도 하나의 MOR를 가지고 있었으나, 두 개 이상을 가진 사람은 4%에 불과했다. 더 젊은 비환자들 기록에서 59~100%는 적어도 하나의 MOR 비율이 나타나는 것은 분명한데, 이는 그들이 카드 VI에 대해 납작해진(평평해진) 동물이라는 반응을 보이기 때문이었다.

적어도 하나의 MOR 반응을 보이는 외래 환자들의 반응 빈도는 비환자들의 경우보다 약간 높고(59%), 하나 이상을 보이는 경우도 13%였다. 회피형이 아닌 200명의 정신분열증 환자들의 64%가 적어도 하나의 MOR를, 30%가 두 개 이상을 보였다. 193명의 처음 치료받는 우울증 환자들의 경우 적어도 하나의 MOR는 70%, 두 개 이상은 27%였다. 엑스너와 와이너(1982)는 우울의 1차 증상을 보이는 아동 입원 환자들은 다른 아동 입원 환자들에 비해 거의 3배의 MOR 반응이 있었음을 밝혔다. 역시 8개월간의 치료로 만족할 만하게 향상된 22명의 우울증 아동 입원 환자들에게서 첫 검사의 2.941보다 두 번째에서 1.01로 감소되었다. 엑스너, 마틴 및 메이슨(1984)의 연구에서는 자살에 성공하기 60일 전 수집된 101개(71%)의 반응 프로토콜에서 MOR가 3배 이상 증가되었다. 그들은 프로토콜을 엑스너와 와일리(1977)에 의해 만들어진 자살특수지표에 교차 검증해 보았다. 판별함수분석 결과, MOR > 3인 자살 집단이 다양한 통제집단과 차별성을 보인다는 것을 확인했다. 이는 개정된 자살특수지표의 12번째 변인으로 추가되었다. 치료 효과 연구(Exner, 1978)에 자발적으로 참여한 430명의 외래 환자들의 치료 전 기록을 확보하여 MOR를 기호화해 보았는데, 3개 혹은 그 이상의 MOR 반응을 보인 경우는, 증상 유형과 관계없이(N=76), 별개의 집단으로 만들어졌다. 354명의 환자 중 이미 종결된 환자들에 대해 치료자가 평가하여 76명의 다른 환자의 평가 결과와 비교했다. MOR 반응수가 많은 집단은 자기, 현재 문제, 그리고 미래에 대한 기대(예측)에 대한 태도에 관한 9개 항목에서 유의미하게 부정적이었다. 2개 이상의 MOR 반응이 있는 경우 그들의 미래에 대해 명확하게 회의적이긴 하지만, 호의적인 치료 결과의 가능성에 대한 기대도 있었다.

주지화 지표

처음에는 주지화 지표(Intellectualization Index)를 *AB*+*Art*로 계산했다(Exner, 1987). 이후 연구를 거듭하면서 추상적 반응(*ab*)의 내용에 대해 *AB* 특수점수 기호를 정비하면서 주지화의 방어 과정을 확인하는 변인으로 추상화 반응이 유용하다는 것이 증명되면서 인류 문화적 내용인 *Ay*의 내용 범주도 포함시키게 되었다. 따라서 특수점수 *AB*에 2배 가중치를 부여하고 3개의 변인을 더하는 것으로 결정되었다.

원래의 지표가 만들어진 이후 유용성에 대해 재평가가 있었고, 환자의 방어적인 구조에 집중한 첫 10주간의 치료를 통해 수집된 치료자의 보고에 따르면 4와 5 값은 다소 제한된 해석적 중요성을 시사한다. 4와 5의 값을 보이는 경우, 다른 사람들에 비해 주지화 경향이 크다. 그러나 이러한 방어적인 전략이 개인의 주된 심리학적인 조작의 특징이라거나 혹은 빈번히 사용되는 주요 형태라고 가정하는 것은 잘못된 것이다. 6 혹은 그 이상의 값일 경우, 치료자들의 평가는 사람들이 감정의 충격을 중화시키기 위한 주된 수단으로 주지화 기제를 사용한다는 의견으로 모아진다.

이런 과정은 감정의 충격을 줄이거나 중화하는

데 사용되지만, 또한 상황의 진짜 충격을 왜곡하는 경향인 '부정'의 자연스러운 형태라고 볼 수도 있다. 실제로 감정을 은폐하거나 정하는 것은 직접적이고 현실적인 느낌의 가능성을 조절하려는 경향으로 가상적이거나 유사 주지화 과정이라 할 수 있다.

*Sum6*와 *WSum6*(특수점수의 합과 가중치 합)

결정적 특수점수, 수준 1과 2의 DV, INCOM, DR와 FABCOM, 그리고 ALOG와 CONTAM은 사고를 표현하거나 개념화하는 데 어려움이 있는 사건들을 정의하기 위해 사용된다. 주의를 기울여야 하는 DR2, FABCOM2 반응과 CONTAM을 제외하고 다른 특수점수는 일반적으로 낮은 빈도로 나타난다. 600명의 비환자 중 83%에서 하나 정도, 그리고 이 집단의 최빈치는 2다. 비환자집단의 *WSum6* 평균은 4.48이었고, 비환자 아동의 경우 빈도는 증가했다.

7세의 평균은 6, 10세의 경우 5보다 높았다. *WSum6*의 평균은 연령이 증가하면서 감소하는데, 5세에 11.08로 최고치이고, 12세는 6.86, 16세 집단에서는 4.57이었다.

회피형이 아닌 처음 입원한 정신분열 환자 200명의 평균은 12다. 이 집단에서 184명(92%)의 수준 2의 반응은 최소 하나였고, *WSum6*의 평균은 52.31, 중간 값은 35, 최빈치는 23이었다. 535명 외래 환자 집단 대부분의 기록에서 비환자 집단보다 특수점수의 빈도가 유의하진 않았으나 높은 편이었다.

*WSum6*가 높은 경우, 평균이 9.36으로 다양한 환자 집단에서 흔하지 않다. 예를 들어, 엑스너(1986)는 분열형 장애 진단을 받은 환자들이 경계선 장애 진단을 받은 환자들보다 더 많은 특수점수를 보였고, 다른 사례보다 *WSum6* 평균이 더 높았다고 보고했다. 실버그와 암스트롱(1992)은 자살을 시도한 사춘기 입원 환자들 사이에서 *WSum6*가 상승하는 것은 보편적인 결과라고 했다. 골드슈타인(1998)도 *WSum6*는 사춘기 입원 환자들 사이에서 자살 경향과 함께 증가하는 것 같다고 지적했다. 말론(1996)은 어린 시절 근친상간 병력이 있는 치료 중인 여성 환자들에게서 *WSum6* 값이 매우 높았다고 보고했고, 반-파텐(1997)은 비환자 사춘기 청소년과 비교하여 비행 청소년에게서 더 높은 *WSum6* 빈도가 나타났다고 보고했다.

참고문헌

Abrams, E. W. (1955). Predictions of intelligence from certain Rorschach factors. *Journal of Clinical Psychology, 11*, 81-84.

Altus, W. D. (1958). Group Rorschach and Q-L discrepancies on the ACE. *Psychological Reports, 4*, 469.

Ames, L. B. (1960). Constancy of content in Rorschach responses. *Journal of Genetic Psychology, 96*, 145-164.

Ames, L. B., Metraux, R. W., & Walker, R. N. (1971). *Adolescent Rorschach responses*. New York: Brunner/Mazel.

Beck, S. J. (1945). *Rorschach's test. II: A variety of*

personality pictures. New York: Grune & Stratton.

Beck, S. J. (1965). *Psychological process in the schizophrenic adaptation*. New York: Grune & Stratton.

Beck, S. J., Beck, A., Levitt, E. E., & Molish, H. B. (1961). *Rorschach's test. I: Basic processes* (3rd ed.). New York: Grune & Stratton.

Bendick, M. R., & Klopfer, W. G. (1964). The effects of sensory deprivation and motor inhibition on Rorschach movement responses. *Journal of Projective Techniques, 28*, 261-264.

Beri, J., & Blacker, E. (1956). External and internal stimulus factors in Rorschach performance. *Journal of Consulting Psychology, 20*, 1-7.

Cocking, R. R., Dana, J. M., & Dana, R. H. (1969). Six constructs to define Rorschach M: A response. *Journal of Projective Techniques and Personality Assessment, 33*, 322-323.

Cooper, L., & Caston, J. (1970). Physical activity and increases in M response. *Journal of Projective Techniques and Personality Assessment, 34*, 295-301.

Dana, R. H. (1968). Six constructs to define Rorschach M. *Journal of Projective Techniques and Personality Assessment, 32*, 138-145.

Dudek, S. Z. (1968). M an active energy system correlating Rorschach M with ease of creative expression. *Journal of Projective Techniques and Personality Assessment, 32*, 453-461.

Evans, R. B., & Mormorston, J. (1964). Rorschach signs of brain damage in cerebral thrombosis. *Perceptual Motor Skills, 18*, 977-988.

Exner, J. E. (1974). *The Rorschach: A Comprehensive System. Volume 1*. New York: Wiley.

Exner, J. E. (1978). *The Rorschach: A Comprehensive System. Volume 2. Current research and advanced interpretation*. New York: Wiley.

Exner, J. E. (1983). *1983 Alumni newsletter*. Bayville, NY: Rorschach Workshops.

Exner, J. E. (1986). Some Rorschach data comparison schizophrenics with borderline and schizotypal personality disorders. *Journal of Personality Assessment, 50*, 455-471.

Exner, J. E. (1987). *An intellectualization index. Alumni newsletter*. Asheville, NC: Rorschach Workshops.

Exner, J. E. (1988). *COP. Alumni newsletter*. Asheville, NC: Rorschach Workshops.

Exner, J. E. (1990a). *EB Pervasive (EBPer) Alumni newsletter*. Asheville, NC: Rorschach Workshops.

Exner, J. E. (1990b). The intellectualization index [2AB+(Art+Ay)]. *Alumni newsletter*. Asheville, NC: Rorschach Workshops

Exner, J. E. (1991). *The Rorschach: A Comprehensive System. Volume 2: Interpretation* (2nd ed.). New York: Wiley.

Exner, J. E. (1993). *The Rorschach: A Comprehensive System. Volume 1: Basic foundations* (3rd ed.). New York: Wiley.

Exner, J. E., Armbruster, G. L., & Wylie, J. R. (1976). *TAT stories and the M^a:M^p ratio*. Rorschach Workshops (Study No. 225, unpublished).

Exner, J. E., & Bryant, E. L. (1974). *Flexibility in creative efforts as related to three Rorschach variables*. Rorschach Workshops (Study No. 187, unpublished).

Exner, J. E., Martin, L. S., & Mason, B. (1984). *A review of the Rorschach Suicide Constellation*.

11th International Congress of Rorschach and Projective Techniques, Barcelona, Spain.

Exner, J. E., & McCoy, R. (1981). *An experimental score for morbid content (MOR)*. Rorschach Workshops (Study No. 260, unpublished).

Exner, J. E., & Thomas, E. A. (1982). *Postural-gestural behaviors among introversives and extratensives during a structured interview*. Rorschach Workshops (Study No. 292, unpublished).

Exner, J. E., Viglione, D. I., & Gillespie, R. (1984). Relationships between Rorschach variables as relevant to the interpretation of structural data. *Journal of Personality Assessment, 48*, 65-70.

Exner, J. E., & Weiner, I. B. (1982). *The Rorschach: A Comprehensive System. Volume 3*. Assessment of children and adolescents. New York: Wiley.

Exner, J. E., & Wylie, J. R. (1974). *Therapist ratings of patient "insight" in an uncovering form of psychotherapy*. Rorschach Workshops (Study No. 192, unpublished).

Exner, J. E., & Wylie, J. R. (1977). Some Rorschach data concerning suicide. *Journal of Personality Assessment, 41*, 339-348.

Fisher, S., & Cleveland, S. E. (1958). *Body image and personality*. New York: Van Nostrand Reinhold.

Fleischer, M. S. (1957). *Differential Rorschach configurations of suicidal patients: A psychological study of threatened, attempted, and successful suicides. Unpublished doctoral dissertation,* Yeshiva University.

Frankle, A. H. (1953). *Rorschach human movement and human content responses as indices of the adequacy of interpersonal relationships of social work students*. Unpublished doctoral dissertation, University of Chicago.

Gibby, R. G., Stotsky. B. A., Harrington, R. L., & Thomas, R. W. (1955). Rorschach determinant shift among hallucinatory and delusional patients. *Journal of Consulting Psychology, 19,* 44-46.

Goldstein, D. B. (1998). Rorschach correlates of aggression in an adolescent inpatient sample. *Dissertation Abstracts, 58,* 5118.

Guirdham, A. (1936). The diagnosis of depression by the Rorschach Test. *British Journal of Medical Psychology, 16,* 130-145.

Halpern, F. (1940). Rorschach interpretation of the personality structure of schizophrenics who benefit from insulin therapy. *Psychiatric Quarterly, 14,* 826-833.

Hammer, E. F., & Jacks, I. (1955). A study of Rorschach flexor and extensor human movement responses. *Journal of Clinical Psychology, 11,* 63-67.

Hersh, C. (1962). The cognitive functioning of the creative person: A developmental analysis. *Journal of Projective Techniques, 26,* 193-200.

Hertzman, M., Orlansky, D., & Seitz, C. P. (1944). Personality organization and anoxia tolerance. *Psychosomatic Medicine, 6,* 317-331.

Kallstedt, F. E. (1952). A Rorschach study of 66 adolescents. *Journal of Clinical Psychology, 8,* 129-132.

King, G. F. (1960). Rorschach human movement and delusional content. *Journal of Projective Techniques, 24,* 161-163.

Klein, G. S., & Schlesinger, H. G. (1951). Perceptual

attitudes toward instability: Prediction of apparent movement experiences from Rorschach responses. *Journal of Personality, 19,* 289-302.

Klopfer, B., Kirkner, F., Wisham, W., & Baker, G. (1951). Rorschach prognostic rating scale. *Journal of Projective Techniques, 15,* 425-428.

Langmuir, C. R. (1958). *Varieties of decision making behavior: A report of experiences with the Logical Analysis Device.* Washington, DC: American Psychological Association.

Lerner, B. (1966). Rorschach movement and dreams: A validation study using drug-induced deprivation. *Journal of Abnormal Psychology, 71,* 75-87.

Levine, M., Glass, H., & Meltzoff, J. (1957). The inhibition process. Rorschach human movement response and intelligence. *Journal of Consulting Psychology, 21,* 45-49.

Levine, M., & Spivack, G. (1962). Human movement response and verbal expression in the Rorschach Test. *Journal of Projective Techniques, 26,* 299-304.

Lipton, M. B., & Tamarin, S., & Latesta, P. (1951). Test evidence of personality change and prognosis by means of the Rorschach and Wechsler-Bellevue tests on 17 insulin treated paranoid schizophrenics. *Psychiatric Quarterly, 25,* 434-444.

Loveland, N. T., & Singer, M. T. (1959). Projective test assessment of the effects of sleep deprivation. *Journal of Projective Techniques, 23,* 323-334.

Malone, J. A. (1996). Rorschach correlates of childhood incest history in adult women in psychotherapy. *Dissertation Abstracts, 56,* 5176.

Mason, B., & Exner, J. E. (1984). *Correlations between WAIS subtests and nonpatient adult Rorschach data.* Rorschach Workshop (Study No. 289, unpublished).

Mirin, B. (1955). The Rorschach human movement response and role taking behavior. *Journal of Nervous and Mental Disorders, 122,* 270-275.

Molish, H. B. (1955). *Schizophrenic reaction types in a Naval Hospital population as evaluated by the Rorschach Test.* Washington, DC: Bureau of Medicine and Surgery, Navy Department.

Ogdon, D. P., & Allee, R. (1959). Rorschach relationships with intelligence among familial mental defectives. *American Journal of Mental Deficiency, 63,* 889-896.

Orlinski, D. E. (1966). Rorschach test correlates of dreaming and dream recall. *Journal of Projective Techniques and Personality Assessment, 30,* 250-253.

Page, H. A. (1957). Studies in fantasy-daydreaming frequency and Rorschach scoring categories. *Journal of Consulting Psychology, 21,* 111-114.

Palmer, J. O. (1963). Alterations in Rorschach's experience balance under conditions of food and sleep deprivation: A construct validation study. *Journal of Projective Techniques, 27,* 208-213.

Paulsen, A. (1941). Rorschachs of school beginners. *Rorschach Research Exchange, 5,* 24-29.

Phillips, L., & Smith, J. G. (1953). *Rorschach interpretation: Advanced technique.* New York: Grune & Stratton.

Piotrowski, Z. (1937). The Rorschach ink-blot method in organic disturbances of central nervous system. Journal of Nervous and Mental

Disorders, 86, 525-537.

Piotrowski, Z (1939). Rorschach manifestations of improvement in insulin treated schizophrenics. *Psychosomatic Medicine, 1,* 508-526.

Piotrowski, Z (1940). Positive and negative Rorschach organic reactions. *Rorschach Research Exchange, 4,* 147-151.

Piotrowski, Z (1957). *Perceptanalysis.* New York: Macmillan.

Piotrowski, Z (1960). The movement score. In M. Rickers-Ovsiankina (Ed.), *Rorschach psychology.* New York: Wiley.

Piotrowski, Z., & Bricklin, B. (1958). A long-term prognostic criterion for schizophrenics based on Rorschach data. *Psychiatric Quarterly Supplement, 32,* 315-329.

Piotrowski, Z., & Bricklin, B. (1961). A second validation of a long-term Rorschach prognostic index for schizophrenic patients. *Journal of Consulting Psychology, 25,* 123-128.

Rapaport, D., Gill, M., & Schafer, R. (1946). *Psychological diagnostic testing* (Vol. 2). Chicago: Year-book Publishers.

Rees, W. L., & Jones, A. M. (1951). An evaluation of the Rorschach test as a prognostic aid in the treatment of schizophrenics by insulin coma therapy, electronarcosis, electroconvulsive therapy, and leucotomy. *Journal of Mental Science, 97,* 681-689.

Richter, R. H., & Winter, W. D. (1966). Holtzman inkblot correlates of creative potential. *Journal of Projective Techniques and Personality Assesment, 30,* 62-67.

Rorschach, H. (1921). *Psychodiagnostik.* Bern, Switzerland: Bircher.

Sakheim, G. A. (1955). Suicidal responses on the Rorschach test: A validation study. *Journal of Nervous and Mental Diseases, 122,* 332-344.

Schmidt, H., & Fonda, C. (1954). Rorschach scores in the manic states. *Journal of Psychology, 38,* 427-437.

Schulman, I. (1953). *The relation between perception of movement on the Rorschach test and levels of conceptualization.* Unpublished doctoral dissertation, New York University.

Silberg, J. L., & Armstrong, J. G. (1992). The Rorschach test for predicting suicide among depressed adolescent inpatients. *Journal of Personality Assessment, 59,* 290-303.

Singer, J. L., & Brown, S. L. (1977). The experience type: Some behavioral correlates and theoretical implications. In M. A. Rickers-Ovsiankina (Ed.), *Rorschach psychology* (2nd ed.). Huntington, NY: Robert E. Krieger.

Singer, J. L., & Herman, J. (1954). Motor and fantasy correlates of Rorschach human movement responses. *Journal of Consulting Psychology, 18,* 325-331.

Singer, J. L., Meltzoff, J., & Goldman, G. D. (1952). Rorschach movement reponses following motor inhibition and hyperactivity. *Journal of Consulting Psychology, 16,* 359-364.

Singer, J. L., & Spohn, H. (1954). Some behavioral correlates of Rorschach's experience-type. *Journal of Consulting Psychology, 18,* 1-9.

Sommer, R., & Sommer, D. T. (1958). Assaultiveness and two types of Rorschach color responses. *Journal of Consulting Psychology, 22,* 57-62.

Steele, N. M., & Kahn, M. W. (1969). Kinesthesis

and the Rorschach M response. *Journal of Projective Techniques Personality Assessment, 33,* 5-10.

Stotsky, B. A. (1952). A comparison of remitting and nonremitting schizophrenics on psychological tests. *Journal of Abnormal and Social Psychology, 47,* 489-496.

Tanaka, F. (1958). Rorschach movement responses in relation to intelligence. *Japanese Journal of Educational Psychology, 6,* 85-91.

Thomas, C. B., Ross, D. C., Brown, B. S., & Duszynski, K. R. (1973). A prospective study of the Rorschach of suicides: The predictive potential of pathological content. *Johns Hopkins Medical Journal, 132,* 334-360.

Thomas, H. F. (1955). The relationship of movement responses on Rorschach test to the defense mechanism of projection. *Journal of Abnormal and Social Psychology, 50,* 41-44.

Van-Patten, K. (1997). The quality of human reponses on the Rorschach: A comparison of juvenile delinquents and a normal sample of adolescents. *Dissertation Abstracts, 57,* 7217.

Wagner, E. E., & Hoover, T. O. (1971). Exhibitionistic M in drum majors: A validation. *Perceptual Motor Skills, 32,* 125-136.

Wanger, E. E., & Hoover, T. O. (1972). Behavioral implications of Rorschach's human movement response. Further validation based on exhibitionistic M's. *Perceptual Motor Skills, 35,* 27-30.

Weiner, I. B. (1966). *Psychodiagnosis in schizophrenia.* New York: Wiley.

Wetherhorn, M. (1956). Flexor-extensor movement on the Rorschach. *Journal of Consulting Psychology, 20,* 204.

White, M. A., & Schreiber, H. (1952). Diagnosing "suicidal risks" on the Rorschach. *Psychiatric Quarterly Supplement, 26,* 161-189.

Wiener-Levy, D., & Exner, J. E. (1981). The Rorschach *EA-ep* variable as related to persistence in a task frustration situation under feedback conditions. *Journal of Personality Assessment, 45,* 118-124.

Witkin, H. A., Dyk, R. B., Faterson, H. F., Goodenough, D. R., & Karp, S. A. (1962). *Psychological differentiation: Studies of development.* New York: Wiley.

Young, G. R., & Wanger, E. E. (1993). Behavioral specificity in the Rorschach human movement response: A comparison of strippers and models. *Journal of Clinical Psychology, 49,* 407-412.

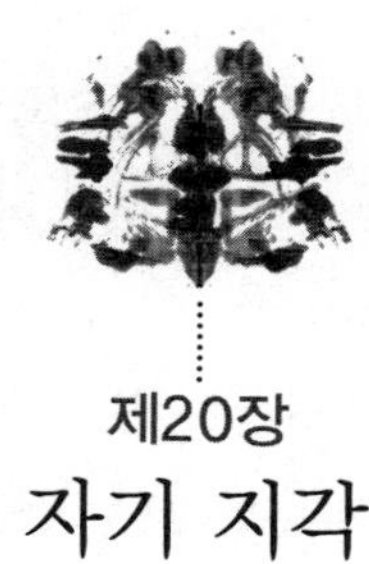

제20장
자기 지각

자기(self)에 대한 심리학적 견해는 다양하다. 그래서 이 군집에 적용되는 용어의 사용을 명확하게 규명하는 것이 중요할 것 같다. 자기 지각에는 자기상/자기 이미지(self-image)와 자기 관여(self-involvement)[1] 두 가지 특성이 포함된다. 자기 이미지는 자기 자신의 특성과 관련되는 것에 대한 인상으로 구성되어 있다. 이것은 자기 자신의 특성과 관련되는 개념의 내적 목록이라 할 수 있다. 이런 견해의 대부분은 이미 의식적인 사고에서 접근이 가능하나, 어떤 것은 의식적인 인식으로 완전히 알 수 없거나 부분적으로만 알 수 있다. 이것은 그들이 갈등을 하고 있거나 알고 싶어 하지 않기 때문이다. 그래서 억압되거나 부인되는 경향이 있다.

이따금씩 사람들은 포괄적 용어로 그들의 자기(self)에 대한 인상을 마음속으로 정리하기도 하지만, 인상의 목록에서 특성들은 자주 명석함과 어리석음, 매력과 추함, 외향성과 수줍음 등과 같은 연속선상의 관계에 의해 더 구체적으로 개념화된다. 많은 인상은 마치 창조적인, 상처받기 쉬운, 친절한, 다정한, 민감한, 성실함과 같이 대상을 사용하지 않고 형성되기도 하고, 대상을 두고 형성되기도 한다.

사람들이 자기 자신의 탓으로 돌리는 많은 특성은 현실의 경험에서 나온다. 그러나 목록의 다른 특성들은 현실에 대한 오해석에서 발생할 수 있고, 어떤 것은 순수하게 상상에 의한 이미지일 수 있다. 그렇다 해도, 지각된 특성의 목록은 자기의 내적 표상(internal representation)을 형성하는 데 기여한다. 현실과 일치하든 그렇지 않든 자기 이미지는 적응과 부적응에 잠재적인 영향을 많이 미치게 된다.

자기 관여[2]는 자기 이미지에 뿌리를 두고 있

1) 역자 주: self-involvement는 자기 몰입 또는 자기 관여의 의미로 번역하는데, 이 책에서는 자기 관여로 통용했다.

2) 역자 주: 관여는 깊이 관계하여 참여한다는 의미이므로, 자기 관여는 자기 내면에 깊이 관계하여 참여한다는 의미로 번역했다.

다. 한 사람이 외적인 세계에 비중을 덜 두고 자기 자신에 몰두한다는 것인데, 사실상 자기 관여는 자기중심성(self-centeredness)과 비슷하지만, 자기관여적이고 자기중심적인(self-centered) 특성이 꼭 그들 자신을 높게 평가하는 것을 의미하지는 않는다. 물론 자기관여 정도가 높은 사람은 종종 그들 자신에게 더 집중하여 높이 평가하는 경향이 있긴 하다. 즉, 외부의 요구에 상응하는 어떤 결정을 해야 할 때, 그들은 자기상의 또 다른 가치에 의미를 두거나 타협하는 특성을 보이기도 한다. 그러나 과도하게 자기 관여적인 문제가 있는 사람들은 외부 세계에 대해 중점을 덜 두고, 또 그것이 문제가 될 수 있다. 그들은 자신이 중요하다고 여기는 다른 사람과 비교하여 자신의 개인적 가치를 낮게 평가하며 그것에 주목한다.

자기 관여는 긍정적인 또는 부정적인 틀을 모두 가질 수 있다. 그리고 일반적('나는 다른 사람들보다 창조적이다.')이거나 구체적인('나는 그녀보다 외향적이지는 않다.') 용어 모두로 기술될 수 있다. 자기 관여는 목표를 달성해야 하는 상황에서 종종 중요한 역할을 한다. 자기상과 자기 관여는 관련되어 있지만, 어떤 예에서는 기대만큼 그 관계가 단순하지는 않다. 예를 들어, 사람은 자기의 어떤 지각된 특성이 겸손하게 판단되거나 평균적인 가치 이하의 내용이라 해도 자신에게 높은 가치를 부여할 수도 있다('나는 재능이 매우 많지는 않지만 좋은 사람이다').

자기에 대한 지각된 특성이 왜곡된 현실과 이미지에 의해 좌우될 때 개인적 가치에 대한 잘못된 의미가 형성된다. 예를 들어, 낮은 자존감은 자기 이미지와 관련된 많은 특성이 무조건 부정적으로 해석되어 형성되곤 한다. 또한 자기 이미지에 대한 지각적 특성이 과대 평가되었을 때 과도한 자기 관여나 개인의 가치에 대한 과장된 지각이 발생한다. 이런 지각이 다른 사람과의 관계나 성취에서 과대 평가된 자기 이미지의 특성을 현실적으로 검증하지 못할 때, 팽창된 자기 가치감을 유지하기 위해 과도한 방어 전략이 사용될 수 있다. 이것은 흔히 내적, 외적인 적응 문제를 초래할 수 있다.

자기 지각 관련 로르샤하 변인

자기 지각과 관련된 로르샤하 자료는 다양하며, 그 해석의 질은 로르샤하라는 투사적 도구를 사용하고 해석하는 사람의 능력에 따라 달라질 것이다. 이 군집은 9가지 변인(강박성 척도 *OBS*, 과민성 지표 *HVI*, 반사 반응, 자기중심성 지표, 형태 차원 반응 *FD*, 음영 차원 반응의 합, 인간 내용 반응들의 비율 *H*:(*H*)+*Hd*+(*Hd*), 해부 반응과 X-레이 반응의 합 *An*+*Xy*, 병리적 내용 반응 *MOR*)으로 구성된다. 또한 반응수 *R*과 경험 정보 *EB*는 인간 내용에 대한 자료를 검토하려 할 때 중요한 정보를 제공한다.

해석자는 자기 이미지의 부정적인 특성뿐만 아니라 긍정적인 특성을 찾아내어야 한다. 일반적으로 부정적인 특성은 쉽게 찾을 수 있지만, 긍정적인 특성이 종종 소홀히 다루어지곤 한다. 어떤 경우에는 긍정적인 특성을 확인하는 데 어려움이 있어서 무시될 수도 있지만, 오히려 해석자가 제시받은 평가적인 질문에 의해 발생되는 상황에서 (긍정적 특성들이) 간과될 가능성이 더 많다. 전형적으로 이 질문들은 부정적인 특성이나 문제를 강조하며[3] 접근하는 해석자가 가진 가정에 의해 만들어진 것들이기 때문에 긍정적인 요소들이 과소 평가되거나 무시될 우려가 있다.

먼저 살펴볼 내용

자기 지각과 관련된 자료들을 해석할 때 중요한 문제는 다음과 같다. ① 구체적인 자기 이미지 특성에 반영된 피검자의 성격 유형은 어떤 것인가? ② 자기 가치감, 그리고 자기에 대한 관심 수준은 동일 연령대에서 전형적인가, 비전형적인가? ③ 자기 이미지의 구체적인 특성에 집착하고 있는가? ④ 인식 가능한 긍정적인 자기 이미지는 무엇인가? ⑤ 인식 가능한 부정적인 특성은 어떤 것이 있는가? ⑥ 긍정적인 또는 부정적인 자기 이미지에서 검토해 볼 만한 중요한 왜곡이 있는가?

자기 지각 연구에 사용되는 절차를 설명하기 위해 두 사례가 제시될 것인데, 처음에는 구조적 변인에 초점을 맞추고, 내용을 분석하게 될 것이다.

사례 12

47세 남성 외래 환자가 5주 동안 심리치료를 받은 후 주치의에 의해 사설 정신병원에 일주일 정도의 입원을 권유받았다. 그가 직장에서 적응하지 못했다고 보고하는 동료도 있었고, 여러 달 동안 '(평소) 남편이 아닌 것 같다.'는 아내의 주장에 의해 그가 치료를 받아야 한다는 결정을 하게 되었다. 그는 외래로 병원에 다닐 때 항우울제를 먹었지만 병원에 입원하기 전까지 계속 복용하지는 않았다. 그는 베트남 전쟁 이후 제대하고 나서 참전 군인 병원에서 단기상담을 받은 것 외에는 정신과력이 없었다. 상담은 7회 동안 받았는데, 주로 자신의 진로와 직업을 계획하는 데 도움을 받았고, 그가 외국에 나갔을 때 그의 첫 아내가 외도했던 사실에 대해 다루었다고 했다.

그는 세 형제 중 맏이였다. 그의 아버지(69세)는 은퇴한 농부고, 3년 전 그의 어머니는 암으로 63세에 사망했다. 그의 여동생은 45세로 두 아이의 어머니이고, 남동생은 41세로 현재 가족 농장을 소유하고 있다. 그는 22세에 B.A.학위를 받았고, 졸업 후 결혼을 하고 그 뒤에 바로 군에 입대했다. 그와 아내는 결혼 후 그가 보병 소대의 책임자로 베트남으로 발령받기 전 6개월 동안 부대 근처에서 살았다. 그는 14개월 동안 베트남에 있었고, 부상을 당해 본국의 병원으로 돌아왔다. 귀국 후 그는 아내가 외도하고 있다는 사실을 알았고, 아내와 합의하에 이혼했다. 이혼 후, 작은 제조회사의 사무직원으로 일을 하기 시작했다. 9년 후에, 그는 큰 제조업 회사의 공산품 판매직에 종사하면서 우연하게 승진할 기회가 여러 번 있었다. 그는 비서 중 한 명인 27세 여성과 재혼하였고, 그와 그녀 모두 과거 20년 동안 행복한 생활을 했다고 보고했다. 세 자녀가 있고(18세 대학교

3) 역자 주: 진단을 목적으로 하다 보니 부정적인 특성이나 결함을 위주로 질문하게 되어서로 이해할 수 있다.

사례 12 47세 남성의 자기 지각 관련 자료

R	= 21	OBS	= No	HVI = No	인간 내용, An, Xy 반응	
Fr+rF	= 0	3r+(2)/R	= .19	I 1.	WSo FC′o (Hd),Ay 3.5 GHR	
				III 6.	D+Ma.mp.FC′.FD.CFo 2 H,Fd,Cg P 3.0 COP,MOR,GHR	
FD	= 3	SumV	= 1	V 12.	D+Ma.FC′−H, Hh,Sx 2.5 COP,PHR	
				VII 14.	W+Mpo 2 Hd P 3.0 GHR	
An + Xy = 1		MOR	= 6	VIII 16.	W+FMa.CFo 2 A,An,Fd P 4.5 AG,MOR,PHR	
				IX 19.	DSo FC′o (H) 5.0 GHR	
H: (H)+Hd+(Hd) = 3:3				X 20.	DS+Ma.YF.CF.mpo H,Fi,Sc 6.0 GHR	
[EB = 4:6.0]						

신입생 아들, 16세 고등학생 딸, 12세 6학년 딸), 그의 아내는 그가 정신병원에 다니기 2년 전부터 그가 공격적인 행동을 보이고, 골프에도 흥미를 잃고, 직장에서 불공정한 경쟁에 대해 심하게 언급했다고 보고했다. 그녀는 그가 결혼 생활을 활기 있게 해 줄 수 있다며 익숙하지 않은 성행위를 요구하기도 했다고 보고했다.

그는 이 사실을 인정하기는 했으나 그녀가 말하는 것만큼 기괴한 것은 아니었다고 반박했다. 또한 그는 몇몇 동료들이 자신의 자리를 노리고 있다고 말하며, 상사가 그를 나쁘게 평가했다고 말했다. 직장에서 그에 대한 모함을 확신한다고 말하면서도, 한편으로 자신이 상상한 것일 수도 있다고 인정했다. 약 세 달 전부터 잠들기 어려웠고, 약속을 여러 번 잊어버리거나 직장으로 차를 몰고 가다가 출근한다는 사실을 잊고 대신 레스토랑으로 갔던 적도 있다고 보고했다. 그의 아내는 최근에 그가 술을 많이 마시고, 사실이 아닌 아내의 부정에 대해 따지고, 그의 동료에게 시비를 걸었다고 말했다. 그는 이것이 자신을 나쁘게 보이게 하는 것이라며 불평하면서도 마지못해 치료에 참여했다. 그는 신체적 · 신경학적 · 심리학적 평가를 모두 받기 위해 짧은 기간 동안 입원하는 것에 동의했다. 주치의는 우울증(depression), 경계선 성격장애(borderline personality disorder), 분열 정동 상태(schizo-affective state)에 대해 감별해야 한다는 소견을 제시했다.

사례 13

27세인 여성이 정신과 전문의에게 의뢰되어 2달간 7회기 치료를 받았다. 그녀의 주 호소는 신경과민과 일정하게 시간에 집중하지 못하는 어려움이었다. 그녀는 항불안제를 복용하였으나 아무런 도움이 되지 않는다고 말했다. 정신과 전문의는 치료에 대한 다른 계획을 세우거나 어떤 부가적인 약물을 복용시키기 전에 평가를 통해 많은 것을 아는 것이 합리적이라고 생각했다.

그녀는 평가하는 동안 꽤 협력적이었고, 그녀가 하고 있는 것에 집중했다고 보고되었다. 그녀는 세 자매 중 막내로, 그녀의 아버지는 55세 목수다. 그녀의 어머니는 53세 전업주부고, 큰 언니는 34세로 소방관과 결혼했고 세 아이가 있다.

사례 13 29세 여성의 자기 지각 관련 자료

R	= 25	OBS	= No	HVI = No	인간 내용, An, Xy 반응	
Fr+rF	= 2	3r+(2)/R	= .64	III 6.	D+Mp.Fro,H,Cg P 3.0 GHR	
FD	= 1	SumV	= 0	III 7.	Do FC.Mpo 2 (H) GHR	
				VI 13.	Dd+Fu (H),Cg 2.5 PER,PHR	
An + Xy = 0		MOR	= 1	VII 14.	D+Mpo 2 Hd P 3.0 GHR	
H: (H)+Hd+(Hd) = 1 : 3						
[EB = 3 : 8.0]						

둘째 언니는 31세로 보험회사 직원과 결혼하여 두 아이가 있다. 직계가족에서는 정신과력이 없다. 그녀는 18세에 중간 정도의 성적으로 고등학교를 졸업하였다. 그리고 비서학과 2년 과정을 수료하기 위해 전문대에 들어갔다. 그녀는 '재미없고 아무것도 득이 될 것이 없어서' 1년 후 중퇴했다. 그녀는 많은 다른 사람을 만나게 해 주기 때문에 직장이 마음에 든다며 4년 동안 자동차 부품 상점으로 옮겨 출납원으로 일했다.

그녀는 24세에 결혼을 하고, 4년 후에 이혼을 했다. 그녀의 전 남편은 자동차 수리점의 부사장이었고, 한 시즌 동안 자동차 레이스 팀에서 일했다. 그는 29세였는데, 그녀는 그들의 관계를 "처음에는 흥미로웠어요. 우리가 좋은 결혼 생활을 할 수 있을 것이라고 생각했지만, 그건 시작부터 잘못되었죠. 그는 전혀 나에게 허용적이지 않았어요."라고 말했다. 그녀는 약 1년 후 그와 함께 자동차 경주에 참여하던 것을 그만두었고, 그가 주말에 집을 비우면 다른 남자를 만나곤 했다. 그녀는 "결혼은 나의 큰 실수였어요. 그는 항상 지배욕으로 나를 압도했고, 나는 결혼은 하고 싶긴 했지만, 그와 같은 사람과는 아니었어요."라고 말했다. 그녀는 이혼 후 많은 남자를 만났으나 "그들은 모두 똑같았어요."라고 했다. 그녀는 좋은 남자가 언젠가는 나타날 것이라는 믿음을 가지고 있다고 말했다. 최근 18개월 동안, 그녀는 치과병원에서 접수원으로 일했는데, 직업이 마음에 들기는 했지만, 다른 직업을 원하고 있었다. 그녀는 학교로 돌아가고 싶지만, 공부를 할 수 있을지에 대해 확신이 없다고 말했다. 그녀는 "나는 또 초조하고 불안할 거예요."라고 말했다. "어느 날은 증상이 없다가도 어느 날은 있을 거예요. 나는 내가 의자에서 점프할 것 같은 느낌이 있고, 이런 느낌을 단순하게 받아들일 수가 없어요."라고 했다.

정신과 전문의는 그녀가 경험하는 불안의 원인에 대해 알고자 의뢰하였고, 공황장애의 진단이 적절할 것 같다고 가정했다. 그리고 보다 효과적인 치료를 위한 권고 사항을 요청했다.

일반 해석

해석 전략은 8단계로 구성된다. 처음 7단계는 구조적 자료와 인간 내용 반응에 대한 기호에 중점을 둔다. 그다음(8단계)은 프로토콜의 내용과 용어에 투사된 자료들을 찾기 위한 단계다.

1단계: OBS, HVI

OBS, HVI는 인지적 기능과 관련하여 논의된 바 있지만, 자기 지각의 맥락에서 다시 살펴보는 것이 중요하다.

OBS에 대한 잠정적 소견: OBS에 해당된다면, 완벽주의적인 집착을 시사한다. 이 유형은 융통성이 부족하고, 과도하게 완벽한 수행에 집착하거나 과도하게 실패감을 경험하는 사람에게서 나타날 수 있다. 강박적인 사람들은 올바름과 정확함과 관련된 강한 가치를 중요하게 여기고, 이런 가치를 공유하지 않는 사람들을 경멸하는 경향성이 있다. 강박성(obsessiveness)의 기원과 관련된 많은 이론이 있지만, 그 특성을 모두 보이지는 않는다. 즉, 강박적인 사람들은 그들 스스로의 적합성에 대한 의문을 가지고 있기 때문에 불완전함에 대한 두려움이 잠재되어 있다. 완벽에 대한 노력은 불확실함에 대한 걱정을 통제하기 위한 한 가지 방법일 뿐 아니라 심지어 자신이 부적합한 인물이 될 만한 치명적인 실수를 피하기 위한 처절한 방법이기도 하다.

일반적으로 강박적인 사람들의 자기 이미지는 자기애적 특성을 가지는 사람들과 대조적으로 전혀 과장적 특성을 보이지는 않는다. 자기에 대한 견해가 부정적이고 보수적인 경향이 있다. 만약 강박적인 사람의 자기 이미지가 비현실적이거나 과장되어 있다면, 실패했을 때 매우 큰 심리적인 위험에 빠지게 된다. 이것은 강박적인 사람들은 실수의 결과와 중요성을 과장하는 경향이 있고, 그에 따라 자신을 평가절하하는 경향이 있기 때문이다.

HVI에 대한 잠정적 소견: HVI에 해당되면, 자신의 나약함에 대한 과도한 집착을 하고 있음을 시사한다. 이것은 일반적이라기보다 특정한 집착이고, 앞 장에서 기술된 것처럼 환경에 대해 신뢰하지 못하는 태도에서 비롯된다. 과도하게 경계하는 사람들은 그들의 개인적인 본성을 보호하기 위한 걱정을 매우 많이 하고, 상황의 현실성을 간과하며, 실패와 어려움의 원인에 과도하게 집착한다. 자신에 대해 다른 사람의 행동이나 반응이 불확실하면, 그들의 행동이 적절한지, 자신의 의도가 과소 평가되거나 조정당하는 것을 피할 수 있는지에 대해 확실하게 준비하기 위해 전전긍긍한다. 과도하게 경계하는 사람들은 보호받는 상황에 매우 집착하고, 유지하기 위해 많은 에너지를 투자한다. 환경적으로 경계하는 정도가 커지면, 때로 편집증적 사고 경향을 분명하게 보이곤 한다. 2단계로 가자.

2단계: 반사 반응

반사 반응(Reflections)은 자기애적인 성격 특성과 관련이 있다. 이것은 자기 자신을 매우 중요하게 평가하는 경향성을 반영한다. 이 특성은 어린 아동에게는 자연스러운 것이나 보통 형식적 인지 조작 기능이 성장하고, 사회적 관계가 중요해지는 청소년기 동안에는 사라지거나 누그러진다. 자기 가치감에 대한 과장된 생각이나 느낌을 가진다고 해서 자동적으로 어떤 병리를 초래하는 것은 아니다. 자기 자신을 높게 평가하는 많은 사람은 매우 성공적인 삶을 살고 있지만, 그들의 자기중심성은 그들 자신의 본성에 대한 건강한 걱정과 다른 사람의 본성 사이의 성숙한 균형이 이루어지지 않았을 때는 위험을 내포하게 된다. 자기 가치감의 팽창된 감각이 적응 문제를 초래할 가능성은 자신의 성취에 대해 확신하는 정도에 의해 달라진다. 자기 자신을 높게 평가하는 것은 자신의 가치와 확신에 유의미하게 기여하게 되고, 그에 대한 건강한 조망이 이루어지면, 병이나 부적응의 가능성도 낮아진다. 반대로, 높은 자기 가치를 재확인하는 데 실패한다면, 좌절하고 부정적인 사고와 태도를 취하게 된다. 이것은 특별한 개인의 가치를 보호하기 위해 정교한 개인적 방어 구조로 발전된다. 이것은 병리와 부적응의 소인을 만들어 낼 수 있다. 합리화(rationalization), 외재화(externalization), 부인(denial)은 전형적으로 이런 방어의 한 유형이다.

잠정적 소견: *Fr+rF*의 점수가 0보다 크다면, 자기 관여가 과장되어 자신의 가치를 과도하게 높이 평가한다고 해석할 수 있다. 이런 특성은 개인적 자존감의 과장된 감각을 강화하고, 또 이를 확인해야 하는 필요성 때문에 행동과 결정에 크게 영향을 끼치며, 오랫동안 지속되어 온 성격 특성일 수 있다. 이런 특성을 가진 성인과 청소년은 종종 의미 있는 대인관계를 만들거나 유지하는 데 어려움을 겪는다. 어떤 경우, 이것은 자기를 시험하려 하고 자신의 기대에 부응하는 우연한 증거만 있어도 자기에 귀인하는 높은 가치와 그것이 타당하지 않다는 어떤 인식 사이에서 대립되는 내적 갈등이 나타날 수 있다. 만약 환경이 자신의 기대에 확신을 주지 않는다면, 비사회적이고 반사회적인 상황에 상대적으로 쉽게 빠질 수 있다. 3단계로 가자.

사례 13 유력한 소견

그녀의 프로토콜에는 보편적인 정도 이상으로 자기중심성이 특징적이고 개인적 가치에 대한 과장된

사례 13 29세 여성의 자기 지각 관련 자료

					인간 내용, An, Xy 반응
R	= 25	OBS	= No	HVI = No	
Fr+rF	= 2	3r+(2)/R	= .64	III 6.	D+Mp.Fro,H,Cg P 3.0 GHR
FD	= 1	SumV	= 0	III 7.	Do FC.Mpo 2 (H) GHR
				VI 13.	Dd+Fu (H),Cg 2.5 PER,PHR
An + Xy = 0		MOR	= 1	VII 14.	D+Mpo 2 Hd P 3.0 GHR
H: (H)+Hd+(Hd) = 1:3					
[EB = 3:8.0]					

지각을 가지고 있다는 것을 시사하는 반사 반응이 2개 포함되어 있다. 이 특성은 결정과 행동에 많은 영향을 미치고, 아마도 성숙한 대인관계를 만들고 유지하는 데 곤란을 초래할 것이다. 이것은 스트레스를 부인하고, 타인을 비난할 가능성을 증가시킨다. 그녀의 결혼에서 주로 나타나는 호소는 이러한 역기능적인 합리화로 나타날 수 있다. 또한 직업적인 불만족감은 팽창된 자기감과 상황적 현실 사이의 괴리를 경험하고 있을 가능성을 시사한다.

3단계: 자아 중심성 지표

자아 중심성 지표(The Egocentricity Index)는 자기에 대한 관심과 자기 존중감(self-esteem)을 나타낸다. 이것은 자기 참여적 행동(self-attending behavior)의 중요한 측정치다. 만약 이것이 평균보다 높다면 이것은 자기에 과도한 관여를 나타내지만, 반사 반응이 유의미하게 나타나지 않으면 긍정적인 자기 존중감과 동일하게 해석하지는 않는다. 반대로, 자아 중심성 지표 값이 평균보다 낮다면, 자기 존중감이 낮은 것으로 해석할 수 있다. 즉, 자기와 타인을 비교할 때, 자기에 대한 부정적인 평가가 더 많을 수 있다.

성인의 평균 범위는 .33에서 .45이지만, 아동 피검자의 경우에는 더 넓다. 아동 피검자들의 연령에 따른 수치를 〈표 20-1〉에 제시했다. 아동에게 기대되는 범위의 점수가 증가하는 것은 어찌 보면 당연하다. 청년 집단, 특히 청소년 전기의 연령에 있는 경우, 대부분의 성인보다 더 자기 관여적이다. 그런 자기 중심성은 현실 세계에 대한 인식이 발달하면서 대인관계의 가치나 다른 사람의 중요성을 인식할 때 점차 감소하는 경향이 있다.

잠정적 해석 1: 자아 중심성 지표 값이 평균 이상일 때, 다른 사람들보다 그 자신에게 매우 많이 관여하고 있는 경향성이 있다고 해석할 수 있다. 만약 하나 혹은 그 이상의 반사 반응이 있으면, 자기애적 특성이 내면에 공고해져 있고, 다른 사람과의 관계에서 자기 위주의 결정이 빈번하다는 의미일 수 있다. 한편, 반사 반응이 없어도, 그것은 오히려 외부의 평가를 무시하고 자기 집착이 매우 강하다는 의미일 수 있다. 많은 사례에서, 자아 중심성 지표 값이 평균값에 해당되면 적절하게 높은 자기 존중과 자기 가치 평가를 나타내지만, 어떤 예에서 자기에 대한 이런 강한 집착은 개인적인 불만족감에 대한 반동적 의미일 수 있다. 후자에 해당된다면, 피검자의 프로토콜은 전형적으로 자기 비하나 사회적 적응에서의 문제를 강하게 반영할 수 있다. 4단계로 가자.

표 20-1 아동의 자아 중심성 지표 범위

5세	.55~.83	11세	.46~.58
6세	.52~.82	12세	.46~.58
7세	.52~.72	13세	.41~.55
8세	.48~.74	14세	.37~.54
9세	.47~.69	15세	.33~.50
10세	.47~.61	16세	.33~.48

사례 13 29세 여성의 자기 지각 관련 자료

R = 25	OBS = No	HVI = No		인간 내용, An, Xy 반응
Fr+rF = 2	3r+(2)/R = .64		III 6.	D+Mp.Fro,H,Cg P 3.0 GHR
FD = 1	SumV = 0		III 7.	Do FC.Mpo 2 (H) GHR
			VI 13.	Dd+Fu (H),Cg 2.5 PER,PHR
An + Xy = 0	MOR = 1		VII 14.	D+Mpo 2 Hd P 3.0 GHR
H: (H)+Hd+(Hd) = 1:3				
[EB = 3:8.0]				

사례 13 유력한 소견

자아 중심성 지표의 점수가 .640이다. 이것은 성인 평균 범위의 상한선을 유의미하게 초과한다. 2개의 반사 반응은 이 지표에 유의미하게 기여하는 것으로 그녀의 광범위한 자기 관여와 자기 가치를 꽤 높게 평가하는 경향성을 시사한다.

잠정적 소견 2: 자아 중심성 지표의 점수가 성인 평균 범위인 .33~.45에 있다면, 대부분의 다른 사람들과 자기 관여 정도가 유사할 수 있다.

잠정적 소견 2a: 만약 자아 중심성 지표 값이 평균 범위이고, 한두 개의 반사 반응이 있다면, 주의해서 해석해야 한다. 자기애적인 특성은 자기에 대한 과도한 집착을 낳게 하는데, 적어도 한 개의 반사 반응과 자아 중심성 지표가 평균 범위의 값을 보인다면, 높은 개인적 가치감에 대해 허상이라고 생각하거나, 평소 자기에 대해 의구심을 가지고 있을 수 있다. 한편, 아동 및 청소년들이 그렇다면, 그것은 사회적인 성숙 과정이 진행 중임을 나타내는 좋은 징후일 수 있다. 하지만 성인에게는 개인 가치의 과장된 지각에 대한 도전에 의한 불편이 과거에 사용하던 방어를 비정상적으로 촉진할 것으로 예상되기 때문에 긍정적인 소견이라고 할 수 없다. 오히려 더 혼란스럽고, 심리적인 기능에 비효율성을 초래할 수 있으며, 그에 따라 감정의 기복이 심해질 수 있다. 4단계로 가자.

잠정적 소견 3: 자아 중심성 지표 값이 평균보다 작을 때 개인의 가치 평가가 부정적인 경향이 있다. 이런 사람은 다른 사람과 비교해 그들 자신에 대해 호의적이지 않다. 이 특성은 자주 우울의 전조가 된다. 반사 반응이 포함된 프로토콜에도 이런 경우는 흔치 않다. 반사 반응이 포함된 프로토콜에서 만약 자아 중심성 지표가 평균 이하의 값이면, 자기 이미지와 자기 가치에 대해서 심각하게 갈등하고 있다는 의미일 수 있다. 기분의 변동이 실제로 관찰되고, 역기능적 행동이 나타나기 쉽다. 4단계로 가자.

사례 12 유력한 소견

자아 중심성 지표가 .19로 평균보다 꽤 작은 값이고, 프로토콜에는 반사 반응이 없다. 다른 사람과 대조적으로 그 자신을 평가할 때, 부정적인 자기 지

사례 12 47세 남성의 자기 지각 관련 자료

R = 21	OBS = No	HVI = No	인간 내용, An, Xy 반응
Fr+rF = 0	3r+(2)/R = .19	I 1.	WSo FC′o (Hd),Ay 3.5 GHR
		III 6.	D+Ma.mp.FC′.FD.CFo 2 H,Fd,Cg P 3.0 COP,MOR,GHR
FD = 3	SumV = 1	V 12.	D+Ma.FC′−H, Hh,Sx 2.5 COP,PHR
		VII 14.	W+Mpo 2 Hd P 3.0 GHR
An + Xy = 1	MOR = 6	VIII 16.	W+FMa.CFo 2 A,An,Fd P 4.5 AG,MOR,PHR
		IX 19.	DSo FC′o (H) 5.0 GHR
H: (H)+Hd+(Hd) = 3:3		X 20.	DS+Ma.YF.CF.mpo H,Fi,Sc 6.0 GHR
[EB = 4:6.0]			

각에 집중할 가능성이 있다. 결과적으로, 그의 자존감이나 개인적 가치 평가는 대부분의 성인에 비해 매우 부정적일 것이다.

4단계: *FD*와 *SumV*

형태 차원(*FD*)과 음영 차원(Vista) 반응은 자기 내성(self-introspection)과 관련이 있다. 유사한 개념으로, 자기 검토(self-examination)는 보통 스스로를 성찰하는 특성이므로 긍정적인 특성으로 간주된다. 내성이란 가능한 한 객관적으로 편견, 틀 혹은 감정을 배제하면서 현실적인 시각으로 자신의 성격과 자신의 특성에 대해 성찰하는 것이다. 보통 자기 감찰(self-inspection)은 긴장 상태를 유지하면서 보다 완벽하게 그들의 주장과 책임을 표준에 맞추기 위해 언제나 자기를 시험하는 어떤 도전에 참여하도록 한다. 내성은 그것이 때때로 그들 자신의 통합된 본성이 도전받게 될 때, 위험해질 수 있다. 극단적인 형태가 자기 반추(self-rumination)이며, 매우 불편한 감정을 낳기도 한다.

FD 반응들은 내성의 성향과 관련된다. 일반적으로 프로토콜에서 그 빈도가 높지 않다면, 긍정적인 신호일 수 있다. 자기 내성의 경향을 나타내지만 그 과정에서 부정적 감정이 발생할 수도 있다. 제15장과 제16장에 기술된 것처럼 음영 차원 반응은 상황적인 죄책감이나 후회/양심의 가책과 관련이 있지만, 더 일반적으로 그것들은 자신의 부정적인 특성에 대한 만성적인 집착과 관련되어 있다. 음영 차원 반응은 사람이 반추하는 것에 대한 특정한 자기 특성에 대한 집착이나 초조하고 고통스러운 감정을 반영하는 지표일 수 있다.

잠정적 소견 1: 기록에서 *R*이 적어도 17이고, 형태 차원(*FD*)과 음영 차원(*V*) 반응이 없다면, 자기 지각을 덜하는 사람일 수 있다. 이런 사람들은 사회적으로 바람직한 것을 택하기보다는 자신의 욕구에 의해 덜 세련된 행동을 택하곤 한다. 아동이나 청소년에게서 나타나는 특성이지만, 성인도 예외는 아니다. 만약 *R*이 17보다 작다면, 이 가설은 바뀌어야 한다. 5단계로 가자.

잠정적 소견 2: 음영 차원의 합 값(*SumV*)이 0이고, *FD*가 1개 혹은 2개일 때, 일상적으로 자기 내성을 할 수 있고, 이 과정이 자기 이미지를 재평가하도록 자극한다면, 이것은 긍정적인 결과일 수 있다.

사례 13 유력한 소견

그녀의 프로토콜에는 *FD*가 1개 있다. 이것은 긍정적인 신호다. 특히 자신의 가치를 과대 평가하기 때문인데, *FD*로 조금 더 현실적인 자기감을 가질 수 있는 어떤 자기 반성을 기대해도 좋을 듯하다. 한편 자신의 가치를 과대 평가하는 경향이 있는 사람들에게 일시적인 자기 반성은 때로 부정적 환경 때문이라는 외부 귀인적 태도를 자극하여 비현실적인 자기감을 강화시키기도 한다.

잠정적 소견 3: *FD*의 점수가 2 이상이고 *SumV*의 점수가 0보다 클 때, 그것은 어떤 예외적인 자기 내성 행동을 의미한다. 음영 차원 반응이 없는데 3개나 그 이상의 *FD* 반응이 있다면, 자기 이미지에 대한 예외적인 관심을 시사한다. 이런 관심은 그것이 만약 자기 개선을 위한 노력과 관련된다면 긍정적일 것이다. 만약 자아 중심성 지표가 평균이라면 사실일 수 있다. 다른 한편 자기에 대한 반추이기만 하다면 역효과를 보일 것이다. 자아 중심성 지표가 평균보다 낮을 때 더욱 그렇다. 음영 차원 반응이 1개나 그 이상이면 *FD*의 빈도에 관계없이 부정적으로 지각된 자기 특성에 대한 집착을 의미하며, 그것은 고통스러운 감정을 초래한다.

이런 특성은 어떤 발달 단계(정서적 상실, 실패, 신체적 · 심리적 어려움과 같은 중요한 삶의 사건과 같은, 또한 사춘기나 노화 등)에서도 나타난다. 또한 치료 초기 단계에 있는 피검자에게서 자주 나타난다. 원인이 무엇이든지, 눈여겨보아야 할 자기 초점화 특성이 나타난다. 이런 소견은 반사 반응이 포함된 기록에서도 매우 예외적이고 혼란스러운 걱정이 있을 거라 가정하게 한다. 반사 반응이 있는 프로토콜에 1개 혹은 그 이상의 음영 차원 반응이 있다면, 높은 자기 가치감의 문제와 자기의 지각된 부정적인 특성 간의 괴리를 감소시키려 노력하고 있다는 의미일 수 있다.

사례 13 29세 여성의 자기 지각 관련 자료

			인간 내용, An, Xy 반응
R = 25	OBS = No	HVI = No	
Fr+rF = 2	3r+(2)/R = .64	III 6.	D+Mp.Fro,H,Cg P 3.0 GHR
FD = 1	SumV = 0	III 7.	Do FC.Mpo 2 (H) GHR
		VI 13.	Dd+Fu (H), Cg 2.5 PER,PHR
An + Xy = 0	MOR = 1	VII 14.	D+Mpo 2 Hd P 3.0 GHR
H: (H)+Hd+(Hd) = 1:3			
[EB = 3:8.0]			

사례 12 유력한 소견

세 개의 *FD* 반응과 하나의 음영 차원 반응이 있다. 이것은 그가 보통 사람들보다 자기 내성 행동에 과도하게 관여하고 있고, 아마도 그 자신의 가치에 대한 어떤 특이한 관심이 있다는 것을 나타낸다. 음영 차원 반응은 그가 부정적으로 여기는 특성에 대해 반추하고 있을 가능성을 시사한다. 이러한 반추 작업은 상당한 내적 고통을 초래한다. 이는 그의 자아중심성 지표가 평균 이하의 값이고, 그가 자주 자신의 매우 부정적인 측면에 대해 걱정한다는 것을 시사하는 것이므로 현재 문제를 설명할 매우 중요한 결과다.

5단계: 해부 반응과 X-레이 반응의 합(*An+Xy*)

해부 반응과 X-레이 반응은 프로토콜에서 흔하게 나타나는 것은 아니다. 일반적으로 *An+Xy*의 점수는 대부분 0이나 1개일 수 있다. 한개 이상일 때, 보통 신체에 대한 관심을 나타내고, 높은 점수를 받을 때는 그와 관련된 집착을 시사한다.

잠정적 소견 1: *An+Xy*가 2개라면, 신체에 대한 관심이 존재할 가능성에 대해 주의해야만 한다. 마이너스(−) 형태질 또는 MOR 특수점수가 없으면 중요한 진단적 결정을 고려할 필요는 없다. 각각 또는 모두 *FQ*가 마이너스(−)라든가 또는 MOR 특수점수가 있다면 중요한 신체에 대한 걱정을 반영할 가능성이 더 높아진다. 이 문제는 8단계에서 다시 강조될 것이다.

잠정적 소견 2: *An+Xy*의 점수가 3개 또는 그 이상이라면, 반응의 형태질이나 MOR 점수의 여부와 관계없이 어떤 특이한 신체 걱정 또는 집착이 있다는 것이 거의 확실하다. 이는 신체적 문제가 있는 사람들에게는 흔한 결과다. 건강 관련 문제가 없다면 신체나 자기 이미지에 대한 반추 가능성을 의미하고, 취약성에 의한 혼란스러움을 시사하는 자료일 수 있다. 6단계로 가자.

사례 12 47세 남성의 자기 지각 관련 자료

R	= 21	OBS	= No	HVI = No	인간 내용, An, Xy 반응
Fr+rF	= 0	3r+(2)/R	= .19	I 1.	WSo FC′o (Hd),Ay 3.5 GHR
				III 6.	D+Ma.mp.FC′.FD.CFo 2 H,Fd,Cg P 3.0 COP,MOR,GHR
FD	= 3	SumV	= 1	V 12.	D+Ma.FC′−H, Hh, Sx2.5 COP,PHR
				VII 14.	W+Mpo 2 Hd P 3.0 GHR
An + Xy = 1		MOR	= 6	VIII 16.	W+FMa.CFo 2 A,An,Fd P 4.5 AG,MOR,PHR
				IX 19.	DSo FC′o (H) 5.0 GHR
H: (H)+Hd+(Hd) = 3:3				X 20.	DS+Ma.YF.CF.mpo H,Fi,Sc 6.0 GHR
[EB = 4:6.0]					

6단계: 병리적 반응의 합(Sum MOR)

프로토콜에 병리적 내용의 반응(이하 MOR)이 1개 정도 있는 것은 흔한 일이다. 일반적으로 동물 가죽 반응이 많이 나타나는 카드 VI에서 매우 빈번하게 나타난다. MOR 반응이 하나보다 많으면, 이것은 전형적으로 자기 이미지가 부정적이거나 잘못된 인상을 포함하고 있다는 의미다. 많은 요인이 자신에 대한 부정적인 인상을 발달시키게 하고, 어떤 것은 역경이나 좌절에 의해, 교육적 · 직업적 · 정서적 · 사회적 경험과 관련되는 구체적인 실패나 실망에서 발생할 수 있으며, 시간적으로 최근에 나타난 것일 수도 있다. 이런 맥락에서, 개인력은 이들 부정적 귀인의 기원을 이해하는 데 중요한 자원이 된다. 원인과 관계없이, 이들 귀인 관련 태도는 영속적인 경향이 있고, 그것이 극대화되었을 때는 자기에 대한 비관적인 견해를 가지는 경향이 있다. MOR 반응이 있으면 8단계에서 투사된 대상에 대해 검토해야 하지만, 이것이 과도하게 빈번할 때는 자기 이미지에 대한 의도하지 않은 혹은 손상된 특성의 중요한 정보일 수 있다.

잠정적 소견 1: MOR의 점수가 2개일 때는 자기에 대한 비관적인 견해와 같은 부정적인 특성을 시사한다. 이러한 해석은 반사 반응을 포함하는 프로토콜에서는 흔하지 않지만, 자기 가치를 평가하는 갈등이 있다는 의미일 수도 있고, 또 어떤 경우에는 높게 평가된 자기 이미지를 격하시키는 어떤 최근의 상황을 추측할 수도 있다.

잠정적 소견 2: MOR 점수가 3개 또는 그 이상일 때, 그것은 자기 이미지가 부정적인 귀인에 좌우되어 자신에 대한 비관적인 견해가 보편적인 정도보다 많다는 의미다. 이 해석은 1개 혹은 그 이상의 반사 반응을 포함하는 프로토콜에서는 예외일 수 있는데, 두 가지 가능성을 추측할 수 있다. 이것은 자기 이미지나 자기 가치에 대한 상당히 심각한 걱정이나 혼란을 반영하는 것일 수 있고, 미래에 대한 희망이 없거나 괴로움에 대해 가진 자신의 과장된 인상에 대해 개선의 노력을 하지 않고 있다는 의미일 수도 있다.

사례 12 유력한 소견

21개 반응 기록에 6개의 MOR 반응이 있다. 이것은 자기 이미지가 부정적인 특성을 띠고 있으며, 자기 지각이 매우 비관적이라는 점을 의미한다. 이것은 자아 중심성 지표, *FD*와 음영 차원 반응에서 얻은 잠정적 해석과 일치한다. 또한 그가 자신에 대한 걱정에 집착하고 있고, 그가 다른 사람에 의해 환영받지 못하고, 쓸모없게 느껴진다는 비관적인 특성을 시사한다.

7단계: 인간 내용 반응 기호화

이 단계는 인간 내용 반응에 초점을 두는 두 부분으로 이루어져 있다. 자기상이나 자기 가치에 대한 어떤 일반적인 단서와 전체적인 정보를 고려할 때 정보들이 해석적으로 매우 유용하다. 이 단계에서는 반응 과정과 잉크반점의 심리적 공간에 대한 해석을 시도하는 것이다.

반응 과정과 잉크반점의 형태적인 특성은 피검자가 인간 내용 반응을 선택하기 쉽게 한다는 주장을 지지한다. 동일시에 대한 이론을 고려해 보아도 선택 상황에서 사람은 자신의 정체감과 가장 일치하는 반응을 선택할 가능성이 많다.

이 단계의 처음 부분은 순수한 인간 전체(H) 반응의 빈도에 대한 것이며, 두 번째 부분은 인간 전체 내용 반응의 특성에 대한 것이다. 이 단계에서는 이전 단계에서 제기된 가설을 지지하면서도 조금 다른 내용의 가설이 도출되기도 한다. 8단계의 투사적 자료에 대한 결론으로 통합하기 전까지는 다소 장점적인 가설일 수 있다.

7a 단계: *H*:(*H*)+*Hd*+(*Hd*)

H:(*H*)+*Hd*+(*Hd*)의 비율은 인간 내용 반응의 수가 3개나 그 이상일 때 해석적으로 의미가 있다. 치료 효과가 좋은 비환자군과 외래 환자들이 순수한 인간 전체(*H*) 반응을 하는 경향이 있다. 심각한 적응 문제를 보이는 사람은 *H* 반응을 보통 더 적게 한다. *H*는 전체 실제 사람을 포함하는 내용의 반응 기호다. *Hd* 반응은 실제 사람의 부분을 나타내지만 그것들은 다양한 특성이 포함된다. 대부분 얼굴이나 머리지만 다리, 손, 눈, 성기와 같은 다양한 신체의 부분이 *Hd* 내용으로 나타나곤 한다. (*H*)와 (*Hd*)는 가상적인 사람의 형태를 띤 대상을 의미한다. 그래서 *H* 외의 다른 인간 내용의 반응은 실제 사람과 동일시되지 않고, 현실과 일치되지 않는 이미지나 내적 표상에 더 의존하는 가상적인 자기상을 선택하는 셈이다.

이 자료는 다음과 같은 이유에서 신중하게 해석할 필요가 있다. 첫째, 가장 중요한 이유는 모든 인간 내용의 빈도는 *EB* 유형에 따라 다르다는 연구 결과 때문이다. 〈표 20-2〉는 반응 유형에 따라 500명의 비환자군에게서 나타난 네 가지 인간 내용 기호 각각의 평균이다. 평균적으로 내향적인(introversives) 사람들은 양향적인 사람들(ambitents) 또는 외향적인 사람들(extratensives)보다 기록당 2~3개 더 인간 내용 반응을 하고, 반응의 대부분은 *H* 반응이다. 또한 흥미롭게, 회피 유형(높은 *Lambda* 값)인 사람들은 외향적인 사람들보다 조금 더 인간 내용 반응을 많이 하는 경향이 있었다.

둘째 전체 반응수(*R*)의 양에 따라 *H*:(*H*)+*Hd*+(*Hd*)의 비율을 달리 보아야 한다는 점이다. 짧은 반응수의 프로토콜에서 *H*, *Hd*, 또는 (*H*), (*Hd*) 반응은 상대적으로 매우 중요할 수 있다. 전형적으로 17개보다 적게 반응하는 사람들은 방어적으로 검사에 임한다. 종종 그들은 검사 동기가 낮고, 검사 자체를 잠정적으로 갈등의 대상으로 인식할 뿐이다. 만약 방어적인 사람이 형태 반응에서 잉크반점의 중요한 특성에 대해 그 자신을 집중시킨다면 카드 I(*D4*) 또는 III(*D9*)에서 1개의 *H* 반응, 카드 IV(*W* 또는 *D9*)와 IX(*D3*)에서 (*H*) 반응, 그리고 카드 VII(*D9*)에서 *Hd* 반응이 나타날 가능성이 있다. 만약 카드 I에서만 1개의 인간 내용이 나오면 H: $(H)+Hd+(Hd)$의 비율은 1:3이 될 것이고, 카드 I이 포함되면 2:2, 전체적으로 기대하는 정도의 인간 내용이 나오면 2:3의 비율을 얻을 수 있다.

이런 각본 중 어느 것도 높은 빈도의 *H* 반응은 실제 사람에 대해 동일시하는 경우 기대할 수 있다는 점에서 이상적인 비율은 아니다.

〈표 20-2〉는 *R*이 17보다 적을 때, 내향적 집단은 보편적으로 다른 인간 내용 반응의 합보다 대체로 순수 *H* 반응이 많다. 유사하게 *R*이 27을 초과하면 많은 인간 내용 반응이 나오지만, 그 비율이 증가된 이유는 오히려 *Hd* 반응이 증가되었기 때문이다. 그래서 내향성을 제외하고 모든 집단에서 반응 프로토콜의 양에 관계없이 *H*가 모든 다른 인간 내용 반응의 양을 초과할 가능성은 적다.

잠정적 소견 1: 인간 반응의 합이 세 개 또는 그보다 많을 때, 다음과 같은 상황이라면 그것은 자기의 이미지를 보다 자신의 경험에 의존하여 형성한다는 가정이 가능하다.

1a. 내향적이고 순수한 인간 전체 내용 점수가 다른 인간 내용의 합보다 적어도 2점 높다.

1b. 내향적인 유형이 아니고 *R* 값이 17~27보다 작거나 또는 27보다 크고, *H*가 다른 인간 내용 반응의 합보다 많거나 같다.

1c. 내향적인 유형이 아니고 *R* 값이 17보다 작거나 또는 27보다 크고, *H*가 많거나 같고, 다른 인간 내용 반응의 합보다 1점 이상 크지 않다.

이 세 가지 항목 중 어느 하나에 해당되면, 사회적 상호작용이 자기를 평가하는 내적 공식에 유의미하게 영향을 끼친다는 가정이 가능하다. 그러나 이 결과는 자기 이미지나 자기 가치가 현실적이거나 정확하다는 의미는 아니다. 7b 단계로 가자.

잠정적 소견 2: 세 개나 그 이상의 인간 내용 반응이 있으면, 그것은 자기 이미지나 자기 가

표 20-2 비환자군 500명의 R 범위와 반응 유형, 그리고 인간 내용 범주 평균치

	R = 14~16 반응 유형*				*R* = 17~27 반응 유형*				*R* = 17~27 반응 유형*			
	I	A	E	L	I	A	E	L	I	A	E	L
범 주	*N*=18	22	17	16	116	54	129	38	33	16	24	17
H	3.8	1.8	1.6	1.7	4.8	2.5	2.5	1.8	7.1	3.7	2.1	2.9
(H)	1.0	1.2	1.3	.7	1.2	1.7	1.1	1.0	1.2	.9	2.0	1.4
Hd	.4	.5	.6	1.0	.9	.9	.8	1.6	1.7	2.7	1.4	2.6
(Hd)	.1	.2	.1	.6	.1	.2	.3	.5	.4	.4	.1	1.3
인간 내용 전체	5.3	3.6	3.6	4.0	7.0	5.3	4.7	4.9	10.4	7.7	5.6	8.2

* I = 내향형(Introversive); A = 양향형(Ambitent); E = 외향형(Extratensive); L = 회피형(Avoidant)

치가 실제 경험의 왜곡, 허구적 인상에 광범위하게 의존하는 경향이 있다고 가정할 수 있다.

2a. 내향적이고 순수 *H* 값이 다른 인간 내용 반응의 합보다 2점 크다.

2b. 내향적인 유형이 아니고 *R*이 17~27에 있고 순수 *H* 값이 다른 인간 내용의 합보다 작다.

2c. 내향적인 유형이 아니고 *R*은 17보다 작거나 27보다 크다. 그리고 *H* 값은 다른 인간 내용 반응의 합보다 2점이나 1점 작다.

세 가지 중 어떤 항목에 해당되면, 종종 덜 성숙하고 그들 자신에 대한 매우 왜곡된 개념을 가지고 있다. 자기 지각이 왜곡되면 의사 결정이나 문제 해결 행동에 매우 부정적인 영향을 주고 다른 사람과의 관계에 문제가 있을 수 있다.

7b 단계: 인간 내용 반응 기호화

인간 내용을 포함하는 반응의 기호는 7a 단계에서 고려되는 가정을 분명하게 할 수 있다. 예를 들어, 기록에서 나타나는 모든 인간 내용 반응이 *H*라면, 7a 단계의 가설적인 결론은 자신에 대한 인상이 사회적 상호 관계에 의해 좌우된다는 것일 수 있다. 그러나 같은 *H* 반응이 모두 *FQ*−이고, 몇 개 혹은 모두 중요한 특수점수가 있다면 7a 단계의 가정은 수정되어야 한다.

어떤 단독 반응의 채점은 특별한 주의 사항이 필요 없지만, 반응을 기호화할 때 뚜렷한 특성이 있다면 예외일 수 있다. 일반적으로 해석은 긍정적 · 부정적 특성에 좌우되지 않으면서 전개되어야 하고, 7a나 7b에서 얻은 가정이 함께 고려된다.

채점 결과에 대한 해석에 엄격하거나 혹은 간단하게 적용할 만한 기준은 없지만, 숙련된 해석자는 긍정적이거나 부정적인 특성을 포함한 반응을 쉽게 구별할 수 있을 것이다. 예를 들어, 다음의 채점 결과를 살펴보자.

D+ Ma.FCo 2 H, Cg 4.0 COP

Do Mpo Hd MOR

DdSo FC′u (Hd)

D+ Ma.FQ−H, Cg 4.0 DR

처음 반응은 분명히 긍정적이다. 이것은 보통의 형태질, *H* 내용, *Ma*, 유채색이 형태와 함께 사용되었고, COP 특수점수로 채점되었다. 이들 모두는 긍정적인 특성이다. 단독 기호화, 그 하나만을 가지고 해석하면 안 되지만, 이것은 합리적이고 건전한 자기 이미지를 가지고 있는 사람에게 기대되는 특성으로 볼 수 있다.

두 번째 반응은 *FCo*이나, 그 내용은 *Hd*이고 더욱 중요한 것은 이것이 손상된 자기 이미지와 부적절한 지각의 가능성을 반영하는 MOR 특수점수로 기호화되었다.

세 번째 반응은 건전하지 않은 4개의 특성이 있다. 이것은 *S*를 포함하는 *Dd* 영역이다. 무채색 결정인이 있고, (Hd) 내용이다. 음영 특성을 포함하는 인간 내용 반응들, 특히 음영 차원 또는 무채색은 그들의 자아 이미지에 대한 불편감이 있는 사람들에게서 빈번하게 나타난다.

네 번째 반응은 가장 좋지 않은 결과를 시사한다. 이것은 *H*를 포함하고 있지만, 음영 차원 결정인과 마이너스 형태질, 그리고 *DR* 특수점수로 채점되었다.

형태질이 마이너스인 인간 내용 반응들은 자기상이 왜곡되었거나 혼란스러운 사람들에게서 주로 나타난다. 인간 내용 반응의 기호가 인지적으로 지연되거나 역기능이 시사되는 여섯 가지 특수점수 중 어떤 것과 동반될 때, 그것은 자기에 대한 왜곡된 생각을 의미할 수 있다. 이미 언급한 것처럼 특수점수 MOR가 동반된 인간 내용 반응은 손상된 자기상을 내포하고 있다. *Hx* 내용이 있으면 현실을 무시하고 지나치게 지적인 방식으로 자기 가치나 자기상을 개념화하려는 시도를 시사한다. 이것은 *Hx* 내용이 AB 특수점수에 동반될 때 그 가능성이 커진다. *Hx*와 AB 모두를 포함한 반응을 하는 사람은 관념적인 충동 통제의 문제(사고장애)를 가진 경우가 많고 결과적으로 자기 이미지의 많은 특성이 심각하게 왜곡된다.

대부분 단독 반응의 기호는 해석에 중요한 비중을 차지하지 않는다. 객관적인 내용은 인간 내용 반응의 모든 부호를 검토해야 하고, 실제로 그 단독 반응의 해석과 일치한다면 자기상이나 자기 가치에 대한 가설을 발전시킬 수 있다. 긍정적 · 부정적인 특성을 구별하는 어떤 매우 일반적인 지침이 다음에 제시되어 있다. 모두 포함되거나 엄격하게 적용해야 하는 것도 아니다. 긍정적이고 부정적일 수 있는 특성에 주의를 기울여야 하는데 부정적인 특성을 포함하는 반응을 해석할 때도 긍정적인 특성을 누락시키지 말아야 한다.

〈일반적으로 긍정적인 것〉

W 또는 D 영역에 S가 포함되지 않음

형태질 +나 o

순수 H 반응에서 M을 동반

유채색을 사용할 때 (FC)

명암 특성이 없음

색채 음영 반응 또는 음영 혼합 반응이 없는 것

An, Bl, Ex, Hx 내용이 없음

COP를 제외한 특수점수 없음

〈일반적으로 부정적인 것〉

Dd 영역 또는 S가 있는 W, D 반응

형태질 마이너스

(Hd) 반응에서 M 반응을 동반

유채색을 사용할 때 (순수 C)

명암 특성이 있고, 특히 음영 차원 또는 무채색 반응에서 나타날 때

색채 음영 반응과 음영 혼합 반응이 있는 것

An, Bl, Ex, Hx 내용이 있음

COP 외의 다른 특수점수들, 특히 MOR, AB, INCOM, FABCOM, ALOG, CONTAM

사례 12 소견

외향적 유형 남성의 프로토콜에는 6개의 인간 내용 반응이 있고, *H*:(*H*)+*Hd*+(*Hd*)의 비율은 3:3이다. 모두 *W* 또는 *D*이지만 3개의 *S*가 있다. 형태질이 *o*인 것은 5개가 있고, 1개는 마이너스 형태질이다. 3개는 *H*이고, 혼합 반응은 3개다. 혼합 반응이 아닌 2개의 다른 인간 내용 반응은 *FC′* 결정인으로 채점되었다. 가설적으로 *FC′* 결정인을 포함한

사례 12 47세 남성의 자기 지각 관련 자료

					인간 내용, An, Xy 반응
R	= 21	OBS	= No	HVI = No	
Fr+rF	= 0	3r+(2)/R	= .19	I 1.	WSo FC′o (Hd),Ay 3.5 GHR
				III 6.	D+Ma.mp.FC′.FD.CFo 2 H,Fd,Cg P 3.0 COP,MOR,GHR
FD	= 3	SumV	= 1	V 12.	D+Ma.FC′−H, Hh,Sx 2.5 COP,PHR
				VII 14.	W+Mpo 2 Hd P 3.0 GHR
An + Xy	= 1	MOR	= 6	VIII 16.	W+FMa.CFo 2 A,An,Fd P 4.5 AG,MOR,PHR
				IX 19.	DSo FC′o (H) 5.0 GHR
H: (H)+Hd+(Hd) = 3:3				X 20.	DS+Ma.YF.CF.mpo H,Fi,Sc 6.0 GHR
[EB = 4:6.0]					

4개의 반응, 2개의 *m*은 부정적인 특성으로 고려될 수 있다. 흥미롭게도 6개의 인간 내용 반응의 단지 1개만이 분명한 부정적인 특수점수 MOR를 포함하고 있는 반면에 다른 2개는 COP 특수점수가 있다. 그러나 COP 반응 중 1개는 형태질이 마이너스(–)이고, *FC′* 결정인을 사용했다. 전체적으로 보면, 그의 자기 이미지는 매우 취약하거나 매우 혼란스러울 것이라 추측된다. 분명하게 그는 자기 자신, 정체감에 대해 확신하고 있지 못하고 외적 경험을 내면화하는 경향 때문에 부정적 감정을 인식하게 되면서 그 자신을 지각하게 되는 것 같다. 이것은 긴 직업적 경력과 행복했던 결혼 생활의 역사와도 일치되지 않는다. 따라서 그의 심리적 혼란은 최근의 발병일 가능성이 시사된다.

사례 13 소견

그녀의 기록에서는 4개의 인간 내용 반응이 있고, *H*:(*H*)+*Hd*+(*Hd*)의 비율이 1:3이다. 이것은 그녀의 자기 이미지가 아마도 경험의 왜곡 또는 상상에서 나오고 현실에 근거하지 않는다는 점을 시사한다. 네 가지 반응 중 3개는 *D* 영역이고, 모두 적절한 형태질을 가지고 있다. 반사 결정인에 속하는 1개를 포함한 2개의 혼합 반응이 있다. 그러나 4개 중 단지 1개만이 *H* 내용을 포함하고 있다는 사실 외에, 반응 기호는 특별하지 않으며, 자기 이미지와 관련된 유용한 정보도 발견하기 어렵다.

사례 13 29세 여성의 자기 지각 관련 자료

					인간 내용, An, Xy 반응
R	= 25	OBS	= No	HVI = No	
Fr+rF	= 2	3r+(2)/R	= .64	III 6.	D+Mp.Fro,H,Cg P 3.0 GHR
FD	= 1	SumV	= 0	III 7.	Do FC.Mpo 2 (H) GHR
				VI 13.	Dd+Fu (H),Cg 2.5 PER,PHR
An + Xy	= 0	MOR	= 1	VII 14.	D+Mpo 2 Hd P 3.0 GHR
H: (H)+Hd+(Hd) = 1:3					
[EB = 3:8.0]					

8단계: 투사된 자료의 탐색

로르샤하 절차가 투사를 강요하거나 요구하지는 않지만, 모호한 특성을 내포한 잉크반점의 특성은 잉크반점 자체의 형식적인 특성에서 파생된 무언가로 인해 대상을 윤색하거나 자극장의 변형과 같은 피검자의 반응을 촉발시킨다.

이런 자료들은 투사된 자료를 포함하는데, 기록마다 나타난 내용들이 매우 다양하다. 물론 어떤 투사된 자료를 포함하지 않은 반응을 내놓은 피검자도 분명히 있다.

로르샤하 반응에 나타나는 투사는 두 가지 유형으로 나타난다. 첫째는 오지각과 관련된다. 제11장에서 기술된 것처럼 잉크반점의 영역 또는 잉크반점의 중요한 특성이 잉크반점의 특성에 적합한 반응의 범위에 한계를 주는 역할을 하게 된다. 모든 잉크반점과 잉크반점 영역은 쉽게 지각될 수도 있지만, 모두 그런 것은 아니다. 영역이나 형태의 특성과 조화되지 않는 방식으로 형태의 영역 또는 그 형태를 정의할 때 '–' 기호를 첨가한다. 만약 뇌손상과 관련된 신경심리학적인 원인이 배제된다면, 그것은 내부의 심리적 틀 또는 작용이 자극장을 현실적으로 변형하지 못하게 방해하면서 정신 활동 과정 중에 투사가 발생된다고 가정할 수 있다. 그러므로 투사된 재료를 찾을 때, 모든 반응을 주의 깊게 살펴야 한다.

투사의 두 번째 종류는 좀 더 쉽게 확인되고, 해석된다. 이것은 마이너스 반응에서 나타나지만, 그것은 자극장의 왜곡을 포함하지 않는 반응에서도 빈번히 나타난다. 윤색은 어떤 반응에서도 나타날 수 있고, 반응을 한 사람의 특성을 반영하는 경향이 있다. 이런 종류의 투사를 포함하는 대부분의 반응에서 그 자극장(잉크반점)의 윤색이 나타났다고 해서 해석적으로 큰 변화가 요구되는 것은 아니다. 투사된 재료의 이런 종류는 인간 내용, 운동 반응, 그리고 COP, AG, MOR와 같은 특수점수를 포함하는 경우에 해당되곤 하지만, 어떤 반응도 윤색될 수 있다.

어떤 하나의 반응에만 투사된 자료가 있다고 해서 개인과 관련된 풍부한 해석적 정보를 제공하는 일은 흔하지 않다. 대신 투사적 자료의 종류가 해석의 신뢰성을 높이는 데 기여할 수는 있다. 윤색의 주제가 프로토콜에서 풍부하게 발견될 때 개인의 특성에 대해 강한 확신을 얻게 되는 것은 사실이다. 예를 들어, '유쾌한(playful)'과 같은 단어가 포함된 운동 반응이나 대상이 '그로테스크하다(grotesque)'거나 '손상된(damaged)' 어떤 대상으로 묘사되는 반응이 많다면, 이는 피검자의 자기상이나 자존감에 대한 정보로 활용할 수 있다. 그러나 빈번하게 나타나는 단어나 표현들이 정해져 있지 않다. '아름다운(beautiful)' '매력적인(attractive)' '사람을 끄는(appealing)'과 같은 단어들은 프로토콜에서 자주 나타나지 않고, '……얼굴이 깨끗하지 않다.' '그는 외면하고 있는 것 같다.' '이것은 그의 뒷모습이다.'와 같은 언급은 기록에서 빈번하게 나타나는 반응이다.

해석자가 투사된 자료를 찾는 데 사용할 수 있는 두 가지 접근이 있다. 첫 번째 접근은 처음부터 끝까지 전체 기록을 간단하게 읽는 것이다. 이 접근에서 긍정적인 측면과 부정적인 측면이 있다. 긍정적인 측면에서, 이것은 사람이 형체에서 어떤 형체로 이동할 때 나타나는 활동의 흐름을 해석자가 관찰할 수 있다. 부정적인 측면에서, 해석자는 모든 반응을 해석하기 위해 늘 주의하고 있어야 한다. 일상적으로, 모든 반응에 투사적 자료가 포함되어 있는 것이 아니며, 다른 어떤 요소들이 투사를 방해하기도 할 것이다.

두 번째 접근은 좀 더 체계적이다. 의미 있는 방식으로 해석될 수 있는 투사된 자료가 반응에 포함될 수 있기 때문에 동일한 반응이라 해도 분류하고 군집화해 보는 방식이다. 일단 반응을 분류하게 되면, 전체 기록을 검토하는 것은 그때까지 확인되지 않은 윤색에 대해 찾는 것이다.

이 접근은 반응의 네 가지 종류(*FQ*−, MOR, 인간운동 반응/인간 내용 반응, 그 밖의 운동 반응)의 사용을 채점하고 전체 프로토콜에 대한 검토는 완료된다. 처음 2개의 종류, −와 MOR 반응은 보통 자기의 부정적인 특성에 대한 정보를 주는 반면에 다음의 2개 종류(인간 운동 반응/인간 내용 반응, 그 외 다른 운동 반응)는 긍정적이거나 부정적인 측면을 모두 포함하고 있다. 어떤 반응은 여러 종류의 기호로 채점되지만, 이런 다양한 채점 기호를 통해 여러 가지 적절한 맥락에서 해석해야 한다.

8a: 마이너스 반응(−)

마이너스 반응은 개인의 인지적 중재 활동에 영향을 끼칠 수 있는 심리적인 틀을 반영할 가능성이 높기 때문에 가장 먼저 검토한다. 여기서는 마이너스 반응이 투사의 결과물이 아닌지를 확인하는 것이 중요하다. 이 반응은 중재 또는 부적절한 정보 처리의 결과일 수 있으므로 신중하게 해석되어야 한다. 또한 투사로 해석할 자료가 분명하지 않다면, 그렇게 해석하려는 시도는 의미가 없다.

8b. 병리적 내용 반응(MOR)

MOR 기호로 채점된 반응은 그 자신에게 가진 부정적인 인상의 일부를 가정하게 하는 것으로 알려져 있지만, 빈도가 매우 높은 MOR 반응도 있다. 카드 II에서 싸우다 다친 동물, 카드 VI에서 넘어져 기진맥진한 동물 등이 그것이다. 소홀하게 다루어지면 안 되지만, 빈도가 높아 변별력이 다소 부족한 반응에서 발생한 가설들은 다른 자료에 의해 지지되지 않으면 마지막 요약에서 수용하지 않아도 된다.

보통 '다친, 깨진, 싸운, 파괴된'과 같은 여러 가지 MOR 반응에서 사용된 동의어들은 자기 개념을 고려하는 데 매우 신뢰할 수 있는 정보를 제공한다. 그러나 때로 MOR 반응 중 어떤 것은 극적이거나 독특할 수 있고 자기 이미지에 대한 중요한 정보를 제공하는 자료로 받아들이곤 한다. MOR 반응이 마이너스 형태질이면, 자기에 대해 직접적으로 투사된 병리적인 표상일 가능성의 강력한 증거가 있다고 볼 수 있다.

8c: 인간 운동과 인간 내용 반응

반응을 이렇게 나누어 보면, 이 피검자가 어떤 것에 집착하고 있는지에 대한 특성이 나타날 수 있다. 대체로 자기상이나 자기 존중감에 대한 가정을 세우는 데 유용한 정보를 얻을 수 있다. 인간 운동 반응들은 특히 잉크반점 자극의 외형적인 부분에 대해서만이 아니라 그 이상으로 인지적인 노력을 기울인 결과 나타나는 윤색이 포함되어 있기 때문에 특히 중요하다. 전형적으로 응답에 인간의 활동이 포함되면 자기 표상(self-representation)을 반영하는 것일 경우가 많다.

운동성의 특성이 반응에 포함되어 있을 경우에는 특별한 주의를 기울이는 것이 필요하다. 인간 운동 반응(*M*)이 나타날 것으로 기대되는 세 반점(카드 III, *D1*, 뛰고 있거나 당기고 있는 사람들, 카드 VII, *D1/D9*, 서로 마주 보고 있거나 놀고 있는 아이들, 카드 IX, *D3*, 기대고 있거나 싸우고 있는 광대 혹은 괴물들)의 자극 특성이 있다는 점[5)]도 주목해야 한다. 해석자는 다른 반응에서 자신의 가정이 지지될 만한 증거가 없다면, 어떠한 가정이라도 수립하는 데 신중해야 한다.

8d: 동물 운동 반응과 무생물 운동 반응

*FM*과 *m* 반응을 마지막으로 점검해 본다. 프로토콜의 동물 운동 반응으로 해석적 가정을 수렴할 때는 매우 신중해야 한다. *M* 반응처럼 *FM* 반응을 하기 쉬운 잉크반점이 있기 때문이다. 카드 I과 V(*W*, 날고 있는 날개 달린 동물), 그리고 카드 VIII(*D1*, 기어 올라가는 동물) 등과 같은 경우가 그것이다. 이런 영역에서 동물 운동 반응(*FM*)이 형성되는 경우보다는 흔하지 않은 특성에 대한 반응(동물 운동 반응)이 있을 때 주의를 기울여야 한다.

8e: 그 외 윤색에 대한 탐색

마지막 단계에서는 반응을 검토하여 직접 투사된 자기 표상이 반영된 윤색이 검토되지 않은 반응들이 있는지를 살펴보아야 한다. 일부 반응들은 극적이거나 드문 표현이나 정교화가 반영되어 있는데도 탐색되지 않은 경우도 있을 수 있다.

반응에서 얻게 된 소견들은 신중하게 보아야 하고, 어떤 반응 기록을 보면 특히 운동 반응이나 특수점수가 아주 적으면, 이때 자기상과 관련된 윤색이나 드문 반응이 있는 경우 매우 중요한 해석의 단서가 될 수 있다.

어떤 경우, 첫 반응부터 마지막 반응까지 잉크반점에서 투사된 인간 움직임의 활동성과 인지적 흐름에 대한 전반적인 인상이 중요할 수도 있다. 예를 들어, 어떤 피검자들은 처음 잉크반점을 접하면서 방어를 하다가 이후 자극을 접하면서 차츰 편안해지기도 한다. 물론 그 반대의 경우도 있다. 이 경우 초반의 2~3개의 카드에 정교하게 반응을 하다가 이후 점점 더 그 정교성이 저조해지는 경향을 보일 수 있다.

5) 역자 주: 잉크반점의 외형적 특성(distal properties)이 인간 운동 반응을 하기 쉬운 모양이어서 피검자가 더 주의를 기울여 인간 운동 반응을 하게 된 것이 아니라면 과도한 해석적 가정을 하지 않고 더욱 신중하도록 권고하는 의미다.

사례 12 47세 남성의 반응 프로토콜

카드	반응	반응에 대한 질문
I	1. 흉측하게 보이는 어떤 아프리카의 가면을 떠올리게 하네요.	E[6]: (S의 반응을 반복한다.) S: 네. 이것은 큰 귀이고 이 하얀 구멍은 눈과 입이 나오는 곳이네요. 주술사를 위해서나 판에 박힌 행위들을 위해서는 이것과 같은 검은 가면을 사용하죠.
	E: 시간을 가지고 보면, 다른 것을 발견할 거예요. S: 네. 시간을 좀 주세요.	
	2. 오, 박쥐가 날고 있는 것인가? 확실치 않아요.	E: (S의 반응을 반복한다.) S: 이것은 날개로 쓰고, 이 주요 부분은 몸, 자세히 본다면 날개가 펼쳐져 있는 걸 알 수 있는데, 날고 있네요.
	3. 여기서 역시 종도 보았어요. S: 얼마나 많이 찾아야 하나요? E: 당신이 보는 만큼요. S: 이게 다예요.	E: (S의 반응을 반복한다.) S: 네. 이 모양을 보세요, 가운데 종이 있죠(외곽선).
II	4. 이것은 살해되었거나 그 위에 혹은 가운데 있는 구멍 위에 피투성이가 된, 참혹하게 보이는 거예요.	E: (S의 반응을 반복한다.) S: 이게 도대체 뭔지 모르겠어요. 피와 동물의 것으로 보이는 살점만 많아요. E: 무엇이 그렇게 보이는지 말해 주겠어요? S: 빨간 것은 피고 나머지는 살점인데, 어두운 선이 젖어 있는 살점이죠. 빨간 피가 여기 있고(가리킨다), 여기 살점 위에. 이렇게 보면 그려진 것이 젖은 살점처럼 보여요.
	∨5. 이것으로 돌려 보니 하얀 것은 얼음 같아요.	E: (S의 반응을 반복한다.) S: 잘 모르겠지만 이 하얀 것은 그냥 얼음이고, 이렇게 보면, 그냥 구멍이네요.
III	6. 아프리카에서, 두 명의 식인종 혹은 춤추는 무언가가 냄비 곁에서 요리를 준비하고 있는데, 그것이 무엇인지는 모르겠어요.	E: (S의 반응을 반복한다.) S: 요리를 준비하고 있어요. 고기가 매달려 있는데 동물 같아요. E: 내가 알 수 있도록 몇 부분을 짚어 주겠어요? S: 여기 식인종들이고, 카니발인 것 같은데요. 내가 말하는 카니발이란 꼭 인간을 먹는 종족이 아니고, 원주민처럼 검은 피부에 말랐다는 말이에요. 다리가 있고, 머리, 음경이 나와 있어요. 이것은 그들 뒤에 매달려 있는 고기인데 가죽이 벗겨져 있어요. E: 가죽을 벗긴 고기요?

6) 역자 주: E는 검사자, S는 피검자를 의미하는 약어로 통용하므로 여기에서도 그렇게 통용한다.

		S: 요리할 준비가 된 고기처럼 붉어요.
	∨7. 가운데를 이런 식으로 보면, 이것은 고무총 같아요. 아주 오래전에 하나 가진 적이 있었죠.	E: (S의 반응을 반복한다.) S: 이것은 전의 것처럼 잘 보이지 않아요. E: 어떻게 그것을 봤는지 말해 줄래요? S: 음. 가운데는 고무로 된 부분이고, 옆은 (총의) 멜빵이죠. 그러나 손잡이가 없어요. 아까는 잊고 있었어요. 손잡이가 없어요.
	8. 아래쪽은 비행기 같아요. 2개의 어두운 구름 사이를 날고 있죠.	E: (S의 반응을 반복한다.) S: 조그맣고 하얀 이것은 비행기고, 이 큰 것들은 어두운 구름들, 폭풍 구름같이 어두운. 비행기는 작고 구름들은 큰 것으로 보아 금방 구름에서 빠져나온 것 같아요.
IV	9. 맙소사, 죽은 동물처럼 벌어져 있고, 말리기 위해 뻗어 있어요.	E: (S의 반응을 반복한다.) S: 이것은 누군가 죽여서 내장을 벌려 놓은 동물 같아요. 이것은 발이고, 가죽은 벗겨져 색깔이 있어요. 이 선을 따라 색깔이. 남은 것은 여기 위 머리예요.
	10. 이것은 못이에요. 골프 티 아닌가요?	E: (S의 반응을 반복한다.) S: 저는 골프 광이에요. 여기서 봤어요.
V	11. 다른 동물의 몸이 벌어진 잔해 같아요. 토끼나 그 어떤 것으로 보이네요.	E: (S의 반응을 반복한다.) S: 이것은 찢겨지고 퍼뜨려져 있지만 아까의 다른 동물의 시체들과는 달리 젖어 있지 않아요. 다리가 있고 머리의 일부가 남아 있는데, 그것은 습기가 말라서 모두 검게 보여요.
	12. 칠흑 같은 어두운 밤에, 담요 위에서 남자가 여자 위에 올라타서 내는 기묘한 혹은 섬뜩한 소리 같아요. 이렇게 어두운 곳에서는 제대로 잘 낼 수가 없죠.	E: (S의 반응을 반복한다.) S: 보기 어렵지만, 이것이 머리이고, 올라간 그의 엉덩이죠. 여자는 알아보기 힘들지만 이것이 여자의 다리가 분명해요. 보다시피 남자가 여자를 탐하려 하고 있어요. E: 잘 알 수 있도록 좀 더 설명해 주세요. S: 아마 그들은 담요나 어떤 것 위에 있어요. 그는 담요에 덮여 있는데, 거친 모서리를 보세요, 이 위쪽이 그의 머리이고, 이것은 아마 그의 엉덩이가 아닌가 싶네요. 이것은 그녀가 그를 안고 있는 팔이고, 이것은 그녀의 다리예요.
VI	13. 보다시피 이것은 또 다른 펼쳐진 짐승의 시체예요. 점과 선들이 선명한 가죽이 보이죠?	E: (S의 반응을 반복한다.) S: 다른 시체들처럼 심하게 찢기지 않았고, 방금 잡혔어요. 족제비 같은데, 이 표시 때문이죠. 가운데 어두운 곳이 등뼈가 있던 자리인데 누군가가 양탄자를 만들기 위해 제거했죠.

VII	14. 두 명의 아이가 마주 보고 있는데 평화로워 보이네요.	E: (S의 반응을 반복한다.) S: 네, 2명의 소녀 같아요. 여기 한 명, 그리고 이쪽에 한 명. 허리 위부터 있는데, 머리를 땋아 올렸고, 아무것도 하지 않고 바라보기만 해요.
	15. 그랜드캐니언 혹은 비슷한 무언가.	E: (S의 반응을 반복한다.) S: 바로 여기(가리킨다), 얼마나 깊이 내려가는지 보이세요? E: 깊이 내려가 보인다고요? S: 매우 깊은 것처럼 어둡죠.
VIII	16. 동물의 시체를 먹고 있는 두세 마리의 쥐들.	E: (S의 반응을 반복한다.) S: 동물은 가운데에 있는 뼈가 얼마 남지 않았네요(가리킨다). 아래쪽에 고기가 조금 있고, 이것들은 쥐들이죠. E: 고기요? S: 노출되어 있는 살을 의미한 것은 아니죠. 왜냐하면 피부 속에 있는 살처럼 선홍색이나 오렌지색이기 때문이죠. 파란색은 잘 모르겠어요. 아마 이것은 피부(가죽), 나머지는 뼈고, 새끼들이 그것을 먹고 있죠.
	17. 파란 것은 얼음인데, 실제 얼음처럼 보이지는 않고, 플라스틱 얼음통에 넣은 것처럼 보여요. 이것은 냉장고에 넣고 얼리면 얼음통 위까지 차오르죠.	E: (S의 반응을 반복한다.) S: 얼린다는 건 바보 같은 일이죠. 실제 얼음이 없어도 모든 것을 상자 안에서 차갑게 유지할 수 있죠. 매우 효율적인 거죠. 이것처럼 모두 파래요.
IX	18. 이것에 대해 말하자면, 어떤 종류의 폭발같이, 모든 것이 위로 솟아오르는 거죠.	E: (S의 반응을 반복한다.) S: 폭발 같은 활발한 움직임, 단지 솟아오르는 것(손으로 바깥쪽으로 가는 듯한 제스처). E: 왜 그렇게 보일까요? S: 단지 폭탄 같은 모양이잖아요.
	∨19. 가운데는 유령처럼 보여요.	E: (S의 반응을 반복한다.) S: 찢어진 하얀 부분은 눈, 머리가 있고 둘러싼 하얀 부분은 몸인데, 가운데만 그렇게 보여요.
X	∨20. 스카이다이버가 연기를 뿜으며 하강하고 있는 것으로 보여요.	E: (S의 반응을 반복한다.) S: 이 조그만 부분(*D5*)이 사람이고, 다른 연두색은 축제 같은 것에서 하는 것처럼 연기를 뿜고 있는 것으로 보여요. 하얀 부분은 낙하산이고, 손은 선을 잡고 있으며, 연기는 낙하산을 휘감아 돌아요.
	21. 현미경으로 보이는 많은 세균 같아요. 모양과 색이 제각각이에요.	E: (S의 반응을 반복한다.) S: 우리가 본 적 없는 소름 끼치는 것 중 하나죠. 현미경 안에서 온통 돌아다니는 아메바나 박테리아 같은 것 같아요. 재미있는 검사군요.

8단계: 사례 12에 대한 개관

8a

2개의 마이너스 반응이 있다. 흥미롭게도 카드 V의 10개의 그림에서 흔하지 않은 마이너스 반응이 있다. 우선 반응 11번은 병리성에 지속적으로 고착되어 있다는 것을 알 수 있다. '이것은 찢겨지고 펴뜨려져 있지만 아까의 다른 동물의 시체들과는 달리 젖어 있지 않아요. 다리가 있고 머리의 일부가 남아 있는데 그것은 습기가 말라서 모두 검게 보여요.'에는 심각한 손상감과 쓸데없음이나 하찮음에 대한 느낌을 시사하는 투사가 잘 묘사되어 있다. 이것은 그가 자신의 상황 속에서 매우 비관적인 태도로 무기력감을 느껴 왔다는 점도 시사한다.

두 번째, 12번 마이너스 반응에서 '섬뜩한'이나 '기묘한'이라 표현해서 흥미를 자아내지만, 그 주요 내용이 "칠흑 같은 어두운 밤에, 담요 위에서 남자가 여자 위에 올라타서 내는 기묘한 혹은 섬뜩한 소리 같아요. 이렇게 어두운 곳에서는 제대로 잘 낼 수가 없죠."는 성적인 내용이다. 또 반응 후 질문 단계에서 "……보다시피 남자가 여자를 탐하려 하고 있잖아요."라고 일반적이지 않은 언급을 하면서 매우 은밀하게 자신의 병리성을

사례 12 점수 계열표

카드 번호	반응 번호	반응 영역	위치 번호	결정인	(2)	내용 변인	평범 반응	조직화 점수	특수 점수
I	1	WSo	1	FC′o		(Hd),Ay		3.5	GHR
	2	Wo	1	FMa.FDo	A	P	1.0		
	3	Ddo	24	Fo		Sc			
II	4	WS/	1	CF.TFu		Ad,Bl		4.5	MOR
	5	DSv	5	C′		Na			
III	6	D+	1	Ma.mp.FC′.FD.CFo	2	H,Ad,Fd,Cg	P	4.0	COP,MOR,GHR
	7	Do	3	Fu		Id			PER
	8	DS+	7	ma.FD.C′Fu	2	Sc,CI		4.5	
IV	9	Wo	1	mp.TFo		Ad		2.0	MOR
	10	Ddo	30	Fo		Sc			
V	11	Wo	1	mp.FY−		Ad		1.0	MOR
	12	D+	4	Ma.FC′−		H,Hh,Sx		2.5	COP,PHR
VI	13	Wo	1	TF.YFo		Ad	p	2.5	MOR
VII	14	D+	2	Mpo	2	Hd	p	3.0	GHR
	15	Do	6	VFo		Ls			
VIII	16	W+	1	FMa.CFo	2	A,An,Fd	P	4.5	AG,MOR,PHR
	17	Dv	5	CFo		Sc			
IX	18	Wv	1	mao		Ex			
	19	DSo	8	FC′o		(H)		5.0	GHR
X	20	DS+	10	Ma.YF.CF.mpo		H,Fi,Sc		6.0	GHR
	21	W/	1	FMa.CFu		A		5.5	DR

은폐하려 하고 있다. 성적인 집착을 직접적으로 강조함으로써 반점의 외형적인 부분에 대한 실질적인 왜곡을 보여 주는 셈이지만, 또 한편 중요하게 시사되는 것은 '……젖어 있지 않다.'는 언급처럼 무능감과 중요한 대인관계에서의 상실감의 가능성을 시사하기도 한다. 요약하면, 이 2개의 마이너스 반응은 그의 일상생활에서 적절한 행동 가능성에 대해 부정적으로 의심하게 한다.

8b

6개의 병리적인 내용 반응들을 보았을 것이다. 5개가 죽은 동물을 포함하고 있는데, 카드 II의 2번 반응과 카드 III의 6번 반응, 카드 IV의 9번 반응, 카드 VI의 13번 반응, 그리고 카드 VIII의 16번 반응이 그것이다. 병리적 내용 반응들은 희생자로서, 그리고 심각하게 해를 입었다는 느낌을 강하게 가지고 있다는 점을 시사한다. MOR 반응 중 2개의 반응에는 그의 결혼 관계와 다른 대인관계에 대한 의문을 가지게 하는 재질(결) 반응('젖은')이 강조되어 있는 점을 주목할 수 있다.

8c

6개의 인간 내용 반응이 있고, 그중 4개가 인간 운동(*M*) 반응을 포함하고 있다. 카드 I의 첫 번째 반응에 *M*은 포함되어 있지 않지만, *FC'*로 윤색이 있고, 여기에서 자기 표상에 대한 가정이 가능하나 이 또한 호의적인 내용은 아니다. 두 번째 반응 카드 III의 6번 반응은 인간 운동 반응과 *FC'*로 기호화할 수 있는데, 형태질이 마이너스다. 반응에서 말한 '……카니발……'을 질문 단계에서 부인하면서 '……이것은 그들 뒤에 매달려 있는 고기인데 가죽이 벗겨져 있어요…….'로 카드 V의 12번 반응에서 나타난 세 번째 인간 내용 또한 *M*과 *FC'*인데, 이미 언급하였듯이 8a에서와 같이 성적인 내용 반응이다.

카드 VII의 14번 반응의 인간 내용은 *M*을 포함하고 있는데, 이것은 긍정적인 것이고, 다섯 번째 인간 내용 반응, 카드 IX의 19번 반응에는 *FC'* 결정인이 포함되어 있으므로, 이 또한 병리적인 내용으로 기호화되지는 않았지만, 내용상 병리성을 시사한다. 마지막 인간 내용 반응은 카드 X의 20번 반응이다. 네 번째 *M* 반응이면서 긍정적인 내용의 반응을 했지만, 반응과 질문 단계의 내용으로 보아 그의 무기력감에 주목하게 하는 중요한 내용으로 매우 창의적이면서도 한편으로는 매우 개인적이고 특이하다. 공백 반응과 *YF*와 *m*을 포함하고 있는데, 불필요한 윤색이 가미되었다.

여섯 개의 반응에 대해 이미 가정했던 자기상에 대한 그림을 그릴 수 있다. 긍정적이라기보다는 부정적이고, 그가 다른 사람들에 의해 기대되는 인물이 아니라는 생각이나 느낌이 많은 특성적인 내용으로 나타났다. 주목할 만한 것은 그가 말한 성적인 내용들인데, 이 또한 부정적인 특성으로 그가 은밀하게 숨기고 싶은 성적 집착의 내용들이 반영되어 있다. 아울러 그가 느끼는 그의 정체성에 대한 불확실감과 무기력감이 강하게 시사되며, 그가 중요하게 여기는 정서적 혹은 대인관계에서의 지지나 지원을 받지 못하고 있다는 강한 박탈감이 드러나고 있다.

8d

3개의 *FM* 반응과 6개의 *m* 반응이 있다. 카드 I의 2번 반응에서 '박쥐가 날고 있네요…….'는 매우 평범하고 평화로운 인상이다. 하지만 남은 2개의 투사된 대상들, 카드 VIII의 16번 반응과 카드 IX의 21번 반응은 그가 공격받고 있다는 느낌과 그가 자각하지 못하고 있는 어떤 것에 의해 압도당하고 있다는 인상을 준다.

m 반응은 보다 더 빈도가 낮은 내용인데 카드 III의 6번 반응이 그렇고, 카드 III의 8번은 친밀한 무엇에 대한 언급이지만, 그가 자신의 현재 상황을 어떻게 지각하고 있는지에 대해 반영하고 있다. 카드 IV의 9번 반응, 카드 V의 11번 반응에 대해서는 이미 언급했다. 그리고 카드 IX의 18번 반응은 어떤 강한 감정이, 마지막 *m* 반응인 카드 X의 20번 반응에서도 그러하다.

*FM*과 *m* 반응에 투사된 대상은 그의 자기상에 대한 가정을 재확인하는 데 도움이 된다. 강한 무기력감과 자신의 하찮음에 대한 감정들이 반영되어 있다.

8e

21개의 반응 중 6개는 이 단계에서 주의를 기울이지 못했다. 카드 I의 3번 반응은 자기 표상과 관련해 분명하지 못한 인상을 주고, 카드 II의 5번 반응, 카드 VIII의 17번 반응에서 중요하지만, 유사한 내용이 있다. 무언가를 숨기고자 하는 의도가 시사되지만, 특별한 윤색이 있진 않다. 카드 IV의 10번 반응에서도 분명하게 유의할 만한 내용은 없고, 카드 VII의 15번 반응에서도 1개의 음영 차원 결정인이 있지만 주목할 만큼 유의미하다고 보기는 어렵다.

8단계: 사례 12 요약

그의 반응에 투사된 대상들은 대개 유사한 주제로 구성되어 있다. 무언가로부터 위협받고 있거나 희생되는 그리고 손상되거나 위해를 받은 자기에 대한 지각 내용들이 포함되어 있다. 그는 무기력하게 느끼고, 자신의 적절성에 대한 불안과 걱정을 숨기려 하고 있지만, 매우 어려운 상태다. 자신을 매우 하찮게 여기고, 그것이 때로 폭발할 정도의 불안을 느끼게 하는 듯하며, 그에게 필요한 주변의 정서적 지지나 지원을 받고 있지 못하다고 느끼고 있다. 여기서 그의 대인관계의 장이라 할 수 있는 결혼 관계와 대인관계에서의 피상성이 시사된다.

자기 지각에 대한 정보에 초점을 두고 요약하겠지만, 현재 그의 정서적인 해체 현상에 대해 주목하지 않을 수 없다. 그는 현재 그의 상황에서 무기력감과 압도당하는 느낌에 시달리고 있다고 볼 수 있다.

사례 13 29세 여성의 프로토콜

카드	반응	반응에 대한 질문
I	1. 와, 이것은 추하군요, 박쥐 같아요. E: 시간을 갖고 천천히 더 보세요. S: 그래요, 조금 더 보도록 하죠.	E: (S의 반응을 반복한다.) S: 내가 처음 봤을 때 그것은 다 검은색이었어요. E: 저는 잘 모르겠는데요. S: 이것은 날개고, 이것은 몸이죠. 그냥 박쥐 같아요.
	∨2. 이렇게 돌려 보면, 이건 우스꽝스런 유령의 집 같아요. 바람에 날리는 것 같아요.	E: (S의 반응을 반복한다.) S: 으스스한 유령의 집을 봤을 때 마치 만화에 나오는 것 같더군요. 바람에 날려서 움직이는 것 같고, 창문도 네모나지 않고, 아주 흥미로운 건 그 우스꽝스러운 모습이에요. 굴뚝 부분도.
II	3. 오, 페인트 통이나 무언가로 다가가는 한 쌍의 곰이네요. 검은 곰인데 곤란해지겠군요.	E: (S의 반응을 반복한다.) S: 이 부분은 곰들인데, 발이 빨간 통 안에 있군요. 온통 페인트를 뒤집어썼고, 위쪽에 발들이 함께 있어요. 마치 전에 TV에서 본 옐로스톤파크에서 놀고 있는 곰들 같아요.
	<4. 이쪽으로 빨간 부분을 보면, 작은 빨간 새, 벌새 같아요. 빨간색이군요.	E: (S의 반응을 반복한다.) S: 그렇게 보여요, 작은 벌새. 이 부분 머리를 보세요(가리킨다). 그리고 날개가 여기 뒤로 나와 있고, 작고 귀여운 발이 아래쪽 여기로 나와 있네요.
	5. 전체적으로 본다면, 이 부분은 산꼭대기에서 멀리 떨어진 산불 같군요.	E: (S의 반응을 반복한다.) S: 멀리 떨어진 것으로 보이는데, 빨간 것은 불이고 더 어두운 부분은 산이죠. 옆쪽이 불타고 있고, 정상 근처도요.
III	6. 재밌는 그림이네요. 한 여자가 거울을 보고 있어요(웃는다).	E: (S의 반응을 반복한다.) S: 자신을 더 잘 보기 위해서 거울 쪽으로 숙이고 있어요. 손에는 큰 지갑을 가지고 있고 머리는 뒤로 잘 묶여 있죠. 그녀의 귀와 보석들 그리고 목을 보세요.
	7. 빨간 악마가 추락하고 있는 것 같아요. 가운데는 잘 모르겠네요.	E: (S의 반응을 반복한다.) S: 만화에서 빨간 악마를 본 적 있죠? 그런 악마가 긴 꼬리를 뒤로 늘어뜨리며, 추락하고 있어요.
IV	8. 양쪽으로 두 마리의 뱀 같아요.	E: (S의 반응을 반복한다.) S: 이곳(가리킨다), 머리는 주위를 살피며 똬리를 틀고 있어요. 저는 뱀을 정말 좋아하지 않아요. 이것이 머리이고, 꼬리예요.
	9. 양쪽에 한 마리씩 사자가 있네요.	E: (S의 반응을 반복한다.) S: 양쪽에 긴 꼬리가 나온 사자들이 양쪽에 그냥 서 있어요. 이것이 머리고, 이것이 몸(가리킨다)이죠. 그냥 사자예요.

카드	반응	질문
V	10. 가운데 토끼 한 마리.	E: (S의 반응을 반복한다.) S: 큰 귀, 짧은 다리를 보세요. 토끼가 틀림없어요.
	11. 두 마리 작은 새가 있어요. 이런 것을 별로 좋아하지 않아요.	E: (S의 반응을 반복한다.) S: 보기 힘들 거예요. 바로 여기(가리킨다). 양쪽에 각각 한 마리씩. 단지 매우 작은 새죠. 그들의 윤곽이죠. E: (S의 반응 반복한다.)
VI	12. 맨 위의 것은 무엇인지 모르겠어요. 위의 것이 좀 잘 맞지는 않지만 아래 것은 곰 가죽 같기도 해요.	S: 진짜 그래요, 다리가 있는 것같이 보여요. 편평하고 털 종류같이 보이는데, 여기 가운데 전부요(손가락으로 가리키며). E: (S의 반응 반복한다.)
	13. 거기도 인형이 두 개 있네요.	S: 글쎄요, 여기는(가리키며) 가운 같은데 내가 전에 쓰던 거 같기도 하고 우리 조카한테 사 줬던 거랑도 비슷하고 긴치마랑 머리, 그리고 몸 윗부분, 여기 양쪽으로 하나씩 있어요. E: (S의 반응 반복한다.)
VII	14. 어린 아이들이에요. 2명인데 귀여워요. 얘가 전 좋은데요.	S: 윗부분은 가슴, 머리, 그러고 보니까 둘이 쌍둥이예요. 소녀들이고, 빗으로 머리를 귀엽게 올려서 고정한 것 같아요. E: (S의 반응 반복한다.)
	∨15. 이렇게 보면 콜 샌더스 치킨 조각처럼 생겼죠.	S: 4개의 다리에다 2개의 가슴살, 튀겼네요. 다, 플라스틱 바구니에 넣어서 나온 거 같은데요. E: (S의 반응 반복한다.)
	> 16. 이렇게 보면 이건 강아지 인형 같다.	S: 다리가 작고, 여긴 귀도 있고, 꼬리는 튀어나왔고요. 인조털 같은데요. 곰 가죽 러그는 진짜 같아요. 여긴 인조 같고, 보풀이 있고 아마 부드러울 것 같요. E: (S의 반응 반복한다.)
VIII	17. 와, 색깔 좀 봐. 크리스마스 트리 같네, 장식 오너먼트가 하나도 없지만.	S: 정말 색색인 것이 양쪽에 무언가 두 개가 있고, 가운데는 정말 귀여운 게 있는데 맨 위의 장식품이 눈길을 끄는데요. E: (S의 반응 반복한다.)
	< 18. 이렇게 보면 어떤 동물 같은데, 뭔가 붙잡고 있어요. 물이 있고, 물에 비친 자신을 들여다보는 거예요.	S: 여기 작은 동물인데요, 여기 머리랑 몸, 작은 다리, 뭔가 조심스럽게 다른 것에 발을 내디디려고 하고 있는데, 잘 모르겠어요. 여긴 물이고요, 그 안에 비춰진 자신의 모습을 보는 거예요. E: (S의 반응 반복한다.)
	∨19. 이렇게 보면 여긴 예쁜 침대보 같은데요. 예전에 나도 이런 거 썼었어요.	S: 팔이랑 전체 몸을 넣은 모양이죠. 굉장히 얇은 그런 천처럼 보이는데. E: 얇은 천처럼 보인다고요? S: 아름다워요. 오렌지색하고 분홍색이 섞여서 왜 그렇

카드	반응	질문 단계
		게 부르는지는 모르겠지만, 막 색을 섞어서 만든 거 있잖아요. 그런 거예요.
IX	20. 와, 주전자에 물이 막 끓는 거 같아요.	E: (S의 반응 반복한다.) S: 스토브 위에서 물이 너무 오랫동안 끓은 거예요. 양배추를 끓이는 것 같은데, 좀 어질러져 있고, 불꽃이 올라오고 온통 양배추가 널려 있어요. 오렌지색은 불꽃이고요. 초록은 양배추, 그리고 분홍은 버너 같은데요.
	<21. 이렇게 보면 악어 한 마리의 머리 같은데요.	E: (S의 반응 반복한다.) S: 여기 오른쪽 좀 보세요. 긴 코랑 눈, 난 정말 이런 거 좋아하지 않지만, 그렇게 생겼어요.
X	22. 아이고, 참 너무 뭐가 많네요. 꼭 뭘 그린 거 같은데요. 이상한 나라의 앨리스 같아요.	E: (S의 반응 반복한다.) S: 뭐 다른 것으로 말하기가 어려워요. 추상적인 그림이고, 이상한 나라 앨리스를 그린 것 같은데 앨리스는 여기 없어요. E: 어떻게 그렇게 보게 된 것인지 설명해 주세요. S: 이상한 나라 앨리스처럼 좀 추상적인 그림인데 꼭 색이 그래요.
	23. 가재 같아요.	E: (S의 반응 반복한다.) S: 여기 다리가 있고요. 여기도(가리키며), 가재나 거미같이 보여요.
	24. 여기 토끼 머리가 있고요. 하얀 코가 보이죠. 귀여워요.	E: (S의 반응 반복한다.) S: 여기 가운데요. 귀가 보이죠, 얼굴이 있고, 하얀 코가 있고.
	25. 이 분홍색은 좀 탁한 색이에요. 내가 생각하기엔 좀 그런데 축제에서 살 수 있는 그런 솜사탕 같은데요.	E: (S의 반응 반복한다.) S: 솜사탕같이 보이는데 보풀거리고 분홍색이에요. E: 보풀거린다고요? S: 여기 색이 좀 다르니까 보풀거리는 거 같아요. 솜사탕처럼요. 손에 끈적끈적 달라붙을 거 같아요.

8단계: 사례 13의 개관

8a

2개의 마이너스 반응 중 첫 번째는 카드 IV의 9번 반응으로 긴 꼬리를 가진 야생적이고 공격적인 동물에 대한 내용으로 상징성이 있긴 하지만, 비교적 평범하다. 다만, 다소 위험한 인상을 준다. 카드 IX의 20번 반응은 보다 투사적으로 풍부한데, 폭발하기 쉽고 변덕스럽거나 불안정함이 잠재된 인상을 강하게 준다.

8b

단 1개의 MOR 반응(카드 X의 20번 반응)이 있다. 이는 이미 8a에서 언급했다.

사례 13 점수 계열표

카드 번호	반응 번호	반응 영역	위치 번호	결정인	(2)	내용 변인	평범 반응	조직화 점수	특수 점수
I	1	Wo	1	FC′o		A	P	1.0	
	2	WSo	1	mpu		Art,Id		3.5	
II	3	D+	1	FMa.FC.FC′o	2	A,Id,Hh	P	3.0	PER,COP
	4	Do	2	FCu		A			
	5	Dd/	99	ma.CF.FDo		Fi,Ls		3.0	
III	6	D+	1	Mp.Fro		H,Cg	P	3.0	GHR
	7	Do	2	FC.Mpo	2	(H)			GHR
IV	8	Do	4	FMpo	2	A			
	9	Ddo	99	FMp−	2	A			
V	10	Do	7	Fo		A			
	11	Ddo	24	Fu	2	A			DV
VI	12	Do	1	FTo		Ad	P		
	13	Dd+	99	Fu	2	(H),Cg		2.5	PER,GHR
VII	14	D+	2	Mpo	2	Hd	p	3.0	GHR
	15	Wo	1	FYo	2	Fd		2.5	
	16	Do	2	FTo		(A)			
VIII	17	Wv	1	CFo	2	Art			
	18	W+	1	FMa.Fro		A,Na	p	4.5	
	19	Do	2	FC.FYu		Cg			PER
IX	20	W/	1	ma.CF−		Hh,Fi,Fd		5.5	PER,MOR
	21	Ddo	99	Fo		Ad			
X	22	Wv	1	C		Art			AB
	23	Do	1	Fo	2	A	P		
	24	DSo	5	FC′o		Ad		6.0	
	25	Dv	9	C.T		Fd			

8c

4개의 인간 내용 반응이 있는데, 그중 3개가 인간 운동(*M*) 반응을 포함하고 있고 모두 수동성을 띈다. 카드 III의 6번 반응은 2개의 반사 반응 중 하나고, 자기에게 집착된 반응으로 다소 부정적이지만 매우 기대에 차 있는 듯하다. 장식이라는 내용을 통해 보다 긍정적인 특성을 가진 대상으로 표현된 것을 보면 다소 과시하는 듯한 인상이 있다. 두 번째 *M* 반응에는 긍정적이지는 않지만, 성인보다는 청년 혹은 어린 사람들에게서 나타나곤 하는 만화 같은 경향이 나타난다.

세 번째 인간 내용 반응은 카드 VI의 13번 반응에서 *Dd25*와 같은 작은 영역을 포함한 *D1* 영역에서 매우 현실적이지 않으면서 과시적이나 매력적이거나 개성이 강한 대상이 표현되어 있다. 네 번째 반응 카드 VII의 14번 반응은 매력적이긴 하지만 성인에게 기대되는 성숙함이 부족하다. 4개의 반응 중 최소한 3개의 반응에 외모에 대한 관심이 강하게 반영되어 있다.

8d

4개의 *FM* 반응과 3개의 *m* 반응이 있다. 카드 III의 3번 반응은 평범한 내용이지만, '……놀고 있다…….'는 언급을 통해 무언가 갈등 구조 내에 처해있다는 인상을 준다. 카드 IV의 8번 반응은 두 번째 *FM* 반응으로 다른 반응에서 나타난 것보다 매우 불길한 내용으로 자기상에 대한 중요한 측면으로 해석할 수 있다. 카드 IV의 9번 반응은 이미 8a에 언급되었고, 카드 VIII의 18번 반응은 두 번째 반사 반응으로 그녀 자신과 세상에 대한 불확실감을 반영하는 것으로 볼 수 있다. 이 반응들에는 특별히 역동적인 내용은 포함되어 있지 않지만, 그녀 자신에 대한 불확실감이 시사되고 있다.

3개의 *m* 반응에는 해석 정보가 더 잘 드러나고 있다. 카드 I의 2번 반응에는 자기상이 건강하지 못하다는 인상을, 카드 II의 5번 반응에서는 부정적이거나 위협적인 내용이, 카드 X의 반응에는 이미 언급된 것처럼 쉽게 부서질 것 같은 자기에 대한 위기감과 자신에 대해 고양되어 있고, 의기양양함에 대한 의문을 강하게 제기하게 하는 내용들이 포함되어 있다.

8e

14개의 나머지 반응들은 투사된 대상과 윤색이 있다. 카드 I의 1번 반응은 내용에서는 아니지만, 검사에 대한 첫 번째 반응으로는 적합하지 않은 내용으로 부정적으로 주목할 만하다. 카드 II의 4번 반응 또한 부서지기 쉬운 위험성이 내포되어 있고, 카드 V의 10번 반응과 11번 반응 또한 그렇다. 카드 VI 12번 반응은 세 개의 결 반응 중 첫 번째 것으로 비교적 주의할 만한 것은 아니다. 카드 VII의 15번 반응에는 음식 반응이 있는데 전통적으로 의존성이 상징화된 것으로 본다.

그녀의 두 번째 결 반응은 카드 VII의 16번 반응이다. 그녀는 자연스러운 가죽과 인공적인 가죽 간의 차이를 강조했는데 여기서도 무언가에 대한 기대감이 반영되어 있다. 카드 VIII의 17번 반응에서 '귀여운' 형용사는 마치 인간 내용 반응에 나타나는 느낌과 유사하나, 그녀의 주관적인 감정이 반영된 것으로 더 주목해야 한다. 카드 VIII의 19번 반응은 매력과 취약성이 동시에 강조된 반응이라 볼 수 있다. 카드 X의 21번 반응은 다소 불필요한 반응이 첨가되면서 횡설수설한 듯하다. 카드 X의 22번 반응 역시 흥미롭다. 환상적인 내용이면서 정서적 색채가 강하다. 카드 X의 23번 반응은 투사된 대상으로 평범한 듯하지만, 그녀는 불필요하게 곤충을 언급했고 카드 X의 24번과 25번 반응에서도 마찬가지였다. '……토끼 머리인데 너무 귀여워요…….'와 같은 언급은 타인에 대한 것이라기보다는 그녀 자신에 대한 언급과 기대감으로 여겨진다. 그녀의 세 번째 재질/결 반응은 부정적인 인상을 부인하면서 과도한 긍정을 강조하는 것으로 오히려 더 주의를 기울여야 하는 내용이다.

8단계: 사례 12 요약

강한 정서적 기대감이 반영되고 있지만 매우

수동적이다. 그녀는 매력에 대해 강조하고 그 틀로 자신을 지각하고자 하며, 과도하게 긍정적인 특성을 강조함으로써 자신에 대한 인상을 주고자 하지만 매우 곤란을 경험하고 있는 것 같다. 또한 매우 섬세하고 깨어지기 쉬운 느낌과 성인으로서 기대되는 성숙함이 부족하고, 성인으로서 보이는 외모에 대해 집착하나 어떤 외적인 위협에 대해 모호한 걱정과 근심을 가지고 있다. 그녀는 지나치게 긍정적인 자기상으로 그녀의 유쾌하지 못한 일상과 어떤 위협감을 심각하게 느끼고 있다는 불안정성을 부인하려 하고 있는 것 같다. 그녀의 대인관계 지각에 대한 소견은 이러한 잠재적인 소견을 이해함으로써 보다 풍부해질 수 있다.

자기 지각 관련 결과 요약

사례 12: 요약

그는 대체적으로 자신을 매우 부정적으로 인식하고 있다. 자기 존중감이나 개인적인 가치에 대한 생각들은 매우 낮으며, 자기 자신에 대해 반추적이다. 자신에 대한 반추는 사람들에게 필요하지 않다고 지각하는 데서 온 불안정성과 고통스러운 경험을 유발하는 것으로 보인다. 다만, 현재까지 결혼 생활과 사회생활이 큰 문제 없이 잘 이루어져 온 것이 의문이긴 하나, 기본적으로 자신에 대해 비관적이고, 자기상이 매우 취약하며 혼란스럽고 위협받거나 혹은 해를 당할 것이라는 강한 위기감을 느끼고 있다. 그는 희생당하고 위협받는다고 느끼고 있고 성에 대한 집착을 숨기기 어려운 상태다. 또한 무기력감이 두드러지게 나타나고 있는데, 그의 상황에 대해 자신을 매우 하찮거나 변변찮은 존재로 인식하고 있는 것으로 해석할 수 있다.

사례 13: 요약

그녀는 과도하게 자신에게 가치를 두는 특성 때문에 미숙하고 극단적으로 자기중심적이다. 동시에 매우 자기 내성적이긴 하지만, 이는 그다지 자신에게 도전이 되는 것 같진 않다. 오히려 자신의 개인적 가치에 대한 고양감에 대해 스스로 재확신을 구하는 방식을 사용한다. 자신에 대한 지각은 실제 경험들을 무시하고 있는 점이 있다. 환상 혹은 공상에 근거를 두고 있고, 실제 경험에 대한 왜곡도 나타나고 있다. 이러한 맥락에서 그녀는 매우 유아적인 측면이 있다. 외모에 대한 관심이 매우 높아 열심히 일하고 긍정적으로 평가받도록 하는 원동력이 된 것이 사실이다. 스스로 매우 취약하고 깨어지기 쉽다고 여긴다. 자신의 삶 속에서 발생하는 부정적인 사건들의 원인은 모두 외부로 돌린다. 불운에 대해 부인하고 인위적으로 긍정적인 조망을 하려고 애쓴다. 심각하게 위협받을 때 그녀의 자기상을 보호하기 위해 매우 불안정하고 변덕스러울 수 있다.

반사 반응

한 프로토콜에서 1개 이상의 반사 반응이 있다는 것은 자신의 가치가 과대 평가된 자기개념으로 해석될 수 있다. 이 자기애와 유사한(narcissistic-like) 특성은 아동들에게서는 쉽게 발견되며, 보다 공식적인 활동과 사회적인 관계가 중요해지는 청년기에는 대개의 경우 사라지곤 한다. 하지만 자기 가치에 대한 판단과 혼란이 청년기 후반기나 성인이 되어서도 지속되는 경우, 세상 혹은 세상과의 상호작용에 대한 건강한 지각에 한계가 발생할 수 있다. 물론 이 경우에 반드시 정신병리 현상을 동반하게 되는 것은 아니지만, 자기 자신의 통일성이나 타인에 대한 통합된 표상에 대한 자각의 균형적인 발전을 방해할 수 있다.

이처럼 자기애적 특성은 의사 결정이나 행동에 많은 영향을 주는 어떤 유형의 행동 특성을 생성하게 된다. 이 특성은 과도한 자만심을 타인에게 재확인하려 들거나 강화하려는 욕구 때문에 발생하게 된다. 그리고 사회적 지위를 향한 의욕이나 동기도 강하게 드러난다.

실제로 성공하거나 성공하게 될 것이라는 인식을 하게 되면, 극도의 자기중심성이 정신병리나 부적응으로 진행될 가능성은 줄어든다. 그러나 다른 한편으로 자신의 높은 가치를 재확인하지 못하는 경우, 좌절이나 부정주의에 빠지며 남보다 뛰어난 인간적 가치를 가졌다고 믿는 신념을 더욱 강화하고 보호하려는 뚜렷한 자기 과보호 성향이 진행된다. 합리화, 외재화, 그리고 부인은 자기보호나 방어의 중요한 양상이다. 이 같은 보호가 과도하면, 정신병리나 부적응의 경향을 보이게 된다. 이런 특성을 갖는 청년이나 성인들은 깊고 의미 있는 대인관계를 생성하거나 유지해야 하는 중요성을 인식하기 어렵다. 어떤 경우, 자기 반성을 하면서도 고양된 자기 가치와 자각을 둘 다 유지하려 하다 보니 내면의 갈등이 증폭된다.

반사 반응은 600명의 비환자 성인 중 대략 8%에서 나타나는 반면에 이 값은 환자 집단에서는 더 높았다. 535명의 외래 환자에 대한 프로토콜 중 최소 12%가 1개의 반사 반응을 보였다(Exner, 2001). 이 비율은 비환자인 아동 집단의 경우 더욱 높았는데, 5세 아동의 경우 32%, 8세 아동은 28%, 11세는 21%, 14세는 14%, 그리고 16세는 20%의 비율을 보였다. 반사 반응은 상당한 안정성을 보이며 재검사 신뢰도 연구에서 .78~.82, 그리고 단기 연구의 경우 .80~.89의 높은 상관을 보였다.

이 반사 반응의 비율은 성인 비환자의 소규모 표본집단 간에 상당한 차이를 보인다. 예를 들어, 성직자의 경우 63명 중 19명(29%)의 기록과 전문의와 전공의를 대상으로 얻은 37개의 프로토콜 중 9회(24%)에서 1개 이상의 반사 반응이 나타났다. 윈터와 엑스너(1973)가 정신병력을 가지고 있지 않은 매우 뛰어난 예술가들에게서 수집한 18개의 프로토콜 중 7개에서 적어도 1개 이상의 반사 반응이 있어 더욱 흥미로웠다. 엑스너, 웨이스, 콜먼 및 로즈(1979)는 정신병력을 가지고 있지 않은 39명의 재능 있는 극단 무용수들의 프로토콜을 확보했는데, 39개의 기록 중 14개(36%)가 최소한 1개 이상의 반사 반응을 포함하고 있다는 점을 발견했다. 이 자료는 반사 반응과 관련된 자기애적 특성의 가정만으로는 피검자가 정신병리나 부적응, 특히 평상시에 자신에 대해 과도하게 높은 가치를 확인하려는 경향이 있다고 단정할 수 없다는 증거라 할 수 있다.

반사 반응과 관련된 검증 연구의 대부분은 쌍 반응(2)과 자아 중심성 지표(*3r+2/R*) 채점에 대한 것이었다. 반사와 쌍에 대한 별도의 채점은 20명을 4개 집단으로 나누어 비교한 연구와는 다소 우연적인 관련성을 보였다. 이 집단은 최근 자살기도를 했던 우울증 입원 환자와 남성 동성애 입원 환자, 반사회적 성격장애로 진단받은 수감된 범죄자와 한 대학에서 모집한 비환자 성인 등으로 구성되었다. 빈도 자료는 동성애자와 반사회적 집단의 기록 중 75%에서 반사 반응이 나타나고 있으며, 우울증 환자 집단에는 전혀 없었고, 비환자 프로토콜에서도 3명에게서만 반사 반응이 발견되었다. 반점의 대칭이 쌍 반응의 대상으로 사용된 빈도를 기록하였는데, 이 기록에서는 동성애자 집단이 타 집단에 비해서 특히 많은 쌍 반응을 한 반면에 우울증 환자 집단은 타 집단에 비해 가장 적은 쌍 반응을 한 것으로 나타났다(Exner, 1969).

이후, 레이샤우두리와 무케르주(1971)는 한 재소자 집단에서 각 15명으로 구성된 4개의 집단의 프로토콜로부터 반사 반응과 쌍 반응을 연구하였다. 이 집단에는 능동적인 동성연애자와 수동적인 동성연애자, 반사회적 이상 성격자 및 통제집단이 포함되었다.

두 개의 동성연애자 집단이 다른 두 집단에 비해 훨씬 많은 반사 반응을 보였고, 반사회적 성격장애자들도 통제집단보다는 많은 반사 반응을 보였다. 또한 쌍 반응의 수도 두 동성연애자 집단에서 훨씬 많았고, 반사회적 성격장애자 집단에 비해서는 통제집단이 쌍 반응을 더 많이 포함한다는 점을 발견했다. 반사 반응과 쌍 반응의 내용을 종합해 본 결과 이와 같은 반응은 어느 정도 자기 관여와 관련되었다.

윌슨의 자아도취에 관한 한 연구(1965)와 유사한 형식으로 문장 완성하기를 사용하여 예비 연구가 실시되었다. 사용된 빈칸은 30가지 종류로 이들 대부분은 '나는' '내게' '나의'와 같이 인칭대명사로 시작했다. 이 검사는 750명의 비환자 성인을 대상으로 실시되었고 자신(self; S)에게 초점을 두는 경우, 즉 '나는 나의 미래를 걱정한다.' 등과 타인에게 초점을 두는 경우, 즉 '나는 전 세계의 집 없는 사람들을 걱정한다.' 등과 같이 자신 혹은 타인에게 초점을 두고 있는지에 따라 응답을 기록했다. 그리고 자신(*S*)에 대한 반응을 가장 많이 한 40명과 타인(*O*)에 대한 반응을 가장 많이 한 사람 40명 등 총 80명에 대해서 14명의 검사자가 로르샤하를 실시했다. 반사 반응은 40명의 *S* 집단에서 37명에게서 나타난 반면에 *O* 집단에서는 두 명밖에 없었다. *S* 집단은 쌍 반응에서도 거의 2.5배나 높은 수치를 보여 주었다. 자기 관점의 문장 완성하기(SFSC: Self Focus Sentence Completion)는 2,500명의 성인을 대상으로 한 연구에서 표준화된 것이었다(Exner, 1973). 16명의 검사자가 각 극단의 결과 분포에서 나온 피검자 30명을 대상으로 로르샤하를 실시했다. 반사 반응과 쌍 반응은 30명의 *O* 집단에 대한 기록에 비해 *S* 집단의 대상자에게서 두 배나 많이 채점되었다.

엑스너(1978)는 장기간 치료 효과에 관한 연구에 동의한 429명의 외래 환자에 관한 자료를 분석했다. 이들 중 변화에 대한 동기가 부족한 환자로 치료자가 평정한 43명 중 38명의 로르샤하 자료에서 적어도 1개 이상의 반사 반응이 발견되었다. 연구가 시작된 지 12개월 이내에 150명 이상의 환자들이 조기 종결되었는데, 그 38명이 포함되어 있었다.

따라서 반사 반응에 의해 나타난 자기애적 특성은 치료를 통해 변화하기 어려운 특성이라 판단된다. 엑스너와 샌글레이드(1992)는 짧은 회기(12~15회기)의 단기치료(9~12개월)를 통해 로르샤하 프로토콜 변화를 연구했다. 이들은 간단한 치료를 받은 35명의 환자 중 4명이 사전(로르샤하) 검사 기록에 반사 반응이 있으며, 8~12개월 후에 수행된 재검사에서도 지속적으로 반사 반응을 보인다는 점을 발견했다. 단기 집단에 속한 이들 35명의 환자 중 5명은 자신들에 대한 사전 검사에서 최소 1개의 반사 반응이 있었고, 적어도 1년 가까이 조기에 치료가 종결되었던 피검자들의 기록을 살펴보았더니 연구가 시작된 후 24개월부터 27개월까지 두 번째 재검사에서도 최소 1개의 반사 반응이 있었다. 단기치료에 관한 엑스너와 샌글레이드의 연구 결과는 와이너와 엑스너(1991)가 보고한 내용들과 유사한 양상을 보여 주는데, 이들은 각 88명으로 구성된 2개의 집단에 대하여 보고했다. 한 집단은 단기치료(9~12개월)에 참여하였으며, 이들 환자 중 10명은 사전 검사 기록에서 반사 반응이 있었다. 또한 이들 10명은 처음 치료를 시작한 후 4년이 지나 세 번째 검사에서도 반사 반응이 있었고, 2년 후 종결되었다. 두 번째 집단에서 88명의 환자 중 12명은 역동적인 장기치료를 받을 사람이었는데, 치료 전 검사에서 반사 반응이 있었으나 4년 후 세 번째 검사에서는 6명에게만 지속적으로 반사 반응이 나타났다. 하지만 12명 모두 처음 검사에서는 반사 반응이 있었고, 12~14개월 후 검사에서는 12명이, 그리고 27~31개월에 실시된 두 번째 검사에서는 9명에게서만 반사 반응이 나타났다.

반사 반응의 존재가 반드시 정신병리나 부적응과 직결된다는 의미는 아니지만, 몇 가지 문제를 보이는 집단에서 주목할 만한 빈도를 보이는 것은 사실이다. 힐젠로스, 포울러, 파다바르 및 핸들러(1997)도 "반사 반응은 자아도취적 성격장애에 대한 자기 보고식 질문지 결과와 DSM-IV 진단기준과 관련이 있다."라고 했다. 하지만 자료들이 너무 단편적으로 해석되지 않아야 한다는 점을 강조하면서, 프로토콜에서 1개 이상의 반사 반응이 나타나는 것이 자아도취적 성격장애나 정신병리를 추정하는 기준으로 사용되어서는 안 된다고 지적했다. 이 연구 결과는 반사회적 성격장애의 자기애와 연기성에 대한 가코노, 멜로이 및 헤븐(1990)의 연구와 자아애에 관한 가코노와 멜로이(1994)의 연구 결과와 일치했다. 가코노, 멜로이 및 브리지(2000)는 또한 반사회성 이상 성격자들과 근친상간 범죄자 및 폭력적이지는 않은 소아 성애병자 등 세 가지 법의학 집단 각각의 기록으로부터 40% 이상이 최소한 1개 이상의 음영 차원 반응을 보인다고 보고했다.

자아 중심성 지표

쌍 반응과 반사 반응은 반응의 수와 같은 단일 변수로 각각 해석적 의미가 연구되곤 했다. 325명의 성인을 대상으로 한 자기 관점의 문장 완성하기 과제(SFSC) 점수와 로르샤하 자료의 분석을 통해 자아 중심성 지표(Egocentricity Index)가 만들어졌다. 이 지표를 구성하는 값 중 반사 반응에 가중치를 두고자 하는 발상은 2개의 로르샤하 변수 각각에 대해 상대적인 가중치를 두고, 이들에 대한 빈도 자료를 사용하여 자아 중심성 지표에 속하는 SFSC 분포의 5분위수를 확인하도록 설계된 판별함수분석에 의해 산출되었다. 이 결과 반사 반응이 두 개의 상위 5분위수에 속하는 개인을 확인시켜 줄 수 있다는 점이 나타났다. 반사 반응에 대한 지표 중 3의 가중치는 이 속성에 대한 평균치를 나타낸다.

이 지표에 관한 최초의 검증 연구는 자기중심성과 관련된 행동 자료를 분석한 것이었다. 이 연구에서는 연구의 내용을 알고 있는 3명의 검사자가 한 대형 제조 업체에서 지원한 남성 21명을 대상으로 로르샤하를 포함한 심리검사를 실시하고 다음으로 기업의 인사 담당 직원이 이들을 면접하였다. 면담은 12×17피트의 공간에서 수행되었는데, 한쪽 벽면에는 8×8피트의 한쪽에서만 볼 수 있는 거울을 설치했다. 각 피검자들은 안내자에 의해 이 면담실로 가도록 하였으며, 바로 옆 책상에서 면접자를 대기하도록 했다. 거울로 된 벽면은 이들의 왼쪽에 위치하고 있었다. 면접관은 10분 이상 늦지 않도록 면접실에 도착하였으며, 자리에 앉은 이후 처음 10분 동안은 비디오카메라로 녹화했다. 이후 이 테이프를 통해 각 면접자가 거울에 자신의 모습을 얼마나 오랫동안 비춰 보게 되는지 기록하였다. 이들 집단의 거울을 바라보는 시간은 6~104초 정도였으며 평균 시간은 49초였다.

이 자료는 중간 값을 기준으로 집단을 나누고, 중앙에 위치한 대상자는 제외했다. 상위 집단에 해당하는 사람들의 평균 거울을 쳐다보는 시간은 68.5초였으며, 나머지는 평균 27.1초였다. 상위 집단에 해당하는 집단에 대한 10개의 프로토콜에서 6개의 반사와 103개의 쌍 반응이 나온 반면에 하위 집단에서는 반사 반응이 없었고, 68개의 쌍 반응이 있었다. 이들 집단은 두 가지 변인과 자기 중심성 지표에서 매우 다른 결과를 보여 준다(상위 10명의 평균=.476, *SD*=.13, 하위 10명의 평균=.298, *SD*=.14, $p<.01$). 면접이 시작된 후 처음 10분 동안을 녹음하였으며, 이 시간 동안 나, 나의, 나를(I, my, me)과 같은 1인칭 대명사를 말하는 빈도를 기록했다. 기록 결과 이들은 57회에서 최대 148회까지 1인칭 대명사를 말했다. 이 분포와 자기 중심성 지표의 분포 값을 비교하는 적률상관계수는 .67, $p<.01$이었다. 6개의 반사 반응을 한 3명의 피검자들은 자신에 대한 1인칭 대명사를 사용하는 횟수가 가장 많았으며, 119~148회

에 이르렀다.

그 밖에 다양한 다른 연구 결과들이 자기중심성 지표의 해석적 유용성을 확인하는 데 도움이 되었다. 엑스너(1974)는 180명의 환자를 입원 환자 대상 다차원 정신과 척도(Inpatient Multidimensional Psychiatric Scale: IMPS)를 사용해 입원 첫 주와 퇴원 후 6~8주 이내에 다른 평정자로 하여금 다시 평정하게 했다. 이 평정치는 '호전된' 환자들과 '호전되지 않은' 환자들을 구분하기 위해 사용되었고, 이러한 평정과 함께 두 번 **로르샤하**가 실시되었다. 우울증이 심하지 않은 환자들(N=106명)에게 실시된 **로르샤하** 결과 평균 .474의 자아 중심성 지표 값(SD=.11)이 나왔고, 우울증이 심한 환자들(N=74명)에게서는 훨씬 낮은 평균 .278의 자아 중심성 지표 값(SD=.12)이 산출되었다. '호전되지 않은' 것으로 평정된 환자의 **로르샤하** 자료는 입원 당시의 자료(비우울 환자 평균=.493, SD=.13, 우울 환자 평균=.272, SD=.13)와 매우 유사했다. 반면에 '호전된' 것으로 평정된 환자들은 비환자들의 값과 유사했다(비우울 환자 평균=.385, SD=.09, 우울 환자 평균=.324, SD=.10).

엑스너, 와일리 및 브라이언트(1974)는 37명의 정신병 환자들로부터 익명으로 상대를 지명하도록 하고 치료 4개월 후에 4개의 집단 중 한 곳에 참여하도록 했다. 그리고 항목별로 2개를 입력(최소, 최대)하도록 하는 30개 항목으로 된 형식을 사용했다. 이들 항목에는 다양한 대인관계 선호도와 행동 양식, 이를테면 가장 믿을 수 있는 사람과 가장 믿을 수 없는 사람, 파티에 같이 가고 싶은 사람, 충고를 해 줄 사람, 차를 빌려 줄 사람, 타인에게 민감한 사람 등을 포함하고 있었다. 37명의 환자 중 10명은 치료 이전에 실시한 **로르샤하** 자료에서 반사 반응이 있었다. 이들 10명 중 7명은 30개의 항목 중 11개에서 동일한 사람을 '최하'로 평가했고, 10명 모두 '충고를 해 줄 사람'과 '문제를 말해 주고 싶은 사람'에서 '최하'로 평가되었다. 이들 10명의 환자에 대한 평균 지수(.57)는 매우 긍정적인 선택(지명)을 받은 다른 10명(.47)에 비해 상당히 높은 편이었다. 최하로 언급된 10명의 환자들은 훨씬 낮은 평균 지수(.28)를 보여 주고 있다.

이 지수를 연구한 이유는 지수가 장 의존 혹은 통제 소재와 관련이 있을 것이라는 가정에서였다. 하지만 엑스너, 쿤, 슈마허 및 피시먼(1975)은 이 지수와 *I-E* 척도로 측정한 통제 소재와 장 의존성-비의존성 간의 유효한 관련성을 체계화할 수 없었다. 엑스너와 뮤릴로(1977)는 36개월 동안 44명의 정신분열증 환자들의 치료 후 적응 양상을 추적했다. 이들 40명의 환자들은 약물치료와 심리치료 또는 ECT와 심리치료의 효과 비교 연구에 참여했던 70명의 입원 정신분열증 환자들에서 뽑은 사람들었다. 44명 모두 충분히 호전되어 외래 치료를 받았으며, 퇴원 후 3년간 행동평가에서 이들 대부분 환경에 잘 적응할 수 있는 것으로 평가되었다. 44명 모두에게 실시했던 **로르샤하** 검사에서 자기 중심성 지표는 평균보다 월등히 높았으며 .49~.71 정도였고, 퇴원 후 대략 3년간의 **로르샤하** 자료에서는 ECT와 심리치료를 받은 20명의 환자의 경우 자기 중심성 지표의 범위가 .31~.43, 약물과 심리치료를 받은 24명 환자의 로르샤하 자료에서는 .51~.62의 값이 나타났다. 약물치료 집단은 심각한 장애를 가진 것으로 보기 어려웠다. 분명 자기 관여적인 사람들도 환경이 자기 중심성을 용인하는 경우 기능 부전을 덜 겪었다고 보고했다.

거의 모든 상황에서 높은 자아 중심성 지표가 많은 관련성을 갖는 것은 아니지만, 평균 지수보다 낮다는 것은 적응 문제를 예고하고 있는 것으로 보인다. 엑스너와 뮤릴로(1975)는 우울증으로 인해 6개월간 치료를 받고 병원에서 퇴원한 환자 77명을 추적했다. 이들은 재입원한 환자 22명 중 16명은 퇴원 시의 .30보다 더 낮은 자아 중심성 지표를 가진 반면에 우울증이 재발하지 않은 환자 55명 중 4명도 .30 이하의 지수를 가진 것으로 확인했다. 낮은 자아 중심성 지표는 강박증이나 공포증, 심인성 신체 증상을 호소하는 환자 등과 같은 강박적 형태를 가진 사람들의 프로토콜 중에 훨씬 빈번하게 발생하는 경향이 있다. 평균보다 낮은 지수는 자살을 기도하거나 자살 지표에 양성으로 체크된 성인에 관한 기록에서 매우 흔하다(Exner & Wylie, 1977). 자살 모임에 대한 한 교차 검증 연구에서도 평균보다 높은 자아 중심성 지표 값이 나타났다(Exner, Martin, & Mason, 1984).

토머스, 엑스너 및 베이커(1982)는 225명의 대학생들에게 ACL(Gough Adjective Checklist)을 사용하여 자아 중심성 지표를 연구했다. 각 학생들은 회기마다 교차 설계된 ACL을 두 차례 수행하였으며, 한 번은 '자기 자신에 대하여 기술하시오.'라는 지시와 '자신이 되고 싶은 자기 자신에 대하여 기술하시오.'라는 지시를 했다. 이 2개의 자기평가 간 다른 점수는 개인별로 산출하였으며, 각 극단에 속하는 20인의 학생들은 로르샤하 검사를 받도록 했다. 상위 극단에 속하는 학생들의 평균 차이 점수는 9.4점이었고, 다른 하위 극단에 속하는 학생들의 평균 차이 점수는 38.9점이었으며 이들은 '실제(real)'와 '이상(ideal)' 간의 격차가 매우 크다는 점을 보여 주었다. 상위 극단에 속하는 집단의 평균 자아 중심성 지표는 48.9(SD=.09)였으며 이들 중 11명은 16개의 반사 반응을 포함하고 있었다. 반면에 하위 극단에 속하는 집단의 평균 자아 중심성 지표는 .31(SD=.12)이었으며, 반사 반응은 없었다($p<.01$).

자아 중심성 지표에 대한 시간적 일치성도 높은 편으로 장·단기 재검사에서 .80의 중반에서 .90 후반 정도의 상관관계를 보여 주었다. 장기 재검사에서 상관은 14세까지의 아동에게서 더욱 낮았고, 그 이후의 연령에서는 성인과 거의 유사한 안정성을 보였다(Exner, Thomas, & Mason, 1985). 실제로 청년층에 대한 자료는 이 지수가 자기 관여와 관련 있을 것이라는 점을 지지해 주는데, 일반적으로 어린 아동들은 발달 과정상 특징적으로 자기중심적이다. 5~16세까지에 대한 지수 평균은 점차 감소하는데, 5세의 비환자 아동들은 .60에서 .69의 평균값을, 9세에서는 .55~.57의 평균 값으로 감소되며, 11세가 되면 .43~.50의 평균 값을 보인다. 행동장애가 있는 아동은 자아 중심성 지표 값이 비환자 아동의 경우보다 더 높은 경향을 보이는 반면에, 이러한 장애를 극복한 아동들에게서는 비환자군보다 더 낮은 수치가 나온다(Exner, 1978).

그린월드(1990)는 자아 중심성 지표가 자존감에 대한 다른 측정 내용들과도 관련성이 있다는 점을 발견했다. 브렘스와 존슨(1990)은 이 지수를 MMPI-2와 벡의 우울질문지(Beck Depression Inventory: BDI)로부터 얻은 점수를 비교했는데, 이 지수가 자아 중심성보다는 내향성과 내성에 오히려 더 많이 관련되어 있다고 제안했다. 카푸토-사코와 루이스(1991)는 낮은 자아 중심성 지표 값을 보이고 정신병을 가졌던 청년들은 MMPI-2번에서 더 높은 T 점수를 보였다는 점을 지적했다. 홀라데이, 암스워스, 스완크 및 빈센트(1992)는 이 지수 값은 외상을 입었던 아동과 청년들 사이에서 더욱 낮아지는 경향이 있다는 것을 지적했고, 콜루치, 펠리치오타, 부오리오 및 디-누보(1998)는 지적 능력에 장애가 있는 집단에서 매우 낮은 점수를 보여 준다는 결과를 보고하기도 했다.

홀(1995)은 성격 특성적으로 범죄자들이 신경증적인 범죄자에 비해 훨씬 낮은 자아 중심성 지표 값을 가진다고 보고했고, 스미스(1995)는 심각하게 정신병리적으로 반사회적이고 불안정한 청년들이 경미하게 불안정한 청년층에 비해 훨씬 높은 자아 중심성 지표 값을 보였다고 했다. 와이너와 엑스너(1991)는 평균 값에 비해 매우 높거나 매우 낮은 자아 중심성 지표 값의 변화는 단기치료 직후에 호전되지 않는 환자들에 비해 2년 이상의 장기치료에서 호전된 경우에 기대할 수 있다고 보고했다.

전반적으로 자아 중심성 지표에서는 자신에 대해 병적으로 신경을 쓰는 특성이나 자존감에 대한 해석 자료를 얻을 수 있다. 타인에 대한 배려나 고려보다는 자기 위주의 행동의 빈도가 더 많다. 반사 반응의 빈도가 높을 때는 자기애적인 특성이 그의 내면세계에 강하게 내면화되어 있고, 자기 자신이 타인과의 상호작용에서 지속적으로 호의적인 평가를 받을 거라 기대하고 스스로도 자신을 호의적으로 평가한다.

자아 중심성 지표 값은 높은데, 반사 반응이 없다면, 이는 자신에 대한 우연적인 관심을 시사할 수 있다. 이러한 특성은 일시적으로 환경에 대해 고려하지 못하게 할 수는 있다. 대부분의 경우, 평균 지수보다 높으면 자신의 가치를 매우 긍정적으로 평가하는 것을 나타내지만 어떤 경우, 스스로에 대한 비정상적 선입견이 스스로에 대한 극단적 불만족을 나타내는 것일 수도 있다. 이 지수가 기대한 것보다 낮을 때는 그 사람의 개인적 가치에 대한 평가가 오히려 부정적일 것이라 가정하는 것이 바람직하다. 즉, 자기 스스로를 덜 호의적으로 간주하고 있는 것이다. 이러한 특성은 종종 우울증의 전조가 된다. 기록에 반사 반응이 포함되어 있는 경우 이와 같은 결과는 매우 드물다. 1개 이상의 반사 반응을 포함하고 있는 프로토콜이라면 이는 그 사람이 자신의 이미지와 가치에 관하여 갈등하고 있는 상태를 나타낸다.

형태 차원 반응

음영 차원 반응과 형태 차원 반응은 둘 다 심리

적으로 거리를 두는 과정과 자기 검열을 시사한다. 제14장에서 논의한 것처럼 음영 차원 반응은 자아 감찰에 의해 발생하는 불안정한 정서 경험을 시사한다. *FD*(형태 차원) 반응은 일반적으로 매우 빈번하게 발생하는 경우가 아니라면 긍정적인 신호라고 할 수 있다. 보편적으로 청년이나 성인에 대한 기록은 음영 차원 반응이 없고, *FD*가 1개 혹은 2개다. 이와 같은 형태는 사람은 일반적으로 다소 자기 감시적인 행위를 하고 있으며, 이러한 과정은 자신의 이미지를 표출하도록 유도하는 경향을 갖는 경우 유용할 수 있다는 점을 제시한다.

음영 차원 반응은 청년기 이전의 반응에 대한 프로토콜에서는 매우 드물다. 하지만 13세를 기점으로 이 빈도는 급속히 증가하며 비환자 청년층의 10~15% 정도는 한 개의 음영 차원 반응을 보인다. 이는 자연스럽고, 청년기에 스스로 불만족스러운 요소에 관심을 갖기 때문에 극히 당연한 것이다. *FD* 반응은 청년기 사이에서 훨씬 빈번하지만, *FD*를 포함하고 있는 프로토콜의 비율은 10세까지 매우 완만한 것으로 나타난다. 또한 *FD* 반응은 10~16세의 비환자에 대한 기록에서 적어도 2/3 정도에서 나타나고 있다.

FD 반응이나 음영 차원 반응이 청년이나 성인에게 나타나지 않는다면, 일반적인 경우보다도 자아 인식에 관심이 적을 수 있다. 이런 사람들은 자기 스스로에 대해 매우 순진한 경향을 보인다. 반면에 *FD* 반응의 값이 2개 이상인 경우 혹은 음영 차원 값이 0인 경우, 다소 예외적인/비정상적인 자기 반성 행동을 시사한다. 그렇다고 해서 사춘기나 노년기와 같은 특정 발달 단계에서 혹은 감정적인 충격이나 상처, 실패 또는 신체적 혹은 정신적 장애 등과 같은 중요한 사건이 있는 경우 반드시 비전형적인 특성이라고 할 수는 없다. 원인이 어떻든, 이와 같은 결과는 상당한 자기반성을 시사한다. 반사 반응이 있다면 자기상에 대한 갈등 상태라고 해석할 수 있다는 것일 수 있다. 자아 중심성 지표가 평균보다 낮은 경우는 자기 반성의 빈도가 부정적인 자기 가치감에 의한 것일 수 있다.

*FD*는 종합체계(Exner, 1974)의 개발 초기에 별도로 기호화된 것이다. 클로퍼와 켈리(1942)도 이 기호를 포함시켰으나 자연스럽게 음영을 사용하는 경우만 포함시켰다. 별도의 기호가 필요하다고 결정한 것은 자살 방지 치료를 받은 64명의 입원 환자에 대한 연구 결과 후인데, 이들은 평균 3.24개의 *FD* 반응을 했고, 64명의 자료 중 55명에게서 최소 2개의 *FD* 반응이 있었다. *FD*는 자해를 하려고 하는 사람들에게서 공통적으로 발견되는 우울증 특성과 관련이 있는 것으로 해석할 수 있다. 그러나 외견상 우울증이 없는 100명의 외래 환자에 대한 프로토콜을 검토한 결과, 100명의 기록 중 56명에게서 최소 1개의 *FD* 반응이 있었고, 평균 2.4개의 *FD*가 나타났다. 이는 100명의 비환자에 대한 프로토콜에서 *FD* 평균 값이 1.26인 것과 대조된다(Exner, 1974). 연구 결과 *FD*가 내성과 관련되어 있으며, 자기 반성을 격려하는 치료 과정의 핵심적인 논리가 된다는 가정을 얻었다. 이후 세 가지 연구가 수행되었고, 연구 결과는 이러한 가정을 지지하는 것으로 나타났다.

첫 번째 연구에서는 외래 환자와 비환자로부터 380개의 프로토콜을 검토했다. 이 연구에서 환자와 비환자 모두 내향적인 사람들(M=.93, SD=.91)보다 *FD* 반응이 많은 결과에 주목했다. *FD*는 욕구 지연 혹은 내면화와 관련이 있었다. 두 번째 연구에서는 외래 환자 시설에서 대기 중인 40명의 성인을 대상으로 하였으며, 무작위로 10명씩 네 개의 집단으로 나누었다. 이들에게는 1~2주 이내에 개인 치료자들이 배정되고, 배정을 기다리는 동안 2개의 집단 회기에 주마다 참여할 수 있으며, 각각 약 1시간이 소요될 것이라고 말해주었다. 이들은 각 집단 회기는 치료에 대한 소개를 하고 치료 계획과 목표에 대한 개발에 중점을 둘 것이라고 알렸다.

숙련된 사회사업가가 수행한 이 집단 회기를 녹화해서 처음 세 번 회기는 연구의 특성을 알지 못하는 세 명의 평가자가 점수를 기록하도록 했다. 이들은 이차원 격자 형태를 사용하여 구술 방식이 자신 혹은 타인을 향하고 있는지, 그리고 과거나 현재 혹은 미래에 대한 내용 인지도 기록하였다. 이들 40인의 환자들을 *FD* 빈도의 분포에서 중간치를 기준으로 각 20명으로 구성되는 두 개의 집단으로 나누었다. 상위 집단의 평균 *FD*는 2.83이었으며, 하위 집단의 평균 *FD*는 1.34였다. 녹음 자료를 이용한 평가 과정에서 이 분포에서 상위에 속하는 사람들이 나머지 하위 집단원들보다 훨씬 자기 중심적 진술이 많았다. 또한 상위 집단에 속한 사람들이 하위 집단에 속한 사람들에 비해 과거나 현재에 대한 언급을 많이 했다. 이 두 집단의 자기 중심성 측정치는 다르지 않았고, 보다 자기 초점적인 진술을 단순히 자기 중심성을 대표한다고 단정하기는 어려울 듯하다.

세 번째 연구에서는 역동심리치료를 시작한 15명의 외래 환자를 대상으로 첫 회기 전에 검사를 실시하고 10회기 즈음에 다시 검사를 했다. 역동심리치료이므로 환자들이 집중적으로 내성적인 치료 과정을 경험하게 될 것이라는 가정하에 재검사에서 *FD*의 빈도가 증가할 것이라 기대되었다. '자기 인식/자각'에 대한 주관적인 평가도 첫 회기, 5번째 회기, 10번째 회기 이후 수집했다. 평균 *FD*가 2.06(SD=1.03)으로 사전검사 범위는 0~4였고, 두 번째 검사에서 평균은 3.11(SD=.89), $p<.05$로 증가하였으며 범위도 1~6으로 증가했다. 치료자가 피검자를 대상으로 자기 인식에 대한 5점 기준으로 평정하도록 했을 때, 첫 회기 이후 *FD*와 평정 결과 간의 상관은 매우 낮았다(r=.13). 이 자료는 *FD*가 자기 반성과 관련한 심리학적 활동이나 적어도 자기 인식과 관련될 것이라는 가정을 지지하는 것으로 해석하여 *FD* 분류도 종합체계에 포함되었다.

1974년 이후 자료들도 *FD*에 대한 가정을 지지하고 있다. 엑스너, 와일리 및 클라인(1977)은 23명의 검사자가 279명의 외래 환자를 첫 치료 시작 전에 검사하고 치료가 시작된 후 9개월, 18개월 및 27개월 간격으로 3회 재검사를 하도록 했다. 환자들은 7가지 치료 양식에 걸쳐 동일하게 분포하지 않았으며 범위는 바이오피드백(N=28)에서 정신분석적 심리치료(N=56)까지 다양했다. 환자들 대부분은 보다 간결한 치료 형태, 이를테면 바이오피드백, 자기주장훈련 및 체계적 둔감화 등을 받도록 했고, 체계적 둔감화는 첫 재검사 이전에 종결되었으며, 279명 중 54명만이 27개월째 치료를 받고 있었다. 전체 집단에 대한 사전검사에서 나온 *FD* 평균 값은 1.52(*SD*=1.03)로 $p<.01$인 처음 재검사 때 평균 *FD* 2.71(*SD*=1.18) 값과 대비되었다. 흥미로운 점은 음영 차원 반응의 평균도 사전검사 기록의 .89에서 재검사 프로토콜에서는 1.68로 급증하여 거의 두 배였다는 점이다.

18개월째 재검사에서는 9개월째 실시한 재검사에 비해 평균 *FD*가 다소 감소한 2.39(*SD*=1.18)였는데, 이 집단이 세분화되어 종결되고(*N*=157), 치료를 계속했을 때(*N*=122)는 차이가 발생했다. 이 종결된 집단의 평균 *FD*는 1.67(*SD*=1.02)이었으며, 이는 사전검사 자료와 매우 유사한 것이다. 치료를 지속한 집단의 평균 *FD*는 3.49(*SD*=1.29)로, 이는 두 번째 검사 평균보다 매우 높은 것이다. 보다 중요한 점은 9개월째 재검사 자료를 치료 종결이나 치료 지속 집단으로 나눈 18개월째의 세부 집단을 사용하여 재분석했을 때는 평균 *FD*에 유의미한 차이가 없었다는 점이다(종결 집단=2.51 대 치료 지속 집단= 2.92).

18개월째 재검사 자료에서 두 번째 중요한 결과는 전체 집단에 대한 음영 차원 평균이 9개월째 재검사에서는 1.68에서 .89로 급감했으며, 종결 및 지속 집단의 결과를 비교했더니 두 집단 모두 음영 차원 반응의 평균(종결 집단=.63, 지속 집단=.94)이 비교적 낮은 수치였다는 점이다. 따라서 내성을 목적으로 하는 치료 과정이 다양한 중재 방법을 통해 정서적인 동요를 일으키면서 음영 차원 반응이 나타난 것으로 보인다. 이 중재 과정이 확대되거나 종결될 때는 음영 차원 반응이 감소하지만, 중재 과정이 지속되면, *FD* 반응에 반영된 것처럼 자기 반성 과정이 보편적인 정도보다 더 높아진 것으로 볼 수 있다.

치료 과정에서 능동적으로 참여하지 않았던 사람의 기록에서 *FD*가 기대치보다 높은 것은 내성 과정이 너무 과도해서 오히려 문제가 발생하였을 수도 있다. 예를 들어, 자살특수지표(S-CON)에는 *FV*+*VF*+*FD*>2가 포함되어 있다. S-CON의 이 변인이 양성으로 체크되면, 음영 차원 반응으로 나타난 내성에 의해서만 정서의 동요가 일어난 것이 아니라, *FD* 값이 의미하듯이 자기 반성이 확장될 가능성도 있다.

해부 반응과 X-레이 반응

해부 반응(이하 An)은 X-레이(이하 *Xy*) 반응에 비해 훨씬 자주 나타나지만, 두 반응 모두 신체에 대한 관심이나 걱정과 관련되어 있을 것으로 생각된다. *An* 반응은 상대적으로 많은 편이어서 *Xy* 반응보다 더욱 자세하게 연구가 있어 왔지만, 전체적으로는 두 변인이 유사한 특성과 관련성을 가지고 있다. 벡(1945)은 이 두 반응이 신체에 대한 관심이나 걱정과 관련 있을 것으로 추측했다. 샤틴(1952)은 신경증 환자들보다는 심인성 심체 증상을 가진 환자들 가운데 *An* 반응의 빈도가 더 많다고 했고, 그에 앞서 졸리커(1943)는 임신에 의한 심리적 혼란을 경험하고 있는 여성의 기록에서도 *An* 반응이 매우 많다는 것을 발견했다. 라파포트, 길 및 샤퍼(1946)는 '신경쇠약증 환자' 가운데도 이러한 반응의 비율이 높다는 것을 발견했다. 와이스와 윈니크(1963)는 의학적인 신체 건강과 관련된 문제들은 *An* 반응의 해석과 관련이 없을 것으로 가정하고, 이러한 반응은 생리적 불편함이 아닌 신체에 대한 관심으로 성격적인 측면과 관련될 것이라 주장했다. 하지만 이러한 주장은 다소 설득력이 부족하다. 엑스너, 암브루스터, 워커 및 쿠퍼(1975)는 식사 형태를 엄격하게 제한받게 되는 외과수술 대기 환자나 과체중 환자들에게서도 *An* 반응이 증가한다는 것을 발견했다. 실제로 외래 환자와 입원 환자 331명에 대한 기록에서 평균 *An* 반응이 2개 이상 나왔고, 드래건스, 헤일리 및 필립스(1967)는 한 문헌 고찰을 통해, *An* 반응이 자폐증이나 임신이나 사춘기로의 진입 시기에 또는 신체적 질환 등과 같은 생리적 변화 등으로 인한 자기 몰두의 형태일 수 있다고 했다.

600명의 비환자 성인에 대한 기록 중 약 40%에서 *An* 반응이 1개 이상 나타난 반면에 최소 1개 이상의 *Xy* 반응은 5%에서만 나타났다. 한 합성변수(*An+Xy*)를 이용한 연구에서는 이들 3분의 1인 8%가 1의 값이, 8%가 2, 3%는 2 이상의 값이 나왔다.

성인과 아동에 대한 환자 프로토콜에서는 *An+Xy* 반응의 값이 다소 커지긴 했으나 그보다 중요한 것은 *An+Xy* 반응 중 거의 3분의 1이 *FQ*−인 반면에 비환자군에서는 *An+Xy* 반응 중 10% 이하만이 − 형태질을 보였는 점이다. 이러한 − 형태질 반응은 신체 기능에 문제가 있는 정신분열증 환자들과 우울증 환자들에게서 더욱 빈번하게 나타났다. 실제로 심각한 신체적 곤란이 있을수록 *Xy* 반응이 *FQ*−를 보일 가능성도 증가하는 것 같다. 그 예로, 엑스너, 뮤릴로 및 스턴클라르(1979)의 연구에서는 신체에 대한 망상이 있는 21명의 정신분열증 환자군에서 평균 2.2개, 신체 기능에 장애가 있는 17명의 우울증 환자들은 평균 1.7개의 *Xy* 반응이 나타났다. 이들 반응 중 거의 반수 이상이 *FQ*−였다. 엑스너(1989)의 연구에서는 심각한 신체적 장애를 가진 68명의 성인 남성의 − 반응 중 1/3 이상의 *An+Xy* 내용에 그들의 신체적 장애와 관련한 내용이 반영된 것으로 나타났다.

An+Xy 값이 1 또는 2인 경우로 − 형태질이 아닌 반응은 자기 지각에 대한 해석을 중요하게 다루지 않아도 된다. 3 이상의 값은 주로 신체에 대한 관심이나 걱정을 더 많이 나타낸다. 실제로 신체 문제를 가진 사람에게는 흔하지 않지만, 의학적 원인이 없다면 심인성일 가능성이 있으며 이는 아마도 자기 지각과 관련될 것이라 보인다. 일반적으로 *Xy* 반응은 순수한 형태 반응보다는 유채색이 포함된 경우가 더 많지만, 주로 무채색의 혹은 음영 결정인과 관련되어 있으면, 주관적인 고통감을 느끼고 있을 수 있다.

병리적 내용

제19장에서는 병리적(MOR) 반응과 관련된 일

부 개념과 연구를 설명했고, 치료자들에 의해 3개 이상의 병리적 내용 반응을 한 76명의 환자들이 자신의 미래에 관하여 훨씬 비관적일 것이라는 결과에 대해 논의했다. 병리적 내용을 포함하는 반응은 자극 부분에서 명확하지 않은 대상에 대해 윤색을 하곤 한다. 이 윤색이 자기상에 대한 투사를 반영하는 것인지, 또는 단순히 정보 처리 과정이나 중재 과정의 개인차인지에 대한 변별이 필요하다.

엑스너(1989)는 성인 45명을 각 15명씩 3개 집단으로 무작위 추출해 슬라이드 프로젝터를 사용하여 10개의 반점 중 7개(I, II, III, V, VII, IX, X)를 각각 15초 동안 보여 주었다. 노출 전에 이들 각자에게 일곱 개의 반점에 대한 위치 형태가 포함된 안내 책자를 제공했다. 각 페이지에는 페이지 맨 위에 한 개의 표적 반응이 기재되도록 했다. 카드당 3개의 표적 반응으로 총 21개의 표적 반응이 있었으며, 각각 동일한 위치 지역에 관련된 세 개의 표적 반응을 나눠 주었다. 예를 들어, 카드 II에 대한 표적 반응 3개는 모두 *D6* 지역과 관련된 것으로, 개가 뛰며 노는 것과 개가 싸우는 것, 그리고 다친 동물이었다. 총 21개의 답변 중 7개는 COP 반응이었으며, 7개는 AG 반응, 7개는 MOR 반응이었다. 참여자는 이 반점을 보고 표적 반응을 찾아 해당 위치의 형태에 이를 설명하도록 지시받았다. 그 결과 피검자들은 표적 반응을 쉽게 찾아냈다.

엑스너(1989)는 또 다른 45명의 비환자 집단을 모집해 참여자들은 무작위로 15명씩 3개의 집단에 할당하고, 그 전에 미리 검사에 대한 소개를 했다. 한 집단은 COP 반응을 보고하도록 했고, 두 번째 집단은 AG 반응을 하도록 하고, 세 번째 집단은 MOR 반응을 하도록 했다. MOR 반응을 찾도록 요구받은 집단에서는 타인에 대해 경계적인 사람들은 반점에서 공격적인 반응이 있었을 만한 위치를 쉽게 찾아냈다. 이들 15명의 평균 MOR 반응수는 3.5였다. 두 연구 결과 모두 대상자들이 자기 내면의 정서나 경험과 일치하는 방식으로 반점의 특성을 해석하게 된다는 가정을 지지하는 증거들이다.

검사가 시작되는 동시에 피검자가 반응을 하지 못하는 것은 답변을 선택하거나 윤색하는 과정에서 자신의 성격이 투사되기 때문이라고 보는 것은 합리적인 것 같다. 예를 들어, 말론(1996)은 외래 치료를 받는 58명의 여성을 대상으로 근친상간의 경험이 있는 사람들을 수집했는데, 이들은 다른 환자들에 비해 훨씬 많은 MOR 반응을 보였다. 엡스테인(1998)은 외상성 뇌손상을 가진 사람들이 예상보다 많은 MOR 반응을 하는 점에 주목했다. 실버그와 암스트롱(1992)은 MOR는 청년기의 자살 가능성을 감지하도록 설계된 경험적 지표라고도 했다.

MOR에 관한 연구 결과, 비관주의와 부정적인 자기 이미지, 그리고 피해당한 입장의 자신이 투사되기도 한다. 즉, MOR 반응은 간접적으로나 혹은 직접적으로 자기 표상을 제시한다. MOR 반응은 반응 특성과 내용을 해석해야 한다. MOR 값이 1일 경우 결과는 통계상 의미가 없으나 때로 답변 내용에 주의를 기울이게 되면, MOR 반응은 유의미한 정보를 주기도 한다. MOR 값이 3 이상일 경우, 자기상이 부정적인 특성으로 나타나고 반응의 언어 표현 자료들은 부정적인 성격에 대한 추가적 설명 자료로 활용될 수 있다.

MOR 반응의 해석은 매우 신중하게 접근해야 한다. 연구에서는 MOR 값은 우울증으로 가장하고 모의실험하도록 선발된 비환자 피검자들에게서도 높은 값을 보였다(Meisner, 1984; Exner, 1987; Ros Plana, 1990). 따라서 MOR 반응에 대한 해석은 평가 상황을 고려해서 결정하여야 한다.

인간 내용 반응

인간 내용을 평가하는 이유는 몇 가지가 있다. 우선 피검자의 관심에 대한 정보를 얻게 된다. 순수하게 *H*, *Hd* 혹은 유사 인간 형태로 세분화될 경우, 자신을 포함한 사람에 대한 개념은 실제 경험에 기초하고 있거나, 상상에 따른 개념이거나 경험에 대한 왜곡에 의해 형성될 것이다. 즉, 인간 내용 반응은 종종 어떻게 자신과 타인을 개념화하고 있는지에 대한 투사된 정보를 제공한다.

자기 이미지와 관련된 가장 중요한 인간 내용 반응은 *H*를 포함하고 있는 *H*:(*H*)+*Hd*+(*Hd*)의 비율이다. 아동을 제외한 대부분 비환자들은 (*H*)+*Hd*+(*Hd*)의 조합보다는 순수 *H*가 더 많다. 그러나 성인 가운데서 이 자료는 *EB*와 관련시켜 보면 또 다르다. 〈표 20-2〉에 제시된 것처럼 내향적인 사람들은 전형적으로 전체 프로토콜에 외향적인 사람들에 비해 두세 개 더 많은 인간 내용 반응을 하고 상대적으로 *H*가 많다.

장단기 외래 치료 이후 로르샤하 자료의 변화에 대한 와이너와 엑스너(1991)의 연구에서는 176명의 참여자 중 147명이 자신들의 치료 전 검사에서 평균적으로 약 5개의 인간 내용 반응이 나타났으나, 대부분(3.5)은 순수 *H* 반응이 아니었다. 27~31개월의 치료 진행 과정에 치러진 재검사에서 종결된 단기치료 집단의 환자들은 평균 6개 이상의 인간 내용 반응을 했고, 그중 24명만 지속적으로 (*H*)+*Hd*+(*Hd*)의 조합보다 적은 *H* 반응을 했다. 엑스너와 생글레이드(1992)는 단기치료와 짧은 기간 과정을 추적해 보았더니 단기치료를 받은 35명 중 19명, 짧은 기간 치료를 받는 35명 중 18명에서도 (*H*)+*Hd*+(*Hd*)의 조합보다 순수한 *H* 반응이 적었다.

단기치료 집단에서는 8~12개월 이후, 짧은 기간 치료 집단은 24~27개월 이후 실시한 재검사에서 19명의 환자 중 16명은 순수 *H*가 아닌 인간 내용이 증가했고, 단기치료 집단에서는 3명에게만 이와 같은 양상이 나타났다.

다른 형태의 인간 내용보다 순수 *H*가 더 많은 것이 실제 자기 이미지를 반영한다는 것은 토머스 등의 연구(1982)에서 지적된 것이었다. ACL (Gough Adjective Checklist)을 사용해 225명의 대학생에게 현재 자기에 대하여 기술하도록 하고, 다른 한 번은 자신의 이상적인 자기를 기술하도록 했다. 점수 분포에서 두 가지 극단적인 답변 형태를 보여 준 각 20명의 학생을 뽑아 총 40명에게 로르샤하를 실시했다. 실제 자기와 이상 자기 간 큰 차이가 없는 것으로 나타난 20명의 학생들은 *H*:(*H*)+*Hd*+(*Hd*)의 비율이 2.8:1이었고,

실제 자기와 이상 자기 간에 큰 차이가 나타난 20명의 학생은 1 : 1.2의 비율을 보였다. 흥미롭게도 내향, 외향, 양향성을 보인 피검자들의 비율이 두 집단에서 거의 유사했다.

언어 자료의 분석

로르샤하(1921)는 언어 자료에 대한 해석 결과를 매우 조심스럽게 언급했다. 그는 이 검사는 '자유로운 흐름'을 오히려 방해하며, 무의식적 혹은 잠재의식의 관념화를 촉진해서 반응을 발생시킨다고 했다. 이 연구를 발표하고 로르샤하는 내용에 더 많은 관심을 갖는 것처럼 보였다. 그가 스위스 정신분석협회에 발표하기 위해 준비했다가 사망한 이후에 발표된 논문(Rorschach & Oberholzer, 1923)에는 특히 인간의 운동과 관련된 내용에 많은 정성을 쏟았던 흔적이 있다. 그는 인간의 운동 반응과 행동 특성 간의 관계를 암시했고, *M* 반응은 자신에 대한 무의식적 태도가 반영되었다고 했다. 이는 로르샤하가 프랭크의 투사 가설(Rorschach & Frank, 1939)을 **로르샤하** 자료의 해석에 전적으로 수용했다는 의미가 된다.

린더(1943, 1944, 1946, 1947)는 '내용 분석'에 관해 강조한 이들 중 한 사람인데, 그는 점수의 양상이 정신병리적으로 불안정한 사람들에 대한 진단적 정보를 제시할 수 없지만, 그들의 언어 표현을 분석하면 보다 명료해질 수 있다고 주장했다. 또한 그는 잉크반점의 다른 영역에 대한 여러 종류의 답변은 정신병리적 관념화의 다른 유형을 상징적으로 반영하는 것이라고 해석할 수 있다고 설명했다. 린더의 뒤를 이어 연구들이 진단적 유형이나 성격 특질 및 언어 표현의 구체적인 종류들이 내포한 의미에 대한 내용 분석에 관심을 갖게 되었다. 특히, 특질에 대해 연구한 사람들은 그 특정한 내용을 종류별로 제시했다(*Elizur*–불안, 1949; *Elizur*–적개심, 1949; *Walker*–공격성, 1951; *Stone*–공격성, 1953; *Wheeler*–동성애, 1949; J. Smith & Coleman–긴장, 1956; Fisher & Cleveland–신체상의 경계, 1958; Holt–방어 효과성, 1960, 1966).

아쉽게도 방어 효과성에 대한 홀트 지수의 예외들이 많이 제시되어 배제되었다. 언어 자료의 유용성을 부정하는 것은 아니지만, 이러한 자료를 구체적으로 분류하는 작업은 어려운 일이라는 점을 상기시키는 것이다. 예를 들어, 동성애에 대한 휠러의 20가지 기호에 관한 고찰은 20가지 중 6개는 재고의 여지없이 억지스럽고, 다른 6개는 경험적인 연구에서 일치된 지지 증거들이 있으나, 나머지 12개는 매우 모호하다는 의견이 많다(Goldfried, Stricker, & Weiner, 1971).

구체적인 '상징적' 의미를 기준으로 내용을 분류하려는 시도는 성공적이지 못하다. 골드파브, (1945)와 골드프라이드(1963)의 연구에서는 동물에 관한 내용이 자신들이 사용하는 상징과 다르다고 했다.

일부 연구들(Bochner & Halpern, 1945; Meer & Singer, 1950; Rosen, 1951; Philips & Smith, 1953; Hirschstein & Robin, 1955; Levy, 1958; Zelin & Sechrest, 1963)은 카드 IV와 카드 VII이 각각 '아

버지와 어머니'를 나타낸다는 가정에 대해 연구했다. 일부 연구들이 긍정적인 증거를 제시하긴 했지만, 정교하고 세련된 연구 설계를 통해 실시된 연구에서는 지지되지 않았다(Wallach, 1983). 또한 대인관계와 관련한 내용을 반영한다고 여겼던 카드 III와 V 또는 성을 나타내는 카드 VI에 대해서도 연구 결과는 그리 긍정적이지 못했다. 해석자가 이와 같은 연구 결과를 간과하고 잘못된 가정을 가지고 검사를 실시하는 것은 매우 위험한 일이다.

한편, 어떤 내용은 해석자가 그 내용에 대해 선입견을 가지고 대하는 경우도 있다. 예를 들어, 성적인 내용은 주로 집착의 다른 형태를 의미한다고 하는데, 파스칼, 루시, 다빈 및 슈텔(1950)은 생식기에 관한 내용이 어느 정도 공통된 의미로 해석될 수 있다는 연구 결과를 제시하기도 했다. 몰리시(1967)는 성적인 내용은 기호보다도 더욱 직접적으로 표현되므로 해석이 매우 용이하다는 점을 지적했다. 프란도니, 마트랑가, 젠센 및 왓슨(1973)은 몰리시와 마찬가지로 성범죄자의 기록에서 성과 관련된 내용 반응의 빈도가 매우 높다는 것을 발견했으며, 이러한 형태의 반응은 피검자의 관심이나 익숙한 경험의 일부가 그대로 표현된 것이므로 함축적인 의미로 해석되지 않아도 되는 경우가 많다고 했다. 언어 표현 그대로를 분석하는 방법 중 일반적인 방식은 반응을 논리에 근거해 나누고, 공통된 주제나 특성을 공유하는 종류끼리 동일한 기호로 묶는 것이다.

샤퍼(1954)는 이 방법을 사용하여 장황한 언어 표현에 대해 포괄적인 접근을 제안했다. 그는 의존성, 공격성, 갈등, 공포 등과 같은 정신분석적 개념을 활용하여 14가지의 광범위한 범위를 갖는 분류를 인용하였고, 서로 다른 내용이 동일한 주제와 관련될 수 있는 방법을 제시했다. '항문'을 반영하는 '진흙'이라는 반응처럼 일부 예시는 정신분석적 틀이 적용될 경우도 있지만, 대부분은 이론적인 방향에 관계없이 일관적인 주제로 범주화하는 과정이 매우 유용하다. 예를 들어, 샤퍼는 신, 경찰, 농부, 가느다란 가지 등에 대한 언급이 포함된 반응은 부적절성 혹은 무능 등을 의미한다고 했다. 샤퍼의 연구는 고전적인 연구라 할 수 있는데, 각 반응 내용에 반영된 피검자의 개별적인 요구와 집착 등을 잘 전달할 수 있는 맞춤식의 반응 해석은 해석자에게 풍부한 자료를 제공해 줄 것이라고 했다. 또 샤퍼는 피검자가 전달하는 내용에 묻어 있는 감정적인 어투를 연구해야 한다는 점도 지적했다.

일부 투사된 내용은 특수점수, 이를 테면 MOR, COP 또는 AG 등으로 채점되지만, 대부분의 경우 대상을 기술하면서 반복적으로 사용되는 단어나 어조는 새로운 정보를 추가로 제공할 수 있다. 예를 들어, 어떤 사람은 "아이, 또 다른 실패작이네."라거나 "이거 정말 잘 못해요."라면서 반응할 수 있는데, 두 가지 대답 모두 불편함이나 부적절감을 시사한다. 일부 해석자들은 각 반응에서 상당한 정보를 추론하여 프로토콜에 따라 규칙적이고 구체화된 접근 방식을 시도하기도 한다. 하지만 이 방법들은 어찌 보면 너무 순진한 것일 수 있고, 또한 매우 그릇된 결론을 얻게 될 소지가 많다. 프로토콜의 모든 반응이 새롭거나 해석자의 가정을 강력하게 지지해 줄 중요한 정보를 제공해 줄 것이라는 기대 또한 그렇다. 구체적인 대상이 표현된 이유나 답변 중 반응으로 선택되는 과정에서 어떤 은밀한 상징적 의미가 부여된 것은 아닌지에 대해 알아내야 한다는 과중한 부담에서 자유로울 필요가 있다.

사람들은 언어나 행동을 통해 그 내면의 어떤 요구나 태도 혹은 갈등을 예측 가능하게 해 주곤 한다. 예를 들어, 세 번 결혼하고 다시 이혼한 한 여성이 '자신의 성기를 노출시키는 저질스러운 남자' '남자들처럼 매끄럽지 못한 목뼈를 가진 사람' '마음속에 불을 가진 파괴자' '창문을 들여다보는 흉악한 남자' 등과 같은 표현을 한다면, 상식적으로 그녀가 남성을 경멸하고 자신은 위협당하거나 희생당한 느낌을 받고 있다는 인상을 준다. 대부분의 강렬한 반응에는 그 내용에 상응하는 운동성이나 윤색이 포함된다.

'박쥐' '고양이 얼굴' '두 마리의 개' '땅의 구멍' '나비' '피' '두 사람' '털복숭이 고릴라' 혹은 '버드나무'와 같은 카드 I에서 카드 IV까지 반응의 순서대로 보자. 4개의 카드에 나온 이 9개의 반응 순서를 보면 첫 번째 반응들은 운동성이 없고 윤색도 없으나, 순수한 형태 반응도 아니다. '구멍'이란 반응도 음영 차원 혹은 *FD* 반응일 수 있고, 아마도 피 혹은 나비 반응에서도 유채색이 사용되었을 것이고, 고릴라 반응은 분명히 재질이 사용되었을 것이다. 이 반응들에는 투사된 특성이 없다. 반응만 명확할 뿐 언어 자료를 분석하더라도 특별한 것을 찾기 어려울 것이다.

특히 언어 자료를 분석하는 데 주의해야 할 점이 두 가지 있다. 우선, 몇몇 해석자들이 반응과 질문 단계의 자료를 피검자의 관념화 과정의 흐름을 보는 것으로 착각하고 한꺼번에(반응과 질문 단계의 답변) 읽으려 한다. 그러나 그렇지가 않다. 원반응의 언어 자료는 이미 출력된 것이고, 질문 단계에서는 또 다른 세트에서 나온 언어 자료라고 보아야 한다. 원반응을 할 때 피검자는 다소 모호한 상황에서 심리적인 조작을 하게 되기 때문에 잉크반점에 대해 솔직하거나 고지식하게 덜 방어하며 답할 수 있다. 그래서 조금 쉽게 투사가 나타나고, 중요한 해석적 가치를 지닌다. 질문 단계는 보다 구조적일 필요가 있다. 피검자는 반응에 대해 자신이 더 이야기하도록 격려받게 되고, 이때는 윤색이나 주변 배경 정보가 더 많이 나타난다. 해석은 매우 신중하게 이루어져야 하고, 질문 단계에서 검사자의 질문에 의해 추가적으로 나온 것이 아닌 반응이나 윤색은 더욱 의미 있게 해석해야 한다.

언어 자료를 해석할 때 주의할 두 번째 문제는 언어 표현에 근거해 해석적 인상을 단정해 버리게 되는 것이다. 너무 언어 표현에 비중을 두고 해석을 하게 되면 잘못된 가정을 세울 수도 있고, 또 다른 증거나 상반되는 입장이 무시될 수도 있다.

참고문헌

Beck, S. J. (1945). *Rorschach's test. II: A variety of personality pictures*. New York: Grune & Stratton.

Bochner, R., & Halpern, F. (1945). *The clinical*

application of the Rorschach test. New York: Grune & Stratton.

Brems, C., & Johnson, M. E. (1990). Further exploration of the Egocentricity Index in an inpatient psychiatric population. *Journal of Clinical Psychology, 46*, 675-679.

Caputo-Sacco, L., & Lewis, R. J. (1991). MMPI correlates of Exner's Egocentricity Index in an adolescent psychiatric population. *Journal of Personality Assessment, 56*, 29-34.

Collucci, G., Pellicciotta, A., Buono, S., & Di-Nuovo, S. F. (1998). The Rorschach Egocentricity Index in subjects with intellectual disability. *Journal of Intellectual Disability Research, 42*, 354-359.

Draguns, I. G., Haley, E. M., & Phillips, L. (1967). Studies of Rorschach content: A review of the research literature. Part 1: Traditional content categories. *Journal of Projective Techniques and Personality Assessment, 31*, 3-32.

Elizur, A. (1949). Content analysis of the Rorschach with regard to anxiety and hostility. *Journal of Projective Techniques, 13*, 247-284.

Epstein, M. (1998). Traumatic brain injury and self-perception as measured by the Rorschach using Exner's Comprehensive System. *Dissertation Abstracts International, 59*, 0870.

Exner, J. E. (1969). Rorschach responses as an index of narcissism. *Journal of Projective Techniques and Personality Assessment, 33*, 324-330.

Exner, J. E. (1973). The Self Focus Sentence Completion: A study of egocentricity. *Journal of Personality Assessment, 37*, 437-455.

Exner, J. E. (1974). *The Rorschach: A Comprehensive System. Volume 1*. New York: Wiley.

Exner, J. E. (1978). *The Rorschach: A Comprehensive System. Volume 2. Current research and advanced interpretation*. New York: Wiley.

Exner, J. E. (1987). A pilot study on efforts by nonpatients to malinger characteristics of depression. *Alumni newsletter*. Asheville, NC: Rorschach Workshops.

Exner, J. E. (1989). Searching for projection in the Rorschach. *Journal of Personality Assessment, 53*, 520-536.

Exner, J. E. (2001). *A Rorschach workbook for the Comprehensive System* (5th ed.). Asheville, NC: Rorschach Workshops.

Exner, J. E., Armbruster, G. L., Walker, E. I., & Cooper, W. H. (1975). *Anticipation of elective surgery as manifest in Rorschach records*. Rorschach Workshops (Study No. 213, unpublished).

Exner, J. E., Kuhn, B., Schumacher, J., & Fishman, R. (1975). *The relation of field dependence and locus of control to the Rorschach index of egocentricity*. Rorschach Workshops (Study No. 189, unpublished).

Exner, J. E., Martin, L. S., & Mason, B. (1984). *A review of the Rorschach Suicide Constellation*. 11th International Congress of Rorschach and Projective Techniques, Barcelona, Spain.

Exner, J. E., & Murillo, L. G. (1975). Early prediction of posthospitalization relapse. *Journal of Psychiatric Reaserch, 12*, 231-237.

Exner, J. E., & Murillo, L. G. (1977). A long-term follow up of schizophrenics treated with regressive ECT. *Diseases of the Nervous System, 38*, 162-168.

Exner, J. E., Murillo, L. G., & Sternklar, S. (1979).

Anatomy and X-ray responses among patients with body delusions or body problems. Rorschach Workshops (Study No. 257, unpublished).

Exner, J. E., & Sanglade, A. A. (1992). Rorschach changes following brief and short-term therapy. *Journal of Personality Assessment, 59*, 59-71.

Exner, J. E., Thomas, E. A., & Mason, B. (1985). Children's Rorschach's: Description and prediction. *Journal of Personality Assessment, 49*, 13-20.

Exner, J. E., Weiss, L. J., Coleman, M., & Rose, R. B. (1979). *Rorschach variables for a group of occupationally successful dancers.* Rorschach Workshops (Study No. 250, unpublished).

Exner, J. E., & Wylie, J. R. (1977). Some Rorschach data concerning suicide. *Journal of Personality Assessment, 41*, 339-348.

Exner, J. E., Wylie, J. R., & Bryant, E. L. (1974). *Peer preference nominations among outpatients in four psychotherapy groups.* Rorschach Workshops (Study No. 199, unpublished).

Exner, J. E., Wylie, J. R., & Kline, J. R. (1977). *Variations in Rorschach performance during a 28 month interval as related to seven intervention modalities.* Rorschach Workshops (Study No. 240, unpublished).

Fisher, S., & Cleveland, S. E. (1958). *Body image and personality.* New York: Van Nostrand Reinhold.

Frank, L. K. (1939). Projective methods for the study of personality. *Journal of Personality, 8*, 389-413.

Gacono, C. B., & Meloy, J. R. (1994). *The Rorschach Assessment of Aggressive and Psychopathic Personalities.* Hillsdale, NJ: Erlbaum.

Gacono, C. B., Meloy, J. R., & Bridges, M. R. (2000). A Rorschach comparison of psychopaths, sexual homicide perpetrators, and nonviolent pedophiles. *Journal of Clinical Psychology, 565*, 757-777.

Gacono, C. B., Meloy, J. R., & Heaven, T. R. (1990). A Rorschach investigation of narcissism and hysteria in antisocial personality. *Journal of Personality Assessment, 55*, 270-279.

Goldfarb, W. (1945). The animal symbol in the Rorschach test and animal association test. *Rorschach Research Exchange*, 9, 8-22.

Goldfried, M. (1963). The connotative meanings of some animals for college students. *Journal of Projective Techniques, 27*, 60-67.

Goldfried, M., Stricker, G., & Weiner, I. (1971). *Rorschach handbook of clinical and research applications.* Englewood Cliffs, NJ: Prentice-Hall.

Greenwald, D. F. (1990). An external construct vaildity study of Rorschach personality variables. *Journal of Personality Assessment, 55*, 768-780.

Hall, W. C. (1995). Differentiating characterological from neurotic delinquents. *Dissertation Abstracts International, 55*, 4120.

Hilsenroth, M. J., Fowler, J. C., Padawar, J. R., & Handler, L. (1997). Narcissism in the Rorschach revisited: Some reflections on empirical data. *Psychological Assessment, 9*, 113-121.

Hirschstein, R., & Rabin, A. I. (1955). Reactions to Rorschach cards IV and VII as a function of parental availability in childhood. *Journal of Consulting Psychology, 19*, 473-474.

Holaday, M., Armsworth, M. W., Swank, P. R., & Vincent, K. R. (1992). Rorschach responding in traumatized children and adolescents. *Journal of Traumatic Stress, 5*, 119-129.

Holt, R. R. (1960). Cognitive controls and primary processes. *Journal of psychoanalytic Research, 4*, 105-112.

Holt, R. R. (1966). Measuring libidinal and aggressive motives and their controls by means of the Rorschach test. In D. Levine (Ed.), *Nebraska Symposium on Motivation*. Lincoln: University of Nebraska Press.

Klopfer, B., & Kelley, D. (1942). *The Rorschach technique*. Yonkers-on-Hudson, NY: World Bookss.

Levy, E. (1958). Stimulus values of Rorschach cards for children. *Journal of Projective Techniques, 22*, 293-295.

Lindner, R. M. (1943). The Rorschach test and the diagnosis of psychopathic personality. *Journal of Criminal Psychopathology, 1*, 69.

Lindner, R. M. (1944). Some significant Rorschach responses. *Journal of Criminal Psychopathology, 4*, 775.

Lindner, R. M. (1946). Content analysis in Rorschach work. *Rorschach Research Exchange, 10*, 121-129.

Lindner, R. M. (1947). Analysis of Rorschach's test by content. *Journal of Clinical Psychopathology, 8*, 707-719.

Malone, J. A. (1996). Rorschach correlates of childhood incest history in adult women in psychotherapy. *Dissertation Abstracts International, 56*, 5176.

Meer, B., & Singer, J. (1950). A note of the "father" and "mother" cards in the Rorschach inkblots. *Journal of Consulting Psychology, 14*, 482-484.

Meisner, J. S. (1984). Susceptibility of Rorschach depression correlates to malingering. *Dissertation Abstracts International, 45*, 3951B.

Molish, H. B. (1967). Critique and problems of the Rorschach. A survey. In S. J. Beck & H. B. Molish (Eds.), *Rorschach's test. II: A variety of personality pictures* (2nd ed.). New York: Grune & Stratton.

Pascal, G., Ruesch, H., Devine, D., & Suttell, B. (1950). A study of genital symbols on the Rorschach test: Presentation of method and results. *Journal of Abnormal and Social Psychology, 45*, 285-289.

Phillips, L., & Smith, J. G. (1953). *Rorschach interpretation: Advanced technique*. New York: Grune & Stratton.

Prandoni, J., Matranga, J., Jensen, D., & Watson, M. (1973). Selected Rorschach characteristics of sex offenders. *Journal of Personality Assessment, 37*, 334-336.

Rapaport, D., Gill, M., & Schafer, R. (1946). *Psychological diagnostic testing* (Vol. 2). Chicago: Yearbook Publishers.

Raychaudhuri, M., & Mukerji, K. (1971). Homosexualnarcissistic "reflections" in the Rorschach: An examination of Exner's diagnostic Rorschach signs. *Rorschachiana Japonica, 12*, 119-126.

Rorschach, H. (1921). *Psychodiagnostik*. Bern, Switzerland: Bircher.

Rorschach, H., & Oberholzer, E. (1923). The application of the interpretation of form to psychoanalysis. *Zeitschrift f r die Gesamte Neurologie und Psychiatrie, 82*, 240-274.

Rosen, E. (1951). Symbolic meanings in the Rorschach cards: A statistical study. *Journal of Clinical Psychology, 7*, 239-244.

Ros Plana, M. (1990). *An investigation concerning the malingering of features of depression on the Rorschach and MMPI*. Unpublished doctoral dissertation, University of Barcelona, Spain.

Schafer, R. (1954). *Psychoanalytic interpretation in Rorschach testing*. New York: Grune & Stratton.

Shatin, L. (1952). Psychoneurosis and psychosomatic reaction. A Rorschach study. *Journal of Consulting Psychology, 16*, 220-223.

Silberg, J. L., & Armstrong, J. G. (1992). The Rorschach test for predicting suicide among depressed adolescent inpatients. *Journal of Personality Assessment, 59*, 290-303.

Smith, A. M. (1995). Juvenile psychopathy: Rorschach assessment of narcissistic traits in conduct disordered adolescents. *Dissertation Abstracts International, 55*, 5088.

Smith, J., & Coleman, J. (1956). The relationship between manifestation of hostility in projective techniques and overt behavior. *Journal of Projective Techniques, 20*, 326-334.

Stone, H. (1953). *Relationship of hostile aggressive behavior to aggressive content of the Rorschach and Thematic Apperception Test*. Unpublished doctoral dissertation, University of California at Los Angeles.

Thomas, E. A., Exner, J. E., & Baker, W. (1982). *Ratings of real versus ideal self among 225 college students*. Rorschach Workshops (Study No. 287, unpublished).

Walker, R. G. (1951). A comparison of clinical manifestations of hostility with Rorschach and MAPS performance. *Journal of Projective Techniques, 15*, 444-460.

Wallach, J. D. (1983). Affective-symbolic connotations of the Rorschach inkblots: Fact or fantasy. *Perceptual and Motor Skills, 56*, 287-295.

Watson, A. (1965). *Objects and objectivity: A study in the relationship between narcissism and intellectual subjectivity*. Unpublished doctoral dissertation, University of Chicago.

Weiner, I. B., & Exner, J. E. (1991). Rorschach changes in long-term and short-term psychotherapy. *Journal of Personality Assessment, 56*, 453-465.

Weiss, A. A., & Winnik, H. Z. (1963). A contribution to the meaning of anatomy responses on the Rorschach test. *Israel Annual of Psychiatry, 1*, 265-276.

Wheeler, W. M. (1949). An analysis of Rorschach indices of male homosexuality. *Journal of Projective Techniques, 13*, 97-126.

Winter, L. B., & Exner, J. E. (1973). *Some psychological characteristics of some successful theatrical artists*. Rorschach Workshops (Study No. 183, unpublished).

Zelin, M., & Sechrest, L. (1963). The validity of the "mother" and "father" cards of the Rorschach. *Journal of Projective Techniques and Personality Assessment, 27*, 114-121.

Zolliker, A. (1943). Schwangerschaftsdepression and Rorschach' scher formdeurversuch. *Schweiz Archeives Neurologie und Psychiatrie, 53*, 62-78.

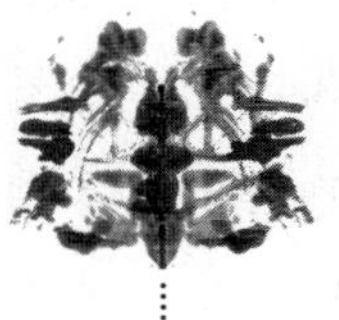

제21장
대인관계 지각과 행동

한 사람이 타인을 어떻게 지각하고, 다양한 대인관계 상황에서 어떻게 행동할 것인지는 많은 요소에 의해 결정된다. 어떤 경우에는 욕구, 태도, 정서적 상태, 세트, 대처 방식과 같은 내적인 특성에 의해서일 수도 있다. 이 중 어떤 것은 사람과 환경에 대한 주요 인상에 영향을 줄 수 있다. 대개의 사람은 일상적인 상호작용 행동에 반복되는 패턴을 취하게 되는 개별적이고 핵심적인 내적 특성을 가지고 있다. 하지만 외적인 요소 또한 대인관계 지각과 행동에 중요한 역할을 한다. 예를 들어, 대인관계 상황에서 자신의 주장적인 특성에 대해 수용받지 못한 사람은 주장성을 호의적으로 평가하지 않고 비생산적인 특성이라 여기고 순종적인 역할을 선호할 수 있다. 일반적으로 자신의 정서를 자유롭게 표현하지 못하는 사람은 상황의 특성 때문에 자신의 감정을 제한하는 경향이 있을 수 있다.

상황적으로 필요하다고 지각할 때 상호작용에서 역할 변화가 있을 수 있다. 그들은 효과적인 사회적 관계를 형성하거나 유지할 때 종종 매우 적응적인 형태를 적용한다. 안타깝게도 어떤 사람들은 대인관계 상황에서 가용한 적응 능력의 범위를 스스로 제한하는 등 사회적인 변화에 대해서나 사회적 상황에서 매우 융통성이 부족하다. 예를 들어, 어떤 사람은 스스로를 매우 불안정하게 느껴 중요한 결정을 내릴 때 다른 사람에게 의존하는 경향성을 스스로 강화시킬 수 있다. 결정을 내릴 때 사람은 저항하거나 서두르게 되는데, 이러한 행동은 대인관계적 역할의 변화나 상호작용의 질을 손상시킬 수 있다. 한편으로 머뭇거리는 경향이 있는 사람이 있다. 다양한 사회적 상황의 구성 요소나 요구를 적절하게 이해하는 데 필요한 성숙함이나 민감성을 발달시키지 못했기 때문이다. 그들의 대인관계적 접근 양식은 뚜렷하게 반복적인 경향이 있고, 다양한 상황에 거의 동일한 방식으로 반응한다. 그리고 융통성이 부족하여 상당히 비효율적인 사회적 행동 패턴을 보인다.

로르샤하를 해석하는 사람에게 대인관계적 행

동에 대한 해석은 매우 어려운 일이다. 개인의 현재 환경이나 상호작용에 대한 정보가 검사자료에 거의 드러나지 않기 때문이다. 그러므로 대인관계 지각과 관련된 자료들에서 얻은 가정이 꽤 명확한 것 같아도, 행동에 대한 서술은 기대하는 것보다는 추론적이고 더 보편적인 수준에 그치는 것일 수 있다는 점을 명심해야 한다.

대인관계적 지각 관련 로르샤하 변인

이 군집에는 14개의 구조적 변인들(*CDI*, *HVI*, *EBPer*, *a*:*p*, 음식, *SumT*, 인간 내용의 합, 순수 *H*, GHR, PHR, PER, COP, AG, 소외지표)과 COP와 AG 반응, *M*과 *FM* 반응 내용, 쌍 반응 등이 포함된다. 너무 많은 변인이 광범위하게 섞여 혼란을 초래할 듯하지만, 의외로 그렇지 않다. 몇몇 '부정적인' 내용의 변인이 포함되는데, 그 변인의 기준이 진단적 결정에 해당될 때(즉, 정적일 때), 이는 대인관계 지각이나 행동에 부정적인 영향을 주는 특징이 있다는 의미다. 정적인 반응이 나타나지 않을 때, 그 사람이 타인이나 혹은 타인과의 상호작용을 어떻게 지각하는지에 대해 매우 적은 정보만 얻게 된다. 그래서 해석자는 정적인 결과를 보이는 정보에 입각해 대인관계 특징을 이해하기 위해 애써야 한다.

자기 지각 군집과 대인관계적 지각 군집을 함께 고려하게 되는데, 자기 지각 자료를 먼저 검토한다. 만약 두 개의 핵심 변인에 해당된다면 (DEPI > 5이고 CDI > 3, CDI > 3), 대인관계 자료를 자기 지각 자료보다 먼저 검토해야 한다. 대체로 대인관계 지각에 대한 결과를 요약할 때 항상 자기 지각에 대한 소견을 고려해야 한다. 왜냐하면 많은 경우, 자기상이나 자기 가치에 관한 소견이 대인관계적 지각과 행동을 이해하는 데 큰 도움이 되기 때문이다. 그런 맥락에서 제20장에 제시한 두 사례를 대인관계적 지각에 관한 자료를 설명하는 데 다시 인용한다.

먼저 살펴볼 내용

대인관계 지각과 행동에 관해 다음과 같은 기본적인 질문을 할 수 있다. ① 사회적 기술이 매우 부족하다는 증거가 있는가? ② 다른 사람들과의 상호작용 방법이나 타인에 대한 지각에 영향을 주는 비일상적인 태도나 유형의 특징이 있는가? ③ 정서적인 친밀감에 대해 편하게 여기는가? ④ 얼마나 타인에게 관심이 있는가? ⑤ 대인관계에 대해 대체로 긍정적인 시각을 가지고 있는가? ⑥ 사회적 상호작용에 대해 과도하게 방어적이거나 사회적으로 고립되기 쉬운 특성을 시사하는 증거가 있는가?

사례 12

이 환자는 47세 사업가로, 최근에 심리학적 평가를 위해 개인 정신과를 방문했다. 그는 잠들기가 어렵고 약속을 잘 잊으며, 동료들이 자신에 대한 음모를 꾸미고 있다고 의심하고, 그의 아내가

사례 12 47세 남성의 대인관계 지각 자료

R = 21	CDI = 3	HVI = No	COP와 AG 반응
a:p = 8:5	SumT = 3	Fd = 2	III 6. D+ Ma.mp.FC′.FD.CFo H,Fd,Cg P 4.0 COP, MOR,GHR
	[eb = 9:12]		V 11. D+ Ma.FC′−H,Hh,Sx 2.5 COP,PHR
인간 내용의 합 = 6 [외향적 유형]		H = 3	VIII 16. W+ FMa.CFo 2 A, An,Fd P 4.5 AG,MOR,PHR
GHR:PHR = 5:2			
COP = 2	AG = 1	PER = 1	
소외지표 = .24			

사례 13 29세 여성의 대인관계 지각 자료

R = 25	CDI = 3	HVI = No	COP와 AG 반응
a:p = 4:6	SumT = 3	Fd = 3	II 3. D+FMa.FC.FC′o 2 A,Id,Hh P 3.0 PER,COP
	[eb = 7:8]		
인간 내용의 합 = 4 [외향적 유형]		H = 1	
GHR:PHR = 4:0			
COP = 1	AG = 0	PER = 4	
소외지표 = .12			

부정한 여자라고 굳게 믿고 있었다. 진단적으로 우울증이나 양극성장애 혹은 분열정동장애의 가능성에 대한 소견이 있었다.

사례 13

이 환자는 29세 여성으로, 1년 전에 이혼을 했고, 두 달 동안 외래 환자로 치료받았다. 그녀는 신경과민을 호소했고, 초조해하고 집중하기 어렵다고 했다. 그녀는 항불안제의 효과를 보았는데, 주치의는 공황장애 진단을 고려했으며, 심리학적 평가를 통해 치료에 대한 조언을 얻고 싶어 했다.

일반 해석

해석적 접근은 11단계로 구성된다. 처음 10단계는 구조적 요약 자료와 COP, AG 반응을 검토한다. 마지막으로 *M*과 *FM*의 평균, 쌍반응을 검토한다.

1단계: 대처 손상 지표(CDI)

14장과 16장에 제시된 바와 같이, CDI(대처 손상 지표)는 0~5의 범위로 11개의 변인이 포함된 10개의 준거로 구성된다. 이 변인 중 6개는 대인관계 지각이나 행동과 관련이 있다($COP < 2$이고

AG<2, *F*>a+1, 순수 *H*<2, 음식 반응>0이고 소외지표>.24). 다른 3개 변인은 정동과 관련이 있고(*WSumC*<2.5, *Afr*<.46과 *SumT*>1), 남은 2개 변인은(*EA*<6.0과 *Adj D*<0) 자원과 통제에 관련된다. COP<2와 AG<2를 제외한 변인들은 준거에 해당될 경우 바람직하지 못한 경향을 시사한다. 기준 중 하나 혹은 두 개의 정적 반응은 흔한 편이지만 실제로 그 결과가 사회적/대인관계에 대한 긍정적인 증거로 볼 수는 없다.

CDI 값이 4나 5인 경우, 사회적 미성숙함이나 부적절함의 전형적인 특성을 시사한다. 그들은 폐쇄적인 경향성이 강하고, 타인과 성숙한 관계를 맺거나 유지하는 것이 어려울 수 있다. 이를 테면, *EA*=4.5, *a*:*p*=1:3, *Afr*=.40, *SumT*=2의 기준과 구조적 요약 자료를 보자. 어떤 가정에 이의를 제기할 만한 다른 자료나 개인력이 없기 때문에, 추론적이긴 해도 환자의 자원이 제한되어 있고, 수동적인 경향이 있으며, 정서적인 친밀함을 피하려고 하고 외로울 것이라는 해석이 가능하다. 이런 특성이 반드시 대인관계를 방해하는 것은 아니지만, 대인관계를 지속하기 어렵게 할 수 있다.

잠정적 소견: CDI 값이 4나 5일 때, 기대하는 정도보다 사회적으로 미성숙할 것이라 예상할 수 있다. 이 사람들은 사회적 기술이 부족하고, 환경과 상호작용할 때, 특히 대인관계적 상황에서 경험하는 불편에 의해 쉽게 영향을 받게 된다. 타인과의 관계는 피상적일 수 있으며, 지속되기 어려울 가능성이 있다. 이런 사람들은 개인에 의해 종종 사람과의 관계에서 거리감, 부적절감 및 무기력감을 느낄 것으로 예상되고, 또한 다른 사람들의 욕구나 흥미에 덜 민감한 경향이 있다.

CDI에 해당되는 사람들은 종종 사회적인 혼란스러움이나 대인관계에서 불만족감을 경험했다고 보고한다. 때로 그들은 사회적으로 관계가 단절되어 있거나 피상적인 관계만을 유지하는 고립된 생활 방식을 감수하곤 한다. 그러나 그들이 사회적으로 가진 기대는 대부분의 사람들과 다르지 않다. 그들은 가깝고 오래 지속되는 관계를 추구하지만, 그들의 부적절함이 종종 타인에게 수용되기 어렵고, 또 한편으로 그들은 거절의 메시지에 취약하다. 그들은 쉽게 삶에 불만스러워하고, 종종 사회 상황에서 혼란스러움이나 무기력감을 경험한다. 사실, 사회적 실패에 대한 반응으로 많은 사람은 우울증을 경험하곤 한다.

그들 자신의 정체감과 친구들과의 관계에 대한 주제에 집착하고 고민하는 연령의 아동에게서 CDI의 정적 결과 흔하게 나타나지만 9세 이상의 아동에게는 덜 일반적인 일이다. 9세 이상의 아동과 청소년이 CDI에 해당되면, 이는 그들이 사회적으로 기대되는 것보다 덜 성숙하다는 의미고, 타인과 관계를 시작하거나 유지하는 데 이 지표에 해당되는 일반적인 성인들과 유사한 문제를 보일 것이라 해석한다. 2단계로 가자.

2단계: 과민성 지표(HVI)

과민성 지표(Hypervigilance Index: HVI)는 관념과 자기 지각 군집에서 논의되었다. HVI에 해당되면, 과민한 유형으로 개인의 심리 구조에서 핵심적인 특성일 수 있다. 과민한 유형인 사람들은 환경에 대해 부정적이거나 불신하는 태도 때문에 끊임없이 방어하고, 경계 상태를 유지하기 위해 자신의 상당히 많은 에너지를 사용한다.

잠정적 소견: HVI에 해당되면, 타인에 대한 과도한 조심성과 보수적인 경향성을 시사한다. 과민한 사람들은 외적 자극에 매우 취약하며, 매우 조심스럽게 행동한다. 그들은 개인적 공간에 몰두하고, 그들의 대인관계에 대해 매우 경계한다. 전형적으로 그들은 상호작용에 대해 자신이 통제 가능하다고 확신할 수 없다면, 친밀한 관계를 형성하지 않으며, 또한 유지하지 못한다. 그들은 타인에게 친밀감을 기대하지 않기 때문에 종종 타인의 친밀한 행동에 대해 의심을 한다. 이 특성이 반드시 병리적인 것은 아니지만, 심해지면 종종 편집적인 특성으로 나타나기도 한다. 3단계로 가자.

3단계: 능동성 대 수동성의 비율($a:p$)

$a:p$ 비율은 관념화 형성 활동과 관련하여 논의하였던 자료로 인지적 융통성 혹은 유연성의 주제와 관련된 정보로 활용된다. 여기서는 피검자가 대인관계에서 보일 수동적인 역할 경향성에 대해 결정할 때 다시 검토할 것이다. 20장에서 지적한 것처럼 운동 반응은 전형적으로 한 사람의 매우 중요한 특성이 투사된 자료로 해석된다. 능동적인 운동에 반영된 심리학적 행동의 해석적 의미는 아직 검증되지 않았다. 주된 운동 반응이 능동적이기 때문에 수동적인 운동보다 2~3배 정도로 나타난다. 수동적인 운동은 전체 운동 반응의 3분의 1보다 더 많지 않다. a보다 p의 빈도가 유의미하게 클 때, 이것은 수동적인 대인관계 유형으로 해석할 수 있다.

잠정적 소견: 수동적 운동에 대한 값이 능동적인 운동에 대한 값보다 1점 이상 많으면, 유의미하게 차이가 있다고 본다. 피검자는 대인관계에서 반드시 순종적인 역할을 하는 것은 아니지만, 상대적으로 수동적일 것이라고 가정할 수 있다. 이런 사람들은 대부분 의사 결정에 대한 책임을 회피하며, 문제에 대한 새로운 해결책을 찾거나 새로운 가능성을 타진하는 데 덜 적극적이다. 4단계로 가자.

사례 13 유력한 소견

$a:p$ 비율이 4:6일 때, 대부분의 대인관계에서 수동적인 역할을 선호한다는 가정이 지지된다. 실제로 수동적인 운동 반응의 빈도는 그녀가 상당히 자기중심적이고 미성숙했던 것과 같은 자기개념에 대한 자료를 검토할 때 언급된 것이다. 그녀의 수동성은 책임감을 회피하는 방법일지도 모른다. 또한 개인의 가치를 스스로 평가하는 데 어떤 확신을 얻기 위해 타인을 조종하고자 하는 전략일 수도 있다. 달리 말

사례 13 29세 여성의 대인관계 지각 자료

			COP와 AG 반응
R = 25	CDI = 3	HVI = No	
a:p = 4:6	SumT = 3	Fd = 3	II 3. D+FMa.FC.FC′o 2 A,Id,Hh P 3.0 PER,COP
	[eb = 7:8]		
인간 내용의 합 = 4 [외향적 유형]		H = 1	
GHR:PHR = 4:0			
COP = 1	AG = 0	PER = 4	
소외지표 = .12			

하면, 만약 타인이 그녀에 대해 객관적인 판단을 한다거나 그녀가 수동적인 역할을 하고자 하는 의도를 방해한다면, 논리적으로는 그녀를 더 호전되게 할 수도 있을 것이다.

4단계: 음식 반응(*Fd*)

음식 반응(*Fd*)은 전형적으로 대인관계에 영향을 끼칠 정도의 의존성을 반영하는 신호다. 아동의 경우 반응이 한 개 정도 나타날 수 있으나, 그 외에는 0개로 예상된다.

잠정적 소견: 청소년이나 성인의 프로토콜에서 *Fd* 값이 0보다 크거나, 아동의 반응 기록에서 1보다 클 때, 보편적인 정도 보다 의존적 행동이 예상된다. 이들은 타인의 지시나 지지에 대해 의존하는 경향이 있고, 대인관계에 대한 그들의 기대는 다소 순박하기까지 할 것이다. 그들의 요구나 욕구에 비해 타인을 내성하는 힘이 강하고 그들은 내 욕구와 요구에 부응하기 위해 보다 적극적일 것이라 기대하고 예상한다. 수동적인 유형일수록 이 반응이 정적일 때, 수동-의존적인 특성이 개인의 성격 구조에서 매우 중요한 특성으로 나타난다고 예상할 수 있다. 5단계로 가자.

사례 12 유력한 소견

2개의 *Fd* 반응이 나타났는데, 성인에게서 전형적으

사례 12 47세 남성의 대인관계 지각 자료

			COP와 AG 반응
R = 21	CDI = 3	HVI = No	
a:p = 8:5	SumT = 3	Fd = 2	III 6. D+ Ma.mp.FC′.FD.CFo H,Fd,Cg P 4.0 COP, MOR,GHR
	[eb = 9:12]		V 11. D+ Ma.FC′−H,Hh,Sx 2.5 COP,PHR
인간 내용의 합 = 6 [외향적 유형]		H = 3	VIII 16. W+ FMa.CFo 2 A, An,Fd P 4.5 AG,MOR,PHR
GHR:PHR = 5:2			
COP = 2	AG = 1	PER = 1	
소외지표 = 0.24			

로 나타나는 정도보다 더 의존적인 행동을 보일 소지가 있다. 이것은 외관상으로 리더십 자질을 보이는 성공적인 사업가에게는 드문 행동일 수 있다. 자기개념에 관한 결과는 그가 허약하고, 비관적이며, 자신을 낮게 평가하고, 자신의 적절성에 대해서 걱정이 많은 듯 보인다. 이 특징들은 또한 오랫동안 성공적인 결혼과 직업을 가지고 살아온 사람의 경우, 그의 기본적인 특성이 아닐 수 있다. 그러므로 이것은 그의 현저한 의존 욕구가 최근에 생성된 것이라고 추측할 근거가 된다. 그리고 현재 그가 자기 자신에 대해 느끼는 무기력감과 관련된 것일 수도 있다. 이는 아마도 그의 완벽함에 대한 욕구와 좌절을 반영하며, 심리적 혼란이 있을 가능성이 높다.

사례 13 유력한 소견

그녀의 반응 기록에는 3개의 *Fd* 반응이 있었다. 그녀의 수동적인 경향성에 비추어 고려해 볼 때, 이것은 수동 의존적인 특성이 그녀의 성격 구조에서 매우 핵심적인 부분일 것으로 추측된다. 이 성격은 아마도 그녀의 대인관계적 삶에서 중요한 역할을 할 것인데, 그녀의 팽창된 개인적인 가치감을 확신하거나 유지하는 데 매우 중요한 전략으로 적용될 수도 있다.

5단계: 재질 반응의 합(*SumT*)

재질 반응은 친밀감에 대한 욕구, 정서적 관계에 대한 개방성과 관계가 있다. 재질 반응의 합이 평균치보다 높은 경우가 통제, 스트레스 및 정서와 관련된 장에서 이미 언급되었지만, 재질 반응과 대인관계 경험 및 행동 사이의 분명한 관계 때문에 여기에서도 다룰 필요가 있다.

친밀한 접촉을 전제로 하는 상호작용은 일상적인 관계에서 매우 중요하다. 이는 기본적인 감각 중 하나로, 타인을 알고 의사소통하는 데 중요한 원천이다. 이는 유아가 환경의 양상을 미숙하게 구별하는 방법이며, 발달적으로 유아가 사람이나 대상과의 접촉을 통해 변별하고 이해하는 과정에 필수적이다. 아동은 종종 접촉으로 보상받고 보호받으며, 달래지고 안기며, 또한 처벌받을 때도 접촉을 통해 받는 등 접촉은 발달의 중요한 원천이라 할 수 있다. 인간이 성장하는 과정 동안 촉감은 발달 연령 동안 배우고 무언가를 사용하며, 탐구하고 의사소통하는 방식으로 사용된다. 대상은 일반적으로 매끄러운, 부드러운, 딱딱한, 거친 등과 같은 촉감적인 용어로 묘사된다. 악수나 포

사례 13 29세 여성의 대인관계 지각 자료

R = 25	CDI = 3	HVI = No	COP와 AG 반응
a:p = 4:6	SumT = 3 [eb = 7:8]	Fd = 3	II 3. D+FMa.FC.FC'o 2 A,Id,Hh P 3.0 PER,COP
인간 내용의 합 = 4 [외향적 유형]		H = 1	
GHR:PHR = 4:0			
COP = 1	AG = 0	PER = 4	
소외지표 = .12			

옹은 인사나 축하의 한 방법이다. 툭 치는 것, 귀여워하는 것, 달래 주는 것 등이 관심이나 걱정을 표현하는 전형적인 비언어적 방법이라면, 사랑의 표현은 일상적으로 다양한 종류의 촉감적인 교환을 포함한다.

재질 반응을 해석하고 이해하는 데 보편적으로 사람들이 하는 광범위하고 빈번한 접촉 경험들이 개념적 원천이 된다. 즉, 촉각적으로 경험하고 해석하는 대상이나 사건은 삶에서 꽤 보편적이며, 사람이 어떤 자극을 대할 때 그러한 방식으로 해석하고 친밀해지는 것이 논리적으로 자연스럽다.

재질 반응에 대한 가정에는 경험적인 증거가 있다. 이 반응은 모든 반점에서 일어나지만, 카드 IV와 VI에서 보다 빈번하고 대부분 평범 반응으로 나타난다. 이것은 이 카드 반점의 음영 특성이 분명히 부드러운 털이나 머리로 해석되기 쉽기 때문이다. 이 잉크반점의 외형상 특성은 회피적 유형인 사람들을 제외하고 다양한 비환자 집단 60~80% 정도에서 적어도 하나의 재질 반응을 보이는 것을 보면 설득력이 있다. 대부분의 사람은 하나의 재질 반응을 하고, 대부분 카드 IV와 VI에서 나타난다.

일반적으로 이러한 이유에 의해 *SumT*의 평균값은 1이다. 해석적으로, *SumT*는 *SumT*=0, *SumT*=1, *SumT*>1의 세 가지 경우로 접근할 수 있다.

잠정적 소견 1: *T* 값은 대부분의 사람에게 1로 예상된다. *T* 반응이 하나인 경우 사람들은 아마도 대부분의 사람과 유사한 방식으로 친밀감의 욕구를 인정하거나 표현할 것이다. 이러한 사람들은 대부분 친밀한 관계를 원하고, 이런 관계를 시작하고 유지하는 하나의 방법으로서 일상적인 촉감적 상호작용 관계를 지향한다. 6단계로 가자.

잠정적 소견 2: *T* 값이 0일 때, 이것은 그 사람이 대부분의 사람과 다른 방식으로 친밀감 욕구를 인식하고 있거나 표현하는 경향이 있음을 의미한다. 이것은 그 사람이 친밀감 욕구가 없다는 의미가 아니라 피검자가 친밀한 대인관계 상황에서 기대되는 것보다 더 신중하다는 의미일 수 있다. 특히 이것은 촉감적인 교환을 포함하여 해석적 의미가 있다. *T* 빈도가 낮은 사람들은 개인적인 공간에 과도하게 관심을 갖는 경향이 있다. 그리고 타인과 친밀한 정서적 유대감을 형성하거나 유지하는 데 주의를 덜 기울인다.

이 가정에도 예외는 있다. 이것은 *T*가 '가상적 긍정(pseudo positive)' 반응의 역할을 할 때인데, 프로토콜에 무채색이나 음영 반응이 전혀 없는 경우가 해당된다. 예를 들어, 이것은 종종 반응을 하거나 설명할 때 음영을 명료하게 지적하지 않는 9세 이하의 아동에게서는 종종 나타난다. 또한 회피 유형인 사람들의 기록 중 25%에서 특히 *Lambda* 값이 1.2보다 크거나 반응 수가 20개, 혹은 그보다 더 적을 때 반응 기록에 무채색이나 음영 반응이 전혀 나타나지 않을 수 있다. 무채색이나 음영 반응을 포함하지 않은 프로토콜을 해석할 때, *T*가 없는 결과가 타당한 것인지 확인하기 어렵다. 해석자는 해석 과정에 이에 대한 가정을 포함하되, 매우 신중해야 한다. 때로 개인력을 보면, 무채색이나 음영 반응이 나타나지 않는 프로토콜이나 *T*의 빈도가 맞은 경우를 설명하는 데 도움을 얻을 수 있다. 다시 말하지만, 일반적으로 이 주제에 관해서는 신중해야 한다.

T 빈도가 낮은 기록에서 예외는 과민성 지표에 대한 예상과 연관지어 해석할 수 있다. 왜냐하면 *T*가 없다는 것은 HVI의 설명에 핵심적인 요소가 되기 때문이다. *T*가 0인 경우를 제외하고, 프로토콜에서 늘 일어나는 일이다. 전형적으로, 무채색이나 음영 반응을 포함하지 않은 프로토콜은 복잡성에 대해, 그리고 다른 결정에 대해 취약한 편이다. 이 프로토콜은 검사 시 방어적인 접근을 반영한 것일 수도 있으며, 혹은 단지 다소 성격 구조가 취약한 것을 나타낼 수도 있다. 6단계로 가자.

잠정적 소견 3: 만약 *T* 값이 1보다 크면, 충족되지 않은 강한 친밀감의 욕구를 의미한다. 대부분의 경우 강하게 고조된 친밀감 욕구는 최근에 있었던 어떤 정서적인 상실에 의해 유발된 것일 수 있다. 그러나 어떤 경우에 *T*가 진단 기준에 해당되는 값일 때, 정서적인 상실이나 실망감에 의해 유발되었으나 적절한 보상이나 대체가 이루어지지 않아 상태가 지속되고 있다는 의미이기도 하다. 어떤 경우든, 대부분 갈망이나 외로움과 같이 자극적이고 고조된 감정을 갖게 된다. 전형적으로 타인과의 정서적인 관계에서 가까워지길 원하는 이러한 종류의 고조된 감정을 경험하는 사람은 이를 이루기 위해 가장 좋은 방법이 무엇인지 모를 때가 많다. 때로 그들의 욕구 강도가 판단을 흐리게 할 수 있고, 타인을 대하는 데 취약하여 어려움이 발생할 수 있다. 이것은 특히 수동적이거나 의존적인 사람들에게서 그러하다. 6단계로 가자.

사례 12 유력한 소견

그의 기록에 3개의 *T*(재질) 반응이 있는데, 이는 친밀감에 대한 강한 욕구와 강한 고독감을 시사한다. 그는 최근 정서적 상실이나 외상 사건을 경험하지는 않았다. 이것으로 오랫동안(수년간) 지속되어 왔다는 임의적인 가정을 할 수 있다. 그러나 최근까지

사례 12 47세 남성의 대인관계 지각 자료

R = 21	CDI = 3	HVI = No	COP와 AG 반응
a:p = 8:5	SumT = 3	Fd = 2	III 6. D+ Ma.mp.FC′.FD.CFo H,Fd,Cg P 4.0 COP, MOR,GHR
	[eb = 9:12]		V 11. D+ Ma.FC′−H,Hh,Sx 2.5 COP,PHR
인간 내용의 합 = 6 [외향적 유형]		H = 3	VIII 16. W+ FMa.CFo 2 A, An,Fd P 4.5 AG,MOR,PHR
GHR:PHR = 5:2			
COP = 2	AG = 1	PER = 1	
소외지표 = .24			

혼란이나 부적응에 관한 정보가 그의 개인력에 없어서 이것은 특별한 것일 수 있다. 물론 보고된 것보다 결혼 생활에서의 큰 불화가 있었을 수도 있다. 그러나 그의 내면에서 분명한 심리적인 붕괴가 일어나고 있을 가능성도 시사한다. 만약 이것이 사실이라면, 그가 경험하는 빈곤감과 고독감은 무기력감에 의해 압도된 감정과 관련될 수 있으며, 타인과 친밀한 정서적인 지지를 형성하거나 지속하기 어려울 수 있다.

사례 13 유력한 소견

3개의 *T* 반응이 있고, 이것은 비교적 강한 갈망이나 고독감을 시사한다. 그녀는 결혼 생활에 소홀했다고 보고했고, 몇몇 다른 남자와의 외도나 혼외 성관계(간통)가 있었다. 이혼한 후에도 그녀는 종종 데이트를 했지만, 건전한 관계를 전제로 하는 남성과의 데이트는 아니었다. 그녀의 결혼이 실패한 것은 아마도 대인관계 상황에서 보살핌을 받기를 원하고, 수동적이고, 지나치게 자기 중심적인 그녀에게 쓰라린 모욕과 절망을 느끼게 했기 때문일 것이다. 그녀가 바라는 종류의 대인관계를 형성하는 데 무능력함은 친밀감에 대한 그녀의 욕구와 고독감, 그리고 아마도 그녀가 보고한 증상 패턴의 악화에 기여했을 것이라 여긴다.

6단계: 인간 내용과 순수 인간 반응

인간 내용 반응이 자기 표상을 반영하지만, 프로토콜에서 인간 내용 반응의 전체 빈도는 사람에 대한 관심을 측정하는 데 해석적인 기초가 될 수 있다. 타인에 대해 상당한 관심을 가진 한 사람이 있다고 가정할 때, 다양한 이유가 있겠지만, 전형적으로 다양한 인간 내용의 반응을 한다. 반면에 인간에 대한 관심이 적은 사람들은 사회적 교제나 접촉으로부터 철회된 경향이 있을 때 대부분 인간 내용 반응이 적게 나타나곤 한다.

타인에 대한 관심의 주제를 고려할 때, 해석가는 사람에 대한 그 사람의 인상이 현실적인 것인지에 대해 판단해야 한다. 순수한 인간 반응(이하 *H*)의 빈도가 중요하다. 앞 장에서 말했듯이, 순수 *H*는 현실적인 인간에 대한 인간 내용 기호다. 그러므로 순수 *H* 반응이 인간 내용 반응에서 더 많은 비율을 차지하게 되면, 타인에 대한 개인의 지각이 아마도 현실적인 근거를 가지고 있을 것이라

사례 13 29세 여성의 대인관계 지각 자료

R = 25	CDI = 3	HVI = No	COP와 AG 반응
a:p = 4:6	SumT = 3 [eb = 7:8]	Fd = 3	II 3. D+FMa.FC.FC'o 2 A,Id,Hh P 3.0 PER,COP
인간 내용의 합 = 4 [외향적 유형]		H = 1	
GHR:PHR = 4:0			
COP = 1	AG = 0	PER = 4	
소외지표 = .12			

볼 수 있다. 반대로, 인간 내용 반응들이 낮은 비율이라면, 피검자가 사람을 매우 잘 이해하기 어려운 경향성을 가지고 있다고 가정할 수 있다.

또한 앞 장에서 말했듯이, 인간 내용 반응수는 *R*과 피검자의 반응 유형에 따라 다양해질 수 있다. 그러므로 인간 내용의 총합에 대한 해석과 순수 *H*의 비율은 이러한 변인과 관련하여 계산된다. 〈표 21-1〉은 비환자 성인 집단에서 인간 내용의 총합에 대해 예상한 적정 범위 표다. 순수 *H*의 평균값은 이 단계에서 대인관계에 대한 두 변인을 고려해야 하기 때문에 포함시켰다. *R*이 17보다 적거나 27보다 많은 경우, 프로토콜을 분류하는 범위는 표집에서 산출된 것이므로 신중하게 적용해야 한다. 인간 내용의 합에 대한 〈표 21-1〉은 8세 이상의 아동에게 적용 가능하지만, 순수 *H*의 평균값은 일반적으로 13세 이하의 아동에게는 낮게 나타난다. 어린 아동들은 종종 (*H*)나 (*Hd*) 인간 내용 반응을 보고한다. 그들은 사람들에 대해 잘 이해하지는 못하고, 따라서 가상의 인물을 더욱더 많이 동일시한다. 그러므로 아동의 프로토콜을 해석할 때, 순수 *H* 반응의 비율에 근거한 기대와 가정은 수정되어야 한다.

잠정적 소견 1: *R*과 반응 유형이 의미 있게 고려되고 인간 내용의 총합이 기대되는 범위에 있을 때, 순수 *H*의 값은 내향적인 사람이 보이는 정도의 반, 혹은 그보다 더 많거나 적어도 다른 유형에서 나타나는 정도의 반 이상인 경우가 흔하다. 이것은 대부분의 사람만큼 타인에 대해 관심을 가지고 있다고 볼 수 있고, 아마도 현실에 근거한 관심일 것이라 볼 수 있다. 7단계로 가자.

사례 12 유력한 소견

이 외향적인 남성의 21개 반응 프로토콜에는 6개의 인간 내용 반응이 포함되어 있다. 이는 그 연령에서 예상되는 범위이고, 이것의 반만큼 순수 *H* 반응을 했다. 이러한 자료를 종괄해 보면, 그가 아마도 대부분의 사람만큼 타인에 대해 관심을 가지고 있고, 그들에 대한 그의 지각이 현실적으로 근거가 있을 것이라 볼 수 있다. 이것은 자기 지각에 대한 그림이나 대인관계 지각 자료로 얻은 해석처럼, 일부 불확실한 결론에 비하면 매우 유력한 소견으로 볼 수 있다.

표 21-1 비환자 성인 집단에서 인간 내용의 총합에 대해 예상한 적정 범위

	R = 14~16 기댓값과 반응 유형*				*R* = 17~27 기댓값과 반응 유형*				*R* = 27~55 기댓값과 반응 유형*			
	I	A	E	L	I	A	E	L	I	A	E	L
N=	18	22	17	16	116	54	129	38	33	16	24	17
인간 내용 전체	4~6	2~4	2~4	2~5	5~8	4~7	3~6	4~7	7~11	5~9	4~7	5~9
순수 H 반응의 평균값	3.8	1.8	1.6	1.7	4.8	2.5	2.5	1.8	7.1	3.7	2.1	2.9

* I = 내향성(Introversive); A = 양향성(Ambitent); E = 외향성(Extratensive); L = 회피성(Avoidant)

사례 12 47세 남성의 대인관계 지각 자료

			COP와 AG 반응
R = 21	CDI = 3	HVI = No	
a:p = 8:5	SumT = 3	Fd = 2	III 6. D+ Ma.mp.FC′.FD.CFo H,Fd,Cg P 4.0 COP, MOR,GHR
	[eb = 9:12]		V 11. D+ Ma.FC′−H,Hh,Sx 2.5 COP,PHR
인간 내용의 합 = 6 [외향적 유형]		H = 3	VIII 16. W+ FMa.CFo 2 A,An, Fd P 4.5 AG,MOR,PHR
GHR:PHR = 5:2			
COP = 2	AG = 1	PER = 1	
소외지표 = .24			

잠정적 소견 2: *R*과 그의 유형을 고려하면, 그리고 인간 내용의 총합이 예상되는 범위에 있지만 순수 *H* 값이 내향적인 사람들이 보이는 총합의 반보다 같거나 적을 때, 혹은 다른 유형(외향적인)에서 나타나는 정도의 반 이하일 때, 이것은 피검자가 대부분의 사람처럼 타인에 대해 관심을 가지고 있지만 아마도 사람들을 잘 이해하지는 못할 수 있다.

이들은 사람들을 오해하는 경향이 강하거나 종종 사회적인 행동을 잘못 해석할 수 있다. 때로 이들은 적절한 정도 이상으로 타인과 자신의 관계에 대해 더 많은 기대를 가지기도 한다. 다른 경우, 타인에 대한 이해의 부족으로 말미암아 타인에게서 격리되거나 사회적으로 터무니없는 실수를 하기도 한다. 7단계로 가자.

사례 13 유력한 소견

외향적인 여성의 25개 반응 프로토콜에 4개의 인간 내용 반응이 포함되어 있었다. 예상되는 범위에 있으므로 아마도 대부분의 타인들과 같이 사람에 대해 관심을 가지고 있을 것이다. 그러나 순수 *H*는 단 하나뿐이어서 그녀가 사람들을 잘 이해하지 못하거나 그들을 오해할 경향이 있고 아마도 적합하지 못한 방식으로 사회적 상황에서 행동할 것이다. 이것은 수동–의존적인 유형의 성향을 강화시킬 수 있다.

사례 13 29세 여성의 대인관계 지각 자료

			COP와 AG 반응
R = 25	CDI = 3	HVI = No	
a:p = 4:6	SumT = 3	Fd = 3	II 3. D+FMa.FC.FC′o 2 A,Id,Hh P 3.0 PER,COP
	[eb = 7:8]		
인간 내용의 합 = 4 [외향적 유형]		H = 1	
GHR:PHR = 4:0			
COP = 1	AG = 0	PER = 4	
소외지표 = .12			

잠정적 소견 3: *R*과 유형이 의미 있게 고려할 만하고 인간 내용의 총합이 예상된 범위에 있고, 순수 *H* 값이 내향적인 사람에 대한 총합의 반 이상일 때, 혹은 적어도 다른 유형이 보이는 총합의 반수일 때, 이것은 현실에 바탕을 둔 이해를 기초로 사람에 대한 상당한 관심을 가지고 있음을 의미한다. 이 결과가 유력하다면, 이는 대부분 타인에 대해 상당한 관심을 가지고 있다고 볼 수 있지만 이것은 타인에 대한 강한 불신감과 과민한 사람들의 특징인 타인에 대한 건강하지 못한 집착을 반영할 수도 있다. 7단계로 가자.

잠정적 소견 4: *R*과 유형을 고려하면서 인간 내용 반응이 기대된 범위를 넘지만 순수 *H*의 값이 내향적인 사람의 1/2과 같거나 또 다른 반응 유형의 절반보다 적으면 이것은 타인에 대한 강한 관심을 의미하지만, 또 한편으로는 사람을 잘 이해하지 못한다는 점을 시사하기도 한다. 타인에 대한 관심은 긍정적인 징후일 수 있지만, 어떤 경우 단순히 타인에게 조심스럽고 불신하는 사람들과 같이 건강하지 못한 집착을 의미하는 것일 수도 있다. 사람에 대한 이해가 부족해서 종종 관계에 대한 비현실적인 기대를 하고 사회적으로 고립되거나 실수를 하기도 한다. 7단계로 가자.

잠정적 소견 5: *R*과 유형을 고려하고, 인간 내용 반응의 합이 기대된 범위보다 낮을 때, 피검자가 대부분의 사람만큼 타인에게 관심을 가지고 있지 않다고 가정할 수 있다. 이 소견은 종종 정서적으로 철회되거나 그들의 환경에서 사회적으로 고립된 사람들에게 유력한 해석이 될 수 있다. 이 결과가 타당하긴 하지만 순수 *H* 값에 대한 해석은 종종 17개 반응수 이하의 프로토콜에서는 적합하지 않다. 그러나 17개 이상 반응수의 프로토콜에는 이 결과에 근거한 원칙을 적용할 수 있다. 즉, 타인에 대한 지각이 현실에 근거한다는 가정이 가능하다. 만약 순수 *H* 값이 내향적인 사람에게서 인간 내용의 총합의 반 이상이거나 다른 유형에서 나타난 인간 내용 반응의 반수 이상일 때 더 그렇다. 때로 순수 *H*에 관한 결론은 사람들이 더 철회되거나 사회적 상황으로부터 고립될 수밖에 없는 이유를 이해하는 데 유용할 수 있다. 7단계로 가자.

7단계: 좋은 인간 표상(GHR)과 나쁜 인간 표상(PHR)

좋은 인간 표상과 나쁜 인간 표상 반응(이하 GHR, PHR) 특수점수로 대인관계 행동과 그것의 효과성에 관해 폭넓은 접근이 가능하다. 이것은 몇몇 기호의 범주(결정인, 형태질, 내용, 특수점수)를 기준으로 포함하고 있어서 인간 내용 반응과 인간과 유사한 활동을 하는 동물을 포함한 반응의 내용이 평가될 수 있다.

GHR와 PHR 변인은 이분법적으로 나뉘어 정의될 수 있는데, GHR 반응은 대부분 효과적이고 적응적이라고 평가되는 대인관계적 개인력과 관련되어 있다. 많은 GHR 반응이 있는 사람들은 전형적으로 타인과 그들의 대인관계 활동이 덜 혼란스럽고 편안한 경향이 있다고 해석될 수 있다. 기대한 것처럼 비환자 프로토콜에서 GHR 반응이 많이 나왔다. 하지만 이것은 그들의 문제가 대인관계 영역으로 확장되지 않은 꽤 많은 환자들에서도 발견되기도 한다. 전형적으로 몇몇 병리적 장애를 보이는 사람들에게서는 GHR 반응의 수가 작다.

반면에 PHR 반응은 비효율적이고 부적응적인 대인관계 활동 양상과 높은 상관을 보인다. PHR 반응이 많이 나타나는 사람들은 대부분 갈등적이거나 실패한 대인관계 개인력이 있었다. 그들은 사회적으로 부적절한 방법으로 의사 표현을 하거나 종종 타인으로부터 고립되거나 어울림을 거부하게 되곤 한다. 유사한 예로, 사회적이고 현실적인 지각이 부족하여 부적절한 사회적 행동을 하고 원치 않는 갈등을 반복적으로 경험하곤 한다. PHR 반응은 대부분 심각한 병리로 악화된 사람의 프로토콜에서 많이 발견된다. 그들은 대부분의 환자 집단 기록에서 나타난 중간 정도보다 낮게 나타지만, 비환자 프로토콜에서 PHR 반응이 낮게 나타나는 일은 드물다.

잠정적 소견 1: 인간 표상 반응의 수가 적어도 3개이고, GHR 값이 PHR 값보다 더 클 때, 일반적으로 그 사람이 상황에 적합한 적응적 대인관계 행동을 보일 것이라 예측할 수 있다. GHR과 PHR 값의 차이가 크거나, GHR 값이 더 클 때는 대인관계 행동이 보다 큰 사회적 상황의 맥락에서도 효과적일 것이라 해석할 수 있다. 그들 대부분이 타인에게 호의적으로 평가받을 것이다. 8단계로 가자.

사례 12 유력한 소견

그의 프로토콜에 7개의 인간 표상 반응이 포함되어 있고 GHR가 5개다. 이것은 6단계의 유력한 소견에서 제기된 가정들과 함께 살펴보아야 할 것 같다. 그의 대인관계적 활동이 대부분 적응적이고 타인으로부터 호감을 얻을 것으로 짐작된다. 그러나 이 가정은 심리학적 평가가 의뢰된 현 상황과 분명히 모순된다. 그는 의심이 많고, 논쟁적이고, 비난적인 경향이 강한 사람이다. 이 자료들 간의 불일치는 아직은 이를지 모르지만, 6단계와 7단계의 결론을 함께 고려해 볼 때, 그의 지속된 성격 성향에 대해 긍정적인 내용을 가정할 수 있을 것이다.

사례 12 47세 남성의 대인관계 지각 자료

			COP와 AG 반응
R = 21	CDI = 3	HVI = No	
a:p = 8:5	SumT = 3	Fd = 2	III 6. D+ Ma.mp.FC′.FD.CFo H,Fd,Cg P 4.0 COP, MOR,GHR
	[eb = 9:12]		V 11. D+ Ma.FC′−H,Hh,Sx 2.5 COP,PHR
인간 내용의 합 = 6 [외향적 유형]		H = 3	VIII 16. W+ FMa.CFo 2 A,An, Fd P 4.5 AG,MOR,PHR
GHR:PHR = 5:2			
COP = 2	AG = 1	PER = 1	
소외지표 = .24			

사례 13 29세 여성의 대인관계 지각 자료

			COP와 AG 반응
R = 25	CDI = 3	HVI = No	
a:p = 4:6	SumT = 3 [eb = 7:8]	Fd = 3	II 3. D+FMa.FC.FC′o 2 A,Id,Hh P 3.0 PER,COP
인간 내용의 합 = 4 [외향적 유형]		H = 1	
GHR:PHR = 4:0			
COP = 1	AG = 0	PER = 4	
소외지표 = .12			

사례 13 유력한 소견

4개의 인간 표상 반응들이 그녀의 프로토콜에 포함되어 있었다. 모두 GHR였는데, 그녀가 대부분 적응적이고 타인에게 호감을 주는 대인관계 행동을 할 것이라 예상된다. 그런데 이 결과는 6단계에서 얻은 결과와 모순된다. 매우 자기 중심적이고 대인관계적에서 의존적이고 수동적이라는 사실은 중요한데, 아마도 사람들과 피상적으로 상호작용을 할 때는 타인에게 긍정적인 평가를 받을 만한 대인관계적 행동 패턴을 보일 것이라는 가정을 하게 한다. 그러나 자신의 개인적 가치와 관련된 자원이나 개인적 욕구의 만족을 위해 노력하며 타인과 상호작용하는 것은 아닐 것이라 예상된다.

잠정적 소견 2: 인간 표상 반응의 수가 적어도 3개일 때, 그리고 PHR 값이 GHR 값과 같거나 클 때, 일반적으로 대인관계 행동은 기대되는 것보다 덜 적응적일 수 있다는 가정이 가능하다. PHR와 GHR 값의 차이가 더 클수록, 그 사람의 대인관계 행동은 많은 상황에서 비효율적이고 덜 효과적이며, 종종 타인에게 비호의적인 사람으로 평가될 가능성이 있다. 8단계로 가자.

8단계: COP와 AG

COP와 AG 운동 반응에는 투사적 요소가 반영되어 있다. 자기 표상과 마찬가지로 피검자가 다른 사람들과의 상호작용과 관련된 내면의 심리적 세트에 관해 유용한 정보를 제공한다.

COP 반응은 대인관계가 긍정적이라는 근거를 포함하고 있지만, AG 반응들은 대인관계에서의 공격성 또는 경쟁성의 특징을 반영한다. 각각의 해석이 정반대의 세트를 나타내는 것처럼 보이지만, COP와 AG 반응은 종종 동일 프로토콜 내에서 나타나기 때문에 단순히 볼 수 없다. 비환자 집단의 거의 50%의 프로토콜에는 적어도 각각 하나씩 있다. 대부분의 COP 반응은 카드 II, III, IV에서 가능하다. 잉크반점의 외형적 특성은 *M* 반응을 조장할 뿐 아니라 긍정적으로 상호작용하는 것처럼 운동을 특징화하도록 한다. 그러나 이러한 동일한 특성은 공격적인 움직임 또한 쉽게 형성시킨다. 그런 맥락에서 COP와 AG 둘에 대한 기저선 또는 기대되는 빈도는 하나씩이다.

흥미롭게도, 약 25% 이하의 환자 프로토콜에서는 COP와 AG 반응이 모두 있었다. 대인관계상의 교류에 대한 그들의 세트가 더 고정적이기 때문일 것이다. 결과적으로, 이러한 특수점수와 관련된 해석적 가설은 둘을 모두 고려하기 전에는 판정되기 어렵다.

회피적 유형이 아닌 비환자 집단의 약 80%에 적어도 한 개의 COP 반응이 있고, 약 40% 정도에서 두 개 이상의 COP 반응을 볼 수 있다. 회피적 유형의 비환자 집단에서의 빈도는 아주 다르다. *R*과 무관하게, 단 30%만이 적어도 1개의 COP 반응을 하며, 10% 미만이 2개, 단 약 20% 정도가 2개 이상의 반응을 했다.

특히, 2개 이상 다수의 COP 반응을 하는 사람들은 사교적인 경향이 있으며, 대인관계에서 낙천적인 접근을 하는 것으로 보인다. 내향적 유형은 다른 유형의 사람들보다 더 많은 *M* 반응을 하기 때문에 다른 사람들보다 다수의 COP 반응이 기대되지만, 사실은 아니다. 다수의 COP 반응을 하는 사람의 비율은 내향적 유형과 마찬가지로 양향적이고 외향적인 유형에서도 대략 동일하다.

회피적 유형을 포함하여, 비환자 집단의 약 70%는 적어도 1개의 AG 반응을 하며, 약 20%만이 2개 이상의 반응을 한다. 환자 집단에서, 약 50%가 적어도 1개의 AG 반응을 하며, 대략 35%가 2개 이상의 반응을 한다. 다수의 AG 반응을 하는 사람들을 경쟁이나 공격성의 일부 표현으로 대인관계에 대해 그러할 것이라고 다소 과잉 해석하기도 한다. 공격성은 반드시 반사회적이거나 비사회적으로만 구분될 수 없다. 일상적인 행동의 양 측면처럼 많은 사람은 사회적으로 받아들일 만한(지배하는, 성가시게 구는, 논쟁하는) 공격성을 보인다. 전형적으로, 이들은 프로토콜에 COP 반응을 가지고 있다. 한편, COP 반응이 없는 특히 3개 이상의 다수의 AG 반응이 있을 경우, 타인을 멀리하는 그 사람의 공격성을 확인할 수 있고, 이는 비사회적이거나 반사회적인 특성이 될 수 있다.

COP와 AG 점수가 있는 반응 기호화 결과를 재검토하는 것 또한 중요하다. 때때로 S와 같이, 기호화는 빈약한 형태질, 결정 요인의 특이한 결합, 또는 다른 특수점수들은 부정적인 특성을 포함한다. 이것들 중 어떤 것들은 COP 반응의 긍정적 의미를 그렇지 않은 것으로 변경하기도 할 것이며, 또는 잠정적으로 AG 반응의 부정적 의미를 강화시키기도 할 것이다. 예를 들어, 마이너스 형태질과 INCOM 2 특수점수를 포함한 COP 반응은 아주 긍정적으로 간주하기만 할 수는 없다. 유사하게, 일부 COP 반응에는 AG 특수점수 또한 포함되어 있을 것이며, 일반적으로 그 사람의 대인관계 교류에 관한 개념 맥락에서 고려해 볼 때, 긍정적인 것만은 아니다.

잠정적 소견 1: COP 값이 0이고 AG 값이 0이거나 1일 때, 사람들은 일상적으로 타인과 긍정적 상호작용을 하지 못할 가능성이 높다. 이들은 대인관계 상황을 덜 편안하게 여길 것이고, 타인에 대해 냉담하거나 무관심할 수 있다. 이런 특징이 타인과의 성숙한 관계를 방해하지 않더라도 일반적으로 그들은 타인을 인식하지 않으며, 종종 집단에서 상호작용할 때, 좀 더 겉돌게 되는 경향이 있다. 9단계로 가자.

잠정적 소견 2: COP 값이 0 또는 1이고 AG 값이 2 이상일 때, 또는 COP 값이 2이고 AG 값이 2보다 큰 경우, 대인관계에서 일상적으로 공격성을 인식할 가능성이 있다. 이 같은 사람들은 종종 그들의 일상 행동에서 매우 강압적이거나 공격적일 수 있다. 가끔 이런 행동은 대인관계 상황의 불안정성과 싸워 나가기 위해 계획된 방어적 책략일 수도 있지만, 종종 학습된 타인들과의 상호작용 방식을 반영하는 것일 수도 있다. 주장성 또는 공격성의 특별한 표현은 다른 성격 변인과 상황적 특성에 의해 다를 것이다. 9단계로 가자.

잠정적 소견 3: COP 값이 1 또는 2이고 AG 값이 0이거나 1일 경우, 항상 타인과 긍정적으로 상호작용하며, 그들과 교류하는 것에 관심을 갖는다고 가정하는 것이 적합하다. 보통 상호작용의 특수한 양식은 특히 대처 양식과 자기 이미지와 같은 개인의 다른 특성에 의해 결정될 수 있다. 9단계로 가자.

사례 12 유력한 소견

21개 반응 프로토콜에 2개의 COP와 1개의 AG 반응이 있다. 이것은 타인과의 교류에 대해 개방적이고 긍정적 경험으로 참여한다는 것을 의미한다. 다른 측면에서, COP 반응 중 하나는 마이너스 형태질로 기호화되었고, COP 반응들은 *FC′* 결정인을 포함하며, 그리고 둘 다 보편적이지 않은 이차적 내용을 포함하고 있다. 이러한 구성은 타인과의 교류에 대한 인식이 COP 점수에 의해 암시된 것보다 더 비전형적일 수 있으며 최근 대인관계 역사와 좀 더 일치하는 것일 수 있다.

사례 13 유력한 소견

25개 반응 프로토콜에 1개의 COP가 있고, AG 반응은 1개도 없는데, 이것으로 대인관계 교류에 개방적이고, 일반적으로 긍정적인 기대를 한다고 볼 수 있다. 인간보다는 동물에 몰두하고 있다는 것을 제외하고는 특별히 COP 반응에서 마이너스 형태질은 없다. 일부에서, 이러한 소견은 6단계와 7단계에서의 소견과 일치하는 경향이 있다(4개의 GHR 채점에

사례 12 47세 남성의 대인관계 지각 자료

			COP와 AG 반응
R = 21	CDI = 3	HVI = No	
a:p = 8:5	SumT = 3	Fd = 2	III 6. D+ Ma.mp.FC′.FD.CFo H,Fd,Cg P 4.0 COP, MOR,GHR
	[eb = 9:12]		V 11. D+ Ma.FC′−H,Hh,Sx 2.5 COP,PHR
인간 내용의 합 = 6		H = 3	VIII 16. W+ FMa.CFo 2 A,An, Fd P 4.5 AG,MOR,PHR
[외향적 유형]			
GHR:PHR = 5:2			
COP = 2	AG = 1	PER = 1	
소외지표 = .24			

사례 13 29세 여성의 대인관계 지각 자료

			COP와 AG 반응
R = 25	CDI = 3	HVI = No	
a:p = 4:6	SumT = 3	Fd = 3	II 3. D+FMa.FC.FC′o 2 A,Id,Hh P 3.0 PER,COP
	[eb = 7:8]		
인간 내용의 합 = 4		H = 1	
[외향적 유형]			
GHR:PHR = 4:0			
COP = 1	AG = 0	PER = 4	
소외지표 = .12			

서 드러난 것). 다시 말해, 긍정적 교류를 기대하지만 보다 피상적인 수준에서 다른 사람들과의 교류를 유지하고 있는 것으로 보인다.

잠정적 소견 4: COP 값이 2 또는 3이고 AG 값이 2일 경우, 그것은 피검자가 개방되어 있고 긍정적 상호작용에 관심을 가지고는 있으나, 상호작용 대부분이 보다 강압적이거나 주장적 형태라 볼 수 있다. 이들은 타인과 교류에서 공격적인 형태를 인식할 것이지만 또한 일반적으로 긍정적 교류를 예상할 것이다. 9단계로 가자.

잠정적 소견 5: COP 값이 3 이상이고 AG 값이 0이나 1일 경우, 또는 COP 값이 3 이상이고 AG 값이 2 미만일 경우, 그것은 피검자가 항상 호감이 가거나 사교적인 것처럼 보일 가능성이 있다. 이들은 전형적으로 일상에서 대인관계 활동을 매우 중요한 부분으로 간주할 것이며, 일반적으로 집단 상호작용에서 좀 더 사교적인 것으로 확인되었다. 그들은 규칙적으로 참여하며, 타인과 유연하고 호혜적인 상호작용을 추구한다. 9단계로 가자.

잠정적 소견 6: COP 값이 3 이상이고 AG 값이 2 이상이면, 매우 예외적인 결과라 할 수 있다. 그것은 대인관계 행동의 적절한 양식과 관련하여 심각한 갈등이나 혼동이 있을 가능성이 있음을 나타낸다. 이 같은 사람들은 타인을 잘 이해하지 못하며 통상적 대인관계에서 덜 일관적이거나 예언하기 더 힘든 경향이 있다. 9단계로 가자.

9단계: 개인적 반응(PER)

개인적 반응(PER)은 특이한 것이 아니다. 성인 비환자 집단 프로토콜의 절반 이상이 적어도 한 개를 포함하고 있으며, 거의 20% 정도는 두 개를 포함하고 있다. 아동은 종종 성인보다 더 많은 PER 반응을 하기도 한다. 피검자가 PER 반응을 하는 이유는 자신을 안심시키는 방식이고 동시에 검사자에게 설명을 하지 않아도 된다는 이점을 의도한 것일 수 있다. 그것은 자연스러운 책략이며, 사람들이 때때로 하게 되는 것이다. 자신이 알고 있는 바를 인용하면 안심이 된다. 대신에 타인에게 약점이 인식되지 않게 하기 위한 방어의 일부로 지적인 권위주의의 형태이고, 때로는 타인을 수긍시키는 방식이 된다. PER 반응을 하는 사람들은 그들이 지식이나 견해를 표현하는 빈도와 강도 때문에 사람들이 불편해하고 멀리하는 경향이 있다. 종종 그들은 좁은 시각을 가진 사람, 또는 모든 것을 아는 사람으로 다양하게 간주될 수 있다.

잠정적 소견 1: PER 값이 2나 3일 경우, 일반적인 경우보다 대인관계 상황에서 낯설어 하고 방어적일 수 있으며, 종종 그러한 상황에서 안전성을 유지하는 방식으로 정보의 객관성을 주장하는 것이다. 이것이 반드시 대인관계 손상을 나타내는 것은 아니다. 그것은 단지 피검자가 객관성을 선호하기 때문이 아니라 극복해야 하는 상황에서 덜 안전하다고 느끼기 때문이라는 의미이므로 해석이 중요하다. 10단계로 가자.

잠정적 소견 2: PER 값이 3을 초과할 경우, 대인관계 상황에서 객관적인 통합에 관해 확신이 없고, 그러한 상황에서 일어나는 자기에 대한 인식된 도전을 피하기 위해 방어적으로 권위주의를 내세우는 경향이라 볼 수 있다. 이 같은 사람은 보통 타인에 의해 융통성이 없거나 협소한 생각을 가졌다고 간주되고, 결과적으로 종종 가까운 관계를 유지하는 데 어려움이 있으며, 특히 그들에게 복종적이지 않은 사람들과의 관계에서 어려움이 있다. 10단계로 가자.

사례 13 유력한 소견

그녀는 4개의 PER 반응을 했다. 그녀는 아마도 대인관계 상황에서 쉽게 도전받는 자신을 발견하게 될 가능성이 있으며, 인식된 도전을 피하기 위해 권위주의적 접근을 사용할 가능성이 있다. 이 경향이 수동적이고 의존적인 사람에게는 해당되지 않는 것처럼 보이나, 이 경우 아마도 자주 개인적 가치에 대한 자만심을 방어하기 위해 필요한 책략으로 고안되었을 가능성이 있다.

10단계: 소외지표

소외지표(Isolation Index, *Bt+2CI+Ge+Ls+2Na/R*)에는 낮은 기저율을 갖는 반응 내용을 포함되었다. 5개 중 *Bt*와 *Ls* 2개는 낮은 빈도이

사례 13 29세 여성의 대인관계 지각 자료

R = 25	CDI = 3	HVI = No	COP와 AG 반응
a:p = 4:6	SumT = 3 [eb = 7:8]	Fd = 3	II 3. D+FMa.FC.FC′o 2 A,Id,Hh P 3.0 PER,COP
인간 내용의 합 = 4 [외향적 유형]		H = 1	
GHR:PHR = 4:0			
COP = 1	AG = 0	PER = 4	
소외지표 = .12			

긴 하지만 많은 기록에서 나타난다. 나머지 3개인 *CI*, *Ge*, *Na*는 더 낮은 빈도로 나타나며, 기저율은 거의 0에 가깝다. 합산을 할 때, 또는 합할 때는 드물게 발생되는 3개 중 2개의 값에 2를 곱해서 조정하게 되고, 계산된 값은 항상 주어진 반응수에 대해 알맞은 비율로 구성된다. 계산된 값이 적어도 *R*의 1/4을 초과하는 값이면 주의해야 한다.

잠정적 소견 1: 소외지표의 값이 .26~.32일 때, 그것은 피검자가 사회적 상황에서 기대되는 것보다 덜 적극적인 경향을 의미한다. 이것이 드문 현상이 아니다. 환자와 비환자 집단의 15% 이상에서 나타난다. 이는 사회적 부적응이나 사회적 갈등을 반영하는 것은 아니다. 대신에 일상적인 사회적 교류에 덜 관심을 갇거나 또는 합류하기를 보다 꺼려 하는 것을 나타낸다. 후자가 사실일 경우, 기록에 항상 적어도 인간 내용의 평균수가 포함되어 있으며, COP 값은 전형적으로 적어도 하나일 것이고, 관심은 있으나 제한적인 참여를 할 것이라는 의미로 해석한다. 11단계로 가자.

잠정적 소견 2: 소외지표의 값이 .33 이상일 경우, 피검자는 좀 더 사회적으로 고립되어 있을 가능성이 있다. 이러한 소견에 해당되는 사람들은 종종 인간 내용 반응이 평균보다 더 적으며, COP 반응이 2개 이상인 경우는 매우 드물다. 이와 같은 사람들은 창조하는 것/또는 유연하게 유지하는 것 또는 의미 있는 대인관계 형성에 어려움이 있을 수 있다. 이러한 소견은 사회적 교류로부터 철회하는 병리적 형태라고 볼 수만은 없다. 피검자가 타인과 잘 접촉하지 않으며, 상대적으로 스스로가 대인관계에 대한 반응이 결여되어 있다는 징후로 볼 수 있다. 11단계로 가자.

11단계: 쌍 반응(2)이 포함된 인간 운동 반응과 동물 운동 반응

이 군집의 마지막 단계에서는 쌍반응 (2) 채점이 포함된 인간 운동과 동물 운동 반응에 대한 평가가 필요하다. 자기 인식에 대한 자료를 통해 탐색되는 동안 이미 언급해 왔고, 여기서 재검토하는 목적은 따로 있다. 기술된 상호작용 방식이 일관성이 있는지 또는 유형이 어떠한지를 결정하며, 동시에 상호 작용과 관련하여 특이한 언어 또는 언어적 손상이 있는지를 탐색하는 것이다. 보통 이러한 재검토는 새로운 가설에 대한 정보를 이끌어 내지는 않지만, 어떤 경우 그것은 사회적 상호작용과 관련하여 이전에 전개된 가설을 명료하게 하거나 확대시킬 수 있다.

사례 12의 반응

카드 III 6. "아프리카에서, 두 명의 식인종 혹은 춤추는 무언가가 냄비 곁에서 요리를 준비하고 있는데, 그것이 무엇인지는 모르겠어요." [반응 후 질문 단계] (E: 반응 반복) "요리를 준비하고 있어요. 고기가 매달려 있는데 동물 같아요." (E: 제가 알 수 있도록 몇 부분을 짚어 주겠어요?) "여기 식인종들이고, 카니발인 것 같은데요. 내가 말하는 카니발이란 꼭 인간을 먹는 종족이 아니고 원주민처럼 검은 피부에 말랐다는 말이에요. 다리가 있고, 머리, 음경이 나와 있어요. 이것은 그들 뒤에 매달려 있는 고기인데 가죽이 벗겨져 있어요." (E: 가죽을 벗긴 고기요?) "요리할 준비가 된 고기처럼 붉어요."

카드 Ⅶ 4. "두 명의 아이가 마주 보고 있는데 평화로워 보이네요." [반응 후 질문 단계] (E: 반응 반복) "네, 2명의 소녀 같아요. 여기 한 명, 그리고 이쪽에 한 명, 허리 위부터 있는데, 머리를 땋아 올렸고, 아무것도 하지 않고 바라보기만 해요."

카드 Ⅷ 16. "동물들의 시체를 먹고 있는 두세 마리의 쥐들" [반응 후 질문 단계] (E: 반응 반복) "동물은 가운데에 있는 뼈가 얼마 남지 않았네요." (가리킨다.) "아래쪽에 고기가 조금 있고, 이것들은 쥐들이요." (E: 고기요?) "노출되어 있는 살을 의미한 것은 아니죠. 왜냐하면 피부 속에 있는 살처럼 선홍색이나 오렌지색이기 때문이죠. 파란색은 잘 모르겠어요. 아마 이것은 피부, 나머지는 빼고, 새끼들이 그것을 먹고 있죠."

사례 12 개관

대인관계에 대한 조망으로부터 고려해 볼 때 이 사례는 매우 흥미롭다. 의존성인 *Fd*와 의존성, 공격성(동물들은 가죽이 없고 뼈만 남았다)을 포함하는 이 둘 모두 MOR이다. 그것은 다른 사람들과의 관계에 대한 혼란을 일부 반영할 가능성이 있는 혼합이다. 자기 통합과 의존 욕구 간의 부정적이고 희생적인 갈등관계를 의미한다는 것으로 추측할 수 있다. 세 번째 반응은 '평화로운'이지만 수동성 형태를 반영하고 있다. 세 개의 반응만 포함되더라도, 내용은 6, 7, 8단계의 소견에서 얻은 의미보다 좀 더 불길한 대인관계상이 시사된다.

사례 13의 반응

카드 Ⅱ 3. "오, 페인트통이나 무언가로 다가가는 한 쌍의 곰이네요. 검은 곰인데 곤란해지겠군요……." [반응 후 질문 단계] (E: 반응 반복) "이 부분은 곰들인데, 발이 통 안에 있군요. 온통 페인트를 뒤집어썼고, 위쪽에 발들이 함께 있어요. 마치 전에 TV에서 본 옐로스톤 파크에서 놀고 있는 곰들 같아요."

카드 Ⅲ 7. "빨간 악마가 추락하고 있는 것 같아요. 가운데는 잘 모르겠네요." [반응 후 질문 단계] (E: 반응 반복) "만화에서 빨간 악마를 본 적 있죠? 그런 악마가 긴 꼬리를 뒤로 늘어뜨리며 추락하고 있어요."

카드 Ⅳ 8. "양쪽으로 두 마리의 뱀 같아요." [반응 후 질문 단계] (E: 반응 반복) "이곳(가리킨다), 머리는 주위를 살피며 똬리를 틀고 있어요. 저는 뱀을 좋아하지 않아요. 이것이 머리이고 꼬리예요."

카드 Ⅳ 9. "양쪽에 한 마리씩 사자가 있네요." [반응 후 질문 단계] (E: 반응 반복) "양쪽에 긴 꼬리가 나온 사자들이 양쪽에 그냥 서 있어요. 이것이 머리이고, 이것이 몸(가리킨다)

이죠. 그냥 사자예요."

카드 Ⅶ 14. "어린 아이들이에요. 2명인데 귀여워요. 얘가 전 좋은데요." [반응 후 질문 단계] (E: 반응 반복) "윗부분은 가슴, 머리, 그러고 보니까 둘이 쌍둥이예요. 소녀들이고, 빗으로 머리를 귀엽게 위로 올려서 고정시켰어요."

사례 13 개관

5개 중 4개의 반응은 수동성으로 기호화된다. 여러 개의 언급이나 서술 중요성은 반응 중 4개에 포함되어 있다. '음…… 어려워요. ……놀고 있는 것 같은데…….' '글쎄, 난 뱀을 정말 좋아하지 않아요.' '……귀여워요, 여기 이건 마음에 들어요. 빗으로 머리를 귀엽게 올려 고정한 것 같아요.' 이러한 말투는 어린 아동과 유사하며, 그녀의 대인관계 또한 그렇다. 코멘트들이 부적절하지는 않지만, 성인에게는 다소 특이한 것이며 타인과의 관계는 기대만큼 성숙하지 못할 것 같다.

소견 요약

여러 단계에서 나온 가설들은 통합되고 요약되어야만 한다. 다른 군집과 마찬가지로, 신중함은 부정적 특성뿐만 아니라 긍정적 특성을 포함해야만 하며, 가능한 시점에서 모순된 특성은 해결되거나 설명되어야만 한다.

사례 12 요약

일반적으로, 47세 남성과 관련된 소견은 긍정적이기보다는 더 부정적이다. 그는 적절하지 않은 의존 욕구를 보이고 있다(4단계). 그는 또한 충족되지 않는 감정적 친밀감에 대해 강한 욕구를 가지고 있는 것으로 보인다. 그는 외로움에 대한 초조감으로 괴로워했던 것 같다(5단계). 이러한 특성들은 그의 개인력과 불일치하는 것이나 자기 인식과 관련된 여러 개의 소견과는 일치되는 것이다. 그것들이 다소 압도된 감정의 결과로 보다 최근에 전개되었는지에 관한 의문이 제기된다. 그것들은 또한 그의 결혼으로 시도한 통합과 안전성에 대한 의문을 갖게 하며, 이것은 아마도 더 엄밀하게 조사되어야 할 것이다.

그는 타인에게 관심이 있어 보이며, 아마도 현실에 적절히 근거를 두고 있는 사람으로 이해된다(6단계). 일부 소견들은 그가 대인관계 활동에 적응적인 경향이 있으며, 항상 조화로운 관계를 형성할 것이라 시사한다(6, 7, 8단계). 그러나 다른 소견들은 그가 대인관계에 대해 혼란스러워하며, 이전의 사례들보다 좀 더 부정적일 것으로 보인다(11단계). 후자의 경우에는 그가 심리학적으로 상당한 분열을 경험하는지가 좀 더 분명하게 확인되어야 할 것이다.

사례 13 요약

29세 여성에 대한 소견으로 보아 그녀가 평상시 타인과의 관계에서 좀 더 수동적이고 의존적인 역할을 선택하기를 더 좋아할 것이라 예상할 수 있다(3, 4단계). 이러한 소견은 자기 인식 결정에 대한 신호로 간주될 때 아주 중요하며, 그녀가 매우 자기 중심적이라는 의미다. 명백히 그녀 스스로 자신이 원하는 만족과 안심을 얻는 좋은 방식이 수동적이고 의존적인 방식이라고 알고 있었다. 그러나 그녀는 현재 강한 열망감과 동시에 고독감을 느낀다(5단계). 실패한 결혼과 좀 더 최근의 정서적인 관계로, 그녀의 개인력으로 보아 일시적인 사건에 관련된 해석일 가능성이 있다. 종합하면, 사건들이 그녀의 자기 존중감을 저하시켰을 수 있다.

그녀는 타인에게 관심을 갖고 있지만, 사람에 대한 그녀의 지각은 현실 경험에 근거한다기보다는 좀 더 상상에 기반을 두고 있거나 왜곡된 경향이 있다. 통상적으로 그녀는 타인에게 적응적이고 호의적으로 보일 수 있는 대인관계 행동을 하는 경향이 있다(7, 8단계). 비록 그녀가 대인관계상의 교류가 개방적이고 보통 그들에게 긍정적인 것을 기대하긴 하지만, 대인관계 상황에서 쉽게 방어적일 수 있으며, 가끔은 자신을 안심시키고 타인의 도전을 피하거나 주장을 옹호하기 위한 것으로 권위주의적 표현에 의존할 것이다(9단계). 그녀의 대인관계 대부분은 기대보다 미성숙할 가능성이 있으며, 이러한 특성의 일부는 특히 개인적 욕구 만족을 위해 의존하고 싶어 하는 사람들과 상호작용을 할 경우 덜 호의적으로 인식될 것이다(11단계와 자기 인식에서의 발견 참고).

대인관계 관련 변인 연구와 개념들

이 군집의 변인 중 일부는 또한 다른 군집에서도 나타난다. 관련되는 소견과 개념들은 이미 이전 장들에서 설명되었으므로 그 이상의 설명은 하지 않겠다. HVI(제17장)와 T 반응(제14장)와 관련 소견과 개념에 포함된다. CDI, $a:p$ 비율, 인간 내용 반응과 같은 이 군집의 다른 변인 또한 각각 이미 제16, 19, 20장에서 논의되었다. 그러나 일부 추가적인 소견이나 개념은 대인관계에 관한 인식이나 행동과 직접적으로 관련되기 때문에 주의해야 한다.

대처 손상 지표(CDI)

제16장에서 주지했던 것처럼 CDI는 우울과 관련된 연구의 부산물로서 개발되었고, 지표와 관련되는 일부 결과들은 대인관계상의 문제가 없는 사람들보다 대인관계 문제를 호소하는 외래 환자들 사이에 좀 더 자주 정적인 결과를 보였다(제16장 〈표 16-2〉 참조). 11개 변인 중 6개만이 CDI에 대한 다섯 가지 준거 중 3개에서 나타났으며, 주요하게 대인관계 특성과 관련되었다(COP < 2, AG < 2, $p > a+1$, 순수 $H < 2$, 소외지표 < .24, $Fd > 0$). 7번째 변인($Sum > 1$)은 정동과 대인관계 둘 다와 관련이 있다. 다른 4개의 변인 중 2개는 정동과 관련된다($WSumC < .25$, $Afr < .46$). 그것들은 준거 중 하나에 포함된다. 나머지 2개의 변인은 자원과 통제에 속하며($EA < .60$과 $Adj\ D < 0$), 또한 준거 중 하나를 포함한다.

대인관계 특성과 직접적으로 관련이 없는 것으로 여겨지는 11개 변인 중 4개는 그것들의 일부 요소가 4 또는 5점으로 긍정 오류의 CDI 점수를 만들어 내는지에 대해 의문이 제기된다. 산술적으로 따져도 대답은 '아니다' 인데 그 이유는 4개가 모두 정적일 경우라도 CDI는 2점이기 때문이다. 그러나 일부 또는 모두는 회피적 유형(높은 점수의 *Lambda*)인 피검자의 프로토콜에서 정적인 결과를 보인다. 회피적 유형인 피검자들은 종종 아주 적은 *M* 반응을 하며, COP 또는 AG 반응이 없는 기록은 흔하지 않다. 그럴 경우, 세 번째 점수는 CDI 값이 정적일 가능성이 증가된다.

실제로 회피 유형인 피검자들은 CDI 값이 정적일 가능성이 높다. 가령, 환자와 비환자 집단의 프로토콜 1,736개 중 405개는 CDI 4점이나 5점의 값을 보인다. 이 집단의 *Lambda*와 CDI 간의 피어슨 상관은 $r=.238$이지만, 범위에 의해 *Lambda*와 CDI 값 모두를 하위 분류하는 것으로 계산되는 범주 상관 파이 계수는 .482였다. 전체 표본 1,736프로토콜에서 1.0 이상의 *Lambda* 값을 갖는 프로토콜은 487개였으며, 이 중 46%가 CDI에 정적인 결과를 보였다.

개념적으로 그것은 회피적 유형인 사람들이 CDI에 정적인 결과를 보이는 것이 놀라운 것이 아니다. 이들은 복잡성을 피하고자 하는 경향이 있으며, 전형적으로 감정적 교류를 피하고자 하는 경향이 있다. 그러나 사회적 미성숙이 회피적 유형인 개인의 프로토콜에서 정적인 CDI에 의해 시사된다고 해서 단순한 결론을 내리는 것은 잘못된 추정이다. 그것은 도움이 되기도 하지만 대응 관계는 아니라는 것이다. 600명의 비환자 집단 표본에서 58명은 회피적 유형이지만, 단지 6명만이 CDI에 해당되었다. 다른 한편, 정적인 CDI 값은 외래 환자 545기록 중 165명(31%)에게서 나타났다. 이러한 사례 중 92명(55%)은 회피적 유형이었다(Exner, 2001). 피어스(2000)는 309명의 포르투갈 비환자 성인 309개의 기록 중 48%가 CDI 정적임을 발견하였고, 이들 중 절반 이상이 회피적 유형임을 확인하였다. 피어스는 학력이 낮은 사람들에게서 CDI와 *Lambda* 값이 모두 정적이었다고 보고했다. 영, 저스티스 및 어드버그(1999)는 장기간 폭력적 행동의 역사가 있는 투옥된 남성 프로토콜에서 정적인 CDI가 나타났음을 확인했다.

연령이 낮은 경우 성인에서보다 CDI가 정적인 경향이 강했다. 가령, 10세 비환자 집단 기록 중 15%, 12세 비환자 집단 프로토콜 중 24%, 15세 비환자 집단 프로토콜 중 16%가 CDI에 해당되었다. 그럼에도 불구하고 그것은 더 어린 경우 프로토콜에서, 특히 적응 문제를 보이는 일부에서 나타날 경우 감별이 필요하다는 견해가 있다. 골드스타인 등(1998)은 CDI 점수가 더 높을 경우는 언어적 공격성과 관련된다는 것을 발견했다. 홀라데이와 위텐버그(1994)는 98명의 아동 중 절반 정도와 심각하게 흥분된 청소년에게서 CDI가 정적이었다고 보고했다.

능동성 대 수동성의 비율

$a:p$ 비율과 관련된 많은 소견과 개념들은 19장에 설명되었다. 이 장에는 대인관계의 행동에 대한 비율 관계와 연관되는 다른 자료들이 있다. 대

체로 적극적 운동성이 자주 나타나기는 하지만, 능동적 운동과 특수한 행동상의 상관을 구하는 연구들은 부정적인 결과가 많았다. 적극적 운동 반응의 높은 빈도가 적극적 행동의 특이한 빈도, 또는 행동의 특정 분류와 일치한다고 생각하는 것은 아니다. 대부분이 수동적 운동 반응보다는 능동적 운동 반응을 더 많이 하기 때문에 이는 분명하다. 가령, 평균적으로 성인 비환자 집단은 수동적 반응보다 두 배 정도 많은 능동적 운동 반응을 한다. 600명의 성인 비환자 집단 중 2%만이 능동적 운동 반응 값보다 1점 이상 많은 수동적 운동 반응 값을 보였다. 아동 비환자 집단의 수동적 *m* 반응 기록 비율은 연령 집단 2~12% 범위까지 능동적 *m* 반응보다 더 많았다(Exner, 2001).

일부와 다른 비율을 보이는 집단도 있었다. 535명의 외래 환자 프로토콜 중 대략 30%에서 *p*가 1점 이상 높았고 처음 입원한 정동장애 환자 193명 중 대략 25% 기록에서, 처음 입원한 정신분열증 환자 프로토콜 중 18% 기록에서도 유사했다(Exner, 2001).

엑스너(1978)는 카츠적응척도(KAS)의 20문항을 이용하여 행동상 수동성 척도를 고안했다. KAS는 다양한 279명의 외래 환자를 대상으로 치료 시작 후 9~12개월의 장기간 치료 효과를 연구해 완성했고, 연구 설계는 치료 종결 여부와 상관없이 3년 동안 9~12개월의 간격을 두고 행동평가를 하도록 했다. 9~12개월 간격으로 수집된 **로르샤하** 반응의 *a*:*p* 비율에서 프로토콜은 279개 중 83개였다. 수동성 점수의 평균 점수는 11.6(*SD*=4.2)이었다. 나머지 196개 기록에서 무작위로 추출한 83개의 프로토콜을 비교집단으로 설정했다. 이 집단의 수동성 점수의 평균은 5.3(*SD*=3.3), $p < .001$이었다.

관련 연구에서, 주장 훈련을 받는 두 집단 각 8명에 대해 처음 두 회기를 비디오테이프로 녹화했다(Exner & Kazaoka, 1978). **로르샤하** 검사는 훈련을 하기 전에 실시했는데, 16명 훈련생 중 7명의 *a*:*p* 비율에서 *a*보다 *p*가 1개 더 많았다. 주장 훈련이 녹화된 것을 보고 두 집단에 대해 각각 세 명의 평정자가 언어적 · 비언어적인 의존성 제스처의 빈도를 채점했다. 한 집단은 청각적 자료만을 채점하였고, 두 번째 집단은 청각적 · 시각적 자료를 모두 사용하였다. 수동적으로 *a*:*p* 비율 훈련을 했던 7명의 피검자들은 다른 9명의 참여자보다 2배 정도 많은 언어적 의존성으로 채점되었으나, 비언어적 의존성의 수는 다른 참여자와 대략 유사했다.

이 결과로 보아 피검자가 좀 더 수동적인 운동 반응을 할 때, 다시 말해 *p*가 *a*보다 2점 이상 많을 때는 좀 더 수동적이고 의존적일 가능성과 의존적 행동을 반영한다고 볼 수 있다. 이러한 가설을 지지하는 일부 자료가 79명의 외래 환자 자료에서 발견되었다. 그들은 치료 시작 후 두 달 동안 치료 참여에 대한 '극단적 수동성'을 보인다고 치료자에 의해 평가되었다. 79명 중 56명(71%)은 치료 전 기록에서 *p*가 *a*보다 1점 이상 많은 *a*:*p* 비율을 보였다.

535명 외래 환자의 치료 전 프로토콜에서는 약 30%가 *a*보다 *p* 값이 1점 많았다. 그러나 이와 같은 소견에는 다소 오해의 소지가 있다. 집단이 다른 반응 유형에 의해 하위 분류될 경우, 다른 결과가 전개될 수 있다. 가령, 집단에 151명의 내향적 유형이 포함되었고, 약 50%는 *a*보다 *p*가 1점 많았다. 또한 회피적 유형 집단의 201명의 환자 중 약 27%, 외향적 유형 73명 환자 중 16%, 양방향적인 110명 환자 중 15%에서는 *a*보다 *p*가 1점 더 많다. 이것은 대인관계상 수동성에 대한 경향성이 세상에 대해 복잡하게 덜 지각하는 사람들이 보이는 사고 유형이라는 의미로 해석할 수 있다. 따라서 $p > a+1$로 나타나는 수동적 행동 경향은 외향적 유형 또는 양방향적인 유형 개인의 프로토콜에서 나타날 때는 좀 더 특이하게 해석할 수 있다. 이처럼 유형에 따라 개인의 심리와 개인의 적응에 파괴적인 의미일 수 있다.

음식 반응과 능동성 대 수동성의 비율

샤퍼(1954)는 *Fd* 반응이 구강 의존적 특성들과 관련된다고 가정했다. 반면에 *a*:*p* 비율은 가끔 대인관계 행동의 수동 경향성을 반영하는 것이며, 이 경향성은 반응 기록에 적어도 한 개의 *Fd* 반응이 포함되어 있다면, 더 고유한 특성으로 간주할 수 있다. 외래 환자 중 54명의 프로토콜을 재검토했더니 DSM-III-R 진단 준거에 의해 '수동-의존적' 성격장애로 진단받은 사람 중 41명(79%)이 *p*가 *a*보다 1점이 더 많았고 41개의 반응 기록 중 33개에서 적어도 하나의 *Fd* 반응이 포함되어 있었다.

엑스너와 카자오카(1978)의 연구에서, 의존성 제스처에 대한 가장 높게 점수를 받았다. 주장성 훈련을 하는 4명의 참여자 기록에 적어도 1개의 *Fd* 반응이 있었다. 이 결과는 6학년 24개 학급 학생을 대상으로 한 비디오 녹화 연구에서도 나타났다. 이 학급의 각 학생들은 학교 수업 시간에 로르샤하를 실시했다. 3주 후에, 미술교육을 받는 동안 일주일에 두 번 비디오 녹화를 했다. 학생들은 아크릴에 색칠을 하는 것을 배웠으며, 가끔 교사에게 도움을 요청하기도 했다. 비디오 녹화에서는 ① 교사에게 도와달라고 요청하는지, ② 교사에게 이후 질문을 하는지를 채점했다. 24명의 학생 중 6명은 1점 이상 *a*보다 *p*가 더 많은 *a*:*p* 비율을 보였다. 이러한 학생 중 3명은 다른 21명의 학생보다 더 많이 도움을 요청하였지만, 다른 3명은 그렇지 않았다. 실제로 앞에 언급된 3명의 학생을 포함하여 7명의 학생들은 거의 2배 정도 많이 도움을 요청했고, 도움을 제공받은 후 질문하는 것은 다른 17명의 학생에 비해 4배 정도 많았다. 모두 7개 프로토콜은 적어도 하나의 *Fd* 반응이 있었고, 7개 중 4개에는 하나 이상이 포함되어 있었다.

Fd 반응이 있을 경우, 의존성 욕구 또는 의존성 지향에 관한 강한 단서를 제공한다. 로르샤하구강의존성척도(SOD)로 하는 의존성에 대한 좀 더 정교화된 평가 방법은 매슬링과 그의 동료에 의해서 공식화되었다(Masling, Rabie, & Blondheim, 1967). 이는 정신분석적 이론을 근거로 하고 있으며, 음식, 음식의 원천, 음식 대상, 음식 제공자, 구강 수단, 수동성, 선물과 같은 항목에 대한 반

응 16개 유형으로 채점되는데 광범위한 자료로 연구되어 왔고, 높은 타당도를 보인다(Masling, O'Neil, & Katkin, 1982; Bornstein & Masling, 1985; Masling, 1986; Bornstein & Greenberg, 1991; Bornstein, 1992). ROD 점수는 명백히 다소 대인관계 사건, 그리고 그것의 영향과 관련이 있었다(Bornstein, Bowers, & Robinson, 1997).

인간 내용

인간 내용에 관한 논의는 20장에 수록되어 있지만, 몇몇 추가되는 항목들은 대인관계에 대한 견해에서 유용하다. 인간 내용의 수가 평균 이내일 때, *EB* 값과 상관관계에서 거의 대부분 타인에 대한 관심이 있다고 할 수 있다. 반면에 인간 내용의 수가 기대 이하라면, *EB* 값과의 상관에서 거의 대부분 타인에 대한 관심을 보이지 않았다고 할 수 있다. 결과는 소심하거나 그들을 둘러싼 주변 환경과의 갈등에서 혹은 사회적인 고립 양상을 보이는 이들에게서 명확히 드러난다.

에임스, 메트로 및 워커(1971)는 인간 내용이 각각의 초기 발달 단계부터 그 이후 사춘기까지 안정된 상태의 균형이 형성되는 약 10세까지 점차적으로 증가되는 경향이 있다고 했다. 이 결과는 어린 내담자 중 비환자들의 자료와 거의 일치한다(Exner, 1991).

인간 내용 반응은 12~16세 비환자들의 자료에서 다소 특이하다. 전형적인 사회적 가치에 근접하긴 하지만 정체성이 불안정한 피검자들 사이에서는 인간 내용이 평균 이하의 빈도가 흔했다. 1963년 레이와 1963년 리처드슨의 연구에서 유의미하게 평균 이하였고, 인간 내용 빈도가 범죄집단 기록에서 직무 태만으로 판결된 사람 중에서도 나타난다는 결과가 있었다. 엑스너, 브라이언트 및 밀러(1975)는 심각한 폭행죄로 판결 대기 중인 15세 사춘기 청소년의 프로토콜 중 6개 반응 프로토콜에서 인간 내용 반응이 없었고, 5개 프로토콜에서 인간 내용 반응의 빈도가 1개 혹은 2개 있었다고 밝혔다. 몇몇 연구들(Halpern, 1940; Morris, 1943; Stotsky, 1952; Goldman, 1960; Piotrowski & Bricklin, 1961)에서도 인간 내용 반응의 횟수와 치료 효과 간의 밀접한 관계가 보고되었다.

드라군스, 할레이 및 필립스(1967)는 인간 내용의 빈도가 인지 발달과 사회적 관계의 잠재력에 의해 변한다고 제안했다. 논평에서 인간 내용의 낮은 빈도는 사회적으로 고립된(혹은 배제되어 온) 이들을 구별하는 효과적인 지표라고도 할 수 있다고 했다. 치료 효과에 대한 몇몇 연구 참여에 동의했던 430여 명의 외래 환자의 자료에서 이 주장이 지지되었다. 모든 실험 대상자는 최초 6주 치료 기간 동안 치료자들에 의해 2회씩 순위가 매겨졌다. 대인관계 고립 상태에서 가장 높은 순위를 차지한 50명은 평균에 비해 인간 내용의 빈도가 적었다(M=1.84, SD=1.21). 원만한 대인관계 상태에서 가장 높은 순위를 차지하는 50명은 인간 내용 반응을 많이 했다. 특히 순수 *H* 반응이 많았다(M=5.18, SD=2.09) (Exner, 1978).

인간 내용 빈도의 중요성에도 불구하고, 순수

H 반응의 빈도에 사회 환경에 대한 관점과 태도 등 중요한 정보가 추가되는데, 이는 그들이 가지고 있는 흥미(관심)가 몇몇 지표를 제공하기 때문이다. 벡(1945)은 순수 *H* 반응은 감소하고 *Hd* 반응은 증가하는 경향을 보이는 경우, 둘러싼 환경에 대해 압박을 느끼는 사람들이 많았다고 지적했고, 셔먼(1952)과 빈슨(1960)에 의하면 비환자들보다 정신분열증 환자들의 기록에서 순수 *H* 반응보다 *Hd*가 훨씬 더 유의미하게 많았다고 보고했다. 몰리시(1967)는 인간 내용에서 순수 *H*가 적으면 이는 제한된 형태의 방어 지표가 될 수 있다고 했다. 엑스너(2001)에 의해 제시된 자료로 보면 비환자 집단에서 얻은 인간 내용 반응의 약 60%가 순수 *H*였다. 대조적으로, 순수 *H* 반응의 비율은 외래 환자들 사이에서는 약 43%, 초기 정신장애집단에서는 약 39%, 초기 정신분열증 환자 집단에서는 약 37% 정도로 각각 차이를 보인다.

긍정적 인간 표상과 부정적 인간 표상 간 관계

특수점수인 GHR와 PHR는 페리와 비글리온(1991)에 의해 고안된 것으로 자아손상지표(Ego Impairment Index: EII)를 만들기 위해서 선택된 일련의 변인 중 하나다. EII는 요인분석적 방법을 사용해서 개발된 것으로 현실 검증력, 추론 능력, 그리고 대상관계의 질에서의 결손을 파악할 수 있는 지표로 제공된다. EII와 관련된 초기 연구에서는 우울증의 문제에 초점을 두었다. 그러나 곧 여러 개의 요인 변인이 인지적 작동과 관련되어 있다는 것이 분명해졌다. 따라서 연구는 정신분열증이나 정신증의 연구로 확장되었다(Perry, Viglione, & Braff, 1992). 페리와 브래프(1994)는 정보 처리 과정상의 결손과 EII 점수 간에 유의미한 상관이 있음을 발견하였고, 이 결과는 정신분열형 성격장애로 진단된 환자들을 대상으로 하여 부분적으로 반복 연구되었다.

EII를 연구하는 과정에서, 또 하나의 변인이 포함되었다. 이 변인 중에서 GHR와 PHR 반응(원래는 인간 경험 변인이라고 함, GHR와 PHE)이 가중치로 포함시켜 인간 경험 변인(Human Experience Variable: HEV)으로 부르게 되었다. 이 변인은 105명의 비환자 여성 자료를 사용하여 타당화되었고 대인관계의 질과 유의미한 관계가 있는 것으로 발견되었다(Burns & Viglione, 1996). 그 결과 반응에서 GHE나 PHE라는 기호를 사용한 알고리듬이 재조명되었고, 약간의 변화가 생겼다. 동시에, GHE와 PHE에 가중치를 두는 도식은 제거하기로 하고, 각 2개의 범주에 대한 원점수에 초점을 두기로 하고, 인간 경험이라는 명칭 대신 '인간 표상'이라는 명칭을 사용하기로 했다. 연구 목적에 따라, 원점수의 차이(GHR : PHR)는 HRV를 만드는 데 사용되었지만, 다양한 표본 자료를 이용한 검증에서 2개의 변인인 GHR과 PHR는 다분히 관계 맥락에서 가장 쉽게 해석되는 것으로 나타났다(Viglione, Perry, Jansak, Meyer, & Exner, 인쇄 중).

GHR과 PHR의 특성 중 하나는 사용되는 기준에 여러 개의 기호화 범주와 인간 내용 반응과 인간 행동을 하는 동물을 포함한다는 것이다.

GHR과 PHR 변인은 양분적이다. GHR 반응은 대인관계적 과거력이나 행동과 관련되어 있는데, 효과적이고 적응적인 것으로 간주되는 것들이다. GHR 반응이 많은 사람은 보통 다른 사람들에게 좋게 인정을 받고 있으며, 무질서와는 거리가 먼 건전한 대인관계 경향이 있다. 보통 비환자의 프로토콜에서 GHR 반응의 빈도가 가장 많지만, 문제가 대인관계 영역까지 확장되지 않은 다양한 환자 기록에서도 GHR 반응이 꽤 발견된다. 전형적으로 심각한 병리적 장해를 가진 환자들은 GHR 반응의 빈도가 적다.

반면에 PHR는 비효과적이고 부적응적인 대인관계 행동 양상과 높은 상관이 있다. PHR 반응수가 많은 사람은 보통 현저한 갈등이나 실패가 있는 대인관계 과거력이 있다. 이들은 타인으로부터 거절당하거나 타인이 피하게 되는 사회적 부적절성을 보인다. 어떤 경우, 사회적 지각에 문제가 있어서 부적절한 사회적 행동이 발생되고, 의도하지 않은 갈등을 쉽게 유발할 수 있다. PHR 반응은 전형적으로 좀 더 심각한 장해로 고통받는 사람들의 프로토콜에서 나타난다. 이 반응은 대부분의 환자 집단에서는 낮거나 경미한 빈도로 나타나고, 비환자 집단에서는 PHR 반응의 빈도가 낮다. GHR와 PHR의 기술통계치의 일부를 〈표 21-2〉에 제시하였다.

GHR과 PHR 빈도는 반응 프로토콜에 적어도 3개의 인간 표상 반응이 있다면, 해석적 가치는 다소 약하다. GHR과 PHR의 값을 각기 별개로 해석한다 해도 가장 논리적인 해석은 2개의 점수를 비교하는 것이다. 대인관계 활동이 좀 더 적응적인 사람은 PHR 반응보다 GHR 반응이 많을 것으로 기대된다.

낮거나 경미한 빈도로 나타나고 해석적으로

표 21-2 네 집단에서 나타난 GHR과 PHR의 기술통계치

집 단	평 균	표준편차	범 위	중앙치	최빈치	편포도	첨 도
비환자군 N = 105							
GHR	4.52	1.67	1~9	5	5	.24	−.19
PHR	1.57	1.25	0~6	1	1	.74	.33
성격장애 N = 155							
GHR	3.57	1.57	0~7	4	3	−.14	−.14
PHR	2.45	2.64	0~21	2	2	4.68	30.40
우울 N = 170							
GHR	2.68	1.51	0~9	2	2	1.09	2.36
PHR	3.06	2.29	0~8	3	5	.37	−.87
정신분열증 N = 170							
GHR	2.54	1.97	0~9	2	3	.94	.99
PHR	5.81	4.27	0~18	5	5	1.11	1.07

표 21-3 GHR 우세한 네 집단의 기술 통계치

	정신분열증 N=170	정동장애 N=170	성격장애 N=155	비환자군 N=105
PHR가 GHR보다 크거나 같으면	149	101	61	14
GHR가 PHR보다 크면	21	69	94	91

GHR 값이 PHR 값보다 클 때, 그 사람은 일반적으로 상황에 적응적인 대인관계 행동 양식을 보일 것이라 가정할 수 있다. GHR과 PHR 값의 차이가 클수록, GHR가 더 클수록 다양한 상황에서 대인관계 행동이 효과적일 가능성이 크다. 반대로 PHR 값이 GHR 값보다 더 클 때, 그 사람은 기대되는 것보다 상황에 덜 적응적인 대인관계 행동 경향을 가정할 수 있다. PHR과 GHR 값의 차이가 커질수록 그 사람의 대인관계 행동은 덜 효과적이고 다른 사람들에게 비호의적으로 평가될 가능성이 증가한다.

공격적 운동

특수점수인 COP와 AG는 둘 다 피오트로브스키(1957)의 연구와 제안에서 도출된 것이다. 그는 *M* 반응을 사람의 행동에 대한 인상을 직접적으로 반영하는 것이라고 했다. 분명히 피오트로브스키의 제안은 맞지만, 그의 가설은 *M* 반응에 국한된 연구에서는 타당화되지 못했다. 아마도 많은 반응 기록에서 *M* 반응의 빈도가 낮았기 때문일 것이다. 그러나 자료를 분석하는 과정에서 모든 운동 반응을 포함시켰을 때 지지되었다.

공격적 운동 반응에 대한 초기 연구 중 카자오카, 슬로안과 엑스너(1978)는 7개의 환자 집단에서 작업 치료 활동과 레크리에이션 치료 활동을 하는 동안 언어적·비언어적 공격성을 비디오테이프를 이용하여 평정했다. 각 집단은 10명의 환자로 구성되었고, 20분간의 촬영이 두 번씩 이루어졌다. 작업 치료를 하는 동안에 환자들은 찰흙 구성을 하였고, 레크리에이션 치료에서 각 집단은 5명씩 두 팀으로 나누어 농구를 했다. 이렇게 녹화를 한 것을 3명의 평정자가 펠스연구소 공격성척도를 이용하여 각각 평정했다. 70명의 환자의 **로르샤하** 검사는 연구의 특성을 모르는 7명의 평가자에 의해 실시되었다.

70명의 환자는 균등하게 두 집단으로 두 번씩 나뉘었다. 첫 번째의 분류는 언어적 공격성 점수 분포에서 중앙치를 기준으로 했다. 이렇게 35명씩 나뉜 집단은 **로르샤하**의 AG 점수에서 유의미한 차이를 보이지 않았다(상위 집단 35명=3.07, SD=1.98, 하위 집단 35명=1.71, SD=1.57). 그러나 언어적 공격성 점수 분포에서 양극단 각 15명 환자를 비교했을 때 AG 점수에서 매우 유의미한 차이를 보였다(상위 15명=4.21, SD=2.03, 하위 15명=.94, SD=1.09). 두 번째 분류는 신체적 공격성 점수 중앙치를 기준으로 이루어졌다. 이 하위 집단을 비교하였을 때는 유의미한 차이가 산출되었다(상위 15명=3.57, *SD*=1.81, 하위 35명=1.06, *SD*=1.13). 신체적 공격성 점수 분포 양극단 각 15명의 환자를 비교해 보았을 때 차이는 더욱 커졌다(상위 15명=4.16, *SD*=1.94, 하위 15명=.78, *SD*=1.08). 언어적 공격성 점수와 신체적 공격성 점수를 조합해 중앙치를 기준으로 분류했을 때 두 집단 간 차이가 크지 않았고(상위 15명=4.06, *SD*=1.83, 하위 35명=2.79, *SD*=1.74), 양극단의 환자들을 비교했을 때는 고려할 만한 차이가 나타났다(상위 15명=5.39, *SD*=2.01, 하위 15명=1.88, *SD*=1.2).

또 다른 연구에서, 6학년 아동 33명에게 2~3주 전에 **로르샤하** 검사를 실시한 후, 학급에서 자유 시간 30분을 두 번에 걸쳐 촬영했다(Exner, Kazaoka, & Morris, 1979). 촬영한 내용을 2명의 평정자가 펠스 공격성척도를 사용하여 각기 평정하였고, 언어적 공격성과 비언어적 공격성을 평정했다. 이 집단을 두 번 분류하였는데, 첫 번째 언어적 공격성 분포에서 중앙치를 사용하였고, 두 번째는 비언어적 공격성 중앙치를 사용하였다. 각 예에서 정중앙의 피검자는 제외되었다. 상위 집단의 평균 AG 점수는 하위 집단보다 유의미하게 높았다(언어적 상위 집단=3.86, *SD*=1.1, 언어적 하위 집단=1.2, *SD*=.87, 신체적 상위 집단=3.99, *SD*=1.3, 신체적 하위 집단=.96, *SD*=.89).

치료에 참가하여 효과가 있었던 430명의 외래 환자 기록 연구에서 최소 3개 이상의 AG 반응을 한 환자는 82명(19%)이었다. 치료자는 처음 10회기 동안 최소 3번 이상 평정하였는데, 이 평정에는 공격적 활동에 대한 과거력과 관련된 문항은 포함되지 않았다. 하지만 치료 회기 동안 적대감 표현을 평정하도록 요청했다. 그리고 두 번째 집단에서 조사한 것은 사람에 대한 태도였다. 82명 비교 집단이 나머지 348명의 참여자 중 무선으로 표집되었다. 표적 집단 82명 중 41명은 3번 회기 중 평정에서 적어도 2번은 유의미한 적대감을 표현한 것으로 평정되었다. 반면에 비교집단 중에서는 15명이 해당되었다. 또한 82명 표적 집단 중 51명이 현저히 적대적인 태도로 평정되었고, 비교집단에서는 22명이 그에 해당되었다.

여기에서 AG의 증가는 언어적이거나 비언어적이건 공격적 행동 가능성이 증가되어 있음을 나타낸다는 가정을 지지하는 것이다. 또한 다른 사람에 대한 태도가 더 부정적이고 적대적일 것이라 예상할 수 있다. AG가 증가한 사람들은 일상적으로 사회적 환경을 공격적으로 지각하며, 태도나 자세에 반영한다. 결과적으로 공격성이 이들의 행동에서 그대로 드러난다. 하지만 AG 반응이 나타났다고 해서 공격적 행동이나 태도가 반사회적이나 비수용적일 것이라고만 말할 수는 없다.

적어도 하나 이상의 AG 반응이 포함된 프로토콜이 대부분의 환자 집단에서보다 비환자 집단에서 더 많이 나타난다. 예를 들어, 600명의 비환자 성인 표본에서 380명(63%)이 적어도 하나의 AG 반응을 했고, 72명(12%) 프로토콜에 2개보다 많은 AG 반응이 있었다. 대조적으로, 535명 외래 환자 집단에서는 257명(48%)만이 적어도 1개의 AG 반응을, 19명(4%)만이 2개보다 많은 AG 반응을 했다. 유사하게 정동장애로 처음 입원한 193명의 환자 표본에서 75명(39%)만이 적어도 1개의 AG 반응을 했고, 이들 중의 16명(18%)만이 2개보다 많은 AG 반응을 했다. 반면에 정신분열증 환자는 다른 집단에 비해 더 많은 AG 반응을 하는 경향이 있다. 정신분열증으로 처음 입원한 200명의 표본에서 122명(61%)이 적어도 하나의 AG 반응을 했고, 52명(26%)이 2개보다 많은 AG 반응을 했다.

멜로이와 가코노(1992)는 공격성 점수가 공격적 내용, 공격적 잠재성, 공격적 과거, 가학피학성에 대한 특수 내용을 포함하는 것으로 확장되어야 한다고 제안했다. 골드스타인(1998)은 AG반응 채점 기준과 멜로이와 가코노의 공격성 범주는 47명의 청소년 정신과 환자에서 관찰되는 공격성의 어떤 범주와도 유의미한 관련이 없었다는 점에 주목했다. 화이트(1999)도 어떠한 '확장된' 공격성 범주도 391명의 범죄자를 대상으로 측정한 '실질적인' 공격적 행동 측정치와 유의미한 상관이 없었고, 공격적 성향에 대한 유용한 임상적 정보를 제공해 준다고 지적했다. 바이티와 힐젠로스(1999)는 DSM-IV 기준에서 성격장애 진단에 맞는 환자 78명의 프로토콜에서 공격성 변인의 배열 순서를 연구했다. 이들은 공격적 내용 채점이 개인의 공격적인 특성과 관련된 부가 자료로서 가능성이 있다고 제안했다. 온더프, 센테노 및 켈세이(1999)는 6~15세의 여아 중 성적 학대를 받은 21명과 학대를 받지 않은 14명의 COP와 AG 반응을 연구했다. COP나 AG 점수에 대해 각각 연구하였을 때에는 집단 간 차이가 나타나지 않은 점에 주목했다. 그러나 COP와 AG 반응이 함께 나타난 반응 빈도가 성적으로 학대를 당한 여아의 기록에서 좀 더 많았다.

협동적 운동 반응(COP)

COP 반응은 600명의 비환자 기록 중 약 83%에서 적어도 한 번은 나타났다. 내향성, 외향성, 양향성 집단 모두에서 중앙치와 최빈치가 모두 2인데, 회피적 유형인 사람에게서는 중앙치와 최빈치가 모두 1이었다. 반면에, 535명의 외래 환자 프로토콜에서 COP는 약 57%에서 적어도 하나였다. 어떤 카드에서는 COP가 쉽게 보고되지 않는다. 카드 I, VII, IX, X에서는 *M* 반응의 20% 미만에서, 그리고 *FM* 반응의 15% 미만에서 나타난다. 카드 IV와 VI 반응에서는 거의 나타나지 않고, 카드 V에서는 매우 낮은 빈도로 나타난다. 카드 III에서 가장 많이 나타나고, 그다음으로는 카드 II와 VII에서 많이 나타난다.

두 개의 연구에서(Exner, 1988), 하나는 고등학교 3학년 25명 학생들에게 또래를 지명하도록 하였고, 다른 하나는 대학교 신입생 중 같은 기숙사에 사는 35명의 여학생에게 또래를 지명하도록 하였다. 2개보다 많은 COP 반응을 한 참가자는 또래로부터 '가장 재미있는 사람' '가장 쉽게 옆에 있을 수 있는 사람' '학급 리더' '가장 믿을 수 있는 사람'으로 다른 사람에 비해 5배나 더 많이 지명 받았다. 고등학교 집단에서 COP 반응이 나오지 않은 4명과 대학생 집단의 5명은 또래로부터 앞의 네 가지 문항 중 어떤 것에도 지명을 받지 못했다. 대조적으로 이 9명은 '내가 제일 잘 모르겠는 사람' '친구를 많이 가진 것 같지 않은 사람' '내가 학급 임원으로 뽑지 않을 것 같은 사람'과 같이 비교적 부정적인 문항에서 가장 많은 지명을 받았다.

COP는 또한 집단치료 과정에서도 관련이 있는 것 같았다. 두 집단에 속해 있는 17명의 외래 환자에 대한 세 번의 집단치료 회기를 녹음한 기록을 살펴보았더니 프로토콜에서 COP 반응이 2개보다 많았던 4명의 환자가 좀 더 자주, 그리고 간격을 좀 더 두고 이야기하였고, 집단 내에서 좀 더 많은 집단원에 대해 주의를 기울이는 것으로 나타났다. 프로토콜에서 COP 반응을 하지 않은 6명의 환자는 거의 말도 하지 않고 집단의 다른 사람들이 하는 것보다도 오히려 더 자주 치료자에게만 집중했다.

치료 자료에서는 COP 반응이 성공적인 치료 종료나 입원 후 퇴원과 관련된 중요한 변인임을 시사한다. 예를 들면, 다양한 재검사와 치료 효과 연구에 참여한 개인 중에서 계층 무선 표집을 통해 70명의 외래 환자를 살펴보았다. 선발 기준으로 다음과 같은 네 가지 측면이 사용되었다. 첫째, 대인관계 문제 때문에 치료를 하게 된 사람, 둘째 적어도 2년의 연구 기간 동안 참여한 사람, 셋째 18개월 이전에 치료를 종료한 사람, 넷째 치료 전 프로토콜에서 COP 반응이 1개이거나 없는 사람을 선발했다. 이를 통해 선발된 사람 중 31명은 치료 전 기록에서 COP 반응이 하나도 없었고, 39명은 치료 전 기록에서 한 개의 COP 반응이 있었다(Exner, 1993b).

참가자들은 네 가지의 치료모델 중 하나에 포함되었다(인지치료, N=23, 합리적 정신치료, N=14, 행동적 모델링 치료, N=13, 역동적 정신치료, N=20). 70명의 모든 사람은 8~15개월 사이에 치료를 종료하였고, 모든 사람이 치료 시작 후 9~11개월 사이에 재검사를 받았으며, 18~22개월 사이에 다시 검사를 받았다.

9~11개월 사이에 실시한 재검사에서 37명은 적어도 2개의 COP 반응을 보였고, 1명은 1개, 나머지 18명은 COP 반응을 보이지 않았다(이 18명은 처음 검사에서도 COP 반응을 보이지 않았다). 18~22개월 사이에 실시한 재검사에서는 COP 반응의 분포에 약간의 변화가 나타났다. 처음 검사에서 2개 이상의 COP 반응을 보였던 37명의 환자 모두가 적어도 2개 이상의 COP 반응을 했고, 37명 중 34명(92%)이 긍정적인 대인관계 적응을 보고했다. 처음 검사에서 하나의 COP 반응을 했던 15명의 참가자 중 2명은 두 번째 재검사에서 2개의 COP 반응을 했고, 나머지 13명은 여전히 하나의 COP 반응을 했다. 이 사람들 중 12명(80%)은 또한 긍정적인 대인관계 적응을 보고했는데, 나머지 3명은 문제가 다시 나타났고, 한 명은 다시 치료를 시작했다. 처음 검사에서 COP 반응을 하지 않았던 18명 중 두 번째 재검사에서 COP 반응을 한 사람은 아무도 없었다. 18명 중 5명(56%)은 대인관계에서 긍정적인 적응을 보고하였지만, 8명은 대인관계 문제가 재발했다고 보고하였으며, 8명 중 5명은 치료를 다시 시작했다.

두 번째 연구에서 정동장애로 처음 입원한 100명

의 입원 환자에 대한 추적 자료를 살펴보았다(Exner, 1991). 입원 중인 환자의 프로토콜에서 31명이 2개 이상의 COP 반응을 했고, 36명은 1개의 COP 반응을, 그리고 33명은 COP 반응을 하지 않았다. 모든 사람이 입원 후 21~45일 사이에 퇴원하여 재검사를 시행했다. 37명이 2개 이상의 COP 반응을 했고, 29명은 1개, 그리고 34명은 COP 반응이 없었다. 모든 사람이 외래 치료를 받았거나 다시 받기 시작하였고 78명은 퇴원 후 9~12개월이 될 때까지 외래 진료를 받았다. 긍정적인 호전은 퇴원 시 2개 이상의 COP 반응을 했던 37명 중 30명(81%)에게서 나타났다. 3명은 퇴원 후 8개월 이내에 재입원했다. 퇴원 시 1개의 COP 반응을 한 29명의 환자 중 19명(66%)이 긍정적인 호전이 있었다고 보고하였으나, 나머지 10명 중 6명은 퇴원 후 8개월 이내에 재입원했다. 퇴원 시 프로토콜에서 COP 반응을 하지 않은 43명 중 18명(53%)만이 긍정적인 호전이 있었다고 보고하였으며, 나머지 16명의 환자 중 9명은 퇴원 후 8개월 동안 재입원했다.

엑스너(1993a)는 고안된 3가지 대인관계 상황에서 긍정적이고 협동적인 행동을 보이는 50명의 사례에 주목했다. 첫 번째는 실험자가 산더미 같이 쌓인 책을 떨어뜨린 후 고통스러워하고 무기력한 모습을 보이는 것이다. 두 번째는 피검자가 평가 상황에서 평가자와 가까운 자리를 선택하는지 아니면 먼 자리를 선택하는지를 포함하고 있다. 그리고 세 번째는 피검자가 평가가 끝난 다음에 의자를 다시 정리하는 것을 도와주는지에 초점을 두었다. 50명 피검자의 연령 범위는 18~65세였고, 36명은 2개 대학에서 온 대학생들이었으며, 14명은 다양한 중간이나 중상 수준의 직업을 가진 성인이었다. 4명의 평가자에 의해 7번 평가가 이루어졌으며, 이 중 로르샤하 검사도 포함되었다. 16명이 로르샤하 검사에서 1개 이상의 COP 반응을 하였고, 19명이 1개, 그리고 나머지 15명은 COP 반응을 하지 않았다. 긍정적 사회적 행동의 최대 점수는 3점이었다. 1개 이상의 COP 반응을 한 16명의 피검자들의 평균은 2.4였고, 1개의 COP 반응을 보인 사람의 평균은 1.7 그리고 COP 반응을 보이지 않은 사람들의 평균은 .8이었다. 알렉산더(1995)는 성인 58명을 대상으로 긍정적인 '사교적' 태도로 반응할 수 있는 사람으로 보이게 하는 두 번의 실험을 시행했다. 그녀는 COP 빈도 자기 보고식 이타주의 질문지의 점수, 그리고 소외지표 점수가 사교적인 행동 변량의 30%를 설명한다는 것을 발견했다.

이 연구의 결과가 로르샤하 검사 반응에서 협동적 운동 반응이 나타난 것이 대인관계 태도나 행동과 관련된 긍정적인 결과임을 시사하고 있지만, 다른 자료들은 COP를 단독적으로 해석하는 것이 현명하지 못함을 시사한다. 예를 들어, 샤퍼와 어드버그(1996)는 어떤 형태의 COP 반응은 다른 것들보다 덜 긍정적인 것으로 간주해야 한다는 것을 지적했다. 사실상, 로르샤하 검사에서 여러 다른 변인이 있거나 없는 것은 2개 이상의 COP 반응이 있다고 하더라도 긍정적인 결과를 변경할 수 있는 것이다(다시 말하면, COP 반응이 2개 이상 있다 하더라도 로르샤하 검사에서 여러 다른 변인이 있느냐 없느냐에 따라 긍정적인 결과가 바뀔 수도 있는 것이다). 이들이 말하는 주의 사항은 오드너프 등(1999)이 COP와 AG가 둘 다 나타난 반응에서는 COP 값만 독립적으로 해석하는 것에 대해 주의해야 한다는 지적과 유사하다.

2개의 연구에서는 COP 반응이 치료의 조기 종결과 관련이 있는 것 같다고 했다. 첫 번째 연구는(Exner, 1995), 인지치료나 역동치료를 받고 있는 168명의 외래 환자 중 조기 종결을 한 41명의 (치료 8주 이전에) 자료를 살펴본 결과다. 조기 종결한 41명 중 28명의 프로토콜에서 2개보다 많은 순수 인간 반응, 하나 이상의 COP 반응, 그리고 공격적 운동 반응은 없는 조합을 나타내었다. 두 번째 연구는(Hilsenroth, Handler, Toman, & Padawer, 1995) 대학 상담소를 방문한 188명의 환자에 대한 기록 연구로 조기 종결한 사람은 97명이었다(8회기 이전에 종결). 조기 종결한 사람을 상호 동의하에 종결할 때까지 치료를 받은 81명의 환자와 비교하였을 때, **로르샤하** 검사에서 COP 반응이 평균적으로 두 배 많은 것으로 나타났다.

가장 인상적인 소견 중 하나는 관례적으로 COP 반응을 긍정적인 관점에서 해석하는 습관에 대해 주의해야 한다는 가코노와 멜로이(1994)의 경고다. 이들이 성적 살인죄로 선고받은 20명에 대한 **로르샤하** 검사 자료를 연구한 결과, 6명은 COP 반응을 하지 않았으나, 9명은 1개 혹은 2개의 COP 반응을 하였고, 5명은 2개보다 많은 COP 반응을 하였다.

개인적인 반응

PER 반응 빈도 자료에서 피검자의 대인관계에 대한 지각 혹은 행동에 관한 부가적인 정보를 얻을 수 있다. 개인적인 반응은 방어의 한 형태로 볼 수 있는데, 0~2개 정도는 많은 피검자에게서 일반적으로 나타날 수 있는 것이므로 해석적으로 의미 있게 보기 어렵다. 그러나 빈도가 증가되면 신중하게 고려해 보아야 한다.

이 특수점수에 대해 관심을 가지게 된 것은 비환자 아동의 반응 기록을 수집하면서였다. 많은 평가자가 이런 언어적 표현은 본래의 반응과는 관련이 없을 것이라 여기고, *DR*로 채점되어야 하지 않느냐는 의문을 제기했다. 비환자 집단에 대한 자료 수집 결과, 아동에서 성인에 이르기까지 적어도 한 개의 PER 반응이 나타났지만, 2개보다 많은 경우는 흔하지 않았다. 예를 들어, PER 반응은 12세 아동의 반응 기록 중 90%에서 나타나는 등 흔해 보였지만, 1개보다 많은 반응을 한 아동은 120명 중 7명뿐이었다. 600명의 비환자 성인 집단의 약 64%에서 PER 반응이 있으나, 하나보다 많은 반응을 한 사람은 38명뿐이었고, 2개보다 많은 반응을 한 사람은 14명뿐이었다.

비환자 집단에서 PER 점수 분포는 0~5로 중앙치와 최빈치가 모두 1인 J- 곡선을 그리고 있다. 535명의 외래 환자 중 약 44%의 반응 기록에서 적어도 하나의 PER 반응이 있었으나 이들 중 1/3에서 2개 이상의 PER 반응이 있었고, 그중 소수이긴 했지만 11개의 반응을 한 경우도 있었다. 외래 환자의 반응 기록을 조사해서 PER 반응의 평균이 3개를 넘는 집단을 2개로 나누어 보았다. 첫 번째 집단은 강박증 성인 환자 65명으로(*M*=3.76, *SD*=1.4), 두 번째 집단은 분노 표현의 조절에 어려움이 있어 치료를 받고 있는 45명의 남자 청소년으로 구성되었다(*M*=3.69, *SD*=1.2). 강박증 성인 중 6명에게서, 그리고 청소년 집단에서는 7명에게서만 PER 반응이 나타나지 않았다. 두 집단 모두에서 최빈치는 3이었고, 그 빈도의 최대치는 10이었다.

토머스, 엑스너 및 베이커(1982)의 연구에서 나온 자료를 보면, 225명의 대학생에게 가프 형용사 체크리스트를 두 차례 작성하도록 하였는데, '실제와 이상(real and ideal)' 점수가 가장 크게 불일치하는 20명의 피검자들의 PER 평균치가 2.69였던 반면에 카프 형용사 체크리스트 결과 분포상 양극단 피검자 20명의 PER 평균은 .7이었다. 엑스너와 와이너(1982)는 6명의 보조자에게 4학년과 5학년의 3개 학급에서 교사가 부과한 상호작용 과제를 수행하는 동안 발생하는 다양한 행동을 기록하게 했다. 각 학급은 5일 동안 한 시간씩 2회, 2명의 평정자가 집중적으로 관찰했다. 기록되는 행동에는 '내 잘못이 아니에요. 그 애가 이렇게 하라고 했어요.' '만약 그 여자애가 실수만 하지 않았으면 우리는 다 끝낼 수 있었을 거예요.'와 같은 부인 반응이었다. 이어서 부인 행동을 제일 많이 한 5명의 학생과 나머지 학생 중 무선적으로 선발된 5명의 학생을 대상으로 이 연구 목적을 알지 못하는 6명의 평가자 중 한 명이 로르샤하를 실시했다. 5명의 표적 학생의 PER 반응의 평균은 3.9개였고, 통제집단에서는 2.16개였다.

여러 가지 장기치료 연구의 자원자인 외래 환자 430명의 치료 전 반응 기록에는 최소 4개의 PER 반응을 한 사람이 82명(19%)으로 파악되었다(*M*=5.73, *SD*=1.6). 이 환자들에 대해 치료 초기 평정 결과를 보면, 2/3 이상(57명)이 저항적이었거나 치료에 대한 동기가 의심스러운 사람이었다. 반면에 나머지 348명 중 무작위로 선발된 환자 82명으로 구성된 두 번째 집단에서는 그런 사람이 25% 미만이었다고 한다(*M*=1.12, *SD*=2.09, $p<.01$).

PER 반응과 관련해 반응 빈도가 높은 사람은 자기상을 방어하는 데 과도하게 정확성을 기하고자 하는 성향을 보였다. 어떤 PER 반응은 자신에 대한 정보를 공유하고 싶어 하는 마음이나 개방성에 대한 지표일 수도 있다. 예를 들어, 아동이 나비를 보고하면서 덧붙이기를 "내가 이거랑 비슷한 걸 잡아 본 적이 있어요. 그건 정말로 예뻤어요."라고 했다면, PER 반응이 된다. 그러나 다른 수준에서는 PER 반응이 된 것은 결과적으로 자신에 대해서 좀 더 저항적인 면을 제공한다. 이런 개인적인 설명은 "나는 내가 직접 경험한 것을 표현하고 있기 때문에 내가 맞다는 것을 알고 있어."라고 심리적으로 말하는 것과 같이 자기 확신을 제공해 주는 것이다. 또한 그렇게 함으로써 평가자의 어떤 잠재적인 도전에도 방어할 수 있다고 느끼는 것이다. 다시 말하면, 일종의 방어적 권위주의임을 반영하는 것이다.

이런 종류의 방어는 대인관계를 손상할 필요까

지는 없으며 좋아하는 것보다는 도전이 포함된 상황에서는 덜 안정적일 수 있다는 것을 시사한 것이다. PER 값이 유의미한 사람은 종종 타인에게 경직되고 지엽적인 사람으로 간주되며 결과적으로 친밀한 관계를 유지하는 데 어려움이 있다. 특히 그들에게 복종적이지 않은 사람과는 친밀해지는 것이 어려울 수 있다.

소외지표

사회적 환경에 대한 관점이나 반응과 관련된 정보를 제공해 주는 또 다른 자료로 소외지표가 있다. **로르샤하** 역사를 통해 빈도가 증가하여 해석적 유의미성을 가진 어떤 내용 변인보다도 이 지표에 대한 가정은 논리적인 것으로 보인다. 이는 동물과 인간 내용을 제외하고 대부분의 범주에서 빈도가 낮기 때문이기도 하다. 대부분의 비환자 성인 집단에서 2보다 평균이 높으면 식물 반응의 평균이 2.37(*SD*=1.3)인 것을 제외하고는 없다. 많은 저자(Beck, 1945; Klopfer & Kelley, 1942, Rapaport, Gill, & Schafer, 1946; Piotrowski, 1957; Draguns et al., 1967; Exner, 1974)들이 단일 범주에서 빈도가 증가하는 것은 어떤 형태로든 갈등이나 몰두된다는 의미라고 가정했다. 하지만 *An*+*Xy* 조합을 제외하면, 이러한 가정을 지지해 주는 경험적인 자료는 없다. 이러한 맥락에서, 개별 내용 범주에 대한 연구를 위해 컴퓨터 탐색 방법이 고안되었고, 피검자나 집단의 다른 자료들과 다양한 조합이 가능하다.

식물, 구름, 지도, 풍경 그리고 자연 범주의 조합이 사회적 소외나 철수와 관련되어 있을 것이라는 첫 번째 착안은 치료 동안, 그리고 치료 이후에 **로르샤하** 검사를 받기로 자원한 430명의 외래 환자 집단에 대한 기본 프로토콜에 대한 연구에서 시작했다. 초기 치료 회기 후에 작성된 치료자 평정에는 직계가족 외의 사회적 접촉 빈도나 사회적 행동에 대한 문항이 있다. 이런 평정과 5개의 내용 범주 조합 간의 상관관계는 전체 집단에서 *r*=.26으로 나타났다. 치료자 평정의 양극단에 포함된 100명의 환자의 조합된 내용 점수를 각각 분석하였더니, 그 결과는 좀 더 현저하게 나타났다. 치료자가 적극적이고 긍정적인 사회적 관계에 대해 가장 호의적으로 평가한 100명의 환자의 경우, *Na*와 *Cl*는 2배의 가중치를 두고 이를 *R*과의 관계에서 계산한 5개 내용의 조합된 빈도와 상관이 −.51이었다. 치료자들이 적극적이고 긍정적인 사회적 관계에 대해 가장 부정적으로 평가한 100명 환자의 경우 이 지표와의 상관이 .56으로 나타났다.

전체 반응에 대한 소외지표 비율이 유용한 근거는 다른 정신과 집단에 대한 자료를 살펴보면서 확인된 것이다. 2개 집단이 이런 과정으로 확인되었는데, 두 집단 모두 프로토콜에서 소외지표가 *R*의 1/4을 초과하는 비율을 보였고, *R*의 1/3을 초과하는 경우도 많이 나타났다. 하나는 교사 평정이나 심리학자의 평가를 통해 사회적 접촉으로부터 현저히 철수된 것으로 나타난 505명의 아동과 청소년의 집단이다(Exner, 1978). 505명의 기록 중에서 423명(84%)이 이 지표에서 *R*의

1/4을 초과했다. 두 번째 집단은 '정신분열성'이나 '정신분열형 성격장애'로 진단된 146명의 외래 성인 환자 집단이다. 이 집단에서 127명(86%)이 이 지표에서 *R*의 1/4을 초과하였고, 이들 중 89명(61%)은 *R*의 1/3을 초과했다. 만약 이 지표에서 .26 이상으로 나타난다면, 어떤 종류의 사회적 소외가 있을 것임을 시사하는 것이다. 2개의 연구에서 나온 자료는 이러한 가정을 검증하는 데 유용했다.

파버, 엑스너 및 토머스(1982)는 139명의 고등학교 2학년과 1학년 학생을 대상으로 또래 지명 방식을 사용하여 학급에서 다른 사람과 사회적 접촉이 제일 제한되어 있는 사람을 파악하려고 했다. 지명은 15개의 문항으로 이루어졌고, 이 문항들은 대인관계 선호도나 행동과 관련된 것으로 가장 인기 있는, 가장 춤을 잘 추는, 가장 친절한, 가장 재미있는, 가장 도움을 주는, 다른 사람들에게 가장 민감한, 함께 있을 때 가장 신나는, 가장 책임감 있는, 가장 믿을 만한 사람이 누구인지와 같은 문항이 포함되어 있다. 모든 문항이 부정적인 특징보다는 긍정적인 특징에 초점을 두어 작성되었다. 한 번도 지명되지 못한 18명의 학생과 나머지 120명 중에서 무작위으로 선발한 18명의 통제집단에게 **로르샤하** 검사를 실시했다. 각 지원자에게는 10달러씩 지불하였다. 표적 집단에서 소외지표의 평균은 .31(*SD*=.08)이었던 반면에 통제집단의 평균은 .17(*SD*=.12)이었다.

두 번째 연구에서는 작은 기숙학교에 다니는 64명의 여대생을 대상으로 하여 30문항의 또래를 지명하도록 하였다(Exner & Farber, 1983). 이들은 캠퍼스 생활에서 스트레스에 관한 심리학적 연구에 참여하기로 한 자원자들로, 기숙사의 공부방 중 한 곳에 새로운 가구를 들이기 위해 기부를 받는 것과 관련된 토론을 했다. 모두 몇 가지의 심리학적 검사를 받았고, 또래 지명이 포함된 질문지를 완성했다. 30문항 중 15개는 이전 연구에서 사용된 문항을 사용하였고, 15문항은 부정적인 문항, 즉 가장 불친절한, 가장 방해가 되는, 다른 사람에게 가장 둔감한, 가장 노골적으로 말하는, 가장 짜증내는, 가장 책임감이 없는, 가장 논쟁적인, 다른 사람과 함께 있는 것에 흥미가 없는 사람과 같은 내용이었다. 모든 피검자가 적어도 2번은 지명을 받았고, 14명은 적어도 한 번은 다른 사람들과 함께 있는 것에 가장 흥미가 없는 사람으로 지명되었다. 그러나 14명 중 9명은 이러한 지명을 적어도 20번 받았고, 나머지 다섯 명은 6번 이하의 지명을 받았다. 이 9명은 소외지표의 평균이 .32였고, 모든 사람이 .25를 초과했다. 비교를 위해 나머지 55명을 각각 9명씩 5집단으로 무선 배치했다. 1개의 집단에는 3명이 소외지표의 값이 .25보다 컸으나 .30보다는 적었다. 다른 4개의 집단에서는 각 다른 집단에 속해 있는 2명만이 .25보다 높은 것으로 나타났다.

600명 비환자 성인 집단의 약 20%에서 소외지표 값이 .25보다 높게 나왔으며, 7%만이 .32를 초과하는 것으로 나타났다. 반대로 535명의 외래 환자 중 약 15%에서 소외지표 값이 .25보다 컸으며 이들 중 3분의 2는 .32를 보다 컸다. 정동장애로 처음 입원한 193명의 입원 환자 중에 거의 30%에서 소외지표 값이 .25보다 크게 나왔고 이들 중 절반가량에서 .32보다 컸다. 쿠리와 그린웨이(1996)는 상담소에 자의로 찾아온 53명을 대상으로 조사했다. 이들은 소외지표와 MMPI-2 해리스-링거스 우울내용척도의 높은 점수 간에 실제적인 관련이 있음을 발견하였다. 알렉산더(1995)는 소외지표 값과 사교적 행동 빈도 간 부정적인 관계에 주목하였다.

.25~.32의 값은 보통 사회적 관계에 덜 참여되어 있는 사람을 의미한다. 이것이 꼭 사회적 부적응이나 갈등을 반영하는 것일 필요는 없다. 대부분의 예에서 이것은 사회적 교제에 대한 흥미가 덜하거나 혹은 더 소심할 수 있음을 의미하는 것이다. 소외지표가 .33 이상일 때 이 사람은 사회적으로 소외되어 있는 것 같다. 이런 사람들의 대다수는 COP 반응이 2개보다 적고 *Afr*의 값이 낮을 것이다.

참고문헌

Alexander, S. E. (1995). The relationship of projective test indices to prosocial behaviors, altruism, and loneliness. *Dissertation Abstracts International, 56*, 0513.

Ames, L. B., Metraux, R. W., & Walker, R. N. (1971). *Adolescent Rorschach responses*. New York: Brunner/Mazel.

Baity, M. R., & Hilsenroth, M. J. (1999). Rorschach aggression variables: A study of reliability and validity. *Journal of Personality Assessment, 72*, 93-110.

Beck, S. J. (1945). *Rorschach's test. II: A ariety of personality pectures*. New York: Grune & Stratton.

Bornstein, R. F. (1992). The dependent personality: Developmental, social, and clinical perspectives. *Psychological Bulletin, 112*, 3-23.

Bornstein, R. F., Bowers, K. S., & Robinson, K. J. (1997). Differential relationships of objective and projective dependency scores to self-report of interpersonal life events in college student subjects. *Journal of Personality Assessment, 65*, 255-569.

Bornstein, R. F., & Greenberg, R. P. (1991). Dependency and eating disorders in psychiatric inpatients. *Journal of Nervous and Mental Diseases, 179*, 148-152.

Bornstein, R. F., & Masling, J. M. (1985). Orality and latency of volunteering to participate as experimental subjects. *Journal of Personality Assessment, 49*, 306-310.

Burns, B., & Viglione, D. J. (1996). The Rorschach Human Experience Variable, interpersonal relatedness and object representation in nonpatients. *Psychological Assessment, 8*, 92-99.

Cadenhead, K. S., Perry, W., & Braff, D. L. (1996). The relationship of information processing deficits and clinical symptoms in schizotypal personality disorder. *Biological Psychiatry, 40*, 853-858.

Draguns, I. G., Haley, E. M., & Phillips, L. (1967). Studies of Rorschach content: A review of the research literature. Part 1: Traditional content categories. *Journal of Projective Techniques and Personality Assessment, 31*, 3-32.

Exner, J. E. (1974). *The Rorschach: A Comprehensive System. Volume 1*. New York: Wiley.

Exner, J. E. (1978). *The Rorschach: A Comprehensive System. Volume 2. Current research and advanced interpretation*. New York: Wiley.

Exner, J. E. (1988). *COP. alumni newsletter*. Asheville, NC: Rorschach Workshops.

Exner, J. E. (1991). *The Rorschach: A Comprehensive System. Volume 2: Interpretation* (2nd ed.). New York: Wiley.

Exner, J. E. (1993a). *COP. responses and helping behavior*. Rorschach Workshops (Study No. 303, unpublished).

Exner, J. E. (1993b). *The Rorschaeh: A Comprehensive System, Volume 1: Basic foundations* (3rd ed). New York: Wiley

Exner, J. E. (1995). *Recent research. Alumni newsletter*. Asheville, NC: Rorschach Workshops.

Exner, J. E. (2000). *A primer for Rorschach interpretation*. Asheville, NC: Rorschach Workshops.

Exner, J. E. (2001). *A Rorschach workbook for the Comprehensive System* (5th. ed.). Asheville, NC: Rorschach Workshops.

Exner, J. E., Bryant, E. L., & Miller, A. S. (1975). *Rorschach responses of some juvenile offenders*. Rorschach Workshops (Study No. 214, unpublished).

Exner, J. E., & Farber, J. G. (1983). *Peer nominations among female college students living in a dormitory setting*. Rorschach Workshops (Study No. 290, unpublished).

Exner, J. E., & Kazaoka, K. (1978). *Dependency gestures of 16 assertiveness trainees as related to Rorschach movement responses*. Rorschach Workshops (Study No. 261, unpublished).

Exner, J. E., Kazaoka, K., & Morris, H. M. (1979). *Verbal and nonverbal aggression among sixth grade students during free periods as related to a Rorschach special score for aggression*. Rorschach Workshops (Study No. 255, unpublished).

Exner, J. E., & Weiner, I. B. (1982). *The Rorschach: A Comprehensive System, Volume 3. Assessment of children and adolescents*. New York: Wiley.

Farber, J. L., Exver, J. E., & Thomas, E. A. (1982). *Peer nominations among 139 high school students related to the Isolation Index*. Rorschach Workshops (Study No. 288, unpublished).

Gacono, C. B., & Meloy, J. R. (1994). *The Rorschach assessment of aggressive and psychopathic personalities*. Hillsdale, NJ: Erlbaum.

Goldman, R. (1960). Changes in Rorschach performance and clinical improvement in schizophrenia. *Journal of Consulting Psychology, 24*, 403-407.

Goldstein, D. B. (1998). Rorschach correlates of aggression in an adolescent sample. *Dissertation Abstracts International, 58*, 5118.

Halpern, F. (1940). Rorschach interpretation of the personality structure of schizophrenics who benefit from insulin therapy. *Psychiatric Quarterly, 14*, 826-833.

Hilsenroth, M, J., Handler, L., Toman, K. M., & Padawer, J. R. (1995). Rorschach and MMPI-2 indices of early psychotherapy termination. *Journal of Consulting and Clinical Psychology, 63*, 956-965.

Holaday, M., & Whittenberg, T. (1994). Rorschach responding in children and adolescents who have been severely burned. *Journal of Personality Assessment, 62*, 269-279.

Kazaoka, K., Sloane, K., & Exner, J. E. (1978).

Verbal and nonverbal aggressive behaviors among 70 inpatients during occupational and recreational therapy. Rorschach Workshops (Study No. 254, unpublished).

Khouri, S., & Greenway, A. P. (1996). Exner's depression index and the Harris-Lingoes MMPI-2 subscales for depression. *Perceptual and Motor Skills, 82*, 27-30.

Klopfer, B., & Kelley, D. (1942). *The Rorschach technique*. Yonkers-on-Hudson, NY: World Books.

Masling, J. M. (1986). Orality, pathology, and interpersonal behavior. In J. Masling (Ed.), *Empirical studies of psychoanalytic theories* (Vol. 2). Hillsdale, NJ: Erlbaum.

Masling, J. M., O'Neill, R. M., & Katkin, E. S. (1982). Autonomic arousal, interpersonal climate and orality. *Journal of Personality and Social Psychology, 42*, 529-534.

Masling, J. M., Rabie, L., & Blondheim, S. H. (1967). Obesity, level of aspiration, and Rorschach and TAT measures of oral dependence. *Journal of Consulting Psychology, 31*, 233-239.

Meloy, J. R., & Gacono, C. B. (1992). The aggression response and the Rorschach. *Journal of Clinical Psychology, 48*, 104-114.

Molish, H. B. (1967). Critique and problems of the Rorschach. A survey. In S. J. Beck & H. B. Molish (Eds.), *Rorschach's test. II: A variety of personality pictures* (2nd ed.). New York: Grune & Stratton.

Morris, W. W. (1943). Prognostic possibilities of the Rorschach method in metrazol therapy. *American Journal of Psychiatry, 100*, 222-230.

Ornduff, S. R., Centeno, L., & Kelsey, R. M. (1999). Rorschach assessment of malevolence in sexually abused girls. *Journal of Personality Assessment, 73*, 100-109.

Perry, W., & Braff, D. L. (1994). Information processing deficits and thought disorder in schizophrenia. *America Journal of Psychiatry, 151*, 363-367.

Perry, W., & Viglione, D. J. (1991). The Rorschach Ego Impairment Index as a predictor of outcome in melancholic depressed patients treated with tricyclic antidepressants. *Journal of Personality Assessment, 56*, 487-501.

Perry, W., Viglione, D. J., & Braff, D. (1992). The Ego Impairment Index and schizophrenia: A validation study. *Journal of Personality Assessment, 59*, 165-175.

Piotrowski, Z. (1957). *Perceptanalysis*. New York: Macmillan.

Piotrowski, Z., & Bricklin, B. (1961). A second validation of a long-term Rorschach prognostic index for schizophrenic patients. *Journal of Consulting Psychology, 25*, 123-128.

Pires, A. A. (2000). National norms for the Rorschach normative study in Portugal. In R. H. Dana (Ed.), *Handbook of cross-cultural and multicultural personality assessment: Personality and clinical psychology series*. Mahwah, NJ: Erlbaum.

Rapaport, D., Gill, M., & Schafer, R. (1946). *Psychological diagnostic testing* (Vol. 2). Chicago: Yearbook Publishers.

Ray, A. B. (1963). Juvenile delinquency by Rorschach inkblots. *Psychologia, 6*, 190-192.

Richardson, H. (1963). Rorschachs of adolescent approved school girls, compared with Ames normal adolescents. *Rorschach newsletter, 8*, 3-8.

Schafer, R. (1954). *Psychoanalytic interpretation in Rorschach testing.* New York: Grune & Stratton.

Shaffer, T. W., & Erdberg, P. (1996). *Cooperative movement in the Rorschach responses: A qualitative approach.* 15th International Congress of Rorschach and Projective Methods, Boston.

Sherman, M. H. (1952). A comparison of formal and content factors in the diagnostic testing of schizophrenia. *Genetic Psychology Monographs, 46*, 183-234.

Stotsky, B. A. (1952). A comparison of remittimg and nonremitting schizophrenics on psychological tests. *Journal of Abnormal and Social Psychology, 47*, 489-496.

Thomas, E. A., Exner, J. E., & Baker, W, (1982). *Ratings of real versus ideal self among 225 college students.* Rorschach Workshops (Study No. 287, unpublished).

Viglione, D. J., Perry, W., Jansak, D., Meyer, G., & Exner, J. E. (in press). Modifying the Rorschach Human Experience Variable to Create the Human Representational Variable. *Journal of Personality Assessment.*

Vinson, D. B. (1960). Responses to the Rorschach test that identify thinking, feelings, and behavior. *Journal of Clinical and Experimental Psychopathology, 21*, 34-40.

Walters, R. H. (1953). A preliminary analysis of the Rorschach records of fifty prison inmates. *Journal of Projective Techniques, 17*, 436-446.

White, D. O. (1999). A concurrent validity study of the Rorschach extended aggression scoring categories. *Dissertation Abstracts International, 59*, 5152.

Young, M. H., Justice, J., & Erdberg, P. (1999). Risk factors for violent behavior among incarcerated male psychiatric patients: A multimethod approach. *Assessment, 6*, 243-258.

제22장
해석 결과 통합

지금까지의 해석은 로르샤하의 각 군집 해석에 중점을 두었다. 전체 개인에 대한 해석보다 특정한 정보에 더 주목했다. 이 장에서는 특정 변인, 예컨대 *D* 점수나 전체 영역(*W*) 변인 등에 주의를 기울이다 보면 포괄적인 이해를 도모하는 데 한계가 있을 수 있으므로 이 한계를 극복할 수 있는 통합적인 해석을 안내하려고 한다.

완벽한 해석을 어렵게만 생각하지는 말자. 각 해석자들에게 자기만의 고유한 방식이 있겠지만, 다양한 자료에서 얻은 결과를 통합할 때는 늘 개념적으로 논리성이 전제되어야 한다. 각 군집에서 검토한 결과와 소견들을 통합하는 것은 타당하고 논리적일 뿐만 아니라 수월한 일일 것이다. 13장의 〈표 13-4〉에 기록된 다양한 변수를 이용해 초기에 해석자가 세웠던 소견과 가정에 부합되면 해석을 시작할 근거로 인정할 만한 의미가 있다. 다만, 초기에는 소견의 타당성이 분명하게 검증되지 못하기 때문에 의미 있게 채택되거나 검증되지는 않을 수 있다. 아울러 타당한 소견과 그렇지 못한 소견 간의 불일치와 그 이유에 대해 검토해야 한다.

몇몇 연구자들은 완벽한 보고가 되려면 의례적으로나 임시적으로나 군집 해석을 요약하기도 한다. 하지만 이는 바람직하지 않다. 또한 한 개인을 통합적으로 이해하는 데 방해가 될 수 있다.

인지 3요인과 같이 특정한 측면에 대한 해석 정보들처럼 하나 이상의 군집에서 의미 있는 소견이 나왔다 하더라도 한 개인을 충분히 설명할 수 있는 일관적이고 통합적인 해석 소견의 근거로 단정해 채택하기도 어렵다. *Lmbda*, *EB*, *Sum V*, HVI 등과 같은 다양한 변인이나 변수를 산만하게 중복 해석한다면 군집에 대한 소견을 요약한 결과들은 종종 과잉 해석의 오류로 이어질 수 있다. 그렇다고 해서 군집 요약의 가치를 축소하자는 것은 아니다. 군집 요약 자료들은 매우 간단한 듯해도 한 개인의 특징을 설명하는 데 중요한 자료로 구성된 것이며, 이 자료들을 보다 효과적이고 효율적으로 통합하여 전체적인 해석 정보로 활용하기 위한 노력이 계속되어 왔기 때문이다. 따라서, 해석자들은 각 군집의 특징적인 소견들을 소홀히 하지 않아야 한다. 13장에서 언급한 것처럼 이 단계에서는 피검자의 지적 수준, 인성, 정신병리, 환경에의 부적응 양상 들을 고려해야 한다.

피검자에 대한 것뿐만 아니라 해석자의 심리학적 지식은 피검자 내면의 갈등과 외적 행동 간의 관계를 이해하는 데 큰 도움이 될 것이다. 또한 한 군집에서 각 항목들이 어떤 중요한 요인으로 역할을 하는지 이해하는 데 기여하게 된다. 각 군집들은 한 개인을 이해하는 데 주요한 특징을 이해하고 관계를 파악하는 데 필요한 변인을 일련의 공식과 관계 확인을 통해 구성되었고, 한 개인의 개별성을 포착하는 데 유용하다. 소견들을 통합하고 체계화하는 절차를 설명하기 전에 해석자는 두 가지 변인을 미리 살펴보아야 한다. 이 변인들이 초기에 파악되면 논의가 필요하다.

자살지표(S-CON)

자살지표는 자살 잠재성의 타당성을 예측하기 위해 표본집단 연구 이후 이질적인 12개의 변인으로 구성했다. 로르샤하를 시행하기 전 60일 이내에 자살을 시도한 59명의 피검자의 반응프로토콜을 수집해 자료로 사용했다(Exner & Wylie, 1977). 자살 기도 60일 이전에 실시했던 피검자들의 프로토콜이 1970년대에 이미 로르샤하연구재단의 자료로 축적되어 있었고 1980년대 중반에 이르러 새로운 표집 101개의 기록이 추가되었다. 원래 표집으로 실행한 분석 자료에 새로운 표집 자료의 결과가 반영되었고, 일련의 변인과 또 다른 변인을 결합해 다양한 환자 및 비환자의 자살을 초래한 요인과 그렇지 않은 요인을 결정했다.

59개의 기록 분석을 통해 11개의 변인을 추출했고 밀접한 관계에 있는 11개의 변인 중 적어도 8개의 항목을 만족시키면 자살의 75%를 예측 한다고 볼 수 있는데, 이 결과와 비교할 비환자 집단 자료는 확보하지 못했다. 실제 표집분석에서 매우 유사한 결과가 예상되었는데, 여기에 우리는 MOR 점수를 추가하도록 했다(Exner, Martin, & Mason, 1984).

자살지표의 12개 변인 중 8개 이상의 항목에 해당되면 타당한 자살지표에 해당된다고 볼 수 있고, 약 80% 이상 타당성이 확보된다. 8개 이상의 항목에 해당되어도 6~12% 내의 비환자 집단에서는 자살 가능성을 확증할 수 없었다. 절단점을 낮추었을 때(7개 항목 이하) 자살 가능성을 확인할 가능성은 90% 정도로 높아지긴 하지만, 비환자 집단의 3%가 자살 가능성이 있다고 오긍정되는 비율도 30% 증가될 우려가 있다.

포울러 등(2001)은 30일 이내에 로르샤하 검사를 받은 104명 환자의 프로토콜을 분석한 결과, 비자살 집단(N=37), 자살 기도 가능성이 높은 집단(N=30) 등 세 집단으로 반응 기록을 나눌 수 있었다. S-CON에서 7개 항목 이상이 9개의 정신의학적, 인구통계학적 변인과 높은 상관을 보였고, 특히 결정적으로 자살 시도를 할 사람들을 찾아내는 데 유의미했다.

자살지표 해석

자살지표는 언제든지 제일 우선적으로 검토해야 하는 변인이다. 자살지표가 8 혹은 그 이상일 경우, '위험한 상태'라는 경고등이 커졌다고 볼 수 있다. 이는 로르샤하 검사 이후 단시간 내에 자살을 시도할 가능성이 있다고 보아야 한다. 즉, 자기 파괴를 통해 자살 시도를 할 가능성이 분명하다는 경고다. 물론, 직접 면담을 통해 확증되어야 하며, 가능성을 확인할 때는 개인력과 같은 근거가 명확해야 한다.

자살지표는 성인 프로토콜에서 추출된 것이어서 아동이나 청소년에게 적용하기에는 타당하지 못하다. 즉, 잠재성에 대한 예견 지표로 활용하기는 어렵다. 다만, 15~17세 사이의 청소년 후기를 대상으로 한 연구에서는 성인에게 적용하는 동일 기준의 타당성이 입증되었다.

한편, 8개 미만의 자살지표에 대해서도 자기 파괴적 집착이 없다고 그 의미를 축소시켜 평가하지는 말아야 한다. 자살을 예언하는 데 20~25% 정도의 오부정의 오류가 있음을 기억하자. 반면에 자살지표가 7개 해당된 프로토콜을 과도하게 걱정하는 주장도 있다. 이러한 우려는 포울러 등(2001)의 연구 결과로 보면, 합당해 보이긴 하는데, 이때 채점의 정확성을 검토해 보아야 한다. 반응의 증거가 분명해도 죽음에 대한 심취 가능성은 개인적으로 더욱더 충분히 탐색되어야 한다.

지각적 사고 지표(PTI)

지각적 사고지표(Perceptual-Thinking Index: PTI)는 정신분열증 지표를 개정한 것이다. 원래 정신분열증 지표는 1970년대 후반부터 1980년대 초반에 지각과 사고에 관련된 변인을 이용해 만들었다(Exner, 1983, 1986). 이는 다섯 개의 표집 연구를 통해 이루어졌다가 여섯 개의 표집 연구 결과를 반영하여 1980년대 후반에 개정되었다(Exner, 1989). 정신분열증의 해석은 자살지표와 유사한 분석을 통해 이루어졌다. 4개 혹은 그 이상의 지표가 정신분열증과 같은 문제 가능성을 유의미하게 예언하는 것으로 나타났다.

4개의 항목에 해당되면, 일반적으로 연구 결과에 따라 정신분열증의 가능성을 65~80% 예언한다. 그러나 그 밖의 다른 심각한 문제에 연관된 사람들의 10~20%에서도 역시 종종 정신분열증 지표가 4 혹은 그 이상 나타났다. 이는 주요 감정장애로 진단된 입원 환자 중에서 가장 빈번하게 나타났는데, 오긍정의 가능성이 계속 지적되어 왔다.

실제로 정신분열증이 아닌 사람들이 이 지표에 해당될 경우, 여러 변인의 배경을 고려할 때 반드시 오해석일 경우만 있는 것도 아니었다. 그들은 인지적 중재와 관념 작용에서 문제점을 보였고, 매우 약화된 기능과 혼란으로 고통을 받고 있었다. 그러나 해석자들은 정신분열증 진단에 대한 지적보다는 '정신분열증 지표'라는 표기에 이의를 제기해 왔다. 특히, 잘 들뜨거나 불안정한 행동을 하는 사춘기 이전이나 사춘기의 청소년들에게 정신분열증 지표는 진단의 정확성을 신뢰하기 어려웠다. 주로 그들이 검사 중에 반항적이거나 분노했기 때문에 진단 결정에 유의미한 갈등 요소가 되어 왔다. 간혹 로르샤하 잉크반점에 대한 반응 과정에도 반영되어 어느 정도 음영의 변이를 무시하거나 혹은 왜곡하는 경향이 있었다. 또한 지표에서 주요한 변인에 해당되지만, 실제로 정신분열증은 아니었다. 정신분열의 진단을 위해 주로 사용되는 임상학적인 행동 표본이 점차 변화되어 온 것처럼 정신분열증 지표를 이용한 해석자들의 도전 또한 더욱더 구체화되고 있다. 그러한 표본의 기준은 정밀해지는 반면에 대상이 되는 양상은 광범위해지고 있기 때문이다. 정신분열 계열의 개념은 새로운 양상으로 확장되고 있고, 그 계열을 아우르는 표기가 필요해졌다.

정신분열증 지표와 관련된 새로운 연구들이 요구되면서 인지적 중재와 사고에 심각한 문제가 있는 사람들에게 적용할 수 있는 지표들이 필요하게 되었다. 개념적이거나 중재의 문제를 간파하는 데 유용한 두 가지 새로운 변인이 추출되면서 더욱 시급하고 분명해졌다. 18장에서 설명된 *X%*와 *WDA%*가 그것이다. 연구자들은 이 변인들과 연관된 특징을 더 정확하게 반영하는 지각적 사고지표로 그 명칭을 변화시켜야 한다는 결론에 다다랐고(Exner, 2000), 지각적 사고지표를 구성하는 변인과 표집들이 〈표 22-1〉과 같이 결정되었다. 지각적 사고지표는 '오긍정의 가능성'이 있는 두 집단을 대상으로 검토되었다. 150개의 반응 기록 중에서 정신분열증이 아니거나 또 일부는 정신병적 특성이 있는 경우 모두 정신분열증 지표가 4 혹은 그 이상인 경우에 해당되었다. 즉, 유의미하게 '오긍정의 오류'임이 명백해지면서 다음으로 50명의 정신분열이 아닌 사람을 대상으로 정신분열증 지표가 5 혹은 6인 경우를 검토했다. 한편, 150개의 오긍정 사례 기록 중 지각적 사고지표에서 4 미만인 기록이 127개였는데 거의 3분의 2 정도에서 3 미만의 지표 값이 나왔다.

지각적 사고지표는 인지적 중재나 사고의 문제를 증명하는 데 정신분열증 지표보다 더 신중한 접근이지만, 정신분열증인 임상군을 감별하기 위

표 22-1 PTI 지표 변인과 준거

1. XA% < .70 그리고 WDA% < .75
2. X−% > .29
3. LVL 2 > 2 그리고 FAB 2 > 0.
4. R < 17 그리고 WSUM > 12 OR R >16 그리고 WSUM 6 > 17*
5. M− > 1 OR X−% > .40

* = 13세와 그 이하 연령에 적용할 때:
반응수가 16개 초과면 5세부터 7세는 20, 8세부터 10세는 19, 11세부터 13세는 18로 적용.
반응수가 17개 미만이면 5세부터 7세는 16, 8세부터 10세는 15, 11세부터 13세는 14로 적용.

해 고안된 지각적 사고지표들은 정신분열증 지표보다 분명히 민감한 지표가 되지는 못하는 것 같다. DSM 진단 기준으로 정신분열증으로 진단된 110명 중 4 혹은 그 이상의 정신분열증 지표에 해당된 사람은 84명, 그중 62명은 5 혹은 6의 정신분열증 지표 값을 보였다. 110명 중 61명은 지각적 사고지표가 4 혹은 5, 22명은 3의 값이 나왔다. 스미스 등(2002)은 아동 입원 환자와 청소년 환자들을 표집으로 지각적 사고지표를 연구했다. 그들은 행동과 자가진단측정으로 사고장애 지침을 계산했다. 그들은 다른 측정 방법을 통해 사고장애로 평가받았을 경우와 지각적 사고지표의 결과가 비교적 일치되고 일관적이었다고 지적했다.

지각적 사고 지표의 해석

이 지침은 특수한 진단을 결정하는 데 단독으로 혹은 일차 진단 기준으로 사용하기에는 결정적이지 못하다. 아직 결정적인 분할점을 찾지 못했기 때문이다. 높은 점수가 낮은 점수에 비해 덜 바람직하다는 해석적 의미는 신뢰할 만한 것이지만, 주요 목적은 중재와 관념의 문제 가능성에 대한 경계를 하기 위함이라 볼 수 있다. 논리적으로 4 혹은 5의 지각적 사고지표 값은 0이나 1 혹은 2보다는 중재적 · 관념적인 문제를 시사하는 것이다. 그러나 여기서 이러한 지표 값들은 각각 큰 의미를 부여하기에 아직 이르며 사고의 곤란을 찾기 위한 지표 값 중 하나로만 보아야 한다. 어떠한 중재 혹은 관념 문제의 정도는 항목들을 검토하는 과정을 통해 파악이 가능하다. 그렇다 하더라도 일단 PTI는 SCZI를 대신해 다양한 자료 군집의 검토 순서를 정하는 데 핵심적이고 우선적인 변인이라 할 수 있다(13장 〈표 13-4〉 참고할 것).

PTI 값이 높으면 검사의 다른 자료들을 해석하기에 앞서 인지에 관한 변인을 검토하는 것이 우선이라는 의미이고, 핵심 목록에서 첫 번째 항목에 해당된다.

해석의 완성

해석자들이 해석의 원리에 대해 확신을 가지기 시작하면서, 구조적인 요약과 수치 자료를 직접적으로 해석하기를 주로 선호해 왔다. 해석의 원리를 배우고 있는 초심자나 로르샤하에 익숙하지 않은 경우라도 군집 해석에 따르면, 각 자료들을 통합하는 데 큰 어려움을 느끼지 않을 수 있다. 이 장에서는 네 가지 사례를 예로 든다.

사례 14

42세의 남성으로, 이혼 협의 과정 중 변호사에 의해 정신과 전문의에게 의뢰되었다. 그는 대형할인 매장의 관리자로 일하면서 지난 3, 4개월 동안 불면과 스트레스를 경험해 왔다. 두 딸이 대학에 진학한 직후, 아내는 6개월 전에 이혼을 통보했고, 그는 결혼 생활을 위해 몇 년 동안 어렵게 이루어 왔던 직업적 성과가 오히려 결혼을 파탄나게 한 주범이라고 말했다. 그의 아내는 자녀들이 고등학교를 졸업하고 대학에 진학할 때까지 이혼을 유보했을 뿐이고, 이미 몇 년 전부터 다른 사람과의 결혼 생활을 준비해 왔다고 했다. 그는 아내의 부정행위를 몰랐고, 믿을 수도 없었으며, 다만 몇 년간 그저 그런 생활이었다는 것은 인정했다.

21년간의 결혼 생활에 대해 그는 행복했고, 가족이 자랑스러웠다고 회상하면서 가족에 대해 신뢰감을 저버린 적이 없었고, 매우 많은 기회가 있었다고 말했다. 그의 아내는 친구가 많았고, 사회적으로 좋은 평가를 받았으며, 종종 사회 활동에 적극적으로 참여했고 기능도 좋았다고 한다. 지난 5~7년 동안 부부간 성관계가 저조했던 것은 인정하지만, 그것이 이렇게 참담한 결과를 초래한 것이라고는 인정할 수 없다고 했다. 아내가 바깥일을 하지 않아야 한다고 주장했지만, 둘째 아이가 대학에 입학했을 때 그녀는 직업을 가지고 주도적으로 새로운 삶을 살고 싶어 했다.

이 부부는 동갑내기였고, 대학에서 2학년 때 만나 결혼했다. 그는 경영학 전공, 그녀는 특수교육 전공으로, 4학년 때 그의 아내는 이미 임신 상태여서 학위는 취득했지만 취업을 하진 못했다. 주립대학교 공과대학 3학년인 20세 아들과 자유예술대학에 이제 막 입학한 18세의 딸이 있는데, 그는 아이들이 엄마의 갑작스러운 행동에 대해 충격을 받았다고 전했지만, 면담에서 자녀들은 부모의 이혼을 받아들이고 있는 것 같았다. 아내는 더 이상 경제적인 지원도 요청하지 않았고, 적정한 거처만을 원했다.

그는 아내가 떠난 뒤 1, 2개월간 매우 우울했고 상심했으며 혼란스러웠다고 했다. 두 달이 지난 후, 우울은 극복하겠지만, 자신의 직업 생활에 끼칠 영향에 대해 전전긍긍했다. 그는 자신을 지지하는 친구들이 아주 많으며, 아내와 자신의 이혼에 대해 매우 슬퍼할 것이라고 했다. 그는 스스로를 사람들과의 교류를 즐기지만 조용한 사람이라 표현했고, 친구들 간에서도 좀처럼 감정 표현을 쉽게 하지는 않는다고 했다.

그는 스스로 한 행동이건 그렇지 않은 행동이건 아내의 결정에 영향을 끼친 것이 무엇인지에 대해 이해할 수 없다고 했고, 이 일에 책임이 없다고 주장했다. 그러면서 아침에 일어날 때 매우 피곤하고 점점 긴장하고 불안해진다고 했다. 최근 들어 중요하게 해야 할 일들을 잊지 않기 위해 메모를 하고 있다고 했다.

정신과 전문의에게 의뢰된 이유는, ① 심각한 우울은 아닌지, ② 항우울제를 처방할 필요가 있는지, ③ 보다 분명하게 성격 특성을 평가하기 위해, ④ 단기치료가 적합할지, 장기치료가 적합할지 계획을 세우기 위해, ⑤ 스스로 위기라 말하는 것에 대해 객관적인 진단이 필요했기 때문이다.

사례 14 42세 남성

카드	반 응	반응에 대한 질문
I	1. 이것은 날개이고, 모두 검은 것으로 보아 박쥐라고 말할 수 있겠네요.	E: (S의 반응을 반복한다.) S: 그래요, 이것은 날개이고 중앙은 몸통, 위쪽에는 작은 다리들, 박쥐네요.
	S: 이거면 충분한가요? E: 사람들은 보통 하나 이상을 더 하곤 합니다. S: 잉크반점을 모두 사용하나요? E: 그것은 당신이 원하는 대로 하세요.	
	2. 여기서 이것은 몸통 아래 달려 있는 다리의 형상이네요.	E: (S의 반응을 반복한다.) S: 이 부분(*D3* 가장자리 짚으며)은 허리 아래의 몸통 아랫 부분이네요.
II	3. 맨 윗부분을 포함하지 않는다면 이것은 녹물이 쏟아져 나오는 하수관 같아요.	E: (S의 반응을 반복한다.) S: 이 하얀 삼각형은 파이프, 주변의 어두운 부분은 그것을 둘러싸고 있는 땅이고, 앞부분에서 붉은 물이 쏟아져 나오네요. E: 어디에서 물이 나오는지 잘 모르겠는데요. S: 쏟아져 나옵니다. 물 아래 파이프 앞쪽의 땅을 보세요. 더 어두운 빨간색을(*D3*의 윗부분). E: 이것이 녹이 슨 색이라 했나요? S: 음, 이것은 빨강이죠. 오염된 흙탕물이라 생각했어요. E: 그리고 다른 부분은 땅이라고 했지요? S: 파이프가 들어 있는 어떤 것이든 될 수 있지요.
	4. 다른 각도에서 본다면 이것은 호수의 끝자락에 있는 탑이나 성 같아요.	E: (S의 반응을 반복한다.) S: 조금 떨어져 본다면 하얀 부분은 호수고, 한쪽 끝은 탑이네요. E: 조금 떨어져서 본다면? S: 호수의 끝에서 본다면 이것은 매우 작아요. 탑은 멀리 보이죠.
III	5. 두 사람이 드럼을 연주하고 있습니다.	E: (S의 반응을 반복한다.) S: 원주민이고, 흑인 같아요. 그들은 둘 다 드럼을 치고 연주하고 있어요. 부족의 춤 같은 자리에서. 그들의 가면. 그들이 드럼 같은 것에 기대어 있네요.
	6. 이 중앙 부분은 나비를 생각나게 하네요.	E: (S의 반응을 반복한다.) S: 그렇게 생각해요. 날개를 가지고 있고, 이 붉은색은 나비 같아요.
IV	7. 이것은 오래된 부츠 같네요. 넘겨봐도 되나요? (E: 좋을 대로 하세요.)	E: (S의 반응을 반복한다.) S: 각각 하나씩이고, 발가락, 발꿈치, 윗부분은 이쪽이 되겠네요.

카드	반응	질문
		E: 오래된 부츠라고 했는데? S: 낡은 것처럼 보이고 구부러지고 휘었어요.
	∨8. 이 방향으로, 건초 더미 사이로 말처럼 보이네요.	E: (S의 반응을 반복한다.) S: 여긴 건초 사이로 보이는 머리고(*D1*), 등지고 있네요. E: 왜 등지고 있는지 잘 모르겠네요. S: 잘 모르겠네요. 단지 그렇습니다. 그늘진 얼굴은 뒤를 보고 있고, 이 주변에 흐리게 보여요. 보세요. 이것은 말의 귀이고 이것은 갈기입니다.
V	9. 극적인 장면이네요. 세 사람이 옷을 차려입고 둘은 가운데서 한 사람에게 기대어 서 있네요. 그가 그들을 돌리는 것 같고, 그들은 각자 팔을 머리 뒤로 올리고 있네요.	E: (S의 반응을 반복한다.) S: 한 사람이 두 사람을 잡고 그들을 돌리고 있네요. 그들은 경직되어 있고, 각각 손을 머리 뒤로 하고 있으며, 아이스쇼에서의 그것처럼 옷은 부풀려졌어요. E: 이해가 잘 안 되는데 다시 설명해 주겠어요? S: 한 사람이 가운데 있고, 그의 머리와 다리를 주로 볼 수 있고, 이것은 다른 두 사람이죠. 그들의 다리(*D10*)와 큰 스커트나 복장들, 그들은 모피 옷을 입은 것 같아요. 그리고 위쪽(*Dd34*) 그들의 팔은 머리 뒤에 있고, 머리보다 작아요. E: 그들의 스커트와 복장이 모피 같다고요? S: 이런 음영이 모피 같은 느낌을 주네요. 모피 혹은 모피 같은 물질.
	∨10. 이렇게 보면 독수리 같아요.	E: (S의 반응을 반복한다.) S: 비행 중인 듯 날개는 펼쳐 있고, 하늘에서 활강하는 듯이, 머리와 다리들.
VI	11. 이것은 달리지 못하는 불쌍한 동물 같아요.	E: (S의 반응을 반복한다.) S: 엎드려 있는 고양이 가족들. 머리와 긴 목, 다리들을 보세요. E: 고양이 가족 무리라고 했나요? S: 네, 가죽은 점이 있고, 보세요. 여기 어두운 점들을(여러 곳을 가리킨다). 이것은 털이 많은 것 같아요. 밝음과 어두움이 그런 인상을 줘요. 이것이 내가 고양이 가족이라고 생각하는 이유입니다.
	<12. 반만 본다면 이것은 전투 중인 항공모함 같아요.	E: (S의 반응을 반복한다.) S: 이것은 배이고(*D4*), 갑판과 상층부, 이것은 송수관이고, 앞부분은 폭탄이 떨어져 물결치는 것 같아요(*Dd22*).
VII	13. 이것은 두 명의 어린이가 시소에 앉아 있는 것 같아요.	E: (S의 반응을 반복한다.) S: 말한 대로 2명의 소녀예요. 그들의 땋은 머리가 올라갔다 내려왔다 하면서 공중에서 흔들리고 있어요. 그들의 얼굴을 보세요. 이것은 팔이고 아래쪽은 타고 있는 시

		소예요.
VIII	14. 상단에 어두운 꽃이 있는 흔치 않은 식물 같아요.	E: (S의 반응을 반복한다.) S: 바닥은 용기(화분) 같아요. 긴 대가 있고, 분홍빛과 푸른빛의 장식과 흔치 않은 어두운 꽃이 상단에 있어요. 나는 이런 것을 본 적이 없습니다. 이것은 아마도 흔치 않은 어떤 것인가 봐요.
	15. 저기 하얀 부분은 새의 형상을 하고 있네요.	E: (S의 반응을 반복한다.) S: 바로 이곳(*DdS32*), 이것은 갈매기 모양이고, 보세요. 큰 몸과 날개는 이곳으로 뻗어 있죠.
	16. 이 분홍색은 역시 동물처럼 보이는군요.	E: (S의 반응을 반복한다.) S: 어떤 종의 개네요. 머리, 몸과 다리가 각각 양쪽에.
IX	17. 이것은 밝은 오렌지빛 꽃 같은 어떤 식물 같네요. 아주 예뻐요.	E: (S의 반응을 반복한다.) S: 분홍빛은 화분이고, 밝은 오렌지색 꽃과 녹색의 잎들. 가운데 대가 보이죠? 매우 화려하네요.
	<18. 이리 보면 자전거를 타는 젊은이 같은 인상이네요.	E: (S의 반응을 반복한다.) S: 이곳이 녹색(*D1*), 머리를 보세요. 페달을 밟는 것처럼 구부리고 있죠. 이것은 핸들이에요.
	∨19. 이 하얀 곳은 플라스크를 떠올리네요.	E: (S의 반응을 반복한다.) S: 플라스크는 이런 모양을 가지고 있어요. 오래된 것은 모래시계를 가지고 있죠.
X	20. 파란 것은 물방울이 튀는 것 같군요.	E: (S의 반응을 반복한다.) S: 파란 것은 그것을 생각나게 해요. 튀는 것 같은 모양이에요.
	21. 두 노인이 막대기나 지팡이를 들고 있어요.	E: (S의 반응을 반복한다.) S: 그들은 그다지 사람 같아 보이지도 않고 동물도 아닌 것 같아요. 노인인데, 쭈글쭈글하고 꼬부장해 보여요. 짧은 다리, 이상해 보이는 머리, 막대기를 들고 있어요.
	<22. 이것은 갈색 개가 누워 있는 것이군요.	E: (S의 반응을 반복한다.) S: 바로 여기(*D13*), 이것은 단지 개가 누워 있는 것 같아요. 머리와 몸, 다리가 뻗어 있군요.
	∨23. 가운데 여기. 이것은 두 명의 남자가 그들 사이에 무언가를 들고 있는 것이군요.	E: (S의 반응을 반복한다.) S: 바로 여기(*D6*), 각각 한쪽에서 가운데 무언가를 들고 있네요. 한 사람이 다른 사람에게 무언가를 전해 주는 것 같아요.
	∨24. 이 위쪽은 사람이 낙하산을 타고 활강하는 것 같군요.	E: (S의 반응을 반복한다.) S: 낙하산의 윗부분이 보이지 않나요? 굵은 선이 위쪽으로 연결되어 있고 사람은 그 선에 매달려 있어요. 마치 낙하산처럼.

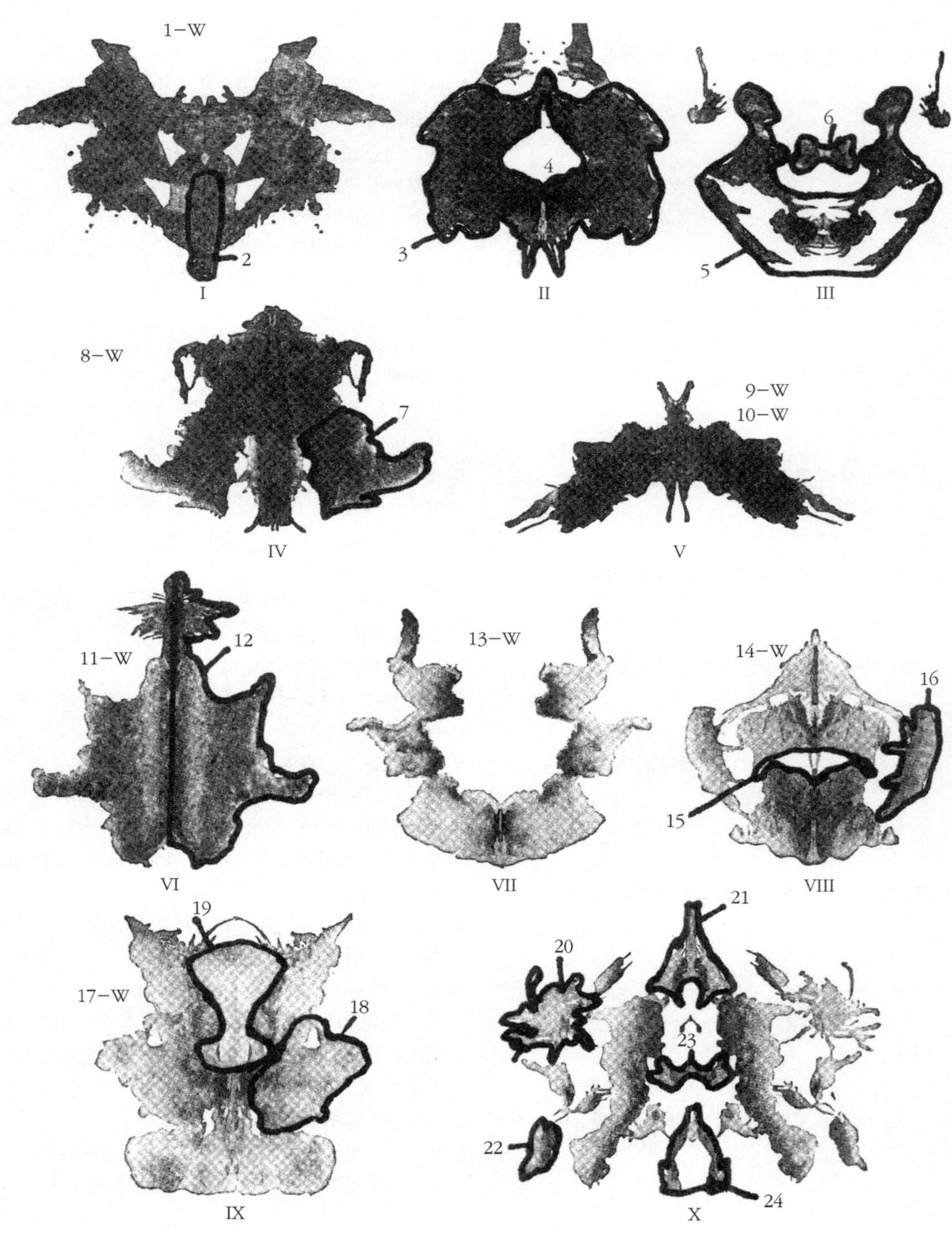
1-W
2
I
3
4
II
5
6
III
8-W
7
IV
9-W
10-W
V
11-W
12
VI
13-W
VII
14-W
16
15
VIII
19
17-W
18
IX
21
20
23
22
24
X

사례 14

사례 14 계열 기록표

카드	반응 번호	영역	위치 기호	결정인	(2)	내 용	Pop	Z	특수점수
I	1	Wo	1	FC′o		A	P	1.0	
	2	Do	3	Fo		Hd			PHR
II	3	DS+	6	FV.CF.mpu		Sc,Na		4.5	
	4	DS+	5	FDo		Na,Ay		4.5	
III	5	D+	1	Ma.FC′o	2	H,Sc	P	3.0	COP,GHR
	6	Do	3	FCo		A			
IV	7	D+	6	Fo	2	Cg		3.5	MOR
	8	W+	1	FMp.FVo		Ad,Bt		4.0	
V	9	W+	1	Ma−p.FV.mp.FT+	2	H,Cg		2.5	PER,COP,GHR
	10	Wo	1	FMpo		A		1.0	
VI	11	Wo	1	FY.FTo		A	P	2.5	MOR
	12	D+	4	mao		Sc,Ex,Na		2.5	AG
VII	13	W+	1	Ma.mpo	2	H,Sc	P	2.5	COP,GHR
VIII	14	W+	1	FC′.FCo		Bt,Hh		4.5	
	15	DdSo	32	Fo		A			
	16	Do	1	Fo	2	A	P		
IX	17	W+	1	CFo		Bt,Hh		5.5	
	18	D+	1	Mao		H,Sc		2.5	GHR
	19	DSo	8	Fu		Hh			
X	20	Dv	1	CF.mpo	2	Na			
	21	D+	11	Mau	2	(H),Id		4.0	COP,GHR
	22	Do	13	FC.FMpo		A			
	23	D+	6	Mau	2	H,Id		4.0	COP,GHR
	24	D+	10	Mpo		H,Sc		4.0	GHR

사례 14 구조적 요약

반응 영역 특성

Zf	= 17
ZSum	= 56.0
ZEst	= 56.0
W	= 8
D	= 15
W+D	= 23
Dd	= 1
S	= 4

결정인

혼합 반응

FV.CF.m
M.FC′
FM.FV
M.FV.m.FT
FY.FT
M.m
FC′.FC
CF.m
FC.FM

단일

M	= 4
FM	= 1
m	= 1
FC	= 1
CF	= 1
C	= 0
Cn	= 0
FC′	= 1
C′F	= 0
C′	= 0
FT	= 0
TF	= 0
T	= 0
FV	= 0
VF	= 0
V	= 0
FY	= 0
YF	= 0
Y	= 0
Fr	= 0
rF	= 0
FD	= 1
F	= 5
(2)	= 8

내용

H	= 6
(H)	= 1
Hd	= 1
(Hd)	= 0
Hx	= 0
A	= 7
(A)	= 0
Ad	= 1
(Ad)	= 0
An	= 0
Art	= 0
Ay	= 1
Bl	= 0
Bt	= 3
Cg	= 2
Cl	= 0
Ex	= 1
Fd	= 0
Fi	= 0
Ge	= 0
Hh	= 3
Ls	= 0
Na	= 4
Sc	= 6
Sx	= 0
Xy	= 0
Id	= 2

자살 지표

Yes	... FV+VF+V+FD>2
Yes	... Col−Shd Bl>0
No	... Ego< .31, >.44
No	... MOR>3
No	... Zd>+−3.5
Yes	... es>EA
No	... CF+C>FC
No	... X+%<.70
Yes	... S>3
No	... P<3 or >8
No	... 순수 H <2
No	... R < 17
4	... Total

발달질

+	= 14
o	= 9
v/+	= 0
v	= 1

형태질

	FQx	MQual	W+D
+	= 1	= 1	= 1
o	= 19	= 4	= 18
u	= 4	= 2	= 4
−	= 0	= 0	= 0
none	= 0	= 0	= 0

특수점수

	Lv1	Lv2
DV	=0x1	0x2
INC	=0x2	0x4
DR	=0x3	0x6
FAB	=0x4	0x7
ALOG	=0x5	
CON	=0x7	
Raw Sum6	=0	
Wgtd Sum6	=0	

AB	= 0	GHR	= 7
AG	= 1	PHR	= 1
COP	= 5	MOR	= 2
CP	= 0	PER	= 1
		PSV	= 0

비율, 확률, 이탈치

R	= 24	L	= .26		
EB	= 7:4.5	EA	= 11.5	EBPer	= 1.6
eb	= 8:9	es	= 17	D	= −2
		Adj es	= 13	Adj D	= 0

FM = 3	:	C′ = 3		T = 2	
m = 5	:	V = 3		Y = 1	

FC:CF+C	= 3:3
순수 C	= 0
SumC′:WSumC	= 3:4.5
Afr	= .85
S	= 4
Blends:R	= 9:24
CP	= 0

COP = 5	AG = 1
GHR:PHR	= 7:1
a:p	= 7:9
Food	= 0
SumT	= 2
Human Cont	= 8
순수 H	= 6
PER	= 1
Iso Indx	= .46

a:p	= 7:9
Ma:Mp	= 6:2
2AB+Art+Ay	= 1
Mor	= 2

Sum6	= 0
Lv2	= 0
WSum6	= 0
M−	= 0
Mnone	= 0

XA%	= 1.00
WDA%	= 1.00
X−%	= .00
S−	= 0
P	= 5
X+%	= .83
Xu%	= .17

Zf	= 17.0
W:D:Dd	= 8:15:1
W:M	= 8:7
Zd	= +.0
PSV	= 0
DQ+	= 14
DQv	= 1

3r+(2)/R	= .33
Fr+rF	= 0
SumV	= 3
FD	= 1
An+Xy	= 0
MOR	= 2
H:(H)+Hd+(Hd)	= 6:2

PTI = 0	DEPI = 4	CDI = 2	S−CON = 4	HVI = No	OBS = No

사례 14 42세 남성의 통제 관련 변인

EB = 7:4.5	EA = 11.5		D = −2	CDI = 2
eb = 8:9	es = 17	Adj es = 13	AdjD = 0	L = .26
FM = 3 m = 5	SumC′ = 3	SumT = 2	SumV = 3	SumY = 1

어떠한 포괄적 해석을 시도하기에 앞서, 그것이 연관된 항목을 요약하고 정보의 각 부분을 추출해 내는 것이 필요하다. 가장 먼저 자살지표를 검토해야 하고, 그다음 첫 번째 밀접한 관계의 중요한 변인 순서로 항목을 검토하도록 한다. 이러한 경우, 네 개의 변인을 살펴야 한다. 일단, *D* 점수가 조정 점수보다 낮다. 이와 같이 해석은 통제와 상황적 스트레스 자료를 고려하여 검토해야 한다. 아직 탐색 순서는 정하지 못한다. 다음 결정적인 중요 단서들을 결정해야 하는데 여기서 *EB*가 내향형이다. 따라서 남은 군집들을 관념화 영역, 처리 영역, 중재 영역, 정동 영역, 자기 지각 영역, 대인관계 영역 순으로 탐색하게 된다.

자살지표

자살지표는 4다. 이는 그 자신이 경험하고 있는 주관적 위기와 연관되어 있는 듯하다. 비록 자살지표가 유의미하지는 않으나, 개인력상 관련된 근거가 없더라도 모든 기록이 검토될 때까지 일단 진단적 결정은 유보해 두기로 한다.

통제/조절

통제와 상황적 스트레스에 대한 피검자의 수용 역량은 적당하다(1단계 소견 1). 스트레스에 대한 통제와 내성 능력은 매우 양호한 편이다(2단계 소견 5). 이는 현재 나타난 몇몇 심리학적 이상 경험을 고려하는 데 필요한 정보다. 그는 내면에 무거운 심리적 부담감과 갈등이 일반적인 경우보다 심한 상태다(5단계 소견 4). 그리고 주관적으로 부정적으로 왜곡된 사고에 집중되어 있음을 시사한다(5단계 소견 5). 이러한 주관적으로 왜곡된 부정적 해석은 불편, 불안, 슬픔, 그리고/혹은 긴장 등의 감정을 쉽게 유발할 수 있다. 게다가 그는 감정적인 소모의 부작용으로 동반되는 다양한 감정 경험을 박탈당하고 있다(5단계 소견 6).

상황적 스트레스

최근에 그는 일상보다 더 강한 내적 갈등을 경험하고 있다. 이는 아마도 예기치 못한 갑작스러운 이혼으로 인한 여러 가지 어려움과 스트레스 관련 자극에 의해 유발되었을 것이다. 결과적으로 그의 어떤 결정이나 행동은 평소에 비해 잘 조절되지 않고, 사고나 행동에 충동적 경향이 나타나는 것 또한 전형적으로 그에게 흔한 일이 아니지만 현재는 진행 중이다(기본 가설, 2단계 소견 2).

이 상황은 그의 사고에 중요한 변화를 나타내며, 일관적이고자 하지만 그의 집중력이나 능력 발휘에 방해가 되고 있다(2단계 소견 2). 통제에 관한 연구에서 지적된 것처럼 그는 자신만이 알고 있는 결점에 대해 깊이 생각하고 심각하게 고

사례 14 42세 남성의 상황적 스트레스 관련 자료

EB = 7:4.5		EA = 11.5				D= −2	혼합 반응	
								M.FV.m.FT = 1
eb = 8:9		es = 17		Adj es = 13		AdjD = 0		M.FC′ = 1
								M.m = 1
FM = 3	m = 5	C′ = 3	T = 2	V = 3	Y = 1			FM.FV = 1
				(3r+(2)/R) = .33				CF.m = 1
								FC.FM = 1
순수 C = 0	M− = 0	MQnone = 0				Blends = 9		FV.CF.m = 1
								FC′.FC = 1
								FY.FT = 1

민하는 것 같고, 그의 결혼 생활에 대해 매우 자책하고 있다(4단계 소견 2). 이는 어떤 감정으로 인한 지속적인 혼란 혹은 동요 상태라는 의미이고, 현재 경험하는 스트레스는 그를 심정적으로 더욱 복잡하게 만들고(6단계 소견 2), 감정적 혼란을 증대시키고 있다(7단계 소견 2). 이는 혼란에 대한 취약성을 심화시킨다.

관념화

그는 주로 순서대로 생각하는 것을 선호하며, 다양한 상황이 고려될 때까지 결정이나 행동을 미루는 관념적인 사람이다. 그는 논리적인 사람이 되려고 애쓰며, 결정해야 할 때 외부 반응보다 스스로의 내부 평가에 더 의존한다. 그는 주로 감정에 지나친 영향을 받지 않으려고 노력하며, 가

사례 14 42세 남성의 관념화 변인

						특수점수 (R = 24)			
L	= .26	OBS	= No	HVI	= No				
						DV	= 0	DV2	= 0
EB	= 7:4.5	EBPer	= 1.6	a:p	= 7:9	INC	= 0	INC2	= 0
				Ma:Mp	= 6:2	DR	= 0	DR2	= 0
eb	= 7:9	[FM = 3 m= 5]				FAB	= 0	FAB2	= 0
				M−	= 0	ALOG	= 0	CON	= 0
주지화 지표 = 1		MOR	= 2	Mnone	= 0	Sum6	= 0	WSum6	= 0

M 반응 특징

Ⅲ 5. D+Ma.FC′o 2 H, Sc P 3.0 COP,GHR
Ⅴ 7. W+Ma−p.FV.mp.FT+2 H, Cg 2.5 PER,COP,GHR
Ⅶ 13. W+Ma.mpo 2 H, Sc P 2.5 COP,GHR
Ⅸ 18. D+Mao H,Sc 2.5 GHR
Ⅹ 21. D+Mau 2 (H),Id 4.0 COP,GHR
Ⅹ 23. D+Mau 2 H,Id 4.0 COP,GHR
Ⅹ 24. D+Mpo H, Sc 4.0 GHR

사례 14 42세 성인 남성의 정보 처리 변인

EB = 7:4.5	Zf = 17	Zd = 0	DQ+ = 14
L = .26	W:D:Dd = 8:15:1	PSV = 0	DQv/+ = 0
HVI = NO	W:M = 8:7		DQv = 1
OBS = NO			

반응 영역 및 발달질 위계

I:	Wo.Do	VI:	Wo.D+
II:	DS+.DS+	VII:	W+
III:	D+.Do	VIII:	W+.DdSo.Do
IV:	D+.W+	IX:	W+.D+.DSo
V:	W+.Wo	X:	Dv.D+.Do.D+.D+

능하면 시행착오를 피하려고 할 것이다(1단계 소견 1). 이는 대다수의 성인 사이에서 흔히 볼 수 있는 결정 성향으로, 보편적으로는 매우 효과적이다. 특히 유연하게 사용한다면, 더욱 효과적이다. 그는 융통성이 있는 것처럼 보이는데, 이는 주변 환경이 그러한 접근을 방해하는 경우, 직관적인 시행착오에 결정적으로 관여하는 것 같다(2단계 소견 1).

스트레스 관련 정보에서와 같이 그의 현재 상황에 의한 행동이 현저하게 증가했다. 어떤 의미에서는 잠재의식에 대한 신중한 검토라고 할 수 있는데, 궁극적으로는 그의 문제를 종결시켜 버리고자 하는 무능감과 무기력감이 관련되어 있다. 이는 혼란을 야기하며, 무엇인가에 주목하고 집중하기 어렵게 한다(5단계 소견 4). 이것은 그가 중요한 점들을 기억하기 위해 자기 자신에게 메모해 두기 시작한다는 사실로 미루어 짐작할 수 있다. 사고의 명확성에 대한 질문에서 아무런 문제점이 없는데(8단계 소견 1), 오히려 매우 복잡한 경향이 있고, 때때로 대단히 독창적이기도 하다(11단계).

정보 처리

그는 정보를 조직화하는 데 다른 사람들보다 더 많은 노력을 기울인다(1단계 소견 1). 동시에 이러한 노력에 대해서 경제적이고 일관된 태도를 가진다(2단계 소견 2, 3단계 소견 2). 대개의 경우 이러한 태도로 문제를 해결하곤 한다(5단계). 실제로 이러한 노력은 매우 적응적이며(6단계 소견 1), 전반적인 처리 과정은 질적으로 복잡하기보다는 매우 양호한 것으로 판단된다(7단계 소견 3, 8단계).

인지적 중재

그는 적절한 태도로 정보를 해석하기 위해서 특별한 노력을 기울이는 것으로 보인다. 이런 특성을 보이는 사람들은 보통 정확성과 옳음에 대해 다소 걱정을 하곤 한다(1단계 소견 2). 이들은 상황에 대해 스스로 확신할 수 있기를 바라고, 다양한 상황에서 그 단서들이 확인되는 안전보장이 있을 때에만 행동으로 옮길 수 있다(4단계 소견 1). 될 수 있는 대로 정확한 방향으로 행동하려 하는데

사례 14 42세 남성의 인지적 중재 변인

R = 24		L = .26		OBS = NO	마이너스 반응과 무형태질 반응
FQx+	= 1	XA%	= 1.00		
FQxo	= 19	WDA%	= 1.00		
FQxu	= 4	X−%	= 0		
FQx−	= 0	S−	= 0		
FQxnone	= 0				
(W+D	= 23)	P	= 5		
WD+	= 1	X+%	= .83		
WDo	= 18	Xu%	= .17		
WDu	= 4				
WD−	= 0				
WDnone	= 0				

(5단계 소견 2), 이러한 기대는 그가 환경 속에서 분명한 단서들을 찾아내도록 동기를 부여한다. 그렇다고 해서 사회적인 요구나 기대에 일치하는 행동만을 하려고 하거나 관습적인 것은 아니다. 종종 그는 자기 고유의 일관성을 반영하는 행동을 한다.

인지 관련 소견의 요약

정보 처리 과정에서 환자는 새로운 영역의 정보를 연구하는 데 경제적이고 일관적인 방법으로 많은 노력을 기울인다. 이러한 노력들이 다소 보수적이긴 하지만, 효율적으로 탐색하므로 전반적인 처리의 질적 수준은 매우 양호하다. 그는 적절하고 정확하게 정보를 해석하기를 선호하며, 보편적으로 기대되거나 수용 가능한 행동이라는 점을 확인하기 위해 단서를 찾으려 하는데, 이 과정은 필연적으로 변화를 야기한다. 스스로를 확신하기도 하지만, 종종 새로운 상황에서 자기만의 개성을 표현하기도 할 것이다.

그는 관념적인 사람이다. 이러한 사람들은 의사결정 이전에 심사숙고하는 것을 선호한다. 실생활 속에서 그는 자신의 느낌이나 기분에 의해 영향받는 것을 피하려고 하며, 전형적으로 자신의 생각을 시행착오 행동을 통해 시험해 보는 것을 좋아하지 않는다. 일반적으로 그의 사고는 명백하고 상대적으로 세련되어 있지만, 현재 그는 평소보다 좀 더 정신적인 활동을 경험하고 있다. 이는 상황적인 스트레스 요인에 의해서 유발된다. 아마도 환자의 이혼과 뚜렷한 무능력감이 이 결과와 일치하는 것이라 판단된다. 이러한 스트레스는 환자의 주의와 집중을 방해하며 혼란을 일으킬 전의식적인 생각에 몰두하게 한다. 전반적으로 환자는 보통 때보다 관념적인 활동을 더 많이 하려는 사람들과 함께 있으면서 인지적인 노력을 많이 하는 것 같고, 아마도 여기서 노여움과 혼란스러움이 심화되는 것 같다.

정 동

관념화과 관련된 자료에서 살펴보았듯이, 그는 의사 결정 시에 자신의 감정을 배제시키려고 한다. 그는 아마도 자신의 감정을 드러낼 수 있으나, 통제하지 못할 것에 대해 걱정하는 것 같으며(2단계 소견 6), 현재 큰 고통을 경험하는 것 같다. 매우 복잡하고 부정적인 감정들과 외로움, 강한 죄책감과 양심의 가책을 경험하는 것으로 보이며, 부정적인 감정을 드러내지 않으려는 경향이 강하다.

이러한 고통의 표현은 여러 가지 유형으로 나타날 수 있겠지만, 그의 경우 우울이나 슬픔, 긴장, 피로감, 분노, 무능력감의 결과로 나타나고 있다(4단계 소견 3). 사실, 그는 정서적 자극에 의해서 영향을 받으며, 감정 변화에 관심이 많은 유형이다(6단계 소견 2). 이는 그가 부정적 정서들을 다루는 데 익숙하지 않음을 시사하며, 이러한 부정적 정서가 중요한 일과 함께 나타나면 이를 처리하는 데 심각한 곤란을 경험한다.

앞서 본 것처럼 그는 감정이 표출될 경우 통제하지 못할 것이라는 확신에 가득 차서 걱정하고 있다. 대부분의 사람보다 정서적 고통 통제에 대해 절박함은 적은 것 같다. 특히, 대부분 관념적인 유형인 경우에 더욱 그러하다. 환자의 정서는 통제되기에 불안정하고, 과도하게 긴장하고 있지 않지만, 경험하는 감정이 자신의 갈등과 일치할 때 심각한 곤란이 시사된다(9단계 소견 7). 다시 말해 그는 화가 난 사람이다(11단계 소견 5). 이것이 장기간 지속된 특징이거나 또는 좀 더 최근 환경에 대한 일시적 혹은 부분적인지를 알기는 어렵다. 좀 더 최근 상황으로 보아 이전부터 있었던 환자의 분노와 감정 표현을 숨기고자 하는 경향 간에 약간의 관계성이 있는 것 같다.

심리학적으로 그는 매우 복잡한 사람이지만(12단계 소견 3), 이러한 복잡성은 아마도 장기간 지속되었다기보다는 좀 더 최근의 것이다(13단계 소견 14). 이러한 복잡성은 스트레스와 관련된 현재 상황과 그에게 영향을 주는 다양한 부정적 정서에 의해서 만들어진 것 같다. 또한 그를 혼란스럽게 만들고 있으며(15단계 소견 2), 고통스럽고

사례 14 42세 남성의 정동 관련 자료

EB = 7:4.5		EBPer	= 1.6	혼합 결정인	
eb = 8:9	L = .26	FC:CF+C	= 3:3	M.FV.m.FT	= 1
DEPI = 4	CDI = 2	순수 C	= 0	M.m	= 1
				M.FC′	= 1
C′ = 3 T = 2		SumC′:SumC	= 3:4.5	FM.FV	= 1
V = 3 Y = 1		Afr	= .85	FC.FM	= 1
				CF.m	= 1
주지화 지표 = 1	CP = 0	S = 4 (카드 I, II, III에		FV.CF.m	= 1
		S가 있을 경우 = 2)		FC′.FC	= 1
Blends:R = 9:24		Col-Shad Bl	= 2	FY.FT	= 1
m+ y Bl = 2		Shading Bl	= 2		

잠재적인 혼란을 야기하고 있다(16단계).

자기 지각

평소 그는 보편적인 경우보다 다소 자기 관여적이다(3단계 소견 2). 다시 말해, 그는 자기 검열 행동을 유별나게 많이 한다. 이러한 종류의 반추는 그가 자아상에 대한 많은 갈등을 경험할 수 있다는 점을 의미한다(4단계 소견 3). 그는 스스로에 대해 비관적 관점을 가지거나 발달시키고 있는 것으로 보인다(6단계 소견 1). 그의 자아상은 잘 발달되어 있으며, 공상이나 상상보다 주된 사회적 상호작용을 그 기반으로 하고 있다(7a 단계 소견 1). 그러나 역시 스스로에 대해 불편함을 느끼는 경향이 있다(7b 단계). 그는 무가치감과 상처를 숨기려는 것으로 보인다(8b 단계 7번 발음과 11번 발음). 그럼에도 불구하고, 비록 그에게 자기 가치감이나 진지함(8d 단계 20번 반응)과 타인의 부정적 평가(8d 단계 12번 반응)에 대한 갈등이 있긴 하지만(8d 단계 3번 반응), 그의 자아상은 일반적으로 긍정적이며 매우 건강하다. 그는 상태 지향적인 사람이지만(8e 단계 4, 9, 10, 14, 17번 반응), 또한 스스로에 대해서 소심하고 무기력감을 느끼고 있다(8e 단계 4, 7, 11, 21, 22, 24번 반응). 이는 최근에 발생된 것으로 보인다.

대인관계에 대한 지각

그는 대인관계에서 수동적이지만(3단계), 이는 스트레스와 관련해 생긴 좀 더 최근의 특징으로 보인다(환자의 수동 운동 반응 중 4개는 무생물 운동 반응이다). 앞서 언급하였듯이, 그는 정서적인 친밀감에 대한 채워지지 않은 강한 욕구들이 다소 있으며(5단계 소견 5), 아마도 결혼 생활의 실패라는 결과로 이어진 것 같다. 그래도 그는 현재 사회적인 몇몇 관계들에 의해 지지받고 있을 것이다. 그는 사람에 대한 관심이 매우 많으며, 현실을 기반으로 그들을 지각한다(6단계 소견 1).

일반적으로 여러 가지 다양한 상황에 적절한 대인관계 행동을 보이며, 아마도 타인이 선호하는 사람일 것이다(7단계 소견 1). 그는 타인에게 호감이 가고 사교적인 사람으로 평가될 것이다. 이런 사람들은 타인과 관계를 중요하게 여기는 경향이 있으며, 집단 상호작용에서 사교적이라고

사례 14 42세 남성의 자기 지각 관련 자료

						인간 내용, Anl Xy 반응
R	= 24	OBS	= No	HVI = No		
Fr+rF	= 0	3r+(2)/R	= .33		I 2.	Do Fo Hd PHR
					III 5.	D+Ma.FC′o 2 H,Sc P 3.0 COP,GHR
FD	= 1	SumV	= 3		V 9.	W+Ma−p.FV.mp.FT+H,Cg 2.5 PER,COP,PHR
					VII 13.	W+Ma.mpo 2 H,Sc P 2.5 COP,GHR
An + Xy	= 0	MOR	= 2		IX 18.	D+Mao H,Sc 2.5 GHR
					X 21.	D+Mau 2 (H),Id 4.0 COP,GHR
H:(H)+Hd+(Hd)	= 6:2				X 23.	D+Mau 2 H,Id 4.0 COP,GHR
[EB = 7:4.5]					X 24.	D+Mpo H,Sc 4.0 GHR

사례 14 42세 남성의 대인관계 관련 자료

R = 24	CDI = 2	HVI = No		COP와 AG 반응
a:p = 7:9	SumT = 2	Fd = 0	Ⅲ 5.	Ma.FC'o 2 H,Sc P 3.0 COP,GHR
	[eb = 7:8]		Ⅴ 9.	W+Ma-p.FV.mp.FT+2 H,Cg 2.5 PER,COP,GHR
인간 내용의 합 = 8		H = 6	Ⅵ 12.	D+mao Sc,Ex,Na 2.5 AG
[외향형 유형]			Ⅶ 13.	W+Ma.mpo 2 H,Sc P 2.5 COP,GHR
			Ⅹ 21.	D+Mau 2 (H),Id 4.0 COP,GHR
GHR:PHR = 7:1			Ⅹ 23.	D+Mau 2 H,Id 4.0 COP,GHR
COP = 5	AG = 1	PER = 1		
소외 지표 = .46				

평가되곤 한다(8단계 소견 5). 몇몇 증거들은 사회적으로 고립되어 있을 가능성을 제시하는데(10단계 소견 2), 이는 현재 상황을 반영하는 것이라 해석할 수 있다(전체 *Na* 반응 3개 모두 무생물 운동 반응에서 나타남). 또한 현재 그는 자신을 대인관계에서 덜 안전하다고 느끼고 있을 수 있다.

기술 완료와 권고

결과 해석은 다양한 성격이나 행동에 대한 이론적인 모델 내에서 유사한 내용을 근거로 기술될 수 있다. 경우에 따라 해석자는 평균 정도의 지적 능력이 있는 사람들이 이해할 수 있는 정도로 기술을 해야 하며, 전문 용어의 사용은 객관성을 강조하기 위해 사용할 수 있다.

이와 같이, 기술은 강점과 약점 모두를 적절하게 강조하는 관점에서 이루어져야 하며, 평가 의뢰자가 제기한 의문을 풀어 나가고, 치료와 관련하여 의미 있는 권고를 하고 끝을 맺는다. 치료적 권고들은 구체적인 개입 전략에 초점을 두며, 치료의 적절성을 정확하게 설명하고, 탐색의 시기를 결정한다. 그러나 이러한 권고는 아마도 해석자가 환자에 대한 이해와 접근하는 방법을 고려하여 보류되기도 하고 촉진되기도 한다.

가장 중요한 마지막 기술과 권고는 환자와 그가 속한 세계의 성격적 특성 간에 있는 복잡한 관계를 알아내려고 노력하는 태도로 시작해야 한다. 모든 사람은 각자의 방식으로 복잡하고, 선행 문제들은 단순하거나 간단하지 않다. 잘 정리된 기술은 로르샤하 결과를 기반으로 경직된 진단적 결론을 피해야 하며, 전체 측정치가 포괄적으로 반영된 결과를 개괄적으로 설명해야 한다. 가장 마지막에는 이러한 결론이 환자 개인에게 전달되어 치료적 개입을 위한 기본적인 이해와 관점을 제시해야 한다.

사례 14에 대한 기술과 권고

이 42세 남성 환자는 상황적 스트레스와 싸우는 중이다. 스트레스는 그에게 평소보다 더 많은 심리적 활동과 복잡성을 유발시키고 있다. 이는 아마도 그가 갑작스럽고 예기치 않게 경험한 이혼과 관련되어 있을 것이다. 이러한 상황의 결과는 그의 결정이나 행동을 평상시보다 덜 조직화하고, 일상적이지 않은 생각이나 행동들의 충동성이 나타나도록 기여한다.

그가 심리적으로 복잡해진 이유로 자신의 문제를 직면하는 데 무기력감과 무능감을 느끼는 전의식적인 관념들이 내재되어 있을 가능성이 있다. 이는 혼란을 야기하고, 주의와 집중을 방해하는 것 같다. 그가 중요한 사항을 기억하기 위해서 메모를 정리하는 노력과 관련이 있다. 심리적인 복잡성의 증가는 또한 감정의 혼란을 야기하며, 때로는 매우 고통스럽게 만든다. 그 또한 많은 고통을 경험하고 있고 무기력감과 혼란스럽고 부정적인 정서가 혼재되어 있다. 외로움을 느끼고 강한 죄책감과 양심의 가책을 느끼고 있다. 최근 그가 스스로에 대해 지각한 단점에 대해 매우 심각한 반추를 하고 있을 수 있다. 그는 또한 매우 화가 나 있지만, 아마도 많은 부분은 그대로 드러나지 않는다. 이는 겉으로 감정이 드러나지 않도록 억제하려는 경향이 강하기 때문이다. 그의 분노가 장기간 지속될 것으로 단정지을 수는 없지만, 현재 상황에서는 지속되어 왔을 가능성이 높아 보인다.

사실상, 그는 정서적 변화를 수용할 수 있는 유형의 사람이지만, 강한 부정적인 감정, 특히 내재된 부정적 감정을 다루는 데 익숙하지 않다. 따라서 그는 자신이 경험하는 느낌을 어떻게 다루어야 하는지 매우 혼란스러워하는 듯하며, 그 결과는 불편감, 분노, 슬픔, 긴장감으로 나타나고 있다.

일상적으로 그는 자신의 다양한 견해를 고려하며 의사 결정이나 행동을 지연시키고, 생각하는 것을 선호하는 관념적인 사람이다. 그는 논리적이기 위해 노력하고, 의사 결정을 할 때 외적인 피드백보다는 내적 평가를 따른다. 이는 그의 생각이 명백하고 세련되며, 창조적인 특성을 가지고 있기 때문에 효과적인 전략이라고 볼 수 있다. 전형적으로 그는 감정에 의해 과도하게 영향받는 것을 피하려고 애쓴다. 그는 자신의 느낌들을 표현할 수 있지만, 또한 통제할 수 있다고 확신하고 싶어 한다. 일반적으로 이러한 의사 결정 유형인 사람에게 융통성도 있다면 매우 효율적일 수 있다.

스트레스를 조절하고 견딜 수 있는 능력은 적절해 보이며, 현재보다 더 나았을 것이다. 그는 정보를 조직화하는 데 일반 사람들보다 더 많은 노력을 기울이며, 태도도 일관되고 경제적이다. 그는 효율적으로 탐색하고, 전반적인 처리의 질적 수준이 매우 양호하며 덜 복잡하다.

그는 적절한 태도로 정보를 해석하는 데 특별히 노력을 기울인다. 이런 사람들은 상황 내에서 스스로 확신하려고 한다. 될 수 있는 한 정확성을 지향하는 사람으로, 자신의 환경 내에 있는 명확한 단서를 찾는 데 동기가 높을 것이다. 사회적인 요구나 기대에 일치하는 행동을 하려는 경향이 있긴 하지만 관습의 노예가 될 정도는 아니며, 종종 자신의 일관성이 반영된 행동을 할 것이다.

대부분의 사람보다 약간 더 스스로에게 몰입적이나 그가 현재 보이는 반추적인 내사는 자아상에 대한 갈등을 유발할 정도로 심각하다. 결과적으로 스스로에 대한 비관적인 관점을 형성하게 된 것 같다. 사실상 그의 자기상은 건강하게 형성된 것으로 여겨지나, 현재는 자신에 대해 불편감을 경험하고 있고 스스로 무가치하고 상처받았다고 지각하고 있다. 따라서 자아상의 기본적인 지속성은 일반적으로 긍정적이고 건강하며, 현재는 스스로의 가치감이나 성실성에 대한 다소 부정적인 의문을 제기하고 있는 것 같다.

그는 상태 지향적인 사람으로 현재 스스로에 대해서 소심하며 무기력해져 있다. 이후의 반응들은 최근에 형성된 듯하다. 또한 대인관계 시 매우 수동적이지만, 최근에는 스트레스와 관련하여 일련의 특성이 촉진된 듯하다. 평상시 그는 사람에 대해 매우 관심이 많으며, 현실에 기초하여 그들을 지각한다. 그는 일반적으로 적절하게 대인관계에서 행동하는데, 이는 아마도 타인이 그를 호감이 가는 사교적인 사람으로 평가하게 만들 것이다. 이런 유형의 사람들은 타인과의 관계를 중요하게 여기고, 집단 내 상호작용에서 사교적인 사람으로 지각된다. 사회적으로 좀 더 고립되어 있을 것이라 시사하는, 예외적인 증거가 있긴 하지만 이는 가장된 결과이거나 그가 현재 대인관계 상황에서 덜 안전하게 느끼고 있을 것이라는 해석이 가능하다.

주요한 문제와 권고

심각한 우울에 대한 증거나 환자 스스로 자해의 위험성은 강하지 않으나 가능성이 있다. 이 환자는 매우 혼란되어 있으며, 이러한 혼란을 어떻게 다루어야 하는지 무기력감을 느끼고 있는 것 같다. 개입은 신속하게 진행되어야 하며, 정서적 지지를 제공해야 한다. 적어도 초기 개입 시 약물 사용은 피해야만 한다. 중요한 문제를 평가하고, 현실 검증적인 접근으로 자신의 분노 표출을 조절할 기회를 제공하고, 사회적 관계와 관련해 단기 목표를 세워 나가야 한다. 점진적으로 아이들과 관계나 결혼 생활, 특히 지난 1~2년간의 결혼 생활을 검토해 보는 것도 매우 유용할 것이며, 현실적으로 그 원인에 대해서 이해하는 능력을 키워 나가도록 돕는 것이 도움이 될 것이다.

사례 15

사례 15

31세 여성으로 그녀의 담당 정신과 전문의에 의해 평가가 의뢰되었다. 그녀는 불안발작으로 작년에 불규칙적으로(21회기) 진료를 받아 왔고, 이러한 불안발작은 주로 과호흡 증상으로 3~7일간 지속된 우울 일화를 5회 함께 보고했다. 정신과 전문의는 그녀가 매주 심리치료적인 방법에는 저항을 보여 왔기 때문에, 치료를 위해 주로 약물기법(항불안제와 항우울제)을 사용하였다고 보고했다. 그녀는 자신의 불안 문제가 호르몬이나 영양상의 문제에 의한 것이라고 믿고 있다. 의사가 그녀를 만난 지 약 5개월 이후, 그녀에게 10주간의 분노 조절 프로그램에 참여할 것을 권고하였다. 그녀는 5주 동안 참여하였으나 '나에게 전혀 도움이 되지 않는다.'는 이유로 그만두었다.

최근 8세 된 아들이 학교에서 소외되어 있고, 3학년 학업 수행 수준도 일관되지 않다는 평가를 받았다. 그 결과, 아들은 집단놀이치료 프로그램에 참여하게 되었다.

정신과 의사가 환자의 분노와 우울을 가장 잘 치료할 수 있는 방법을 결정하기 위해 유사한 평가를 제안하였고, 그녀는 마지못해 동의했다. 검사 전 면접 동안 그녀는 자신의 불안발작이 단기간 내에 매우 완화되고 있다고 보고하였고, '며칠 새 완전히 없어졌는데, 간혹 다음날 아무것도 할 수 없을 때도 있다.'고 말했다. 그녀는 무기력하고, 가족을 돌볼 수 없으며, 잠들기 어렵고, 절박감이 점점 더 커지는 것 같다고 우울감을 호소했다. 그녀는 불안발작과 우울 일화 간의 관계에 대해 의식적으로는 부인하였으나, 실제로는 자신의 정신과 의사가 여러 번 설명해 준 관계성에 주목하고 있었다.

그녀는 평균 키에 약간 살이 쪘고, 적당히 매력적이라고 평가자에 의해 기술되었다. 여성 평가자는 그녀가 다소 세련되지 못하며 혼란되어 있는 상태였다고 보고했다. 평가 동안 어떠한 불안 반응도 나타나지 않았으며, 그녀는 다양한 과제에 관심을 보였다. 그녀는 1남 2녀 중 둘째로, 아버지는 62세로 초등학교 교장이고, 어머니는 60세로 7학년에서 8학년의 아이들에게 수학과 과학을 가르치고 있다. 그녀의 오빠는 34세로 지질학 석사학위를 취득했으며, 현재 석유 탐사 회사에 종사하고 있다. 그녀의 여동생은 26세로 교육학을 전공하였으나, 현재는 쉬고 있으며, 변호사와 결혼해 2명의 자녀가 있다.

그녀는 8~12세까지 천식을 앓았던 경우를 제외하고 정상적인 발달력을 보고했다. 이 기간 동안 일반적인 약물 처방을 받았으며, 학교 생활에서 격렬한 신체 활동에는 참여하지 않았다고 했다. 천식 증상은 사춘기에 접어들면서 감소되었고, 15세까지 그 어떤 특별한 사건은 없었다고 했다. 고등학교 때 그녀의 학업 성적은 평균 수준이었으며, 학급에서 상위 20%로 졸업했다. 18세에 대학에 들어가 미술사를 전공하였는데, 2학년이 끝나 갈 무렵, 그녀는 자신의 관심이 광고에 있다는 것을 인식하고 주간지의 광고 영역에서 일하기 위해 3학년 첫 학기 이후 자퇴했다.

고등학교 때 이성과 데이트를 매우 자주 했으며, 그 당시 정기적으로 만나던 남학생과 17세에 첫 성관계를 가졌다. 대학 시절 여러 명의 남자와 만났으나 이 기간 동안 그 누구와도 '깊은' 관계를 맺지는 않았다고 했다. 취직한 지 6개월이 지났을 때, 영업 사원으로 잡지사 사무실을 방문한 남편과 만났다. 약 1년간 교제한 후 남편과는 22세에 결혼했다. 남편과 자신이 캠프나 보트타기, 오래된 원본 그림을 모으는 것과 같은 관심거리와 활동들이 비슷하다고 했다.

그녀는 결혼한 지 8개월 만에 임신하게 되었고 회사 일을 그만두고 일주일에 6~8시간 정도 시간제 근무를 하게 되었다. 남편은 35세로 신문사의 영업 사원이다. 남편은 일 때문에 매주 2~3일간 집에 들어오지 못하고, 경우에 따라서는 더 오랫동안 집에 들어오지 못한다. 그녀는 자신의 문제 일부와 아들이 보이는 문제들이 남편이 너무 오래 집을 비우기 때문일 수 있다고 믿고 있었다.

최근 남편은 다른 부서의 영업을 맡게 되어 전보다 더 오랜 시간을 집에서 보낼 수 있게 될 것이라고 한다.

그녀는 자신의 불안이 약 2년 전에 시작되었고, 비생산적인 영향을 끼치고 있다고 인식했다. 좀 더 많은 일을 하길 바라지만, 마지막 기한을 지키기 위한 책임감 때문에 두렵다고 말하였다. 일시적인 우울은 1년 전에 시작되었으며, 불안발작을 조절하지 못하였기 때문에 일어난 것이라고 믿고 있다. 그녀는 불안발작이 멈추면 우울이 사라지게 될 것이라고 확신하는 것 같이 보였다. 이 일화들과 천식 간에 관련성이 있다고 믿지만, 이 가능성에 대해서 구체적으로 인식하고 있지는 않다. 지난 2년 동안 그녀가 받은 두 번의 세밀한 신체검사는 그녀의 어려움을 설명할 수 있을 만한 어떠한 결과를 제공해 주지 못했다.

그녀가 정신과 의사를 찾은 이후, 우울과 불안 일화 횟수는 감소하였지만 여전히 12~15일 간격으로 일어난다고 한다. 그녀는 항불안제는 '더 이상 나에게 도움이 되지 않고', 항우울제는 나를 우울 상태에서 벗어나도록 도와주긴 하지만 우울한 기분을 예방해 주는 것 같지는 않다.'고 말했다. 그녀는 아들이 학교에서 보이는 문제들 때문에 혼란스러우며, 아이의 교사가 아이를 그렇게 만들었을 가능성이 있다고 의심하고 있었다. 아들이 불규칙한 학업 수행 때문에 특수반에 배정될 것에 대해 걱정했다. 그녀는 아들은 집에서는 아무런 문제도 보이지 않았으며, 즐거운 아이라고 말했다.

정신과 전문의는, ① 불안발작의 원인과 그에 관한 정보, ② 우울과 불안 일화 간의 명백한 관계성, ③ 그녀의 성격 특성, ④ 치료와 관련된 제언을 얻기 위해 의뢰한다고 했다.

사례 15 31세 여성

카 드	반 응	반응에 대한 질문
I	1. 나비	E: (S의 반응을 반복한다.) S: 날개죠. 날개는 상처를 입었어요. 여기서부터(공간을 지적하며), 다쳤고 치료하기 위해 숨을 장소를 찾고 있네요. 추한 그림은 아니에요. 자연의 모습이죠.
	2. 우정을 상징하는 두 손	E: (S의 반응을 반복한다.) S: 한쪽에 한 사람씩, 어떤 이야기를 하는 것 같아요. 사람들은 멈추고 이야기를 들어야 해요. E: 나는 당신처럼 보이지 않는데요? S: 그냥 그것으로 보여요. 좋아요. E: 그냥 이야기를 하는 것으로 보인다고요? S: 조용한 사람(농아)을 이해시키기 위해 노력하는 것 같아요, 수화 같은.

	3. 부엉이	E: (S의 반응을 반복한다.) S: 전에 부엉이를 본 적이 있어요. 이것은 할아버지 부엉이 같네요. 침착하게 모든 것을 관찰하네요. E: 할아버지 부엉이요? S: 얼굴이 나이 먹은 듯하고, 그의 지혜로운 삶이 녹아 있는 듯해요. 그는 자신의 삶을 살았고, 주변의 시시한 것들에 관심을 두지 않았죠. 그는 단지 바라보고 사색하고 있죠. E: 왜 얼굴이 늙어 보이는지 이해가 되질 않아요. S: 턱 밑에서 나이를 볼 수 있어요. 턱 밑 어두운 곳은 나이를 보여 주고, 눈이 성숙되어 보여요.
II	4. 태풍 후의 햇살	E: (S의 반응을 반복한다.) S: 빨간 부분. 이 부분은 비바람 후의 더운 날 같아요. 해가 떴죠. E: 이해가 되지 않는데 도와주시겠어요? S: 어두운 부분은 구름. 위아래의 빨간 것은 해가 뜨는 것. 마치 어두운 구름이 거둬지고 태양이 떠오르는. 아마 다른 색이 있었다면 푸른빛이었을 거예요. 푸른 하늘처럼.
	5. 개, 머리와 목.	E: (S의 반응을 반복한다.) S: 코, 입, 목, 그리고 헝클어진 털. 이것은 장난감 개 같아요. 태엽을 감으면 움직이는. E: 헝클어진 털 같다고요? S: 이 선과 그림자가 이것을 헝클어진 개의 털처럼 보이게 하네요.
	6. 이 하얀 부분은 말발굽 같아요.	E: (S의 반응을 반복한다.) S: 이것은 말발굽 같아요.
III	7. 두 프랑스 푸들. 그들은 만화 같아요.	E: (S의 반응을 반복한다.) S: 칵테일 냅킨에 새겨져 있고, 푸들들이 마실 것을 서빙하고 있어요. 그들은 뒷다리로 서 있어요. E: 그들이 마실 것을 서빙하고 있다고요? S: 가운데 테이블이 있고 그들이 무언가를 들고 있거나 서빙하고 있어요.
	8. 핼러윈 마스크	E: (S의 반응을 반복한다.) S: 아래쪽은 뿔이 있는 고양이 가면, 하얀 곳은 눈 부분이 트여 있고, 어두운 곳은 구레나룻인데 이것이 더 불길하게 보여요.

IV	9. 큰 발을 가진 곰의 발자국	E: (S의 반응을 반복한다.) S: 이것은 곰의 자국이에요, 아마 앉아 있거나 기대어 있는. E: 저는 보이지 않는데요. S: (윤곽을 가리키며) 이것은 큰 동물의 모양이죠. 그러나 발과 다리만 있어요. 윗부분은 어둡고 아래는 밝아요. 이것은 털처럼 보이고, 여기는 발가락일 거예요. E: 털이라고요? S: 밝은 것과 어두운 것의 조화가 이것을 털처럼 보이게 해요. 곰.
	10. 피기 시작한 난초	E: (S의 반응을 반복한다.) S: 난초의 줄기를 가진 백합. 혼합된 꽃의 종류 같아요. 이것은 꽃잎, 여기 조그만 부분. 이것은 막 피기 시작했고, 아직 다 피지 않았어요.
V	11. 나비가 되려 하는 모충. 날개를 가지기 시작한	E: (S의 반응을 반복한다.) S: 이곳은 모충 같아요(*D7*), 머리에 뿔이 있고, 이곳(*D4*)은 꼬리, 펴지기 시작한 날개, 아직 완벽히 펴지진 않았어요. 아직 너덜너덜해요.
	12. 못생긴 박쥐	E: (S의 반응을 반복한다.) S: 날개 끝 부분이 찢어져 다쳤으며, 앉아 있어요. 날개는 들쭉날쭉해요. 더 이상 제대로 된 모양이 아니고 심하게 다쳤어요.
	13. 댄서들의 다리처럼 위아래로 흔들리는 다리	E: (S의 반응을 반복한다.) S: 스타킹 신은 두 다리가 위아래로. 스타킹 같은 천으로 덮여 있는. E: 스타킹에 관해 이해가 안 되네요. S: 그냥 맨다리가 아니고 스타킹이나 천으로 덮여 있어요.
VI	14. 펴지는 날개	E: (S의 반응을 반복한다.) S: 날개가 펼쳐진(*Dd22*) 새를 그린 화가의 스케치 같아요. 파란 형상(그림자)이 보이죠? E: 파란 그림자? S: 큰 어치(블루제이) 같아요. 화가는 두 개의 푸른 형상을 그렸죠.
	15. 나무의 잎 같아요.	E: (S의 반응을 반복한다.) S: 나무의 잎이고 줄기와 잎이 뻗어 나와 있어요. 나는 녹슨 색이나 금색과 녹색이 섞여 있는 걸 상상합니다. 멋진 색이죠. E: 금색과 녹색의 조화가 이해되지 않는데요? S: 상상력을 발휘하면 그렇게 보일 거예요.

	16. 바람이 원래의 아름다움을 벗겨 내 버린 나뭇잎	E: (S의 반응을 반복한다.) S: 말랐어요. 아름다웠지만 바람이 상처를 입혔죠. E: 마른 것처럼 보인다고요? S: 밝은 부분은 말라서 죽어 가는 것이죠. 이곳에 울퉁불퉁한 효과가 있어요. E: 울퉁불퉁 효과라고요? S: 손가락을 겹치게 하면 울퉁불퉁한 걸 느끼죠?
	17. 같은 부분이 모피 양탄자처럼 보여요.	E: (S의 반응을 반복한다.) S: 손과 발이 있는 양탄자처럼 보여요. 뒷부분의 중앙에 선이 있고 이것은 바느질된 것으로 보여요. E: 모피 양탄자라고요? S: 다른 음영이 모피처럼 보이게 합니다. 가운데가 찢어져서 다시 꿰맨 것처럼 보이네요.
VII	18. 2명의 소녀가 재미로 서로 흉내 내고 있는 만화, 윗부분만.	E: (S의 반응을 반복한다.) S: 만화처럼 땋은 머리가 공중에 날리고, 몸은 실제 같아요. 손으로 서로를 흉내 내고, 부드러운 눈을 가지고 있고, 화장을 했네요. E: 왜 서로 흉내 낸다고 생각하나요? S: 단지 마주 보고 있는 것이. E: 부드러운 눈을 가지고 있다고요? S: 잉크가 눈가에 있는 것이 부드럽게 보이게 하네요. 그런데 입술을 노란색과 붉은색으로 칠했네요.
	19. 깔개(냅킨, 도일리), 완성되지 않고 조각난, 완성해야 하는 것	E: (S의 반응을 반복한다.) S: 앞으로 바느질할 것 같아 보여요. 전에 언젠가 해 본 적이 있죠. 어떤 부분은 벌써 바느질되었고, 어떤 것은 그렇지 않은데, 어쨌건 지금은 그냥 조각일 뿐이죠.
VIII	20. 예뻐요. 이런 색을 좋아해요. 부활절 드레스를 생각나게 하네요.	E: (S의 반응을 반복한다.) S: 부드럽게 보이고 부활절 드레스 천 같으며, 분홍색과 복숭아 빛은 아름답게 보이게 하네요. E: 부드럽다고요? S: 색감이 부드럽고, 파스텔 빛이고 거칠지 않으며 예쁜 드레스에 사용하기 좋겠네요.
IX	21. 그림을 생각나게 하네요.	E: (S의 반응을 반복한다.) S: 가운데 초를 둘러싼 색을 칠해 놓은 것 같아요. 하지만 불꽃은 노란색이 아닌 파란색이네요. E: 불꽃이 파란색? S: 네, 그림 속에 있는 초 같아요. 그런데 화가의 해석은 불꽃이 노란색이 아닌 파란색이여야만 하는 것 같아요.

22. 교회의 스테인드글라스 창문	E: (S의 반응을 반복한다.) S: 교회에서 볼 수 있는 스테인드글라스 창문 같아요, 창문을 봤다는 말이 아니고 단지 색이 그렇다는 거죠. 오렌지, 핑크, 블루, 교회 창문에 사용하는 것처럼.
X 23. 새, 카나리아	E: (S의 반응을 반복한다.) S: 새의 모양이고 노란 것이 카나리아 같아 보여요.
24. 나무에서 떨어진 잎	E: (S의 반응을 반복한다.) S: 가지가 보이죠(*D7*), 이것은 잎(*D13*). 이는 금방 나무에서 떨어진 것 같아요. 나뭇잎이 죽는 것처럼 이렇게 갈색이고, 방향이 떨어졌다는 걸 나타내요.
∨25. 아래 녹색 부분은 체스 판의 말 같아요.	E: (S의 반응을 반복한다.) S: 이것의 절반은 각각 반대편에 서 있는 체스 판의 말 같아요.
26. 두 송이의 꽃인데 하나는 피지 않았어요. 녹색이어야 하는데 진한 갈색이네요.	E: (S의 반응을 반복한다.) S: 장미나 튤립이어야 하는데 이것은(*D7*) 피지 않았어요. 노란색만 피었죠. 하나는 짓밟혀 죽은 걸로 보이네요.

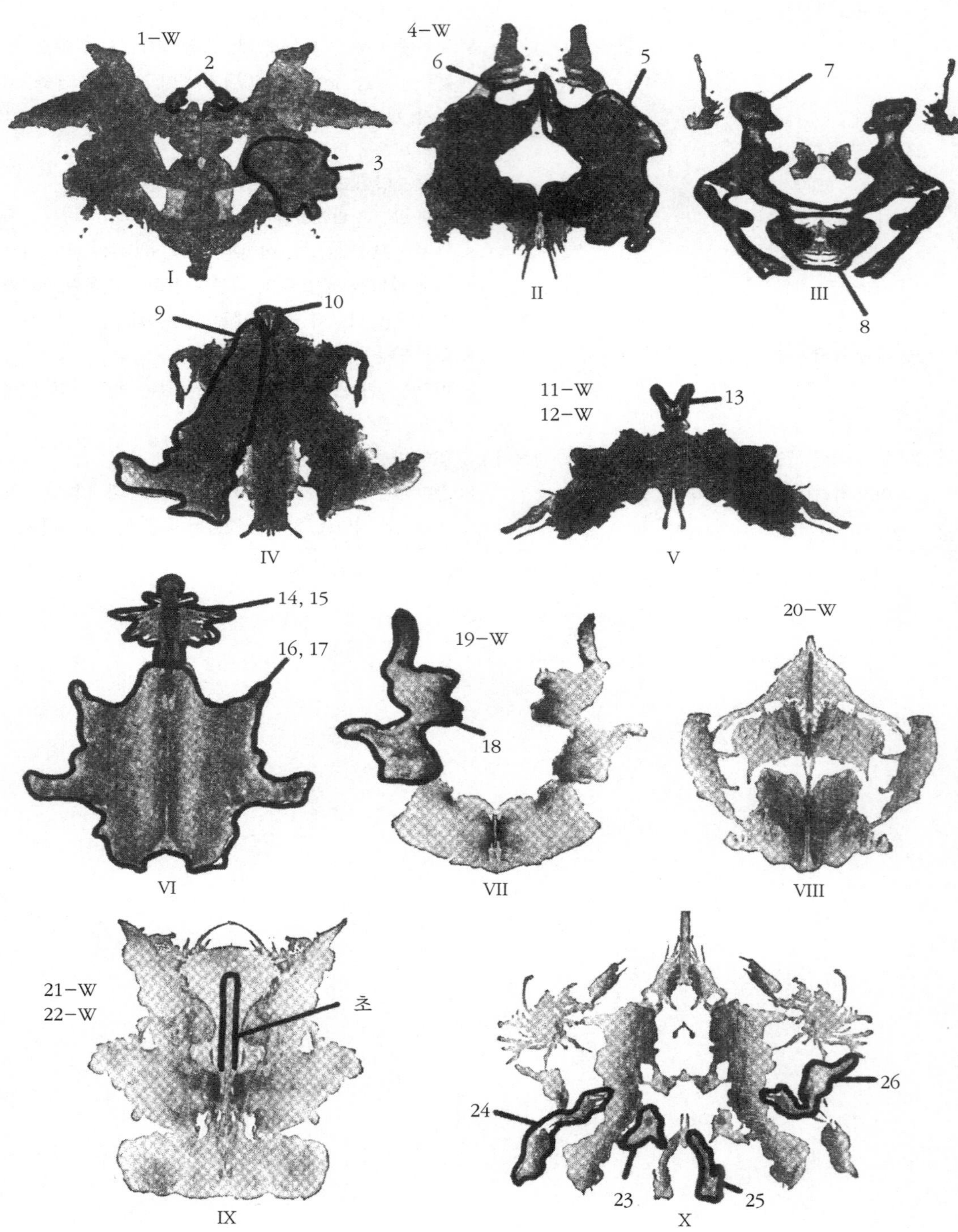
1−W
2
3
I
4−W
6
5
II
7
III
8
9
10
IV
11−W
12−W
13
V
14, 15
16, 17
VI
19−W
18
VII
20−W
VIII
21−W
22−W
초
IX
24
26
23
25
X

사례 15

사례 15 계열 기록표

카 드	반응 번호	영 역	위치 기호	결정인	(2)	내 용	Pop	Z	특수점수
I	1	WSo	1	Fo		A	P	3.5	MOR,DR
	2	Do	1	Mao		Hd			AB,DR,PHR
	3	Ddo	99	Mp.FV−		Ad			DR2,PER,PHR
II	4	WS/	1	C.C′mpu		Na,Cl		4.5	
	5	Do	1	FTo		(Ad)	P		
	6	DdSo	30	F−		Ad			
III	7	D+	1	Mpo	2	(A),Art,Hh		3.0	COP,GHR
	8	DSo	7	FY−		(Ad)		4.5	
IV	9	Ddo	99	FMp.FTu		Ad			
	10	Ddo	30	mpu		Bt			INC
V	11	Wo	1	FMpo		A		1.0	INC
	12	Wo	1	FMpo		A	P	1.0	MOR
	13	Ddo		FYu		Hd,Cg			PHR
VI	14	Do	3	FMp.FYo		A,Art			CP
	15	Do	3	FYu		Bt,Art			CP
	16	Do	1	FTo		Bt			MOR
	17	Do	1	FTo		Ad	P		MOR,INC
VII	18	D+	2	Mp.FYo	2	(Hd),Art	P	3.0	DR,COP,GHR
	19	W/	1	Fu		Art		2.5	PER
VIII	20	Wv	1	C		Cg			
IX	21	Wo	1	CF.mpo		Art,Hh,Fi		5.5	DR
	22	Wv	1	C		Art			
X	23	Do	2	FCu	2	A			
	24	D+	13	mp.FCu	2	Bt		4.0	MOR
	25	Do	4	Fo	2	Art, (A)			
	26	Do	15	FCu		Bt			MOR

사례 15 구조적 요약

반응 영역 특성

Zf	= 10
ZSum	= 32.5
ZEst	= 30.1
W	= 8
D	= 13
W+D	= 21
Dd	= 5
S	= 4

발달질

+	= 3
o	= 19
v/+	= 2
v	= 2

형태질

	FQx	MQual	W+D
+	= 0	= 0	= 0
o	= 12	= 3	= 12
u	= 9	= 0	= 6
−	= 3	= 1	= 1
none	= 2	= 0	= 2

결정인

혼합 반응

M.FV
C.C′.m
FM.FT
FM.FY
M.FY
CF.m
M.FC

단 일

M	= 2
FM	= 2
m	= 1
FC	= 2
CF	= 0
C	= 2
Cn	= 0
FC′	= 0
C′F	= 0
C′	= 0
FT	= 3
TF	= 0
T	= 0
FV	= 0
VF	= 0
V	= 0
FY	= 3
YF	= 0
Y	= 0
Fr	= 0
rF	= 0
FD	= 0
F	= 4
(2)	= 5

내 용

H	= 0
(H)	= 0
Hd	= 2
(Hd)	= 1
Hx	= 0
A	= 5
(A)	= 2
Ad	= 4
(Ad)	= 2
An	= 0
Art	= 8
Ay	= 0
Bl	= 0
Bt	= 5
Cg	= 2
Cl	= 1
Ex	= 0
Fd	= 0
Fi	= 1
Ge	= 0
Hh	= 2
Ls	= 0
Na	= 1
Sc	= 0
Sx	= 0
Xy	= 0
Id	= 0

자살지표

No ... FV+VF+V+FD>2
Yes ... Col − Shd Bl>0
Yes ... Ego<.31,>.44
Yes ... MOR>3
No ... Zd>+−3.5
Yes ... es>EA
Yes ... CF+C>FC
Yes ... X+%<.70
Yes ... S>3
No ... P<3 or >8
Yes ... 순수 H<2
No ... R<17
8 ... Total

특수점수

	Lv1	Lv2
DV	=0x1	0x2
INC	=3x2	0x4
DR	=4x3	1x6
FAB	=0x4	0x7
ALOG	=0x5	
CON	=0x7	
Raw Sum6	=8	
Wgtd Sum6	=24	

AB	= 1	GHR	= 2
AG	= 0	PHR	= 3
COP	= 2	MOR	= 6
CP	= 2	PER	= 2
		PSV	= 0

비율, 확률, 이탈치

R = 26		L = .18			
EB = 4:7.0	EA = 11.0		EBPer = 1.8		
eb = 8:11	es = 19		D = −3		
	Adj es = 12		Adj D = 0		
FM = 4	:	C′ = 1	T = 4		
m = 4	:	V = 1	Y = 5		

FC:CF+C	= 3:4
순수 C	= 3
SumC′:WSumC	= 1:7.0
Afr	= .37
S	= 4
Blends:R	= 7:26
CP	= 2

COP = 2 AG	= 0
GHR:PHR	= 2:3
a:p	= 1:11
Food	= 0
SumT	= 4
Human Cont	= 3
순수 H	= 0
PER	= 2
Iso Indx	= .35

a:p	= 1:11	Sum6	= 8	XA%	= .81	Zf	= 10.0	3r+(2)/R	= .19
Ma:Mp	= 1:3	Lv2	= 1	WDA%	= .86	W:D:Dd	= 8:13:5	Fr+rF	= 0
2AB+Art+Ay	= 10	WSum6	= 24	X−%	= .12	W:M	= 8:4	SumV	= 1
Mor	= 6	M−	= 1	S−	= 2	Zd	= +1.5	FD	= 0
		Mnone	= 0	P	= 5	PSV	= 0	An+Xy	= 0
				X+%	= .46	DQ+	= 3	MOR	= 6
				Xu%	= .35	DQv	= 2	H:(H)+Hd+(Hd)	= 0:3

PTI = 1	DEPI = 7*	CDI = 3	S-CON = 8*	HVI = No	OBS = No

첫 번째 정적 변인은 DEPI다. 그러므로 '정서'와 관련된 군집을 가장 먼저 살펴보고 통제, 자기지각, 대인관계 지각, 그리고 인지 군집 3요소를 살펴보아야 한다. 군집을 검토하기 전에 자살특수지표에 해당되는 결과에 주목해야 한다.

자살지표(S-CON)

자살에 대한 주제는 의뢰되지 않은 사항이며, 면담 중에도 자기 파괴에 대한 어떠한 특징도 보이지 않았다. 그런데도 S-CON 지표 결과는 로르샤하 검사 이후 단기간 내에 자살을 시도한 사람들의 특징을 시사한다. 자기 파괴적인 행동 가능성 탐색이 신속하게 이루어져야 한다.

정 동

그녀는 주요 우울증의 특징이 유의미하고 장기간 지속되어 왔으며 무기력한 정서적인 문제들을 분명히 시사한다(1단계 소견 1). 일반적으로 그녀는 의사 결정 시 사고에 정서가 개입되는 경향이 있는 유형이다. 이러한 유형은 다소 직관적이며, 판단 시에 자신의 감정에 충실하다. 이들은 시험적으로 시행착오 행동을 할 수 있다. 그리고 실수할 것에 대해서 그다지 걱정하지 않는다. 이들은 자신들의 느낌을 표현하며, 표현되는 느낌을 주의 깊게 조절하는데 다른 사람들보다 신경을 덜 쓴다(2단계 소견 4). 이런 측면에서 그녀는 융통성이 없는 것 같지 않으며 여러 문제는 그녀가 관념적인 방법으로 자신의 감정을 드러내 보일 때 발생할 것이다(3단계 소견 1). 그럼에도 불구하고 직관적인 사람들은 문제와 관련된 정서를 경험하며, 이러한 정서의 영향은 종종 매우 강렬하고 잠재적인 혼란의 위험을 내포하고 있다.

그녀는 만성적이며 중요한 스트레스를 버거워하는 것으로 보이며, 현재 어떤 상황에 의해서 더욱더 가속화되고 있다(4단계 소견 3). 좀 더 만성적인 불편감은 외로움이나 정서적인 상실감을 강하게 느낄 때 드러나며, 그녀 개인의 특성에 초점을 두어 스스로 부정적으로 인식하는 자기 반성적인 행동이 나타나는 경향이 있다. 그녀의 고통에 영향을 미치는 좀 더 상황적인 요인은 무기력감이나 하찮음과 관련되어 나타난다.

과거력에는 그녀의 아들이 학교생활에 어려움

사례 15 31세 여성의 정동 관련 자료

EB	= 4:7.0			EBPer	= 1.8	혼합 결정인	
eb	= 8:11	L	= .18	FC:CF+C	= 3:4	M.FV	= 1
DEPI	= 7	CDI	= 3	순수 C	= 3	M.FY	= 1
						FM.FT	= 1
C′ = 1	T = 4			SumC′:SumC	= 1:7.0	FM.FV	= 1
V = 1	Y = 5			Afr	= .37	C.C′.m	= 1
						CF.m	= 1
주지화 지표	= 10	CP	= 2	S = 4 (S to Ⅰ,Ⅱ,Ⅲ	= 4)	m.FC	= 1
Blends:R	= 7:26			Col-Shad Bl	= 1		
m+ y Bl	= 4			Shading Bl	= 0		

을 경험하고 있다는 사실 외에는 최근의 심리적인 외상이나 손실에 대한 아무런 정보도 포함되어 있지 않다. 따라서 이러한 무기력감의 원인에 대해 추측해 보는 것은 어렵지만, 아마도 이러한 사건들이 축적되어 무기력감이 유발되었을 것이라 볼 수 있다. 1년간 불규칙했던 약물 처방으로는 긍정적인 성과를 얻지 못했다. 그녀는 무능력한 일화들과 불안과 우울을 끊임없이 경험하였으며, 두 번에 걸친 신체검사에서도 그녀가 경험하고 있는 어려움들의 생리학적인 원인이 나타나지 않았다. 현재 아들에게 문제가 있고, 이는 아마도 복합적인 것 같다. 결국 그녀는 내키지 않았지만, 평가를 받게 되었다. 분명히 이는 오히려 더 환자로 하여금 쓸모없다는 느낌을 경험하게 할 수 있다.

그녀는 판단을 하는 상황에서도 감정을 따르며, 어떤 결과들은 그녀가 정서적인 자극을 회피하는 경향이 두드러진다는 점을 시사한다. 이러한 특징을 보이는 사람들은 자신의 감정에 의해 매우 불편해지고, 종종 사회적으로 억압되거나 고립된다고 느낀다(6단계 소견 4). 그녀의 결과는 직관적인 사람 중에서도 매우 비일상적인 것이며, 아마도 그녀 스스로 감정을 통제해야 한다는 막중한 부담감을 느끼고 있음을 반영하는 것이다.

다른 결과들은 그녀가 긴장하고 짜증을 느끼는 정서적 상황에서 습관적으로 사용되는 두 가지 중요한 방어기제를 시사하고 있다. 둘 중 어느 것도 장기적으로 효과적이지 못하다. 그녀가 주로 사용하는 방어기제는 주지화다(7단계 소견 2). 이는 그녀가 정서적인 수준보다는 오히려 관념적인 수준으로 감정을 다루며 이들의 영향을 중화시키려는 과정이라 할 수 있다. 이는 현재 드러나는 감정을 숨기거나 부인하는 전략이며 감정이 직접적으로 다뤄질 가능성을 감소시킨다. 이는 아마도 지난 1년 동안 환자가 치료를 회피하는 데 매우 중요한 영향을 끼쳤을 것이다.

두 번째 방어기제는 적응을 좀 더 방해하는 것 같다. 이는 긍정적인 정서들이나 가치가 불쾌감이나 화가 나는 정서적인 상황에 영향을 미친다는 점을 부인하는 형태다(8단계). 이는 가혹하게 지각된 상황을 회피하기 위해 현실을 무시하는 히스테리와 유사한 과정이다. 여기에는 자기기만이 포함되며, 종종 순박함이 포함되기도 한다. 이들은 타인에게 자주 피상적이라는 평가를 받는다. 이 사례에서는 아마도 그녀가 고통에 대한 앎을 회피하고 어려움을 극대화하도록 영향을 준 것 같다.

그녀는 스스로의 감정을 효과적으로 조절하는 데에 약간의 문제가 있다. 때때로 그녀는 과도하게 긴장하고, 충동적으로 그 느낌들을 드러낼 수 있을 것이다(9단계 소견 8). 그러나 그녀는 주지화를 통해서 자신의 느낌들의 강도는 숨기려 한다(10단계). 그녀는 원하지 않는 도전에 직면하게 되면 매우 반항적인 경향이 있으나(11단계 소견 3), 이해하기 어렵게 간접적인 방식으로 드러내는 경향이 있다. 일반적으로 매우 복잡한 사람은 아니지만(12단계 소견 1), 최근에는 상황적인 스트레스로 복잡해진 것 같다(13단계). 때때로 그녀는 분명하지 않은 느낌 때문에 혼란되지만(15단계 소견 1), 이것은 직관적인 사람들의 전형적인 모습은

사례 15 31세 여성의 통제 관련 변인

EB = 4:7.0	EA = 11.0		D = −3	CDI = 3
eb = 8:11	es = 17	Adj es = 12	AdjD = 0	L = .18
FM = 4 m = 4	SumC′ = 1	SumT = 4	SumV = 1	SumY = 5

아니다. 그렇지만 정서적인 혼란을 자주 경험하는 사람의 경우에는 복잡해질 수 있다.

통제

일반적으로 스트레스를 견디고 조절하는 능력은 그녀가 스스로에게 유용한 수준의 심리적인 자원을 가지고 있는 것만큼이나 매우 적절하다(1단계 소견 1, 2단계 소견 1). 사실 그녀의 통제 능력은 현재 드러나는 것보다 강할 것이다(4단계 소견 2). 불행하게도 스트레스와 관련된 상황은 그녀의 통제 능력과 스트레스를 견디는 능력을 유의미하게 저하시킨다. 스트레스의 영향은 지속적이며, 결과적으로 곤궁감이 그녀의 현재 사고와 행동 패턴을 현저하게 방해한다(상황적인 스트레스들, 2단계 소견 2). 이러한 상태에서 그녀는 혼란에 매우 취약해질 것이다.

자기 지각

그녀가 스스로 평가하는 자기 가치감은 분명히 부정적이다. 그녀는 다른 사람과 비교하였을 때 자신을 매우 비호의적이라고 보는 것 같다(3단계 소견 3). 앞서 살펴보았듯이, 그녀는 부정적으로 판단한 자신의 특징에 대해 반추하며, 이는 고통스러운 감정을 유발한다(4단계 소견 3). 그녀는 자기상에 대해서 부정적인 귀인을 하고 있으며, 자기 관점이 매우 비관적이다(6단계 소견 2). 사실상, 현재 스스로에 대한 그녀의 느낌은 주로 상상에 기초하거나 스스로 경험의 혼란에 대해 왜곡하여 해석하였기 때문인 듯 하다(7a단계 소견 2b).

그녀는 자기상에 대해 주지화하려고 노력하지만(7b 단계, 8a 단계 반응 4, 8), 그렇게 성공적이지 않다. 일반적으로 그녀는 스스로를 나쁘게 상처입은 존재로 여기며, 자신의 상처에 대해서 괴로워하고 있다. 이렇게 자기 비관적인 관점은 그녀

사례 15 31세 여성의 자기개념 관련 자료

R = 26	OBS = No	HVI = No		인간 내용, An & Xy 반응	
Fr+rF = 0	3r+(2)/R = .19		I 2.	Do Mao Hd AB,DR,PHR	
			V 7.	Ddo FYu Hd, Cg PHR	
FD = 0	SumV = 1		VII 18.	D+Mp.FYo 2 (H),Art P 3.0 DR,COP,GHR	
An+Xy = 0	MOR = 6				
H:(H)+Hd+(Hd) = 0:3					
[EB = 4:7.0]					

가 주관적으로 만들어 낸 것으로, 여기에는 죽음에 대한 구체적인 몰입과 무기력감을 포함하고 있기 때문에 주목해야 한다(8b 단계 반응 12, 16, 17, 24, 26).

그녀는 스스로에 대한 느낌에 있어 매우 객관적이거나 현실적이지 않으며 보통의 성인에게서 찾아볼 수 있는 자기개념의 특성도 결여되어 있다(8c 단계, 반응 3, 7, 18). 동시에 나아질 것이라는 낙관적인 모호한 느낌이 있으나, 이는 과도하게 상상을 강조하는 주지화적인 태도에 의해 확신하게 된 것이므로 비현실적인 것 같다(8d와 8c 단계 반응 4, 10, 11, 19, 20).

대인관계적 지각

대부분의 대인관계 상황에서 그녀는 수동적인 것 같으나 복종적이지는 않다. 그녀는 명백하게 결정에 대한 책임을 회피하길 선호하며, 문제에 대한 새로운 해결이나 새로운 행동을 시도하려는 경향은 없는 것 같다(3단계). 이러한 수동성은 정서적으로 혼란을 야기하나 특성상 좀 더 오래 지속되는 것 같다. 앞서 살펴보았듯이, 그녀는 정서적인 친밀감에 대한 강한 욕구를 가지고 있으며, 아마도 외로움을 매우 많이 느낄 것이다(5단계 소견 3). 그녀의 수많은 판단은 쉽게 혼미해지기 때문에 긴장된 느낌을 경험할 것이다. 이것은 최근에 발달된 느낌이라는 점에 의심의 여지가 없다. 대신 오랫동안 그녀는 정서적인 친밀감을 열망해 왔으나, 이러한 친밀감을 어떻게 형성하는지를 망각하고 있을 수 있다. 면담 시, 그녀는 안정적인 결혼 생활을 보냈다고 보고하였으나 이러한 보고에는 의문점이 남는다.

그녀는 사람에 대한 관심이 많으나 그들을 잘 이해하지 못한다. 이해력의 결여는 대인관계의 실수를 야기할 수 있다(6단계 소견 2). 때때로 이런 사람들은 자신들의 대인관계에 대해 너무 많은 기대를 하며, 이것이 사실일 경우 종종 타인의 행동을 실제보다 더 심하게 자신에 대한 무시나 거절을 반영하는 것으로 해석한다. 그녀의 이러한 추측이 타당하거나 그렇지 않더라도, 이는 자신의 대인관계적인 행동이 종종 일반적인 수준보다 상황에 부적당하다고 인식한다(7단계 소견 2). 그럼에도 불구하고, 그녀는 긍정적이며, 타인과 함께하는 것에 흥미가 높은 것 같다(8단계 소견 3).

그녀는 대인관계 상황에 다소 방어적인 경향이

사례 15 31세 여성의 대인관계적 지각 자료

						COP, AG 반응
R	= 26	CDI	= 3	HVI = No		
a : p	= 1 : 11	SumT	= 4	Fd	= 0	II 3. D+Mpo 2 (A),Art,Hh 3.0 COP,GHR
		[eb	= 8 : 11]			VII 18. D+Mp.FYo 2 (Hd),Art P 3.0 DR,COP,GHR
인간 내용의 합 = 3				H	= 0	
[외향형 유형]						
GHR : PHR	= 2 : 3					
COP	= 2	AG	= 0	PER = 2		
소외 지표	= .35					

있어 보이며, 때때로 안전감을 유지하는 방식으로 자신에 대한 정보를 드러내려 할 것이다(9단계 소견 1). 그녀의 전략은 다소 사회적으로 고립되어 있다는 다른 결과로 인해 부적절한 양상을 보일 것이다(10단계 소견 2). 그녀는 타인과 자연스럽고 의미 있는 관계를 형성하거나 지속하는 데 어려움이 있을 것이다. 이것은 그녀가 자신을 둘러싼 수많은 대인관계에 대해 인위적인 규칙을 적용하는 경향을 가지고 있기 때문이며(단계 11), 사회적인 상호작용 과정에서 자연스럽게 발생하는 실제 느낌을 주지화하거나 부인하려는 노력을 자주 기울일 수 있다.

정보 처리

새로운 정보를 처리할 때, 그녀는 다른 사람보다 더 많은 노력을 기울이는 경향이 있다(1단계 소견 1). 다시 말해, 그녀의 정보 처리 태도는 비일관적이다. 그녀는 정보를 경제적으로 처리하려고 하나, 때때로 너무 작은 것에 초점을 두거나 새로운 영역의 일반적이지 않은 정보 특징에 집중하여 과잉 처리한다(2단계 소견 2c). 이는 새로운 정보에 대해 경계하고, 모호한 상황에 자신의 개입을 최소화하려는 경향을 반영하는 것이다. 그녀는 이러한 접근 방식에서 일관된 것같이 보인다(3단계 소견 2). 그녀의 탐색 능력은 적절한 것으로 보이지만(5단계 소견 1), 처리 과정은 과도하게 고지식하며, 종종 부적절할 수 있다(7단계 소견 6). 이는 특히 정서적인 자극이 동반되는 복잡한 상황에 직면했을 때 그러하다(8단계).

인지적 중재

그녀가 새로운 정보를 해석하는 태도는 적절하며, 현실 검증력의 손상도 의심되지 않는다(1단계 소견 1). 그러나 때로 정서적으로 긴장되고 혼란되어 있으며, 분명한 단서들이 있음에도 불구하고 현실감은 떨어질 수 있다(2단계). 평소에는 이러한 일들이 발생할 때 현실감이 혼란되지 않을 테지만, 단순히 몇몇 단서를 무시하면서도, 이에 대해서 그녀는 매우 감정적으로 강하게 반응한다. 사실상, 그녀가 대부분의 사람보다 현실에 대해서 혼란스러워하는 경향이 더 강한 것은 아니며(3단계 소견 1), 이러한 혼란이 발생할 때 강한

사례 15 31세 여성의 정보 처리 관련 자료

EB	= 4:7.0	Zf	= 10	Zd	= 1.5	DQ+	= 6
L	= .18	W:D:Dd	= 8:13:5	PSV	= 0	DQv/+	= 0
HVI	= NO	W:M	= 8:4			DQv	= 1
OBS	= NO						

반응 영역과 발달질 위계

I:	WSo.Do.Ddo	VI:	Do.Do.Do.Do
II:	WSv/+.Do.DdSo	VII:	D+Wv/+
III:	D+.DSo	VIII:	Wv
IV:	Ddo.Ddo	IX:	Wo.Wv
V:	Wo.Wo.Ddo	X:	Do.D+.Do.Do

사례 15 31세 여성의 중재 관련 변인

R = 26		L = .18		OBS = NO		마이너스 반응과 무형태질 반응
FQx+	= 0	XA%	= .81		I 3.	Ddo99 Mp.FV− Ad DR2, PER, PHR
FQxo	= 12	WDA%	= .86		II 6.	DdSo30 F−Ad
FQxu	= 9	X−%	= .12		III 8.	DSo7 FY− 2 (Ad) 4.5
FQx−	= 3	S−	= 2			
FQxnone	= 2					
(W+D	= 21)	P	= 5			
WD+	= 0	X+%	= .46			
WDo	= 12	Xu%	= .35			
WDu	= 6					
WD−	= 1					
WDnone	= 2					

부정적인 감정들, 특히 분노감이 유발되는 경향이 있어 보인다(3a단계 소견 2).

감정적으로 고조되어 있어도 명백한 단서가 있는 상황에서는 보편적으로 기대되거나 수용될 수 있는 방식으로 반응할 것이다(4단계 소견 1). 반면에 사회적인 요구들이나 기대에 많은 영향을 받지 않으며, 종종 사회적인 관습과 관련된 주제를 무시하는 경향을 보일 것이다(6단계 소견 4). 이는 세상에 대한 그녀의 관점이 완고하거나 반사회적이기 때문이 아니라 오히려 자신의 감정을 스스로 보호하고 감싸기 위한 것으로 이해할 수 있다.

관념화

앞서 언급하였듯이, 그녀는 개념을 형성하고 의사를 결정할 때 감정에 따르는 사람이다. 그녀는 외적 피드백을 이용하는 경향이 강하고, 문제를 해결하고자 할 때 시행착오적인 행동을 반복한다. 그녀가 자신의 생각과 감정을 섞어 버리는 것이 종종 복잡한 패턴의 사고로 이어지겠지만, 그녀의 사고가 비논리적이거나 비일관적이라는 증거는 없다. 이렇게 직관적인 유형의 특성을 고수하거나, 감정을 모호하게 표현하는 것이 적응적으로 효과적일 수도 있다(1단계 소견 3). 그녀는 이러한 양상을 보이되 융통성이 있을 수 있다는 점을 재고해 보아야 한다. 어떤 결정에 접근하는 과정이 관념적이고 감정을 배제할 수밖에 없는 특별한 환경이 있을 것이다(2단계 소견 2). 한편, 그녀의 태도와 가치는 매우 고정적이며 융통성이 부족한 측면도 있다(3단계 소견 3). 이런 특성을 공유하는 사람들은 자신들의 태도와 견해를 바꾸는 것을 어려워한다. 이 점은 특히 그녀가 스스로를 비관적으로 여기기 때문에 중요한 문제다. 그녀의 사고 과정에 매우 반복적으로 나타나는 특성이고(4단계 소견 3), 세상에 대한 의심과 불신감을 갖게 할 수 있다. 이러한 현상은 협소하고 경직된 사고를 하게 만들며, 종종 중요한 단서가 무시되는 논리적인 결함을 유발한다. 주의와 집중에 방해받으며, 주변적이거나 전의식적인 많은

사례 15 31세 여성의 관념화 변인

L	= .18	OBS	= No	HVI	= No	특수점수 (R = 26)					
						DV	= 0	DV2	= 0		
EB	= 4:7.0	EBPer	= 1.8	a:p	= 1:11	INC	= 3	INC2	= 0		
				Ma:Mp	= 1:3	DR	= 4	DR2	= 1		
eb	= 8:11	[FM = 4 m	= 4]			FAB	= 0	FAB2	= 0		
				M−	= 0	ALOG	= 0	CON	= 0		
Intell Indx	= 10	MOR	= 6	Mnone	= 0	Sum6	= 8	WSum6	= 24		

M 반응 특징

I 2. Do Mao Hd AB,DR,PHR
I 3. Ddo Mp.FV− Ad DR2,PER,PHR
III 7. D+Mpo 2 (A), Art,Hh 3.0 COP,GHR
VII 18. D+Mp.FYo 2 (Hd), Art P 3.0, DR,COP,GHR

관념은 실제 경험에 의해 좀 더 복잡해진다(5단계 소견 4). 이것이 상황과 관련된 스트레스라고 해도, 사고의 명확성을 감소시키는 데 기여하는 것에는 의심의 여지가 없다.

또한 그녀는 불쾌한 상황을 피하기 위해 상상으로 도피하는 경향이 있다. 비록 이러한 상상을 통해서 몇몇 즉각적인 믿음이 성취된다고 해도, 그녀는 이러한 상상에 의해 과도하게 안심하고, 장기적으로는 스스로의 욕구 성취에 역효과가 나타나기도 한다(6단계 소견 2). 이미 보았듯이, 그녀가 정서와 정서적인 상황을 주지화하려는 강한 경향성은 자신의 안녕감을 위한 것이다. 이는 그녀의 내부에서 일어나는 감정을 부인하기 위해 비논리적인 취약성이 증가하게 되는 자기 불신의 아이러니한 과정이라 할 수 있다(7단계 소견 2). 이렇게 복잡한 방어기제들은 개념적으로 손상되었거나 그녀의 현실 검증력을 방해하는 사고 패턴들의 결과라 할 수 있다(8단계 소견 5). 그녀의 사고는 기괴하지 않으나 판단력은 매우 불안정하다. 이는 그녀가 자신의 고통을 부인하거나 숨기려는 노력과 자신의 생각을 좀 더 적당하게 표현하지 못하는 과정에서 여지없이 드러난다(9단계 소견 2). 때때로 그녀의 사고는 이완되며, 특히 부적절하다(10단계 소견 2).

그녀는 매우 지적이지만, 스스로가 원하는 욕구나 바람을 효과적으로 주장하는 데는 자신의 능력을 사용하지 못하는 것으로 보인다(11단계).

사례 15에 대한 기술과 권고

이 환자는 장기간 지속되는 주요 우울증을 보이고 있다. 또한 자해 행동을 보일 고위험 상황의 특징을 매우 많이 보이므로, 이 주제에 대해 신속한 탐색이 이뤄져야 한다. 잠재적인 자살 행동은 쉽게 드러나지 않을 것이다. 그녀는 히스테리 성격인 사람에게서 나타나는 것과 유사한 매우 정교한 방어기제를 발달시켜 온 것 같다. 이러한 방어기제들은 그녀가 자신의 감정을 직접적으로 직면하지 않게 해 주며, 피상적으로 자신의 고통과 혼란을 타인에게 숨길 수 있다. 최근에 이러한 방어기제들로 타인에게 보여 왔던 신비스러움을 유지하는 데 실패하면서 빈번한 불안 사건들의 발작과 일시적인 우울을 유발하였을 것이다.

현재, 그녀의 방어기제들은 좀 더 성공적인 기능을 다하지 못하고 있다. 이는 많은 스트레스 경험에 의한 결과이고, 혼란스러움에 대한 취약성을 증가시킨다. 원인은 명백하지 않으나 대부분 장기간 동안 점진적으로 과도한 긴장 상태가 유지되었기 때문일 것이다. 아마도 아들의 문제와 더불어 생리학적인 원인을 보완해 주지 못한 것이 신체적 건강 문제를 가속화시켰던 것 같다. 여하튼 그녀는 심각한 고통을 받고 있으며, 자신의 상황에 대해 심각한 무가치감을 느껴 온 것 같다. 그녀는 매우 정서적 친밀감 욕구가 강한 외로운 사람이며, 또한 자신의 무능감과 부정적인 특성에 초점을 두어 반추를 하는 사람이다.

일반적으로 그녀는 의사 결정 시 자신의 생각에 감정적으로 몰입된다. 이런 특징을 보이는 사람들은 직관적이며, 판단을 할 때 자신의 느낌에 따른다. 또한 자신의 가정을 실제로 시험해 보는 시행착오의 행동을 시도하는 경향이 있으며, 실수에 대해서 많이 걱정하지는 않는다. 이들은 보통 자신의 느낌을 표현하며, 감정 표현을 주의깊게 통제하는 것에 대해서 다른 사람들보다 덜 걱정한다. 그녀는 이런 면에서는 융통성이 있는 것 같으며, 좀 더 관념적인 전략을 선호해야 할 때 곤란에 당면하게 될 것이다. 그럼에도 불구하고, 직관적인 사람들은 문제들과 관련된 감정을 강하게 경험하며, 현재 그녀와 같이 그 충격은 매우 강렬하다.

그녀가 평소에 판단을 할 때 자신의 느낌을 따르긴 하지만, 한편으로는 정서적인 자극을 피하려는 경향이 강하다 보니 이러한 정서적인 자극에 대한 두려움이 생길 수 있겠다. 정서적으로 불편감을 느끼면서 사회적으로 경직되게 하는데, 이런 특성은 직관적인 사람들에게서는 매우 드문 일이다. 이 모순은 아마도 그녀의 주요한 혼란스러움을 반영하는 것이다. 그녀는 위협적으로 지각하는 정서적인 상황에 대해서 종종 중요한 몇 가지 방어기제를 사용한다. 이러한 방어기제 중 가장 중요한 것이 주지화다. 그녀는 보통 정서적이기보다는 관념적으로 정서를 다루어서 그 충격을 중화시키려고 한다. 이는 감정을 부인하고 숨기려는 전략이다. 따라서 감정들은 직접적이거나 현실적으로 다뤄질 가능성이 줄어들게 된다. 이러한 과정은 아마도 그녀가 작년에 치료받기를 피하려 했던 것에 중요한 영향을 미쳤을 것이다.

그녀가 사용하는 두 번째 전략은 현명한 판단을 방해하기까지 한다. 이는 불쾌한 정서적 상황에서 긍정적인 정서들 마저 부인하는 형태로 나타난다. 이는 가혹하게 지각되는 상황을 회피하기 위해 현실을 무시하거나 주의를 다른 곳으로 돌리는 히스테리적인 과정이다. 이는 자기기만이기도 하지만, 그녀는 자신의 고통의 심각성을 의식적으로 깨달을 기회를 최소화시키는 역할을 하게 된다. 그녀가 사용하는 또 다른 전략은 불쾌한 상황을 피하기 위해 공상을 하는 경향이다. 그녀는 이를 통해 즉각적으로 안심할 수 있겠지만, 과도하게 공상을 사용하는 것은, 장기간에 걸쳐 욕구에 상응하는 해결 방법으로는 비생산적일 수 있다.

개인력을 살펴보면, 스트레스를 조절하고 견디는 능력이 적절하고 많은 사람보다 의지가 강하다. 그녀는 스스로에게 유용한 심리적으로 건강한 자원들을 가지고 있으며, 이러한 자원들은 그녀가 과거에 좀 더 과도한 혼란을 잘 피할 수 있게 해 주었던 것 같다. 불행히도 조절 능력과 스트레스 내성 능력은 현재 상황에 의해 점차 약화되었다. 무가치함은 사고와 행동 패턴들을 현저하게 방해하여, 현재 그녀는 혼란스러움에 매우 취약한 상황이다. 스스로의 감정을 효과적으로 조절하는 데 약간의 문제가 있으며, 때때로 과도하게 긴장하게 되며 충동적인 느낌을 경험한다. 비록 평소에 주지화를 통해서 자신의 느낌들의 강렬함을 숨기려 하였지만, 원치 않는 도전을 받는 상황에서 매우 반항적일 가능성이 많으며, 종종 분명하지 않은 감정에 의해서 혼란스럽게 된다.

스스로에 대한 가치감 평가는 일반적으로 매우 부정적이다. 그녀는 스스로에 대해서 매우 자주 반추하고, 그녀의 자아상은 눈에 띄게 부정적이며, 스스로를 상처받았고, 무가치하며, 여러 상처로 고통받는다고 여긴다. 이러한 비일관적인 관점은 점차 무기력감을 유발시킨다. 비록 상황이 더 좋아질 것이라는 모호한 낙관주의를 가지고 있음에도 불구하고, 그녀의 자기감은 매우 비현실적이다. 그러나 이는 상상에 의지하는 과도하게 주지화된 태도에서 기인한 비현실감인 것으로 보이며, 현실을 무시하는 경향이 있다.

대인관계 상황에서 그녀는 수동적인 것 같지만, 복종적이지는 않다. 의사 결정 시의 책임감을 회피하려는 성향이 뚜렷한데, 이러한 수동성은 장기간 지속되어 온 특성인 것 같다. 앞서 살펴보았듯이, 정서적 친밀감에 대한 욕구가 강하고, 그래서 아마도 외로움을 많이 느낄 것이다. 이는 그녀의 판단을 쉽게 혼미하게 만드는 강렬한 감정이다. 그녀는 안정적인 결혼 생활을 보고하고 있지만 의문의 여지가 있으며, 좀 더 자세하게 탐색되어야만 한다.

그녀는 사람들에 대해 관심은 많지만, 그들을 잘 이해하지는 못한다. 그래서 타인에 대해 소원하게 느끼고 그녀가 정작 바라는 것에 비해 부적절한 대인관계 행동을 하게 한다. 그럼에도 불구하고, 그녀 스스로는 타인과 관계가 긍정적이라는 고지식한 말을 반복한다. 사실상, 그녀는 사회적으로 고립되어 있으며, 아마도 의미 있는 관계를 형성하고 지속시키는 데 어려움이 있어 보인다. 그녀가 많은 상호 관계에서 피상적인 역할을 할 수밖에 없어서 더욱 그렇다.

그녀의 인지 기능은 예상했던 것보다는 덜 손상되어 있다. 그녀는 정보를 처리하는 데 많은 노력을 기울이고, 경제적으로 하고자 하지만 오히려 과도한 노력 때문에 시간이 더 많이 소요되거나 중요하지 않은 세부 사항에 신경을 쓰게 된다. 상황을 탐지하는 능력이 적절하긴 하지만, 고루하고 종종 적절성이 떨어진다. 대부분 그녀가 정서적으로 복잡한 상황에 직면하였을 때 그럴 것이다. 그녀는 적절하게 정보를 해석하며, 현실 검증력 손상은 의심되지 않는다. 그렇지만 때때로, 정서의 강렬함이 파괴적이어서 현재 명백한 증거가 있음에도 불구하고, 현실을 무시하곤 한다. 그녀의 감정이 강렬하지 않을 때, 보편적으로 기대되거나 수용 가능한 방식들로 반응하지만, 사회적인 요구나 기대에는 영향을 받지 않으며, 종종 이러한 행동들은 사회적인 관습과 관련된 주제들을 무시하려는 경향으로 나타난다. 이는 반항적이지는 않으나, 스스로를 감추고 자신의 감정을 인식하게 되는 것을 피하려 하기 때문에 발생할 수 있다.

그녀의 태도와 가치는 매우 고정적이나 융통성이 없는 것은 아닌 듯하다. 이러한 사람들은 자신의 태도나 견해를 변화시키는 것을 어려워하는데, 이는 지속적으로 비관주의를 고수하게 하고 이러한 사고가 만연화되면서, 세상과 관련된 관계에 대해 의심과 무관심을 강화하게 된다. 또한 협소하고 경직된 사고를 심화시켜, 종종 현실적으로 수용되기 위한 완벽한 논리를 인위적으로 만들어 낸다. 주의와 집중을 방해하는 매우 전의식적인 관념 단서를 경험하면서 혼란이 심각해지는데 명확한 사고 활동에도 문제를 발생시키게 된다.

방어기제는 개념적으로 손상된 사고 활동과 현실 검증의 문제를 유발하고 기괴하지 않으나, 질적으로 낮은 판단과 사고 과정에 영향을 끼치게 된다. 이는 그녀가 자신의 큰 고통을 부인하려 하고, 좀 더 적응적으로 자신의 사고 활동을 관리하는 데 무능력하다는 증거다. 결과적으로 그녀의 사고는 때때로 이완되거나 독특할 수 있다. 분명히 지적인 사람이긴 하지만, 스스로의 욕구와 소망을 효과적으로 주장하기 위해 자신의 능력을 효율적으로 사용하지 못한다.

주요한 문제와 권고

그녀가 호소하는 불안발작은 오랫동안 형성되어 온 우울감의 직접적인 결과다. 이러한 불안발작은 그녀가 정서적 혼란의 심각성을 자신이나 타인에게 숨기기 위해서 사용하는 방어기제가 약화되면서 나타났다. 그녀의 결혼 생활 역시 덜 안정적이거나 기대했던 것만큼 만족스럽지 못했던 것 같다. 좀 더 공포스러운 혼란과 직면하고 있는 것 같고, 자기 파괴적인 행동이 점진적으로 증가되면서 신속하고 주의 깊게 탐색되고 개입되어야 할 문제가 되었다.

보통 이러한 고통을 겪는 사람들은 일반적인 상황에서 가장 많은 이익을 얻을 수 있다. 환경은 이런 유형의 사람들에게 쉽게 지지를 해 주고 안심할 수 있게 한다. 또한 약물 복용과 통제된 환경을 제공하며, 심리치료적인 개입이 가능하다. 장기간의 입원은 필요 없으나, 그녀의 결혼 상황에 대한 신중한 평가가 치료 내용에 포함되어야만 한다. 마지막으로, 그녀는 치료 과정에 순응적인 경우는 아니다. 현재 주저하는 경향이 있긴 하지만, 그녀가 사용해 온 방어들은 역기능적이라 해도 수년간 그녀에게는 도움이 되었고, 치료 개입 시 초반에 치료자와 중요한 정서적인 공감을 형성하는 데 결정적으로 큰 어려움이 될 것이다.

사례 16

사례 16

28세 남자로 새벽 3시경 지역 경찰에 의해 매우 혼란된 상태로 지역 정신병원 응급실에 입원하였다. 바깥 기온이 4℃였는데도 겉옷과 신발이 없었고, 신분증이 든 지갑을 가지고 있었으나 스스로 누구인지 보고하지 않았다. 그는 약 18시간 동안 혼란된 상태로 있다가 부모와 형이 병원에 온 다음날 저녁이 되어서야 의식이 돌아오기 시작해 다음날 개인 정신병원으로 이송되었다. 이송 시 온순하고 협조적이었던 것으로 기록되었다. 입원 3일째 되는 날 실시된 검사에서 코카인 중독으로 나타났다. 6일 이후에 다시 분석하였을 때, 약간의 코카인 잔류 양이 검출되긴 하였으나, 중독 수준은 아닌 것으로 판명되었다. 심리학적인 평가는 입원 10일째에 실시되었으며, 입원 12일째에 구속되었다.

그는 4남 중 둘째다. 큰형은 31세로 결혼 6년 차이고, 전자 제품 디자이너다. 그의 동생은 26세로 수의과 전공이고, 막내 동생은 21세로 대학 4학년이며, 둘 다 미혼이다. 아버지는 63세로 건축가이고, 어머니는 58세로 대졸 출신이다. 어머니는 결혼 이후 4년간 초등학교 교사로 재직하였으나 과거 30년 동안 집 밖의 일은 하지 않았다. 가족 내 정신과 병력은 어머니가 40세에 2년간 우울로 심리 치료를 받았던 것뿐이다.

그는 작지만 안정된 건설회사 소유주다. 그는 영국에서 학위를 취득한 이후 약 4년간 이 일을 해 왔으며, 2년 동안 아버지 사업을 돕고 있다. 그의 아버지는 사업의 재무를 그에게 맡겼으며, 이후 최저 수준의 성과를 보여 왔다고 한다. 아버지와 형은 그가 충분한 노력을 하지 않는다고 보고했다. 가족은 그의 약물남용에 대해서 알고 있었으나, 이렇게 심각할 줄은 몰랐다고 한다. 그는 약물을 규칙적으로 복용해 왔다고 말했으며, "그렇지만 과잉 복용하지는 않았다."라고 보고했다. 그는 고등학교 재학 중에 마리화나를 피우기 시작했으며, 대학 재학 중에는 좀 더 강한 성분의 약물을 복용했다.

그는 아버지 일을 하면서 약물에 자유롭게 손을 댔다고 보고하였으나, 아버지는 사실이 아니라고 하였고, 아들을 고용한 지 2년째에 2주간의 약물 재활 프로그램에 참여시켰다고 보고했다. 부모는 '어떠한 약물이든 한 번만 시도해 볼 것이다. 그렇지만 나는 코카인이 가장 좋다.'는 아들의 말을 믿었다고 한다. 그는 또한 '일에서 발생하는 스트레스'를 이유로 암페타민(amphetamines)을 종종 사용했다.

30세 여성과 약혼을 했었지만, 그녀의 부정한 모습을 알게 된 이후 관계는 끝났다고 한다. 그러면서 최근 20세의 대학을 중퇴한 여성과 약혼하고, 곧 결혼 계획을 잡으려던 중이었다. 그녀는 그와 같은 아파트에 살고 있고 전화로 이야기를 하곤 했으나, 그를 집에 초대하지는 않았기 때문에 그는 혼란스러워하고 있다. 그는 자신이 '미치게' 될 것이라고 말하였으며, 마약 성분이 해독되는 즉시 그녀와 헤어지고 싶고, "그러면 나는 일을 다시 할 수 있다."라고 말했다. 부모는 그와 인터뷰를 했던 치료진에게 좀 더 심각한 장애에 대해서 질문했다. 그의 형은 그에 대해서 매우 '외로운' 사람이며, 회사에서 무시받았으며, 그를 회사에서 몰아내려는 회사 사람들에 대해 편집증적인 방법으로 이야기하곤 했다고 보고하였다.

의뢰 사유는, ① 약물남용에 의해 더 심각한 정신과적인 문제가 발생될 것인지, ② 약물 감소에 따른 정신분열형 장애 증상의 가능성은 없는지, ③ 심각한 우울증이 있는지, ④ 현재 환자의 상태가 스스로에게 위험이 되는지, ⑤ 특정한 치료적 제언을 얻기 위해서다.

사례 16 28세 남성

카 드	반 응	반응에 대한 질문
I	1. 이것은 단지 잉크 얼룩일 뿐이고, 무엇처럼 보이는지 모르겠어요. E: 천천히 보세요. 누구나 여기에서 무언가를 발견한답니다. 1. 이것은 기어다니는 곤충 종류 같군요.	E: (S의 반응을 반복한다.) S: 털이 여기 있고, 몸과 날개는 저쪽에 있어요.
	2. 하얀 부분 주위에 원을 만들면 이것은 호박 등에 눈, 코, 입을 잘라 내고 안에 불을 밝힌 등 같아요.	E: (S의 반응을 반복한다.) S: 음. 지금은 그렇게 보이지 않아요. 이렇게 만들 필요는 없어요(원을 찾는다). 눈과 입이 있는 호박 같군요. 나머지는 잊어버려요.
	3. 아무도 가 보지 않은 미지의 땅 지도 같군요.	E: (S의 반응을 반복한다.) S: 아무도 보지 못한 곳, 아마 아틀란티스 같아요. 하지만 잘 모르겠어요. 아틀란티스를 의미하는 것이 아니고 아무도 모르는 곳 같아요.
	∨4. 오, 이것은 터널로 가는 입구 같아요. 하루 종일 들여다보고 많은 것을 발견했지만 정말 지루하군요.	E: (S의 반응을 반복한다.) S: 바로 여기가 산이고 터널로 가는 입구죠. 이것이 터널로 보이는 이유예요(산과 터널 입구를 찾아(가리킨다).
II	5. 아래쪽에 슬픈 얼굴, 어쨌든 눈도 슬퍼요.	E: (S의 반응을 반복한다.) S: 바로 여기(찾는다), 이것은 사실 찡그린 표정이죠. 그들은 드라마에 나오는 얼굴 같고, 보세요. 슬퍼 보여요.
	6. 두 사람이 서로 토하고 있고 그들 사이에 분비물이 있어요.	E: (S의 반응을 반복한다.) S: 이것은 사람들의 머리고 코와 입도 있어요. 그들 사이에 분비물이 있군요.
III	7. 폐나 암같이 불길해요.	E: (S의 반응을 반복한다.) S: 담배를 많이 피워서 폐가 까맣게 된 것 같고, 암이나 기타 폐의 질병이 생겨 아픈 것 같아요.

E: 왜 그런 건지 잘 모르겠네요?

S: 보세요. 여기, 여기. 연결되어 있는 조직(세포) 같죠.

∨8. 이쪽으로 보면. 이것은 검은 과부거미 같아요. 배 위에 모래시계가 있고, 팔, 머리. 아마 이것은 예술가가 창조한 것처럼 현실 같지는 않아요.

E: (S의 반응을 반복한다.)

S: 이것은 단지 머리와 몸, 팔, 모래시계가 아니에요. 2개의 빨간 마크는 그녀가 새끼가 태어난 후 파트너를 죽였기 때문이고 검은색이어야 해요. 이것은 예술가가 아직 완성하지 않았기 때문이죠.

IV 이것은 단지 잉크 얼룩일 뿐 아무것도 볼 수 없어요.

E: 천천히 봐요.

9. 이것은 작은 머리와 큰 팔을 가진 거대한 해저 괴물 같아요.

E: (S의 반응을 반복한다.)

S: 작은 머리에 거대한 코가 앞에 있고 팔(포인트)도 있어요. 이것은 큰 꼬리가 펄럭거리는 호수의 해저 괴물과 같아요. 아마 이것에 대한 책이 있는 것 같아요.

V 10. 살짝 보이는 것이 동물, 아마 토끼 같아요.

E: (S의 반응을 반복한다.)

S: 중간으로 아래쪽으로 나누었을 때 양쪽이 똑같아요. 다리와 발, 귀가 위쪽에 있고, 고기나 어떤 것처럼 나뉘어 있어요.

11. 역시 나비인데 날고 있지 않고 색이 바랜 채로 박물관에 전시되어 있어요.

E: (S의 반응을 반복한다.)

S: 색은 바랬고 회색빛이에요. 집시나방 종 같은데 정확히 기억이 나지 않아요. 아무튼 더듬이와 큰 날개가 있어요.

VI 무엇인지 잘 모르겠어요. 흥미롭지만 모르겠네요.

12. 이것은 말하길…… 성교 같아요. 하지만 자세히는…… 잘 모르겠어요.

E: (S의 반응을 반복한다.)

S: 아, 잘 모르겠지만 질이 있고(찾는다), 페니스가(찾는다) 이곳에 있어요. 아마 성교 중인 거 같아요.

∨13. 이것은 다이아몬드 커터 같아요.

E: (S의 반응을 반복한다.)

S: 이것은 다이아몬드를 자를 때 사용하는 커터 같은 긴 바늘이나 무엇인 것 같아요.

VII 14. 부서진 쿠키요. 가운데 구멍이 있는 데이지 쿠키예요. 우유랑 먹으면 맛있는 거요.

E: (S의 반응을 반복한다.)

S: 알았어요. 이 두 조각을 함께 붙이면 가운데 구멍이 있는 동그란 모양이 돼요. 하지만 아마도 이 조각을 보면, 맞아요, 여기가 구멍과 남겨진 조각 햇살 버터 쿠키잖아요.

VIII ∨15. 한 사람이 다른 사람들을 끌고 있는데, 아마도 신이 그의 아들을 밝은 빛으로, 하늘로 데려오려고 하고 있어요.

E: (S의 반응을 반복한다.)

S: 한 명의 아들, 신의 단 한 명의 아들, 아들들이 여기서 보인다고 말하지는 않았어요. 손을 뻗치고 있고 머리에 빛이 있어요.

	E: 보이지 않는데 도와주시겠어요? S: 여기 위쪽이 빛이고 이것이 신(가리킨다), 팔을 보세요, 여기는 아들, 다리가 분리되어 있고, 이것은 위쪽으로 당겨지고 있어요(가리킨다). 상상력을 좀 더 발휘해 보세요.
IX 이것은 전의 것보다 더 좋은 색이군요.	
∨16. 버섯구름이 있는 원자 폭탄이 터진 것 같아요. 위쪽이 번쩍이며 매우 밝은…… 마치 (카드를 찾는다) 9번 같아요.	E: (S의 반응을 반복한다.) S: 네, 버섯구름(포인트)이 보이죠, 아래쪽에 매우 밝은 오렌지 빛 섬광이 있는데 형성되기 이전의 파이어볼(화구) 같아요.
X 17. 화가가 지루해하며 몇 가지 색을 종이 위에 뿌려 놓은 듯하고, 매우 지루한, 첫 번째 카드에서 말한 것 같은 유치하고 지루하네요.	E: (S의 반응을 반복한다.) S: 이것인 제가 전에 예술가들이 작품 같은 데서 많이 본 것처럼 단지 물감이나 색을 뿌려 놓은 것에 불과해요.
∨18. 풀장에서 뒤로 공중제비를 하고 다이빙하는 것 같이 보여요.	E: (S의 반응을 반복한다.) S: 이것은 전의 것처럼 매우 한심해요. E: 네 S: 여기 그녀 혹은 그가, 아무튼. 주로 소녀가 뒤로 다이빙하는 것 같은데 등이 그에 알맞게 만들어져 있네요. E: 당신처럼 보이지 않는데 도와주시겠어요? S: 여기 팔이 나와 있고, 몸은 뒤로 구부러져 있어요(찾는다). 얼굴도 역시 볼 수 없나요? 파란 부분은 물이죠. 알다시피 물은 파란 빛이죠.

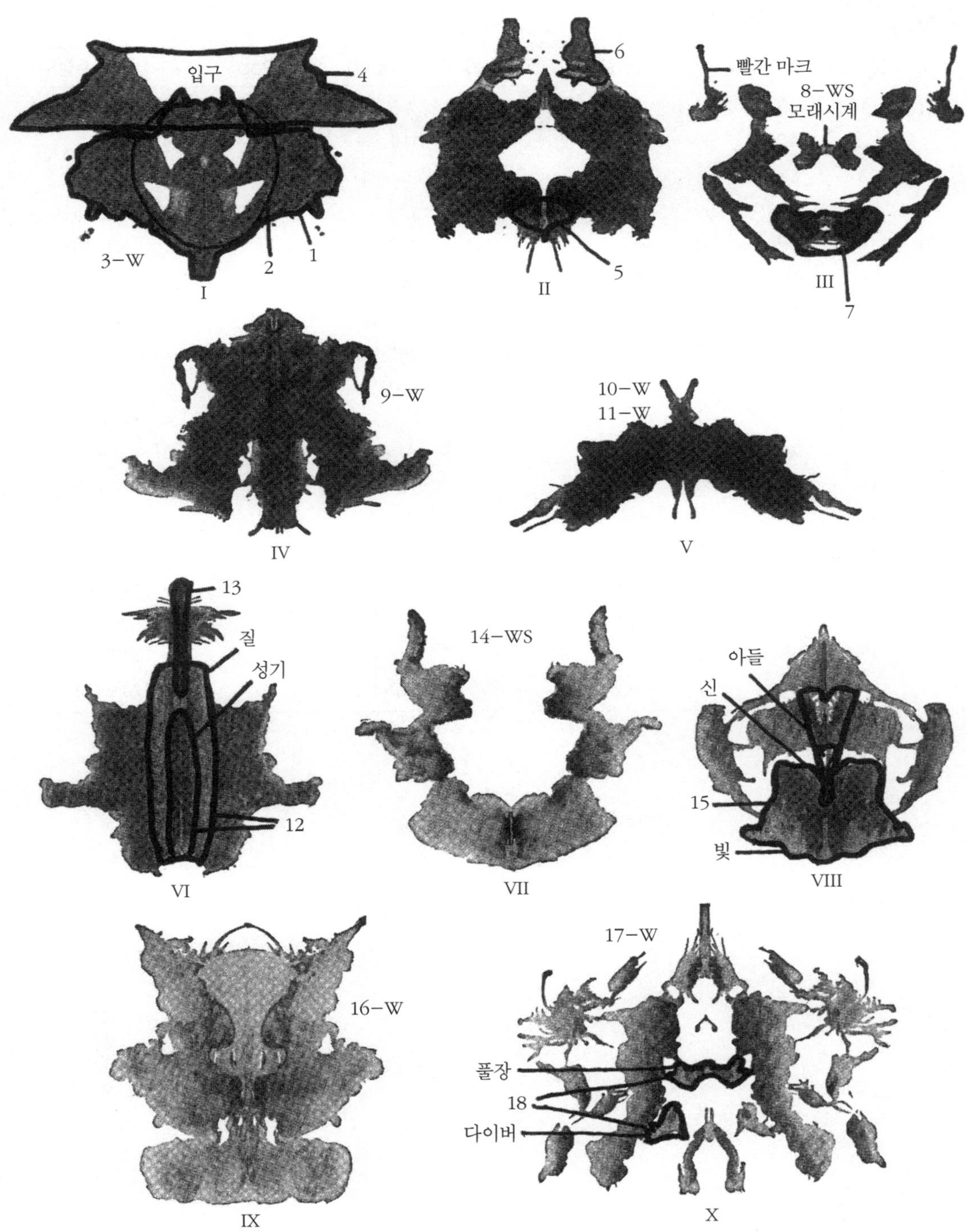
입구
4
3-W
2
1
I
6
5
II
빨간 마크
8-WS
모래시계
III
7
9-W
IV
10-W
11-W
V
13
질
성기
12
VI
14-WS
VII
아들
신
15
빛
VIII
16-W
IX
17-W
풀장
18
다이버
X

사례 16

사례 16 계열 기록표

카 드	반응 번호	영역	위치 기호	결정인	(2)	내 용	Pop	Z	특수점수
I	1	Ddo	99	Fu		A			
	2	DdSo	99	F−		(Hd)		3.5	PHR
	3	Wv	1	Fu		Ge			DR2
	4	DdS/	99	FVu		Ls		4.0	
II	5	Ddo	99	Mp−		Hd			MOR,PHR
	6	Dd+	99	Ma.mp−	2	Hd		5.5	AG,PHR
III	7	Do	7	FC′−		An			MOR
	8	WS+	1	FC′.C−	2	Ad,Art		5.5	AB,INC
IV	9	Wo	1	FMa.FDo		(A)		2.0	DV
V	10	Wo	1	F−		A		1.0	MOR
	11	Wo	1	mp.FYo		A	P	1.0	MOR
VI	12	Dd+	99	Ma−		Hd,Sx		2.5	DV,PHR
	13	Do	2	Fu		Sc			
VII	14	WS+	1	F−		Fd		4.0	MOR
VIII	15	Dd+	99	Ma.mp.CF−		(H),Na,Ay		3.0	DR,PHR
IX	16	W+	1	ma.CFo		Ex,Fi,Cl		5.5	
X	17	Wv	1	C		Art			PER
	18	D+	2	Ma.C−		H,Na		4.5	ALOG,PHR

사례 16 구조적 요약

반응 영역 특성

Zf	= 12
ZSum	= 42.0
ZEst	= 38.0
W	= 8
D	= 3
W+D	= 11
Dd	= 7
S	= 4

결정인

혼합 반응
M.m
FC'.C
FM.FD
m.FY
M.m.CF
m.CF
M.C

단일	
M	= 2
FM	= 0
m	= 0
FC	= 0
CF	= 0
C	= 1
Cn	= 0
FC'	= 1
C'F	= 0
C'	= 0
FT	= 0
TF	= 0
T	= 0
FV	= 1
VF	= 0
V	= 0
FY	= 0
YF	= 0
Y	= 0
Fr	= 0
rF	= 0
FD	= 0
F	= 6
(2)	= 2

내 용

내용	
H	= 1
(H)	= 1
Hd	= 3
(Hd)	= 1
Hx	= 0
A	= 3
(A)	= 1
Ad	= 1
(Ad)	= 0
An	= 1
Art	= 2
Ay	= 1
Bl	= 0
Bt	= 0
Cg	= 0
Cl	= 1
Ex	= 1
Fd	= 1
Fi	= 1
Ge	= 1
Hh	= 0
Ls	= 1
Na	= 2
Sc	= 1
Sx	= 1
Xy	= 0
Id	= 0

자살지표

No	... FV+VF+V+FD>2
Yes	... Col−Shd Bl>0
Yes	... Ego<.31, >.44
Yes	... MOR>3
Yes	... Zd>+−3.5
No	... es>EA
Yes	... CF+C>FC
Yes	... X+%<.70
Yes	... S>3
Yes	... P<3 or >8
Yes	... 순수 H<2
No	... R<17
9	... Total

발달질

+	= 7
o	= 8
v/+	= 1
v	= 2

형태질

	FQx	MQual	W+D
+	= 0	= 0	= 0
o	= 3	= 0	= 3
u	= 4	= 0	= 2
−	= 10	= 5	= 5
none	= 1	= 0	= 1

특수점수

	Lv1	Lv2
DV	=2x1	0x2
INC	=1x2	0x4
DR	=1x3	1x6
FAB	=0x4	0x7
ALOG	=1x5	
CON	=0x7	
Raw Sum6	=6	
Wgtd Sum6	=18	

AB	= 0	GHR	= 0
AG	= 1	PHR	= 6
COP	= 0	MOR	= 5
CP	= 0	PER	= 1
		PSV	= 0

비율, 확률, 이탈치

R = 18	L = .50				
EB = 5:6.5	EA = 11.5	EBPer = N/A			
eb = 5:4	es = 9	D = 0			
	Adj es = 6	Adj D = +2			
FM = 1	:	C' = 2	T = 0		
m = 4	:	V = 1	Y = 1		

FC:CF+C	= 0:5
순수 C	= 3
SumC':WSumC	= 2:6.5
Afr	= .29
S	= 4
Blends:R	= 7:18
CP	= 0

COP = 0 AG	= 1
GHR:PHR	= 0:6
a:p	= 6:4
Food	= 1
SumT	= 0
Human Cont	= 6
순수 H	= 1
PER	= 1
Iso Indx	= .44

a:p	= 6:4	Sum6	= 6	XA%	= .39	Zf	= 12.0	3r+(2)/R	= .11
Ma:Mp	= 4:1	Lv2	= 1	WDA%	= .45	W:D:Dd	= 8:3:7	Fr+rF	= 0
2AB+Art+Ay	= 5	WSum6	= 18	X−%	= .56	W:M	= 8:5	SumV	= 1
Mor	= 6	M−	= 5	S−	= 3	Zd	= +4.0	FD	= 1
		Mnone	= 0	P	= 1	PSV	= 0	An+Xy	= 1
				X+%	= .17	DQ+	= 7	MOR	= 5
				Xu%	= .22	DQv	= 2	H:(H)+Hd+(Hd)	= 1:5

PTI = 4*	DEPI = 6*	CDI = 4*	S−CON = 9*	HVI = No	OBS = No

우선 핵심 변인 PTI에 해당된다. 따라서 군집을 점검하고 정보 처리 군집부터 시작하여, 다음으로 인지 3요소 내에 있는 다른 두 개의 군집에 대해 검토한다. 이후 통제, 정동, 자기 지각, 그리고 대인관계 지각과 관련된 자료를 검토한다. 단, 정보 처리 군집 자료를 다루기 전에 S-CON 결과에 대해 반드시 먼저 확인해 보아야 한다.

자살지표

S-CON 양성 결과는, 그가 검사를 받은 후 단기간 내에 자살하는 사람들에게서 발견되는 결과와 유사한 특징을 보였다. 그의 검사를 의뢰한 의사는 환자가 발견되었을 당시의 환경의 특성상 자해에 대한 진단을 제기했다. 자해에 관한 다른 정보와 관계없이 S-CON에 해당된 결과는 강조되어야만 하며, 이는 그가 될 수 있는 한 퇴원을 서둘러 하고자 한 바와 관련해 중요한 의미가 있을 수 있다.

정보 처리

그는 새로운 정보를 처리하는 데 적절한 노력을 하지만(1단계 소견 1), 그 접근 방식은 일반적이지 못하며, 비효율적인 경향이 있다. 그는 자주 명백한 단서를 무시하거나 사소한 부분에 초점을 두는데(2단계 소견 2c), 일관적이지 않다. 그의 일반적이지 않은 정보 처리적 접근 방식은 심리적 혼란이 있을 수 있음을 시사한다(3단계 소견 2). 동시에 그는 매우 세심하게 살피려 노력하며, 부주의한 측면을 인식하지 못하거나 회피하려 한다(3단계 소견 2). 일반적으로 보통의 사람들에게는 이점이 될 수도 있으나, 이 경우에는 불명확함으로 인해 비능률적일 가능성이 많다. 이러한 처리 과정의 질이 때때로 저하될 수 있으며(7단계 소견 2), 이는 그의 다른 인지적인 활동에 중대한 영향을 끼칠 수 있다. 심리적인 혼돈의 신경학적 이유도 의심되는데, 좀 더 만성적인 인지적 혼돈이 시사된다(8단계).

사례 16 28세 남성의 정보 처리 관련 변인

EB	= 5:6.5	Zf	= 12	Zd	= +4.0	DQ+	= 6
L	= .50	W:D:Dd	= 8:3:7	PSV	= 1	DQv/+	= 0
HVI	= NO	W:M	= 8:5			DQv	= 1
OBS	= NO						

반응 영역과 발달질 위계

I:	DDo.DdSo.Wv.DdSv/+	VI:	Dd+.Do
II:	Ddo.Dd+	VII:	WS+
III:	Do.WS+	VIII:	Dd+
IV:	Wo	IX:	W+
V:	Wo.Wo	X:	Wv.D+

사례 16 28세 남성의 중재 관련 변인

				마이너스 반응과 무형태질 반응
R = 18		L = .50		OBS = No
FQx+	= 0	XA%	= .39	I 2. DdSo F− (Hd) 3.5 PHR
FQxo	= 3	WDA%	= .45	II 5. Ddo Mp− Hd MOR,PHR
FQxu	= 4	X−%	= .56	II 6. Dd+ Ma.mp− 2 Hd 5.5 AG,PHR
FQx−	= 10	S−	= 3	III 7. Do FC′− An MOR
FQxnone	= 1			III 8. WS+FC′.C− 2 Ad,Art 5.5 AB,INC
(W+D	= 11)	P	= 1	V 10. Wo F− A 1.0 MOR
WD+	= 0	X+%	= .17	VI 12. Dd+Ma− Hd,Sx 2.5 DV,PHR
WDo	= 3	Xu%	= .22	VII 14. WS+ F− Fd 4.0 MOR
WDu	= 2			VIII 15. Dd+Ma.mp.CF− (H), Na, Ay 3.0 DR,PHR
WD−	= 5			X 17. Wv C Art PER
WDnone	= 1			X 18. D+Ma.C− H, Na 4.5 ALOG, PHR

인지적 중재

이 환자가 정보를 해석하는 태도는 현저하게 손상되어 있다. 이러한 손상은 포괄적이며, 명백한 단서들이 어떠한 모습으로 환자가 받아들였는지와는 관계없이 빈번하게 발생하는 것 같다. 현실 검증 능력에 한정되며, 정신증적 상태일 때 효율성이 급격하게 저하된다(1단계 소견 7). 이러한 역기능은 매우 반복적이며, 적절한 적응 수준이 기대될 수 있는 영역에까지 역기능의 영향이 미친다(3단계 소견 5).

이러한 혼란 중에 몇몇은 심각한 사고장애와 사람들에 대한 편견과 관련되어 있다. 한편, 친밀감에 대한 어려움 또한 유의미한 영향을 미치며, 전반적으로 매우 비효과적이거나 부적절할 가능성이 있다(3a, 3b 단계).

매우 다양한 단서가 존재할 때조차도, 그는 자신만의 생각에 포함되는 단서들을 따르는 것 같지 않다(4단계 소견 3). 인지적 손상은 그가 관습적이거나 적절한 태도로 사물을 확인하고 개념화하는 데 많은 어려움을 유발한다(6단계 소견 4). 결과적으로, 그의 현실성은 내적인 것이며, 이는 그가 직면한 외적인 현실을 습관적으로 무시하게 만들거나 혼란스럽게 만든다.

관념화

그는 의사 결정에 있어 비일관적이다. 때때로 정서를 배제하고 논리적인 주제를 다루려고 시도하긴 하지만, 또 어떤 경우에는 자신의 판단과 결정을 무조건 따르려고 한다. 이러한 접근들은 효과적이지도 않으며, 모든 일상생활에서 일어나는 요구를 다룰 때 방해가 되는 것 같다(1단계 소견 5), 비관적인 태도가 두드러지고, 이 또한 인지 활동을 방해할 것이다. 도움받을 수 없다는 실패에 대한 예상과 의심을 만들고, 사물들을 객관적으로 개념화하는 데 중요한 영향을 미친다(4단계 소견 3).

그는 자신의 욕구를 만족시키기 위해서, 그리고 이러한 욕구들이 만들어 낼 수 있는 관념적인

사례 16 28세 남성의 관념화 변인

						특수점수 (R = 18)			
L	= .50	OBS	= No	HVI	= No				
						DV	= 2	DV2	= 0
EB	= 5:6.5	EBPer	= NA	a:p	= 6:4	INC	= 1	INC2	= 0
				Ma:Mp	= 4:1	DR	= 1	DR2	= 1
eb	= 5:4	[FM = 1 m = 4]				FAB	= 0	FAB2	= 0
				M−	= 5	ALOG	= 1	CON	= 0
주지화 지표	= 5	MOR	= 5	Mnone	= 0	Sum6	= 6	WSum6	= 18

M 반응 특성

II 5. Ddo Mp− Hd MOR,PHR
II 6. Dd+Ma.mp− 2 Hd 5.5 AG,PHR
VI 12. Dd+Ma− Hd, Sx 2.5 DV,PHR
VIII 15. Dd+Ma.mp.CF− (H), Na, Ay 3.0 DR,PHR
X 18. D+Ma.C− H, Na 4.5 ALOG, PHR

부담을 피하기 위해 성급하게 행동할 수 있다. 그러나 그가 현재 경험하는 상황적 스트레스가 늘 있어 왔다기보다는 그를 더욱 관념적으로 행동하도록 하는 요인으로 보인다(5단계 소견 1). 그는 일반적인 사람보다 더 많이 자신이 의도하지 않은 좋지 않은 느낌에 대해서 주지화하려고 애쓰는데, 이는 그가 혼란스러운 개념을 형성하거나 받아들이는 데 취약하게 만든다(7단계 소견 1). 전반적으로 그의 사고는 매우 혼란된 상태인 것 같다. 무질서하고, 비일관적인 경향이 있으며, 잘못된 판단을 반복한다(8단계 소견 5). 때때로 부적절하고 충동적이며, 현실 검증력이 손상되어 있다(9단계). 이러한 손상들은 세상과 세상 속 사람들에 대한 혼란된 관념과 관련되는 것으로 보인다(10단계). 그는 분명 지적인 사람이지만, 일관되고 효율적인 방식으로 자신의 능력을 발휘하지 못한다(11단계).

통 제

스트레스를 통제하고 견디는 능력은 양호하다(1단계 소견 3). 현재 그는 어느 정도의 외적인 스트레스를 통제할 만한 기본적인 능력이 감소되어 있는 경우라기보다 상황적으로 더 많은 스트레스를 경험하고 있다고 보아야 할 것 같다(상황적인 스트레스 2단계 소견 2). 그럼에도 불구하고 그의 통제 능력은 충분하다. 아마도 이러한 스트레스는 그의 입원과 관련이 있지만, 최근 그의 행동과 관련된 죄책감과 양심의 가책을 느낀다(5단계 소

사례 16 28세 남성의 통제 관련 변인

EB = 5:6.5	EA = 11.5		D = 0	CDI = 4
eb = 5:4	es = 9	Adj es = 6	AdjD = +2	L = .50
FM = 1 m = 4	SumC′ = 2	SumT = 0	SumV = 1	SumY = 1

견 5). 이는 그의 관념에 주된 영향을 미치고, 그는 현재 무력감을 느끼고 있는 것 같다(상황적인 스트레스 3단계 소견 2).

그는 충분한 심리학적인 자원을 보유하고 있으나(2단계 소견 2), 기대하는 것보다는 덜성숙한 듯하다. 이는 때때로 그의 통제 능력에 영향을 미칠지도 모르는 대인관계상 어려움을 유발할 수 있다(CDI). 명백히 그는 현재 전형적인 방식으로 욕구들을 경험하지 않으며, 또한 쉽게 행동화하는 경향이 있다(5단계 소견 3). 또한 감정 표현을 억제하는 경향도 있다(5단계 소견 4).

정 동

그는 우울과 동반되는 정서적인 혼돈 상태에 있다. 오랫동안 지속되어 온 듯하고, 대인관계를 효과적으로 지속하고 문제에 대응하는 데 반복적인 곤란이 발생되고 있다. 실망하고 고통스럽게 하며 자포자기하면서 본인이 원하지 않는 느낌 때문에 인지적인 기능에도 문제가 심각해지거나 지속될 수 있다. 앞서 말했듯이 그는 의사 결정력이 매우 비일관적이고, 느낌을 표현하거나 이용하는 방식 또한 일관적이지 않다(2단계 소견 8).

감정을 편안하게 다루지 못하며, 정서적인 상황을 회피하는 경향이 두드러진다(6단계 소견 4). 이러한 특성을 보이는 사람들은 종종 사회적인 상호작용에서 일반적 정상적 정서 변화에 의해서도 영향을 받아 어려워하고 결과적으로 이들의 대인관계는 상대적으로 더 피상적이다. 또한 느낌들을 좀 더 지적인 수준에서 다루려고 하고, 이렇게 부인하는 자신의 느낌은 실제 의미가 은폐되고 만다(7단계 소견 1). 이러한 상황은 그가 자신의 감정을 표현하는 데 매우 애매한 태도를 가지고 있다 보니 현실적으로는 더 어렵게 상황이 전개될 수 있다(9단계 소견 10). 이들은 종종 과도하게 예민해지거나, 때로는 충동성으로 드러나기도 한다. 이런 예민성이나 충동성에 대해 스스로 적절한 통제를 중요하게 여기고 통제하려고 노력하기 때문에 그는 옳지 못한 것으로 심각하게 평가한다. 현실 검증력은 안정적이지 못해서, 종종 주의 깊게 다뤄야 하는 중요한 느낌에 의해 압도된다. 이러한 현상들은 미성숙한 태도라기보다는 오히려 매우 취약한 인지 기능과 현실 판단의 결

사례 16 28세 남성의 정동 관련 변인

						혼합 결정인	
EB	= 5:6.5			EBPer	= NA		
eb	= 5:4	L	= .50	FC:CF+C	= 0:5	M.m.CF	= 1
DEPI	= 6	CDI	= 4	순수 C	= 3	M.C	= 1
						M.m	= 1
C′ = 2	T = 0			SumC′:SumC	= 2:6.5	FM.FD	= 1
V = 1	Y = 1			Afr	= .29	m.CF	= 1
						M.FY	= 1
주지화 지표	= 5	CP	= 0	S = 4 (S to Ⅰ,Ⅱ,Ⅲ	= 3)	FC′.C	= 1
Blends:R	= 7:18			Col-Shad Bl	= 1		
m+ y Bl		= 3		Shading Bl	= 0		

과라 볼 수 있다(10단계).

현재 그는 다소 화가 난 상태며, 사회적인 관계에 대한 그의 태도에 영향을 끼치게 된다(11단계 소견 4). 그는 매우 복잡한 사람이고(12단계 소견 3), 이렇게 드러나는 많은 부분은 현재 스스로를 자각할 수 있는 상황에 의해 더욱 부각되면서 많은 어려움이 경험되고 있으며(13단계), 정서적인 상황과 감정에 의해 쉽게 혼란을 느낀다(15단계 소견 2).

자기 지각

그의 자기 가치감에 대한 평가는 매우 부정적이고, 스스로 다른 사람과 비교했을 때 매우 비호감이라고 생각하고 있다(3단계 소견 3). 그는 일상적으로 스스로 반성하고 점검하는 행동을 하지만, 이런 행동의 대부분은 부정적으로 지각된 특성에 의해 발생되고, 스스로에게도 고통스러운 느낌을 더 많이 자극한다(4단계 소견 3). 그의 전반적인 자기개념은 특징적으로 부정적인 귀인으로 가득하다(6단계 소견 2). 사실상 스스로에 대한 인상은 자신의 경험과 관련된 상상이나 혼돈을 자료로 하는 듯하다(7a 단계 소견 2b). 이는 이후 자기 능력에 대한 중요한 혼돈과 갈등에 직접적인 영향을 끼치고, 때로 매우 극단적으로 드러날 수 있다(7단계).

그는 갑작스럽게 극심한 심리적인 곤란을 자각하고 있으며, 자신에 대한 부정적인 관점이 현저하게 드러나고 있다(8a, 8b 단계 반응 5, 7, 8, 10, 11, 14). 현재, 현실 검증력의 문제는 단지 스스로에 대한 혼란스러움과 무기력감에 대해서 제한된 영향력을 발휘하는 것으로 보인다(8c, 8d, 8e 단계 반응 1, 3, 5, 7, 11, 14, 15).

대인관계적 지각

사회적 관계에 대한 자신의 기술은 매우 융통성이 부족하고 주제가 제한되어 있으며(1단계), 대인관계 행동은 부적절하고 지나치게 고지식해 보인다. 아마도 타인과의 관계는 피상적이며 지속적으로 스스로도 어려움을 자각하고 있을 것이다. 타인에게 의존적이며(4단계), 대부분의 사람처럼 다른 사람과 정서적으로 친밀해지고 싶은 욕구는 강하다(5단계 소견 1). 분명히 사람들에 대

사례 16 28세 남성의 자기 지각 관련 변인

R = 18	OBS = No	HVI = No	인간 내용, An & Xy의 반응
Fr+rF = 0	3r+(2)/R = .11		I 2. DdSo F− (Hd) 3.5 PHR
			II 5. Ddo Mp− Hd MOR,PHR
FD = 1	SumV = 1		II 6. Dd+Ma.mp− 2 Hd 5.5 AG,PHR
			VI 12. Dd+Ma− Hd,Sx 2.5 DV,PHR
An + Xy = 1	MOR = 5		VIII 15. Ma.mp.CF− (H),Na,Ay 3.0 DR,PHR
			X 18. D+Ma.C− H,Na 4.5 ALOG,PHR
H:(H)+Hd+(Hd) = 1:5			
[EB = 5:6.5]			

사례 16 28세 남성의 대인관계 지각 변인

R = 18	CDI = 4	HVI = No	COP, AG 반응
a : p = 6 : 4	SumT = 1	Fd = 1	II 6. Dd+Ma.mp− 2 Hd 5.5 AG,PHR
	[eb = 5 : 4]		
인간 내용의 합 = 6		H = 1	
[양향형 유형]			
GHR : PHR = 0 : 6			
COP = 0	AG = 1	PER = 1	
소외 지표 = .44			

해서 관심을 가지고 있으나, 그들에 대해 매우 잘 이해하지는 못한다(6단계 소견 2). 그는 사회적인 상황에 대해서 자주 오해하고, 이 때문에 종종 다른 사람들을 멀리하는 것 같다(7단계 소견 2). 그는 사람들과의 관계에서 편안함을 느끼지 못하고, 좀 더 거리를 두거나 냉담한 존재로 타인을 지각할 수도 있다(8단계 소견 1). 따라서 타인에 대한 관심이 있긴 하지만, 그가 원하는 것보다 더 빈번하게 대인관계 내에서 고립되어 있는 것으로 보인다(10단계 소견 2). 그의 빈약한 현실 검증력과 제한된 사회적 기술은 사회적인 혼란과 혼돈을 강화시키며, 타인을 대하는 데 매우 취약함으로 드러날 것이다.

사례 16에 대한 기술과 권고

이 환자는 심각하게 혼돈되어 있다. 그의 현실 검증력은 현저하게 손상되어 있으며, 그 손상 범위도 광범위하다. 그는 적절한 행동에 대한 명백한 단서의 존재 여부와 관계없이 자주 현실에 대한 왜곡을 하곤 한다. 이러한 방대한 손상은 부적절한 시점에 정신증적인 현상이 나타날 때 발생한다. 그가 경험하는 혼돈은 사고 활동과 대인관계 형성에 반영되고, 심각한 정서적인 어려움을 경험한다. 이런 혼돈의 최종 산물은 매우 비효율적이거나 부적절한 행동에 의해 예측되는 잠재된 광범위한 혼란이라 할 수 있다.

현재 그는 자살을 감행하는 사람들과 유사한 특징이 있으며, 그가 빠른 퇴원을 요구한다는 점을 고려하면 매우 중요한 의미가 있다. 환자의 손상은 그가 관습적이거나 적절한 태도로 사물을 인식하기 어렵게 만든다. 결과적으로, 그의 현실성은 외적인 요소보다도 좀 더 내면적인 것에 기초하고 있으며, 그가 직면하게 되는 외적인 현실을 일상적으로 무시하거나 혼란스럽게 여기도록 만들 수 있다.

가장 최적의 환경하에서조차도 그는 일관된 태도로 의사 결정을 하지 못한다. 때때로 논리적인 주제를 다루기를 시도하거나 감정이 표현되는 것을 방해한다. 또 다른 경우에 그는 자신의 판단과 결정의 방향을 결정 짓는 느낌에 지나치게 의존한다. 이러한 접근은 매우 효과적이지도 않고, 모든 생활에서의 욕구를 다루는 과정에 부담스러울 정도도 아니다. 그의 사고는 비관적이며, 도움을 받을 수 없으나 대상이나 사물을 어떻게 개념화하느냐에 따라서 중요한 영향력을 가질 수 있는 실패와 의심을 발생시킬 수 있다.

현재 그는 매우 중요한 상황적인 스트레스를 경험하고 있으며, 이 스트레스는 그의 손상을 가속화할 만한 습관적인 혼란과 달리 좀 더 관념적인 혼란을 심각하게 유발시키고 있다. 그는 원치 않는 느낌에 대해서 주지화하려고 하며, 혼란된 개념을 형성하거나 왜곡하지 않고 받아들이기 어렵게 한다. 전반적으로 그의 사고는 지리멸렬하고, 비일관적이며 판단도 혼란스럽다. 때때로 산만하고 충동적이며, 세상과 사람들에 대해 매우 혼란스러운 관점을 형성하는 데 영향을 주게 될 것이다. 그는 매우 철저하게 새로운 영역에 대해 접근하는 경향이 있고, 부주의해지지 않으려고 하지만, 그 과정의 질적인 수준은 다소 양호하지 않으며, 그의 인지적인 곤란을 심화시킨다. 원래는 스트레스를 통제하고 견디는 능력은 매우 양호한 수준이었고, 현재 경험하는 상황적인 스트레스에도 어느 정도는 적절하게 유지되고 있었다. 스트레스는 입원과 연관된 듯하지만, 또한 최근 그가 보였던 행동에 대한 죄책감이 포함되며, 이러한 사실은 그에게 무기력감을 느끼게 한다.

그의 정서적인 혼란은 보통의 우울에서 일반적으로 나타나는 많은 특징을 동반하고 있다. 문제는 오랫동안 지속되어 온 것 같으며, 효과적으로 대인관계를 형성하고, 지속하는 데 반복적인 어려움을 경험해 온 것 같다. 그는 실망감과 두려움 그리고 절망감에 취약하다. 그는 될 수 있는 한 정서적인 자극을 피하려고 하지만, 오히려 내적이고 외적인 문제를 증가시켜 온 것 같다. 그는 좀 더 지적인 수준에서 감정을 다루려고 하며, 이 과정의 부인 방어기제는 그의 사고 과정에 혼란을 가중시켜 온 것 같다.

또한 느낌을 표현하는 매우 애매한 태도 때문에 더욱더 악화되어 온 것 같다. 이러한 상황은 전반적으로 긴장된 태도로 드러나며, 이는 판단의 곤란 때문에 발생하게 된 것이다. 그는 다소 화가 난 상태며, 이는 그가 지각하는 환경과 사회적인 관계에 대한 태도에 영향을 미친다. 평소에 그는 복잡한 사람이 아니지만, 현재 스스로에 지각하는 내용의 왜곡 때문에 복잡해진 것으로 보인다. 이러한 복잡성은 느낌에 대한 혼란으로 이어져 그는 스스로를 매우 부정적으로 여기고, 이러한 특성에 초점을 두고 자기 스스로 시험적인 행동을 하곤 한다. 이는 그를 고통스럽게 한다. 자기개념 형성에 영향을 미치는 부정적인 귀인은 경험에 대한 상상이나 혼란에 기초하지만, 때로는 이러한 그의 혼란에 대해 급성적으로 왜곡해 지각하는 데 영향을 주는 것 같다. 따라서 그에게 남는 최종적인 결과는 스스로 능력에 대한 중요한 불신과 혼란이며, 이는 스스로에 대한 만성적으로 비관적인 관점에 영향을 끼친다. 그의 현실 검증력의 한계는 이러한 혼돈된 상황에서 영향을 끼쳐 무기력감을 가중시키게 된다.

사회적 기술이 제한되어 있고, 대인관계의 행동도 부적절하며 지나치게 고지식하다. 타인과의 관계는 아마도 피상적이고, 지속적으로 관계를 유지해 나가기 어려워한다. 그는 타인에게 의존적이며, 대부분의 사람이 그러하듯이 타인과 정서적으로 친밀하고픈 욕구는 강하다. 그는 사람에 대해 많은 관심을 가지고 있으나 그들을 잘 이해하지 못하며, 사회적인 상황에 대해서 자주 오해석하는 것 같다. 때문에 쉽게 타인을 멀리할 수 있으며, 결과적으로 그의 소망과는 달리 대인관계상에서 좀 더 고립되는 것 같다. 불행하게도 그의 빈약한 현실 검증력은 이러한 상황에 매우 중요한 부정적 영향을 끼친다.

주요한 문제와 권고

이 사례의 경우 의뢰 사유는 약물 문제가 좀 더 심각한 장애를 유발하는 것인지이며, 이것은 지지될 수 있다. 그는 정신분열형 장애에 상응하는 많은 특성을 가지고 있으며, 또한 유의미하게 장기간 지속되어 온 정서적인 문제를 경험해 왔다. 심각한 우울을 경험해 왔고, 우울에 앞서 대인관계 상황에서의 문제로 발생한 실망감과 고민이 직접적으로 영향을 끼쳐 온 것으로 보인다. 개인력 정보, 특히 과거 2, 3년간의 행동에 대한 정보는 진단상 명확성을 기하는 데 도움이 되었다.

진단과 관계없이 환자가 보이는 많은 특성이 자살을 시도한 사람들의 특성과 유사하다는 점 또한 매우 중요하다. 따라서 이러한 주제와 관련된 치료적 개입이 필요하다. 직면한 주제를 다루기 이전에 치료의 개시가 좀 더 복잡할 수 있다. 그는 자신의 장애에 대한 중요성과 심각성을 현실적으로 받아들이지 못하고 그가 지금보다 더 효과적으로 기능하도록 돕는 치료에 장기간 참여해야 한다. 현실을 무시하고 혼란스러워하는 경향을 완화시켜 온 약물남용의 역할을 대치할 것이 필요하다.그가 쉽게 포기할 것 같지는 않지만 장기간 입원 치료가 필요하므로 이에 대한 합리적이고 현실적인 결정이 요구된다.

사례 17

사례 17

12세의 여아로, 5학년과 6학년에 실시된 성취도 평가 결과의 비일관성 때문에 의뢰되었다. 이 아동은 부모와 학교 관리자와의 면담 후 6학년으로 진급했고, 5학년에서 6학년으로 올라가기 전 여름 동안 특별 개인지도를 받았다. 6학년 첫 2개월 동안은 매우 우수했으나 최근 3개월 동안 현저하게 저하되었다. 6학년 담임교사는 아동이 근면하기는 하지만 학급 활동에 곤란이 있고, 시험이나 과제물을 완성할 때 실수를 많이 한다고 말한다. 지난 3주 동안 아동은 하루에 한 시간씩 주로 산수나 받아쓰기와 같은 과목을 보조교사와 함께 공부하였으나 학습 동기나 수행의 질에서 이렇다 할 향상은 없었다.

아동의 아버지는 41세로 지난 12년간 같은 회사에서 전기기사로 일해 왔다. 아동의 어머니는 36세로 시립 도서관에서 전일제로 근무하는 도서관 사서다. 이들은 아동의 수행 수준에 관하여 걱정을 많이했고, 특별 개인지도에 대한 계획을 세우는 데도 교사와 학교 관리자에게 협조적이었다. 아동은 1남 1녀 중 장녀이며, 동생은 6세 남자아이로, 현재 초등학교 1학년이며 만족스러운 학교

생활을 하고 있다. 아동의 부모는 아동이 3학년 때에 근시로 안경을 쓰기 시작한 것 외에 정상적으로 발달하였다고 보고했다. 이들은 가정 내 어떠한 문제들도 부인하였으며, 아동이 가사에 열심히 참여한다고 보고했다. 아동은 어머니가 직장에서 돌아와 집으로 데려가기 전까지 맞벌이부부 자녀를 위한 '방과 후 프로그램'의 일부에 참여하며 교실에서 한 시간 정도 남아 있다.

5학년과 6학년 담임교사들은 아동이 수업 시간에 지속적인 동기를 유지하기 매우 어려워한다고 보고하였으며, 아동이 친구들과 잘 어울리지 못한다는 점을 강조했다. 5학년 담임교사의 보고에 따르면, 아동을 친구들과 어울리게 하려는 교사의 노력이 필요했지만, 형성된 모든 친구 관계는 지속되지 못했다고 한다. 부모는 자신의 자녀가 친밀한 교우 관계를 맺지 못한다는 것을 알고, 동네에 어린 아이들이 드물기 때문이라고 보고했다. 어머니는 아이를 수영 강습에 관심을 갖도록 시도했지만, 시력이 좋지 않은 관계로 물에 대한 두려움이 너무 많았다고 한다.

아동은 자신이 학교에서 매우 열심히 활동하지만, '매우 잘'이란 말의 의미를 이해하지 못한다고 말한다. 또한 다른 학생보다 좀 더 늦게 읽는다고 말하였으며, "간혹 그들은 나보다 빠를 때도 있다."라고 말했다. 아동은 특별 개인지도 시간이 싫다면서 "나는 단지 수학이 싫은 건데……."라고 말했다. 그녀는 다른 아이들과 따로 있고, 특별한 과제로 집단 내에서 작업하는 것을 좋아한다고 말하였지만, 6학년 담임교사는 이는 사실이 아니라고 지적했다. 또한 그룹 활동에 참가할 때 매우 조용하며 수동적이고, 책임감이 부가되는 것에 대해서 부담스러워한다고 보고했다.

과제를 하는 것보다도 텔레비전을 보면서 시간 보내는 것을 더 선호하며, 학교에서도 텔레비전 프로그램을 교육 목적으로 이용하는 시간과 컴퓨터로 혼자서 작업하는 시간이 가장 재미있다고 한다. 현재 아동은 부모에게 컴퓨터를 사 달라고 했고, 부모는 학년 말에 점수가 만족스러울 때 컴퓨터를 사 주기로 했다. 아동은 담임교사를 좋아하지만, 때때로 교사가 설명하려는 것이 무엇인지 이해하지 못한다고 했다. 아동은 특수반에 들어가게 되는 것에 대해 "그곳은 바보 같은 아이들이 있는 곳이다. 모든 사람들이 그렇게 생각하지 않느냐?"라고 걱정했다.

평가자에 따르면, 또래 아동보다 더 어리게 보이는 두꺼운 안경을 낀 마른 체형의 여자아이이다. 지능검사 결과, 언어성 지능은 105, 동작성 지능은 101 그리고 전체 지능은 103으로 하위 검사 점수는 9~12점 사이로 눈에 띌 만한 점수 분포는 아니다. 독해 검사의 수행은 6학년 수준이었다. 평가가 있기 3주 전에 치러진 체력 검사에서 시력은 좋지 않았지만 다른 문제는 없었다. 안과 의사는 아동의 시력은 연령이 증가하면 향상될 것이나 일시적인 근시 현상을 보일 것이라고 했다.

평가 의뢰 사유는, ① 아동의 동기 문제를 설명할 수 있는 중요한 정서적이거나 정신과적인 문제에 대한 증거가 있는지, ② 수동 공격적인 성격 유형의 여부, ③ 아동의 학업과 관련된 동기를 증진시키기 위해 전략이 있다면 학교에서 실시할 수 있는 개입에 대한 구체적 제안을 얻기 위해서였다.

사례 17 12세 여아

카드	반응	반응에 대한 질문
I	1. 곤충?	E: (S의 반응을 반복한다.) S: 이것은 날개, 기타 부분 그리고 손. E: 손? S: 여기(*D1*), 이것은 손 같아요. E: 이것이 곤충이라고 했니? S: 아마 거미이고, 더듬이(촉수)가 양쪽으로 나와 있어요(*Dd28*을 가리킨다). E. 시간을 가지고 좀 더 보세요. 다른 것을 발견할 수 있을 거예요.
	2. 드레스	E: (S의 반응을 반복한다.) S: 이것은 커버(*D2*), 그리고 여기(*D24*)가 드레스 같아요. E: 무엇 때문에 그렇게 보이는지 모르겠는데. S: 잘 모르겠어요. 단지 모양이 드레스처럼 보여요.
	아니면, 3. 날개가 달린 사람	E: (S의 반응을 반복한다.) S: 사람 같아요. 다리가 있고 팔이 흔드는 것처럼 위에 있어요. 그리고 이것은(*D2*) 날개 같아요. E: 흔들고 있다고? S: 네, 그녀의 팔이 위로 (가리킨다.) 흔들고 있어요.
II	4. 곰들	E: (S의 반응을 반복한다.) S: 그들의 머리, 다리, 팔, 또 코도 있네요. 귀와 목을 보세요. 코를 맞대고 있네요.
	5. 위쪽은 나비처럼 보이네요.	E: (S의 반응을 반복한다.) S: 이 두 부분은(*D2*) 옆에서 보면 나비 같아요.
III	6. 2명이 테이블이나 소파에 기대어 있어요.	E: (S의 반응을 반복한다.) S: 사람들이 있어요. 그들의 다리, 머리, 두 명의 여자 같아요. 이것은 소파이고, 그들은 그 위에 구부러져 있거나 기대있어요.
	7. 어떤 것을 놓고 두 사람이 싸우고 있어요.	E: (S의 반응을 반복한다.) S: 사람들을 보세요. 내가 말하고자 하는 것은 각자 원하는 것이 소파라는 거예요. 그들은 소파를 가지기 위해서 서로 당기고 있어요. 이런 걸 보는 건 기분 좋지 않아요.
	∨8. 이것은 곤충이에요.	E: (S의 반응을 반복한다.) S: 큰 눈이 있고, 이것은 다리예요. 그것은 소리 지르며 무엇을 잡으려고 해요. E: 나는 그걸 보지 못했는데.

S: 팔과 얼굴, 정말로 그 나머지가 보이지 않나요? 아마 거미 같네요.

IV 아무것도 보이지 않아요.

E: 시간을 가지고 보렴. 사람들은 무언가를 볼 수 있단다.

9. 인형, 아마도.

E: (S의 반응을 반복한다.)

S: 음. 발이 있고, 몸, 손. 그러나 당신은 아마 잘 보이지 않을 거예요. 코트를 입고 있으니까요. 그리고 그것은 인형을 올리기 위한 스탠드 위에 있네요.

아니면,

10. 생명체.

E: (S의 반응을 반복한다.)

S: 부츠를 신고 있는 거대한 창조물이에요, 조그만 머리와 왜소한 팔을 가지고 있으며 의자 위에 앉아 있어요. 또한 그는 늪지나 그 어떤 곳에서 온 것처럼 털로 덮여 있어요. 무섭게 생겼어요.

V 11. 아마 박쥐.

E: (S의 반응을 반복한다.)

S: 날개, 귀, 발과 꼬리.

아니면,

12. 나비.

E: (S의 반응을 반복한다.)

S: 같아요, 날개가 있고, 더듬이 그리고 꼬리.

VI ∨13. 아마 꽃.

E: (S의 반응을 반복한다.)

S: 이곳 전체는(*D1*) 꽃이고 여기 아래쪽(*D3*)은 줄기예요.

E: 왜 그것을 꽃이라고 하는지 더 설명해 볼래?

S: 단지 꽃이고, 줄기일 뿐이에요.

14. 땅 위에서 나비가 날고 있어요.

E: (S의 반응을 반복한다.)

S: 이 부분(*D3*)은 나비처럼 보이고 여기(*D1*)는 땅이에요. 나비는 땅 위에 있어요.

E: 땅 위요?

S: 네. 여기 날개를 보세요. 몸, 여기 아래는 땅이죠.

E: 왜 아래쪽을 향해 있는지 모르겠는데.

S: 모르겠어요. 땅은 더 멀리 보여요. 나비보다 낮은 곳에.

VII 15. 두 사람이 춤추고 있어요.

E: (S의 반응을 반복한다.)

S: 마치 하와이안 댄스처럼 손이 나와 있고, 머리를 마주 보고 있어요. 스커트, 훌라 스커트가 아래쪽(*Dd23*)에 있고, 그들은 머리를 잘 빗어 올렸네요.

16. 아래쪽에서 두 마리의 토끼를 보지 못한다면,

E: (S의 반응을 반복한다.)

S: 귀, 얼굴, 꼬리, 그리고 그들의 몸.

아니면,

17. 아마도 2명의 인디언.

E: (S의 반응을 반복한다.)

S: 깃털이 있고, 그들은 아마 어떤 것에 대해 의견이 일치하지 않는 것 같아요.

E: 의견이 일치하지 않는다고?

S: 사람들이 이야기를 할 때, 언쟁을 할 때 서로의 얼굴을 보는 것을 알잖아요? 보는 것을 말하는 거예요. 그들은 무언가 동의하지 않고 언쟁하고 있는 것으로 보여요.

Ⅷ 18. 숲 속의 나무에 오르는 곰들

E: (S의 반응을 반복한다.)

S: 여기 곰들이 있어요. 다리가 있고, 꼬리, 얼굴, 그리고 이것은 나무예요. 이것은 줄기이고 잎이죠.

E: 숲 속에 있다고 했니?

S: 곰들이 사는 곳이죠.

19. 나무를 보면 공룡이 있어요.

E: (S의 반응을 반복한다.)

S: 내가 방금 곰이라고 말한 것, 그것들은 공룡 같아요.

E: 왜 그렇게 보일까?

S: 공룡들은 이처럼 긴 꼬리를 가졌고, 다리, 얼굴도.

Ⅸ 20. 용의 얼굴

E: (S의 반응을 반복한다.)

S: 이것은 그래요. 큰 귀를 가졌고, 작고 하얀 눈(*DdS29*). 마치 연기를 내뿜는 것처럼 큰 뺨도 있어요.

E: 연기를 내뿜어?

S: 아래쪽 이곳(*D6*)은 연기처럼 보여요. 용들이 연기를 내뿜는 것처럼.

E: 어떻게 그렇게 보이니?

S: 담배 연기처럼 동그래요.

Ⅹ 21. 곤충들이 무얼 먹어요.

E: (S의 반응을 반복한다.)

S: 이것은 곤충들이고 이것은 나무, 곤충들은 나무위에서 무언가를 씹고 있어요. 곤충의 발은 그 위에 있고, 그것을 뜯어먹는 것 같이 보여요.

E: 어떻게 이것이 곤충으로 보이니?

S: 이 조그만 발, 그리고 더듬이를 가지고 있죠.

22. 아마 다리와 물고기들이 있는 호수

E: (S의 반응을 반복한다.)

S: 이것은 호수(*DdS30* 아래쪽), 이것은(*D6*) 호수 끝에 있는 다리 같아요.

E: 호수 끝에?

S: 이것은 호수보다 아래쪽에 있어서, 끝인 것 같아요.

E: 이것은 물고기라고?

S: 이것들(*D2*)은 물고기들이고 이것(*D10*)은 뱀장어 종류 같아요.

E: 무엇이 물고기나 뱀장어처럼 보이게 하는 것 같니?

S: 물고기는 지느러미가 있고, 뱀장어는 길어요, 뱀장어는 길어요.

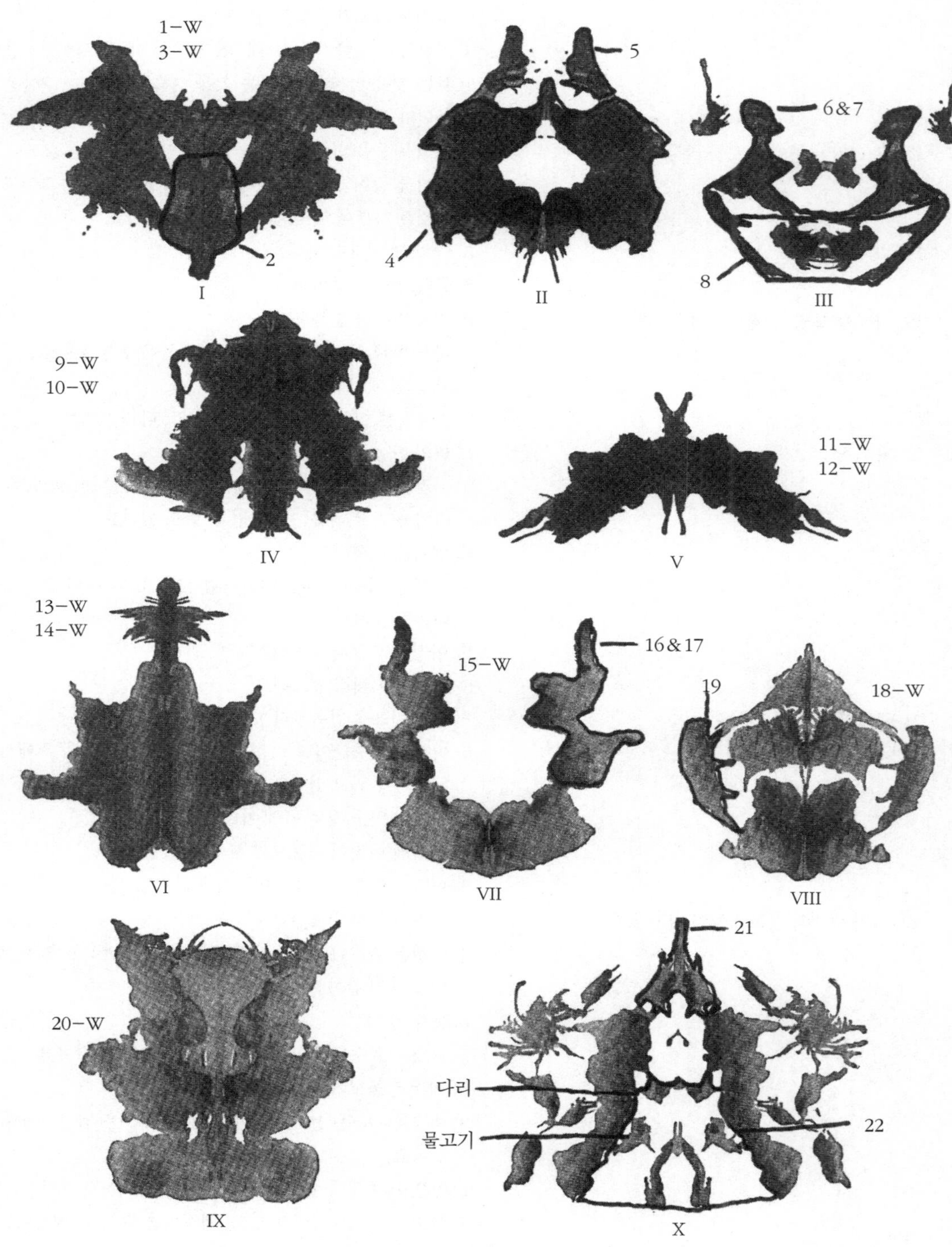
1−W
3−W
2
I
5
4
II
6&7
8
III
9−W
10−W
IV
11−W
12−W
V
13−W
14−W
VI
15−W
16&17
VII
19
18−W
VIII
20−W
IX
21
다리
물고기
22
X

사례 17

사례 17 계열 기록표

카드	반응 번호	영 역	위치 기호	결정인	(2)	내 용	Pop	Z	특수점수
I	1	Wo	1	F−		A		1.0	INC
	2	Ddo	24	Fu		Cg			
	3	Wo	1	Mao		H		1.0	INC,PHR
II	4	D+	6	FMpo	2	Ad	P	3.0	COP,GHR
	5	Do	2	FMa.FDo	2	A			
III	6	D+	1	Mpo	2	H,Hh	P	3.0	GHR
	7	D+	1	Mao	2	H,Id	P	3.0	AG,PSV,GHR
	8	Ddo	99	FMa−		Ad			INC
IV	9	W+	1	FT.mpo		(H),Id,Cg	P	4.0	GHR
	10	W+	1	Mp.FTo		(H),Hh,Cg	P	4.0	GHR
V	11	Wo	1	Fo		A	P	1.0	
	12	Wo	1	Fo		A	P	1.0	PSV
VI	13	Wo	1	Fu		Bt		2.5	
	14	W+	1	FMa.FDu		A,Ls		2.5	
VII	15	W+	1	Mao	2	H,Cg	P	2.5	COP,GHR
	16	Do	2	Fo	2	A			
	17	D+	2	Mao	2	H,Cg	P	3.0	AG,GHR
VIII	18	W+	1	FMao	2	A,Bt	P	4.5	
	19	Do	1	Fu	2	A,Ay			
IX	20	WS+	1	FC′.FMau		(Ad),Fi		5.5	
X	21	D+	11	FMao	2	A,Bt,Fd		4.0	
	22	DdS+	99	FD−		A,Sc,Na		6.0	

사례 17 구조적 요약

반응 영역 특성	결정인: 혼합 반응	결정인: 단일	내용	자살지표
				... FV+VF+V+FD>2
			H = 5	... Col−Shd Bl>0
Zf = 17	FT.m	M = 5	(H) = 2	... Ego<.31,>.44
ZSum = 51.5	M.FT	FM = 5	Hd = 0	... MOR>3
ZEst = 56.0	FM.FD	m = 0	(Hd) = 0	... Zd>+−3.5
	FM.FD	FC = 0	Hx = 0	... es>EA
W = 11	FC′.FM	CF = 0	A = 10	... CF+C>FC
D = 8		C = 0	(A) = 0	... X+%<.70
W+D = 19		Cn = 0	Ad = 2	... S>3
Dd = 3		FC′ = 0	(Ad) = 1	... P<3 or >8
S = 2		C′F = 0	An = 0	... 순수 H<2
		C′ = 0	Art = 0	... R<17
		FT = 0	Ay = 1	x ... Total
		TF = 0	Bl = 0	
		T = 0	Bt = 3	
		FV = 0	Cg = 5	
		VF = 0	Cl = 0	
		V = 0	Ex = 0	
		FY = 0	Fd = 1	
		YF = 0	Fi = 1	
		Y = 0	Ge = 0	
		Fr = 0	Hh = 2	
		rF = 0	Ls = 1	
		FD = 1	Na = 1	
		F = 7	Sc = 1	
			Sx = 0	
			Xy = 0	
			Id = 2	
		(2) = 10		

발달질

+	= 12
o	= 10
v/+	= 0
v	= 0

형태질

	FQx	MQual	W+D
+	= 0	= 0	= 0
o	= 14	= 6	= 14
u	= 5	= 0	= 4
−	= 3	= 0	= 1
none	= 0	= 0	= 0

특수점수

	Lv1	Lv2
DV	=0x1	0x2
INC	=3x2	0x4
DR	=0x3	0x6
FAB	=0x4	0x7
ALOG	=0x5	
CON	=0x7	
Raw Sum6	=3	
Wgtd Sum6	=6	

AB	= 0	GHR = 7
AG	= 2	PHR = 1
COP	= 2	MOR = 0
CP	= 0	PER = 0
		PSV = 2

비율, 확률, 이탈치

R = 22	L = .47		FC:CF+C = 0:0		COP = 2 AG = 2
			순수 C = 0		GHR:PHR = 7:1
EB = 6:.0	EA = 6.0	EBPer = 6.0	SumC′:WSumC = 1:.0		a:p = 10:4
eb = 8:3	es = 11	D = −1	Afr = .29		Food = 1
	Adj es = 11	Adj D = −1	S = 2		SumT = 2
			Blends:R = 5:22		Human Cont = 7
FM = 7 :	C′ = 1	T = 2	CP = 0		순수 H = 5
m = 1 :	V = 0	Y = 0			PER = 0
					Iso Indx = .27

a:p = 10:4	Sum6 = 3	XA% = .86	Zf = 17.0	3r+(2)/R = .45
Ma:Mp = 4:2	Lv2 = 0	WDA% = .95	W:D:Dd = 11:8:3	Fr+rF = 0
2AB+Art+Ay = 1	WSum6 = 6	X−% = .14	W:M = 11:6	SumV = 0
Mor = 0	M− = 0	S− = 1	Zd = −4.5	FD = 3
	Mnone = 0	P = 10	PSV = 2	An+Xy = 0
		X+% = .64	DQ+ = 12	MOR = 0
		Xu% = .23	DQv = 0	H:(H)+Hd+(Hd) = 5:2

PTI = 0	DEPI = 2	CDI = 3	S−CON = N/A	HVI = No	OBS = No

아동의 프로토콜 해석은 성인의 경우와 동일한 원리와 절차를 따른다. 몇몇 변인에 대해서는 연령을 고려하여야 하지만, 일반적으로 대부분 성인의 프로토콜에 적용되는 결정적인 수치들 또한 아동들에게도 적용 가능하다. 따라서 많은 경우 검사 결과들은 동일한 종류의 가정과 결과들을 내게 된다. 해석자의 주요한 주제는 결과가 불리한지 혹은 이것이 동일 연령 아동에게 일반적인 현상인지에 대한 것이다.

예를 들어, 다양한 순수 *C* 반응을 보이는 성인 프로토콜은 보통 심각한 약점이 있다는 의미이기 때문에 정서에 대한 통제 능력이나 정서 표현 능력이 느슨해졌다는 해석이 가능하다. 그러나 느슨한 정서 조절 능력은 어린 아동에게는 전형적인 현상이다. 회피적인 성향이 성인의 프로토콜에서 발견된 경우, 이 사람은 매우 많이 자극을 무시하고 복잡성을 단순화할 것이기 때문에 매번 긍정적으로 간주되지 않는다. 그러나 아동에게 보이는 회피적인 성향은 일반적인 것이고, 일반적으로 성인에게 적용하는 것처럼 동일한 수준의 부정적인 중요성을 둘 필요가 없다. 어린 아동은 종종 복잡한 과제를 해결하기 어려워하며 단순하다. 단, 이것이 심하다면 주목해 볼 필요가 있다.

5~16세의 비임상군 아동의 검사 자료는 부록에 제시되어 있으나, 이를 아동 전체 반응의 근거로 경직되게 또는 비현실적으로 적용시켜서는 안 된다. 해석자는 발달심리학적인 이해 수준이 높아야 하며, 다양한 연령대 아동들의 일반적인 특성을 해석자가 알고 있는 것이 매우 중요하다. 해석자는 청소년기 이전 아동 각 연령집단의 폭넓은 특징에 대해 잘 알고 있어야 한다.

이 사례의 첫 번째 중요한 지표 변인은 마이너스 점수를 보인 조정치들이다. 해석 시 통제와 관련된 자료부터 검토해 나가지만, 나머지 자료를 꼭 순서에 맞게 탐색하지 않아도 된다. 이 사례의 경우 다음 핵심 변인은 내향적인 *EB*이다. 이는 해석자가 인지 군집 3개를 검토해야 함을 의미하며 그다음으로 정서, 자기 지각, 그리고 대인관계 지각에 대해서 검토해야 한다.

통 제

검사 자료에서 아동이 만성적인 과도한 부담감을 가지고 있는 상태임을 알 수 있다. 또한 스트레스를 조절하고 다룰 수 있는 능력이 기대되는 정도보다 저하되어 있다(1단계 소견 1). 결과처럼 아동이 내리는 결정은 매우 정확하지 못하고, 12세 연령을 고려하면 심리적인 자원이 매우 유용해 보이지만, 충동적인 성향이 있다(2단계 소견 1). 단, 이러한 검사 결과 모두 오해의 소지가 있다. 아동은 자신의 감정을 철저하게 억제하는 데 많

사례 17 12세 여아의 통제 관련 변인

EB = 6:0	EA = 6.0		D = −1	CDI = 3
eb = 8:3	es = 11	Adj es = 11	Adj D = −1	L = .47
FM = 7 m = 1	SumC′ = 1	SumT = 2	SumV = 0	SumY = 0

은 에너지를 쏟고 있고(3단계 소견 6) 일반적으로 이는 보통의 사람들보다 더 많은 자원을 소모하며 결국 부담과 혼란스러움에 대한 취약성이 심화될 것이다. 현재 통제 능력은 매우 약하지만, 실제 아동의 자원은 나타나는 것보다 좀 더 양호할 것 같다. 그러므로 다른 군집을 검토해 보기 이전까지 이 주제에 대해서 추측하는 것은 적절치 않을 것 같다.

관념화

의사 결정을 내리고 행동으로 옮기기를 지연시키고 생각하기를 선호하는 관념적인 아동인 것으로 보인다(1단계 소견 1). 아동은 외적인 피드백보다는 내적인 평가에 더 많이 따를 것 같다. 이러한 의사 결정 성향은 12세 아동에게는 다소 일반적이지 않은 것이지만, 유해하거나 부정적인 특성은 아니다. 그러나 이 아동처럼 융통성이 부족하거나 결여된 방식으로 적용될 경우, 부정적으로 작용할 수 있다(2단계 소견 1). 생각에 영향을 미치는 자기 느낌을 따르는 것에 매우 저항적이고, 이는 좀 더 직관적이고 시행착오적인 접근이 문제를 해결하는 데 좀 더 선호될 때 불리할 수 있다. 이러한 융통성 결여는 앞서 살펴본 정서들의 과도한 억제와 직접적으로 관련될 수 있으며, 아마도 아동의 학업적 곤란에 중요한 영향을 끼칠 것이다.

아동의 태도와 가치들은 상당히 고정적이며, 변화하기 어려워 보인다(3단계 소견 2). 아동은 평소보다 더 채워지지 않는 욕구에 의해 영향을 받고 있는 것 같다. 결과적으로 주변에 의해 더 영향을 받거나 전의식적인 정신 활동이 일어나게 되고, 주의를 기울이고 집중하는 데 방해가 되며 혼란이 야기될 수 있다(5단계 소견 3). 이는 아동의 학업적인 문제에 영향을 주는 또 다른 요인이며, 아동은 생각을 명확하게 점검하고 확인하느라 질문에 어떠한 답도 할 수 없게 된다(8단계 소

사례 17 12세 여아의 관념화 변인

						특수점수(R = 22)			
L	= .47	OBS	= No	HVI	= No				
						DV	= 0	DV2	= 0
EB	= 6:0	EBPer	= 6.0	a:p	= 10:4	INC	= 3	INC2	= 0
				Ma:Mp	= 4:2	DR	= 0	DR2	= 0
eb	= 8:3	[FM = 7 m = 1]				FAB	= 0	FAB2	= 0
				M−	= 0	ALOG	= 0	CON	= 0
주지화 지표 = 1		MOR	= 0	Mnone	= 0	Sum6	= 3	WSum6	= 6

M 반응 특성

Ⅰ 3. Wo Mao H 1.0 INC, PHR
Ⅲ 6. D+ Mpo 2 H,Hh P 3.0 GHR
Ⅲ 7. D+ Mao 2 H,Id P 3.0 AG,PSV,GHR
Ⅳ 10. W+ Mp.FTo (H),Hh,Cg P 4.0 GHR
Ⅶ 15. Wo Mao 2 H,Cg 2 H,Cg P 2.5 COP,GHR
Ⅶ 17. D+ Mao 2 H,Cg P 3.0 AG,GHR

사례 17 12세 여아의 정보 처리 변인

EB = 6:0	Zf = 17	Zd = −4.5	DQ+ = 12
L = .47	W:D:Dd = 11:8:3	PSV = 2	DQv/+ = 0
HVI = NO	W:M = 11:6		DQv = 0
OBS = NO			

반응 영역과 발달질 위계

I:	Wo.Ddo.Wo	VI:	Wo.W+
II:	D+.Do	VII:	W+.Do.D+
III:	D+.D+.Ddo	VIII:	W+.Do
IV:	W+.W+	IX:	WS+
V:	Wo.W.	X:	D+.DdS+

견 1a). 대부분의 경우, 아동이라면 인지적인 실수를 할 수 있지만, 이 아동의 경우도 과도하고 기괴하거나 또는 일상적이지 않은 미숙한 사고에 의해 영향을 받고 있는 것 같지는 않다(9단계 소견 1). 사실상 아동의 사고는 신중하며, 12세 아동에게 전형적인 모습일 수 있다.

비교적 정보 처리에 매우 많은 노력을 기울이는 것 같다(1단계 소견 1, 2단계 소견 2a). 어느 것도 놓치지 않을 확신을 가지기 위해 자신이 할 수 있는 일관된 노력을 기울인다(3단계 소견 1). 그러나 이 과정에서 아동은 좀 더 분명한 성취를 이루려고 노력한다. 오히려 이 노력은 실패의 가능성을 증가시키며, 쉽게 좌절시키는 것 같다(4단계 소견 1). 아동이 정보를 다소 성급하게 처리하려고 함에 따라서 이 경험은 점차 증가되고(5단계 소견 2) 결과적으로 정보를 다룰 때 비효율적으로 매우 서두르게 된다. 이는 더 어린 아동들에게는 일상적인 현상이긴 하지만 고학년이 되는 아동에게는 중요한 문제가 될 수 있다. 아동은 또한 자신의 주의를 전환하는 데 약간의 어려움을 경험하는 것 같다(6단계 소견 2). 이는 문제 해결 상황에서 자신의 느낌이나 감정이 반영되는 과정에 발생된 부작용의 결과가 될 수 있다.

앞서 언급한 이러한 곤란에도 불구하고, 아동의 질적인 처리 수준은 매우 양호하며, 동일 연령대의 아동에게서 기대되는 정도보다 조금 더 복잡하다(7단계 소견 3, 8단계).

인지적 중재

아동은 새로운 정보와 관련된 단서를 매우 적절하게 해석한다(1단계 소견 1). 아동은 위축되어 있지 않으며(3단계 소견 1), 혼란스러워하는 것은 스스로 적절성에 대한 기대와 선입견이 높아서인 것 같다(3a 단계 소견 6). 그러나 심각하거나 기괴한 수준은 아니다(3b 단계). 사실상, 아동은 옳은 것에 대해 평범한 정도와는 조금 다른 선입견을 가지고 있는 것 같은데, 옳거나, 받아들일 수 있는 행동에 대해서 과도하게 주의를 기울이고 걱정한다(4단계 소견 2). 동시에 자신의 개성은 배척하고 억제하며, 사회적인 요구나 기대에 반하는 행동은

사례 17 12세 여아의 인지 중재 관련 변인

				마이너스 반응과 무형태질 반응
R = 22	L = .47		OBS = No	
FQx+ = 0		XA% = .86		I 1. Wo F− A 1.0 INC
FQxo = 14		WDA% = .95		III 8. Ddo FMa− Ad INC
FQxu = 5		X−% = .14		X 22. DdS+FD− A,Sc,Na 6.0
FQx− = 3		S− = 1		
FQxnone = 0				
(W+D = 19)		P = 10		
WD+ = 0		X+% = .64		
WDo = 14		Xu% = .23		
WDu = 4				
WD− = 1				
WDnone = 0				

억압하고 통제한다(6단계 소견 3). 이는 다소 일관되지는 않은데, 아동이 스스로 사회적 요구를 과도하게 지각하여, 오히려 세상에 대해서 무시하고 타인이나 사회를 등급으로 나누어 평가하는 미묘한 방식으로 반응하게 할 수 있다.

정 동

앞서 살펴보았듯이, 아동은 자신의 정서가 그럴듯하게 숨겨 지고 통제되고 있다고 확신하기 위해 매우 많은 노력을 한다(2단계 소견 3). 이는 성인에게도 일상적이지 않지만, 특히 아동들에게는 더욱 드문 일이다. 이로 인해 거의 모든 심리적인 기능에 영향을 미칠 수 있는 불편하고 혼란스러운 상황이 발생한다. 만약 오래 진행된다면, 이 아동처럼 정보를 처리하는 데 방해받고 사고활동은 모호해질 수 있다. 억제된 감정이 격렬해지고 불필요한 논리와 왜곡된 현실감으로 결정하고 충동적으로 행동하게 될 가능성이 증가한다. 앞서 언급했듯이, 이런 종류의 압박감 역시 의사결정 시의 융통성을 저해하게 된다.

정서적인 욕구가 많은 아동으로, 외로움을 많이 느낀다. 그러나 이점에 대해서 직접적으로 표

사례 17 12세 여아의 정동 관련 변인

					혼합 결정인
EB = 6:0			EBPer	= 6:0	
eb = 8:3		L = .47	FC:CF+C	= 0:0	M.FT = 1
DEPI = 2		CDI = 3	순수 C	= 0	FM.FD = 2
					FC′.FM = 1
C′ = 1	T = 2		SumC′:SumC	= 4:3.5	FT.m = 1
V = 0	Y = 0		Afr	= .29	
주지화 지표 = 1		CP = 0	S = 2 (S to I, II, III	= 0)	
Blends:R = 5:22			Col−Shad Bl	= 0	
m+ y Bl		= 1	Shading Bl	= 0	

현하지는 못한다. 왜냐하면 정서적인 경험을 불편해하고, 피하고 숨기려고 노력하기 때문이다(6단계 소견 4). 이런 아동들은 전형적으로 자신의 느낌에 대해 두려워하고, 건강한 발달에 필요한 일상적인 정서적 변화 경험을 피하려 한다. 정서에 대한 광범위한 압박감 때문에 매우 복잡한 상태까지는 아닌 것 같다(12단계 소견 2).

자기 지각

동일 연령대의 아동들보다 조금 더 자기 관여적이거나 몰입적이지는 않은 것 같으나, 스스로에 대해 대부분의 사람보다 덜 호의적으로 지각하고 있는 것 같다(3단계 소견 3). 아동은 자기 반성적인데, 이는 동일 연령대의 아이에게 일반적이지 않은 특성이다(4단계 소견 3). 자기 개선을 위한 노력을 반영할 수도 있지만, 그보다는 스스로에 대한 불만족감을 반영하는 것이라 볼 수 있다. 자아상은 상상보다는 좀 더 사회적인 경험을 기반으로 하는 경향이 있다(7단계 소견 1). 한편 아동의 자아상은 고립되고 원치 않은 어떤 관념이 잠재되어 있는 것 같다(8a 단계 반응 1과 8). 그리고 아동은 아마도 자신이 원하는 만큼 스스로를 편안하게 여기지 않는다(8c 단계 반응 3, 7, 9와 17). 또한 동일 연령의 아동에 비해 스스로를 숨기거나 보호하려는 생각에 몰두하고 있다(8e 단계 반응 2, 9, 10과 14).

대인관계 지각

여느 아동처럼 지도와 지지를 원하고 타인에게 의존하고자 한다(단계 4). 자신의 욕구와 일치하는 방향으로 타인이 행동하길 기대하지만, 현실적으로 어려워 보인다. 아동은 정서적으로 친밀하고자 하는 욕구가 강한데, 이 때문에 더 외로움 느낄수 있다(5단계 소견 3). 전형적으로 이러한 감정을 느끼는 아동은 타인과 친밀한 관계를 어떻게 시작하고 지속시켜 나갈지 알지 못하며 종종 스스로 무시받고 거절당하는 존재라고 생각한다. 타인에게 관심이 매우 많고, 이들에 대한 판단이나 현실감은 적절하다(6단계 소견 1). 아동의 사회적인 행동 대부분은 상황에 적절할 것 같지만(7단계 소견 1), 사회적인 변화가 있을 때 어떻게 대응할지에 대해 혼란스러워하는 것 같다(8단계 소견

사례 17 12세 여아의 자기 지각 관련 변인

					인간 내용, An, Xy 반응
R	= 22	OBS	= No	HVI = No	
Fr+rF	= 0	3r+(2)/R	= .45	I 3.	Wo Mao H 1.0 INC,PHR
				III 6.	D+ Mpo 2 H,Hh P 3.0 COP,GHR
FD	= 3	SumV	= 0	III 7.	D+ Mao 2 H,Id P 3.0 AG,PSV,PHR
				IV 9.	W+ FT.mpo (H),Id,Cg P 4.0 GHR
An+Xy	= 0	MOR	= 0	IV 10.	W+ Mp.FTo (H),Hh,Cg P 4.0 GHR
				VII 15.	W+Mao 2 H,Cg P 2.5 COP,GHR
H:(H)+Hd+(Hd)	= 5:2			VII 17.	D+Mao 2 H,Cg P 3.0 AG,GHR
[EB = 6: 0]					

사례 17 12세 여아의 대인관계 지각 변인

R = 22	CDI = 3	HVI = No	COP와 AG 반응
a:p = 4:2	SumT = 2	Fd = 1	II 4. D+ FMao 2 Ad P 3.0 COP,GHR
	[eb = 8:3]		III 7. D+ Mao 2 H,Id P 3.0 AG, PSV,GHR
인간 내용의 합 = 7		H = 5	VII 15. W+ Mao 2 H,Cg P 2.5 COP,GHR
[내형유형]			VII 17. D+Mao 2 H,Cg P 3.0 AG,GHR
GHR:PHR = 7:1			
COP = 2	AG = 2	PER = 0	
소외 지표 = .27			

4). 아동은 긍정적인 상호작용에 관심이 높지만, 종종 자신이 대인관계에서 변화해야 할 것에 대해서는 적대적이고 공격적인 경향이 있다. 이로 인해 자신의 욕구와 상치되게 다른 아동을 피하거나 무시할 수 있다. 결과적으로 아동은 일상적인 사회적 상호작용에 관여하기를 꺼리게 되고(10단계 소견 1), 친구들에게 비일관된 태도로 반응하게 되는데 때때로 아동은 과도하게 친밀해지려고 하고, 다른 경우에는 과도하게 적대적인 방식으로 행동할 수 있겠다.

사례 17에 대한 기술과 권고

이 아동은 정서를 억제하는 데 과도한 에너지를 소모하고 있다. 이런 특성은 많은 자원을 소모하게 하므로 부담과 혼란에 취약하게 한다. 현재 아동은 과부하 상태로 스스로도 부담을 자각하고 있으며, 동일 연령대의 아동들보다 더 많은 능력을 보유하고 있음에도 불구하고, 스트레스를 통제하고 다룰 수 있는 능력이 평소보다 심각하게 저하되어 있다. 아동의 약화된 통제 능력과 과도한 부담이 충분히 생각하지 못한 상태에서 결정을 내리고, 충동적인 행동을 감행하게 하는 것 같다.

원래 아동은 행동을 결정하고 실행하기 이전에 충분히 생각하고 욕구를 지연시키려고 하는 매우 관념적인 특성이 강하고, 외적인 피드백보다는 내적인 평가에 더 많이 의존하는 경향이 있어 보인다. 이러한 의사 결정 패턴은 12세 아동에게는 평범하지 않은 것이지만 걱정할 정도로 부정적인 특성은 아니다. 그러나 융통성 없이 적용되면 자신의 감정을 직접적으로 조절하는 과정에 부정적인 영향을 끼칠 수 있다. 또한 아동의 학업 수행에 곤란을 유발하는 요인이 될 수 있다.

아동의 태도와 가치관은 매우 안정적이지만, 변화에 대해서는 경직되어 있다. 또한 평소보다 더 많이 채워지지 않는 욕구에 대한 불만감으로 아동은 좀 더 복잡한 정신 활동에 몰두하게 되는 것 같다. 이는 아동을 심란하게 만들어 주의와 집중을 방해하는 데 기여하게 된다. 이는 학업을 방해하는 또 다른 요인이라 볼 수 있다. 아동의 사고 명료성에 대해 제기된 의문에는 중요한 증거가 발견되지 못했다. 대부분의 아동처럼 이 사례의 아동도 인지적인 실수를 경험하고, 이러한 실수가 과도하거나 기괴하지는 않았으며, 아동의 사고가 특이할 만하게 미성숙하다고 여겨지지 않는다. 사실상 아동의 사고는 12세 아동에게 기대되는 것보다 성숙한 것 같다.

정보를 처리하는 데 동일 연령의 아동들보다 더 많은 노력을 기울이고 어떠한 실수도 하지 않았다는 것을 확신하기 위해 노력하며, 종종 능력보다 더 많은 성취감을 이루고 싶어 한다. 이는 오히려 실패와 좌절의 가능성을 증가시키고 정보처리에 성급하게 접근하면서 더 실패와 좌절이 증가된다. 이것이 시력 문제와 관련된 것인지는 분명하지 않으나, 그러한 가능성은 적어 보인다. 결과적으로 아동은 정보를 다루는 데에 서두르고, 이 특성은 학업 관련에 중요한 요인인 것 같다. 또한 주의를 전환하는 데 어려움이 있다. 이는 자신의 감정을 억제하기 위해 노력하는 과정에서 발생한 부작용으로 보이며, 실패를 피하려는 과도한 동기에 의해 증가될 수 있다. 이러한 어려움에도 불구하고, 처리 과정의 질적인 수준은 매우 양호하며 동일 연령대의 아동들에게서 기대되는 것보다 더 복잡하다.

대부분의 새로운 정보를 적절하게 다루며 여느 12세 아동들과 비교했을 때 현실 검증력의 문제도 발견되진 않는다. 현실감에 혼란이 있는 것은 스스로 정확성에 너무 몰입되어 있기 때문일 수 있으나 이러한 혼란도 심각하거나 기괴한 정도는 아니다. 아동은 옳은 것에 대한 평범하지 않은 선입견을 가지고 있고, 사회적으로 수용 가능한 반응을 해야 한다는 다소 과도한 걱정을 하는 것 같다. 동시에 스스로 욕구와 소망을 배제해 두고, 또 때때로 사회적인 요구나 기대도 무시할 것이다. 즉, 아동은 세상이 자신에게 과도한 요구를 하고 있다고 지각하고, 미묘하게 공격적이며 적대적인 반응으로 세상을 무시하고 등급을 매기는 등 과장된 반응을 할 수 있을 것이다.

앞서 언급하였듯이, 자신의 감정을 숨기고 통제하고 있다고 확신하기 위해 많은 노력을 기울이다 보니 사회적 상황이 불편해지고 비협조적인 태도를 취하게 되면서 효율적인 심리적 기능을 발휘하는 데 부정적인 영향을 끼치게 된다. 만약 이러한 상황이 오래 지속되면 정보를 다루는 데 효율성을 저해할 수 있고 사고를 모호하게 할 수 있다. 억제된 감정이 충동적이고 격렬한 반응으로 나타나는 것처럼, 이러한 감정은 비논리적이거나 현실감이 결여된 의사 결정과 행동으로 나타날 수도 있다.

정서적인 욕구가 강한 아동이며, 외로움을 매우 심하게 느낀다. 그러나 이런 내적 허기짐을 직접적으로 인식하지는 못하고 있다. 정서적인 면에 대해 불편해하고 이에 대한 두려움을 느끼기 때문인 것 같다. 이와 같은 경우 아동들은 종종 건강한 발달에 영향을 미치는 일상적인 감정의 변화 경험을 회피한다. 스스로에 대해서 다른 사람들보다 더 비호의적으로 여기고 자기 관찰자적이며 반성적이다. 이는 동일 연령대의 아동들에게는 일상적이지 않은 특징이다. 자기 개선을 위한 노력과 연관되어 있기보다는 자기 스스로에 대한 불만족감을 더 많이 반영하는 것이라 할 수 있다. 자기상은 상상보다는 경험에 근거하는 경향이 있으며, 스스로에 대해서 고립되고 사람들이 선호하지 않은 존재로 지각하고 있다. 분명히 스스로 원하는 만큼 자기 자신에 대해서 편안하게 여기지 않는 것 같다.

여느 아동처럼 타인에게 지도받고 지지받는 것을 원하고 의존적인 것 같지만, 일반적인 12세 아동들보다 스스로를 감추고 보호하려는 경향이 많다. 불행히도 오히려 여의치 않으면, 오히려 아동에게 정서적인 친밀감에 대한 욕구를 더 강하게 만든다. 즉, 외로움을 느끼지만, 타인과 친밀한 관계를 형성하는 방법을 모르는 것 같다. 결과적으로 스스로를 무시받고 거절당하는 존재로 여기게 된다. 분명히 사람에 대한 관심이 많고, 매우 현실적인 방법으로 그들을 개념화하며, 많은 경우 사회적인 행동은 상황에 적절하지만, 이러한 사회적인 관계를 어떻게 유지시켜 나가야 하는지에 대해서는 혼란스러워하는 것 같다. 긍정적인 대인관계에 관심을 가지고 있지만, 자신이 변화해야 될 것에 대해서는 과도하게 적대적이며 공격적인 경향이 있다. 이는 타인이 쉽게 아동을 피하도록 만들 수 있다. 아동은 사회적인 상호작용을 꺼리게 되며, 친구들과 비일관적인 태도로 반응하게 될 것이다. 때때로 과도하게 친밀하고자 하지만, 다른 경우에는 상황에 대해 좀 더 과격한 태도로 반응할 수 있다.

주요 문제와 권고

평가 의뢰 사유는 외관상 발견되지 않은 정서적이거나 정신과적인 어려움이 있는지와 수동 공격적인 성향의 여부에 대한 것이었다. 수동 공격적이지는 않으나 비일관된 수행과 성취 결과에 유의미한 영향을 끼쳐 온 정서적인 곤란이 시사된다. 정서적 경험에 대해 혼란스러워하고 두려워하는 것 같고, 스스로에게 만족할 만하고 타인에게 수용 가능한 방식으로는 표현하지 못하는 것 같다. 두 가지 주요한 핵심 문제가 이러한 혼란에 영향을 주는 것으로 해석된다. 첫째, 스스로의 가치에 대해서 회의적이다. 타인이 자신에게 기대하는 바에 대응해야 한다고 생각하고 그 부담에 의해 종종 과정상의 노력이 성급하고 항상 일관적이지 못하다. 성취감을 느끼지 못하다 보니 스스로 강화해 온 부정적인 신념만 확신하게 된다. 둘째, 더 중요한 문제는 욕구가 강한 만큼 외로워하고 있다는 점이다. 거절감과 쓸모없음을 느끼며, 이는 자신이 관심받고 사랑받고 싶은 감정에 대한 부담감과 혼란감을 오히려 증가시키게 된다.

종종 부모는 아동의 욕구에 귀 기울이고 지지하는 것에 부주의하고 무시하곤 한다. 부모는 아동이 독립적으로 기능할 수 있을 것이라고 믿을 것이다. 이 부모 또한 자신들이 아동에게 직접적으로 개입하는 것보다 담임교사 및 특별 지도교사에게 의존해 왔다. 아동은 부모를 지지적인 지원을 제공해 주는 존재가 아닌 평가자로서 여기고 있다. 아동은 정서적인 안정감과 타인이 원하는 존재라는 존재감을 필요로 하고 있다. 이것 없이 아동의 동기 수준과 학업 수행 수준을 증진시키기 위한 다른 노력은 아주 적은 개선만 가져올 것이다. 그러나 만약 아동이 사랑받고, 수용받으며 지지받고 있다고 느끼게 된다면, 최상의 치료적 효과를 기대할 만하다. 여기서 가장 중요한 것은 정보를 좀 더 천천히 주의 깊게 받아들이고 행동하기에 앞서 다시 한 번 생각해 보도록 가르치는 전략이 포함되어야만 하는 것이다. 이 방법은 이 아동에게 적용하기 쉬운 것으로 유의미한 성과는 향후 단기간 내에 나타날 것이다. 어떤 긍정적인 변화가 이 기간 동안에 생기는 즉시 아동의 적응적인 사회 기술을 발달시킬 수 있도록 다른 개입 방법과 전략이 계획되어야만 한다. 마지막으로 교우 관계는 아동에게 매우 중요하게 지각되는 것인 만큼 타인과 유용하고 서로 보상적인 관계를 형성할 수 있도록 구체적인 준비가 필요하며, 향후 크게 향상될 것이다.

참고문헌

Exner, J. E. (1983). Additions to the structural summary. *Alumni newsletter.* Bayville, NY: Rorschach Workshops.

Exner, J. E. (1986). *The Rorschach: A Comprehensive System. Volume 1: Basic foundations* (2nd ed.). New York: Wiley.

Exner, J. E. (1989). The new schizophrenia index. *Alumni newsletter.* Asheville, NC: Rorschach Workshops.

Exner, J. E. (2000). *A primer for Rorschach interpretation.* Asheville, NC: Rorschach Workshops.

Exner, J. E., Martin, L. S., & Mason, B. (1984). *A review of the Rorschach Suicide Constellation.* 11th International Congress of Rorschach and Projective Techniques, Barcelona, Spain.

Exner, J. E., & Wylie, J. R. (1977). Some Rorschach data concerning suicide. *Journal of Personality Assessment, 41,* 339-348.

Fowler, J. C., Piers, C., Hilsenroth, M. J., Holdwick, D. J., & Padawer, J. R. (2001). The Rorschach Suicide Constellation: Assessing various degrees of lethality. *Journal of Personality Assessment, 76,* 333-351.

Smith, S. R., Baity, M. R., Knowles, E. S., & Hilsenroth, M. J. (2002). Assessment of disordered thinking in children and adolescents: The Rorschach Perceptual-Thinking Index. *Journal of Personality Assessment, 77,* 447-463.

부록 I 형태질 기준표

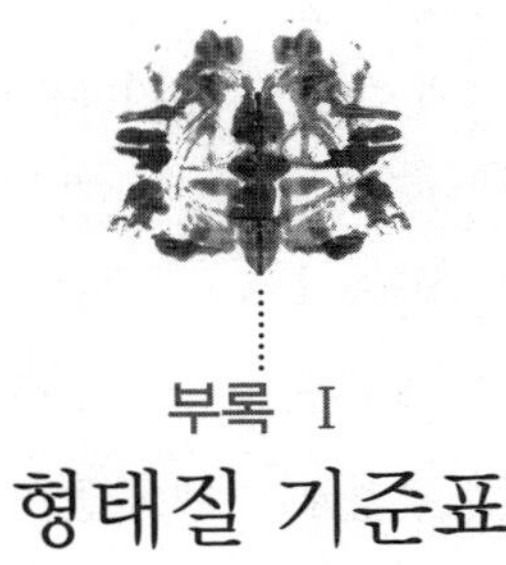

부록 I
형태질 기준표

형태질 기준표 [부록 A-1]~[부록 A-10]은 반응에 관한 기호를 결정하는 데 필수적이다. 여기에는 각 10개의 반점 그림마다 흔한 부분 영역과 드문 부분 영역의 위치 번호가 표시되어 있다. 각 카드의 형태질 목록에는 위치 영역에 해당되는 반응이 예시되어 있다. 제8장에 기술한 빈도나 평가 기준의 충족 여부에 따라 o(보편적), u(드문), 또는 −(마이너스)로 명시된다.

형태질 기준표에는 적용된 빈도 기준에 부합하지 않는 205,000개 이상의 반응 또는 데이터베이스에 포함되지 않은 정신병적·편집증적 기록에 나타난 다수의 − 반응도 포함되어 있다. 그러나 대다수의 인상적인 내용의 반응은 일반적으로 500번에 한 번 이하의 낮은 빈도로 나타난다.

이 자료들이 포함됨으로써 도움보다는 산만해지는 역효과가 있을 수 있다. 그래서 − 반응 여부를 결정하는 4개 이상의 빈도 기준은 *W*와 *D*영역에 적용되었고, *Dd* 영역에는 세 개 이상의 기준이 적용되었다.

제8장에서 언급된 것처럼, 어떤 반응들은 형태 특성에서는 o로 기호화되지만, 내용에서는 보편적인 정도 이상으로 정교화되는 경향이 있다. 따라서 *FQ* 기호는 +로 한다. *FQ*를 +로 하려면 부분적으로 채점자의 주관적 판단이 반영된다. +로 기호화된 반응은 창의성이 가미된 드문 정교화 작업이나 보다 정확성을 기하려는 경향을 나타낸다. 형태를 구체화하는 데 필요한 것보다 더 많은 노력을 기울였다는 것이고, 더 정확하고 세밀한 작업을 통하여 반응이 풍부해진다.

형태 정확도(articulation)를 덜 정교화한 경우 +로 기호화하기보다 o로 기호화하는 것이 더 적합하다. 이것은 경험적으로 증명되었다. 다수의 반응에 형태 요소들에 대한 흔하지 않은 정교화가 반영되어 +로 기호화되고, 때로는 o로 기호화될 수 있다. 형태에 대한 정교화와 창의성이 두드러지나, 그것이 흔하지 않은 것일 경우 u로 기호화한다. 이 경우 *FQ*는 +가 아닌 u로 기호화한다. *X*+%와 *Xu*%의 값은 관습적이냐 혹은 드문 것이냐의 정보라기보다는 피검자가 반응을 결정하는 데 형태가 적합하게 사용되었느냐에 대한 정보를 주는 변인이라 할 수 있다.

보다 넓은 맥락에서, 형태질 기준표는 반응의 형태질 기호화를 결정하는 데 기본 규칙을 제공할 것이다. 만약 모든 반응을 단순하게 적절한 형태 사용(good fit) 또는 부적절한 형태 사용(poor fit)의 두 가지 범주로 구분할 수 있다면, 상당히 수월한 작업이 되겠지만, 종합체계에서는 지각과 중재 작용, 그리고 인지 기능에 끼치는 영향에 관한 더 많은 정보를 수집하기 위해 구분의 두 개의 기준을 더해서, 적절하거나 부적절한 형태 적합도를 세분화했다. 기준은 오로지 반응에서 형태가 적절히 사용되었는가에 초점을 둔다. 목표는 일반적이지 않은 것으로 여겨지는 반응에서부터 꽤 일반적인 응답을 가려내는 것이다.

형태질 기준표의 반응 목록은 매우 광범위하며, 대부분의 반응에 대해 형태질 결정은 쉽게 이루어진다. 그러나 어떤 항목은 특이하여 표에 포함되지 않을 수 있다. 각 카드의 위치 영역에 항목이 포함되지 않았다면, 전통성을 지키되 합리적인 예외 기준으로 형태질 결정이 필요하다.

이러한 예외적인 결정은 의외로 간단하다. 예를 들면, 어떤 사람이 카드 VIII의 *D1* 영역에 '쿠거' 라는 반응을 했다. *D1* 영역에 대한 목록에는 어떤 특정 동물이 기술되어 있으나, 쿠거는 포함되어 있지 않다. 하지만 o의 목록을 다시 보면 '동물' 하단에 유사한 모양의 네 발 달린 동물 종류라는 하위 조건이 있다. 이 기록에는 또한 고양이와 같이 일반적으로 보고되는 몇몇 동물들이 포함되어 있다. 그러므로 이러한 기준에 의거해 쿠거라는 반응에 대해 o라는 형태질 기호를 부여하는 것이 타당하게 된다.

이러한 예외 기준에 의한 형태질 기호화는 더 많은 노력과 적합한 논리를 필요로 할 때가 있다. 예를 들면, 어떤 사람이 카드 IX의 *D6* 영역에 대해 '4개의 체리' 라고 반응했다. *D6* 영역의 목록에 '체리' 는 없다. 우선 '체리' 와 유사한 것을 찾아 *D6*의 항목을 검토한다. 그리고 세 가지 가능성(사과, 무, 라즈베리)을 찾아내었지만, 그 세 가지는 같은 형태질 코드로 기호화되지 않는다. 사과는 o, 무와 라즈베리는 u의 목록에 있다. 이 시점에서 검사자는 결정을 내리기 전에 한 단계를 더 시도해야 한다. 이것은 *D4* 영역의 목록에 대한 재검토다. 왜냐하면 피검자는 4개의 '체리' 라고 반응하였고, 그중 하나는 *D4* 영역에 포함되어 있기 때문이다. 재검토 결과, '체리' 는 *D4*의 목록에 없지만, '사과' 와 '라즈베리' 는 모두 o의 목록에 있다.

'체리' 라는 응답을 u로 기호화해야 할지, o로 해야 할지를 결정하는 문제는 몇몇 채점자에 의해 구체적으로 검토될 것이다. 그들은 체리가 *D6*나 *D4*의 목록에 있지 않으면 u로 채점되어야 한다고 가정하지만, 이것은 적절한 의사 결정이 아니다. o의 기호화가 보다 합리적일 듯하다. 이 결정은 이전에 언급한 쿠거 반응 기호화와 같은 논리를 따른다. 다시 말해, 반응과 유사한 항목이 목록에 있다면 같은 기호로 지정하는 것이 적절하다.

목록에 있는 특정 대상과 형태 비교가 어려울

때, 형태질 기호화에 대한 결정은 형태질 기준의 원칙을 사용하되 채점자의 주관적인 판단 몫으로 남게 된다.

- 만약 특정 항목이 목록에 없고, 예외 기준의 적용이 어려운 경우, 그것은 원칙 2 또는 3을 적용하여 u 또는 −로 기호화한다.
- 만약 특정 항목이 목록에 없고, 예외 기준 적용이 불가능하지만, 대상이 빠르고 쉽게 지각되며 실재적 윤곽에 왜곡이 없다면, u로 기호화한다.
- 만약 특정 항목이 목록에 없고, 예외적인 기준 적용이 불가능하며, 대상이 매우 어렵게 지각되거나, 채점자가 피검자가 지각한 것에 대해 공감하기 어렵다면 −로 기호화한다.

'체리' 의 예와 같이, 기호화 결정에 이르기 전에 여러 목록을 재검토하는 것이 필요하다. 예를 들어, 반응에 특정한 해부 내용이 포함되어 있을 때, 형태질 표에 제시된 영역의 목록에 일치하는 항목이 없을 수도 있다. 이 경우, 어떤 형태질 기호화가 적절한지 결정하기 위해 세부 내용에 포함된 항목들이 각각 사용된 잉크반점의 모든 영역을 검토해야 한다.

제8장에 언급된 것처럼 표에 기록되지 않은 복합적인 내용의 반응 또한 형태질 기호화를 결정하기 전에 잉크반점 영역에 대한 재검토가 필요하다. 이 경우, 만약 낮은 빈도를 보였던 대상 항목인데 피검자 반응에서 주요하게 나타나면, 낮은 수준의 형태질로 기호화해야 한다. 예를 들면, 카드 II, *D1* 영역은 '곰'이라고 자주 응답되며, 보통 o로 기호화된다. 그러나 만약 '두 마리 곰(*D1*)이 빨간 꽃(*D3*) 뒤에 서 있다.'면 형태질 기호화는 u가 된다. 이는 꽃은 표에서 u의 목록에 있고, 그것이 반응에 중요하기 때문이다. 그러나 낮은 수준의 형태질로 기호화되는 대상이 반응에서 주요할 때 이러한 채점에는 타당한 근거가 있어야 한다.

>, ∨, <의 기호가 표기되어 있다면 반응에 포함된 대상이 잉크반점을 제시된 바른 형태로 보지 않고 회전해 보았다는 의미이며, 바른 위치로 잉크반점을 본 경우 별도의 표시를 하지는 않는다.

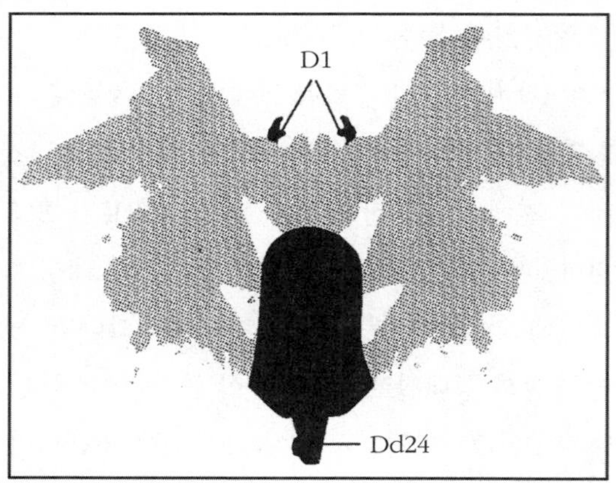

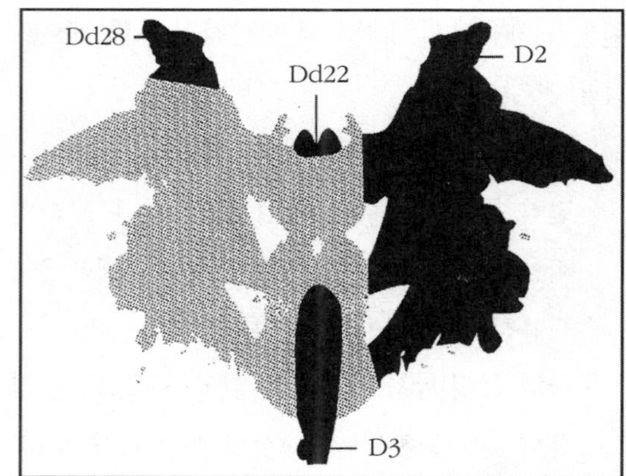

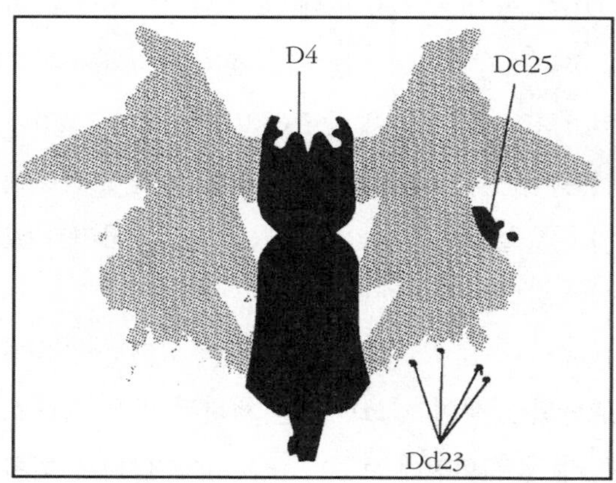

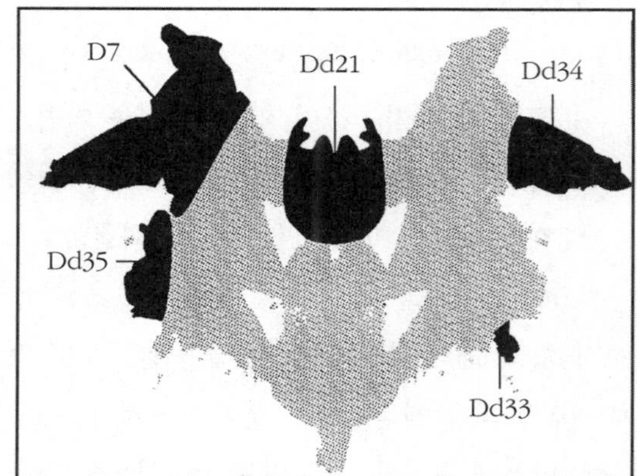

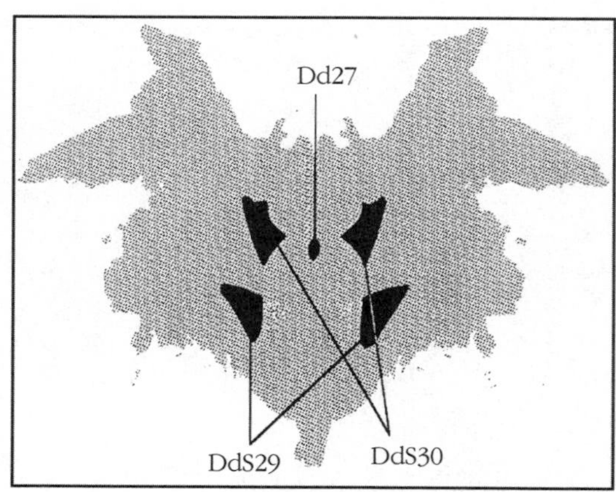

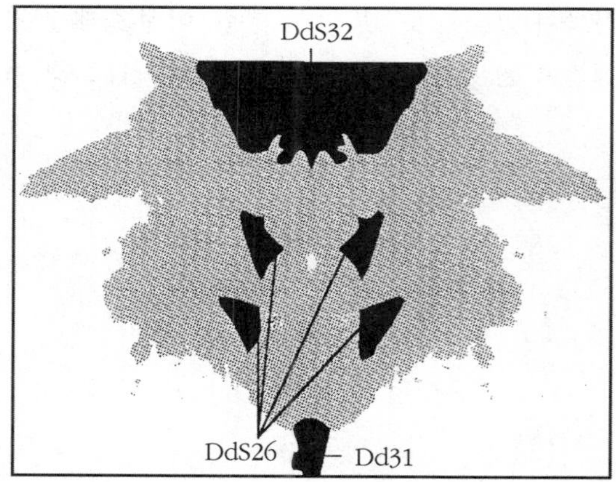

[부록 I-1] 카드 I의 D와 Dd 영역

부록 I-1 카드별 흔한 부분(*D*)과 드문 부분(*Dd*) 영역이 표시되어 있다. 영역별 형태질 기호(*o, u,* −)와 평범 반응, 그리고 Z(조직화) 점수가 표기되어 있다.

CARD I[1)]

평범 반응: W를 박쥐 혹은 나비로 반응
Z 값: W=1.0, 인접=4.0, 비인접=6.0, 공백=3.5

W

- − Abacus (원주 꼭대기의) 주판
- − Abalone 전복
- − Abdomen 복부
- u Abstract 추상적인
- u Airplane (Top view) (위에서 본) 비행기
- − Airplane (Front view) (앞에서 본) 비행기
- − Albacore 날개 다랑어
- u Amoeba 아메바
- − Anchor 닻, 의지할 힘이 되는 것
- o Angel 천사
- o Angels (*2* with *D4* another object) 천사 (*2*와 *D4*가 다른)
- − Animal (Not winged) (날개 달리지 않은) 동물 (주의: 곰, 개, 고양이, 사자 등과 같이 날개나 지느러미가 없는 동물)
- u Animal (Winged but unspecified) 동물 (날개가 있으나 분명하지 않은)
- − Ant 개미
- − Anteater 개미핥기
- u Art (Abstract) (추상적) 예술
- u ∨ Astrodome 천측창 (애스트로돔, 텍사스 주 휴스턴 시의 지붕 있는 야구장)
- − Australia 오스트레일리아
- − Baboon 비비, 개코원숭이
- o Badge 배지, 기장
- o Bat 박쥐, 곤봉
- − Battleship 전함
- − Bear 곰
- − Beard 턱수염
- u Bee 꿀벌
- u Beetle (Winged) 갑각류, (날개 달린) 딱정벌레
- − Bell 종
- u ∨ Bellows 풀무 (바람을 불어넣는 자루), 주름상자, 바람통
- − Bib 턱받이
- o Bird 새
- u ∨ Bird (Prehistoric) (기원전) 새
- − Blanket 담요
- − Boat 보트
- − Body 몸, 몸체, 신체
- − Body (Split) (찢어진) 몸
- − Book 책
- − Bookmark 책갈피, 서표
- u Bone (Skeletal) (해골) 뼈
- u Bowl (With handless) (손잡이 없는) 사발, 공기
- − Brain 뇌
- u Brain (Cross section) (단면도) 뇌
- − Brain (Top view) (위에서 본) 뇌
- − Breast 가슴

1) 역자 주: 본 형태질 기준표는 원어를 그대로 표기하고 번역하였다. 채점자들의 혼동을 피하기 위해서며, 또한 사회문화적 차이로 종종 그 형태질의 빈도에 대해 의문이 생길 때를 고려해서 참고하길 바란다.

– Bridge (Man made) (인공의) 다리
u Bridge (Natural) (자연의) 다리
– Buckle 버클
o Bug (Smashed) (찢겨진) 곤충
o Bug (Winged) (날개 달린) 곤충
– Bug (Unspecified, not winged) (불특정, 날개 없는) 곤충
u ∨ Building 건물
– Bullet 소총탄 (소총, 권총)
o Butterfly 나비
u ∨ Cabin 오두막
– Cactus 선인장
– Cage 새장
– Cake 케이크
u ∨ Cap (Snow) (눈)모자
u Cape 곶, 어깨 망토
– Car 자동차
– Cart 짐마차, 이륜 마차, 손수레
u ∨ Castle 성, 성곽
– Cat 고양이
u ∨ Catamaran (Front view) (앞에서 본) 뗏목
– Cattle (Herd) 성(가축의 떼, 다수, 지키다)
u ∨ Cave (Front view) (앞에서 본) 동굴
o ∨ Chandelier 샹들리에
– Chest 가슴, 흉곽
– Chevron(∧∨; 하사관, 경관복의) 갈매기표 수장
– Chinese Art 중국 예술품
u ∨ Chinese House 중국식 집
u Cinder 탄 재, 뜬 숯
u ∨ Circus Tent 서커스 천막
– Cistern 물탱크, 저수지
– Citrus Tree 감귤나무
– Clamp 꺾쇠, 집게, 외과용 집게
– Clitoris 클리토리스
u Cloak 망토
– Clock 시계
u Cloud(s) 구름
– Clove 정향나무
u Coal (Piece) 석탄 (조각)
– Coat 상의
u Coat of Arms (옛날 기사들이 갑옷 위에 입은) 문장이 든 덧옷
u Cocoon (With winged insect emerging) 누에고치(날개를 가진 동물이 나오는)
– Codfish 대구
u Coral 산호
– Cow 암소, 젖소
u Crab 게
– Crate 나무 상자, 고장난 자동차(비행기)
– Crater 분화구
u Crowfish 가재, 왕새우, 변절자
o Crow 까마귀
o ∨ Crown 왕관
o Dancer (As *D4* in costume or cape) (*D4*를 옷 또는 망토를 걸친) 춤추는 사람
– Dandelion 민들레
u Demon (In cape or with wings) (망토 또는 날개 달린) 악마
u Design 디자인, 설계
– Dirigible 기구, 비행선
u Dirt 진흙, 쓰레기
o Disc (Anatomy) 디스크 (해부학)
u ∨ Dome 둥근 천장
– Door 문
u Dracula 드라큘라
u Dragon (Usually with wings) (보통 날개 달린) 공룡
u Dragonfly 잠자리
– Dream 꿈
– Dress 옷
– Drill 드릴
u ∨ Drillpress 드릴프레스, 천공반
u Duck 오리
u Dust (Speck) (작은 얼룩) 먼지
o Eagle 독수리
– Egg 달걀
– Elves 꼬마 요정들
o Emblem 상징, 무늬, 표상
– Explosion 폭발

얼굴:

(주의: 대부분의 얼굴 반응은 o 또는 u이고, *Dd34*는 귀, *Dd29*와 *DdS30*은 눈과 입, 반응 내용은 (*Hd*), *Ad* 또는 (*Ad*)이지만 반점의 윤곽과는 일치하지 않음. 아래에 있는 것들은 예외임)

o Face, Animal (Unspecified) (불특정한) 얼굴, 동물
u Face. Animal w/ horns 얼굴, 동물 W/ 뿔 달린
– Face, Ant 얼굴, 개미
u Face, Bear 얼굴, 곰
– Face, Bird 얼굴, 새
u Face, Bug 얼굴, 곤충
o Face, Cat 얼굴, 고양이
u Face, Cow 얼굴, 암소
u Face, Dog 얼굴, 개
– Face, Fish 얼굴, 어류
o Face, Fox 얼굴, 여우
– Face, Goat 얼굴, 염소
– Face, Horse 얼굴, 말
– Face, Human 얼굴, 인간
– Face, Insect (Specified) (특정한) 얼굴, 곤충
u Face, Insect (Unspecified) (불특정한) 얼굴, 곤충
u Face, Monster (Gremlin. evil, alien) (그렘린, 악마, 외계의) 얼굴, 괴물
u Face, Mouse 얼굴, 쥐
u Face, Rabbit (Floppy ears) 얼굴, 토끼(늘어진 귀)
– Face, Racoon 얼굴, 미국 너구리
u Face, Robot 얼굴, 로봇
u Face, Skeleton(Animal) 얼굴, 해골(동물)
– Face, Skeleton(Human) 얼굴, 해골(인간)
o Face, Tiger 얼굴, 호랑이
– Face, Turtle얼굴, 바다거북
u Face, Witch 얼굴, 마녀
o Face, Wolf 얼굴, 늑대
– Fan 부채, 선풍기
– Fern 양치류
– Fiddle 바이올린, 깡깡이
– Fire 불, 화염
– Flag 기
u Flea 벼룩
u Fly 파리, 나는 곤충
u Fog 안개
– Foliage 잎
– Food 음식
– Forest 숲
u Fossil 화석
o ∨ Fountain 분수
– Frog 개구리
u Fur (Piece) 모피 (조각)
u Fuzz (Piece) 잔털 (조각)
– Garden 정원
u ∨ Gazebo 전망대
u Gnat 각다귀, 모기
o Girls (Dancing or standing in a circle) (춤추거나 또는 둥글게 서 있는) 소녀들
u ∨ Hair (Styled) (모양을 갖춘) 머리
o ∨ Hat (Woman's) (여자의) 모자
Head (See Face) (앞에서 본 모습) 머리
o ∨ Headdress 머리 장식물
– Helicopter 헬리콥터
o ∨ Helmet 헬멧
u ∨ Hill 언덕
– Hive (Insect) 꿀벌 통(곤충)
u ∨ House 집
– Human 인간
o Human (Winged or caped) (날개 달린 또는 망토 입은) 인간
u Humans (2 Facing midline) (두 사람이 마주 보는) 인간
– Humans (2 Turned away) (두 사람이 등을 돌린) 인간
o Humans (3, one at *D4*) (3, *D4*에서 하나) 인간
– Ice 얼음
u Ink 잉크
u Inkblot 잉크반점
– Insect (Not winged) (날개 없는) 곤충

o Insect (Winged) (날개 있는) 곤충
u Island 섬
– Jellyfish 해파리
– Keel (Boat) 용골 (배)
– Kidney(s) 신장(들)
u Kite 솔개
– Lamp 램프, 등불
u Landscape(Note: This category includes rocks, rocky terrain and broad landscape expanse such as a mountainside) 풍경(주의: 바람, 암석이 많은 지대나 산허리 같은 광활한 풍경)
o Leaf 잎
– Lobster 바닷가재
– Lungs 폐낭
– Map (Specified) (특정한) 지도
u Map (Unspecified) (불특정한) 지도
o Mask(Note: This category includes a wide variety of animal, Halloween , monster, party, voodoo, etc. masks) 가면(주의: 여러 동물들의 핼러윈, 괴물, 파티, 부두교 마법 등의 가면)
– Mat (Door) 매트 (문)
– Meat 고기
u Medusa 메두사
– Me1on 멜론
u ∨ Monster 괴물
u Mosquito 모기
o Moth 나방
u ∨ Mountain 산
u Mud 진흙
– Neck 목
– Neckbone 목뼈
– Nest 둥우리, 새집
– Net 그물, 네트
– Nose 코
– Note (Musical) (음악적, 음악과 관련된) (새의) 울음소리, 음성, 어조
o Opera Singers(2 or 3) 오페라 가수(2 또는 3)
o Ornament 장식
– Owl 올빼미
– Pau (Cooking) (요리하고 있는) 파우
– Parking Meter 주차용 측정기, 주차 시간 자동 표시기
o Pelvis 골반
o People (2) Dancing 두 명의 춤추는 사람들
– Pick (Guitar) 현악기 줄을 뜯는 채, 픽(기타)
– Plant 식물
– Plymouth Emblem 플리머스 상징물(미국 자동차)
– Pot 항아리, 단지
– Printing Press 인쇄기
– ∨ Pumpkin 호박
– Rib(s) 늑골, 갈빗대(들)
– Roadmap 도로 지도
u Robot 로봇
u ∨ Rock 돌
u ∨ Rocketship 로켓선, 우주 항공기
u Rower (In boat) (배 안에서) 노 젓는 사람
– Rudder 방향타
– Rug 깔개
– Sailboat 범선, 요트
– Sawhorse 톱질 모탕
o Sea Animal(With *D2* or *Dd34* as flappers) 바다 동물(*D2* 또는 *D4*를 지느러미로)
– Seed 씨, 열매, 종자
– Ship 배
– Shrimp 작은 새우
– Skeleton (Unspecified) (불특정한) 해골
o Skull (Human or animal) (인간 또는 동물) 두개골
– Smile 미소
– Snowflake 눈송이
u ∨ Spaceship 우주선
– Sperm 정액
– Spider 거미
– Sponge 스펀지, 해면(해면 동물의 섬유 조직)
– Spring (Metal) (금속) 스프링
u Squirrel (Flying) (날아다니는) 다람쥐
o Statues(2 or 3) 상, 여신상 (2개 혹은 3개)

– Steeple 첨탑, 뾰족탑
u Stone (Carved) (새겨진) 돌
– Stove 스토브, 난로
– Sundial 해시계
– Tank (Army) (군대) 탱크
u ∨ Tent 텐트
– Tornado 토네이도(폭풍)
o Totem (Winged) (날개 달린) 토템
u ∨ Train(As *D4* crossing a trestle) (*D4*가 버팀대로 가로지르는) 기차
– Tree 나무
– Tuning Fork 반환분기
– Turtle 바다거북
u Urn 항아리, 단지
– Valve 판, 밸브, 안전판
u Vase 꽃병
– Washing Machine 식기세척기
u Wasp 말벌
– Wave 파도, 물결
– Weather Vane 풍향계, 바람개비, 풍향기
– Weed 잡초
o Witches (2 or 3) (2 또는 3) 마녀
o Woman (Winged or caped) (날개 달린 또는 망토 입은) 여자
– Wood 목재
o X-ray (Chest) (가슴) 엑스레이
– X-ray (Heart) (심장) 엑스레이
– X-ray (Lungs) (폐) 엑스레이
o X-ray (Pelvis) (골반) 엑스레이
– X-ray (Stomach) (위) 엑스레이
o X-ray (Unspecified) (불특정한) 엑스레이
– Yacht 요트, 쾌속선

D1

– Ants 개미들
o Antennae 안테나, (곤충 따위의) 더듬이(복수)
u Antlers (사슴의) 가지 진 뿔
– Apes 원숭이
o Bird Heads 새 머리들
– Birds 새들
– Bones 뼈들
– Bugs 곤충들
u Butterflies 나비들
o Claws 갈고리발톱
– Clip 클립, 끼움쇠
– Crabs 게(들)
u Dancers 춤추는 사람들
u Devils 악마들
u Duck Heads 오리 머리들
u Eagle Heads 독수리 머리들
– Elves 꼬마 요정들, 난쟁이들
o Feelers 더듬이들, 촉수
o Fingers 손가락들
– Flags 기
– Fork 포크, 삼지창
u Ghosts 유령
– Gun 총, 대포
o Hands 손, 팔
– Heads (Animal) (동물의) 머리
o Heads (Birds) (새들의) 머리
u Heads (Insects) (곤충들의) 머리
u Heads (Monster) (괴물의) 머리
u Heads (Reptile) (파충류, 양서류의) 머리
o Horns 뿔
o Humans or human-like figures 인간 같은 형상(인간상)
– Insects 곤충들
o Mittens 벙어리장갑, 권투 장갑
u Monsters 괴물들
– Penis 음경
o Pincers 펜치, 못뽑이, 족집게
u Puppets 작은 인형, 꼭두각시
– Rocket 로켓
u Rocks 돌들
– Roots 뿌리들
u Sculpture (Abstract) (추상적인) 조각, 조소
– Shrimp 작은 새우
u Thumb 엄지손가락

– Tooth 치아, 이
– Tree 나무
– Waves 파도들

D2

o Acrobat 곡예사
– Airplane 비행기
– Anatomy 해부학
o Angel 천사
o Animal (Specified as long eared, such as donkey, elephant, some varieties of dogs) (코끼리, 개와 같은 특정한) 동물
– Animal(Specified as short eared such as cat, cow, and some varieties of dogs) (고양이, 소, 그리고 개와 같은 짧은 귀를 가진 특정한 동물들) 동물
o Animal (Cartoon) (만화의) 동물
u Animal (Unspecified) (불특정한) 동물
– Bat 박쥐
– Beetle 투구벌레, 딱정벌레
o Bird (With *Dd34* as wings) (*Dd34*를 날개로 하는) 새
– ∨ Boots 장화, 부츠
u Bug (With *Dd34* as wings) (*Dd34*를 날개로 하는) 곤충
– Bug (Not winged) (날개 없는) 곤충
– Cat 고양이
– Chicken 닭
u Cloud 구름
– Cow 소
o Dancer 춤추는 사람
o Demon 악마
Dog (See Animal) (동물 참조) 개
– Dragon 용
o Face (Animal, bird, cartoon or monster with *Dd34* as nose) (*Dd34*를 코로 보고 괴물, 동물, 새, 만화의) 얼굴
– Face (Animal, bird, cartoon or monster with *Dd34* as ear) (*Dd34*를 귀로 보고 동물, 새, 만화, 괴물의) 얼굴
– Face, Human 얼굴, 인간
– Fish 물고기, 어류
u Gargoyle (고딕 건축 따위에서 낙숫물받이로 만든 괴물 형상의) 괴물상, 이무기돌
o Head, Bird 머리, 새
o Human 인간
o Human-Like Figure 인간과 같은 형상
o Landscape 풍경
u Leaf 잎
– Map (Specified) (특정한) 지도
u Map (Unspecified) (불특정한) 지도
o Pegasus 페가수스(날개 달린 말)
– Pig 돼지
u < Rabbit 토끼
– Rodent 설치류
– Sky 하늘
u Smoke 연기
– Tree 나무
u < Tree(s) & foliage 나무, 잎
o Wing(s) 날개(들)
– Wolf 늑대
u Woodpecker (Profile) (측면, 옆모습의) 딱따구리
– X-ray (Specified or unspecified) (특정 또는 불특정한) 엑스레이

D3

u Alligator 악어
u < Alligator (Reflected) (반사된) 악어
o ∨ Bowling Pin 볼링핀
– Brain Stem 뇌간
– Candle 초
– Candle Holder 촛대
– Face 얼굴
– Gun 총
o Human (Lower half) (하반신) 인간

- – Insect 곤충
- o Legs 다리들
- o Mummy Case 미이라 관
- – Nose 코
- – Ornament 장식, 꾸밈
- – Penis 음경
- u Robot 로봇
- – Snake 뱀
- u Spaceship 우주선
- u Spinal Cord 척추
- o Statue 상, 조상
- o Totem Pole 토템 기둥
- – Tree 나무
- – Vagina 질
- o Vase 꽃병
- u Violin 바이올린

D4

- – Alligator 악어
- – Anatomy 해부
- – Animal (Unspecified) (불특정한) 동물
- – Ant 개미
- u Baboon 비비 (추악한 인간)
- – Bee 벌
- o Beetle 딱정벌레, 투구벌레
- – Bird 새
- – Bone Structure 뼈 구조
- o Bug(With *D1* as antennae or feelers) 곤충 (*D1*을 더듬이로 가진 동물)
- – Bullet 탄알
- – Cat 고양이
- o Cello 첼로
- – Centipede 지네
- – Clitoris 클리토리스
- – Crab 게
- u Cricket 귀뚜라미, 크리켓
- u Crown (Ceremonial) (의례상의) 왕관
- – Door 문
- – Face 얼굴
- – Fish 어류, 생선
- – Fly 파리
- – Frog 개구리
- o Gorilla 고릴라
- o Human (Who1e) (전체) 인간
- o Human (Headless) (머리 없는) 인간
- o Humans(s) 인간(들)
- o ∨ Human-Like Figure 인간 같은 형상
- o Insect (Unspecified with *D1* as antennae or feelers)곤충 (*D1*은 촉수나 더듬이로 불특정한)
- – Island 섬
- u Jack-in-the-box (열면 물건이 튀어나오는 상자) 도깨비 상자
- – Lamp 램프
- – Lobster 바닷가재
- u Man 남자
- o Monster 괴물
- u Monument 기념물, 유적
- – Nose 코
- – Plant 식물
- – Reptile 파충류의 동물
- u ∨ Rocket 로켓
- u ∨ Rocketship 우주선
- u Space Creature 우주 생물
- – Spider 거미
- – Spine 등뼈
- o Statue 상
- u ∨ Tree 나무
- – Turtle 바다거북
- – Wasp 육군 항공대 여자 조종사 대원, 말벌
- o Woman 여자
- u Vase 꽃병
- u Viola 비올라

D7

- – Animal (Not winged) (날개 없는) 동물

o Animal (Winged) (날개 달린) 동물
u Arrowhead 화살촉
o Bird 새
– Bone 뼈
u Cliff 낭떠러지, 벼랑
u C1oud 구름
o Crow 까마귀
u Duck 오리
o Eagle 독수리
u Ears (Animal) (동물의) 귀
u Face, Animal(With *Dd34* as nose) (*Dd34*를 코로 본) 얼굴, 동물
u Face, Cartoon (With *Dd34* as nose) (*Dd34*를 코로 보고) 얼굴, 만화
– Face, Human 얼굴, 인간
u Face, Witch 얼굴, 마녀
– Hat 모자
u Head (Bird, duck, horse) (새, 오리, 말의) 머리
– Horn 뿔
– Insect (Not winged) (날개 없는) 곤충
u Insect (Winged) (날개 있는) 곤충
o Landscape 풍경
– Map (Specified) (특정한) 지도
u Map (Unspecified) (불특정한) 지도
u Nest 둥지
– Plant 식물
u Pot (*Dd34* as handle) (*Dd34*를 손잡이고 본) 항아리, 단지
u Rock 돌
– Skull 두개골
o Sphinx 스핑크스
o Statue (Bird) 상(새)
u Weather Vane 날씨 풍향계, 바람개비
u Wing (Airplane or bird) (비행기 또는 새의) 날개
o Wings 날개들

Dd21

– Anatomy 해부
o Bug (*D1* as feelers) (*D1*을 더듬이로 본) 곤충
u Crab 게
– Foliage 군엽, 잎 장식, 잎
– Heart 심장
– Jellyfish 해파리
u Landscape 풍경
o Nest 둥지
– Sea Animal 바다동물
u Shield 방패, 보호물
– Statue 상

Dd22

– Balls 공(들)
u Breasts 가슴(들)
u Boulders 둥근 돌, 옥석, 표석
– Buttocks 엉덩이
u Eyes, bug or frog 눈, 곤충 또는 개구리
– Ghosts 귀신
– Heads (Animal) (동물의) 머리
u Heads (Human) (인간의) 머리
o Hills 언덕들
u Hump (Camel) (낙타의) 혹
u Labia 입술, 음순
o Mountains 산(들)
– Trees 나무(들)
– Warts 사마귀

Dd23

– Airplanes 비행기
u Birds 새(들)
– Dots 점(들)
– Flies 파리(들)
u Insects 곤충(들)

o Islands 섬(들)
– Notes (Musical) (음악과 관련된) (새의) 울음 소리, 음성
– Symbols 상징(들)

Dd24

o Bell 종, 방울
– Bug 곤충
o Cello 첼로
u Dress 옷
u Emblem 상징, 표상
– Head 머리
u Helmet 헬멧
– Human (Whole) 인간(전체)
u Human Figure (Lower half) (하반신의) 사람 모양
u Lamp 램프
u Lantern 랜턴, 손전등
u Monster 괴물
– Plant 식물
u Skirt 스커트, 치마
– X-ray 엑스레이

Dd25

– Animal 동물
– Animal Rump 동물의 엉덩이
u Face, Human-Abstract 얼굴, 인간-추상적
u Face. Human 얼굴, 인간
– Trees 나무(들)

DsS26

o Clouds 구름(들)
o Eyes 눈(들)
o Ghosts 귀신(들)
o Mask Details 가면의 일부
u Snow 눈
– Trees 나무(들)
o Windows 창문(들)

Dd27

u Boat (With midline) (중앙의) 보트
o Buckle 죔쇠, 벨트 장식
u Elevator (With midline) (중앙에 있는) 승강기
– Face 얼굴
– Head 머리
– Heart 심장
u Shield 방패, 보호물
u Spaceship 우주선
– Top 맨 위
– Ulcer 궤양

Dd28

u Arrowhead 화살촉
– Bird (Whole) 새(전체)
u Hat 모자
– Head (Animal) (동물의) 머리
o Head (Bird) (새의) 머리
– Head (Human) (인간의) 머리
u Head (Human-like w/hat) (인간 같은) 머리
– Pole 기둥
– Shoe 구두
u Tree 나무

DdS29

o Eyes (Abstract) (추상적인) 눈(들)
– Eyes (Human) (인간) 눈(들)
u Flying Saucers 비행접시(들)

o Ghosts 귀신들

o Holes 구멍(들)

u Mountains 산(들)

u Pyramids 피라미드(들)

u Snow 눈

u Spaceships 우주선(들)

u Tents 텐트(들)

u Triangles 삼각형, 트라이앵글

u Wings 날개(들)

DdS30

o Eyes 눈(들)

o Ghosts 귀신(들)

u Human (In costume) (옷을 입은) 인간

– Lungs 폐(들)

u Snow 눈

– Trees 나무(들)

Dd31

u Feet 발

– Hammer 망치

u ∨ Head (Rabbit) (토끼의) 머리

– Head (Unspecified) (불특정한) 머리

u ∨ Mountain peak 산꼭대기

– Nose 코

– Root 뿌리

– Skull 두개골

– Stinger 침, 가시

u Tooth 치아

u ∨ Volcano 화산

DdS32

u Bay 만

– Bird 새

u Canyon 협곡

– Mask 마스크, 가면

– Vase 꽃병

Dd33

– Ball 공

– Bell 종, 방울

– Bone 뼈

– Head (Animal) (동물의) 머리

u ∨ Head (Human) (인간의) 머리

– Lamp 램프

u ∨ Mushroom 버섯

u ∨ Poodle Tail 푸들의 꼬리

u Tail 꼬리

o ∨ Tree 나무

Dd34

u Arrowhead 화살촉

u Blade(Knife) 돌칼(칼)

o Cliff 낭떠러지, 벼랑, 협곡

– Face 얼굴

o Fin 지느러미, 어류

u < Ghost 귀신

– Head 머리

– Insect 곤충

o < Mountain 산

u Nose (Cartoon) (만화에서의) 코

u Rock 돌

u Saw 톱질하다

u < Seal 바다표범, 물개

u < Shrub 관목

u < Tower 탑

o < Tree(Fir) 나무(전나무)

u < Tree (Unspecified) (불특정한) 나무

u < Umbrella (Closed) (접힌) 우산

Dd35

u < Dog 개
– Face (Animal) (동물의) 얼굴
– Face (Bird) (새의) 얼굴
u ∨ Face (Human) (인간의) 얼굴

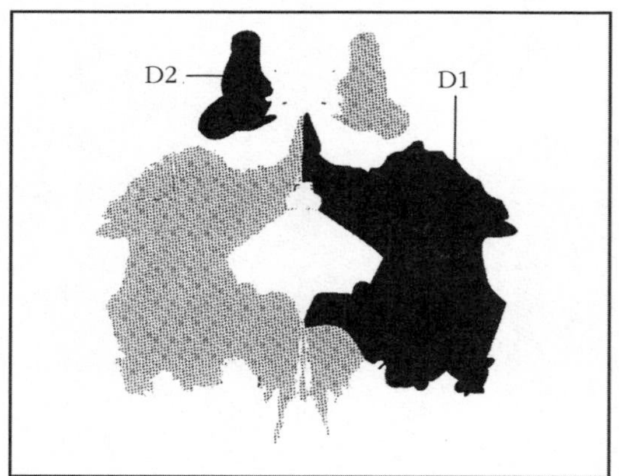

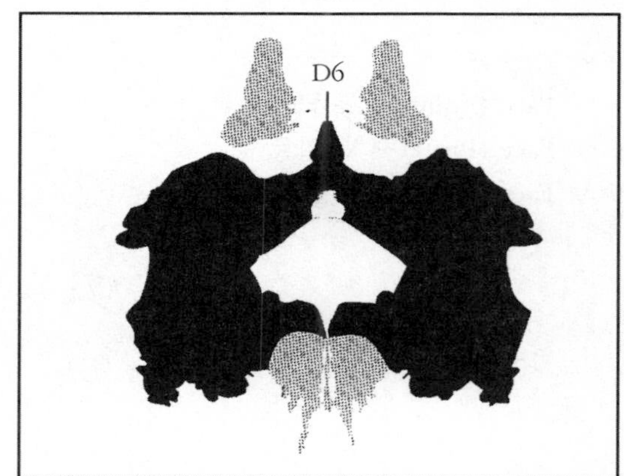

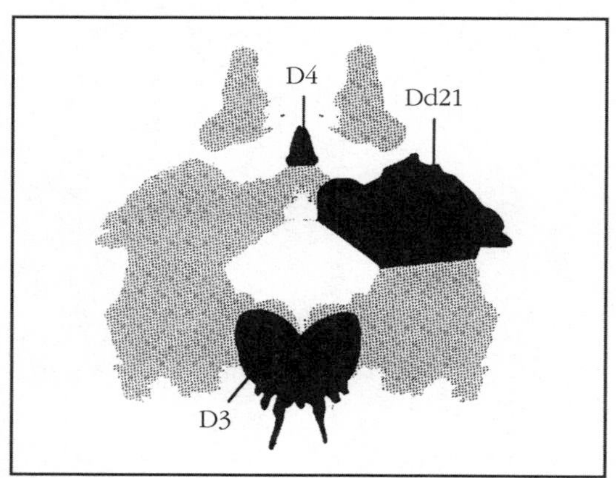

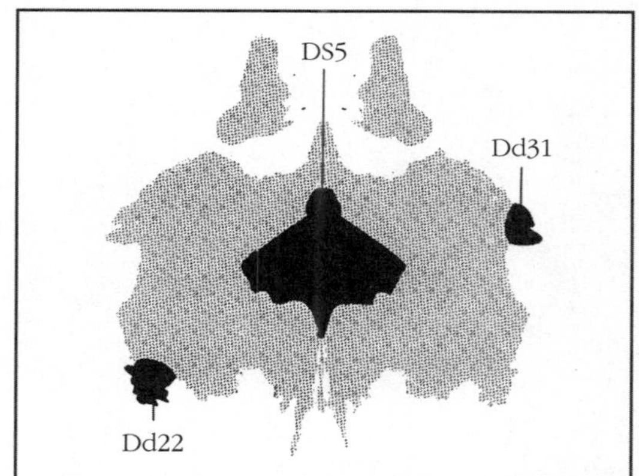

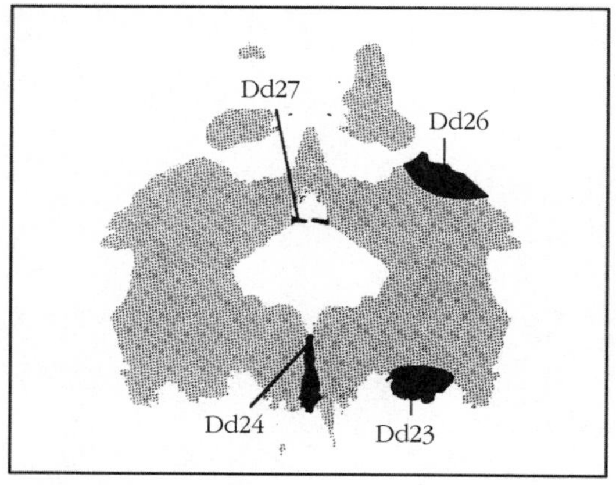

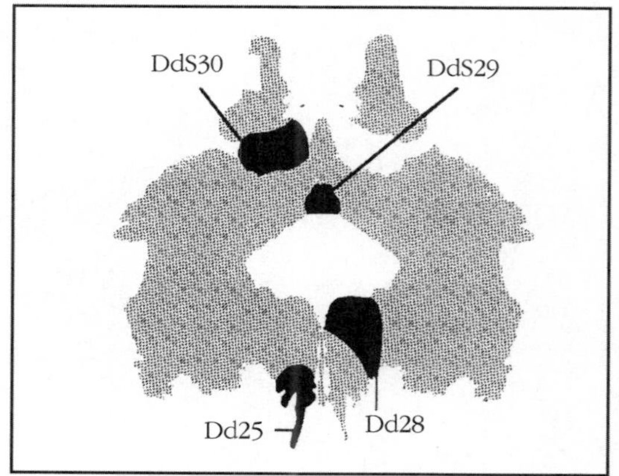

[부록 I-2] 카드 II의 D와 Dd 영역

부록 I-1 카드별 흔한 부분(*D*)과 드문 부분(*Dd*) 영역이 표시되어 있다. 영역별 형태질 기호(*o*, *u*, −)와 평범 반응, 그리고 Z(조직화) 점수가 표기되어 있다.

CARD II

평범 반응: D1을 곰, 개, 코끼리, 혹은 양, 머리 혹은 모든 동물로 반응

Z 값: W=4.5, 인접=3.0, 비인접=5.5, 공백=4.5

W

- − Anatomy (Specific) (특정한) 해부
- u Anatomy (Unspecified) (불특정한) 해부
- u Animals (Unspecified) (불특정한) 동물(들)
- u Art (Abstract) (추상적) 예술
- − Badge 휘장, 배지, 상징
- − Bat 박쥐
- o Bears 곰(들)
- − Bird 새
- u Birds(2) 새들(2)
- − Body 몸
- u Bookends 책 받침대, 책버팀
- − Bug (Smushed) (부수어진, 죽은) 곤충
- u ∨ Bug (Winged) (날개 있는) 곤충
- o ∨ Butterfly 나비
- o Cartoon Characters (Human or animal) (인간 또는 동물) 만화 캐릭터
- u Cave 굴, 동굴
- u Chickens 치킨, 닭, 닭고기
- o Dancers 춤추는 사람(들)
- u Design (Abstract) (추상적) 디자인
- o Devils 악마
- − Disc (Anatomy) (해부학) 디스크
- u Dogs (With *D3* as blood or separate object) (*D3*를 피나 분리된 대상으로 지각) 개(들)
- u Ducks 오리(들)
- u Emblem 상징, 표상
- o ∨ Explosion 폭발, 폭파
- − Face (Human or animal) (인간 또는 동물) 얼굴
- o Fire & Smoke 불 또는 연기
- − Flower 꽃
- − Fly 파리
- u Gorillas 고릴라
- − Heart 심장
- u Hole (Bullet) (권총) 구멍
- o Humans or Human-Like Figures 인간 또는 인간 같은 숫자, 모양, 형태
- − Insect (Not winged) (날개 없는) 곤충
- u Insect (Winged) (날개 달린) 곤충
- − Intestines (해부학) 장, 대장
- − Kidneys 신장(들)
- u Kite 연
- u Lamp (Ornamental) (장식품의) 램프
- − Lungs 폐(들)
- − Map 지도
- u Mask(Note:This category includes a variety of animal, cartoon, Halloween, party etc. masks) 가면(주의: 다양한 동물, 만화, 핼러윈, 파티 등의 가면이 포함됨)
- − Meat 고기
- u Monster 괴물
- u ∨ Moth 나방
- − Mouth 입
- o Ornament 꾸밈, 장식
- u ∨ Pelvis 골반
- u Penguins(2) 펭귄(2)

u ∨ Phoenix 피닉스, 불사조

– Plant 식물

– Rectum 직장

– Spaceship 우주선

o Statues (Human or animal) (인간 또는 동물) 상

– Stomach 위

– Throat 목, 인후, 숨통 기관

u ∨ Torches (With smoke) (연기가 나는) 횃불, 호롱

– Tornado 토네이도

u Turkeys 칠면조들

– Vagina 칼집, 질(해부)

u Volcano 화산

u ∨ Volcano(Erupting) (분출하는) 화산

– ∨ Wreath(Xmas) (크리스마스) 화관, 화원

– X-ray 엑스레이

D1

– Amoeba 아메바

u Animal (Stuffed) (음식을 잔뜩 먹은, 과식한) 동물

u Animal (Unspecified) (불특정한) 동물

u Baboon 비비(원숭이과의 동물), 난폭한 사람, 독한 사람

o Bear 곰

– Bird 새

u < Buffalo 버팔로(아메리카 들소)

o < Cat 고양이

– Chicken (No head) (머리 없는) 치킨, 닭

u Cloud 구름

– Clown 어릿광대

u ∨ Coat 상의, 외투, 코트

o Cow 암소, 젖소

o ∨ Demon 악마, 귀신

o Dog 개

u ∨ Dog 개

o Elephant 코끼리

– Fish 생선, 어류

u ∨ Gorilla 고릴라

o < Hamster 햄스터

– Hat 모자

– Heart 심장

– Hippo 하마

– Human 인간

o ∨ Human 인간

u Insect 곤충

o Lamb 어린 양

u Landscape 풍경

– Leaf 잎, 풀잎

– Machine 기계, 기계장치

– Map 지도

o ∨ Monster 괴물

– Monument 기념비, 기념탑

o ∨ Mountain(s) 산(들)

– Pig 돼지

o < Rabbit 토끼

u Rock 돌

u Smoke 연기

– Sponge 스펀지, 해면동물

u Tiger 호랑이

– Tree 나무

– Turtle 바다거북

u Warthog 흑멧돼지

– Wing 날개

D2

– Anatomy 해부

u Angle 천사

– Animal (unspecific) (불특정한) 동물

o Bird 새

u > Bird 새

o Blood 피

– Boot 장화, 부츠

– Bug (Not winged) (날개 없는) 곤충

u Bug (Winged) (날개 달린) 곤충

o Butterfly (Side view) 나비(옆모습)
– Candle 초
o Cap 모자
– Cell(Blood) 세포(피)
u Chicken 치킨, 닭
o Creature (Cartoon) (만화의) 창조물
u Devil 악마
u Finger Painting 손가락 그림
– Fingerprint 지문
o Fire 불
o Flame 불길, 화염
u ∨ Footprint 발자국, 족문
– Hand 손
o Hat 모자
– Head (Animal) (동물의) 머리
u Head (Bird) (새의) 머리
– Head (Human) (인간의) 머리
u Head (Human-like) (인간 같은) 머리
u ∨ Holster 권총용 가죽 케이스
u ∨ Hummingbird 벌새
u ∨ Italy (Map) 이탈리아(지도)
– Kidney 신장(의학)
– Lantern 랜턴
u Lava 용암
– Leg 다리
u Lipstick Smear 립스틱 바르기
o Mask (Animal, bird, cartoon, human-like) (동물, 새, 만화, 인간 같은) 가면
u Meat 고기
– Mitten 벙어리장갑, 권투 장갑
– Penis 음경
o Puppet (Hand) 작은 인형, 꼭두각시(손)
u Rabbit 토끼
– Rat 쥐
u Rooster 수탉
o Seal 바다표범, 물개
– Shoe 신, 구두
u Snail 달팽이
u ∨ Sock 짧은 양말
u ∨ South America (Map) 남아메리카(지도)
– Termite 흰개미
u Thumb 엄지손가락
– Tongue 혀
– Tooth 이빨
o Torch 횃불
– Vase 꽃병
u Walrus 해마

D3

u Anemone (Sea) 아네모네(바다동물)
– Ant 개미
– Anus 항문
u Bagpipes 백파이프
– Beetle 투구벌레, 딱정벌레
o Blood 피
– Bug (Not winged) (날개 없는) 벌레
o Bug (Winged) (날개 있는) 벌레
o Butterfly 나비
– Clamp 꺾쇠, 집게
u Coral 산호
o Crab 게
– Crawfish 가재, 가재 살
u Embryo (임신 8주의) 태아
o ∨ Explosion 폭발
– Face (Animal) (동물의) 얼굴
u ∨ Face (Devil or monster) (악마 또는 괴물) 얼굴
– Face (Human) (인간의) 얼굴
u Fan 선풍기
o Fire 불, 화염
– Fish 물고기, 어류
u ∨ Flower 꽃
– Fly 파리
– Hair Ribbon 머리띠
u ∨ Head (Animal, horned) (동물, 뿔 있는) 머리
– Head (Animal, not horned) (동물, 뿔 없는) 머리
– Head (Bird) (새의) 머리

- – Head (Human) (인간의) 머리
- u ∨ Headset (Radio) 헤드폰(라디오)
- – Heart 심장
- u Insect 곤충
- u Jellyfish 해파리
- – Kidney 신장
- – Lobster 바닷가재
- – Lung 폐
- u Manta Ray 쥐가오리
- – Mask 가면
- u Meat 고기
- u Menstruation 월경
- u Monster 괴물
- u Moth 나방
- o Paint 물감, 페인트
- u Plant 식물, 초목
- u Snail 달팽이
- u Spaceship 우주선
- o ∨ Sun 태양
- o ∨ Torch 횃불
- o Vagina 질, 협막, 엽초
- o Volcano 화산
- – Uterus 자궁

D4

- o Arrow 화살
- o Arrowhead 화살촉
- – Bat (Baseball) 배트(야구)
- – Bell 종, 방울
- – Bottle 병, 술병
- o Bullet 탄알, 권총탄
- u Candle 양초
- o Capsule (Space) 캡슐(공간)
- u Castle 성, 성곽
- u Clippers 가위질하는 사람
- – Crucifix 십자가
- – Crucifixion 십자가에 못 박힌 예수
- u Dome 둥근 천장
- – Door 문
- u ∨ Drill 송곳, 드릴
- – Face 얼굴
- u Hands (Praying) (기도하는) 손(들)
- u Hat 모자
- – Head 머리
- u Helmet 헬멧
- – Knife 나이프, 칼
- o Missile 미사일
- u Monument 기념비, 탑
- – Mountain 산
- – Nose 코, 냄새
- u Penis 음경
- u Penpoint 볼펜 심
- u Pliers 휘는 사람(것), 집게, 펜치
- u Pyramid 피라미드
- u Robot 로봇
- o Rocket 로켓
- – Snake 뱀
- o Spaceship 우주선
- u Spear (Tip) (첨탑의) 창, 작살
- o Steeple 뾰족탑
- – Tail 꼬리
- o Temple 절, 사원
- o Tower 탑
- u Tree (Fir) 전나무
- – Tree (Unspecified) (불특정한) 나무
- – Vase 꽃병
- u Weapon 무기

DS5

- o Airplane 비행기
- u Archway 아치 밑의 통로, 입구
- u Basket 바구니
- – Bat 박쥐
- u Bell 종, 방울
- – Bird 새
- – Boat 보트

u Bowl 사발, 공기
– Butterfly 나비
o Castle (May include *D4*) (*D4*를 포함하여) 성, 성곽
o Cave 굴, 동굴
o Chandelier 샹들리에
o Church 교회
u Crown 왕관
u Diamond 다이아몬드
u Dome 둥근 천장
– Dress 옷
u Drill 드릴
u Fountain 분수
u Glass 유리
u Goblet 술잔, 받침 달린 잔
u Hat (Woman's) (여자용) 모자
– Heart 심장
u Helmet 헬멧
o Hole 구멍, 틈
u Island 섬
u Kite 연
o Lake 호수
o Lamp 램프
o Light 빛
– Mask 가면, 복면
o Missile 미사일
– Mouth 입, 입술
o Ornament 꾸밈, 장식
u Pendant 펜던트
o Rocket 로켓
u Silhouette (Human, dancer or stater in costume) (인간, 춤추는 사람 또는 옷을 입고 말하는 사람의) 실루엣
u Snowflake 눈송이
o Spaceship 우주선
u Steeple 뾰족탑
u ∨ Sting Ray 가오리
– Stomach 위
u Temple 신전, 절, 사원
o Top 톱, 정상
o Tunnel 터널, 굴
u Vagina 칼집, 질
o Vase 꽃병
u Well 우물

D6

– Anatomy 해부학
u Animals (2, Unspecified) (2, 불특정한) 동물
o Animals (2, meeting criterion for o as *D1*) (2, *D1*의 준거에 일치하는 반응) 동물
– Backbone 등뼈, 척추
– Bat 배트
– Bird 새
u Butterfly 나비
u Cloud(s) 구름(들)
u Doughnut 도넛
u Drainpipe (with *DS5*) (*DS5*를 포함) 해수관
– Humans(2) (두 명의) 인간
o ∨ Humans(2) (두 명의) 인간
– Insect (Not winged) (날개 없는) 곤충
u Insect (Winged) (날개 있는) 곤충
u Island 섬
u Landscape (Often with *DS5* as lake) (*DS5*를 호수로 한) 풍경
– Lungs 폐
– Map (Specified) (특정한) 지도
u Map (Unspecified) (불특정한) 지도
u Moth 나방
u Mountain 산
o ∨ Pelvis 골반
– Rug 깔개, 융단
u Spaceship (Usually with reference to *DS5*) 우주선(일반적으로 *DS5*를 언급하면서)
u Spinal Cord(Slice, may include *DS5*) 척추 (조각, *DS5*를 포함하여)
– Stomach 위
o ∨ X-ray (Pelvic) (골반의) 엑스레이
– X-ray (Specific other than pelvic)

(골반보다는 다른 특정한) 엑스레이
– X-ray (Nonspecific) (불특정한) 엑스레이

Dd21

– Beak 부리
– Bird 새
– Ear 귀
– Frog 개구리
o Head (Animal) (동물의) 머리
– Head (Bird) (새의) 머리
– Head (Fish) (어류, 생선의) 머리
– Head (Human) (인간의) 머리
o Mountain 산
– Nest 둥지
– Seal 바다표범, 물개
– Shrub 키 작은 나무, 관목
– X-ray 엑스레이

Dd22

o ∨ Bush 관목, 수풀
– Chicken 치킨, 닭
– Head (Animal) (동물의) 머리
u ∨ Head (Human) (인간의) 머리
u ∨ Rabbit 토끼
u ∨ Rock 돌
– Tree 나무

Dd23

u ∨ Bush 수풀, 관목
– Frog 개구리
– Head 머리
u ∨ Mountain 산
u ∨ Rock 돌
– Tree 나무

Dd24

u Anus 항문
u Bowling Pin 볼링핀
u Bullet 탄알, 권총탄
u Candle 양초
– Face 얼굴
u Ghost 귀신
– Human 인간
u Human-Like Figure 인간과 같은 형상
u Penis 음경
u Rocket 로켓
– Tooth 이빨
u Totem 토템상
o Vagina 질
u ∨ Waterfall 폭포

Dd25

o Antennae 촉각의, (곤충 따위의) 더듬이(복수)
o Antlers 가지 진 풀
u Feelers 촉수
o Horns 뿔들
u Icicles 고드름
u Needle 바늘
u Spear 창
u Spike 긴 못, 대못
u Stick 막대기
– Tail 꼬리
– Tusk 뻐드렁니, 뾰족한 이, 엄니

Dd26

o Blood 피
u Caterpillar 모충, 풀쐐기
o Fire 불, 화염
u Sunset 해질녘
– Walrus 해마

u　Worm 벌레

Dd27

u　Bridge 다리, 교량, 육교
u　Claw 발톱, 집게발
–　Nail 손톱
–　Tail 꼬리
–　Wall 벽, 담

Dd28

u　Bloodstain 핏자국, 혈흔
–　Head 머리, 두부
–　Turtle 바다거북
u　Varnish 니스, 유약
u　Wood (Stained) (얼룩진, 색소) 나무
–　X-ray 엑스레이

Dd29

u　Cave 굴, 동굴
u　Cup 컵
u　Dome 둥근 천장, 둥근 지붕, 돔
u ∨ Goblet 술잔
u　Pottery 도기
u　Tunnel 터널

DdS30

–　Clam 대합조개
–　Eyes 눈
–　Head 머리
u　Inlet 후미, 입구, 들어간 곳
–　Oyster 굴

Dd31

u　Beak 부리
–　Claw 발톱
u ∨ Ears (Animal) (동물의) 귀(들)
u　Faces 얼굴(들)
–　Head (Animal) (동물의) 머리
u　Head (Human) (인간의) 머리
u　Head (Human-like) (인간 같은)머리
u < Mountains 산
u　Stone Sculpture 돌조각
–　Trees 나무(들)

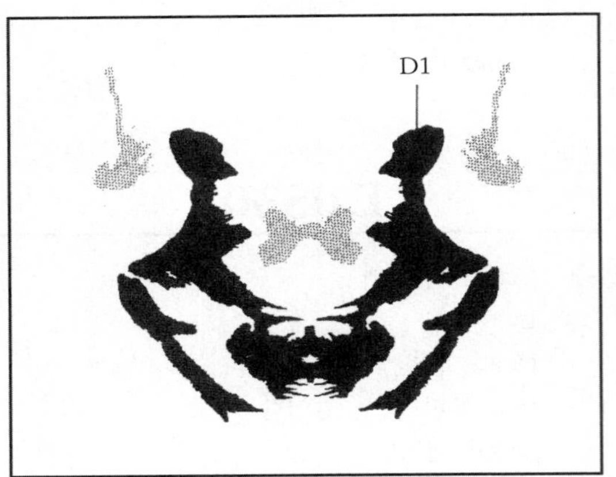

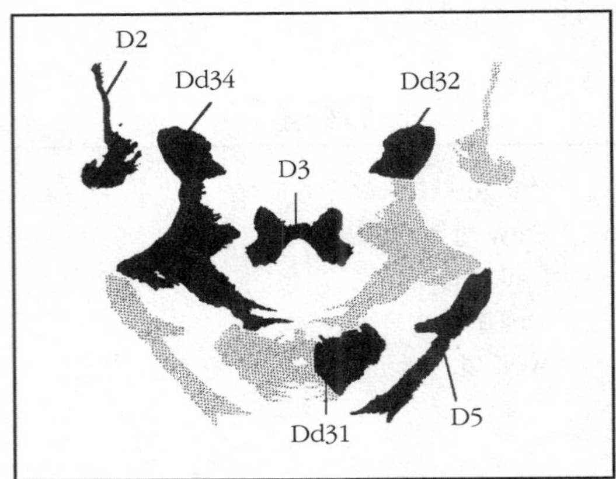

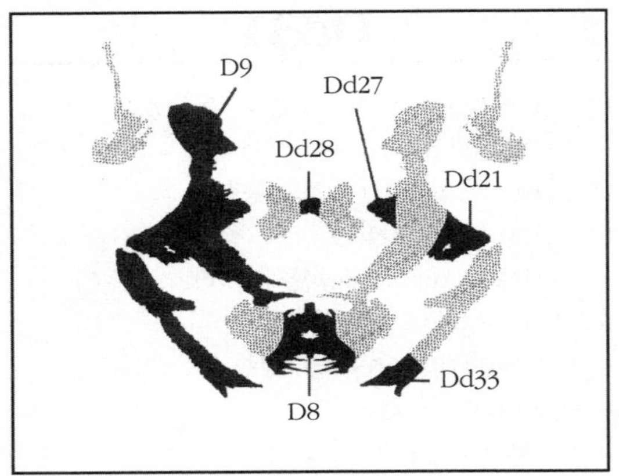

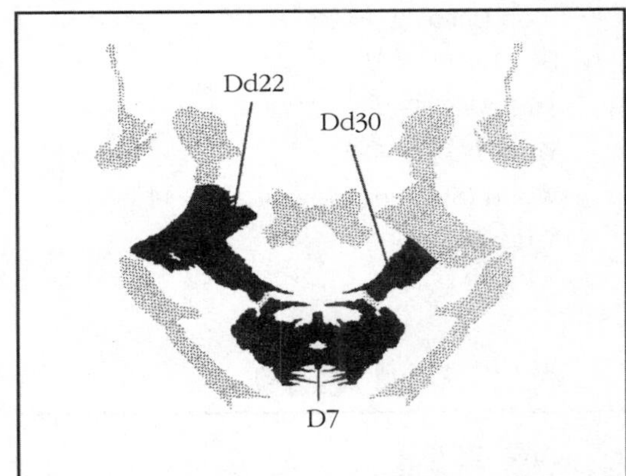

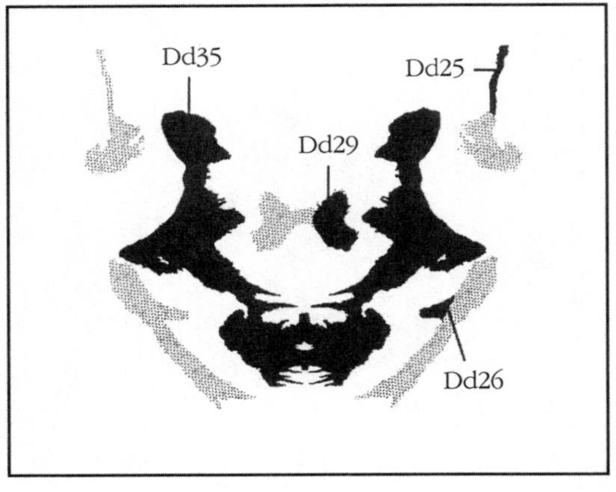

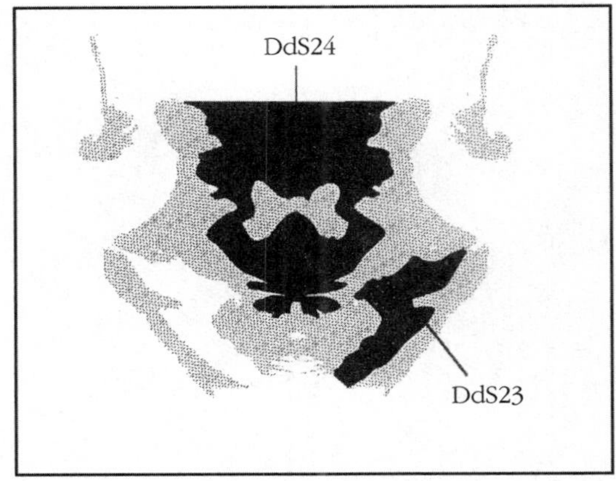

[부록 I-3] 카드 III의 D와 Dd 영역

부록 I-3 카드별 흔한 부분(*D*)과 드문 부분(*Dd*) 영역이 표시되어 있다. 영역별 형태질 기호(*o, u, –*)와 평범 반응, 그리고 Z(조직화) 점수가 표기되어 있다.

CARD III

평범 반응: D1 혹은 D9를 사람 혹은 유사한 형태로 반응
Z 값: W=5.5, 인접=3.0, 비인접=4.0, 공백=4.5

W

(Note: Most W responses that involve a single object will be coded-as the blot is broken, In a few ins tances, response frequencies argue in favor of a u coding for answers which conform to the contours and are not largely dependent on arbitrarily created contours. W responses coded o will usually involve multiple objects)
(주의: 단일 대상과 관련된 대부분의 W 반응이 분리되어 지각된 경우 –로 채점한다. 인위적인 형태가 아니라 전체 반점에 일치한 경우 u로 채점되는 소수 반응들이 있다. 여러 대상을 포함하는 W 반응은 대개 o로 채점한다.)

- – Anatomy 해부
- – Animal 동물
- o Animals(As *D1* In a scene with other objects. such as in a circus. All other objects included must be codeable as o if reported separately) 동물(*D1*이 서커스에서 다른 대상을 붙들고 있는 것으로 지각된다. 이 경우 대상 자체를 o로 채점할 수 있어야 한다.)
- – Ant 개미
- u Art (Abstract) (추상적) 미술
- u Badge 휘장, 배지
- o Birds(As *D1* in a scene with other objects such as in a cage. All other objects included must be codeable as o if reported separately) 새(들)(*D1*이 새로 지각되고, 새장에 있는 분리된 대상이 함께 지각된다. 다른 사람들이 분리되어 지각될 경우 모두 o로 채점할 수 있어야 한다.)
- u Bowl (With handles and design) (손잡이와 모양이 있는) 단지
- – Bug 곤충
- – Butterfly 나비
- – Cat 고양이
- u Chandelier 샹들리에
- – Crab 게
- u Emblem 상징
- – Face 얼굴
- – Flower 꽃
- – Fly 파리
- – Frog 개구리
- u Frog (Dissected) (해부된) 개구리
- – Gorilla 고릴라
- – Human 인간
- o Humans or Human-Like Figures(As *D1* in a scene With other Objects each of which would be coded as o if reported separately, such as in ceremonies, parties, playgrounds, etc.) 인간 또는 인간과 같은 형상(*D1*이 사람으로 지각되고 각기 파티, 축제, 운동장에 있는 사람들로 지각될 때 o로 채점한다.)
- – Insect 곤충
- u ∨ Islands 섬들

- – Jack-O-Lantern 도깨비불, 호박초롱(속 빈 호박에 얼굴 모양의 구멍을 뚫고 촛불을 켜 놓은 것)
- – Jellyfish 해파리
- u ∨ Landscape 풍경
- – Map (Specific) (특정한) 지도
- u Map (Unspecified) (불특정한) 지도
- u ∨ Monster 괴물
- – Noose 올가미
- – Rib Cage 흉곽
- – Skeleton 골격, 해골
- – Spider 거미
- u ∨ Vase (With handles and design) (손잡이와 모양이 있는) 꽃병
- – X-ray 엑스레이

D1

- – Animal 동물
- u Animals (2 Unspecified) (2 불특정한) 동물
- – Ant 개미
- u ∨ Arch 아치
- – Bird 새
- o Birds(2) 새들(2)
- o Bone Structure 뼈 구조
- – Bug 곤충
- u ∨ Cave Entrance 동굴 입구
- – Dog 개
- o Dogs (2 with *D7* as separate object) 개들(*D7*을 2개의 분리된 대상으로 보아)
- o Dolls (2) (2개의) 인형들
- u Frog (Dissected) (해부된) 개구리
- u ∨ Gremlin 그렘린
- – Human 인간
- o Humans (2 with *D7* as separate object) 인간들(*D7*을 2개의 분리된 대상으로 보아)
- – Humans (2 with *D7* or *Dd31* included as a part of the human figure) 인간들 (*D7* 또는 *Dd31*을 인간 모습의 일부분으로 포함하여 지각)
- u ∨ Humans (With *D5* as arms) 인간들(*D5*를 팔로 지각)
- – Insect 곤충
- u Keel (Boat with *D5* as supports) 용골(*D5*를 배의 지지대로)
- o ∨ Landscape 풍경
- – Lobster 바닷가재
- – Map (Specific) (특정한) 지도
- u Map (Unspecified) (불특정한) 지도
- o Monkeys (With *D7* as separate object) 원숭이들(*D7*을 분리된 대상으로 지각)
- u ∨ Monster (Alien, robot) 괴물(에이리언, 로봇)
- u ∨ Mountain (Usually with snow) 산(일반적으로 눈이 있는)
- o Ostrich (2) 타조(2)
- o Pelvic Structure 골반 구조
- – Sheep (2, or lambs) (2 또는 어린 양들) 양
- – Skeleton 골격
- – Skull 두개골
- – Spider 거미
- – Trees 나무들
- – Tunnel 터널
- u Vase 꽃병
- o X-ray (Pelvis) (골반의) 엑스레이
- u X-ray (Unspecified) (불특정한) 엑스레이

D2

- u Amoeba 아메바
- – Anchor 닻
- o Animal (Long tailed) (꼬리가 긴) 동물
- – Animal (Not long tailed) (꼬리가 길지 않은) 동물
- – Artery 동맥
- – Berries (주로 딸기같이 씨가 없는) 장과, 말린 씨
- o Bird 새
- o Blood 피
- – Bone 뼈

- − Brain 뇌
- − Bug 곤충
- u Chandelier 샹들리에
- o Chicken (Hanging) (매달려 있는) 닭
- − Club 곤봉
- − Cocoon 고치
- u Coral 산호
- o Decoration (Unspecified) (불특정한) 장식
- o Devil 악마
- − Dog 개
- − Dragon 용
- − Duck 오리
- o Embryo 태아(사람의 경우 임신 8주까지)
- u Esophagus 식도
- u Fetus 태아(포유류, 인간은 3개월이 넘은)
- o Fire 불, 화염
- − Fish 물고기
- u Fishhook 닻걸이
- o ∨ Flamingo 플라밍고, 홍학
- − Flesh 살
- u ∨ Flower 꽃
- − Fly 파리
- u Germ 미생물, 세균, 병원균
- u Guitar 기타
- o Hat (Clown or Costume) 모자 (어릿광대 또는 무대의상)
- − Head (Animal) (동물의) 머리
- − Head (Bird) (새의) 머리
- − Head (Human) (인간의) 머리
- u Head (Human-like) (인간 같은) 머리
- − Heart 심장
- u Hook 갈고리
- o Human (This class of response includes many varieties of the human figure with the blot held in various positions such as acrobat, child, gymnast, etc.) 인간 (이 반응군은 곡예사, 아이, 체조선수같이 다양한 지위 상태를 갖는 잉크반점이 함께 다양한 인간 형상을 포함한다.)
- o Human-Like Figure (This class of response includes many variations of the cartoon, mythological, or science fiction figures such as devil, dwarf, elf, imp, etc.) 인간과 같은 형상 (이 반응군은 악마, 난장이, 꼬마요정, 꼬마 도깨비같이 만화영화, 신화적 혹은 공상과학소설 인물을 포함한다.)
- − Insect 곤충
- − Intestine 장(해부학)
- u Island 섬
- u Kidney 신장
- u Lantern 랜턴, 호롱불
- − Lung 폐, 허파
- o Meat (Hung) (매달린) 고기
- o Monkey 원숭이
- o Neuron 뉴런
- u Note (Musical) (음악과 관련된) (새의) 울음소리, 음성
- o ∨ Parrot 앵무새
- u ∨ Pipe 파이프, 관
- u ∨ Plant 식물
- o Pot (Hanging) (걸려 있는) 항아리
- o ∨ Puppet 작은 인형, 꼭두각시
- − Rabbit 토끼
- − Raindrops 낙숫물, 빗방울
- u Robot 로봇
- u Rope (Vine) (포도나무, 포도주) 한 꾸러미, 한 두름
- u Sea Horse 해마
- − Snail 달팽이
- − Snake 뱀
- u Statue (Abstract) (추상적인) 상
- o Statue (Animal) (동물의) 상
- u Statue (Human) (인간의) 상
- − Stick 막대기
- u Stomach 위
- o Symbol (Abstract) (추상적인) 상징
- u ∨ Tree 나무
- o Umbilical Cord (With placenta) (태반과 같이) 탯줄
- − Vase 꽃병

D3

- – Antennae 촉각의 (곤충 따위의) 더듬이(복수)
- – Antlers 가지 진 뿔
- – Bat 배트, 곤봉
- u Bellows 풀무
- – Bird 새
- o Blood 피
- u Bone 뼈
- o Bow 활
- – Brain 뇌
- u Brassiere 브래지어
- – Breasts 가슴
- – Breastbone 흉골
- o Butterfly 나비
- u Chair (Back of typists) 의자(타이피스트의 등)
- – Crab 게
- u Dam (Between hills) (언덕들 사이의) 댐, 둑
- o Decoration (Unspecified) (불특정한) 장식
- – Dragonfly 잠자리
- u Dumbbell 아령
- u Emblem (Abstract) (추상적인) 상징, 표상
- u Exercise Apparatus 운동기구
- – Eye Glasses 안경
- u Eye Shades 보안용 챙들
- o Fire 불, 화염
- – Fly 파리
- u Fossil 화석
- – Girdle 띠, 허리띠
- u Hang Glider 행글라이더
- – Heart 심장
- – Helmet 헬멧
- – Human(s) 인간(들)
- – Insect (Not Winged) (날개 없는) 곤충
- u Insect (Winged) (날개 있는) 곤충
- – Intestine 장(해부학)
- u Island 섬
- u Kidney 신장
- u Kite 연
- – Lips 입술들
- o Lungs 폐들
- – Mask 가면
- u Mosquito 모기
- o Moth 나방
- – Mouth 입, 입술
- – Nose 코
- u Noseguard 수비팀의 포지션의 하나(middle guard)
- – Nostrils 콧구멍
- – Oranges 오렌지들
- o Pelvic Structure 골반 구조
- o Ribbon 리본
- – Seed 씨(앗), 열매
- – Skeleton 골격, 해골
- u Slingshot 새총
- u Spinal Cord (Cross Section) 척수(단면)
- u Sun Glasses 선글라스
- – Testicles 정소, 고환
- – Trees 나무들
- u Wasp 장수벌레
- u Wing 날개
- – Wishbone (새 가슴의) 창사골

D5

- u Arm 팔
- u Arrow 화살
- – Bird 새
- u Bomb 폭탄
- – Bone 뼈
- – Bug 곤충
- u Bullet 탄알
- u Claw 발톱, 집게발
- u Club 곤봉
- o Fish 물고기
- – Gun 총
- – Hand 손
- – Horn 뿔, 사슴뿔

u Island 섬
o Leg (Animal) (동물의) 다리
o Leg (Bird) (새의) 다리
o Leg (Human) (인간의) 다리
u Leg (Insect, usually spider) (곤충, 일반적으로 거미의) 다리
u Limb (Tree) 수족(나무)
u Log 통나무
– Map 지도
u Missile 미사일
– Pen 펜
u Peninsula 반도
u Rocket 로켓
o Shark 상어
– Snake 뱀
u Spaceship 우주선
u Spear 창
u Stick 막대기
u Torpedo 어뢰
– Tree 나무
– Vine 덩굴, 포도나무

D7

– Anatomy 해부학
– Animal 동물
o Basket 바구니
– Beetle 딱정벌레
o Bones 뼈, 뼈들
– Buckle 죔쇠, 혁대, 버클
– Butterfly 나비
– Cactus 선인장
o Cauldron 큰 솥
u Coal (Piece) 석탄(조각)
o Crab 게
u Drum 드럼
– Ducks 오리들
– Eye Glasses 안경
– Face 얼굴
o Fireplace 난로
u Gate 문
– Head 머리
u Head (Monster) (괴물의) 머리
– Heart 심장
u Island 섬
– Kidney 신장
– Lungs 폐들, 허파들
u ∨ Mushrooms 버섯, 양송이
o Nest 보금자리, 둥우리
o Pelvis 골반, 골반 구조
u Pumpkin (Halloween) 호박(핼러윈)
– Ribs 늑골
o Rock(s) 돌(들)
u Shadows 그림자(들)
u Smoke 연기
– Stomach 위
u Table 식탁
– ∨ Tornado 토네이도
o ∨ Trees (*DdS24* Lake) 나무들(*DdS24*를 호수로)
– Vagina 질
u Vertebrae 척추골의
o X-ray (Pelvis) (골반의) 엑스레이
– X-ray (Specific other than Pelvis) (골반 외의 다른 특정한) 엑스레이
u X-ray (Unspecified) (불특정한) 엑스레이

D8

u ∨ Basket 바구니
o Bones 뼈들
– Brain Stem 뇌간
– Chest 가슴
u Crab 게
– Dragon 용
u Face (Alien, monster) 얼굴(에이리언, 괴물)
u Hour Glass 모래시계, 물시계
u Lake (In Mountains) 호수(산에 있는)
u Lamp 램프

u Monster 괴물
– Pumpkin 호박
o Ribs 늑골들
– River 강
u Skeletal (Specific other than ribs) (늑골이 아닌 특정한) 골격의, 해골의
o Skeletal (Unspecifie) (불특정한) 골격의, 해골의
u Stone 돌
u ∨ Torch 횃불
– Vagina 질
u ∨ Vase 꽃병
u ∨ Wine Glass 와인 잔
– X-ray 엑스레이

D9

– Anatomy 해부학, 해부술
u Animal (Unspecified) (불특정한) 동물
– Ant 개미
o Bird 새
– Bug 곤충
o Cartoon Figure 풍자화
u Chicken 치킨, 닭
u Cloud 구름
u Demon 악마, 귀신
o Dog 개
o Doll 인형
u Duck 오리
– Foliage 잎, 군엽
u Ghost 유령, 귀신
o Human 인간
– Insect 곤충
u Jack-in-the-Box 도깨비 상자
– King Kong 킹콩
o Lamb 양
u ∨ Landscape 풍경, 전경
o Monkey 원숭이
u Monster 괴물
u ∨ Mountain 산
u Parrot 앵무새
o Puppet 작은 인형, 꼭두각시
– Rabbit 토끼
– Root 뿌리
o Sheep 양, 면양
u Skeleton 골격, 해골
– Spider 거미
u Statue 상
– Tree 나무
o Witch 마녀
– X-ray 엑스레이

Dd21

u Bird 새
– Bomb 폭탄, 수류탄
u Cliff 낭떠러지, 벼랑, 절벽
– Dog 개
– Head (Animal) (동물의) 머리
o Head (Bird) (새의) 머리
o Head (Fish) (생선의) 머리
– Head (Human) (인간의) 머리
u Landscape 풍경, 전경
o ∨ Mountain 산
u Peninsula 반도
u ∨ Tree 나무

Dd22

– Animal 동물
o Bird 새
– Bone 뼈
u Cloud 구름
u Human (Upper Half) (상반신의) 인간
u ∨ Landscape 경치, 풍경
– Rodent 설치류
u Statue 상

DdS23

u Bird 새, 조류
u Cloud 구름
u Ghost 유령
– Head 머리
u Water 물

DdS24

u Bowl 사발, 공기
– Head 머리
u Lake 호수
u ∨ Lamp 등불
u ∨ Mushroom 버섯
u Snow 눈
u ∨ Statue 상, 조상
u Vase 화병

Dd25

u Esophagus 식도(해부학)
– Face 얼굴, 안색, 표정
– Head 머리
u Root 뿌리
u Rope 밧줄, 로프
– Spear 창, 투창, 작살
u Stick 막대기, 나뭇가지
u String 끈, 줄, 실
u Tail 꼬리
– Tool 연장, 공구
u Tube 관, 통
u Umbilical Cord 탯줄(해부학)
u Worm 벌레, 연충

Dd26

u Duck Bill 오리너구리
u Fin (물고기의) 지느러미
– Head 머리
– Leg 다리
o Penis 음경, 남근
u Stump 그루터기

Dd27

o Breast 가슴살
– Building 건축, 건조술
o Head (Animal) (동물의) 머리
o Head (Bird) (새의) 머리
u Head (Fish) (물고기, 어류의) 머리
– Head (Human) (인간의) 머리
u ∨ Mountain 산
u Nose 코
– Skull 두개골, 해골

Dd28

u Corset 코르셋
u Dam 댐, 둑
u Doors (Swinging) (흔들리는) 문
– Face 얼굴
– Head 머리
u Net 그물, 네트
– Tooth 이

Dd29

– Airplane 비행기
– Arrow 활, 화살
u Arrowhead 화살촉
u Bird 새, 조류

u Breast 가슴살

u Butterfly 나비

u Cartoon Character 만화 캐릭터

– Fetus 태아

– Head 머리

– Heart 심장

– Human 인간, 인류

– Insect 곤충, 벌레

– Kidney 신장(해부학)

– Tent 텐트, 천막

u < Valentine 밸런타인

Dd30

u Arm 팔

– Club 클럽

– Foot 발

– Hand 손

– Head 머리

u Icicle 고드름

u Log 통나무

– Missile 미사일

Dd31

– Anatomy 해부학

u Animal 동물

o Ball 공, 볼(구기용)

u Balloon 풍선

o Basket 바구니, 광주리

u Bones 뼈, 골질의 복수형

u Boxing Glove 권투 장갑

u Cloud 구름

– Earmuffs 방한용 귀마개

– Embryo (임신 8주까지의) 태아, (동물) 애벌레

– Eyes 눈의 복수형

– Face 얼굴

– Fan 선풍기, 환풍기

u Feather Duster 깃털 총채

u Gourd 호리병박, 조롱박(식물)

– Hat 모자

– Head (Animal) (동물의) 머리

o ∨ Head (Human) (인간의) 머리

o ∨ Head (Skeletal) (골격, 해골의) 머리

u Kettledrums 케틀드럼(음악)

– Lamp 램프, 전기스탠드

– Lungs 폐들, 허파들

u Mittens 벙어리장갑

– Mountains 산들

o Pot 항아리, 단지, 냄비

– Shoes 신발, 구두

o Skeletal 골격, 해골

o ∨ Skull 두개골, 해골

u Smoke 연기

o Stones 석재, 돌들

o ∨ Trees 나무들

– Turtle 바다거북

– Womb 자궁(해부학)

Dd32

– Animal 동물

– Ball 공

u Clam 패류, 대합조개

u Coconut 코코넛

– Egg 알, 계란

– Eye 눈

– Fish 물고기, 어류

– Head (Animal) (동물의) 머리

o Head (Bird) (새의) 머리

o Head (Human) (인간의) 머리

u Mask 가면

u Oyster 굴

u Rock 바위, 암석

u Statue 상, 조상

Dd33

u Claw 갈고리발톱
u Finger 손가락
u Foot 발
– Fork 포크
u Hand 손
– Head (Animal) (동물의) 머리
u Head (Bird) (새의) 머리
– Head (Human) (사람의) 머리
o Hoof 발굽
– Penpoint 펜촉
o Shoe 구두
– Spear 창, 투창, 작살

Dd34

– Animal 동물
o Bird 새, 조류
– Fish 물고기, 어류
o Human (Upper part) (상반신의) 사람
– Insect 곤충, 벌레
o ∨ Landscape 경치, 풍경
o ∨ Mountains 산들
– Skeletal 골격, 해골
– X-ray 방사선, 엑스레이

Dd35

u Arch 아치, 홍예(건축)
o Birds(2) 새들(2)
u Bones 뼈들, 골질들
u Bowl 사발, 공기
– Crab 게, 게살
– Frog 개구리
u Islands 섬들
o ∨ Landscape 경치, 풍경
u Mountains (Aerial view) (대기에서 본) 산들
o Pelvis 골반
– Trees 나무들
u Vase 화병
o X-ray (Pelvis) (골반의) 엑스레이, 방사선
– X-ray (Specific other than pelvis) (골반보다 더 구체화된) 엑스레이, 방사선
u X-ray 엑스레이, 방사선

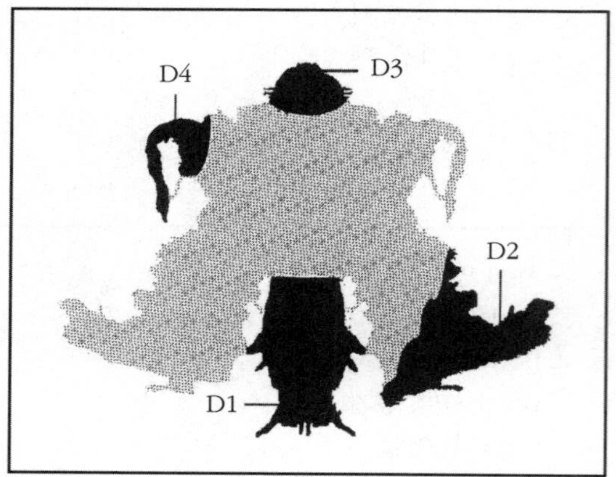

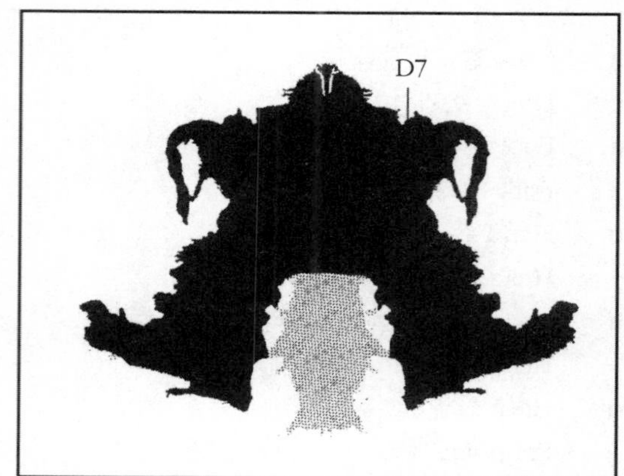

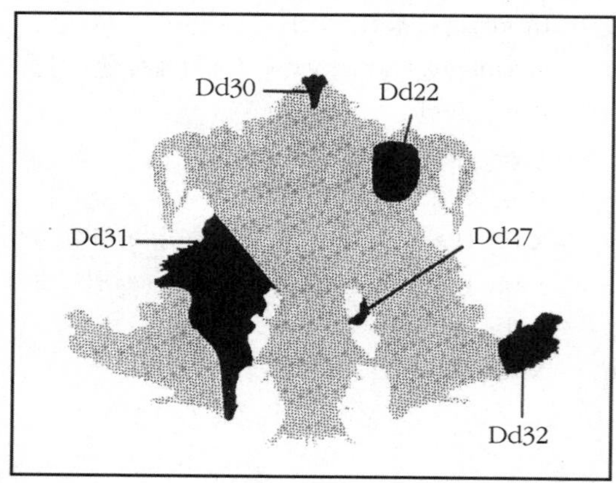

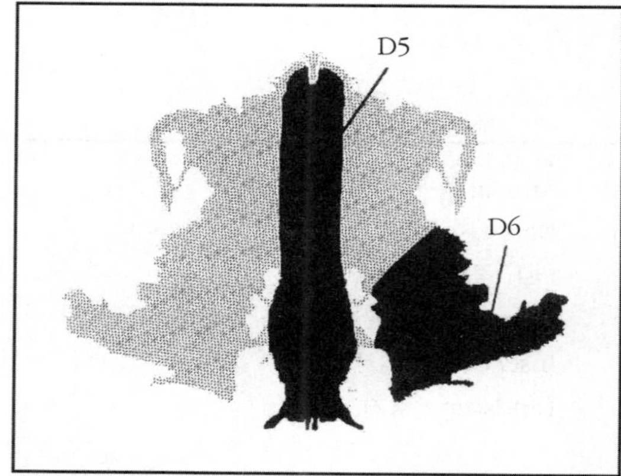

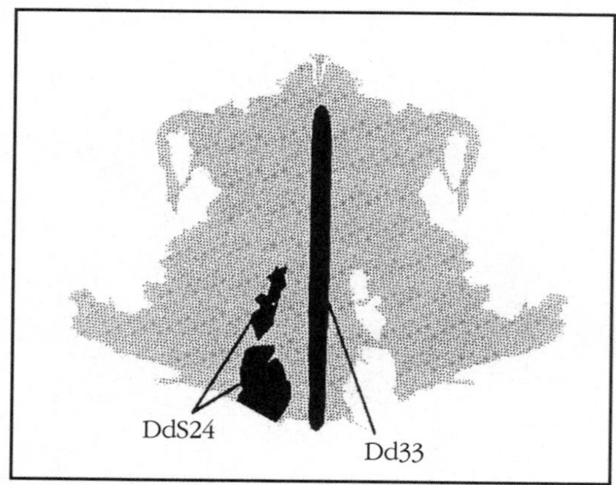

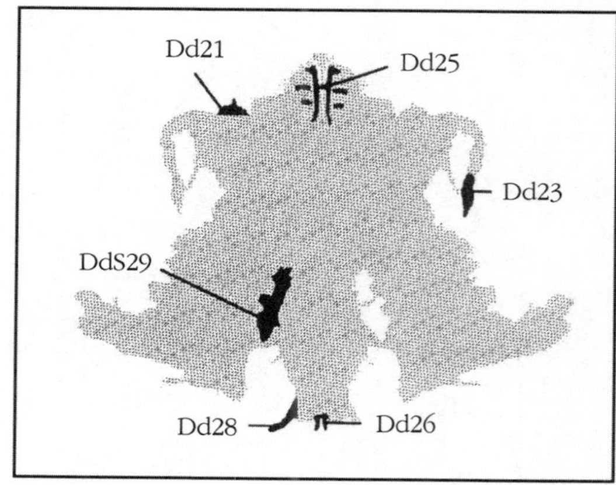

[부록 I-4] 카드 IV의 D와 Dd 영역

부록 I-4 카드별 흔한 부분(*D*)과 드문 부분(*Dd*) 영역이 표시되어 있다. 영역별 형태질 기호(*o*, *u*, −)와 평범 반응, 그리고 Z(조직화) 점수가 표기되어 있다.

CARD IV

평범 반응: W 혹은 D7을 사람 혹은 사람과 유사한 형태의 대상으로 반응
Z 값 : W=2.0, 인접=4.0, 비인접=3.5, 공백=5.0

W

- − Amoeba 아메바
- o ∨ Anchor 닻
- o Animal 동물
- u Animal (Squashed) (납작해진) 동물
- u Anteater 개미핥기
- o ∨ Badge 배지, 기장, 계급장
- o ∨ Bat 배트
- u Bell 종
- u ∨ Bird 새
- o Boots (On pole) (극지방에서 신는) 부츠
- − Brain 뇌
- − Bug (Flattened) (납작해진) 벌레
- u ∨ Bug (Winged) (날개 달린) 벌레
- − Building 빌딩
- − Bull 황소
- o Bush(es) 관목(들)
- o Butterfly 나비
- − Candle 초
- u Canyon (Often with center area as river) (강이 있는 지역) 협곡
- u Carcass (Animal) (동물의) 시체
- − Cave 동굴
- u ∨ Chandelier 샹들리에
- u Cloud(s) 구름(들)
- o Coat (On pole) (극지방에서 입는) 코트
- − Coral 산호
- − Crab 게
- o ∨ Crest 볏, 투구
- u Design (Abstract) (추상적인) 디자인
- u Dinosaur (Front view) (앞에서 본) 공룡
- u Dirt 진흙, 쓰레기, 오물
- u Dog (Sitting, usually facing away) (흔히 정면을 보고 앉아 있는) 개
- u Dragon (Front view) (앞에서 본) 공룡
- u ∨ Eagle 독수리
- − Elephant 코끼리
- o ∨ Emblem 상징
- − Embryo 태아
- u ∨ Explosion 폭발
- − Face 얼굴
- u ∨ Flower 꽃
- u Forest (Top view) (위에서 본) 숲
- u Fossil 화석
- u ∨ Fountain 분수
- u Frog 개구리
- u Fungus 버섯, 진균류
- o Giant 거인
- o Gorilla 고릴라
- u Groundhog (철도의) 제동수, 마못
- u Head (Animal) (동물의) 머리
- − Head (Bird) (새의) 머리
- − Head (Human) (인간의) 머리
- u Head (Reptile) (파충류 동물의) 머리
- − Helmet 헬멧
- o Hide (Animal) (동물의) 생가죽
- o Human (Note: This class of response may involve W as the human figure or *D7* as the human figure with *D1* as a second

object, such as bike, seat, stump, etc. The card must be upright.) 인간 (*W*를 인간으로 지각하거나 *D1*을 자전거, 의자, 나무 그루터기와 같은 이차적 대상으로 지각한다. *D7*을 인간 모습으로 볼 수 있어야 하고 카드의 위치는 ∧ 위치로 본다)

o Human-Like Figure 인간과 같은 형상

u Humans (2, leaning against center object) 인간(2, 중간의 물체에 기대고 있는)

o Hunchback 꼽추

u Ice Cream Cone 아이스크림 콘

– Insect 곤충

u ∨ Insect (Winged) (날개 달린) 곤충

u Island (Unspecified) (불특정한) 섬

– Jello 젤리

– Jellyfish 해파리

u Kite 연

o Landscape 풍경

o < Landscape (Reflected) (반사된) 풍경

o Leaf 잎

– Lettuce 상추, 양상추

– Lobster 바닷가재

– Lung(s) 폐(들)

– Map (Specific) (특정한) 지도

o Map (Topographic, nonspecific) 지도(지형학적, 불특정한)

u Map (Unspecified) (불특정한) 지도

u Mask (Usually science fiction) (주로 공상과학에서의) 가면

– Meat with bone 뼈에 붙어 있는 살점

o ∨ Monster 괴물

u ∨ Moth 나방

u Mountain 산

u Mud 진흙

o Pelt 털가죽

o ∨ Pelvis 골반

o ∨ Plant 식물

u Robe 겉옷, 의복, 옷

u Robot 로봇

u Rock 바위, 돌

– Rocket 로켓

– Root 뿌리

o Rug 깔개, 융단

u Scarecrow 허수아비

o Sea Animal 바다 동물

u Seaweed 해초

o Skin (Animal) (동물의) 피부

– Skull (Animal) (동물의) 두개골

u Smoke 연기

– Snail 달팽이

– Snowflake 눈송이

u Sponge 스펀지

u Squid 오징어

u Squirrel (Flying) (날아다니는) 다람쥐

u Squirrel 다람쥐

u Statue 조각상

o ∨ Sting Ray 가오리

u Teenage Mutant NinjaTurtle 10대 돌연변이 닌자거북이

u Temple 절

o Tree 나무

– Tornado 토네이도

– Turtle 거북이

u ∨ Urn 항아리

u Volcano 화산

u ∨ Waterfall(As *D1* with landscape around) 폭포(*D1*을 주변 풍경으로 지각)

o X-ray (Pelvis) (골반의) 엑스레이

– X-ray (Specific other than Pelvis) (골반을 제외한 구체적인) 엑스레이

u X-ray (Unspecified) (불특정한) 엑스레이

D1

– Alligator 악어

– Animal 동물

u Bug 곤충

o Bush(es) 관목(들)

o ∨ Cactus 선인장

u ∨ Candle 양초

u ∨ Castle 성, 성곽

o Caterpillar 모충

– Crab 게

– Crawfish 가재

u ∨ Crown 왕관

– Fish 물고기

o ∨ Head (Animal, horned or horse) (동물, 뿔 달린 동물의 머리 또는 말의) 머리

– ∨ Head (Animal, specific not horned or horse) (동물, 뿔이 달리지 않았거나 말의 특정한) 머리

u ∨ Head (Animal, not specific) (특정하지 않은 동물의) 머리

u ∨ Head (Bird) (새의) 머리

u Head (Dragon) (용의) 머리

– ∨ Head (Human) (사람의) 머리

o ∨ Head (Insect) (곤충의) 머리

u ∨ Head (Monster) (괴물의) 머리

– ∨ Head (Reptile other than turtle) (거북이를 제외한 파충류의) 머리

u ∨ Head (Turtle) (거북의) 머리

u ∨ Head (Snail) (달팽이의) 머리

– Human 인간

u ∨ Hydrant 소화전

o Insect 곤충

– Intestines 창자

– Lamp 램프

u ∨ Lighthouse 등대

u Medulla 척수

– Nose (Human or animal) (인간 또는 동물의) 코

u Nose (Fictional human or animal) (가공 인물 또는 동물의) 코

– Penis 남근, 성기

– Shell 조가비, 껍질

o Shrub 관목

– Skull 두개골

u Snail 달팽이

– Snake 뱀

o Spinal Cord 척추

o Stool 걸상

u ∨ Stove (Wood burning) (나무가 타고 있는) 난로, 스토브

o Stump 그루터기

u Tail 꼬리

o Tree Trunk 나무 줄기

o Vertebrae 척추골, 척추, 등뼈(복수)

– Worm 벌레

– X-ray 엑스레이

D2

o < Bear 곰

– Boat 배

– Bone 뼈

u Cliff 낭떠러지, 절벽

u Cloud 구름

– Cow 암소, 젖소

o ∨ Dog 개

– Emblem 상징, 표상

o Foot 발

o < Head (Animal, flat or stubby nose such as bear, dog. Pig, seal, etc.) (납작하고 평범한 코를 가진 곰, 개, 돼지, 물개 등의 동물의) 머리

u < Head (Animal, not specific) (특정하지 않은 동물의) 머리

– Head (Bird) (새의) 머리

u ∨ Head (Camel) (낙타의) 머리

o < Head (Human) (인간의) 머리

– Head (Insect) (곤충의) 머리

– Head (Reptile) (파충류의) 머리

u Landscape 풍경

u Map (Africa or South America) (아프리카 또는 남아메리카) 지도

– Map (Specific ocher than Africa or South America) (아프리카나 남아메리카를 제외한 특정한) 지도

u Map (Unspecified) (불특정한) 지도
u Peninsula 반도
o < Pig 돼지
u Rock 바위, 암석
o < Seal 인장, 도장
o Shoe 구두
u Sphinx 스핑크스
u Statue 조각상
u < Totem 토템
u < Wave 파도, 물결
u Wing 날개
– X-ray 엑스레이

D3

– Anus 항문
u Brain 뇌
– Beak (Bird) (새의) 부리
o Bud (Flower) (꽃의) 싹
u Bush 관목
u Butterfly 나비
u Cabbage 양배추, 캐비지
u Clam 대합조개
u Crown 왕관
– Face 얼굴
u Fan 선풍기, 부채
o Flower 꽃
o Head (Animal. flat faced such as cat, monkey, owl etc.) (고양이, 원숭이, 올빼미 같이 평평한 얼굴을 가진 동물의) 머리
– Head (Animal, specific but not flat faced) (구체적인 동물이지만 평평하지 않은 얼굴을 가진 동물의) 머리
u Head (Animal, unspecified) (불특정한 동물의) 머리
u Head (Bird) (새의) 머리
– Head (Human) (인간의) 머리
u Head (Monster or science fiction) (괴물 또는 공상 과학에 나오는) 머리
– Head (Reptile) (파충류의) 머리
– Insect (Not winged) (날개 없는) 곤충
u Insect (Winged) (날개 달린) 곤충
u Leaf 잎
u Mountain 산
u Mushroom 버섯
o Sea Shell 조가비
u Shrub 관목
u Tam o'Shanter (R. Bums가 지은 시의 주인공 이름에서) 그가 항상 쓰던 모자 (스코틀랜드 농민의) 큼직한 베레모
u Tree (Top) (위에서, 꼭대기) 나무
u Vagina 질

D4

– Animal 동물
u Arm (Deformed) (불구의) 팔
– Arrow 화살
o Bird (Long necked) (긴 목을 가진) 새
o Branch (Tree) (나무) 나뭇가지
u Cap (Stocking) (착 달라 붙는) 모자
o Claw 갈고리 발톱, 집게발
o Diver (Back flip) (뒤로 뛰어오르는) 다이빙 선수
– Ear 귀
u Eel 뱀장어
– Fish 물고기
u ∨ Fish hook 물고기 갈고리
– Flower (Dead) (죽은) 꽃
o Handle 손잡이, 핸들
– Head (Animal) (동물의) 머리
o Head (Bird) (새의) 머리
u Horn (Animal) (동물의) 뿔
o Human (Bending or diving) (몸을 구부리거나, 다이빙하는) 인간
o Icicle 고드름
– Leg 다리
o Lizard 도마뱀

u Nail (Bent) (굽은) 손톱, 발톱
u Peninsula 반도
– Penis 남근, 성기
u Root 뿌리
o Snake 뱀
u Tail 꼬리
u Trunk (Elephant) (코끼리) 줄기
o Vine (Hanging) (달려 있는) 포도나무

D5

o Bone (Skeletal) (골격의) 뼈
o Canyon 깊은 협곡
o Column 기둥, 원주
– Crayfish 가재, 왕새우
u Drill 송곳
– Fish 물고기, 어류
u ∨ Fountain 분수
o Gorge 골짜기
– Insect 곤충
o Pole 막대기
o River 강
– Rocket 로켓
o Spinal Cord 척추
– Statue 조각상
u Totem 토템
– Tree 나무
o Vertebrae 척수의, 척추, 등뼈(복수)
o Waterway 수로
u Worm 벌레
u X-ray (Specific other than spine) (등뼈 외의 특정한) 엑스레이
o X-ray (Spine) (등뼈) 엑스레이
u X-ray (Unspecified) (불특정한) 엑스레이

D6

o Animal(As *D2* on hill or rock) 동물 (*D2*를 언덕 또는 바위로 지각)
o Boot 부츠
– Face 얼굴
o Foot 발
u ∨ Head (Camel) (낙타의) 머리
u ∨ Head (Cartoon animal) (만화 동물의) 머리
o < Human (As *D2* sitting in a chair or on a hill) (의자나 언덕 *D2*에 앉은) 인간
– Italy 이탈리아
o Leg 다리
u Map (Italy) (이탈리아) 지도
– Map (Specific other than Italy) (이탈리아를 제외한 구체적인) 지도
u Map (Unspecified) (불특정한) 지도
u Rudder 방향타
– Sea Animal 바다 동물
u Shoe 신발
u Smoke 연기
u ∨ Wing 날개

D7

u ∨ Anchor 닻
o Animal 동물
u ∨ Badge 배지, 기장, 계급장
u ∨ Bat 배트, 곤봉
u Bird 새
– Bug 곤충
– Crab 게
– Face 얼굴
u Fossil 화석
u Frog 개구리
o Giant 거인
o Gorilla 고릴라
– Head 머리
u Helmet 헬멧
o Hide (Animal) (동물의) 생가죽
o Human 인간
o Hunchback 꼽추

u Island 섬
o Mask 가면
o Monster 괴물
u Mountain 산
o ∨ Pelvis 골반
u Squirrel 다람쥐
u Statue 조각상

Dd21

– Apple 사과
u Crown 왕관
o Face (Human, profile) 얼굴 (인간, 옆모습)
– Fist 주먹
– Head (Animal) (동물의) 얼굴
o Head (Human) (인간의) 얼굴
u Hut 오두막
u Landscape 풍경
u Temple 절
u Tent 텐트
– Wart 사마귀

Dd22

– Eye 눈
– Face 얼굴
– Head 머리
– Moon 달
– Shrub 관목

Dd23

u Beak 부리
– Head (Animal) (동물의) 머리
o Head (Bird) (새의) 머리
– Head (Human) (인간의) 머리
u Head (Reptile) (파충류 동물의) 머리

Dd24

u Clouds 구름들
u Ghosts 귀신들
– Head(s) 머리(들)
u Snow 눈

Dd25

– Face 얼굴
– Human(s) 인간(들)
– Human-Like Figure(s) 인간과 같은 형상(들)
u Landscape (Aerial view) (공중에서 본) 풍경

Dd26

– Clitoris 음핵, 클리토리스
u Feet 발
u Fingers 손가락들
u ∨ Ghosts 귀신들
– Heads (Animal) (동물의) 머리들
u Heads (Bird) (새의) 머리들
– Heads (Human) (인간의) 머리들
– Humans 인간들
u ∨ Human-Like Figures 인간 같은 형상들
u Legs 다리들
u Snakes 뱀들
– Teeth 이빨들
– Trees 나무들
u Worms 벌레들

Dd27

u Bridge 다리
u Cliff 절벽
– Foot 발
– Tail 꼬리

Dd28

o		Antennae (곤충 따위의) 더듬이(복수)
–		Claws 갈고리발톱
–		Feet 발
u		Horns 뿔들
–		Legs 다리들
–		Roots 뿌리들
u		Stingers (Insect) (곤충의) 침

DdS29

u		Clouds 구름들
u		Ghosts 귀신들
u		Lakes 호수들
u		Monsters 괴물들

Dd30

u		Beak 부리
–		Face 얼굴
u		Flower 꽃
–		Heart 심장
–		Human 인간
u		Nail 손톱
o	∨	Rocket 로켓
u		Tack 납작못, 압정
o		Tee (Golf) T자꼴의 물건(골프)
–		Tongue 혀
u		Tooth 이빨
u		Waterfall 폭포수

Dd31

–		Animal 동물
–		Bird 새
u		Ghost 귀신
–		Head (Animal) (동물의) 머리
–		Head (Bird) (새의) 머리
–		Head (Human) (인간의) 머리
u	∨	Head (Human-like) (인간 같은) 머리
–		Human 얼굴
–		Rock 바위, 암석
–		Root 뿌리
u	∨	Seal 도장, 인장
u	∨	Statue 조각상
–		Tree 나무
u	∨	Witch 마녀, 마법사

Dd32

–		Fist 주먹
u	<	Head, Animal 머리, 동물
u	∨	Head (Animal with flat or stubby nose) (평평하고 납작한 코를 가진 동물의) 머리
u	∨	Head (Human) (인간의) 머리
u		Rock 바위
u		Toe 발가락

Dd33

o		Bone (Skeletal) 뼈(해골)
o		Crayon 크레용
u		Drill 드릴
o		Gorge 골짜기, 협곡
u		Pole 막대기
o		River 강
o		Spine 척추
o		Waterway 수로

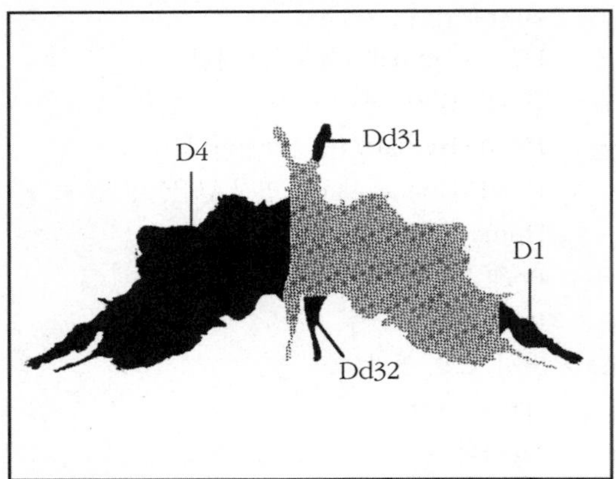

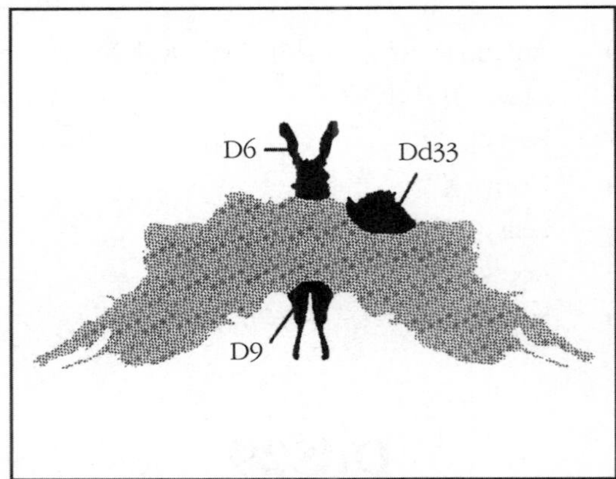

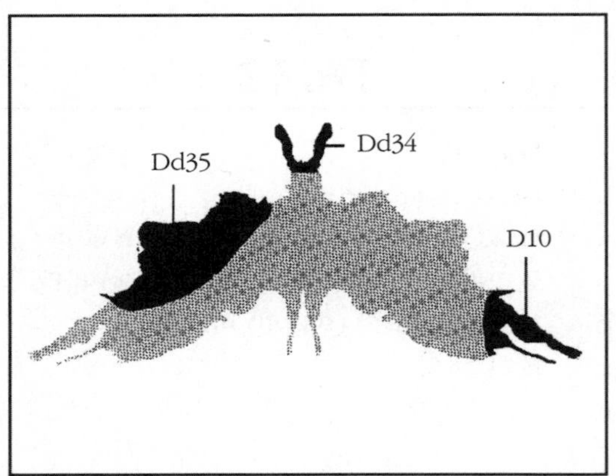

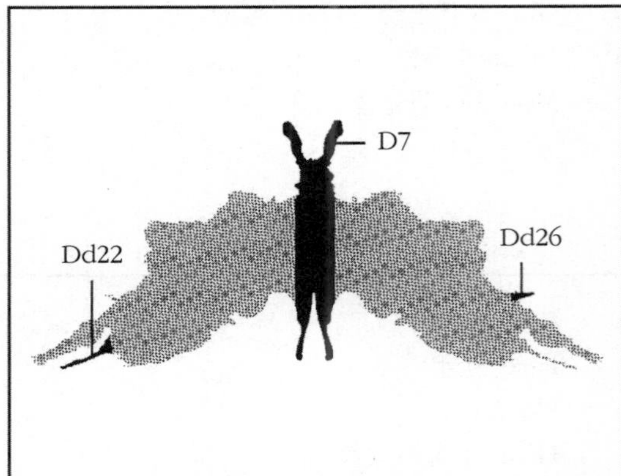

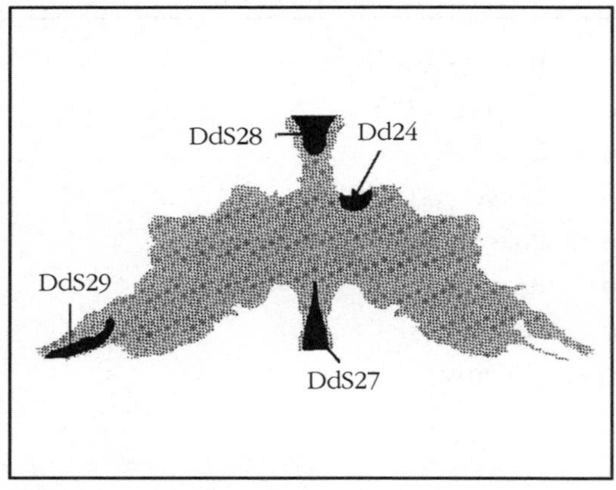

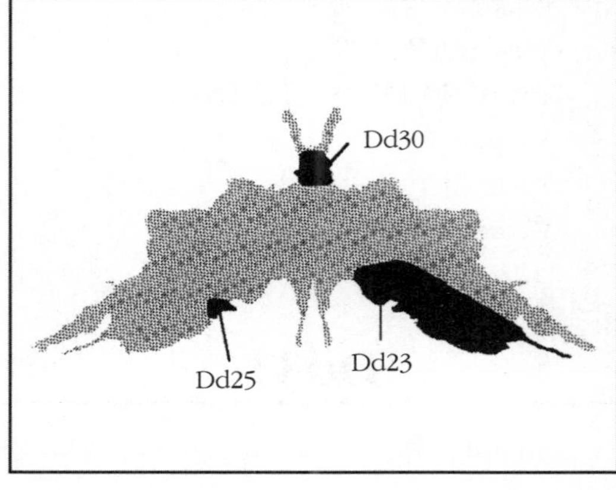

[부록 I-5] 카드 V의 D와 Dd 영역

부록 I-5 카드별 흔한 부분(*D*)과 드문 부분(*Dd*) 영역이 표시되어 있다. 영역별 형태질 기호(*o, u,* –)와 평범 반응, 그리고 Z(조직화) 점수가 표기되어 있다.

CARD V

평범 반응: W를 박쥐 혹은 나비로 반응
Z 값: W=1.0, 인접=2.5, 비인접=5.0, 공백=4.0

W

u ∨ Acrobat (Doing handstand) (야외공연을 하는) 곡예사
u Airplane 비행기
– Anatomy 해부, 해부학, 해부술
– Anchor 닻, (마음의) 의지가 되는 것
u Angel 천사
– Animals 동물
o Animals (2 Butting heads) (2개의 머리가 붙어 있는) 동물
– Badge 배지, 기장
– Banana 바나나(열매)
o Bat (야구, 크리켓의) 배트
– Beetle 갑충, 딱정벌레
o Bird (Beak *D6*) 새(*D6*의 부리)
u Bird (Beak *D9*) 새(*D9*의 부리)
o < Bird (To midline, being reflected) (신체 중심선을 향해 반영되는) 새
u Bookends 책버팀대
u Boomerang 부메랑 (곡선을 그리고 던진 사람에게 돌아오는, 원주민의 무기)
– Bug (Not winged) (날개 없는) 반시류의 곤충
u Bug (Winged) (날개 있는) 반시류의 곤충
o Butterfly 나비
u Cape 곶, 갑
– Cat 고양이, 고양이과 동물
u Cloth (Piece) (조각) 천, 헝겊, 옷
u Cloud(s) 구름(들)
– Clove 정향나무(식물)
u Coal (Piece) (조각) 석탄
– Coat (방한, 외출용의) 코트
– Coral 산호충(동물), 산호
o Crow 까마귀, 수탉의 울음소리
o Dancer (In costume) (복장을 갖춰 입은) 무용수
u Demon 악마, 마귀, 귀신
u Devil (Sometimes winged) (때때로 날개가 있는) 악마, 마귀
o Dracula 드라큘라, 흡혈귀
u Duck 오리, 집오리
u Eagle 독수리(조류)
– Elves 꼬마 요정들
– Explosion 폭발, 파열
u Fairy 요정, 선녀
– Fern 양치류, 고비
– Flag 기, 깃발, 붓꽃(식물)
u Flea 벼룩
u Fly 날다, 파리
u Flower 꽃, 화초
u Foliage (초목의) 잎, 군엽
u Fur 부드러운 털, 모피
– Gnat 각다귀, 모기
u Goose 거위, 기러기
– Grasshopper 베짱이, 메뚜기, 여치 등
– Hairpiece (여성용) 심은 머리, (남성용) 가발
– Head 머리
u Hill (With trees) (나무가 있는) 언덕

u Hornet 호박벌(곤충)
– Human 인간
o Human (In costume) (복장을 갖춘, 시대의) 사람
o Human (Hang gliding) (행글라이더 비행을 하는) 사람
o Humans (Back to back) (등을 서로 맞댄) 인간
u Human-Like Figure (Specified with giant arms or wings) (거대한 양팔의 날개를 가진) 인간 같은 형상
– Ice 얼음, 얼음 표면
– Insect (Not winged) (날개 없는) 곤충, 벌레
o Insect (Winged) (날개 있는) 곤충, 벌레
– Kangaroo 캥거루
– Kidney 신장, 콩팥(해부학)
u Kite 연, 솔개(조류)
o Landscape 풍경화
u Leaf 잎, 나뭇잎
– Lung(s) 폐, 허파(해부학)
– Machine 기계, 기계장치
– Map 지도
– Microorganism 미생물, 박테리아
u Monster 괴물, 도깨비
u Mosquito 모기
o Moth 나방(곤충)
u Mountain 산
u Mustache 콧수염
– Neckbone 목뼈
u Ornament 꾸밈, 장식
u Ostrich 타조(조류)
u Peacock 공작(조류)
u Pelvis 골반(의학)
o ∨ Pelvis 골반(의학)
– Propeller 프로펠러, 추진기
u Pterodactyl 익수룡(고생물)
– Pump 펌프, 양수기
– Ribs 늑골, 갈빗대(해부학)
u Rower (In boat) (노를 써서) 배를 젓다
– Sailboat (경기, 레저용) 범선
– Skeleton 골격, 해골
u ∨ Smoke 연기
u Spaceship 우주선
– Spider 거미
u Stole (Fur) (모피용) 여자용 어깨걸이
u Stone 석재, 돌
– Tent 텐트, 천막
– Tree Stump (Reflected) (반사된) 나무 그루터기
u ∨ Tornado (Reflected) (반사된) 토네이도, 폭풍, 선풍
– Umbrella 우산
o Vampire 흡혈귀
u Vulture 독수리(조류)
u Wasp 말벌(곤충)
u Wings (새, 곤충 등의) 날개
u ∨ Wok (Cooking) 중국 요리용 팬
o X-ray (Pelvis) (골반 부위의) 엑스레이, 방사선
– X-ray (Specific other than pelvis) (골반보다 더 구체화된 부위의) 엑스레이
u X-ray (Unspecified) (불특정한) 엑스레이

D1

u Arm 팔, (동물의) 앞다리
– Arrow 활, 화살
o Bone 뼈, 골질
– Cylinder 원기둥, 원통
– Eel 뱀장어(어류)
– Fish 물고기, 어류
u Foot (Animal) (동물의) 발
– Foot (Human) (인간의) 발
– Head (Animal) (동물의) 머리
u Head (Cartoon) (만화영화 속의, 시사적인) 머리
– Head (Human) (인간의) 머리
o Head (Reptile) (파충류, 파행 동물의) 머리
o Leg (Animal) (동물의) 다리
o Leg (Human) (사람의) 다리

u Limb (Tree) (나무의) 큰 가지
u Log 통나무
u Muscle 근, 근육
– Nose 코
u Root (식물의) 뿌리
u Skull (Animal) (동물의) 두개골, 해골
– Spear 창, 투창, 작살
u Stick 막대기, 나뭇가지
– Wrench (관절의) 삠, 뒤틀림

D4

– Alligator 악어
o Animal (With head at *D7*) 동물(*D7*을 머리로 지각)
– Anteater 개미핥기(동물)
u Blanket 담요, 덮개
o Bush(es) 관목, 덤불(들)
u Cloud 구름
– Crab 게, 게살
– Driftwood 부목, 유목
u Fan 부채, 선풍기, 환풍기
u Head (Alligator) (악어의) 머리
– Head (Animal) (동물의) 머리
– Head (Bird) (새, 조류의) 머리
o Head (Human, profile) 머리(인간, 옆, 얼굴, 측면)
o Human (Reclining) (안락의자에 앉아 있는, 기대어 있는) 인간의
– Insect 곤충, 벌레
– Jellyfish 해파리
– Kangaroo 캥거루
u Landscape 경치, 풍경화
– Leaf 잎, 나뭇잎
– Leg 다리
u Leg (As *D1* in clothing) 다리(*D1*을 옷을 입고있는 것으로 지각)
u Leg (Chicken or turkey cooked) (요리된 칠면조나 닭고기) 다리
u Map 지도
– Mud 진흙, 진창
u Plant 식물
o Rock 바위, 암석
u Shoulder Pad (Football) (축구용) 어깨심, 어깨 보호대
– Skin 피부, 살갗
u Sleeping Bag 침낭
o ∨ Smoke 연기
u < Swan 백조, 고니(조류)
– Tree 나무
u Weed 잡초
u < Wing 날개

D6

u Antenna 안테나, 공중선, (동물의) 촉각
u Badge 배지, 기장
– Bird 새, 조류
u Clippers 이발 기구(들), 이발사(들)
u ∨ Elves 꼬마 요정들
o Face (Animal, long eared) (귀가 긴 동물의) 얼굴
– Face (Human) (사람의) 얼굴
o Face (Human with mask) (가면 쓴 사람의) 얼굴
– Face (Unspecified) (불특정한) 얼굴
u Fingers (2, As in victory sign) (승리의 V자를 한 두 개의) 손가락
u ∨ Forceps 집게, 핀셋
u Hat (Mickey Mouse) (미키마우스 모양의) 모자
o Head (Animal, with horns or long ears) (귀가 길거나 뿔이 있는 동물의) 머리
u Head (Animal) (동물의) 머리
u Head (Insect) (곤충, 벌레의) 머리
– Head (Human) (인간의) 머리
o Head (Human, In costume or with mask) (가면을 쓰거나 복장을 갖춰 입은) 머리

u < Head (Reptile) (파충류, 파행동물의) 머리

– Head (Reptile) (파충류, 파행동물의) 머리

u Human (Lower half) (반보다 작은, 난쟁이의) 인간

u Insect (With antennae) 곤충, 벌레(촉각을 재는 안테나를 가진, 더듬이를 가진)

u Pliers 집게, 펜치

u ∨ Robot 로봇

u ∨ Sawhorse 톱질 모탕(buck)

u Scissors 가위

u Slingshot (돌 던지는) 고무총

u Statue 상, 조상

– Tuning Fork 소리굽쇠(음악), 음차

u Tweezers 족집게, 핀셋

– Vase 꽃병, 화병

u Wishbone (새 가슴의) 창사골

D7

u Alien 외계인, 우주인

o Animal (Horned or long eared) (귀가 길거나 뿔을 가진) 동물

– Animal (Not horned or long eared) (귀가 길지 않거나 뿔을 가지고 있지 않은) 동물

u Ballerina (In costume) (복장을 갖춘) 발레리나

– Beetle 갑충, 딱정벌레

– Bone 뼈, 골질

u Bug (With antennae) (더듬이를 가진) 작은 곤충

o Demon 악마, 마귀

o Devil 악마, 마귀

– Fish 물고기, 어류

– Human(2) 인간(2)

o Human (In costume) (복장을 갖춘, 시대의) 인간

u Humans (2, with arms raised) (2, 팔을 올리고 있는) 인간

u Human (Mythological) (신화적인, 신화의) 인간

u Insect (With antennae) (더듬이가 있는) 곤충, 벌레

u Monster 괴물, 도깨비

o Rabbit 집토끼

– Skeleton 해골, 골격

u Snail 달팽이

– Tree 나무

D9

u Beak 부리

u ∨ Bells 초인종 버튼, 벨 버튼

o ∨ Birds (2, long-neck) (2, 목이 긴) 새

u ∨ Brooms 비, 손잡이가 달린 브러시, 양골 담초(식물)

u Chopsticks 젓가락

u Clamp 죄는 기구, 집게

u Cleaners (Vacuum) (진공) 청소기

– Feet (Animal) (동물의) 발

o Feet (Bird) (새, 조류의) 발

– Feet (Human) (인간의) 발

o ∨ Flamingos (조류) 플라밍고, 홍학

o ∨ Geese 거위들

u < Head (Alligator) (악어의) 머리

– Head 머리

u Heads (2, Birds) (2, 새, 조류의) 머리

– Insect(s) 곤충(들)

u Legs (Animal) (동물의) 다리들

o Legs (Bird) (새, 조류의) 다리들

– Legs (Human) (사람의) 다리들

u Pliers 집게들, 펜치들

– Stethoscope 청진기(의학)

o Swans 백조, 고니들(조류)

u Tail(s) (동물의) 꼬리(들)

o Tweezers 족집게, 핀셋

– Vagina 질(해부학)

o Wishbone (새 가슴의) 창사골

D10

u Bones 뼈들, 골질들
– Coral 산호, 산호충
– Head (Animal) (동물의) 머리
u Head (Bird) (새, 조류의) 머리
u Head (Cartoon) (만화영화의) 머리
o Head (Reptile) (파충류, 파행동물의) 머리
– Insect 곤충, 벌레
u Legs (Animal) (동물의) 다리들
– Legs (Bird) (새의) 다리들
u Legs (Human) (인간의) 다리들
– Nose 코
u Peninsula 반도
u Pincers (Crab) (게의) 집게발
u Pipe Wrench 파이프 렌치, 관 집게
o Roots (식물) 뿌리들
u Wood (Driftwood, logs or sticks) 나무, 목재 (부목, 통나무 또는 나뭇가지)

Dd22

o Arrow 활, 화살
u Bayonet 총검, (전기 소켓에 끼우는) 콘센트 핀
u Crutch 버팀목
– Finger 손가락
– Head (Animal) (동물의) 머리
u Head (Bird) (새, 조류의) 머리
– Head (Human) (인간, 사람의) 머리
– Insect 곤충, 벌레
– Leg (Animal) (동물의) 다리
u Leg (Bird) (새의) 다리
– Leg (Human) (사람의) 다리
o Limb (Tree) (나무의) 큰 가지
o Reptile 파충류, 파행동물
o Spear 창, 투창, 작살
o Sword 검, 칼
o Tail 꼬리

Dd23

u Coastline 해안선
– Head (Animal) (동물의) 머리
– Head (Human) (인간, 사람의) 머리
u Landscape 풍경화

Dd24

u Bird 새, 조류
– Breast 가슴, 가슴살
u Ghost 유령, 망령
– Human 인간, 사람
u Monster 괴물, 도깨비
u Nipple 유두
u Tent 텐트, 천막
u Tree 나무

Dd25

u Cannon 대포
– Hat 모자
– Penis 남근, 음경
u Rock 바위, 암석
– Thumb 엄지손가락
– Tree 나무

Dd26

u ∨ Bird (In flight) (새떼, 무리의) 새
u Branch (Tree) (나무의) 가지
– Head 머리
– Reptile 파충류, 파행 동물
– Tree 나무

DdS27

u Cone 원뿔, 방울 열매(식물)
u Ghost 유령, 망령
u Inlet 후미, 입구, 들이는 곳
u Spike 담장못, 스파이크
u Tower 탑, 누대
u ∨ Vase 화병

DdS28

u ∨ Bell 초인종, 벨
u Cup 찻잔
– Helmet 철모, 헬멧
u ∨ Hill 언덕
u Inlet 후미, 입구, 들어간 곳
u ∨ Mountain 산
u Vase 화병, 꽃병

DdS29

u Inlet 후미, 입구, 들어간 곳
u River 강
– Snake 뱀(동물)

Dd30

– Ball 공, 볼(구기용)
– Face(Animal except cat or rabbit) (고양이과나 집토끼과를 제외한 동물의) 얼굴
u Face (Bird) (새의) 얼굴
u Face (Cat) (고양이의) 얼굴
– Face (Human) (사람의, 인간의) 얼굴
u Face (Rabbit) (집토끼의) 얼굴
u Head (Animal) (동물의) 머리
u Head (Bird) (새의, 조류의) 머리
– Head (Human) (인간의, 사람의) 머리
o Mask 가면
– Skull 두개골, 해골

Dd31

o Bone 뼈, 골질
u Ear (Animal) (동물의) 귀
u Elf 꼬마 요정
u Finger 손가락
– Foot 발
– Head 머리
– Human 인간
u Leg 다리
u Penis 남근, 음경
u Stick 막대기, 가지
– Tree 나무
u Worm 벌레, 연충

Dd32

u Antennae (곤충 따위의) 더듬이(복수)
o Beak 부리
o ∨ Bird (Long neck) (목이 긴) 새
u Bone 뼈, 골질
u Club 클럽
– Finger 손가락
o Head (Bird) (새의) 머리
– Match 성냥
– Root (식물의) 뿌리
– Snake 뱀
o ∨ Swan 백조, 고니
– Tree 나무

Dd33

– Breast 가슴, 가슴살
– Head (Animal) (동물의) 머리

– Head (Human) (인간의, 사람의) 머리
u Head (Human-like) (인간과 비슷한) 머리
o Hill 언덕
o Mountain 산
u Shrub(s) 관목들, 키 작은 나무들

Dd34

o Antennae 안테나, 더듬이(복수)
u Beak 부리
u Bones 뼈들, 골질들
u Clippers 깎는 기구들, 이발 기구들
u Elves 꼬마 요정들
– Heads (Animal) (동물의) 머리들
– Heads (Birds) (새의) 머리들
– Heads (Human) (인간의) 머리들
u Heads (Insect) (곤충의, 벌레의) 머리들
u Heads (Reptile) (파충류의) 머리들
o Horns 뿔들
– Humans 인류(인간)들
u Human-Like Figtures 인류 같은 형상들

u ∨ Legs 다리들
u < Mouth (Animal or bird) (동물이나 새의) 입
u Pliers 집게, 펜치
u Scissors 가위
u ∨ Stool (등이 없는) 걸상
– Trees 나무들

Dd35

– Breast 가슴, 가슴살
– Head (Animal) (동물의) 머리
– Head (Bird) (새나 조류의) 머리
o Head (Human, profile) (인간의, 파충류의) 머리
u Human (Sitting or lying) (앉거나 누워 있는) 인간, 인류
o Landscape 경치, 풍경(화)
u Mask (Profile) 가면(윤곽)
o Mountains 산들
– Nose 코
u Rocks 바위들, 암석들

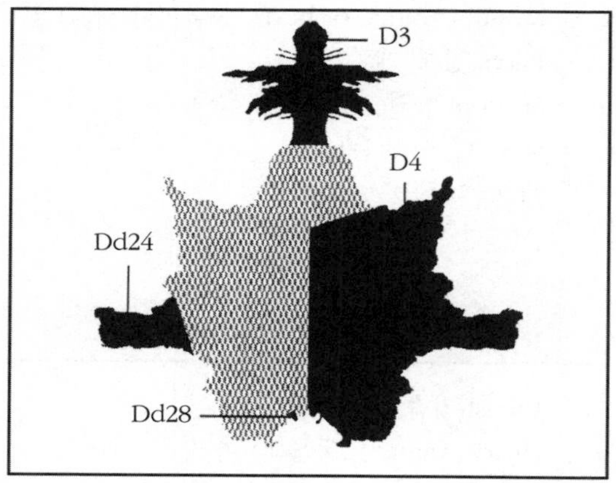

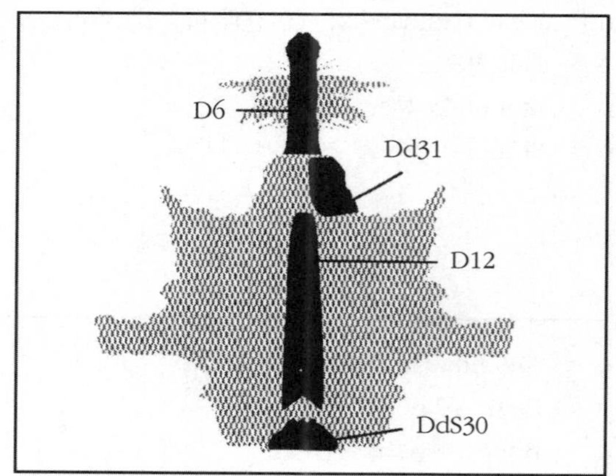

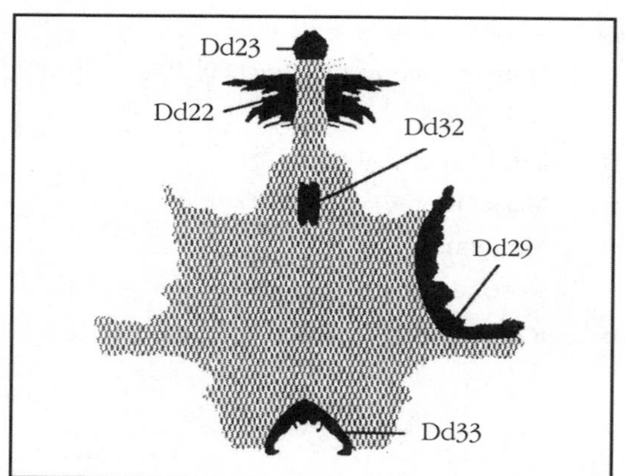

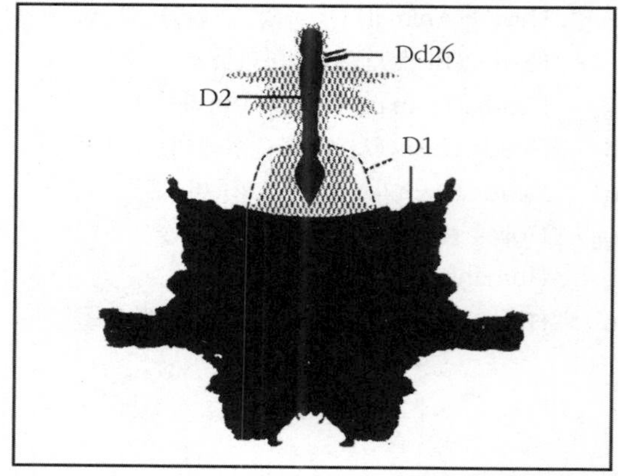

주의: D1은 표시된 선을 포함.

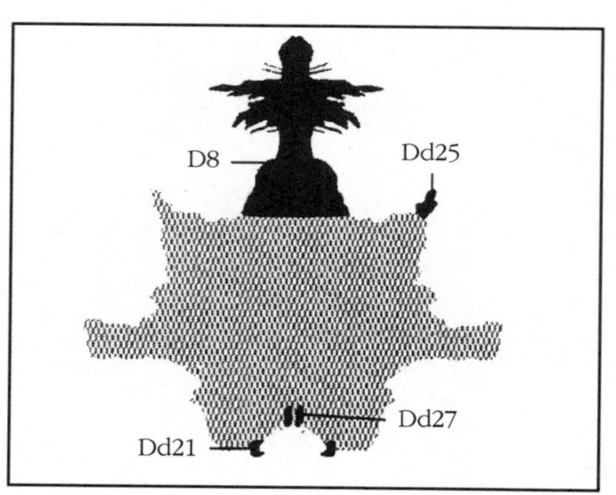

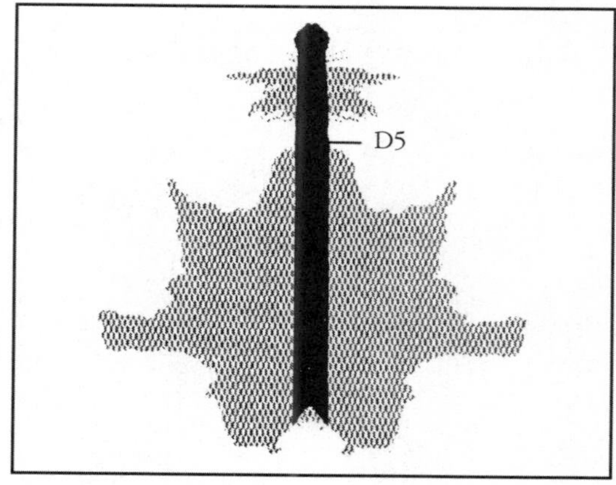

[부록 I-6] 카드 VI의 D와 Dd 영역

카드별 흔한 부분(*D*)과 드문 부분(*Dd*) 영역이 표시되어 있다. 영역별 형태질 기호(*o, u,* –)와 평범 반응, 그리고 Z(조직화) 점수가 표기되어 있다.

CARD VI

평범 반응: W 혹은 D1을동물의 피부(skin), 가죽(hide), 털가죽(pelt), 깔개(rug)로 반응
Z 값: W=2.5, 인접=2.5, 비인접=6.0, 공백=6.5

W

u Abstract Drawing 추상화
u Airplane 비행기
– Amoeba 아메바(동물)
– Anchor 닻, (마음의) 의지할 곳이 되는 곳
u Animal (In natural form, canine or feline, such as cat, dog, lynx, tiger, wolf, etc.) (고양이, 개, 스라소니, 사자, 늑대 등의 갯과나 고양잇과의 형체를 지닌) 동물
– Animal (In natural form, not canine or feline such as anteater, elephant, giraffe, etc.) (개미핥기, 코끼리, 기린 등 갯과나 고양잇과에 속하지 않는 형체를 지닌) 동물
o Animal (In unnatural form such as flattened, skinned, etc.) (납작하거나 무기가 없는 비자연적인 형체를 지닌) 동물
u Animal (Sea, such a ray with *D3* as head or tail) (해양, 머리나 꼬리 등의 *D3*를 가진 광선과 같은 종의) 동물
o Animal Pelt or Skin 동물의 날가죽 또는 피부
– Animal (Winged) (날개 달린) 동물
– Artichoke 아티초크, 솜엉겅퀴(식물)
u Artifact (Indian) (인도의) 인공물, 공예품
– Badge 배지, 기장
– Bat (야구나 크리켓의) 배트
– Bear 곰(동물)
o Bearskin 곰가죽
– Bee 꿀벌
– Beetle 갑충, 딱정벌레
u Bird 새
u Bird (Prehistoric) (선사시대의) 새
– Body 신체, 육체
– Brain 뇌, 두뇌
– Brainstem 뇌간(해부학)
– Bug (Not winged) (날개 없는) 곤충
u Bug (Winged) (날개 있는) 곤충
– Butterfly 나비
o Candle(With *D1* as base) 양초(*D1*을 기초로)
u Cello 첼로
– Chest 가슴, 흉곽
– Club 클럽
o ∨ Coat (Hanging on Post) (기둥에 걸려 있는) 코트
u Coat (With hanger as *D3*) (*D3* 옷걸이에 걸려 있는) 코트
u Cocoon (With butterfly or larvae as *D3*) (*D3*와 같은 미숙한 애벌레나 나비의) 누에고치
– Crab 게, 게살
– Crow 수탉의 울음소리, 까마귀
– Crown 왕관, 보관
u Design (Abstract) (추상적인) 도안, 밑그림
– Doll 인형
u Dragon (Flying) (나는) 용
– Dragonfly 잠자리
u ∨ Drill 송곳, 드릴, 드릴개코원숭이
u Duck 오리

u ∨ Duster (With handle) (손잡이가 있는) 먼지 떨이
– Emblem 상징, 표상
u Explosion 폭발, 파열
– Face 얼굴, 생김새
o ∨ Fan 부채, 선풍기, 환풍기
– Faucet (수도의) 물 꼭지, 물 주둥이
– Fish (see also Animal, sea) 물고기, 어류
u ∨ Flag 기, 깃발, 붓꽃(식물)
– Flea 벼룩
u ∨ Flower 화초, 꽃
– Fly 파리, 벌레
u Forest (Aerial view) (공기, 대기 전망) 숲, 산림
u Fountain (Abstract) (추상적인) 분수, 원천
– Frog 개구리
o Fur Pelt (양, 염소의) 날가죽 모피
– Genitals (Male) (남자의) (외부) 생식기, 성기
– Gnat 각다귀, 모기
u Goose 거위, 기러기
u Guitar (Sometimes *Dd24* is excluded) 전기 기타(때때로 *Dd24*는 제외)
u Gun (Space or toy) (장난감) 총
– Hair 털, 머리털, 체모
o < Iceberg (Reflected) (빛이 반사되는) 빙산
– Insect (Not winged) (날개 없는) 벌레
u Insect (Winged) (날개 있는) 벌레
u Island 섬, 고립된 언덕
u ∨ Jackhammer 수동 착암기
– Lamp 전등, 등불
o < Landscape (Reflected) (반사된) 경치, 풍경화
u Leaf 잎, 나뭇잎, 풀잎
u Leather (Piece) (조각) 가죽
u Lighthouse (On hill) (언덕 위의) 등대
– Lizard (Flying)(날 수 있는) 도마뱀
– Lungs 폐, 허파, 인공호흡 장치
– Map (Specific) (자세히 기술된) 지도
u Map (Unspecified) (대략적인) 지도
u Mask (Science fiction) (공상과학소설의) 복면, 가면
u Mine Shaft (Cutaway view) (외부의 일부를 잘라 낸 관점에서) 자신의 혹평
u ∨ Mirror (Hand) (손)거울
o Missile Launch (With missile at *D6* and pad or smoke at *D1*) 미사일 발사(*D6*를 미사일로 *D1*을 패드 혹은 연기로 지각)
u ∨ Monster (Sometimes 2 headed) (때때로 머리가 두 개 달린) 괴물, 도깨비
u Monster (Animal) (동물) 괴물, 기형
u Monster (Sea) (바다) 괴물, 기형
– Mosquito 모기
– Moth 나방
– Mountain 산
– Mud 진흙, 진창
– Note (Musical) (음악의, 주악의) (새의) 울음소리, 음색
u Ornament 장식품, 장신구
– Pan (그리스신화의) 판, 목신
o Pelt (양, 염소의) 날가죽
u ∨ Plant 식물, 초목
u ∨ Pogo Stick 아래에 용수철이 달린 막대기의 발판에 올라타고 노는 놀이 기구
– Pot 항아리, 단지
u Raft 뗏목
u ∨ Road Sign 도로 안내판
o Rocket Launch (With rocket at *D3* and pad or smoke at *D1*) 로켓 발사(*D3*를 로켓으로 *D1*을 패드나 연기로 지각)
u Rudder (배나 비행기의) 방향타, 지침
o Rug 깔개, 융단, 까는 모피
u ∨ Scarecrow 허수아비, 허세
u ∨ Shield 방패, 보호물
o < Ship (Reflected with D3 as second object(s)) 큰 배, 함선(이차 대상으로 *D3*가 투영된)
– Shrimp (작은) 새우
– Skeleton 골격, 해골, 뼈대
o Skin (Animal) (동물의) 피부, 표피
– Snail 달팽이
– Spider 거미

u ∨ Sponge 스펀지, 해면
u Squirrel (Flying) (날아다니는) 다람쥐
u ∨ Statue 조상, 상
u ∨ Sting Ray 가오리
u Sword in Stone 돌로 만든 칼
u Tank (Top view with cannon) (맨 위가 대포로 되어 있는) 탱크
– Tepee 원추형 천막집
o Totem (As *D3* with *D1* as hill or expanse) 토템(*D1*과 *D3*를 미개인들이 세습적으로 숭배하는 자연물로 지각)
o ∨ Tree 나무, 수목
u Turtle 거북, 바다거북
u Violin (Usually With *Dd24* excluded) 바이올린(*Dd24*는 제외)
– Volcano 화산, 분화구
o Waterway(As D5 with other areas landscape) 수로, 항로 (D5를 함께 풍경으로 봄)
– X-ray (Specific) (구체적인) 방사선, 엑스레이
u X-ray (Unspecified) (비구체적인) 방사선, 엑스레이

D1

u Amoeba 아메바(동물)
– Anatomy 해부, 해부학
u ∨ Animals (Back to back) (등을 서로 맞댄) 동물, 연속 동물
– Artichoke 아티초크, 솜엉겅퀴, 뚱딴지
u Badge 배지, 기장
u Bib 턱받이(가슴 부분), 비브(어류)
o Blanket 담요, 덮개
– Body 신체, 육체
u Bookends 북엔드, 책버팀
u Bowl (With handles) (손잡이가 있는) 사발, 공기
– Brain 뇌, 두뇌
– Bug (작은) 곤충, 빈대
– Butterfly 나비
u ∨ Cape 곶, 갑
u ∨ Cartoon Figures 만화의 인물상
– Chest 가슴, 흉곽
u Cloak 소매 없는 외투, 망토
u Cloud(s) 구름(들)
u Coal (Piece) (조각) 석탄
o Coat 코트
u Crevice (As middle area between rocks) (암석 중간 부분의) 갈라진 틈, 균열
u ∨ Crown 왕관
– Cup 찻잔
– Disc (Anatomy) 연골(해부학)
u Doors (Swinging) (흔들리는) 문
u Emblem 상징, 표상
– Face 얼굴, 생김새
u Face (Monster) 형상, 얼굴(괴물)
u Filet (Fish or meat) (어류나 육류 음식) 휠레
– Flesh (인간, 동물의) 살, 살집
– Flower 꽃, 화초
u Foliage (Aerial view) (공중에서 본) 기생 초목의 잎
u Forest (Aerial view) (공중에서 본) 기생 산림
u Gate 출입구, 수문, 갑문
u ∨ Gorillas (Back to back) (등을 서로 맞댄) 고릴라
– Head 머리
– Heads (Animal) (동물의) 머리
u Heads (Human, profile, back to back) (인간의, 옆면/측면, 등을 서로 맞댄) 머리
u ∨ Hive (Bee) (꿀) 벌통
– Human 인간
u Humans (Back to back) (서로 등을 맞댄) 인간
u Ice 얼음, 얼음판, 얼음 표면
o ∨ Iceberg (Reflected) (빛 등이 반사된) 빙산
u Island 섬, 고립된 언덕
u ∨ Jacket 재킷, 소매 달린 짧은 상의
o Landscape 경치, 풍경화
o Leaf 잎, 나뭇잎
– Liver (Anatomy) 간장(해부학의)

– Lung(s) 폐, 허파

– Map (Specific) (구체화된) 지도

u Map (Topographic) (지형학상의) 지도

u Map (Unspecified) (비구체화된) 지도

u ∨ Monkeys (Back to back) (등을 서로 맞댄) 원숭이

u ∨ Monster (Usually science fiction) (공상과학 소설의) 괴물

u ∨ Monsters 괴물들

o < Mountain Range (Reflected) (반사된) 산맥

u Mud 진흙, 진창

u Ornament 꾸밈, 장식물

o Pelt (양, 염소의) 날가죽

o Pot (With handles) (손잡이가 있는) 항아리, 단지

u Rock(s) 바위, 암석, 암반

o Rug 깔개, 융단

– Shell 조가비, 등딱지

u Shield 방패, 보호물

o Ship (Reflected) (반사된) 큰 배, 함선

o Skin (Animal) 동물의 표피, 가죽

– Skull 두개골, 해골

u Smoke 연기

u Sponge 스펀지, 해면

– Star 별, 항성

– Starfish 불가사리

o Statues 상, 조상

– Turtle shell 별갑(鱉甲), 거북의 등딱지

u Urn 항아리, 단지

o Waterway (As *D5* with other areas as landscape) 수로, 항로(*D5*를 풍경으로 봄)

– X-ray (Specific) (구체화된) 방사선, 엑스레이

u X-ray (Unspecified) (비구체화된) 방사선, 엑스레이

D2

o Alligator 악어

– Animal 동물

o Banister Spindle 계단 난간의 축, 굴대

o Bedpost 침대 기둥

u Bone 뼈, 골질

– Bug 곤충, 빈대

o Candle 양초

o Candlestick 촛대

– Caterpillar 모충, 쐐기벌레

u Club 클럽

u Crocodile 악어

u Drill Bit 드릴에 끼우는 날

u Eel 뱀장어

– Fish 물고기, 어류

o Giant 거인

o Human 인간, 사람

o Human-Like Figure 인간과 같은 형상

– Insect 곤충, 벌레

u Knife 칼, 부엌칼

o Lamp (Ornamental) (장식용의) 등불, 램프

o Lamp Post 가로등 기둥, 등잔대

o Lamp (Street) (거리의) 가로등

o Missile 미사일

u Nail 손톱

– Needle 바늘, 봉침

u Pen 펜촉, 만년필

u Penis 음경, 남근

u Piston 피스톤

u Reptile 파충류 동물, 파행 동물

o Rocket 로켓

o Statue (Human-like) (인간 같은, 인류의) 상, 조상

u Sword 검, 칼

u Thermometer 온도계

o Totem Pole 토템 폴(토템 상을 그리거나 새겨서 집 앞에 세우는 기둥)

u Train (Aerial view) (공중에서 본) 열차, 기차

– Vertebrae 척추

– X-ray (Specific) (구체화된) 방사선, 엑스레이

u X-ray (Unspecified) (비구체화된) 방사선, 엑스레이

D3

u Airplane 비행기

– Anatomy 해부, 해부학

– Animal (Not winged) (날개 없는) 동물

u Animal (Winged) (날개 있는) 동물

o Bird 새, 조류

u Bug (Hot winged) (거칠게 나는) 곤충

o Bug (Winged) (날개 있는) 곤충

u Butterfly 나비

– Coat Rack 코트 걸이, 모자 걸이

o Cross (Abstract or modern) (추상적 또는 현대적인) 십자가

o Crucifix (Abstract) (추상적인) 그리스도 십자가, 고난, 시련

u Crucifixion 십자가에 못 박힘, 고난, 시련

o Duck (Flying) (날아다니는) 오리

o Emblem 상징, 표상

– Face 얼굴

u Flag (Torn) (찢어진) 깃발

u Flower 꽃, 화초

u Fly 파리, 곤충, 날다

u Flying Fish 나는 물고기

o Goose (Flying) (날아다니는) 거위, 기러기

u Head (Animal, with whiskers) (구레나룻이 있는 동물) 머리

– Head (Bird) (조류의) 머리

– Head (Human) (인간의) 머리

– Head (Insect) (벌레, 곤충의) 머리

– Head (Reptile) (파충류의) 머리

u Hornet 호박벌(곤충)

– Human 인간

o Human (Abstract) (추상적인) 인간

o Human (In costume) (복장을 갖춘) 인간

o Human-Like Figure 인간과 같은 형상

u Insect (Not winged) (날개 없는) 벌레, 곤충

o Insect (Winged) (날개 있는) 벌레, 곤충

o Lamp 등불, 전등

– Leaf 잎

o Match (With fire) (불을 붙인) 성냥

u Object (Burning with *Dd22* as flames) 물건, 물체(*D22*를 화염으로 지각)

o Ornament 장식, 장식품

– Owl 올빼미

– Penis 음경, 남근

u Pole (Electric or telephone) 전극 또는 자극

u Rocket 로켓

o Rocket (With fire or smoke) (연기나 불을 뿜어내는) 로켓

o Scarecrow 허수아비

u < Shrub(s) (Reflected) (반사된) 작은 나무, 관목

– Skull 두개골, 해골

o Statue 상, 조상

u Streetlight (May include *D5*) 가로등 (*D5* 포함)

o Totem Pole 토템 폴(토템 상을 그리거나 새겨서 집 앞에 세우는 기둥)

u Tree 나무

– Valve (장치의) 판, 밸브

u Wasp 말벌

u Weather Vane 바람개비, 풍향계

D4

o < Aircraft Carrier 항공모함

u ∨ Animal 동물

o < Animal (As *Dd24* and remainder as another object) 동물(다른 대상으로 *D24*)

o < Bathtub (With *Dd24* as another object) 목욕통, 욕조

o < Battleship 큰 기관차

o < Boat (In some instances *Dd24* may be reported as a separate object) 보트(분리된 대상으로 *D24*를 인용)

– Building 건축, 건조술

u Cloud 구름

o < Cloud 구름

– Cocoon 누에고치

u Coral 산호, 산호층

u Crib (With *Dd24* as baby) 유아용 침대(*D24*

를 아기로 봄)

u < Explosion 폭발, 파열

u < Gun (Science fiction) (공상과학소설의) 총

− Head (Animal) (동물의) 머리

− Head (Bird) (조류의) 머리

o Head (Human, profile) (인간, 측면의) 머리

u ∨ Human 인간

u ∨ Human-Like Figure 인간과 같은 형상

o Iceberg 빙산

− Insect 벌레, 곤충

o Landscape 경치, 풍경

− Map (Specific) (구체적인) 지도

u Map (Unspecified) (비구체적인) 지도

o Mask 복면, 가면

o < Mountain(s) 산(들)

o Rock 암석, 바위

o < Rower (In boat) (노를 써서) 배를 젓다

o < Sailboat (경기용) 범선, 보트

o < Ship 큰 배, 함선

o Statue 상, 조상

o < Submarine 해저의

u < Tank (Army) (군대용) 탱크

D5

− Animal 동물

o Backbone 등뼈

o Bone 뼈, 골질

o Canal 운하, 인공 수로

o Canyon 깊은 협곡

− Caterpillar 모충, 쐐기벌레

u Coat Rack 코트 걸이, 모자 걸이

− Eel 뱀장어

− Fern 양치류, 고비

u Foliage (Aerial view) (공중에서 본) 초목의 잎, 군엽

o Gorge 골짜기, 협곡

− Human 인간

− Insect 곤충, 벌레

− Knife 칼

u Lamp Post(Usually with *Dd22* as light) 등불의 기둥(*Dd22*를 불로 봄)

o Missile Launch (With missile as *D2* or *D6* and remainder as smoke and/or fire) 미사일 발사(*D2*나 *D6*를 연기나 불로 봄)

u Pole 막대기, 장대, 기둥, 극

u Reptile 파충류, 파행동물

o River 강

o Road 도로, 길

o Shaft 화살대, 전죽, 광선

u Snake 뱀

u Spear 창, 투창, 작살

o Spinal Cord 척수 조직

u Stick 막대기

u Thermometer 온도계

− Tree 나무

u Tube (금속, 유리 등의) 관

o Waterway 수로

u Worm 벌레, 연충

− X-ray (Specific, other than spine) (등뼈, 척추와 다른 특정한) 엑스레이

o X-ray (Spine) (등뼈, 척추의) 엑스레이

u X-ray (Unspecified) (불특정한) 엑스레이

D6

− Animal 동물

u Arm (With fist at *Dd23*) 팔(*Dd23*를 움켜쥔)

o Bullet (소총, 권총의) 총탄

u Cane 지팡이

u Carving 조각, 조각술, 고기 베어 내기

u Club 클럽

u Cylinder 원기둥, 원통, 탄창

u Eel 뱀장어

− Fish 물고기, 어류

− Head (Animal) (동물의) 머리

− Head (Human) (인간의) 머리

u Head (Reptile, usually turtle) (파충류, 주로

거북의) 머리
- Human 인간
u Insect 곤충, 벌레
u Log 통나무
o Missile 미사일
u Mummy Case 미이라 상자
- Neck 목, 목덜미 살
u Parting Meter 분기점의 미터
o Penis 음경, 남근
o Pole 막대기, 기둥, 극
o Reptile 파충류, 파행동물
u Road 길, 도로
o Rocket 로켓
- Skull 두개골, 해골
u Statue 상, 조상
u Tower 탑, 누대
- Valve 판, 밸브
u Weapon (Unspecified) (구분되지 않는) 무기, 병기
- Head (Human) (인간의) 머리
- Head (Reptile) (파충류의) 머리
u Human (Robed) (약탈된, 겁탈된) 인간
u Insect (Winged) (날개 있는) 곤충
u Lamp Post 가로등의 기둥
o Lighthouse 등대
- Map 지도
o Plant 식물
o Rocket (With fire or smoke) (불이나 연기를 내는) 로켓
o Scarecrow 허수아비
- Spinal Cord 척수 조직
u Statue (Bird) (조류의) 조상, 상
o Statue (Human-like) (인간 같은) 조상, 상
o Totem Pole 토템 폴(토템 상을 그리거나 새겨서 집 앞에 세우는 기둥)
u Tree 나무
- Turtle 거북, 바다거북
- X-ray 엑스레이, 방사선

D8

u Airplane 비행기
- Animal 동물
u Bird 새, 조류
- Bug (Not winged) (날개 없는) 곤충
u Bug (Winged, crawling from object) (날개 달린, 물체를 가지고 기어다니는) 곤충
- Butterfly 나비
o Cross (On hill) (언덕 위의) 십자가
o Crucifix (Abstract) (추상적인) 십자가
o Crucifixion (On hill) (언덕 위에) 십자가를 짐, 고난, 고통
u Dragonfly 잠자리
o Flower (In pot) (화분 속) 화초, 꽃
o Fountain 분수
u Head (Animal, whiskered) (수염 있는 동물의) 머리
- Head (Bird) (조류의) 머리

D12

- Arrow 화살, 화살표
- Burner (Bunsen) 연소기, 분젠 가스 버너
o Canal 운하, 인공 수로
o Candle 양초
o Canyon 깊은 (큰) 협곡
o Gorge 골짜기, 협곡, 산협
- Human 인간
u Missile 미사일
- Needle 바늘, 봉침
u Pencil 연필
- Penis 음경, 남근
- Rectum 직장(해부학)
o River 강
u Road 길, 도로
u Rocket 로켓

Dd21

o ∨ Claw 갈고리발톱

– Hand 손, (척추동물의) 앞발

– Head (Animal) (동물의) 머리

o ∨ Head (Bird) (조류의) 머리

– Head (Human) (인간의) 머리

o ∨ Head (Reptile) (파충류의) 머리

u ∨ Horn 뿔

o ∨ Pincer 협공 작전(군사)

o ∨ Tong (중국의) 당, 협회, 또는 부젓가락으로 집다

Dd22

– Arms 팔

u Birds (2, profile) (2, 측면의) 새들

u Branch(es) 가지(들), 분지(들)

u < Cactus 선인장

o Feathers 용모, 특징, 특색

u Flames 불꽃, 화염

– Flowers 꽃, 화초

u Geese (Flock) (무리, 떼) 거위

– Ice 얼음

u Light Rays (Sun) 광선, 태양광선

– Pelt (양, 염소의) 날가죽, 털가죽

u Shrub(s) 작은 나무(들), 관목(들)

u < Tree(s) 나무(들)

o Water (Splashing) (튀는) 물

o Whiskers 수염, 콧수염

Dd23

– Bug 반시류의 곤충, 세균

– Eyes 눈

u Fist 주먹, 철권

u Hands (Clasped) (악수, 움켜쥔) 손

– Head (Animal) (동물의) 머리

u Head (Bird) (조류의) 머리

– Head (Human) (인간의) 머리

u Head (Insect) (곤충의) 머리

u Head (Monster) (괴물의) 머리

u Head (Reptile) (파충류의) 머리

– Heads (2) 머리들(2)

u Knob (Door) (문의) 손잡이

– Nose 코

Dd24

u ∨ Animal (Sitting) (앉아 있는) 동물

– Boot 부츠, 장화

u ∨ Castle 성, 성곽

o Cliff 낭떠러지, 벼락, 절벽

u ∨ Head (Animal, with upper body) (동물 상체의) 머리

– Head (Bird) (조류의) 머리

– Head (Human) (사람의) 머리

– Leg 다리

– Paw (개, 고양이 등의 갈고리발톱이 있는) 발

o Peninsula 반도

o Rock 바위, 암석

o < Seal 인장, 도장

o < Smokestack (기관차의) 굴뚝

u < Statue 상, 조상

u < Walrus 해마

u Wood 목질, 나무

Dd25

u Cactus 선인장

u Carving 조각, 조각술

u Doll 인형

u Foot (Human) (인간의) 발

– Head 머리

u Human 인간

u Mitten 벙어리장갑

- Mountain 산
u Paw (개, 고양이 등의 갈고리발톱이 있는) 발
- Penis 음경, 남근
u Shoe 구두
u Statue 상, 조상

Dd26

u Antennae 촉각의
- Reptiles 파충류, 파행동물
u Sticks 막대기, 기둥
u Whiskers 콧수염, 구레나룻

Dd27

- Anatomy 해부학
- Buttocks 엉덩이
u ∨ Eggs 달걀, 계란
- Eyes 눈
- Heads 머리
- Humans 인간
- Pincers 협공의(군사)
- Testicles (해부, 동물의) 고환
- Vagina 질(해부학), 엽초(식물)
u ∨ Waterfall 폭포(수)

Dd28

u ∨ Claws 갈고리발톱
- Heads 머리
u Horns 뿔
u ∨ Reptiles 파충류, 파행동물
- Rocket(s) 로켓(들)
- Trees 나무, 수목

Dd29

u Coastline 해안선
- Head 머리
- Human profile 인간 상
o Shaft (Mine) 화살대
u Spear 창, 투창, 작살
u Spinal Cord 척수 조직
u Vagina 질(해부학), 엽초(식물)
o Waterway 수로, 항로
u Zipper 지퍼

DdS30

- Cup 찻잔
u Inlet 후미, 입구, 들이는 곳
- Vase 항아리, 병

Dd31

u Bird 새, 조류
- Head 머리
- Human 인간
u Iceberg 빙산
- Nose 코
u Shaker (Salt or pepper) (조미료 등을 흔들어 뿌리는) 병

Dd32

u Boat 보트, 기정
- Brain 뇌, 두뇌
u Butterfly 나비
u Clam (Opened) (입을 연) 대합조개
- Eggs 계란들, 알들
- Eyes 눈들
u Flames 불꽃들, 화염들

– Kidney(s) 신장(해부학)
– Lung(s) 폐, 허파(해부학)
u Oyster (Opened) (열린) (패류) 굴, 진주조개
u Shell (Opened) (열린) 조가비, 굴의 껍질
– Tonsils 편도선(해부학)
u Water Wings (수영 연습에서 쓰는) 날개 모양의 부낭

Dd33

u ∨ Canyon (May include waterfall) (폭포가 있는) 협곡
– Crab 게, 게살
u Inlet 후미, 입구, 들이는 곳
– Insect 곤충, 벌레
u Landscape 경치, 풍경화
o ∨ Nest 둥우리, 보금자리
– Spider 거미
u Tongs 부젓가락, 집게
u Tweezers 족집게, 핀셋
u Vagina 질(해부학), 엽초(식물)

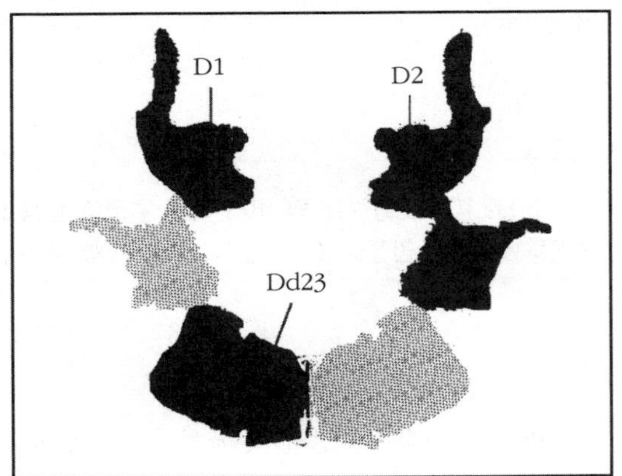

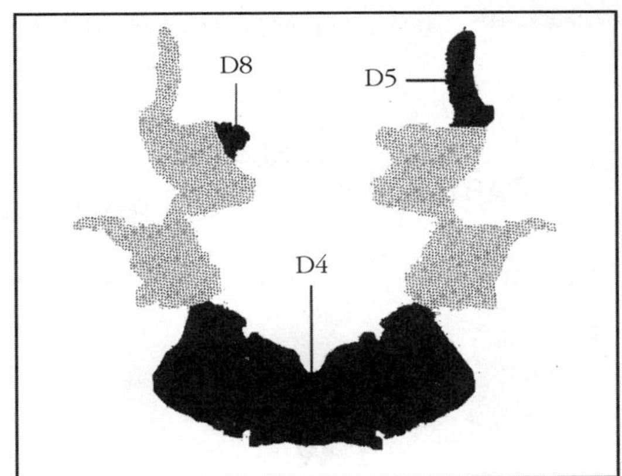

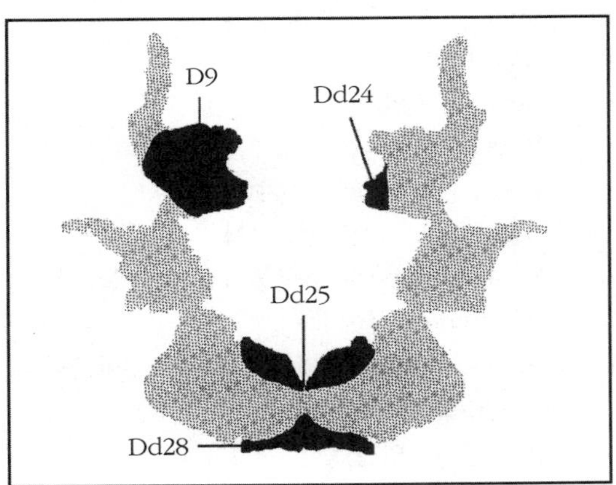

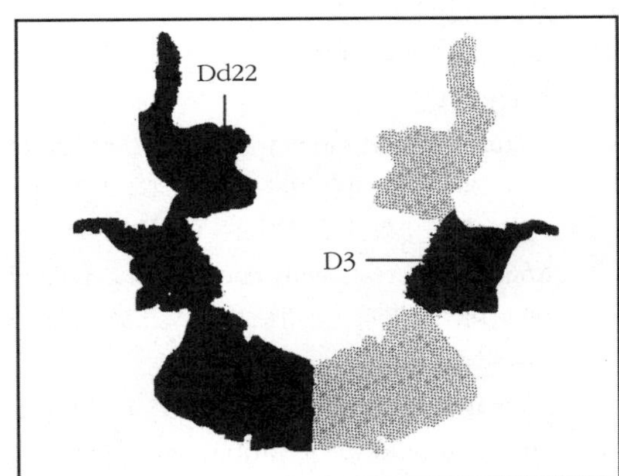

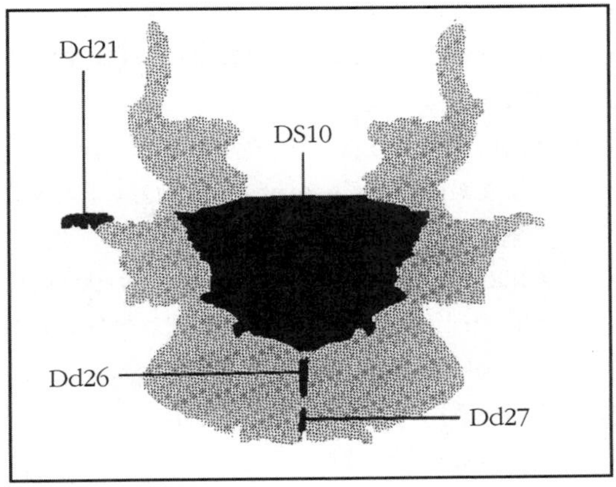

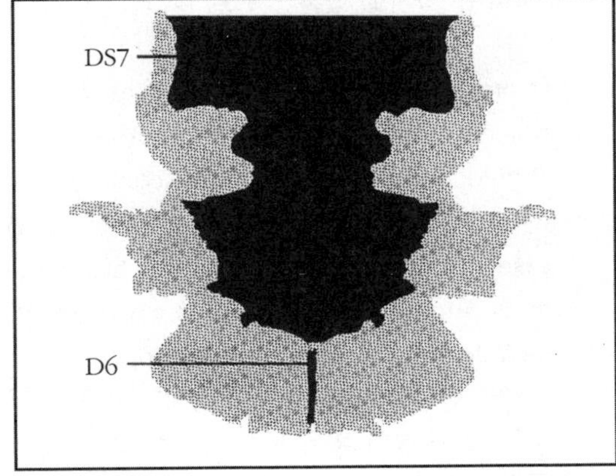

[부록 I-7] 카드 VII의 D와 Dd 영역

부록 I-7 카드별 흔한 부분(*D*)과 드문 부분(*Dd*) 영역이 표시되어 있다. 영역별 형태질 기호(*o*, *u*, −)와 평범 반응, 그리고 Z(조직화) 점수가 표기되어 있다.

CARD VII

평범 반응: D9, 흔히 D1, D2, Dd22를 사람의 머리 혹은 얼굴로 반응
Z 값: W=2.5, 인접=1.0, 비인접=3.0, 공백=4.0

W

u Abstract 추상적인
− Amoeba 아메바
− Anatomy 해부, 해부학의
− Anchor 닻
u Animals (2, cartoon with each as one half of the blot) (2, 각각 반 정도가 얼룩으로 되어 있는 만화영화상에 존재하는) 동물들
− Animals (2, real, with each as one half of the blot) (각각 반 정도가 얼룩으로 되어 있는 실존) 동물들
o Animals (2, as *D2* and identified as cat, cartoon, monkey, or rabbit, with *D4* as a separate object) (2, *D2*와 고양이, 만화에 나오는 것, 원숭이 혹은 토끼들처럼 분리된 부분을 가지고 있는 것으로 *D4*와 같이 규정되는) 동물들

(Note: If the animals reported as *D2* are not cat, cartoon, monkey, or rabbit, they should be coded as u if the contours are used in an appropriate way, or-in other cases. Examples of u include flat faced animals such as some dogs. Examples of- include fox, elephant, horse, lion, etc.)

(주의: 만일 그 동물들이 고양이나 만화에 나오는 것, 원숭이 혹은 토끼 등처럼 *D2*와 같이 규정되지 않는다면, 그것들은 윤곽들이 주로 명확하거나 혹은 다른 경우들로 표시되어야 한다. 그 예로 몇몇의 갯과 동물들의 얼굴을 한 납작한 것들을 포함한다. 또는 여우, 코끼리, 말, 사자 등을 포함하기도 한다.)

u Antlers (사슴의) 가지 진 뿔들
u ∨ Arch 아치
− Beard 턱수염
− Bird 새, 조류
− Body (Lower half) 신체(하반신)
− Body (Split) (분할된) 신체
u Bones (Unspecified) (불특정한) 뼈들, 골질들
u Boomerang 부메랑
u Bowl (Usually involves S) (주로 S와 연관된) 사발, 공기
− Bug 반시류의 곤충
− Butterfly 나비
o Canyon (Usually involves S) (주로 S와 연관된) 깊은 협곡
u ∨ Cap (With ear flaps) (귀덮개가 달린) 모자
u Carving 조각술
u ∨ Cave (Opening) (열려 있는) 동굴
o ∨ Chair (Includes use of *DS7*) (*DS7*의 사용과 연관된) 의자
o Children (With *D4* as separate object such as cushions, see-saw, etc.) 어린이들 (*D4*를 시소나 쿠션처럼 분리된 물건)
u Claw (Crab) (게의) 갈고리발톱
o Cloud(s) 구름(떼)
− Coat (방한용) 코트
− Cookie (Includes broken) (부스러진) 쿠키

- – Conch Shell 소라 조가비
- – Cracker (Includes broken) (부스러진) 크래커
- u Crown 왕관
- o ∨ Dancers(2) 무용수(2)
- – Dogs 개들
- u Dolls 인형들
- o Dolls(As *D2* with *D4* as separate object) 인형들(*D4*와 *D2*를 분리된 물건으로 지각)
- u ∨ Doorframe 문틀
- o Elves (As *D2* with *D4* as separate object) 꼬마 요정들(분리된 물건인 *D4*를 가진 *D2*와 같은)
- u ∨ Explosion (With *D4* as mushroom cloud) 폭발, 파열(핵폭발의 버섯구름 같은 *D4*를 가진)
- – Face 얼굴
- u ∨ Face (Photo negative and includes use of *DS7* or *DS10*) 얼굴(*DS7*이나 *DS10*을 사진 음화)
- o Food(Breaded or fried) (빵 종류나 튀긴) 음식
- u Food(Pieces, usually cut up fish or chicken) (조각들, 주로 토막 낸 어류나 닭고기류) 음식물
- – Frogs 개구리들
- u Frog Legs (Food) 개구리 다리들(음식)
- o Genies (*D4* usually as lamp) 요정들(*D4*를 주로 램프로 지각)
- – Giant 거인
- o ∨ Girls 소녀들
- o Harbor (Includes *DS7*) (*DS7*을 포함하는) 항구들
- u Helmet (Ancient) (고대의) 철모
- u Horseshoe 말편자
- – Human 인간
- o Human-Like Figures (Usually angels, snowmen, or spirits, often with *D4* as separate object) 인간과 같은 형상 (*D4*를 분리된 대상으로 사용하여 주로 천사들, 눈사람들 혹은 영혼으로 지각)
- o Humans (2) 인간들 (2)
- o Humans (As *D2* with *D4* as separate object) 인간들(*D4*와 *D2*를 분리된 물건으로 지각)
- o ∨ Humans (2) 인간들 (2)
- – Insect 곤충, 벌레
- o Island(s) 섬(들)
- – Keel (Boat) (배, 보트) 용골
- u ∨ Lamp (Ornamental) (장식용) 등잔
- u Landscape (Usually viewed from above, but sometimes when S is used, viewed as a valley between cliffs) 경치, 풍경(주로 위에서 절벽 사이 골짜기를 보는 내용으로 종종 S가 사용되기도 함)
- – Leaf 잎, 나뭇잎
- u Leaf (Torn) (찢은) 잎, 나뭇잎
- – Legs (Animal or human) (동물 혹은 인간) 다리들
- u ∨ Magnet 자석
- – Map (Specific) (자세히 기술된) 지도
- u Map (Unspecified) (대략적으로 기술된) 지도
- u Monument 기념비, 기념 건조물
- – Moth 나방
- – Mouth 입
- – Neck 목
- – Neckbone 목뼈
- u Necklace 목걸이
- – Plant 식물
- u Puzzle 퍼즐
- u Reef 초, 암초, 모래톱
- u Rocks 바위들, 암석들
- u Rocking Horse 흔들 목마
- u Sculpture 조각, 조각술
- – Sea Animal 해양동물
- – Shrimp (2, natural form) (2, 자연 그대로의) 작은 새우
- u Shrimp (4, Usually breaded or fried) (4, 주로 빵에 쓰거나 튀긴) 작은 새우
- – Shrub(s) 관목(들)
- – Skull 두개골, 해골

u Smoke 연기

u Snowmen 눈사람

u Spaceship 우주선

o Statues (As *D2* with *D4* as base) 상, 조상(화병과 같은 *D4*를 가진 *D2*)

u Stool (등이 없는) 걸상

u Swing 흔들리다

– Table 테이블

u ∨ Trellis 격자 세공, 격자 울타리

u "U" U자

- Vagina 질(해부), 엽초(식물)

u Vase 화병

u ∨ Wig 가발, 머리 장식

– X-ray (Specific) (명확한, 자세히 찍은) 엑스레이

u X-ray (Unspecified) (명확하지 않은, 대략적으로 찍은) 엑스레이

D1

– Anatomy 해부, 해부학

– Animal 동물

u ∨ Animal (Small, long tall with nose at *Dd24*) (*Dd24*와 작거나 긴 코를 지닌) 동물

u < Animal (Cartoon with *D5* as long nose or beak) (*D5*를 만화에서의 긴 코나 부리로 지각) 동물

u Art (Abstract) (추상적인) 예술

– Bird 새, 조류

u Cactus 선인장

u ∨ Cap (Coonskin) (아프리카 너구리의 털가죽) 모자

– Cat 고양이

u Chair 의자

– Chicken 닭고기류, 병아리

u Chicken leg (Cooked) (요리된) 닭다리

o Cliff 낭떠러지, 절벽

o Cloud(s) 구름(떼)

u Commode 옷장, 세면대

– Eagle 독수리

u Earrings 귀고리

– Fish 물고기, 어류

u Fist(With finger pointing upward) (손가락을 앞부분을 향하도록 하는) 주먹, 철권

u Foliage 군엽, 잎

o Head (Animal, as cat, cartoon, monkey, or rabbit) (고양이, 만화영화에 나오는 동물, 원숭이 혹은 집토끼와 같은 동물의) 머리

(Note: If animal head reported is not cat, cartoon. monkey or rabbit, it should be coded as u if the contours are used appropriately as for some dogs heads, or-if that is not the case)

(주의: 동물의 머리는 고양이, 만화에 나오는 동물, 원숭이 혹은 토끼로 기록되지는 않는다. 그것은 개의 머리 혹은 만일 그것이 아닌 것의 윤곽으로 자세히 지정되곤 한다.)

u ∨ Head (Animal, with *D5* as trunk) (*D5*처럼 몸뚱이를 가진 동물의) 머리

o Head (Human, as child, Indian, female or unspecified) (어린이, 인디언, 여자 혹은 그 외 지정할 수 없는 인간의) 머리

u Head (Human, adult male) (인간, 성인 남성의) 머리

o Head (Human-like) (인간 같은) 머리

– Horse 말

– Insect 곤충, 벌레

u Ladle 구기, 국자

u Landscape 경치, 풍경

– Map (Specific) (자세히 기술된) 지도

u Map (Unspecified) (대략적으로 기술된) 지도

u Mask 가면

– Mountain 산

o Rabbit (With nose as *D8*) (*D8* 같은 코를 가진) 토끼

u ∨ Rudder 방향타, 지침

– Sea Animal 해양동물

o Shrimp (Breaded or fried) (빵에 넣거나 튀겨진) 새우

o Statue 상, 조상

– Tree 나무

– X-ray 엑스레이

D2

o Angel 천사

o Animal (Small, with *D5* as ear, and *Dd21* as tail, such as cat, dog, monkey, rabbit) (고양이, 개, 원숭이, 토끼처럼 *Dd21*의 꼬리와 *D5*의 귀를 가진 작은) 동물

o Animal (Cartoon) (만화영화의) 동물

– Animal (Large) (큰) 동물

– ∨ Animal 동물

u ∨ Animal (Cartoon) (만화영화에 나오는) 동물

– Bird 새, 조류

u Bush(es) 관목(들)

o Cherub 케루빔, 지품 천사

– Chicken 닭고기류, 병아리

u Chicken Wings (Breaded or fried) (빵에 넣거나 튀긴) 닭날개

o Cloud(s) 구름(떼)

– Cow 암소, 젖소

o < Dog 개

– Donkey 당나귀

– Dragon 용

o Dwarf 난장이

o ∨ Elephant (Cartoon or toy) (만화 속에 나오거나 장난감) 코끼리

– Fish 물고기, 어류

u Food (Breaded or fried) (빵으로 만들어지거나 튀겨진) 음식

– Fox 여우

– Frog 개구리

– Head 머리

u Hill 언덕

– Horse 말

o Human (Child, Indian, female or unspecified may be whole human or head and upper body) 인간(어린이, 인디언, 여성 혹은 그 외 지정되지 않은 모든 인간 혹은 머리나 상체)

u Human (Adult, male) 인간(성인, 남성)

o Human-Like Figure 인간 같은 형상

o Island(s) 섬(들)

– Knife 나이프

u < Lamb 새끼 양

u Landscape 경치, 풍경

– Map (Specific) (자세히 기술된) 지도

– Meat 고기류

u Mountains 산들

o Rabbit 토끼

u Shrimp (2, Breaded or fried) (2, 빵에 넣거나 튀겨진) 작은 새우

o Snowman 눈사람

o Statue 상, 조상

– Tiger 범, 호랑이

o Toy (Human or animal) 장난감 (인간 혹은 동물)

– Tree(5) 나무(5)

– X-ray 엑스레이

D3

– Animal 동물

– Beard 턱수염

u Candy (Cotton) (솜사탕) 사탕

– Cap 모자

u Cleaver 고기 베는 큰 칼

u Cliff 낭떠러지, 절벽

u Cloud 구름

– Cup 컵, 잔

– Dog 개

u Fish (Tail as *Dd21*) 물고기 (*Dd21*을 꼬리로 지각)

u Fist (Thumb as *Dd21*) (*Dd21*처럼 엄지손가락이 있는) 물고기

– Hairpiece 심은 머리, 헤어피스

– Ham 햄

- − Hand 손
- o Head (Animal, with *Dd21* as ear or horn) (*Dd21*처럼 귀나 뿔을 가진 동물의) 머리
- u ∨ Head (Animal, with *Dd21* as nose or trunk) (*Dd21*처럼 코나 몸뚱이를 가진 동물의) 머리
- o Head (Animal, cartoon or toy) (만화영화에 나오거나 장난감 동물의) 머리
- u ∨ Head (Bird, with *Dd21* as beak) (*Dd21*을 부리로 한 새, 조류의) 머리
- u Head (Statue, usually gargoyle) (주로 추한 용모의 이무기 같은 상) 머리
- − Head (Human) (인간의) 머리
- u Head (Human-like) (인간 같은) 머리
- u Head, Monster 머리, 괴물
- − Head (Reptile) (파충류, 파행동물의) 머리
- − Insect 곤충, 벌레
- u Island 섬
- u Kite (With *Dd21* as tail) (*Dd21*처럼 꼬리를 가진) 연
- u Landscape 경치, 풍경
- − Map 지도
- o Mask 가면
- − Nest (새, 곤충 등의) 보금자리
- u Peninsula 반도
- u Rock 바위, 암석
- − Sack 부대, 마대 자루
- u Shrimp (Breaded or fried) (빵에 넣거나 튀긴) 새우
- − Shrub 관목
- u Statue 상, 조상
- − Tree 나무
- − X-ray 엑스레이

D4

- − Anatomy 해부, 해부학
- − Animal(s) 동물(들)
- u Basket 바구니
- o ∨ Bat 박쥐
- o Bird 새, 조류
- u Book (Open) (펼쳐진) 책
- u Bookends 북엔드, 책버팀
- − Boots 뿌리들
- o Bow 인사, 절(하다)
- − Bowl 사발, 공기
- u Bowtie 보타이, 나비넥타이
- − Bridge (Man made) (인공의) 다리
- u Bridge (Natural) (자연의) 다리
- − Bug (Not winged) (날개 없는) 곤충
- u Bug (Winged) (날개 있는) 곤충
- o Butterfly 나비
- − Buttocks 엉덩이들
- − Carcass (짐승의) 시체
- − Chest 가슴, 흉곽
- o Cloud(s) 구름(떼)
- u Cradle 요람
- u Cushion(s) 쿠션(들)
- u Doors (Swinging) (흔들리는) 문들
- − Emblem 상징, 표상
- − Fly 날다
- u Gate 대문, 출입문
- u Hang Glider (May include *D6* as person) 행글라이더(*D6*를 포함하기도 함)
- − Head 머리
- − Human 인간
- − Insect (Not winged) (날개 없는) 곤충, 벌레
- u Insect (winged) (날개 있는) 곤충, 벌레
- u Kite 연
- u Landscape 경치, 풍경
- − Lung(s) 폐들, 허파들
- − Map (Specific) (명확한, 자세히 기술된) 지도
- u Map (Unspecified) (명확하지 않은, 대략적으로 기술된) 지도
- − Mountain(s) 산(들)
- u Paper (Torn) (찢어진) 종이
- o Pelvis 골반
- u Plateau (Aerial view) (대기에서 본) 고원
- − Rib Cage 흉곽
- o Rock(s) 바위(들), 암석(들)

– Sea Animal 해양동물
– Shell 조개
– Shoes 구두
– Shrub(s) 관목(들)
– Skull 두개골, 해골
– Tent 텐트, 천막
– Vagina 질(해부학), 엽초, 잎질(식물)
u ∨ Wig 가발, 머리 장식
u Wings 날개들
o X-ray (Pelvis) (골반의) 엑스레이
– X-ray (Specific, other than pelvis) (골반 외에 달리 특정한) 엑스레이
u X-ray (Unspecified) (특정하지 않은) 엑스레이

D5

– Animal 동물
– Arrow 활, 화살
u Arrowhead 화살촉
– Bird 새
o Blade(Knife) 칼날, 칼몸
u < Boat 보트
u Bone 뼈, 골질
u < Canoe 카누
u Caterpillar 모충, 쐐기벌레
u Claw 갈고리발톱
u Comb (Decorative) (장식용의) 빗, 소면기
– Drill 드릴
u Ears (Long as in rabbit) (토끼의 긴) 귀
– Eel 뱀장어
o Feather 깃털
u Finger 손가락
– Gun 총
u Hair (Groomed or styled as in hairpiece or pony tail) (머리 장식물을 이용하여 치장, 매무새가 만져진 머리 또는 뒤로 드리워 묶은 머리) 털, 머리털
– Head (Animal or human) (동물 혹은 인간의) 머리
u Head (Rabbit with nose on outside) (바깥 부분에 코를 가진 토끼의) 머리
u Headdress 머리 장식, 이발
u Horn 뿔
– Human 인간
u ∨ Icicle 고드름
– Insect 곤충, 벌레
u Leg 다리
– Log 통나무
– Penis 음경, 남근
u Pick (Guitar) (기타를) 타다
u Plant 식물
– Rifle 소총
u Sabre 사브르, 기병도
– Sausage 소시지
u Saw 톱
– Smoke 연기, 김
u Stalagmite 석순
u Sword 검, 칼
u Tail (Long such as racoon) (미국 너구리처럼 긴) 꼬리
u Thumb 엄지손가락
u Totem 토템 신앙
– Tree 나무
u Wing 날개
– Worm 벌레, 연충

D6

– Animal 동물
u Anus 항문
– Bone 뼈, 골질
– Bug 반시류의 곤충
o Canal 운하, 인공 수로
o Canyon 협곡
– Caterpillar 모충, 쐐기벌레
u Clitoris 음핵, 클리토리스
u Crack 갈라진 틈, 금
u Dam 댐, 둑

u Doll 인형
– Drill 드릴
– Fish 물고기, 어류
o Gorge 골짜기, 협곡
– Head 머리
o Hinge (Door) 경첩(문)
o Human 인간
o Human-Like Figure 인간과 같은 형상
– Insect 곤충, 벌레
u Missile (Often with *Dd28* as pad or smoke) 미사일(*Dd28*을 주로 패드나 연기를 내뿜는 것으로 지각)
u Monster (Animal) 괴물(동물)
– Penis 음경, 남근
o River 강
u Rocket (Often with *Dd28* as pad or smoke) 로켓(*Dd28*을 주로 밑판을 가지고 있거나 연기를 내뿜는 것으로 지각)
– Spine 등뼈, 척추
u Stick 막대기, 나뭇가지
– Tower 탑, 타워
– Tree 나무
o Vagina 질(해부학), 엽초(식물)
o Waterway 수로

DS7

– Anatomy 해부, 해부학의
u Arrowhead 화살촉
– Bell 벨, 초인종
o Bowl 사발, 공기
– Cloud 구름
u Entrance 출입구
– Face 얼굴
o Harbor 항구
u ∨ Hat (Historical) (역사 속의) 모자
– Head 머리
u ∨ Head (Negative as in photo) (사진에 있는 것과 반대의) 머리
u ∨ Helmet 철모
u Lake 호수, 샘
o ∨ Lamp 램프, 전기스탠드
o ∨ Mushroom 버섯
u ∨ Pagoda 파고다, 탑
u Pot 항아리, 단지
o ∨ Sphinx 스핑크스
o ∨ Statue 상, 조상
u ∨ Temple with dome 둥근 천장이 있는 사원, 절
– Tree 나무
u Vase 화병

D8

u City (In distance) (먼 거리에 있는) 도시
u Cliff(s) 낭떠러지, 절벽들
– Dragon 용
o Forest 숲, 산림
– Head 머리
u Humans (Several on cliff or hill) (절벽이나 언덕에 있는 몇몇의) 인간들
u ∨ Icicles 고드름들
o Landscape 경치, 풍경
u Nest (새, 곤충 등의) 보금자리
u Sea Animal 해양동물
u Snail 달팽이
u Snail (Cartoon) (만화영화에 나오는) 달팽이
u Stalagmites 석순
u Towers (Electric) (전자) 타워들
u Trees 나무들
o Village 마을, 촌락
u Whale 고래

D9

u Cliff 절벽, 낭떠러지
u Cloud 구름
o Head (Animal, small such as cat, dog, mon-

key, etc.) (고양이, 개, 원숭이 등과 같이 작은 동물의) 머리
– Head (Animal, large) (큰 동물의) 머리
u ∨ Head (Animal) (동물의) 머리
– Head (Bird) (새의) 머리
o Head (Human) (인간의) 머리
o Head (Human-like) (인간 같은) 머리
– Insect 곤충, 벌레
u Landscape 경치, 풍경
– Sea Animal 해양동물
o Statue (Bust) (흉부, 가슴둘레) 상, 조상

DS10

o Bowl 사발, 공기
u Doorknob 문 손잡이
u Entrance 출입구
– Face 얼굴
o Harbor 항구
o ∨ Hat (Historical) (역사 속의) 모자
– Head 머리
o Helmet 철모
u Hole 구멍
u Lake 호수
o Lampshade (램프, 전등의) 갓
u ∨ Mushroom (Cap) 버섯(모자)
– Penis 음경, 남근
u Tent 텐트, 천막

Dd21

– Ant 개미
u Arm 팔
– Bird 새
u Caterpillar 모충, 쐐기벌레
– Face 얼굴
o Finger 손가락
u Hand 손
– Head 머리
u Horn 뿔
u Paw 갈고리발톱이 있는 발
u Peninsula 반도
– Penis 음경, 남근
– Rifle 라이플 총, 소총
u Tail 꼬리
u Thumb 엄지손가락
u Trunk (Elephant) (코끼리의) 몸체

Dd22

– Animal 동물
u Animal (Cartoon or toy) (만화에 나오거나 장난감) 동물
– Bones 뼈들, 골질들
u ∨ Doll 인형
o Human 인간
o Human-Like Figure 인간과 같은 형상
u ∨ Human 인간
u Puppet 꼭두각시
u Statue 상, 조상

Dd23

– Animal 동물
u Brick 벽돌
u Cloud 구름
u Hat (Fur) 모자(모피)
– Head (Animal except bear or dog) (곰이나 개를 제외한 동물의) 머리
o Head (Animal, bear or dog) (곰이나 갯과의 동물의) 머리
– Head (Human) (인간의) 머리
u Hill 언덕
u Pillow 베개
u Rock 바위, 암석
– Shoe 구두

Dd24

- u Cave 동굴
- – Cloud 구름
- u Dirt 진흙, 먼지
- – Head 머리

Dd25

- u Bird 새, 조류
- u Landscape 경치, 풍경
- u Mountains 산들
- u Seagull 갈매기
- – Vagina 질(해부학), 잎집, 엽초(식물)
- u Waterfall 폭포(수)

Dd26

- o Canyon 협곡
- o Gorge 골짜기
- u Human 인간
- u Human-Like Figure 인간과 같은 형상
- o River 강
- o Statue 상, 조상
- o Vagina 질(해부학), 잎집, 엽초(식물)

Dd27

- – Animal 동물
- u Anus 항문(해부학)
- – Human 인간
- – Lock 자물쇠, 잠그다
- – Teeth 이들
- – Vagina 질(해부학), 잎집(식물)
- – Window 창문

Dd28

- – Animal 동물
- – Bird 새, 조류
- – Buttocks 엉덩이들
- u Face (Animal) (동물의) 얼굴
- – Face (Human) (인간의) 얼굴
- u Face (Monster) (괴물의) 얼굴
- u Humans (2) 인간 (2)
- u ∨ Parachute (With *D6* or *Dd26* as person) (*D6*이나 *Dd26*의 인간이 타고 있는) 파라슈트, 낙하산
- – Plant 식물
- u Statue(s) 상, 조상(들)
- u Water 물
- o ∨ Waterfall 폭포(수)
- u ∨ Waves 파도들, 물결들 또는 여군 예비 부대

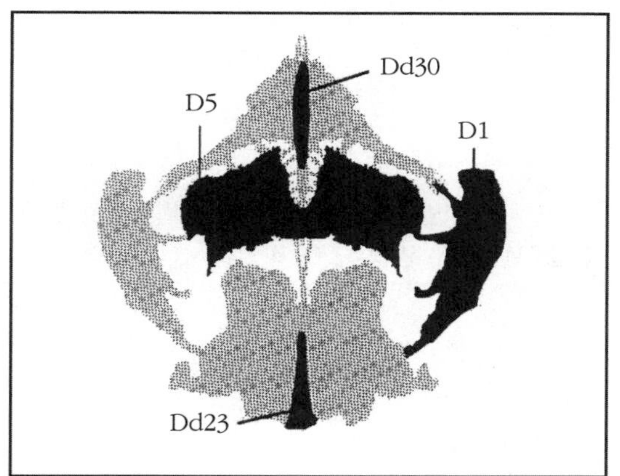

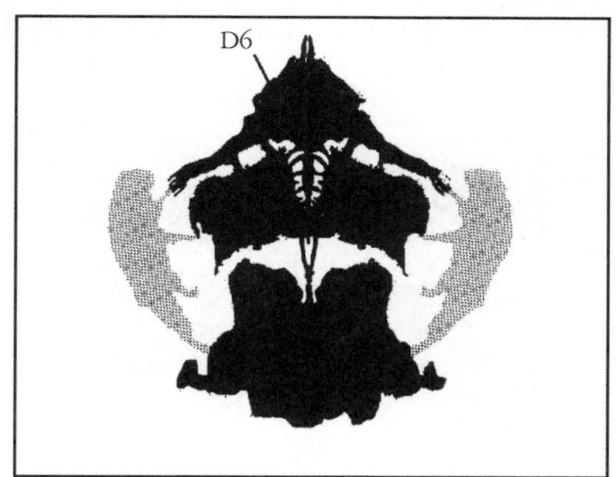

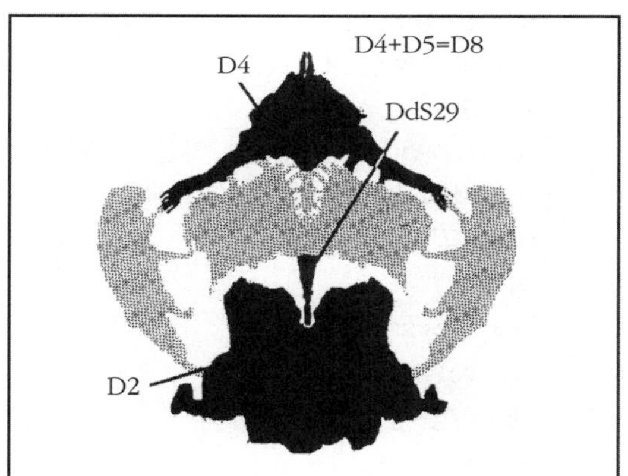

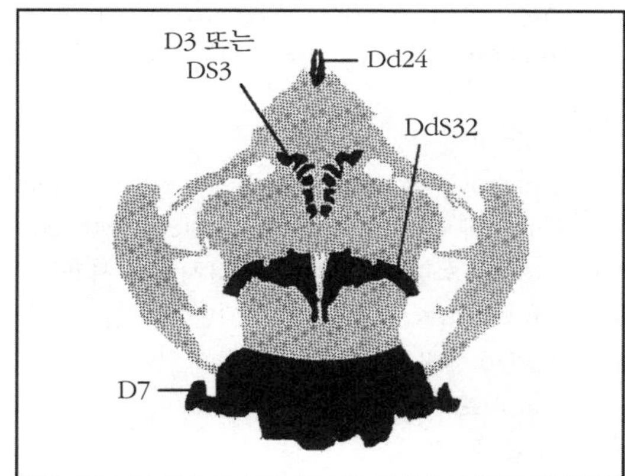

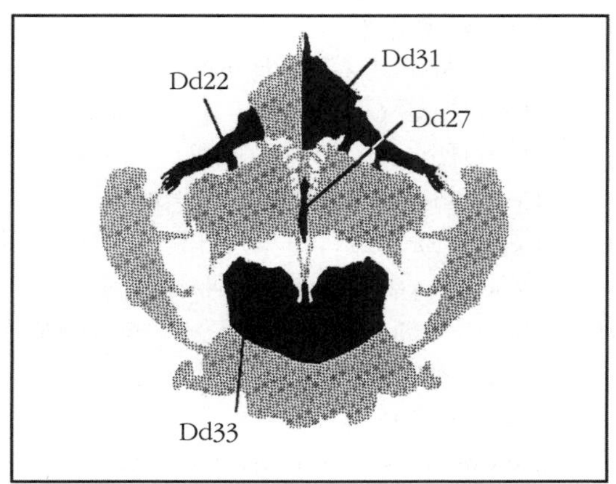

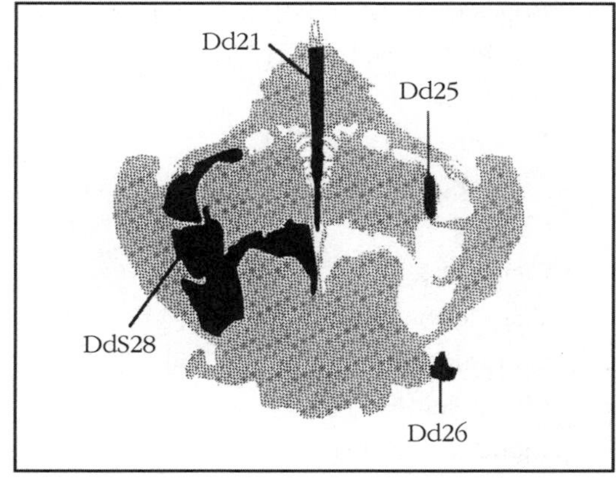

[부록 I-8] 카드 VIII의 D와 Dd 영역

부록 I-8 카드별 흔한 부분(*D*)과 드문 부분(*Dd*) 영역이 표시되어 있다. 영역별 형태질 기호(*o*, *u*, −)와 평범 반응, 그리고 Z(조직화) 점수가 표기되어 있다.

CARD VIII

평범 반응: D1을 모든 네발 동물로 반응
Z 값: W=4.5, 인접=3.0, 비인접=3.0, 공백=4.0

W

- − Airplane 비행기
- − Anatomy (Specific) (구체적인) 해부학, 해부
- o Anatomy (Unspecified) (대략적인) 해부학, 해부
- − Animal 동물
- o Animals (As *D1* with other areas identified as object(s) that are consistent with contours) 동물들(*D1*을 형태 윤곽으로 사용)
- o Art (Abstract) (추상적인) 예술
- u Badge 배지, 기장
- − Bat 배트
- − Bird 새
- o Boat (With sails, front view) (앞에서 보면, 돛을 단) 보트
- − Bones (Skeletal) (골격의, 해골의) 뼈, 골질
- o Bowl (Ornamental) (장식물) 사발
- − Brain 두뇌
- − Butterfly 나비
- u Cage (Bird) (새) 우리, 새장
- − Cake 케이크
- o Carousel 회전목마
- o Chandelier 샹들리에
- o Christmas Tree 크리스마스 트리
- u Circus Tent 곡예장 천막
- − Cloud(s) 구름(떼)
- o Coat-of-Arms 팔 덮는 코트, 방한복
- u Coral 산호
- − Crab 게, 게살
- u Crown 왕관
- o Design (Abstract) (추상적인) 도안
- o Emblem 상징, 기장
- − Explosion 폭발, 파열
- − Face 얼굴
- u Face (Clown) (어릿광대의, 익살스러운) 얼굴
- u Face (Monster) (괴물의) 얼굴
- − Fish 물고기, 어류
- u Flag 기
- o Floral Design 꽃무늬 도안
- o Flower 꽃, 화초류
- u Foliage 잎, 군엽
- o Fountain 분수
- − Frog 개구리
- u Garden 정원
- u Gazebo 전망대
- − Head (Animal) (동물의) 머리
- − Head (Bird) (새의) 머리
- − Head (Human) (인간의) 머리
- − Head (Insect) (곤충, 벌레의) 머리
- u Head (Monster) (괴물의) 머리
- u Headdress (Ornamental) 머리 장식물
- u Helmet (Science fiction) (공상과학소설에 나오는) 철모, 헬멧
- − Human 인간
- u ∨ Ice Cream (Melting) (녹는) 아이스크림
- − Insect 곤충, 벌레
- − Intestines 창자들, 소장들

u Island(s) 섬들
– Jacket 재킷
– Jellyfish 해파리
u Jewelry 보석
– Kidney(s) 신장들, 콩팥들
u Kite 연, 솔개
u Lamp (Decorative) (장식용의) 등불
o Landscape (Often an aerial view) (주로 대기에서 본) 경치, 풍경
u Lantern (Oriental) (동양적인) 랜턴, 각등
u Leaf 잎
u Lights (Colored as created by strobes) (플래시에 의해 생겨나는 색상의) 빛
– Lobster 가재
– Lung(s) 폐들, 허파들
– Machine 기계
– Map (Specific) (구체화된, 자세한) 지도
u Map (Unspecified) (대략적인) 지도
u Mask 가면
– Meat 고기
o Medical Illustration (Parts are representative rather than real) 의학적인 설명, 해석(각 부분들이 오히려 실제보다 더 대표적임)
u Monster 괴물
u Monument 기념물
– Moth 나방
u Mountain 산
u Mountain and Forest (Distant view) (근거리에서 본) 산과 숲
o Ornament 장식물
u Pagoda 탑, 파고다
– Pelvis 골반
o Plant (Often in pot) (주로 화분에 있는) 식물
o Poster (Abstract) (추상적인) 전단, 포스터
o Poster (Nature) (자연스러운) 전단 광고
– Pyramid 피라미드, 금자탑
u Robot 로봇
u Rocket 로켓
u Rocks (Colored) (착색한) 바위, 암석
u Rubbish 쓰레기, 찌꺼기
u Rug (Oriental) (동양적인) 깔개, 융단
u Scarab (Beetle pin) (딱정벌레) 풍뎅이
– Sea Animal 해양동물
u Sea Shell 바닷조개
o Ship (With sails, view from end) (끝에서 보아 돛이 달린) 함선
– Skeleton 골격, 해골
– Skull 두개골, 해골
– Snowflake 눈송이
u Spaceship (Usually with flames) (주로 화염을 가진) 우주선
– Spider 거미
u Statue 상, 조상
– Stomach 위, 복부
u ∨ Top 맨 꼭대기
u ∨ Torch 횃불
u Totem Pole 토템 기둥(토템 신앙에 나오는 신앙물)
– Tree 나무
u Tree (Abstract or cartoon) (추상화나 만화에 나오는) 나무
u Trophy 우승컵, 트로피
u Vase 화병
u Vegetation (Tropical) (열대식물) 초목
u Vegetation (Underwater) (수중식물) 초목
u Volcano (Erupting) (폭발하는) 화산
– X-ray 엑스레이, 방사선

D1

– Anatomy 해부, 해부학
o Animal(Four legged, and appropriate to contours. This class of response includes a wide variety of animals, including some considered to be prehistoric. The most commonly reported include the badger, bear, cat, dog, gopher, lion, mouse, opossum, rat, and wolf. Four legged animals that are not appropriate for the contours

should be coded as -, such as elephant, giraffe, horse, kangaroo, etc.) 동물(고유의 윤곽을 가지고, 다리가 네 개 있는 동물. 선사시대의 것으로 중히 여겨지는 몇 가지뿐 아니라 다양한 종의 동물을 포함하는 부류를 의미함)

u Animal (Prehistoric) (선사시대의) 동물
– Bird 새, 조류
u Blood 피, 혈액
– Camel 낙타
u Chameleon 카멜레온, 변덕쟁이
u Demon 악마, 마귀, 귀신
– Dolphin 돌고래
– Fish 물고기, 어류
– Flower 꽃, 화초
– Frog 개구리
– Human 인간
u Iguana 이구아나
– Insect 곤충, 벌레
u Lizard 도마뱀
– Lung 폐, 허파
– Parrot 앵무새
u Petal (Flower) 꽃잎, 화판(꽃)
– Porpoise 돌고래 무리
– Reptile (Other than chameleon, iguana or lizard) (카멜레온, 이구아나, 도마뱀 외의) 파충류, 파행동물
– Scorpion 전갈
– Seal 바다표범
– Shrimp 새우
– Tree 나무
– Turtle 거북, 바다거북
– X-ray 엑스레이

D2

– Anatomy 해부, 해부학
– Animal 동물
– Bat 박쥐
u Blood 피, 혈액
u Bowl (Decorative) (장식용의) 사발, 공기
– Brain 두뇌
u Bug 작은 곤충, 반시류의 곤충
o Butterfly 나비
– Buttocks 엉덩이들
u Cake 케이크
u Canyon 협곡
u ∨ Cape 곶, 갑
– Chest 가슴, 흉곽
u ∨ Coat 방한, 외출용 코트
u Coral 산호
– Crab 게, 게살
– Crown 왕관
– Disc (Spinal) 척수 디스크
– Dog 개
– Emblem 상징, 표상
u Fire 불
– Flesh 살, 살집
o Flower 꽃, 화초
– Frog 개구리
– Hat 모자
u ∨ Head (Animal, short eared or horned) (귀가 짧고 뿔이 있는 동물의) 머리
– Head (Animal, not short eared or horned) (귀가 짧지 않고 뿔이 없는 동물의) 머리
– Head (Bird) (새의) 머리
– Head (Human) (인간의) 머리
– Head (Insect) (곤충의) 머리
u ∨ Head (Monster) (괴물의) 머리
o Ice Cream 아이스크림
– Insect 곤충, 벌레
u ∨ Jacket 재킷
u Jello 젤리(디저트용)
u Kite 연, 솔개
u Landscape 경치, 풍경
o Lava 용암
u Leaf 잎, 나뭇잎
u Map (Unspecified) (구체적이지 않은) 지도
u ∨ Mask 가면

– Meat 고기

u Mountain(s) 산(들)

u Painted Desert 오색 사막

– Pelvis 골반

u Pot 항아리, 단지

u Rock(s) 바위(들), 암석(들)

u Rug 깔개, 융단

u Scab (상처의) 딱지

– Skull 두개골, 해골

u Slide (Biological) (생물학적인) 미끄러짐

– Stomach 위, 복부

– Vagina 질(해부학), 엽막(식물)

– Vertebrae (Cross section) (횡단면) 척추동물

u Volcano 화산

D3/DS3

u < Animal (Reflected) (반사된) 동물

– Badge 배지, 기장

o Bone Structure 뼈 구조, 골질 구조

– Cave 동굴

u Corset 코르셋

– Door 문

– Face 얼굴

– Head 머리

u Ice 얼음

o Mask 가면

– Net 그물, 망

o Rib Cage 흉곽(해부학)

o Skeleton (Partial) (부분의) 골격, 해골

o Skull (Animal) (동물의) 두개골, 해골

– Skull (Human) (인간의) 두개골, 해골

u Snow 눈

u ∨ Spaceship 우주선

u ∨ Tent 텐트, 천막

u ∨ Tepee 원추형 천막집

u ∨ Tree(Fir) 나무(전나무)

o Vertebrae 척수, 등뼈(복수)

– Web 편물, 직포, 망

D4

(주의: *D4+D5=D8*)

u Airplane (Jet, front view) (앞에서 본 제트) 비행기

– Animal 동물

u Animal (Prehistoric) (선사시대의) 동물

u ∨ Antlers (사슴의) 가지 진 뿔들

– Bat 박쥐

u ∨ Boomerang 부메랑

– Bridge (Man made) (인공적인) 다리, 교량

u ∨ Bridge (Natural) (천연의, 자연의) 다리

– Butterfly 나비

u Castle (On mountain) (산 위에 있는) 성

u Cliff(s) 절벽들, 낭떠러지들

– Cloud 구름

u Crab 게, 게살

– Crawfish 가재, 왕새우

– Crown 왕관

u Dragon 용

– Face 얼굴

u Face (Science fiction) (공상과학소설에서의) 얼굴

– Fish 물고기, 어류

o Frog 개구리

– Hat 모자

– Head (Animal or human) (동물이나 인간의) 머리

u Head (Science fiction) (공상과학소설에서의) 머리

– House 집

– Human(s) 인류

u Ice 얼음

u Iceberg 빙산

u Insect 곤충, 벌레

– Jellyfish 해파리

u Lichen (On rock) (바위에 낀) 이끼

u Lizard (Front view) (앞에서 본) 도마뱀

– Lobster 바닷가재

u Mask (Science fiction) (공상과학소설에서의)

가면
o Monster 괴물
o Mountain 산
– Octopus 문어
u ∨ Pelvis 골반
u Robot 로봇
u Rock 바위, 암석
u Rocket 로켓
o Roots 뿌리들
– Scorpion 전갈
u Sea Animal 해양동물
u Shrub(s) 관목(들)
– Skull 두개골, 해골
o Spaceship 우주선
u Spider 거미
u Stump (Tree) 그루터기(나무)
u Temple 절, 사원
u Tent 텐트, 천막
u Tree 나무
u Vine 덩굴식물
u Waterfall 폭포(수)

D5

(주의: *D4+D5=D8*)
– Animal 동물
u Bat 박쥐
u Bird 새, 조류
o Bird (Prehistoric or science fiction) (선사시대의 혹은 공상과학소설에 나오는) 새
– Bone 뼈, 골질
o Butterfly 나비
u Cliff(s) 낭떠러지(들)
o Cloth 옷감, 옷
u Cloud(s) 구름(떼)
u Corset 코르셋
– Face 얼굴
o Flags 기들
– Flower 꽃, 화초
– Head(s) 머리(들)
o Ice 얼음
– Kidney(s) 신장들, 콩팥들
o Lake 호수
o Landscape (Often as aerial view) (주로 대기에서 바라본) 경치, 풍경
– Leaves 잎들
– Lung(s) 폐들, 허파들
u Paper (Torn) (찢긴) 종이
– Pelvis 골반
u Pillow(s) 베개들
– Rib Cage 흉곽(해부학)
u Rocks 바위들, 암석들
u Sails 돛들
u Shrubs 관목들
– Skull 두개골, 해골
– Sky 하늘, 창공
o Water 물
– X-Ray 엑스레이, 방사선

D6

– Anatomy (Specific) (구체적인) 해부, 해부학
o Anatomy (Unspecified) (비구체적인) 해부
u Art (Abstract) (추상적인) 예술
– Bird 새
– Bones 뼈들, 골질들
– Brain 두뇌
o Bush 관목
u Chandelier 샹들리에
o Christmas Tree 크리스마스 트리
– Crab 게, 게살
– Face 얼굴
o Flower 꽃, 화초
u Glacier 빙하
– Head 머리
u Helmet (Science fiction) (공상과학소설에서의) 철모
– House 집

- – Human 인간
- u Insect 곤충, 벌레
- u Island(s) 섬(들)
- u Kite 연
- u Lamp (Oriental) (동양적인) 등잔, 램프
- o Landscape (Often aerial view) (주로 대기에서 본) 경치, 풍경
- – Lobster 바닷가재
- u Mask 가면
- o Mountain 산
- u Ornament 장식물
- u Pagoda 파고다, 탑
- o Plant 식물
- u Rocks 바위들, 암석들
- u Sea Shells 바닷조개들
- u Ship (With sails, view from end) (주로 끝에서 본, 돛이 달린) 함선
- u Spaceship 우주선
- u Statue 상, 조상
- o Tree 나무
- u Vegetation 초목
- u Waterfall (As center with vegetation around) (주로 초목 주변 중심 부분의) 폭포

D7

- – Animal 동물
- – Bird 새
- o Blood (Usually dried) (주로 건조한, 말라 있는) 혈액
- u Butterfly 나비
- – Buttocks 엉덩이들
- u Canyon 깊은 협곡
- – Chest 가슴, 흉곽
- – Face 얼굴
- – Head 머리
- u Horns (Rams) (숫양들의) 뿔들
- o Ice Cream 아이스크림
- u ∨ Jacket 재킷
- u Jello 디저트용 젤리
- u Landscape 경치, 풍경
- u Leaf (Autumn) (가을의) 잎
- – Mountain 산
- u Painted Desert 오색 사막
- o Rocks 바위들, 암석들
- u ∨ Vest 조끼

D8

(주의: *D4+D5=D8*)

- – Anatomy 해부, 해부학
- u Bird 새
- – Butterfly 나비
- u ∨ Chandelier 샹들리에
- – Crab 게, 게살
- – Face 얼굴
- u Floral Display 꽃무늬 표시, 도안
- – Flower 꽃, 화초
- u Glacier 빙하
- – Head 머리
- u Helmet (Science fiction) (공상과학소설에서의) 철모
- u Landscape 경치, 풍경
- u Mask 가면
- u Pagoda 파고다, 탑
- o Plant 식물
- u Rocket 로켓
- u Shack (House) 오두막(집)
- – Shell 조개
- o Spaceship 우주선
- u Tent 텐트, 천막
- u Tree 나무

Dd21

- – Animal 동물
- o Bone (Skeletal) (골격의, 해골의) 뼈

– Esophagus 식도

– Human 인간

u Knife (And case) (칼집을 더하여) 나이프

u ∨ Missile Launch 미사일 착수, 유도탄 착수

o River 강

u Rockets (Separating stages) (분리된 단계의) 로켓

– Spear 창, 투창, 작살

o Spinal cord 척수 조직

u Stick(s) 막대기들, 나뭇가지들

u Waterfall 폭포

o Waterway 수로, 항로

Dd22

– Animal 동물

o Arm (Human) (인간의) 팔

u Branch 나뭇가지

u Claw 갈고리발톱

u Feet (Animal) (동물의) 발

u Glove 장갑

u Hand 손

u Horn (Animal) (동물의) 뿔

u Root 뿌리

Dd23

u Anus 항문

u Candle (Altar) (제대, 성찬대의) 양초

u Canyon 깊은 협곡

– Face 얼굴

u Flask 플라스크

– Head 머리

– Human(s) 인류, 인간들

u Vagina 질(해부학), 엽초(식물)

u Vase 화병

u Waterfall 폭포

Dd24

u Antennae 안테나, 더듬이(복수)

u Arrow 활, 화살

– Birds 새들, 조류들

u Beak (Bird) (새, 조류의) 부리

u Feelers 더듬이들, 촉모들

u Fingers 손가락

u Horns 뿔

– Human(s) 인간들

u ∨ Legs (Human) (인간의) 다리

u Pincers 펜치, 족집게

u Roots 뿌리들

– Teeth 이빨들

o Trees 나무들

Dd25

u Alligator 악어

– Animal 동물

– Bird 새, 조류

– Fish 물고기, 어류

u Island 섬

– Penis 음경, 남근

u Spaceship 우주선

u Statue 상, 조상

Dd26

u ∨ Cliff 낭떠러지, 절벽

u < Dog 개

u < Head (Animal) (동물의) 머리

– Head (Bird) (새, 조류의) 머리

– Head (Human) (인간의) 머리

u Horns 뿔들

u Rock 바위, 암석

u < Statue 상, 조상

Dd27

u Alligator 악어
u Bone 뼈, 골질
u Drill Bit 드릴에 끼우는 날
u Hypodermic 피하의, 피하 주사용의
u Knife 칼, 나이프
u Missile 미사일
– Needle 바늘
u Pen 펜
u Rocket 로켓
u Spear 창, 투창, 작살
– Worm 벌레, 연충

DdS28

u Cloud(s) 구름(들)
u Snow 눈
u Water 물

DdS29

u ∨ Bottle (Milk) (우유) 병
u ∨ Bowling Pin 볼링핀
– Ghost 유령, 망령
u ∨ Salt Shaker (뚜껑에 구멍이 있는) 소금 그릇
u ∨ Statue 상, 조상
– Tooth 이
u ∨ Triangle (Music) (음악, 연주용) 트라이앵글
u < Whale 고래

Dd30

u ∨ Cane 지팡이, 막대기
u Gorge 골짜기, 협곡
u River 강
u Snake 뱀
o Spinal Cord 척수 조직
o Stick 막대기, 가지
– Sword 검, 칼
u Waterfall 폭포

Dd31

– Animal 동물
– Crab 게, 게살
– Insect 곤충, 벌레
u Monster (Animal-like) (동물 같은) 괴물
– Reptile 파충류, 파행동물
u Root(s) 뿌리(들)
– Wing 날개

DdS32

u Albatross 앨버트로스, 신천옹
o Bird 새, 조류
u Butterfly 나비
o Gull 갈매기
o Snow 눈
u Water 물

Dd33

– Anatomy 해부, 해부학
u Butterfly 나비
– Face 얼굴
u Flower(s) 꽃, 화초(들)
u Head (Animal) (동물의) 머리
– Head (Bird) (새의) 머리
– Head (Human) (인간의) 머리
u Ice Cream 아이스크림
– Lung(s) 폐들, 허파들
u Rock(s) 바위들, 암석들

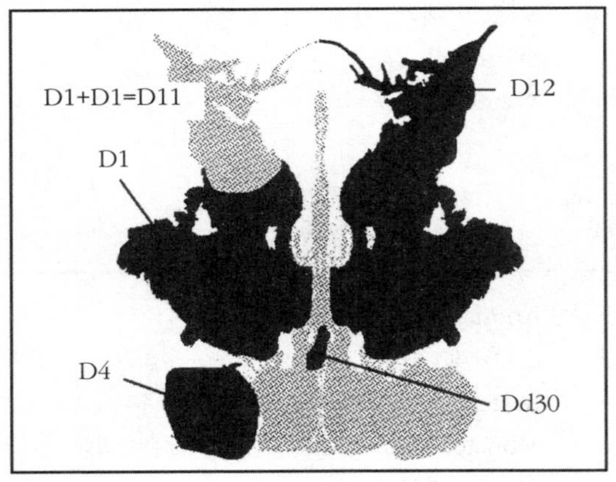

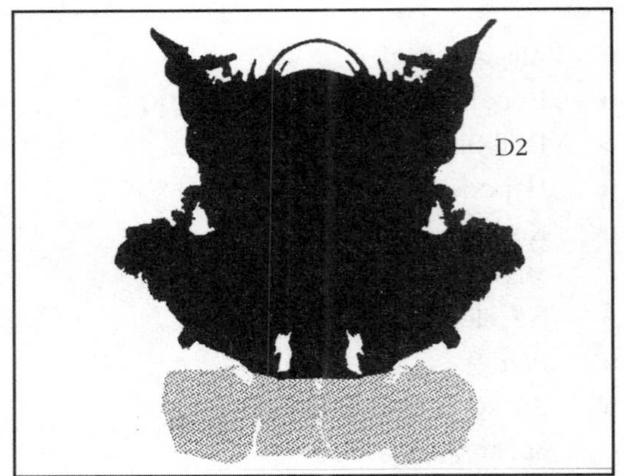

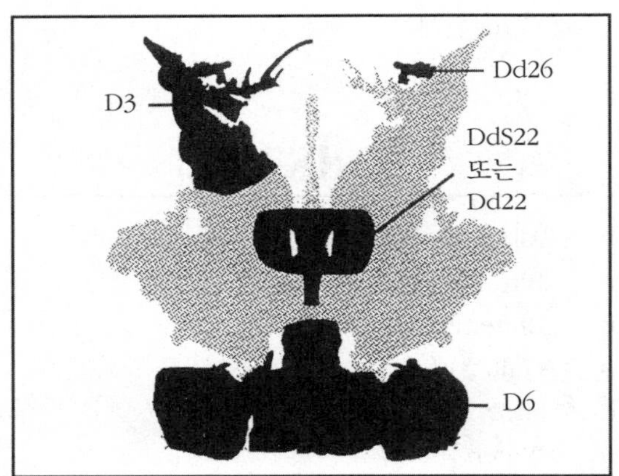

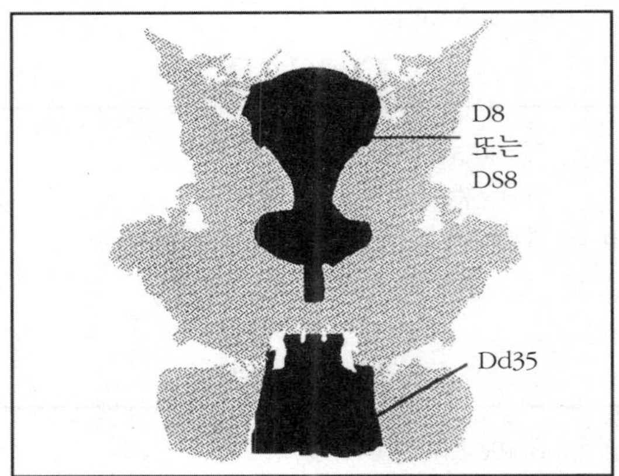

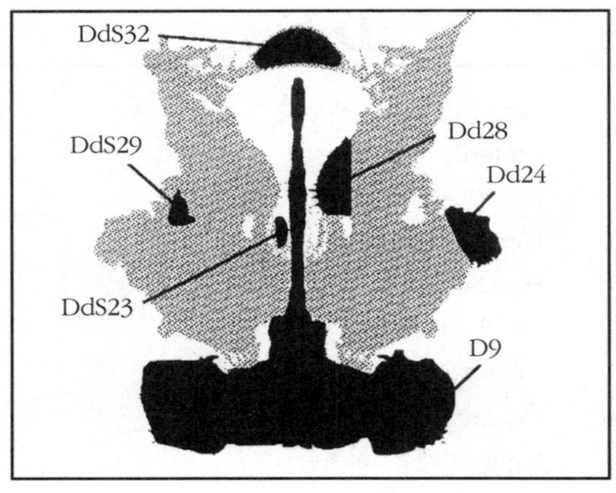

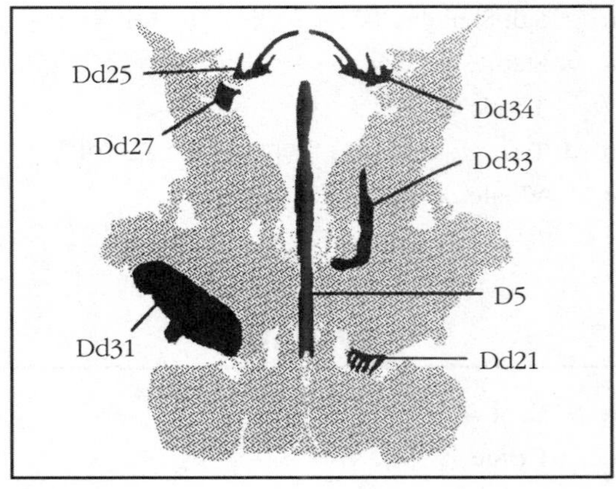

[부록 I-9] 카드 IX의 D와 Dd 영역

부록 I-9 카드별 흔한 부분(*D*)과 드문 부분(*Dd*) 영역이 표시되어 있다. 영역별 형태질 기호(*o, u,* –)와 평범 반응, 그리고 Z(조직화) 점수가 표기되어 있다.

CARD IX

평범 반응: D3을 사람 혹은 사람과 비슷한 형태의 대상으로 반응
Z 값: W=5.5, 인접=2.5, 비인접=4.5, 공백=5.0

W

- – Anatomy 해부, 해부학
- u Anchor 닻, (마음의) 의지가 되는 것
- – Ant 개미
- o Art (Abstract) (추상적인) 예술
- u Badge 배지, 기장
- – Bird 새, 조류
- o ∨ Birds (As *D3* under tree) (*D3*처럼 나무 밑에 있는) 새들
- o Bowl (Ornamental) (장식용의) 사발
- u Bridge (Top area over forest) (숲 저편 맨 꼭대기 부분의) 다리
- – Butterfly 나비
- u Cactus 선인장
- u Cake (With *D3* as candles) (*D3*같이 양초들이 있는) 케이크
- o Canyon (As *D8* with other areas as foliage and/or landscape) 협곡(*D8*처럼 경치나 초목이 있는 다른 공간)
- u ∨ Cape (Theatrical) (연극용의) 어깨 망토
- u Chair (Winged with *D6* as base or swivel) (받침이나 회전 받침 같은 *D6*를 가진 팔걸이가 있는) 의자
- u ∨ Clothing (Woman's) (여성용의) 옷
- – Cloud(s) 구름(떼)
- – Cocoon 누에고치
- o Coral 산호
- – Crab 게, 게살
- u Crater(As *D8* with other areas as foliage and/or landscape) 화산 분화구 (*D8*를 풍경으로 포함)
- u Decoration 장식, 꾸밈새
- u ∨ Doll 인형
- u ∨ Dummy (Dressmaker's) (양재사의) 장식용 인형
- u ∨ Elephant (Cartoon) (만화 속의) 코끼리
- u Emblem 상징, 표상
- o Explosion 폭발, 파열
- – Face 얼굴
- u Face (Clown) (어릿광대의) 얼굴
- u Face (Monster) (괴물의) 얼굴
- o Fire (Usually with *D1* as smoke) (주로 *D1*처럼 연기가 나는) 불
- o Floral Arrangement 식물 배치
- o Flower (Often with *D6* as pot) (때때로 *D6*와 같은 항아리가 있는) 꽃, 화초
- – Fly 날다
- o Foliage 군엽
- o Forest Fire 산불
- o Fountain 분수
- o Garden 정원
- u Hat 모자
- – Head (Animal) (동물의) 머리
- – Head (Human) (인간의) 머리
- – Head (Insect) (곤충의) 머리
- u Head (Monster) (괴물의) 머리
- o Headdress (Ceremonial) (의식용의) 머리 장

식물
u Helmet (Science fiction) (공상과학소설에 나오는) 철모
– Human 인간의, 인류
u ∨ Human (In costume) (시대적인) 인간
u ∨ Human-Like Figure 인간과 같은 형상
o Illustration (Medical) (의학적인) 삽화, 도해
– Insect 곤충, 벌레
u Island 섬
u ∨ Jellyfish 해파리
u Lamp (Kerosene) (등불용 석유) 전기스탠드
u ∨ Lamp (Ornamental) (장식용의) 전기스탠드
o Landscape 경치, 풍경
o < Landscape (Reflected) (반사된) 경치, 풍경
– Leaf 잎, 나뭇잎
– Lung(s) 폐, 허파(들)
– Machine 기계
– Map (Specific) (명확한) 지도
u Map (Unspecified) (명확하지 않은) 지도
o Mask 가면
u Monster 괴물
u Ornament 장식물
o Paint 그림물감, 페인트
o Palette (Artist's) (예술가의) 물감판
o Plant (Sometimes with *D6* as pot) 식물(때때로 *D6*와 같은 항아리에 있는)
u ∨ Robot 로봇
u Rocket (As *D5*, with smoke and flames) (연기나 불꽃 등을 가진 *D5* 같은) 로켓
– Rug 깔개, 융단
u Salad (Usually in bowl) (주로 그릇에 들어있는) 샐러드
– Sea Animal 해양동물
u Seaweed 해초
– Seed 씨, 열매, 종자
– Skull 두개골, 해골
u ∨ Spaceship 우주선
– Throat 목구멍, 숨통
u Throne 왕좌, 왕위
u ∨ Tree 나무
– Vagina 질(해부학), 엽초(식물)
o Vase 화병
o Vegetables (*D3* as carrots, *D1* as lettuce, *D6* as tomatoes) 야채(*D6* 같은 토마토, *D1* 같은 상추, *D3* 같은 당근)
u Volcano 화산, 분화구
o Waterfall (As *D5* with other areas as foliage and/or landscape) 폭포(*D5*를 수목이 있는 다른 공간 또는 경치로 지각)
u ∨ Wizard 마법사
– X-ray 방사선, 엑스레이

D1

(주의: *D1*+*D1*=*D11*)
– Anatomy 해부, 해부학
– Animal 동물
u < Animal (Unspecified) (명확하지 않은) 동물
o < Ape 유인원
o < Bear 곰
– Bird 새
– Bone 뼈, 골질
– Bug 반시류의 곤충, 작은 곤충
– Butterfly 나비
– Cat 고양이
– Chair 의자
u Cloud 구름
u Coral 산호
u < Dog 개
– Elephant 코끼리
u Fern 양치류, 고비
– Fish 물고기, 어류
o Foliage 잎, 군엽
u Forest (Usually aerial view) (주로 대기에서 본) 숲, 산림
– Frog 개구리
o < Giant 거인
u < Gorilla 고릴라
o Grass 풀, 목초

– Hat 모자

u Head (Animal, with snout at the *D5* centerline) (*D5*의 중심선에 주둥이가 있는 동물의) 머리

o Head(Animal, with snout at *Dd24*, often with *DdS29* as eye) (*Dd24*에 주둥이, 때로 *DdS29*에 눈이 있는 동물의) 머리

o ∨ Head(Animal, with snout at *D5* centerline or at *Dd24*) (*Dd24*나 *D5*에 주둥이가 있는 동물의) 머리

– Head (Bird) (새의) 머리

u < Head (Human or human-like with chin at *Dd24*) (*Dd24*에 턱이 있는 사람이나 사람 같은 형상의) 머리

– Head (Insect) (곤충의, 벌레의) 머리

– Heart 심장

– Human 인간의, 인류

o < Human (With *Dd24* as head) (*Dd24*처럼 머리를 가진) 인간

– Insect 곤충, 벌레

– Ireland 아일랜드(섬)

u Lake 호수

o Landscape 경치, 풍경

u Leaf 잎, 나뭇잎

u Lettuce 상추, 양상추

– Lion 사자

– Lung 폐, 허파

– Map 지도

u < Monkey 원숭이

u < Monster 괴물

– Mushroom 버섯

u ∨ Pig 돼지

u Plant 식물

u < Rabbit 토끼

u Rock 바위, 암석

– Sea Animal 해양동물

u Seaweed 해초

o Shrub 관목

u Smoke 연기

u Sponge 스펀지, 해면

u < Statue 상, 조상

– Tree 나무

– Wing 날개

– X-ray 엑스레이, 방사선

D2

– Anatomy 해부, 해부학

o Anchor 닻

u Art (Abstract) (추상적인) 예술

u Badge 배지, 기장

– Bird 새

o ∨ Birds (As *D3* under bush) (관목 아래 *D3* 같은) 새

o Bowl 사발

– Bug 반시류의 곤충

– Butterfly 나비

o Canyon (As *D8* with other areas as foliage and/or landscape) 협곡 (*D8*을 수목이 있는 다른 공간이나 경치, 풍경이 있는 공간으로 지각)

u Chair (Wing) (팔걸이가 있는) 의자

– Clothing 옷

– Cloud(s) 구름(떼)

u Clouds and Lightning 구름과 빛

u Coral 산호

– Crab 게, 게살

o Crater(As *D8* with other areas as foliage and/or landscape) 분화구 (*D8*을 수목이 있는 다른 공간이나 경치, 풍경이 있는 공간으로 지각)

u Dragon 용

u Emblem 상징, 표상

u Explosion 폭발, 파열

– Face 얼굴

o Face (Clown) (어릿광대의) 얼굴

u Face (Monster) (괴물의) 얼굴

o Fire (As *D3* with other areas as smoke) 불, 화염 (*D3*을 불로, 나머지는 연기로 지각)

o Flower 꽃, 화초

– Fly 날다, 파리

o Foliage 수목

u Fountain 분수

u Garden 정원

– Head (Animal) (동물의) 머리

– Head (Human) (인간의) 머리

u Head (Humar-like) (인간 같은) 머리

– Head (Insect) (곤충의, 벌레의) 머리

o Headdress (Ceremonial) (행사용) 머리 장식물

u Helmet 철모

– Human 인간

u Illustration (Medical)(의학적인) 삽화, 설명

– Insect 곤충, 벌레

u ∨ Jellyfish 해파리

o Landscape 경치, 풍경

o < Landscape (Reflected) (반사된) 경치, 풍경

u Leaf (Autumn) (가을철의) 잎

u Lobster & Seaweed 바닷가재와 해초

– Map 지도

o Mask 가면

u Ornament 장식물

u Painting (Abstract) (추상적인) 그림

o Plant 식물

– Sea Animal 해양동물

– Skull 두개골, 해골

o ∨ Tree 나무

u Vagina 질(해부학), 엽초(식물)

o Vase 화병

u ∨ Waterfall (As *D5* with other areas as foliage and/or landscape) 폭포수(*D5*를 잎이나 풍경같은 다른 공간으로 지각)

D3

– Anatomy 해부, 해부학

o Animal (Antlered or horned) (사슴의 뿔을 가지거나 일반적인 뿔을 가진) 동물

– Animal (Not antlered or horned) (사슴의 뿔 또는 일반적인 뿔을 가지지 않은) 동물

u Bird 새

o ∨ Bird 새

u Blood 혈

– Bone 뼈, 골질

– Bug 반시류의 곤충

u Carrot 당근

o Cliff 낭떠러지, 절벽

u Cloud 구름

o Clown 어릿광대

– Club 클럽

u Crab 게, 게살

o Dancer (In costume) (시대적인, 의상을 갖춰 입은) 무용수

o < Deer 사슴

o Demon 악마, 마귀

– Dog 개

u Dragon 용

– Face 얼굴

o Fire 불, 화염

– Fish 어류, 물고기

o Flower 꽃, 화초

o Ghost 유령

o ∨ Gnome 땅 신령, 꼬마 도깨비

o Head (Animal, antlered or horned) (사슴의 뿔이나 일반적인 뿔을 가진 동물의) 머리

– Head (Animal, not antlered or horned) (사슴의 뿔이나 일반적인 뿔이 없는 동물의) 머리

u Head (Human) (인간의) 머리

o Head (Human-like) (인간 같은) 머리

– Head (Insect) (곤충의, 벌레의) 머리

o Hill 언덕

u Horns 뿔들

o Human 인간

o Human Like-Figure 인간과 같은 형상

– Insect 곤충, 벌레

o Landscape 풍경, 경치

o Lava 용암

– Leg 다리

u Lobster 가재

– Lung 폐, 허파
u Map (Unspecified) (명확하지 않은) 지도
– Meat 고기, 고깃살
u ∨ Owl 올빼미
o ∨ Parrot 앵무새
u Plant 식물
– Rodent 설치류
u ∨ Roots 뿌리들
o Sand 모래
– Sea Animal 해양동물
u Sea Horse 해마
– Shrimp 새우
u Statue 상, 조상
u Sun Spot 태양 흑점
u Torch 횃불
o Toy (For punching) 장난감
– Tree 나무
u Wing 날개
o Witch 마녀, 마법사

D4

– Anatomy 해부, 해부학
o Apple 사과
o Ball 볼, (구기 종목의) 공
u Blood 혈
– Bug 반시류의 곤충
o Candy (Cotton) 사탕 (솜사탕)
– Cocoon 누에고치
– Eye 눈
– Fish 물고기, 어류
u Flower 꽃, 화초
u Head (Animal) (동물의) 머리
o < Head (Human) (인간의) 머리
u Ice cream 아이스크림
u Mask 가면
– Meat 고기, 고깃살
– Pot 항아리, 단지
o Raspberry 나무딸기
u Rock 바위, 암석
u Roses 장미들
u Sea Shell 바닷조개
– Sperm 정액, 정자
u Sponge 스펀지, 해면
u Strawberry 딸기
– Turtle 거북, 바다거북

D5

u Alligator 악어
– Anatomy 해부, 해부학
– Animal 동물
u Arrow 활, 화살
o Bone 뼈, 골질
o Candle 양초
u Cane 지팡이, 나무딸기의 줄기
u Drill Bit 드릴에 끼우는 날
– Esophagus 식도(해부학, 동물)
u Flame 불꽃, 화염
u Geyser 간헐 온천
u Gorge 골짜기, 협곡
– Head 머리
– Human 인간
– Insect 곤충, 벌레
o Landscape 경치, 풍경
o Match 성냥
u Missile 미사일
– Peninsula 반도
– Penis 음경, 남근
u Reptile 파충류, 파행 동물
u River 강
u Road 길, 도로
u Sand Bar 모래톱
o < Shoreline 해안선
o Skewer 꼬챙이, 꼬치
o Spinal Cord 척수 조직
u Stalagmite 석순(지질)
u Stem (초목의) 줄기, 대

u Sword 검, 칼
– Tree 나무
o Waterfall(With *D8* as background) (*D8*의 배경이 되는) 폭포수
u Waterway 수로

D6

– Anatomy 해부, 해부학
– Animal(s) 동물(들)
o Apples (4) 사과 (4)
o Babies (2) 아기들 (2)
o Balloons 풍선들
– Bird 새
o Blood 혈
u Bubblegum 풍선껌
u ∨ Butterfly 나비
– Buttocks 엉덩이
o Candy (Cotton) 사탕 (솜사탕)
o Cloud (Including mushroom cloud) (핵폭발의 버섯구름을 포함하는) 구름
o Embryos (2) 태아들, 애벌레들 (2)
– Face 얼굴
u ∨ Face (Insect) (곤충, 벌레의) 얼굴
u ∨ Face (Science Fiction) (공상과학소설에 나오는) 얼굴
u Fire 불
u Flower(s) 꽃(들), 화초(들)
- Head (Animal) (동물의) 머리
u Head (Cartoon) (만화의) 머리
u ∨ Head (Elephant or rodent) (코끼리 혹은 설치 동물의) 머리
u ∨ Head (Insect) (곤충의, 벌레의) 머리
o < Head (Human, reflected) (인간의, 반영된) 머리
– Human 인간
o < Human (Sitting, reflected) (앉아 있는, 반영된) 인간
– Insect 곤충, 벌레
– Island 섬
u Marshmallows 마시멜로
– Meat 고기, 고깃살
u ∨ Mushroom 버섯
– Pot(s) 항아리(들)
u Powder Puff 파우더 퍼프, 분첩
u Radishes 무(들)
u Raspberries 나무딸기들
u Rocks 바위들, 암석들
u Rosebuds 장미 봉오리들
o Sherbet 셔벗, 과일 아이스크림
u ∨ Shoulders (Human) (인간의) 어깨
u ∨ Shoulder Pads 어깨판, 어깨심
– Skin 피부, 살갗
u Smoke 연기
u Strawberries 딸기들
– Vagina 질(해부학), 엽초(식물)
– Wing 날개

D8/DS8

- Anatomy 해부, 해부학
– Animal 동물
u Blender 혼합하는 것
o Bottle 병, 술병
u Bubble 거품, 기포
o Canyon 깊은 협곡
o Cave 동굴
u Chandelier 샹들리에
– Chest 가슴
u Cloud 구름
u ∨ Dress 의복, 옷, 복장
u ∨ Dummy (Dressmaker's) (양재사의) 장식용 인형
– Face (Animal) (동물의) 얼굴
u Face (Dragon) (용의) 얼굴
– Face (Human) (인간의) 얼굴
u ∨ Face (Monster) (괴물의) 얼굴
u ∨ Flask 플라스크, 휴대형 병

o ∨ Ghost 유령, 망령
u ∨ Glass 창유리
– Head (Animal) (동물의) 머리
– Head (Human) (인간의) 머리
u ∨ Head (Monster) (괴물의) 머리
o Hourglass 모래시계
– Human 인간
u ∨ Human-Like Figure 인간과 같은 형상
u Keyhole 열쇠 구멍
u ∨ Lamp 등불
o Light Bulb 백열전구
u ∨ Mask 가면
u ∨ Monster 괴물
u Nose (Cow or horse) (소 또는 말의) 코
u Parking Meter 주차 시간 자동 표시기
u ∨ Robot 로봇
o ∨ Salt Shaker 식탁용 소금 그릇
– Skull 두개골, 해골
u Sky 하늘, 공중
u Tornado 토네이도, 폭풍, 선풍
– Tree 나무
– Vagina 질(해부학), 엽초(식물)
o Vase 화병
u Violin 바이올린
o Water 물
o Waterfall 폭포수
– Womb 자궁, 배, 태내

D9

– Animal 동물
u Chandelier 샹들리에
o ∨ Cloud (Mushroom) 구름 (버섯구름)
u ∨ Corkscrew 코르크 마개 뽑이
– Drill 드릴
u ∨ Hammer (Ball peen) (망치 대가리) 망치
– Head (Animal other than elephant) (코끼리 아닌 동물의) 머리
u ∨ Head (Elephant) (코끼리의) 머리
– Head (Human) (인간의) 머리
– Head (Insect) (곤충의) 머리
u ∨ Heron (On one leg) (다리에 있는) 왜가리
– Human 인간, 인류
o ∨ Flower 꽃, 화초
o Fountain 분수
u ∨ Lamp 등잔, 램프
o Spindle (Office) (사무용) 서류꽂이
u ∨ Tree 나무
o ∨ Umbrella 우산
u ∨ Valve 밸브

D11

– Anatomy 해부, 해부학의
u Bat 배트
u Bird 새, 조류
u Bookends 북엔드, 책버팀
o Butterfly 나비
– Ear Muffs 방한용 귀마개
– Earphones 이어폰
o Foliage 수목
– Head 머리
– Human 인간
– Insect 곤충, 벌레
u Insect (winged) (날개가 있는) 곤충
– Lungs 폐, 허파
o Pelvis 골반
u Plant 식물
u Shrubs 관목들

D12

– Animal 동물
u < Dragon 용
o Fire (Forest) (수풀) 불
o < Human (As *D1* with *D3* as other object such as hill, sand, etc.) 인간(*D1*을 인간,

*D3*을 언덕이나 모래와 같은 다른 대상으로 지각)

o < Landscape 경치, 풍경

u Leaves 잎들, 나뭇잎들

– Monster 괴물

– Tree 나무

Dd21

o Claws 갈고리발톱들

o Fingers 손가락들

u ∨ Fins 지느러미들

u ∨ Horns 뿔들

– Humans 인간

u Icicles 고드름

– Rake 갈퀴, 경사면

u ∨ Rockets (Group) 로켓들(덩어리, 집단)

– Spears 창, 투창, 작살

u Stalagmites 석순들(지질)

– Trees 나무들

DdS22

u Bowl 사발, 공기

– Candles 양초들

u Cavern 동굴, 땅굴

– Cup 찻잔, 컵

– Door(s) 문(들)

– Eyes 눈

– Face (Animal) (동물의) 얼굴

– Face (Human) (인간의) 얼굴

– Face (Insect) (곤충의, 벌레의) 얼굴

o Face (Monster) (괴물의) 얼굴

– Head 머리

– Jar 병, 단지

– Jellyfish 해파리

u Lake(s) 호수(들)

o Mask 가면

u Nose (Animal) (동물의) 코

o Pumpkin (Halloween) (핼러윈에 사용하는) 호박

– Skull 두개골, 해골

DdS23

u Caves 동굴들

u Eyes 눈들

o Holes 구멍들

u Islands 섬들

u Lakes 호수들

u Nostrils (Animal) (동물의) 콧구멍

– Pillows 베개들

– Shells 조개들

Dd24

u Cliff 낭떠러지

u Head (Animal) (동물의) 머리

u < Head (Human) (인간의) 머리

Dd25

u Branches 나뭇가지들

u Claws 갈고리발톱들

u Feelers 더듬이들

– Fingers 손가락들

u Roots 뿌리들

u Tentacles 촉수, 촉각, 더듬이들

– Trees 나무들

u Weeds 잡초들

Dd26

– Animal 동물

u Claw 갈고리발톱

o Finger 손가락

– Foot 발

u Gun (Often science fiction) (공상과학소설에 나오는) 총

u Hose (Nozzle) (파이프 등의 주둥이) 물 끄는 호스

– Human 인간

u Key 열쇠

– Nose 코

u < Person 사람

u < Scarecrow 허수아비

u < Statue 상, 조상

u Trumpet 트럼펫

Dd27

– Animal 동물

– Face 얼굴

– Head 머리

– Human 인간

u < Tent 텐트, 천막

u < Top 꼭대기

Dd28

– B1ood 혈

u Breast 가슴살

u Egg 알, 달걀

– Head 머리

u Insect (Hard shelled) (딱딱한 껍질을 가진) 곤충

– Scab (상처 등의) 딱지

u Shell 조개, 조가비

– Stomach 위, 복부

Dd29

o Bell 벨, 초인종

– Bug 곤충

u Eye 눈

– Face 얼굴

o Ghost 유령, 망령

– Human 인간

u Human-Like Figure 인간과 같은 형상

u Lake 호수

Dd30

u Candlewax 밀초, 밀양초

u Caterpillar 모충, 쐐기벌레

– Intestine 창자, 소장

– Penis 음경, 남근

– Reptile 파충류, 파행 동물

Dd31

u Breast 가슴살, 유방

u ∨ Cover (Pot) (항아리, 단지의) 덮개, 뚜껑

u < Face (Animal) (동물의) 얼굴

u < Face (Human) (인간의) 얼굴

u Foliage 수목, 잎, 군엽

– Tree(s) 나무(들)

Dd32

u ∨ Bowl 사발, 공기

u Dome 둥근 천장, 대머리

– Helmet 철모, 헬멧

u Moon (Upper half) (상현) 달

u Shell 조개, 조가비

u Sun (Upper half) (상현) 태양

u Sunspot 태양 흑점

u Tent 천막

Dd33

o < Alligator 악어

o < Crocodile 악어

u Foliage 수목, 잎, 군엽

u < Head (Animal other than deer) (사슴을 제외한 다른 동물의) 머리

o < Head (Deer) (사슴의) 머리

– Head (Human) (인간의) 머리

u < Head (Reptile) (파충류의) 머리

u Lizard 도마뱀

u Log 통나무

– Mountain(s) 산(들)

– Tree 나무

Dd34

– Animal 동물

u Antlers 사슴뿔들

u Branches 나뭇가지들

u Bridge (Natural) (자연적인) 다리

u Cannon (Usually science fiction) (주로 공상과학소설에 나오는) 대포

u Claw(s) 갈고리발톱들

o Drawbridge (Often opening) 가동교, 도개교 (주로 시작 부분)

– Hands 손들

u Horns 뿔들

u Hose 호스

– Human(s) 인간(들)

u Lightning Flash 번쩍하는 번갯불

u Roots 뿌리들

– Skeletal 골격의, 해골의

u Thorns 가시들

– Trees 나무들

u Vines 덩굴들, 줄기들

Dd35

– Animal 동물

u Bathysphere 구형 잠수기

– Bird 새, 조류

u Buttocks 엉덩이들

u Furnace 용광로

– Head 머리

– Lung(s) 폐, 허파(들)

– Mask 가면

u Pot 항아리, 단지

u Rock(s) 바위(들), 암석(들)

u Stove (Iron) (철이나 쇠로 된) 스토브, 난로

u Vaginal area 질의 범위, 질 부위

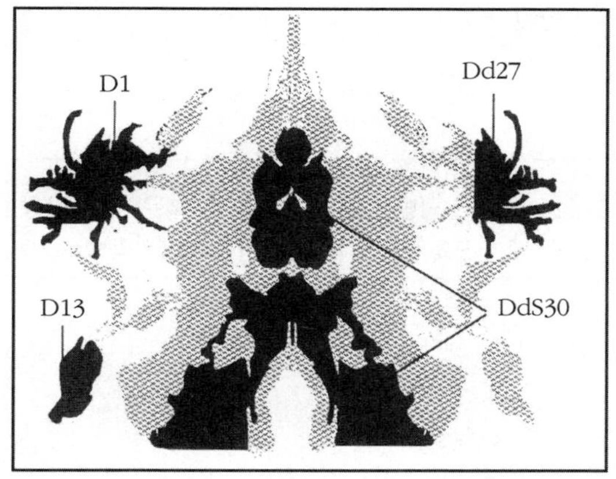

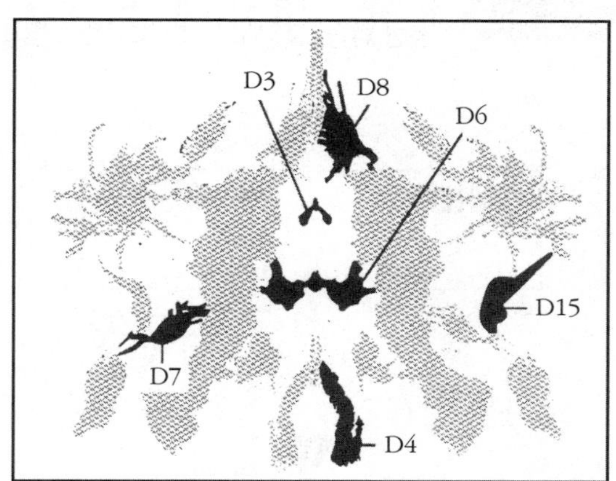

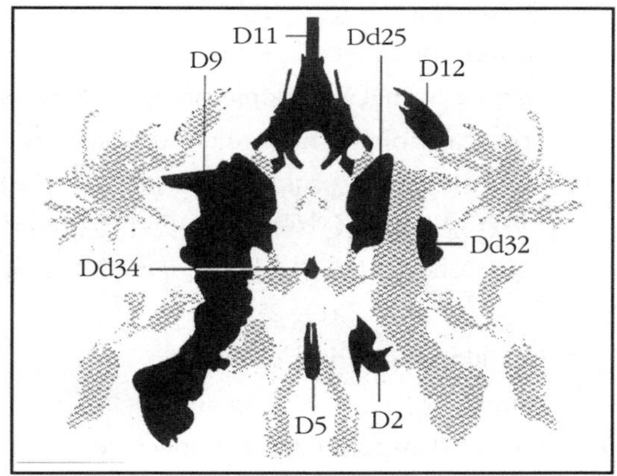

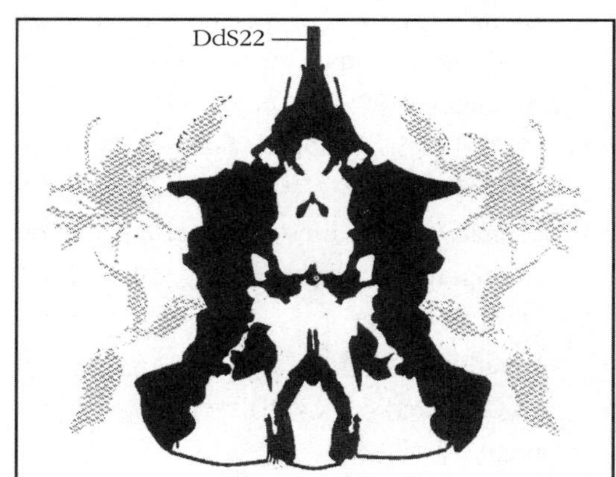

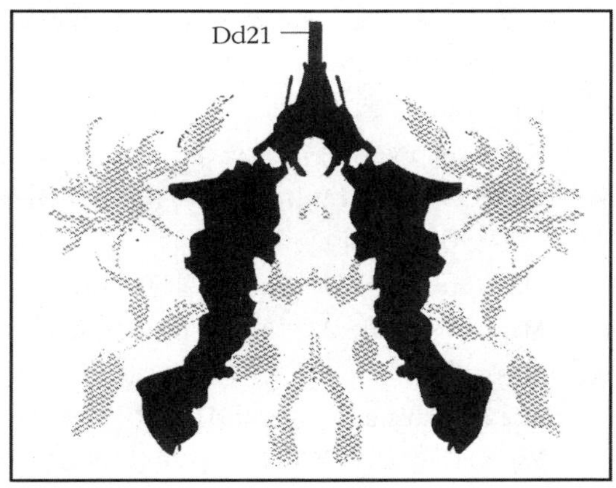

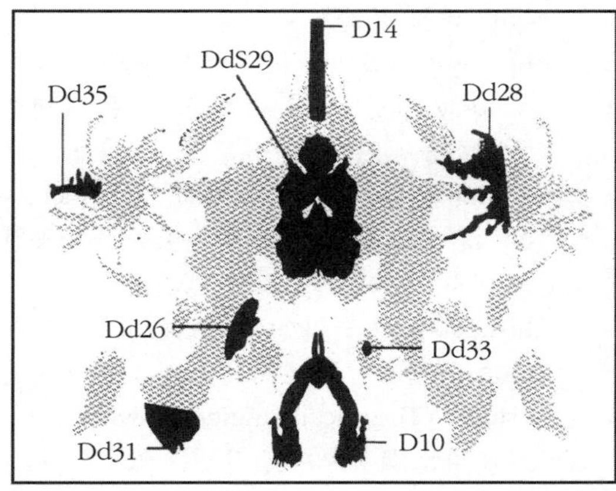

[부록 I-10] 카드 X의 D와 Dd 영역

부록 I-10 카드별 흔한 부분(*D*)과 드문 부분(*Dd*) 영역이 표시되어 있다. 영역별 형태질 기호(*o*, *u*, −)와 평범 반응, 그리고 Z(조직화) 점수가 표기되어 있다.

CARD X

평범 반응: D1을 거미 혹은 게로 반응
Z 값: W=5.5, 인접=4.0, 비인접=4.5, 공백=6.0

W

- − Anatomy 해부, 해부학
- o Animals (Marine, unspecified, or if specified, meeting appropriate contour requirements) (해양의, 특별히 열거하지 않은, 또는 열거된 것들 중 고유의 윤곽을 이루기 위한 요구에 의해 접해지는) 동물
- u Animals (Not marine but Meeting contour requirements) (거친 해양의, 그러나 윤곽을 드러내는) 동물
- o Aquarium 수족관
- o Art (Abstract) (추상적인) 예술
- u ∨ Aviary 새 사육장
- u Bacteria 박테리아, 세균
- − Birds 새들
- − Bones 뼈들, 골질들
- − Bug (Squashed) (납작한) 작은 곤충
- u Chandelier (천장에서 내려 드리우는 호화로운 장식등) 샹들리에
- u Children's Play Park (With all areas included as play equipment) 아이들 놀이공원 (놀이기구를 포함하여 모든 공간)
- − Christmas Tree 크리스마스 트리
- − Clouds 구름들
- u Costume (Theatrical hanging on wall) 사대 의상, 복장(벽에 걸려 있는 연극용 의상)
- u Design (Abstract) (추상화적인) 도안, 디자인
- u ∨ Explosion 파열, 폭발
- − Face 얼굴
- o Fireworks Display 불꽃놀이 장식, 전시
- o Floral Display 꽃 전시, 장식
- o Flower Garden 화초 정원
- o ∨ Flowers(Bouquet) 꽃다발, 부케
- o Garden Scene(With some areas as flowers or shrubbery and areas such as *D11* and/or *D6* as sculpture or architecture) 화원 광경, 풍경(관목 숲이나 꽃이 있는 여러 공간과 조각이나 건축물처럼 *D6* 그리고 혹은 *D11* 같은 공간을 포함)
- − Headdress 머리 장식물
- − Human 인간
- o Insects (Unspecified, or if specified, meeting appropriate contour requirements) (열거되지 않았거나, 열거되었다면 고유의 윤곽을 드러내는 요구에 접해 있는) 곤충, 벌레들
- u Islands 섬들
- u Junk Yard 고물 집적소
- u Kaleidoscope 주마등, 만화경
- u Lights (Created by strobe) (사진의 플래시에 의해 생기는) 빛
- − Map (Specific) (열거된, 구체화된) 지도
- u Map (Unspecified) (명확하지 않은) 지도
- − Mask 가면
- u Mobile (Abstract) (추상적인) 모빌
- − Pagoda (불교, 힌두교의) 다층의 탑, 파고다
- o Painting (Finger) (손가락) 그림
- o Painting (Modern) (현대적인) 그림

u Palette (Artist's) (예술가의) 팔레트, 조색판
u Plants 식물
o Poster (Abstract) (추상적인) 전단 광고, 벽보
u Puzzle (Pieces) (조각) 퍼즐, 조각 맞추기
u Rug (Design) 깔개, 융단(도안)
– Sea Animal 해양동물
u Science fiction scene (Usually includes aliens, creatures, monsters, but may involve space battle such as from Star Wars) 공상과학소설의 장면(주로 외계인, 창조적인 생물, 괴물 등을 포함하나, 스타워즈 같은 우주 공간의 전쟁을 포함하기도 함)
o Underwater Scene 수중 장면
o Walkway (As center space and other areas as flowers and/or shrubbery) 보도(꽃 그리고/혹은 관목 등과 같은 다른 공간이나 우주 중심)

D1

o Amoeba 아메바(동물)
– Animal 동물
u Bug 작은 곤충
u Cell (Biological) (생물학적) 세포
– Cockroach 바퀴벌레
u Coral 산호, 산호충
o Crab 게, 게살
u Dragon 용
u Earring 귀고리
– Face 얼굴
u Fern 양치류, 고비
u Fireworks 불꽃놀이
– Fish 물고기, 어류
u Flower 꽃, 화초
u Germ 유아, 배, 배종
– Hat 모자
– Head 머리
u Insect 곤충, 벌레
u Island 섬
– Jellyfish 해파리
u Landscape 풍경, 경치
– Leaf 잎, 나뭇잎
u Lobster 바닷가재
– Map 지도
– Mask 가면
u Monster 괴물
o Octopus 문어
u Orchid 난초
u Paint (Splash) (잉크를 튀기며) 칠하다
u Pom Pom (의성어) 자동 기관총의 소리, 대공속사포의 소리
– Reindeer 순록(동물)
u Roots 뿌리
o Scorpion 전갈
– Sea Shell 바닷조개, 조가비
u Seaweed 해초
u Snowflake 눈송이
o Spider 거미
– Spider Web 거미줄(집)
u Star 별, 항성
o Water (Drop) (떨어지는) 물
– Web 짜서 만든 것, 직포
u Weed 잡초

D2

u Amoeba 아메바(동물)
u Anemone 아네모네(식물), 말미잘(동물)
u Animal (Unspecified) (명확하지 않은) 동물
– Bee 꿀벌
u ∨ Bird 새, 조류
u Bug 작은 곤충
u Cat 고양잇과
o Cell (Biological) (생물학적) 세포
– Chicken 닭고기, 병아리
o Dog 개
u Duck 집오리
o Egg (Broken or fried) (깨지거나 기름에 튀

긴) 알, 달걀
- Eye 눈
- Face 얼굴
u ∨ Fish 물고기, 어류
o Flower 꽃, 화초
u Frog 개구리
- Head 머리
u Insect 곤충, 벌레
u Island 섬
u Leaf 잎, 나뭇잎
o Lion 사자
- Monkey 원숭이
- Monster 괴물
u Plant 식물
- Sea Animal 해양동물
u Sea Shell 바닷조개, 조가비
u Seal 바다표범(동물)
- Sperm 향유고래(동물)

D3

- Airplane 비행기
o ∨ Antennae (Radar or TV) (TV 수신기) 안테나
u Antennae (Insect) (곤충의) 더듬이
o ∨ Balloons (Weather) (기상) 풍선
- Bird 새, 조류
u Buds (식물의) 눈, 꽃봉오리, (동물의) 아상돌기
- Bug 작은 곤충
o Cherry pits 체리 채집
- Crab 게, 게살
u Ear Muffs 방한용 귀마개
u Earphones 이어폰
- Eye 눈
- Flower(s) 꽃, 화초(들)
o Governor (On motor) (차량의) 조절기, 조속기
- Head 머리
u Headset 헤드폰, 헤드셋
- Human 인간
o Instrument (Weather, for wind velocity) (기상, 바람의 속도를 재는) 기계, 기구, 계기판
u Instrument (Medical) (의료용) 기계
u Knocker (Door) 문 두드리는 사람
u Lights (Electric) (전기) 빛
- Lungs 폐, 허파(해부학)
u ∨ Necklace 목걸이
- Notes (Musical) (음악의) 기록, 주석, (새의) 울음소리, 음성
- Ovaries 난소들(해부학)
- Parachutist 낙하산병, 낙하산 강하자
o Pawnbroker Symbol 전당포 업자의 상징, 심벌
- Rower (In boat) (배 안에서) 노 젓는 사람
- Scissors 가위
o Seed Pod (Maple) (단풍나무) 식물의 꼬투리
u ∨ Slingshot (돌 던지는) 고무총
u Spaceship (Science fiction) (공상과학소설에 나오는) 우주선
- Stethoscope 청진기
- Testicles 고환, 정소(해부학, 동물)
u Tongs(Ice) 집게(얼음)
u Twig 작은 가지, 지맥(해부학)
u Water Wings 날개꼴 부낭(수영 연습용으로 쓰는)
o Wishbone (새 가슴의) 창사골
u ∨ "V" (Peace sign) (평화를 의미하는 표시) V

D4

- Anatomy 해부, 해부학
- Animal 동물
u ∨ Animal (Prehistoric) (선사시대의) 동물
- Arm 팔
u Boot (Jester) (어릿광대의) 부츠
- Bug 작은 곤충
o Caterpillar 모충, 쐐기벌레
- Cucumber 오이

u ∨ Dragon 용
o Eel 뱀장어(어류)
– Fish 물고기, 어류
– Head (Animal) (동물의) 머리
u ∨ Head (Animal, prehistoric) (동물의, 선사시대의) 머리
– Head (Bird, except Peacock or swan) (공작이나 백조를 제외한 새, 조류의) 머리
– Head (Human) (인간의) 머리
u ∨ Head (Peacock) (공작의) 머리
u ∨ Head (Swan) (백조의) 머리
u Horn 뿔
– Insect 벌레, 곤충
u Plant 식물
u ∨ Saxophone 색소폰
o ∨ Sea Horse 해마(어류)
u Smoke 연기
u Snail 달팽이
o Snake 뱀
u Tail (Bird) (새의) 꼬리
– Tree 나무
– Wing 날개

D5

o ∨ Angel 천사
– Bug 작은 곤충, 반시류의 곤충
u Clothespin 빨래집게
u ∨ Crucifix 십자가, 그리스도 수난상
u ∨ Devil 악마, 마귀
– Face 얼굴
o Head (Animal, long eared) (긴 귀를 가진 동물의) 머리
– Head (Animal, not long eared) (귀가 길지 않은 동물의) 머리
– Head (Human) (인간의) 머리
u Head (Insect, with antennae) (더듬이가 있는 곤충의, 벌레의) 머리
o ∨ Human 인간(의)
u ∨ Human-Like Figure 인간과 같은 형상
– Insect 곤충, 벌레
o Mask 가면
u ∨ Tack 납작못, 압정
u ∨ Tooth 이
u Tweezers 족집게, 핀셋

D6

– Anatomy 해부, 해부학
– Animal 동물
o ∨ Anthropoids 유인원
u Bagpipes 풍적, 백파이프
– Bat(s) (야구, 크리켓 등의) 배트(들)
u Birds 새, 조류
u Brassiere 브래지어(속옷)
– Breasts 가슴살
o Bridge (Natural) (자연의) 다리, 교량
– Cloud(s) 구름(들)
u Coral 산호, 산호충
u ∨ Dolls 인형들
u Ducks 집오리들
– Eyeglasses 안경 알
– Face(s) 얼굴들
u ∨ Flowers 꽃들
o ∨ Chosts 유령들
o ∨ Gorillas 고릴라들
– Hands 손들
u ∨ Heads (Animal) (동물의) 머리들
u Heads (Bird) (새의, 조류의) 머리들
– Heads (Human) (인간의) 머리들
o ∨ Humans 인간들
o ∨ Human-Like Figures 인간과 같은 형상들
- Insect(s) 벌레(들), 곤충(들)
– Jaw 턱
– Lungs 폐, 허파(해부학)
o ∨ Monster 괴물
u Nest (새, 곤충, 파충류, 동물 등의) 보금자리
– Nose 코

– Ovaries 난소(해부학), 씨방(식물)
u Pipes(Smoker's) (흡연가의) 담뱃대
u Sea Shells 바닷조개들
u Skeletal 골격의, 해골의
u Water 물, 음료수

D7

o Animal (Leaping) (뛰어오르는) 동물
o Ant 개미
– Bird 새, 조류
u Branch 나뭇가지, 분지
– Clam (패류) 대합조개
u Claw 갈고리발톱
o Cockroach 바퀴벌레
u Cocoon 누에고치
o Crab 게, 게살
o Crayfish 가재, 왕새우
o Deer 사슴
– Dog 개
– Face 얼굴
– Fish 물고기, 어류
– Frog 개구리
o Grasshopper 메뚜기, 베짱이, 여치
– Human 인간
– Kidney 신장, 콩팥(해부학)
u Lobster 바닷가재
o Nest (새, 곤충, 파충류, 동물 등의) 보금자리
u Praying Mantis 사마귀
u Rodent(With head toward *D9*) 설치 동물 (*D9*을 향해 머리를 대고 있는)
o Roots 뿌리
u Salamander 도롱뇽
u Scorpion 전갈
– Sea Animal 해양 동물
u Seed Pod (콩 따위의) 꼬투리
u Spider 거미
u Tick 진드기(동물)
u Week 주, 1주간

D8

– Animal (Unspecified) (명확하지 않은) 동물
u Animal (Cartoon or prehistoric) (만화 속 또는 선사시대의) 동물
o Ant 개미
u Bee 꿀벌
o Beetle 갑충, 딱정벌레
u Buffalo 물소, 들소
o Bug 작은 곤충
u Bull (거세하지 않은) 황소
– Cat 고양이
– Chicken 닭고기, 병아리
u Chipmunk 다람쥐의 일종(동물)
u Crab 게, 게살
o Creature (Beast, monster) (야수, 괴물) 창조물
u Cricket 귀뚜라미
o Dragon 용
u Dwarf 난쟁이
u Elf 꼬마 요정
u Emblem 상징, 표상
– Face 얼굴
– Fish 물고기, 어류
u Frog 개구리
u Gnome 땅 신령, 꼬마 도깨비
– Goat 염소
– Head (Animal) (동물의) 머리
o Head (Animal-like creature) (동물과 같은 창조물의) 머리
– Head (Human) (사람의) 머리
u Head (Human-like creature) (인간과 같은 창조물의) 머리
o Head (Insect) (곤충의) 머리
– Human 인간
o Insect 곤충, 벌레
– Lizard 도마뱀
u Mask 가면
– Monkey 원숭이
o Monster (Animal) 괴물(동물)
o Monster (Human-like) (사람 같은) 괴물

u Parrot 앵무새
u Porcupine 호저(아프리카 산 동물)
u Rodent 설치류
u Roots 뿌리들, 줄기들
– Sea Animal 해양동물
– Shrimp 새우
– Skeletal 골격, 해골
– Spider 거미
u Troll 트롤(지하나 동굴에 사는 초자연적인 괴물)
u Unicorn 유니콘(이마에 뿔 하나, 영양의 엉덩이, 사자의 꼬리를 가진 말과 비슷한 전설의 동물)
– Witch 마녀, 마법사, 마귀할멈

D9

– Anatomy (Except intestine) (창자를 제외한) 해부학
– Animal 동물
u Animal-Like Creature 동물과 같은 창조물
u Bacon 베이컨
o Blood 피, 혈액
u Bone 뼈, 골질
– Bug 작은 곤충
o Caterpillar 모충, 쐐기벌레
u Cloud 구름
u Coastline (California) (캘리포니아의) 해안선
o Coral 산호
– Dolphin 돌고래
u Eel 뱀장어
o Elf 꼬마 요정
o Fire 불, 화염
– Hair 머리털, 체모
– Head 머리
o Human (With mention that lower body is not distinct) (하체부가 별개라는 관점에서) 인간
u Human (With no mention about lower body being indistinct) (하체부가 별개가 아니라는 관점에서) 인간
o Human-Like Figure 인간과 같은 형상
u Insect 곤충, 벌레
u Intestine 창자, 소장
u Island 섬
– Italy 이탈리아
– Map 지도
u Map (Topographic) (지형학상의) 지도
o Mermaid 인어
o Microorganism 미생물
u Mountain Range (Often as aerial view) (주로 대기의 관점에서 본) 산맥
o Mummy 미이라, 시체
– Porpoise 돌고래 무리
u Sea Horse 해마
u Snail 달팽이
u Sponge 스펀지, 해면
o Worm 연충

D10

- Anatomy 해부학, 해부
u ∨ Angel 천사
– Animal 동물
o Arbor 수목, 목본
o Arch 아치, 홍예(건축)
u ∨ Bird 새, 조류
u Butterfly 나비
u Caterpillars 모충들, 쐐기벌레들
u ∨ Comb (Ornamental) (장식물의) 빗, 소면기
o ∨ Door Knocker 문 두드리는 사람
– Flower 꽃, 화초
u Fountain 분수
– Funnel 깔때기
u ∨ Head (Animal, horned) (뿔을 가진 동물의) 머리
– Head 머리
o ∨ Horns 뿔들
o ∨ Human (As *D5* with other areas as flags,

smoke, streamers, swing, etc.) (*D5*를 인간으로 나머지를 기, 연기, 흔들리는 것 같은) 인간
– Insect 곤충, 벌레
u Lyre (고대 그리스의) 수금
u Mustache 콧수염
u Necklace 목걸이
o ∨ Parachutist 낙하산병, 낙하산 강하자
u ∨ Pelvis 골반
u Seaweed 해초
o Shrub(s) 관목(들)
u ∨ "U" U자
o Wishbone (새 가슴의) 창사골
u Worms 연충들

D11

u Airplane 비행기
– Animal 동물
– Broom 비, 자루 달린 브러시, 양골담초(식물)
u Building (With chimney or tower) (굴뚝이나 탑이 있는) 건축물
o Candle (With holder) (손잡이가 있는) 양초
u Castle 성
– Centipede 지네
o Eiffel Tower 에펠탑
– Face 얼굴
u Face (Monster) (괴물의) 얼굴
u ∨ Flower 꽃, 화초
u ∨ Funnel 깔때기
o Helmet (Science fiction) (공상과학소설에서의) 헬멧, 철모
– Human 인간
o Insects (As *D8* and *D14* as another object) 곤충들, 벌레들(*D8*와 *D14*를 다른 대상으로 지각)
– Intestines 창자, 소장들
– Lungs 폐, 허파들
u Mask 가면
o Missile (With smoke or on pad) (발사대 위에 있거나 연기가 나는) 미사일
u Mistletoe 겨우살이
– Nervous System 신경계(해부학, 생리학)
u Plant 식물
o Rocket (With smoke or on pad) (발사대 위에 있거나 연기가 나는) 로켓
o Roots 뿌리들
u Skeletal 골격의, 해골의
– Skull 두개골, 해골
o Spaceship 우주선
u Statue 상, 조상
o ∨ Torch 횃불
u ∨ Tree 나무
– X-ray (Specific) (분명히 나타나는) 엑스레이
u X-ray (Unspecified) (분명치 않은) 엑스레이

D12

u Bean 콩, 강낭콩
– Bird 새
o Buffalo 물소, 들소
o Bug 반시류의 곤충
o Bull (거세하지 않은) 황소
u Claw 갈고리발톱
o Cow 암소, 젖소
u Dog 개
– Fish 물고기, 어류
u Goat 염소
u Grasshopper 베짱이, 메뚜기, 여치
o Insect 곤충, 벌레
u Lamb 새끼양
o Leaf 잎, 나뭇잎
– Plant 식물
u Pickle 오이 절임, 피클
o Ram (거세하지 않은) 숫양
– Rodent 설치류
u Seed Pod (콩 따위의) 꼬투리
o Unicorn 유니콘

u Whale 고래

D13

o < Animal(Usually lying or jumping and includes a wide, variety such as bear, buffalo, cat, dog, lion, rabbit. etc.) 동물(곰, 물소, 고양이, 개, 사자, 토끼 등과 같은 다양하고 광범위한 것들을 포함하여 주로 누워 있거나 뛰어오르는 것들)
– Ant 개미
– Bird 새
u Bug 작은 곤충, 반시류의 곤충
u Cloud 구름
– Face 얼굴
u Fish 물고기, 어류
– Flower 꽃, 화초
u Fungus 진균류, 효모균
– Head 머리
– Human 인간
u Insect 곤충, 벌레
u Leaf 잎, 나뭇잎
u Mat 매트, 거적, 돗자리
u Oyster 굴, 진주조개
o Potato Chip 감자칩
u Rock 바위, 암석
– Sea Shell 바닷조개, 바다 조가비
u Sea Urchin 성게
u Sponge 스펀지, 해면
– Tree 나무
u Whale 고래

D14

– Animal 동물
u Artery 동맥(해부학)
u Baton 지휘봉, 배턴
u Bird Feeder 새 사육자
o Bone 뼈, 골질
o Candle 양초
o Chimney 굴뚝
u Crowbar 쇠지레
– Face 얼굴
– Finger 손가락
u Flute 플루트(악기)
u Handle 핸들, 손잡이
– Head 머리
– Human 인간
– Knife 나이프, 칼
u Log 통나무
o Missile 미사일
u Pencil (Not sharpened) (뾰족하지 않은) 연필
u Penis 음경, 남근
o Post 기둥, 말뚝, 푯말
o Rocket 로켓
u Root 뿌리
u Ruler 통치자
u Shotgun 산탄총, 새총, 엽총
o Spinal Cord 척수 인대, 척수 조직
u Statue 상, 조상
u Stick 막대기, 나무토막
o Stove Pipe 스토브의 연통
u Sword 검, 칼
u Telescope 망원경
u Test Tube 시험관
u Tire Pump 타이어 펌프
u Vase 화병

D15

– Animal 동물
o Bird 새, 조류
o Bud (Flower) 꽃봉오리
u Butterfly 나비
– Cloud 구름
u Fish 물고기, 어류
o Flower 꽃, 화초

- – Head 머리
- – Insect 곤충, 벌레
- – Jellyfish 해파리
- u Leaf 잎, 나뭇잎
- o Rose 장미
- – Seal 바다표범
- – Smoke 연기
- – Walrus 해마
- u Wing 날개

Dd21

- – Animal(s) 동물(들)
- u ∨ Antennae 안테나, 더듬이(복수)
- u Arch 아치
- u ∨ Bird (Flying) (날아다니는) 새
- – Boomerang 부메랑
- o ∨ Butterfly (Front view) (앞에서 본) 나비
- u ∨ Canyon 깊은 협곡
- u ∨ Chevron 갈매기표 수장
- o ∨ Flower (Sometimes including *D6*) 꽃(때때로 *D6*를 포함하는)
- – Human(s) 인간(들)
- – Insect 곤충, 벌레
- u ∨ Keel (Boat) 밑이 평평한 배(보트)
- u Landscape 경치, 풍경
- u ∨ Ornament 장식물
- u Pliers (Cutting) (자르는 기구) 집게, 펜치
- u Reef 암초, 모래톱
- – Tuning Fork 소리굽쇠
- u Tweezers 족집게, 핀셋
- u ∨ Wishbone (새 가슴의) 창사골

DdS22

- – Anatomy 해부, 해부학
- u Design (Abstract) (추상적인) 도안
- – Face 얼굴
- – Head 머리
- u Islands 섬들
- – Map (Specific) (명확한) 지도
- u Map (Unspecified) (명확하지 않은) 지도
- – Mask 가면
- u Underwater Scene 수중 장면

Dd25

- u Coastline 해안선
- – Head (Animal) (동물의) 머리
- o Head (Human) (인간의) 머리
- o Head (Human-like) (인간과 같은) 머리

Dd26

- – Breast 가슴살
- – Face (Animal) (동물의) 얼굴
- u Face (Human, Profile) (인간의, 측면의) 얼굴
- u Face (Human-like, Profile) (인간 같은, 측면의) 얼굴

Dd27

- – Face 얼굴
- u Insect 곤충, 벌레
- – Seaweed 해초
- – Trees 나무들

Dd28

- – Clown 어릿광대
- u Insect 곤충, 벌레
- u Puppet 꼭두각시
- u Roots 뿌리들

Dd29

- o Buddha 불타, 부처
- o Child (With hands up) (손을 든) 어린이
- – Face 얼굴
- o Fan (With *D11* as handle) (*D11* 같은 손잡이가 있는) 환기팬
- o Human (Sitting or squatting) (앉아 있거나 쪼그리고 있는) 인간
- u Lantern (Sometimes with *D11* as handle) (때때로 *D11*처럼 손잡이가 있는) 랜턴, 제등
- u Paddle (With *D11* as handle) (*D11*처럼 손잡이가 있는) (카누의) 패들

DdS30

- – Skeleton 골격, 해골
- u Water 물

Dd31

- u ∨ Head (Animal) (동물의) 머리
- u ∨ Head (Caterpillar) (모충의, 쐐기벌레의) 머리
- – Head (Human) (인간의) 머리
- u ∨ Head (Hunan-like) (인간 같은) 머리

Dd32

- – Animal 동물
- u Head (Animal) (동물의) 머리
- – Head (Human) (인간의) 머리

Dd33

- o Acorn 도토리
- u Ball 볼, (구기 종목의) 공
- u Cookie 쿠키
- – Eye 눈
- – Head 머리
- u Orange 오렌지
- u Sun 태양
- o Walnut 호두나무

Dd34

- u Basket 광주리, 바구니
- u Bottle 병, 술병
- – Bullet(소총, 권총의) 총탄
- – Head 머리
- – Skull 두개골, 해골
- u Tooth 이

Dd35

- – Animal 동물
- u People (On a cliff) (낭떠러지에 서 있는) 사람
- – Reptile 파충류, 파행동물
- u Trees (On a cliff) (낭떠러지에 서 있는) 나무들

부록 Ⅱ 아동과 청소년 비환자 집단 참고 자료

아동과 청소년 비환자 집단 참고 자료

[부록 II-1] 과 [부록 II-2]는 5~16의 1,390명의 비환자 집단을 대상으로 얻은 자료들이다. 표집 크기가 너무 작아서 반응 유형별로 세분화하지는 않았다. 이 자료들은 두 가지 이유로 신중하게 적용되어야 하는데, 우선 어떤 연령 집단의 피검자 수가 타당성을 두기에 너무 적다. 두 번째로 비환자를 대상으로 한 프로젝트에 부모 의사에 의해 자원한 아동의 자료라는 점인데, 대개의 부모는 자녀의 수행 능력에 대해 신뢰하지 않는다면 프로젝트에 자원하지 않을 것이라는 점을 고려하게 된다. 이들의 우수한 수행 능력은 동일 연령 집단에 대해 대표성을 부여하기에 적절하지 않기 때문이다. 표를 검토할 때는 모든 자료를 고려하는 것이 중요하다. J 모양의 커브를 그리는 분포들이 있기 때문에, 평균과 표준편차 단독으로만 참고한다면 많은 로르샤하 변인을 잘못 해석할 수 있다. 각 변인의 실제적인 정보를 고려해야 하므로 중앙치와 최빈치를 고려하는 것 또한 중요하므로 표에 함께 제시했다. 변인 각각에 대해 표준편차를 괄호로 묶은 것은 표준편차에 따라 기대되는 정상 범위를 가정하거나 해석상의 참조 체계로 활용하는 것은 오해석의 소지가 있음을 주지시키기 위해서이므로 참고하기 바란다.

부록 II-1 1,390명의 비환자군 아동 및 청소년의 연령별 기술 통계치(5세)

변인	5세(N=90)								
	평균	표준편차	최소값	최대값	빈도	중앙값	최빈값	편포도	첨도
R	17.64	1.44	14.00	20.00	90	18.00	18.00	−0.83	−0.25
W	9.97	1.65	7.00	12.00	90	9.00	11.00	0.24	−1.35
D	7.10	2.61	3.00	12.00	90	8.00	6.00	−0.83	−0.24
Dd	0.58	[0.65]	0.00	2.00	44	0.00	0.00	0.70	−0.53
S	1.40	[1.14]	0.00	3.00	64	1.00	0.00	0.14	−1.39
DQ+	5.47	1.43	2.00	8.00	90	5.50	4.00	0.35	−1.29
DQo	10.72	2.07	7.00	13.00	90	12.00	13.00	−1.25	0.05
DQv	1.37	[0.62]	0.00	4.00	83	1.00	1.00	0.36	−0.63
DQv/+	0.09	[0.29]	0.00	1.00	8	0.00	0.00	2.94	6.78
FQX+	0.00	0.00	0.00	0.00	0	0.00	0.00	—	—
FQXo	11.54	2.50	6.00	15.00	90	13.00	13.00	−0.70	−0.52
FQXu	3.59	1.96	1.00	7.00	90	4.00	1.00	0.13	−1.19
FQX−	1.46	0.64	0.00	3.00	86	1.00	1.00	0.04	−0.19
FQXNone	0.87	[0.62]	0.00	2.00	63	1.00	1.00	0.36	−0.63
MQ+	0.00	0.00	0.00	0.00	0	0.00	0.00	—	—
MQo	1.13	0.34	1.00	2.00	90	1.00	1.00	2.19	2.88
MQu	0.38	0.66	0.00	2.00	25	0.00	0.00	1.53	1.00
MQ−	0.19	[0.39]	0.00	1.00	17	0.00	0.00	1.62	0.63
MQNone	0.00	[0.00]	0.00	0.00	0	0.00	0.00	—	—
S−	0.91	[0.69]	0.00	3.00	62	1.00	1.00	0.45	−0.83
M	1.70	1.00	1.00	4.00	90	1.00	1.00	1.26	0.36
FM	5.00	0.95	4.00	7.00	90	5.00	4.00	0.32	−1.20
m	0.78	0.80	0.00	3.00	49	1.00	0.00	0.43	−1.32
FM+m	5.78	1.19	4.00	9.00	90	6.00	5.00	0.65	0.50
FC	0.71	0.46	0.00	1.00	64	1.00	1.00	−0.95	−1.13
CF	3.02	1.41	1.00	6.00	90	3.00	3.00	0.53	−0.20
C	0.67	[0.62]	0.00	2.00	63	1.00	1.00	0.36	−0.63
Cn	0.00	[0.00]	0.00	0.00	0	0.00	0.00	—	—
FC+CF+C+Cn	4.40	1.10	2.00	6.00	90	4.00	4.00	−0.39	−0.11
WSum C	4.38	1.09	2.50	6.50	90	4.00	4.00	0.27	−0.73
Sum C′	0.63	[0.48]	0.00	1.00	57	1.00	1.00	−0.56	−1.72
Sum T	0.83	[0.48]	0.00	2.00	57	1.00	1.00	0.42	2.42
Sum V	0.00	[0.00]	0.00	0.00	0	0.00	0.00	—	—
Sum Y	0.36	[0.33]	0.00	2.00	20	0.00	0.00	−0.65	2.71
SumShd	1.77	0.97	0.00	2.00	57	2.00	2.00	−0.56	−1.72
Fr+rF	0.38	[0.45]	0.00	2.00	29	0.00	0.00	1.01	−1.00
FD	0.28	[0.63]	0.00	1.00	16	0.00	0.00	1.77	0.58

(계속)

변인	5세(N=90) 평균	표준편차	최소값	최대값	빈도	중앙값	최빈값	편포도	첨도
F	6.98	1.26	4.00	9.00	90	6.00	6.00	0.19	−0.35
PAIR	9.08	1.96	5.00	11.00	90	9.00	11.00	−0.91	−0.29
3r(2)/R	0.69	0.14	0.33	1.00	90	0.60	0.64	0.28	0.57
LAMBDA	0.86	0.15	0.36	1.25	90	0.75	0.60	0.76	−0.52
EA	5.08	1.34	2.50	8.50	90	5.50	5.00	−0.24	−0.75
es	7.04	1.14	5.00	9.00	90	7.00	7.00	0.10	−0.60
D	−0.24	0.43	−1.00	0.00	90	0.00	0.00	−1.21	−0.55
AdjD	−0.20	0.40	−1.00	0.00	90	0.00	0.00	−1.53	0.33
a (active)	6.28	0.95	5.00	8.00	90	6.00	6.00	0.38	−0.70
p (passive)	1.20	1.37	0.00	4.00	49	1.00	0.00	0.82	−0.60
Ma	1.42	0.67	1.00	3.00	90	1.00	1.00	1.32	0.47
Mp	0.28	0.45	0.00	1.00	25	0.00	0.00	1.01	−1.00
Intellect	0.17	0.38	0.00	1.00	90	0.00	0.00	1.82	1.34
Zf	10.08	2.18	8.00	14.00	90	10.00	14.00	0.15	−1.52
Zd	−1.13	2.60	−5.00	4.50	90	−1.75	−2.50	0.70	0.09
Blends	2.86	1.92	0.00	5.00	77	3.00	5.00	−0.21	−1.56
Col Shd Bl	0.18	[0.56]	0.00	1.00	5	0.00	0.00	1.81	−2.37
Afr	0.88	0.13	0.50	1.00	90	0.90	0.80	−0.65	−0.08
Popular	4.66	1.69	3.00	10.00	90	4.00	4.00	0.55	−0.94
XA%	0.88	0.05	0.78	1.00	90	0.88	0.83	0.43	−0.34
WDA%	0.91	0.06	0.78	1.00	90	0.91	0.94	−0.08	−0.73
X+%	0.67	0.10	0.47	0.83	90	0.68	0.78	−0.27	−0.68
X−%	0.08	0.04	0.00	0.17	86	0.07	0.11	−0.02	−0.16
Xu%	0.21	0.11	0.06	0.40	90	0.22	0.06	0.09	−1.44
Isolate/R	0.17	0.06	0.11	0.27	90	0.17	0.11	0.57	−0.88
H	2.19	0.50	1.00	3.00	90	2.00	2.00	0.38	0.34
(H)	1.46	0.50	1.00	2.00	90	1.00	1.00	0.18	−2.01
HD	0.36	0.48	0.00	1.00	32	0.00	0.00	0.61	−1.66
(Hd)	0.00	0.00	0.00	0.00	0	0.00	0.00	—	—
Hx	0.00	[0.00]	0.00	0.00	0	0.00	0.00	—	—
All H Cont	4.00	1.15	2.00	6.00	90	4.00	3.00	0.40	−0.90
A	10.69	2.32	6.00	14.00	90	11.00	12.00	−0.87	−0.28
(A)	0.37	[0.48]	0.00	1.00	33	0.00	0.00	0.56	−1.72
Ad	0.71	[0.60]	0.00	2.00	57	1.00	1.00	0.22	−0.57
(Ad)	0.00	[0.00]	0.00	0.00	0	0.00	0.00	—	—
An	0.00	[0.00]	0.00	0.00	0	0.00	0.00	—	—
Art	0.17	0.38	0.00	1.00	15	0.00	0.00	1.81	1.34
Ay	0.00	[0.00]	0.00	0.00	0	0.00	0.00	—	—

(계속)

변인	5세(N=90)								
	평균	표준편차	최소값	최대값	빈도	중앙값	최빈값	편포도	첨도
Bl	1.13	[0.46]	0.00	2.00	86	1.00	1.00	0.54	1.30
Bt	0.28	0.45	0.00	1.00	25	0.00	0.00	1.00	−1.00
Cg	3.73	1.35	2.00	6.00	90	3.00	3.00	0.61	−0.92
Cl	0.00	[0.00]	0.00	0.00	0	0.00	0.00	—	—
Ex	0.00	[0.00]	0.00	0.00	0	0.00	0.00	—	—
Fi	0.22	[0.51]	0.00	2.00	16	0.00	0.00	2.30	4.54
Food	0.00	[0.00]	0.00	0.00	0	0.00	0.00	—	—
Ge	0.00	[0.00]	0.00	0.00	0	0.00	0.00	—	—
Hh	0.00	0.00	0.00	0.00	0	0.00	0.00	—	—
Ls	2.68	0.63	2.00	4.00	90	3.00	3.00	0.38	−0.65
Na	0.00	[0.00]	0.00	0.00	0	0.00	0.00	—	—
Sc	0.12	[0.33]	0.00	1.00	11	0.00	0.00	2.34	3.58
Sx	0.00	[0.00]	0.00	0.00	0	0.00	0.00	—	—
Xy	0.00	[0.00]	0.00	0.00	0	0.00	0.00	—	—
Idiographic	0.14	0.35	0.00	1.00	13	0.00	0.00	2.05	2.28
DV	0.98	[1.05]	0.00	4.00	53	1.00	0.00	1.00	0.57
INCOM	0.96	[0.70]	0.00	2.00	66	1.00	1.00	0.06	−0.93
DR	0.04	[0.21]	0.00	1.00	4	0.00	0.00	4.49	18.63
FABCOM	0.89	[0.57]	0.00	2.00	70	1.00	1.00	−0.01	0.06
DV2	0.00	[0.00]	0.00	0.00	0	0.00	0.00	—	—
INC2	0.09	[0.29]	0.00	1.00	8	0.00	0.00	2.93	6.78
DR2	0.09	[0.29]	0.00	1.00	8	0.00	0.00	2.93	6.78
FAB2	0.22	[0.42]	0.00	1.00	20	0.00	0.00	1.35	−0.16
ALOG	0.41	[0.50]	0.00	1.00	37	0.00	0.00	0.36	−1.91
CONTAM	0.00	0.00	0.00	0.00	0	0.00	0.00	—	—
Sum 6 Sp Sc	3.68	1.92	1.00	8.00	90	4.00	5.00	0.16	−0.77
Lvl 2 Sp Sc	0.40	[0.58]	0.00	2.00	32	0.00	0.00	1.12	0.30
Wsum6	11.08	4.68	4.00	19.00	90	12.00	4.00	−0.10	−1.05
AB	0.00	[0.00]	0.00	0.00	0	0.00	0.00	—	—
AG	1.23	0.67	0.00	3.00	82	1.00	1.00	0.60	0.74
COP	1.08	0.52	0.00	2.00	81	1.00	1.00	0.10	0.67
CP	0.00	[0.00]	0.00	0.00	0	0.00	0.00	—	—
GOODHR	3.59	0.98	1.00	6.00	90	3.50	3.00	0.03	1.46
POORHR	1.50	0.80	0.00	3.00	86	1.00	1.00	0.61	−0.40
MOR	0.78	[0.75]	0.00	2.00	53	1.00	0.00	0.38	−1.10
PER	0.00	0.00	0.00	0.00	0	0.00	0.00	—	—
PSV	0.63	0.48	0.00	1.00	57	1.00	1.00	−0.56	−1.72

[ ] 안의 값은 신뢰롭지 못하여 기대 범위를 추정하는 데 사용할 수 없다. 이 변인들은 대개의 모수 통계분석에 포함시키지 않는다.

부록 Ⅱ-1 1,390명의 비환자군 아동 및 청소년의 연령별 기술 통계치(6세)

	6세(N=80)								
변인	평균	표준편차	최소값	최대값	빈도	중앙값	최빈값	편포도	첨도
R	18.91	0.98	14.00	20.00	80	19.00	20.00	−0.23	−1.25
W	10.79	1.17	7.00	10.00	80	11.00	9.00	−0.56	−1.16
D	7.94	1.01	7.00	11.00	80	7.00	8.00	−1.38	2.27
Dd	0.30	[0.46]	0.00	1.00	24	0.00	0.00	0.89	−1.24
S	0.79	[0.76]	0.00	3.00	51	1.00	1.00	1.09	1.67
DQ+	4.42	0.59	3.00	5.00	80	4.00	4.00	−0.46	−0.66
DQo	11.31	1.35	9.00	13.00	80	11.00	13.00	0.11	−1.45
DQv	2.54	[1.19]	1.00	5.00	80	3.00	3.00	0.14	−0.89
DQv/+	0.45	[0.64]	0.00	1.00	38	1.00	1.00	−1.18	−0.63
FQX+	0.00	0.00	0.00	0.00	0	0.00	0.00	—	—
FQXo	13.39	1.22	12.00	16.00	80	14.00	14.00	0.25	−0.92
FQXu	4.01	1.29	3.00	7.00	80	4.00	4.00	0.75	−0.32
FQX−	0.94	0.50	0.00	6.00	66	0.00	0.00	0.21	−2.01
FQXNone	0.74	[0.48]	0.00	2.00	68	1.00	1.00	−0.58	−1.70
MQ+	0.00	0.00	0.00	0.00	0	0.00	0.00	—	—
MQo	1.96	0.75	1.00	3.00	80	2.00	2.00	0.06	−1.22
MQu	0.00	0.00	0.00	0.00	0	0.00	0.00	—	—
MQ−	0.23	[0.67]	0.00	1.00	6	0.00	0.00	1.24	4.12
MQNone	0.00	[0.00]	0.00	0.00	0	0.00	0.00	—	—
S−	0.42	[0.78]	0.00	0.50	11	0.00	0.00	0.98	3.15
M	1.96	0.75	1.00	3.00	80	2.00	2.00	0.06	−1.22
FM	4.52	0.81	1.00	8.00	80	5.00	4.00	−1.25	2.76
m	1.40	1.48	0.00	4.00	51	1.00	0.00	0.81	−0.72
FM+m	5.92	0.99	2.00	10.00	80	8.00	8.00	1.11	0.35
FC	1.11	1.09	0.00	3.00	42	2.00	0.00	0.07	−1.72
CF	3.51	0.94	1.00	5.00	80	3.00	3.00	−0.36	0.83
C	0.94	[0.48]	0.00	2.00	68	1.00	1.00	−0.58	−1.70
Cn	0.06	[0.09]	0.00	1.00	1	0.00	0.00	4.15	35.81
FC+CF+C+Cn	5.56	1.63	1.00	7.00	80	6.00	6.00	−0.94	0.29
WSum C	5.02	1.42	1.00	6.50	80	5.50	5.50	−1.23	1.26
Sum C−	0.58	[0.50]	0.00	1.00	46	1.00	1.00	−0.31	−1.95
Sum T	0.83	[0.22]	0.00	1.00	69	1.00	1.00	−1.21	6.12
Sum V	0.00	[0.00]	0.00	0.00	0	0.00	0.00	—	—
Sum Y	0.54	[0.48]	0.00	1.00	37	0.00	0.00	0.70	−1.55
SumShd	1.95	0.88	0.00	3.00	76	2.00	2.00	−0.18	−0.89
Fr+rF	0.28	[0.40]	0.00	2.00	17	0.00	0.00	1.83	0.35
FD	0.48	[0.68]	0.00	1.00	29	0.00	0.00	1.49	2.34

(계속)

변인	6세(*N*=80)								
	평균	표준편차	최소값	최대값	빈도	중앙값	최빈값	편포도	첨도
F	5.77	1.47	3.00	10.00	80	4.00	4.00	3.10	10.34
PAIR	9.61	1.79	5.00	12.00	80	10.00	11.00	−0.88	0.30
3r(2)/R	0.67	0.15	0.25	0.90	80	0.66	0.60	0.38	0.61
LAMBDA	0.79	0.17	0.18	1.50	80	0.78	0.65	−1.56	0.64
EA	6.98	1.42	2.00	8.50	80	6.00	5.00	0.85	1.77
es	7.87	1.00	8.00	11.00	80	7.00	6.00	0.13	−1.52
D	−0.41	0.59	−2.00	0.00	80	0.00	0.00	−1.11	0.28
AdjD	−0.21	0.41	−2.00	0.00	80	0.00	0.00	−1.43	0.05
a (active)	6.03	1.27	5.00	9.00	80	6.00	5.00	0.43	−1.17
p (passive)	1.85	1.90	1.00	6.00	80	2.00	1.00	0.51	−1.49
Ma	0.98	0.84	0.00	2.00	51	1.00	0.00	0.05	−1.59
Mp	0.99	1.35	0.00	3.00	29	0.00	0.00	0.70	−1.44
Intellect	0.96	0.51	0.00	2.00	80	1.00	1.00	−0.06	0.93
Zf	10.15	1.44	6.00	12.00	80	11.00	9.00	−0.45	−1.21
Zd	−1.38	2.20	−5.00	1.00	80	0.00	0.00	−0.91	−0.93
Blends	2.16	0.49	1.00	3.00	80	2.00	2.00	0.38	0.64
Col Shd Bl	0.44	[0.64]	0.00	1.00	18	0.00	0.00	2.13	4.67
Afr	0.87	0.26	0.25	1.11	80	0.82	0.78	−0.76	−0.36
Popular	5.02	1.43	4.00	9.00	80	5.00	5.00	0.14	−0.70
XA%	0.93	0.04	0.84	1.00	80	0.95	0.95	0.04	−0.75
WDA%	0.93	0.04	0.84	1.00	80	0.95	0.95	−0.05	−0.82
X+%	0.70	0.06	0.60	0.80	80	0.70	0.60	−0.07	−0.92
X−%	0.03	0.03	0.00	0.13	45	0.05	0.00	0.42	−0.32
Xu%	0.23	0.07	0.07	0.35	80	0.22	0.22	0.43	−0.22
Isolate/R	0.23	0.09	0.06	0.39	80	0.22	0.15	0.22	−1.27
H	2.49	1.18	1.00	4.00	80	3.00	3.00	−0.18	−1.51
(H)	0.66	0.50	0.00	2.00	52	1.00	1.00	−0.38	−1.12
HD	0.58	0.63	0.00	2.00	40	0.50	0.00	0.63	−0.53
(Hd)	0.04	0.19	0.00	1.00	3	0.00	0.00	4.96	23.21
Hx	0.00	[0.00]	0.00	0.00	0	0.00	0.00	—	—
All H Cont	3.76	0.75	2.00	5.00	80	4.00	4.00	0.23	−0.83
A	8.03	1.34	2.00	10.00	80	8.00	8.00	−1.34	4.29
(A)	0.34	[0.48]	0.00	1.00	27	0.00	0.00	0.70	−1.55
Ad	1.11	[0.60]	0.00	3.00	76	1.00	1.00	2.18	5.90
(Ad)	0.01	[0.11]	0.00	1.00	1	0.00	0.00	8.94	80.00
An	0.01	[0.11]	0.00	1.00	1	0.00	0.00	8.94	80.00
Art	0.86	0.41	0.00	2.00	67	1.00	1.00	−0.96	1.83
Ay	0.00	[0.00]	0.00	0.00	0	0.00	0.00	—	—

(계속)

변인	6세(N=80)								
	평균	표준편차	최소값	최대값	빈도	중앙값	최빈값	편포도	첨도
Bl	0.30	[0.49]	0.00	2.00	23	0.00	0.00	1.22	0.28
Bt	1.52	0.64	0.00	2.00	74	2.00	2.00	−1.00	−0.04
Cg	0.03	0.16	0.00	1.00	2	0.00	0.00	6.20	37.40
Cl	0.14	[0.35]	0.00	1.00	11	0.00	0.00	2.14	2.67
Ex	0.25	[0.44]	0.00	1.00	20	0.00	0.00	1.17	−0.63
Fi	0.61	[0.52]	0.00	2.00	48	1.00	1.00	−0.18	−1.32
Food	0.59	[0.50]	0.00	1.00	47	1.00	1.00	−0.36	−1.92
Ge	0.05	[0.22]	0.00	1.00	4	0.00	0.00	4.20	16.12
Hh	1.17	0.65	0.00	3.00	73	1.00	1.00	0.93	1.71
Ls	0.96	0.19	0.00	1.00	77	1.00	1.00	−4.96	23.21
Na	0.78	[0.78]	0.00	2.00	45	1.00	0.00	0.41	−1.23
Sc	0.71	[0.66]	0.00	3.00	49	1.00	1.00	0.65	0.64
Sx	0.00	[0.00]	0.00	0.00	0	0.00	0.00	—	—
Xy	0.00	[0.00]	0.00	0.00	0	0.00	0.00	—	—
Idiographic	0.15	0.36	0.00	1.00	12	0.00	0.00	1.99	2.04
DV	0.06	[0.24]	0.00	1.00	5	0.00	0.00	3.68	11.87
INCOM	2.35	[0.58]	0.00	3.00	79	2.00	2.00	−0.60	1.86
DR	0.09	[0.33]	0.00	2.00	6	0.00	0.00	4.03	17.30
FABCOM	0.60	[0.49]	0.00	1.00	48	1.00	1.00	−0.41	−1.87
DV2	0.00	[0.00]	0.00	0.00	0	0.00	0.00	—	—
INC2	0.04	[0.19]	0.00	1.00	3	0.00	0.00	4.96	23.21
DR2	0.00	[0.00]	0.00	0.00	0	0.00	0.00	—	—
FAB2	0.00	[0.00]	0.00	0.00	0	0.00	0.00	—	—
ALOG	0.65	[0.48]	0.00	1.00	52	1.00	1.00	−0.64	−1.63
CONTAM	0.00	0.00	0.00	0.00	0	0.00	0.00	—	—
Sum 6 Sp Sc	3.79	1.35	1.00	6.00	80	4.00	5.00	−0.27	−1.21
Lvl 2 Sp Sc	0.04	[0.19]	0.00	1.00	3	0.00	0.00	4.96	23.21
Wsum6	10.83	4.72	3.00	18.00	80	13.00	15.00	−0.55	−1.36
AB	0.00	[0.00]	0.00	0.00	0	0.00	0.00	—	—
AG	0.36	0.60	0.00	2.00	24	0.00	0.00	1.45	1.09
COP	1.84	0.56	0.00	3.00	74	2.00	2.00	−2.68	6.69
CP	0.00	[0.00]	0.00	0.00	0	0.00	0.00	—	—
GOODHR	3.68	0.98	2.00	5.00	80	3.00	3.00	0.20	−1.24
POORHR	1.14	0.73	0.00	3.00	69	1.00	1.00	0.80	1.10
MOR	0.08	[0.35]	0.00	2.00	4	0.00	0.00	4.88	23.92
PER	0.08	0.38	0.00	3.00	4	0.00	0.00	6.35	45.06
PSV	0.01	[0.11]	0.00	1.00	1	0.00	0.00	8.94	80.00

[ ] 안의 값은 신뢰롭지 못하여 기대 범위를 추정하는 데 사용할 수 없다. 이 변인들은 대개의 모수 통계분석에 포함시키지 않는다.

부록 II-1 1,390명의 비환자군 아동 및 청소년의 연령별 기술 통계치(7세)

변인	7세(N=120)								
	평균	표준편차	최소값	최대값	빈도	중앙값	최빈값	편포도	첨도
R	19.93	1.25	14.00	24.00	120	19.00	19.00	−0.10	−0.50
W	10.33	2.01	5.00	12.00	120	9.00	9.00	0.02	−1.34
D	9.09	2.86	7.00	15.00	120	9.00	7.00	0.07	−1.77
Dd	0.82	[0.32]	0.00	3.00	74	0.00	0.00	0.42	2.91
S	1.44	[1.06]	0.00	4.00	102	2.00	2.00	−0.49	−0.38
DQ+	6.48	0.80	6.00	9.00	120	6.00	6.00	0.11	−0.41
DQo	11.15	0.98	10.00	13.00	120	11.00	11.00	0.36	−0.92
DQv	1.63	[0.58]	0.00	3.00	89	2.00	1.00	0.28	−0.71
DQv/+	0.28	[0.45]	0.00	1.00	33	0.00	0.00	1.02	−0.98
FQX+	0.00	0.00	0.00	0.00	0	0.00	0.00	—	—
FQXo	14.37	1.46	12.00	18.00	120	15.00	14.00	0.24	−1.28
FQXu	2.08	0.69	1.00	3.00	120	2.00	2.00	−0.10	−0.86
FQX−	1.99	1.27	0.00	4.00	117	2.00	1.00	0.36	−1.18
FQXNone	1.10	[0.30]	0.00	3.00	72	1.00	1.00	2.70	5.38
MQ+	0.00	0.00	0.00	0.00	0	0.00	0.00	—	—
MQo	2.51	1.16	2.00	6.00	120	3.00	2.00	1.25	0.67
MQu	0.56	0.34	0.00	1.00	13	0.00	0.00	2.20	4.96
MQ−	0.45	[0.22]	0.00	2.00	28	0.00	0.00	2.18	11.75
MQNone	0.00	[0.00]	0.00	0.00	0	0.00	0.00	—	—
S−	0.12	[0.32]	0.00	1.00	14	0.00	0.00	2.42	3.91
M	3.02	1.22	2.00	6.00	120	3.00	2.00	1.15	0.12
FM	5.92	1.20	3.00	7.00	120	6.00	6.00	−1.11	0.14
m	1.06	0.40	0.00	2.00	114	1.00	1.00	0.52	3.35
FM+m	6.08	1.14	5.00	8.00	120	7.00	8.00	−0.80	−0.79
FC	2.17	0.93	1.00	4.00	120	2.00	2.00	0.27	−1.82
CF	3.19	0.98	1.00	6.00	120	3.00	3.00	−0.71	0.47
C	0.99	[0.30]	0.00	3.00	72	0.00	0.00	2.70	5.38
Cn	0.00	[0.00]	0.00	0.00	0	0.00	0.00	—	—
FC+CF+C+Cn	6.15	1.39	4.00	10.00	120	5.00	5.00	0.70	−1.11
WSum C	4.97	1.14	3.00	7.00	120	4.00	4.00	0.16	−1.17
Sum C′	1.25	[0.86]	0.00	2.00	87	2.00	2.00	−0.51	−1.47
Sum T	0.93	[0.78]	0.00	2.00	110	1.00	1.00	0.42	4.14
Sum V	0.00	[0.00]	0.00	0.00	0	0.00	0.00	—	—
Sum Y	0.23	[0.42]	0.00	1.00	37	0.00	0.00	1.33	−0.23
SumShd	2.48	1.12	1.00	4.00	120	3.00	3.00	−0.05	−1.37
Fr+rF	0.30	[0.39]	0.00	2.00	22	0.00	0.00	2.70	5.38
FD	0.13	[0.70]	0.00	1.00	14	0.00	0.00	1.31	−2.94

(계속)

	7세(N=120)								
변인	평균	표준편차	최소값	최대값	빈도	중앙값	최빈값	편포도	첨도
F	7.62	1.60	3.00	10.00	120	7.00	8.00	−0.68	−0.31
PAIR	9.73	1.94	7.00	12.00	120	9.00	8.00	0.03	−1.75
3r(2)/R	0.65	0.12	0.33	0.90	120	0.62	0.60	0.14	0.28
LAMBDA	0.79	0.16	0.20	1.25	120	0.70	0.62	−0.17	−0.32
EA	7.48	1.04	4.00	9.00	120	8.00	7.00	−0.41	−1.07
es	8.56	1.67	4.00	12.00	120	8.00	7.00	0.01	−0.98
D	−0.53	0.67	−2.00	0.00	120	0.00	0.00	−0.92	−0.32
AdjD	−0.47	0.58	−2.00	0.00	120	0.00	0.00	−0.79	−0.35
a (active)	6.97	1.24	4.00	8.00	120	7.00	8.00	−1.00	−0.19
p (passive)	3.03	1.28	2.00	6.00	120	2.00	2.00	0.91	−0.50
Ma	2.82	0.87	2.00	5.00	120	3.00	2.00	0.84	−0.07
Mp	0.20	0.40	0.00	1.00	24	0.00	0.00	1.52	0.31
Intellect	0.27	0.44	0.00	1.00	120	0.00	0.00	1.07	−0.87
Zf	11.51	1.46	10.00	15.00	120	11.00	14.00	−0.08	−1.14
Zd	−1.04	2.41	−3.50	3.00	120	−1.00	−3.50	0.39	−1.46
Blends	5.11	0.65	3.00	7.00	120	4.00	5.00	−0.72	0.74
Col Shd Bl	0.36	[0.64]	0.00	1.00	20	0.00	0.00	2.12	8.35
Afr	0.79	0.09	0.45	0.83	120	0.67	0.75	0.02	−1.21
Popular	4.75	0.79	2.00	8.00	120	6.00	4.00	−0.35	−0.16
XA%	0.92	0.07	0.79	1.00	120	0.94	1.00	−0.31	−1.26
WDA%	0.92	0.07	0.79	1.00	120	0.94	1.00	−0.52	−0.99
X+%	0.81	0.05	0.70	0.89	120	0.82	0.86	−0.61	−0.33
X−%	0.08	0.07	0.00	0.21	87	0.06	0.00	0.33	−1.09
Xu%	0.11	0.03	0.05	0.15	120	0.11	0.11	−0.67	−0.56
Isolate/R	0.25	0.05	0.17	0.35	120	0.25	0.25	0.41	−1.08
H	1.67	0.79	1.00	3.00	120	1.00	1.00	0.65	−1.10
(H)	1.34	0.88	0.00	3.00	93	2.00	2.00	−0.28	−1.00
HD	0.38	0.49	0.00	1.00	45	0.00	0.00	0.52	−1.76
(Hd)	0.74	0.87	0.00	3.00	63	1.00	0.00	1.14	0.71
Hx	0.00	[0.00]	0.00	0.00	0	0.00	0.00	—	—
All H Cont	4.13	0.89	3.00	6.00	120	4.00	4.00	0.17	−0.94
A	9.26	0.77	8.00	10.00	120	9.00	10.00	−0.48	−1.16
(A)	1.18	[0.81]	0.00	2.00	90	1.00	2.00	−0.34	−1.39
Ad	0.68	[0.79]	0.00	2.00	57	0.00	0.00	0.65	−1.10
(Ad)	0.05	[0.22]	0.00	1.00	6	0.00	0.00	4.18	15.75
An	0.37	[0.48]	0.00	1.00	44	0.00	0.00	0.56	−1.72
Art	0.10	0.30	0.00	1.00	12	0.00	0.00	2.70	5.38
Ay	0.17	[0.37]	0.00	1.00	20	0.00	0.00	1.81	1.30

(계속)

변인	7세(N=120)								
	평균	표준편차	최소값	최대값	빈도	중앙값	최빈값	편포도	첨도
Bl	0.28	[0.45]	0.00	1.00	33	0.00	0.00	1.02	−0.98
Bt	2.11	0.56	1.00	3.00	120	2.00	2.00	0.03	0.12
Cg	1.15	0.36	1.00	2.00	120	1.00	1.00	1.98	1.97
Cl	0.00	[0.00]	0.00	0.00	0	0.00	0.00	—	—
Ex	0.00	[0.00]	0.00	0.00	0	0.00	0.00	—	—
Fi	0.48	[0.50]	0.00	1.00	57	0.00	0.00	0.10	−2.02
Food	0.20	[0.40]	0.00	1.00	24	0.00	0.00	1.51	0.31
Ge	0.00	[0.00]	0.00	0.00	0	0.00	0.00	—	—
Hh	0.00	0.00	0.00	0.00	0	0.00	0.00	—	—
Ls	1.00	0.00	1.00	1.00	120	1.00	1.00	—	—
Na	0.96	[0.77]	0.00	2.00	82	1.00	1.00	0.07	−1.31
Sc	1.54	[1.14]	0.00	4.00	96	1.00	1.00	0.39	−0.62
Sx	0.00	[0.00]	0.00	0.00	0	0.00	0.00	—	—
Xy	0.00	[0.00]	0.00	0.00	0	0.00	0.00	—	—
Idiographic	0.53	0.59	0.00	2.00	57	0.00	0.00	0.63	−0.53
DV	1.39	[0.49]	1.00	2.00	120	1.00	1.00	0.45	−1.83
INCOM	1.39	[0.58]	0.00	2.00	114	1.00	1.00	−0.33	−0.71
DR	0.46	[0.63]	0.00	2.00	46	0.00	0.00	1.06	0.06
FABCOM	0.29	[0.46]	0.00	1.00	35	0.00	0.00	0.92	−1.16
DV2	0.00	[0.00]	0.00	0.00	0	0.00	0.00	—	—
INC2	0.00	[0.00]	0.00	0.00	0	0.00	0.00	—	—
DR2	0.00	[0.00]	0.00	0.00	0	0.00	0.00	—	—
FAB2	0.08	[0.26]	0.00	1.00	9	0.00	0.00	3.26	8.83
ALOG	0.38	[0.49]	0.00	1.00	45	0.00	0.00	0.52	−1.76
CONTAM	0.01	0.09	0.00	1.00	1	0.00	0.00	10.95	120.00
Sum 6 Sp Sc	3.99	1.40	1.00	8.00	120	4.00	5.00	0.23	0.45
Lvl 2 Sp Sc	0.08	[0.26]	0.00	1.00	9	0.00	0.00	3.26	8.83
Wsum6	9.18	5.66	1.00	29.00	120	10.00	4.00	0.85	0.69
AB	0.00	[0.00]	0.00	0.00	0	0.00	0.00	—	—
AG	1.20	0.40	1.00	2.00	120	1.00	1.00	1.51	0.31
COP	1.17	0.59	0.00	2.00	108	1.00	1.00	−0.05	−0.28
CP	0.00	[0.00]	0.00	0.00	0	0.00	0.00	—	—
GOODHR	3.82	1.16	2.00	5.00	120	4.00	5.00	−0.52	−1.19
POORHR	0.99	0.98	0.00	3.00	71	1.00	0.00	0.50	−0.95
MOR	1.64	[0.58]	1.00	3.00	120	2.00	2.00	0.22	−0.70
PER	1.22	0.57	1.00	3.00	120	1.00	1.00	2.51	4.94
PSV	0.54	[0.50]	0.00	1.00	65	1.00	1.00	−0.16	−2.01

[ ] 안의 값은 신뢰롭지 못하여 기대 범위를 추정하는 데 사용할 수 없다. 이 변인들은 대개의 모수 통계분석에 포함시키지 않는다.

부록 Ⅱ-1 1,390명의 비환자군 아동 및 청소년의 연령별 기술 통계치(8세)

변인	8세(*N*=120)								
	평균	표준편차	최소값	최대값	빈도	중앙값	최빈값	편포도	첨도
R	18.73	2.46	14.00	23.00	120	18.00	16.00	0.21	−1.57
W	10.03	1.01	6.00	11.00	120	11.00	8.00	0.55	−1.05
D	7.00	1.28	7.00	11.00	120	7.00	7.00	0.41	−1.12
Dd	1.70	[0.84]	0.00	3.00	104	1.00	0.00	0.40	−1.47
S	1.73	[0.58]	1.00	3.00	119	2.00	2.00	0.08	−0.43
DQ+	6.80	1.74	4.00	10.00	120	6.00	6.00	0.64	−0.57
DQo	11.27	1.40	9.00	14.00	120	12.00	12.00	−0.04	−0.68
DQv	0.90	[0.62]	0.00	3.00	99	1.00	1.00	0.50	−0.59
DQv/+	0.17	[0.25]	0.00	1.00	19	0.00	0.00	3.56	11.07
FQX+	0.00	0.00	0.00	0.00	0	0.00	0.00	—	—
FQXo	13.22	1.83	10.00	17.00	120	13.00	12.00	0.44	−0.37
FQXu	3.47	1.37	2.00	6.00	120	4.00	2.00	0.24	−1.34
FQX−	1.72	0.76	1.00	4.00	120	2.00	1.00	0.53	−1.07
FQXNone	0.43	[0.48]	0.00	1.00	43	0.00	0.00	0.73	−1.53
MQ+	0.00	0.00	0.00	0.00	0	0.00	0.00	—	—
MQo	3.12	1.62	1.00	6.00	120	2.00	2.00	0.68	−0.97
MQu	0.20	0.40	0.00	1.00	24	0.00	0.00	1.54	0.38
MQ−	0.07	[0.25]	0.00	1.00	10	0.00	0.00	3.56	11.07
MQNone	0.00	[0.00]	0.00	0.00	0	0.00	0.00	—	—
S−	0.13	[0.34]	0.00	1.00	29	0.00	0.00	2.21	3.00
M	3.38	1.85	1.00	7.00	120	3.00	2.00	0.79	−0.49
FM	4.72	1.37	3.00	8.00	120	4.00	4.00	0.71	−0.30
m	0.57	0.50	0.00	3.00	57	0.00	0.00	0.14	−2.05
FM+m	5.28	1.56	3.00	8.00	120	5.00	4.00	0.20	−1.29
FC	1.80	0.84	1.00	3.00	120	2.00	1.00	0.40	−1.47
CF	2.73	0.78	1.00	4.00	120	3.00	3.00	−0.38	−0.01
C	0.43	[0.48]	0.00	1.00	43	0.00	0.00	0.73	−1.53
Cn	0.00	[0.00]	0.00	0.00	0	0.00	0.00	—	—
FC+CF+C+Cn	4.87	0.72	3.00	6.00	120	5.00	5.00	−0.90	1.37
WSum C	4.13	0.77	3.00	6.00	120	4.00	3.50	0.80	0.22
Sum C′	1.30	[0.89]	0.00	3.00	102	1.00	1.00	0.92	−0.26
Sum T	1.08	[0.60]	0.00	2.00	107	1.00	1.00	0.76	2.58
Sum V	0.00	[0.00]	0.00	0.00	0	0.00	0.00	—	—
Sum Y	0.92	[0.85]	0.00	2.00	68	1.00	0.00	0.37	−1.54
SumShd	2.90	1.47	1.00	5.00	120	2.00	2.00	0.18	−1.46
Fr+rF	0.33	[0.48]	0.00	1.00	33	0.00	0.00	0.73	−1.53
FD	0.53	[0.34]	0.00	2.00	39	0.00	0.00	2.21	3.00

(계속)

변인	8세(N=120)								
	평균	표준편차	최소값	최대값	빈도	중앙값	최빈값	편포도	첨도
F	6.98	1.64	5.00	10.00	120	7.00	7.00	0.67	−0.58
PAIR	7.97	1.19	6.00	10.00	120	8.00	8.00	0.07	−0.60
3r(2)/R	0.62	0.12	0.30	0.90	120	0.67	0.60	0.28	0.39
LAMBDA	0.77	0.27	0.29	1.35	120	0.65	0.70	0.91	−0.21
EA	7.51	1.45	4.00	11.50	120	7.00	6.50	0.48	−0.31
es	8.18	2.51	4.00	12.00	120	7.00	6.00	0.07	−1.31
D	−0.22	0.64	−2.00	1.00	120	0.00	0.00	−1.38	2.44
AdjD	−0.15	0.61	−2.00	1.00	120	0.00	0.00	−1.82	4.40
a (active)	6.73	1.63	4.00	10.00	120	6.00	6.00	0.15	−0.34
p (passive)	1.93	1.30	0.00	5.00	112	2.00	1.00	0.89	0.20
Ma	3.12	1.66	1.00	6.00	120	3.00	2.00	0.52	−1.01
Mp	0.37	0.45	0.00	2.00	46	0.00	0.00	1.08	−0.86
Intellect	0.46	0.98	0.00	1.50	120	0.00	0.00	2.46	3.15
Zf	11.27	1.49	10.00	15.00	120	12.00	11.00	0.28	−1.27
Zd	−0.70	1.93	−4.50	5.00	120	−1.00	0.00	1.23	3.73
Blends	4.88	1.03	3.00	6.00	120	5.00	5.00	−0.54	−0.82
Col Shd Bl	0.30	[0.40]	0.00	1.00	34	0.00	0.00	1.54	0.38
Afr	0.69	0.09	0.36	0.90	120	0.68	0.63	0.64	0.00
Popular	5.68	0.80	3.00	7.00	120	6.00	6.00	−0.57	−1.22
XA%	0.89	0.06	0.75	0.95	120	0.89	0.94	−0.79	−0.05
WDA%	0.90	0.06	0.75	0.95	120	0.93	0.95	−1.29	0.86
X+%	0.71	0.07	0.58	0.81	120	0.71	0.63	0.01	−1.33
X−%	0.09	0.04	0.05	0.19	120	0.09	0.06	0.80	−0.29
Xu%	0.18	0.06	0.12	0.32	120	0.18	0.13	0.89	−0.16
Isolate/R	0.23	0.04	0.14	0.27	120	0.24	0.19	−0.64	−0.47
H	1.87	1.03	1.00	4.00	120	1.00	1.00	0.64	−1.07
(H)	1.47	0.62	1.00	3.00	120	1.00	1.00	0.98	−0.05
HD	0.27	0.44	0.00	1.00	32	0.00	0.00	1.06	−0.87
(Hd)	1.20	0.54	1.00	3.00	120	1.00	1.00	2.65	5.75
Hx	0.00	[0.00]	0.00	0.00	0	0.00	0.00	—	—
All H Cont	4.80	1.91	3.00	9.00	120	4.00	3.00	0.87	−0.45
A	9.27	1.44	7.00	12.00	120	9.00	8.00	0.34	−1.07
(A)	1.73	[0.58]	1.00	3.00	120	2.00	2.00	0.08	−0.46
Ad	0.33	[0.47]	0.00	1.00	40	0.00	0.00	0.71	−1.51
(Ad)	0.13	[0.34]	0.00	1.00	16	0.00	0.00	2.18	2.82
An	0.20	[0.40]	0.00	1.00	24	0.00	0.00	1.51	0.31
Art	0.00	0.00	0.00	0.00	0	0.00	0.00	—	—
Ay	0.00	[0.00]	0.00	0.00	0	0.00	0.00	—	—

(계속)

변인	8세(*N*=120)								
	평균	표준편차	최소값	최대값	빈도	중앙값	최빈값	편포도	첨도
Bl	0.33	[0.47]	0.00	1.00	40	0.00	0.00	0.71	−1.51
Bt	1.45	0.65	0.00	3.00	118	1.00	1.00	0.75	0.04
Cg	1.80	1.17	1.00	4.00	120	1.00	1.00	0.90	−0.93
Cl	0.13	[0.34]	0.00	1.00	16	0.00	0.00	2.18	2.82
Ex	0.00	[0.00]	0.00	0.00	0	0.00	0.00	—	—
Fi	0.33	[0.47]	0.00	1.00	40	0.00	0.00	0.71	−1.51
Food	0.20	[0.40]	0.00	1.00	24	0.00	0.00	1.51	0.31
Ge	0.00	[0.00]	0.00	0.00	0	0.00	0.00	—	—
Hh	0.15	0.36	0.00	1.00	18	0.00	0.00	1.98	1.97
Ls	0.93	0.25	0.00	1.00	112	1.00	1.00	−3.51	10.56
Na	0.80	[0.40]	0.00	1.00	96	1.00	1.00	−1.51	0.31
Sc	2.45	[0.62]	1.00	3.00	120	3.00	3.00	−0.66	−0.50
Sx	0.00	[0.00]	0.00	0.00	0	0.00	0.00	—	—
Xy	0.00	[0.00]	0.00	0.00	0	0.00	0.00	—	—
Idiographic	0.53	0.62	0.00	2.00	56	0.00	0.00	0.72	−0.43
DV	1.33	[0.70]	0.00	2.00	104	1.00	2.00	−0.57	−0.82
INCOM	2.07	[0.44]	1.00	3.00	120	2.00	2.00	0.31	2.04
DR	0.47	[0.62]	0.00	2.00	48	0.00	0.00	0.98	−0.05
FABCOM	0.55	[0.89]	0.00	3.00	42	0.00	0.00	1.60	1.65
DV2	0.07	[0.25]	0.00	1.00	8	0.00	0.00	3.51	10.56
INC2	0.13	[0.34]	0.00	1.00	16	0.00	0.00	2.18	2.82
DR2	0.00	[0.00]	0.00	0.00	0	0.00	0.00	—	—
FAB2	0.13	[0.34]	0.00	1.00	16	0.00	0.00	2.18	2.82
ALOG	0.73	[0.44]	0.00	1.00	88	1.00	1.00	−1.06	−0.87
CONTAM	0.00	0.00	0.00	0.00	0	0.00	0.00	—	—
Sum 6 Sp Sc	5.48	1.70	3.00	10.00	120	5.00	5.00	0.95	1.21
Lvl 2 Sp Sc	0.33	[0.47]	0.00	1.00	40	0.00	0.00	0.71	−1.51
Wsum6	14.33	5.10	5.00	28.00	120	14.00	14.00	0.71	1.74
AB	0.00	[0.00]	0.00	0.00	0	0.00	0.00	—	—
AG	0.93	0.58	0.00	2.00	96	1.00	1.00	0.00	0.05
COP	1.93	1.00	1.00	4.00	120	2.00	1.00	0.54	−1.06
CP	0.00	[0.00]	0.00	0.00	0	0.00	0.00	—	—
GOODHR	4.98	2.29	1.00	9.00	120	4.00	4.00	0.48	−0.86
POORHR	0.68	0.83	0.00	3.00	56	0.00	0.00	0.83	−0.51
MOR	1.13	[0.34]	1.00	2.00	120	1.00	1.00	2.18	2.82
PER	0.33	0.47	0.00	1.00	40	0.00	0.00	0.71	−1.51
PSV	0.46	[0.78]	0.00	2.00	18	0.00	0.00	2.74	9.86

[ ] 안의 값은 신뢰롭지 못하여 기대 범위를 추정하는 데 사용할 수 없다. 이 변인들은 대개의 모수 통계분석에 포함시키지 않는다.

부록 II-1 1,390명의 비환자군 아동 및 청소년의 연령별 기술 통계치(9세)

	9세(*N*=140)								
변인	평균	표준편차	최소값	최대값	빈도	중앙값	최빈값	편포도	첨도
R	20.53	2.46	14.00	26.00	140	21.00	19.00	0.41	0.57
W	10.33	1.57	6.00	12.00	140	11.00	9.00	0.55	0.05
D	9.00	1.28	7.00	13.00	140	9.00	8.00	0.41	0.84
Dd	1.20	[0.84]	0.00	4.00	102	1.00	0.00	0.40	3.47
S	1.73	[0.58]	0.00	4.00	108	2.00	1.00	1.78	3.43
DQ+	6.40	1.94	3.00	12.00	138	7.00	6.00	0.64	2.57
DQo	11.67	1.80	7.00	14.00	140	11.00	10.00	−0.04	−0.68
DQv	1.61	[0.65]	0.00	4.00	72	1.00	0.00	0.50	−0.59
DQv/+	0.45	[0.65]	0.00	1.00	23	0.00	0.00	3.56	11.07
FQX+	0.26	0.31	0.00	1.00	5	0.00	0.00	4.18	13.67
FQXo	14.22	1.83	10.00	18.00	140	14.00	12.00	0.44	−0.37
FQXu	3.49	1.37	2.00	6.00	140	4.00	2.00	0.24	−1.34
FQX−	2.04	0.76	1.00	3.00	140	2.00	1.00	0.53	−1.07
FQXNone	0.38	[0.48]	0.00	2.00	31	0.00	0.00	0.73	−1.53
MQ+	0.00	0.00	0.00	0.00	0	0.00	0.00	—	—
MQo	3.12	1.62	1.00	6.00	140	2.00	2.00	0.68	−0.97
MQu	0.20	0.40	0.00	1.00	22	0.00	0.00	1.54	0.38
MQ−	0.37	[0.25]	0.00	2.00	7	0.00	0.00	3.27	10.61
MQNone	0.00	[0.00]	0.00	0.00	0	0.00	0.00	—	—
S−	0.13	[0.34]	0.00	1.00	29	0.00	0.00	2.21	3.00
M	3.12	1.85	1.00	7.00	140	3.00	2.00	0.79	−0.49
FM	4.22	1.47	3.00	9.00	140	4.00	4.00	0.71	0.64
m	0.67	0.58	0.00	3.00	66	0.00	0.00	0.14	3.65
FM+m	5.64	1.86	2.00	9.00	140	6.00	4.00	0.20	0.59
FC	1.89	0.86	0.00	3.00	131	2.00	1.00	0.40	2.47
CF	2.79	0.78	1.00	4.00	140	3.00	2.00	−0.38	2.01
C	0.43	[0.48]	0.00	2.00	22	0.00	0.00	0.73	2.53
Cn	0.00	[0.00]	0.00	0.00	0	0.00	0.00	—	—
FC+CF+C+Cn	4.15	0.72	3.00	9.00	140	6.00	5.00	−0.90	1.37
WSum C	5.13	1.07	2.50	7.50	140	4.00	3.50	0.80	0.22
Sum C′	1.16	[0.79]	0.00	4.00	104	1.00	1.00	0.92	1.66
Sum T	0.97	[0.63]	0.00	2.00	123	1.00	1.00	0.24	3.58
Sum V	0.00	[0.00]	0.00	0.00	0	0.00	0.00	—	—
Sum Y	0.83	[0.85]	0.00	3.00	102	1.00	1.00	0.37	−1.76
SumShd	2.96	1.27	1.00	6.00	140	2.00	2.00	0.18	−1.46
Fr+rF	0.42	[0.43]	0.00	1.00	26	0.00	0.00	0.73	2.53
FD	0.63	[0.34]	0.00	1.00	64	0.00	0.00	2.45	3.13

(계속)

변인	9세(N=140)								
	평균	표준편차	최소값	최대값	빈도	중앙값	최빈값	편포도	첨도
F	9.14	1.84	5.00	11.00	140	8.00	8.00	0.67	−0.58
PAIR	8.97	1.69	5.00	12.00	140	9.00	8.00	0.07	−0.60
3r(2)/R	0.57	0.12	0.30	0.88	140	0.60	0.55	0.18	0.54
LAMBDA	0.81	0.37	0.29	1.45	140	0.85	0.70	0.91	0.21
EA	8.25	1.95	4.00	11.50	140	8.00	6.50	0.38	0.56
es	8.60	2.59	4.00	13.00	140	7.00	6.00	0.07	1.31
D	−0.18	0.54	−3.00	1.00	140	0.00	0.00	1.18	1.44
AdjD	−0.10	0.41	−2.00	1.00	140	0.00	0.00	−1.32	3.44
a (active)	6.26	1.23	3.00	11.00	140	7.00	6.00	0.12	0.30
p (passive)	2.51	1.40	0.00	5.00	76	2.00	1.00	0.89	0.70
Ma	2.72	1.36	1.00	6.00	134	3.00	2.00	0.52	−1.01
Mp	0.27	0.45	0.00	1.00	61	0.00	0.00	1.28	1.86
Intellect	1.03	0.98	0.00	1.00	140	0.00	0.00	2.68	10.89
Zf	11.16	1.54	7.00	15.00	140	11.00	11.00	0.28	0.47
Zd	0.40	2.03	−4.50	6.00	140	0.00	0.00	0.23	0.73
Blends	4.38	1.23	2.00	7.00	140	5.00	5.00	−0.44	−0.92
Col Shd Bl	0.90	[0.56]	0.00	3.00	59	0.00	0.00	1.04	0.34
Afr	0.79	0.13	0.38	1.05	140	0.76	0.68	−0.44	0.03
Popular	5.78	0.63	4.00	7.00	140	6.00	5.00	−0.52	−1.02
XA%	0.91	0.07	0.67	1.00	140	0.91	0.95	−2.07	7.52
WDA%	0.92	0.05	0.71	1.00	140	0.91	0.95	−1.80	5.89
X+%	0.74	0.07	0.61	0.85	140	0.77	0.79	−0.90	−0.22
X−%	0.09	0.06	0.05	0.25	140	0.07	0.09	−0.32	0.25
Xu%	0.17	0.07	0.10	0.33	140	0.18	0.15	0.81	−0.15
Isolate	0.16	0.05	0.06	0.32	140	0.14	0.17	−0.67	−0.34
H	2.87	1.03	0.00	6.00	138	2.00	2.00	0.66	−1.06
(H)	1.32	0.61	1.00	3.00	140	1.00	1.00	0.84	1.25
Hd	0.57	0.40	0.00	2.00	46	0.00	0.00	1.58	0.36
(Hd)	0.74	0.58	0.00	2.00	62	0.00	0.00	1.60	4.06
Hx	0.00	[0.00]	0.00	0.00	0	0.00	0.00	—	—
All H Cont	5.50	1.62	2.00	8.00	140	5.00	4.00	0.59	−0.41
A	8.28	1.59	5.00	13.00	140	9.00	8.00	0.35	0.06
(A)	0.73	[0.68]	0.00	3.00	101	1.00	1.00	0.28	1.63
Ad	0.53	[0.98]	0.00	2.00	80	1.00	1.00	−0.63	2.73
(Ad)	0.23	[0.39]	0.00	1.00	13	0.00	0.00	3.27	4.00
An	0.36	[0.60]	0.00	3.00	34	0.00	0.00	2.54	2.38
Art	0.32	0.71	0.00	2.00	31	0.00	0.00	1.38	3.09
Ay	0.13	[0.28]	0.00	1.00	11	0.00	0.00	3.94	8.28

(계속)

변인	9세(N=140)								
	평균	표준편차	최소값	최대값	빈도	중앙값	최빈값	편포도	첨도
Bl	0.33	[0.48]	0.00	1.00	28	0.00	0.00	1.03	1.33
Bt	1.45	0.65	0.00	3.00	129	1.00	1.00	0.97	1.10
Cg	1.84	1.08	1.00	4.00	133	1.00	1.00	0.92	1.92
Cl	0.16	[0.39]	0.00	1.00	40	0.00	0.00	2.01	3.34
Ex	0.26	[0.54]	0.00	1.00	21	0.00	0.00	1.93	4.06
Fi	0.69	[0.68]	0.00	1.00	68	0.00	0.00	0.33	2.73
Fd	0.18	[0.46]	0.00	1.00	15	0.00	0.00	2.54	4.38
Ge	0.00	[0.00]	0.00	0.00	0	0.00	0.00	—	—
Hh	0.59	0.36	0.00	1.00	49	0.00	0.00	2.11	2.07
Ls	0.93	0.59	0.00	3.00	107	1.00	1.00	−0.28	0.83
Na	0.70	[0.48]	0.00	2.00	96	1.00	1.00	−0.54	1.38
Sc	1.55	[0.72]	0.00	3.00	102	2.00	1.00	0.68	2.46
Sx	0.00	[0.00]	0.00	0.00	0	0.00	0.00	—	—
Xy	0.00	[0.00]	0.00	0.00	0	0.00	0.00	—	—
Idio	0.63	0.42	0.00	1.00	48	0.00	0.00	0.84	1.40
DV	1.01	[0.61]	0.00	2.00	97	1.00	1.00	−0.08	2.80
INCOM	1.37	[0.75]	0.00	3.00	81	1.00	1.00	0.32	2.18
DR	0.67	[0.72]	0.00	2.00	91	1.00	1.00	−0.73	2.00
FABCOM	1.05	[0.89]	0.00	3.00	102	1.00	1.00	0.63	1.68
DV2	0.07	[0.21]	0.00	1.00	6	0.00	0.00	1.56	12.07
INC2	0.11	[0.59]	0.00	1.00	7	0.00	0.00	1.27	11.40
DR2	0.00	[0.00]	0.00	0.00	0	0.00	0.00	—	—
FAB2	0.05	[0.39]	0.00	1.00	3	0.00	0.00	0.68	13.00
ALOG	0.61	[0.49]	0.00	1.00	56	0.00	0.00	1.08	3.86
CONTAM	0.00	0.00	0.00	0.00	0	0.00	0.00	—	—
Sum 6 Sp Sc	5.95	2.16	1.00	9.00	140	6.00	6.00	0.74	0.52
Sum 6 Sp Sc2	0.27	[0.51]	0.00	2.00	14	0.00	0.00	0.63	6.53
Wsum6	13.06	4.72	3.00	26.00	140	12.00	11.00	0.92	0.86
AB	0.00	[0.00]	0.00	0.00	0	0.00	0.00	—	—
AG	1.37	0.78	0.00	4.00	128	2.00	1.00	0.67	1.11
COP	2.03	1.14	0.00	5.00	136	2.00	2.00	0.18	1.05
CP	0.00	[0.00]	0.00	0.00	0	0.00	0.00	—	—
GOODHR	4.11	1.42	1.00	8.00	140	4.00	4.00	0.17	−0.78
POORHR	1.86	1.02	0.00	5.00	140	1.00	1.00	1.62	6.02
MOR	0.87	[0.64]	0.00	4.00	116	1.00	1.00	−0.41	1.87
PER	1.16	0.78	0.00	6.00	99	1.00	1.00	0.73	−1.53
PSV	0.26	[0.61]	0.00	2.00	29	0.00	0.00	1.04	4.14

[ ] 안의 값은 신뢰롭지 못하여 기대 범위를 추정하는 데 사용할 수 없다. 이 변인들은 대개의 모수 통계분석에 포함시키지 않는다.

부록 Ⅱ-1 1,390명의 비환자군 아동 및 청소년의 연령별 기술 통계치(10세)

	10세(*N*=120)								
변인	평균	표준편차	최소값	최대값	빈도	중앙값	최빈값	편포도	첨도
R	20.97	1.92	18.00	25.00	120	19.00	19.00	0.85	−0.39
W	9.52	0.87	9.00	12.00	120	9.00	9.00	1.59	1.46
D	10.10	1.48	8.00	13.00	120	10.00	9.00	0.31	−1.32
Dd	1.35	[0.44]	0.00	3.00	119	0.00	0.00	1.17	−0.64
S	1.48	[0.70]	1.00	3.00	107	1.00	1.00	1.12	−0.08
DQ+	7.68	0.96	3.00	9.00	120	8.00	7.00	−0.48	−0.18
DQo	12.07	1.78	9.00	17.00	120	12.00	11.00	0.08	0.01
DQv	0.53	[0.50]	0.00	2.00	64	1.00	1.00	−0.14	−2.02
DQv/+	0.38	[0.28]	0.00	1.00	36	0.00	0.00	3.05	7.45
FQX+	0.30	0.50	0.00	1.00	11	0.00	0.00	4.04	9.15
FQXo	15.80	1.98	13.00	21.00	120	15.00	15.00	0.81	0.33
FQXu	2.95	0.79	1.00	4.00	120	3.00	3.00	−0.54	0.12
FQX−	1.58	1.03	0.00	6.00	104	2.00	2.00	1.74	6.56
FQXNone	0.13	[0.34]	0.00	1.00	29	0.00	0.00	2.19	2.82
MQ+	0.08	0.21	0.00	1.00	2	0.00	0.00	4.80	13.25
MQo	3.23	1.48	1.00	6.00	120	3.00	3.00	0.22	−0.78
MQu	0.25	0.44	0.00	1.00	30	0.00	0.00	1.17	−0.64
MQ−	0.17	[0.37]	0.00	2.00	21	0.00	0.00	1.81	1.30
MQNone	0.00	[0.00]	0.00	0.00	0	0.00	0.00	—	—
S−	0.12	[0.32]	0.00	1.00	14	0.00	0.00	2.42	3.91
M	3.65	1.63	1.00	7.00	120	4.00	3.00	−0.04	−0.69
FM	5.53	1.46	3.00	7.00	120	6.00	7.00	−0.43	−1.38
m	1.08	0.28	1.00	2.00	120	1.00	1.00	3.05	7.45
FM+m	6.62	1.40	4.00	8.00	120	7.00	8.00	−0.56	−1.06
FC	2.55	0.96	1.00	4.00	120	2.00	2.00	0.44	−1.03
CF	3.68	1.29	2.00	6.00	120	3.50	5.00	0.14	−1.27
C	0.13	[0.34]	0.00	2.00	29	0.00	0.00	2.19	2.82
Cn	0.00	[0.00]	0.00	0.00	0	0.00	0.00	—	—
FC+CF+C+Cn	6.37	1.50	4.00	8.00	120	7.00	8.00	−0.41	−1.30
WSum C	5.16	1.25	3.00	7.00	120	5.00	4.00	−0.23	−1.26
Sum C′	0.79	[0.85]	0.00	4.00	73	1.00	1.00	0.41	0.44
Sum T	0.98	[0.39]	0.00	2.00	106	1.00	1.00	−0.16	3.86
Sum V	0.02	[0.13]	0.00	1.00	2	0.00	0.00	7.65	57.43
Sum Y	0.43	[0.65]	0.00	2.00	34	0.00	0.00	0.82	−0.37
SumShd	1.83	1.32	1.00	6.00	120	3.00	4.00	0.06	−1.16
Fr+rF	0.35	[0.36]	0.00	1.00	36	0.00	0.00	1.98	1.97
FD	0.67	[0.58]	0.00	2.00	78	1.00	1.00	1.33	0.81

(계속)

변인	10세(N=120)								
	평균	표준편차	최소값	최대값	빈도	중앙값	최빈값	편포도	첨도
F	6.38	2.04	3.00	12.00	120	5.50	5.00	0.57	−0.73
PAIR	9.62	1.36	6.00	12.00	120	9.00	9.00	−0.29	0.09
3r(2)/R	0.54	0.07	0.29	0.68	120	0.52	0.47	−0.71	6.30
LAMBDA	0.49	0.23	0.19	1.11	120	0.36	0.36	0.90	−0.23
EA	8.81	1.36	4.00	11.00	120	9.00	7.00	−0.37	1.09
es	8.45	1.90	5.00	12.00	120	8.00	7.00	−0.33	−0.89
D	−0.15	0.44	−2.00	1.00	120	0.00	0.00	−1.89	5.07
AdjD	−0.12	0.49	−2.00	1.00	120	0.00	0.00	−1.17	3.81
a (active)	7.15	1.37	6.00	11.00	120	8.00	7.00	0.32	−0.74
p (passive)	3.27	0.66	1.00	4.00	120	2.00	2.00	1.46	1.91
Ma	2.82	1.09	1.00	5.00	120	3.00	3.00	−0.10	−0.63
Mp	0.98	0.83	0.00	3.00	88	1.00	1.00	0.93	0.76
Intellect	0.53	0.56	0.00	2.00	120	0.50	0.00	0.44	−0.81
Zf	13.52	1.19	11.00	16.00	120	13.50	13.00	−0.19	−0.27
Zd	−0.13	2.32	−5.00	5.00	120	0.00	−3.00	0.22	−0.35
Blends	5.80	1.05	3.00	7.00	120	6.00	7.00	−0.39	−0.70
Col Shd Blend	0.42	[0.13]	0.00	1.00	22	0.00	0.00	7.65	57.43
Afr	0.63	0.09	0.50	0.85	120	0.58	0.58	0.94	−0.05
Popular	6.07	0.84	3.00	7.00	120	6.00	6.00	−1.01	1.55
XA%	0.92	0.04	0.75	1.00	120	0.91	0.95	−1.44	5.47
WDA%	0.93	0.04	0.78	1.00	120	0.95	0.95	−1.24	3.22
X+%	0.77	0.05	0.62	0.85	120	0.79	0.79	−0.85	1.39
X−%	0.07	0.05	0.00	0.25	104	0.07	0.05	1.46	5.42
Xu%	0.15	0.05	0.05	0.21	120	0.16	0.16	−0.43	−0.53
Isolate/R	0.19	0.03	0.14	0.26	120	0.19	0.16	0.67	−0.53
H	2.47	1.12	1.00	5.00	120	3.00	3.00	0.01	−0.83
(H)	1.48	0.74	0.00	2.00	102	2.00	2.00	−1.06	−0.37
HD	0.25	0.47	0.00	2.00	28	0.00	0.00	1.64	1.80
(Hd)	0.85	0.36	0.00	1.00	102	1.00	1.00	−1.98	1.97
Hx	0.00	[0.00]	0.00	0.00	0	0.00	0.00	—	—
All H Cont	5.05	1.64	2.00	8.00	120	6.00	6.00	−0.58	−0.59
A	8.92	1.18	7.00	11.00	120	9.00	9.00	0.54	−0.43
(A)	1.20	[0.77]	0.00	3.00	96	1.00	1.00	−0.14	−0.88
Ad	1.35	[1.08]	0.00	3.00	76	2.00	2.00	−0.25	−1.49
(Ad)	0.07	[0.25]	0.00	1.00	8	0.00	0.00	3.51	10.56
An	0.67	[0.57]	0.00	2.00	74	1.00	1.00	0.14	−0.66
Art	0.53	0.56	0.00	2.00	60	0.50	0.00	0.43	−0.81
Ay	0.00	[0.00]	0.00	0.00	0	0.00	0.00	—	—

(계속)

변인	10세(N=120)								
	평균	표준편차	최소값	최대값	빈도	중앙값	최빈값	편포도	첨도
Bl	0.60	[0.59]	0.00	2.00	66	1.00	1.00	0.36	−0.70
Bt	2.17	0.74	1.00	4.00	120	2.00	2.00	0.49	0.33
Cg	1.48	1.03	0.00	3.00	102	1.00	1.00	0.32	−1.10
Cl	0.08	[0.28]	0.00	1.00	10	0.00	0.00	3.05	7.45
Ex	0.08	[0.28]	0.00	1.00	10	0.00	0.00	3.05	7.45
Fi	0.75	[0.44]	0.00	1.00	90	1.00	1.00	−1.16	−0.64
Food	0.53	[0.50]	0.00	1.00	64	1.00	1.00	−0.13	−2.02
Ge	0.00	[0.00]	0.00	0.00	0	0.00	0.00	—	—
Hh	0.60	0.49	0.00	1.00	72	1.00	1.00	−0.41	−1.86
Ls	1.00	0.45	0.00	2.00	108	1.00	1.00	0.00	2.14
Na	0.30	[0.46]	0.00	1.00	36	0.00	0.00	0.88	−1.24
Sc	2.85	[0.40]	2.00	4.00	120	3.00	3.00	−1.16	1.62
Sx	0.00	[0.00]	0.00	0.00	0	0.00	0.00	—	—
Xy	0.00	[0.00]	0.00	0.00	0	0.00	0.00	—	—
Idiographic	0.08	0.28	0.00	1.00	10	0.00	0.00	3.05	7.45
DV	1.00	[0.00]	1.00	1.00	120	1.00	1.00	—	—
INCOM	1.35	[0.51]	1.00	3.00	120	1.00	1.00	1.01	−0.16
DR	0.08	[0.28]	0.00	1.00	10	0.00	0.00	3.05	7.45
FABCOM	0.35	[0.48]	0.00	1.00	42	0.00	0.00	0.63	−1.62
DV2	0.00	[0.00]	0.00	0.00	0	0.00	0.00	—	—
INC2	0.23	[0.43]	0.00	1.00	28	0.00	0.00	1.27	−0.38
DR2	0.02	[0.13]	0.00	1.00	2	0.00	0.00	7.64	57.43
FAB2	0.00	[0.00]	0.00	0.00	0	0.00	0.00	—	—
ALOG	0.37	[0.48]	0.00	1.00	44	0.00	0.00	0.56	−1.72
CONTAM	0.00	0.00	0.00	0.00	0	0.00	0.00	—	—
Sum 6 Sp Sc	3.40	1.10	2.00	6.00	120	3.00	3.00	1.29	0.85
Lvl 2 Sp Sc	0.25	[0.44]	0.00	1.00	30	0.00	0.00	1.16	−0.64
Wsum6	8.22	3.79	3.00	17.00	120	7.00	7.00	1.07	0.65
AB	0.00	[0.00]	0.00	0.00	0	0.00	0.00	—	—
AG	1.57	0.62	1.00	3.00	120	1.50	1.00	0.61	−0.55
COP	1.73	0.84	1.00	4.00	120	2.00	2.00	1.41	1.94
CP	0.00	[0.00]	0.00	0.00	0	0.00	0.00	—	—
GOODHR	5.32	1.53	2.00	8.00	120	5.00	5.00	0.02	−0.72
POORHR	1.10	0.65	0.00	3.00	104	1.00	1.00	0.63	1.22
MOR	0.55	[0.62]	0.00	2.00	58	0.00	0.00	0.66	−0.50
PER	0.75	0.44	0.00	1.00	90	1.00	1.00	−1.16	−0.64
PSV	0.05	[0.22]	0.00	1.00	6	0.00	0.00	4.18	15.75

[ ] 안의 값은 신뢰롭지 못하여 기대 범위를 추정하는 데 사용할 수 없다. 이 변인들은 대개의 모수 통계분석에 포함시키지 않는다.

부록 II-1 1,390명의 비환자군 아동 및 청소년의 연령별 기술 통계치(11세)

	11세(N=135)								
변인	평균	표준편차	최소값	최대값	빈도	중앙값	최빈값	편포도	첨도
R	21.29	2.43	15.00	27.00	135	22.00	19.00	0.93	0.29
W	9.61	0.95	9.00	12.00	135	9.00	9.00	1.49	1.06
D	10.01	1.31	9.00	13.00	135	11.00	11.00	0.05	−1.09
Dd	1.67	[1.31]	0.00	4.00	128	0.00	0.00	2.12	3.75
S	1.75	[0.68]	1.00	3.00	135	2.00	2.00	0.36	−0.81
DQ+	8.07	1.22	6.00	10.00	135	8.00	7.00	0.10	−1.08
DQo	12.08	2.14	9.00	17.00	135	12.00	11.00	0.73	0.25
DQv	0.64	[0.88]	0.00	3.00	63	0.00	0.00	1.57	1.99
DQv/+	0.50	[0.69]	0.00	2.00	41	0.00	0.00	1.98	2.39
FQX+	0.21	0.38	0.00	1.00	9	0.00	0.00	3.08	11.42
FQXo	15.83	1.40	13.00	18.00	135	16.00	17.00	−0.29	−1.09
FQXu	3.18	1.26	1.00	6.00	135	3.00	3.00	0.52	0.49
FQX−	2.20	1.87	0.00	7.00	125	2.00	2.00	1.73	2.02
FQXNone	0.18	[0.27]	0.00	1.00	18	0.00	0.00	3.09	7.69
MQ+	0.11	0.45	0.00	1.00	3	0.00	0.00	4.24	13.85
MQo	3.59	1.38	1.00	6.00	135	4.00	3.00	−0.15	−0.69
MQu	0.33	0.47	0.00	1.00	44	0.00	0.00	0.75	−1.46
MQ−	0.20	[0.40]	0.00	1.00	27	0.00	0.00	1.52	0.30
MQNone	0.00	[0.00]	0.00	0.00	0	0.00	0.00	—	—
S−	0.31	[0.46]	0.00	1.00	52	0.00	0.00	0.82	−1.34
M	4.12	1.67	1.00	7.00	135	4.00	3.00	0.08	−0.56
FM	4.48	1.21	2.00	7.00	135	6.00	4.00	−0.51	−0.65
m	1.00	0.89	0.00	2.00	122	1.00	1.00	0.84	1.69
FM+m	5.48	1.21	4.00	8.00	135	7.00	7.00	−0.51	−0.65
FC	2.93	0.95	1.00	4.00	135	3.00	4.00	−0.19	−1.29
CF	3.43	1.13	2.00	6.00	135	4.00	4.00	0.10	−1.14
C	0.28	[0.27]	0.00	1.00	17	0.00	0.00	3.09	7.69
Cn	0.00	[0.00]	0.00	0.00	0	0.00	0.00	—	—
FC+CF+C+Cn	6.44	1.39	4.00	8.00	135	7.00	7.00	−0.57	−0.93
WSum C	4.02	1.15	2.50	8.00	135	5.00	4.00	−0.36	−1.06
Sum C′	1.06	[0.71]	0.00	2.00	105	1.00	1.00	−0.09	−0.99
Sum T	0.94	[0.47]	0.00	2.00	116	1.00	1.00	−0.20	1.55
Sum V	0.00	[0.00]	0.00	0.00	0	0.00	0.00	—	—
Sum Y	0.85	[0.70]	0.00	2.00	91	1.00	1.00	0.21	−0.92
SumShd	2.85	1.10	1.00	4.00	135	3.00	4.00	−0.32	−1.31
Fr+rF	0.21	[0.41]	0.00	1.00	29	0.00	0.00	1.40	−0.03
FD	0.91	[0.84]	0.00	2.00	92	0.00	0.00	0.59	−1.34

(계속)

	11세(*N*=135)								
변인	평균	표준편차	최소값	최대값	빈도	중앙값	최빈값	편포도	첨도
F	6.70	2.37	4.00	12.00	135	6.00	5.00	1.12	0.09
PAIR	9.90	1.08	7.00	12.00	135	10.00	10.00	−0.31	0.86
3r(2)/R	0.53	0.04	0.35	0.75	135	0.58	0.50	0.44	0.38
LAMBDA	0.68	0.22	0.27	1.50	135	0.69	0.60	0.89	−0.62
EA	8.14	1.37	7.00	12.00	135	8.00	7.00	0.57	−0.53
es	8.33	1.72	4.00	12.00	135	9.00	7.00	−0.22	−1.08
D	−0.09	0.29	−1.00	0.00	135	0.00	0.00	−2.92	6.63
AdjD	−0.06	0.34	−1.00	1.00	135	0.00	0.00	−1.00	5.32
a (active)	7.89	1.42	6.00	11.00	135	8.00	7.00	0.67	−0.27
p (passive)	2.79	1.60	2.00	8.00	135	2.00	2.00	2.08	3.12
Ma	2.81	1.01	1.00	5.00	135	3.00	3.00	0.29	−0.01
Mp	1.38	1.33	0.00	5.00	104	1.00	1.00	1.26	0.76
Intellect	0.77	0.65	0.00	2.00	135	1.00	1.00	0.26	−0.67
Zf	13.70	1.22	11.00	16.00	135	14.00	15.00	−0.30	−0.72
Zd	0.60	2.74	−4.50	4.50	135	1.00	4.50	−0.07	−1.15
Blends	6.04	1.41	3.00	8.00	135	6.00	7.00	−0.28	−1.05
Col Shd Bl	0.00	[0.00]	0.00	0.00	0	0.00	0.00	—	—
Afr	0.62	0.09	0.47	0.80	135	0.58	0.58	0.33	−0.90
Popular	6.06	0.86	4.00	9.00	135	7.00	5.00	−0.76	0.78
XA%	0.90	0.07	0.74	1.00	135	0.91	0.91	−1.51	1.55
WDA%	0.92	0.04	0.78	1.00	135	0.95	0.95	−1.47	2.85
X+%	0.75	0.08	0.52	0.85	135	0.77	0.79	−1.65	2.46
X−%	0.10	0.07	0.00	0.26	125	0.09	0.09	1.41	1.41
Xu%	0.15	0.05	0.05	0.24	135	0.16	0.14	−0.34	−0.35
Isolate/R	0.20	0.05	0.14	0.37	135	0.18	0.17	2.06	4.31
H	2.80	1.27	1.00	5.00	135	3.00	3.00	0.22	−0.71
(H)	1.51	0.66	0.00	2.00	123	2.00	2.00	−1.00	−0.12
HD	0.52	0.66	0.00	2.00	58	0.00	0.00	0.89	−0.30
(Hd)	0.87	0.33	0.00	1.00	118	1.00	1.00	−2.28	3.25
Hx	0.00	[0.00]	0.00	0.00	0	0.00	0.00	—	—
All H Cont	5.70	1.80	2.00	9.00	135	6.00	6.00	−0.22	0.04
A	8.59	1.25	7.00	11.00	135	8.00	8.00	0.83	−0.19
(A)	1.00	[0.83]	0.00	2.00	89	1.00	0.00	0.00	−1.55
Ad	1.54	[0.95]	0.00	3.00	101	2.00	2.00	−0.75	−0.78
(Ad)	0.16	[0.36]	0.00	1.00	21	0.00	0.00	1.92	1.72
An	0.73	[0.64]	0.00	2.00	85	1.00	1.00	0.29	−0.66
Art	0.56	0.50	0.00	1.00	76	1.00	1.00	−0.25	−1.96
Ay	0.21	[0.59]	0.00	2.00	16	0.00	0.00	2.62	5.19

(계속)

변인	11세(*N*=135)								
	평균	표준편차	최소값	최대값	빈도	중앙값	최빈값	편포도	첨도
Bl	0.44	[0.57]	0.00	2.00	54	0.00	0.00	0.87	−0.24
Bt	2.10	0.67	1.00	4.00	135	2.00	2.00	0.65	1.16
Cg	1.60	0.99	0.00	3.00	122	1.00	1.00	0.26	−1.15
Cl	0.06	[0.24]	0.00	1.00	8	0.00	0.00	3.77	12.44
Ex	0.03	[0.17]	0.00	1.00	4	0.00	0.00	5.61	29.92
Fi	0.85	[0.36]	0.00	1.00	115	1.00	1.00	−2.00	2.04
Food	0.64	[0.48]	0.00	1.00	87	1.00	1.00	−0.61	−1.65
Ge	0.00	[0.00]	0.00	0.00	0	0.00	0.00	—	—
Hh	0.82	0.46	0.00	2.00	106	1.00	1.00	−0.65	0.55
Ls	1.28	0.61	0.00	2.00	124	1.00	1.00	−0.22	−0.58
Na	0.35	[0.48]	0.00	1.00	47	0.00	0.00	0.64	−1.61
Sc	2.96	[0.36]	2.00	4.00	135	3.00	3.00	−0.57	4.57
Sx	0.00	[0.00]	0.00	0.00	0	0.00	0.00	—	—
Xy	0.09	[0.29]	0.00	1.00	12	0.00	0.00	2.92	6.63
Idio	0.06	0.34	0.00	2.00	4	0.00	0.00	5.61	29.92
DV	1.21	[0.41]	1.00	2.00	135	1.00	1.00	1.46	0.13
INCOM	1.44	[0.63]	0.00	3.00	131	1.00	1.00	0.42	−0.07
DR	0.12	[0.32]	0.00	1.00	16	0.00	0.00	2.38	3.75
FABCOM	0.36	[0.48]	0.00	1.00	48	0.00	0.00	0.61	−1.65
DV2	0.00	[0.00]	0.00	0.00	0	0.00	0.00	—	—
INC2	0.12	[0.32]	0.00	1.00	16	0.00	0.00	2.38	3.75
DR2	0.03	[0.17]	0.00	1.00	4	0.00	0.00	5.61	29.92
FAB2	0.00	[0.00]	0.00	0.00	0	0.00	0.00	—	—
ALOG	0.24	[0.43]	0.00	1.00	33	0.00	0.00	1.20	−0.56
CONTAM	0.00	0.00	0.00	0.00	0	0.00	0.00	—	—
Sum 6 Sp Sc	3.51	1.09	2.00	6.00	135	3.00	3.00	0.58	−0.53
Lvl 2 Sp Sc	0.15	[0.36]	0.00	1.00	20	0.00	0.00	2.00	2.04
Wsum6	7.73	3.04	3.00	16.00	135	8.00	7.00	0.77	1.10
AB	0.00	[0.00]	0.00	0.00	0	0.00	0.00	—	—
AG	1.42	0.57	1.00	3.00	135	1.00	1.00	0.93	−0.11
COP	1.56	0.50	1.00	2.00	135	2.00	2.00	−0.22	−1.98
CP	0.00	[0.00]	0.00	0.00	0	0.00	0.00	—	—
GOODHR	5.65	1.49	3.00	8.00	135	5.00	5.00	0.09	−0.83
POORHR	1.12	0.53	0.00	2.00	123	1.00	1.00	0.11	0.38
MOR	0.42	[0.57]	0.00	2.00	52	0.00	0.00	0.93	−0.11
PER	0.88	0.53	0.00	2.00	107	1.00	1.00	−0.11	0.38
PSV	0.04	[0.21]	0.00	1.00	6	0.00	0.00	4.47	18.26

[ ] 안의 값은 신뢰롭지 못하여 기대 범위를 추정하는 데 사용할 수 없다. 이 변인들은 대개의 모수 통계분석에 포함시키지 않는다.

부록 II-1 1,390명의 비환자군 아동 및 청소년의 연령별 기술 통계치(12세)

변인	12세(N=120)								
	평균	표준편차	최소값	최대값	빈도	중앙값	최빈값	편포도	첨도
R	21.40	2.05	14.00	23.00	120	20.00	22.00	−1.03	0.96
W	8.79	1.85	1.00	14.00	120	9.00	9.00	−1.94	7.05
D	10.85	1.96	1.00	13.00	120	11.00	12.00	−3.26	12.20
Dd	1.76	[1.11]	0.00	5.00	117	1.00	1.00	3.51	16.47
S	1.92	[0.76]	0.00	5.00	118	2.00	2.00	1.30	4.92
DQ+	8.16	1.90	2.00	10.00	120	8.00	10.00	−1.42	2.39
DQo	12.12	1.07	9.00	15.00	120	12.00	12.00	−0.13	1.90
DQv	1.03	[0.26]	0.00	2.00	72	1.00	1.00	0.65	2.43
DQv/+	0.38	[0.38]	0.00	2.00	16	0.00	0.00	3.62	13.45
FQX+	0.30	0.54	0.00	2.00	10	0.00	0.00	4.16	16.95
FQXo	15.34	2.32	5.00	17.00	120	16.00	17.00	−2.40	6.80
FQXu	3.77	0.89	1.00	5.00	120	4.00	3.00	−0.95	1.08
FQX−	1.95	1.04	1.00	7.00	120	2.00	2.00	3.71	16.47
FQXNone	0.43	[0.26]	0.00	2.00	42	0.00	0.00	2.65	7.43
MQ+	0.10	0.30	0.00	1.00	5	0.00	0.00	7.45	45.23
MQo	3.21	1.52	1.00	5.00	120	3.00	5.00	−0.33	−1.26
MQu	0.67	0.51	0.00	2.00	78	1.00	1.00	−0.32	−1.01
MQ−	0.22	[0.41]	0.00	1.00	26	0.00	0.00	1.39	−0.06
MQNone	0.02	[0.13]	0.00	1.00	2	0.00	0.00	7.65	57.43
S−	0.57	[0.62]	0.00	3.00	63	1.00	1.00	1.02	2.14
M	4.21	2.06	1.00	7.00	120	4.00	4.00	−0.22	−1.07
FM	5.02	1.66	0.00	9.00	118	6.00	4.00	−1.34	1.64
m	1.00	0.45	0.00	3.00	112	1.00	1.00	2.26	12.57
FM+m	6.02	1.70	1.00	9.00	120	7.00	7.00	−1.44	1.83
FC	2.87	1.17	0.00	4.00	106	3.00	3.00	−1.61	1.77
CF	3.14	1.40	0.00	5.00	112	3.00	3.00	−0.55	−0.30
C	0.39	[0.13]	0.00	1.00	38	0.00	0.00	1.65	7.43
Cn	0.00	[0.00]	0.00	0.00	0	0.00	0.00	—	—
FC+CF+C+Cn	6.03	2.29	0.00	8.00	119	7.00	7.00	−1.49	1.26
WSum C	4.05	1.78	0.00	6.50	120	5.00	6.50	−1.17	0.69
Sum C′	1.08	[0.88]	0.00	3.00	99	1.00	1.00	0.38	−0.47
Sum T	0.88	[0.32]	0.00	1.00	106	1.00	1.00	−2.42	3.91
Sum V	0.07	[0.36]	0.00	2.00	4	0.00	0.00	5.27	26.16
Sum Y	1.01	[0.67]	0.00	2.00	108	2.00	2.00	−1.04	−0.13
SumShd	3.74	1.37	0.00	6.00	114	4.00	4.00	−0.98	1.25
Fr+rF	0.20	[0.13]	0.00	1.00	15	0.00	0.00	3.65	17.43
FD	1.48	[0.83]	0.00	2.00	94	2.00	2.00	−1.11	−0.61

(계속)

변인	12세(*N*=120)								
	평균	표준편차	최소값	최대값	빈도	중앙값	최빈값	편포도	첨도
F	5.84	1.65	5.00	13.00	120	5.00	5.00	2.75	7.47
PAIR	9.09	1.89	1.00	10.00	120	10.00	10.00	−2.89	9.00
3r(2)/R	0.54	0.08	0.10	0.50	120	0.55	0.50	−3.53	16.28
LAMBDA	0.66	0.58	0.29	4.25	120	0.70	0.50	5.18	30.28
EA	8.26	2.38	1.00	12.00	120	8.50	7.00	−1.38	1.99
es	8.97	2.59	1.00	13.00	120	8.00	6.00	−2.08	3.95
D	−0.21	0.53	−2.00	1.00	120	0.00	0.00	−1.17	2.25
AdjD	−0.11	0.67	−2.00	2.00	120	0.00	0.00	−0.04	1.74
a (active)	6.53	1.45	2.00	8.00	120	7.00	6.00	−1.34	2.04
p (passive)	4.00	2.01	0.00	8.00	118	3.00	2.00	0.50	−0.57
Ma	2.47	0.80	0.00	4.00	118	2.00	2.00	0.32	0.24
Mp	1.73	1.60	0.00	5.00	92	2.00	2.00	−0.06	−1.04
Intellect	1.05	0.59	0.00	4.00	120	1.00	1.00	2.96	12.69
Zf	13.14	1.96	5.00	16.00	120	14.00	14.00	−2.25	6.48
Zd	1.67	2.11	−4.50	5.00	120	1.50	1.50	−0.24	−0.26
Blends	6.67	2.29	0.00	9.00	118	7.00	8.00	−1.79	2.12
Col Shd Bl	0.05	[0.22]	0.00	1.00	6	0.00	0.00	4.18	15.75
Afr	0.65	0.11	0.21	0.67	120	0.69	0.67	−0.80	0.75
Popular	6.22	1.10	2.00	7.00	120	7.00	6.00	−1.53	2.56
XA%	0.90	0.06	0.59	0.95	120	0.91	0.91	−4.09	18.15
WDA%	0.93	0.05	0.67	1.00	120	0.95	0.95	−3.57	14.97
X+%	0.75	0.09	0.29	0.88	120	0.77	0.77	−3.32	14.09
X−%	0.10	0.06	0.05	0.41	120	0.09	0.09	4.04	19.33
Xu%	0.15	0.05	0.05	0.29	120	0.15	0.14	−0.27	2.29
Isolate/R	0.15	0.04	0.00	0.33	118	0.16	0.18	0.18	5.42
H	3.38	1.64	1.00	5.00	120	3.00	5.00	−0.36	−1.42
(H)	1.24	0.84	0.00	4.00	97	1.00	1.00	0.38	0.53
HD	0.59	0.69	0.00	3.00	61	1.00	0.00	1.36	2.75
(Hd)	0.78	0.41	0.00	1.00	94	1.00	1.00	−1.39	−0.06
Hx	0.00	[0.00]	0.00	0.00	0	0.00	0.00	—	—
All H Cont	6.00	2.56	2.00	11.00	120	5.00	5.00	−0.23	−1.18
A	7.70	1.29	4.00	13.00	120	8.00	7.00	0.65	4.48
(A)	0.48	[0.50]	0.00	1.00	57	0.00	0.00	0.10	−2.02
Ad	1.97	[0.45]	0.00	3.00	116	2.00	2.00	−2.43	11.96
(Ad)	0.00	[0.00]	0.00	0.00	0	0.00	0.00	—	—
An	1.14	[0.60]	0.00	2.00	106	1.00	1.00	−0.05	−0.27
Art	0.92	0.28	0.00	1.00	110	1.00	1.00	−3.05	7.45
Ay	0.03	[0.18]	0.00	1.00	4	0.00	0.00	5.26	26.16

(계속)

변인	12세(N=120)								
	평균	표준편차	최소값	최대값	빈도	중앙값	최빈값	편포도	첨도
Bl	0.26	[0.44]	0.00	1.00	31	0.00	0.00	1.11	−0.76
Bt	1.52	0.65	0.00	2.00	110	2.00	2.00	−1.03	−0.03
Cg	1.90	1.06	0.00	4.00	116	1.00	1.00	0.11	−1.63
Cl	0.02	[0.13]	0.00	1.00	2	0.00	0.00	7.64	57.43
Ex	0.00	[0.00]	0.00	0.00	0	0.00	0.00	—	—
Fi	0.97	[0.26]	0.00	2.00	114	1.00	1.00	−1.61	12.13
Food	0.87	[0.34]	0.00	1.00	104	1.00	1.00	−2.18	2.82
Ge	0.02	[0.13]	0.00	1.00	2	0.00	0.00	7.64	57.43
Hh	0.88	0.32	0.00	1.00	106	1.00	1.00	−2.41	3.91
Ls	1.36	0.61	0.00	2.00	112	1.00	1.00	−0.36	−0.65
Na	0.10	[0.35]	0.00	2.00	10	0.00	0.00	3.78	14.82
Sc	2.48	[0.87]	0.00	3.00	112	3.00	3.00	−1.71	2.12
Sx	0.02	[0.13]	0.00	1.00	2	0.00	0.00	7.64	57.43
Xy	0.00	[0.00]	0.00	0.00	0	0.00	0.00	—	—
Idio	0.15	0.51	0.00	3.00	12	0.00	0.00	4.02	17.31
DV	1.21	[0.55]	0.00	2.00	112	1.00	1.00	0.08	−0.13
INCOM	1.35	[0.58]	0.00	3.00	116	1.00	1.00	0.34	−0.10
DR	0.24	[0.43]	0.00	1.00	29	0.00	0.00	1.22	−0.52
FABCOM	0.26	[0.53]	0.00	2.00	26	0.00	0.00	1.95	2.99
DV2	0.03	[0.16]	0.00	1.00	3	0.00	0.00	6.16	36.58
INC2	0.18	[0.56]	0.00	3.00	13	0.00	0.00	3.54	12.65
DR2	0.03	[0.16]	0.00	1.00	3	0.00	0.00	6.16	36.58
FAB2	0.04	[0.20]	0.00	1.00	5	0.00	0.00	4.64	19.91
ALOG	0.00	[0.00]	0.00	0.00	0	0.00	0.00	—	—
CONTAM	0.00	0.00	0.00	0.00	0	0.00	0.00	—	—
Sum 6 Sp Sc	3.33	1.11	1.00	8.00	120	4.00	4.00	0.82	3.59
Lvl 2 Sp Sc	0.27	[0.68]	0.00	4.00	22	0.00	0.00	3.47	14.41
Wsum6	6.86	3.85	2.00	26.00	120	7.00	3.00	2.32	9.04
AB	0.05	[0.22]	0.00	1.00	6	0.00	0.00	4.18	15.75
AG	1.08	0.66	0.00	2.00	99	1.00	1.00	−0.08	−0.65
COP	1.23	0.53	0.00	2.00	114	1.00	1.00	0.17	−0.19
CP	0.00	[0.00]	0.00	0.00	0	0.00	0.00	—	—
GOODHR	5.77	1.84	2.00	8.00	120	6.00	6.00	−0.65	−0.89
POORHR	1.01	0.98	0.00	7.00	97	1.00	1.00	3.97	22.18
MOR	0.17	[0.37]	0.00	1.00	20	0.00	0.00	1.81	1.30
PER	0.93	0.36	0.00	2.00	108	1.00	1.00	−0.88	4.40
PSV	0.03	[0.18]	0.00	1.00	4	0.00	0.00	5.26	26.16

[ ] 안의 값은 신뢰롭지 못하여 기대 범위를 추정하는 데 사용할 수 없다. 이 변인들은 대개의 모수 통계분석에 포함시키지 않는다.

부록 II-1 1,390명의 비환자군 아동 및 청소년의 연령별 기술 통계치(13세)

변인	13세(*N*=110)								
	평균	표준편차	최소값	최대값	빈도	중앙값	최빈값	편포도	첨도
R	21.20	3.30	14.00	33.00	110	20.00	20.00	1.07	3.51
W	8.57	2.15	1.00	14.00	110	9.00	9.00	−1.07	3.04
D	11.15	3.09	1.00	21.00	110	11.00	12.00	−0.25	3.08
Dd	1.46	[1.66]	0.00	6.00	93	1.00	1.00	2.74	7.81
S	1.33	[1.16]	0.00	7.00	106	2.00	1.00	1.93	5.93
DQ+	7.70	2.54	2.00	15.00	110	8.00	8.00	0.24	1.27
DQo	12.40	2.02	8.00	20.00	110	12.00	12.00	0.73	2.74
DQv	0.45	[0.99]	0.00	4.00	24	0.00	0.00	2.31	4.70
DQv/+	0.24	[0.57]	0.00	2.00	18	0.00	0.00	2.33	4.18
FQX+	0.20	0.59	0.00	3.00	14	0.00	0.00	3.25	10.63
FQXo	15.24	3.04	5.00	23.00	110	15.00	17.00	−0.70	2.09
FQXu	3.27	1.53	0.00	8.00	106	3.00	3.00	0.42	1.24
FQX−	2.00	1.42	0.00	7.00	108	2.00	2.00	2.15	4.81
FQXNone	0.07	[0.32]	0.00	2.00	6	0.00	0.00	4.81	23.90
MQ+	0.13	0.43	0.00	2.00	10	0.00	0.00	3.52	11.76
MQo	3.23	1.66	1.00	8.00	110	3.00	5.00	0.34	−0.38
MQu	0.54	0.66	0.00	3.00	51	0.00	0.00	1.23	2.00
MQ−	0.14	[0.51]	0.00	2.00	12	0.00	0.00	2.08	3.61
MQNone	0.02	[0.13]	0.00	1.00	2	0.00	0.00	7.31	52.42
S−	0.52	[0.81]	0.00	4.00	43	0.00	0.00	2.16	5.84
M	4.14	2.24	1.00	11.00	110	4.00	4.00	0.50	−0.01
FM	4.42	1.94	0.00	8.00	108	4.00	6.00	−0.25	−0.89
m	1.25	0.94	0.00	5.00	98	1.00	1.00	1.88	4.46
FM+m	5.67	2.10	1.00	11.00	110	6.00	7.00	−0.28	−0.34
FC	2.95	1.72	0.00	9.00	96	3.00	3.00	0.42	1.72
CF	2.70	1.50	0.00	5.00	102	3.00	3.00	−0.07	−0.98
C	0.07	[0.26]	0.00	1.00	8	0.00	0.00	3.34	9.30
Cn	0.00	[0.00]	0.00	0.00	0	0.00	0.00	—	—
FC+CF+C+Cn	5.73	2.61	0.00	10.00	110	6.50	8.00	−0.71	−0.33
WSum C	4.29	1.94	0.00	7.50	110	4.75	6.50	−0.61	−0.49
Sum C′	1.20	[0.89]	0.00	3.00	87	1.00	1.00	0.48	−0.37
Sum T	0.97	[0.51]	0.00	3.00	90	1.00	1.00	0.64	4.99
Sum V	0.14	[0.48]	0.00	2.00	10	0.00	0.00	3.31	9.70
Sum Y	1.02	[0.81]	0.00	2.00	80	1.00	2.00	−0.22	−1.44
SumShd	3.34	1.44	0.00	6.00	104	4.00	4.00	−0.55	−0.07
Fr+rF	0.45	[0.23]	0.00	1.00	32	0.00	0.00	2.98	4.08
FD	1.27	[0.87]	0.00	3.00	82	2.00	2.00	−0.39	−1.25

(계속)

	13세(*N*=110)								
변인	평균	표준편차	최소값	최대값	빈도	중앙값	최빈값	편포도	첨도
F	6.90	2.52	3.00	13.00	110	6.00	5.00	0.93	−0.20
PAIR	8.64	2.30	1.00	14.00	110	9.50	10.00	−1.18	2.59
3r(2)/R	0.49	0.10	0.20	0.66	110	0.48	0.50	−1.84	4.97
LAMBDA	0.67	0.61	0.20	4.33	110	0.38	0.33	4.44	24.00
EA	8.43	2.69	1.00	15.00	110	9.00	7.50	−0.60	0.64
es	9.01	3.01	1.00	14.00	110	10.00	8.00	−0.83	−0.02
D	−0.09	0.82	−2.00	3.00	110	0.00	0.00	0.78	3.45
AdjD	0.10	0.84	−2.00	3.00	110	0.00	0.00	0.74	2.06
a (active)	6.23	1.89	2.00	11.00	110	6.00	6.00	−0.34	0.13
p (passive)	3.61	2.11	0.00	8.00	104	3.00	3.00	0.45	−0.49
Ma	2.49	1.30	0.00	8.00	106	2.00	2.00	1.80	6.06
Mp	1.67	1.44	0.00	5.00	84	2.00	2.00	0.12	−0.80
Intellect	1.22	0.95	0.00	4.00	110	1.00	1.00	1.24	1.45
Zf	12.64	3.02	5.00	23.00	110	13.00	11.00	0.05	2.17
Zd	1.37	2.27	−4.50	5.00	110	1.50	−0.50	−0.35	−0.40
Blends	5.81	2.43	0.00	9.00	108	7.00	7.00	−0.90	−0.34
Col Shd Blend	0.16	[0.37]	0.00	1.00	18	0.00	0.00	1.84	1.42s
Afr	0.69	0.15	0.28	1.00	110	0.58	0.67	0.10	0.52
Popular	6.19	1.34	2.00	9.00	110	7.00	6.00	−0.59	0.79
XA%	0.90	0.07	0.59	1.00	110	0.91	0.91	−2.84	9.41
WDA%	0.92	0.06	0.67	1.00	110	0.95	0.95	−2.55	8.57
X+%	0.74	0.11	0.29	1.00	110	0.77	0.77	−1.86	5.39
X−%	0.10	0.07	0.00	0.41	108	0.09	0.09	2.66	8.99
Xu%	0.16	0.07	0.00	0.33	106	0.15	0.14	−0.02	0.76
Isolate/R	0.16	0.06	0.00	0.33	108	0.16	0.18	0.58	1.30
H	3.09	1.72	1.00	8.00	110	3.00	5.00	0.41	−0.57
(H)	1.25	1.02	0.00	5.00	84	1.00	1.00	1.06	2.35
HD	0.68	0.83	0.00	3.00	55	0.50	0.00	1.23	1.11
(Hd)	0.56	0.53	0.00	2.00	60	1.00	1.00	0.11	−1.21
Hx	0.00	[0.00]	0.00	0.00	0	0.00	0.00	—	—
All H Cont	5.59	2.46	2.00	11.00	110	5.00	5.00	0.12	−1.03
A	7.96	1.81	4.00	13.00	110	8.00	7.00	0.62	0.65
(A)	0.37	[0.49]	0.00	1.00	41	0.00	0.00	0.53	−1.75
Ad	2.00	[0.81]	0.00	4.00	106	2.00	2.00	0.41	1.71
(Ad)	0.00	[0.00]	0.00	0.00	0	0.00	0.00	—	—
An	0.84	[0.69]	0.00	2.00	74	1.00	1.00	0.21	−0.89
Art	0.86	0.48	0.00	2.00	88	1.00	1.00	−0.36	0.78
Ay	0.11	[0.31]	0.00	1.00	12	0.00	0.00	2.54	4.55

(계속)

변인	13세(N=110)								
	평균	표준편차	최소값	최대값	빈도	중앙값	최빈값	편포도	첨도
Bl	0.19	[0.40]	0.00	1.00	21	0.00	0.00	1.59	0.55
Bt	1.74	0.98	0.00	5.00	98	2.00	2.00	0.43	1.35
Cg	1.62	1.10	0.00	4.00	98	1.00	1.00	0.47	−0.93
Cl	0.06	[0.23]	0.00	1.00	6	0.00	0.00	3.97	14.08
Ex	0.09	[0.29]	0.00	1.00	10	0.00	0.00	2.88	6.44
Fi	0.76	[0.54]	0.00	2.00	78	1.00	1.00	−0.11	−0.23
Food	0.62	[0.52]	0.00	2.00	66	1.00	1.00	−0.10	−1.15
Ge	0.04	[0.19]	0.00	1.00	4	0.00	0.00	5.02	23.65
Hh	1.07	0.81	0.00	4.00	90	1.00	1.00	1.34	2.87
Ls	1.10	0.97	0.00	6.00	84	1.00	1.00	2.27	10.32
Na	0.22	[0.50]	0.00	2.00	20	0.00	0.00	2.25	4.39
Sc	1.97	[1.14]	0.00	5.00	96	2.00	3.00	−0.17	−0.48
Sx	0.07	[0.42]	0.00	3.00	4	0.00	0.00	6.42	42.22
Xy	0.00	[0.00]	0.00	0.00	0	0.00	0.00	—	—
Idio	0.78	1.14	0.00	4.00	44	0.00	0.00	1.26	0.28
DV	1.01	[0.70]	0.00	3.00	86	1.00	1.00	0.31	0.06
INCOM	1.07	[0.79]	0.00	3.00	84	1.00	1.00	0.33	−0.33
DR	0.30	[0.66]	0.00	4.00	27	0.00	0.00	3.54	16.72
FABCOM	0.42	[0.71]	0.00	3.00	34	0.00	0.00	1.71	2.45
DV2	0.02	[0.13]	0.00	1.00	2	0.00	0.00	7.31	52.43
INC2	0.22	[0.60]	0.00	3.00	16	0.00	0.00	3.06	9.49
DR2	0.04	[0.19]	0.00	1.00	4	0.00	0.00	5.02	23.65
FAB2	0.07	[0.32]	0.00	2.00	6	0.00	0.00	4.81	23.91
ALOG	0.04	[0.19]	0.00	1.00	4	0.00	0.00	5.02	23.65
CONTAM	0.00	0.00	0.00	0.00	0	0.00	0.00	—	—
Sum 6 Sp Sc	3.18	1.86	0.00	11.00	108	3.00	2.00	2.01	6.04
Lvl 2 Sp Sc	0.35	[0.77]	0.00	4.00	24	0.00	0.00	2.73	8.42
Wsum6	7.54	6.99	0.00	40.00	108	6.00	3.00	2.88	9.56
AB	0.13	[0.34]	0.00	1.00	14	0.00	0.00	2.26	3.20
AG	1.18	0.91	0.00	4.00	85	1.00	1.00	0.66	0.48
COP	1.65	1.22	0.00	6.00	100	1.00	1.00	1.58	3.11
CP	0.02	[0.13]	0.00	1.00	2	0.00	0.00	7.31	52.43
GOODHR	5.24	1.89	1.00	8.00	110	6.00	6.00	−0.25	−1.04
POORHR	1.31	1.21	0.00	7.00	88	1.00	1.00	2.16	7.57
MOR	0.49	[0.74]	0.00	3.00	40	0.00	0.00	1.42	1.38
PER	1.05	0.89	0.00	5.00	90	1.00	1.00	2.30	7.82
PSV	0.06	[0.23]	0.00	1.00	6	0.00	0.00	3.97	14.08

[ ] 안의 값은 신뢰롭지 못하여 기대 범위를 추정하는 데 사용할 수 없다. 이 변인들은 대개의 모수 통계분석에 포함시키지 않는다.

부록 II-1 1,390명의 비환자군 아동 및 청소년의 연령별 기술 통계치(14세)

변인	14세(N=105)								
	평균	표준편차	최소값	최대값	빈도	중앙값	최빈값	편포도	첨도
R	21.72	3.36	14.00	33.00	105	20.00	20.00	1.11	3.43
W	8.92	2.19	4.00	14.00	105	9.00	9.00	−1.01	2.83
D	11.13	3.16	1.00	21.00	105	11.00	10.00	−0.23	2.82
Dd	1.67	[1.70]	0.00	6.00	98	2.00	1.00	2.67	7.31
S	1.32	[1.09]	0.00	7.00	101	2.00	2.00	1.89	5.56
DQ+	7.81	2.55	2.00	15.00	105	8.00	8.00	0.33	1.36
DQo	12.69	2.06	8.00	20.00	105	12.00	12.00	0.73	2.58
DQv	0.58	[1.01]	0.00	4.00	27	0.00	0.00	2.23	4.30
DQv/+	0.65	[0.58]	0.00	2.00	48	0.00	0.00	2.25	3.79
FQX+	0.14	0.50	0.00	2.00	11	0.00	0.00	3.16	9.97
FQXo	15.17	3.09	5.00	23.00	105	15.00	15.00	−0.64	1.93
FQXu	3.27	1.56	0.00	8.00	101	3.00	3.00	0.42	1.10
FQX−	1.84	1.25	0.00	5.00	103	2.00	2.00	2.10	4.46
FQXNone	0.02	[0.53]	0.00	1.00	4	0.00	0.00	4.69	22.65
MQ+	0.11	0.44	0.00	2.00	6	0.00	0.00	3.42	11.04
MQo	3.21	1.66	1.00	8.00	105	3.00	1.00	0.43	−0.26
MQu	0.51	0.67	0.00	3.00	46	0.00	0.00	1.34	2.18
MQ−	0.13	[0.50]	0.00	2.00	11	0.00	0.00	2.18	4.01
MQNone	0.00	[0.00]	0.00	0.00	0	0.00	0.00	—	—
S−	0.39	[0.82]	0.00	3.00	31	0.00	0.00	2.24	6.00
M	4.06	2.24	1.00	11.00	105	4.00	4.00	0.59	0.16
FM	4.35	1.96	0.00	8.00	103	4.00	6.00	−0.17	−0.92
m	1.27	0.96	0.00	5.00	93	1.00	1.00	1.81	4.08
FM+m	5.62	2.14	1.00	11.00	105	6.00	7.00	−0.21	−0.42
FC	2.93	1.76	0.00	9.00	91	3.00	3.00	0.45	1.59
CF	2.70	1.53	0.00	5.00	97	3.00	3.00	−0.08	−1.05
C	0.10	[0.27]	0.00	1.00	9	0.00	0.00	3.14	7.67
Cn	0.00	[0.00]	0.00	0.00	0	0.00	0.00	—	—
FC+CF+C+Cn	5.71	2.67	1.00	10.00	105	7.00	8.00	−0.69	−0.44
WSum C	4.29	1.98	0.50	7.50	105	5.00	6.50	−0.60	−0.58
Sum C′	1.11	[0.91]	0.00	3.00	82	1.00	1.00	0.44	−0.50
Sum T	0.99	[0.52]	0.00	3.00	85	1.00	1.00	0.66	4.71
Sum V	0.13	[0.50]	0.00	2.00	8	0.00	0.00	3.21	9.06
Sum Y	0.88	[0.84]	0.00	2.00	75	1.00	2.00	−0.14	−1.44
SumShd	3.10	1.47	0.00	6.00	99	4.00	4.00	−0.49	−0.19
Fr+rF	0.38	[0.43]	0.00	1.00	15	0.00	0.00	3.97	10.25
FD	1.24	[0.87]	0.00	3.00	71	1.00	2.00	−0.31	−1.30

(계속)

변인	14세(*N*=105)								
	평균	표준편차	최소값	최대값	빈도	중앙값	최빈값	편포도	첨도
F	6.96	2.56	3.00	13.00	105	6.00	5.00	0.87	−0.35
PAIR	8.59	2.34	1.00	14.00	105	9.00	10.00	−1.12	2.38
3r(2)/R	0.47	0.10	0.05	0.56	105	0.45	0.50	−1.79	4.60
LAMBDA	0.67	0.62	0.20	4.33	105	0.38	0.33	4.34	22.96
EA	8.34	2.70	1.00	15.00	105	9.00	7.50	−0.55	0.60
es	8.92	3.06	1.00	13.00	105	9.00	9.00	−0.76	−0.15
D	−0.09	0.84	−2.00	3.00	105	0.00	0.00	0.78	3.19
AdjD	0.09	0.86	−2.00	3.00	105	0.00	0.00	0.74	1.95
a (active)	6.20	1.92	2.00	11.00	105	6.00	7.00	−0.32	0.06
p (passive)	3.49	2.07	0.00	8.00	99	3.00	3.00	0.52	−0.35
Ma	2.59	1.32	0.00	8.00	101	2.00	2.00	1.81	5.93
Mp	1.49	1.36	0.00	5.00	89	2.00	2.00	0.17	−0.74
Intellect	1.23	0.97	0.00	4.00	105	1.00	1.00	1.18	1.22
Zf	12.56	3.06	5.00	23.00	105	13.00	14.00	0.12	2.11
Zd	1.27	2.26	−4.50	5.00	105	1.50	−0.50	−0.30	−0.38
Blends	5.74	2.46	0.00	9.00	103	7.00	7.00	−0.84	−0.47
Col Shd Blend	0.17	[0.38]	0.00	1.00	18	0.00	0.00	1.77	1.15
Afr	0.69	0.16	0.31	0.89	105	0.68	0.67	0.03	0.47
Popular	6.02	1.17	3.00	9.00	105	7.00	6.00	−0.53	0.67
XA%	0.90	0.07	0.59	1.00	105	0.91	0.91	−2.76	8.82
WDA%	0.92	0.06	0.67	1.00	105	0.94	0.95	−2.48	8.09
X+%	0.74	0.12	0.29	1.00	105	0.77	0.75	−1.80	5.01
X−%	0.10	0.07	0.00	0.41	103	0.09	0.05	2.59	8.43
Xu%	0.16	0.07	0.00	0.33	101	0.15	0.14	−0.03	0.61
Isolate/R	0.16	0.06	0.00	0.33	103	0.16	0.16	0.59	1.15
H	3.00	1.71	1.00	8.00	105	3.00	1.00	0.54	−0.35
(H)	1.23	1.03	0.00	5.00	79	1.00	1.00	1.13	2.44
HD	0.67	0.85	0.00	3.00	50	0.00	0.00	1.27	1.07
(Hd)	0.56	0.54	0.00	2.00	57	1.00	1.00	0.13	−1.19
Hx	0.00	[0.00]	0.00	0.00	0	0.00	0.00	—	—
All H Cont	5.46	2.44	2.00	11.00	105	5.00	5.00	0.22	−0.91
A	7.97	1.85	4.00	13.00	105	8.00	7.00	0.60	0.49
(A)	0.39	[0.49]	0.00	1.00	41	0.00	0.00	0.45	−1.83
Ad	2.00	[0.83]	0.00	4.00	101	2.00	2.00	0.40	1.50
(Ad)	0.00	[0.00]	0.00	0.00	0	0.00	0.00	—	—
An	0.84	[0.71]	0.00	2.00	69	1.00	1.00	0.24	−0.97
Art	0.85	0.50	0.00	2.00	83	1.00	1.00	−0.31	0.62
Ay	0.11	[0.32]	0.00	1.00	12	0.00	0.00	2.46	4.13

(계속)

변인	14세(N=105)								
	평균	표준편차	최소값	최대값	빈도	중앙값	최빈값	편포도	첨도
Bl	0.20	[0.40]	0.00	1.00	21	0.00	0.00	1.52	0.32
Bt	1.73	1.00	0.00	5.00	93	2.00	2.00	0.44	1.22
Cg	1.55	1.08	0.00	4.00	93	1.00	1.00	0.60	−0.69
Cl	0.06	[0.23]	0.00	1.00	6	0.00	0.00	3.87	13.24
Ex	0.10	[0.30]	0.00	1.00	10	0.00	0.00	2.79	5.94
Fi	0.75	[0.55]	0.00	2.00	73	1.00	1.00	−0.05	−0.32
Food	0.60	[0.53]	0.00	2.00	61	1.00	1.00	−0.01	−1.16
Ge	0.04	[0.19]	0.00	1.00	4	0.00	0.00	4.89	22.40
Hh	1.08	0.83	0.00	4.00	85	1.00	1.00	1.30	2.59
Ls	1.06	0.97	0.00	6.00	79	1.00	1.00	2.46	11.28
Na	0.23	[0.51]	0.00	2.00	20	0.00	0.00	2.17	4.01
Sc	1.93	[1.15]	0.00	5.00	91	2.00	3.00	−0.10	−0.48
Sx	0.08	[0.43]	0.00	3.00	4	0.00	0.00	6.27	40.17
Xy	0.00	[0.00]	0.00	0.00	0	0.00	0.00	—	—
Idio	0.82	1.16	0.00	4.00	44	0.00	0.00	1.19	0.11
DV	0.98	[0.69]	0.00	3.00	81	1.00	1.00	0.37	0.22
INCOM	1.05	[0.79]	0.00	3.00	79	1.00	1.00	0.39	−0.24
DR	0.30	[0.66]	0.00	4.00	25	0.00	0.00	3.60	16.99
FABCOM	0.44	[0.72]	0.00	3.00	34	0.00	0.00	1.64	2.19
DV2	0.02	[0.14]	0.00	1.00	2	0.00	0.00	7.13	49.92
INC2	0.22	[0.60]	0.00	3.00	15	0.00	0.00	3.06	9.40
DR2	0.03	[0.17]	0.00	1.00	3	0.00	0.00	5.74	31.57
FAB2	0.08	[0.33]	0.00	2.00	6	0.00	0.00	4.69	22.65
ALOG	0.04	[0.19]	0.00	1.00	4	0.00	0.00	4.89	22.40
CONTAM	0.00	0.00	0.00	0.00	0	0.00	0.00	—	—
Sum 6 Sp Sc	3.14	1.90	0.00	11.00	103	3.00	2.00	2.06	5.97
Lvl 2 Sp Sc	0.34	[0.78]	0.00	4.00	22	0.00	0.00	2.74	8.37
Wsum6	7.52	7.14	0.00	40.00	103	6.00	3.00	2.84	9.12
AB	0.13	[0.34]	0.00	1.00	14	0.00	0.00	2.18	2.84
AG	1.20	0.92	0.00	4.00	81	1.00	1.00	0.63	0.36
COP	1.65	1.24	0.00	6.00	95	1.00	1.00	1.56	2.91
CP	0.02	[0.14]	0.00	1.00	2	0.00	0.00	7.13	49.92
GOODHR	5.14	1.87	1.00	8.00	105	6.00	6.00	−0.19	−1.03
POORHR	1.32	1.24	0.00	7.00	83	1.00	1.00	2.09	7.06
MOR	0.51	[0.75]	0.00	3.00	40	0.00	0.00	1.35	1.17
PER	1.06	0.91	0.00	5.00	85	1.00	1.00	2.24	7.32
PSV	0.06	[0.23]	0.00	1.00	6	0.00	0.00	3.87	13.24

[ ] 안의 값은 신뢰롭지 못하여 기대 범위를 추정하는 데 사용할 수 없다. 이 변인들은 대개의 모수 통계분석에 포함시키지 않는다.

부록 II-1 1,390명의 비환자군 아동 및 청소년의 연령별 기술 통계치(15세)

변인	15세($N = 110$)								
	평균	표준편차	최소값	최대값	빈도	중앙값	최빈값	편포도	첨도
R	21.94	4.21	14.00	32.00	110	21.00	20.00	0.94	1.14
W	8.87	2.20	3.00	20.00	110	9.00	9.00	1.57	9.58
D	11.42	3.66	0.00	20.00	109	12.00	12.00	−0.31	1.91
Dd	1.65	[1.31]	0.00	7.00	91	1.00	1.00	1.31	3.76
S	1.44	[1.31]	0.00	5.00	104	2.00	1.00	2.66	12.86
DQ+	7.88	2.02	2.00	13.00	110	8.00	8.00	−0.33	0.15
DQo	12.67	3.62	5.00	29.00	110	12.00	12.00	1.49	5.43
DQv	0.75	[1.29]	0.00	4.00	40	0.00	0.00	1.84	2.46
DQv/+	0.14	[0.42]	0.00	2.00	12	0.00	0.00	3.22	10.13
FQX+	0.36	0.70	0.00	3.00	27	0.00	0.00	1.81	2.20
FQXo	16.35	3.34	7.00	29.00	110	16.00	15.00	0.60	2.79
FQXu	3.08	1.57	0.00	11.00	108	3.00	3.00	1.37	5.75
FQX−	1.60	0.91	0.00	6.00	99	2.00	2.00	0.81	3.89
FQXNone	0.04	[0.25]	0.00	2.00	4	0.00	0.00	6.07	39.81
MQ+	0.25	0.57	0.00	3.00	22	0.00	0.00	2.46	6.34
MQo	3.54	2.01	0.00	8.00	108	3.00	1.00	0.20	−0.91
MQu	0.44	0.52	0.00	2.00	48	0.00	0.00	0.43	−1.36
MQ−	0.12	[0.32]	0.00	1.00	13	0.00	0.00	2.40	3.82
MQNone	0.00	[0.00]	0.00	0.00	0	0.00	0.00	—	—
S−	0.38	[0.57]	0.00	2.00	37	0.00	0.00	1.22	0.52
M	4.35	2.17	1.00	9.00	110	4.00	4.00	0.06	−0.97
FM	4.82	1.73	1.00	9.00	110	5.00	6.00	−0.20	−0.80
m	1.17	0.78	0.00	4.00	97	1.00	1.00	1.49	3.79
FM+m	5.99	1.78	2.00	10.00	110	6.00	7.00	−0.14	−0.67
FC	3.14	1.14	0.00	6.00	107	3.00	3.00	−0.56	0.76
CF	2.85	1.53	0.00	6.00	101	3.00	2.00	−0.11	−0.73
C	0.03	[0.16]	0.00	1.00	3	0.00	0.00	5.88	33.24
Cn	0.02	[0.13]	0.00	1.00	2	0.00	0.00	7.31	52.42
FC+CF+C+Cn	6.04	2.01	1.00	10.00	110	7.00	8.00	−0.62	−0.37
WSum C	4.47	1.68	0.50	8.00	110	4.50	3.50	−0.33	−0.64
Sum C′	1.63	[1.35]	0.00	10.00	94	1.00	1.00	2.49	12.61
Sum T	1.06	[0.51]	0.00	3.00	101	1.00	1.00	2.62	13.12
Sum V	0.18	[0.49]	0.00	2.00	112	0.00	0.00	2.75	6.73
Sum Y	1.30	[1.27]	0.00	10.00	83	1.00	2.00	3.35	20.69
SumShd	4.17	2.55	0.00	23.00	109	4.00	4.00	4.04	27.31
Fr+rF	0.50	[0.45]	0.00	2.00	26	0.00	0.00	6.67	53.57
FD	1.33	[0.97]	0.00	5.00	83	1.50	2.00	0.35	0.78

(계속)

변인	15세(N=110)								
	평균	표준편차	최소값	최대값	빈도	중앙값	최빈값	편포도	첨도
F	6.48	2.71	2.00	17.00	110	5.00	5.00	1.31	2.02
PAIR	9.10	2.00	1.00	14.00	110	10.00	10.00	−1.37	4.47
3r(2)/R	0.44	0.10	0.05	0.79	110	0.45	0.50	−0.58	4.63
LAMBDA	0.65	0.22	0.14	1.71	110	0.36	0.33	2.27	8.94
EA	8.82	2.34	2.00	13.50	110	9.50	9.50	−0.69	0.39
es	9.16	3.40	4.00	17.00	110	10.00	9.00	2.13	12.31
D	−0.45	1.39	−10.00	2.00	110	0.00	0.00	−3.73	20.85
AdjD	−0.25	1.07	−5.00	2.00	110	0.00	0.00	−1.71	5.14
a (active)	6.99	1.73	3.00	12.00	110	7.00	8.00	0.18	0.32
p (passive)	3.36	1.93	0.00	9.00	106	3.00	3.00	0.75	0.31
Ma	2.58	1.44	1.00	7.00	110	2.00	2.00	0.96	0.38
Mp	1.77	1.46	0.00	5.00	81	2.00	2.00	0.48	−0.51
Intellect	1.04	0.83	0.00	4.00	110	1.00	1.00	1.59	3.76
Zf	12.68	2.59	5.00	23.00	110	13.00	13.00	0.01	2.61
Zd	1.03	2.96	−6.50	9.00	110	0.50	−0.50	0.17	0.11
Blends	6.34	2.16	1.00	12.00	110	7.00	7.00	−0.63	0.03
Col Shd Blend	0.22	[0.51]	0.00	2.00	19	0.00	0.00	2.35	4.69
Afr	0.65	0.18	0.27	1.29	110	0.67	0.67	0.97	1.69
Popular	6.33	1.23	3.00	9.00	110	7.00	7.00	−0.59	0.22
XA%	0.92	0.05	0.57	1.00	110	0.91	0.95	−3.35	23.67
WDA%	0.94	0.05	0.54	1.00	110	0.95	0.95	−4.34	32.40
X+%	0.78	0.07	0.50	1.00	110	0.77	0.75	−0.45	2.72
X−%	0.08	0.05	0.00	0.43	99	0.09	0.05	3.29	23.27
Xu%	0.14	0.06	0.00	0.37	108	0.15	0.14	0.45	1.97
Isolate/R	0.15	0.07	0.00	0.47	108	0.15	0.16	1.76	8.19
H	3.42	1.96	0.00	8.00	109	3.00	5.00	0.49	−0.51
(H)	1.05	0.90	0.00	4.00	75	1.00	1.00	0.52	−0.16
HD	0.57	0.82	0.00	4.00	48	0.00	0.00	1.96	5.02
(Hd)	0.54	0.50	0.00	1.00	59	1.00	1.00	−0.14	−2.01
Hx	0.00	[0.00]	0.00	0.00	0	0.00	0.00	—	—
All H Cont	5.57	2.28	1.00	9.00	110	5.00	5.00	−0.14	−0.95
A	7.98	1.96	3.00	15.00	110	8.00	7.00	0.54	1.91
(A)	0.36	[0.55]	0.00	3.00	37	0.00	0.00	1.55	3.35
Ad	2.08	[1.20]	0.00	9.00	102	2.00	2.00	2.25	11.70
(Ad)	0.06	[0.30]	0.00	2.00	4	0.00	0.00	5.79	34.15
An	0.93	[0.79]	0.00	3.00	73	1.00	1.00	0.24	−1.02
Art	0.86	0.63	0.00	4.00	82	1.00	1.00	1.00	4.67
Ay	0.14	[0.35]	0.00	1.00	15	0.00	0.00	2.14	2.67

(계속)

변인	15세(N=110)								
	평균	표준편차	최소값	최대값	빈도	중앙값	최빈값	편포도	첨도
Bl	0.22	[0.42]	0.00	1.00	24	0.00	0.00	1.38	−0.09
Bt	1.68	0.82	0.00	4.00	102	2.00	2.00	−0.04	−0.06
Cg	1.47	1.11	0.00	4.00	93	1.00	1.00	0.58	−0.80
Cl	0.09	[0.35]	0.00	2.00	8	0.00	0.00	4.11	17.53
Ex	0.12	[0.32]	0.00	1.00	13	0.00	0.00	2.39	3.82
Fi	0.69	[0.52]	0.00	2.00	73	1.00	1.00	−0.22	−0.72
Food	0.60	[0.51]	0.00	2.00	65	1.00	1.00	−0.20	−1.47
Ge	0.01	[0.10]	0.00	1.00	1	0.00	0.00	10.48	110.00
Hh	0.89	0.60	0.00	4.00	88	1.00	1.00	1.36	7.28
Ls	1.12	0.71	0.00	2.00	88	1.00	1.00	−0.17	−1.00
Na	0.12	[0.35]	0.00	2.00	12	0.00	0.00	3.02	9.12
Sc	1.70	[1.34]	0.00	6.00	77	2.00	3.00	0.02	−0.83
Sx	0.11	[0.44]	0.00	3.00	8	0.00	0.00	4.64	23.43
Xy	0.04	[0.19]	0.00	1.00	4	0.00	0.00	5.02	23.65
Idio	1.09	1.47	0.00	7.00	52	0.00	0.00	1.48	2.28
DV	0.98	[0.70]	0.00	3.00	84	1.00	1.00	0.34	0.03
INCOM	0.88	[0.74]	0.00	4.00	76	1.00	1.00	0.74	1.58
DR	0.13	[0.34]	0.00	1.00	14	0.00	0.00	2.26	3.20
FABCOM	0.23	[0.46]	0.00	2.00	23	0.00	0.00	1.87	2.73
DV2	0.03	[0.16]	0.00	1.00	3	0.00	0.00	5.88	33.24
INC2	0.01	[0.10]	0.00	1.00	1	0.00	0.00	10.48	110.00
DR2	0.01	[0.10]	0.00	1.00	1	0.00	0.00	10.48	110.00
FAB2	0.04	[0.19]	0.00	1.00	4	0.00	0.00	5.02	23.65
ALOG	0.06	[0.27]	0.00	2.00	5	0.00	0.00	5.36	31.19
CONTAM	0.00	0.00	0.00	0.00	0	0.00	0.00	—	—
Sum 6 Sp Sc	2.35	1.38	0.00	5.00	96	2.00	2.00	−0.19	−0.97
Lvl 2 Sp Sc	0.08	[0.28]	0.00	1.00	9	0.00	0.00	3.09	7.71
Wsum6	4.71	3.33	0.00	15.00	96	4.00	3.00	0.60	0.27
AB	0.03	[0.16]	0.00	1.00	3	0.00	0.00	5.88	33.24
AG	1.15	0.91	0.00	4.00	82	1.00	1.00	0.53	−0.05
COP	1.54	0.97	0.00	5.00	98	1.00	1.00	0.74	0.98
CP	0.00	[0.00]	0.00	0.00	0	0.00	0.00	—	—
GOODHR	5.01	1.91	0.00	9.00	109	6.00	6.00	−0.38	−0.55
POORHR	1.57	1.22	0.00	6.00	75	1.00	1.00	2.00	4.33
MOR	0.54	[0.83]	0.00	4.00	41	0.00	0.00	1.73	3.06
PER	0.92	0.65	0.00	5.00	89	1.00	1.00	2.31	14.11
PSV	0.04	[0.19]	0.00	1.00	4	0.00	0.00	5.02	23.65

[ ] 안의 값은 신뢰롭지 못하여 기대 범위를 추정하는 데 사용할 수 없다. 이 변인들은 대개의 모수 통계분석에 포함시키지 않는다.

부록 Ⅱ-1 1,390명의 비환자군 아동 및 청소년의 연령별 기술 통계치(16세)

변인	16세(N=140)								
	평균	표준편차	최소값	최대값	빈도	중앙값	최빈값	편포도	첨도
R	22.89	5.16	14.00	31.00	140	21.00	20.00	0.94	1.70
W	8.96	2.37	3.00	20.00	140	9.00	9.00	1.70	8.32
D	11.91	3.74	0.00	21.00	139	12.00	12.00	−0.23	1.41
Dd	2.02	[1.82]	0.00	7.00	121	2.00	1.00	3.49	15.11
S	1.24	[1.23]	0.00	5.00	132	2.00	2.00	2.70	14.04
DQ+	7.94	2.04	2.00	13.00	140	8.00	8.00	−0.28	−0.13
DQo	13.12	3.47	5.00	27.00	140	12.00	12.00	1.23	4.58
DQv	0.89	[1.35]	0.00	5.00	59	0.00	0.00	1.59	1.62
DQv/+	0.84	[0.53]	0.00	2.00	46	0.00	0.00	2.21	3.98
FQX+	0.54	0.83	0.00	3.00	48	0.00	0.00	1.26	0.31
FQXo	16.43	3.36	7.00	29.00	140	16.00	15.00	0.59	2.16
FQXu	3.19	1.56	0.00	11.00	138	3.00	3.00	1.18	4.32
FQX−	1.58	0.91	0.00	5.00	126	2.00	2.00	0.70	2.97
FQXNone	0.06	[0.26]	0.00	2.00	7	0.00	0.00	5.01	27.20
MQ+	0.35	0.64	0.00	3.00	38	0.00	0.00	1.96	3.75
MQo	3.50	2.01	0.00	8.00	138	3.00	1.00	0.29	−0.86
MQu	0.37	0.50	0.00	2.00	51	0.00	0.00	0.71	−1.07
MQ−	0.09	[0.29]	0.00	1.00	13	0.00	0.00	2.84	6.13
MQNone	0.00	[0.00]	0.00	0.00	0	0.00	0.00	—	—
S−	0.34	[0.55]	0.00	2.00	43	0.00	0.00	1.32	0.81
M	4.31	2.13	1.00	9.00	140	4.00	4.00	0.20	−0.88
FM	4.58	1.66	1.00	9.00	140	4.00	4.00	0.04	−0.73
m	1.14	0.80	0.00	4.00	117	1.00	1.00	1.10	2.43
FM+m	5.72	1.78	2.00	10.00	140	6.00	7.00	0.03	−0.73
FC	3.43	1.34	0.00	8.00	137	3.00	3.00	0.14	1.16
CF	2.78	1.45	0.00	6.00	130	3.00	3.00	−0.05	−0.59
C	0.04	[0.20]	0.00	1.00	6	0.00	0.00	4.56	19.10
Cn	0.01	[0.12]	0.00	1.00	2	0.00	0.00	8.27	67.44
FC+CF+C+Cn	6.26	2.08	1.00	11.00	140	7.00	8.00	−0.56	−0.16
WSum C	4.56	1.66	0.50	8.00	140	5.00	3.50	−0.42	−0.49
Sum C′	1.15	[1.27]	0.00	6.00	118	1.00	1.00	2.48	13.59
Sum T	1.02	[0.48]	0.00	3.00	128	1.00	1.00	2.44	13.39
Sum V	0.19	[0.51]	0.00	2.00	20	0.00	0.00	2.64	6.03
Sum Y	1.04	[1.21]	0.00	5.00	95	2.00	1.00	3.25	20.79
SumShd	3.44	2.35	0.00	23.00	139	4.00	4.00	4.25	31.18
Fr+rF	0.48	[0.41]	0.00	3.00	32	0.00	0.00	6.27	48.14
FD	1.31	[0.93]	0.00	5.00	108	1.00	2.00	0.33	0.77

(계속)

변인	16세(N=140)								
	평균	표준편차	최소값	최대값	빈도	중앙값	최빈값	편포도	첨도
F	6.85	2.69	2.00	17.00	140	6.00	5.00	0.96	0.93
PAIR	9.04	2.00	1.00	14.00	140	9.00	10.00	−0.90	3.36
3r(2)/R	0.43	0.09	0.05	0.79	140	0.45	0.50	−0.32	3.89
LAMBDA	0.65	0.21	0.24	1.71	140	0.68	0.63	1.85	7.03
EA	8.87	2.23	2.00	13.50	140	9.00	8.50	−0.59	0.63
es	9.21	3.29	4.00	17.00	140	10.00	8.00	2.09	12.09
D	−0.31	1.31	−10.00	2.00	140	0.00	0.00	−3.70	22.64
AdjD	−0.11	1.04	−5.00	2.00	140	0.00	0.00	−1.56	5.47
a (active)	6.82	1.71	3.00	12.00	140	7.00	6.00	0.25	0.13
p (passive)	3.22	1.89	0.00	9.00	133	3.00	2.00	0.70	0.33
Ma	2.62	1.42	1.00	7.00	140	2.00	2.00	0.88	0.20
Mp	1.69	1.38	0.00	5.00	106	2.00	2.00	0.55	−0.32
Intellect	1.14	0.93	0.00	5.00	140	1.00	1.00	1.38	2.72
Zf	12.61	2.64	5.00	23.00	140	13.00	13.00	0.37	3.18
Zd	1.12	2.96	−6.50	9.00	140	0.75	−0.50	0.09	0.15
Blends	6.11	2.13	1.00	12.00	140	7.00	7.00	−0.44	−0.26
Col Shd Blend	0.24	[0.50]	0.00	2.00	28	0.00	0.00	2.08	3.56
Afr	0.65	0.17	0.27	1.29	140	0.67	0.67	0.80	1.61
Popular	6.46	1.27	3.00	10.00	140	7.00	7.00	−0.35	0.39
XA%	0.93	0.05	0.57	1.00	140	0.92	0.95	−3.12	22.84
WDA%	0.94	0.05	0.54	1.00	140	0.95	0.95	−3.80	29.25
X+%	0.78	0.07	0.50	1.00	140	0.78	0.75	−0.41	2.27
X−%	0.07	0.05	0.00	0.43	126	0.07	0.05	3.07	22.85
Xu%	0.15	0.06	0.00	0.37	138	0.15	0.15	0.45	1.42
Isolate/R	0.16	0.07	0.00	0.47	138	0.16	0.16	1.30	4.09
H	3.39	1.94	0.00	8.00	139	3.00	3.00	0.62	−0.28
(H)	1.07	0.89	0.00	4.00	97	1.00	1.00	0.36	−0.43
HD	0.59	0.81	0.00	4.00	62	0.00	0.00	1.79	4.08
(Hd)	0.46	0.50	0.00	1.00	64	0.00	0.00	0.17	−2.00
Hx	0.00	[0.00]	0.00	0.00	0	0.00	0.00	—	—
All H Cont	5.51	2.12	1.00	9.00	140	5.00	5.00	−0.06	−0.76
A	8.04	1.97	3.00	15.00	140	8.00	7.00	0.46	1.18
(A)	0.32	[0.54]	0.00	3.00	41	0.00	0.00	1.72	3.69
Ad	2.11	[1.15]	0.00	9.00	131	2.00	2.00	1.97	10.34
(Ad)	0.07	[0.33]	0.00	2.00	7	0.00	0.00	4.93	24.56
An	0.81	[0.79]	0.00	3.00	82	1.00	0.00	0.44	−0.97
Art	0.83	0.68	0.00	4.00	97	1.00	1.00	0.78	2.33
Ay	0.19	[0.41]	0.00	2.00	25	0.00	0.00	1.95	2.75

(계속)

변인	16세(N=140)								
	평균	표준편차	최소값	최대값	빈도	중앙값	최빈값	편포도	첨도
Bl	0.21	[0.43]	0.00	2.00	29	0.00	0.00	1.68	1.61
Bt	1.87	1.03	0.00	6.00	130	2.00	2.00	0.62	1.27
Cg	1.39	1.06	0.00	4.00	116	1.00	1.00	0.64	−0.57
Cl	0.11	[0.36]	0.00	2.00	14	0.00	0.00	3.32	11.31
Ex	0.11	[0.32]	0.00	1.00	16	0.00	0.00	2.45	4.06
Fi	0.63	[0.57]	0.00	2.00	82	1.00	1.00	0.19	−0.76
Food	0.51	[0.52]	0.00	2.00	70	0.50	0.00	0.13	−1.62
Ge	0.01	[0.12]	0.00	1.00	2	0.00	0.00	8.27	67.44
Hh	0.91	0.67	0.00	4.00	108	1.00	1.00	1.14	3.97
Ls	1.07	0.74	0.00	3.00	108	1.00	1.00	0.00	−0.87
Na	0.17	[0.42]	0.00	2.00	22	0.00	0.00	2.35	5.05
Sc	1.51	[1.31]	0.00	6.00	93	2.00	0.00	0.23	−0.82
Sx	0.11	[0.41]	0.00	3.00	11	0.00	0.00	4.57	23.67
Xy	0.04	[0.19]	0.00	1.00	5	0.00	0.00	5.05	23.93
Idiographic	1.31	1.45	0.00	7.00	81	1.00	0.00	1.07	1.04
DV	0.99	[0.71]	0.00	3.00	107	1.00	1.00	0.38	0.11
INCOM	0.83	[0.75]	0.00	4.00	91	1.00	1.00	0.81	1.34
DR	0.14	[0.37]	0.00	2.00	19	0.00	0.00	2.48	5.51
FABCOM	0.21	[0.45]	0.00	2.00	28	0.00	0.00	1.89	2.75
DV2	0.02	[0.15]	0.00	1.00	3	0.00	0.00	6.68	43.26
INC2	0.01	[0.12]	0.00	1.00	2	0.00	0.00	8.27	67.44
DR2	0.01	[0.09]	0.00	1.00	1	0.00	0.00	11.83	140.00
FAB2	0.04	[0.19]	0.00	1.00	5	0.00	0.00	5.05	23.93
ALOG	0.05	[0.25]	0.00	2.00	6	0.00	0.00	5.49	32.88
CONTAM	0.00	0.00	0.00	0.00	0	0.00	0.00	—	—
Sum 6 Sp Sc	2.30	1.34	0.00	5.00	125	2.00	2.00	−0.03	−0.92
Lvl 2 Sp Sc	0.08	[0.27]	0.00	1.00	11	0.00	0.00	3.16	8.14
Wsum6	4.57	3.23	0.00	15.00	125	4.00	3.00	0.67	0.32
AB	0.06	[0.25]	0.00	1.00	9	0.00	0.00	3.59	11.06
AG	1.20	0.99	0.00	5.00	106	1.00	1.00	1.02	1.98
COP	1.60	1.10	0.00	5.00	120	1.00	1.00	0.68	0.45
CP	0.00	[0.00]	0.00	0.00	0	0.00	0.00	—	—
GOODHR	5.29	1.80	0.00	9.00	139	6.00	6.00	−0.21	−0.49
POORHR	1.16	1.29	0.00	6.00	96	1.00	1.00	1.67	2.67
MOR	0.58	[0.81]	0.00	4.00	59	0.00	0.00	1.56	2.57
PER	0.96	0.72	0.00	5.00	110	1.00	1.00	1.59	7.12
PSV	0.04	[0.20]	0.00	1.00	6	0.00	0.00	4.56	19.10

[ ] 안의 값은 신뢰롭지 못하여 기대 범위를 추정하는 데 사용할 수 없다. 이 변인들은 대개의 모수 통계분석에 포함시키지 않는다.

부록 II-2 1,390명의 비환자 아동과 청소년의 연령별 36개 변인의 빈도

	5세 (N=90)		6세 (N=80)		7세 (N=120)		8세 (N=120)		9세 (N=140)		10세 (N=120)	
	빈도율	%	빈도율	%	빈도율	%	빈도율	%	빈도율	%	빈도율	%
Styles												
Introversive	0	0	0	0	6	5	16	13	23	16	24	20
Pervasive Introversive	0	0	0	0	0	0	0	0	1	0	0	0
Ambitent	24	27	20	25	42	35	36	30	48	40	38	32
Extratensive	54	60	51	64	58	48	48	40	49	35	45	38
Pervasive Extratensive	48	53	46	58	40	33	24	20	15	11	26	22
Avoidant	12	13	9	11	14	12	20	17	20	14	13	11
Ea−es Differences: D−Scores												
D Score > 0	0	0	0	0	0	0	6	5	7	5	2	2
D Score=0	68	76	51	64	69	58	90	75	117	84	100	83
D Score < 0	22	24	29	36	51	43	24	20	16	11	18	15
D Score < −1	4	4	4	5	12	10	8	7	9	6	2	2
Adj D Score > 0	0	0	0	0	0	0	6	5	9	6	6	5
Adj D Score=0	72	80	63	79	69	58	98	82	121	86	96	80
Adj D Score < 0	18	20	17	21	51	43	16	13	10	7	18	15
Adj D Score < −1	3	3	4	5	5	4	8	7	7	5	2	2
Zd > +3.0 (Overincorp)	3	3	0	0	0	0	8	7	28	20	30	25
Zd < −3.0 (Underincorp)	23	26	27	34	32	27	19	16	22	16	19	16
Form Quality Deviations												
XA% > .89	25	28	41	51	62	52	56	47	61	44	66	47
XA% < .70	14	16	15	19	12	10	16	13	18	13	9	7
WDA% < .85	14	16	8	10	18	15	22	18	24	17	16	13
WDA% < .75	4	4	3	4	0	0	0	0	3	2	1	0
X+% < .55	4	4	0	0	0	0	3	3	4	3	3	3
Xu% < .20	49	54	55	69	23	19	32	27	36	26	22	18
X−% > .20	3	3	2	3	6	5	4	4	4	3	9	8
X−% > .30	0	0	0	0	0	0	0	0	0	0	0	0
FC:CF+C Ratio												
FC > (CF+C)+2	0	0	0	0	9	8	1	1	0	0	1	1
FC > (CF+C)+1	0	0	0	0	12	10	9	8	10	7	14	12
(CF+C) > FC+1	87	97	71	89	17	14	48	40	30	21	60	50
(CF+C) > FC+2	43	48	49	61	11	9	32	27	19	14	21	18

(계속)

	5세 (N=90)		6세 (N=80)		7세 (N=120)		8세 (N=120)		9세 (N=140)		10세 (N=120)	
	빈도	율 %	빈도	율 %	빈도	율 %	빈도	율 %	빈도	율 %	빈도	율 %
Constellations & Indices												
HVI Positive	0	0	0	0	0	0	0	0	0	0	0	0
OBS Positive	0	0	0	0	0	0	0	0	0	0	0	0
PTI=5	0	0	0	0	0	0	0	0	0	0	0	0
PTI=4	0	0	0	0	0	0	0	0	0	0	0	0
PTI=3	0	0	0	0	0	0	0	0	0	0	0	0
DEPI=7	0	0	0	0	0	0	0	0	0	0	0	0
DEPI=6	0	0	0	0	0	0	0	0	0	0	0	0
DEPI=5	0	0	0	0	0	0	0	0	0	0	0	0
CDI=5	1	1	2	2	3	3	3	3	0	0	0	0
CDI=4	11	12	10	13	13	11	8	7	9	6	18	15
Miscellaneous Variables												
R<17	17	19	15	19	14	12	40	33	21	15	13	11
R>27	0	0	0	0	0	0	0	0	0	0	0	0
S>2	21	23	4	5	37	31	9	8	12	9	14	12
Sum T=0	33	37	11	14	10	8	8	7	17	12	14	12
Sum T>1	0	0	0	0	2	2	8	7	12	9	8	7
3r+(2)/R<.33	0	0	6	8	0	0	8	7	7	5	4	3
3r+(2)/R>.44	86	96	62	78	82	68	82	68	99	71	110	92
PureC>1	53	59	56	70	12	10	40	33	28	20	16	13
Afr<.40	0	0	12	15	0	0	1	1	8	6	2	2
Afr<.50	13	14	19	24	9	8	24	20	16	11	16	13
(FM+m)<Sum Shading	0	0	0	0	2	2	10	8	14	10	8	7
Populars<4	6	7	8	10	3	3	4	3	0	0	4	3
COP=0	13	14	13	16	12	10	6	5	4	3	6	5
COP>2	6	6	5	6	16	13	30	25	37	26	21	18
AG=0	8	9	40	50	0	0	24	20	12	9	3	3
AG>2	4	4	4	5	3	3	13	11	19	14	18	15
MOR>2	3	3	5	6	6	5	3	3	11	8	13	11
Level 2 Sp.Sc.>0	32	36	16	20	19	16	13	11	14	10	10	8
GHR>PHR	79	88	69	77	93	78	101	84	98	70	94	78
Pure H<2	4	4	24	30	63	52	32	27	31	22	36	30
Pure H=0	1	1	0	0	0	0	4	3	2	1	4	3
p>a+1	7	8	5	6	16	13	10	8	19	14	12	10
Mp>Ma	9	10	9	11	11	9	14	12	17	12	14	12

(계속)

	11세 (N=135)		12세 (N=120)		13세 (N=110)		14세 (N=105)		15세 (N=110)		16세 (N=140)	
	빈도	율 %	빈도	율 %	빈도	율 %	빈도	율 %	빈도	율 %	빈도	율 %
Styles												
Introversive	27	20	24	20	30	27	28	27	37	34	46	33
Pervasive Introversive	0	0	8	6	6	5	6	6	7	6	11	8
Ambitent	37	27	47	39	35	32	32	30	27	25	28	20
Extratensive	51	38	33	28	35	32	35	33	34	31	52	37
Pervasive Extratensive	14	10	22	18	18	16	18	17	18	16	23	16
Avoidant	21	16	16	13	10	9	10	10	12	10	14	12
Ea−es Differences: D−Scores												
D Score>0	0	0	4	3	14	13	10	10	9	8	14	10
D Score=0	123	91	90	75	70	64	69	66	71	65	110	79
D Score<0	12	9	26	22	26	24	26	25	30	27	16	11
D Score<−1	5	4	3	3	4	4	3	3	10	9	9	6
Adj D Score>0	4	3	14	12	25	23	21	20	16	15	17	12
Adj D Score=0	119	88	80	67	65	59	70	67	67	61	86	61
Adj D Score<0	11	8	26	22	20	18	14	13	27	25	12	9
Adj D Score<−1	4	3	2	2	2	2	2	2	6	5	7	5
Zd>+3.0 (Overincorp)	36	27	34	28	30	27	21	20	25	23	30	21
Zd<−3.0	14	10	20	17	15	14	16	15	16	15	14	10
Form Quality Deviations												
XA%>.89	111	82	110	92	86	78	81	77	87	79	114	81
XA%<.70	0	0	4	3	4	4	4	4	2	2	3	2
WDA%<.85	6	4	4	3	8	7	8	8	2	2	2	1
WDA%<.75	0	0	4	3	4	4	4	4	1	1	1	1
X+%<.55	12	9	6	5	8	7	8	8	2	2	3	2
Xu%>.20	26	19	16	13	16	15	17	15	9	8	16	11
X−%>.20	18	13	4	3	6	5	7	6	2	2	2	1
X−%>.30	0	0	2	2	2	2	2	2	1	1	1	1
FC:CF+C Ratio												
FC>(CF+C)+2	3	2	8	7	6	5	4	4	10	9	18	13
FC>(CF+C)+1	17	13	12	10	12	11	8	8	20	18	38	27
(CF+C)>FC+1	45	33	24	20	19	17	16	15	23	21	23	16
(CF+C)>FC+2	14	10	0	0	3	3	3	3	2	2	2	1

(계속)

	11세 (N=135)		12세 (N=120)		13세 (N=110)		14세 (N=105)		15세 (N=110)		16세 (N=140)	
	빈도	율 %	빈도	율 %	빈도	율 %	빈도	율 %	빈도	율 %	빈도	율 %
Constellations and Indices												
HVI Positive	5	4	4	3	3	3	6	6	0	0	1	1
OBS Positive	0	0	0	0	0	0	0	0	1	1	1	1
PTI=5	0	0	0	0	0	0	0	0	0	0	0	0
PTI=4	0	0	0	0	0	0	0	0	0	0	0	0
PTI=3	0	0	2	2	2	2	2	2	1	1	1	1
DEPI=7	0	0	0	0	0	0	0	0	0	0	0	0
DEPI=6	0	0	0	0	0	0	0	0	0	0	0	0
DEPI=5	0	0	1	1	1	1	0	0	0	0	0	0
CDI=5	0	0	0	0	0	0	0	0	1	1	1	1
CDI=4	12	9	29	24	22	20	13	12	16	15	15	11
Miscellaneous Variables												
R<17	4	3	8	7	10	9	10	10	12	11	13	9
R>27	0	0	0	0	4	4	5	5	8	7	11	8
R>2	18	13	10	8	16	15	13	12	17	15	18	13
Sum T=0	19	14	14	12	20	18	17	16	6	5	12	9
Sum T>1	11	8	0	0	4	4	2	2	9	8	11	8
3r+(2)/R<.33	0	0	6	5	18	16	18	17	7	6	10	7
3r+(2)/R>.44	123	91	85	71	62	56	59	56	49	45	74	53
PureC>1	0	0	0	0	0	0	0	0	0	0	0	0
Afr<.40	0	0	6	5	8	7	6	6	5	5	6	4
Afr<.50	13	10	45	38	33	30	24	23	19	17	21	15
(FM+m)<Sum Shading	10	7	12	10	11	10	9	9	17	15	20	14
Populars<4	0	0	4	3	4	4	1	1	3	3	4	3
COP=0	6	4	6	5	10	9	13	12	12	11	20	14
COP>2	13	10	19	16	16	15	18	17	15	14	24	17
AG=0	5	4	21	18	25	23	19	18	28	25	34	24
AG>2	10	7	15	13	8	7	10	10	8	7	11	8
MOR>2	6	4	6	5	2	2	5	5	4	4	5	4
Level 2 Sp.Sc.>0	20	15	22	18	13	12	9	9	9	8	7	5
GHR>PHR	105	78	109	91	94	85	89	85	84	76	111	79
Pure H<2	27	20	30	25	28	25	18	17	23	21	14	10
Pure H=0	4	3	0	0	0	0	0	0	1	1	1	1
p>a+1	12	9	10	8	7	6	13	12	13	12	15	11
Mp>Ma	20	15	18	15	9	8	8	8	16	15	17	12

부록 Ⅲ 역자 부록

여기에 수록된 기록지들은 임상현장의 선배님들께서 오랫동안 사용해 오신 기록지 양식 중 로르샤하의 실시와 채점, 구조적 요약 및 해석에 유용하다고 판단되는 것으로 선택하여 발췌한 것입니다. 이는 로르샤하재단에서 공식적으로 판매하는 것과는 별도의 것이며 역자가 임의로 선택 발췌한 것입니다. 이 양식의 기본 틀이나 참고가 된 기록지를 만들어 사용해 오신 임상가들께 일일이 허락을 구하지 못한 것을 양해해 주시기 바라며 지면을 통해 감사드립니다.

기호를 결정하기 위한 순서도(Ⅲ-5)는 학지사에서 출판된 『로르샤하 종합체계 워크북』(2006)의 부록을 참고로 하여 재발췌한 것이며, 개정된 채점 체계에 따라 역자가 임의로 수정하여 수록하였음을 밝힙니다.

부록 Ⅲ-1 로르샤하 구조적 요약 기록지

No. ______________

실시일자			
이 름		연 령	
성 별	남 여	생년월일	. . .
직 업		학 력	
의뢰자			
의뢰자 소속기관			
의뢰사유			
호소문제			
함께 실시된 검사			
개인력 요약			
실시자			
평가자(전문자격)			

부록 III-2 반응기록지

성명 : 　　연령 : 　　성별 : 　　학력 : 　　직업 : 　　검사일 :

카 드	반응 번호	반응 시간	반응	반응 후 질문	채 점

부록 Ⅲ-3 채점 계열 기록지

이름 : 성별 : 연령 : (. . .) 20 . . .

카드	반응 번호	반응 영역 & 발달질	영역 기호	결정인	쌍반응	내용 변인	평범 반응	조직화 점수	특수점수

부록 III-4 구조적 요약지(개정 4판)

반응 위치 특성		결정인: 혼합 결정인	결정인: 단일 변인	내용 변인	인지적 접근 방식
				H =	I
Zf =			M =	(H) =	II
ZSum =			FM =	Hd =	III
ZEst =			m =	(Hd) =	IV
			FC =	Hx =	V
W =			CF =	A =	VI
D =			C =	(A) =	VII
W+D =			Cn =	Ad =	VIII
Dd =			FC′ =	(Ad) =	IX
S =			C′F =	An =	X
			C′ =	Art =	
			FT =	Ay =	
			TF =	Bl =	
			T =	Bt =	
			FV =	Cg =	
			VF =	Cl =	
			V =	Ex =	
			FY =	Fd =	
			YF =	Fi =	
			Y =	Ge =	
			Fr =	Hh =	
			rF =	Ls =	
			FD =	Na =	
			F =	Sc =	
				Sx =	
				Xy =	
			(2) =	Id =	

발달질

+	=
o	=
v/+	=
v	=

형태질

	FQx	MQual	W+D
+	=	=	=
o	=	=	=
u	=	=	=
−	=	=	=
none	=	=	=

특수점수

	Lv1	Lv2
DV	= ×1	×2
INC	= ×2	×4
DR	= ×3	×6
FAB	= ×4	×7
ALOG	= ×5	
CON	= ×7	
Raw Sum6	=	
Wgtd Sum6	=	

AB	=	GHR =
AG	=	PHR =
COP	=	MOR =
CP	=	PER =
		PSV =

비율, 백분율과 이탈치

핵심 영역

R =	L =	
EB =	EA =	EBPer =
eb =	es =	D =
	Adj es =	Adj D =
FM =	SumC′ =	SumT =
m =	SumV =	SumY =

정동

FC:CF+C	= 4:4
Pure C	= 0
SumC′:WsumC	= 3:6.0
Afr	= .56
S	= 5
Blends:R	= 9:25
CP	= 0

대인관계

COP =	AG =
GHR:PHR	=
a:p	=
Food	=
SumT	=
Human Cont	=
Pure H	=
PER	=
Isol Indx	=

관념화

a:p	=	Sum6	=
Ma:Mp	=	Lv2	=
2AB+Art+Ay	=	WSum6	=
Mor	=	M−	=
		Mnone	=

인지적 중재

XA%	=
WDA%	=
X−%	=
S−	=
P	=
X+%	=
Xu%	=

정보 처리

Zf	=
W:D:Dd	=
W:M	=
Zd	=
PSV	=
DQ+	=
DQv	=

자기 지각

3r+(2)/R	=
Fr+rF	=
SumV	=
FD	=
An+Xy	=
MOR	=
H:(H)+Hd+(Hd)	=

PTI =	DEPI =	CDI =	S-CON =	HVI =	OBS =

부록 III-5 구조적 요약 특수 지표 채점 기준

*표시: 아동 및 청소년인 경우 규준 참고할 것.

S-Constellation(자살지표)

☐ 8개 이상의 항목을 만족하면 체크할 것.
*주의: 14세 이상의 피검자만 해당됨.

- ☐ FV+VF+V+FD>2
- ☐ Color-Shading Blends>0
- ☐ 3r+(2)/R<.31이거나 >.44
- ☐ MOR>3
- ☐ Zd>+3.5이거나 Zd<-3.5
- ☐ es>EA
- ☐ CF+CF>C
- ☐ X+%<.70
- ☐ S>3
- ☐ P<3이거나 P>8
- ☐ Pure H<2
- ☐ R<17

PTI(지각적 사고지표)

- ☐ X+%<.70이고 WDA%<.75
- ☐ X-%>.29
- ☐ LVL2>2이고 FAB2>0
- *☐ R<17이고 WSUM6>12이거나 R>16이고 WSUM6>16
- ☐ M->1이거나 X-%>.40

PTI 만족 항목 수 -----

DEPI(우울지표)

☐ 5개 이상의 항목을 만족하면 체크할 것.

- ☐ (FV+VF+V>0)이거나 (FD>2)
- ☐ (Col-Shd Blends>0)이거나 (S>2)
- *☐ (3r+(2)/R>.44이고 Fr+rF=0) 이거나 (3r+(2)/R<.33)
- *☐ (Afr<.46)이거나 (Blends<4)
- ☐ (SumShading>FM+m)이거나 (SumC′>2)
- ☐ (MOR>2)이거나 (2AB+Art+AY>3)
- ☐ (COP<2)이거나 ([Bt+2×Cl+Ge+Ls+2×Na] / R>.24)

CDI(대처손상지표)

☐ 4개 혹은 5개 항목에 만족되면 체크할 것.

- ☐ (EA<6)이거나 (AdjD<0)
- ☐ (COP<2)이고 (AG<2)
- ☐ (Weighted Sum C<2.5)이거나 *(Afr<.46)
- ☐ (Passive>Active+1)이거나 (Pure H<2)
- ☐ (Sum T>1)이거나 (Isolate/R>.24)이거나 (Food>0)

HVI(과민성지표)

☐ (1) 항목을 만족하고, (2)부터 (8)까지의 항목 중 4개 이상을 만족시킬 경우 체크할 것.

- ☐ (1) FT+TF+T=0

- ☐ (2) Zf>12
- ☐ (3) Zd>+3.5
- ☐ (4) S>3
- ☐ (5) H+(H)+Hd+(Hd)>6
- ☐ (6) (H)+(A)+(Hd)+(Ad)>3
- ☐ (7) H+A:Hd+Ad<4:1
- ☐ (8) Cg>3

OBS(강박적 지표)

- ☐ (1) Dd>3
- ☐ (2) Zf>12
- ☐ (3) Zd>+3.0
- ☐ (4) Populars>7
- ☐ (5) FQ+>1

☐ 아래 항목 중 1개 이상일 때 체크할 것.

- ☐ (1)부터 (5)까지 모두 만족.
- ☐ (1)부터 (4)까지 2개 이상 만족하고 FQ+>3.
- ☐ (1)부터 (5)까지 항목 중 3개 이상 만족하고 X+%>.89
- ☐ FQ+>3이고 X+%>.89

부록 III-6 기호 결정 순서도

1 반응 영역 결정도

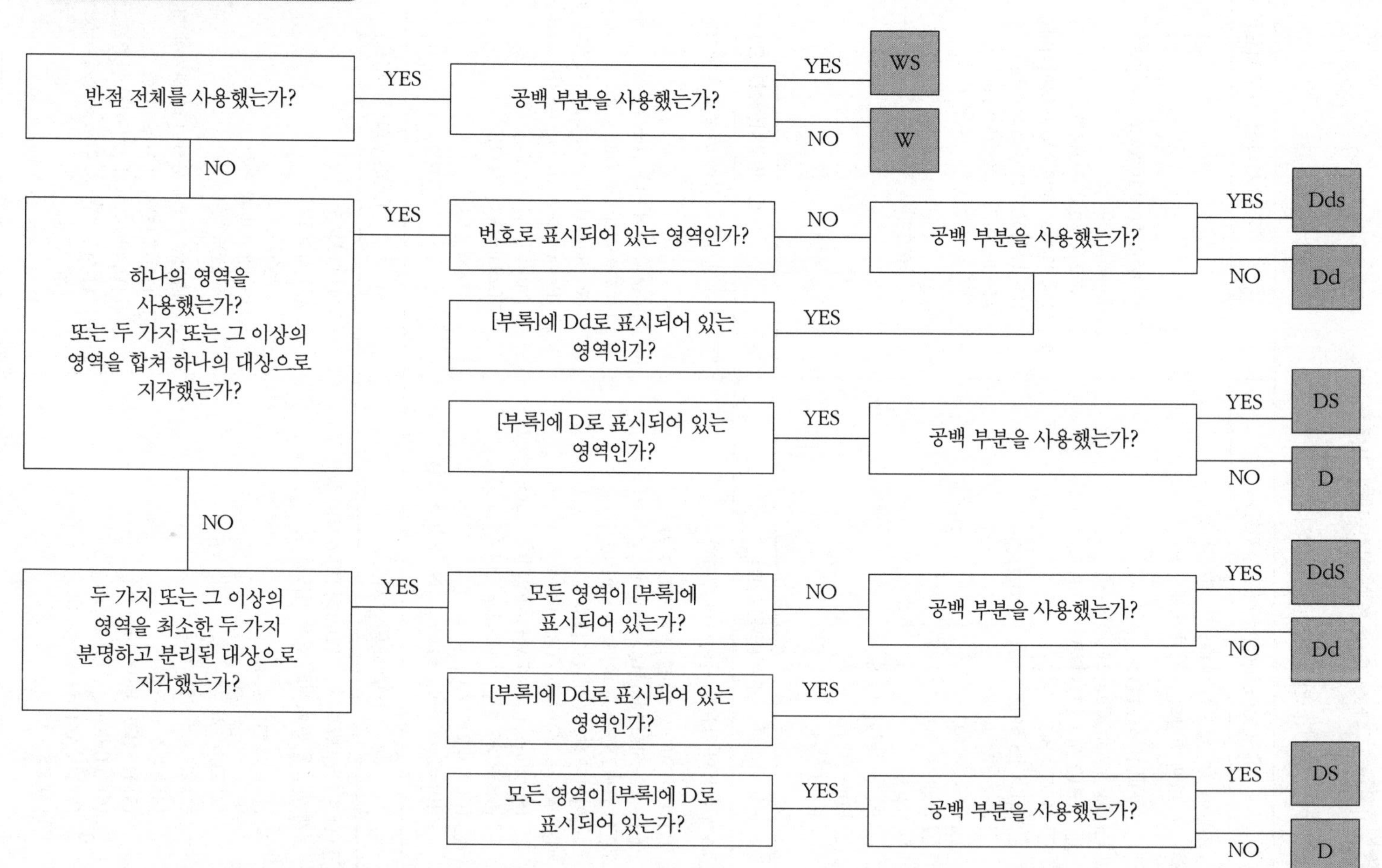

2 발달질 결정도

두 가지 또는 그 이상의 대상이 분리되어 있지만 위치나 운동성이 의미 있는 관계를 맺고 있는가?

YES → 최소한 한 대상이 구체적 형태가 있거나 형태를 가지도록 기술되어 있는가?

- YES → +
- NO → v/+

NO → 한 가지 대상을 보고했는가? 또는 보고한 두 가지 또는 그 이상의 대상이 서로 관계가 없는가?

YES → 최소한 한 대상이 구체적 형태가 있거나 형태를 가지도록 기술되어 있는가?

- YES → o
- NO → v

3 결정인 결정도

형태, 모양 또는 형태에 근거를 둔 기술, 운동이나 다른 결정인을 포함하고 있지 않은가?

- YES → 주의: 1. 형태는 운동 반응에 포함될 수 있고, 이 경우 형태 반응은 별도로 채점하지 않는다.
  2. 형태가 다른 결정인과 혼합되는 것은 매우 드물다.
  → F
- NO ↓

운동성을 포함하고 있는가?

- YES → 인간 운동 또는 인간 경험(예, 정서) 또는 보고한 동물 운동이 그 종의 동물에 자연스럽게 나타나는 운동성과 일치
  - YES → M^{a} | M^{p} | $M^{a\text{-}p}$ | $M^{p\text{-}a}$
  - NO → 동물 운동이 그 종의 동물에서 자연스럽게 나타나는 운동성과 일치
    - YES → FM^{a} | FM^{p} | $FM^{a\text{-}p}$ | $FM^{p\text{-}a}$
    - NO → 무생물 또는 죽은 대상의 운동 반응이 그 대상에서 자연스럽게 나타나는 운동성과 일치
      - YES → m^{a} | m^{p} | $m^{a\text{-}p}$ | $M^{p\text{-}a}$
- NO ↓

능동과 수동
'이야기하고 있다'는 능동과 수동의 구분 기준으로 항상 수동으로 채점

정적 운동
'잡고 있다' 또는 운동 '사진'이나 '그림'은 항상 수동으로 채점

동일 반응에서 능동과 수동
–동일한 대상이 능동과 수동 둘 다를 포함하고 있다면 능동만 채점
–각각 다른 대상이 능동과 수동 운동을 하고 있다면 $^{a-p}$ 첨자를 붙임

형태가 원근을 나타내거나 어떤 대상의 앞뒤에 있다고 말함으로써 차원 효과(3D)가 나타나는가?

- YES → FD
- NO ↓

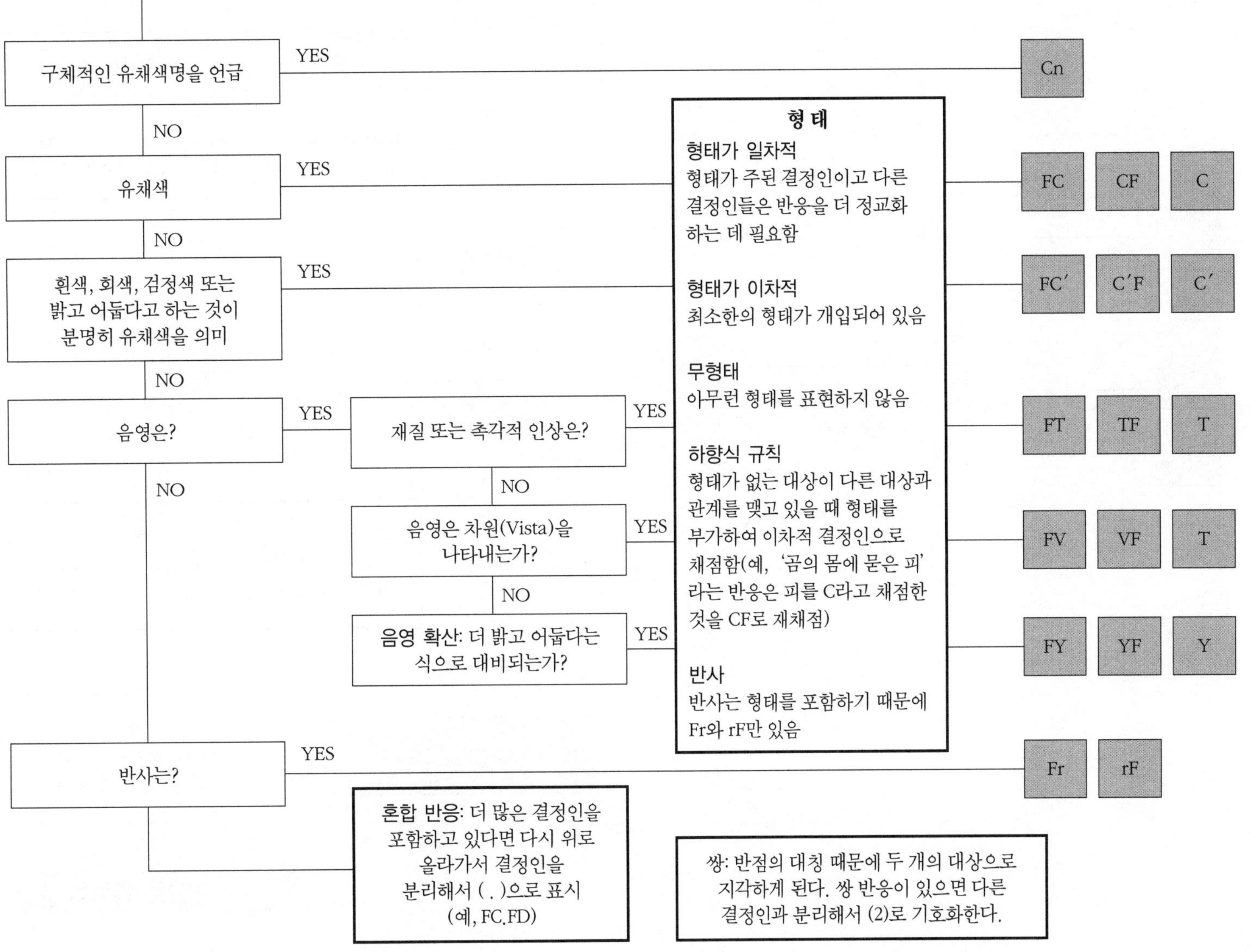
구체적인 유채색명을 언급
YES
Cn
NO
유채색
YES
NO
흰색, 회색, 검정색 또는 밝고 어둡다고 하는 것이 분명히 유채색을 의미
YES
NO
음영은?
YES
재질 또는 촉각적 인상은?
YES
NO
음영은 차원(Vista)을 나타내는가?
YES
NO
음영 확산: 더 밝고 어둡다는 식으로 대비되는가?
YES
NO
반사는?
YES
형태
형태가 일차적
형태가 주된 결정인이고 다른 결정인들은 반응을 더 정교화 하는 데 필요함
형태가 이차적
최소한의 형태가 개입되어 있음
무형태
아무런 형태를 표현하지 않음
하향식 규칙
형태가 없는 대상이 다른 대상과 관계를 맺고 있을 때 형태를 부가하여 이차적 결정인으로 채점함(예, '곰의 몸에 묻은 피'라는 반응은 피를 C라고 채점한 것을 CF로 재채점)
반사
반사는 형태를 포함하기 때문에 Fr와 rF만 있음
FC
CF
C
FC′
C′F
C′
FT
TF
T
FV
VF
T
FY
YF
Y
Fr
rF
혼합 반응: 더 많은 결정인을 포함하고 있다면 다시 위로 올라가서 결정인을 분리해서 (.)으로 표시 (예, FC.FD)
쌍: 반점의 대칭 때문에 두 개의 대상으로 지각하게 된다. 쌍 반응이 있으면 다른 결정인과 분리해서 (2)로 기호화한다.

4 형태질 결정도

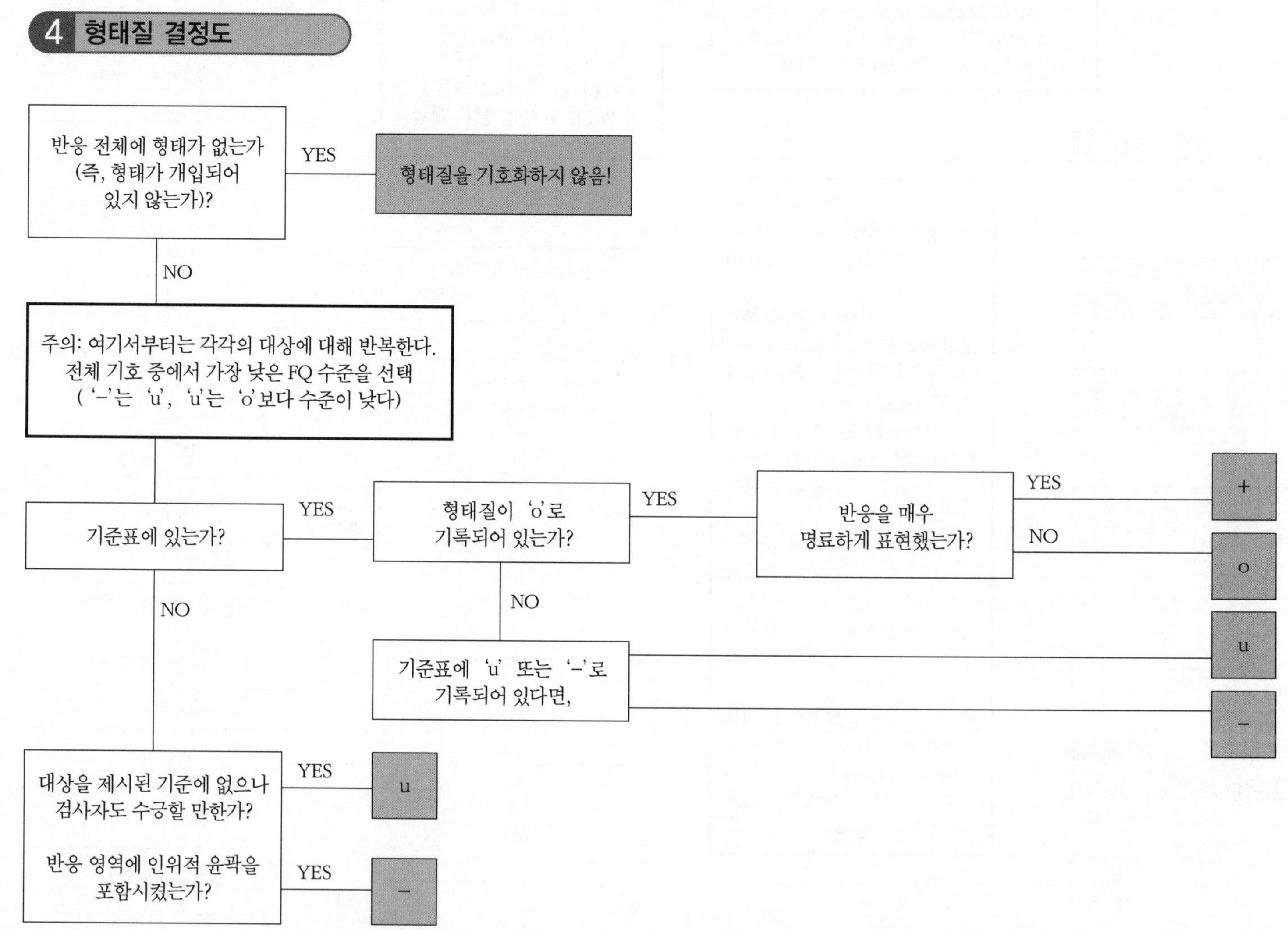
반응 전체에 형태가 없는가
(즉, 형태가 개입되어
있지 않는가)?
YES
형태질을 기호화하지 않음!
NO
주의: 여기서부터는 각각의 대상에 대해 반복한다.
전체 기호 중에서 가장 낮은 FQ 수준을 선택
('–'는 'u', 'u'는 'o'보다 수준이 낮다)
기준표에 있는가?
YES
형태질이 'o'로
기록되어 있는가?
YES
반응을 매우
명료하게 표현했는가?
YES
+
NO
o
NO
기준표에 'u' 또는 '–'로
기록되어 있다면,
u
–
NO
대상을 제시된 기준에 없으나
검사자도 수긍할 만한가?
YES
u
반응 영역에 인위적 윤곽을
포함시켰는가?
YES
–

5 조직화 활동 결정도

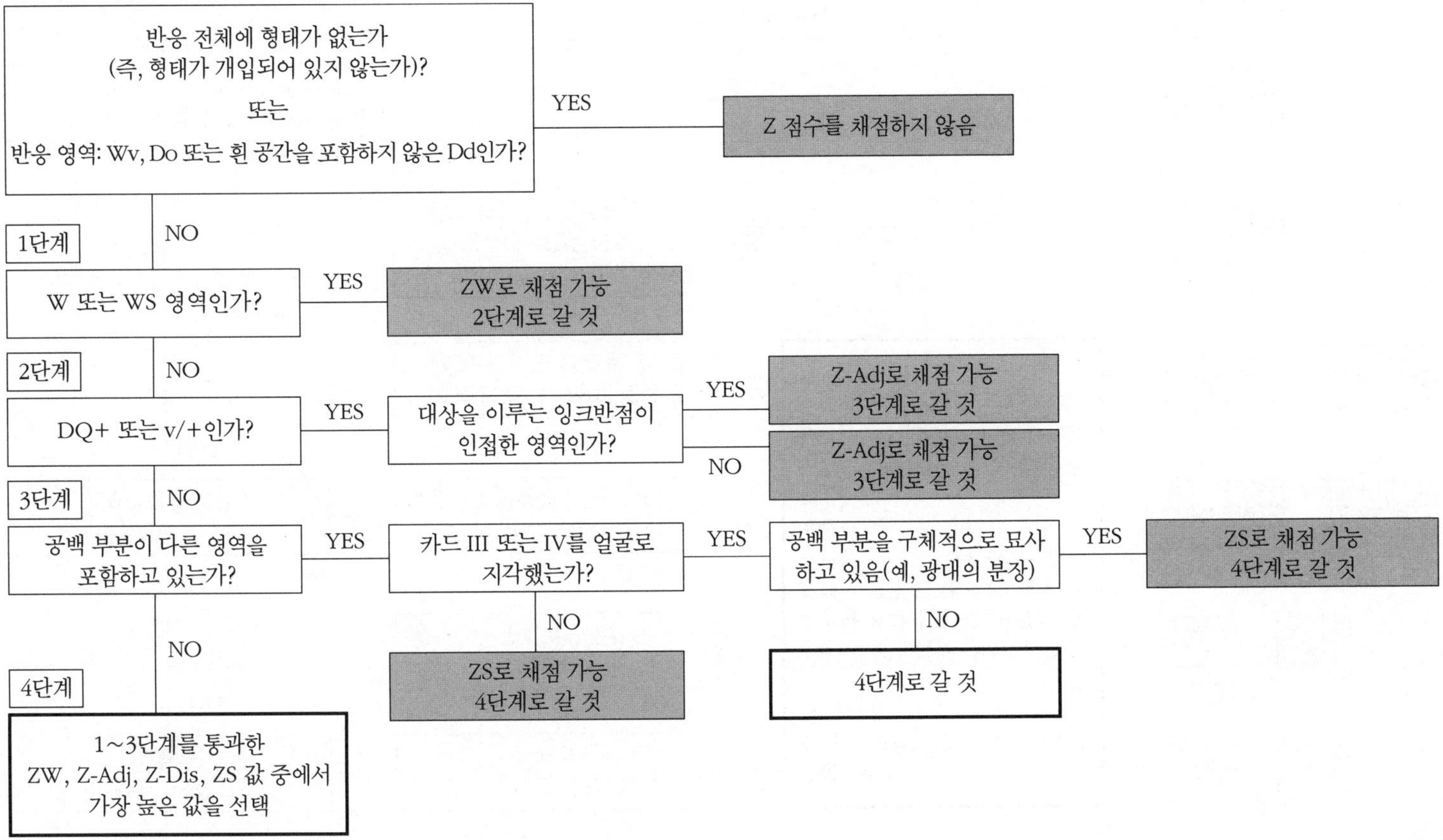

반응 전체에 형태가 없는가
(즉, 형태가 개입되어 있지 않는가)?
또는
반응 영역: Wv, Do 또는 흰 공간을 포함하지 않은 Dd인가?

YES → Z 점수를 채점하지 않음

NO ↓

1단계

W 또는 WS 영역인가?

YES → ZW로 채점 가능 2단계로 갈 것

NO ↓

2단계

DQ+ 또는 v/+인가?

YES → 대상을 이루는 잉크반점이 인접한 영역인가?

- YES → Z-Adj로 채점 가능 3단계로 갈 것
- NO → Z-Adj로 채점 가능 3단계로 갈 것

NO ↓

3단계

공백 부분이 다른 영역을 포함하고 있는가?

YES → 카드 III 또는 IV를 얼굴로 지각했는가?

- NO → ZS로 채점 가능 4단계로 갈 것
- YES → 공백 부분을 구체적으로 묘사하고 있음(예, 광대의 분장)
  - YES → ZS로 채점 가능 4단계로 갈 것
  - NO → 4단계로 갈 것

NO ↓

4단계

1~3단계를 통과한
ZW, Z-Adj, Z-Dis, ZS 값 중에서
가장 높은 값을 선택

6 특수점수 결정도(가능한 모든 특수점수를 채점)

이탈된 언어적 표현 또는 구

- 신어 조작 또는 중복 표현? → YES → 수준 1과 2 → DV1 / DV2
  - NO
- 부적절하거나 우회적인 구? → YES → 수준 1과 2 → DR1 / DR2

NO

대상이나 속성의 부적절한 조합 → YES

- 영역이나 속성들이 하나의 대상에 부적절하게 결합되어 있음 → YES → 수준 1과 2 → INCOM1 / INCOM2
  - NO
- 두 가지 또는 그 이상의 대상 간의 관계가 있을 수 없는 방식인가? → YES → 수준 1과 2 → FABCOM1 / FABCOM2
  - NO
- 두 가지 또는 그 이상의 대상이 한 영역에 결합되어 있거나 융합되어 있고 분명히 현실에 위배됨 → YES → CONTAM

수준 1과 2
인지적 역기능 수준을 구분하기 위해 사용

수준 1: 비논리적, 유동적, 기이하거나 우회적 사고의 수준이 경도에서 중등도 범위인 경우(부주의한 실수로 나타나는 경우도 있음)

수준 2: 해리되고, 비논리적, 유동적, 기이한 사고 수준이 중등도에서 심한 범위인 경우(판단력 결함을 시사함)

NO

반응을 정당화하기 위해 자연스럽지 못하거나 이완된 논리 사용 → YES → ALOG

NO

인간 내용 기호, 인간 운동 결정인, COP나 AG를 포함한 FM반응 → YES

- 1, 3, 5, 7단계 조건 부합(별도 기준) 순수 인간 반응 형태질이 양호하거나…… → GHR
- 2, 4, 6단계 조건 부합(별도 기준) 형태질이 좋지 않거나…… → PHR

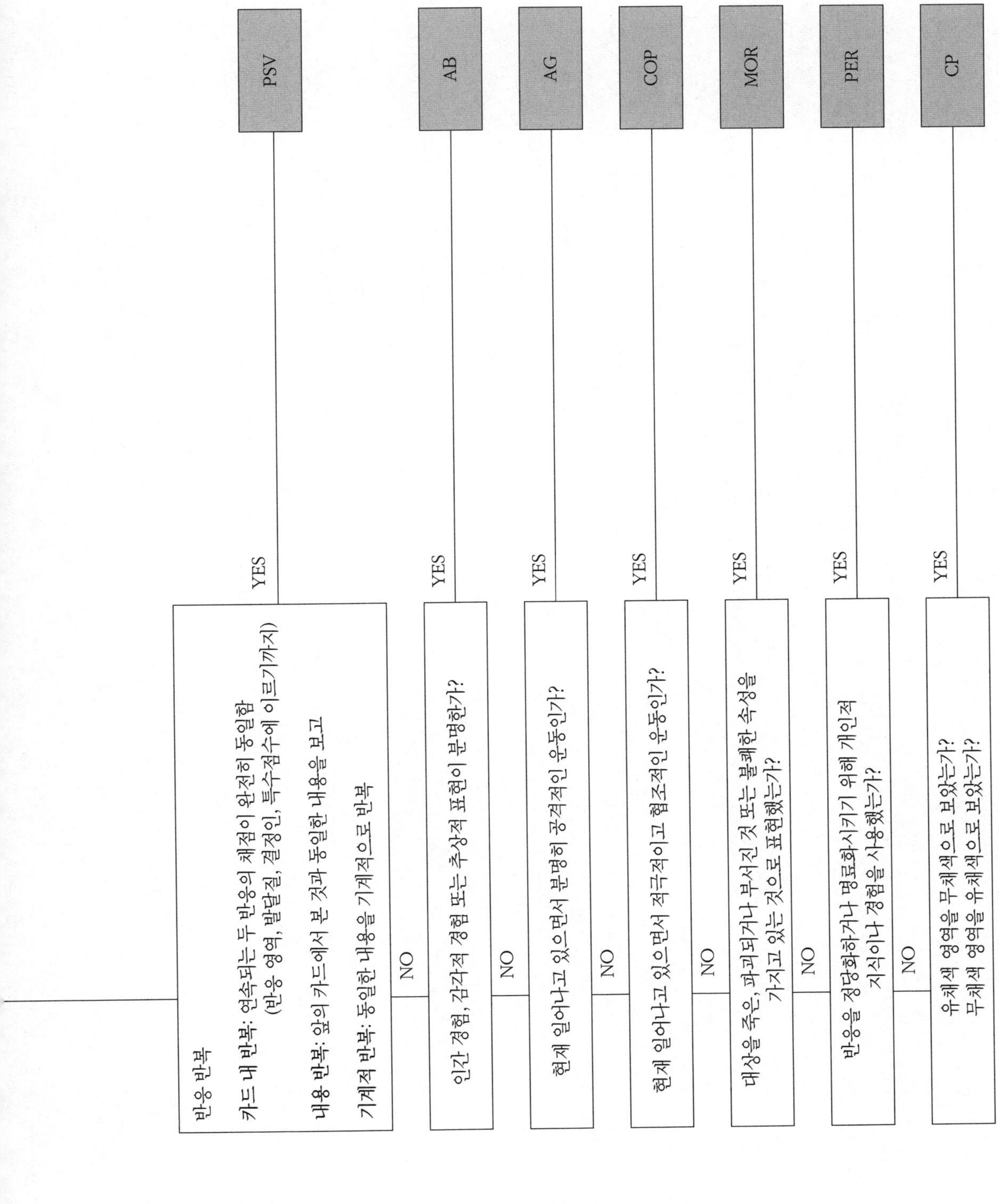

반응 반복

카드 내 반복: 연속되는 두 반응의 채점이 완전히 동일함
(반응 영역, 발달질, 결정인, 특수점수에 이르기까지)

내용 반복: 앞의 카드에서 본 것과 동일한 내용을 보고

기계적 반복: 동일한 내용을 기계적으로 반복

YES → PSV

NO ↓

인간 경험, 감각적 경험 또는 추상적 표현이 분명한가?

YES → AB

NO ↓

현재 일어나고 있으면서 분명히 공격적인 운동인가?

YES → AG

NO ↓

현재 일어나고 있으면서 적극적이고 협조적인 운동인가?

YES → COP

NO ↓

대상을 죽은, 파괴되거나 부서진 것 또는 불쾌한 속성을 가지고 있는 것으로 표현했는가?

YES → MOR

NO ↓

반응을 정당화하거나 명료화시키기 위해 개인적 지식이나 경험을 사용했는가?

YES → PER

NO ↓

유채색 영역을 무채색으로 보았는가?
무채색 영역을 유채색으로 보았는가?

YES → CP

찾아보기

인 명

내 용

저자 소개

존 엑스너 John E. Exner, Jr, Ph.D.(1928~2006)

롱아일랜드 대학교 심리학과 명예교수, 로르샤하연구재단(로르샤하연구회)의 대표로 재직하다 2006년 2월 20일 작고하였다. 1928년 뉴욕에서 태어나 트리니티 대학에서 심리학과 학사 및 석사 학위와 코넬 대학교에서 1958년 임상심리학 박사학위를 받았다. 1969년부터 롱아일랜드 대학의 임상훈련 디렉터로 일했고 1984년부터 명예교수로 재직하였다. 그는 이전의 로르샤하 잉크반점 검사의 채점과 해석체계를 구조화하여 '종합체계'를 개발하였고, 1986년 로르샤하연구재단을 설립하여 로르샤하 종합체계와 연구를 주도하며 30여 년간 로르샤하에 대한 수많은 연구와 저서를 출간하였다. 미국심리학회(American Pshychological Association)의 특별 회원이었고, 로르샤하 연구의 공로로 브루노 클로퍼상과 성격평가연합회와 미국심리학회에서 수여하는 특별공로상을 수상하였다. 그 외의 저서로 '*THE RORSCHACH*' 1st, 2nd, 3rd edition, volume I, II, III 등이 있다. 국내에 번역된 그의 저서로는 『로르샤하 종합체계 워크북』(김영환 외 역, 학지사), 『로르샤하 해석 입문』(김영환 외 역, 학지사)이 있다. 이 책 '*THE RORSCHACH{A Comprehensive System}–Basic Foundations and Principles of Interpretation*, 4th edition'은 그가 생전에 남긴 마지막 개정판 종합체계 안내서다.

역자 소개

윤화영

서울여자대학교 교육심리학과를 졸업하였으며, 가톨릭대학교 대학원 임상심리학 석사, 가톨릭대학교 대학원 임상심리학 박사과정 수료, 서울대학교병원 신경정신과 임상심리전문가 수련과정을 이수하였다.
한국임상심리학회 공인 임상심리전문가, 보건복지부 정신보건임상심리사 1급, 한국인지행동치료학회 인지행동치료전문가로 좋은마음 인지행동치료연구소 대표다. 한국심리학회 정회원, 한국임상심리학회 정회원, 한국인지행동치료학회 정회원, 미국인지행동치료학회(ABCT) 회원, 미국심리학회(APA) 회원이다.

로르샤하 -종합체계-

The Rorschach: A Comprehensive System(4th ed.)

2011년 2월 10일 1판 1쇄 발행
2016년 6월 20일 1판 4쇄 발행

지은이 • John E. Exner
옮긴이 • 윤 화 영
펴낸이 • 김 진 환
펴낸곳 • (주)학지사

04031 서울특별시 마포구 양화로 15길 20 마인드월드빌딩 5층
대표전화 • 02) 330-5114 팩스 • 02) 324-2345
등록번호 • 제313-2006-000265호

홈페이지 • http://www.hakjisa.co.kr
페이스북 • https://www.facebook.com/hakjisa

ISBN 978-89-6330-450-2 93180

정가 32,000원

역자와의 협약으로 인지는 생략합니다.
파본은 구입처에서 교환하여 드립니다.